이 책의 머리말

로이어스 강의 스케줄에 최적화된 교재를 위해 작년에 '선택형 집중(선집)' 시리즈를 선보였습니다. '헌선집', '행선집', '민선집', '민소선집', '상선집', '형선집', '형소선집'의 7종으로 구성된 선집 시리즈의 구성은 작년과 동일하지만 더욱 업그레이드되었습니다.

제1회~제11회 변호사시험(11회분)을 포함하여 최근 치러진 21년~19년 3개년 법전협 모의시험(9회분) 출제분만 모아 진도별로 구성하였으며, 목차별 중요하거나 빠진 쟁점과 관련해서는 다른 연도 시험 출제분에서 추가 수록하였습니다.

따라서 20회분만으로도 빠진 쟁점 기출문제 및 주요 기출문제를 최대한 수록하였기에 최근 출제경향을 비롯하여 핵심내용을 학습하기에는 부족함이 없을 것입니다. 강의를 통해서 주요 기출문제분석과 필수 판례 및 이론을 반복정리함으로써 체계적이고 효율적인 학습을 할 수 있습니다.

주 교재인 선집 시리즈와 선택형 기출 시리즈는 상호보완관계로서, 처음 선택형을 학습할 경우에는 선택형 기출 시리즈로, 변호사시험이 임박하였을 경우 혹은 지난해 선택형 기출 시리즈를 학습한 경우에는 선집 시리즈로 보완한다면 좋은 보완재가 될 것으로 보입니다.

이번 개정판 변경된 특징은 다음과 같습니다.

1. 2단 구성
판형 크기를 선택형 기출 시리즈와 동일하게 하면서 2단으로 구성하였습니다.

2. 개정법령과 변경판례
2022년에 개정된 법령과 변경된 판례를 모두 반영하였습니다. 특히나 이번에 지방자치법이 전부 개정되고, 행정기본법이 제정되면서 공법 해설에 많은 시간을 들여 수정하였습니다.

3. 출제경향분석표
출제경향분석표를 수록하여 최근 어떤 문제들이 출제되었는지 확인할 수 있도록 하였습니다.
다만, 복수 쟁점이 있을 경우, 강의에 맞춰 본문에서 위치 조정을 하였으므로 출제경향분석표는 본문과 순서가 상이할 수 있습니다.

이번 2022년 제11회 변호사시험 선택형문제 출제경향에 대하여, 특히나 민사법과 형사법의 경우에는 시간 소모가 많은 긴 지문들과 헷갈리는 지문들이 다수 출제되어 시간부족으로 인해 체감 난도가 높았다는 평가를 받았습니다. 이렇듯 매해 문제풀이에 소요되는 시간이 늘어나게 되어 시간 관리의 중요성이 부각되고, 이러한 출제경향으로 인해 앞으로의 기출문제 학습방향은 더 세밀하게 학습하여야 할 것입니다.

사실 기출문제집은 그 자체가 중요하다기 보다, 기본(이론)서에서 어떤 부분이 잘 나오는지 아닌지에 대한 측정도구이며, 이에 따라 강약을 조절할 수 있는 무기이기에, 심리적 안정을 위해 구입하는 것과는 차별성이 있어야 한다고 생각했습니다. 따라서 강의와의 연계는 본서의 최대 강점이며 전과목이 아니더라도 보완할 수 있도록 업데이트하였습니다.
본서는 여러분의 잠재된 능력을 끌어올려 향후 학습에 길잡이가 되기를 바라는 마음을 담았습니다.

2022. 3.

이 책의 구성과 특징

효과적이고 효율적인 학습

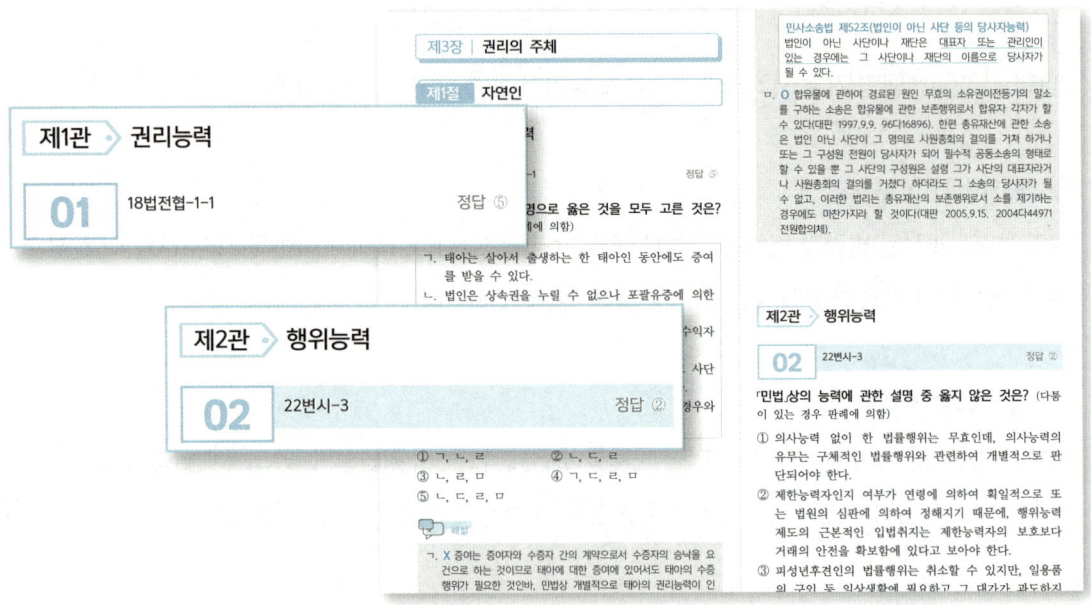

2012년~2022년 11회분의 변호사시험과 2019년~2021년 최근 3개년의 법전협 모의시험(9회분) 출제분만 추출하여 20회차분을 진도별로 구성하였으며, 목차별 중요하거나 빠진 쟁점과 관련해서는 일부 수록을 했습니다만, 모두 수록한 것은 20회차 분입니다.

가볍지만 빈틈없는 학습

그동안 쌓은 문제의 숫자로 볼 때 중복문제가 많고 20회분(변시 11회분과 법전협 9회분)만으로도 빠진 쟁점 기출문제 및 주요 기출문제를 최대한 수록하였기에 최근 출제경향을 비롯하여 핵심내용을 학습하기에는 부족함이 없습니다. 또한, 강의를 통해서 주요 기출문제분석과 필수 판례 및 이론을 반복정리함으로써 체계적이고 효율적인 학습을 할 수 있습니다.

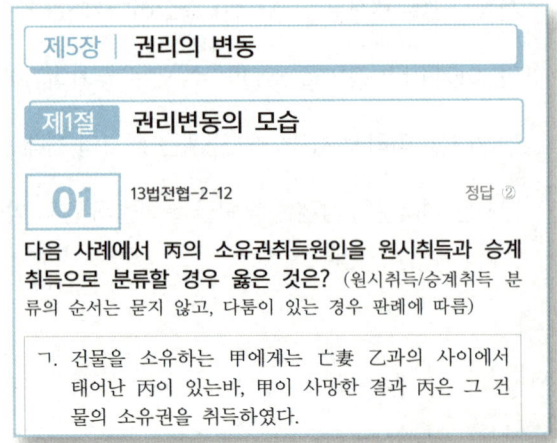

변호사시험과 법전협 모의시험의 구분 및 기출 출처 수록

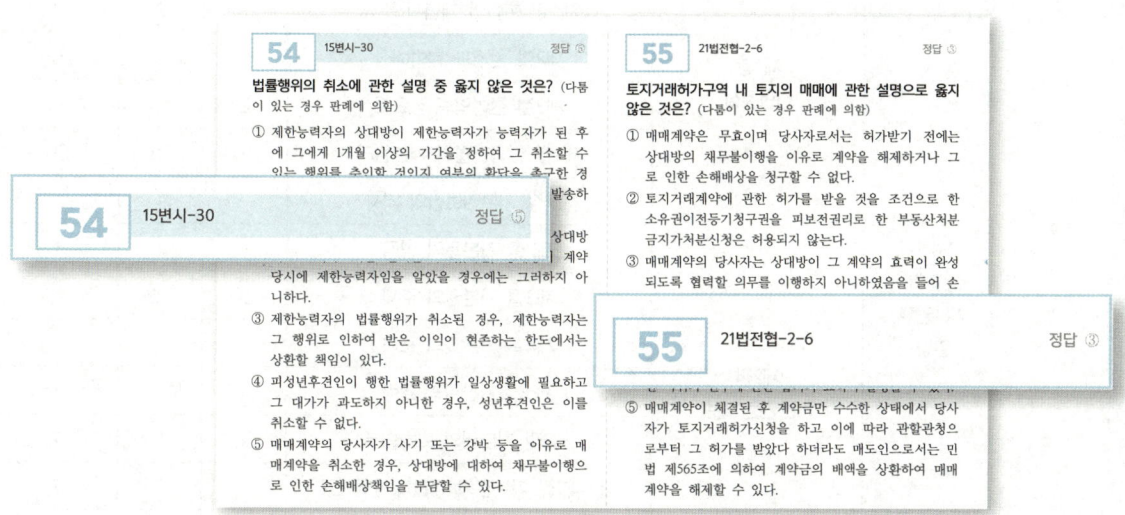

변호사시험 문제에 파란색 박스로 표시하여 법전협 모의시험과 명확하게 구분하여 변호사시험 기출문제만 빠르게 회독 가능하도록 하였습니다. 또한, 각 해당 기출문제 출처를 병기하여 해당 연도에 어떤 문제가 출제되었는지 확인할 수 있습니다. 출처 읽는 방법은 다음과 같습니다.

ex) 22변시-1 → 2022년 변호사시험 1번 문제
　　21법전협-3-2 → 2021년 법전협 모의시험 제3차 2번 문제

강의에 최적화된 구성

최신 개정법령과 변경판례를 반영한 2022 로이어스 선택형 기출 시리즈를 기반으로 만들어진 선집 시리즈는 로이어스 강의와 연계된 효율적인 학습을 위한 교재로서, 최신 3개년만 따로 공부하고자 하는 수험생들에게 최적화되어 있는 교재입니다. e-book으로 출간되는 2022 로이어스 선택형 기출 시리즈 문제에도 선집 넘버링을 공유하고 있으므로 어느 교재로도 강의를 수강하는데 전혀 문제가 없도록 하였습니다.

출제경향 분석표

	변호사시험	1회 ~ 11회 변호사시험
	법전협 모의시험	2011 ~ 2021.10. 모의시험

교재 목차	세부 목차		변시	변모	총 문항수	
제1편 헌법과 기본권론 일반	제1장 헌법총설	제1절 헌법의 개념과 분류	–	3	3	56
		제2절 헌법과 헌법해석	3	5	5	
		제3절 헌법의 구성요소	2	10	9	
		제4절 한국헌법의 기본원리	10	38	36	
	제2장 기본권론 일반	제1절 기본권보장의 역사	–	1	1	45
		제2절 기본권의 성격	–	1	1	
		제3절 기본권의 주체	3	15	15	
		제4절 기본권의 포기	–	–	–	
		제5절 기본권의 효력	1	1	1	
		제6절 기본권의 보호의무	2	8	7	
		제7절 기본권의 경합과 충돌	–	7	7	
		제8절 기본권의 제한과 그 한계	2	11	11	
		제9절 기본권의 침해와 구제	–	1	1	
제2편 기본권론 각론	제1장 인간의 존엄과 가치· 행복추구권·평등권	제1절 인간의 존엄과 가치·행복추구권	4	16	15	37
		제2절 평등권	8	21	20	
	제2장 자유권적 기본권	제1절 인신에 관한 자유	11	40	39	163
		제2절 사생활영역의 자유	2	33	33	
		제3절 정신생활영역의 자유	12	44	43	
		제4절 경제생활영역의 자유	11	46	46	
	제3장 정치적 기본권	제1절 정치적 자유권	–	–	–	71
		제2절 참정권	1	6	6	
		제3절 정당제도	5	19	19	
		제4절 저항권	–	1	1	
		제5절 선거제도	5	27	27	
		제6절 공무원제도	4	18	18	
	제4장 청구권적 기본권	제1절 청구권적 기본권총론	1	2	2	32
		제2절 청원권	–	2	2	
		제3절 재판청구권	3	20	20	
		제4절 국가배상청구권	–	5	5	
		제5절 형사보상청구권	–	2	2	
		제6절 범죄피해자구조청구권	–	1	1	

편	장	절				계
제2편 기본권론 각론	제5장 사회적 기본권	제1절 사회적 기본권의 개관	3	3	3	49
		제2절 인간다운 생활을 할 권리	1	9	9	
		제3절 교육을 받을 권리	6	17	16	
		제4절 근로의 권리	-	4	4	
		제5절 근로3권		8	8	
		제6절 환경권	-	1	1	
		제7절 혼인과 가족생활의 보장	2	7	7	
	제6장 국민의 기본적 의무		-	2	2	2
제3편 헌법 소송론	제1장 헌법재판 일반	제1절 헌법재판제도의 역사	-	4	4	28
		제2절 헌법재판소의 헌법상 지위	1	1	1	
		제3절 헌법재판소의 구성과 조직	-	-	-	
		제4절 헌법재판소의 일반심판절차	8	23	22	
	제2장 위헌법률심판		3	17	17	17
	제3장 헌법소원심판		24	53	51	53
	제4장 권한쟁의심판		8	20	20	20
제4편 통치 구조론	제1장 통치구조의 구성원리	제1절 대의제와 민주주의	-	12	12	19
		제2절 권력분립의 원리	1	3	2	
		제3절 정부형태	-	4	4	
	제2장 국회	제2절 국회의 구성과 조직	3	11	11	90
		제3절 국회의 운영과 의사절차	-	10	10	
		제4절 국회의 권한	18	59	57	
		제5절 국회의원의 헌법상 지위와 특권	4	10	10	
	제3장 대통령과 정부	제1절 대통령	20	54	50	89
		제2절 행정부	3	16	16	
		제3절 선거관리위원회	-	5	5	
		제4절 지방자치제도	4	14	13	
	제4장 법원	제1절 사법권의 의의	4	13	13	31
		제2절 사법권의 독립	4	12	12	
		제3절 법원의 조직	-	6	6	
헌법 종합문제			2	8	8	8
헌정사			5	15	15	15
합 계			214	611	825	

이 책의 목차

제1편 헌법총설과 기본권론 일반 … 2

제1장 헌법총설 … 2
- 제1절 | 헌법의 개념과 분류 … 2
- 제2절 | 헌법과 헌법해석 … 3
- 제3절 | 헌법의 구성요소 … 6
- 제4절 | 한국헌법의 기본원리 … 9
  - 제1항 한국헌법의 前文 … 9
  - 제2항 법치국가의 원리 … 11
  - 제3항 문화국가의 원리 … 21

제2장 기본권론 일반 … 23
- 제1절 | 기본권보장의 역사 … 23
- 제2절 | 기본권의 성격 … 23
- 제3절 | 기본권의 주체 … 24
- 제4절 | 기본권의 포기 … 29
- 제5절 | 기본권의 효력 … 29
- 제6절 | 기본권의 보호의무 … 29
- 제7절 | 기본권의 경합과 충돌 … 34
- 제8절 | 기본권의 제한과 그 한계 … 35
- 제9절 | 기본권의 침해와 구제 … 38

제2편 기본권론 각론 … 40

제1장 인간의 존엄과 가치·행복추구권·평등권 … 40
- 제1절 | 인간의 존엄과 가치·행복추구권 … 40
- 제2절 | 평등권 … 47

제2장 자유권적 기본권 … 58
- 제1절 | 인신에 관한 자유 … 58
  - 제1항 생명권 … 58
  - 제2항 신체를 훼손당하지 않을 권리 … 58
  - 제3항 신체의 자유 … 58
- 제2절 | 사생활영역의 자유 … 75
  - 제1항 사생활의 비밀과 자유 … 75
  - 제2항 주거의 자유 … 81
  - 제3항 거주·이전의 자유 … 82
  - 제4항 통신의 자유 … 83
- 제3절 | 정신생활영역의 자유 … 84
  - 제1항 양심의 자유 … 84
  - 제2항 종교의 자유 … 87
  - 제3항 언론·출판의 자유 … 88
  - 제4항 집회·결사의 자유 … 98
  - 제5항 학문과 예술의 자유 … 104
- 제4절 | 경제생활영역의 자유 … 105
  - 제1항 재산권 … 106
  - 제2항 직업의 자유 … 114
  - 제3항 소비자의 권리 … 122

제3장 정치적 기본권 … 122
- 제1절 | 정치적 자유권의 개관 … 122
- 제2절 | 참정권 … 122
- 제3절 | 정당제도 … 123
- 제4절 | 저항권 … 130
- 제5절 | 선거제도 … 130
- 제6절 | 공무원제도 … 140

제4장 청구권적 기본권 … 148
- 제1절 | 청구권적 기본권의 개관 … 148
- 제2절 | 청원권 … 149
- 제3절 | 재판청구권 … 150
- 제4절 | 국가배상청구권 … 156
- 제5절 | 형사보상청구권 … 158
- 제6절 | 범죄피해자구조청구권 … 159

제5장	사회적 기본권	… 160
제1절	사회적 기본권의 개관	… 160
제2절	인간다운 생활을 할 권리	… 162
제3절	교육을 받을 권리	… 167
제4절	근로의 권리	… 176
제5절	근로3권	… 178
제6절	환경권	… 179
제7절	혼인과 가족생활의 보장	… 180
제6장	국민의 기본적 의무	… 186

제3편 통치구조론 … 188

제1장	통치구조의 구성원리	… 188
제1절	대의제와 민주주의	… 188
제2절	권력분립의 원리	… 191
제3절	정부형태	… 192
제2장	국회	… 193
제1절	의회주의	… 193
제2절	국회의 구성과 조직	… 193
제3절	국회의 운영과 의사절차	… 195
제4절	국회의 권한	… 198
제1항 입법에 관한 권한	… 198
제2항 재정에 관한 권한	… 208
제3항 국정통제에 관한 권한	… 214
제4항 국회의 자율권	… 218
제5절	국회의원의 헌법상 지위와 특권	… 218
제3장	대통령과 정부	… 223
제1절	대통령	… 223
제1항 대통령의 헌법상 지위와 신분관계	… 223
제2항 대통령의 권한과 그에 대한 통제	… 225
제2절	행정부	… 249
제1항 국무총리	… 249
제2항 국무위원·행정각부의 장·국무회의·자문기관	… 252
제3항 감사원	… 253
제3절	선거관리위원회	… 255
제4절	지방자치제도	… 256
제4장	법원	… 261
제1절	사법권의 의의	… 261
제2절	사법권의 독립	… 268
제3절	법원의 조직	… 271
제4절	사법절차와 운영	… 271

제4편 헌법소송론 … 272

제1장	헌법재판 일반	… 272
제1절	헌법재판제도의 역사	… 272
제2절	헌법재판소의 헌법상 지위	… 273
제3절	헌법재판소의 구성과 조직	… 274
제4절	헌법재판소의 일반심판절차	… 274
제2장	위헌법률심판	… 286
제3장	헌법소원심판	… 288
제4장	권한쟁의심판	… 318

종합문제 … 330

제1편 헌법총설과 기본권론 일반

제1장 | 헌법총설

제1절 헌법의 개념과 분류

01 18법전협-3-4　　　　　　　　　　정답 ④

관습헌법에 관한 헌법재판소 판례의 내용에 해당하는 것만을 모두 고른 것은?

ㄱ. 관습헌법도 성문헌법과 마찬가지로 주권자인 국민의 헌법적 결단의 의사표현이므로 성문헌법과 동등한 효력을 가진다.
ㄴ. 관습헌법은 입법자를 구속하는 힘을 가지므로 관습헌법에 배치되는 법률은 위헌이다. 더 나아가 관습헌법은 성문헌법을 변경하는 힘도 가진다.
ㄷ. 관습헌법은 헌법 제130조에 따른 헌법개정 혹은 관습헌법의 법적 효력에 대한 국민적 합의가 상실된 경우에 변경·소멸할 수 있다.
ㄹ. 한 나라의 수도는 국회와 대통령의 소재지에 따라 결정된다는 것이 헌법재판소의 입장이므로 서울이 수도라는 법규범을 관습헌법으로 인정하는 데 사법부나 국무총리의 소재지는 영향을 미칠 수 없다.
ㅁ. 관습헌법은 국가의 조직에 관한 사항이나 국가기관의 권한에 관한 사항 혹은 개인의 국가권력에 대한 지위와 같은 모든 실질적 헌법사항을 대상으로 성립한다.

① ㄱ, ㄴ, ㄷ　　② ㄴ, ㄷ, ㄹ
③ ㄷ, ㄹ, ㅁ　　④ ㄱ, ㄷ, ㄹ
⑤ ㄴ, ㄹ, ㅁ

 해설

④ 신행정수도의건설을위한특별조치법위헌확인(2004.10.21. 2004헌마554·566)에 대한 판시내용이다.

ㄱ. O 헌법 제1조 제1항은 '대한민국의 주권은 국민에게 있고, 모든 권력은 국민으로부터 나온다.'고 규정한다. 이와 같이 국민이 대한민국의 주권자이며, 국민은 최고의 헌법제정권력이기 때문에 성문헌법의 제·개정에 참여할 뿐만 아니라 **헌법전에 포함되지 아니한 헌법사항을 필요에 따라 관습의 형태로 직접 형성할 수 있다.** 그렇다면 관습헌법도 성문헌법과 마찬가지로 주권자인 국민의 헌법적 결단의 의사의 표현이며 **성문헌법과 동등한 효력**을 가진다고 보아야 한다.

ㄴ. X 국민에 의하여 정립된 관습헌법은 입법권자를 구속하며 헌법으로서의 효력을 가진다(2004.10.21. 2004헌마554·566 등). 따라서 관습헌법에 배치되는 법률은 위헌이다. 그러나 **관습헌법은 성문헌법을 변경하는 힘을 가지는 것은 아니다.**

ㄷ. O 관습헌법을 폐지하기 위해서는 헌법이 정한 절차에 따른 헌법 개정이 이루어져야 한다. 이 경우 성문의 조항과 다른 것은 성문의 수도조항이 존재한다면 이를 삭제하는 내용의 개정이 필요하겠지만 관습헌법은 이에 반하는 내용의 새로운 수도설정조항을 헌법에 넣는 것만으로 그 폐지가 이루어지는 점에 있다. 다만 헌법규범으로 정립된 관습이라고 하더라도 세월의 흐름과 헌법적 상황의 변화에 따라 이에 대한 침범이 발생하고 나아가 그 위반이 일반화되어 그 법적 효력에 대한 국민적 합의가 상실되기에 이른 경우에는 관습헌법은 자연히 사멸하게 된다.

ㄹ. O 대통령제의 통치구조 아래에서 대통령은 국가원수일 뿐 아니라 행정부의 수반이므로 정부의 소재지는 대통령의 소재지로서 대표된다고 볼 수도 있기 때문에 대통령의 소재지를 수도의 특징적 요소로 보는 한 정부 각 부처의 소재지는 수도를 결정하는 데 있어서 별도로 결정적인 요소가 된다고 볼 필요는 없다. 한편 **헌법재판권을 포함한 사법권이 행사되는 장소**와 도시의 경제적 능력 등은 **수도를 결정하는 필수적인 요소에는 해당하지 아니한다**고 볼 것이다.

ㅁ. X 관습헌법이 성립하기 위하여서는 먼저 관습이 성립하는 사항이 단지 법률로 정할 사항이 아니라 반드시 헌법에 의하여 규율되어 법률에 대하여 효력상 우위를 가져야 할 만큼 헌법적으로 중요한 기본적 사항이 되어야 한다. 일반적으로 실질적인 헌법사항이라고 함은 널리 국가의 조직에 관한 사항이나 국가기관의 권한 구성에 관한 사항 혹은 개인의 국가권력에 대한 지위를 포함하여 말하는 것이지만, 관습헌법은 이와 같은 일반적인 헌법사항에 해당하는 내용 중에서도 특히 국가의 기본적이고 핵심적인 사항으로서 법률에 의하여 규율하는 것이 적합하지 아니한 사항을 대상으로 하는 것이다.

제2절 헌법과 헌법해석

02 19변시-2 정답 ②

헌법해석에 관한 설명 중 옳지 않은 것은? (다툼이 있는 경우 판례에 의함)

① 제헌헌법 이래 신체의 자유 보장규정에서 "구금"이라는 용어를 사용해 오다가 현행헌법 개정 시에 이를 "구속"으로 바꾸었는데, '국민의 신체와 생명에 대한 보호를 강화'하는 것이 현행헌법의 주요 개정이유임을 고려하면, "구금"을 "구속"으로 바꾼 것은 헌법에 규정된 신체의 자유의 보장 범위를 구금된 사람뿐 아니라 구인된 사람에게까지 넓히기 위한 것으로 해석하는 것이 타당하다.

② 헌법 제8조 제1항은 정당설립의 자유, 정당조직의 자유, 정당활동의 자유를 포괄하는 정당의 자유를 보장하는 규정이어서, 이와 같은 정당의 자유는 단체로서 정당이 가지는 기본권이고, 국민이 개인적으로 가지는 기본권이 될 수는 없다.

③ 헌법 제16조 후문은 주거에 대한 압수나 수색을 할 때 영장주의에 대한 예외를 명문화하고 있지 않지만, 신체의 자유와 비교할 때 주거의 자유에 대해서도 일정한 요건 하에서는 그 예외를 인정할 필요가 있다는 점 등을 고려하면, 헌법 제16조의 영장주의에 대해서도 그 예외를 인정하되, 그 장소에 범죄혐의 등을 입증할 자료나 피의자가 존재할 개연성이 소명되고, 사전에 영장을 발부받기 어려운 긴급한 사정이 있는 경우에만 제한적으로 허용될 수 있다고 보는 것이 타당하다.

④ 헌법 제32조 제6항의 "국가유공자·상이군경 및 전몰군경의 유가족은 법률이 정하는 바에 의하여 우선적으로 근로의 기회를 부여받는다."라는 규정은 엄격하게 해석할 필요가 있고, 이러한 관점에서 위 조항의 대상자는 조문의 문리해석대로 "국가유공자", "상이군경", 그리고 "전몰군경의 유가족"이라고 봄이 상당하다.

⑤ 헌법 제21조 제2항의 집회에 대한 허가금지조항은 처음으로 1960년 개정헌법에서 규정되었으며, 1972년 개정헌법에서 삭제되었다가 현행헌법에서 다시 규정된 것으로, 집회의 허용 여부를 행정권의 일방적·사전적 판단에 맡기는 집회에 대한 허가제를 절대적으로 금지하겠다는 헌법개정권력자인 국민들의 헌법가치적 합의이며 헌법적 결단이라고 보아야 할 것이다.

 해설

① O "구금"을 "구속"으로 바꾼 것은 헌법에 규정된 신체의 자유의 보장 범위를 넓히려는 것으로 볼 수 있다.
② X 정당의 자유는 개개인의 자유로운 정당설립 및 정당가입의 자유, 조직형식 내지 법형식 선택의 자유를 포함한다. 또한 정당설립의 자유는 설립에 대응하는 정당해산의 자유, 합당의 자유, 분당의 자유도 포함한다. 뿐만 아니라 정당설립의 자유는 개인이 정당 일반 또는 특정 정당에 가입하지 아니할 자유, 가입했던 정당으로부터 탈퇴할 자유 등 소극적 자유도 포함한다(2006.3.30. 2004헌마246 [기각]).
③ O 헌법 제12조 제3항과는 달리 헌법 제16조 후문은 "주거에 대한 압수나 수색을 할 때에는 검사의 신청에 의하여 법관이 발부한 영장을 제시하여야 한다."라고 규정하고 있을 뿐 영장주의에 대한 예외를 명문화하고 있지 않다. 그러나 헌법 제12조 제3항과 헌법 제16조의 관계, 주거 공간에 대한 긴급한 압수·수색의 필요성, 주거의 자유와 관련하여 영장주의를 선언하고 있는 헌법 제16조의 취지 등을 종합하면, 헌법 제16조의 영장주의에 대해서도 그 예외를 인정하되, 이는 ① 그 장소에 범죄혐의 등을 입증할 자료나 피의자가 존재할 개연성이 소명되고, ② 사전에 영장을 발부받기 어려운 긴급한 사정이 있는 경우에만 제한적으로 허용될 수 있다고 보는 것이 타당하다(2018.4.26. 2015헌바370 등 [헌법불합치]).
④ O "국가유공자·상이군경 및 전몰군경의 유가족은 법률이 정하는 바에 의하여 우선적으로 근로의 기회를 부여받는다."고 규정한 헌법 제32조 제6항의 대상자는 문리해석대로 "국가유공자", "상이군경", 그리고 "전몰군경의 유가족"이라고 보아야 하고, 국가유공자의 가족이 공무원채용시험에 응시하는 경우 만점의 10%를 가산하도록 규정하고 있는 법률조항은 일반 응시자와의 차별의 효과가 지나치므로 헌법에 합치되지 아니한다(2006.2.23. 2004헌마675 등 [헌법불합치]).
⑤ O 집회에 대한 허가금지조항은 처음으로 1960년 개정헌법에서 규정되었으며 집회에 대한 허가제는 집회에 대한 검열제와 마찬가지이므로 이를 절대적으로 금지하겠다는 헌법개정권력자인 국민들의 헌법가치적 합의이며 헌법적 결단이다.

03　18변시-1　정답 ④

헌법해석에 관한 설명 중 옳은 것을 모두 고른 것은?
(다툼이 있는 경우 판례에 의함)

ㄱ. 헌법의 제 규정 가운데는 헌법의 근본가치를 보다 추상적으로 선언한 것도 있고 이를 보다 구체적으로 표현한 것도 있으므로, 헌법의 어느 특정규정이 다른 규정의 효력을 전면 부인할 수 있는 정도로 개별적 헌법규정 상호간의 효력상의 차등을 인정할 수 있다.

ㄴ. 헌법의 기본원리는 헌법의 이념적 기초인 동시에 헌법을 지배하는 지도원리로서 입법이나 정책결정의 방향을 제시하며 공무원을 비롯한 모든 국민과 국가기관이 헌법을 존중하고 수호하도록 하는 지침이 되며, 구체적 기본권을 도출하는 근거로 될 수 있다.

ㄷ. 헌법해석상 특정인에게 구체적인 기본권이 생겨 이를 보장하기 위한 국가의 행위의무 내지 보호의무가 발생하였음이 명백함에도 불구하고 입법자가 아무런 입법조치를 취하지 아니한 경우에는 입법자에게 입법의무가 인정된다.

ㄹ. 헌법해석은 헌법이 담고 추구하는 이상과 이념에 따른 역사적·사회적 요구를 올바르게 수용하여 헌법적 방향을 제시하는 헌법의 창조적 기능을 수행하여 국민적 욕구와 의식에 알맞은 실질적 국민주권의 실현을 보장하는 것이어야 한다.

ㅁ. 국민의 기본권의 강화·확대라는 헌법의 역사성, 헌법재판소의 헌법해석은 헌법이 내포하고 있는 특정한 가치를 탐색·확인하고 이를 규범적으로 관철하는 작업인 점 등에 비추어, 헌법재판소가 행하는 구체적 규범통제의 심사기준은 원칙적으로 헌법재판을 할 당시에 규범적 효력을 가지는 헌법이다.

① ㄱ, ㄴ
② ㄱ, ㄹ, ㅁ
③ ㄴ, ㄷ, ㅁ
④ ㄷ, ㄹ, ㅁ
⑤ ㄴ, ㄷ, ㄹ, ㅁ

 해설

ㄱ. **X** 헌법의 제 규정 가운데는 헌법의 근본가치를 보다 추상적으로 선언한 것도 있고, 이를 보다 구체적으로 표현한 것도 있어서 **이념적·논리적으로는 규범 상호간의 우열을 인정할 수 있는 것이 사실이나**, 그렇다 하더라도, 이 때에 인정되는 규범 상호간의 우열은 추상적 가치규범의 구체화에 따른 것으로 헌법의 통일적 해석에 있어서는 유용할 것이지만, 그것이 **헌법의 어느 특정 규정과 다른 규정의 효력상의 차등을 의미하는 것이라 볼 수 없다**(1996.6.13. 94헌바20).

ㄴ. **X** **헌법의 기본원리**는 헌법의 이념적 기초인 동시에 헌법을 지배하는 지도원리로서 입법이나 정책결정의 방향을 제시하며 공무원을 비롯한 모든 국민·국가기관이 헌법을 존중하고 수호하도록 하는 지침이 되며, **구체적 기본권을 도출하는 근거로 될 수는 없으나** 기본권의 해석 및 기본권제한입법의 합헌성 심사에 있어 해석기준의 하나로서 작용한다(1996.4.25. 92헌바47).

ㄷ. **O** 입법을 요구하는 소구청구권은 원칙적으로 허락되지 않는다. 다만 헌법에서 기본권보장을 위해 법령에 명시적인 입법위임을 하였음에도 입법자가 이를 이행하지 않을 때, 그리고 헌법해석상 특정인에게 구체적인 기본권이 생겨 이를 보장하기 위한 국가의 행위의무 내지 보호의무가 발생하였음이 명백함에도 불구하고 입법자가 전혀 아무런 입법조치를 취하고 있지 않은 경우가 여기에 해당될 것이며, 이때에는 입법부작위가 헌법소원의 대상이 된다고 봄이 상당할 것이다(1989.3.17. 88헌마1).

ㄹ. **O** 헌법의 해석은 헌법이 담고 추구하는 이상과 이념에 따른 역사적, 사회적 요구를 올바르게 수용하여 헌법적 방향을 제시하는 헌법의 창조적 기능을 수행하여 국민적 욕구와 의식에 알맞는 실질적 국민주권의 실현을 보장하는 것이어야 한다. 그러므로 헌법의 해석과 헌법의 적용이 우리 헌법이 지향하고 추구하는 방향에 부합하는 것이 아닐 때에는, 헌법적용의 방향제시와 헌법적 지도로써 정치적 불안과 사회적 혼란을 막는 가치관을 설정하여야 한다(1989.9.8. 88헌가6 [헌법불합치]).

ㅁ. **O** 현행헌법은 전문에서 '1948. 7. 12.에 제정되고 8차에 걸쳐 개정된 헌법을 이제 국회의 의결을 거쳐 국민투표에 의하여 개정한다.'라고 하여, 제헌헌법 이래 현행헌법에 이르기까지 헌법의 동일성과 연속성을 선언하고 있으므로 **헌법으로서의 규범적 효력을 가지고 있는 것은 오로지 현행헌법**이다. 헌법재판소가 행하는 구체적 규범통제의 심사기준은 원칙적으로 헌법재판을 할 당시에 규범적 효력을 가지는 헌법이라 할 것이다(2013.3.21. 2010헌바132 등 [위헌]).

04 14변시-2   정답 ④

합헌적 법률해석에 관한 설명 중 헌법재판소 또는 대법원의 판례와 합치되지 않는 것은?

① 어떤 법률의 개념이 다의적이고 그 어의의 테두리 안에서 여러 가지 해석이 가능할 때, 헌법을 최고법규로 하는 통일적인 법질서의 형성을 위하여 헌법에 합치되는 해석, 즉 합헌적인 해석을 택하여야 하며, 이에 의하여 위헌적인 결과가 될 해석은 배제하면서 합헌적이고 긍정적인 면은 살려야 한다는 것이 헌법의 일반법리이다.

② 구 사회보호법 제5조 제1항("보호대상자가 다음 각호의 1에 해당하는 때에는 10년의 보호감호에 처한다. 다만, 보호대상자가 50세 이상인 때에는 7년의 보호감호에 처한다.")은 그 요건에 해당하는 경우에는 법원으로 하여금 감호청구의 이유 유무, 즉 재범의 위험성 유무를 불문하고 반드시 감호의 선고를 하도록 한 것임이 위 조항의 문의임은 물론 입법권자의 의지임을 알 수 있으므로 위 조항에 대한 합헌적 해석은 문의의 한계를 벗어난 것이다.

③ 임원과 과점주주에게 연대책임을 부과하는 구 상호신용금고법 제37조의3이 부실경영에 책임이 없는 임원과 과점주주에 대해서까지 책임을 묻는 것으로 해석될 경우에는 위헌이다. 하지만 동 조항을 단순위헌으로 선언할 경우 임원과 과점주주가 금고의 채무에 대하여 단지 상법상의 책임만을 지는 결과가 발생하고 이로써 예금주인 금고의 채권자의 이익이 충분히 보호될 수 없기 때문에 헌법재판소는 합헌적 법률해석에 따라 '부실경영의 책임이 없는 임원'과 '금고의 경영에 영향력을 행사하여 부실의 결과를 초래한 자 이외의 과점주주'에 대해서도 연대채무를 부담하게 하는 범위 내에서 헌법에 위반된다고 한정위헌결정을 내렸다.

④ 구 군인사법 제48조 제4항 후단의 '무죄의 선고를 받은 때'의 의미와 관련하여, 형식상 무죄판결뿐 아니라 공소기각재판을 받았다 하더라도 그와 같은 공소기각의 사유가 없었더라면 무죄가 선고될 현저한 사유가 있는 이른바 내용상 무죄재판의 경우도 이에 포함된다고 해석하는 것은 법률의 문의적 한계를 벗어난 것으로서 합헌적 법률해석에 부합하지 아니한다.

⑤ 대법원의 판례에 따르면, 한정위헌결정에 의하여 법률이나 법률조항이 폐지되는 것이 아니라 그 문언이 전혀 달라지지 않은 채 그대로 존속하고 있는 것이므로 이는 법률 또는 법률조항의 의미, 내용과 그 적용범위를 정하는 법률해석이라 할 수 있으며, 헌법재판소의 견해를 일응 표명한 것에 불과하여 법원에 전속되어 있는 법령의 해석·적용 권한에 대하여 어떠한 영향을 미치거나 기속력을 가질 수 없다.

 해설

① O 1990.4.2. 89헌가113
② O 법 제5조 제1항의 요건에 해당되는 경우에는 법원으로 하여금 감호청구의 이유 유무 즉, 재범의 위험성의 유무를 불문하고 반드시 감호의 선고를 하도록 강제한 것임이 위 법률의 조항의 문의임은 물론 입법권자의 의지임을 알 수 있으므로 위 조항에 대한 합헌적 해석은 문의의 한계를 벗어난 것이라 할 것이다(1989.7.14. 88헌가5).
③ O 부실경영을 방지하는 다른 수단에 대하여 부가적으로 민사상의 책임을 강화하는 이 사건 법률조항은 원칙적으로 '최소침해의 원칙'에 부합하나, **부실경영에 아무런 관련이 없는 임원이나 과점주주에 대해서도 연대변제책임을 부과**하는 것은 입법목적을 달성하기 위하여 필요한 범위를 넘는 과도한 제한이다. 임원과 과점주주에게 연대책임을 부과하는 것 자체가 위헌이 아니라 부실경영에 기여한 바가 없는 임원과 과점주주에게도 연대책임을 지도록 하는 것이 위헌이라는 점에서 연대책임을 지는 임원과 과점주주의 범위를 적절하게 제한함으로써 그 위헌성이 제거될 수 있을 뿐만 아니라, 위 상호신용금고법 제37조의3을 단순위헌으로 선언할 경우 임원과 과점주주가 금고의 채무에 대하여 단지 상법상의 책임만을 지는 결과가 발생하고 이로써 예금주인 금고의 채권자의 이익이 충분히 보호될 수 없기 때문에, 가급적이면 위 법 규정의 효력을 유지하는 쪽으로 이를 해석하는 것이 바람직하다. 따라서 이 사건 법률조항은 '부실경영의 책임이 없는 임원'과 '금고의 경영에 영향력을 행사하여 부실의 결과를 초래한 자 이외의 과점주주'에 대해서도 연대채무를 부담하게 하는 범위 내에서 헌법에 위반된다(2002.8.29. 2000헌가5·6).
④ X 군인사법 제48조에 따르면 형사기소되어 휴직명령을 받은 군 장교가 무죄선고를 받으면 봉급을 소급하여 지급받게 되는데, 여기의 무죄선고에 공소기각재판도 포함되는지의 여부에 대하여 형식상 무죄판결뿐 아니라 공소기각재판을 받았다 하더라도 그와 같은 **공소기각의 사유가 없었더라면 무죄가 선고될 현저한 사유가 있는 이른바 내용상 무죄재판의 경우도 이에 포함된다**고 확대 해석함이 법률의 문의적 한계 내의 **합헌적 법률해석에 부합**한다(대판 2004.8.20. 2004다22377).
⑤ O 합헌적 법률해석에 의한 **변형결정의 기속력을 인정하는 헌법재판소의 입장과 달리 지문은 기속력을 부정하는 대법원의 입장**이다(대판 1996.4.9. 95누11405).

제3절 헌법의 구성요소

05 22변시-2 정답 ④

국적에 관한 설명 중 옳지 않은 것은? (다툼이 있는 경우 판례에 의함)

① 외국인인 개인이 특정한 국가의 국적을 선택할 권리가 자연권으로서 또는 우리 헌법상 당연히 인정된다고 할 수 없다.
② 병역준비역에 편입된 사람이 그 이후 국적이탈이라는 방법을 통해서 병역의무에서 벗어날 수 없도록 국적이탈이 가능한 기간을 제한하는 것은 병역의무 이행의 공평성 확보라는 목적을 달성하는 데 적합한 수단이다.
③ 국적을 이탈하거나 변경하는 것은 헌법 제14조가 보장하는 거주·이전의 자유에 포함된다.
④ 복수국적자에 대하여 병역준비역에 편입된 날부터 3개월 이내에 대한민국 국적을 이탈하지 않으면 병역의무를 해소한후에야 이를 가능하도록 한「국적법」조항은 국적선택제도를 통하여 병역의무를 면탈하지 못하게 하려는 것으로 복수국적자의 국적이탈의 자유를 침해한다고 볼 수 없다.
⑤ 외국인이 귀화허가를 받기 위해서는 '품행이 단정할 것'의 요건을 갖추도록 규정한 것은 명확성원칙에 위배되지 않는다.

 해설

① O "이중국적자의 국적선택권"이라는 개념은 별론으로 하더라도, 일반적으로 외국인인 개인이 특정한 국가의 국적을 선택할 권리가 자연권으로서 또는 우리 헌법상 당연히 인정된다고는 할 수 없다고 할 것이다(2006.3.30. 2003헌마806).
② O ④ X 심판대상 법률조항은 위와 같이 국적이탈이 가능한 기간을 제한함으로써 병역준비역에 편입된 사람이 그 이후 국적이탈이라는 방법을 통해서는 병역의무에서 벗어날 수 없도록 하므로, 병역의무 이행의 공평성 확보라는 목적을 달성하는 데 적합한 수단이다. … 그러나 피해의 최소성과 법익의 균형성을 충족하지 못하여 과잉금지원칙에 위배되어 청구인의 국적이탈의 자유를 침해한다(2020.9.24. 2016헌마889 [헌법불합치]).
③ O 국적을 이탈하거나 변경하는 것은 헌법 제14조가 보장하는 거주·이전의 자유에 포함된다(2006.11.30. 2005헌마739).
⑤ O 심판대상조항은 외국인에게 대한민국 국적을 부여하는 '귀화'의 요건을 정한 것인데, '품행', '단정' 등 용어의 사전적 의미가 명백하고, 심판대상조항의 입법취지와 용어의 사전적 의미 및 법원의 일반적인 해석 등을 종합해 보면, '품행이 단정할 것'은 '귀화신청자를 대한민국의 새로운 구성원으로서 받아들이는 데 지장이 없을 만한 품성과 행실을 갖춘 것'을 의미하고, 구체적으로 이는 귀화신청자의 성별, 연령, 직업, 가족, 경력, 전과관계 등 여러 사정을 종합적으로 고려하여 판단될 것임을 예측할 수 있다. 따라서 심판대상조항은 명확성원칙에 위배되지 아니한다(2016.7.28. 2014헌바421).

06 12변시-9 정답 ④

남북한의 법적 관계에 관한 설명 중 옳지 않은 것은? (다툼이 있는 경우 판례에 의함)

① 통일부장관이 북한주민 등과의 접촉을 원하는 자로부터 승인신청을 받아 구체적인 내용을 검토하여 승인 여부를 결정하는 절차를 규정한「남북교류협력에 관한 법률」은 평화통일을 선언한 헌법전문과 헌법 제4조에 위배되지 않는다.
② 남·북한이 유엔(UN)에 동시가입하였다고 하더라도, 이는 '유엔헌장'이라는 다변조약(多邊條約)에의 가입을 의미하는 것으로서 유엔헌장 제4조 제1항의 해석상 신규가맹국이 유엔(UN)이라는 국제기구에 의하여 국가로 승인받는 효과가 발생하는 것은 별론으로 하고, 그것만으로 곧 다른 가맹국과의 관계에 있어서도 당연히 상호간에 국가승인이 있었다고 볼 수 없다는 것이 현실 국제정치상의 관례이다.
③ 국가보안법 제7조 제1항의 "국가의 존립·안전이나 자유민주적 기본질서를 위태롭게 한다는 정을 알면서"라는 구성요건은, 그 소정의 행위가 국가의 존립·안전이나 자유민주적 기본질서에 해악을 끼칠 명백한 위험성이 있는 경우에만 적용되어야 한다.
④ 헌법재판소는 남북 당국자 간에 이루어진 합의인「남북 사이의 화해와 불가침 및 교류협력에 관한 합의서」(1992. 2. 19. 발효)는 일종의 조약으로서 국회의 동의를 얻어야 한다고 판시하였다.
⑤「남북관계 발전에 관한 법률」에 따르면, 대통령은 정부와 북한당국 간에 문서의 형식으로 체결된 합의(남북합의서)를 비준하기에 앞서 국무회의의 심의를 거쳐야 하고, 국회는 국가나 국민에게 중대한 재정적 부담을 지우는 남북합의서 또는 입법사항에 관한 남북합의서의 체결·비준에 대한 동의권을 가진다.

 해설

① O 통일부장관이 북한주민 등과의 접촉을 원하는 자로부터 승인신청을 받아 구체적인 내용을 검토하여 승인 여부를 결정하는 절차는 현 단계에서는 불가피하므로 남북교류협력에관한법률 제9조 제3항은 평화통일을 선언한 헌법전문, 헌법 제4조, 헌법66조 제3항 및 기타 헌법상의 통일조항에 위배된다고 볼 수 없다(2000.7.20. 98헌바63).
② O 비록 남·북한이 유엔(U.N)에 동시가입하였다고 하더라도, 이는 "유엔헌장"이라는 다변조약에의 가입을 의미하는 것으로서 유엔헌장 제4조 제1항의 해석상 신규가맹국이 "유엔(U.N)"이라는 국제기구에 의하여 국가로 승인받는 효과가 발생하는 것은 별론으로 하고, 그것만으로 곧 다른 가맹국과의 관계에 있어서도 당연히 상호간에 국가승인이 있었다고는 볼 수 없다(1997.1.16. 92헌바6 등 [합헌,한정합헌]).
③ O 문리해석상으로는 일응 이 조항에 해당하는 행위라 할지라도 그 가운데서 국가의 존립·안전이나 자유민주적 기본질서에 무해(無害)한 행위는 처벌에서 제외하고 이에 위해를 줄 명백한 위험성이 있는 경우에만 이를 적용하도록 처벌범위를 축소제한하는 경우에는 앞서 본 헌법전문이나 헌법규정들에 합치되는 합헌적 해석이 되고, 그 위헌성이 제거된다(1996.10.4. 95헌가2).

④ X 1992. 2. 19. 발효된 '남북사이의화해와불가침및교류협력에관한합의서'는 일종의 공동성명 또는 신사협정에 준하는 성격을 가짐에 불과하여 법률이 아님은 물론 국내법과 동일한 효력이 있는 조약이나 이에 준하는 것으로 볼 수 없다(2000.7.20. 98헌바63).
⑤ O 남북관계 발전에 관한 법률 제21조 제2항, 제3항

> **남북관계 발전에 관한 법률 제21조(남북합의서의 체결·비준)**
> ① 대통령은 남북합의서를 체결·비준하며, 통일부장관은 이와 관련된 대통령의 업무를 보좌한다.
> ② 대통령은 남북합의서를 비준하기에 앞서 국무회의의 심의를 거쳐야 한다.
> ③ 국회는 국가나 국민에게 중대한 재정적 부담을 지우는 남북합의서 또는 입법사항에 관한 남북합의서의 체결·비준에 대한 동의권을 가진다.
> ④ 대통령이 이미 체결·비준한 남북합의서의 이행에 관하여 단순한 기술적·절차적 사항만을 정하는 남북합의서는 남북회담대표 또는 대북특별사절의 서명만으로 발효시킬 수 있다.

07 20법전협-3-18 정답 ⑤

남북관계에 관한 설명으로 옳지 않은 것은? (다툼이 있는 경우 판례에 의함)

① 1992. 2. 19. 발효된 「남북 사이의 화해와 불가침 및 교류협력에 관한 합의서」는 일종의 공동성명 또는 신사협정에 준하는 성격을 가지는 것에 불과하여 국내법과 동일한 효력이 있는 조약이나 이에 준하는 것으로 볼 수 없다.
② 헌법상의 여러 통일 관련 조항들은 국가의 통일의무를 선언한 것이기는 하지만, 그로부터 국민 개개인의 통일에 대한 기본권, 특히 국가기관에 대하여 통일과 관련된 구체적인 행동을 요구하거나 일정한 행동을 할 수 있는 권리가 도출된다고 볼 수 없다.
③ 대통령은 남북관계에 중대한 변화가 발생하거나 국가안전보장, 질서유지 또는 공공복리를 위하여 필요하다고 판단될 경우에는 기간을 정하여 남북합의서의 효력의 전부 또는 일부를 정지시킬 수 있다.
④ 국회는 국가나 국민에게 중대한 재정적 부담을 지우는 남북합의서 또는 입법사항에 관한 남북합의서의 체결·비준에 대한 동의권을 가진다.
⑤ 남한과 북한의 관계는 국가간의 관계가 아닌 통일을 지향하는 과정에서 잠정적으로 형성되는 특수관계이지만, 남한과 북한 간의 거래는 국가간의 거래로 본다.

 해설

① O 1992. 2. 19. 발효된 '남북사이의화해와불가침및교류협력에관한합의서'는 일종의 공동성명 또는 신사협정에 준하는 성격을 가짐에 불과하여 법률이 아님은 물론 국내법과 동일한 효력이 있는 조약이나 이에 준하는 것으로 볼 수 없다(2000.7.20. 98헌바63).
② O 헌법상의 여러 통일관련 조항들은 국가의 통일의무를 선언한 것이기는 하지만, 그로부터 국민 개개인의 통일에 대한 기본권, 특히 국가기관에 대하여 통일과 관련된 구체적인 행동을 요구하거나 일정한 행동을 할 수 있는 권리가 도출된다고 볼 수 없다(2000.7.20. 98헌바63).
③ O 남북관계 발전에 관한 법률 제23조 제2항
④ O 남북관계 발전에 관한 법률 제21조 제3항
⑤ X

> **남북관계 발전에 관한 법률 제3조(남한과 북한의 관계)**
> ① 남한과 북한의 관계는 국가간의 관계가 아닌 통일을 지향하는 과정에서 잠정적으로 형성되는 특수관계이다.
> ② 남한과 북한간의 거래는 국가간의 거래가 아닌 민족내부의 거래로 본다.

08 20법전협-2-2   정답 ②

국적에 관한 설명으로 옳지 않은 것은? (다툼이 있는 경우 판례에 의함)

① 북한지역은 대한민국의 영토에 속하므로 북한지역에 거주하는 주민이라는 사정은 그 주민이 대한민국의 국적을 취득·유지하는 데 아무런 영향을 미치지 않는다.

② 외국인이 일반귀화허가를 받으려면 '3년 이상 계속하여 대한민국에 주소가 있을 것'이라는 요건을 갖추어야 한다.

③ 「국적법」상 일반귀화허가 요건 중 '품행 단정'의 요건을 갖출 것은 용어의 사전적 의미, 법원의 해석 등에 비추어 귀화신청자를 대한민국의 구성원으로서 받아들이는 데 지장이 없을 만한 품성과 행실을 갖춘 것을 의미한다고 해석되므로 명확성원칙에 위배되지 않는다.

④ 「국적법」 등 관계 법령 어디에도 외국인에게 대한민국의 국적을 취득할 권리를 부여하였다고 볼 만한 규정이 없다.

⑤ 귀화허가는 외국인에게 대한민국 국적을 부여함으로써 국민으로서의 법적 지위를 포괄적으로 설정하는 행위이며, 귀화 허가의 근거규정의 형식과 문언, 귀화허가의 내용과 특성 등을 고려해 보면, 법무부장관은 귀화신청인이 귀화요건을 갖추었다 하더라도 귀화를 허가할 것인지 여부에 관하여 재량권을 가진다.

 해설

① O 조선인을 부친으로 하여 출생한 자는 남조선과도정부법률 제11호 국적에관한임시조례의 규정에 따라 조선국적을 취득하였다가 제헌헌법의 공포와 동시에 대한민국 국적을 취득하였다 할 것이고, 설사 그가 북한법의 규정에 따라 북한국적을 취득하여 중국 주재 북한대사관으로부터 북한의 해외공민증을 발급받은 자라 하더라도 북한지역 역시 대한민국의 영토에 속하는 한반도의 일부를 이루는 것이어서 대한민국의 주권이 미칠 뿐이고, 대한민국의 주권과 부딪치는 어떠한 국가단체나 주권을 법리상 인정할 수 없는 점에 비추어 볼 때, 그러한 사정은 그가 대한민국 국적을 취득하고 이를 유지함에 있어 아무런 영향을 끼칠 수 없다고 한 원심판결을 수긍한 사례(대판 1996.11.12. 96누1221).

② X 외국인이 일반귀화를 받으려면 '5년 이상 계속하여 대한민국에 주소가 있을 것'이라는 요건을 갖추어야한다.

> **국적법 제5조(일반귀화 요건)**
> 외국인이 귀화허가를 받기 위해서는 제6조나 제7조에 해당하는 경우 외에는 다음 각 호의 요건을 갖추어야 한다.
> 1. 5년 이상 계속하여 대한민국에 주소가 있을 것
> 1의2. 대한민국에서 영주할 수 있는 체류자격을 가지고 있을 것
> 2. 대한민국의 「민법」상 성년일 것
> 3. 법령을 준수하는 등 법무부령으로 정하는 품행 단정의 요건을 갖출 것
> 4. 자신의 자산(資産)이나 기능(技能)에 의하거나 생계를 같이하는 가족에 의존하여 생계를 유지할 능력이 있을 것
> 5. 국어능력과 대한민국의 풍습에 대한 이해 등 대한민국 국민으로서의 기본 소양(素養)을 갖추고 있을 것
> 6. 귀화를 허가하는 것이 국가안전보장·질서유지 또는 공공복리를 해치지 아니한다고 법무부장관이 인정할 것

③ O 심판대상조항은 외국인에게 대한민국 국적을 부여하는 '귀화'의 요건을 정한 것인데, '품행', '단정' 등 용어의 사전적 의미가 명백하고, 심판대상조항의 입법취지와 용어의 사전적 의미 및 법원의 일반적인 해석 등을 종합해 보면, '품행이 단정할 것'은 '귀화신청자를 대한민국의 새로운 구성원으로서 받아들이는 데 지장이 없을 만한 품성과 행실을 갖춘 것'을 의미하고, 구체적으로 이는 귀화신청자의 성별, 연령, 직업, 가족, 경력, 전과관계 등 여러 사정을 종합적으로 고려하여 판단될 것임을 예측할 수 있다. 따라서 심판대상조항은 명확성원칙에 위배되지 아니한다(2016.7.28. 2014헌바421).

④, ⑤ O 국적은 국민의 자격을 결정짓는 것이고, 이를 취득한 사람은 국가의 주권자가 되는 동시에 국가의 속인적 통치권의 대상이 되므로, 귀화허가는 외국인에게 대한민국 국적을 부여함으로써 국민으로서의 법적 지위를 포괄적으로 설정하는 행위에 해당한다. 한편 국적법 등 관계 법령 어디에도 외국인에게 대한민국의 국적을 취득할 권리를 부여하였다고 볼 만한 규정이 없다. 이와 같은 귀화허가의 근거 규정의 형식과 문언, 귀화허가의 내용과 특성 등을 고려하여 보면, 법무부장관은 귀화신청인이 법률이 정하는 귀화요건을 갖추었다고 하더라도 귀화를 허가할 것인지 여부에 관하여 재량권을 가진다(대판 2010.7.15. 2009두19069).

제4절 한국헌법의 기본원리

제1항 한국헌법의 前文

09 22변시-4   정답 ④

헌법전문(前文)에 관한 설명 중 옳은 것(○)과 옳지 않은 것(×)을 올바르게 조합한 것은? (다툼이 있는 경우 판례에 의함)

ㄱ. 태평양전쟁 전후 일제에 의한 강제동원으로 피해를 입은 자에 대한 위로금 지급에 있어 대한민국 국적을 갖고 있지 않은 유족을 위로금 지급대상에서 제외하는 것은 정의 · 인도와 동포애로써 민족의 단결을 공고히 할 것을 규정한 헌법 전문에 비추어 헌법에 위반된다.
ㄴ. 헌법전문이 규정하는 대한민국임시정부의 법통 계승은 선언적 · 추상적 의미에 불과하므로, 우리 헌법이 제정되기 전에 발생한 일제강점기 피해자들의 훼손된 인간의 존엄과 가치를 회복시켜야 할 의무는 지금의 정부가 국민에 대하여 부담하는 근본적 보호의무에 속한다고 볼 수 없다.
ㄷ. 헌법전문에 기재된 3 · 1 정신은 우리나라 헌법의 연혁적 · 이념적 기초로서 헌법이나 법률해석에서의 해석기준으로 작용할 수 있지만, 그에 기하여 곧바로 국민의 개별적 기본권성을 도출해낼 수는 없다.
ㄹ. 국가가 일제로부터 조국의 자주독립을 위하여 공헌한 독립유공자와 그 유족에 대하여는 응분의 예우를 하여야 할 헌법적 의무를 헌법전문으로부터 도출할 수 있다.

① ㄱ(○), ㄴ(○), ㄷ(○), ㄹ(×)
② ㄱ(○), ㄴ(×), ㄷ(×), ㄹ(×)
③ ㄱ(×), ㄴ(○), ㄷ(○), ㄹ(×)
④ ㄱ(×), ㄴ(×), ㄷ(○), ㄹ(○)
⑤ ㄱ(×), ㄴ(×), ㄷ(×), ㄹ(○)

④ 헌법전문(前文)에 관한 설명 중 옳은 것은 ㄷ, ㄹ 이다.
ㄱ. X 국가가 개인에게 특정한 이유로 시혜적 급부를 하는 경우, 이러한 급부는 국민이 낸 세금 등을 재원으로 하는 것이므로 특별한 사정이 없는 한 그 나라의 국민을 급부의 대상으로 하는 것이 원칙이고, 외국인이 그러한 급부에 필요한 재원을 충당하는 데 기여하였다는 등으로 외국인에게 급부를 하여야 할 특별한 사정이 있지 않는 한 외국인을 그 대상으로 하지 않는다고 하여 평등원칙에 위배된다고 보기는 어렵다. 국외강제동원자지원법은 국민이 부담하는 세금을 재원으로 하여 국외강제동원 희생자와 그 유족에게 위로금 등을 지급함으로써 그들의 고통과 희생을 위로해 주기 위한 법으로서 국가가 유족에게 일방적인 시혜를 베푸는 것이므로, 그 수혜 범위에서 외국인인 유족을 배제하고 대한민국 국민인 유족만을 대상으로 한 것이다. 따라서 청구인과 같이 자발적으로 외국 국적을 취득하여 결과적으로 대한민국 국민으로서의 법적 지위와 권리 · 의무를 스스로 포기한 유족을 위로금 지급 대상에서 제외하였다고 하여 이를 현저히 자의적이거나 불합리한 것으로서 평등원칙에 위배된다고 볼 수 없다(2015.12.23. 2011헌바139).

ㄴ. X 우리 헌법은 전문에서 "3 · 1운동으로 건립된 대한민국임시정부의 법통"의 계승을 천명하고 있는바, 비록 우리 헌법이 제정되기 전의 일이라 할지라도 국가가 국민의 안전과 생명을 보호하여야 할 가장 기본적인 의무를 수행하지 못한 일제강점기에 징병과 징용으로 일제에 의해 강제이주 당하여 전쟁수행의 도구로 활용되다가 원폭피해를 당한 상태에서 장기간 방치됨으로써 심각하게 훼손된 청구인들의 인간으로서의 존엄과 가치를 회복시켜야 할 의무는 대한민국임시정부의 법통을 계승한 지금의 정부가 국민에 대하여 부담하는 가장 근본적인 보호의무에 속한다고 할 것이다(2011.8.30. 2008헌마648).

ㄷ. O "헌법전문에 기재된 3.1정신"은 우리나라 헌법의 연혁적 · 이념적 기초로서 헌법이나 법률해석에서의 해석기준으로 작용한다고 할 수 있지만, 그에 기하여 곧바로 국민의 개별적 기본권성을 도출해낼 수는 없다고 할 것이므로, 헌법소원의 대상인 "헌법상 보장된 기본권"에 해당하지 아니한다(2001.3.21. 99헌마139 등).

ㄹ. O 헌법은 국가유공자 인정에 관하여 명문 규정을 두고 있지 않으나 전문(前文)에서 "3.1운동으로 건립된 대한민국임시정부의 법통을 계승"한다고 선언하고 있다. 이는 대한민국이 일제에 항거한 독립운동가의 공헌과 희생을 바탕으로 이룩된 것임을 선언한 것이고, 그렇다면 국가는 일제로부터 조국의 자주독립을 위하여 공헌한 독립유공자와 그 유족에 대하여는 응분의 예우를 하여야 할 헌법적 의무를 지닌다(2005.6.30. 2004헌마859).

10 17변시-4   정답 ⑤

헌법전문에 관한 설명 중 옳지 않은 것은? (다툼이 있는 경우 판례에 의함, 헌법 명칭은 공포된 해를 기준으로 함)

① 1972년 제7차 개정 헌법의 전문에서는 3 · 1운동의 숭고한 독립정신과 4 · 19의거 및 5 · 16혁명의 이념을 계승한다고 규정하였으나, 1980년 제8차 개정 헌법의 전문에서는 3 · 1운동의 숭고한 독립정신을 계승한다고 규정하였다.
② '헌법전문에 기재된 3 · 1정신'은 우리나라 헌법의 연혁적 · 이념적 기초로서 헌법이나 법률해석에서의 해석기준으로 작용한다고 할 수 있지만, 그에 기하여 곧바로 국민의 개별적 기본권성을 도출해낼 수는 없다.
③ 헌법은 전문에서 3 · 1운동으로 건립된 대한민국임시정부의 법통의 계승을 천명하고 있다는 점에서 지금의 정부는 일제강점기에 일본군위안부로 강제 동원되어 인간의 존엄과 가치가 말살된 상태에서 장기간 비극적인 삶을 영위하였던 피해자들의 훼손된 인간의 존엄과 가치를 회복시켜야 할 의무를 부담한다.
④ 헌법전문은 1962년 제5차 개정 헌법에서 처음으로 개정되었다.
⑤ 3 · 1운동으로 건립된 대한민국임시정부의 법통을 계승한다는 헌법전문으로부터 조국의 자주독립을 위하여 공헌한 독립유공자와 그 유족에 대하여 응분의 예우를 하여야 할 헌법적 의무가 도출되는 것은 아니다.

해설

① O 유구한 역사와 전통에 빛나는 우리 대한국민은 3·1운동의 숭고한 독립정신과 4·19의거 및 5·16혁명의 이념을 계승하고 … (제7차 개정헌법 전문) / 유구한 민족사, 빛나는 문화, 그리고 평화애호의 전통을 자랑하는 우리 대한국민은 3·1운동의 숭고한 독립정신을 계승하고 … (제8차 개정헌법 전문) / 유구한 역사와 전통에 빛나는 우리 대한국민은 3·1운동으로 건립된 대한민국임시정부의 법통과 불의에 항거한 4·19민주이념을 계승하고 … (제9차 개정헌법 전문)

② O "**헌법전문에 기재된 3.1정신**"은 우리나라 헌법의 연혁적·이념적 기초로서 헌법이나 법률해석에서의 해석기준으로 작용한다고 할 수 있지만, 그에 기하여 곧바로 **국민의 개별적 기본권성을 도출해낼 수는 없다**고 할 것이므로, 헌법소원의 대상인 "헌법상 보장된 기본권"에 해당하지 아니한다(2001.3.21. 99헌마139·142·156·160 등).

③ O 우리 헌법은 전문에서 "3·1운동으로 건립된 대한민국임시정부의 법통"의 계승을 천명하고 있는바, 비록 우리 헌법이 제정되기 전의 일이라 할지라도 국가가 국민의 안전과 생명을 보호하여야 할 가장 기본적인 의무를 수행하지 못한 일제강점기에 일본군위안부로 강제 동원되어 인간의 존엄과 가치가 말살된 상태에서 장기간 비극적인 삶을 영위하였던 피해자들의 훼손된 인간의 존엄과 가치를 회복시켜야 할 의무는 대한민국임시정부의 법통을 계승한 지금의 정부가 국민에 대하여 부담하는 가장 근본적인 **보호의무에 속한다**고 할 것이다(2011.8.30. 2006헌마788).

④ O 우리 헌법의 경우 1962년 제5차 개정 헌법에서 처음으로 개정되었으며, 제7차·8차·9차 개정 헌법에서 전문을 개정한 바 있다.

⑤ X 헌법은 국가유공자 인정에 관하여 명문 규정을 두고 있지 않으나 전문(前文)에서 "3.1운동으로 건립된 대한민국임시정부의 법통을 계승"한다고 선언하고 있다. 이는 대한민국이 일제에 항거한 독립운동가의 공헌과 희생을 바탕으로 이룩된 것임을 선언한 것이고, 그렇다면 국가는 일제로부터 조국의 자주독립을 위하여 공헌한 독립유공자와 그 유족에 대하여는 응분의 예우를 하여야 할 **헌법적 의무**를 지닌다(2005.6.30. 2004헌마859).

11 16변시-18 정답 ①

헌법상 기본원리에 관한 설명 중 옳은 것은? (다툼이 있는 경우판례에 의함)

① '책임 없는 자에게 형벌을 부과할 수 없다'는 형벌에 관한 책임주의는 형사법의 기본원리로서, 헌법상 법치국가의 원리에 내재하는 원리인 동시에 헌법 제10조의 취지로부터 도출되는 원리이고, 법인의 경우도 자연인과 마찬가지로 책임주의원칙이 적용된다.

② 헌법 제34조 제5항의 '신체장애자'에 대한 국가보호의무 조항은 사회국가원리를 구체화한 것이므로, 이 조항으로부터 장애인을 위하여 저상버스를 도입해야 한다는 구체적 내용의 의무가 도출된다.

③ 사회환경이나 경제여건의 변화에 따른 필요성에 의하여 법률이 신축적으로 변할 수 있고, 변경된 새로운 법질서와 기존의 법질서 사이에 이해관계의 상충이 불가피하더라도 국민이 가지는 모든 기대 내지 신뢰는 헌법상 권리로서 보호되어야 한다.

④ 헌법의 기본원리는 헌법의 이념적 기초인 동시에 헌법을 지배하는 지도원리로서 구체적 기본권을 도출하는 근거가 될 뿐만 아니라 기본권의 해석 및 기본권제한 입법의 합헌성 심사에 있어 해석기준의 하나로서 작용한다.

⑤ 문화국가원리와 밀접 불가분의 관계를 맺게 되는 국가의 문화정책은 국가의 문화국가 실현에 관한 적극적인 역할을 감안할 때, 문화풍토의 조성이 아니라 특정 문화 그 자체의 산출에 초점을 두어야 한다.

해설

① O '책임 없는 자에게 형벌을 부과할 수 없다'는 형벌에 관한 책임주의는 형사법의 기본원리로서, 헌법상 법치국가의 원리에 내재하는 원리인 동시에 헌법 제10조의 취지로부터 도출되는 원리이고, **법인의 경우도 자연인과 마찬가지로 책임주의원칙이 적용**된다(2012.10.25. 2012헌가18).

② X 장애인의 복지를 향상해야 할 국가의 의무가 다른 다양한 국가과제에 대하여 최우선적인 배려를 요청할 수 없을 뿐 아니라, 나아가 **헌법의 규범으로부터는 '장애인을 위한 저상버스의 도입'과 같은 구체적인 국가의 행위의무를 도출할 수 없는 것이다**(2002.12.18. 2002헌마52).

③ X 사회 환경이나 경제여건의 변화에 따른 필요성에 의하여 법률은 신축적으로 변할 수밖에 없고 변경된 새로운 법질서와 기존의 법질서 사이에는 이해관계의 상충이 불가피하므로, **국민이 가지는 모든 기대 내지 신뢰가 헌법상 권리로서 보호될 것은 아니다.** 신뢰보호원칙 위반 여부는 한편으로는 침해받은 신뢰이익의 보호가치, 침해의 중한 정도, 신뢰가 손상된 정도, 신뢰침해의 방법 등과 다른 한편으로는 새로운 입법을 통해 실현하고자 하는 공익적 목적을 종합적으로 비교·형량하여 판단하여야 한다(2011.10.25. 2010헌마661).

④ X 헌법의 기본원리는 헌법의 이념적 기초인 동시에 헌법을 지배하는 지도원리로서 입법이나 정책결정의 방향을 제시하며 공무원을 비롯한 모든 국민·국가기관이 헌법을 존중하고 수호하도록 하는 지침이 되며, **구체적 기본권을 도출하는 근거로 될 수는 없으나** 기본권의 해석 및 기본권제한입법의 합헌성 심사에 있어 해석기준의 하나로서 작용한다(1996.4.25. 92헌바47).

⑤ X 오늘날에 와서는 국가가 어떤 문화현상에 대하여도 이를 선호하거나, 우대하는 경향을 보이지 않는 불편부당의 원칙이 가장 바람직한 정책으로 평가받고 있다. 오늘날 문화국가에서의 문화정책은 그 초점이 문화 그 자체에 있는 것이 아니라 문화가 생겨날 수 있는 문화풍토를 조성하는 데 두어야 한다. 문화국가원리의 이러한 특성은 문화의 개방성 내지 다원성의 표지와 연결되는데, 국가의 문화육성의 대상에는 원칙적으로 모든 사람에게 문화창조의 기회를 부여한다는 의미에서 모든 문화가 포함된다. 따라서 엘리트문화뿐만 아니라 서민문화, 대중문화도 그 가치를 인정하고 정책적인 배려의 대상으로 하여야 한다(2004.5.27. 2003헌가1·2004헌가4).

제2항 법치국가의 원리

12 13변시-1   정답 ①

법치국가의 원리 등에 관한 설명 중 옳지 않은 것은?
(다툼이 있는 경우 판례에 의함)

① 검사에 대한 징계사유 중 하나인 "검사로서의 체면이나 위신을 손상하는 행위를 하였을 때"의 의미는 그 포섭범위가 지나치게 광범위하므로 명확성의 원칙에 반하여 헌법에 위배된다.

② 단순히 법인이 고용한 종업원 등이 업무에 관하여 범죄행위를 하였다는 이유만으로 법인에 대하여 형사처벌을 과하는 것은 헌법상 법치국가원리 및 죄형법정주의로부터 도출되는 책임주의원칙에 반하여 헌법에 위배된다.

③ 법률유보원칙은 단순히 행정작용이 법률에 근거를 두기만 하면 충분한 것이 아니라, 국가공동체와 그 구성원에게 기본적이고도 중요한 의미를 갖는 영역, 특히 국민의 기본권 실현과 관련된 영역에 있어서는 국민의 대표자인 입법자가 그 본질적 사항에 대해서 스스로 결정하여야 한다는 요구까지 내포하고 있다.

④ 1년 이상의 유예기간을 두고 기존에 자유업종이었던 인터넷컴퓨터게임시설제공업에 대하여 등록제를 도입하고 등록하지 않으면 영업을 할 수 없도록 하는 것은 신뢰보호의 원칙에 위배된다고 할 수 없다.

⑤ 신법이 피적용자에게 유리한 경우에는 이른바 시혜적인 소급입법이 가능하지만, 그러한 소급입법을 할 것인가의 여부는 그 일차적인 판단이 입법기관에 맡겨져 있으므로 입법자는 입법목적, 사회실정이나 국민의 법감정, 법률의 개정이유나 경위 등을 참작하여 시혜적 소급입법을 할 것인가 여부를 결정할 수 있고 그 판단은 존중되어야 하며, 그 결정이 합리적 재량의 범위를 벗어나 현저하게 불합리하고 불공정한 것이 아닌 한 헌법에 위반된다고 할 수 없다.

① X 검사에 대한 징계사유 중 하나인 구 검사징계법 제2조 제3호상의 "검사로서의 체면이나 위신을 손상하는 행위를 하였을 때"의 의미는, 공직자로서의 검사의 구체적 언행과 그에 대한 검찰 내부의 평가 및 사회 일반의 여론 등을 고려하여 건전한 사회통념에 의하여 판단할 수 있으므로 명확성원칙에 위배되지 않는다(2011.12.29. 2009헌바282).

② O 이 사건 법률조항에 의할 경우 법인이 종업원 등의 위반행위와 관련하여 선임·감독상의 주의의무를 다하여 아무런 잘못이 없는 경우까지도 법인에게 형벌을 부과될 수밖에 없게 되어 법치국가의 원리 및 죄형법정주의로부터 도출되는 책임주의원칙에 반하므로 헌법에 위반된다(2009.7.30. 2008헌가17).

③ O 오늘날 법률유보원칙은 단순히 행정작용이 법률에 근거를 두기만 하면 충분한 것이 아니라, 국가공동체와 그 구성원에게 기본적이고도 중요한 의미를 갖는 영역, 특히 국민의 기본권실현에 관련된 영역에 있어서는 행정에 맡길 것이 아니라 국민의 대표자인 입법자 스스로 그 본질적 사항에 대하여 결정하여야 한다는 요구까지 내포하는 것으로 이해하여야 한다(1999.5.27. 98헌바70).

④ O 이 사건 법률조항을 시행함에 있어 청구인들에게 주어진 2007. 4. 20.부터 2008. 5. 17.까지 1년 이상의 유예기간은 법개정으로 인한 상황변화에 적절히 대처하기에 지나치게 짧은 것이라고 할 수 없다. 따라서 '게임산업진흥에 관한 법률'은 부칙의 경과규정을 통하여 종전부터 PC방 영업을 영위하여 온 청구인들을 비롯한 인터넷컴퓨터게임시설제공업자의 신뢰이익을 충분히 고려하고 있으므로, 이 사건 법률조항이 신뢰보호의 원칙에 위배된다고 할 수 없다(2009.9.24. 2009헌바28).

⑤ O 신법이 피적용자에게 유리한 경우에는 이른바 시혜적인 소급입법이 가능하지만 이를 입법자의 의무라고는 할 수 없고, 이와 같은 시혜적 조치를 할 것인가 하는 문제는 국민의 권리를 제한하거나 새로운 의무를 부과하는 경우와는 달리 입법자에게 보다 광범위한 입법형성의 자유가 인정된다(1995.12.28. 95헌마196).

13 21법전협-2-2   정답 ②

법치국가원리에 관한 설명 중 옳지 않은 것을 모두 고른 것은? (다툼이 있는 경우 판례에 의함)

ㄱ. 신뢰보호원칙은 법률이나 그 하위법규뿐만 아니라 국가관리의 입시제도와 같이 국·공립대학의 입시전형을 구속하여 국민의 권리에 직접 영향을 미치는 제도운영지침의 개폐에도 적용된다.

ㄴ. 「농지법」이나 그 밖의 법률에 따라 소유할 수 있는 농지로서 대통령령으로 정하는 경우는 비사업용 토지에서 제외하도록 규정한 구 「소득세법」 조항은 법률에 규정하여야 할 과세대상을 대통령령에 전반적으로 위임하므로 포괄위임금지원칙에 위배된다.

ㄷ. 무기징역의 집행 중에 있는 자의 가석방요건을 종전의 '10년 이상'에서 '20년 이상' 형 집행 경과로 강화한 개정 「형법」조항을 개정 당시에 이미 수용 중인 사람에게도 적용하는 것은 신뢰보호원칙에 위배되지 않는다.

ㄹ. 중소기업중앙회 임원 선거와 관련하여 누구든지 '정관으로 정하는' 선전 벽보의 부착, 선거 공보와 인쇄물의 배부 및 합동연설회 또는 공개토론회 개최 외의 행위를 한 경우 이를 처벌하도록 규정한 구 「중소기업협동조합법」 조항은 수범자인 일반 국민이 허용되거나 금지되는 선거운동이 구체적으로 무엇인지를 예측할 수 있으므로 죄형법정주의의 명확성원칙에 위배되지 않는다.

ㅁ. 법률에서 대법원규칙으로 위임하는 경우, 대법원규칙으로 규율될 내용들은 법원의 전문적이고 기술적인 사무에 관한 것이 대부분일 것인바, 수권법률에서의 위임의 구체성·명확성의 정도는 다른 규율영역에 비해 완화될 수 있다.

① ㄱ, ㄴ
② ㄴ, ㄹ
③ ㄷ, ㅁ
④ ㄷ, ㄹ, ㅁ
⑤ ㄱ, ㄴ, ㄷ, ㅁ

 해설

② 법치국가원리에 관한 설명 중 옳지 않은 것은 ㄴ, ㄹ 이다.

ㄱ. O 신뢰보호원칙은 법률이나 그 하위법규 뿐만 아니라 국가관리의 입시제도와 같이 국·공립대학의 입시전형을 구속하여 국민의 권리에 직접 영향을 미치는 제도운영지침의 개폐에도 적용되는 것이다(1997.7.16. 97헌마38).

ㄴ. X 농지법이나 그 밖의 법률에 따라 소유할 수 있는 농지로서 대통령령으로 정하는 경우는 비사업용 토지에서 제외하도록 규정한 구 소득세법 제104조의3 제1항 제1호 가목 단서는 포괄위임금지원칙에 위배되지 아니한다(2020.11.26. 2018헌바379).

ㄷ. O 무기징역의 집행 중에 있는 자의 가석방 요건을 종전의 '10년 이상'에서 '20년 이상' 형 집행 경과로 강화한 개정 형법 제72조 제1항을, 형법 개정 당시에 이미 수용 중인 사람에게도 적용하는 형법 부칙 제2항은 신뢰보호원칙에 위배되지 아니하므로 신체의 자유를 침해하지 아니한다(2013.8.29. 2011헌마408).

ㄹ. X 이 사건 선거운동제한조항의 구성요건에 해당하는 중소기업협동조합법 제53조 제5항 중 '정관으로 정하는' 부분이 수식하는 범위가 불명확하여 그 의미가 여러 가지로 해석될 가능성이 있어, 위 규정만으로는 선거운동이 어느 범위에서 금지되는지에 관하여 구체적으로 알 수 없을 뿐만 아니라, 임원 선거의 과열 방지 및 선거의 공정성 확보라는 심판대상조항의 입법목적이나 입법취지, 입법연혁, 관련 법규범의 체계적 구조 등을 모두 종합하여도 이 사건 선거운동제한조항의 의미를 합리적으로 파악할 수 있는 해석기준을 얻기 어렵다. 나아가 이 사건 선거운동제한조항은 중앙회의 정회원뿐만 아니라 정관 내용에 대한 인식 또는 숙지를 기대하기 곤란한 일반 국민까지 그 수범자에 포함시키고 있는데, 이 사건 선거운동제한조항만으로는 수범자인 일반 국민이 허용되거나 금지되는 선거운동이 구체적으로 무엇인지를 예측하기 어렵다. 결국 이 사건 선거운동제한조항은 죄형법정주의의 명확성원칙에 위배된다(2016.11.24. 2015헌가29 [위헌]).

ㅁ. O 헌법 제75조에 근거한 포괄위임금지원칙은 법률에 이미 대통령령 등 하위법규에 규정될 내용 및 범위의 기본사항이 구체적으로 규정되어 있어서 누구라도 당해 법률로부터 하위법규에 규정될 내용의 대강을 예측할 수 있어야 함을 의미하는데, 위임입법이 대법원규칙인 경우에도 수권법률에서 이 원칙을 준수하여야 하는 것은 마찬가지이다(2014.10.30. 2013헌바368 참조). 다만, 대법원규칙으로 규율될 내용들은 소송에 관한 절차와 같이 법원의 전문적이고 기술적인 사무에 관한 것이 대부분일 것인바, 법원의 축적된 지식과 실제적 경험의 활용, 규칙의 현실적 적응성과 적시성의 확보라는 측면에서 수권법률에서의 위임의 구체성·명확성의 정도는 다른 규율 영역에 비해 완화될 수 있을 것이다(2016.6.30. 2013헌바27).

14 20법전협-1-13 정답 ⑤

체계정당성에 관한 설명 중 옳은 것만을 모두 고른 것은? (다툼이 있는 경우 판례에 의함)

> ㄱ. 체계정당성의 원리는 동일 규범 내에서 또는 상이한 규범 간에 (수평적 관계이건 수직적 관계이건) 그 규범의 구조나 내용 또는 규범의 근거가 되는 원칙 면에서 상호 배치되거나 모순되어서는 안 된다는 헌법적 요청이다.
> ㄴ. 규범 상호간의 체계정당성을 요구하는 이유는 입법자의 자의를 금지하여 규범의 명확성, 가능성 및 규범에 대한 신뢰와 법적 안정성을 확보하기 위한 것이고, 이는 국가공권력에 대한 통제와 이를 통한 국민의 자유와 권리의 보장을 이념으로 하는 법치주의원리로부터 도출되는 것이다.
> ㄷ. 공권력작용이 체계정당성에 위반한다고 해서 곧 위헌이 되는 것은 아니고 이는 비례원칙이나 평등원칙 위반 내지 입법의 자의금지 위반 등의 위헌성을 시사하는 하나의 징후일 뿐이다.
> ㄹ. 입법의 체계정당성 위반과 관련하여 그러한 위반을 허용할 공익적인 사유가 존재한다면 그 위반은 정당화될 수 있어서 입법상의 자의금지원칙을 위반한 것이라고 볼 수 없다.
> ㅁ. 체계정당성의 위반을 정당화할 합리적인 사유의 존재에 대하여는 입법의 재량이 어느 정도 인정되는데, 입법의 재량이 현저히 한계를 일탈한 것이 아닌 한 위헌의 문제는 생기지 않는다.

① ㄱ, ㄴ, ㄷ ② ㄱ, ㄴ, ㅁ
③ ㄱ, ㄷ, ㄹ, ㅁ ④ ㄴ, ㄷ, ㄹ, ㅁ
⑤ ㄱ, ㄴ, ㄷ, ㄹ, ㅁ

⑤ 보기는 헌재결 2005.6.30. 2004헌바40 등의 내용으로 체계정당성에 대한 설명으로 모두 옳다.

ㄱ, ㄴ. O '체계정당성(Systemgerechtigkeit)'의 원리라는 것은 동일 규범 내에서 또는 상이한 규범 간에 (수평적 관계이건 수직적 관계이건) 그 규범의 구조나 내용 또는 규범의 근거가 되는 원칙면에서 상호 배치되거나 모순되어서는 안된다는 하나의 헌법적 요청(Verfassungspo-stulat)이다. 즉 이는 규범 상호간의 구조와 내용 등이 모순됨이 없이 체계와 균형을 유지하도록 입법자를 기속하는 헌법적 원리라고 볼 수 있다. 이처럼 규범 상호간의 체계정당성을 요구하는 이유는 입법자의 자의를 금지하여 규범의 명확성, 예측가능성 및 규범에 대한 신뢰와 법적 안정성을 확보하기 위한 것이고 이는 국가공권력에 대한 통제와 이를 통한 국민의 자유와 권리의 보장을 이념으로 하는 법치주의원리로부터 도출되는 것이라고 할 수 있다.

ㄷ. O 일반적으로 일정한 공권력작용이 체계정당성에 위반한다고 해서 곧 위헌이 되는 것은 아니다. 즉 체계정당성 위반(Systemwidrigkeit) 자체가 바로 위헌이 되는 것은 아니고 이는 비례의 원칙이나 평등원칙위반 내지 입법의 자의금지위반 등의 위헌성을 시사하는 하나의 징후일 뿐이다. 그러므로 체계정당성위반은 비례의 원칙이나 평등원칙위반 내지 입법자의 자의금지위반 등 일정한 위헌성을 시사하기는 하지만 아직 위헌은 아니고, 그것이 위헌이 되기 위해서는 결과적으로 비례의 원칙이나 평등의 원칙 등 일정한 헌법의 규정이나 원칙을 위반하여야 한다.

ㄹ, ㅁ. O 입법의 체계정당성위반과 관련하여 그러한 위반을 허용할 공익적인 사유가 존재한다면 그 위반은 정당화될 수 있고 따라서 입법상의 자의금지원칙을 위반한 것이라고 볼 수 없다. 나아가 체계정당성의 위반을 정당화할 합리적인 사유의 존재에 대하여는 입법의 재량이 인정되어야 한다. 다양한 입법의 수단 가운데서 어느 것을 선택할 것인가 하는 것은 원래 입법의 재량에 속하기 때문이다. 그러므로 이러한 점에 관한 입법의 재량이 현저히 한계를 일탈한 것이 아닌 한 위헌의 문제는 생기지 않는다고 할 것이다.

15 19변시-8   정답 ③

신뢰보호원칙의 적용에 관한 설명 중 옳은 것(○)과 옳지 않은 것(×)을 올바르게 조합한 것은? (다툼이 있는 경우 판례에 의함)

ㄱ. 정부가 1976년부터 자도소주구입제도를 시행한 것을 고려할 때, 주류판매업자로 하여금 매월 소주류 총구입액의 100분의 50 이상을 당해 주류판매업자의 판매장이 소재하는 지역과 같은 지역에 소재하는 제조장으로부터 구입하도록 명하는 자도소주구입명령제도에 대한 소주제조업자의 강한 신뢰보호이익이 인정되지만, 이러한 신뢰보호도 "능력경쟁의 실현"이라는 보다 우월한 공익에 직면하여 종래의 법적 상태의 존속을 요구할 수는 없다.

ㄴ. 종전의 법령에 따라 「학교보건법」의 학교환경위생정화구역(이하 '정화구역'이라 함) 내에서 노래연습장 영업을 적법하게 하였는데, 시행령의 변경으로 이미 설치되어 있던 노래연습장시설을 5년 이내에 폐쇄 또는 이전하도록 하는 것은 시행령 개정 이전부터 정화구역 내에서 노래연습장 영업을 적법하게 한 국민들의 신뢰를 해치는 것으로 이와 같은 시행령조항은 법적 안정성과 신뢰보호원칙에 위배된다.

ㄷ. 1953년부터 시행된 "교사의 신규채용에 있어서는 국립 또는 공립 교육대학·사범대학의 졸업자를 우선하여 채용하여야 한다."라는 「교육공무원법」 조항에 대한 헌법재판소의 위헌결정에도 불구하고 헌법재판소의 위헌결정 당시의 국·공립 사범대학 등의 재학생과 졸업자의 신뢰는 보호되어야 하므로, 입법자가 위헌법률에 기초한 이들의 신뢰이익을 보호하기 위한 법률을 제정하지 않은 부작위는 헌법에 위배된다.

ㄹ. 무기징역의 집행 중에 있는 자의 가석방 요건을 종전의 '10년 이상'에서 '20년 이상' 형 집행 경과로 강화하면서 「형법」 개정 당시에 이미 10년 이상 수용 중인 사람에게도 적용하도록 하는 「형법」 부칙 규정은 법 개정 당시에 무기징역의 집행 중에 있는 자의 가석방 요건에 대한 정당한 신뢰이익을 침해하여 위헌이다.

① ㄱ(○), ㄴ(×), ㄷ(○), ㄹ(○)
② ㄱ(×), ㄴ(○), ㄷ(×), ㄹ(×)
③ ㄱ(○), ㄴ(×), ㄷ(×), ㄹ(×)
④ ㄱ(×), ㄴ(○), ㄷ(○), ㄹ(○)
⑤ ㄱ(×), ㄴ(×), ㄷ(×), ㄹ(○)

ㄱ. **O** 국가가 장기간에 걸쳐 추진된 주정배정제도, 1도1사원칙에 의한 통폐합정책 및 자도소주구입명령제도를 통하여 신뢰의 근거를 제공하고 국가가 의도하는 일정한 방향으로 소주제조업자의 의사결정을 유도하려고 계획하였으므로, 자도소주구입명령제도에 대한 소주제조업자의 강한 신뢰보호이익이 인정된다. 그러나 이러한 신뢰보호도 법률개정을 통한 "능력경쟁의 실현"이라는 보다 우월한 공익에 직면하여 종래의 법적 상태의 존속을 요구할 수는 없다 할 것이고, 다만 개인의 신뢰는 적절한 경과규정을 통하여 고려되기를 요구할 수 있는데 지나지 않는다 할 것이다(1996.12.26. 96헌가18 [위헌]).

ㄴ. **X** 이 사건 시행령조항은, 위와 같은 청소년 학생의 보호라는 공익상의 필요에 의하여 학교환경위생정화구역 안에서의 노래연습장의 시설 영업을 금지하고서 이미 설치된 노래연습장시설을 폐쇄 또는 이전하도록 하면서 경제적 손실을 최소화할 수 있도록 1998. 12. 31.까지 약 5년간의 유예기간을 주는 한편 1994. 8. 31.까지 교육감 등의 인정을 받아 계속 영업을 할 수 있도록 경과조치를 하여, 청구인들의 법적 안정성과 신뢰보호를 위하여 상당한 배려를 하고 있으므로, 법적 안정성과 신뢰보호의 원칙에 어긋난다고 할 수 없다(1999.7.22. 98헌마480 등 [기각,각하]).

ㄷ. **X** 청구인들이 주장하는 교원으로 우선임용받을 권리는 헌법상 권리가 아니고 단지 구 교육공무원법 제11조 제1항의 규정에 의하여 비로소 인정된 권리이고, 한편 헌법재판소가 1990.10.8. 위 법률조항에 대하여 위헌결정을 함에 있어 청구인들과 같이 국·공립 사범대학을 졸업하고 아직 교사로 채용되지 아니한 자들에게 교원으로 우선임용받을 권리를 보장할 것을 입법자나 교육부장관에게 명하고 있지도 아니하다. 그렇다면 청구인들의 국회의 입법부작위 및 교육부장관의 경과조치부작위에 대한 헌법소원심판부분은 국회 및 교육부장관에게 청구인들을 중등교사로 우선임용하여야 할 작위의무가 있다고 볼 근거가 없으므로 부적법하다(1995.5.25. 90헌마196 [각하]).

ㄹ. **X** 죄질이 더 무거운 무기징역형을 선고받은 수형자를 가석방할 수 있는 형 집행 경과기간이 개정 형법 시행 후에 유기징역형을 선고받은 수형자의 경우와 같거나 오히려 더 짧게 되는 불합리한 결과를 방지하고, 사회를 방위하기 위한 이 사건 부칙조항이 신뢰보호원칙에 위배되어 청구인의 신체의 자유를 침해한다고 볼 수 없다(2013.8.29. 2011헌마408 [기각]).

16 12변시-3   정답 ①

신뢰보호의 원칙에 관한 설명 중 옳지 않은 것은? (다툼이 있는 경우 판례에 의함)

① 구 세무사법상 일정한 경력 이상의 국세 관련 공무원들에 대한 자동적 세무사자격 부여제도는, 그것이 40년 동안 유지되어 왔다고 하더라도, 특정한 공무원들에 대한 특혜에 불과하여 이에 대한 신뢰는 헌법적으로 보호할 가치가 있는 신뢰에 해당하지 않으므로, 신법 시행일 후 1년까지 구법상의 자격요건을 갖추게 되는 경력공무원에게만 구법규정을 적용하여 세무사자격이 부여되도록 한 세무사법 부칙 조항은 그때까지 동 자격요건을 갖추지 못하는 다른 세무공무원들의 신뢰이익을 침해하는 것이 아니다.

② 국가는 조세·재정정책을 탄력적·합리적으로 운용할 필요성이 있기 때문에, 납세의무자로서는 구법질서에 의거하여 적극적인 신뢰행위를 하였다든가 하는 사정이 없는 한 원칙적으로 세율 등 현재의 세법이 과세기간 중에 변함없이 유지되리라고 신뢰하고 기대할 수는 없다.

③ 부진정소급효의 입법은 원칙적으로 허용되는 것이지만, 소급효를 요구하는 공익상의 사유와 신뢰보호의 요청 사이의 비교형량 과정에서, 신뢰보호의 관점이 입법자의 형성권에 제한을 가하게 된다.

④ 신뢰보호의 원칙은 법치국가의 원칙으로부터 도출되는 것으로, 그 위반 여부는, 침해받은 이익의 보호가치, 침해의 중한 정도, 신뢰가 손상된 정도, 신뢰침해의 방법, 새로운 입법을 통해 실현하고자 하는 공익적 목적을 종합적으로 비교·형량하여 판단하여야 한다.

⑤ 의료기관 시설의 일부를 변경하여 약국을 개설하는 것을 금지하는 조항을 신설하면서, 이에 해당하는 기존 약국 영업을 개정법 시행일로부터 1년까지만 허용하고 유예기간 경과 후에는 약국을 폐쇄하도록 한 약사법 부칙 조항은, 개정법 시행 이전부터 의료기관 시설의 일부를 변경한 장소에서 약국을 운영해 온 기존 약국 개설등록자의 신뢰이익을 침해하는 것이 아니다.

 해설

① X [1] **기존 국세관련 경력공무원 중 일부에게만 구법 규정을 적용하여 세무사자격이 부여되도록 규정한 세무사법 부칙 제3항은** 충분한 공익적 목적이 인정되지 아니함에도 청구인들의 기대가치 내지 **신뢰이익을 과도하게 침해한 것으로서 헌법에 위반**된다.
[2] 또한 2000. 12. 31. 현재 자격부여요건을 충족한 자와 그렇지 못한 청구인들 사이에는 단지 근무기간에 있어서의 양적인 차이만 존재할 뿐, 본질적인 차이는 없고, 세무사자격 부여제도의 폐지와 관련된 조항의 시행일만을 2001. 1. 1.로 늦추어 1년의 유예기간을 두고 있는 것 자체가 합리적 근거 없는 자의적 조치이므로, 위 부칙조항은 합리적 이유 없이, 자의적으로 설정된 기준을 토대로 위 부칙조항의 적용대상자와 청구인들을 차별취급하는 것으로서 **평등의 원칙에도 위반된다**(2001.9.27. 2000헌마152). … 헌법불합치

② O 납세의무자로서는 구법질서에 의거하여 적극적인 신뢰행위를 하였다든가 하는 사정이 없는 한 원칙적으로 세율 등 현재의 세법이 과세기간중에 변함없이 유지되리라고 신뢰하고 기대할 수는 없다. 그렇게 되면 국가 조세·재정정책의 탄력적·합리적 운용이 불가능하기 때문이다(1998.11.26. 97헌바58).

③ O 새로운 입법으로 이미 종료된 사실관계에 작용케 하는 진정소급입법은 헌법적으로 허용되지 않는 것이 원칙이며 특단의 사정이 있는 경우에만 예외적으로 허용될 수 있는 반면, 현재 진행중인 사실관계에 작용케 하는 부진정소급입법은 원칙적으로 허용되지만 소급효를 요구하는 공익상의 사유와 신뢰보호의 요청 사이의 교량과정에서 신뢰보호의 관점이 입법자의 형성권에 제한을 가하게 된다(1998.11.26. 97헌바58).

④ O 새로운 입법이 신뢰보호의 원칙을 위배한 것인지 여부를 판단하기 위하여는 침해받은 이익의 보호가치, 침해의 정도, 신뢰의 손상 정도, 신뢰침해의 방법 등을 새 입법이 목적으로 하는 공익과 종합적으로 비교·형량하여야 한다(2001.2.22. 98헌바19).

⑤ O 이 사건 법률조항들이 청구인들의 기존 약국을 폐쇄토록 규정한 것은 비례의 원칙이나 신뢰보호의 원칙에 위반되지 않으므로 청구인들의 직업행사의 자유를 침해하지 않는다(2003.10.30. 2001헌마700).

17   15변시-3   정답 ⑤

신뢰보호원칙에 관한 설명 중 옳은 것을 모두 고른 것은? (다툼이 있는 경우 판례에 의함)

> ㄱ. 법률에 따른 개인의 행위가 단지 법률이 반사적으로 부여하는 기회의 활용을 넘어서 국가에 의하여 일정 방향으로 유인된 것이라면 특별히 보호가치가 있는 신뢰이익이 인정될 수 있고, 이러한 경우 원칙적으로 개인의 신뢰보호가 국가의 법률개정이익에 우선된다고 볼 여지가 있다.
> ㄴ. 신뢰보호원칙은 법률이나 그 하위법규뿐만 아니라 국가관리의 입시제도와 같이 국·공립대학의 입시전형을 구속하여 국민의 권리에 직접 영향을 미치는 제도운영지침의 개폐에도 적용되는 것이다.
> ㄷ. 헌법재판소는 수급권자 자신이 종전에 지급받던 평균임금을 기초로 산정된 장해보상연금을 수령하고 있던 수급권자에게, 실제의 평균임금이 노동부장관이 고시한 한도금액 이상일 경우 그 한도금액을 실제임금으로 의제하는 내용으로 신설된 최고보상제도를, 2년 6개월의 유예기간 후 적용하는 「산업재해보상보험법」 부칙 조항이 신뢰보호원칙에 위배된다고 판시하였다.
> ㄹ. 헌법재판소는 기존에 자유업종이었던 인터넷컴퓨터게임시설제공업에 대하여 등록제를 도입하면서 1년 이상의 유예기간을 둔 「게임산업진흥에 관한 법률」 조항은 신뢰보호원칙에 위배되지 않는다고 판시하였다.

① ㄱ, ㄴ   ② ㄷ, ㄹ
③ ㄱ, ㄴ, ㄷ   ④ ㄱ, ㄴ, ㄹ
⑤ ㄱ, ㄴ, ㄷ, ㄹ

 해설

> ㄱ. O 법률에 따른 개인의 행위가 단지 법률이 반사적으로 부여하는 기회의 활용을 넘어서 **국가에 의하여 일정 방향으로 유인된 것**이라면 특별히 보호가치가 있는 **신뢰이익이 인정될 수 있고, 원칙적으로 개인의 신뢰보호가 국가의 법률개정이익에 우선된다고 볼 여지가 있다**(2002.11.28. 2002헌바45).
> ㄴ. O 신뢰보호의 원칙은 법률이나 그 하위법규 뿐만 아니라 국가관리의 입시제도와 같이 국·공립대학의 입시전형을 구속하여 국민의 권리에 직접 영향을 미치는 제도운영지침의 개폐에도 적용되는 것이다(1997.7.16. 97헌마38).
> ㄷ. O [1] 심판대상조항은 실제 평균임금이 노동부장관이 고시하는 한도금액 이상일 경우 그 한도금액을 실제임금으로 의제하는 최고보상제도를 2003. 1. 1.부터 기존 피재근로자인 청구인들에도 적용함으로써, 평균임금에 대한 청구인들의 정당한 법적 신뢰를 심각하고 예상하지 못한 방법으로 제약하여 청구인들에게 불이익을 초래하였다.
> [2] 장해급여제도는 본질적으로 소득재분배를 위한 제도가 아니고, 손해배상 내지 손실보상적 급부인 점에 그 본질이 있는 것으로, 산업재해보상 보험이 갖는 두 가지 성격 중 사회보장적 급부로서의 성격은 상대적으로 약하고 재산권적인 보호의 필요성은 보다 강하다고 볼 수 있어 다른 사회보험수급권에 비하여 보다 엄격한 보호가 필요하다.
> [3] 장해급여제도에 사회보장 수급권으로서의 성격도 있는 이상 소득재분배의 도모나 새로운 산재보상사업의 확대를 위한 자금마련의 목적으로 최고보상제를 도입하는 것 자체는 입법자의 결단으로서 형성적 재량권의 범위 내에 있다고 보더라도, 그러한 입법자의 결단은 최고보상제도 시행 이후에 산재를 입는 근로자들부터 적용될 수 있을 뿐, 제도 시행 이전에 이미 재해를 입고 산재보상수급권이 확정적으로 발생한 청구인들에 대하여 그 수급권의 내용을 일시에 급격히 변경하여 가면서까지 적용할 수 있는 것은 아니라고 보아야 할 것이다.
> [4] 따라서, 심판대상조항은 **신뢰보호의 원칙에 위배하여 청구인들의 재산권을 침해하는 것으로서 헌법에 위반**된다(2009.5.28. 2005헌바20). … 위헌결정
> ㄹ. O 이 사건 법률조항을 시행함에 있어 청구인들에게 주어진 2007. 4. 20.부터 2008. 5. 17.까지 1년 이상의 유예기간은 법개정으로 인한 상황변화에 적절히 대처하기에 지나치게 짧은 것이라고 할 수 없다. 따라서 '게임산업진흥에 관한 법률'은 부칙의 경과규정을 통하여 종전부터 PC방 영업을 영위하여 온 청구인들을 비롯한 인터넷컴퓨터게임시설제공업자의 신뢰이익을 충분히 고려하고 있으므로, 이 사건 법률조항이 신뢰보호의 원칙에 위배된다고 할 수 없다(2009.9.24. 2009헌바28).

18 19법전협-2-19   정답 ②

신뢰보호원칙에 관한 설명 중 옳은 것을 모두 고른 것은? (다툼이 있는 경우 판례에 의함)

ㄱ. 퇴직연금수급권의 구체적인 내용은 불변적인 것이 아니므로 그 신뢰가치가 크다고는 할 수 없는 반면, 연금재정의 파탄을 막고 공무원연금제도를 건실하게 유지하는 것은 긴급하고도 대단히 중요한 공익이므로, 공무원연금의 조정에 관한 경과조치규정은 헌법상 신뢰보호의 원칙에 위배되지 않는다.

ㄴ. 신뢰보호원칙은 법률이나 그 하위법규 등에는 적용되지만, 국・공립대학의 입시전형과 같은 운영지침의 개폐에는 적용되지 않는다.

ㄷ. 국가는 조세・재정정책을 탄력적・합리적으로 운용할 필요성이 있기 때문에, 납세의무자로서는 구법질서에 의거하여 적극적인 신뢰행위를 하였다든가 하는 사정이 없는 한 원칙적으로 세율 등 현재의 세법이 과세기간 중에 변함없이 유지되리라고 신뢰하고 기대할 수는 없다.

ㄹ. 의료기관 시설의 일부를 변경하여 약국을 개설하는 것을 금지하는 조항을 신설하면서, 이에 해당하는 기존 약국 영업을 개정법 시행일로부터 1년까지만 허용하고 유예기간 경과 후에는 약국을 폐쇄하도록 한 「약사법」 부칙 조항은, 개정법 시행 이전부터 의료기관 시설의 일부를 변경한 장소에서 약국을 운영해 온 기존 약국개설등록자의 신뢰이익을 침해하는 것이다.

ㅁ. 상조업 등에서 선불식 할부거래에 대하여 소비자피해보상보험계약 등에 관한 법률을 적용하여 소비자피해보상제도가 실시 되기 전에 체결한 선불식 할부계약에 대해서도 선수금보전의무를 인정하는 것은 부진정소급입법으로서 신뢰보호원칙에 위반되는 것은 아니다.

① ㄱ, ㄴ, ㄷ
② ㄱ, ㄷ, ㅁ
③ ㄴ, ㄷ, ㄹ
④ ㄴ, ㄹ, ㅁ
⑤ ㄷ, ㄹ, ㅁ

ㄱ. O 연금수급권의 성격상 그 급여의 구체적인 내용은 불변적인 것이 아니라, 국가의 재정, 다음세대의 부담정도, 사회정책적 상황 등에 따라 변경될 수 있는 것이므로, 연금제도에 대한 신뢰는 반드시 "퇴직 후에 현 제도 그대로의 연금액을 받는다."는 데에 대한 것으로는 볼 수 없고, 연금수급자는 단순히 기존의 기준에 의한 연금지급이 지속될 것이라는 기대 하에 소극적인 연금수급을 하였을 뿐이지, 그 신뢰에 기한 어떤 적극적 투자행위를 한 것이라고 볼 수는 없으며 종전의 퇴직연금수급자들은 보수연동제의 방식에 의한 연금액조정을 통하여 물가상승률에 비하여 상대적으로 높게 인상된 연금을 지급받아 왔고 그러한 연금액의 조정이 상당기간 지속됨으로써 앞으로도 공무원의 보수인상률에 맞추어 연금액도 같은 비율로 조정되리라는 기대가 형성되어 있던 것은 부인할 수 없으나, 그렇다 하더라도 보호해야 할 퇴직연금수급자의 신뢰의 가치는 크지 않고 신뢰의 손상 또한 연금액의 상대적인 감소로서 그 정도가 심하지 않은 반면, 연금재정의 파탄을 막고 공무원연금제도를 건실하게 유지하는 것은 긴급하고도 대단히 중요한 공익이므로 이 사건 경과규정이 헌법상 신뢰보호의 원칙에 위배된다고는 볼 수 없다(2005.6.30. 2004헌바42).

ㄴ. X 헌법상의 법치국가원리의 파생원칙인 신뢰보호의 원칙은 법률이나 그 하위법규 뿐만 아니라 국가관리의 입시제도와 같이 국・공립대학의 입시전형을 구속하여 국민의 권리에 직접 영향을 미치는 제도운영지침의 개폐에도 적용되는 것이다(1997.7.16. 97헌마38).

ㄷ. O 납세의무자로서는 구법질서에 의거하여 적극적인 신뢰행위를 하였다든가 하는 사정이 없는 한 원칙적으로 세율 등 현재의 세법이 과세기간중에 변함없이 유지되리라고 신뢰하고 기대할 수는 없다. 그렇게 되면 국가 조세・재정정책의 탄력적・합리적 운용이 불가능하기 때문이다(1998.11.26. 97헌바58).

ㄹ. X 약사법 부칙 제2조 제1항에 의하여 청구인들에게 주어진 1년의 유예기간이 법개정으로 인한 상황변화에 대처하기에 짧지 않다는 점 등을 고려할 때, 청구인들이 가지는 신뢰이익과 그 침해는 크지 않은 반면에, 법 시행 이전에 이미 개설하여 운영중인 약국을 폐쇄해야 할 공적인 필요성이 매우 크고 입법목적의 달성을 통해서 얻게 되는 국민보건의 향상이라는 공적 이익이 막중하므로, 이 사건 법률조항들이 청구인들의 기존 약국을 폐쇄토록 규정한 것은 비례의 원칙이나 신뢰보호의 원칙에 위반되지 않으므로 청구인들의 직업행사의 자유를 침해하지 않는다(2003.10.30. 2001헌마700).

ㅁ. O 선불식 할부계약이 체결되고 선수금이 지급되었다고 하더라도 그 계약에 따른 선불식 할부거래업자의 재화 또는 용역 제공 의무는 여전히 남아 있게 된다. 따라서 선수금보전의무조항은 현재 진행 중인 사실관계에 적용되는 것이어서 진정소급입법에 해당된다고 볼 수 없으므로 소급입법금지원칙에 위배되지 아니한다. 선불식 할부계약을 체결하였다고 하더라도 그 계약이 해제되거나 부도 내지 폐업 등으로 상조계약에 따른 재화나 용역 등을 제공하지 못하는 경우에는 전부 또는 일부의 선수금을 반환하여야 하므로, 계약 종료 전에 선수금을 자유롭게 처분할 수 있다는 기대 내지 신뢰가 선불식 할부거래업자에게 존재하였다고 하더라도 그 보호가치는 크다고 보기 어렵다. … 따라서 선수금보전의무조항은 신뢰보호원칙에 위배되지 아니한다(2017.7.27. 2015헌바240).

19   18변시-3   정답 ③

소급입법에 관한 설명 중 옳은 것(○)과 옳지 않은 것(×)을 올바르게 조합한 것은? (다툼이 있는 경우 판례에 의함)

ㄱ. 친일재산을 그 취득·증여 등 원인행위시에 국가의 소유로 하도록 규정한 「친일반민족행위자 재산의 국가귀속에 관한 특별법」조항은 진정소급입법에 해당하며, 친일반민족행위자의 재산권을 일률적·소급적으로 박탈하는 것을 정당화할 수 있는 특단의 사정이 존재한다고 볼 수 없으므로 소급입법금지원칙에 위배된다.

ㄴ. 위치추적 전자장치 부착의 목적과 의도는 단순히 재범의 방지뿐만 아니라 중대한 범죄를 저지른 자에 대하여 그 책임에 상응하는 강력한 처벌을 가하고 일반 국민에 대하여 일반예방적 효과를 위한 강력한 경고를 하려는 것이므로, 구 「특정 범죄자에 대한 위치추적 전자장치 부착 등에 관한 법률」 시행 이전에 범죄를 저지른 자에 대해서도 소급하여 전자장치 부착을 명할 수 있도록 하는 동법 부칙조항은 헌법 제13조 제1항의 형벌불소급의 원칙에 위배된다.

ㄷ. 법 시행일 이후에 이행기가 도래하는 퇴직연금에 대하여 소득과 연계하여 그 일부의 지급을 정지할 수 있도록 한 「공무원연금법」 조항을 이미 확정적으로 연금수급권을 취득한 자에게도 적용하도록 한 것은, 이미 종료된 과거의 사실관계 또는 법률관계에 새로운 법률이 소급적으로 적용되어 과거를 법적으로 새로이 평가하는 진정소급입법에 해당한다.

ㄹ. 보안처분이라 하더라도 형벌적 성격이 강하여 신체의 자유를 박탈하거나 박탈에 준하는 정도로 신체의 자유를 제한하는 경우에는 소급입법금지원칙이 적용된다.

① ㄱ(○), ㄴ(×), ㄷ(○), ㄹ(×)
② ㄱ(×), ㄴ(×), ㄷ(○), ㄹ(○)
③ ㄱ(×), ㄴ(×), ㄷ(×), ㄹ(○)
④ ㄱ(○), ㄴ(○), ㄷ(○), ㄹ(×)
⑤ ㄱ(×), ㄴ(×), ㄷ(×), ㄹ(×)

 해설

ㄱ. **X** 이 사건 귀속조항은 진정소급입법에 해당하지만, 진정소급입법이라 할지라도 예외적으로 국민이 소급입법을 예상할 수 있었던 경우와 같이 소급입법이 정당화되는 경우에는 허용될 수 있다. 이 사건 귀속조항은 진정소급입법에 해당하나 헌법 제13조 제2항에 반하지 않는다(2011.3.31. 2008헌바141 등).

ㄴ. **X** ㄹ. **○** 형사제재인 전자발찌 부착명령이 부칙개정으로 행위시에 없었던 전자장치 부착명령이 적용되는 것이 형벌불소급의 원칙에 위반되는지 여부(2012.12.27. 2010헌가82)

[1] 전자장치부착법상 **전자장치 부착명령**은 제도의 목적, 요건, 보호관찰 부가 등 관련 규정의 내용에 비추어 **형벌과 구별되**므로, 형벌과는 목적이나 심사대상 등을 달리하는 **보안처분에 해당**한다고 보아야 한다.

[2] 보안처분이라 하더라도 형벌적 성격이 강하여 신체의 자유를 박탈하거나 박탈에 준하는 정도로 신체의 자유를 제한하는 경우에는 **소급효금지원칙을 적용**하는 것이 법치주의 및 죄형법정주의에 부합한다(ㄹ).

[3] 이 사건 **부착명령**은 범죄행위를 한 사람에 대한 응보를 주된 목적으로 그 책임을 추궁하는 사후적 처분인 **형벌과 구별되는 비형벌적 보안처분으로서 소급효금지원칙이 적용되지 아니한다.** 따라서 이 사건 부칙조항에 따른 전자장치 부착명령은 비형벌적 보안처분으로서 소급효금지원칙이 적용되지 아니하므로 **전자장치부착법 시행 당시 대상자에 포함되지 않았던 사람들까지 부착명령의 대상자로 포함시켰다고 하여 소급효금지원칙에 위배되는 것은 아니다**(ㄴ).

ㄷ. **X** 법 시행일 이후에 이행기가 도래하는 퇴직연금에 대하여 소득과 연계하여 그 일부의 지급을 정지할 수 있도록 한 공무원연금법 부칙은 법 시행일 이후에 이행기가 도래하는 퇴직연금 수급권의 내용을 변경함에 불과하고, 이미 종료된 과거의 사실관계 또는 법률관계에 새로운 법률이 소급적으로 적용되어 과거를 법적으로 새로이 평가하는 **진정소급입법에는 해당하지 아니하므로** 소급입법에 의한 재산권 침해는 문제될 여지가 없다. 퇴직연금 수급권의 성격상 급여의 구체적인 내용은 가변적일 수 있고, 제반 사정을 고려하면 연금수급자들의 신뢰는 퇴직 후에도 현 제도 그대로 연금액을 받을 것이라는 것이 아니고, 그러한 신뢰에 기하여 투자 등의 조치를 취하는 것도 아니며, 이 사건 심판대상조항은 퇴직연금 중 일부의 지급을 정지할 뿐이므로, 퇴직연금 수급자들이 입는 불이익은 그다지 크지 않다. 따라서 이 사건 심판대상조항이 헌법상 신뢰보호의 원칙에 위반된다고 할 수 없다(2008.2.28. 2005헌마872·918).

20 20변시-12 정답 ⑤

甲은 2006. 10.부터 2007. 4.까지 3회에 걸쳐 8억 원의 조세를 포탈하였다는 범죄사실로 2015. 6. 11. 공소제기되었다. 甲은 2015. 9. 11. '징역 2년 및 벌금 120억 원에 처하고, 벌금을 납입하지 아니하는 경우 1,200만 원을 1일로 환산한 기간 노역장에 유치한다'는 내용의 판결을 선고받아 그대로 확정되었다. 한편 2014. 5. 14. 「형법」이 개정되어 제70조 제2항이 신설되었으며, 동 조항(이하 '노역장유치조항'이라 함)은 같은 날 시행되었다. 다음 사례에 관한 설명 중 옳지 않은 것은? (다툼이 있는 경우 판례에 의함)

구 「형법」(1953. 9. 18. 법률 제293호로 제정되고, 2014. 5. 14. 법률 제12575호로 개정되기 전의 것) 제70조(노역장유치)
벌금 또는 과료를 선고할 때에는 납입하지 아니하는 경우의 유치기간을 정하여 동시에 선고하여야 한다.

「형법」(2014. 5. 14. 법률 제12575호로 개정된 것) 제70조(노역장유치)
① 벌금 또는 과료를 선고할 때에는 납입하지 아니하는 경우의 유치기간을 정하여 동시에 선고하여야 한다.
② 선고하는 벌금이 1억 원 이상 5억 원 미만인 경우에는 300일 이상, 5억 원 이상 50억 원 미만인 경우에는 500일 이상, 50억 원 이상인 경우에는 1,000일 이상의 유치기간을 정하여야 한다.

「형법」 부칙(2014. 5. 14. 법률 제12575호) 제2조(적용례 및 경과조치)
① 제70조 제2항의 개정규정은 이 법 시행 후 최초로 공소가 제기되는 경우부터 적용한다.

① 노역장유치조항은 경제적 능력의 유무와 상관없이 모든 벌금미납자에게 적용되고, 벌금의 납입능력에 따른 노역장유치 가능성의 차이는 위 조항이 예정하고 있는 차별이 아니라 벌금형이라는 재산형이 가지고 있는 본질적인 성격에서 비롯된 것이므로, 위 조항에 근거하여 甲을 노역장에 유치하는 것은 경제적 능력 유무에 따른 차별이라고 볼 수 없다.
② 甲을 노역장에 유치하는 것은 그 실질이 신체의 자유를 박탈하는 것으로서 징역형과 유사한 형벌적 성격을 가지고 있으므로 형벌불소급원칙의 적용대상이 된다.
③ 甲에 대해 1억 원 이상의 벌금을 선고하는 경우 노역장유치기간의 하한을 법률에 정해두게 되면 벌금의 납입을 심리적으로 강제할 수 있고 1일 환형유치금액 사이의 지나친 차이를 좁혀 형평성을 도모할 수 있으므로, 노역장유치조항은 입법목적 달성에 적절한 수단이다.
④ 노역장유치는 벌금을 납입하지 않는 경우를 대비한 것으로 벌금을 납입한 때에는 집행될 여지가 없고, 노역장유치로 벌금형이 대체되는 점 등을 고려하면, 甲이 입게 되는 불이익이 노역장유치조항으로 달성하고자 하는 공익에 비하여 크다고 할 수 없다.
⑤ 甲에 대해 위 「형법」 부칙 조항에 의하여 노역장유치조항을 적용할 수 있으며, 이는 형벌불소급원칙에 위반되지 않는다.

 해설

①, ③, ④ ○ 2017.10.26. 2015헌바239
② ○ 형벌불소급원칙에서 의미하는 '처벌'은 형법에 규정되어 있는 형식적 의미의 형벌 유형에 국한되지 않으며, 범죄행위에 따른 제재의 내용이나 실제적 효과가 형벌적 성격이 강하여 신체의 자유를 박탈하거나 이에 준하는 정도로 신체의 자유를 제한하는 경우에는 형벌불소급원칙이 적용되어야 한다. 노역장유치는 그 실질이 신체의 자유를 박탈하는 것으로서 징역형과 유사한 형벌적 성격을 가지고 있으므로 형벌불소급원칙의 적용대상이 된다(2017.10.26. 2015헌바239).
⑤ ✕ [1] 형벌불소급원칙은 범죄행위시의 법률에 의해 범죄를 구성하지 않는 경우뿐만 아니라, 범죄행위시의 법률보다 형을 가중한 경우에도 적용된다. 형벌불소급원칙은 범죄행위시의 법률보다 형의 상한 또는 하한을 높인 경우에도 적용되며, 주형을 가중한 경우 외에도 부가형·병과형을 가중한 경우에도 적용된다.
[2] 노역장유치조항은 1억 원 이상의 벌금형을 선고받는 자에 대하여 유치기간의 하한을 중하게 변경시킨 것이므로, 이 조항 시행 전에 행한 범죄행위에 대해서는 범죄행위 당시에 존재하였던 법률을 적용하여야 한다. 그런데 부칙조항은 노역장유치조항의 시행 전에 행해진 범죄행위에 대해서도 공소제기의 시기가 노역장유치조항의 시행 이후이면 이를 적용하도록 하고 있는 바, 부칙조항은 범죄행위 당시 보다 불이익한 법률을 소급하여 적용하도록 하는 것이라고 할 수 있으므로, 헌법상 형벌불소급원칙에 위반된다(2017.10.26. 2015헌바239). … 위헌결정

21 21법전협-3-2 정답 ①

형벌불소급의 원칙에 관한 설명 중 옳지 않은 것은? (다툼이 있는 경우 판례에 의함)

① 형벌적 성격이 강하여 신체의 자유를 박탈하거나 박탈에 준하는 정도로 신체의 자유를 제한하는 보안처분이라고 하더라도 보안처분은 형벌과 다르므로 형벌불소급의 원칙이 적용되지 않는다.
② 과거에 이미 행한 범죄에 대하여 공소시효를 정지시키는 법률이라 하더라도 그 사유만으로 형벌불소급의 원칙에 위배되는 것으로 단정할 수는 없다.
③ 노역장 유치기간의 하한을 중하게 변경시킨 개정법률 조항을 그 조항 시행전에 행해진 범죄행위에 대하여 적용하는 것은 형벌불소급원칙에 위반된다.
④ 형벌불소급의 원칙은 범죄행위시의 법률보다 형의 상한 또는 하한을 높인 경우에도 적용되고, 주형 외에 부가형이나 병과형을 가중한 경우에도 적용된다.
⑤ 행위 당시의 판례에 의하면 처벌대상이 되지 아니하는 것으로 해석되었던 행위를 판례의 변경에 따라 확인된 내용의 형법 조항에 근거하여 처벌한다고 하여 그것이 형벌불소급원칙에 위반된다고 할 수 없다.

해설

① X 형벌불소급원칙에서 의미하는 '처벌'은 형법에 규정되어 있는 형식적 의미의 형벌 유형에 국한되지 않으며, 범죄행위에 따른 제재의 내용이나 실제적 효과가 형벌적 성격이 강하여 신체의 자유를 박탈하거나 이에 준하는 정도로 신체의 자유를 제한하는 경우에는 형벌불소급원칙이 적용되어야 한다. 노역장유치는 그 실질이 신체의 자유를 박탈하는 것으로서 징역형과 유사한 형벌적 성격을 가지고 있으므로 형벌불소급원칙의 적용대상이 된다(2017.10.26. 2015헌바239 등).

② O 형벌불소급의 원칙은 "행위의 가벌성" 즉 형사소추가 "언제부터 어떠한 조건하에서" 가능한가의 문제에 관한 것이고, "얼마동안" 가능한가의 문제에 관한 것은 아니므로, 과거에 이미 행한 범죄에 대하여 공소시효를 정지시키는 법률이라 하더라도 그 사유만으로 헌법 제12조 제1항 및 제13조 제1항에 규정된 죄형법정주의의 파생원칙인 형벌불소급의 원칙에 언제나 위배되는 것으로 단정할 수는 없다(1996.2.16. 96헌가2 등).

③ O 노역장유치조항은 1억 원 이상의 벌금형을 선고받는 자에 대하여 유치기간의 하한을 중하게 변경시킨 것이므로, 이 조항 시행 전에 행한 범죄행위에 대해서는 범죄행위 당시에 존재하였던 법률을 적용하여야 한다. 그런데 부칙조항은 노역장유치조항의 시행 전에 행해진 범죄행위에 대해서도 공소제기의 시기가 노역장유치조항의 시행 이후이면 이를 적용하도록 하고 있으므로, 이는 범죄행위 당시보다 불이익한 법률을 소급 적용하도록 하는 것으로서 헌법상 형벌불소급원칙에 위반된다(2017.10.26. 2015헌바239 등).

④ O 형벌불소급원칙은 범죄행위시의 법률에 의해 범죄를 구성하지 않는 경우뿐만 아니라, 범죄행위시의 법률보다 형을 가중한 경우에도 적용된다. 형벌불소급원칙은 범죄행위시의 법률보다 형의 상한 또는 하한을 높인 경우에도 적용되며, 주형을 가중한 경우 외에도 부가형·병과형을 가중한 경우에도 적용된다(2017.10.26. 2015헌바239 등).

⑤ O 형사처벌의 근거가 되는 것은 법률이지 판례가 아니고, 형법 조항에 관한 판례의 변경은 그 법률조항의 내용을 확인하는 것에 지나지 아니하여 이로써 그 법률조항 자체가 변경된 것이라고 볼 수는 없으므로, 행위 당시의 판례에 의하면 처벌대상이 되지 아니하는 것으로 해석되었던 행위를 판례의 변경에 따라 확인된 내용의 형법 조항에 근거하여 처벌한다고 하여 그것이 헌법상 평등의 원칙과 형벌불소급의 원칙에 반한다고 할 수는 없다(대판 1999.9.17. 97도3349, 2014.5.29. 2012헌바390).

22 12변시-28 정답 ④

다음 사례에서 甲의 권리구제에 관한 설명 중 옳지 않은 것은? (다툼이 있는 경우 판례에 의함)

> 법률의 위임을 받아 특정 국가자격시험의 응시자격을 구체적으로 정하고 있는 시행령이 2011. 3. 7.자로 개정되었다. 이를 통해 '관련과목의 이수'로 정해져 있던 국가자격시험의 응시자격요건이 '관련학과의 학위취득'으로 변경되었다. 개정시행령은 부칙에 경과규정을 두어 그 시행일을 2011. 3. 7.로 하되 2010학년도 이전에 관련학과 이외의 학과에 입학한 자에 대해서는 종전의 규정에 의하도록 정하였다. 2011. 3. 2. 관련학과가 아닌 다른 학과에 입학한 甲은 장래 위 국가자격시험의 응시를 목표로 하고 있었으나, 위 시행령 개정으로 응시자격이 없어졌다는 사실에 고민하고 있다.

① 법령을 개정해야 할 공익상의 필요가 있더라도, 개정시행령상의 응시자격 규정이 구 시행령에 의한 응시자격이 장래에도 그대로 존속할 것이라는 합리적이고 정당한 甲의 신뢰를 과도하게 침해하는 경우에는 개정시행령상의 자격규정은 신뢰보호원칙에 위반된다.

② 개정시행령의 부칙이 2010학년도 이전에 관련학과 이외의 학과에 입학한 자와 2011학년도에 관련학과 이외의 학과에 입학한 자를 합리적 사유 없이 차별하는 것이라면 평등원칙에 반한다.

③ 사후에 甲이 관련과목의 이수라는 종전의 자격요건을 충족한 상태에서 응시원서를 제출하였는데 시험관리행정청에서 그 접수를 거부한다면 접수거부처분에 대한 취소소송을 제기할 수 있고, 그 재판에서 개정시행령의 위헌·위법을 다툴 수 있다.

④ 甲이 관련학과가 아닌 다른 학과에 입학한 후 위 시행령이 개정되었으므로 개정시행령을 甲에게 적용하는 것은 진정소급효를 발생시키는 경우에 해당되어 위법하다.

⑤ 개정시행령의 응시자격 관련 규정과 경과규정을 정한 부칙 규정은 직접 국가자격시험의 응시자격을 제한하는 법률효과를 발생시켜 국민의 평등권, 직업선택의 자유 등에 제한을 가하므로 헌법소원의 대상이 되는 '공권력의 행사'에 해당한다.

해설

①, ② O 한약사국가시험응시원서접수거부처분취소(대판 2007.10.29. 2005두4649 전원합의체)

[1] 법령의 개정에서 신뢰보호원칙이 적용되어야 하는 이유는, 어떤 법령이 장래에도 그대로 존속할 것이라는 합리적이고 정당한 신뢰를 바탕으로 국민이 그 법령에 상응하는 구체적 행위로 나아가 일정한 법적 지위나 생활관계를 형성하여 왔음에도 국가가 이를 전혀 보호하지 않는다면 법질서에 대한 국민의 신뢰는 무너지고 현재의 행위에 대한 장래의 법적 효과를 예견할 수 없게 되어 법적 안정성이 크게 저해되기 때문이고, 이러한 신뢰보호는 절대적이거나 어느 생활영역에서나 균일한 것은 아니고 개개의 사안마다 관련된 자유나 권리, 이익 등에 따라 보호의 정도와 방법이 다를 수 있으며,

새로운 법령을 통하여 실현하고자 하는 공익적 목적이 우월한 때에는 이를 고려하여 제한될 수 있으므로, 이 경우 신뢰보호원칙의 위배 여부를 판단하기 위해서는 한편으로는 침해된 이익의 보호가치, 침해의 중한 정도, 신뢰가 손상된 정도, 신뢰침해의 방법 등과 다른 한편으로는 새 법령을 통해 실현하고자 하는 공익적 목적을 종합적으로 비교·형량하여야 한다.

[2] 개정 전 약사법 제3조의2 제2항의 위임에 따라 같은 법 시행령 제3조의2에서 한약사 국가시험의 응시자격을 '필수 한약관련 과목과 학점을 이수하고 대학을 졸업한 자'로 규정하던 것을, 개정 시행령 제3조의2에서 '한약학과를 졸업한 자'로 응시자격을 변경하면서, 개정 시행령 부칙이 한약사 국가시험의 응시자격에 관하여 1996학년도 이전에 대학에 입학하여 개정 시행령 시행 당시 대학에 재학중인 자에게는 개정 전의 시행령 제3조의2를 적용하게 하면서도 1997학년도에 대학에 입학하여 개정 시행령 시행 당시 대학에 재학중인 자에게는 개정 시행령 제3조의2를 적용하게 하는 것은 헌법상 신뢰보호의 원칙과 평등의 원칙에 위배되어 허용될 수 없다고 한 사례.

③ O 취소소송 중 재판에서 개정시행령의 위헌·위법을 다툴 수 있다(헌법 제107조 제2항).

> **제107조**
> ① 법률이 헌법에 위반되는 여부가 재판의 전제가 된 경우에는 법원은 헌법재판소에 제청하여 그 심판에 의하여 재판한다.
> ② 명령·규칙 또는 처분이 헌법이나 법률에 위반되는 여부가 재판의 전제가 된 경우에는 대법원은 이를 최종적으로 심사할 권한을 가진다.

④ X 甲이 관련학과 이외의 학과에 입학한 후에 시행령이 개정된 것이므로 진정소급효가 아니라 부진정소급효를 발생시킨 경우에 해당한다.

⑤ O 부칙도 법령에 속하므로 규정 내용이 직접 국민의 기본권에 제한을 가한다면 헌법소원의 대상이 되며, 헌법재판소도 부칙 규정의 위헌 여부를 판단한 바 있다(2001.4.26. 2000헌마122).

제3항 문화국가의 원리

23 22변시-1 정답 ③

헌법상 기본원리에 관한 설명 중 옳은 것을 모두 고른 것은? (다툼이 있는 경우 판례에 의함)

> ㄱ. 오늘날 문화국가에서의 문화정책은 그 초점이 문화 그 자체에 있는 것이 아니라 문화가 생겨날 수 있는 문화풍토를 조성하는 데 두어야 하므로 국가는 엘리트문화뿐만 아니라 서민문화, 대중문화도 그 가치를 인정하고 정책적인 배려의 대상으로 하여야 한다.
> ㄴ. 국회·대통령과 같은 정치적 권력기관은 헌법 규정에 따라 국민으로부터 직선되나, 지방자치기관은 지방자치제의 권력분립적 속성상 중앙정치기관의 구성과는 다소 상이한 방법으로 국민주권·민주주의원리가 구현될 수 있다.
> ㄷ. 체계정당성의 원리는 국가권력에 대한 통제와 이를 통한 국민의 자유와 권리의 보장을 이념으로 하는 법치주의 원리로부터 도출되는데, 이러한 체계정당성 위반은 비례의 원칙이나 평등의 원칙 등 일정한 헌법의 규정이나 원칙을 위반하여야만 비로소 위헌이 된다.
> ㄹ. 자기책임의 원리는 인간의 자유와 유책성, 그리고 인간의 존엄성을 진지하게 반영한 원리로서 헌법 제10조의 취지로부터 도출되는 것이지, 법치주의에 내재하는 원리는 아니다.
> ㅁ. 정당이 자유민주적 기본질서를 부정하고 이를 적극적으로 제거하려는 경우 중앙선거관리위원회는 그 정당의 등록을 취소할 수 있다.

① ㄱ, ㄷ
② ㄴ, ㄹ
③ ㄱ, ㄴ, ㄷ
④ ㄴ, ㄹ, ㅁ
⑤ ㄷ, ㄹ, ㅁ

 해설

③ 헌법상 기본원리에 관한 설명 중 옳은 것은 ㄱ, ㄴ, ㄷ 이다.

ㄱ. O 오늘날에 와서는 국가가 어떤 문화현상에 대하여도 이를 선호하거나, 우대하는 경향을 보이지 않는 불편부당의 원칙이 가장 바람직한 정책으로 평가받고 있다. 오늘날 문화국가에서의 문화정책은 그 초점이 문화 그 자체에 있는 것이 아니라 문화가 생겨날 수 있는 문화풍토를 조성하는 데 두어야 한다. 문화국가원리의 이러한 특성은 문화의 개방성 내지 다원성의 표지와 연결되는데, 국가의 문화육성의 대상에는 원칙적으로 모든 사람에게 문화창조의 기회를 부여한다는 의미에서 모든 문화가 포함된다. 따라서 엘리트문화뿐만 아니라 서민문화, 대중문화도 그 가치를 인정하고 정책적인 배려의 대상으로 하여야 한다(2004.5.27. 2003헌가1 등).

ㄴ. O 국민주권의 원리는 공권력의 구성·행사·통제를 지배하는 우리 통치질서의 기본원리이므로, 공권력의 일종인 지방자치권과 국가교육권(교육입법권·교육행정권·교육감독권 등)도 이 원리에 따른 국민적 정당성기반을 갖추어야만 한다. 그런데 국민주권·민주주의 원리는 그 작용영역, 즉 공권력의 종류와 내용에 따라 구현방법이 상이할 수 있다. 국회·대통령과 같은 정치적 권력기관은 헌법 규정에 따라 국민으로부터 직선된다. 그러나 지방자치기관은 그것도 정치적 권력기관이긴 하지만, 중앙·지방간 권력의 수직적 분배라고 하는 지방자치제의 권력분립적 속성상, 중앙정치기관의 구성과는 다소 상이한 방법으로 국민주권·민주주의원리가 구현될 수도 있다. 또한 교육부문에 있어서의 국민주권·민주주의의 요청도, 문화적 권력이라고 하는 국가교육권의 특수성으로 말미암아, 정치부문과는 다른 모습으로 구현될 수 있다(2000.3.30. 99헌바113).

ㄷ. O 체계정당성의 원리는 동일 규범 내에서 또는 상이한 규범 간에 그 규범의 구조나 내용 또는 규범의 근거가 되는 원칙면에서 상호 배치되거나 모순되어서는 안된다는 하나의 헌법적 요청이며, 국가공권력에 대한 통제와 이를 통한 국민의 자유와 권리의 보장을 이념으로 하는 법치주의원리로부터 도출되는데, 이러한 체계정당성 위반은 비례의 원칙이나 평등의 원칙 등 일정한 헌법의 규정이나 원칙을 위반하여야만 비로소 위헌이 되며, 체계정당성의 위반을 정당화할 합리적인 사유의 존재에 대하여는 입법 재량이 인정된다(2004.11.25. 2002헌바66).

ㄹ. X 자기책임의 원리는 인간의 자유와 유책성, 그리고 인간의 존엄성을 진지하게 반영한 원리로서 그것이 비단 민사법이나 형사법에 국한된 원리라기보다는 근대법의 기본이념으로서 법치주의에 당연히 내재하는 원리로 볼 것이다(2010.6.24. 2007헌바101 등).

ㅁ. X 자유민주적 기본질서를 부정하고 이를 적극적으로 제거하려는 조직도, 국민의 정치적 의사형성에 참여하는 한, '정당의 자유'의 보호를 받는 정당에 해당하며, 오로지 헌법재판소가 그의 위헌성을 확인한 경우에만 정당은 정치생활의 영역으로부터 축출될 수 있다(1999.12.23. 99헌마135).

24 20법전협-1-12   정답 ⑤

문화국가원리에 관한 설명 중 옳지 않은 것은? (다툼이 있는 경우 판례에 의함)

① 오늘날 국가의 문화정책은 불편부당의 원칙이 가장 바람직한 정책으로 평가받고 있으며, 그 초점은 문화 그 자체에 있는 것이 아니라 문화가 생겨날 수 있는 문화풍토를 조성하는 데 두어야 한다.

② 국가의 문화육성의 대상에는 원칙적으로 모든 사람에게 문화창조의 기회를 부여한다는 의미에서 모든 문화가 포함되므로, 엘리트문화뿐만 아니라 서민문화와 대중문화도 그 가치를 인정하고 정책적인 배려의 대상으로 하여야 한다.

③ 가족제도가 비록 전통문화의 하나라 하더라도 가족제도에 관한 헌법이념인 개인의 존엄과 양성의 평등에 반하는 것이어서는 안 된다는 한계가 있다.

④ 헌법상 우리가 진정으로 계승·발전시켜야 할 전통문화는 이 시대의 제반 사회·경제적 환경에 맞고 또 오늘날에 있어서도 보편타당한 전통윤리 내지 도덕관념이라 할 것이다.

⑤ 국가가 민족문화유산을 보호하고자 하는 경우, 이에 관한 헌법적 보호법익은 민족문화유산의 훼손 등에 관한 가치보상에 있는 것이지 '민족문화유산의 존속' 그 자체에 있는 것은 아니다.

해설

① O 오늘날에 와서는 국가가 어떤 문화현상에 대하여도 이를 선호하거나, 우대하는 경향을 보이지 않는 불편부당의 원칙이 가장 바람직한 정책으로 평가받고 있다. 오늘날 문화국가에서의 문화정책은 그 초점이 문화 그 자체에 있는 것이 아니라 문화가 생겨날 수 있는 문화풍토를 조성하는 데 두어야 한다(2003헌가1·2004헌가4 등).

② O 문화국가원리의 이러한 특성은 문화의 개방성 내지 다원성의 표지와 연결되는데, 국가의 문화육성의 대상에는 원칙적으로 모든 사람에게 문화창조의 기회를 부여한다는 의미에서 모든 문화가 포함된다. 따라서 엘리트문화뿐만 아니라 서민문화, 대중문화도 그 가치를 인정하고 정책적인 배려의 대상으로 하여야 한다(2004.5.27. 2003헌가1 등).

③ O 가족제도에 관한 전통·전통문화란 적어도 그것이 가족제도에 관한 헌법이념인 개인의 존엄과 양성의 평등에 반하는 것이어서는 안 된다는 한계가 도출되므로, 전래의 어떤 가족제도가 헌법 제36조 제1항이 요구하는 개인의 존엄과 양성평등에 반한다면 헌법 제9조를 근거로 그 헌법적 정당성을 주장할 수는 없다(2005.2.3. 2001헌가9 등).

④ O 2005.2.3. 2001헌가9 등

⑤ X 국가가 민족문화유산을 보호하고자 하는 경우 이에 관한 헌법적 보호법익은 '민족문화유산의 존속' 그 자체를 보장하는 것이고, 원칙적으로 민족문화유산의 훼손등에 관한 가치보상(價値補償)이 있는지 여부는 이러한 헌법적 보호법익과 직접적인 관련이 없다(2003.1.30. 2001헌바64).

제2장 | 기본권론 일반

제1절 기본권보장의 역사

01 14법전협-1-6   정답 ⑤

헌법상 보장되는 기본권의 개념에 관한 설명으로 옳은 것은?

① 헌법재판소는 헌법 제37조 제1항의 열거되지 아니한 자유와 권리에 대하여 헌법 제10조와 연결지어 해석하고 있지는 않다.
② 헌법 제37조 제1항의 열거되지 아니한 자유와 권리규정은 세계헌법사에 그 유래를 찾을 수 없는 대한민국 헌법의 독특한 규정이다.
③ 헌법재판소는 기본권으로서 평화적 생존권의 내용을 "침략전쟁에 강제로 동원되지 아니할 권리", "침략전쟁을 위한 군사연습, 군사기지 건설, 살상무기의 제조·수입 등 전쟁준비 행위가 국민에게 중대한 공포를 초래할 경우 관련 공권력 행사의 정지를 구할 권리" 등으로 이해한다.
④ 헌법재판소는 "부모의 자녀에 대한 교육권"이 기본권 주체인 부모의 자기결정권으로서 보장되는 것이며 자녀의 보호와 인격발현을 위하여 부여되는 기본권은 아니라고 본다.
⑤ 헌법 제37조 제2항 후단이 기본권의 본질적 내용을 침해할 수 없도록 한 것은 헌법이 기본권을 자연권으로 이해하는 근거가 될 수 있다.

 해설

① X 헌법재판소는 "헌법 제37조 제1항은 헌법에 명시적으로 규정되지 아니한 자유와 권리라도 헌법 제10조에서 규정한 인간의 존엄과 가치를 위하여 필요한 것일 때에는 이를 모두 보장함을 천명하는 것"이라고 하면서 이러한 기본권으로서 '인격권'과 '명예권' 등을 파생시키고 있다(2002.1.31. 2001헌바43).
② X 미국 수정헌법 제9조에서도 '헌법에 어떤 종류의 권리가 열거되어 있다고 하여 국민이 보유하는 그 밖의 여러 권리를 부인하거나 또는 경시하는 것으로 해석하여서는 아니된다.'라는 규정을 두고 있다.
③ X 헌법재판소는 종래에는 평화적 생존권을 헌법상 기본권으로 인정하였으나, 최근에는 "청구인들이 평화적 생존권이란 이름으로 주장하고 있는 평화란 헌법의 이념 내지 목적으로서 추상적인 개념에 지나지 아니하고, 평화적 생존권은 이를 헌법에 열거되지 아니한 기본권으로서 특별히 인정할 필요성이 있다거나 그 권리내용이 비교적 명확하여 구체적 권리로서의 실질에 부합한다고 보기 어려워 헌법상 보장된 기본권이라고 할 수 없다"(2009.5.28. 2007헌마369)라고 하여 판례를 변경하였다.
④ X 부모의 자녀교육권은 다른 기본권과 달리, 기본권의 주체인 부모의 자기결정권이라는 의미에서 보장되는 것이 아니라, 자녀의 보호와 인격발현을 위하여 부여되는 기본권이다(2000.4.27. 98헌가16·98헌마429 병합).
⑤ O 헌법 제37조 제2항에서 국민의 자유와 권리의 "본질적 내용을 침해할 수 없다"라고 규정하고 있는바, 본질적 내용은 자연권성에 기초하여서만 이해될 수 있다(성낙인, 헌법학 제15판, 제908면).

제2절 기본권의 성격

02 12법전협-3-2   정답 ④

제도적 보장과 기본권의 보장에 관한 헌법재판소의 판례와 합치하는 것으로만 모두 묶은 것은?

ㄱ. 헌법상의 지방자치제도에 관한 규정으로부터 지방자치단체와 지역주민들의 자치권이 도출된다.
ㄴ. 헌법상 개인의 존엄과 양성의 평등에 기초한 혼인 및 가족제도에 관한 규정은 혼인과 가족생활을 스스로 결정하고 형성할 수 있는 자유를 함께 보장하고 있다.
ㄷ. 헌법상의 국민주권주의원리와 헌법 제41조 제1항으로부터 국민의 국회구성권이 도출된다.
ㄹ. 헌법전문에 기재된 3·1정신은 헌법이나 법률의 해석기준은 될 수 있지만, 그에 기하여 기본권이 도출되지는 않는다.

① ㄱ, ㄴ   ② ㄴ, ㄷ
③ ㄷ, ㄹ   ④ ㄴ, ㄹ
⑤ ㄱ, ㄷ

 해설

ㄱ. X 헌법 제117조 및 제118조가 보장하고 있는 본질적인 내용은 자치단체의 존재의 보장, 자치기능의 보장 및 자치사무의 보장으로 어디까지나 지방자치단체의 자치권인 것이다(1994.12.29. 94헌마201). 이러한 대표제 지방자치제도를 보완하기 위하여 주민발안, 주민투표, 주민소환 등의 제도가 도입될 수도 있다(2001.6.28. 2000헌마735). 한편, 제도적 보장으로서 주민의 자치권은 원칙적으로 개별 주민들에게 인정된 권리라 볼 수 없다(2006.2.23. 2005헌마403).
ㄴ. O 헌법 제36조 제1항은 혼인과 가족생활을 스스로 결정하고 형성할 수 있는 자유를 기본권으로서 보장하고, 혼인과 가족에 대한 제도를 보장한다(2002.8.29. 2001헌바82).
ㄷ. X 청구인들 주장의 '국회구성권'이란 유권자가 설정한 국회의석분포에 국회의원들을 기속시키고자 하는 것이고, 이러한 내용의 국회구성권이라는 것은 오늘날 이해되고 있는 대의제도의 본질에 반하는 것이므로 헌법상 인정될 여지가 없다(1998.10.29. 96헌마186).
ㄹ. O 청구인들이 침해받았다고 주장하는 "헌법전문에 기재된 3·1정신"은 우리나라 헌법의 연혁적·이념적 기초로서 헌법이나 법률해석에서의 해석기준으로 작용한다고 할 수 있지만, 그에 기하여 곧바로 국민의 개별적 기본권성을 도출해낼 수는 없다(2001.3.21. 99헌마139·142·156·160 등).

제3절 기본권의 주체

03 20변시-5 정답 ④

기본권 주체에 관한 설명 중 옳은 것은? (다툼이 있는 경우 판례에 의함)

① 모든 인간은 헌법상 생명권의 주체가 되며 형성 중의 생명인 태아에게도 생명권 주체성이 인정되므로, 국가의 보호 필요성은 별론으로 하고 수정 후 모체에 착상되기 전인 초기배아에 대해서도 기본권 주체성을 인정할 수 있다.
② 아동은 인격의 발현을 위하여 어느 정도 부모에 의한 결정을 필요로 하는 미성숙한 인격체이므로, 아동에게 자신의 교육환경에 관하여 스스로 결정할 권리가 부여되지 않는다.
③ 외국인이 법률에 따라 고용허가를 받아 적법하게 근로관계를 형성한 경우에도 외국인은 그 근로관계를 유지하거나 포기하는 데 있어서 직장선택의 자유에 대한 기본권 주체성을 인정할 수 없다.
④ 헌법 제14조의 거주·이전의 자유, 헌법 제21조의 결사의 자유는 그 성질상 법인에게도 인정된다.
⑤ 국가기관 또는 공법인은 공권력 행사의 주체이자 기본권의 수범자로서 기본권 주체가 될 수 없으므로, 대통령이나 지방자치단체장 등 개인이 국가기관의 지위를 겸하는 경우에도 기본권 주체성은 언제나 부정된다.

 해설

① X **초기배아**는 수정이 된 배아라는 점에서 형성 중인 생명의 첫 걸음을 떼었다고 볼 여지가 있기는 하나 아직 모체에 착상되거나 원시선이 나타나지 않은 이상 현재의 자연과학적 인식 수준에서 독립된 인간과 배아 간의 개체적 연속성을 확정하기 어렵다고 봄이 일반적이라는 점, 배아의 경우 현재의 과학기술 수준에서 모태 속에서 수용될 때 비로소 독립적인 인간으로의 성장가능성을 기대할 수 있다는 점, 수정 후 착상 전의 배아가 인간으로 인식된다거나 그와 같이 취급하여야 할 필요성이 있다는 사회적 승인이 존재한다고 보기 어려운 점 등을 종합적으로 고려할 때, 기본권 주체성을 인정하기 어렵다(2010.5.27. 2005헌마346).
② X 아동과 청소년은 부모와 국가에 의한 단순한 보호의 대상이 아닌 독자적인 인격체이며, 그의 인격권은 성인과 마찬가지로 인간의 존엄성 및 행복추구권을 보장하는 헌법 제10조에 의하여 보호된다. 따라서 헌법이 보장하는 인간의 존엄성 및 행복추구권은 국가의 교육권한과 부모의 교육권의 범주 내에서 **아동에게도 자신의 교육환경에 관하여 스스로 결정할 권리**, 그리고 자유롭게 문화를 향유할 권리를 부여한다고 할 것이다(2004.5.27. 2003헌가1·2004헌가4).
③ X 직업의 자유 중 이 사건에서 문제되는 직장 선택의 자유는 인간의 존엄과 가치 및 행복추구권과도 밀접한 관련을 가지는 만큼 단순히 국민의 권리가 아닌 인간의 권리로 보아야 할 것이므로 **외국인도 제한적으로라도 직장 선택의 자유를 향유**할 수 있다고 보아야 한다. 청구인들이 이미 적법하게 고용허가를 받아 적법하게 우리나라에 입국하여 우리나라에서 일정한 생활관계를 형성, 유지하는 등, 우리 사회에서 정당한 노동인력으로서의 지위를 부여받은 상황임을 전제로 하는 이상, 이 사건 청구인들에게 직장 선택의 자유에 대한 기본권 주체성을 인정할 수 있다 할 것이다(2011.9.29. 2007헌마1083).

심판대상조항이 제한하고 있는 직업의 자유는 국가자격제도정책과 국가의 경제상황에 따라 법률에 의하여 제한할 수 있고 인류보편적인 성격을 지니고 있지 아니하므로 국민의 권리에 해당한다. 이와 같이 헌법에서 인정하는 직업의 자유는 원칙적으로 대한민국 국민에게 인정되는 기본권이지, 외국인에게 인정되는 기본권은 아니다. 국가 정책에 따라 정부의 허가를 받은 외국인은 정부가 허가한 범위 내에서 소득활동을 할 수 있는 것이므로, 외국인이 국내에서 누리는 직업의 자유는 법률 이전에 헌법에 의해서 부여된 기본권이라고 할 수는 없고, 법률에 따른 정부의 허가에 의해 비로소 발생하는 권리이다. 헌법재판소의 결정례 중에는 외국인이 대한민국 법률에 따른 허가를 받아 국내에서 일정한 직업을 수행함으로써 근로관계가 형성된 경우, 그 직업은 그 외국인의 생활의 기본적 수요를 충족시키는 방편이 되고 또한 개성신장의 바탕이 된다는 점에서 외국인은 그 근로관계를 계속 유지함에 있어서 국가의 방해를 받지 않고 자유로운 선택과 결정을 할 자유가 있고 그러한 범위에서 제한적으로 직업의 자유에 대한 기본권주체성을 인정할 수 있다고 하였다(2011. 9. 29. 2007헌마1083 등 참조). 하지만 이는 이미 근로관계가 형성되어 있는 예외적인 경우에 제한적으로 인정한 것에 불과하다. 그러한 근로관계가 형성되기 전단계인 특정한 직업을 선택할 수 있는 권리는 국가정책에 따라 법률로써 외국인에게 제한적으로 허용되는 것이지 헌법상 기본권에서 유래되는 것은 아니다(2014.8.28. 2013헌마359).

④ O 독일기본법은 법인의 기본권 주체성을 명문으로 규정하고 있으나, 우리 헌법에는 법인의 기본권 주체성에 대하여 명문의 규정을 두고 있지 않다. 따라서 학설과 판례에 의해 해결하여야 한다. 헌법재판소는 성질상 법인이 누릴 수 있는 기본권은 당연히 법인에게도 적용하여야 할 것으로 본다. 따라서 헌법 제14조의 거주·이전의 자유, 헌법 제21조의 결사의 자유는 그 성질상 법인에게도 인정된다. 헌법재판소는 헌법 제21조가 규정하는 '결사의 자유'라 함은 다수의 자연인 또는 법인이 공동의 목적을 위하여 단체를 결성할 수 있는 자유를 말한다고 판시(2012.12.27. 2011헌마562)하여 법인이 단체를 결성할 자유, 즉 법인의 결사의 자유를 인정하였다. 또한 헌법재판소는 수도권 내의 과밀억제권역 안에서 법인 본점의 사업용 부동산, 특히 본점용 건축물을 신축 또는 증축하는 경우에 취득세를 중과세하는 조항의 위헌여부를 판단하면서 이 사건 법률조항에 의하여 청구인인 법인의 거주·이전의 자유와 영업의자유의 침해여부를 검토한 바 있다(2014.7.24. 2012헌바408).

⑤ X 대통령이나 지방자치단체장 등 개인이 국가기관의 지위를 겸하는 경우에는 제한적으로 기본권 주체성이 인정된다.

관련판례 대통령도 국민의 한사람으로서 제한적으로나마 기본권의 주체가 될 수 있는 바, 대통령은 소속 정당을 위하여 정당활동을 할 수 있는 사인으로서의 지위와 국민 모두에 대한 봉사자로서 공익실현의 의무가 있는 헌법기관으로서의 지위를 동시에 갖는데 최소한 전자의 지위와 관련하여 기본권 주체성을 갖는다고 할 수 있다(2008.1.17. 2007헌마700).

관련판례 지방자치단체의 장도 순수하게 직무상의 권한행사와 관련된 것이 아닌 공직의 상실이라는 개인적인 불이익과 연관된 공무담임권을 다투는 경우에는 기본권의 주체성이 인정된다(2009.3.26. 2007헌마843).

04 13변시-13   정답 ③

기본권의 주체에 관한 설명 중 옳지 않은 것은? (다툼이 있는 경우 판례에 의함)

① 헌법은 법인의 기본권 향유능력에 대하여 명문의 규정을 두고 있지는 않지만, 법인도 법인의 목적과 사회적 기능에 비추어 볼 때 그 성질에 반하지 않는 범위 내에서 인격권의 한 내용인 사회적 신용이나 명예 등의 주체가 될 수 있다.

② 고용허가를 받아 적법하게 우리나라에 입국하여 우리나라에서 일정한 생활관계를 형성·유지하는 외국인 근로자는 직장 선택의 자유에 대한 기본권 주체성이 인정될 수 있다.

③ 국가기관 또는 국가조직의 일부는 기본권의 수범자로서 국민의 기본권을 보호해야 할 책임과 의무를 지므로, 국민 모두의 봉사자로서 공익실현의 의무를 지는 대통령은 기본권의 주체가 될 수 없다.

④ 국립대학은 사립대학과 마찬가지로 대학의 자율권이라는 기본권의 보호를 받으므로 국립대학도 국가의 간섭 없이 인사·학사·시설·재정 등 대학과 관련된 사항들을 자주적으로 결정하고 운영할 자유를 갖는다.

⑤ 공법인으로서의 성격과 사법인으로서의 성격을 겸유한 특수한 법인의 경우 기본권의 주체가 될 수 있다고는 할 것이지만, 공법인적 특성이 기본권의 제약요소로 작용할 수 있다.

① O 우리 헌법은 법인 내지 단체의 기본권 향유능력에 대하여 명문의 규정을 두고 있지는 않지만 본래 자연인에게 적용되는 기본권이라도 그 성질상 법인이 누릴 수 있는 기본권은 법인에게도 적용된다. **법인도** 법인의 목적과 사회적 기능에 비추어 볼 때 그 성질에 반하지 않는 범위 내에서 **인격권의 한 내용인 사회적 신용이나 명예 등의 주체가 될 수 있고** 법인이 이러한 사회적 신용이나 명예 유지 내지 법인격의 자유로운 발현을 위하여 의사결정이나 행동을 어떻게 할 것인지를 자율적으로 결정하는 것도 법인의 인격권의 한 내용을 이룬다고 할 것이다(2012.8.23. 2009헌가27).

② O 직업의 자유 중 이 사건에서 문제되는 **직장 선택의 자유**는 인간의 존엄과 가치 및 행복추구권과도 밀접한 관련을 가지는 만큼 단순히 **국민의 권리가 아닌 인간의 권리**로 보아야 할 것이므로 권리의 성질상 참정권, 사회권적 기본권, 입국의 자유 등과 같이 외국인의 기본권주체성을 전면적으로 부정할 수는 없고, 외국인도 제한적으로라도 직장 선택의 자유를 향유할 수 있다고 보아야 한다(2011.9.29. 2007헌마1083 등).

③ X **대통령도 국민의 한사람으로서 제한적으로나마 기본권의 주체**가 될 수 있는바, 대통령은 소속 정당을 위하여 정당활동을 할 수 있는 사인으로서의 지위와 국민 모두에 대한 봉사자로서 공익실현의 의무가 있는 헌법기관으로서의 지위를 동시에 갖는데 최소한 전자의 지위와 관련하여는 기본권 주체성을 갖는다고 할 수 있다(2008.1.17. 2007헌마700).

④ O 헌법 제31조 제4항이 보장하는 대학의 자율성이란 대학의 운영에 관한 모든 사항을 외부의 간섭 없이 자율적으로 결정할 수 있는 자유를 말한다. **국립대학인 세무대학은 공법인으로서 사립대학과 마찬가지로 대학의 자율권이라는 기본권의 보호**를 받으므로, 세무대학은 국가의 간섭 없이 인사·학사·시설·재정 등 대학과 관련된 사항들을 자주적으로 결정하고 운영할 자유를 갖는다. 그러나 대학의 자율성은 그 보호영역이 원칙적으로 당해 대학 자체의 계속적 존립에까지 미치는 것은 아니다(2001.2.22. 99헌마613).

⑤ O **축협중앙회**는 지역별·업종별 축협과 비교할 때, 회원의 임의 탈퇴나 임의해산이 불가능한 점 등 그 공법인성이 상대적으로 크다고 할 것이지만, 이로써 공법인이라고 단정할 수는 없을 것이고, 이 역시 그 존립목적 및 설립형식에서의 자주적 성격에 비추어 사법인적 성격을 부인할 수 없으므로, 축협중앙회는 공법인성과 사법인성을 겸유한 특수한 법인으로서 이 사건에서 **기본권의 주체**가 될 수 있다. … 공법인적 특성이 축협중앙회가 가지는 기본권의 제약요소로 작용하는 것만은 이를 피할 수 없다고 할 것이다(2000.6.1. 99헌마553).

05 21법전협-3-3   정답 ③

기본권 주체성에 관한 설명 중 옳은 것을 모두 고른 것은? (다툼이 있는 경우 판례에 의함)

ㄱ. 초기배아는 수정이 된 배아라는 점에서 형성중인 생명의 첫걸음을 떼었다고 볼 여지가 있으므로, 적어도 생명권에 관한 한 기본권 주체성이 인정된다.

ㄴ. 태아는 형성중의 생명으로서 국가의 기본권 보호의무가 작동하는 대상이므로, 성질상 자연인이 누릴 수 있는 모든 기본권에 대하여는 그 주체성이 인정된다.

ㄷ. 외국인의 기본권 주체성 여부와 법인의 기본권 주체성 여부는 모두 기본권의 성질에 좌우되므로, 외국인은 '인간의 권리'로서의 성격을 갖는 기본권들에 대하여, 법인은 해당 결사체가 누릴 수 있는 기본권들에 대하여 그 주체성이 인정된다.

ㄹ. 지방자치단체는 원칙적으로 기본권의 수범자일 뿐 기본권의 주체가 아니나, 지방자치단체의 자치권 중의 하나인 지방재정권에 관하여는 기본권 주체성이 인정된다.

ㅁ. 공직자도 순수한 직무상의 권한행사외의 사적인 영역에 있어서는 기본권의 주체가 될 수 있으므로, 공직의 상실과 관련된 공무담임권을 다투는 경우 해당 기본권의 주체성이 인정된다.

① ㄱ, ㄴ   ② ㄱ, ㄹ
③ ㄷ, ㅁ   ④ ㄴ, ㄷ, ㅁ
⑤ ㄷ, ㄹ, ㅁ

③ 기본권 주체성에 관한 설명 중 옳은 것은 ㄷ, ㅁ 이다.

ㄱ. X 초기배아는 수정이 된 배아라는 점에서 형성 중인 생명의 첫 걸음을 떼었다고 볼 여지가 있기는 하나 아직 모체에 착상되거나 원시선이 나타나지 않은 이상 현재의 자연과학적 인식 수준에서 독립된 인간과 배아 간의 개체적 연속성을 확정하기 어렵다고 봄이 일반적이라는 점, 배아의 경우 현재의 과학기술 수준에서 모태 속에서 수용될 때 비로소 독립적인 인간으로의 성장가능성을 기대할 수 있다는 점, 수정 후 착상 전의 배아가 인간으로 인식된다거나 그와 같이 취급하여야 할 필요성이 있다는 사회적 승인이 존재한다고 보기 어려운 점 등을 종합적으로 고려할 때, 기본권 주체성을 인정하기 어렵다(2010.5.27. 2005헌마346).

ㄴ. X 태아는 형성 중의 인간으로서 생명을 보유하고 있으므로 국가는 태아를 위하여 각종 보호조치들을 마련해야 할 의무가 있다. 하지만 그와 같은 국가의 기본권 보호의무로부터 태아의 출생 전에, 또한 태아가 살아서 출생할 것인가와는 무관하게, 태아를 위하여 민법상 일반적 권리능력까지도 인정하여야 한다는 헌법적 요청이 도출되지는 않는다. … 생명의 연속적 발전과정에 대해 동일한 생명이라는 이유만으로 언제나 동일한 법적 효과를 부여하여야 하는 것은 아니다. 동일한 생명이라 할지라도 법질서가 생명의 발전과정을 일정한 단계들로 구분하고 그 각 단계에 상이한 법적 효과를 부여하는 것이 불가능하지 않다. … 이 사건 법률조항들이 권리능력의 존재 여부를 출생 시를 기준으로 확정하고 태아에 대해서는 살아서 출생할 것을 조건으로 손해배상청구권을 인정한다 할지라도 이러한 입법적 태도가 입법형성권의 한계를 명백히 일탈한 것으로 보기는 어려우므로 이 사건 법률조항들이 국가의 생명권 보호의무를 위반한 것이라 볼 수 없다(2008.7.31. 2004헌바81).

ㄷ. O 외국인의 기본권 주체성 여부는 기본권의 성질에 좌우되는데, 인간의 존엄과 가치, 행복추구권, 평등권과 같은 '인간의 권리'로서의 성격을 갖는 기본권들이 외국인에게 인정된다(2016.3.31. 2014헌마367). / 우리 헌법은 법인의 기본권향유능력을 인정하는 명문의 규정을 두고 있지 않지만, 본래 자연인에게 적용되는 기본권규정이라도 언론·출판의 자유, 재산권의 보장 등과 같이 성질상 법인이 누릴 수 있는 기본권을 당연히 법인에게도 적용하여야 한 것으로 본다. 따라서 법인도 사단법인·재단법인 또는 영리법인·비영리법인을 가리지 아니하고 위 한계내에서는 헌법상 보장된 기본권이 침해되었음을 이유로 헌법소원심판을 청구할 수 있다(1991.6.3. 90헌마56).

ㄹ. X 기본권의 보장에 관한 각 헌법규정의 해석상 국민(또는 국민과 유사한 지위에 있는 외국인과 사법인)만이 기본권의 주체라 할 것이고, 국가나 국가기관 또는 국가조직의 일부나 공법인은 기본권의 '수범자(受範者)'이지 기본권의 주체로서 그 '소지자'가 아니고 오히려 국민의 기본권을 보호 내지 실현해야 할 책임과 의무를 지니고 있는 지위에 있을 뿐이므로, 공법인인 지방자치단체의 의결기관인 청구인 의회는 기본권의 주체가 될 수 없고 따라서 헌법소원을 제기할 수 있는 적격이 없다(1998.3.26. 96헌마345).

ㅁ. O 공직자가 국가기관의 지위에서 순수한 직무상의 권한행사와 관련하여 기본권 침해를 주장하는 경우에는 기본권의 주체성을 인정하기 어렵다 할 것이나, 그 외의 사적인 영역에 있어서는 기본권의 주체가 될 수 있는 것이다(2009.3.26. 2007헌마843).

06 20법전협-2-3 정답 ⑤

기본권 주체에 관한 설명으로 옳지 않은 것은? (다툼이 있는 경우 판례에 의함)

① 정당은 국민의 정치적 의사형성에 참여하기 위한 조직으로 성격상 권리능력 없는 단체에 속하지만, 구성원과는 독립하여 그 자체로서 기본권의 주체가 될 수 있다.

② 헌법 제32조 제1항이 규정한 근로의 권리는 근로자를 개인의 차원에서 보호하기 위한 권리로서 개인인 근로자가 주체가 되는 것이고 노동조합은 그 주체가 될 수 없다.

③ 태아의 생명권 주체성을 인정할 수 있으나, 수정란이 모체에 착상되어 원시선이 나타나는 그 시점의 배아 상태에 이르지 않은 초기배아에게는 생명권 주체성을 인정할 수 없다.

④ 공법인이라 하더라도 공무를 수행하거나 고권적 행위를 하는 경우가 아닌 사경제 주체로서 활동하는 경우나 조직법상 국가로부터 독립한 고유 업무를 수행하는 경우, 그리고 다른 공권력 주체와의 관계에서 지배복종관계가 성립되어 일반 사인처럼 그 지배하에 있는 경우 등에는 기본권 주체가 될 수 있다.

⑤ 국가 조직영역 내에서 공적 과제를 수행하는 대통령은 소속 정당을 위하여 정당활동을 할 수 있는 사인으로서의 지위를 가지는 경우에도 기본권 주체성을 갖는다고 할 수 없다.

① O 청구인 진보신당은 국민의 정치적 의사형성에 참여하기 위한 조직으로 성격상 권리능력 없는 단체에 속하지만, 구성원과는 독립하여 그 자체로서 기본권의 주체가 될 수 있다(2008.12.26. 2008헌마419·423·436).

② O 헌법 제32조 제1항이 규정한 근로의 권리는 근로자를 개인의 차원에서 보호하기 위한 권리로서 개인인 근로자가 그 주체가 되는 것이고 노동조합은 그 주체가 될 수 없다(2009.2.26. 2007헌바27).

③ O 초기배아는 수정이 된 배아라는 점에서 형성 중인 생명의 첫 걸음을 떼었다고 볼 여지가 있기는 하나 아직 모체에 착상되거나 원시선이 나타나지 않은 이상 현재의 자연과학적 인식 수준에서 독립된 인간과 배아 간의 개체적 연속성을 확정하기 어렵다고 봄이 일반적이라는 점, 배아의 경우 현재의 과학기술 수준에서 모태 속에서 수용될 때 비로소 독립적인 인간으로의 성장가능성을 기대할 수 있다는 점, 수정 후 착상 전의 배아가 인간으로 인식된다거나 그와 같이 취급하여야 할 필요성이 있다는 사회적 승인이 존재한다고 보기 어려운 점 등을 종합적으로 고려할 때, 기본권 주체성을 인정하기 어렵다(2010.5.27. 2005헌마346).

④ O 기본권 보장 규정인 헌법 제2장은 그 제목을 '국민의 권리와 의무'로 하고 있고, 제10조 내지 제39조는 "모든 국민은 …… 권리를 가진다."고 규정하고 있으므로 공권력의 행사자인 국가, 지방자치단체나 그 기관 또는 국가조직의 일부나 공법인은 국민의 기본권을 보호 내지 실현해야 할 '책임'과 '의무'를 지는 주체로서 헌법소원을 청구할 수 없다(1994.12.29. 93헌마120). 다만 공법인이나 이에 준하는 지위를 가진 자라 하더라도 공무를 수행하거나 고권적 행위를 하는 경우가 아닌 사경제 주체로서 활동하는 경우나 조직법상 국가로부터 독립한 고유 업무를 수행하는 경우, 그리고 다른 공권력 주체와의 관계에서 지배복종관계가 성립되어 일반 사인처럼 그 지배하에 있는 경우 등에는 기본권 주체가 될 수 있다. 이러한 경우에는 이들이 기본권을 보호해야 하는 국가적 기능을 담당하고 있다고 볼 수 없기 때문이다(2013.9.26. 2012헌마271).

⑤ X 대통령도 국민의 한사람으로서 제한적으로나마 기본권의 주체가 될 수 있는바, 대통령은 소속 정당을 위하여 정당활동을 할 수 있는 사인으로서의 지위와 국민 모두에 대한 봉사자로서 공익실현의 의무가 있는 헌법기관으로서의 지위를 동시에 갖는데 **최소한 전자의 지위와 관련하여는 기본권 주체성을 갖는다고 할 수 있다**(2008.1.17. 2007헌마700).

② X 불법체류자는 임금체불이나 폭행 등 각종 범죄에 노출될 위험이 있고, 그 신분의 취약성으로 인해 강제 근로와 같은 인권침해의 우려가 높으며, 행정관청의 관리 감독의 사각지대에 놓이게 됨으로써 안전사고 등 각종 사회적 문제를 일으킬 가능성이 있다. 또한 단순기능직 외국인근로자의 불법체류를 통한 국내 정주는 일반적으로 사회통합 비용을 증가시키고 국내 고용 상황에 부정적 영향을 미칠 수 있다. 따라서 이 사건 **출국만기보험금**이 근로자의 퇴직 후 생계 보호를 위한 퇴직금의 성격을 가진다고 하더라도 불법체류가 초래하는 여러 가지 문제를 고려할 때 불법체류 방지를 위해 그 **지급시기를 출국과 연계시키는 것은 불가피**하므로 심판대상조항이 청구인들의 **근로의 권리를 침해한다고 보기 어렵다**(2016.3.31. 2014헌마367 [기각]).

③ O 근로의 권리의 구체적인 내용에 따라, 국가에 대하여 고용증진을 위한 사회적·경제적 정책을 요구할 수 있는 권리는 사회권적 기본권으로서 국민에 대하여만 인정해야 하지만, 자본주의 경제질서하에서 **근로자가 기본적 생활수단을 확보하고 인간의 존엄성을 보장받기 위하여 최소한의 근로조건을 요구할 수 있는 권리**는 자유권적 기본권의 성격도 아울러 가지므로 이러한 경우 **외국인 근로자에게도 그 기본권 주체성을 인정함이 타당**하다(2007.8.30. 2004헌마670 [위헌,각하]).

④ O 참정권과 입국의 자유에 대한 외국인의 기본권주체성이 인정되지 않고, 외국인이 대한민국 국적을 취득하면서 자신의 외국 국적을 포기한다 하더라도 이로 인하여 재산권 행사가 직접 제한되지 않으며, **외국인이 복수국적을 누릴 자유가 우리 헌법상 행복추구권에 의하여 보호되는 기본권이라고 보기 어려우므로**, 외국인의 기본권주체성 내지 기본권침해가능성을 인정할 수 없다(2014.6.26. 2011헌마502 [기각,각하]).

⑤ O 직업의 자유 중 이 사건에서 문제되는 **직장 선택의 자유**는 인간의 존엄과 가치 및 행복추구권과도 밀접한 관련을 가지는 만큼 **단순히 국민의 권리가 아닌 인간의 권리**로 보아야 할 것이므로 외국인도 제한적으로라도 직장 선택의 자유를 향유할 수 있다고 보아야 한다. 청구인들이 이미 적법하게 고용허가를 받아 적법하게 우리나라에 입국하여 우리나라에서 일정한 생활관계를 형성, 유지하는 등, 우리 사회에서 정당한 노동인력으로서의 지위를 부여받은 상황임을 전제로 하는 이상, 이 사건 청구인들에게 직장 선택의 자유에 대한 **기본권 주체성을 인정할 수 있다** 할 것이다(2011.9.29. 2007헌마1083 등 [기각]).

07 19변시-16 정답 ②

외국인의 기본권에 관한 설명 중 옳지 않은 것은? (다툼이 있는 경우 판례에 의함)

① 출입국관리에 관한 사항 중 외국인의 입국에 관한 사항은 주권국가로서의 기능을 수행하는 데 필요한 것으로서 광범위한 정책재량의 영역이므로, 국적에 따라 사증 발급 신청 시의 첨부서류에 관해 다르게 정하고 있는 조항이 평등권을 침해하는지 여부는 자의금지원칙 위반 여부에 의하여 판단한다.

② 고용허가를 받아 국내에 입국한 외국인 근로자의 출국만기보험금을 출국 후 14일 이내에 지급하도록 한 조항은, 외국인 근로자의 불법체류를 방지할 필요성을 고려하더라도 출국 전에는 예외 없이 보험금을 지급받지 못하도록 한 것이어서 외국인 근로자의 근로의 자유를 침해한다.

③ 국가에 대하여 고용증진을 위한 사회적·경제적 정책을 요구할 수 있는 권리는 사회권적 기본권으로서 국민에 대하여만 인정해야 하지만, 근로자가 기본적 생활수단을 확보하고 인간의 존엄성을 보장받기 위하여 최소한의 근로조건을 요구할 수 있는 권리는 자유권적 기본권의 성격도 아울러 가지므로 이러한 경우 외국인 근로자에게도 기본권 주체성을 인정할 수 있다.

④ 외국인은 입국의 자유의 주체가 될 수 없으며, 외국인이 복수 국적을 누릴 자유는 헌법상 보호되는 기본권으로 볼 수 없다.

⑤ 외국인이 이미 적법하게 고용허가를 받아 적법하게 입국하여 일정한 생활관계를 형성·유지하는 등, 우리 사회에서 정당한 노동인력으로서의 지위를 부여받은 상황임을 전제로 하는 이상, 해당 외국인에게도 직장 선택의 자유에 대한 기본권 주체성을 인정할 수 있다.

 해설

① O **출입국관리에 관한 사항 중 외국인의 입국에 관한 사항**은 주권국가로서의 기능을 수행하는데 필요한 것으로서 광범위한 정책재량의 영역이므로, 심판대상조항들이 청구인 김○철의 평등권을 침해하는지 여부는 **자의금지원칙 위반 여부에 의하여 판단**하기로 한다(2014.4.24. 2011헌마474·476 등 [기각,각하]).

08 20법전협-3-2   정답 ④

외국인의 기본권 주체성에 관한 설명으로 옳은 것을 모두 고른 것은? (다툼이 있는 경우 판례에 의함)

ㄱ. 국민 또는 국민과 유사한 지위에 있는 외국인은 기본권의 주체가 될 수 있고, 인간의 존엄과 가치, 행복추구권과 같은 '인간의 권리'에 해당하는 기본권에 대해서는 외국인도 주체가 될 수 있다.
ㄴ. 직장 선택의 자유는 인간의 존엄과 가치 및 행복추구권과도 밀접한 관련을 가지는 만큼 단순히 국민의 권리가 아닌 인간의 권리로 보아야 할 것이므로 외국인도 제한적이나마 직장 선택의 자유를 향유할 수 있다.
ㄷ. 자본주의 경제질서하에서 근로자가 기본적 생활수단을 확보하고 인간의 존엄성을 보장받기 위하여 최소한의 근로조건을 요구할 수 있는 권리는 사회권적 기본권으로서의 성질을 가지므로 외국인에 대해서는 기본권 주체성을 인정할 수 없다.
ㄹ. 변호인의 조력을 받을 권리는 성질상 인간의 권리에 해당되므로 외국인에 대해서도 그 기본권 주체성이 인정된다.

① ㄱ, ㄴ   ② ㄱ, ㄷ
③ ㄷ, ㄹ   ④ ㄱ, ㄴ, ㄹ
⑤ ㄴ, ㄷ, ㄹ

④ 외국인의 기본권 주체성에 관한 설명으로 옳은 것은 ㄱ, ㄴ, ㄹ 이다.

ㄱ. O 국민 또는 국민과 유사한 지위에 있는 외국인은 헌법재판소법 제68조 제1항의 헌법소원을 청구할 수 있는 기본권 주체로서, 인간의 존엄과 가치 및 행복추구권 등과 같이 단순히 국민의 권리가 아닌 인간의 권리로 볼 수 있는 기본권에 대해서는 외국인도 기본권 주체가 될 수 있다(2001.11.29. 99헌마494, 2014.4.24. 2011헌마474).

ㄴ. O 직업의 자유 중 이 사건에서 문제되는 직장 선택의 자유는 인간의 존엄과 가치 및 행복추구권과도 밀접한 관련을 가지는 만큼 단순히 국민의 권리가 아닌 인간의 권리로 보아야 할 것이므로 외국인도 제한적으로라도 직장 선택의 자유를 향유할 수 있다고 보아야 한다(2011.9.29. 2009헌마351).

ㄷ. X 근로의 권리가 "일할 자리에 관한 권리"만이 아니라 "일할 환경에 관한 권리"도 함께 내포하고 있는바, 후자는 인간의 존엄성에 대한 침해를 방어하기 위한 자유권적 기본권의 성격도 갖고 있어 건강한 작업환경, 일에 대한 정당한 보수, 합리적인 근로조건의 보장 등을 요구할 수 있는 권리 등을 포함한다고 할 것이므로 외국인 근로자라고 하여 이 부분에까지 기본권 주체성을 부인할 수는 없다. 즉 근로의 권리의 구체적인 내용에 따라, 국가에 대하여 고용증진을 위한 사회적·경제적 정책을 요구할 수 있는 권리는 사회권적 기본권으로서 국민에 대하여만 인정해야 하지만, 자본주의 경제질서하에서 근로자가 기본적 생활수단을 확보하고 인간의 존엄성을 보장받기 위하여 최소한의 근로조건을 요구할 수 있는 권리는 자유권적 기본권의 성격도 아울러 가지므로 이러한 경우 외국인 근로자에게도 그 기본권 주체성을 인정함이 타당하다(2007.8.30. 2004헌마670).

ㄹ. O 변호인의 조력을 받을 권리는 성질상 인간의 권리에 해당되므로 외국인도 주체이다(2012.8.23. 2008헌마430, 2018.5.31. 2014헌마346).

09 19법전협-3-15   정답 ④

외국인의 기본권 주체성에 관한 설명 중 옳지 않은 것은? (다툼이 있는 경우 판례에 의함)

① 단순히 '국민의 권리'가 아니라 '인간의 권리'로 볼 수 있는 기본권에 대해서는 외국인도 기본권의 주체이므로 변호인의 조력을 받을 권리는 외국인도 주체가 된다.
② 근로의 권리는 '일할 자리에 관한 권리'만이 아니라 '일할 환경에 관한 권리'도 의미하는데, '일할 환경에 관한 권리'는 인간의 존엄성에 대한 침해를 방어하기 위한 권리로서 외국인에게도 인정된다.
③ 외국인이 특정한 국가의 국적을 선택할 권리가 자연권으로서 또는 헌법상 당연히 인정될 수는 없는 것이어서 외국인이 복수국적을 누릴 자유가 행복추구권에 의하여 보호되는 기본권이라고 보기 어렵다.
④ 재판청구권은 성질상 국민에게 보장되는 청구권적 기본권에 속하므로, 외국인에게는 그 주체성이 인정되지 않는다.
⑤ 불법체류 중인 외국인들이라 하더라도, 불법체류라는 것은 관련 법령에 의하여 체류자격이 인정되지 않는다는 것일 뿐이므로, '인간의 권리'로서 외국인에게도 주체성이 인정되는 일정한 기본권에 관하여 불법체류 여부에 따라 그 인정 여부가 달라지는 것은 아니다.

① O 2018.5.31. 2014헌마346
② O 2016.3.31. 2014헌마367
③ O 2014.6.26. 2011헌마502
④ X 청구인(외국인)들이 침해받았다고 주장하고 있는 신체의 자유, 주거의 자유, 변호인의 조력을 받을 권리, 재판청구권 등은 성질상 인간의 권리에 해당한다고 볼 수 있으므로, 위 기본권들에 관하여는 청구인들의 기본권 주체성이 인정된다(2012.8.23. 2008헌마430).
⑤ O 헌법재판소법 제68조 제1항 소정의 헌법소원은 기본권의 주체이어야만 청구할 수 있는데, 단순히 '국민의 권리'가 아니라 '인간의 권리'로 볼 수 있는 기본권에 대해서는 외국인도 기본권의 주체가 될 수 있다. 나아가 청구인들이 불법체류 중인 외국인들이라 하더라도, 불법체류라는 것은 관련 법령에 의하여 체류자격이 인정되지 않는다는 것일 뿐이므로, '인간의 권리'로서 외국인에게도 주체성이 인정되는 일정한 기본권에 관하여 불법체류 여부에 따라 그 인정 여부가 달라지는 것은 아니다(2012.8.23. 2008헌마430)

제4절　기본권의 포기

제5절　기본권의 효력

10　12변시-12　　　정답 ②

기본권의 대사인적 효력에 관한 설명 중 옳지 않은 것은? (다툼이 있는 경우 판례에 의함)

① 기본권규정은, 그 성질상 사법관계에 직접 적용될 수 있는 예외적인 것을 제외하고는, 사법상의 일반원칙을 규정한 민법 제2조, 제103조, 제750조, 제751조 등의 내용을 형성하고 그 해석기준이 되어 간접적으로 사법관계에 효력을 미친다.
② 헌법재판소는 헌법상의 근로3권 조항, 언론·출판의 자유조항, 연소자와 여성의 근로의 특별보호조항을 사인 간의 사적인 법률관계에 직접 적용되는 기본권규정으로 인정하고, 국가배상청구권과 형사보상청구권은 원칙적으로 국가권력만을 구속한다고 하여 그 대사인적 효력을 부인하고 있다.
③ 헌법상의 기본권은 일차적으로 개인의 자유로운 영역을 공권력의 침해로부터 보호하기 위한 방어적 권리이지만, 다른 한편으로 헌법의 기본적 결단인 객관적 가치질서를 구체화한 것으로서 사법(私法)을 포함한 모든 법영역에 그 영향을 미치는 것이므로, 사인 간의 사적인 법률관계도 헌법상의 기본권 규정에 적합하게 규율되어야 한다.
④ 사인이나 사적 단체가 국가의 재정적 원조를 받거나 국가시설을 임차하는 경우 또는 실질적으로 행정적 기능을 수행하는 경우 등 국가와의 밀접한 관련성이 구체적으로 인정될 때, 그 행위를 국가행위와 동일시하여 헌법상의 기본권의 구속을 받게 하는 것이 미국에서의 국가행위의제이론(state action theory)이다.
⑤ 연예인과 연예기획사 간의 부당한 장기간의 전속계약이 연예인의 직업의 자유 내지 행복추구권을 침해하는 것으로 본다면, 이는 기본권의 대사인적 효력을 적용한 예라고 할 수 있다.

 해설

① O 기본권 규정은 그 성질상 사법관계에 직접 적용될 수 있는 예외적인 것을 제외하고는 사법상의 일반원칙을 규정한 민법 제2조, 제103조, 제750조, 제751조 등의 내용을 형성하고 그 해석기준이 되어 간접적으로 사법관계에 효력을 미치게 된다(대판 2010.4.22. 2008다38288 전원합의체).
② X 헌법재판소가 위와 같이 판시한 적은 없다. 다만 국가배상청구권과 형사보상청구권, 범죄피해자구조청구권은 사인간의 효력을 부정하는 것이 일반적이다.
③ O 헌법상의 기본권은 제1차적으로 개인의 자유로운 영역을 공권력의 침해로부터 보호하기 위한 방어적 권리이지만 다른 한편으로 헌법의 기본적인 결단인 객관적인 가치질서를 구체화한 것으로서, 사법(私法)을 포함한 모든 법 영역에 그 영향을 미치는 것이므로 사인간의 사적인 법률관계도 헌법상의 기본권 규정에 적합하게 규율되어야 한다(대판 2010.4.22. 2008다38288 전원합의체).

④ O 미국은 기본권의 효력은 원칙적으로 국가에게만 미치고 사인에게는 미칠 수 없다는 자연법사상이 지배하였으나, 미국연방대법원은 '국가작용설'이라고 불려지는 일종의 '국가행위의제이론'을 통해서 기본권의 대사인적 효력을 인정하려는 입장이다. 국가행위의 제이론에는 특권부여이론, 사법집행이론, 국가재산이론, 국가원조이론, 통치이론 등이 있다.
⑤ O 자본주의의 고도화에 따라 비대해진 사회 세력에 의한 국민의 권리와 자유를 보호하기 위해 기본권을 국가 이외에 사인간에도 확대적용해야 한다는 것이 대사인효의 발생 배경이라고 본다면 타당한 설명이다.

제6절　기본권의 보호의무

11　22변시-5　　　정답 ③

기본권보호의무에 관한 설명 중 옳은 것을 모두 고른 것은? (다툼이 있는 경우 판례에 의함)

ㄱ. 국가가 국민의 생명·신체의 안전에 대한 보호의무를 다하지 않았는지 여부를 헌법재판소가 심사할 때에는 '과소보호금지원칙'의 위반 여부를 기준으로 삼아, 국민의 생명·신체의 안전을 보호하기 위한 조치가 필요한 상황인데도 국가가 아무런 보호조치를 취하지 않았든지 아니면 취한 조치가 법익을 보호하기에 전적으로 부적합하거나 매우 불충분한 것임이 명백한 경우에 한하여 국가의 보호의무 위반을 확인하여야 한다.
ㄴ. 개인의 생명·신체의 안전에 관한 기본권보호의무 위배 여부를 과소보호금지원칙을 기준으로 심사한 결과 동 원칙 위반이 아닌 경우에도 다른 기본권에 대한 과잉금지원칙 위반을 이유로 기본권 침해를 인정하는 것은 가능하다.
ㄷ. 헌법 제35조 제1항은 국가와 국민에게 환경보전을 위하여 노력하여야 할 의무를 부여하고 있고, 환경침해는 사인에 의해서도 빈번하게 유발되고 있으며 생명·신체와 같은 중요한 기본권의 법익 침해로 이어질 수 있다는 점에서 국가는 사인인 제3자에 의한 환경권 침해에 대해서도 기본권 보호조치를 취할 의무를 진다.
ㄹ. 국민의 민주적 의사를 최대한 표출하도록 해야 할 시·도지사선거에서 확성장치를 사용하는 선거운동으로부터 발생하는 불편은 어느 정도 감수해야 하므로, 국가가 「공직선거법」상 확성장치의 최고출력 내지 소음에 관한 규제기준을 마련하지 않았더라도 이것이 국가의 기본권보호의무를 불이행한 것이라고 보기는 어렵다.

① ㄱ, ㄴ　　　② ㄷ, ㄹ
③ ㄱ, ㄴ, ㄷ　　　④ ㄴ, ㄷ, ㄹ
⑤ ㄱ, ㄴ, ㄷ, ㄹ

해설

③ 기본권보호의무에 관한 설명 중 옳은 것은 ㄱ, ㄴ, ㄷ 이다.

ㄱ. ○ 국가가 국민의 생명·신체의 안전에 대한 보호의무를 다하지 않았는지 여부를 헌법재판소가 심사할 때에는 국가가 이를 보호하기 위하여 적어도 적절하고 효율적인 최소한의 보호조치를 취하였는가 하는 이른바 '과소보호 금지원칙'의 위반 여부를 기준으로 삼아, 국민의 생명·신체의 안전을 보호하기 위한 조치가 필요한 상황인데도 국가가 아무런 보호조치를 취하지 않았든지 아니면 취한 조치가 법익을 보호하기에 전적으로 부적합하거나 매우 불충분한 것임이 명백한 경우에 한하여 국가의 보호의무의 위반을 확인하여야 한다(2008.12.26. 2008헌마419 등).

ㄴ. ○ 국가의 신체와 생명에 대한 보호의무는 교통과실범의 경우 발생한 침해에 대한 사후처벌뿐 아니라, 무엇보다도 우선적으로 운전면허 취득에 관한 법규 등 전반적인 교통관련법규의 정비, 운전자와 일반 국민에 대한 지속적인 계몽과 교육, 교통안전에 관한 시설의 유지 및 확충, 교통사고 피해자에 대한 보상제도 등 여러 가지 사전적·사후적 조치를 함께 취함으로써 이행된다 할 것이므로, 형벌은 국가가 취할 수 있는 유효적절한 수많은 수단 중의 하나일 뿐이지, 결코 형벌까지 동원해야만 보호법익을 유효적절하게 보호할 수 있다는 의미의 최종적인 유일한 수단이 될 수는 없다 할 것이다. 따라서 이 사건 법률조항은 국가의 기본권보호의무의 위반 여부에 관한 심사기준인 과소보호금지의 원칙에 위반한 것이라고 볼 수 없다. 이 사건 법률조항에 의하여 중상해를 입은 피해자의 재판절차진술권의 행사가 근본적으로 봉쇄된 것은 교통사고의 신속한 처리 또는 전과자의 양산 방지라는 공익을 위하여 위 피해자의 사익이 현저히 경시된 것이므로 법익의 균형성을 위반하고 있다. 따라서 이 사건 법률조항은 과잉금지원칙에 위반하여 업무상 과실 또는 중대한 과실에 의한 교통사고로 중상해를 입은 피해자의 재판절차진술권을 침해한 것이라 할 것이다. 교통사고로 인하여 중상해를 입은 결과, 식물인간이 되거나 평생 심각한 불구 또는 난치의 질병을 안고 살아가야 하는 피해자의 경우, 그 결과의 불법성이 사망사고 보다 결코 작다고 단정할 수 없으므로, 교통사고로 인하여 피해자가 사망한 경우와 달리 중상해를 입은 경우 가해 운전자를 기소하지 않음으로써 그 피해자의 재판절차진술권을 제한하는 것 또한 합리적인 이유가 없는 차별취급이라고 할 것이다. 따라서 이 사건 법률조항으로 인하여 단서조항에 해당하지 아니하는 교통사고로 중상해를 입은 피해자를 단서조항에 해당하는 교통사고의 중상해 피해자 및 사망사고의 피해자와 재판절차진술권의 행사에 있어서 달리 취급한 것은, 단서조항에 해당하지 아니하는 교통사고로 중상해를 입은 피해자들의 평등권을 침해하는 것이라 할 것이다(2009. 2. 26. 2005헌마764 등).

ㄷ. ○ 국가가 국민의 기본권을 적극적으로 보장하여야 할 의무가 인정된다는 점, 헌법 제35조 제1항이 국가와 국민에게 환경보전을 위하여 노력하여야 할 의무를 부여하고 있는 점, 환경침해는 사인에 의해서 빈번하게 유발되므로 입법자가 그 허용 범위에 관해 정할 필요가 있다는 점, 환경피해는 생명·신체의 보호와 같은 중요한 기본적 법익 침해로 이어질 수 있다는 점 등을 고려할 때, 일정한 경우 국가는 사인인 제3자에 의한 국민의 환경권 침해에 대해서도 적극적으로 기본권 보호조치를 취할 의무를 진다(2019.12.27. 2018헌마730).

ㄹ. ✕ 심판대상조항이 선거운동의 자유를 감안하여 선거운동을 위한 확성장치를 허용할 공익적 필요성이 인정된다고 하더라도 정온한 생활환경이 보장되어야 할 주거지역에서 출근 또는 등교 이전 및 퇴근 또는 하교 이후 시간대에 확성장치의 최고출력 내지 소음을 제한하는 등 사용시간과 사용지역에 따른 수인한도 내에서 확성장치의 최고출력 내지 소음 규제기준에 관한 규정을 두지 아니한 것은, 국민이 건강하고 쾌적하게 생활할 수 있는 양호한 주거환경을 위하여 노력하여야 할 국가의 의무를 부과한 헌법 제35조 제3항에 비추어 보면, 적절하고 효율적인 최소한의 보호조치를 취하지 아니하여 국가의 기본권 보호의무를 과소하게 이행한 것으로서, 청구인의 건강하고 쾌적한 환경에서 생활할 권리를 침해하므로 헌법에 위반된다(2019.12.27. 2018헌마7306 [헌법불합치]).

12   15변시-17   정답 ③

국가의 기본권 보호의무에 관한 설명 중 옳지 않은 것은? (다툼이 있는 경우 판례에 의함)

① 헌법은 제10조 제2문에서 "국가는 개인이 가지는 불가침의 기본적 인권을 확인하고 이를 보장할 의무를 진다."라고 규정함으로써 국가의 적극적인 기본권 보호의무를 선언하고 있다.

② 기본권에 대한 국가의 적극적 보호의무는 궁극적으로 입법자의 입법행위를 통하여 비로소 실현될 수 있는 것이기 때문에, 입법자의 입법행위를 매개로 하지 아니하고 단순히 기본권이 존재한다는 것만으로 헌법상 광범위한 방어적 기능을 갖게 되는 기본권의 소극적 방어권으로서의 측면과 근본적인 차이가 있다.

③ 헌법재판소는 업무상과실 또는 중대한 과실로 인한 교통사고로 말미암아 피해자로 하여금 중상해에 이르게 한 경우, 교통사고를 일으킨 차가 종합보험 등에 가입되었다면 당해 차의 운전자에 대하여 공소를 제기할 수 없도록 한 「교통사고처리특례법」 조항은 교통사고 피해자에 대한 국가의 기본권 보호의무를 위반한다고 판시하였다.

④ 국가가 기본권 보호의무를 어떻게 어느 정도로 이행할 것인지는 입법자가 제반사정을 고려하여 입법정책적으로 판단하여야 하는 입법재량의 범위에 속하는 것이다.

⑤ 헌법재판소는 국가의 기본권 보호의무 위반 여부를 심사함에 있어 권력분립의 관점에서 과소보호금지원칙을, 즉 국가가 국민의 기본권 보호를 위하여 적어도 적절하고 효율적인 최소한의 보호조치를 취했는가를 기준으로 심사한다.

해설

①, ②, ④, ⑤ ○ 우리 헌법은 제10조 제2문에서 "국가는 개인이 가지는 불가침의 기본적 인권을 확인하고 이를 보장할 의무를 진다."라고 규정함으로써 국가의 **적극적인 기본권보호의무**를 선언(①)하고 있는바, 이러한 국가의 기본권보호의무 선언은 국가가 국민과의 관계에서 국민의 기본권보호를 위해 노력하여야 할 의무가 있다는 의미뿐만 아니라 국가가 사인 상호간의 관계를 규율하는 사법(私法)질서를 형성하는 경우에도 헌법상 기본권이 존중되고 보호되도록 할 의무가 있다는 것을 천명한 것이다. 그런데 국민의 기본권에 대한 국가의 적극적 보호의무는 궁극적으로 입법자의 입법행위를 통하여 비로소 실현될 수 있는 것이기 때문에, 입법자의 입법행위를 매개로 하지 아니하고 단순히 기본권이 존재한다는 것만으로 헌법상 광범위한 방어적 기능을 갖게 되는 **기본권의 소극적 방어권으로서의 측면과 근본적인 차이가** 있다(②). 국가가 적극적으로 국민의 기본권을 보장하기 위한 제반조치를 취할 의무를 부담하는 경우에는 설사 그 보호의 정도가 국민이 바라는 이상적인 수준에 미치지 못한다고 하여 언제나 헌법에 위반되는 것으로 보기 어렵다. 국가의 기본권보호의무의 이행은 입법자의 입법을 통하여 비로소 구체화되는 것이고, 국가가 그 보호의무를 어떻게 어느 정도로 이행할 것인지는 입법자가 제반사정을 고려하여 입법정책적으로 판단하여야 하는 입법재량의 범위에 속하는 것이기 때문이다(④). 물론 입법자가 기본권 보호의무를 최대한 실현하는 것이 이상적이지만, 그러한 이상적 기준이

헌법재판소가 위헌 여부를 판단하는 심사기준이 될 수는 없으며, 헌법재판소는 권력분립의 관점에서 소위 "과소보호금지원칙"을, 즉 국가가 국민의 기본권 보호를 위하여 적어도 적절하고 효율적인 최소한의 보호조치를 취했는가를 기준으로 심사하게 된다(⑤). 따라서 입법부작위나 불완전한 입법에 의한 기본권의 침해는 입법자의 보호의무에 대한 명백한 위반이 있는 경우에만 인정될 수 있다. 다시 말하면 국가가 국민의 법익을 보호하기 위하여 아무런 보호조치를 취하지 않았든지 아니면 취한 조치가 법익을 보호하기에 명백하게 부적합하거나 불충분한 경우에 한하여 헌법재판소는 국가의 보호의무의 위반을 확인할 수 있을 뿐이다(2008.7.31. 2004헌바81).

③ X 국가의 신체와 생명에 대한 보호의무는 교통과실범의 경우 발생한 침해에 대한 사후처벌뿐 아니라, 무엇보다도 우선적으로 운전면허취득에 관한 법규 등 전반적인 교통관련법규의 정비, 운전자와 일반국민에 대한 지속적인 계몽과 교육, 교통안전에 관한 시설의 유지 및 확충, 교통사고 피해자에 대한 보상제도 등 여러 가지 사전적·사후적 조치를 함께 취함으로써 이행된다 할 것이므로, 형벌은 국가가 취할 수 있는 유효적절한 수많은 수단 중의 하나일 뿐이지, 결코 형벌까지 동원해야만 보호법익을 유효적절하게 보호할 수 있다는 의미의 최종적인 유일한 수단이 될 수는 없다 할 것이다. 따라서 이 사건 법률조항은 국가의 기본권보호의무의 위반 여부에 관한 심사기준인 과소보호금지의 원칙에 위반한 것이라고 볼 수 없다(2009.2.26. 2005헌마764). 그러나 교통사고처리특례법 제4조 제1항 본문 중 업무상과실 또는 중대한 과실로 인한 교통사고로 말미암아 피해자로 하여금 중상해에 이르게 한 경우 공소를 제기할 수 없도록 한 부분은 교통사고 피해자의 재판절차진술권과 평등권을 침해한다(2009.2.26. 2005헌마764). 참조 : 중상해 부분 위헌, 상해 부분 합헌

13 21법전협-2-3   정답 ③

기본권 보호의무에 관한 설명 중 옳은 것을 모두 고른 것은? (다툼이 있는 경우 판례에 의함)

ㄱ. 기본권 보호의무란 기본권적 법익을 기본권 주체인 사인(私人)에 의한 위법한 침해 또는 침해의 위험으로부터 보호하여야 하는 국가의 의무를 말하며, 주로 사인인 제3자에 의한 개인의 생명이나 신체의 훼손에서 문제되는데, 이는 타인에 의하여 개인의 신체나 생명 등 법익이 국가의 보호의무 없이는 무력화될 정도의 상황에서만 적용될 수 있다.

ㄴ. 헌법재판소는 국가의 기본권 보호의무 위반 여부를 심사함에 있어 권력분립의 관점에서 과소보호금지원칙을, 즉 국가가 국민의 기본권 보호를 위하여 적어도 적절하고 효율적인 최소한의 보호조치를 취했는가를 기준으로 심사한다.

ㄷ. 출근 또는 등교 이전 및 퇴근 또는 하교 이후 시간대의 주거지역에서 확성장치의 최고출력 또는 소음을 제한하는 등 사용시간과 사용지역에 따른 수인한도 내에서 확성장치의 최고출력 내지 소음 규제기준에 관한 구체적인 규정을 두어야 함에도 「공직선거법」에 이러한 규정을 두고 있지 아니한 것은 적절하고 효율적인 최소한의 보호조치를 취하지 아니함으로써 국가의 기본권 보호의무를 과소하게 이행하였다고 평가된다.

ㄹ. 자동차 운전자가 업무상 과실 또는 중대한 과실로 인한 교통사고로 말미암아 피해자로 하여금 중상해에 이르게 한 경우, 교통사고를 일으킨 차가 종합보험 등에 가입되었다면 당해 차량의 운전자에 대하여 공소를 제기할 수 없도록 한 「교통사고처리특례법」 조항은 형벌까지 동원해야 보호법익을 유효적절하게 보호할 수 있다는 의미에서 교통사고 피해자에 대한 국가의 기본권 보호의무를 위반한 것이다.

① ㄱ, ㄹ
② ㄴ, ㄷ
③ ㄱ, ㄴ, ㄷ
④ ㄴ, ㄷ, ㄹ
⑤ ㄱ, ㄴ, ㄷ, ㄹ

③ 기본권 보호의무에 관한 설명 중 옳은 것은 ㄱ, ㄴ, ㄷ 이다.

ㄱ. O 기본권 보호의무란 기본권적 법익을 기본권 주체인 사인에 의한 위법한 침해 또는 침해의 위험으로부터 보호하여야 하는 국가의 의무를 말하며, 주로 사인인 제3자에 의한 개인의 생명이나 신체의 훼손에서 문제되는데, 이는 타인에 의하여 개인의 신체나 생명 등 법익이 국가의 보호의무 없이는 무력화될 정도의 상황에서만 적용될 수 있다(2009.2.26. 2005헌마764 등).

ㄴ. O 국가가 국민의 생명·신체의 안전에 대한 보호의무를 다하지 않았는지 여부를 헌법재판소가 심사할 때에는 국가가 이를 보호하기 위하여 적어도 적절하고 효율적인 최소한의 보호조치를 취하였는가 하는 이른바 '과소보호금지원칙'의 위반 여부를 기준으로 삼아, 국민의 생명·신체의 안전을 보호하기 위한 조치가 필요한 상황인데도 국가가 아무런 보호조치를 취하지 않았든지

아니면 취한 조치가 법익을 보호하기에 전적으로 부적합하거나 매우 불충분한 것임이 명백한 경우에 한하여 국가의 보호의무의 위반을 확인하여야 하는 것이다(2009.2.26. 2005헌마764 등).

ㄷ. O 공직선거법에는 주거지역과 같이 정온한 생활환경을 유지할 필요성이 높은 지역에 대한 규제기준이 마련되어 있지 아니하다. 예컨대 소음·진동관리법, '집회 및 시위에 관한 법률' 등에서 대상지역 및 시간대별로 구체적인 소음기준을 정한 것과 같이, 공직선거법에서도 이에 준하는 규정을 둘 수 있다.
따라서 심판대상조항이 선거운동의 자유를 감안하여 <u>선거운동을 위한 확성장치를 허용할 공익적 필요성이 인정된다고 하더라도 정온한 생활환경이 보장되어야 할 주거지역에서 출근 또는 등교 이전 및 퇴근 또는 하교 이후 시간대에 확성장치의 최고출력 내지 소음을 제한하는 등 사용시간과 사용지역에 따른 수인한도 내에서 확성장치의 최고출력 내지 소음 규제기준에 관한 규정을 두지 아니한 것은</u>, 국민이 건강하고 쾌적하게 생활할 수 있는 양호한 주거환경을 위하여 노력하여야 할 국가의 의무를 부과한 헌법 제35조 제3항에 비추어 보면, 적절하고 효율적인 최소한의 보호조치를 취하지 아니하여 <u>국가의 기본권 보호의무를 과소하게 이행한 것으로서</u>, 청구인의 건강하고 쾌적한 환경에서 생활할 권리를 침해하므로 헌법에 위반된다(2019.12.27. 2018헌마730 [헌법불합치]).

ㄹ. X 국가의 신체와 생명에 대한 보호의무는 교통과실범의 경우 발생한 침해에 대한 사후처벌뿐 아니라, 무엇보다도 우선적으로 운전면허취득에 관한 법규 등 전반적인 교통관련법규의 정비, 운전자와 일반국민에 대한 지속적인 계몽과 교육, 교통안전에 관한 시설의 유지 및 확충, 교통사고 피해자에 대한 보상제도 등 여러 가지 사전적·사후적 조치를 함께 취함으로써 이행된다 할 것이므로, 형벌은 국가가 취할 수 있는 유효적절한 수많은 수단 중의 하나일 뿐이지, 결코 형벌까지 동원해야만 보호법익을 유효적절하게 보호할 수 있다는 의미의 최종적인 유일한 수단이 될 수는 없다 할 것이다. 따라서 이 사건 법률조항은 <u>국가의 기본권보호의무의 위반 여부에 관한 심사기준인 과소보호금지의 원칙에 위반한 것이라고 볼 수 없다</u>(2009.2.26. 2005헌마764 등). → 교통사고 피해자가 업무상 과실 또는 중대한 과실로 인하여 '중상해'를 입은 경우 공소를 제기할 수 없도록 한 부분은 교통사고 피해자의 재판절차진술권과 평등권을 침해한다.

14 20법전협-3-3   정답 ③

국가의 기본권보호의무에 관한 설명으로 옳지 않은 것은? (다툼이 있는 경우 판례에 의함)

① 기본권보호의무는 주로 사인인 제3자에 의한 개인의 생명이나 신체가 훼손되는 경우에 문제되는데, 이는 타인에 의하여 개인의 신체나 생명 등 법익이 국가의 보호의무 없이는 무력화될 정도의 상황에서만 적용될 수 있다.

② 국가의 기본권보호의무의 이행은 입법자의 입법을 통하여 비로소 구체화되는 것이고, 국가가 그 보호의무를 어떻게 어느 정도로 이행할 것인지는 원칙적으로 한 나라의 정치·경제·사회·문화적인 제반 여건과 재정사정 등을 감안하여 입법 정책적으로 판단하여야 하는 입법재량의 범위에 속한다.

③ 국가가 국민의 생명·신체의 안전에 대한 보호의무를 다하지 않았는지 여부를 헌법재판소가 심사할 때에는 국가가 이를 보호하기 위하여 적절하고 효율적인 최대한의 보호조치를 취하였는지 여부를 기준으로 삼는다.

④ 국가의 기본권보호의무 선언은 국민과의 관계에서 국민의 기본권보호를 위해 노력하여야 할 의무가 있다는 의미뿐만 아니라 국가가 사인 상호간의 관계를 규율하는 사법(私法)질서를 형성하는 경우에도 헌법상 기본권이 존중되고 보호되도록 할 의무가 있는 것을 천명한 것이다.

⑤ 국가의 기본권보호의무로부터 태아의 출생 전에, 또한 태아가 살아서 출생할 것인가와는 무관하게, 태아를 위하여 「민법」상 일반적 권리능력까지도 인정하여야 한다는 헌법적 요청이 도출되지 않는다.

 해설

① O 기본권 보호의무란 기본권적 법익을 기본권 주체인 사인에 의한 위법한 침해 또는 침해의 위험으로부터 보호하여야 하는 국가의 의무를 말하며, 주로 사인인 제3자에 의한 개인의 생명이나 신체의 훼손에서 문제되는데, 이는 타인에 의하여 개인의 신체나 생명 등 법익이 국가의 보호의무 없이는 무력화될 정도의 상황에서만 적용될 수 있다(2009.2.26. 2005헌마764).

② O 국가의 기본권보호의무의 이행은 입법자의 입법을 통하여 비로소 구체화되는 것이고, 국가가 그 보호의무를 어떻게 어느 정도로 이행할 것인지는 원칙적으로 한 나라의 정치·경제·사회·문화적인 제반여건과 재정사정 등을 감안하여 <u>입법정책적으로 판단하여야 하는 입법재량의 범위에 속하는 것이다</u>(1997.1.16. 90헌마110).

③ X <u>국가가 국민의 생명·신체의 안전에 대한 보호의무를 다하지 않았는지 여부를 헌법재판소가 심사할 때에는 국가가 이를 보호하기 위하여 적어도 적절하고 효율적인 최소한의 보호조치를 취하였는가 하는 이른바 '과소보호금지원칙'의 위반 여부를 기준으로 삼아</u>, 국민의 생명·신체의 안전을 보호하기 위한 조치가 필요한 상황인데도 국가가 아무런 보호조치를 취하지 않았든지 아니면 취한 조치가 법익을 보호하기에 전적으로 부적합하거나 매우 불충분한 것임이 명백한 경우에 한하여 국가의 보호의무의 위반을 확인하여야 하는 것이다(1997.1.16. 90헌마110·136 등, 2009.2.26. 2005헌마764).

④ ○ 국가의 기본권보호의무 선언은 국가가 국민과의 관계에서 국민의 기본권보호를 위해 노력하여야 할 의무가 있다는 의미뿐만 아니라 국가가 사인 상호간의 관계를 규율하는 사법(私法)질서를 형성하는 경우에도 헌법상 기본권이 존중되고 보호되도록 할 의무가 있다는 것을 천명한 것이다(2008.7.31. 2004헌바81).
⑤ ○ 태아는 형성 중의 인간으로서 생명을 보유하고 있으므로 국가는 태아를 위하여 각종 보호조치들을 마련해야 할 의무가 있다. 하지만 그와 같은 국가의 기본권 보호의무로부터 태아의 출생 전에, 또한 태아가 살아서 출생할 것인가와는 무관하게, 태아를 위하여 민법상 일반적 권리능력까지도 인정하여야 한다는 헌법적 요청이 도출되지는 않는다(2008.7.31. 2004헌바81).

15 19법전협-2-11 정답 ③

국가의 기본권보호의무에 관한 설명으로 옳지 않은 것은? (다툼이 있는 경우 판례에 의함)

① 기본권 보호의무란 기본권적 법익을 기본권 주체인 사인에 의한 위법한 침해 또는 침해의 위험으로부터 보호하여야 하는 국가의 의무를 말하며, 주로 사인인 제3자에 의한 개인의 생명이나 신체의 훼손에서 문제된다.
② 국가의 기본권보호의무의 이행은 입법자의 입법을 통하여 구체화되며, 국가가 그 보호의무를 어떻게 어느 정도로 이행할 것인지는 원칙적으로 한 나라의 정치·경제·사회·문화적인 제반 여건과 재정사정 등을 감안하여 입법 정책적으로 판단하여야 하는 입법재량의 범위에 속한다.
③ 「담배사업법」은 담배성분의 표시나 경고문구의 표시, 담배광고의 제한 등 여러 규제들을 통하여 직접흡연으로부터 국민의 생명·신체의 안전을 보호하려는 최소한의 노력을 하지 않아 국가의 보호의무에 관한 과소보호금지 원칙에 위반된다.
④ 국민의 생명·신체의 안전이 질병 등으로부터 위협받거나 받게 될 우려가 있는 경우 국가로서는 위험의 원인과 정도에 따라 사회·경제적인 여건 및 재정사정 등을 감안하여 국민의 생명·신체의 안전을 보호하기에 필요한 적절하고 효율적인 입법·행정상의 조치를 취하여 침해의 위험을 방지하고 이를 유지할 포괄적인 의무를 진다.
⑤ 헌법에는 국가의 기본권보호의무와 국가와 국민의 환경보전을 위하여 노력할 의무가 규정되어 있고, 환경침해는 사인에 의해서 빈번하게 유발되므로 입법자가 그 허용 범위에 관해 정할 필요가 있으며, 환경피해는 생명·신체의 보호 등 중요한 기본권적 법익 침해로 이어질 수 있다는 점 등에 비추어 일정한 경우 국가는 사인인 제3자에 의한 국민의 환경권 침해에 대해서도 적극적으로 기본권 보호조치를 취할 의무를 진다.

해설

① ○ 기본권 보호의무란 기본권적 법익을 기본권 주체인 사인에 의한 위법한 침해 또는 침해의 위험으로부터 보호하여야 하는 국가의 의무를 말하며, 주로 사인인 제3자에 의한 개인의 생명이나 신체의 훼손에서 문제되는데, 이는 타인에 의하여 개인의 신체나 생명 등 법익이 국가의 보호의무 없이는 무력화될 정도의 상황에서만 적용될 수 있다(2009.2.26. 2005헌마764).
② ○ 1997.1.16. 90헌마110·136
③ X 담배사업법은 담배성분의 표시나 경고문구의 표시, 담배광고의 제한 등 여러 규제들을 통하여 직접흡연으로부터 국민의 생명·신체의 안전을 보호하려고 노력하고 있다. 따라서 담배사업법이 국가의 보호의무에 관한 과소보호금지 원칙을 위반하여 청구인의 생명·신체의 안전에 관한 권리를 침해하였다고 볼 수 없다(2015.4.30. 2012헌마38).
④ ○ 2015.4.30. 2012헌마38
⑤ ○ 국가가 국민의 기본권을 적극적으로 보장하여야 할 의무가 인정된다는 점, 헌법 제35조 제1항이 국가와 국민에게 환경보전을 위하여 노력하여야 할 의무를 부여하고 있는 점, 환경침해는 사인에 의해서 빈번하게 유발되므로 입법자가 그 허용 범위에 관해 정할 필요가 있다는 점, 환경피해는 생명·신체의 보호와 같은 중요한 기본권적 법익 침해로 이어질 수 있다는 점 등을 고려할 때, 일정한 경우 국가는 사인인 제3자에 의한 국민의 환경권 침해에 대해서도 적극적으로 기본권 보호조치를 취할 의무를 진다(2008.7.31. 2006헌마711).

제7절 기본권의 경합과 충돌

16 21법전협-1-08   정답 ②

기본권의 경합과 충돌에 관한 설명 중 옳지 않은 것은?
(다툼이 있는 경우 판례에 의함)

① 수용자가 작성한 집필문의 외부반출을 불허하고 이를 영치할 수 있도록 한 것은 수용자의 통신의 자유를 제한하나 표현의 자유는 제한하지 않는다.
② 학교정화구역 내 극장영업금지를 규정한 「학교보건법」 조항은 극장영업자의 직업의 자유와 예술의 자유를 제한하나, 사안과 가장 밀접한 관계에 있고 또 침해의 정도가 가장 큰 주된 기본권은 예술의 자유라는 점에서 직업의 자유의 침해 여부는 별도로 판단할 필요가 없다.
③ 학교교육에 있어서 교원의 가르치는 권리를 수업권이라고 한다면, 이것은 교원의 지위에서 생기는 학생에 대한 일차적인 교육상의 직무권한이지만 어디까지나 학생의 학습권 실현을 위하여 인정되는 것이므로, 학생의 학습권은 교원의 수업권에 대하여 우월적 지위에 있다.
④ 종교단체가 양로시설을 설치하고자 하는 경우 신고 의무를 부담시키는 것은 종교단체의 자유로운 양로시설 운영을 통한 종교의 자유를 제한하지만, 거주이전의 자유나 인간다운 생활을 할 권리를 제한한다고 볼 수 없다.
⑤ 종립학교가 고등학교 평준화정책에 따라 강제 배정된 학생들을 상대로 특정 종교의 교리를 전파하는 종파적인 종교행사와 종교과목 수업을 실시하면서, 대체과목을 개설하지 않는 등 다른 신앙을 가진 학생의 기본권을 고려하지 않는 것은 학생의 종교에 관한 인격적 법익을 침해하는 위법행위이다.

💬 해설

① O 수용자가 작성한 집필문의 외부반출을 규정한 '형의 집행 및 수용자의 처우에 관한 법률'(2007. 12. 21. 법률 제8728호로 개정된 것) 제49조 제3항의 "문서"에 관한 부분 중 제43조 제5항 제4호 내지 제7호에 관한 부분(이하 '심판대상조항'이라 한다)이 명확성 원칙에 위배되는지 여부(소극)
(결정 이유 중) 청구인은 심판대상조항에 의해 표현의 자유 또는 예술창작의 자유가 제한된다고 주장하나, 심판대상조항은 집필문을 창작하거나 표현하는 것을 금지하거나 이에 대한 허가를 요구하는 조항이 아니라 이미 표현된 집필문을 외부의 특정한 상대방에게 발송할 수 있는지 여부에 대해 규율하는 것이므로, 제한되는 기본권은 헌법 제18조에서 정하고 있는 통신의 자유로 봄이 상당하다. 따라서 심판대상조항이 사전검열에 해당한다는 청구인의 주장에 대해서는 판단하지 아니하고, 통신의 자유 침해 여부에 대해서만 판단하기로 한다(2016.5.26. 2013헌바98).
② X (결정 이유 중)
이 사건 법률조항은 정화구역 내에서 극장시설 및 영업행위를 금지하고 있는바, 이 사건 위헌법률심판의 쟁점은 우선 이 사건 법률조항이 정화구역 내에서 극장영업을 하고자 하는 자의 직업의 자유를 침해하여 위헌인지 여부이다. 아울러 학생들의 문화향유에 관한 행복추구권도 문제가 된다고 할 것이다.

한편, 극장의 자유로운 운영에 대한 제한은 공연물·영상물이 지니는 표현물, 예술작품으로서의 성격에 기하여 직업의 자유에 대한 제한으로서의 측면 이외에 표현의 자유 및 예술의 자유의 제한과도 관련성을 가지고 있다.
…(중략)… 살피건대, 이 사건 법률조항에 의한 표현 및 예술의 자유의 제한은 극장 운영자의 직업의 자유에 대한 제한을 매개로 하여 간접적으로 제약되는 것이라 할 것이고, 입법자의 객관적인 동기 등을 참작하여 볼 때 사안과 가장 밀접한 관계에 있고 또 침해의 정도가 가장 큰 주된 기본권은 직업의 자유라고 할 것이다. 따라서 이하에서는 직업의 자유의 침해여부를 중심으로 살피는 가운데 표현·예술의 자유의 침해여부에 대하여도 부가적으로 살펴보기로 한다(2004.5.27. 2003헌가1).
③ O 학교교육에 있어서 교원의 가르치는 권리를 수업권이라고 한다면, 이것은 교원의 지위에서 생기는 학생에 대한 일차적인 교육상의 직무권한이지만 어디까지나 학생의 학습권 실현을 위하여 인정되는 것이므로, 학생의 학습권은 교원의 수업권에 대하여 우월한 지위에 있다. 따라서 학생의 학습권이 왜곡되지 않고 올바로 행사될 수 있도록 하기 위해서라면 교원의 수업권은 일정한 범위 내에서 제약을 받을 수밖에 없고, 학생의 학습권은 개개 교원들의 정상을 벗어난 행동으로부터 보호되어야 한다. 특히, 교원의 수업거부행위는 학생의 학습권과 정면으로 상충하는 것인바, 교육의 계속성 유지의 중요성과 교육의 공공성에 비추어 보거나 학생·학부모 등 다른 교육당사자들의 이익과 교량해 볼 때 교원이 고의로 수업을 거부할 자유는 어떠한 경우에도 인정되지 아니하며, 교원은 계획된 수업을 지속적으로 성실히 이행할 의무가 있다(대판 2007.9.20. 2005다25298).
④ O (결정 이유 중)
심판대상조항은 설치신고대상이 되는 양로시설에 대하여 그 운영주체가 누구인지를 가리지 않고 신고의무를 부과하고 있다. 그런데 종교인 또는 종교단체가 사회취약계층이나 빈곤층을 위해 양로시설과 같은 사회복지시설을 마련하여 선교행위를 하는 것은 오랜 전통으로 확립된 선교행위의 방법이며, 사회적 약자를 위한 시설을 지어 도움을 주는 것은 종교의 본질과 관련이 있다. 따라서 심판대상조항에 의하여 신고의 대상이 되는 양로시설에 종교단체가 운영하는 양로시설을 제외하지 않는 것은 자유로운 양로시설 운영을 통한 선교의 자유, 즉 종교의 자유 제한의 문제를 불러온다.
…(중략)… 청구인은 심판대상조항이 노인들의 거주·이전의 자유 및 인간다운 생활을 할 권리를 침해한다고 주장한다. 그러나 심판대상조항은 종교단체에서 운영하는 양로시설도 일정규모 이상의 경우 신고하도록 한 규정일 뿐, 거주이전의 자유나 인간다운 생활을 할 권리의 제한을 불러온다고 볼 수 없으므로 이에 대해서는 별도로 판단하지 아니한다.(2016.6.30. 2015헌바46)
⑤ O 종립학교가 고등학교 평준화정책에 따라 강제배정된 학생들을 상대로 특정 종교의 교리를 전파하는 종파적인 종교행사와 종교과목 수업을 실시하면서 참가 거부가 사실상 불가능한 분위기를 조성하고 대체과목을 개설하지 않는 등 신앙을 갖지 않거나 학교와 다른 신앙을 가진 학생의 기본권을 고려하지 않은 것은, 우리 사회의 건전한 상식과 법감정에 비추어 용인될 수 있는 한계를 벗어나 학생의 종교에 관한 인격적 법익을 침해하는 위법한 행위이고, 그로 인하여 인격적 법익을 침해받는 학생이 있을 것임이 충분히 예견가능하고 그 침해가 회피가능하므로 과실 역시 인정된다고 한 사례(대판 2010.4.22. 2008다38288 전원합의체).

17 19법전협-3-16   정답 ①

기본권 충돌에 관한 설명 중 옳은 것만을 모두 고른 것은? (다툼이 있는 경우 판례에 의함)

> ㄱ. 기본권의 충돌이란 상이한 복수의 기본권주체가 서로의 권익을 실현하기 위해 하나의 동일한 사건에서 국가에 대하여 서로 대립되는 기본권의 적용을 주장하는 경우를 말한다.
> ㄴ. 상하의 위계질서가 있는 기본권끼리 충돌하는 경우에는 상위기본권우선의 원칙에 따라 하위기본권이 제한될 수 있으므로, 흡연권은 혐연권을 침해하지 않는 한에서 인정되어야 한다.
> ㄷ. 헌법재판소는 기본권 충돌 문제에 관하여 충돌하는 기본권의 성격과 태양에 따라 그때그때의 적절한 해결방법을 선택, 종합하여 해결하여 왔다.
> ㄹ. 근로자의 단결하지 아니할 자유와 노동조합의 적극적 단결권이 충돌하는 경우, 근로자 개인의 단결하지 않을 자유가 노동조합의 적극적 단결권보다 중시된다고 할 것이므로 근로자 개인의 단결하지 않을 자유를 보장한다고 하여 이를 노동조합의 적극적 단결권의 본질적인 내용을 침해하는 것으로 단정할 수는 없다.

① ㄱ, ㄴ, ㄷ   ② ㄱ, ㄴ, ㄹ
③ ㄱ, ㄷ, ㄹ   ④ ㄴ, ㄷ, ㄹ
⑤ ㄱ, ㄴ, ㄷ, ㄹ

> ㄱ, ㄷ. O 2005.11.24. 2002헌바95·96,2003헌바9
> ㄴ. O 2004.8.26. 2003헌마457
> ㄹ. X 단결하지 아니할 자유와 적극적 단결권이 충돌하게 되더라도, 근로자에게 보장되는 적극적 단결권이 단결하지 아니할 자유보다 특별한 의미를 갖고 있다고 볼 수 있고, 노동조합의 조직강제권도 이른바 자유권을 수정하는 의미의 생존권(사회권)적 성격을 함께 가지는 만큼 근로자 개인의 자유권에 비하여 보다 특별한 가치로 보장되는 점 등을 고려하면, <u>노동조합의 적극적 단결권은 근로자 개인의 단결하지 않을 자유보다 중시된다고 할 것이어서</u> 노동조합에 적극적 단결권(조직강제권)을 부여한다고 하여 이를 두고 곧바로 근로자의 단결하지 아니할 자유의 본질적인 내용을 침해하는 것으로 단정할 수는 없다(2005.11.24. 2002헌바95·96,2003헌바9).

제8절 기본권의 제한과 그 한계

18 12변시-13   정답 ③

기본권의 제한에 관한 설명 중 옳지 않은 것은? (다툼이 있는 경우 판례에 의함)

① 과잉금지원칙에서 수단의 적합성의 원칙이 의미하는 수단은 정당한 목적 달성을 위한 최상의 또는 최적의 수단이어야 하는 것은 아니고 목적 달성에 기여하는 것으로 족하다.
② 미결수용자의 변호인과의 자유로운 접견은 변호인의 조력을 받을 권리의 가장 중요한 내용으로서, 그 대화내용에 대하여 비밀이 완전히 보장되고 어떠한 압력 또는 부당한 간섭도 없이 자유롭게 대화할 수 있어야 한다.
③ 시각장애인만 안마사 자격인정을 받을 수 있도록 하는 이른바 비맹제외기준을 설정하고 있는 의료법 조항은, 시각장애인의 생계보장 및 직업활동 참여기회 제공을 달성할 다른 수단이 없는 것도 아니어서 입법목적 달성을 위한 불가피한 수단이라고 보기 어려우며, 동 법률조항으로 달성하려는 시각장애인의 생계보장 등의 공익이 비시각장애인이 받게 되는 직업선택의 자유보다 우월하다고 할 수 없어 헌법에 위반된다.
④ 기본권 제한에 관한 법률유보의 원칙에 따르면 기본권의 제한에는 법률의 근거가 필요하나, 기본권 제한의 형식이 반드시 형식적 의미의 법률일 필요는 없다.
⑤ 헌법 제37조 제2항의 기본권의 본질적 내용침해금지의 의미에 대하여 절대설과 상대설의 대립이 있는데, 사형제도에 대한 헌법재판소의 합헌결정은 상대설을 따른 것이다.

① O 우리 재판소가 방법의 적절성으로 심사하는 내용은 입법자가 선택한 방법이 <u>최적의 것이었는가 하는 것이 아니고, 그 방법이 입법목적 달성에 유효한 수단인가</u> 하는 점에 한정되는 것이다(2006.6.29. 2002헌바80).
② O 변호인의 조력을 받을 권리의 필수적 내용은 신체구속을 당한 사람과 변호인과의 접견교통권이며 이러한 접견교통권의 충분한 보장은 구속된 자와 변호인의 대화내용에 대하여 비밀이 완전히 보장되고 어떠한 제한·영향·압력 또는 부당한 간섭없이 자유롭게 대화할 수 있는 접견을 통하여서만 가능하고 이러한 자유로운 접견은 구속된 자와 변호인의 접견에 교도관이나 수사관 등 관계 공무원의 참여가 없어야 가능하다(1992.1.28. 91헌마111).
③ X 안마업은 시각장애인이 선택할 수 있는 거의 유일한 직업이므로 시각장애인 안마사 제도는 시각장애인의 생존권 보장을 위한 불가피한 선택인 점 등에 비추어 이 사건 자격조항은 최소침해성 원칙에 반하지 아니하고, 이 사건 자격조항은 시각장애인의 생존권 보장이라는 헌법적 요청에 따라 시각장애인과 비시각장애인을 둘러싼 여러 상황을 적절하게 형량한 것으로서 이 사건 자격조항으로 인해 얻게 되는 시각장애인의 생존권 등 공익과 그로 인해 잃게 되는 일반국민의 직업선택의 자유 등 사익 사이에 **법익 불균형이 발생한다고 할 수도 없다**. 또한 시각장애인 안마사 제도는

생활전반에 걸쳐 시각장애인에게 가해진 유, 무형의 사회적 차별을 보상해주고 실질적인 평등을 이룰 수 있는 수단이다. 그러므로 이 사건 자격조항이 비시각장애인을 시각장애인에 비하여 비례의 원칙에 반하여 차별하는 것이라고 할 수 없을 뿐 아니라, **비시각장애인의 직업선택의 자유를 과도하게 침해하여 헌법에 위반된다고 보기도 어렵다**(2010.7.29. 2008헌마664).

④ ○ 법률유보의 원칙은 '법률에 의한' 규율만을 뜻하는 것이 아니라 '법률에 근거한' 규율을 요청하는 것이므로 기본권 제한의 형식이 **반드시 법률의 형식일 필요는 없고** 법률에 근거를 두면서 헌법 제75조가 요구하는 위임의 구체성과 명확성을 구비하기만 하면 위임입법에 의하여도 기본권 제한을 할 수 있다(2005.2.24. 2003헌마289 [위헌,각하]).

⑤ ○ 생명권 역시 헌법 제37조 제2항에 의한 일반적 법률유보의 대상이 될 수밖에 없는 것이나, 생명권에 대한 제한은 곧 생명권의 완전한 박탈을 의미한다 할 것이므로, 사형이 비례의 원칙에 따라서 최소한 동등한 가치가 있는 다른 생명 또는 그에 못지 아니한 공공의 이익을 보호하기 위한 불가피성이 충족되는 예외적인 경우에만 적용되는 한, 그것이 비록 **생명을 빼앗는 형벌이라 하더라도 헌법 제37조 제2항 단서에 위반되는 것으로 볼 수는 없다**(1996.11.28. 95헌바1). → 상대설의 입장

19 15변시-5   정답 ⑤

기본권의 제한에 관한 설명 중 옳지 않은 것은? (다툼이 있는 경우 판례에 의함)

① 기본권의 본질적 내용은 만약 이를 제한하는 경우에는 기본권 그 자체가 무의미하여지는 경우에 그 본질적인 요소를 말하는 것으로서, 이는 개별 기본권마다 다를 수 있다.

② 흡연권은 사생활의 자유를 실질적 핵으로 하는 것이고 혐연권은 사생활의 자유뿐만 아니라 생명권에까지 연결되는 것이므로 혐연권이 흡연권보다 상위의 기본권이라고 할 수 있는바, 이처럼 상하의 위계질서가 있는 기본권끼리 충돌하는 경우 상위기본권우선의 원칙에 따라 흡연권은 혐연권을 침해하지 않는 한도 내에서 인정된다.

③ 침해의 최소성의 관점에서, 입법자는 그가 의도하는 공익을 달성하기 위하여 우선 기본권을 보다 적게 제한하는 단계인 기본권 행사의 '방법'에 관한 규제로써 공익을 실현할 수 있는가를 시도하고, 이러한 방법으로는 공익달성이 어렵다고 판단되는 경우에 비로소 그 다음 단계인 기본권 행사의 '여부'에 관한 규제를 선택해야 한다.

④ 헌법 제37조 제2항에 기본권의 제한은 법률로써 가능하도록 규정되어 있는바, 이는 기본권의 제한이 원칙적으로 국회에서 제정한 형식적 의미의 법률에 의해서만 가능하다는 것과, 직접 법률에 의하지 아니하는 예외적인 경우라 하더라도 엄격히 법률에 근거하여야 한다는 것을 의미한다.

⑤ 국가작용에 있어서 선택하는 수단은 목적을 달성함에 있어서 필요하고 효과적이며 상대방에게 최소한의 피해를 줄 때에 한해서 정당성을 가지게 되고 상대방은 그 침해를 감수하게 되는 것인바, 국가작용에 있어서 취해지는 어떠한 조치나 선택된 수단은 그것이 달성하려는 사안의 목적에 적합하여야 함은 물론이고, 그 조치나 수단이 목적달성을 위하여 유일무이한 것이어야 한다.

① ○ 기본권의 본질적 내용은 만약 이를 제한하는 경우에는 기본권 그 자체가 무의미해지는 경우에 그 본질적인 요소를 의미하는 바, 기본권의 내용과는 다르다고 보아야 할 것이다. 즉, 기본권의 내용은 포괄적인데 대하여, 기본권의 본질적 내용은 그 기본권의 근본요소만을 의미한다(김철수).

② ○ 흡연권은 사생활의 자유를 실질적 핵으로 하는 것이고 혐연권은 사생활의 자유뿐만 아니라 생명권에까지 연결되는 것이므로 **혐연권이 흡연권보다 상위의 기본권**이라 할 수 있다. 이처럼 상하의 위계질서가 있는 기본권끼리 충돌하는 경우에는 상위기본권우선의 원칙에 따라 하위기본권이 제한될 수 있으므로, 결국 흡연권은 혐연권을 침해하지 않는 한에서 인정되어야 한다 (2004.8.26. 2003헌마457).

③ O 기본권을 제한하는 규정은 기본권행사의 '방법'에 관한 규정과 기본권행사의 '여부'에 관한 규정으로 구분할 수 있다. 입법자는 그가 의도하는 공익을 달성하기 위하여 우선 기본권을 보다 적게 제한하는 단계인 기본권행사의 '방법'에 관한 규제로써 공익을 실현할 수 있는가를 시도하고 이러한 방법으로는 공익달성이 어렵다고 판단되는 경우에 비로소 그 다음 단계인 기본권행사의 '여부'에 관한 규제를 선택해야 한다(1998.5.28. 96헌가5).

④ O 헌법 제37조 제2항은 국민의 자유와 권리를 제한하는 근거와 그 제한의 한계를 설정하여 국민의 자유와 권리의 제한은 "법률"로써만 할 수 있다고 규정하고 있는바, 이는 기본권의 제한이 원칙적으로 국회에서 제정한 형식적 의미의 법률에 의해서만 가능하다는 것을 의미하고, 직접 법률에 의하지 아니하는 예외적인 경우라 하더라도 엄격히 법률에 근거하여야 한다는 것을 또한 의미하는데, 기본권을 제한하는 공권력의 행사가 법률에 근거하지 아니하고 있다면, 이는 헌법 제37조 제2항에 위반하여 국민의 기본권을 침해하는 것이다(2000.12.14. 2000헌마659).

⑤ X 국가가 어떠한 목적을 달성함에 있어서는 어떠한 조치나 수단 하나만으로서 가능하다고 판단할 경우도 있고 다른 여러가지의 조치나 수단을 병과하여야 가능하다고 판단하는 경우도 있을 수 있으므로 수단은 **목적달성에 필요한 유일무이한 수단일 필요는 없다.** 물론 여러가지의 조치나 수단을 병행하는 경우에도 그 모두가 목적에 적합하고 필요한 정도 내의 것이어야 한다(1989.12.22. 88헌가13).

20 20법전협-3-19 정답 ④

과잉금지원칙에 관한 설명으로 옳지 않은 것은? (다툼이 있는 경우 판례에 의함)

① 국가인권위원회의 인권위원이 퇴직 후 2년간 교육공무원이 아닌 공무원으로 임명될 수 없도록 하는 것은 위원의 직무상의 공정성과 염결성을 확보하기 위한 입법목적을 가진 것이지만, 그 효과와 입법목적 사이의 연관성이 객관적으로 명확하지 아니하여 수단의 적합성이 결여되었다.

② 교원노조를 설립하거나 가입하여 활동할 수 있는 자격을 초·중등교원으로 한정하는 것은 결과적으로 교육공무원 아닌 대학 교원에 대해서 근로기본권의 핵심인 단결권조차 전면적으로 부정하고 있으므로 입법목적의 정당성을 인정할 수 없다.

③ 인터넷언론사에 대하여 선거일 전 90일부터 선거일까지 후보자 명의의 칼럼이나 저술을 게재하는 보도를 제한하는 것은 인터넷 선거보도의 공정성과 선거의 공정성을 확보하려는 입법목적을 달성할 수 있는 적합한 수단이다.

④ 비례대표지방의회의원 당선인이 당선인의 선거범죄로 인한 당선무효 규정에 의하여 당선이 무효로 된 때 비례대표지방의회의원의 의석 승계를 제한하는 것은, 자동승계원칙의 예외를 규정함으로써 소속 정당에게 선거범죄 예방을 위한 책임을 더욱 엄격하게 부과하기 위한 것이므로 입법목적 달성에 기여할 수 있는 적합한 수단이 될 수 있다.

⑤ 대한민국 또는 헌법상 국가기관에 대하여 모욕, 비방, 사실 왜곡, 허위사실 유포 또는 기타 방법으로 대한민국의 안전, 이익 또는 위신을 해하거나 해할 우려가 있는 표현이나 행위를 처벌하는 국가모독죄 규정은 국가의 안전과 이익, 위신 보전을 그 입법목적으로 내세우고 있으나, 일률적인 형사처벌을 통해 그 입법목적을 달성할 수 있다고 볼 수 없으므로 수단의 적합성을 인정할 수 없다.

① O 국가인권위원회의 인권위원은 퇴직 후 2년간 교육공무원이 아닌 공무원으로 임명되거나 공직선거및선거부정방지법에 의한 선거에 출마할 수 없도록 규정한 국가인권위원회법 제11조가 인권위원의 참정권등 기본권을 제한함에 있어서 준수하여야 할 과잉금지의 원칙에 위배되는지 여부(적극) 이 사건 법률조항은 위원의 직무상의 공정성과 염결성을 확보하기 위한 입법목적을 가진 것이지만 그 효과와 입법목적 사이의 연관성이 객관적으로 명확하지 아니하여 국민생활에 기초가 되는 중요한 기본권인 참정권과 직업선택의 자유를 제한함에 있어서 갖추어야 할 수단의 적합성이 결여되었고, 위 기본권 제한으로 인한 피해가 최소화되지 못하였으며, 동 피해가 중대한 데 반하여 이 사건 법률조항을 통하여 달성하려는 공익적 효과는 상당히 불확실한 것으로서 과잉금지의 원칙에 위배된다(2004.1.29. 2002헌마788). … 위헌

② O 심판대상조항으로 인하여 교육공무원 아닌 대학 교원들이 향유하지 못하는 단결권은 헌법이 보장하고 있는 근로3권의 핵심적이고 본질적인 권리이다. 심판대상조항의 입법목적이 재직 중인 초·중등교원에 대하여 교원노조를 인정해 줌으로써 교원노조의 자주성과 주체성을 확보한다는 측면에서는 그 정당성을 인정할 수 있을 것이나, 교원노조를 설립하거나 가입하여 활동할 수 있는 자격을 초·중등교원으로 한정함으로써 교육공무원이 아닌 대학 교원에 대해서는 근로기본권의 핵심인 단결권조차 전면적으로 부정한 측면에 대해서는 그 입법목적의 정당성을 인정하기 어렵다(2018.8.30. 2015헌가38). … 헌법불합치

③ O 이 사건 시기제한조항의 입법목적은 선거일 전 90일부터 선거일까지 후보자 명의의 칼럼 등을 게재하는 인터넷 선거보도를 금지함으로써 인터넷 선거보도의 공정성과 선거의 공정성을 확보하려는 것이므로, 그 입법목적은 정당하다. 또한 이 사건 시기제한조항은 인터넷언론사에 대하여 위와 같은 선거보도를 제한함으로써 공직선거의 후보자나 후보자가 되려는 사람이 인터넷언론사에 칼럼 등을 게재하려는 것을 제한하고, 이를 위반한 경우 이 사건 심의위원회의 심의를 거쳐 필요한 조치를 취할 수 있게 되므로, 그 입법목적을 달성하기 위하여 적합한 수단이다(2019.11.28. 2016헌마90). → 그러나 침해의 최소성원칙과 법익의 균형성원칙에도 반한다. 따라서 이 사건 시기제한조항은 과잉금지원칙에 반하여 청구인의 표현의 자유를 침해한다.

④ X 심판대상조항이 선거범죄를 범한 당선인이 소속된 정당 또는 그 정당의 비례대표지방의회의원 후보자명부상의 차순위 후보자에 대하여 불이익을 부과함으로써 선거의 공정성 확보라는 공익에 기여할 수 있는 수단이 되기 위해서는 적어도 비례대표지방의회의원 당선인의 선거범죄에 정당 또는 차순위 후보자가 개입 내지 관여하는 등 당해 선거범죄에 정당 등의 책임이 인정될 수 있다거나 또는 비례대표지방의회의원 당선인의 선거범죄로 인하여 비례대표지방의회의원선거 자체의 공정성 내지 그 선거결과에 영향을 미친다거나 또는 정당에 의한 비례대표지방의회의원 후보자에 대한 실질적인 감독·통제가 가능하다는 전제가 성립되어야만 할 것이다. … 심판대상조항은 왜곡된 선거인의 의사를 바로잡고 선거의 공정성 확보라는 구체적 입법목적 달성에 기여하는 것이라기보다는 오로지 선거범죄에 대한 엄정한 제재를 통한 공명한 선거 분위기의 창출이라는 추상적이고도 막연한 구호에 이끌려 비례대표지방의회의원선거를 통하여 표출된 선거권자들의 정치적 의사표명을 무시, 왜곡하는 결과를 초래할 뿐이라 할 것이므로, 수단의 적합성 요건을 충족한 것으로 보기 어렵다(2009.6.25. 2007헌마40).

⑤ O 심판대상조항은 그 제안이유에서 '대한민국과 헌법상의 국가기관에 대하여 비방, 모욕하거나 사실을 왜곡 또는 허위사실을 유포하는 행위 등을 형사처벌함으로써 국가의 안전과 이익, 위신 등을 보전'하는 것을 입법목적으로 밝히고 있다. … 설령 그 입법목적을 진정한 것으로 보더라도, 형사처벌을 통해 국민의 표현행위를 일률적으로 규제함으로써 국가의 안전·이익 또는 위신을 보전할 수 있다고 보기 어렵고, 실질적인 표현의 자유가 보장되지 않는 국가라는 대외적 평가가 오히려 대한민국의 이익이나 위신을 저해할 수 있으므로 수단의 적합성을 인정하기 어렵다(2015.10.21. 2013헌가20).

제9절 기본권의 침해와 구제

21 17법전협-3-16 정답 ③

기본권의 침해와 구제에 관한 설명으로 옳지 않은 것은?
(다툼이 있는 경우 판례에 의함)

① 「헌법재판소법」제68조 제2항에 의한 헌법소원은 법률의 위헌성을 적극적으로 다투는 제도이므로 법률의 부존재 즉, 진정입법부작위를 다투는 것은 그 자체로 허용되지 않는다.

② 법원의 재판에 대한 헌법소원심판은 원칙적으로 인정되지 아니하나, 헌법재판소가 위헌으로 결정하여 그 효력을 상실한 법률을 적용함으로써 국민의 기본권을 침해하는 재판에 대한 헌법소원은 허용된다.

③ 「국가인권위원회법」에 따르면 헌법 제10조부터 제39조까지의 규정에서 보장된 인권을 침해당하거나 차별행위를 당한 사람 또는 그 사실을 알고 있는 사람이나 단체는 국가인권위원회에 그 내용을 진정할 수 있다.

④ 기본권을 침해하는 국가의 공권력 행사에 대해 저항권 행사가 가능하다는 입장에 따른다면 국민은 국가권력에 의하여 헌법의 기본원리에 대한 중대한 침해가 행하여지고 그 침해가 헌법의 존재 자체를 부인하는 것으로서 다른 합법적인 구제수단으로는 목적을 달성할 수 없을 때에 자신의 권리·자유를 지키기 위하여 실력으로 저항할 수 있다.

⑤ 법률이 헌법에 위반되는 여부가 재판의 전제가 된 경우에는 법원은 헌법재판소에 제청하여 그 심판에 의하여 재판하고, 명령·규칙 또는 처분이 헌법이나 법률에 위반되는 여부가 재판의 전제가 된 경우에는 대법원이 이를 최종적으로 심사할 권한을 가진다.

 해설

① O 헌법재판소법 제68조 제2항에 의한 헌법소원은 '법률'의 위헌성을 적극적으로 다투는 제도이므로 '법률의 부존재' 즉, 진정입법부작위를 다투는 것은 그 자체로 허용되지 아니하고, 다만 법률이 불완전·불충분하게 규정되었음을 근거로 법률 자체의 위헌성을 다투는 취지 즉, 부진정입법부작위를 다투는 것으로 이해될 경우에는 그 법률이 당해 사건의 재판의 전제가 된다는 것을 요건으로 허용될 수 있다(2004.1.29. 2002헌바36 등, 2016.11.24. 2015헌바413).

② O 헌법재판소법 제68조 제1항은 법원이 헌법재판소의 기속력 있는 위헌결정에 반하여 그 효력을 상실한 법률을 적용함으로써 국민의 기본권을 침해하는 경우에는 예외적으로 그 재판도 헌법소원심판의 대상이 된다고 해석하여야 한다. 따라서 헌법재판소법 제68조 제1항의 '법원의 재판'에 헌법재판소가 위헌으로 결정하여 그 효력을 상실한 법률을 적용함으로써 국민의 기본권을 침해하는 재판도 포함되는 것으로 해석하는 한도내에서, 헌법재판소법 제68조 제1항은 헌법에 위반된다고 하겠다(2001.2.22. 99헌마461).

③ X

> **국가인권위원회법 제30조(위원회의 조사대상)**
> ① 다음 각 호의 어느 하나에 해당하는 경우에 인권침해나 차별행위를 **당한 사람**(이하 "피해자"라 한다) **또는 그 사실을 알고 있는 사람이나 단체**는 위원회에 그 내용을 진정할 수 있다.
> 1. 국가기관, 지방자치단체, 「초·중등교육법」 제2조, 「고등교육법」 제2조와 그 밖의 다른 법률에 따라 설치된 각급 학교, 「공직자윤리법」 제3조의2 제1항에 따른 공직유관단체 또는 구금·보호시설의 업무 수행(국회의 입법 및 법원·헌법재판소의 재판은 제외한다)과 관련하여 「대한민국헌법」 **제10조부터 제22조**까지의 규정에서 보장된 인권을 침해당하거나 차별행위를 당한 경우
> 2. 법인, 단체 또는 사인(사인)으로부터 차별행위를 당한 경우

④ O 저항권은 국가권력에 의하여 헌법의 기본원리에 대한 중대한 침해가 행하여지고 그 침해가 헌법의 존재 자체를 부인하는 경우 다른 합법적인 구제수단으로는 목적을 달성할 수 없을 때에 국민이 자기의 권리·자유를 지키기 위하여 실력으로 저항하는 권리(1997.9.25. 97헌가4)이기 때문에 기본권을 침해하는 국가의 공권력 행사에 대해 저항권 행사가 가능하다는 입장에서는 당연히 저항권을 행사할 수 있다.

⑤ O 헌법 제107조 제1항, 제107조 제2항

제2편 기본권론 각론

제1장 | 인간의 존엄과 가치 · 행복추구권 · 평등권

제1절 인간의 존엄과 가치 · 행복추구권

01 22변시-13 정답 ④

헌법 제10조에 관한 설명 중 옳은 것은? (다툼이 있는 경우 판례에 의함)

① 헌법 제10조로부터 도출되는 일반적 인격권에는 개인의 명예에 관한 권리도 포함되며, 여기서 말하는 '명예'는 사람이나 그 인격에 대한 '사회적 평가', 즉 객관적·외부적 가치평가뿐만 아니라 단순히 주관적·내면적인 명예감정까지 포함한다.

② 자동차 운전 중 휴대용 전화를 사용하는 것을 금지하고, 이를 위반 시 처벌하도록 규정한 것은 운전자의 일반적 행동자유권을 침해하는 것이다.

③ 버스전용차로로 통행할 수 있는 차가 아닌 차의 버스전용차로 통행을 원칙적으로 금지하고 대통령령으로 정하는 예외적인 경우에만 이를 허용하도록 규정한 것은 일반승용차 소유자의 일반적 행동자유권의 일환인 통행의 자유를 침해한다.

④ 거짓이나 그 밖의 부정한 수단으로 운전면허를 받은 경우 모든 범위의 운전면허를 필요적으로 취소하도록 규정하여 부정 취득하지 않은 운전면허까지 필요적으로 취소하도록 한 것은 운전면허 소유자의 일반적 행동의 자유를 침해한다.

⑤ 일반적 행동자유권은 개인에게 가치있는 행동을 그 보호영역으로 하는 것이므로, 여기에는 위험한 스포츠를 즐길 권리와 같이 위험한 생활방식으로 살아갈 권리가 포함되지 않는다.

 해설

① X 헌법 제10조로부터 도출되는 일반적 인격권에는 개인의 명예에 관한 권리도 포함될 수 있으나, '명예'는 사람이나 그 인격에 대한 '사회적 평가', 즉 객관적·외부적 가치평가를 말하는 것이지 단순히 주관적·내면적인 명예감정은 포함되지 않는다(2005.10.27. 2002헌마425).

② X 자동차 운전 중 휴대용 전화를 사용하는 것을 금지하고 위반 시 처벌하는 구 도로교통법 제49조 제1항 제10호 본문, 구 도로교통법 제156조 제1호 중 제49조 제1항 제10호 본문에 관한 부분은 일반적 행동자유권을 침해하지 아니한다(2021.6.24. 2019헌바5).

③ X 대통령령으로 정하는 경우를 제외하고는 전용차로로 통행할 수 있는 차가 아닌 차의 전용차로 통행을 금지하며, 이를 위반한 경우 과태료에 처하도록 한 도로교통법 제15조 제3항 및 도로교통법 제160조 제3항 중 제15조 제3항에 관한 부분은 과잉금지원칙에 위반되지 않으므로 일반적 행동자유권을 침해하지 아니한다(2018.11.29. 2017헌바465).

④ O 심판대상조항 중 각 '거짓이나 그 밖의 부정한 수단으로 받은 운전면허를 제외한 운전면허'를 필요적으로 취소하도록 한 부분은, 과잉금지원칙에 반하여 일반적 행동의 자유 또는 직업의 자유를 침해한다(2020.6.25. 2019헌가9 등 [위헌]).

⑤ X 일반적 행동자유권은 모든 행위를 할 자유와 행위를 하지 않을 자유로 가치있는 행동만 그 보호영역으로 하는 것은 아닌 것으로, 그 보호영역에는 개인의 생활방식과 취미에 관한 사항도 포함되며, 여기에는 위험한 스포츠를 즐길 권리와 같은 위험한 생활방식으로 살아갈 권리도 포함된다(2003.10.30. 2002헌마518).

02 13변시-10 변형 정답 ④

인간으로서의 존엄과 가치 및 행복추구권에서 도출되는 권리들에 관한 설명 중 옳지 않은 것은? (다툼이 있는 경우 판례에 의함)

① 일반적 행동자유권의 보호영역에는 개인의 생활방식과 취미에 관한 사항도 포함되며, 여기에는 위험한 스포츠를 즐길 권리와 같은 위험한 생활방식으로 살아갈 권리도 포함된다.

② 헌법 제10조로부터 도출되는 일반적 인격권에는 개인의 명예에 관한 권리도 포함되며, 사자(死者)에 대한 사회적 명예와 평가의 훼손은 사자와의 관계를 통하여 스스로의 인격상을 형성하고 명예를 지켜온 그 후손의 인격권을 제한한다.

③ 일반적 인격권에는 각 개인이 그 삶을 사적으로 형성할 수 있는 자율영역에 대한 보장이 포함되어 있음을 감안할 때, 장래 가족의 구성원이 될 태아의 성별 정보에 대한 접근을 국가로부터 방해받지 않을 부모의 권리는 일반적 인격권에 의하여 보호된다.

④ 광장에서 여가활동이나 문화활동을 하는 것은 일반적 행동자유권의 보호영역에 포함되지만, 그 광장 주변을 출입하고 통행하는 개인의 행위는 거주이전의 자유로 보장될 뿐 일반적 행동자유권의 내용으로는 보장되지 않는다.

⑤ 형법상 자기낙태죄 조항은 모자보건법이 정한 예외를 제외하고는 임신기간 전체를 통틀어 모든 낙태를 전면적·일률적으로 금지하고, 이를 위반할 경우 형벌을 부과함으로써 임신의 유지·출산을 강제하고 있으므로, 임신한 여성의 자기결정권을 제한한다.

① O 일반적 행동자유권은 모든 행위를 할 자유와 행위를 하지 않을 자유로 가치있는 행동만 그 보호영역으로 하는 것은 아닌 것으로, 그 보호영역에는 개인의 생활방식과 취미에 관한 사항도 포함된다(2003.10.30. 2002헌마518).

② O 반민규명위원회의 조사대상자 선정 및 친일반민족행위결정이 이루어지면 조사대상자의 사회적 평가가 침해되어 헌법 제10조에서 유래하는 일반적 인격권이 제한받는다고 할 수 있다. 다만 이 사건 결정의 조사대상자를 비롯하여 대부분의 조사대상자는 이미 사망하였을 것이 분명하나, 조사대상자가 사자(死者)의 경우에도 인격적 가치에 대한 중대한 왜곡으로부터 보호되어야 하고, 사자(死者)에 대한 사회적 명예와 평가의 훼손은 사자(死者)와의 관계를 통하여 스스로의 인격상을 형성하고 명예를 지켜온 그들의 후손의 인격권, 즉 유족의 명예 또는 유족의 사자(死者)에 대한 경애추모의 정을 침해한다고 할 것이다. 따라서 이 사건 법률조항은 조사대상자의 사회적 평가와 아울러 그 유족의 헌법상 보장된 인격권을 제한하는 것이라고 할 것이다(2010.10.28. 2007헌가23). 그러나 이 사건 법률조항이 과잉금지의 원칙에 위반되어 조사대상자 등의 인격권을 침해하지는 않는다(후손의 인격권 제한 → 과잉금지원칙 위배여부 심사 → 과잉금지 원칙에 위배되지 않음).

③ O 헌법 제10조로부터 도출되는 일반적 인격권에는 각 개인이 그 삶을 사적으로 형성할 수 있는 자율영역에 대한 보장이 포함되어 있음을 감안할 때, 장래 가족의 구성원이 될 태아의 성별 정보에 대한 접근을 국가로부터 방해받지 않을 부모의 권리는 이와 같은 일반적 인격권에 의하여 보호된다고 보아야 할 것이다(2008.7.31. 2004헌마1010·2005헌바90 등). (부모의 태아 성별 정보에 대한 접근을 방해받지 않을 권리를 제한 → 과잉금지 원칙 위배여부 심사 → 과잉금지원칙을 위반).

④ X 거주·이전의 자유는 생활의 근거지에 이르지 못하는 일시적인 이동을 위한 장소의 선택과 변경까지 그 보호영역에 포함되는 것은 아니다. 이 사건에서 서울광장이 청구인들의 생활형성의 중심지라고 할 수 없을 뿐만 아니라 청구인들이 서울광장에 출입하고 통행하는 행위가 그 장소를 중심으로 생활을 형성해 나가는 행위에 속한다고 볼 수도 없으므로 청구인들이 서울광장을 출입하고 통행하는 자유는 헌법상의 거주·이전의 자유의 보호영역에 속한다고 할 수 없고, 따라서 이 사건 통행제지행위로 인하여 청구인들의 거주·이전의 자유가 제한된다고 할 수는 없다. 이 사건 통행제지행위로 모든 시민의 통행을 전면적으로 제지한 것은 침해의 최소성이라는 요구를 충족하였다고 할 수 없다. 결국 이 사건 통행제지행위는 과잉금지원칙을 위반하여 청구인들의 일반적 행동자유권을 침해하였다고 할 것이다(2011.6.30. 2009헌마406) … 인용결정(위헌확인).

⑤ O 자기낙태죄 조항은 모자보건법이 정한 예외를 제외하고는 임신기간 전체를 통틀어 모든 낙태를 전면적·일률적으로 금지하고, 이를 위반할 경우 형벌을 부과함으로써 임신의 유지·출산을 강제하고 있으므로, 임신한 여성의 자기결정권을 제한한다. … 자기낙태죄 조항은 입법목적을 달성하기 위하여 필요한 최소한의 정도를 넘어 임신한 여성의 자기결정권을 제한하고 있어 침해의 최소성을 갖추지 못하였고, 태아의 생명 보호라는 공익에 대하여만 일방적이고 절대적인 우위를 부여함으로써 법익균형성의 원칙도 위반하였으므로, 과잉금지원칙을 위반하여 임신한 여성의 자기결정권을 침해한다. 자기낙태죄 조항과 동일한 목표를 실현하기 위하여 임신한 여성의 촉탁 또는 승낙을 받아 낙태하게 한 의사를 처벌하는 의사낙태죄 조항도 같은 이유에서 위헌이라고 보아야 한다(2019.4.11. 2017헌바127). … 판례변경(헌법불합치)

---

03 21법전협-1-6   정답 ④

헌법 제10조에 관한 설명 중 옳은 것을 모두 고른 것은?
(다툼이 있는 경우 판례에 의함)

ㄱ. 출생신고시 자녀의 이름에 사용할 수 있는 한자의 범위를 '통상 사용되는 한자'로 제한하는 것은 국민으로 하여금 국가가 정한 '인명용 한자'라는 기준에 맞추도록 강제함으로써 헌법 제36조 제1항과 헌법 제10조에 의하여 보호되는 '부모가 자녀의 이름을 지을 자유'를 일률적으로 제한하고 있으므로 침해의 최소성 원칙에 위배된다.

ㄴ. 헌법 제10조로부터 도출되는 일반적 인격권에는 개인의 명예에 관한 권리도 포함되며, 사자(死者)에 대한 사회적 명예와 평가의 훼손은 사자와의 관계를 통하여 스스로의 인격상을 형성하고 명예를 지켜온 그 후손의 인격권을 제한한다.

ㄷ. 지역 방언을 자신의 언어로 선택하여 공적 또는 사적인 의사소통과 교육의 수단으로 사용하는 것은 행복추구권에서 파생되는 일반적 행동의 자유 내지 개성의 자유로운 발현의 한 내용이 된다.

ㄹ. 공공기관 등의 공문서는 어문규범에 맞추어 한글로 작성하도록 규정한 「국어기본법」 조항은 '공공기관 등이 작성하는 공문서'에 대하여만 적용되고, 일반 국민이 공공기관 등에 접수·제출하기 위하여 작성하는 문서나 일상생활에서 사적 의사소통을 위해 작성되는 문서에는 적용되지 아니하므로 행복추구권을 침해하지 아니한다.

① ㄱ, ㄴ   ② ㄴ, ㄷ
③ ㄷ, ㄹ   ④ ㄴ, ㄷ, ㄹ
⑤ ㄱ, ㄴ, ㄷ, ㄹ

ㄱ. X 출생신고시 자녀의 이름에 사용할 수 있는 한자의 범위를 '통상 사용되는 한자'로 제한하고 있는 '가족관계의 등록 등에 관한 법률'(2007. 5. 17. 법률 제8435호로 제정된 것) 제44조 제3항 중 '통상 사용되는 한자' 부분 및 '가족관계의 등록 등에 관한 규칙'(2009. 12. 31. 대법원규칙 제2263호로 개정된 것) 제37조(이하 위 두 조항을 합하여 '심판대상조항'이라 한다)가 '부모가 자녀의 이름을 지을 자유'를 침해하는지 여부(소극)

한자는 그 숫자가 방대하고 범위가 불분명한데다가, 우리나라는 한글 전용 정책을 주축으로 하여 한자에 익숙하지 못한 사람이 증가하고 있는바, 이름에 통상 사용되지 아니하는 한자를 사용하는 경우에는 그와 사회적·법률적 관계를 맺는 사람들이 그 이름을 인식하고 사용하는 데 상당한 불편을 겪게 될 뿐만 아니라, 그 범위조차 불분명한 한자를 가족관계등록 전산시스템에 모두 구현하는 것도 현실적으로 어려우므로, 자녀의 이름에 사용할 수 있는 한자의 범위를 제한하는 것은 불가피한 측면이 있다. 심판대상조항은 자녀의 이름에 사용할 수 있는 한자를 정함에 있어 총 8,142자를 '인명용 한자'로 지정하고 있는데 이는 결코 적지 아니하고, '인명용 한자'의 범위를 일정한 절차를 거쳐 계속 확대함으로써 이름에 한자를 사용함에 있어 불편함이 없도록 하는 보완장치를 강구하고 있다. 또한 '인명용 한자'가 아닌 한자를 사용하였다고 하더라도,

출생신고나 출생자 이름 자체가 불수리되는 것은 아니고, 가족관계등록부에 해당 이름이 한글로만 기재되어 종국적으로 해당 한자가 함께 기재되지 않는 제한을 받을 뿐이며, 가족관계등록부나 그와 연계된 공적 장부 이외에 사적 생활의 영역에서 해당 한자 이름을 사용하는 것을 금지하는 것도 아니다.
따라서 심판대상조항은 자녀의 이름을 지을 자유를 침해하지 않는다(2016.7.28. 2015헌마964).

ㄴ. O 일본제국주의의 국권침탈이 시작된 러·일전쟁 개전시부터 1945년 8월 15일까지 조선총독부 중추원 참의로 활동한 행위를 친일반민족행위로 규정한 '일제강점하 반민족행위 진상규명에 관한 특별법'(2006. 4. 28. 법률 제7937호로 개정된 것, 이하 '반민규명법'이라 한다) 제2조 제9호 중 '조선총독부 중추원 참의로 활동한 행위' 부분(이하 '이 사건 법률조항'이라 한다)이 조사대상자 또는 그 유족(이하 '조사대상자 등'이라 한다)의 인격권을 제한하는지 여부(적극)
이 사건 법률조항에 근거하여 친일반민족행위반민규명위원회 (이하 '반민규명위원회'라 한다)의 조사대상자 선정 및 친일반민족행위결정이 이루어지면, 조사대상자의 사회적 평가에 영향을 미치므로 헌법 제10조에서 유래하는 일반적 인격권이 제한받는다. 다만 이러한 결정에 있어서 대부분의 조사대상자는 이미 사망하였을 것이 분명하나, 조사대상자가 사자(死者)의 경우에도 인격적 가치에 대한 중대한 왜곡으로부터 보호되어야 한다. 사자(死者)에 대한 사회적 명예와 평가의 훼손은 사자(死者)와의 관계를 통하여 스스로의 인격상을 형성하고 명예를 지켜온 그들의 후손의 인격권, 즉 유족의 명예 또는 유족의 사자(死者)에 대한 경애추모의 정을 제한하는 것이다(2010.10.28. 2007헌가23).

ㄷ. O (결정 이유 중) 언어는 의사소통 수단으로서 다른 동물과 인간을 구별하는 하나의 주요한 특징으로 인식되고, 모든 언어는 지역, 세대, 계층에 따라 각기 상이한 방언을 가지고 있는바, 이들 방언은 이를 공유하는 사람들의 의사소통에 중요한 역할을 담당하며, 방언 가운데 특히 지역 방언은 각 지방의 고유한 역사와 문화 등 정서적 요소를 그 배경으로 하기 때문에 같은 지역주민들 간의 원활한 의사소통 및 정서교류의 기초가 되므로, 이와 같은 지역 방언을 자신의 언어로 선택하여 공적 또는 사적인 의사소통과 교육의 수단으로 사용하는 것은 행복추구권에서 파생되는 일반적 행동의 자유 내지 개성의 자유로운 발현의 한 내용이 된다 할 것이다(2009.5.28. 2006헌마618).

ㄹ. O 한편, 국어기본법 제14조 제2항은 "공공기관 등이 작성하는 공문서의 한글 사용에 관하여 그 밖에 필요한 사항은 대통령령으로 정한다."고 규정하여 위 법 제14조의 공문서 작성방식에 관한 내용이 '공공기관 등이 작성하는 공문서'에 대한 것임을 명확히 하고 있다. '행정업무의 효율적 운영에 관한 규정' 제3조 제1호는 행정기관이 접수한 문서를 공문서에 포함시키고 있으나, 이는 사문서인 민원문서도 행정기관에서 접수한 이후에는 공문서로 취급한다는 것일 뿐, 그렇다고 하여 일반인이 작성하여 제출하는 민원문서까지 제출 당시부터 공문서로 보아 일반 국민에게 공문서 작성방식을 준수하도록 의무를 부담시키는 것은 아니다. 실제 공공기관에 문서를 제출하는 국민들이 '행정업무의 효율적 운영에 관한 규정' 제7조 각 항에서 정하고 있는 공문서 작성의 일반원칙을 모두 염두에 두고 작성한다고 볼 수 없고, 위 작성원칙이 준수되지 않은 문서들이라 하여 공공기관에서 반려되거나 불수리되는 예는 찾아보기 힘들다. 그렇다면 이 사건 공문서 조항에서 규정하고 있는 공문서는 '공공기관 등이 주체가 되어 작성하는' 공문서를 말하므로, 일반 국민은 위 조항과 관계없이 자신들이 원하는 방식으로 문서를 작성하여 공공기관에 제출할 수 있으며, 특별히 위 조항으로 인하여 의사표현의 방식에 제한을 받는다고 볼 수 없다.
결국 이 사건 공문서 조항은 '공공기관 등이 작성하는 공문서'에 대하여만 적용되고, 일반 국민이 공공기관 등에 접수·제출하기 위하여 작성하는 문서나 일상생활에서 사적 의사소통을 위해 작성되는 문서에는 적용되지 않는다.
그러므로 이 사건 공문서 조항은 청구인들의 행복추구권을 침해하지 아니한다(2016.11.24. 2012헌마854).

04 19변시-17 정답 ④

헌법 제10조에 관한 설명 중 옳지 않은 것은? (다툼이 있는 경우 판례에 의함)

① 초등학교 정규교과에서 영어를 배제하거나 영어교육 시수를 제한하는 것은 학생들의 인격의 자유로운 발현권을 제한하나, 이는 균형적인 교육을 통해 초등학생의 전인적 성장을 도모하고 영어과목에 대한 지나친 사교육의 폐단을 막기 위한 것으로 학생들의 기본권을 침해하지 않는다.

② 기부행위자는 자신의 재산을 사회적 약자나 소외 계층을 위하여 출연함으로써 자기가 속한 사회에 공헌하였다는 행복감과 만족감을 실현할 수 있으므로, 기부행위는 행복추구권과 그로부터 파생되는 일반적 행동자유권에 의해 보호된다.

③ 주방용오물분쇄기의 판매와 사용을 금지하는 것은 주방용오물분쇄기를 사용하려는 자의 일반적 행동자유권을 제한하나, 현재로서는 음식물 찌꺼기 등이 바로 하수도로 배출되더라도 이를 적절히 처리할 수 있는 사회적 기반시설이 갖추어져 있다고 보기 어렵다는 점 등을 고려하면 이러한 규제가 사용자의 기본권을 침해한다고 볼 수 없다.

④ 고졸검정고시 또는 고입검정고시에 합격했던 자가 해당 검정고시에 다시 응시할 수 없게 됨으로써 제한되는 주된 기본권은 자유로운 인격발현권인데, 이러한 응시자격 제한은 검정고시제도 도입 이후 허용되어 온 합격자의 재응시를 경과조치 등 없이 무조건적으로 금지하는 것이어서 과잉금지원칙에 위배된다.

⑤ 대학수학능력시험의 문항 수 기준 70%를 EBS 교재와 연계하여 출제한다는 대학수학능력시험 시행기본계획은 대학수학능력시험을 준비하는 자의 자유로운 인격발현권을 제한하는데, 이러한 계획이 헌법 제37조 제2항을 준수하였는지 심사하되, 국가가 학교에서의 학습방법 등 교육제도를 정하는 데 포괄적인 규율권한을 갖는다는 점을 감안하여야 한다.

 해설

① O 초등학교에서 영어 과목을 아예 배정하지 않거나 그 시수를 일정 기준 이하로 제한하여 영어교육을 받는 것을 금지하거나 제한하는 것은 충분히 영어교육을 받음으로써 교육적 성장과 발전을 통해 자아를 실현하고자 하는 학생들의 '인격의 자유로운 발현권'을 제한하게 된다. 또한, 학부모는 자녀의 개성과 능력을 고려하여 자녀의 학교교육에 관한 전반적인 계획을 세우고, 자신의 인생관·사회관·교육관에 따라 자녀를 교육시킬 수 있으므로, 영어교육을 금지하거나 제한하는 것은 학부모의 자녀교육권도 제한한다. 초등학교 1, 2학년의 영어교육을 금지하고, 3-6학년의 영어교육을 다른 과목과 균질한 수준으로 제한하는 것은 기초 영역에 대한 균형적인 교육을 통해 초등학생의 전인적 성장을 도모하고 영어과목에 대한 지나친 사교육의 폐단을 막기 위한 것으로, 이로 인해 초등학생이나 학부모가 입게 되는 기본권 제한이 중대하다고 보기 어렵다. 이 사건 고시 부분이 과잉금지원칙을 위반하였다고 볼 수 없다(2016.2.25. 2013헌마838 [기각]).

② O 기부행위자 본인은 자신의 재산을 사회적 약자나 소외 계층을 위하여 출연함으로써 자기가 속한 사회에 공헌하였다는 행복감과 만족감을 실현할 수 있으므로, 이는 헌법상 인격의 자유로운 발현을 위하여 필요한 행동을 할 수 있어야 한다는 의미의 <u>행복추구권과 그로부터 파생되는 일반적 행동자유권의 행사로서 당연히 보호되어야 한다</u>. 따라서, 기부행위라는 명목으로 매표행위를 하는 것을 방지함으로써 선거의 공정성을 확보하기 위한 이 사건 금지조항은 공정선거라는 목적을 위하여 기부행위자의 헌법상 기본권인 <u>일반적 행동자유권, 행복추구권을 제한하고 있다</u>(2010.9.30. 2009헌바201 [합헌]).

③ O 주방용오물분쇄기를 사용하고자 하는 청구인들은 심판대상조항이 주방용오물분쇄기의 사용을 금지하고 있어 이를 이용하여 자유롭게 음식물 찌꺼기 등을 처리할 수 없으므로, 행복추구권으로부터 도출되는 일반적 행동자유권을 제한받는다. … 심판대상조항은 과잉금지원칙에 위반하여 청구인들의 일반적 행동자유권, 직업의 자유를 침해하지 않는다(2018.6.28. 2016헌마1151 [기각]).

④ X 이 사건과 가장 밀접한 관련을 가지고 핵심적으로 다투어지는 사항이 <u>교육을 받을 권리</u>이므로, 이하에서는 이 사건 응시제한이 교육을 받을 권리를 침해하는지 여부를 판단하기로 한다. … 이 사건 응시제한은 검정고시 제도 도입 이후 허용되어 온 합격자의 재응시를 아무런 경과조치 없이 무조건적으로 금지함으로써 응시자격을 단번에 영구히 박탈하고 있다. 이 사건 응시제한은 기본권 제한에 있어서의 피해최소성원칙에 어긋난다고 할 것이다(2012.5.31. 2010헌마139 등 [인용(위헌확인),각하]).

⑤ O 청구인 권O환, 허O민은 수능시험을 준비하는 사람들로서 심판대상계획에서 정한 출제 방향과 원칙에 영향을 받을 수밖에 없다. 따라서 수능시험을 준비하면서 무엇을 어떻게 공부하여야 할지에 관하여 <u>스스로 결정할 자유</u>가 심판대상계획에 따라 제한된다. 이는 자신의 교육에 관하여 스스로 결정할 권리, 즉 교육을 통한 <u>자유로운 인격발현권을 제한</u>받는 것으로 볼 수 있다. 국가의 공권력행사가 학생의 자유로운 인격발현권을 제한하는 경우에도 헌법 제37조 제2항에 따른 한계를 준수하여야 한다. 다만, 국가는 수능시험 출제 방향이나 원칙을 정할 때 폭넓은 재량권을 가지므로, 심판대상계획이 청구인들의 기본권을 침해하는지 여부를 심사할 때 이러한 국가의 입법형성권을 감안하여야 한다.(2018.2.22. 2017헌마691 [기각,각하]).

---

05 | 19법전협-3-10　　정답 ④

인격권에 관한 설명 중 옳지 않은 것은? (다툼이 있는 경우 판례에 의함)

① 초등학교에서 영어 과목을 아예 배정하지 않거나 그 시수를 일정 기준 이하로 제한하여 영어교육을 받는 것을 금지하거나 제한하는 것은 충분히 영어교육을 받음으로써 교육적 성장과 발전을 통해 자아를 실현하고자 하는 학생들의 인격의 자유로운 발현권을 제한한다.

② 배아생성자의 배아에 대한 결정권은 헌법상 명문으로 규정되어 있지 않지만, 헌법 제10조로부터 도출되는 일반적 인격권의 한 유형으로서의 헌법상 권리이다.

③ 일반적 인격권에는 각 개인이 그 삶을 사적으로 형성할 수 있는 자율영역에 대한 보장이 포함되어 있음을 고려할 때, 장래 가족의 구성원이 될 태아의 성별 정보에 대한 접근을 국가로부터 방해받지 않을 부모의 권리는 이러한 일반적 인격권에 의하여 보호된다.

④ 인간의 존엄과 가치에서 유래하는 인격권은 자연적 생명체로서 개인의 존재를 전제로 하는 기본권이므로 그 성질상 법인에게는 적용될 수 없다.

⑤ 입양이나 재혼 등과 같이 가족관계의 변동과 새로운 가족관계의 형성에 있어서 구체적인 사정들에 따라서는 양부(養父) 또는 계부(繼父) 성(姓)으로의 변경이 개인의 인격적 이익과 매우 밀접한 관계를 가짐에도 부성(父姓)의 사용만을 강요하여 성(姓)의 변경을 허용하지 않는 것은 개인의 인격권을 침해한다.

 해설

① O 2016.2.25. 2013헌마838 → 학생들의 인격의 자유로운 발현권을 제한 / 과잉금지 원칙 위배 아님

② O 2010.5.27. 2005헌마346

③ O 헌법 제10조로부터 도출되는 일반적 인격권에는 각 개인이 그 삶을 사적으로 형성할 수 있는 자율영역에 대한 보장이 포함되어 있음을 감안할 때, 장래 가족의 구성원이 될 태아의 성별 정보에 대한 접근을 국가로부터 방해받지 않을 부모의 권리는 이와 같은 일반적 인격권에 의하여 보호된다고 보아야 할 것인바, 이 사건 규정은 일반적 인격권으로부터 나오는 부모의 태아 성별 정보에 대한 접근을 방해받지 않을 권리를 제한하고 있다고 할 것이다(2008.7.31. 2004헌마1010·2005헌바90). → 과잉금지원칙을 위반하여 의사의 직업수행의 자유 및 임부나 그 가족이 태아 성별 정보에 대한 접근을 방해받지 않을 권리 등을 침해하고 있으므로 헌법에 위반된다(헌법불합치).

④ X <u>법인도 법인의 목적과 사회적 기능에 비추어 볼 때 그 성질에 반하지 않는 범위 내에서 인격권의 한 내용인 사회적 신용이나 명예 등의 주체가 될 수 있고</u> 법인이 이러한 사회적 신용이나 명예 유지 내지 법인격의 자유로운 발현을 위하여 의사결정이나 행동을 어떻게 할 것인지를 자율적으로 결정하는 것도 법인의 인격권의 한 내용을 이룬다고 할 것이다. 그렇다면 이 사건 심판대상조항은 방송사업자의 의사에 반한 사과행위를 강제함으로써 방송사업자의 인격권을 제한한다(2012.8.23. 2009헌가27). → 과잉금지원칙에 위배되어 방송사업자의 인격권을 침해한다(위헌).

⑤ O 2005.12.22. 2003헌가5(헌법불합치)

06 19법전협-1-18 정답 ⑤

다음 중 일반적 인격권에 관한 설명 중 옳지 않은 것은?
(다툼이 있는 경우 판례에 의함)

① 장래 가족의 구성원이 될 태아의 성별 정보에 대한 접근을 국가로부터 방해받지 않을 부모의 권리는 일반적 인격권에 의하여 보호된다.
② 「일제강점하 반민족행위 진상규명에 관한 특별법」에 근거하여 친일반민족행위 조사대상자 선정 및 친일반민족행위 결정이 이루어진 경우, 당시 조사대상자가 이미 사망하였더라도 그 유족의 인격권의 제한이 인정된다.
③ 공개수배의 필요성이나 공공성을 지닌 사안이 아닌 경우, 피의자가 경찰서에 수갑을 차고 얼굴을 드러낸 상태에서 조사받는 과정을 기자들로 하여금 촬영하도록 허용하는 것은 인격권 침해에 해당된다.
④ 무기징역형을 선고받고 관심대상수용자로 관리되는 수용자에게 출정 시 도주방지복 착용을 강제하거나 민사법정에 참여할 때 양손수갑 2개를 사용하고 변론을 하도록 한 것은 해당 수용자의 인격권을 침해하지 않는다.
⑤ 변호사 정보 제공 웹사이트 운영자가 변호사들의 개인신상정보를 기반으로 변호사들의 '인맥지수'를 산출하여 공개하는 것은 해당 변호사들의 개인정보에 관한 인격권 침해에 해당되지 않는다.

① O 헌법 제10조로부터 도출되는 일반적 인격권에는 각 개인이 그 삶을 사적으로 형성할 수 있는 자율영역에 대한 보장이 포함되어 있음을 감안할 때, 장래 가족의 구성원이 될 태아의 성별 정보에 대한 접근을 국가로부터 방해받지 않을 부모의 권리는 이와 같은 일반적 인격권에 의하여 보호된다(2008.7.31. 2004헌마1010・2005헌바90).
② O 헌법 제10조로부터 도출되는 일반적 인격권에는 개인의 명예에 관한 권리도 포함되는바, 이 사건 법률조항에 근거하여 반민규명위원회의 조사대상자 선정 및 친일반민족행위결정이 이루어지면(이에 관하여 작성된 조사보고서 및 편찬된 사료는 일반에 공개된다), 조사대상자의 사회적 평가가 침해되어 헌법 제10조에서 유래하는 일반적 인격권이 제한받는다고 할 수 있다. 다만 이 사건 결정의 조사대상자를 비롯하여 대부분의 조사대상자는 이미 사망하였을 것이 분명하나, 조사대상자가 사자(死者)의 경우에도 인격적 가치에 대한 중대한 왜곡으로부터 보호되어야 하고, 사자(死者)에 대한 사회적 명예와 평가의 훼손은 사자(死者)와의 관계를 통하여 스스로의 인격상을 형성하고 명예를 지켜온 그들의 후손의 인격권, 즉 유족의 명예 또는 유족의 사자(死者)에 대한 경애추모의 정을 침해한다고 할 것이다(2010.10.28. 2007헌가23).
③ O 사람은 자신의 의사에 반하여 얼굴을 비롯하여 일반적으로 특정인임을 식별할 수 있는 신체적 특징에 관하여 함부로 촬영당하지 아니할 권리를 가지고 있으므로, 촬영허용행위는 헌법 제10조로부터 도출되는 초상권을 포함한 일반적 인격권을 제한한다고 할 것이다. 원칙적으로 '범죄사실' 자체가 아닌 그 범죄를 저지른 자에 관한 부분은 일반 국민에게 널리 알려야 할 공공성을 지닌다고 할 수 없고, 이에 대한 예외는 공개수배의 필요성이 있는 경우 등에 극히 제한적으로 인정될 수 있을 뿐이다. 피청구인은 기자들에게 청구인이 경찰서 내에서 수갑을 차고 얼굴을 드러낸 상태에서 조사받는 모습을 촬영할 수 있도록 허용하였는데, … 촬영허용행위는 과잉금지원칙에 위반되어 청구인의 인격권을 침해하였다(2014.3.27. 2012헌마652).
④ O 민사법정 내 보호장비 사용행위는 법정에서 계호업무를 수행하는 교도관으로 하여금 수용자가 도주 등 돌발행동으로 교정사고를 일으키고 법정질서를 문란하게 할 우려가 있는 때에 교정사고를 예방하고 법정질서 유지에 협력하기 위하여 수용자에게 수갑, 포승을 사용할 수 있도록 한 것으로, '형의 집행과 수용자의 처우에 관한 법률' 제97조 제1항, 제98조, 같은 법 시행령 제120조 제2항, 같은 법 시행규칙 제172조 제1항, 제179조 제1항, 제180조 등에 근거를 두고 있으므로, 법률유보원칙에 위반되어 청구인의 인격권과 신체의 자유를 침해하지 아니한다(2018.6.28. 2017헌마181).
⑤ X 변호사 정보 제공 웹사이트 운영자가 변호사들의 개인신상정보를 기반으로 변호사들의 인맥지수를 산출하여 공개하는 서비스를 제공한 사안에서, 인맥지수의 사적・인격적 성격, 산출과정에서 왜곡 가능성, 인맥지수 이용으로 인한 변호사들의 이익 침해와 공적 폐해의 우려, 그에 반하여 이용으로 달성될 공적인 가치의 보호 필요성 정도 등을 종합적으로 고려하면, 운영자가 변호사들의 개인신상정보를 기반으로 한 인맥지수를 공개하는 표현행위에 의하여 얻을 수 있는 법적 이익이 이를 공개하지 않음으로써 보호받을 수 있는 변호사들의 인격적 법익에 비하여 우월하다고 볼 수 없어, 결국 운영자의 인맥지수 서비스 제공행위는 변호사들의 개인정보에 관한 인격권을 침해하는 위법한 것이다(대판 2011.9.2. 2008다42430 전원합의체).

07 20법전협-2-4 정답 ②

인간의 존엄과 가치 및 행복추구권에 관한 설명으로 옳지 않은 것은? (다툼이 있는 경우 판례에 의함)

① 개인정보자기결정권은 인간의 존엄과 가치, 행복추구권을 규정한 헌법 제10조 제1문에서 도출되는 일반적 인격권 및 헌법 제17조의 사생활의 비밀과 자유에 의하여 보장된다.
② 행복추구권은 국민이 행복을 추구하기 위하여 필요한 급부를 국가에게 적극적으로 요구할 수 있는 것을 내용으로 하는 포괄적인 의미의 자유권으로서의 성격을 가진다.
③ 특정 범죄에 대한 형벌이 그 자체로는 책임과 형벌 간의 비례 원칙에 위배되지 않더라도, 죄질과 보호법익이 유사한 범죄에 대한 형벌과 비교할 때 현저히 형벌체계의 균형성을 잃은 것이 명백한 경우에는, 인간의 존엄성과 가치를 보장하는 헌법의 기본원리에 위배된다.
④ 헌법 제10조로부터 도출되는 일반적 인격권에는 개인의 명예에 관한 권리도 포함되며, 법인도 법인의 목적과 사회적 기능에 비추어 볼 때 그 성질에 반하지 않는 범위 내에서 인격권의 한 내용인 사회적 신용이나 명예 등의 주체가 될 수 있다.
⑤ 환자는 장차 죽음에 임박한 상태에 이를 경우에 대비하여 미리 의료인 등에게 연명치료 거부 또는 중단에 관한 의사를 밝히는 등의 방법으로 죽음에 임박한 상태에서 인간으로서의 존엄과 가치를 지키기 위하여 연명치료의 거부 또는 중단을 결정할 수 있고, 이 결정은 헌법상 기본권인 자기결정권의 한 내용으로서 보장된다.

① O 인간의 존엄과 가치, 행복추구권을 규정한 헌법 제10조 제1문에서 도출되는 일반적 인격권 및 헌법 제17조의 사생활의 비밀과 자유에 의하여 보장되는 개인정보자기결정권은 자신에 관한 정보가 언제 누구에게 어느 범위까지 알려지고 또 이용되도록 할 것인지를 그 정보주체가 스스로 결정할 수 있는 권리이다(2005.7.21. 2003헌마282).

② X 헌법(憲法) 제10조의 행복추구권은 국민이 행복을 추구하기 위하여 필요한 급부를 국가에게 적극적으로 요구할 수 있는 것을 내용으로 하는 것이 아니라, 국민이 행복을 추구하기 위한 활동을 국가권력의 간섭없이 자유롭게 할 수 있다는 포괄적(包括的)인 의미의 자유권으로서의 성격을 가진다(1995.7.21. 93헌가14).

③ O 특정 범죄에 대한 형벌이 그 자체로는 책임과 형벌 간의 비례원칙에 위배되지 않더라도, 죄질과 보호법익이 유사한 범죄에 대한 형벌과 비교할 때 현저히 형벌체계의 균형성을 잃은 것이 명백한 경우에는, 인간의 존엄성과 가치를 보장하는 헌법의 기본원리에 위배될 뿐만 아니라 법의 내용에 있어서도 평등원칙에 반하여 위헌이라 할 수 있다(2011.11.24. 2010헌가42 ; 2019.7.25. 2018헌가7).

④ O 법인도 법인의 목적과 사회적 기능에 비추어 볼 때 그 성질에 반하지 않는 범위 내에서 인격권의 한 내용인 사회적 신용이나 명예 등의 주체가 될 수 있고 법인이 이러한 사회적 신용이나 명예 유지 내지 법인격의 자유로운 발현을 위하여 의사결정이나 행동을 어떻게 할 것인지를 자율적으로 결정하는 것도 법인의 인격권의 한 내용을 이룬다고 할 것이다(2012.8.23. 2009헌가27).

⑤ O 환자가 장차 죽음에 임박한 상태에 이를 경우에 대비하여 미리 의료인 등에게 연명치료 거부 또는 중단에 관한 의사를 밝히는 등의 방법으로 죽음에 임박한 상태에서 인간으로서의 존엄과 가치를 지키기 위하여 연명치료의 거부 또는 중단을 결정할 수 있다 할 것이고, 위 결정은 헌법상 기본권인 자기결정권의 한 내용으로서 보장된다 할 것이다(2009.11.26. 2008헌마385).

08 20법전협-1-5 정답 ⑤

행복추구권에 관한 설명 중 옳지 않은 것은? (다툼이 있는 경우 판례에 의함)

① 주민등록은 거주하는 사람의 결단에 따른 행동과는 무관한 것이므로, 영내에 기거하는 군인에게 그가 속한 세대의 거주지에서 주민등록을 하도록 하는 것은 영내 기거 현역병의 일반적 행동자유권을 제한하지 않는다.

② 국가가 국민을 강제로 건강보험에 가입시키고 경제적 능력에 따라 보험료를 납부하도록 하는 것은 행복추구권으로부터 파생하는 일반적 행동의 자유의 하나인 공법상 단체에 강제로 가입하지 아니할 자유를 제한한다.

③ 개별적 자유권에 의하여 보호되는 영역에서 자기책임원리가 문제되는 경우, 보충적 자유권인 일반적 행동자유권을 근거로 하는 자기결정권에서 파생된 자기책임원리가 아니라 구체적으로 제한되는 생활영역에서 자기결정권을 보장하는 개별자유권의 제한 여부에 대한 과잉금지원칙에 따른 심사를 하여야 한다.

④ 일반적 행동자유권의 보호영역에는 개인의 생활방식과 취미에 관한 사항이 포함되므로, 비어업인이 잠수용 스쿠버장비를 사용하여 수산자원을 포획·채취하는 것을 규제하는 것은, 지속적인 소득활동이 아니라 취미나 오락을 위하여 자신이 원하는 방법으로 수산자원을 포획·채취하고자 하는 자의 일반적 행동의 자유를 제한한다.

⑤ 일반적 행동자유권은 법적으로 보호가치 있는 행동만 그 보호영역으로 하는 것이므로, 술에 취한 상태로 도로 외의 곳에서 운전하는 것을 금지하고 위반 시 처벌하는 것은 해당 운전자의 일반적 행동의 자유를 제한한다고 볼 수 없다.

① O 주민등록은 거주하는 사람의 결단에 따른 행동과는 무관한 것이므로 이를 일반적 행동자유권의 내용으로 볼 수 없고, 따라서 영내에 기거하는 군인은 그가 속한 세대의 거주지에서 등록하여야 한다고 규정하고 있는 주민등록법은 영내 기거 현역병의 일반적 행동자유권을 제한하지 않는다(2011.6.30. 2009헌마59).

② O 국가가 국민을 강제로 건강보험에 가입시키고 경제적 능력에 따라 보험료를 납부하도록 하는 것은 행복추구권으로부터 파생하는 일반적 행동의 자유의 하나인 공법상의 단체에 강제로 가입하지 아니할 자유와 정당한 사유 없는 금전의 납부를 강제당하지 않을 재산권에 대한 제한이 되지만, 이러한 제한은 정당한 국가목적을 달성하기 위하여 부득이한 것이고, 가입강제와 보험료의 차등부과로 인하여 달성되는 공익은 그로 인하여 침해되는 사익에 비하여 월등히 크다고 할 수 있으므로, 위의 조항들이 헌법상의 행복추구권이나 재산권을 침해한다고 볼 수 없다(2003.10.30. 2000헌마801).

③ O 개별자유권에 의하여 보호되는 영역에서 자기책임원리가 문제되는 경우에는, 보충적 자유권인 일반적 행동자유권을 근거로 하는 자기결정권에서 파생된 자기책임원리가 아니라, 구체적으로 제한되는 생활영역에서 자기결정권을 보장하는 개별자유권의 제한 여부에 대한 과잉금지원칙에 따른 심사를 하여야 한다(2016.12.29. 2015헌바198).

제1장 인간의 존엄과 가치·행복추구권·평등권 | 45

④ O 헌법 제10조의 행복추구권에서 파생되는 일반적 행동자유권의 보호영역에는 개인의 생활방식과 취미에 관한 사항이 포함된다. 이 사건 규칙조항은 비어업인이 잠수용 스쿠버장비를 사용하여 수산자원을 포획·채취하는 것을 규제함으로써, 지속적인 소득활동이 아니라 취미나 오락을 위하여 자신이 원하는 방법으로 수산자원을 포획·채취하고자 하는 청구인의 일반적 행동의 자유를 제한한다. … 이 사건 규칙조항은 과잉금지원칙에 위반하여 청구인의 일반적 행동의 자유를 침해하지 아니한다(2016.10.27. 2013헌마450).

⑤ X 일반적 행동자유권은 가치 있는 행동만 그 보호영역으로 하는 것은 아니다. 그 보호영역에는 개인의 생활방식과 취미에 관한 사항도 포함되며, 여기에는 위험한 스포츠를 즐길 권리와 같은 위험한 생활방식으로 살아갈 권리도 포함된다. 그런데 심판대상조항은 술에 취한 상태로 도로 외의 곳에서 운전하는 것을 금지하고 이에 위반했을 때 처벌하도록 하고 있으므로 일반적 행동의 자유를 제한한다. … 심판대상조항은 일반적 행동의 자유를 침해하지 아니한다(2016.2.25. 2015헌가11).

09 16변시-3   정답 ⑤

헌법 제10조에 관한 설명 중 옳지 않은 것은? (다툼이 있는 경우 판례에 의함)

① 헌법 제10조는 개인의 인격권과 행복추구권을 보장하고 있고, 인격권과 행복추구권은 개인의 자기운명결정권을 전제로 하는데 이 자기운명결정권에는 성행위 여부 및 그 상대방을 결정할 수 있는 성적자기결정권이 포함되어 있다.
② 성전환자에 해당함이 명백한 사람에 대해서는 호적의 성별란 기재의 성을 전환된 성에 부합하도록 수정할 수 있도록 허용함이 상당하므로, 성전환자임이 명백한 사람에 대하여 호적정정을 허용하지 않는 것은 인간의 존엄과 가치를 향유할 권리를 온전히 구현할 수 없게 만드는 것이다.
③ 환자가 장차 죽음에 임박한 상태에 이를 경우에 대비하여 미리 의료인 등에게 연명치료 거부 또는 중단에 관한 의사를 밝히는 등의 방법으로 죽음에 임박한 상태에서 인간으로서의 존엄과 가치를 지키기 위하여 연명치료의 거부 또는 중단을 결정할 수 있고, 이는 헌법상 자기결정권의 한 내용으로서 보장되지만, '연명치료중단에 관한 자기결정권'을 보장하기 위한 입법의무가 국가에게 명백하게 부여된 것은 아니다.
④ 의사의 면허없이 영리를 목적으로 의료행위를 업으로 행하는 자에게 무기 또는 2년 이상의 징역형과 100만 원 이상 1천만 원 이하의 벌금형을 병과하는 것은, 그 법정형이 가혹하여 인간으로서의 존엄과 가치를 규정한 헌법에 위반되는 것으로 볼 수 없다.
⑤ 피의자에 대한 촬영허용은 초상권을 포함한 일반적 인격권을 제한하지만 범죄사실에 관하여 일반국민에게 알려야 할 공공성이 있으므로, 공인이 아니며 보험사기를 이유로 체포된 피의자가 경찰서에 수갑을 차고 얼굴을 드러낸 상태에서 조사받는 과정을 기자들로 하여금 촬영하도록 허용하는 행위는 기본권 제한의 목적의 정당성이 인정된다.

① O 헌법 제10조는 개인의 인격권과 행복추구권을 보장하고 있다. 개인의 인격권·행복추구권에는 개인의 자기운명결정권이 전제되는 것이고, 자기운명결정권에는 성행위의 여부 및 그 상대방을 선택할 수 있는 성적자기결정권이 포함됨은 분명하다(2015.2.26. 2009헌바17 등).

② O 성전환자에 해당함이 명백한 사람에 대하여는 호적정정에 관한 호적법 제120조의 절차에 따라 호적의 성별란 기재의 성을 전환된 성에 부합하도록 수정할 수 있도록 허용함이 상당하다(대결 2006.6.22. 2004스42 전원합의체).

참고판례 성전환자가 혼인 중에 있거나 미성년자인 자녀가 있는 경우에는, 가족관계등록부에 기재된 성별을 정정하여, 배우자나 미성년자인 자녀의 법적 지위와 그에 대한 사회적 인식에 곤란을 초래하는 것까지 허용할 수는 없으므로, **현재 혼인 중에 있거나 미성년자인 자녀를 둔 성전환자의 성별정정은 허용되지 않는다**(대결 2011.9.2. 2009스117 전원합의체 다수의견).

③ O '연명치료 중단에 관한 자기결정권'을 보장하는 방법으로서 '법원의 재판을 통한 규범의 제시'와 '입법' 중 어느 것이 바람직한가는 입법정책의 문제로서 국회의 재량에 속한다 할 것이다. 그렇다면 헌법해석상 '연명치료 중단 등에 관한 법률'을 제정할 국가의 입법의무가 명백하다고 볼 수 없다. 결국 환자 본인이 제기한 '연명치료 중단 등에 관한 법률'의 입법부작위의 위헌확인에 관한 헌법소원 심판청구는 국가의 입법의무가 없는 사항을 대상으로 한 것으로서 헌법재판소법 제68조 제1항 소정의 '공권력의 불행사'에 대한 것이 아니므로 부적법하다(2009.11.26. 2008헌마385).

④ O 의사가 아닌 자가 "영리를 목적"으로 "업"으로 하는 것이라는 비난가능성과 무면허의료업자에 대한 일반예방적 효과를 달성하려는 형사정책적 고려에서 입법자가 국민보건의 향상을 위하여 필요 최소한의 범위 내에서 형벌을 가중한 것이어서 입법형성의 범위 내의 것이라고 할 것이다. 또한 이 사건 법률조항이 무기 또는 2년 이상의 징역형과 100만 원 이상 1천만 원 이하의 벌금형을 병과하도록 규정하고 있는 점만으로는 그것이 곧 전체 형벌체계상 현저히 균형을 잃게 되어 다른 범죄자 특히 의료법상 무면허의료행위자와의 관계에 있어서 헌법 제11조가 보장하는 평등의 원리에 반한다고 할 수 없고, 그 법정형이 지나치게 가혹하여 인간으로서의 존엄과 가치 및 국가의 기본권보호의무를 보장한 헌법 제10조에 위반되는 것이라고 볼 수도 없다(2001.11.29. 2000헌바37).

⑤ X 원칙적으로 '범죄사실' 자체가 아닌 그 범죄를 저지른 자에 관한 부분은 일반 국민에게 널리 알려야 할 공공성을 지닌다고 할 수 없고, 이에 대한 예외는 공개수배의 필요성이 있는 경우 등에 극히 제한적으로 인정될 수 있을 뿐이다. 피청구인은 기자들에게 청구인이 **경찰서 내에서 수갑을 차고 얼굴을 드러낸 상태에서 조사받는 모습을 촬영할 수 있도록 허용**하였는데, 청구인에 대한 이러한 수사 장면을 공개 및 촬영하게 할 어떠한 공익 목적도 인정하기 어려우므로 촬영허용행위는 **목적의 정당성이 인정되지 아니한다**. 촬영허용행위는 과잉금지원칙에 위반되어 청구인의 **인격권을 침해**하였다(2014.3.27. 2012헌마652).

제2절 평등권

10 22변시-10 정답 ⑤

평등권 또는 평등원칙에 관한 설명 중 옳은 것은? (다툼이 있는 경우 판례에 의함)

① 국민참여재판 배심원의 자격을 만 20세 이상으로 규정한 것은 국민참여재판제도의 취지와 배심원의 권한 및 의무 등 여러 사정을 종합적으로 고려하여 만 20세에 이르기까지 교육 및 경험을 쌓은 자로 하여금 배심원의 책무를 담당하도록 한 것이므로 만 20세 미만의 자를 자의적으로 차별한 것은 아니다.

② 대한민국 국민인 남자에 한하여 병역의무를 부과하는 「병역법」 조항은 우리 헌법이 특별히 명시적으로 차별을 금지하는 사유인 '성별'을 기준으로 병역의무를 부과하므로 이 조항이 평등권을 침해하는지 여부에 대해서는 자의금지원칙이 아닌 비례성원칙에 따른 심사를 하여야 한다.

③ 광역자치단체장선거의 예비후보자를 후원회지정권자에서 제외하여, 국회의원선거의 예비후보자에게 후원금을 기부하고자 하는 자와 광역자치단체장선거의 예비후보자에게 후원금을 기부하고자 하는 자를 달리 취급하는 것은 합리적 차별에 해당하고 입법재량의 한계를 일탈한 것은 아니다.

④ 평등원칙은 법 적용상의 평등을 의미하여 행정권과 사법권만을 구속할 뿐이므로, 평등원칙이 입법권까지 구속하는 것은 아니다.

⑤ 헌법 제11조 제1항에서의 사회적 신분이란 사회에서 장기간 점하는 지위로서 일정한 사회적 평가를 수반하는 것을 의미하므로 전과자도 사회적 신분에 해당되고, 따라서 누범을 가중처벌하는 것은 전과자라는 사회적 신분을 이유로 차별대우를 하는 것이어서 평등원칙에 위배된다.

해설

① O 심판대상조항이 우리나라 국민참여재판제도의 취지와 배심원의 권한 및 의무 등 여러 사정을 종합적으로 고려하여 만 20세에 이르기까지 교육 및 경험을 쌓은 자로 하여금 배심원의 책무를 담당하도록 정한 것은 입법형성권의 한계 내의 것으로 자의적인 차별이라고 볼 수 없다(2021.5.27. 2019헌가19).

② X 이 사건 법률조항은 헌법이 특별히 양성평등을 요구하는 경우나 관련 기본권에 중대한 제한을 초래하는 경우의 차별취급을 그 내용으로 하고 있다고 보기 어려우며, 징집대상자의 범위 결정에 관하여는 입법자의 광범위한 입법형성권이 인정된다는 점에 비추어 이 사건 법률조항이 평등권을 침해하는지 여부는 완화된 심사기준에 따라 판단하여야 한다(2011.6.30. 2010헌마460).

③ X 정치자금법이 여러 차례 개정되어 후원회지정권자의 범위가 지속적으로 확대되어 왔음에도 불구하고, 국회의원선거의 예비후보자 및 그 예비후보자에게 후원금을 기부하고자 하는 자와 광역자치단체장선거의 예비후보자 및 이들 예비후보자에게 후원금을 기부하고자 하는 자를 계속하여 달리 취급하는 것은, 불합리한 차별에 해당하고 입법재량을 현저히 남용하거나 한계를 일탈한 것이다. 따라서 심판대상조항 중 광역자치단체장선거의 예비후보자에 관한 부분은 청구인들 중 광역자치단체장선거의 예비후보자 및 이들 예비후보자에게 후원금을 기부하고자 하는 자의 평등권을 침해한다(2019.12.27. 2018헌마301 등 [헌법불합치]).

④ X 모든 국민이 법 앞에 평등하다는 것도 형식적인 법 적용상의 평등만을 뜻하는 것이 아니라 법의 제정까지도 포함한 모든 국가작용의 실질적인 평등원리의 구현을 목표로 하는 의미로 이해되며, 이러한 의미에서 평등권의 보장은 형식적으로만 파악할 수 없는 것이고 법의 실질적 내용까지 종합적으로 살핀 뒤에 합리적으로 판단할 것을 요구한다(2005.10.27. 2003헌바50 등).

⑤ X 헌법 제11조 제1항은 "모든 국민은 법 앞에 평등하다. 누구든지 성별·종교 또는 사회적 신분에 의하여 정치적·경제적·사회적·문화적 생활의 모든 영역에 있어서 차별을 받지 아니한다"라고 규정하고 있는바 여기서 사회적 신분이란 사회에서 장기간 점하는 지위로서 일정한 사회적 평가를 수반하는 것을 의미한다 할 것이므로 전과자도 사회적 신분에 해당된다고 할 것이다. … 누범을 가중하여 처벌하는 것은 사회방위, 범죄의 특별예방 및 일반예방, 더 나아가 사회의 질서유지의 목적을 달성하기 위한 하나의 적정한 수단이기도 하는 것이므로 이는 합리적 근거 있는 차별이어서 헌법상의 평등의 원칙에 위배되지 아니한다고 할 것이다(1995.2.23. 93헌바43).

11 12변시-5 정답 ⑤

평등의 원칙 내지 평등권에 관한 설명 중 옳지 않은 것은? (다툼이 있는 경우 판례에 의함)

① 헌법재판소는 헌법 제11조 제1항 제2문의 "사회적 신분"이란 사회에서 장기간 점하는 지위로서 일정한 사회적 평가를 수반하는 것을 의미한다고 할 것이므로 전과자도 사회적 신분에 해당한다고 판시하였다.

② 평등원칙과 결합하여 혼인과 가족을 부당한 차별로부터 보호하고자 하는 목적을 지니고 있는 헌법 제36조 제1항(혼인과 가족생활의 보장)에 비추어 볼 때, 종합부동산세의 과세방법을 "인별 합산"이 아니라 "세대별 합산"으로 규정한 종합부동산세법 규정은 비례원칙에 의한 심사에 의하여 정당화되지 않으므로 헌법에 위반된다.

③ "국가유공자·상이군경 및 전몰군경의 유가족은 법률이 정하는 바에 의하여 우선적으로 근로의 기회를 부여받는다."고 규정한 헌법 제32조 제6항의 대상자는 문리해석대로 "국가유공자", "상이군경", 그리고 "전몰군경의 유가족"이라고 보아야 하고, 국가유공자의 가족이 공무원채용시험에 응시하는 경우 만점의 10%를 가산하도록 규정하고 있는 법률조항은 일반 응시자와의 차별의 효과가 지나치므로 헌법에 합치되지 아니한다.

④ 제대군인이 공무원채용시험 등에 응시한 때에 과목별 득점에 과목별 만점의 5% 또는 3%를 가산하는 제대군인가산점제도는, 헌법에서 특별히 평등을 요구하고 있는 경우 및 차별적 취급으로 인하여 관련 기본권에 대한 중대한 제한을 초래하게 된 경우에 해당하므로 비례원칙에 따른 심사를 하여야 한다.

⑤ 선거구를 획정할 때 선거구 간의 인구편차의 허용한계는 국회의원선거나 지방의회의원선거에 있어서 공히 상하 50% 편차(이 경우 최대선거구 인구수와 최소선거구 인구수의 비율은 3:1)를 기준으로 한다.

해설

① O 헌법 제11조 제1항은 "모든 국민은 법 앞에 평등하다. 누구든지 성별·종교 또는 사회적 신분에 의하여 정치적·경제적·사회적·문화적 생활의 모든 영역에 있어서 차별을 받지 아니한다"라고 규정하고 있는바 여기서 사회적 신분이란 사회에서 장기간 점하는 지위로서 일정한 사회적 평가를 수반하는 것을 의미한다 할 것이므로 전과자도 사회적 신분에 해당된다고 할 것이다 (1995.2.23. 93헌바43).

② O 이 사건 세대별 합산규정은 혼인한 자 또는 가족과 함께 세대를 구성한 자를 비례의 원칙에 반하여 개인별로 과세되는 독신자, 사실혼 관계의 부부, 세대원이 아닌 주택 등의 소유자 등에 비하여 불리하게 차별하여 취급하고 있으므로, 헌법 제36조 제1항에 위반된다(2008.11.13. 2006헌바112).

③ O 이 사건 조항의 경우 명시적인 헌법적 근거 없이 국가유공자의 가족들에게 만점의 10%라는 높은 가산점을 부여하고 있는바, 그러한 가산점 부여 대상자의 광범위성과 가산점 10%의 심각한 영향력과 차별효과를 고려할 때, 그러한 입법정책만으로 헌법상의 공정경쟁의 원리와 기회균등의 원칙을 훼손하는 것은 부적절하며, 국가유공자의 가족의 공직 취업기회를 위하여 매년 많은 일반 응시자들에게 불합격이라는 심각한 불이익을 입게 하는 것은 정당화될 수 없다. 이 사건 조항의 차별로 인한 불평등 효과는 입법목적과 그 달성수단 간의 비례성을 현저히 초과하는 것이므로, 이 사건 조항은 청구인들과 같은 일반 공직시험 응시자들의 평등권을 침해한다. 이 사건 조항이 공무담임권의 행사에 있어서 일반 응시자들을 차별하는 것이 평등권을 침해하는 것이라면, 같은 이유에서 이 사건 조항은 그들의 공무담임권을 침해하는 것이다 (2006.2.23. 2004헌마675).

④ O 가산점제도는 헌법 제32조 제4항이 특별히 남녀평등을 요구하고 있는 "근로" 내지 "고용"의 영역에서 남성과 여성을 달리 취급하는 제도이고, 또한 헌법 제25조에 의하여 보장된 공무담임권이라는 기본권의 행사에 중대한 제약을 초래하는 것이기 때문에 엄격한 심사척도가 적용된다(1999.12.23. 98헌마363).

⑤ X 현시점에서는 시·도의원지역구 획정에서 허용되는 인구편차 기준을 인구편차 상하 50%(인구비례 3:1)로 변경하는 것이 타당하다(2018.6.28. 2014헌마189). 자치구·시·군의원 선거구 획정도 인구편차 상하 50%(인구비례 3:1)로 변경하는 것이 타당하다 (2018.6.28. 2014헌마166). 그러나 국회의원선거에서도 상하 50% 편차(3:1)를 기준(2001.10.25. 2000헌마92 등)으로 하였던 공직선거법 조항에 대하여 헌법불합치결정이 되어 인구편차기준이 33.3%(2:1)으로 변경되었다(2014.10.30. 2012헌마190 등).

12 13변시-14  정답 ④

평등권 및 평등원칙에 관한 설명 중 옳지 않은 것은?
(다툼이 있는 경우 판례에 의함)

① 평등의 원칙은 국민의 기본권 보장에 관한 우리 헌법의 최고원리로서 국가가 입법을 하거나 법을 해석 및 집행함에 있어 따라야 할 기준인 동시에, 국가에 대하여 합리적 이유 없이 불평등한 대우를 하지 말 것과 평등한 대우를 할 것을 요구할 수 있는 근거가 된다.

② 대한민국 국민인 남자에 한하여 병역의무를 부과한 것은 헌법이 특별히 양성평등을 요구하는 경우에 해당하지 않고, 관련 기본권에 중대한 제한을 초래하는 경우로 보기도 어려우므로, 그 평등권 침해 여부는 자의금지원칙에 의하여 심사한다.

③ 국가유공자와 그 가족에 대한 가산점제도에 있어서 국가유공자 가족의 경우는 헌법 제32조 제6항이 가산점제도의 근거라고 볼 수 없으므로 평등권 침해 여부에 관하여 보다 완화된 기준을 적용한 비례심사는 부적절한 것이다.

④ 특정한 조세 법률조항이 혼인이나 가족생활을 근거로 부부 등 가족이 있는 자를 혼인하지 아니한 자 등에 비하여 차별 취급하는 것은 과세단위의 설정에 대한 입법자의 입법형성의 재량에 속하는 정책적 문제이므로, 헌법 제36조 제1항의 위반 여부는 자의금지원칙에 의하여 심사한다.

⑤ 국·공립학교와는 달리 사립학교를 설치·경영하는 학교법인 등이 당해 학교에 운영위원회를 둘 것인지의 여부를 스스로 결정할 수 있도록 한 것은 사립학교의 특수성과 자주성을 존중하기 위한 것이므로 합리적이고 정당한 사유가 있는 차별에 해당한다.

해설

① O 평등의 원칙은 국민의 기본권 보장에 관한 우리 헌법의 최고원리로서 국가가 입법을 하거나 법을 해석 및 집행함에 있어 따라야 할 기준인 동시에, 국가에 대하여 합리적 이유없이 불평등한 대우를 하지 말 것과, 평등한 대우를 요구할 수 있는 모든 국민의 권리로서, 국민의 기본권 중의 기본권인 것이다(1989.1.25. 88헌가7).

② O 이 사건 법률조항이 헌법이 특별히 평등을 요구하는 경우나 관련 기본권에 중대한 제한을 초래하는 경우의 차별취급을 그 내용으로 하고 있다고 보기 어려운 점, 징집대상자의 범위 결정에 관하여는 입법자의 광범위한 입법형성권이 인정되는 점에 비추어, 이 사건 법률조항이 평등권을 침해하는지 여부는 완화된 심사척도에 따라 자의금지원칙 위반 여부에 의하여 판단하기로 한다 (2010.11.25. 2006헌마328).

③ O 이 사건 조항은 평등권과 공무담임권의 침해 여부가 경합적으로 문제된다. 일반적인 평등원칙 내지 평등권의 침해 여부에 대한 위헌심사기준은 합리적인 근거가 없는 자의적 차별인지 여부이지만, 만일 입법자가 설정한 차별이 기본권의 행사에 있어서의 차별을 가져온다면 그러한 차별은 목적과 수단 간의 엄격한 비례성이 준수되었는지가 심사되어야 하며, 그 경우 불평등대우가 기본권으로 보호된 자유의 행사에 불리한 영향을 미칠수록, 입법자의 형성의 여지에 대해서는 그만큼 더 좁은 한계가 설정되어 보다 엄격한 심사척도가 적용된다(2006.2.23. 2004헌마675).

→ 종전 결정(2003.9.25. 2003헌마30)은 국가유공자와 그 가족에 대한 가산점제도는 모두 헌법 제32조 제6항에 근거를 두고 있으므로 평등권 침해 여부에 관하여 보다 완화된 기준을 적용한 비례심사를 하였으나, 국가유공자 본인의 경우는 별론으로 하고, 그 가족의 경우는 헌법 제32조 제6항이 가산점제도의 근거라고 볼 수 없으므로 그러한 완화된 심사는 부적절한 것이다면서 엄격한 심사척도가 적용되었다.

④ X 특정한 조세 법률조항이 **혼인이나 가족생활을 근거로 부부 등 가족이 있는 자를 혼인하지 아니한 자 등에 비하여 차별취급**하는 것이라면 **비례의 원칙에 의한 심사**에 의하여 정당화되지 않는 한 **헌법 제36조 제1항에 위반**된다(2008.11.13. 2006헌바112 등).

⑤ O 학부모가 미성년자인 학생의 교육과정에 참여할 당위성은 부정할 수 없다 할지라도 학교운영위원회의 구성을 법률로써 의무화하여야 하는지 여부는 별개문제이고, 입법자의 광범한 입법형성영역인 정책문제에 속하는 것이다. 그러므로 사립학교에 학교운영위원회를 임의적으로 설치할 수 있게 하였더라도 학부모의 교육참여권 침해의 위법이 있다고 볼 수 없다(1999.3.25. 97헌마130).

13 14변시-8   정답 ①

평등권 또는 평등원칙에 관한 설명 중 옳은 것을 모두 고른 것은? (다툼이 있는 경우 판례에 의함)

ㄱ. 주민투표권은 헌법상의 열거되지 아니한 권리 등 그 명칭의 여하를 불문하고 헌법상의 기본권성이 부정된다. 그러나 비교집단 상호간에 주민투표권의 차별이 존재할 경우 헌법상의 평등권 심사가 가능하다.

ㄴ. 이륜자동차 운전자의 고속도로 등의 통행을 금지하는 법률규정은 일부 이륜자동차 운전자들의 변칙적인 운전행태를 이유로 전체 이륜자동차 운전자들의 고속도로 등 통행을 전면적으로 금지하고 있으므로 제한의 범위나 정도 면에서 지나친 점, 세계 경제협력개발기구(OECD) 국가들과 비교해 보아도 우리나라만이 유일하게 이륜자동차의 고속도로 통행을 전면적으로 금지하고 있는 점, 고속도로 등에서 안전거리와 제한속도를 지켜서 운행할 경우 별다른 위험요소 없이 운행할 수 있는 점에서 일반 자동차 운전자와 비교할 때 이륜자동차 운전자의 평등권을 침해한다.

ㄷ. 일정한 교육을 거쳐 시·도지사로부터 자격 인정을 받은 자만이 안마시술소 등을 개설할 수 있도록 한 법률규정은 비시각장애인이 직접 안마사 자격 인정을 받아 안마를 하는 것을 금지하는 것은 수인하더라도 안마시술소를 개설조차 할 수 없도록 한 것으로서, 안마시술소 등을 개설하고자 하는 비시각장애인을 시각장애인과 달리 취급함으로써 비시각장애인의 평등권을 침해한다.

ㄹ. 「병역법 시행규칙」 제110조 제1호에서 국외여행 허가 대상을 30세 이하로 정하고 있는 점에 비추어, 제1국민역의 경우 특별한 사정이 없는 한 27세까지만 단기 국외여행을 허용하는 「병역의무자 국외여행 업무처리 규정」(병무청 훈령)은 체계정당성에 위배되며, 위헌적인 차별이 존재한다.

ㅁ. 변호사가 법률사건이나 법률사무에 관한 변호인선임서 또는 위임장 등을 공공기관에 제출할 때에는 사전에 소속 지방변호사회를 경유하도록 하는 법률규정은 법무사·변리사·공인노무사·공인회계사와 변호사는 모두 전문직 종사자임에도 불구하고, 변호사에게만 선임서 등의 소속 지방변호사회 경유 의무를 부과하는 것으로서 합리적 이유 없이 변호사를 차별하고 있어 변호사의 평등권을 침해한다.

① ㄱ
② ㄱ, ㄴ
③ ㄴ, ㄷ
④ ㄹ, ㅁ
⑤ ㅁ

ㄱ. O 주민투표권이 헌법상 기본권이 아닌 법률상의 권리에 해당한다 하더라도 비교집단 상호간에 차별이 존재할 경우에 헌법상의 **평등권 심사까지 배제되는 것은 아니다**(2007.6.28. 2004헌마643).

ㄴ. X 이륜차는 운전자가 외부에 노출되는 구조로 말미암은 사고위험성과 사고결과의 중대성 때문에 고속도로 등의 통행이 금지되는 것이기 때문에 **구조적 위험성이 적은 일반 자동차에 비하여 고속통행의 자유가 제한된다고 하더라도 이를 불합리한 차별이라고 볼 수 없다.** 구조적 위험성의 정도가 현저히 다르기 때문에 차별 여부의 비교대상이 되지 아니한다(2011.11.24. 2011헌바51). 따라서 평등권을 침해하지 않는다.

ㄷ. X 시각장애인 안마시술소 개설 독점제도는 … 비시각장애인을 시각장애인에 비하여 비례의 원칙에 반하여 차별하는 것이라고 할 수 없을 뿐 아니라, 비시각장애인의 직업선택의 자유를 과도하게 침해하여 헌법에 위반된다고 보기도 어렵다(2013.6.27. 2011헌가39 등).

ㄹ. X 이 사건 훈령조항은 사실상 27세를 기준으로 단기 국외여행의 허가 여부를 정하고 있는데 위에서 언급한 바와 같이 현행 병역법상 대부분의 경우 27세 이하의 범위 내에서만 입영의무의 연기가 가능하다는 점 등을 고려할 때 이와 같은 기준 설정을 자의적인 차별이라고 볼 수는 없으므로, 이 사건 훈령조항이 청구인의 평등권을 침해한다는 청구인의 주장은 이유 없다(2013.6.27. 2011헌마475).

ㅁ. X 다른 전문직에 비하여 변호사는 포괄적인 직무영역과 그에 따른 더 엄격한 직무의무를 부담하고 있는바, 이는 변호사 직무의 공공성 및 그 포괄적 직무범위에 따른 사회적 책임성을 고려한 것으로서, 다른 전문직과 비교하여 차별취급의 합리적 이유가 있다고 할 것이므로, 변호인선임서 등을 공공기관에 제출할 때 소속 지방변호사회를 경유하도록 하는 변호사법 제29조는 변호사의 평등권을 침해하지 아니한다(2013.5.30. 2011헌마131).

14 20변시-1 정답 ②

평등원칙 및 평등권에 관한 설명 중 옳은 것을 모두 고른 것은? (다툼이 있는 경우 판례에 의함)

ㄱ. 사업주가 제공하거나 그에 준하는 교통수단을 이용하여 출퇴근하던 중에 산업재해보상보험 가입 근로자가 입은 재해를 업무상 재해로 인정하는 것과 달리, 도보나 자기 소유 교통수단 또는 대중교통수단 등을 이용하여 출퇴근하는 산업재해보상보험 가입 근로자가 사업주의 지배관리 아래 있다고 볼 수 없는 통상적 경로와 방법으로 출퇴근하던 중에 입은 재해를 업무상 재해로 인정하지 않는 것은 자의적 차별로 평등원칙에 위배된다.

ㄴ. 자율형 사립고(이하 '자사고'라 함)의 도입목적은 고교평준화 제도의 기본 틀을 유지하면서 고교평준화 제도의 문제점으로 지적된 획일성을 보완하기 위해 고교 교육의 다양화를 추진하고, 학습자의 소질·적성 및 창의성 개발을 지원하며, 학생·학부모의 다양한 요구 및 선택기회 확대에 부응하는 것이어서 과학고의 경우와 같이 재능이나 소질을 가진 학생을 후기학교보다 먼저 선발할 필요성이 있음에도 불구하고 자사고를 후기학교로 규정함으로써 과학고와 달리 취급하고, 일반고와 같이 취급하는 것은 자사고 학교법인의 평등권을 침해한다.

ㄷ. 교수·연구 분야에 전문성이 뛰어난 교사들로서 교사의 교수·연구활동을 지원하는 임무를 부여받고 있는 수석교사를 성과상여금 등의 지급과 관련하여 교장이나 장학관 등과 달리 취급하고 있지만 이는 이들의 직무 및 직급이 다른 것에서 기인하는 합리적인 차별이다.

ㄹ. 대한민국 국적을 가지고 있는 영유아 중에서도 재외국민 영유아를 보육료·양육수당 지원대상에서 제외하는 보건복지부지침은 국내에 거주하면서 재외국민인 영유아를 양육하는 부모들을 합리적 이유 없이 차별하는 것이 아니다.

① ㄱ, ㄴ ② ㄱ, ㄷ
③ ㄴ, ㄹ ④ ㄱ, ㄷ, ㄹ
⑤ ㄴ, ㄷ, ㄹ

ㄱ. O 도보나 자기 소유 교통수단 또는 대중교통수단 등을 이용하여 출퇴근하는 산업재해보상보험(이하 '산재보험'이라 한다) 가입 근로자(이하 '비혜택근로자'라 한다)는 사업주가 제공하거나 그에 준하는 교통수단을 이용하여 출퇴근하는 산재보험 가입 근로자(이하 '혜택근로자'라 한다)와 같은 근로자인데도 **사업주의 지배관리 아래 있다고 볼 수 없는 통상적 경로와 방법으로 출퇴근하던 중에 발생한 재해**(이하 '통상의 출퇴근 재해'라 한다)를 업무상 재해로 인정받지 못한다는 점에서 차별취급이 존재한다. 통상의 출퇴근 재해를 업무상 재해로 인정하여 근로자를 보호해 주는 것이 산재보험의 생활보장적 성격에 부합한다. 사업장 규모나 재정여건의 부족 또는 사업주의 일방적 의사나 개인 사정 등으로

출퇴근용 차량을 제공받지 못하거나 그에 준하는 교통수단을 지원받지 못하는 비혜택근로자는 비록 산재보험에 가입되어 있다 하더라도 출퇴근 재해에 대하여 보상을 받을 수 없는데, 이러한 차별을 정당화할 수 있는 합리적 근거를 찾을 수 없다. … 따라서 심판대상조항은 <u>합리적 이유 없이 비혜택근로자를 자의적으로 차별</u>하는 것이므로, <u>헌법상 평등원칙에 위배된다</u>(2016.9.29. 2014헌바254).

ㄴ. X 어떤 학교를 전기학교로 규정할 것인지 여부는 해당 학교의 특성상 특정 분야에 재능이나 소질을 가진 학생을 후기학교보다 먼저 선발할 필요성이 있는지에 따라 결정되어야 한다. 과학고는 '과학분야의 인재 양성'이라는 설립 취지나 전문적인 교육과정의 측면에서 과학 분야에 재능이나 소질을 가진 학생을 후기학교보다 먼저 선발할 필요성을 인정할 수 있으나, <u>자사고의 경우 교육과정 등을 고려할 때 후기학교보다 먼저 특정한 재능이나 소질을 가진 학생을 선발할 필요성은 적다.</u> 따라서 이 사건 동시선발 조항이 자사고를 후기학교로 규정함으로써 과학고와 달리 취급하고, 일반고와 같이 취급하는 데에는 합리적인 이유가 있으므로 청구인 <u>학교법인의 평등권을 침해하지 아니한다</u>(2019.4.11. 2018헌마221).

ㄷ. O 수석교사에게 교장 등, 장학관 등과 달리 성과상여금, 시간외근무 수당을 일반교사에 준하여 지급하고, 보전수당, 관리업무수당, 직급보조비를 지급하지 않는 것은, 교장 등, 장학관 등과 직무 및 직급이 다른 것에서 기인한다. 수석교사는 교사의 교수·연구활동을 지원하는 임무를 부여받고 있는 반면, 교장 등은 교무를 통할·총괄하고 소속 교직원을 지도·감독하는 관리 임무를 부여받고, 장학관 등은 각급 학교에 대한 관리·감독 업무 등 교육행정업무를 수행할 임무를 부여받고 있다. 한편 수석교사는 승진후보자명부 중에서 임용하는 것이 아니라 별도의 공개전형을 통해 자격연수 대상자를 선발한 후 일정한 연수 결과를 낸 사람 중에서 임용하며, 임기가 종료된 후에는 임용 직전의 직위로 복귀하므로, 수석교사 임용을 교장 등의 승진임용과 동일시하기 어렵고, 이에 따라 수석교사와 교장 등의 직급이 같다고 볼 수 없다. 장학관 등은 보직된 직위에 따라 교장 등과 직급이 같거나 높으므로 수석교사와 교장 등의 직급이 다른 이상 수석교사와 장학관 등의 직급도 같다고 할 수 없다. 대신 수석교사에게는 그 직무 등의 특성을 고려해 연구활동비 지급 및 수업부담 경감의 우대를 하고 있다. 이와 같이 성과상여금 등의 지급과 관련하여 <u>수석교사를 교장 등, 장학관 등과 달리 취급하는 것에는 합리적인 이유가 있으므로,</u> 심판대상조항들은 청구인들의 평등권을 침해하지 않는다(2019.4.11. 2017헌마602).

ㄹ. X <u>대한민국 국적을 가지고 있는 영유아 중에서 재외국민인 영유아를 보육료·양육수당의 지원대상에서 제외함으로써,</u> 청구인들과 같이 국내에 거주하면서 재외국민인 영유아를 양육하는 부모를 차별하는 보건복지부지침은 청구인들의 <u>평등권을 침해한다</u>(2018.1.25. 2015헌마1047).

15 21변시-9 정답 ③

평등권에 관한 설명 중 옳은 것은? (다툼이 있는 경우 판례에 의함)

① 「부마민주항쟁 관련자의 명예회복 및 보상 등에 관한 법률」은 부마민주항쟁이 단기간 사이에 집중적으로 발생한 민주화운동이라는 상황적 특수성을 감안하여 민주화운동에 관한 일반법과 별도로 제정된 것인데, 부마민주항쟁을 이유로 30일 미만 구금된 자를 보상금 또는 생활지원금의 지급대상에서 제외하여 부마민주항쟁 관련자 중 8.1%만 보상금 및 생활지원금을 지급받는 결과에 이르게 한 것은 이 법을 별도로 제정한 목적과 취지에 반하여 평등권을 침해한다.

② 일정한 범위의 공공기관 및 공기업으로 하여금 매년 정원의 100분의 3 이상씩 15세 이상 34세 이하의 청년미취업자를 채용하도록 한 것은, 합리적 이유 없이 능력주의 내지 성적주의를 배제한 채 단순히 생물학적인 나이를 기준으로 특정 연령층에게 특혜를 부여함으로써 35세 이상 미취업자들의 평등권을 침해한다.

③ 애국지사는 일제 국권침탈에 반대하거나 항거한 당사자로서 조국의 자주독립을 위해 직접 공헌하고 희생한 사람이고, 순국선열의 유족은 일제 국권침탈에 반대하거나 항거하다가 사망한 당사자의 유가족으로서, 두 집단은 본질적으로 다른 집단이므로 같은 서훈 등급임에도 애국지사 본인에게 높은 보상금 지급액 기준을 두고 있는 것은 평등권을 침해하지 않는다.

④ 보훈보상대상자의 부모에 대한 유족보상금 지급 시 수급권자를 부모 중 1인에 한정하고 나이가 많은 자를 우선하도록 한 것은, 구체적인 보상 내용 등의 사항이 국가의 재정부담능력, 전체적인 사회보장 수준, 보훈보상대상자에 대한 평가 기준 등에 따라 정해질 수밖에 없으므로, 나이가 적은 부모 일방의 평등권을 침해하지 않는다.

⑤ 생활수준 등을 고려하여 독립유공자의 손자녀 1명에게 보상금을 지급하도록 하면서 같은 순위의 손자녀가 2명 이상이면 나이가 많은 손자녀를 우선하도록 한 것은, 결국 나이를 기준으로 하여 연장자에게 우선하여 보상금을 지급하는 것이어서 보상금수급권이 갖는 사회보장적 성격에 부합하지 아니하므로, 보상금을 받지 못한 손자녀의 평등권을 침해한다.

① X 이 사건 생활지원금 조항은 부마민주항쟁을 이유로 30일 이상 구금된 자, 부마민주항쟁과 관련하여 상이를 입은 자 또는 질병을 앓고 있는 자로서 그 정도가 경미하여 보상금을 받지 못한 자, 재직기간 1년 이상인 해직자 및 그 유족에 대하여 생활을 보조하기 위한 지원금을 지급할 수 있도록 하고 있다. 그런데 위에서 본 바와 같이 생활지원금을 비롯한 부마항쟁보상법상 보상금 등은 배·보상 외에 사회보장적 성격도 가지고 있는바, 국가는 관련자의 경제활동이나 사회생활에 미치는 영향, 생활정도 등을 고려하여 지급대상자와 지원금의 액수를 정하여 지급할 수 있으므로

위와 같은 요건을 갖춘 자들에 한하여 생활지원금을 지급할 수 있도록 하는 것이 불합리하다고 보기는 어렵다. 이상의 점을 종합하여 보면, 심판대상조항이 30일 미만 구금된 자와 유죄판결을 받은 자로서 '관련자' 결정을 받은 자를 보상금과 생활지원금의 지급대상에 포함시키지 않았다고 하더라도, 그 차별이 현저하게 불합리하거나 자의적인 차별이라고 보기 어렵다. 따라서 심판대상조항은 청구인의 평등권을 침해하지 않는다(2019.4.11. 2016헌마418).

② X 청년할당제는 일정 규모 이상의 기관에만 적용되고, 전문적인 자격이나 능력을 요하는 경우에는 적용을 배제하는 등 상당한 예외를 두고 있다. 더욱이 3년 간 한시적으로만 시행하며, 청년할당제가 추구하는 청년실업해소를 통한 지속적인 경제성장과 사회안정은 매우 중요한 공익인 반면, 청년할당제가 시행되더라도 현실적으로 35세 이상 미취업자들이 공공기관 취업기회에서 불이익을 받을 가능성은 크다고 볼 수 없다. 따라서 이 사건 청년할당제가 청구인들의 평등권, 공공기관 취업의 자유를 침해한다고 볼 수 없다(2014.8.28. 2013헌마553).

③ O 애국지사는 일제의 국권침탈에 반대하거나 항거한 사실이 있는 당사자로서 조국의 자주독립을 위하여 직접 공헌하고 희생한 사람이지만, 순국선열의 유족은 일제의 국권침탈에 반대하거나 항거하다가 그로 인하여 사망한 당사자의 유가족으로서 독립유공자법이 정하는 바에 따라 그 공로에 대한 예우를 받는 지위에 있다. 독립유공자의 유족에 대하여 국가가 독립유공자법에 의한 보상을 하는 것은 유족 그 자신이 조국의 자주독립을 위하여 직접 공헌하고 희생하였기 때문이 아니라, 독립유공자의 공헌과 희생에 대한 보은과 예우로서 그와 한가족을 이루고 가족공동체로서 함께 살아온 그 유족에 대하여서도 그에 상응한 예우를 하기 위함이다. 애국지사 본인과 순국선열의 유족은 본질적으로 다른 집단이므로, 같은 서훈 등급임에도 순국선열의 유족보다 애국지사 본인에게 높은 보상금 지급액 기준을 두고 있다 하여 곧 청구인의 평등권이 침해되었다고 볼 수 없다(2018.1.25. 2016헌마319).

④ X 국가의 재정부담 능력 등이 허락하는 한도에서 보상금 총액을 일정액으로 제한하되, 그 범위 내에서 적어도 같은 순위의 유족들에게는 생활정도에 따라 보상금을 분할해서 지급하는 방법이 가능하다. 만약 다른 유족에 비하여 특별히 경제적으로 어려운 자가 있고, 그 이외의 유족에게는 생활보호의 필요성이 인정되지 않는다는 별도의 소명이 존재한다면 그 경우에는 보상금 수급권자의 범위를 경제적으로 어려운 자에게 한정하는 방법도 가능하다. 이처럼 국가의 재정부담을 늘리지 않으면서도 보훈보상대상자 유족의 실질적인 생활보호에 충실할 수 있는 방안이 존재하는 상황에서, 부모에 대한 보상금 지급에 있어서 예외 없이 오로지 1명에 한정하여 지급해야 할 필요성이 크다고 볼 수 없다. 심판대상조항이 국가의 재정부담능력의 한계를 이유로 하여 부모 1명에 한정하여 보상금을 지급하도록 하면서 어떠한 예외도 두지 않은 것에는 합리적 이유가 있다고 보기 어렵다. 심판대상조항 중 나이가 많은 자를 우선하도록 한 것 역시 문제된다. 나이에 따른 차별은 연장자를 연소자에 비해 우대하는 전통적인 유교사상에 기초한 것으로 보이나, 부모 중 나이가 많은 자가 나이가 적은 자를 부양한다고 일반화할 합리적인 이유가 없고, 부모 상호간에 노동능력 감소 및 부양능력에 현저히 차이가 있을 정도의 나이차이를 인정하기 어려운 경우도 많다. 오히려 직업이나 보유재산에 따라 연장자가 경제적으로 형편이 더 나은 경우에도 그 보다 생활이 어려운 유족을 배제하면서까지 연장자라는 이유로 보상금을 지급하는 것은 보상금 수급권이 갖는 사회보장적 성격에 부합하지 아니한다(2018.6.28. 2016헌가14).

⑤ X 2014. 5. 21. 법률 제12668호로 개정된 '독립유공자예우에 관한 법률'(이하 '독립유공자법'이라 한다)은 대통령령으로 정하는 생활수준 등을 고려하여 손자녀 1명에게 보상금을 지급하도록 한 바, 유족의 생활 안정과 복지 향상을 도모하기 위하여 보상금이 가장 필요한 손자녀에게 보상금을 지급하여 보상금 수급권의 실효성을 보장하면서 아울러 국가의 재정부담 능력도 고려하였다. 아울러 독립유공자법은 2018. 4. 6. 법률 제15550호 개정으로 제14조의5를 신설하여 독립유공자법 제12조에 따른 보상금을 받지 아니하는 손자녀에게 생활안정을 위한 지원금을 지급할 수 있도록 한바, 보상금을 지급받지 못하는 손자녀들에 대한 생활보호 대책을 마련하고 독립유공자법에 따른 보훈에 있어 손자녀간의 형평성도 고려하였다. 위와 같은 사정을 종합해 볼 때, 심판대상조항에 나타난 입법자의 선택이 명백히 그 재량을 일탈한 것이라고 보기 어려우므로 심판대상조항은 청구인의 평등권을 침해하지 아니한다(2018.6.28. 2015헌마304).

참고 [개정전 판례] 독립유공자의 손자녀 중 1명에게만 보상금을 지급하도록 하면서, 독립유공자의 선순위 자녀의 자녀에 해당하는 손자녀가 2명 이상인 경우에 나이가 많은 손자녀를 우선하도록 규정한 독립유공자예우에 관한 법률) 제12조 제2항 중 '손자녀 1명에 한정하여 보상금을 지급하는 부분' 및 제4항 제1호 본문 중 '나이가 많은 손자녀를 우선하는 부분'(이하 '이 사건 심판대상조항'이라 한다)이 청구인의 평등권을 침해하는지 여부(적극)(2013.10.24. 2011헌마724).

16 21법전협-3-6 정답 ②

평등권에 관한 설명 중 옳지 않은 것은? (다툼이 있는 경우 판례에 의함)

① 자치구·시·군의원 선거구 획정에 있어서는 지역대표성과 지역 간 불균형 등의 2차적 요소를 폭넓게 고려할 수 있는 인구편차 상하 50%를 기준으로 하는 방안을 선택하는 것이 해당 선거구 선거권자의 평등권을 침해한다고 볼 수 없다.

② 「국가유공자법」에서 6·25전몰군경자녀 중 나이가 많은 자를 6·25전몰군경자녀수당의 선순위 수급권자로 정했다 하더라도, 자녀 간 협의에 의하여 그들 중 1명을 지정한 경우에는 그 사람에게 수당을 지급하도록 하는 등의 일정한 예외조항이 마련되어 있으므로 불합리한 차별이라고 할 수 없다.

③ 부담금은 국민의 재산권을 제한하여 일반 국민이 아닌 특별한 의무자집단에 대하여 부과되는 특별한 재정책임으로, 평등원칙의 적용에 있어서 부담금의 문제는 합리성의 문제로서 자의금지원칙에 의한 심사 대상이다.

④ 정당가입 금지조항이 초·중등학교 교원에 대해서는 정당가입의 자유를 금지하면서 대학의 교원에게는 허용하는 것은, 양자 간 직무의 본질과 내용, 근무 태양이 다른 점을 고려한 합리적인 차별이므로 평등원칙에 위배되지 않는다.

⑤ 평등원칙은 원칙적으로 입법자에게 헌법적으로 아무런 구체적인 입법의무를 부과하지 않고, 다만 입법자가 평등원칙에 반하는 일정 내용의 입법을 하게 되면, 이로써 피해를 입게 된 자는 직접 당해 법률조항을 대상으로 하여 평등원칙의 위반여부를 다툴 수 있을 뿐이다.

① O 자치구·시·군의원은 주로 지역적 사안을 다루는 지방의회의 특성상 지역대표성도 겸하고 있고, 우리나라는 도시와 농어촌 간의 인구격차가 크고 각 분야에 있어서의 개발불균형이 현저하므로, 자치구·시·군의원 선거구 획정에 있어서는 행정구역, 지역대표성 등 2차적 요소도 인구비례의 원칙 못지않게 함께 고려해야 할 필요성이 크다. 인구편차 상하 33⅓%(인구비례 2 : 1)의 기준을 적용할 경우 자치구·시·군의원의 지역대표성과 각 분야에 있어서의 지역 간 불균형 등 2차적 요소를 충분히 고려하기 어려운 반면, 인구편차 상하 50%(인구비례 3 : 1)를 기준으로 하는 방안은 2차적 요소를 보다 폭넓게 고려할 수 있다. 인구편차 상하 60%의 기준에서 곧바로 인구편차 상하 33⅓%의 기준을 채택하는 경우 선거구를 조정하는 과정에서 예기치 않은 어려움에 봉착할 가능성이 크므로, 현재의 시점에서 자치구·시·군의원 선거구 획정과 관련하여 헌법이 허용하는 인구편차의 기준을 인구편차 상하 50%(인구비례 3 : 1)로 변경하는 것이 타당하다(2018.6.28. 2014헌마166).

② X 6·25전몰군경자녀 중 1명에게만 6·25전몰군경자녀수당(이하 '이 사건 수당'이라 한다)을 지급한다면, 소액의 수당조차 전혀 지급받지 못하는 자녀의 생활보호는 미흡하게 된다. 국가의 재정부담 능력 등 때문에 이 사건 수당의 지급 총액이 일정액으로 제한될 수밖에 없다고 하더라도, 그 범위 내에서 생활정도에 따라 이 사건 수당을 적절히 분할해서 지급한다면 이 사건 수당의 지급취지를 살리면서도 1명에게만 지급됨으로 인해 발생하는 불합리를 해소할 수 있다. 따라서 이 사건 법률조항이 6·25전몰군경자녀 중 1명에 한정하여 이 사건 수당을 지급하도록 하고 수급권자의 수를 확대할 수 있는 어떠한 예외도 두지 않은 것에는 합리적 이유가 있다고 보기 어렵다. … 이 사건 법률조항이 6·25전몰군경자녀 중 나이가 많은 자를 이 사건 수당의 선순위 수급권자로 정하는 것은 이 사건 수당이 가지는 사회보장적 성격에 부합하지 아니하고, 나이가 많다는 우연한 사정을 기준으로 이 사건 수당의 지급순위를 정하는 것으로 합리적인 이유가 없다(2021.3.25. 2018헌가6).
[판례본문 중] 국가유공자법은 나이를 기준으로 이 사건 수당 지급을 달리하는 것에 따른 문제점을 시정하기 위하여 6·25전몰군경자녀 간 협의에 의하여 그들 중 1명을 이 사건 수당을 받을 사람으로 지정한 경우에는 그 사람에게 이 사건 수당을 지급하도록 하거나 국가유공자를 주로 부양한 사람을 우선하도록 하는 일정한 예외조항을 마련해 놓고 있기는 하다(국가유공자법 제13조 제2항). 그러나 … 위와 같은 예외조항으로 인하여 이 사건 법률조항이 초래하는 불합리한 차별의 문제점이 해소된다고 볼 수는 없다.

③ O 평등원칙의 적용에 있어서 부담금의 문제는 합리성의 문제로서 자의금지원칙에 의한 심사 대상인데, 선별적 부담금의 부과라는 차별이 합리성이 있는지 여부는 그것이 행위형식의 남용으로서 부담금의 헌법적 정당화 요건을 갖추었는지 여부와 관련이 있다(2008.11.27. 2007헌마860).

④ O 이 사건 정당가입 금지조항이 초·중등학교 교원에 대해서는 정당가입의 자유를 금지하면서 대학의 교원에게 이를 허용한다 하더라도, 이는 기초적인 지식전달, 연구기능 등 양자 간 직무의 본질과 내용, 근무 태양이 다른 점을 고려한 합리적인 차별이므로 평등원칙에 위배되지 않는다(2020.4.23. 2018헌마551).

⑤ O 평등원칙에 위반하였음을 인정한다 하더라도 이를 근거로 입법자에게 헌법상의 입법의무가 발생한 것으로도 볼 수 없다. 평등원칙은 원칙적으로 입법자에게 헌법적으로 아무런 구체적인 입법의무를 부과하지 않기 때문이다. 다만, 입법자가 평등원칙에 반하는 일정 내용의 입법을 하게 되면, 이로써 피해를 입게 된 자는 직접 당해 법률조항을 대상으로 하여 평등원칙의 위반여부를 다툴 수 있을 뿐이다(1996.11.28. 93헌마258).

17 20법전협-3-4 정답 ③

평등원칙 및 평등권에 관한 설명으로 옳지 않은 것은?
(다툼이 있는 경우 판례에 의함)

① 부담금은 국민의 재산권을 제한하여 일반 국민이 아닌 특별한 의무자집단에 대하여 부과되는 특별한 재정책임으로, 평등원칙의 적용에 있어서 부담금의 문제는 합리성의 문제로서 자의금지원칙에 의한 심사 대상이다.

② 평등원칙은 원칙적으로 입법자에게 헌법적으로 아무런 구체적인 입법의무를 부과하지 않고, 다만, 입법자가 평등원칙에 반하는 일정 내용의 입법을 하게 되면, 이로써 피해를 입게 된 자는 직접 당해 법률조항을 대상으로 하여 평등원칙의 위반여부를 다툴 수 있을 뿐이다.

③ 지역구국회의원선거와 자치구의회의원선거의 각 예비후보자는 모두 해당 공직선거에 출마한 사람들로서 그 정치적 역할 등에서 본질적으로 동일함에도 불구하고 자치구의회의원선거의 예비후보자만 후원회지정권자에서 제외하는 것은 자치구의회의원선거의 예비후보자의 평등권을 침해한다.

④ 선거방송 대담·토론회 등에 대한 구체적인 형성 및 그에 관한 초청 요건 등은 원칙적으로 입법정책의 문제로서 입법자의 입법형성의 자유에 속하는 사항이므로, 선거운동의 기회균등원칙과 관련한 평등권을 침해하는지 여부를 심사함에 있어서는 완화된 합리성 심사에 의하는 것이 타당하다.

⑤ 교사의 교수·연구활동을 지원하는 임무를 담당하고 있는 수석교사와 교무를 통할·총괄하고 소속 교직원을 지도·감독하는 관리 임무를 담당하고 있는 교장은 직무 및 직급에 있어서 차이가 있으므로, 성과상여금 등의 지급과 관련하여 수석교사와 교장을 달리 취급하더라도 수석교사들의 평등권을 침해하지 않는다.

① O 부담금은 국민의 재산권을 제한하여 일반 국민이 아닌 특별한 의무자집단에 대하여 부과되는 특별한 재정책임이므로, 납부의무자들을 일반 국민들과 달리 취급하여 이들을 불리하게 대우함에 있어서 합리적인 이유가 있어야 하며 자의적인 차별은 납부의무자들의 평등권을 침해한다. 평등원칙의 적용에 있어서 부담금의 문제는 합리성의 문제로서 자의금지원칙에 의한 심사 대상인데, 선별적 부담금의 부과라는 차별이 합리성이 있는지 여부는 그것이 행위 형식의 남용으로서 앞서 본 부담금의 헌법적 정당화 요건을 갖추었는지 여부와 관련이 있다(2008.11.27. 2007헌마860, 2020.8.28. 2018헌바425).

② O 평등원칙에 위반하였음을 인정한다 하더라도 이를 근거로 입법자에게 헌법상의 입법의무가 발생한 것으로도 볼 수 없다. 평등원칙은 원칙적으로 입법자에게 헌법적으로 아무런 구체적인 입법의무를 부과하지 않기 때문이다. 다만, 입법자가 평등원칙에 반하는 일정 내용의 입법을 하게 되면, 이로써 피해를 입게 된 자는 직접 당해 법률조항을 대상으로 하여 평등원칙의 위반여부를 다툴 수 있을 뿐이다(1996.11.28. 93헌마258).

③ X 대통령선거, 지역구국회의원선거, 자치구의회의원선거의 각 예비후보자는 모두 해당 공직선거에 출마하고자 선거기간 전에 관할 선거구 선거관리위원회에 등록한 사람들이라는 점에서는 같다. 이는 앞서 살핀 광역자치단체장선거의 예비후보자와 동일하다. 그러나 자치구의회의원은 대통령, 국회의원과는 그 지위나 성격, 기능, 활동범위, 정치적 역할 등에서 본질적으로 다르다. … 자치구의회의원은 국가의 영토의 일부를 기초로 하는 자치구의회의 구성원으로서 그 활동범위는 해당 자치구의 지역 사무에 국한된다. 같은 정치활동이라 하더라도 그 수행하는 정치활동의 질과 양에서 국회의원과 자치구의회의원 사이에는 근본적인 차이가 있고 그에 수반하여 정치자금을 필요로 하는 정도나 소요자금의 양에서도 현격한 차이가 있을 수밖에 없다. … 후원회를 통한 정치자금의 조달을 허용하는 대통령선거의 예비후보자나 국회의원선거의 예비후보자와 달리 자치구의회의원선거의 예비후보자에게 이를 불허하는 것에는 합리적인 이유가 있고, 이를 두고 입법재량을 현저히 남용하거나 한계를 일탈한 것이라고 보기는 어렵다(2019.12.27. 2018헌마301). → ㉠ 특별시장·광역시장·특별자치시장·도지사·특별자치도지사(이하 '광역자치단체장'이라 한다) 선거의 예비후보자를 후원회지정권자에서 제외하고 있는 정치자금법 제6조 제6호 부분(이하 '광역자치단체장선거의 예비후보자에 관한 부분'이라 한다)이 청구인들의 평등권을 침해하는지 여부(적극) … 헌법불합치 ㉡ 자치구의 지역의회의원(이하 '자치구의회의원'이라 한다) 선거의 예비후보자를 후원회지정권자에서 제외하고 있는 정치자금법 제6조 제6호 부분(이하 '자치구의회의원선거의 예비후보자에 관한 부분'이라 한다)이 청구인들의 평등권을 침해하는지 여부(소극) … 기각

> **정치자금법 제6조(후원회지정권자)**
> 다음 각 호에 해당하는 자(이하 "후원회지정권자"라 한다)는 각각 하나의 후원회를 지정하여 둘 수 있다.
> 6. 지역구지방의회의원선거의 후보자 및 예비후보자(이하 "지방의회의원후보자등"이라 한다) <개정 2021. 1. 5.>
> 7. 지방자치단체의 장선거의 후보자 및 예비후보자(이하 "지방자치단체장후보자등"이라 한다) <신설 2021. 1. 5.>

④ O 선거방송의 대담·토론회의 구체적인 운영내용은 각 나라 및 시대의 역사·정치풍토 내지는 정치문화에 따라 달리 형성될 수 있는 것이므로, 선거방송 대담·토론회에 대한 구체적인 형성 및 그에 관한 참가의 요건 등은 원칙적으로 입법정책의 문제로서 입법자의 입법형성의 자유에 속하는 사항이라고 할 것이다. 따라서 선거방송의 대담·토론회의 참가자격에 관한 구체적인 규율은 그것이 명백히 재량권의 한계를 벗어난 입법이 아닌 한 입법형성의 자유를 존중하여야 할 것이다. 이상과 같은 내용들을 종합하여 볼 때, 이 사건 법률조항에 의한 선거운동의 기회의 차별적 제공의 문제가 선거운동의 기회균등원칙과 관련한 평등권을 침해하는지 여부를 심사함에 있어서는 합리성 심사에 의하는 것이 적절하다 할 것이다(2011.5.26. 2010헌마451).

⑤ O 성과상여금 등과 관련하여 수석교사를 교장 등, 장학관 등과 달리 취급하는 것은 직무 및 직급의 차이로 인한 것이고, 수석교사제도의 도입취지를 반영하여 수석교사에게 연구활동비 지급 및 수업부담 경감의 우대를 하고 있는 점을 고려하면, 위와 같은 차별에는 합리적인 이유가 있다. 따라서 심판대상조항들은 청구인들의 평등권을 침해하지 않는다(2019.4.11. 2017헌마602).

18 | 19법전협-1-19 | 정답 ④

평등에 관한 설명 중 옳은 것을 모두 고른 것은? (다툼이 있는 경우 판례에 의함)

ㄱ. 대한민국 국민인 남자에 한하여 병역의무를 부과한 것은 헌법이 특별히 양성평등을 요구하는 경우에 해당하지 않지만 관련 기본권에 중대한 제한을 초래하는 경우에 해당하므로 그 평등권 침해 여부는 엄격한 비례심사 원칙에 의하여 판단한다.

ㄴ. 주민투표권은 헌법상의 열거되지 아니한 권리 등 그 명칭의 여하를 불문하고 헌법상의 기본권성이 부정되지만, 비교집단 상호간에 차별이 존재할 경우에는 헌법상 평등권 침해 여부에 대한 심사가 가능하다.

ㄷ. 선발예정인원이 3명 이하인 채용시험의 경우「국가유공자 등 예우 및 지원에 관한 법률」상 가점을 받을 수 없도록 한 것은 국가유공자 자녀의 평등권을 침해한다.

ㄹ. 경찰공무원과 일반직공무원은 업무의 성격·위험성 및 직무의 곤란성 정도가 유사하지 않으므로, 경찰공무원과 일반직공무원을 보수 책정에 있어서 의미 있는 비교집단으로 보기 어렵다.

ㅁ. 퇴직 이후에 폐질상태가 확정되었을 때 일반 공무원에게는 장해급여수급권이 인정되지만 군인에게는 상이연금수급권이 인정되지 않는 경우, 이에 대한 평등심사에 있어서 퇴직 이후에 폐질상태가 확정된 자 중 「군인연금법」의 적용을 받는 군인과 「공무원연금법」의 적용을 받는 공무원은 비교집단이 될 수 있다.

① ㄱ, ㄷ ② ㄴ, ㄹ
③ ㄱ, ㄴ, ㅁ ④ ㄴ, ㄹ, ㅁ
⑤ ㄷ, ㄹ, ㅁ

 해설

ㄱ. X 이 사건 법률조항이 헌법이 특별히 평등을 요구하는 경우나 관련 기본권에 중대한 제한을 초래하는 경우의 차별취급을 그 내용으로 하고 있다고 보기 어려운 점, 징집대상자의 범위 결정에 관하여는 입법자의 광범위한 입법형성권이 인정되는 점에 비추어, 이 사건 법률조항이 평등권을 침해하는지 여부는 완화된 심사척도에 따라 자의금지원칙 위반 여부에 의하여 판단하기로 한다(2010.11.25. 2006헌마328).

ㄴ. O 주민투표권이 헌법상 기본권이 아닌 **법률상의 권리에 해당한다 하더라도 비교집단 상호간에 차별이 존재할 경우에 헌법상의 평등권 심사까지 배제되는 것은 아니다**(2007.6.28. 2004헌마643).

ㄷ. X 구 '국가유공자 등 예우 및 지원에 관한 법률' 제31조 제3항 본문 중 선발예정인원이 3명 이하인 채용시험의 경우 국가유공자법상 가점을 받을 수 없도록 한 부분은 청구인의 평등권을 침해하지 않는다(2016.9.29. 2014헌마541).

ㄹ. O 경찰공무원은 국민의 생명·신체 및 재산의 보호와 범죄의 예방·진압 및 수사, 치안정보의 수집, 교통의 단속 기타 공공의 안녕과 질서유지를 그 임무로 하는데 반하여(경찰법 제3조),

일반직공무원은 기술·연구 또는 행정일반에 대한 업무를 담당하므로(국가공무원법 제2조 제2항 제1호), 업무의 성격, 위험성 및 직무의 곤란성 정도가 전혀 유사하지 않고, 따라서 **경찰공무원과 일반직공무원을 보수 책정**에 있어서 의미 있는 **비교집단으로 보기 어렵다**(2008.12.26. 2007헌마444). → 직무의 곤란성과 책임의 정도에 따라 결정되는 공무원보수의 책정에 있어서(국가공무원법 제46조 제1항), 경찰공무원과 군인은 본질적으로 동일·유사한 집단이라고 할 것이다. / 2014.1.28. 2012헌마267 결정에서는 경찰공무원과 유사한 공안직공무원과의 차별의 위헌성 여부에 대해서 판단하였다(기각).

ㅁ. O 군인연금법상의 상이연금이나 공무원연금법상의 장해연금(은 모두 공무 수행 중 발생한 질병이나 부상 등을 그 지급원인으로 하여 군인이나 공무원의 퇴직 이후 본인 또는 그 유족의 생활안정과 복리향상을 위해 지급되는 것이므로(군인연금법 제1조, 공무원연금법 제1조), 그 지급의 필요성이나 당위성의 측면에서 두 집단이 본질적인 차이가 있다고 보기 어렵고, 또한 상이연금수급권을 규정한 군인연금법과 장해연금수급권을 규정한 공무원연금법의 각 입법 취지와 목적 등을 비교해 보더라도 그 기본적인 관점에서 모두 동일하다고 볼 수 있으므로, **공무원연금법의 적용을 받는 공무원과 군인연금법의 적용을 받은 군인**은 이러한 측면에서 본질적인 차이가 없는 동일한 집단으로서 의미 있는 **비교집단이 된다**고 할 것이다.

19 19법전협-3-11   정답 ②

국가유공자 가산점제도와 평등권에 관한 설명 중 옳은 것(○)과 옳지 않은 것(×)을 올바르게 조합한 것은? (다툼이 있는 경우 판례에 의함)

ㄱ. 헌법 제32조 제6항의 "국가유공자·상이군경 및 전몰군경의 유가족은 법률이 정하는 바에 의하여 우선적으로 근로의 기회를 부여 받는다"는 규정은 전몰군경의 유가족을 제외한 국가유공자의 가족에 대한 가산점의 근거가 될 수 있다.

ㄴ. 국가유공자 본인뿐만 아니라 그 가족들에 대한 가산점제도는 평등권 침해 여부에 관하여 보다 완화된 기준을 적용한 비례심사를 하여야 한다.

ㄷ. 가산점제도는 국가유공자 등과 그 유가족에게 우선적 근로기회를 제공하여 생활안정을 도모하고 국가에 봉사할 기회를 부여하기 위한 것으로, 그 입법목적은 헌법 제37조 제2항의 공공복리의 달성을 위한 것으로서 정당하다.

ㄹ. 헌법적 요청이 있는 경우에는 합리적 범위 안에서 능력주의가 제한될 수 있지만, 단지 법률적 차원의 정책적 관점에서 능력주의의 예외를 인정하려면 해당 공익과 일반응시자의 공무담임권의 차별 사이에 엄밀한 법익형량이 이루어져야만 한다.

① ㄱ(○), ㄴ(○), ㄷ(○), ㄹ(×)
② ㄱ(×), ㄴ(×), ㄷ(○), ㄹ(○)
③ ㄱ(○), ㄴ(×), ㄷ(○), ㄹ(○)
④ ㄱ(×), ㄴ(○), ㄷ(×), ㄹ(×)
⑤ ㄱ(×), ㄴ(×), ㄷ(○), ㄹ(×)

ㄱ. **X** 종전 결정에서 헌법재판소는 헌법 제32조 제6항의 "국가유공자·상이군경 및 전몰군경의 유가족은 법률이 정하는 바에 의하여 우선적으로 근로의 기회를 부여받는다."는 규정을 넓게 해석하여, 이 조항이 국가유공자 본인뿐만 아니라 가족들에 대한 취업보호제도(가산점)의 근거가 될 수 있다고 보았다. 그러나 오늘날 가산점의 대상이 되는 국가유공자와 그 가족의 수가 과거에 비하여 비약적으로 증가하고 있는 현실과, 취업보호대상자에서 가족이 차지하는 비율, 공무원시험의 경쟁이 갈수록 치열해지는 상황을 고려할 때, 위 조항의 폭넓은 해석은 필연적으로 일반 응시자의 공무담임의 기회를 제약하게 되는 결과가 될 수 있으므로 위 조항은 엄격하게 해석할 필요가 있다. 이러한 관점에서 위 조항의 대상자는 조문의 문리해석대로 "국가유공자", "상이군경", 그리고 "전몰군경의 유가족"이라고 봄이 상당하다(2006.2.23. 2004헌마675).

ㄴ. **X** 종전 결정은 국가유공자와 그 가족에 대한 가산점제도는 모두 헌법 제32조 제6항에 근거를 두고 있으므로 평등권 침해 여부에 관하여 보다 완화된 기준을 적용한 비례심사를 하였으나, 국가유공자 본인의 경우는 별론으로 하고, 그 가족의 경우는 위에서 본 바와 같이 헌법 제32조 제6항이 가산점제도의 근거라고 볼 수 없으므로 그러한 완화된 심사는 부적절한 것이다(2006.2.23. 2004헌마675).

ㄷ, ㄹ. **O** 2006.2.23. 2004헌마675, 헌법불합치

20 16변시-19   정답 ②

평등권에 관한 설명 중 옳은 것은? (다툼이 있는 경우 판례에 의함)

① 「공직선거법」상 기부행위 제한의 적용을 받는 자에 '후보자가 되고자 하는 자'까지 포함하면서 기부행위의 제한기간을 폐지하여 기부행위를 상시 제한하도록 한 것은 '후보자가 되려는 자'를 다른 후보자들과 합리적 이유 없이 동일하게 취급하여 평등권을 침해한다.
② 국민건강보험공단 직원의 업무가 일반 보험회사의 직원이 담당하는 보험업무와 내용상 크게 다르지 않다 하더라도 그 신분상의 특수성과 조직의 규모, 개인정보 지득의 정도, 선거개입시 예상되는 부작용 등이 사보험업체 직원이나 다른 공단의 직원의 경우와 현저히 차이가 나는 이상, 국민건강보험공단 직원의 선거운동의 금지는 정당한 차별목적을 위한 합리적인 수단을 강구한 것으로서 평등권을 침해하지 않는다.
③ 행정관서요원으로 근무한 공익근무요원과는 달리, 국제협력요원으로 근무한 공익근무요원을 「국가유공자 등 예우 및 지원에 관한 법률」에 의한 보상에서 제외한 구 「병역법」 조항은 병역의무의 이행이라는 동일한 취지로 소집된 요원임에도 합리적인 이유 없이 양자를 차별하고 있어 평등권을 침해한다.
④ 대한민국 국민인 남자에 한하여 병역의무를 부과한 법률조항은 헌법이 특별히 양성평등을 요구하는 경우나 관련 기본권에 중대한 제한을 초래하는 경우의 차별취급을 그 내용으로 하고 있으므로 위 법률조항이 평등권을 침해하는지 여부는 엄격한 심사기준에 따라 판단한다.
⑤ 1983. 1. 1. 이후 출생한 A형 혈우병 환자에 한하여 유전자재조합제제에 대한 요양급여를 인정하는 보건복지부고시는 제도의 단계적 개선을 위한 합리적 이유가 있어 1983. 1. 1. 이전에 출생한 A형 혈우병 환자들의 평등권을 침해하지 않는다.

① X 선거의 공정이 훼손되는 경우 후보자 선택에 관한 민의가 왜곡되고 대의민주주의 제도 자체가 위협을 받을 수 있는 점을 감안하면 이를 보호하기 위하여 본질적인 부분을 침해하지 않는 범위 내에서 기본권을 일부 제한하는 것은 과잉금지원칙에 위배하여 인격권, 행복추구권, 평등권, 공무담임권을 침해하는 것으로 보기 어렵다(2009.4.30. 2007헌바29).
② O 국민건강보험공단 직원의 업무가 일반 보험회사의 직원이 담당하는 보험업무와 내용상 크게 다르지 않다 하더라도 그 신분상의 특수성과 조직의 규모, 개인정보 지득의 정도, 선거개입시 예상되는 부작용 등이 사보험업체 직원이나 다른 공단의 직원의 경우와 현저히 차이가 나는 이상 위와 같은 선거운동의 금지는 정당한 차별목적을 위한 합리적인 수단을 강구한 것으로서 합헌이다(2004.4.29. 2002헌마467).
③ X 입법자가 국제협력요원과 행정관서요원을 달리 취급하는 것을 입법형성권을 벗어난 자의적인 것이라고 할 수 없어, 이 사건 조항은 헌법상의 평등권을 침해하지 아니한다(2010.7.29. 2009헌가13).
④ X 헌법규정이 남성과 여성의 차이, 예컨대 임신이나 출산과 관련된 신체적 차이 등을 이유로 한 차별취급까지 금지하는 것은 아니며, 성별에 의한 차별취급이 곧바로 위헌의 강한 의심을 일으키는 사례군으로서 언제나 엄격한 심사를 요구하는 것이라고 단정짓기는 어렵다. 이 사건 법률조항이 평등권을 침해하는지 여부는 완화된 심사척도에 따라 자의금지원칙 위반 여부에 의하여 판단하기로 한다(2010.11.25. 2006헌마328).
⑤ X '1983. 1. 1. 이후에 출생한 환자'도 요양급여를 받을 수 있도록 규정한 것은 제도의 단계적인 개선에 해당한다고 볼 수 있으므로 요양급여를 받을 환자의 범위를 한정한 것 자체는 평등권 침해의 문제가 되지 않으나, 그 경우에도 수혜자를 한정하는 기준은 합리적인 이유가 있어 그 혜택으로부터 배제되는 자들의 평등권을 해하지 않는 것이어야 한다. 그런데 이 사건 고시조항이 수혜자 한정의 기준으로 정한 환자의 출생 시기는 그 부모가 언제 혼인하여 임신, 출산을 하였는지와 같은 우연한 사정에 기인하는 결과의 차이일 뿐, 이러한 차이로 인해 A형 혈우병 환자들에 대한 치료제인 유전자재조합제제의 요양급여 필요성이 달라진다고 할 수는 없으므로, A형 혈우병 환자들의 출생 시기에 따라 이들에 대한 유전자재조합제제의 요양급여 허용 여부를 달리 취급하는 것은 합리적인 이유가 있는 차별이라고 할 수 없다. 따라서 이 사건 고시 조항은 청구인들의 평등권을 침해하는 것이다(2012.6.27. 2010헌마716).

21   17변시-2   정답 ①

평등심사에 관한 설명 중 옳은 것은? (다툼이 있는 경우 판례에 의함)

① 자기 또는 배우자의 직계존속을 고소하지 못하도록 규정한 「형사소송법」 조항은 친고죄의 경우든 비친고죄의 경우든 헌법상 보장된 재판절차진술권의 행사에 중대한 제한을 초래한다고 보기는 어려우므로, 완화된 자의심사에 따라 차별에 합리적 이유가 있는지를 따져보는 것으로 족하다.

② 국가유공자 본인이 국가기관이 실시하는 채용시험에 응시하는 경우에 10%의 가점을 주도록 한 「국가유공자 등 예우 및 지원에 관한 법률」 조항은 헌법 제32조 제6항에서 특별히 평등을 요구하고 있는 경우에 해당하므로, 이에 대해서는 엄격한 비례성 심사에 따라 평등권 침해 여부를 심사하여야 한다.

③ 대한민국 국민인 남자에 한하여 병역의무를 부과한 구 「병역법」 조항은 헌법이 특별히 평등을 요구하는 경우나 관련 기본권에 중대한 제한을 초래하는 경우의 차별취급을 그 내용으로 하고 있으므로, 이 조항이 평등권을 침해하는지 여부에 대해서는 엄격한 심사기준에 따라 판단하여야 한다.

④ 종합부동산세의 과세방법을 '세대별 합산'으로 규정한 「종합부동산세법」 조항이 혼인이나 가족생활을 근거로 부부 등 가족이 있는 자를 혼인하지 아니한 자 등에 비하여 차별 취급하더라도, 과세단위를 정하는 것은 입법자의 입법형성의 재량에 속하는 정책적 문제이므로, 그 차별이 헌법 제36조 제1항에 위반되는지 여부는 자의금지원칙에 의한 심사를 통하여 판단하면 족하다.

⑤ 중등교사 임용시험에서 복수전공 및 부전공 교원자격증소지자에게 가산점을 부여하고 있는 「교육공무원법」 조항에 의해 복수·부전공 가산점을 받지 못하는 자가 불이익을 입는다고 하더라도 이를 공직에 진입하는 것 자체에 대한 제약이라 할 수 없어, 그러한 가산점 제도에 대하여는 자의금지원칙에 따른 심사척도를 적용하여야 한다.

해설

① O 친고죄의 경우든 비친고죄의 경우든 이 사건 법률조항이 재판절차진술권의 중대한 제한을 초래한다고 보기는 어려우므로, 이 사건 법률조항이 평등원칙에 위반되는지 여부에 대한 판단은 **완화된 자의심사**에 따라 차별에 합리적 이유가 있는지를 따져보는 것으로 족하다 할 것이다(2011.2.24. 2008헌바56).

② X 종전 결정은 국가유공자와 그 가족에 대한 가산점제도는 모두 헌법 제32조 제6항에 근거를 두고 있으므로 평등권 침해 여부에 관하여 보다 완화된 기준을 적용한 비례심사를 하였으나, 국가유공자 본인의 경우는 별론으로 하고, 그 가족의 경우는 위에서 본 바와 같이 헌법 제32조 제6항이 가산점제도의 근거라고 볼 수 없으므로 그러한 **완화된 심사는 부적절**한 것이다(2006.2.23. 2004헌마675 등).

③ X 헌법규정이 남성과 여성의 차이, 예컨대 임신이나 출산과 관련된 신체적 차이 등을 이유로 한 차별취급까지 금지하는 것은 아니며, 성별에 의한 차별취급이 곧바로 위헌의 강한 의심을 일으키는 사례군으로서 언제나 엄격한 심사를 요구하는 것이라고 단정짓기는 어렵다. 대한민국 국민인 남자에 한하여 병역의무를 부과한 구 병역법 제3조 제1항 전문은 헌법이 특별히 평등을 요구하는 경우나 관련 기본권에 중대한 제한을 초래하는 경우의 차별취급을 그 내용으로 하고 있다고 보기 어려운 점, 징집대상자의 범위 결정에 관하여는 입법자의 광범위한 입법형성권이 인정되는 점에 비추어, 이 사건 법률조항이 평등권을 침해하는지 여부는 **완화된 심사척도**에 따라 자의금지원칙 위반 여부에 의하여 판단하기로 한다(2010.11.25. 2006헌마328).

④ X 특정한 조세 법률조항이 혼인이나 가족생활을 근거로 부부 등 가족이 있는 자를 혼인하지 아니한 자 등에 비하여 차별 취급하는 것이라면 **비례의 원칙에 의한 심사**에 의하여 정당화되지 않는 한 헌법 제36조 제1항에 위반된다 할 것이다(2008.11.13. 2006헌바112 등).

⑤ X 중등교사 임용시험에서 이 사건 복수·부전공 가산점을 받지 못하는 자가 입을 수 있는 불이익은 공직에 진입하는 것 자체에 대한 제약이라는 점에서 당해 기본권에 대한 중대한 제한이므로 이 사건 복수·부전공 가산점 규정의 위헌 여부에 대하여는 **엄격한 심사척도**를 적용함이 상당하다(2006.6.29. 2005헌가13).

제2장 | 자유권적 기본권

제1절 인신에 관한 자유

제1항 생명권

제2항 신체를 훼손당하지 않을 권리

제3항 신체의 자유

01 14변시-11 정답 ⑤

신체의 자유에 관한 설명 중 옳지 않은 것을 모두 고른 것은? (다툼이 있는 경우 판례에 의함)

ㄱ. 헌법상 진술거부권의 보호대상이 되는 '진술'이란 개인의 생각이나 지식, 경험사실을 정신작용의 일환인 언어를 통하여 표출하는 것을 의미하고, 정당의 회계책임자가 불법 정치자금의 수수 내역을 회계장부에 기재한 행위는 당사자가 자신의 경험을 말로 표출한 것의 등가물로 평가될 수 있으므로 진술거부권의 보호대상이 되는 '진술'의 범위에 포함된다.

ㄴ. 상소 제기 후의 미결구금일수 산입을 규정하면서 상소 제기 후 상소 취하시까지의 구금일수 통산에 관하여는 규정하지 아니함으로써 이를 본형 산입의 대상에서 제외되도록 한 법률규정은 미결구금이 신체의 자유를 침해받는 피의자 또는 피고인의 입장에서 보면 실질적으로 자유형의 집행과 다를 바 없고, 상소 제기 후 상소 취하시까지의 구금 역시 미결구금에 해당하는 이상 그 구금일수도 형기에 전부 산입되어야 한다는 것에 비추어 볼 때, 신체의 자유를 침해한다.

ㄷ. 「폭력행위 등 처벌에 관한 법률」 제3조 제1항에서는 '다중의 위력으로써' 주거침입의 범죄를 범한 자를 형사처벌하고 있는데, 이 사건 규정의 '다중'이 몇 명의 사람을 의미하는지 그 기준을 일률적으로 말할 수 없으므로, 죄형법정주의의 명확성원칙에 위반된다.

ㄹ. 특별검사의 출석요구에 정당한 사유 없이 응하지 아니한 참고인에게 지정된 장소까지 동행할 것을 명령할 수 있도록 하고, 그 동행명령을 정당한 사유 없이 거부한 자를 1천만 원 이하의 벌금에 처하도록 규정하고 있는 조항(동행명령조항)은 참고인의 신체를 직접적·물리적으로 강제하여 동행시키는 것이 아니라, 형벌을 수단으로 하여 일정한 행동을 심리적·간접적으로 강제한다. 따라서 위 조항은 신체의 자유를 제한하는 것이 아니라 일반적 행동의 자유를 제한하는 것이다.

ㅁ. 흉기를 휴대하여 피해자에게 강간상해를 가하였다는 범죄사실 등으로 징역 13년을 선고받아 형집행 중인 수형자를 교도소장이 다른 교도소로 이송함에 있어 4시간 정도에 걸쳐 상체승의 포승과 앞으로 수갑 2개를 채운 보호장비의 사용행위는 필요한 정도를 넘어 과도하게 행해진 것으로서 수형자의 신체의 자유를 침해한다.

① ㄱ, ㄴ, ㄹ ② ㄱ, ㄷ, ㄹ
③ ㄱ, ㄷ, ㅁ ④ ㄴ, ㄹ, ㅁ
⑤ ㄷ, ㄹ, ㅁ

 해설

ㄱ. O 헌법상 진술거부권의 보호대상이 되는 "진술"이라 함은 언어적 표출, 즉 개인의 생각이나 지식, 경험사실을 정신작용의 일환인 언어를 통하여 표출하는 것을 의미하는 바, 정치자금을 받고 지출하는 행위는 당사자가 직접 경험한 사실로서 이를 문자로 기재하도록 하는 것은 당사자가 자신의 경험을 말로 표출한 것의 등가물(等價物)로 평가할 수 있으므로, 위 조항들이 정하고 있는 **기재행위 역시 "진술"의 범위에 포함**된다고 할 것이다 (2005.12.22. 2004헌바25).

ㄴ. O 헌법상 무죄추정의 원칙에 따라, 유죄판결이 확정되기 전의 피의자 또는 피고인은 아직 죄 있는 자가 아니므로 그들을 죄 있는 자에 준하여 취급함으로써 **법률적·사실적 측면에서 유형·무형의 불이익을 주어서는 아니되고**, 특히 **미결구금**은 신체의 자유를 침해받는 피의자 또는 피고인의 입장에서 보면 실질적으로 자유형의 집행과 다를 바 없으므로 인권보호 및 공평의 원칙상 **형기에 전부 산입**되어야 한다. 따라서 상소제기 후 상소취하시까지의 구금 역시 미결구금에 해당하는 이상 그 구금일수도 형기에 전부 산입되어야 한다. 그런데 이 사건 법률조항들은 구속 피고인의 상소제기 후 상소취하시까지의 구금일수를 본형 형기 산입에서 제외함으로써 기본권 중에서도 가장 본질적 자유인 신체의 자유를 침해하고 있다(2009.12.29. 2008헌가13·2009헌가5).

ㄷ. X '다중의 위력으로써' 주거침입의 범죄를 범한 자를 형사처벌하고 있는 규정의 '다중'은 단체를 구성하지는 못하였으나 다수인이 모여 집합을 이루고 있는 것을 말하는 것으로서 집단적 위력을 보일 정도의 다수 혹은 그에 의해 압력을 느끼게 해 불안을 줄 정도의 다수를 의미하고, '위력'이라 함은 다중의 형태로 집결한 다수 인원으로 사람의 의사를 제압하기에 족한 세력을 의미한다고 할 것이다. 따라서 이 사건 규정은 죄형법정주의의 명확성원칙에 위반된다고 볼 수 없다(2008.11.27. 2007헌가24).

ㄹ. X 특별검사가 참고인에게 지정된 장소까지 동행할 것을 명령할 수 있게 하고 참고인이 정당한 이유 없이 위 동행명령을 거부한 경우 천만 원 이하의 벌금형에 처하도록 규정한 이 사건 법률종항은 영장주의 또는 과잉금지원칙에 위배하여 청구인들의 평등권과 **신체의 자유를 침해**한다(2008.1.10. 2007헌마1468). 이 사건에서 청구인들이 주장하는 일반적 행동자유권은 신체의 자유의 한 내용인 불법적인 심문을 받지 아니할 권리에 포함되므로 이에 관하여는 따로 판단하지 아니 한다.

ㅁ. X 공주교도소장이 청구인을 경북북부 제1교도소로 이송함에 있어 4시간 정도에 걸쳐 포승과 수갑 2개를 채운 행위로 인하여 제한되는 신체의 자유 등에 비하여 도주 등의 교정사고를 예방함으로써 수형자를 이송함에 있어 안전과 질서를 보호할 수 있는 공익이 더 크다 할 것이므로 신체의 자유 및 인격권을 침해한 것으로 볼 수 없다(2012.7.26. 2011헌마426).

02 21법전협-1-7   정답 ②

신체의 자유와 관련된 설명 중 옳지 않은 것은? (다툼이 있는 경우 판례에 의함)

① 체포영장을 발부받아 피의자를 체포하는 경우에 필요한 때에는 영장 없이 타인의 주거 등 내에서 피의자 수사를 할 수 있도록 한 「형사소송법」 조항은 별도로 영장을 발부받기 어려운 긴급한 사정이 있는지 여부를 구별하지 아니하고 피의자가 소재할 개연성만 소명되면 영장 없이 타인의 주거 등을 수색할 수 있도록 허용하고 있으므로 헌법 제16조의 영장주의에 위반된다.

② 동일인을 구 「석유 및 석유대체연료 사업법」 조항에 따라 유사석유제품 제조행위로 처벌하고, 구 「조세범 처벌법」 조항에 근거하여 유사석유제품을 제조하여 조세를 포탈한 행위로도 처벌하는 것은 기본적 사실관계로서의 행위가 동일하여 이중처벌금지원칙에 위배된다.

③ 단순히 선박소유자가 고용한 선장이 선박소유자의 업무에 관하여 범죄행위를 하였다는 이유만으로 그 선박소유자에게도 동일한 벌금형을 과하도록 하는 것은 다른 사람의 범죄에 대하여 그 책임 유무를 묻지 않고 형벌을 부과하는 것으로 책임주의원칙에 반한다.

④ 변호인이 피의자신문에 자유롭게 참여할 수 있는 권리는 피의자가 가지는 변호인의 조력을 받을 권리를 실현하는 수단이므로 헌법상 기본권인 변호인의 변호권으로서 보호되어야 한다.

⑤ 집회나 시위 해산을 위한 살수차 사용은 집회의 자유 및 신체의 자유에 대한 중대한 제한을 초래하므로 반드시 법령에 근거가 있어야 하는바, 혼합살수행위의 근거 조항인 「살수차 운용지침」에 혼합살수의 근거 규정을 둘 수 있도록 위임하고 있는 법령이 없으므로, 동 지침만을 근거로 한 혼합살수행위는 법률유보원칙에 위배되어 신체의 자유를 침해한다.

① O 체포영장을 집행하는 경우 필요한 때에는 타인의 주거 등에서 피의자 수사를 할 수 있도록 한 형사소송법(1995. 12. 29. 법률 제5054호로 개정된 것) 제216조 제1항 제1호 중 제200조의2에 관한 부분(이하 '심판대상조항'이라 한다)이 헌법 제16조의 영장주의에 위반되는지 여부(적극)

헌법 제12조 제3항과는 달리 헌법 제16조 후문은 "주거에 대한 압수나 수색을 할 때에는 검사의 신청에 의하여 법관이 발부한 영장을 제시하여야 한다."라고 규정하고 있을 뿐 영장주의에 대한 예외를 명문화하고 있지 않다. 그러나 헌법 제12조 제3항과 헌법 제16조의 관계, 주거 공간에 대한 긴급한 압수·수색의 필요성, 주거의 자유와 관련하여 영장주의를 선언하고 있는 헌법 제16조의 취지 등을 종합하면, 헌법 제16조의 영장주의에 대해서도 그 예외를 인정하되, 이는 ① 그 장소에 범죄혐의 등을 입증할 자료나 피의자가 존재할 개연성이 소명되고, ② 사전에 영장을 발부받기 어려운 긴급한 사정이 있는 경우에만 제한적으로 허용될 수 있다고 보는 것이 타당하다.

심판대상조항은 체포영장을 발부받아 피의자를 체포하는 경우에 필요한 때에는 영장 없이 타인의 주거 등 내에서 피의자 수사를 할 수 있다고 규정함으로써, 앞서 본 바와 같이 별도로 영장을 발부받기 어려운 긴급한 사정이 있는지 여부를 구별하지 아니하고 피의자가 소재할 개연성만 소명되면 영장 없이 타인의 주거 등을 수색할 수 있도록 허용하고 있다. 이는 체포영장이 발부된 피의자가 타인의 주거 등에 소재할 개연성은 소명되나, 수색에 앞서 영장을 발부받기 어려운 긴급한 사정이 인정되지 않는 경우에도 영장 없이 피의자 수색을 할 수 있다는 것이므로, 헌법 제16조의 영장주의 예외 요건을 벗어나는 것으로서 영장주의에 위반된다(2018.4.26. 2015헌바370).

② X 유사석유제품을 제조하여 조세를 포탈한 자를 처벌하도록 규정한 구 조세범 처벌법(2010. 1. 1. 법률 제9919호로 전부개정되고, 2013. 1. 1. 법률 제11613호로 개정되기 전의 것) 제5조(이하 '심판대상조항'이라 한다)가 이중처벌금지원칙에 위배되는지 여부(소극)

구 '석유 및 석유대체연료 사업법'(이하 '석유사업법'이라 한다)에 의한 처벌은 유사석유제품을 제조하는 것으로써 구성요건을 충족하는 반면, 심판대상조항에 의한 처벌은 유사석유제품을 제조하여 그에 따른 세금을 포탈한 때 비로소 구성요건에 해당하는 것이므로, 양자는 처벌의 대상이 되는 행위를 달리한다. 따라서 심판대상조항은 이중처벌금지원칙에 위배되지 아니한다.

(결정 이유 중) 구 '석유 및 석유대체연료 사업법'(이하 '석유사업법'이라 한다) 제44조 제3호, 제29조 제1항 제1호에 의한 처벌은 유사석유제품을 제조하는 것으로써 구성요건을 충족하는 반면, 심판대상조항에 의한 처벌은 유사석유제품을 제조하여 그에 따른 교통·에너지·환경세, 교육세 및 부가가치세 등의 세금을 포탈한 때 비로소 구성요건에 해당하는 것이므로, 양자는 처벌의 대상이 되는 기본적 사실관계로서의 행위를 달리하는 것이다.

심판대상조항은 유사석유제품의 제조와 관련하여 세법의 실효성을 높이고 국민의 건전한 납세의식을 확립하기 위한 것으로서 일반적인 조세포탈범보다 엄벌에 처하도록 하기 위한 것이고(조세범 처벌법 제1조 등 참조), 석유사업법 제44조 제3호, 제29조 제1항 제1호는 석유류 제품의 유통질서를 확보함으로써 궁극적으로는 소비자를 보호하고, 인체와 환경에 유해한 배기가스의 배출을 억제하여 국민의 건강과 환경을 보호하기 위한 것이므로(석유사업법 제1조 등 참조) 그 입법목적이 서로 다르다.

따라서 석유사업법 제44조 제3호, 제29조 제1항 제1호에 의한 처벌과 심판대상조항에 의한 처벌은 이중처벌에 해당한다고 할 수 없으므로, 심판대상조항은 헌법 제13조 제1항의 이중처벌금지원칙에 위배되지 아니한다(2017.7.27 2012헌바323).

③ O 선박소유자가 고용한 선장이 선박소유자의 업무에 관하여 범죄행위를 하면 그 선박소유자에게도 동일한 벌금형을 과하도록 규정하고 있는 구 선박안전법(2007. 1. 3. 법률 제8221호로 개정되고, 2009. 12. 29. 법률 제9871호로 개정되기 전의 것) 제84조 제2항 중 '선장이 선박소유자의 업무에 관하여 제1항 제9호의 위반행위를 한 때에는 선박소유자에 대하여도 동항의 벌금형에 처한다.'는 부분(이하 '이 사건 법률조항'이라 한다)이 책임주의원칙에 위배되는지 여부(적극)

이 사건 법률조항은 선장의 범죄행위에 관하여 비난할 근거가 되는 선박소유자의 의사결정 및 행위구조, 즉 선장이 저지른 행위의 결과에 대한 선박소유자의 독자적인 책임에 관하여 전혀 규정하지 않은 채, 단순히 선박소유자가 고용한 선장이 업무에 관하여 범죄행위를 하였다는 이유만으로 선박소유자에 대하여 형사처벌을 과하고 있는바, 이는 다른 사람의 범죄에 대하여 그 책임 유무를 묻지 않고 형벌을 부과하는 것으로서, 법치국가의 원리 및 죄형법정주의로부터 도출되는 책임주의원칙에 반한다(2013.9.26. 2013헌가15).

④ O 검찰수사관인 피청구인이 피의자신문에 참여한 변호인인 청구인에게 피의자 후방에 앉으라고 요구한 행위(이하 '이 사건 후방착석요구행위'라 한다)가 변호인인 청구인의 변호권을 침해하는지 여부(적극)

변호인이 피의자신문에 자유롭게 참여할 수 있는 권리는 피의자가 가지는 변호인의 조력을 받을 권리를 실현하는 수단이므로 헌법상 기본권인 변호인의 변호권으로서 보호되어야 한다.
피의자신문에 참여한 변호인이 피의자 옆에 앉는다고 하여 피의자 뒤에 앉는 경우보다 수사를 방해할 가능성이 높아진다거나 수사기밀을 유출할 가능성이 높아진다고 볼 수 없으므로, 이 사건 후방착석요구행위의 목적의 정당성과 수단의 적절성을 인정할 수 없다.
이 사건 후방착석요구행위로 인하여 위축된 피의자가 변호인에게 적극적으로 조언과 상담을 요청할 것을 기대하기 어렵고, 변호인이 피의자의 뒤에 앉게 되면 피의자의 상태를 즉각적으로 파악하거나 수사기관이 피의자에게 제시한 서류 등의 내용을 정확하게 파악하기 어려우므로, 이 사건 후방착석요구행위는 변호인인 청구인의 피의자신문참여권을 과도하게 제한한다. 그런데 이 사건에서 변호인의 수사방해나 수사기밀의 유출에 대한 우려가 없고, 조사실의 장소적 제약 등과 같이 이 사건 후방착석요구행위를 정당화할 그 외의 특별한 사정도 없으므로, 이 사건 후방착석요구행위는 침해의 최소성 요건을 충족하지 못한다.
이 사건 후방착석요구행위로 얻어질 공익보다는 변호인의 피의자신문참여권 제한에 따른 불이익의 정도가 크므로, 법익의 균형성 요건도 충족하지 못한다.
따라서 이 사건 후방착석요구행위는 변호인인 청구인의 변호권을 침해한다(2017.11.30. 2016헌마503).

⑤ O 피청구인이 2015. 5. 1. 22:13경부터 23:20경까지 사이에 최루액을 물에 혼합한 용액을 살수차를 이용하여 청구인들에게 살수한 행위(이하 '이 사건 혼합살수행위'라 한다)가 법률유보원칙에 위배되어 청구인들의 신체의 자유와 집회의 자유를 침해하는지 여부(적극)
집회나 시위 해산을 위한 살수차 사용은 집회의 자유 및 신체의 자유에 대한 중대한 제한을 초래하므로 살수차 사용요건이나 기준은 법률에 근거를 두어야 하고, 살수차와 같은 위해성 경찰장비는 본래의 사용방법에 따라 지정된 용도로 사용되어야 하며 다른 용도나 방법으로 사용하기 위해서는 반드시 법령에 근거가 있어야 한다. 혼합살수방법은 법령에 열거되지 않은 새로운 위해성 경찰장비에 해당하고 이 사건 지침에 혼합살수의 근거 규정을 둘 수 있도록 위임하고 있는 법령이 없으므로, 이 사건 지침은 법률유보원칙에 위배되고 이 사건 지침만을 근거로 한 이 사건 혼합살수행위 역시 법률유보원칙에 위배된다. 따라서 이 사건 혼합살수행위는 청구인들의 신체의 자유와 집회의 자유를 침해한다(2018.5.31. 2015헌마476).

03 20법전협-3-5   정답 ②

신체의 자유에 관한 설명으로 옳은 것은? (다툼이 있는 경우 판례에 의함)

① 현행 헌법은 형사피의자가 스스로 변호인을 구할 수 없을 때에도 국가가 변호인을 붙이도록 규정하고 있다.
② 신체의 자유는 신체의 안전성이 외부로부터의 물리적인 힘이나 정신적인 위험으로부터 침해당하지 아니할 자유와 신체활동을 임의적이고 자율적으로 할 수 있는 자유를 말한다.
③ 누구든지 체포 또는 구속의 이유와 변호인의 조력을 받을 권리가 있음을 고지받지 아니하고는 체포 또는 구속을 당하지 아니하는데, 현행범인인 경우와 장기 3년 이상의 형에 해당하는 죄를 범하고 도피 또는 증거인멸의 염려가 있을 때에는 고지하지 아니할 수 있다.
④ 헌법 제12조 제3항은 영장 발부에 관하여 검사의 신청을 필수적 절차로 규정하고 있으므로, 수사단계는 물론이고 공판단계에서도 법원은 직권에 의하여 영장을 발부할 수 없다.
⑤ '변호인이 되려는 자'의 접견교통권은 피의자 등이 가지는 '변호인의 조력을 받을 권리'를 기본권으로 인정한 결과 발생하는 간접적이고 부수적인 효과로서 개별 법률을 통하여 구체적으로 형성된 법률상의 권리에 불과하므로, '헌법상 보장된 독자적인 기본권'으로 볼 수는 없다.

 해설

① X 누구든지 체포 또는 구속을 당한 때에는 즉시 변호인의 조력을 받을 권리를 가진다. 다만, 형사피고인이 스스로 변호인을 구할 수 없을 때에는 법률이 정하는 바에 의하여 국가가 변호인을 붙인다(헌법 제12조 제4항). 다만 헌법재판소는 불구속피의자에게도 변호인의 조력을 받을 권리를 인정하고 있다.

> 참고 우리 헌법은 변호인의 조력을 받을 권리가 불구속 피의자·피고인 모두에게 포괄적으로 인정되는지 여부에 관하여 명시적으로 규율하고 있지는 않지만, 불구속 피의자의 경우에도 변호인의 조력을 받을 권리는 우리 헌법에 나타난 법치국가원리, 적법절차원칙에서 인정되는 당연한 내용이고, 헌법 제12조 제4항도 이를 전제로 특히 신체구속을 당한 사람에 대하여 변호인의 조력을 받을 권리의 중요성을 강조하기 위하여 별도로 명시하고 있다. 피의자·피고인의 구속 여부를 불문하고 조언과 상담을 통하여 이루어지는 변호인의 조력자로서의 역할은 변호인선임권과 마찬가지로 변호인의 조력을 받을 권리의 내용 중 가장 핵심적인 것이고, 변호인과 상담하고 조언을 구할 권리는 변호인의 조력을 받을 권리의 내용 중 구체적인 입법형성이 필요한 다른 절차적 권리의 필수적인 전제요건으로서 변호인의 조력을 받을 권리 그 자체에서 막바로 도출되는 것이다(2004.9.23. 2000헌마138).

② O 신체의 자유는 신체의 안전성이 외부로부터의 물리적인 힘이나 정신적인 위험으로부터 침해당하지 아니할 자유와 신체활동을 임의적이고 자율적으로 할 수 있는 자유를 말한다(1992.12.24. 92헌가8).

③ X 누구든지 체포 또는 구속의 이유와 변호인의 조력을 받을 권리가 있음을 고지받지 아니하고는 체포 또는 구속을 당하지 아니한다(헌법 제12조 제5항). → 미란다원칙은 현행범 여부나 범죄의 중대성, 체포구속의 필요성과 관계없이 항상 고지되어야 한다. 지문의 "현행범인인 경우와 장기 3년 이상의 형에 해당하는 죄를 범하고 도피 또는 증거인멸의 염려가 있을 때에는 사후에 영장을 청구할 수 있다."는 사전영장의 예외에 대한 헌법규정이다.

④ X 헌법 제12조 제3항이 영장의 발부에 관하여 "검사의 신청"에 의할 것을 규정한 취지는 모든 영장의 발부에 검사의 신청이 필요하다는 데에 있는 것이 아니라 수사단계에서 영장의 발부를 신청할 수 있는 자를 검사로 한정함으로써 검사 아닌 다른 수사기관의 영장신청에서 오는 인권유린의 폐해를 방지하고자 함에 있으므로, 공판단계에서 법원이 직권에 의하여 구속영장을 발부할 수 있음을 규정한 형사소송법 제70조 제1항 및 제73조 중 "피고인을 …… 구인 또는 구금함에는 구속영장을 발부하여야 한다." 부분은 헌법 제12조 제3항에 위반되지 아니한다(1997.3.27. 96헌바28·31·32).

⑤ X 피의자 등이 가지는 '변호인이 되려는' 자의 조력을 받을 권리가 실질적으로 확보되기 위해서는 '변호인이 되려는' 자의 접견교통권 역시 헌법상 기본권으로서 보장되어야 한다(2019.2.28. 2015헌마1204).

04 20법전협-2-18 정답 ⑤

헌법 제13조 제3항의 연좌제 금지에 관한 설명으로 옳은 것을 모두 고른 것은? (다툼이 있는 경우 판례에 의함)

ㄱ. 헌법 제13조 제3항은 친족의 행위와 본인 간에 실질적으로 의미 있는 아무런 관련성을 인정할 수 없음에도 불구하고 오로지 친족이라는 사유로 형사처벌을 가하는 경우에만 적용된다.

ㄴ. 공직선거에서 후보자의 회계책임자가 300만 원 이상의 벌금형을 선고 받은 경우 후보자의 당선을 무효로 하는 것은, 원칙적으로 회계책임자가 친족이 아닌 이상, 헌법 제13조 제3항의 규범적 실질내용에 위배된다고 할 수 없다.

ㄷ. 배우자의 중대 선거범죄를 이유로 후보자의 당선을 무효로 하는 것은 배우자의 실질적 지위와 역할을 근거로 후보자에게 연대책임을 부여한 것이므로, 헌법이 금지하고 있는 연좌제에 해당하지 아니한다.

ㄹ. 반국가행위자가 검사의 소환에 2회 이상 불응한 때에는 반국가행위자 친족의 재산에 대해서도 반국가행위자의 재산이라는 검사의 적시만 있으면 증거조사 없이 몰수형을 선고하도록 한 「반국가행위자의 처벌에 관한 특별조치법」 조항은 헌법 제13조 제3항에 위반된다.

① ㄱ, ㄴ ② ㄴ, ㄹ
③ ㄷ, ㄹ ④ ㄱ, ㄴ, ㄷ
⑤ ㄴ, ㄷ, ㄹ

 해설

⑤ 헌법 제13조 제3항의 연좌제 금지에 관한 설명으로 옳은 것은 ㄴ, ㄷ, ㄹ 이다.

ㄱ. X "모든 국민은 자기의 행위가 아닌 친족의 행위로 인하여 불이익한 처우를 받지 아니한다."고 규정하고 있는 헌법 제13조 제3항은 '친족의 행위와 본인 간에 실질적으로 의미 있는 아무런 관련성을 인정할 수 없음에도 불구하고 오로지 친족이라는 사유 그 자체만으로' 불이익한 처우를 가하는 경우에만 적용된다(2005.12.22. 2005헌마19).

ㄴ. O 헌법 제13조 제3항은 '친족의 행위와 본인간에 실질적으로 의미있는 아무런 관련성을 인정할 수 없음에도 불구하고 오로지 친족이라는 사유 그 자체만으로' 불이익한 처우를 가하는 경우에만 적용되기 때문에 원칙적으로 회계책임자가 친족이 아닌 이상, 이 사건 법률조항은 적어도 헌법 제13조 제3항의 규범적 실질내용에 위배될 수는 없다(2010.3.25. 2009헌마170).

ㄷ. O 배우자는 후보자와 일상을 공유하는 자로서 선거에서는 후보자의 분신과도 같은 역할을 하게 되는바, 이 사건 법률조항은 배우자가 죄를 저질렀다는 이유만으로 후보자에게 불이익을 주는 것이 아니라, 후보자와 불가분의 선거운명공동체를 형성하여 활동하게 마련인 배우자의 실질적 지위와 역할을 근거로 후보자에게 연대책임을 부여한 것이므로 헌법 제13조 제3항에서 금지하고 있는 연좌제에 해당하지 아니한다(2005.12.22. 2005헌마19).

ㄹ. O 위 법 제8조는 피고인의 소환불응에 대하여 전재산 몰수를 규정한바, 설사 반국가행위자의 고의적인 소환불응을 범죄행위라고 규정하는 취지라 해도 이러한 행위에 대해 전재산의 몰수라는 형벌은 행위의 가벌성에 비해 지나치게 무거워 적정하지 못하고 일반형사법체계와 조화를 이루지 못하고 있다. 결국 이는 행위책임의 법리를 넘어서 자의적이고 심정적인 처벌에의 길을 열어 둠으로써 형벌체계상 정당성과 균형을 벗어나 적법절차 및 과잉금지의 원칙에 어긋난다. 뿐만 아니라 특조법 제8조는 동법 제10조의 규정과 관련하여 친족이 재산까지도 검사가 적시하기만 하면 증거조사 없이 몰수형이 선고되게 되어 있으므로, 헌법 제13조 제3항에서 금지한 연좌형이 될 소지도 크다(1996.1.25. 95헌가5).

05 20법전협-1-19 정답 ②

이중처벌금지와 연좌제금지에 관한 설명 중 옳지 않은 것은? (다툼이 있는 경우 판례에 의함)

① 보안처분은 그 본질과 목적 및 기능에 있어서 형벌과 다른 독자적 의의를 가지고 있기 때문에 형과 보호감호를 병과하여 선고한다고 해서 헌법 제13조 제1항 후단의 일사부재리의 원칙에 위배되는 것은 아니다.

② 헌법 제13조 제3항에서 명문으로 '친족의 행위로 인하여'라는 표현을 사용하고 있지만, 친족 사이가 아닌 타인의 행위로 인한 불이익한 처우도 연좌제금지의 법리가 적용된다.

③ 배우자의 중대 선거범죄를 이유로 후보자의 당선을 무효로 하는 「공직선거법」 조항은 후보자와 불가분의 선거운명공동체를 형성하여 활동하게 마련인 배우자의 실질적 지위와 역할을 근거로 후보자에게 연대책임을 부여한 것이므로, 헌법 제13조 제3항에서 금지하고 있는 연좌제에 해당하지 아니한다.

④ 헌법 제13조 제1항 후단에 규정된 이중처벌금지의 원칙에 있어서 '처벌'에는 국가가 행하는 일체의 제재나 경제적인 불이익처분이 모두 포함된다고는 할 수 없으므로, 공무원이 재직 중의 사유로 인하여 형을 선고받거나 파면되는 경우에 해당 공무원의 퇴직급여를 감액한다고 하더라도 이중적인 처벌에 해당하는 것이라고는 볼 수 없다.

⑤ 행정법상의 질서벌인 과태료의 부과처분과 형사처벌은 그 성질이나 목적을 달리하는 별개의 것이므로, 행정법상의 질서벌인 과태료를 납부한 후에 형사처벌을 한다고 하여 이를 일사부재리의 원칙에 반하는 것이라고 할 수는 없다.

 해설

① O 보호감호와 형벌은 다 같이 신체의 자유를 박탈하는 수용처분이라는 점에서 서로 유사한 점이 있기는 하지만, 보호감호처분은 재범의 위험성이 있고 특수한 교육·개선 및 치료가 필요하다고 인정되는 자에 대하여 사회복귀를 촉진하고 사회를 보호하기 위하여 헌법 제12조 제1항을 근거로 한 보안처분으로서, 그 본질과 목적 및 기능에 있어 형벌과는 다른 독자적 의의를 가진 사회보호적 처분이므로, 형벌과 보호감호를 서로 병과하여 선고한다고 해서 그것이 헌법 제13조 제1항 후단 소정의 이중처벌금지원칙에 해당되지 아니한다(2009.3.26. 2007헌바50, 2015.9.24. 2014헌바222 등).

② X 헌법 제13조 제3항은 '친족의 행위와 본인 간에 실질적으로 의미있는 아무런 관련성을 인정할 수 없음에도 불구하고 오로지 친족이라는 사유 그 자체만으로' 불이익한 처우를 가하는 경우에만 적용된다(2005.12.22. 2005헌마19). 타인의 행위로 인한 불이익한 처우는 자기책임의 법리가 적용된다.

③ O 배우자는 후보자와 일상을 공유하는 자로서 선거에서는 후보자의 분신과도 같은 역할을 하게 되는바, 이 사건 법률조항은 배우자가 죄를 저질렀다는 이유만으로 후보자에게 불이익을 주는 것이 아니라, 후보자와 불가분의 선거운명공동체를 형성하여 활동하게 마련인 배우자의 실질적 지위와 역할을 근거로 후보자에게 연대책임을 부여한 것이므로 헌법 제13조 제3항에서 금지하고 있는 연좌제에 해당하지 아니한다(2005.12.22. 2005헌마19).

④ O 이 사건 법령조항이 그 해당자에게 형벌이나 징계처분을 받는 이외에 추가적인 경제적 불이익을 부과하는 것임은 분명하다. 그러나 헌법 제13조 제1항 후단에 규정된 일사부재리 또는 이중처벌금지의 원칙에 있어서 "처벌"이라고 함은 원칙적으로 범죄에 대한 국가의 형벌권 실행으로서의 과벌을 의미하는 것이고 국가가 행하는 일체의 제재나 경제적인 불이익처분이 모두 그에 포함된다고는 할 수 없으므로 재직중의 사유로 인하여 형을 선고받거나 파면되는 경우에 퇴직급여를 감액한다고 하더라도 그것이 곧 헌법이 금하고 있는 이중적인 처벌에 해당하는 것이라고는 볼 수 없다(1995.6.29. 91헌마50).

⑤ O 행정법상의 질서벌인 과태료와 형사처벌은 그 성질이나 목적을 달리하는 별개의 것이므로 행정법상의 질서벌인 과태료를 납부한 후에 형사처벌을 한다고 하여 이를 일사부재리의 원칙에 반하는 것이라고 할 수는 없다(대판 1996.4.12. 96도158, 2003.7.24. 2001헌가25).

06 20변시-4 정답 ④

죄형법정주의의 명확성원칙에 관한 설명 중 옳은 것을 모두 고른 것은? (다툼이 있는 경우 판례에 의함)

ㄱ. 건전한 상식과 통상적인 법감정을 가진 사람은 「군복 및 군용장구의 단속에 관한 법률」상 판매목적 소지가 금지되는 '유사군복'에 어떠한 물품이 해당하는지 예측할 수 있고, 유사군복을 정의한 조항에서 법 집행자에게 판단을 위한 합리적 기준이 제시되고 있으므로 '유사군복' 부분은 명확성원칙에 위반되지 아니한다.

ㄴ. 허가받은 지역 밖에서의 이송업의 영업을 금지하고 처벌하는 「응급의료에 관한 법률」 조항은 영업의 일반적 의미와 위 법률의 관련 규정을 유기적·체계적으로 종합하여 보더라도 허가받은 지역 밖에서 할 수 없는 이송업에 환자 이송 과정에서 부득이 다른 지역을 지나가는 경우 또는 허가받지 아니한 지역에서 실시되는 운동경기·행사를 위하여 부근에서 대기하는 경우 등도 포함되는지 여부가 불명확하여 명확성원칙에 위배된다.

ㄷ. 선거운동을 위한 호별방문금지 규정에도 불구하고 '관혼상제의 의식이 거행되는 장소와 도로·시장·점포·다방·대합실 기타 다수인이 왕래하는 공개된 장소'에서의 지지 호소를 허용하는 「공직선거법」 조항 중 '기타 다수인이 왕래하는 공개된 장소' 부분은, 해당 장소의 구조와 용도, 외부로부터의 접근성 및 개방성의 정도 등을 종합적으로 고려할 때 '관혼상제의 의식이 거행되는 장소와 도로·시장·점포·다방·대합실'과 유사하거나 이에 준하여 일반인의 자유로운 출입이 가능한 개방된 곳을 의미한다고 충분히 해석할 수 있으므로 명확성원칙에 위반된다고 할 수 없다.

ㄹ. 공중도덕상 유해한 업무에 취업시킬 목적으로 근로자를 파견한 사람을 형사처벌하도록 규정한 구 「파견근로자보호 등에 관한 법률」 조항은 그 조항의 입법목적, 위 법률의 체계, 관련조항 등을 모두 종합하여 보더라도 '공중도덕상 유해한 업무'의 내용을 명확히 알 수 없고, 위 조항에 관한 이해관계기관의 확립된 해석기준이 마련되어 있다거나, 법관의 보충적 가치판단을 통한 법문 해석으로 그 의미 내용을 확인하기도 어려우므로 명확성원칙에 위배된다.

① ㄱ, ㄴ
② ㄱ, ㄷ
③ ㄴ, ㄹ
④ ㄱ, ㄷ, ㄹ
⑤ ㄴ, ㄷ, ㄹ

해설

ㄱ. O 2019.4.11. 2018헌가14

ㄴ. X 영업의 일반적 의미와 응급의료법의 관련 규정을 유기적·체계적으로 종합하여 보면, 심판대상조항의 수범자인 이송업자는 처벌조항이 처벌하고자 하는 행위가 무엇이고 그에 대한 형벌이 어떤 것인지 예견할 수 있으며, 심판대상조항의 합리적인 해석이 가능하므로, 심판대상조항은 죄형법정주의의 명확성원칙에 위배되지 아니한다(2018.2.22. 2016헌바100).

ㄷ. O 2019.5.30. 2017헌바458

ㄹ. O '파견근로자보호 등에 관한 법률'(이하 '파견법'이라 한다)의 입법목적에 비추어보면, 심판대상조항은 공중도덕에 어긋나는 업무에 근로자를 파견할 수 없도록 함으로써 근로자를 보호하고 올바른 근로자파견사업 환경을 조성하려는 취지임을 짐작해 볼 수 있다. 하지만 이것만으로는 '공중도덕'을 해석함에 있어 도움이 되는 객관적이고 명확한 기준을 얻을 수 없다. 파견법은 '공중도덕상 유해한 업무'에 관한 정의조항은 물론 그 의미를 해석할 수 있는 수식어를 두지 않았으므로, 심판대상조항이 규율하는 사항을 바로 알아내기도 어렵다. … 파견법 전반에 걸쳐 심판대상조항과 유의미한 상호관계에 있는 다른 조항을 발견할 수 없고, 파견법 제5조, 제16조 등 일부 관련성이 인정되는 규정은 심판대상조항 해석기준으로 활용하기 어렵다. 결국, 심판대상조항의 입법목적, 파견법의 체계, 관련조항 등을 모두 종합하여 보더라도 '공중도덕상 유해한 업무'의 내용을 명확히 알 수 없다. 아울러 심판대상조항에 관한 이해관계기관의 확립된 해석기준이 마련되어 있다거나, 법관의 보충적 가치판단을 통한 법문 해석으로 심판대상조항의 의미내용을 확인할 수 있다는 사정을 발견하기도 어렵다. 심판대상조항은 건전한 상식과 통상적 법감정을 가진 사람으로 하여금 자신의 행위를 결정해 나가기에 충분한 기준이 될 정도의 의미내용을 가지고 있다고 볼 수 없으므로 죄형법정주의의 명확성원칙에 위배된다(2016.11.24. 2015헌가23).

07 13변시-16 정답 ⑤

명확성 원칙에 관한 설명 중 옳지 않은 것은? (다툼이 있는 경우 판례에 의함)

① 법규범의 문언은 어느 정도 일반적·규범적 개념을 사용하지 않을 수 없기 때문에 기본적으로 최대한이 아닌 최소한의 명확성을 요구하는 것으로서, 법문언이 법관의 보충적인 가치판단을 통해서 그 의미내용을 확인할 수 있고, 그러한 보충적 해석이 해석자의 개인적인 취향에 따라 좌우될 가능성이 없다면 명확성원칙에 반한다고 할 수 없다.

② 행정청이 행정계획을 수립함에 있어서는 일반 재량행위의 경우에 비하여 더욱 광범위한 판단여지 내지는 형성의 자유, 즉 계획재량이 인정되는데, 이 경우 일반적인 행정행위의 요건을 규정하는 경우보다 추상적이고 불확정적인 개념을 사용하여야 할 필요성이 더욱 커진다.

③ 죄형법정주의가 지배되는 형사 관련 법률에서는 명확성의 정도가 강화되어 더 엄격한 기준이 적용되나, 일반적인 법률에서는 명확성의 정도가 그리 강하게 요구되지 않기 때문에 상대적으로 완화된 기준이 적용된다.

④ "전기통신회선을 통하여 일반에게 공개되어 유통되는 정보 중 건전한 통신윤리의 함양을 위하여 필요한 사항"을 심의위원회의 직무로 규정한 「방송통신위원회의 설치 및 운영에 관한 법률」 조항 중 "건전한 통신윤리"라는 개념은 전기통신회선을 이용하여 정보를 전달함에 있어 우리 사회가 요구하는 최소한의 질서 또는 도덕률을 의미하고, 정보통신영역의 광범위성과 빠른 변화속도, 그리고 다양하고 가변적인 표현형태를 문자화하기에 어려운 점을 감안할 때, "건전한 통신윤리" 부분이 명확성의 원칙에 반한다고 할 수 없다.

⑤ 「친일반민족행위자 재산의 국가귀속에 관한 특별법」 조항 중 "독립운동에 적극 참여한 자" 부분은 참여 정도가 판단하는 자에 따라 상이해질 수 있으며, 다른 법규정들과의 체계조화적인 이해 내지 당해 법률의 입법목적과 제정취지에 따른 해석으로 충분히 해소될 수 없고, 건전한 상식과 통상적인 법감정을 가진 사람이라도 그 의미를 충분히 예측할 수 없다고 할 것이므로 명확성원칙에 위배된다.

① O 명확성원칙은 기본권을 제한하는 법규범의 내용은 명확하여야 한다는 헌법상의 원칙인바, 법규범에 대하여 이러한 원칙을 충족할 것을 요구하는 이유는 만일 법규범의 의미내용이 불확실하다면 법적 안정성과 예측가능성을 확보할 수 없고 법집행 당국의 자의적인 법해석과 집행을 가능하게 할 것이기 때문이다. 다만 법규범의 문언은 어느 정도 일반적·규범적 개념을 사용하지 않을 수 없기 때문에 기본적으로 최대한이 아닌 최소한의 명확성을 요구하는 것으로서, 법문언이 법관의 보충적인 가치판단을 통해서 그 의미내용을 확인할 수 있고, 그러한 보충적 해석이 해석자의 개인적인 취향에 따라 좌우될 가능성이 없다면 명확성원칙에 반한다고 할 수 없다(2012.5.31. 2010헌바128).

② O 행정계획에 있어서는 다수의 상충하는 사익과 공익들의 조정에 따르는 다양한 결정가능성과 그 미래전망적인 성격으로 인하여 그에 대한 입법적 규율은 상대적으로 제한될 수밖에 없다. 따라서 행정청이 행정계획을 수립함에 있어서는 일반 재량행위의 경우에 비하여 더욱 광범위한 판단 여지 내지는 형성의 자유, 즉 계획재량이 인정되는바, 이 경우 일반적인 행정행위의 요건을 규정하는 경우보다 추상적이고 불확정적인 개념을 사용하여야 할 필요성이 더욱 커진다(2007.10.4. 2006헌바91).

③ O 죄형법정주의가 지배하는 형사관련 법률에서는 명확성의 정도가 강화되어 더 엄격한 기준이 적용되지만, 일반적인 법률에서는 명확성의 정도가 그리 강하게 요구되지 않기 때문에 상대적으로 완화된 기준이 적용된다(2002.7.18. 2000헌바57).

④ O 이 사건 법률조항 중 '건전한 통신윤리'라는 개념은 다소 추상적이기는 하나, 전기통신회선을 이용하여 정보를 전달함에 있어 우리 사회가 요구하는 최소한의 질서 또는 도덕률을 의미하고, '건전한 통신윤리의 함양을 위하여 필요한 사항으로서 대통령령이 정하는 정보(이하 '불건전정보'라 한다)'란 이러한 질서 또는 도덕률에 저해되는 정보로서 심의 및 시정요구가 필요한 정보를 의미한다고 할 것이며, 정보통신영역의 광범위성과 빠른 변화속도, 그리고 다양하고 가변적인 표현형태를 문자화하기에 어려운 점을 감안할 때, 위와 같은 함축적인 표현은 불가피하다고 할 것이어서, 이 사건 법률조항이 명확성의 원칙에 반한다고 할 수 없다(2012.2.23. 2011헌가13).

⑤ X 이 사건 정의조항은 "반민규명법 제2조 제6호 내지 제9호의 행위를 한 자(제9호에 규정된 참의에는 찬의와 부찬의를 포함한다)"를 '친일반민족행위자'로 규정하고 있는바 이러한 규정을 불명확하다고 볼 수 없다. 특히 청구인들은 위 네 가지 사유에 해당하더라도 작위를 거부·반납하거나 후에 독립운동에 적극 참여한 자 등으로 이 사건 조사위원회가 결정한 자는 예외로 한다고 규정한 위 정의조항의 단서 중 "독립운동에 적극 참여한 자" 부분이 명확성원칙에 위배된다고 주장하나, 이 부분은 '일제 강점하에서 우리 민족의 독립을 쟁취하려는 운동에 의욕적이고 능동적으로 관여한 자'라는 문언적 의미를 가지는 것으로서 조문구조 및 어의에 비추어 그 의미를 넉넉히 파악할 수 있고, 설령 위 조항에 어느 정도의 애매함이 내포되어 있다 하더라도 이는 다른 규정들과의 체계조화적인 이해 내지 당해 법률의 입법목적과 제정취지에 따른 해석으로 충분히 해소될 수 있으므로, 위 조항의 의미는 명확성의 기준에 어긋난다고 볼 수 없고 적어도 건전한 상식과 통상적인 법감정을 가진 사람으로서는 위 조항의 의미를 **대략적으로 예측할 수 있다**고 보인다. 따라서 이 사건 정의조항은 법률의 명확성원칙에 위반되지 않는다(2011.3.31. 2008헌바141 등).

08 21변시-8   정답 ④

명확성원칙에 관한 설명 중 옳은 것(○)과 옳지 않은 것(×)을 올바르게 조합한 것은? (다툼이 있는 경우 판례에 의함)

ㄱ. 금융투자업자가 '투자권유'를 함에 있어서 '불확실한 사항'에 대하여 '단정적 판단을 제공'하거나 '확실하다고 오인하게 할 소지가 있는 내용을 알리는 행위'를 한 경우 형사처벌하는 「자본시장과 금융투자업에 관한 법률」조항은, 통상의 주의력을 가진 평균적 투자자를 기준으로 보더라도 그 의미를 알기 어려울 뿐만 아니라 그 의미를 확정하기도 곤란하므로 명확성원칙에 위배된다.

ㄴ. 다른 사람 또는 단체의 집이나 그 밖의 공작물에 '함부로 광고물 등을 붙이거나 거는 행위'를 한 경우 형사처벌하는 구「경범죄처벌법」조항은, 입법취지, 사전적 의미, 옥외광고물 표시·설치 금지 등 관련 법조항과의 관계를 고려하더라도 법적용자의 주관에 의해 의미가 달라질 수 있어 명확성원칙에 위배된다.

ㄷ. 형사법에서는 불명확한 내용의 법률용어가 허용될 수 없으며, 만일 불명확한 용어의 사용이 불가피한 경우라면 용어의 개념 정의, 한정적 수식어의 사용, 적용한계조항의 설정 등 제반방법을 강구하여 동 법규가 자의적으로 해석될 수 있는 소지를 봉쇄해야 한다.

ㄹ. 아동·청소년이용음란물을 제작한 자를 형사처벌하는 「아동·청소년의 성보호에 관한 법률」조항 중 '제작' 부분은, 객관적으로 아동·청소년이용음란물을 촬영하여 재생이 가능한 형태로 저장할 것을 전체적으로 기획하고 구체적인 지시를 하는 등으로 책임을 지는 것으로 해석되므로 명확성원칙에 위배되지 않는다.

ㅁ. 범죄의 성립과 처벌은 법률에 의하여야 한다는 죄형법정주의 본래의 취지에 비추어 볼 때 정당방위와 같은 위법성 조각 사유 규정에도 죄형법정주의의 명확성원칙은 적용된다.

① ㄱ(○), ㄴ(○), ㄷ(×), ㄹ(×), ㅁ(×)
② ㄱ(○), ㄴ(×), ㄷ(×), ㄹ(○), ㅁ(×)
③ ㄱ(×), ㄴ(○), ㄷ(○), ㄹ(×), ㅁ(○)
④ ㄱ(×), ㄴ(×), ㄷ(○), ㄹ(○), ㅁ(○)
⑤ ㄱ(○), ㄴ(×), ㄷ(○), ㄹ(○), ㅁ(○)

④ 명확성원칙에 관한 설명 중 옳은 것(○)과 옳지 않은 것(×)을 올바르게 조합한 것은 ㄱ(×), ㄴ(×), ㄷ(○), ㄹ(○), ㅁ(○)이다.

ㄱ. **X** '투자권유'의 의미는 자본시장법에서 직접 정의되어 있고, 법원의 보충적 해석을 통하여 그 범위가 충분히 확정될 수 있다. 투자자를 보호하고, 금융시장의 신뢰성·효율성·공정성을 확보한다는 심판대상조항의 입법목적을 고려하면, '불확실한 사항'이란 '단정적 판단 등을 제공하는 시점에서 객관적으로 진위가 분명히 판명될 수 없는, 투자자의 합리적인 투자판단 또는 해당 금융투자상품의 가치에 영향을 미칠 수 있는 사항'이라고 보아야 한다. '단정적 판단의 제공'은 '불확실한 사항에 대하여 진위를 명확히 판단해 주는 것'을 의미하고, '확실하다고 오인할 소지가 있는 내용을 알리는 행위'는 '불확실한 사항에 대하여 투자자로 하여금 그 진위가 명확하다고 잘못 생각하게 할 가능성이 있는 내용을 알리는 행위'를 의미하며, 위 각 경우에 해당하는지 여부는 통상의 주의력을 가진 평균적 투자자를 기준으로 객관적·규범적으로 판단될 것임이 충분히 예측 가능하다. 심판대상조항의 수범자는 금융투자업자로 한정되어 있고, 금융투자에 관한 전문가인 금융투자업자는 자신에게 금지되는 행위인 '불확실한 사항에 대하여 단정적 판단을 제공하거나 확실하다고 오인하게 할 소지가 있는 내용을 알리는 행위'의 의미를 충분히 알고 이에 비추어 자신의 행위를 결정할 수 있다. 따라서 심판대상조항은 죄형법정주의의 명확성원칙에 위배되지 아니한다(2017.5.25. 2014헌바459).

ㄴ. **X** '함부로'의 사전적 의미와 심판대상조항의 입법취지, 형법상 재물손괴죄와 '옥외광고물 등 관리법'의 옥외광고물 표시·설치 금지 등 관련조항과의 관계를 종합하여 볼 때, '함부로'는 '법적 권원이 있는 타인의 승낙이 없으면서 상당한 사유가 없는 경우'를 의미함을 충분히 알 수 있다. 더구나 경범죄처벌법은 이 법을 적용함에 있어서 국민의 권리를 부당하게 침해하거나 다른 목적을 위하여 남용되어서는 안 된다(제2조)고 하여 심판대상조항이 광범위하게 자의적으로 적용될 수 있는 가능성을 차단하였다. 그리고 심판대상조항의 '광고물 등'은 그 사전적 의미와 '옥외광고물 등 관리법' 규정을 고려하면 '어떤 대상을 널리 알리기 위하여 붙이거나 건 간판·현수막·벽보·전단·포스터 등의 매개체 및 이와 유사한 것'을 의미하는 것임을 알 수 있다. 그러므로 심판대상조항은 죄형법정주의의 명확성원칙에 위배되지 아니한다(2015.5.28. 2013헌바385).

ㄷ. ○ 형사법이나 국민의 이해관계가 첨예하게 대립되는 법률에 있어서는 불명확한 내용의 법률용어가 허용될 수 없으며, 만일 불명확한 용어의 사용이 불가피한 경우라면 용어의 개념정의, 한정적 수식어의 사용, 적용한계조항의 설정 등 제반방법을 강구하여 동 법규가 자의적으로 해석될 수 있는 소지를 봉쇄해야 하는 것이다(1992.2.25. 89헌가104).

ㄹ. ○ 대법원도 이 사건 법률조항의 입법배경 및 입법취지, 관련규정까지 고려하여 아동·청소년의 동의가 있다거나 개인적인 소지·보관을 1차적 목적으로 제작하더라도 청소년성보호법 제11조 제1항의 '아동·청소년이용음란물의 제작'에 해당한다고 보고 있으며(대판 2015.2.12. 2014도11501, 2014전도197 등 참조), 아동·청소년인 피해자를 협박하여 청소년성보호법 제2조 제4호의 어느 하나에 해당하는 행위 또는 그 밖의 성적 행위에 해당하는 아동·청소년 자신의 행위를 내용으로 하는 화상·영상 등을 생성하게 하고 이를 인터넷 사이트 운영자의 서버에 저장시켜 자신의 휴대전화기에서 재생할 수 있도록 한 것은 아동·청소년이용음란물을 제작하는 행위에 해당한다고 판단하였다(대판 2018.1.25. 2017도18443 참조). … 현재의 기술 수준에서는 단순 촬영한 디지털 영상만으로도 즉시 유포가 가능한 음란물을 쉽게 생성할 수 있어 촬영과 제작을 명백히 구분할 실익이 없고, 촬영이 종료되어 영상정보가 재생가능한 형태로 디지털기기의 주기억장치에 입력되는 시점에 하나의 아동·청소년이용음란물이 완성된 것으로 볼 수 있다. 일단 제작되면 언제라도 무차별적으로 유통에 제공될 수 있으므로 '제작'을 엄격히 규제할 필요도 인정된다. 그렇다면 심판대상조항이 규정하는 '제작'의 의미는 객관적으로 아동·청소년이용음란물을 촬영하여 재생이 가능한 형태로 저장할 것을 전체적으로 기획하고 구체적인 지시를 하는 등으로 책임을 지는 것이며, 피해자인 아동·청소년의 동의 여부나 영리목적 여부를 불문함은 물론 해당 영상을 직접 촬영하거나 기기에 저장할 것을 요하지도 않는 것으로 해석되고, 죄형법정주의의 명확성 원칙에 위반되지 아니한다(2019.12.27. 2018헌바46).

ㅁ. O 정당방위 규정은 법 각칙 전체의 구성요건 조항에 대한 소극적 한계를 정하고 있는 규정으로서, 한편으로는 위법성을 조각시켜 범죄의 성립을 부정하는 기능을 하지만, 다른 한편으로는 정당방위가 인정되지 않는 경우 위법한 행위로서 범죄의 성립을 인정하게 하는 기능을 하므로 적극적으로 범죄 성립을 정하는 구성요건 규정은 아니라 하더라도 죄형법정주의가 요구하는 명확성원칙이 적용된다(2001.6.28. 99헌바31).

09 20법전협-2-19   정답 ⑤

명확성원칙에 관한 설명으로 옳지 않은 것은? (다툼이 있는 경우 판례에 의함)

① '여러 사람의 눈에 뜨이는 곳에서 공공연하게 알몸을 지나치게 내놓거나 가려야 할 곳을 내놓아 다른 사람에게 부끄러운 느낌이나 불쾌감을 준 사람'을 처벌하는 「경범죄 처벌법」 조항은 구성요건의 내용을 불명확하게 규정하여 명확성원칙에 위배된다.

② 「민주화운동 관련자 명예회복 및 보상 등에 관한 법률」에 따른 보상금 등의 지급결정에 신청인이 동의한 때에는 민주화운동과 관련하여 입은 피해에 대하여 「민사소송법」에 따른 재판상 화해가 성립된 것으로 간주하는 경우, '민주화운동과 관련하여 입은 피해'의미를 합리적으로 파악할 수 있으므로 명확성 원칙에 위배되지 않는다.

③ 「아동·청소년의 성보호에 관한 법률」에서 성인대상 성범죄로 형 또는 치료감호를 선고받아 확정된 자의 취업을 제한하는 경우, '성인대상 성범죄' 부분은 그 의미를 파악하는 데 어려움이 없으므로 명확성원칙에 위배되지 않는다.

④ 법규범의 문언은 어느 정도 가치 개념을 포함한 일반적, 규범적 개념을 사용하지 않을 수 없는 것이기 때문에 명확성의 원칙이란 기본적으로 최대한이 아닌 최소한의 명확성을 요구하는 것으로서, 법 문언이 법관의 보충적인 가치판단을 통하여 그 의미 내용을 확인할 수 있고, 그러한 보충적 해석이 해석자의 개인적인 취향에 따라 좌우될 가능성이 없다면 명확성의 원칙에 위배되지 않는다.

⑤ 수범자에 대한 행위규범으로서의 법령이 명확하여야 한다는 것은 일반 국민 누구나 그 뜻을 명확히 알게 하여야 한다는 것을 의미하므로, 일정한 신분이나 직업을 가진 사람들에게만 적용되는 법령의 경우에도 그 사람들 중의 평균인이 아니라 사회의 평균인을 기준으로 하여 판단하여야 한다.

 해설

① O 여러 사람의 눈에 뜨이는 곳에서 공공연하게 알몸을 지나치게 내놓거나 가려야 할 곳을 내놓아 다른 사람에게 부끄러운 느낌이나 불쾌감을 준 사람을 처벌하는 경범죄처벌법 제3조 제1항 제33호가 죄형법정주의 명확성원칙에 위배되는지 여부(적극) 심판대상조항은 알몸을 '지나치게 내놓는' 것이 무엇인지 그 판단 기준을 제시하지 않아 무엇이 지나친 알몸노출행위인지 판단하기 쉽지 않고, '가려야 할 곳'의 의미도 알기 어렵다. 심판대상조항 중 '부끄러운 느낌이나 불쾌감'은 사람마다 달리 평가될 수밖에 없고, 노출되었을 때 부끄러운 느낌이나 불쾌감을 주는 신체부위도 사람마다 달라 '부끄러운 느낌이나 불쾌감'을 통하여 '지나치게'와 '가려야 할 곳' 의미를 확정하기도 곤란하다. 심판대상조항은 '선량한 성도덕과 성풍속'을 보호하기 위한 규정인데, 이러한 성도덕과 성풍속이 무엇인지 대단히 불분명하므로, 심판대상조항의 의미를 그 입법목적을 고려하여 밝히는 것에도 한계가 있다. 대법원은 '신체노출행위가 단순히 다른 사람에게 부끄러운 느낌이나 불쾌감을 주는 정도에 불과한 경우 심판대상조항에 해당한다.'라고 판시하나, 이를 통해서도 '가려야 할 곳', '지나치게'의 의미를 구체화 할 수 없다. 심판대상조항의 불명확성을 해소하기 위해 노출이 허용되지 않는 신체부위를 예시적으로 열거하거나 구체적으로 특정하여 분명하게 규정하는 것이 입법기술상 불가능하거나 현저히 곤란하지도 않다. 예컨대 이른바 '바바리맨'의 성기노출행위를 규제할 필요가 있다면 노출이 금지되는 신체부위를 '성기'로 명확히 특정하면 될 것이다. 따라서 심판대상조항은 죄형법정주의의 명확성원칙에 위배된다(2016.11.24. 2016헌가3).

② O '민주화운동 관련자 명예회복 및 보상 심의 위원회'(이하 '위원회'라 한다)의 보상금 등 지급결정에 동의한 경우 "민주화운동과 관련하여 입은 피해"에 대해 재판상 화해가 성립된 것으로 간주하는 구 '민주화운동 관련자 명예회복 및 보상 등에 관한 법률 제18조 제2항'(이하 '심판대상조항'이라 한다)의 의미 내용이 불분명하여 명확성원칙에 위반되는지 여부(소극) 민주화보상법의 입법취지, 관련 규정의 내용, 신청인이 작성·제출하는 동의 및 청구서의 기재내용 등을 종합하면, 심판대상조항의 "민주화운동과 관련하여 입은 피해"란 공무원의 직무상 불법행위로 인한 정신적 손해를 포함하여 그가 보상금 등을 지급받은 민주화운동과 관련하여 입은 피해 일체를 의미하는 것으로 합리적으로 파악할 수 있다. 따라서 심판대상조항은 명확성원칙에 위반되지 아니한다(2018.8.30. 2014헌바180).

③ O '아동·청소년의 성보호에 관한 법률' 제44조 제1항 제13호 중 '성인대상 성범죄로 형을 선고받아 확정된 자'에 관한 부분, '아동·청소년의 성보호에 관한 법률'(2012. 12. 18. 법률 제11572호로 전부개정된 것, 이하 구법과 신법을 모두 '청소년성보호법'이라 한다) 제56조 제1항 제12호 중 '성인대상 성범죄로 형을 선고받아 확정된 자'에 관한 부분(이하 위 두 조항을 합하여 '이 사건 법률조항'이라 한다)에서 "성인대상 성범죄" 부분은 명확성원칙에 위배되지 아니한다(2016.3.31. 2013헌마585).

④ O 명확성의 원칙은 법치국가원리의 한 표현으로서 기본권을 제한하는 법규범의 내용은 명확하여야 한다는 헌법상의 원칙이며, 그 근거는 법규범의 의미내용이 불확실하면 법적안정성과 예측가능성을 확보할 수 없고, 법집행 당국의 자의적인 법해석과 집행을 가능하게 할 것이기 때문이다. 그러나 법규범의 문언은 어느 정도 가치개념을 포함한 일반적, 규범적 개념을 사용하지 않을 수 없는 것이기 때문에 명확성의 원칙이란 기본적으로 최대한이 아닌 최소한의 명확성을 요구하는 것으로서, 법문언이 법관의 보충적인 가치판단을 통해서 그 의미내용을 확인할 수 있고, 그러한 보충적 해석이 해석자의 개인적인 취향에 따라 좌우될 가능성이 없다면 명확성의 원칙에 반한다고 할 수 없다(2005.12.22. 2004헌바45).

⑤ X 수범자에 대한 행위규범으로서의 법령이 명확하여야 한다는 것은 일반 국민 누구나 그 뜻을 명확히 알게 하여야 한다는 것을 의미하지는 않고, 사회의 평균인이 그 뜻을 이해하고 위반에 대한 위험을 고지받을 수 있을 정도면 충분하며, 일정한 신분 내지 직업 또는 지역에 거주하는 사람들에게만 적용되는 법령의 경우에는 그 사람들 중의 평균인을 기준으로 하여 판단하여야 한다(2012.2.23. 2009헌바34).

10 18변시-19   정답 ①

적법절차원칙에 관한 설명 중 옳지 않은 것은? (다툼이 있는 경우 판례에 의함)

① 법원의 구속집행정지결정에 대하여 검사가 즉시항고할 수 있도록 한 「형사소송법」 조항은 법원의 구속집행정지결정을 무의미하게 할 수 있는 권한을 검사에게 부여한 것이라는 점에서 적법절차원칙에 위배되지만, 영장주의에 위배되는 것은 아니다.

② 심급제도에 대한 입법재량의 범위와 범죄인인도심사의 법적 성격, 그리고 「범죄인 인도법」에서의 심사절차에 관한 규정 등을 종합할 때, 범죄인인도심사를 서울고등법원의 단심제로 정하고 있는 것은 적법절차원칙에서 요구되는 합리성과 정당성을 결여한 것이라고 볼 수 없다.

③ 상당한 의무이행기한을 부여하지 아니한 대집행계고처분 후에 대집행영장으로써 대집행의 시기를 늦추었다 하더라도 그러한 대집행계고처분은 대집행의 적법절차에 위배한 것으로 위법한 처분이다.

④ 「건축법」상 공사중지명령의 경우, 이에 대한 사전통지와 의견제출의 기회를 통해 많은 액수의 손실보상금을 기대하여 공사를 강행할 우려가 있다는 사정만으로, 이 처분이 '당해 처분의 성질상 의견청취가 현저히 곤란하거나 명백히 불필요하다고 인정될 만한 상당한 이유가 있는 경우'에 해당한다고 볼 수 없다.

⑤ 전투경찰순경의 인신구금을 내용으로 하는 영장처분에 대하여 영장주의가 적용될 여지는 없으나, 적법절차원칙은 준수되어야 한다.

 해설

① X 구속집행정지 결정에 대한 검사의 즉시항고를 규정한 이 사건 법률조항으로 인하여 피고인은 구속의 집행을 정지하는 법원의 결정을 받고도 석방되지 못하고 계속 구속되어 신체의 자유를 계속 제한받게 되는 바, 법원이 피고인의 구속 또는 그 유지 여부의 필요성에 관하여 한 재판의 효력이 검사나 다른 기관의 이견이나 불복이 있다 하여 좌우되거나 제한받는다면 이는 영장주의에 위반된다고 할 것이다. 그런데 구속집행정지는 법원이 직권으로 결정하는 것으로서, 구속집행정지 사유들은 한시적인 경우가 많아 그 시기를 놓치게 되면 피고인에게 집행정지의 의미가 없어지게 된다는 점을 고려하면, 이 사건 법률조항은 검사의 즉시항고에 의한 불복을 그 피고인에 대한 구속집행을 정지할 필요가 있다는 법원의 판단보다 우선시킬 뿐만 아니라, 사실상 법원의 구속집행정지결정을 무의미하게 할 수 있는 권한을 검사에게 부여한 것이라는 점에서 영장주의의 본질에 반하여 헌법 제12조 제3항의 영장주의 원칙에 위배된다. … 헌법 제12조 제1항의 적법절차원칙에도 위배된다(2012.6.27. 2011헌가36).

② O 범죄인인도법 제3조가 법원의 **범죄인인도심사를 서울고등법원의 전속관할로 하여 단심제**로 하고 그 심사결정에 대한 불복절차를 인정하지 않은 것이 적법절차원칙에서 요구되는 합리성과 정당성을 결여한 것이라 볼 수 없다(2003.1.30. 2001헌바95).

③ O 행정대집행법 제3조 제1항은 행정청이 의무자에게 대집행영장으로써 대집행할 시기 등을 통지하기 위하여는 그 전제로서 대집행계고처분을 함에 있어서 의무이행을 할 수 있는 상당한 기간을 부여할 것을 요구하고 있으므로, 행정청인 피고가 의무이행기한이 1988.5.24.까지로 된 이 사건 대집행계고서를 5.19. 원고에게 발송하여 원고가 그 이행종기인 5.24. 이를 수령하였다면, 설사 피고가 대집행영장으로써 대집행의 시기를 1988.5.27. 15:00로 늦추었더라도 위 대집행계고처분은 상당한 이행기한을 정하여 한 것이 아니어서 대집행의 적법절차에 위배한 것으로 위법한 처분이라고 할 것이다(대판 1990.9.14. 90누2048).

④ O 건축법상의 공사중지명령에 대한 사전통지를 하고 의견제출의 기회를 준다면 많은 액수의 손실보상금을 기대하여 공사를 강행할 우려가 있다는 사정이 사전통지 및 의견제출절차의 예외사유에 해당하지 아니한다(대판 2004.5.28. 2004두1254).

⑤ O [1] 영창처분은 전투경찰순경을 일정한 시설에 구금하는 징계벌로서 전투경찰순경의 신체활동의 자유를 직접 제한하므로, 이 사건 영창조항이 적법절차원칙이나 과잉금지원칙에 위반되어 전투경찰순경의 신체의 자유를 침해하는지가 문제된다. 청구인은 이 사건 영창조항이 헌법상 영장주의에 위배된다는 주장도 하나, 헌법 제12조 제3항에서 규정하고 있는 영장주의란 형사절차와 관련하여 체포·구속·압수·수색의 강제처분을 할 때 신분이 보장되는 법관이 발부한 영장에 의하지 않으면 안 된다는 원칙으로(2015.9.24. 2012헌바302), 형사절차가 아닌 징계절차에도 그대로 적용된다고 볼 수 없다. 따라서 이 사건 영창조항이 헌법상 영장주의에 위반되는지 여부는 더 나아가 판단하지 아니한다.

[2] 헌법 제12조 제1항의 적법절차원칙은 형사소송절차에 국한되지 않고 모든 국가작용 전반에 대하여 적용되므로, 전투경찰순경의 인신구금을 내용으로 하는 영창처분에 있어서도 적법절차원칙이 준수되어야 한다. 그런데 전투경찰순경에 대한 영창처분은 그 사유가 제한되어 있고, 징계위원회의 심의절차를 거쳐야 하며, 징계 심의 및 집행에 있어 징계대상자의 출석권과 진술권이 보장되고 있다. 또한 소청과 행정소송 등 별도의 불복절차가 마련되어 있고 소청에서 당사자 의견진술 기회 부여를 소청결정의 효력에 영향을 주는 중요한 절차적 요건으로 규정하는바, 이러한 점들을 종합하면 이 사건 영창조항이 헌법에서 요구하는 수준의 절차적 보장 기준을 충족하지 못했다고 볼 수 없으므로 헌법 제12조 제1항의 적법절차원칙에 위배되지 아니한다(2016.3.31. 2013헌바190).

11 19법전협-1-20 정답 ②

신체의 자유 또는 적법절차 원칙에 관한 설명 중 옳은 것을 모두 고른 것은? (다툼이 있는 경우 판례에 의함)

ㄱ. 대통령에 대한 국회의 탄핵소추절차에는 적법절차 원칙을 직접 적용할 수 없다.
ㄴ. 금치처분을 받은 수용자에게 원칙적으로 실외운동을 정지시키는 것은 수용시설 내의 안전과 질서유지를 위하여 필요한 최소한의 조치로서 해당 수용자의 신체의 자유를 침해하지 않는다.
ㄷ. 적법절차 원칙은 형사절차상 제한된 범위 내에서만 적용되는 것이 아니라 국가작용으로서 기본권 제한과 관련되든 아니든 모든 입법작용 및 행정작용에도 광범위하게 적용된다.
ㄹ. 강제퇴거명령을 받은 사람을 즉시 대한민국 밖으로 송환할 수 없는 경우에 송환할 수 있을 때까지 보호시설에 보호할 수 있도록 한 것은 퇴거명령을 받은 사람의 신체의 자유를 침해하지 않는다.
ㅁ. 강제추행죄에 대하여 형의 선고를 받고 확정된 사람으로부터 디엔에이감식시료를 채취할 수 있도록 하는 것은 해당 채취대상자의 신체의 자유를 침해한다.

① ㄱ, ㄴ, ㄷ
② ㄱ, ㄷ, ㄹ
③ ㄴ, ㄷ, ㄹ
④ ㄴ, ㄹ, ㅁ
⑤ ㄷ, ㄹ, ㅁ

ㄱ. O 탄핵소추절차는 국회와 대통령이라는 헌법기관 사이의 문제이고, 국회의 탄핵소추의결에 따라 사인으로서 대통령 개인의 기본권이 침해되는 것이 아니다. 국가기관이 국민에 대하여 공권력을 행사할 때 준수하여야 하는 법원칙으로 형성된 적법절차의 원칙을 국가기관에 대하여 헌법을 수호하고자 하는 탄핵소추절차에 직접 적용할 수 없다(2017.3.10. 2016헌나1).
ㄴ. X 형집행법 제112조 제3항 본문 중 제108조 제13호에 관한 부분은 금치의 징벌을 받은 사람에 대해 금치기간 동안 실외운동을 원칙적으로 정지하는 불이익을 가함으로써, 규율의 준수를 강제하여 수용시설 내의 안전과 질서를 유지하기 위한 것으로서 목적의 정당성 및 수단의 적합성이 인정된다. 실외운동은 구금되어 있는 수용자의 신체적·정신적 건강을 유지하기 위한 최소한의 기본적 요청이고, 수용자의 건강 유지는 교정교화와 건전한 사회복귀라는 형 집행의 근본적 목표를 달성하는 데 필수적이다. 그런데 위 조항은 금치처분을 받은 사람에 대하여 실외운동을 원칙적으로 금지하고, 다만 소장의 재량에 의하여 이를 예외적으로 허용하고 있다. 그러나 소란, 난동을 피우거나 다른 사람을 해할 위험이 있어 실외운동을 허용할 경우 금치처분의 목적 달성이 어려운 예외적인 경우에 한하여 실외운동을 제한하는 덜 침해적인 수단이 있음에도 불구하고, 위 조항은 금치처분을 받은 사람에게 원칙적으로 실외운동을 금지한다. 나아가 위 조항은 예외적으로 실외운동을 허용하는 경우에도, 실외운동의 기회가 부여되어야 하는 최저기준을 법령에서 명시하고 있지 않으므로, 침해의 최소성 원칙에 위배된다. 위 조항은 수용자의 정신적·신체적 건강에 필요 이상의 불이익을 가하고 있고, 이는 공익에 비하여 큰 것이므로 위 조항은 법익의 균형성 요건도 갖추지 못하였다. 따라서 위 조항은 청구인의 신체의 자유를 침해한다(2016.5.26. 2014헌마45).

ㄷ. O 1992.12.24. 92헌가8
ㄹ. O 강제퇴거명령을 받은 사람을 즉시 대한민국 밖으로 송환할 수 없으면 송환할 수 있을 때까지 보호시설에 보호할 수 있도록 규정한 출입국관리법 제63조 제1항은 과잉금지원칙에 위배되어 강제퇴거대상자의 신체의 자유를 침해하지 아니한다(2018.2.22. 2017헌가29).
ㅁ. X 강제추행죄에 대하여 형의 선고를 받고 확정된 사람으로부터 디엔에이감식시료를 채취할 수 있도록 규정한 '디엔에이신원확인정보의 이용 및 보호에 관한 법률' 제5조 제1항 제4호 중 '형법 제298조에 해당하는 죄에 대하여 형의 선고를 받아 확정된 사람'에 관한 부은 과잉금지원칙을 위반하여 청구인의 신체의 자유를 침해하지 않는다(2016.3.31. 2014헌마457).

12 22변시-14 정답 ⑤

영장주의에 관한 설명 중 옳지 않은 것은? (다툼이 있는 경우 판례에 의함)

① 관계행정청이 등급분류를 받지 아니하거나 등급분류를 받은 게임물과 다른 내용의 게임물을 발견한 경우 관계공무원으로 하여금 이를 수거·폐기하게 할 수 있도록 한 것은, 급박한 상황에 대처하기 위한 것으로서 그 불가피성과 정당성이 충분히 인정되는 경우이므로, 영장 없는 수거를 인정한다고 하더라도 영장주의에 위배되는 것으로 볼 수 없다.
② 각급선거관리위원회 위원·직원의 선거범죄 조사에 있어서 피조사자에게 자료제출의무를 부과한 「공직선거법」조항에 따른 자료제출요구는, 행정조사의 성격을 가지는 것으로 수사기관의 수사와 근본적으로 그 성격을 달리하며, 그 상대방에 대하여 직접적으로 어떠한 물리적 강제력을 행사하는 강제처분을 수반하는 것이 아니므로 영장주의의 적용대상이 아니다.
③ 체포영장을 발부받아 피의자를 체포하는 경우에, 필요한 때에는 영장 없이 타인의 주거 등 내에서 피의자 수색을 할 수 있도록 규정한 것은 수색에 앞서 영장을 발부받기 어려운 긴급한 사정이 인정되지 않는 경우에도 영장 없이 피의자 수색을 할 수 있다는 것이므로 영장주의에 위반된다.
④ 범죄피의자로 입건된 사람에게 검사의 신문을 받으면서 자신의 신원을 밝히지 않고 지문채취에 불응하는 경우 형사처벌을 통하여 지문채취를 강제하더라도 이를 영장주의에 의하여야 할 강제처분이라고 할 수 없다.
⑤ 기지국 수사를 허용하는 통신사실 확인자료 제공요청은 「통신비밀보호법」이 규정하는 강제처분에 해당하므로, 법관이 발부한 영장에 의하지 않고 관할 지방법원 또는 지원의 허가만 받으면 이를 가능하게 한 것은 영장주의에 위반된다.

① O 관계행정청이 등급분류를 받지 아니하거나 등급분류를 받은 게임물과 다른 내용의 게임물을 발견한 경우 관계공무원으로 하여금 이를 수거·폐기하게 할 수 있도록 한 구 음반·비디오물및게임물에관한법률 제24조 제3항 제4호 중 게임물에 관한 규정 부분은 급박한 상황에 대처하기 위한 것으로서 그 불가피성과 정당성이 충분히 인정되는 경우이므로, 이 사건 법률조항이 영장 없는 수거를 인정한다고 하더라도 이를 두고 헌법상 영장주의에 위배되는 것으로는 볼 수 없다(2002.10.31. 2000헌가12).

② O 심판대상조항에 의한 자료제출요구는 행정조사의 성격을 가지는 것으로 수사기관의 수사와 근본적으로 그 성격을 달리하며, 청구인에 대하여 직접적으로 어떠한 물리적 강제력을 행사하는 강제처분을 수반하는 것이 아니므로 영장주의의 적용대상이 아니다(2019.9.26. 2016헌바381).

③ O 심판대상조항은 체포영장을 발부받아 피의자를 체포하는 경우에 필요한 때에는 영장 없이 타인의 주거 등 내에서 피의자 수사를 할 수 있다고 규정함으로써, 앞서 본 바와 같이 별도로 영장을 발부받기 어려운 긴급한 사정이 있는지 여부를 구별하지 아니하고 피의자가 소재할 개연성만 소명되면 영장 없이 타인의 주거 등을 수색할 수 있도록 허용하고 있다. 이는 체포영장이 발부된 피의자가 타인의 주거 등에 소재할 개연성은 소명되나, 수색에 앞서 영장을 발부받기 어려운 긴급한 사정이 인정되지 않는 경우에도 영장 없이 피의자 수색을 할 수 있다는 것이므로, 헌법 제16조의 영장주의 예외 요건을 벗어나는 것으로서 영장주의에 위반된다(2018.4.26. 2015헌바370 등 [헌법불합치]).

④ O 이 사건 법률조항은 수사기관이 직접 물리적 강제력을 행사하여 피의자에게 강제로 지문을 찍도록 하는 것을 허용하는 규정이 아니며 형벌에 의한 불이익을 부과함으로써 심리적·간접적으로 지문채취를 강요하고 있으므로 피의자가 본인의 판단에 따라 수용여부를 결정한다는 점에서 궁극적으로 당사자의 자발적 협조가 필수적임을 전제로 하므로 물리력을 동원하여 강제로 이루어지는 경우와는 질적으로 차이가 있다. 따라서 이 사건 법률조항에 의한 지문채취의 강요는 영장주의에 의하여야 할 강제처분이라 할 수 없다(2004.9.23. 2002헌가17 등).

⑤ X 기지국수사는 통신비밀보호법이 정한 강제처분에 해당되므로 헌법상 영장주의가 적용된다. 헌법상 영장주의의 본질은 강제처분을 함에 있어 중립적인 법관이 구체적 판단을 거쳐야 한다는 점에 있는바, 이 사건 허가조항은 수사기관이 전기통신사업자에게 통신사실 확인자료 제공을 요청함에 있어 관할 지방법원 또는 지원의 허가를 받도록 규정하고 있으므로 헌법상 영장주의에 위배되지 아니한다(2018.6.28. 2012헌마538). → 개인정보자기결정권과 통신의 자유를 침해한다.

13 20변시-2   정답 ①

영장주의에 관한 설명 중 옳지 않은 것은? (다툼이 있는 경우 판례에 의함)

① 헌법 제12조 제3항이 정한 영장주의는 수사기관이 강제처분을 함에 있어 중립적 기관인 법원의 허가를 얻어야 함을 의미하는 것 외에 법원에 의한 사후 통제까지 마련되어야 함을 의미한다.

② 형사재판에 계속 중인 사람에 대하여 법무부장관이 6개월 이내의 기간을 정하여 출국을 금지할 수 있다고 규정한 「출입국관리법」 조항은 영장주의에 위반되지 아니한다.

③ 체포영장을 발부받아 피의자를 체포하는 경우에 필요한 때에는 영장 없이 타인의 주거 등 내에서 피의자 수사를 할 수 있도록 한 「형사소송법」 조항은 별도로 영장을 발부받기 어려운 긴급한 사정이 있는지 여부를 구별하지 않고 피의자가 소재할 개연성만 소명되면 영장 없이 타인의 주거 등을 수색할 수 있도록 허용하고 있어 헌법 제16조의 영장주의에 위반된다.

④ 수사기관이 공사단체 등에 범죄수사에 관련된 사실을 조회하는 행위는 강제력이 개입되지 아니한 임의수사에 해당하므로, 이에 응하여 이루어진 국민건강보험공단의 개인정보제공행위에는 영장주의가 적용되지 않는다.

⑤ 통신사실 확인자료 제공요청은 수사 또는 내사의 대상이 된 가입자 등의 동의나 승낙을 얻지 않고도 공공기관이 아닌 전기통신사업자를 상대로 이루어지는 것으로「통신비밀보호법」이 정한 수사기관의 강제처분이므로 통신사실 확인자료 제공요청에는 헌법상 영장주의가 적용된다.

① X 헌법 제12조 제3항이 정한 영장주의가 수사기관이 강제처분을 함에 있어 중립적 기관인 법원의 허가를 얻어야 함을 의미하는 것 외에 **법원에 의한 사후 통제까지 마련되어야 함을 의미한다고 보기 어렵다**(2018.8.30. 2016헌마263). 위 사건에서 헌법재판소는 헌법불합치 결정을 내렸는데, "인터넷회선을 통하여 송·수신하는 전기통신" 부분은 과잉금지원칙에 반하여 통신의 비밀과 자유(헌법 제18조), 사생활의 비밀과 자유(헌법 제19조)를 침해하였다고 판시하였다.

② O 형사재판에 계속 중인 사람에 대하여 출국을 금지할 수 있다고 규정한 출입국관리법 제4조 제1항 제1호에 따른 **법무부장관의 출국금지결정**은 형사재판에 계속 중인 국민의 출국의 자유를 제한하는 행정처분일 뿐이고, 영장주의가 적용되는 신체에 대하여 직접적으로 물리적 강제력을 수반하는 **강제처분이라고 할 수는 없다.** 따라서 심판대상조항이 헌법 제12조 제3항의 영장주의에 위배된다고 볼 수 없다(2015.9.24. 2012헌바302).

③ O 헌법 제12조 제3항과 헌법 제16조의 관계, 주거 공간에 대한 긴급한 압수·수색의 필요성, 주거의 자유와 관련하여 영장주의를 선언하고 있는 헌법 제16조의 취지 등을 종합하면, 헌법 제16조의 영장주의에 대해서도 그 예외를 인정하되, 이는 ① 그 장소에 범죄혐의 등을 입증할 자료나 피의자가 존재할 개연성이 소명되고, ② 사전에 영장을 발부받기 어려운 긴급한 사정이 있는 경우에만 제한적으로 허용될 수 있다고 보는 것이 타당하다.

제2장 자유권적 기본권 | 69

심판대상조항은 체포영장을 발부받아 피의자를 체포하는 경우에 필요한 때에는 영장 없이 타인의 주거 등 내에서 피의자 수사를 할 수 있다고 규정함으로써, 앞서 본 바와 같이 별도로 영장을 발부받기 어려운 긴급한 사정이 있는지 여부를 구별하지 아니하고 피의자가 소재할 개연성만 소명되면 영장 없이 타인의 주거 등을 수색할 수 있도록 허용하고 있다. 이는 체포영장이 발부된 피의자가 타인의 주거 등에 소재할 개연성은 소명되나, **수색에 앞서 영장을 발부받기 어려운 긴급한 사정이 인정되지 않는 경우에도 영장 없이 피의자 수색을 할 수 있다는 것이므로**, 헌법 제16조의 영장주의 예외 요건을 벗어나는 것으로서 영장주의에 위반된다(2018.4.26. 2015헌바370).

④ ○ 사실조회조항은 수사기관이 공사단체 등에 대하여 범죄수사에 관련된 사실을 조회할 수 있다고 규정하여 수사기관에 사실조회의 권한을 부여하고 있을 뿐이고, 이에 근거한 이 사건 **사실조회행위**에 대하여 국민건강보험공단이 응하거나 협조하여야 할 **의무를 부담하는 것이 아니다**. 따라서 이 사건 사실조회행위는 강제력이 개입되지 아니한 임의수사에 해당하므로, 이에 응하여 이루어진 이 사건 정보제공행위에도 **영장주의가 적용되지 않는다**(2018.8.30. 2014헌마368).

⑤ ○ 기지국 수사를 허용하는 **통신사실 확인자료 제공요청**은 법원의 허가를 받으면, 해당 가입자의 동의나 승낙을 얻지 아니하고도 제3자인 전기통신사업자에게 해당 가입자에 관한 통신사실 확인자료의 제공을 요청할 수 있도록 하는 수사방법으로, 통신비밀보호법이 규정하는 **강제처분에 해당**하므로 헌법상 **영장주의가 적용된다**(2018.6.28. 2012헌마538).

---

14   20법전협-2-5   정답 ⑤

헌법상 영장주의에 관한 설명으로 옳지 않은 것은? (다툼이 있는 경우 판례에 의함)

① 영장주의의 본질은 강제처분을 함에 있어 중립적인 법관의 구체적 판단을 거쳐야 한다는 점에 있다.

② 영장주의란 형사절차와 관련한 원칙이므로, 형사절차가 아닌 전투경찰순경에 대한 징계절차에는 그대로 적용된다고 볼 수 없다.

③ 영장주의는 구속개시 시점에 있어서 신체의 자유에 대한 박탈의 허용만이 아니라 그 구속영장의 효력을 계속 유지할 것인지 아니면 정지 또는 실효시킬 것인지 여부의 결정도 오직 법관의 판단에 의하여만 결정되어야 한다는 것을 의미한다.

④ 각급 선거관리위원회 위원·직원의 선거범죄 조사에 있어서 피조사자에게 자료제출을 요구하는 것은 행정조사의 성격을 가지는 것으로, 피조사자에 대하여 직접적으로 어떠한 물리적 강제력을 행사하는 강제처분을 수반하는 것이 아니므로 영장주의의 적용대상이 아니다.

⑤ 헌법 제12조 제3항과는 달리 헌법 제16조 후문은 "주거에 대한 압수나 수색을 할 때에는 검사의 신청에 의하여 법관이 발부한 영장을 제시하여야 한다."라고 규정하고 있을 뿐 영장주의에 대한 예외를 명문화하고 있지 않으므로 영장주의가 예외 없이 관철되어야 함을 의미한다.

 해설

① ○ 형사절차에 있어서의 영장주의란 체포·구속·압수 등의 강제처분을 함에 있어서는 사법권 독립에 의하여 그 신분이 보장되는 법관이 발부한 영장에 의하지 않으면 아니된다는 원칙이고, 따라서 영장주의의 본질은 신체의 자유를 침해하는 강제처분을 함에 있어서는 중립적인 법관이 구체적 판단을 거쳐 발부한 영장에 의하여야만 한다는 데에 있다(1997.3.27. 96헌바28·31·32).

② ○ 헌법 제12조 제3항에서 규정하고 있는 영장주의란 형사절차와 관련하여 체포·구속·압수·수색의 강제처분을 할 때 신분이 보장되는 법관이 발부한 영장에 의하지 않으면 안 된다는 원칙으로, 형사절차가 아닌 징계절차에도 그대로 적용된다고 볼 수 없다(2016.3.31. 2013헌바190).

③ ○ 영장주의는 구속개시 시점에 있어서 신체의 자유에 대한 박탈의 허용만이 아니라 그 구속영장의 효력을 계속 유지할 것인지 아니면 정지 또는 실효시킬 것인지 여부의 결정도 오직 법관의 판단에 의하여만 결정되어야 한다는 것을 의미한다(1992.12.24. 92헌가8 ; 2012.6.27. 2011헌가36).

④ ○ 각급선거관리위원회 위원·직원의 선거범죄 조사에 있어서 피조사자에게 자료제출의무를 부과한 공직선거법 제272조의2 제3항 중 '제1항의 규정에 의한 자료의 제출을 요구받은 자'에 관한 부분 및 허위자료를 제출하는 경우 형사처벌하는 구 공직선거법 제256조 제5항 제12호 중 '제272조의2 제3항의 규정에 위반하여 허위의 자료를 제출한 자'에 관한 부분(이하 위 각 조항을 합하여 '심판대상조항'이라 한다)에 의한 자료제출요구는 행정조사의 성격을 가지는 것으로 수사기관의 수사와 근본적으로 그 성격을 달리하며, 청구인에 대하여 직접적으로 어떠한 물리적 강제력을 행사하는 강제처분을 수반하는 것이 아니므로 영장주의의 적용대상이 아니다(2019.9.26. 2016헌바381).

⑤ ✗ 헌법 제12조 제3항은 "체포·구속·압수 또는 수색을 할 때에는 적법한 절차에 따라 검사의 신청에 의하여 법관이 발부한 영장을 제시하여야 한다. 다만, 현행범인 경우와 장기 3년 이상의 형에 해당하는 죄를 범하고 도피 또는 증거인멸의 염려가 있을 때에는 사후에 영장을 청구할 수 있다."라고 규정함으로써, 사전 영장주의에 대한 예외를 명문으로 인정하고 있다. 이와 달리 헌법 제16조 후문은 "주거에 대한 압수나 수색을 할 때에는 검사의 신청에 의하여 법관이 발부한 영장을 제시하여야 한다."라고 규정하고 있을 뿐 영장주의에 대한 예외를 명문화하고 있지 않다. 그러나 헌법 제16조에서 영장주의에 대한 예외를 마련하지 아니하였다고 하여, 주거에 대한 압수나 수색에 있어 영장주의가 예외 없이 반드시 관철되어야 함을 의미하는 것은 아닌 점, … 그 예외는 매우 엄격한 요건 하에서만 인정되어야 하는 점 등을 종합하면, 헌법 제16조의 영장주의에 대해서도 그 예외를 인정하되, 이는 ① 그 장소에 범죄혐의 등을 입증할 자료나 피의자가 존재할 개연성이 소명되고, ② 사전에 영장을 발부받기 어려운 긴급한 사정이 있는 경우에만 제한적으로 허용될 수 있다고 보는 것이 타당하다(2018.4.26. 2015헌바370).

15 19변시-5 정답 ①

변호인의 조력을 받을 권리에 관한 설명 중 옳지 않은 것은? (다툼이 있는 경우 판례에 의함)

① 헌법 제12조 제4항 본문에 규정된 변호인의 조력을 받을 권리는 형사절차에서 피의자 또는 피고인의 방어권을 보장하기 위한 것으로서 「출입국관리법」상 보호 또는 강제퇴거의 절차에는 적용되지 않는다.
② 피의자 및 피고인을 조력할 변호인의 권리 중 그것이 보장되지 않으면 그들이 변호인의 조력을 받는다는 것이 유명무실하게 되는 핵심적인 부분은 헌법상 기본권인 피의자 및 피고인이 가지는 변호인의 조력을 받을 권리와 표리의 관계에 있다 할 수 있어 헌법상 기본권으로 보호되어야 한다.
③ 변호인이 피의자신문에 자유롭게 참여할 수 있는 권리는 피의자가 가지는 변호인의 조력을 받을 권리를 실현하는 수단이라고 할 수 있어 헌법상 기본권인 변호인의 변호권으로 보호되어야 하므로, 피의자신문시 변호인에 대한 수사기관의 후방착석요구행위는 헌법상 기본권인 변호인의 변호권을 침해한다.
④ 형사절차가 종료되어 교정시설에 수용 중인 수형자나 미결수용자가 형사사건의 변호인이 아닌 민사재판, 행정재판, 헌법재판 등에서 변호사와 접견할 경우에는 원칙적으로 헌법상 변호인의 조력을 받을 권리의 주체가 될 수 없다.
⑤ 변호인의 수사서류 열람·등사권은 피고인의 신속·공정한 재판을 받을 권리 및 변호인의 조력을 받을 권리라는 헌법상 기본권의 중요한 내용이자 구성요소이며 이를 실현하는 구체적인 수단이 된다.

 해설

① X 변호인의 조력을 받을 권리는 행정절차에서 구속을 당한 사람에게도 즉시 보장된다. 종래 이와 견해를 달리하여 헌법 제12조 제4항 본문에 규정된 변호인의 조력을 받을 권리는 형사절차에서 피의자 또는 피고인의 방어권을 보장하기 위한 것으로서 출입국관리법상 보호 또는 강제퇴거의 절차에도 적용된다고 보기 어렵다고 판시한 우리 재판소 결정(2012.8.23. 2008헌마430)은, 이 결정 취지와 저촉되는 범위 안에서 변경한다(2018.5.31. 2014헌마346 [인용(위헌확인)]).
② O 피구속자를 조력할 변호인의 권리 중 그것이 보장되지 않으면 피구속자가 변호인으로부터 조력을 받는다는 것이 유명무실하게 되는 핵심적인 부분은, '조력을 받을 피구속자의 기본권'과 표리의 관계에 있기 때문에 이러한 핵심부분에 관한 변호인의 조력할 권리 역시 헌법상의 기본권으로서 보호되어야 한다(2003.3.27. 2000헌마474 [인용(위헌확인)]).
③ O 변호인이 피의자신문에 자유롭게 참여할 수 있는 권리는 피의자가 가지는 변호인의 조력을 받을 권리를 실현하는 수단이므로 헌법상 기본권인 변호인의 변호권으로서 보호되어야 한다. 후방착석요구행위는 피의자의 요청이나 스스로의 판단에 따른 피의자에 대한 실질적인 조력을 내용으로 하는 변호인인 청구인의 피의자신문참여에 관한 권리를 과도하게 제한한다고 할 수 있다. 이 사건 후방착석요구행위는 그 목적의 정당성과 수단의 적절성이 인정될 수 있는지 의문이며, 침해의 최소성 및 법익의 균형성 요건을 충족하지 못한다(2017.11.30. 2016헌마503 [인용(위헌확인),각하]).
④ O 변호인의 조력을 받을 권리는 형사절차에서 피의자 또는 피고인이 검사 등 수사·공소기관과 대립되는 당사자의 지위에서 변호인 또는 변호인이 되려는 자와 사이에 충분한 접견교통에 의하여 피의사실이나 공소사실에 대하여 충분하게 방어할 수 있도록 함으로써 피고인이나 피의자의 인권을 보장하려는데 그 제도의 취지가 있는 점에 비추어 보면, 형사절차가 종료되어 교정시설에 수용중인 수형자는 원칙적으로 변호인의 조력을 받을 권리의 주체가 될 수 없다(1998.8.27. 96헌마398 [기각,각하]).
⑤ O 피고인의 신속·공정한 재판을 받을 권리 및 변호인의 조력을 받을 권리는 헌법이 보장하고 있는 기본권이고, 변호인의 수사서류 열람·등사권은 피고인의 신속·공정한 재판을 받을 권리 및 변호인의 조력을 받을 권리라는 헌법상 기본권의 중요한 내용이자 구성요소이며 이를 실현하는 구체적인 수단이 된다. 따라서 변호인의 수사서류 열람·등사를 제한함으로 인하여 결과적으로 피고인의 신속·공정한 재판을 받을 권리 또는 변호인의 충분한 조력을 받을 권리가 침해된다면 이는 헌법에 위반되는 것이다(2010.6.24. 2009헌마257 [인용(위헌확인)]).

16 19법전협-3-18 정답 ④

변호인의 조력을 받을 권리에 관한 설명 중 옳지 않은 것은? (다툼이 있는 경우 판례에 의함)

① 신체구속을 당한 사람에 대하여 변호인의 충분한 조력을 받게 하기 위해서는 신체구속을 당한 사람이 변호인과 충분한 상담을 할 수 있도록 해 주어야만 할 것이므로, 변호인의 조력을 받을 권리의 필수적 내용은 신체구속을 당한 사람과 변호인과의 접견교통이라 할 수 있다.
② 자유로운 의사에 반하여 개인 또는 민간단체 등이 운영하는 의료시설·복지시설·수용시설·보호시설에 수용·보호 또는 감금되어 있는 자도 「인신보호법」에 따라 변호인을 선임할 수 있다.
③ 변호인의 조력을 받을 권리는 변호인과의 자유로운 접견교통권에 그치지 아니하고 더 나아가 변호인을 통하여 수사서류를 포함한 소송관계 서류를 열람·등사하고 이에 대한 검토결과를 토대로 공격과 방어의 준비를 할 수 있는 권리도 포함한다.
④ 변호인의 조력을 받을 권리는 형사절차에서 피의자 또는 피고인의 방어권을 보장하기 위한 것이므로 「출입국관리법」상 보호 또는 강제퇴거의 절차에는 적용되지 않는다.
⑤ 구치소장이 변호인접견실에 CCTV를 설치하여 미결수용자와 변호인 간의 접견을 관찰한 행위는 금지물품의 수수나 교정사고를 방지하거나 이에 적절하게 대처하기 위한 것으로, 과잉금지원칙에 반하여 해당 미결수용자의 변호인의 조력을 받을 권리를 침해하지 않는다.

 해설

① O 2016.4.28. 2015헌마243
② O 피수용자와 구제청구자는 변호인을 선임할 수 있다. 구제청구자 등이 빈곤이나 그 밖의 사유로 변호인을 선임할 수 없는 경우 구제청구자 등의 명시적 의사에 반하지 아니하는 이상 법원은 직권으로 변호인을 선정하여야 한다. 다만, 구제청구가 명백하게 이유 없는 때에는 그러하지 아니하다(인신보호법 제12조 제2항).
③ O 1997.11.27. 94헌마60
④ X 헌법 제12조 제4항 본문의 문언 및 헌법 제12조의 조문 체계, 변호인 조력권의 속성, 헌법이 신체의 자유를 보장하는 취지를 종합하여 보면 헌법 제12조 제4항 본문에 규정된 "구속"은 사법절차에서 이루어진 구속뿐 아니라, 행정절차에서 이루어진 구속까지 포함하는 개념이다. 따라서 헌법 제12조 제4항 본문에 규정된 변호인의 조력을 받을 권리는 행정절차에서 구속을 당한 사람에게도 즉시 보장된다. 종래 이와 견해를 달리하여 헌법 제12조 제4항 본문에 규정된 변호인의 조력을 받을 권리는 형사절차에서 피의자 또는 피고인의 방어권을 보장하기 위한 것으로서 출입국관리법상 보호 또는 강제퇴거의 절차에도 적용된다고 보기 어렵다고 판시한 우리 재판소 결정은, 이 결정 취지와 저촉되는 범위 안에서 변경한다(2018.5.31. 2014헌마346).
⑤ O 2016.4.28. 2015헌마243

17 19법전협-2-18   정답 ③

변호인의 조력을 받을 권리에 관한 설명으로 옳은 것은?
(다툼이 있는 경우 판례에 의함)

① 변호인이 피의자신문에 참여하면서 피의자 옆에 앉으려고 하자, 검찰수사관이 피의자 후방에 앉으라고 요구한 것은 변호인의 피의자를 조력할 권리를 침해하지 않는다.
② 법원의 수사서류 열람·등사 허용 결정에도 불구하고 검사가 해당 수사서류의 등사를 거부한 경우, 이러한 등사 거부행위는 해당 피고인의 변호인의 조력을 받을 권리를 침해하지 않는다.
③ 수형자가 형사사건의 변호인이 아닌 민사재판, 행정재판, 헌법재판 등에서 변호사와 접견할 경우에는 원칙적으로 헌법 제12조 제4항의 변호인의 조력을 받을 권리의 주체가 될 수 없으므로, 교도소장의 접견불허처분에 의하여 헌법상 변호인의 조력을 받을 권리가 제한된다고 볼 수 없다.
④ 미결수용자 또는 변호인이 원하는 특정한 시점의 접견을 불허하는 것은 해당 미결수용자의 변호인의 조력을 받을 권리를 침해한다.
⑤ 형사재판 과정에서 피고인 등과 증인 사이에 차폐시설을 설치하고 증인신문을 하도록 하는 것은 피고인과 변호인 모두에 대하여 증인의 진술태도 등을 관찰할 수 있는 기회를 전혀 부여하지 않아 해당 피고인의 변호인의 조력을 받을 권리를 침해한다.

 해설

① X 검찰수사관인 피청구인이 피의자신문에 참여한 변호인인 청구인에게 피의자 후방에 앉으라고 요구한 행위는 변호인인 청구인의 변호권을 침해한다(2017.11.30. 2016헌마503).
② X 법원의 수사서류 열람·등사 허용 결정에도 불구하고 검사가 해당 수사서류의 등사를 거부한 경우 위와 같은 검사의 행위는 청구인들의 신속하고 공정한 재판을 받을 권리 및 변호인의 조력을 받을 권리를 침해한다(2017.12.28. 2015헌마632).
③ O 변호인의 조력을 받을 권리에 대한 헌법과 법률의 규정 및 취지에 비추어 보면, '형사사건에서 변호인의 조력을 받을 권리'를 의미한다고 보아야 할 것이므로 형사절차가 종료되어 교정시설에 수용 중인 수형자나 미결수용자가 형사사건의 변호인이 아닌 민사재판, 행정재판, 헌법재판 등에서 변호사와 접견할 경우에는 원칙적으로 헌법상 변호인의 조력을 받을 권리의 주체가 될 수 없다. 따라서 원칙적으로 수형자는 교도소장의 접견불허처분에 의하여 헌법상 변호인의 조력을 받을 권리가 제한된다고 볼 수 없다(2013.8.29. 2011헌마122).
④ X 변호인의 조력을 받을 권리를 보장하는 목적은 피의자 또는 피고인의 방어권 행사를 보장하기 위한 것이므로, 미결수용자 또는 변호인이 원하는 특정한 시점에 접견이 이루어지지 못하였다 하더라도 그것만으로 곧바로 변호인의 조력을 받을 권리가 침해되었다고 단정할 수는 없는 것이다(2011.5.26. 2009헌마341).
⑤ X 강력범죄 또는 조직폭력범죄의 수사와 재판에서 범죄입증을 위해 증언한 자의 안전을 효과적으로 보장해 줄 수 있는 조치가 마련되어야 할 필요성은 매우 크고, 경우에 따라서는 증인이 피고인의 변호인과 대면하여 진술하는 것으로부터 보호할 필요가 있을 수 있다. 피고인 등과 증인 사이에 차폐시설을 설치한 경우에도 피고인 및 변호인에게는 여전히 반대신문권이 보장되고, 증인신문과정에서 증언의 신빙성에 대한 최종 판단 권한을 가진 재판부가 증인의 진술태도를 충분히 관찰할 수 있으며, 형사소송법은 차폐시설을 설치하고 증인신문절차를 진행할 경우 피고인으로부터 의견을 듣도록 하는 등 피고인이 받을 수 있는 불이익을 최소화하기 위한 장치를 마련하고 있다. 따라서 심판대상조항은 과잉금지원칙에 위배되어 청구인의 공정한 재판을 받을 권리 및 변호인의 조력을 받을 권리를 침해한다고 할 수 없다(2016.12.29. 2015헌바221).

18   18변시-7   정답 ⑤

수용자의 기본권에 관한 설명 중 옳지 않은 것은? (다툼이 있는 경우 판례에 의함)

① 금치처분을 받은 자에 대한 집필제한은 표현의 자유를 제한하는 것이며, 서신수수제한은 통신의 자유에 대한 제한에 속한다.

② 구치소장이 변호인접견실에 CCTV를 설치하여 미결수용자와 변호인 간의 접견을 관찰한 행위는 금지물품의 수수나 교정사고를 방지하기 위한 것으로 미결수용자의 변호인의 조력을 받을 권리를 침해한다고 할 수 없다.

③ 금치처분은 금치처분을 받은 사람을 징벌거실 속에 구금하여 반성에 전념하게 하려는 목적을 가지고 있으므로, 금치기간 중 텔레비전 시청을 제한하는 것은 수용자의 알 권리를 침해하지 아니한다.

④ 금치처분을 받은 사람에 대하여 실외운동을 원칙적으로 금지하고 소장의 재량에 의하여 이를 예외적으로 허용하는 것은 수용자의 정신적·신체적 건강에 필요 이상의 불이익을 가하고 있으므로 신체의 자유를 침해한다.

⑤ 민사재판을 받는 수형자에게 재소자용 의류를 착용하게 하는 것은 재판부나 소송관계자들에게 불리한 심증을 줄 수 있으므로, 수형자의 공정한 재판을 받을 권리를 침해한다.

 해설

① O [1] 집필에 대한 제한은 집필행위의 구체적인 내용이나 목적에 따라 매우 다양한 기본권과 관련되어질 수 있다. 예컨대 학술활동을 위한 글을 쓰는 경우에는 학문의 자유, 문학작품의 창작을 위한 경우에는 예술의 자유, 직업으로서의 글쓰기를 위한 경우에는 직업의 자유, 편지를 쓰는 경우와 같이 외부와의 연락을 위한 경우에는 통신의 자유, 소송서류를 작성하기 위한 경우에는 재판청구권, 일기나 비망록 등의 작성을 위한 경우에는 인격권이나 행복추구권과 연관될 수 있다. 그런데 이 사건 시행령조항이 직접적으로 제한하고 있는 것은 집필행위 자체로서 그 집필의 목적이나 내용은 묻지 않고 있는 바, 이는 기본적으로는 인간의 정신적 활동을 문자를 통해 외부로 나타나게 하는 행위, 즉 표현행위를 금지하는 것으로 볼 수 있고, 그렇다면 이 사건 시행령조항에 의하여 가장 직접적으로 제한되는 것은 <u>표현의 자유라고 볼 수 있을 것이다</u>(2005.2.24. 2003헌마289).

[2] 금치처분을 받은 미결수용자에 대하여 금치기간 중 서신수수, 접견, 전화통화를 제한하는 것은 대상자를 구속감과 외로움 속에 반성에 전념하게 함으로써 수용시설 내 안전과 질서를 유지하기 위한 것이다. 접견이나 서신수수의 경우에는 교정시설의 장이 수용자의 권리구제 등을 위해 필요하다고 인정한 때에는 예외적으로 허용할 수 있도록 하여 기본권 제한을 최소화하고 있다. <u>전화통화의 경우에는 위와 같은 예외가 규정되어 있지는 않으나</u>, 증거인멸 우려 등의 측면에서 미결수용자의 전화통화의 자유를 제한할 필요성이 더 크다고 할 수 있다. 나아가 금치처분을 받은 자는 수용시설의 안전과 질서유지에 위반되는 행위, 그 중에서도 가장 중하다고 평가된 행위를 한 자이므로 이에 대하여 <u>금치기간 중 일률적으로 전화통화를 금지한다</u> 하더라도 과도하다고 보기 어렵다. 따라서 이 사건 서신수수·접견·전화통화 제한조항은 청구인의 <u>통신의 자유를 침해하지 아니한다</u>(2016.4.28. 2012헌마549 · 2013헌마865).

② O CCTV관찰행위로 침해되는 법익은 변호인접견 내용의 비밀이 폭로될 수 있다는 막연한 추측과 감시받고 있다는 심리적인 불안 내지 위축으로 법익의 침해가 현실적이고 구체화되어 있다고 보기 어려운 반면, 이를 통하여 구치소 내의 수용질서 및 규율을 유지하고 교정사고를 방지하고자 하는 것은 교정시설의 운영에 꼭 필요하고 중요한 공익이므로, 법익의 균형성도 갖추었다. 따라서 이 사건 CCTV관찰행위가 청구인의 <u>변호인의 조력을 받을 권리를 침해한다고 할 수 없다</u>(2016.4.28. 2015헌마243).

③ O 형집행법 제112조 제3항 본문 중 제108조 제6호에 관한 부분은 금치의 징벌을 받은 사람에 대해 금치기간 동안 텔레비전 시청 제한이라는 불이익을 가함으로써, 규율의 준수를 강제하여 수용시설 내의 안전과 질서를 유지하기 위한 것으로서, … 금치처분은 금치처분을 받은 사람을 징벌거실 속에 구금하여 반성에 전념하게 하려는 목적을 가지고 있으므로 그에 대하여 일반 수용자와 같은 수준으로 텔레비전 시청이 이뤄지도록 하는 것은 교정실무상 어려움이 있고, 금치처분을 받은 사람은 텔레비전을 시청하는 대신 수용시설에 보관된 도서를 열람함으로써 다른 정보원에 접근할 수 있다. 또한, 위와 같은 불이익은 규율 준수를 통하여 수용질서를 유지한다는 공익에 비하여 크다고 할 수 없다. 위 조항은 수용자의 <u>알 권리를 침해하지 아니한다</u>(2016.5.26. 2014헌마45).

④ O **금치처분을 받은 수형자에 대하여 금치기간 중 운동을 금지하는 것이 수형자의 인간의 존엄과 가치, 신체의 자유 등을 침해하는지 여부(적극)** 실외운동은 구금되어 있는 수형자의 신체적·정신적 건강 유지를 위한 최소한의 기본적 요청이라고 할 수 있는데, 금치 수형자에 대하여 <u>일체의 운동을 금지하는 것은</u> 수형자의 신체적 건강뿐만 아니라 정신적 건강을 해칠 위험성이 현저히 높다. 따라서 금치 처분을 받은 수형자에 대한 절대적인 운동의 금지는 징벌의 목적을 고려하더라도 그 수단과 방법에 있어서 필요 최소한도의 범위를 벗어난 것으로서, 수형자의 헌법 제10조의 인간의 존엄과 가치 및 신체의 안전성이 훼손당하지 아니할 자유를 포함하는 제12조의 <u>신체의 자유를 침해하는 정도에 이르렀다고 판단된다</u>(2004.12.16. 2002헌마478).

⑤ X 무죄추정의 원칙이나 방어권은 원칙적으로 형사재판에서 문제되는 기본권인데, 여기서 문제되는 것은 형사재판이 아니라 청구인이 자신의 민사상 분쟁을 해결하기 위하여 당사자로 출석하는 민사재판이다. 그런데 민사재판에서 법관이 당사자의 복장, 즉 사복이 아니라 재소자용 의류를 입었다는 이유로 불리한 심증을 갖거나 불공정한 재판진행을 하게 될 우려가 있다고 볼 수는 없으므로, 심판대상조항이 민사재판의 <u>당사자로 출석하는 수형자에 대하여 사복착용을 불허하는 것으로 인하여 공정한 재판을 받을 권리가 침해되는 것은 아니다</u>(2015.12.23. 2013헌마712). → 형사재판에서는 당사자로 출석하는 수형자에 대하여 사복착용을 불허하는 것은 공정한 재판을 받을 권리가 침해된다.

19 17변시-8   정답 ①

甲은 사기혐의로 기소되었으며, 법무부장관 乙은 甲이 형사재판에 계속 중임을 이유로 「출입국관리법」 제4조 제1항 제1호에 근거하여 甲에 대해서 6개월 동안 출국을 금지하였다. 이에 甲은 「출입국관리법」 제4조 제1항 제1호의 위헌 여부를 다투고자 한다. 이에 관한 설명 중 옳은 것을 모두 고른 것은? (다툼이 있는 경우 판례에 의함)

> ※ 「출입국관리법」
> 제4조[출국의 금지]
> ① 법무부장관은 다음 각 호의 어느 하나에 해당하는 국민에 대하여는 6개월 이내의 기간을 정하여 출국을 금지할 수 있다.
>   1. 형사재판에 계속(係屬) 중인 사람
> <이하 생략>

ㄱ. 「출입국관리법」 제4조 제1항 제1호에 따른 乙의 출국금지결정은 형사재판에 계속 중인 甲의 출국의 자유를 제한하는 행정처분일 뿐이고, 영장주의가 적용되는 신체에 대하여 직접적으로 물리적 강제력을 수반하는 강제처분이라고 할 수는 없다.

ㄴ. 공정한 재판을 받을 권리가 보장되기 위해서는 피고인이 자신에게 유리한 증거를 제한 없이 수집할 수 있어야 하므로, 공정한 재판을 받을 권리에는 외국에 나가 증거를 수집할 권리가 포함된다.

ㄷ. 「출입국관리법」 제4조 제1항 제1호는 무죄추정의 원칙에서 금지하는 유죄 인정의 효과로서의 불이익 즉, 유죄를 근거로 형사재판에 계속 중인 사람에게 사회적 비난 내지 응보적 의미의 제재를 가하는 것이므로 무죄추정의 원칙에 위배된다.

ㄹ. 「출입국관리법」 제4조 제1항 제1호는 외국에 주된 생활의 근거지가 있거나 업무상 해외출장이 잦은 불구속 피고인의 경우와 같이 출국의 필요성이 강하게 요청되는 사람의 기본권을 과도하게 제한할 소지가 있으므로 출국의 자유를 침해한다.

① ㄱ
② ㄱ, ㄴ
③ ㄴ, ㄷ
④ ㄱ, ㄷ, ㄹ
⑤ ㄴ, ㄷ, ㄹ

 해설

ㄱ. O 심판대상조항에 따른 법무부장관의 출국금지결정은 형사재판에 계속 중인 국민의 출국의 자유를 제한하는 행정처분일 뿐이고, 영장주의가 적용되는 신체에 대하여 직접적으로 물리적 강제력을 수반하는 강제처분이라고 할 수는 없다. 따라서 심판대상조항이 헌법 제12조 제3항의 영장주의에 위배된다고 볼 수 없다(2015.9.24. 2012헌바302).

ㄴ. X 심판대상조항은 법무부장관으로 하여금 피고인의 출국을 금지할 수 있도록 하는 것일 뿐 피고인의 공격·방어권 행사와 직접 관련이 있다고 할 수 없고, 공정한 재판을 받을 권리에 외국에 나가 증거를 수집할 권리가 포함된다고 보기도 어렵다. 따라서 심판대상조항은 공정한 재판을 받을 권리를 침해한다고 볼 수 없다(2015.9.24. 2012헌바302).

ㄷ. X 헌법 제27조 제4항에서 규정하고 있는 무죄추정의 원칙은, 피고인이나 피의자를 유죄의 판결이 확정되기 전에 죄 있는 사람에 준하여 취급함으로써 법률적·사실적 측면에서 유·무형의 불이익을 주어서는 안 된다는 것을 의미한다. 여기서 불이익이란 유죄를 근거로 그에 대하여 사회적 비난 내지 기타 응보적 의미의 차별 취급을 가하는 유죄 인정의 효과로서의 불이익을 뜻한다. 심판대상조항은 형사재판에 계속 중인 사람이 국가의 형벌권을 피하기 위하여 해외로 도피할 우려가 있는 경우 법무부장관으로 하여금 출국을 금지할 수 있도록 하는 것일 뿐이다. 그렇다면 해외도피의 우려가 있는 피고인이 일정 기간 동안 출국이 금지되는 불이익을 받더라도 이를 두고 무죄추정의 원칙에서 금지하는 유죄 인정의 효과로서의 불이익 즉, 유죄를 근거로 형사재판에 계속 중인 사람에게 사회적 비난 내지 응보적 의미의 제재를 가하려는 것이라고 보기 어렵다. 따라서 심판대상조항은 무죄추정의 원칙에 위배된다고 볼 수 없다(2015.9.24. 2012헌바302).

ㄹ. X 형사소송법상 불구속 수사·재판의 원칙에 따라 불구속 수사와 재판이 늘어나면서 형사재판 계속 중 해외로 도피하는 피고인의 수가 매년 증가하고 있으며, 이로 인하여 공판절차가 사실상 중단되어 영구미제 사건으로 남거나 형의 집행이 곤란하게 되는 등 국가형벌권 실현에 장애가 초래되고 있다. 이런 상황에서 불구속 상태로 형사재판에 계속 중인 사람의 해외도피를 막기 위하여 필요하다고 인정되는 경우에는 일정 기간 동안 출국금지를 할 수 있도록 허용할 필요가 있다. … 이와 같이 형사재판에 계속 중인 사람의 기본권 제한을 최소화하기 위한 여러 방안이 마련되어 있으므로, 심판대상조항은 침해의 최소성 원칙에 위배되지 아니한다(2015.9.24. 2012헌바302). → 지문은 재판관 이정미, 재판관 이진성의 반대의견이다.

제2절 사생활영역의 자유

제1항 사생활의 비밀과 자유

20 20법전협-3-6 정답 ⑤

사생활의 비밀과 자유에 관한 설명으로 옳은 것을 모두 고른 것은? (다툼이 있는 경우 판례에 의함)

ㄱ. 「특정 범죄자에 대한 위치추적 전자장치 부착 등에 관한 법률」상 전자장치부착제도는 피부착자의 위치와 이동경로를 실시간으로 파악하여 피부착자를 24시간 감시할 수 있도록 하고 있으므로 피부착자의 사생활의 비밀과 자유를 제한한다.

ㄴ. 인터넷언론사의 공개된 게시판·대화방에서 스스로의 의사에 의하여 정당·후보자에 대한 지지·반대의 글을 게시하는 행위는 사생활 비밀의 자유에 의하여 보호되는 영역이므로, 그 과정에서 실명확인 절차의 부담을 지도록 하는 것은 사생활 비밀의 자유를 제한하는 것이다.

ㄷ. 구치소장이 교정시설 내의 안전과 질서유지 그리고 접견기록물의 엄격한 관리를 위하여 미리 접견내용의 녹음 사실 등을 고지한 후 미결수용자의 배우자와의 접견을 녹음한 행위는 미결수용자의 사생활의 비밀과 자유를 침해하였다고 볼 수 없다.

ㄹ. 교도소장이 사생활 영역이거나 사생활에 연결될 수 있는 수용자의 거실 또는 작업장을 수용자가 없는 상태에서 검사하는 행위는, 교도소의 안전과 질서를 유지하고 수형자의 교화·개선에 지장을 초래할 수 있는 물품을 차단하기 위한 것으로서 사생활의 비밀 및 자유를 침해하였다고 볼 수 없다.

① ㄱ, ㄴ ② ㄴ, ㄹ
③ ㄷ, ㄹ ④ ㄱ, ㄴ, ㄷ
⑤ ㄱ, ㄷ, ㄹ

⑤ 사생활의 비밀과 자유에 관한 설명으로 옳은 것은 ㄱ, ㄷ, ㄹ 이다.

ㄱ. O 전자장치부착조항은 피부착자의 위치와 이동경로를 실시간으로 파악하여 피부착자를 24시간 감시할 수 있도록 하고 있으므로 피부착자의 사생활의 비밀과 자유를 제한하며, 피부착자의 위치와 이동경로 등 '위치 정보'를 수집, 보관, 이용한다는 측면에서 개인정보자기결정권도 제한한다. 한편 전자장치를 강제로 착용하게 함으로써 피부착자는 옷차림이나 신체활동의 자유가 제한되고, 24시간 전자장치 부착에 의한 위치 감시 그 자체로 모욕감과 수치심을 느낄 수 있으므로 헌법 제10조로부터 유래하는 인격권을 제한한다. / 전자장치부착조항이 과잉금지원칙에 위배하여 피부착자의 사생활의 비밀과 자유, 개인정보자기결정권, 인격권을 침해한다고 볼 수 없다(2012.12.27. 2011헌바89).

ㄴ. X 인터넷언론사의 공개된 게시판·대화방에서 스스로의 의사에 의하여 정당·후보자에 대한 지지·반대의 글을 게시하는 행위는 정당·후보자에 대한 단순한 의견 등의 표현행위에 불과하여 양심의 자유나 사생활 비밀의 자유에 의하여 보호되는 영역이라고 할 수 없으므로, 그 과정에서 실명확인 절차의 부담을 진다고 하더라도 이를 두고 양심의 자유나 사생활 비밀의 자유를 제한받는 것이라고 볼 수 없어 그 침해 여부에 관하여 더 나아가 판단하지 아니한다(2010.2.25. 2008헌마324·2009헌바31).

ㄷ. O 구치소장이 청구인과 배우자의 접견을 녹음한 행위가 청구인의 사생활의 비밀과 자유를 침해하는지 여부(소극) 이 사건 녹음행위는 교정시설 내의 안전과 질서유지에 기여하기 위한 것으로서 그 목적이 정당할 뿐 아니라 수단이 적절하다. 또한, 소장은 미리 접견내용의 녹음 사실 등을 고지하며, 접견기록물의 엄격한 관리를 위한 제도적 장치도 마련되어 있는 점 등을 고려할 때 침해의 최소성 요건도 갖추었고, 이 사건 녹음행위는 미리 고지되어 청구인의 접견내용은 사생활의 비밀로서의 보호가치가 그리 크지 않다고 할 것이므로 법익의 불균형을 인정하기도 어려워, 과잉금지원칙에 위반하여 청구인의 사생활의 비밀과 자유를 침해하였다고 볼 수 없다(2012.12.27. 2010헌마153).

비교판례 변호사와 접견하는 경우에도 수용자의 접견은 원칙적으로 접촉차단시설이 설치된 장소(접촉차단시설이 설치된 녹음녹화접견실)에서 하도록 규정하고 있는 형의 집행 및 수용자의 처우에 관한 법률 시행령 제58조 제4항이 재판청구권을 침해하는지 여부(적극) (2013.8.29. 2011헌마122) … 헌법불합치

ㄹ. O 교도소장이 수용자가 없는 상태에서 실시한 거실 및 작업장 검사행위가 수용자의 사생활의 비밀 및 자유를 침해하는지 여부(소극) 이 사건 검사행위는 교도소의 안전과 질서를 유지하고, 수형자의 교화·개선에 지장을 초래할 수 있는 물품을 차단하기 위한 것으로서 그 목적이 정당하고, 수단도 적절하며, 검사의 실효성을 확보하기 위한 최소한의 조치로 보이고, 달리 덜 제한적인 대체수단을 찾기 어려운 점 등에 비추어 보면 이 사건 검사행위가 과잉금지원칙에 위배하여 사생활의 비밀 및 자유를 침해하였다고 할 수 없다(2011.10.25. 2009헌마691).

21 14변시-7   정답 ⑤

甲은 乙을 사기죄로 고소하였으나, 乙은 증거불충분으로 혐의없음의 불기소처분을 받았다. 甲은 불기소처분의 기록 중 피의자신문조서 등에 대하여 정보공개청구를 하였으나, 사생활의 비밀과 자유를 침해할 위험이 있는 정보라는 이유로 비공개결정을 받았다. 이 사안에 관한 설명 중 옳지 않은 것은? (다툼이 있는 경우 판례에 의함)

[참조]
검찰보존사무규칙 제22조[불기소사건기록등의 열람·등사 제한]
① 검사는 제20조의2에 따른 불기소사건기록등의 열람·등사 신청에 대하여 다음 각 호의 어느 하나에 해당하는 경우에는 기록의 열람·등사를 제한 할 수 있다.
　1. <생략>
　2. 기록의 공개로 인하여 사건관계인의 명예나 사생활의 비밀 또는 생명·신체의 안전이나 생활의 평온을 현저히 해칠 우려가 있는 경우

공공기관의 정보공개에 관한 법률
제4조[적용 범위]
① 정보의 공개에 관하여는 다른 법률에 특별한 규정이 있는 경우를 제외하고는 이 법에서 정하는 바에 따른다.
제9조[비공개 대상 정보]
① 공공기관이 보유·관리하는 정보는 공개 대상이 된다. 다만, 다음 각 호의 어느 하나에 해당하는 정보는 공개하지 아니할 수 있다.
　1. 다른 법률 또는 법률에서 위임한 명령(국회규칙·대법원규칙·헌법재판소규칙·중앙선거관리위원회규칙·대통령령 및 조례로 한정한다)에 따라 비밀이나 비공개 사항으로 규정된 정보
　2.~5. <생략>
　6. 해당 정보에 포함되어 있는 성명·주민등록번호 등 개인에 관한 사항으로서 공개될 경우 사생활의 비밀 또는 자유를 침해할 우려가 있다고 인정되는 정보. 다만, 다음 각 목에 열거한 개인에 관한 정보는 제외한다.
　　가.~마. <생략>

① 「공공기관의 정보공개에 관한 법률」에 따른 정보공개청구권은 법률상 보호되는 구체적인 권리이므로, 공개거부처분에 대하여 甲은 행정소송을 통하여 그 공개거부처분의 취소를 구할 법률상의 이익이 있다.
② 「공공기관의 정보공개에 관한 법률」 제9조 제1항 제6호에 규정된 '사생활의 자유'란 사회공동체의 일반적인 생활규범의 범위 내에서 사생활을 자유롭게 형성해 나가고 그 설계 및 내용에 대해서 외부로부터의 간섭을 받지 아니할 권리이며, '사생활의 비밀'이란 사생활과 관련된 사사로운 자신만의 영역이 본인의 의사에 반해서 타인에게 알려지지 않도록 할 수 있는 권리를 말한다.
③ 乙의 주민등록번호, 직업, 주소, 본적, 전과 및 검찰 처분, 상훈·연금, 병역, 교육, 경력, 가족, 재산 및 월수입, 종교, 정당·사회단체가입, 건강상태, 연락처 등 개인에 관한 정보뿐만 아니라, 사생활의 비밀과 자유를 침해할 우려가 있는 진술내용도 비공개 대상에 해당된다.
④ 공개거부의 근거가 된 검찰보존사무규칙 제22조는 법률상의 위임근거 없는 행정기관 내부의 사무처리준칙으로서 행정규칙에 불과하므로 「공공기관의 정보공개에 관한 법률」 제4조 제1항의 '정보의 공개에 관하여는 다른 법률에 특별한 규정이 있는 경우' 또는 제9조 제1항 제1호의 '다른 법률 또는 법률에서 위임한 명령에 따라 비밀이나 비공개 사항으로 규정된 정보'에 해당되지 않는다.
⑤ 甲이 기록의 열람·등사 신청을 할 경우, 검찰보존사무규칙 제22조 제1항 제2호에 따른 기록의 열람·등사에 대한 검사의 허가여부처분이라는 집행행위가 존재하지만, 그 집행행위를 대상으로 하는 구제절차가 없거나 구제절차가 있다고 하더라도 권리구제의 기대가능성이 없으므로, 위 규칙은 기본권침해의 직접성이 예외적으로 인정된다.

 해설

① O 정보공개청구권은 법률상 보호되는 구체적인 권리이므로 청구인이 공공기관에 대하여 정보공개를 청구하였다가 거부처분을 받은 것 자체가 법률상 이익의 침해에 해당한다고 할 것이고, 거부처분을 받은 것 이외에 추가로 어떤 법률상의 이익을 가질 것을 요구하는 것은 아니다(대판 2004.9.23. 2003두1370).
② O 2010.12.28. 2009헌바258
③ O [1] 공공기관의 정보공개에 관한 법률(정보공개법) 제9조 제1항 제6호 본문의 규정에 따라 비공개대상이 되는 정보에는 구 공공기관의 정보공개에 관한 법률 제7조 제1항 제6호 본문 소정의 이름·주민등록번호 등 정보의 형식이나 유형을 기준으로 비공개대상정보에 해당하는지 여부를 판단하는 '개인식별정보'뿐만 아니라 그 외에 정보의 내용을 구체적으로 살펴 '개인에 관한 사항의 공개로 인하여 개인의 내밀한 내용의 비밀 등이 알려지게 되고, 그 결과 인격적·정신적 내면생활에 지장을 초래하거나 자유로운 사생활을 영위할 수 없게 될 위험성이 있는 정보'도 포함된다고 새겨야 한다. 따라서 불기소처분 기록 중 피의자신문조서 등에 기재된 피의자 등의 인적사항 이외의 진술내용 역시 개인의 사생활의 비밀 또는 자유를 침해할 우려가 인정되는 경우 정보공개법 제9조 제1항 제6호 본문 소정의 비공개대상에 해당한다고 할 것이다.
[2] 고소인이, 자신이 고소하였다가 불기소처분된 사건기록의 피의자신문조서, 진술조서 중 피의자 등 개인의 인적사항을 제외한 부분의 정보공개를 청구하였으나 해당 검찰청 검사장이 공공기관의 정보공개에 관한 법률 제9조 제1항 제6호에 해당한다는 이유로 비공개결정을 한 사안에서, 비공개결정한 정보 중 관련자들의 이름을 제외한 주민등록번호, 직업, 주소(주거 또는 직장주소), 본적, 전과 및 검찰 처분, 상훈·연금, 병역, 교육, 경력, 가족, 재산 및 월수입, 종교, 정당·사회단체가입, 건강상태, 연락처 등 개인에 관한 정보는 개인에 관한 사항으로서 공개되면 개인의 내밀한 비밀 등이 알려지게 되고 그 결과 인격적·정신적 내면생활에 지장을 초래하거나 자유로운 사생활을 영위할 수 없게 될 위험성이 있는 정보에 해당한다고 보아 이를 비공개대상정보에 해당한다고 본 원심판단을 수긍한 사례(대판 2012.6.18. 2011두2361 전원합의체).

④ ○ 검찰보존사무규칙이 검찰청법 제11조에 기하여 제정된 법무부령이기는 하지만, 그 중 불기소사건기록의 열람·등사의 제한을 정하고 있는 위 규칙 제22조는 법률상의 위임근거가 없는 행정기관 내부의 사무처리준칙으로서 행정규칙에 불과하므로, 위 규칙 제22조에 의한 열람·등사의 제한을 정보공개법 제4조 제1항의 '정보의 공개에 관하여 다른 법률에 특별한 규정이 있는 경우' 또는 같은 법 제9조 제1항 제1호의 '다른 법률 또는 법률이 위임한 명령(국회규칙·대법원규칙·헌법재판소규칙·중앙선거관리위원회규칙·대통령령 및 조례에 한한다)에 의하여 비밀 또는 비공개 사항으로 규정된 경우'에 해당한다고 볼 수 없다(대판 2012.6.18. 2011두2361 전원합의체).

⑤ X 예외적으로 집행행위가 존재하는 경우라도 그 집행행위를 대상으로 하는 구제절차가 없거나 구제절차가 있다고 하더라도 권리구제의 기대가능성이 없고 다만 기본권침해를 당한 청구인에게 불필요한 우회절차를 강요하는 것밖에 되지 않는 경우 등으로서 당해 법률에 대한 전제관련성이 확실하다고 인정되는 때에는 당해 법률을 헌법소원의 직접 대상으로 삼을 수 있지만(1997.8.21. 96헌마48), 검찰보존사무규칙 제22조와 … 기록의 열람·등사에 관한 기준을 제시하고 있을 뿐이므로 검사는 기록 열람·등사신청이 있을 경우 이 사건 규칙 제22조 … 에 따라 당연히 기록의 열람·등사를 허가하거나 거부하여야 하는 것은 아니며, 위 기준에 따라 수사기록의 내용을 판단하여 허가여부의 결정을 할 수 있고, 따라서 피청구인인 검사의 집행행위를 통하지 아니하고, 이 사건 규칙과 지침이 직접 청구인들의 기본권을 침해하고 있다고 볼 수 없다(1998.2.27. 97헌마101).

22 18변시-9 정답 ③

개인정보자기결정권에 관한 설명 중 옳지 않은 것은?
(다툼이 있는 경우 판례에 의함)

① '혐의없음' 불기소처분에 관한 사건의 개인정보를 보관하는 것은 재수사에 대비한 기초자료를 보존하여 형사사법의 실체적 진실을 구현하는 한편, 수사력의 낭비를 막고 피의자의 인권을 보호하기 위한 것으로 개인정보자기결정권을 침해한다고 볼 수 없다.

② 형제자매는 언제나 본인과 이해관계를 같이 하는 것은 아닌데도 형제자매가 본인에 대한 친족·상속 등과 관련된 증명서를 편리하게 발급받을 수 있도록 한 것은, 입법목적 달성을 위해 필요한 범위를 넘어선 것으로 개인정보자기결정권을 침해한다.

③ 성적 목적 공공장소 침입죄는 침입대상을 공공화장실 등 공공장소로 하여 사실상 장소를 정하지 아니하고 있으며 그에 따라 신상정보 등록대상의 범위도 제한되지 않는바, 위 범죄에 의한 신상정보 등록조항은 개인정보자기결정권을 침해한다.

④ 강제추행죄로 유죄판결이 확정된 신상정보 등록대상자로 하여금 관할 경찰관서의 장에게 신상정보 및 변경정보를 제출하게 하는 것은, 관할 경찰관서의 장이 등록대상자를 대면하는 과정에서 신상정보를 최초로 수집하고 변경 여부를 규칙적으로 확인하는 방법보다 범죄동기의 억제라는 주관적 영향력의 측면에서 더 효과적이라 할 수 있으므로, 침해의 최소성 원칙에 반하지 않는다.

⑤ 이미 정보주체의 의사에 따라 공개된 개인정보를 그의 별도의 동의 없이 영리 목적으로 수집·제공한 경우, 그러한 정보처리 행위로 침해될 수 있는 정보주체의 인격적 법익과 그 행위로 보호받을 수 있는 정보처리자 등의 법적 이익 등을 고려하여 그 최종적인 위법성 여부를 판단하여야 하고, 단지 정보처리자에게 영리 목적이 있었다는 사정만으로 곧바로 정보처리 행위를 위법하다고 할 수는 없다.

 해설

① ○ 이 사건 수사경력자료 정리조항에서 '혐의없음'의 불기소처분에 관한 개인정보를 보존하도록 하는 것은 재수사에 대비한 기초자료를 보존하고 수사의 반복을 피하기 위한 것으로서 그 목적이 정당하고 수단의 적합성이 인정된다. 또한 해당범죄의 공소시효를 고려할 때 이 사건 수사경력자료 정리조항이 규정한 수사경력자료의 보존기간이 필요 이상으로 긴 것으로 보기도 어려우므로 침해의 최소성을 갖추고 있고, 수사경력자료의 보존으로 청구인이 현실적으로 입게 되는 불이익이 그다지 크지 않으므로 법익의 균형성도 갖추고 있다. 따라서 이 사건 수사경력자료 정리조항에서 '혐의없음'의 불기소처분에 관한 개인정보를 보존하도록 하는 것은 청구인의 개인정보자기결정권을 침해하지 아니한다(2012.7.26. 2010헌마446).

② ○ 이 사건 법률조항은 본인이 스스로 증명서를 발급받기 어려운 경우 형제자매를 통해 증명서를 간편하게 발급받게 하고, 친족·상속 등과 관련된 자료를 수집하려는 형제자매가 본인에 대한 증명서를 편리하게 발급받을 수 있도록 하기 위한 것으로,

목적의 정당성 및 수단의 적합성이 인정된다. 그러나 가족관계등록법상 각종 증명서에 기재된 개인정보가 유출되거나 오남용될 경우 정보의 주체에게 가해지는 타격은 크므로 증명서 교부청구권자의 범위는 가능한 한 축소하여야 하는데, 형제자매는 언제나 이해관계를 같이 하는 것은 아니므로 형제자매가 본인에 대한 개인정보를 오남용 또는 유출할 가능성은 얼마든지 있다. 그런데 이 사건 법률조항은 증명서 발급에 있어 형제자매에게 정보주체인 본인과 거의 같은 지위를 부여하고 있으므로, 이는 증명서 교부청구권자의 범위를 필요한 최소한도로 한정한 것이라고 볼 수 없다. 본인은 인터넷을 이용하거나 위임을 통해 각종 증명서를 발급받을 수 있으며, 가족관계등록법 제14조 제1항 단서 각 호에서 일정한 경우에는 제3자도 각종 증명서의 교부를 청구할 수 있으므로 형제자매는 이를 통해 각종 증명서를 발급받을 수 있다. 따라서 이 사건 법률조항은 침해의 최소성에 위배된다. 또한, 이 사건 법률조항을 통해 달성하려는 공익에 비해 초래되는 기본권 제한의 정도가 중대하므로 법익의 균형성도 인정하기 어려워, 이 사건 법률조항은 청구인의 개인정보자기결정권을 침해한다(2016.6.30. 2015헌마924).

③ ✗ 등록조항은 성범죄자의 재범을 억제하고 효율적인 수사를 위한 것으로 정당한 목적을 달성하기 위한 적합한 수단이다. 신상정보 등록제도는 국가기관이 성범죄자의 관리를 목적으로 신상정보를 내부적으로만 보존·관리하는 것으로, 성범죄자의 신상정보를 일반에게 공개하는 신상정보 공개·고지제도와는 달리 법익침해의 정도가 크지 않다. 성적목적공공장소침입죄는 공공화장실 등 일정한 장소를 침입하는 경우에 한하여 성립하므로 등록조항에 따른 등록대상자의 범위는 이에 따라 제한되는바, 등록조항은 침해의 최소성 원칙에 위배되지 않는다. 등록조항으로 인하여 제한되는 사익에 비하여 성범죄의 재범 방지와 사회 방위라는 공익이 크다는 점에서 법익의 균형성도 인정된다. 따라서 등록조항은 청구인의 개인정보자기결정권을 침해하지 않는다(2016.10.28. 2014헌마709). → 그러나 취업제한조항은 직업선택의 자유를 침해한다.

④ ○ 제출조항은 범죄 수사 및 예방을 위하여 일정한 신상정보를 제출하도록 하는 것으로서, 목적의 정당성 및 수단의 적합성이 인정된다. 제출조항은 복수의 정보를 요구하여 고정적인 거주지가 없거나 이동이 잦은 직업에 종사하는 등록대상자에 대한 수사가 효율적으로 이루어지게 하고, 종교, 질병, 가족관계 등 입법목적과 직접적인 관련성이 인정되지 않는 정보의 제출을 제한하고 있으므로 침해의 최소성이 인정된다. 제출조항으로 인하여 청구인은 일정한 신상정보를 제출해야 하는 불이익을 받게 되나, 이에 비하여 제출조항이 달성하려는 공익이 크다고 보이므로 법익의 균형성도 인정된다. 따라서 제출조항은 청구인의 개인정보자기결정권을 침해하지 않는다(2016.3.31. 2014헌마457).

⑤ ○ 개인정보자기결정권이라는 인격적 법익을 침해·제한한다고 주장되는 행위의 내용이 이미 정보주체의 의사에 따라 공개된 개인정보를 그의 별도의 동의 없이 영리 목적으로 수집·제공하였다는 것인 경우에는, 정보처리 행위로 침해될 수 있는 정보주체의 인격적 법익과 그 행위로 보호받을 수 있는 정보처리자 등의 법적 이익이 하나의 법률관계를 둘러싸고 충돌하게 된다. 이때는 정보주체가 공적인 존재인지, 개인정보의 공공성과 공익성, 원래 공개한 대상 범위, 개인정보 처리의 목적·절차·이용형태의 상당성과 필요성, 개인정보 처리로 침해될 수 있는 이익의 성질과 내용 등 여러 사정을 종합적으로 고려하여, 개인정보에 관한 인격권 보호에 의하여 얻을 수 있는 이익과 정보처리 행위로 얻을 수 있는 이익 즉 정보처리자의 '알 권리'와 이를 기반으로 한 정보수용자의 '알 권리' 및 표현의 자유, 정보처리자의 영업의 자유, 사회 전체의 경제적 효율성 등의 가치를 구체적으로 비교 형량하여 어느 쪽 이익이 더 우월한 것으로 평가할 수 있는지에 따라 정보처리 행위의 최종적인 위법성 여부를 판단하여야 하고, 단지 정보처리자에게 영리 목적이 있었다는 사정만으로 곧바로 정보처리 행위를 위법하다고 할 수는 없다(대판 2016.8.17. 2014다235080).

23 21법전협-3-8 정답 ②

개인정보자기결정권에 대한 침해로 볼 수 있는 것을 모두 고른 것은? (다툼이 있는 경우 판례에 의함)

> ㄱ. 법원에서 불처분결정된 소년부송치 사건에 대한 수사경력자료에 기록된 개인정보가 당사자의 사망 시까지 보존되면서 이용되도록 하는 것
> ㄴ. 검사 또는 사법경찰관이 수사 또는 형의 집행을 위하여 필요한 경우 「전기통신사업법」에 의한 전기통신사업자에게 통신사실 확인자료의 열람이나 제출 요청을 허용하는 것
> ㄷ. 청소년이 이동통신사업자와 전기통신서비스 제공에 관한 계약을 체결하면서 청소년유해매체물등 차단수단 설치에 동의하여 차단수단을 설치한 경우, 이동통신사업자가 차단수단이 삭제되거나 차단수단이 15일 이상 작동하지 아니할 경우 매월 법정대리인에 대하여 그 사실을 통지하도록 규정한 것
> ㄹ. 「성폭력범죄의 처벌 등에 관한 특례법」상 신상정보 등록대상자인 카메라등이용촬영죄로 유죄판결이 확정된 성범죄자가 제출한 기본신상정보가 변경된 경우에 그 사유와 변경내용을 변경사유가 발생한 날부터 20일 이내에 제출하도록 한 것
> ㅁ. 「공직선거법」상 실명인증자료 관리조항에 의하여 행정안전부장관 및 신용정보업자가 그 실명인증자료를 실명인증을 받은 자 및 인터넷홈페이지별로 관리하고, 중앙선거관리위원회가 그 실명인증자료의 제출을 요구하는 경우 지체 없이 이에 따라야 하는 것

① ㄱ, ㄴ, ㄷ   ② ㄱ, ㄴ, ㅁ
③ ㄱ, ㄷ, ㄹ   ④ ㄴ, ㄹ, ㅁ
⑤ ㄷ, ㄹ, ㅁ

② 개인정보자기결정권에 대한 침해로 볼 수 있는 것은 ㄱ, ㄴ, ㅁ 이다.

ㄱ. [침해 ○] 소년에 대한 수사경력자료의 삭제와 보존기간에 대하여 규정하면서 법원에서 불처분결정된 소년부송치 사건에 대하여 규정하지 않은 구 '형의 실효 등에 관한 법률' 제8조의2 제1항 및 제3항, '형의 실효 등에 관한 법률' 제8조의2 제1항 및 제3항은 과잉금지원칙에 반하여 개인정보자기결정권을 침해한다 (2021.6.24. 2018헌가2).

ㄴ. [침해 ○] 이동전화의 이용과 관련하여 필연적으로 발생하는 통신사실 확인자료는 비록 비내용적 정보이지만 여러 정보의 결합과 분석을 통해 정보주체에 관한 정보를 유추해낼 수 있는 민감한 정보인 점, 수사기관의 통신사실 확인자료 제공요청에 대해 법원의 허가를 거치도록 규정하고 있으나 수사의 필요성만을 그 요건으로 하고 있어 제대로 된 통제가 이루어지기 어려운 점, 기지국수사의 허용과 관련하여서는 유괴·납치·성폭력범죄 등 강력범죄나 국가안보를 위협하는 각종 범죄와 같이 피의자나 피해자의 통신사실 확인자료가 반드시 필요한 범죄로 그 대상을 한정하는 방안 또는 다른 방법으로는 범죄수사가 어려운 경우(보충성)를 요건으로 추가하는 방안 등을 검토함으로써 수사에 지장을 초래하지 않으면서도 불특정 다수의 기본권을 덜 침해하는 수단이 존재하는 점을 고려할 때, 이 사건 요청조항은 과잉금지원칙에 반하여 청구인의 개인정보자기결정권과 통신의 자유를 침해한다 (2018.6.28. 2012헌마538).

ㄷ. [침해 X] 이 사건 통지조항은 청소년유해매체물 등으로부터 청소년을 보호하기 위하여, 이동통신사업자로 하여금 이동통신사업자로부터 제공받은 차단수단이 청소년의 이동통신단말장치에 설치되었다가 삭제되거나 15일 이상 작동하지 아니하는 경우 매월 법정대리인에게 그 사실을 통지하도록 규정한 것으로, 입법목적의 정당성 및 수단의 적합성이 인정된다. … 따라서 이 사건 통지조항은 청소년인 청구인들의 사생활의 비밀과 자유 및 개인정보자기결정권을 침해하지 않는다(2020.11.26. 2016헌마738).

ㄹ. [침해 X] 제출조항으로 인하여 청구인은 성명, 주민등록번호 등과 같은 정보를 제출해야 하는 불이익을 받게 되나, 이에 비하여 제출조항으로 달성하고자 하는 공익이 크므로 법익의 균형성도 인정된다. 따라서 제출조항은 과잉금지원칙을 위반하여 청구인의 개인정보자기결정권을 침해하지 아니한다(2020.10.29. 2018헌마1067).

ㅁ. [침해 O] 심판대상조항은 정치적 의사표현이 가장 긴요한 선거운동기간 중에 인터넷언론사 홈페이지 게시판 등 이용자로 하여금 실명확인을 하도록 강제함으로써 익명표현의 자유와 언론의 자유를 제한하고, 모든 익명표현을 규제함으로써 대다수 국민의 개인정보자기결정권도 광범위하게 제한하고 있다는 점에서 이와 같은 불이익은 선거의 공정성 유지라는 공익보다 결코 과소평가될 수 없다. 그러므로 심판대상조항은 과잉금지원칙에 반하여 인터넷언론사 홈페이지 게시판 등 이용자의 익명표현의 자유와 개인정보자기결정권, 인터넷언론사의 언론의 자유를 침해한다(2021.1.28. 2018헌마456 등).

24 21법전협-2-7   정답 ⑤

개인정보자기결정권에 관한 설명 중 옳지 않은 것은?
(다툼이 있는 경우 판례에 의함)

① 가족관계등록부 등의 기록사항에 관한 증명서 교부청구권을 형제자매에게도 부여하는 「가족관계의 등록 등에 관한 법률」규정은 증명서 발급에 있어 형제자매에게 정보주체인 본인과 거의 같은 지위를 부여하고 있으므로 정보주체의 개인정보자기결정권을 침해한다.

② 구치소장이 검사의 요청에 따라 미결수용자와 그 배우자의 접견녹음파일을 미결수용자의 동의 없이 제공하더라도, 이러한 제공행위는 형사사법의 실체적 진실을 발견하고 이를 통해 형사사법의 적정한 수행을 도모하기 위한 것으로 미결수용자의 개인정보자기결정권을 침해하지 않는다.

③ 아동·청소년대상 성폭력범죄를 저지른 자에 대한 신상정보고지제도는 성범죄자가 거주하는 읍·면·동에 사는 지역주민 중 아동·청소년 자녀를 둔 가구 및 교육기관의 장 등을 상대로 이루어져 고지상대방을 제한하고 있고, 고지대상자가 신상정보를 최초 등록한 날로부터 또는 출소 후 거주할 지역에 전입한 날로부터 1개월 이내에 한 번 우편 고지될 뿐, 최초고지 이후 전출이 없는 경우에는 추가고지를 하지 않으므로 개인정보자기결정권을 침해하지 않는다.

④ 보호자가 자녀 또는 보호아동의 안전을 확인할 목적으로 CCTV 영상정보 열람을 할 수 있도록 정한 「영유아보육법」조항은 CCTV 열람의 활용 목적을 제한하고 있고, 어린이집원장이 열람시간 지정 등을 통해 보육활동에 지장이 없도록 보호자의 열람 요청에 적절히 대응할 수 있으므로, 보육교사의 개인정보자기결정권을 침해하지 않는다.

⑤ 수사경력자료의 보존 및 보존기간을 정하면서 범죄경력자료의 삭제에 대해 규정하지 않은 것은 해당 범죄자에게 평생 전과자라는 낙인을 가지고 살게 하고 이들의 원활한 사회복귀를 저해하므로 과잉금지원칙을 위반하여 해당 범죄자의 개인정보자기결정권을 침해한다.

해설

① O 형제자매에게 가족관계등록부 등의 기록사항에 관한 증명서 교부청구권을 부여하는 '가족관계의 등록 등에 관한 법률' 제14조 제1항 본문 중 '형제자매' 부분은 과잉금지원칙을 위반하여 청구인의 개인정보자기결정권을 침해한다(2016.6.30. 2015헌마924 [위헌]).

② O 구치소장이 검사의 요청에 따라 청구인과 배우자의 접견녹음파일을 제공한 행위는 청구인의 개인정보자기결정권을 침해하지 아니한다(2012.12.27. 2010헌마153).

③ O 신상정보 고지조항은 성폭력범죄자가 살고 있는 같은 최소한의 행정단위(읍·면·동)에 사는 지역주민 중 19세 미만의 미성년자녀를 둔 가구 및 교육기관의 장 등으로 고지상대방을 제한하고 있고, 고지대상자가 신상정보를 최초 등록한 날로부터 또는 출소 후 거주할 지역에 전입한 날로부터 1개월 이내에 한번 우편 고지될 뿐,

최초 고지 이후 전출이 없는 경우에는 추가고지를 하지 않는다. … 결국 신상정보 고지조항이 과잉금지원칙을 위반하여 청구인들의 인격권, 개인정보자기결정권을 침해한다고 볼 수 없다(2016.5.26. 2014헌바164 등).

④ O 보호자가 자녀 또는 보호아동의 안전을 확인할 목적으로 CCTV 영상정보 열람을 할 수 있도록 정한 법 제15조의5 제1항 제1호는 어린이집 보육교사의 개인정보자기결정권 등을 침해하지 아니한다(2017.12.28. 2015헌마994).

⑤ X 수사경력자료의 보존 및 보존기간을 정하면서 범죄경력자료의 삭제에 대해 규정하지 않은 '형의 실효 등에 관한 법률' 제8조의2는 과잉금지원칙에 반하여 청구인의 개인정보 자기결정권을 침해한다고 볼 수 없다(2012.7.26. 2010헌마446).

25 19법전협-1-8 정답 ⑤

개인정보자기결정권에 관한 설명으로 옳지 않은 것은?
(다툼이 있는 경우 판례에 의함)

① 검사 또는 사법경찰관이 수사를 위하여 필요한 경우 「전기통신사업법」에 의한 전기통신사업자에게 통신사실 확인자료의 열람이나 제출을 요청할 수 있도록 한 통신비밀법 조항은 해당 정보주체의 개인정보자기결정권을 침해한다.

② 공시대상정보로서 교원의 교원단체 및 노동조합 가입현황(인원 수)만을 규정할 뿐 개별 교원의 명단은 규정하고 있지 아니한 것은 학부모들의 알 권리를 침해하지 않는다.

③ 아동·청소년 성매수죄로 유죄가 확정된 자를 신상정보 등록대상자가 되도록 하는 것은 해당 등록대상자의 개인정보자기결정권을 침해하지 않는다.

④ 보호자가 자녀 또는 보호아동의 안전을 확인할 목적으로 열람을 요청하는 경우, 어린이집 내 보육일상이 담긴 영상의 열람을 허용하는 것은 피촬영자인 보육교사나 다른 영유아들의 개인정보자기결정권을 침해하지 않는다.

⑤ 경찰이 미신고 옥외집회·시위 또는 신고범위를 벗어난 집회·시위에 대한 조망촬영이 아닌 근접촬영의 방식으로 촬영함으로써 적법한 경찰의 해산명령에 불응하는 집회·시위의 경위나 전후 사정에 관한 자료를 수집하는 것은 해당 집회·시위참가자의 개인정보자기결정권을 침해한다.

① O 통신비밀보호법 제13조 제1항 중 '검사 또는 사법경찰관은 수사를 위하여 필요한 경우 전기통신사업법에 의한 전기통신사업자에게 제2조 제11호 가목 내지 라목의 통신사실 확인자료의 열람이나 제출을 요청할 수 있다' 부분(이하 '이 사건 요청조항'이라 한다)은 과잉금지원칙에 위반되어 청구인의 개인정보자기결정권과 통신의 자유를 침해한다(2018.6.28. 2012헌마538).

② O 공시대상정보로서 교원의 교원단체 및 노동조합 가입현황(인원 수)만을 규정할 뿐 개별 교원의 명단은 규정하고 있지 아니한 구 '교육관련기관의 정보공개에 관한 특례법 시행령' 제3조 제1항 별표 1 제15호 아목 중 "교원" 부분은 과잉금지원칙에 반하여 학부모들의 알 권리를 침해하지 않는다(2011.12.29. 2010헌마293).

③ O 아동·청소년 성매수죄로 유죄가 확정된 자는 신상정보 등록대상자가 되도록 규정한 '성폭력범죄의 처벌 등에 관한 특례법' 제42조 제1항 중 "구 아동·청소년의 성보호에 관한 법률 제2조 제2호 가운데 제10조 제1항의 범죄로 유죄판결이 확정된 자는 신상정보 등록대상자가 된다."는 부분(이하 '등록조항'이라 한다)은 청구인의 개인정보자기결정권을 침해하지 않는다(2016.2.25. 2013헌마830).

④ O 보호자가 자녀 또는 보호아동의 안전을 확인할 목적으로 CCTV 영상정보 열람을 할 수 있도록 정한 법 제15조의5 제1항 제1호는 어린이집 보육교사의 개인정보자기결정권 등을 침해하지 않는다(2017.12.28. 2015헌마994).

⑤ X 경찰은 범죄행위가 있는 경우 이에 대한 수사로서 증거를 확보하기 위해 촬영행위를 할 수 있고, 범죄에 이르게 된 경우나 그 전후 사정에 관한 것이라도 증거로 수집할 수 있다. 경찰의 촬영행위는 일반적 인격권, 개인정보자기결정권, 집회의 자유 등 기본권 제한을 수반하는 것이므로 수사를 위한 것이라고 하더라도 필요최소한에 그쳐야 한다. 다만 옥외 집회나 시위 참가자 등에 대한 촬영은 사적인 영역이 아니라 공개된 장소에서의 행위에 대한 촬영인 점과 독일 연방집회법 등과 달리 현행 '집회 및 시위에 관한 법률'(이하 '집시법'이라 한다)에서는 옥외집회·시위 참가자가 신원확인을 방해하는 변장을 하는 것 등이 금지되고 있지 아니하는 점이 고려될 수 있다. 한편 근접촬영과 달리 먼 거리에서 집회·시위 현장을 전체적으로 촬영하는 소위 조망촬영이 기본권을 덜 침해하는 방법이라는 주장도 있으나, 최근 기술의 발달로 조망촬영과 근접촬영 사이에 기본권 침해라는 결과에 있어서 차이가 있다고 보기 어려우므로, 경찰이 이러한 집회·시위에 대해 조망촬영이 아닌 근접촬영을 하였다는 이유만으로 헌법에 위반되는 것은 아니다. 이 사건에서 피청구인이 신고범위를 벗어난 동안에만 집회참가자들을 촬영한 행위가 과잉금지원칙을 위반하여 집회참가자인 청구인들의 일반적 인격권, 개인정보자기결정권 및 집회의 자유를 침해한다고 볼 수 없다(2018.8.30. 2014헌마843).

제2항 주거의 자유

26. 18법전협-1-1　정답 ①

주거의 자유에 관한 설명으로 옳지 않은 것은? (다툼이 있는 경우 판례에 의함)

① 관리처분계획의 인가고시가 있으면 별도의 행정처분 없이 정비구역 내 소유자의 주거용 건축물의 사용·수익을 정지하는 것은 주거용 건축물 소유자의 주거의 자유를 침해한다.

② 체포영장이 발부된 피의자가 타인의 주거 등에 소재할 개연성은 인정되나 수색에 앞서 영장을 발부받기 어려운 긴급한 사정이 인정되지 않는 경우에도 영장 없이 피의자 수색을 할 수 있도록 하는 법률조항은 헌법 제16조의 영장주의에 위반된다.

③ 복수의 주거권자가 있는 경우, 한 사람의 승낙이 다른 거주자의 의사에 직접·간접으로 반하는 경우에는 그에 의한 주거에의 출입은 그 의사에 반한 사람의 주거의 평온, 즉 주거의 지배·관리의 평온을 해치는 결과가 되므로 주거침입죄가 성립한다.

④ 거주자 또는 관리자가 건조물 등에 주거 또는 관리할 권리를 가지고 있는지의 여부는 범죄의 성립을 좌우하는 것이 아니며, 점유할 권리 없는 자의 점유라 하더라도 그 주거의 평온은 보호되어야 한다.

⑤ 만일 헌법상의 주거의 안전을 침해하지 아니하고서는 주위토지통행권을 적법하게 행사할 수 없는 경우라면, 차라리 통행권방해에 의한 건물의 철거 기타 장애물의 제거를 요구함은 별문제로 하더라도 주거를 그대로 인정하면서 통행권 행사를 이유로 주거의 자유와 안전을 해할 수는 없다.

① X 이 사건 법률조항에 의한 사용·수익 정지는 소유권의 주요 권능을 제한하는 것으로서 재산권의 내용에 대한 심대한 제한에 해당하고, 청구인과 같은 현금청산대상자의 경우에는 청산금 등을 지급받을 뿐 향후 사용·수익이 재개될 여지가 없으므로 사실상 소유권의 상실에 버금가는 제한을 받고 있다. 이는 현금청산대상자가 수인해야 하는 사회적 제약의 범주를 벗어나는 재산권 제한이므로 이 사건 법률조항이 비례의 원칙에 부합하기 위해서는 가혹한 부담을 완화하는 보상조치들이 규정되어 있어야 한다. 주택재개발사업의 시행으로 인하여 이주해야 하는 현금청산대상자에게는 도시 및 주거환경정비법 제40조 및 공익사업을 위한 토지 등의 취득 및 보상에 관한 법률에 의한 손실보상으로서, 청산금과 이주대책에 갈음하여 지급되는 보상대상 주거용 건축물에 대한 평가액의 30퍼센트에 해당하는 금액의 이주정착금, 가구원수에 따라 산정된 2개월분의 주거이전비 및 가재도구 등 동산의 운반에 필요한 비용인 이사비의 보상이 인정된다. 특히 이 사건 법률조항 단서는 사용·수익이 정지되기에 앞서 이와 같은 보상적 조치가 완료될 것을 요구함으로써 현금청산대상자의 주거 안정이 실질적으로 확보될 수 있도록 보장하고 있는 등 현금청산대상자 등 소유자의 부담을 완화하는 보상조치와 보호대책을 마련하고 있다. 따라서 이 사건 법률조항은 주거용 건축물 소유자의 재산권을 침해하지 않는다(2015.11.26. 2013헌바415).

② O 헌법 제12조 제3항과는 달리 헌법 제16조 후문은 "주거에 대한 압수나 수색을 할 때에는 검사의 신청에 의하여 법관이 발부한 영장을 제시하여야 한다."라고 규정하고 있을 뿐 영장주의에 대한 예외를 명문화하고 있지 않다. 그러나 헌법 제12조 제3항과 헌법 제16조의 관계, 주거 공간에 대한 긴급한 압수·수색의 필요성, 주거의 자유와 관련하여 영장주의를 선언하고 있는 헌법 제16조의 취지 등을 종합하면, 헌법 제16조의 영장주의에 대해서도 그 예외를 인정하되, 이는 ① 그 장소에 범죄혐의 등을 입증할 자료나 피의자가 존재할 개연성이 소명되고, ② 사전에 영장을 발부받기 어려운 긴급한 사정이 있는 경우에만 제한적으로 허용될 수 있다고 보는 것이 타당하다. 심판대상조항은 체포영장을 발부받아 피의자를 체포하는 경우에 필요한 때에는 영장 없이 타인의 주거 등 내에서 피의자 수사를 할 수 있다고 규정함으로써, 앞서 본 바와 같이 별도로 영장을 발부받기 어려운 긴급한 사정이 있는지 여부를 구별하지 아니하고 피의자가 소재할 개연성만 소명되면 영장 없이 타인의 주거 등을 수색할 수 있도록 허용하고 있다. 이는 체포영장이 발부된 피의자가 타인의 주거 등에 소재할 개연성은 소명되나, 수색에 앞서 영장을 발부받기 어려운 긴급한 사정이 인정되지 않는 경우에도 영장 없이 피의자 수색을 할 수 있다는 것이므로, 헌법 제16조의 영장주의 예외 요건을 벗어나는 것으로서 영장주의에 위반된다(2018.4.26. 2015헌바370 [헌법불합치]).

③ O 형법상 주거침입죄의 보호법익은 주거권이라는 법적 개념이 아니고 사적 생활관계에 있어서의 사실상 주거의 자유와 평온으로서 그 주거에서 공동생활을 하고 있는 전원이 평온을 누릴 권리가 있다 할 것이나 복수의 주거권자가 있는 경우 한 사람의 승낙이 다른 거주자의 의사에 직접·간접으로 반하는 경우에는 그에 의한 주거에의 출입은 그 의사에 반한 사람의 주거의 평온 즉 주거의 지배·관리의 평온을 해치는 결과가 되므로 주거침입죄가 성립한다(대판 1984.6.26. 83도685).

④ O 주거침입죄는 사실상의 주거의 평온을 보호법익으로 하는 것이므로 그 주거자 또는 간수자가 건조물 등에 거주 또는 간수할 권리를 가지고 있는가의 여부는 범죄의 성립을 좌우하는 것이 아니며, 점유할 권리없는 자의 점유라고 하더라도 그 주거의 평온은 보호되어야 할 것이므로, 권리자가 그 권리를 실행함에 있어 법에 정하여진 절차에 의하지 아니하고 그 건조물 등에 침입한 경우에는 주거침입죄가 성립한다(대판 1987.11.10. 87도1760).

⑤ O 주거는 사람으로서의 사적생활과 평온한 휴식처로서 인간생활에 있어서의 가장 중요한 장소라 아니할 수 없으므로 우리 헌법은 주거의 자유를 보전을 보호하였으므로 민법에서 인정하는 주위토지통행권을 행사함에 있어서도 위와 같은 기본적 인권의 하나인 주거의 자유와 안전은 통행권행사의 이유로서도 침해할 수 없다 할 것이며 만일 위와 같은 주거의 안전을 침해하지 아니하고서는 통행권을 적법하게 행사할 수 없는 경우라면 차라리 통행권시해에 의한 건물의 철거 기타 장애물의 제거를 요청함은 별문제로 하더라도 주거를 그대로 인정하면서 통행권행사를 이유로 주거의 자유와 안전을 해할 수는 없다 할 것이다(대판 1962.6.2. 62아3).

제3항 거주·이전의 자유

27   20법전협-2-6   정답 ③

거주·이전의 자유에 관한 설명으로 옳지 않은 것은?
(다툼이 있는 경우 판례에 의함)

① 「주민등록법」이 영내에 기거하는 군인은 그가 속한 세대의 거주지에서 등록하도록 규정하고 있지만, 영내 기거 현역병이 거주·이전의 자유를 제한받게 되는 것은 「병역법」 조항 때문이므로, 위 「주민등록법」 조항에 의해 영내 기거 현역병의 거주 이전의 자유가 제한되지 않는다.
② 서울광장에 출입하고 통행하는 행위는 그 장소를 중심으로 생활을 형성해 나가는 행위에 속하지 않으므로, 경찰청장이 경찰버스들로 서울광장을 둘러싸 통행을 제지한 행위는 서울 광장을 통행하려는 사람들의 거주·이전의 자유를 제한하지 않는다.
③ 거주·이전의 자유에는 국내에서의 거주·이전의 자유와 귀국의 자유는 포함되나 해외 이주의 자유와 해외여행의 자유는 포함되지 않는다.
④ 거주·이전의 자유에는 국적을 자유로이 이탈하거나 변경하는 것이 포함되므로, 복수국적자에게 국적선택의 시기 또는 요건의 제한을 두는 것은 거주·이전의 자유의 한 내용인 국적 이탈의 자유를 제한한다.
⑤ 아동·청소년 대상 성범죄자로 하여금 1년마다 정기적으로 새로 촬영한 사진을 자신의 주소지를 관할하는 경찰관서의 장에게 제출할 의무를 부과하는 것은, 이와 무관하게 사진제출의무자가 거주를 자유롭게 이전할 수 있으므로, 사진제출 의무자의 거주·이전의 자유를 제한하지 않는다.

 해설

① O 누구든지 주민등록 여부와 무관하게 거주지를 자유롭게 이전할 수 있으므로 주민등록 여부가 거주·이전의 자유와 직접적인 관계가 있다고 보기 어려우며, 영내 기거하는 현역병은 병역법으로 인해 거주·이전의 자유를 제한받게 되므로 이 사건 법률조항(영내에 기거하는 군인은 그가 속한 세대의 거주지에서 등록하여야 한다고 규정하고 있는 주민등록법)은 영내 기거 현역병의 거주·이전의 자유를 제한하지 않는다(2011.6.30. 2009헌마59).
② O 거주·이전의 자유는 거주지나 체류지라고 볼 만한 정도로 생활과 밀접한 연관을 갖는 장소를 선택하고 변경하는 행위를 보호하는 기본권인바, 이 사건에서 서울광장이 청구인들의 생활형성의 중심지인 거주나 체류지에 해당한다고 할 수 없고, 서울광장에 출입하고 통행하는 행위가 그 장소를 중심으로 생활을 형성해 나가는 행위에 속한다고 볼 수도 없으므로 청구인들의 거주·이전의 자유가 제한되었다고 할 수 없다(2011.6.30. 2009헌마406).
③ X 거주·이전의 자유에는 국내에서의 거주·이전의 자유뿐 아니라 국외 이주의 자유, 해외여행의 자유 및 귀국의 자유가 포함된다(2008.6.26. 2007헌마1366).
④ O (복수국적자 병역의무 해소 전 국적이탈 제한 국적법 조항) 심판대상 법률조항은 대한민국 남성인 복수국적자에 대하여 국적선택 의무를 부과하면서 그 기간을 제한하여 대한민국 국적으로부터 자유롭게 벗어날 수 있는 '국적이탈의 자유'를 제한하고 있다(2006.11.30. 2005헌마739 등 참조).

따라서 심판대상 법률조항이 과잉금지원칙에 위배되어 국적이탈의 자유를 침해하는지 여부를 살펴본다. … 심판대상 법률조항은 과잉금지원칙에 위배되어 청구인의 국적이탈의 자유를 침해한다(2020.9.24. 2016헌마889). … 헌법불합치(잠정적용) - 판례변경
⑤ O 이 사건 심판대상조항은 신상정보 등록대상자가 신상정보의 최초 등록일부터 1년마다 새로 촬영한 사진을 제출하도록 규정하고, 이를 이행하지 아니할 경우에 관한 제재를 정하고 있을 뿐, 청구인은 위 조항에 관계없이 자유롭게 거주를 이전할 수 있으므로 이 사건 심판대상조항은 청구인의 거주·이전의 자유를 제한하지 아니한다(2015.7.30. 2014헌바257).

28   19법전협-3-17   정답 ④

거주·이전의 자유에 관한 설명 중 옳은 것을 모두 고른 것은? (다툼이 있는 경우 판례에 의함)

ㄱ. 거주·이전의 자유는 일시적인 이동을 위한 장소의 선택과 변경까지 보호영역에 포함하는 것이므로, 경찰버스들로 서울특별시 서울광장을 둘러싸 통행을 제지한 행위는 서울광장을 통행하려는 자의 거주·이전의 자유를 제한한다.
ㄴ. 대한민국의 이익이나 공공의 안전을 해치는 행동을 할 염려가 있다고 인정할 만한 상당한 이유가 있거나 경제질서 또는 사회질서를 해치거나 선량한 풍속을 해치는 행동을 할 염려가 있다고 인정할 만한 상당한 이유가 있는 외국인에 대해서는 「출입국관리법」에 따라 법무부장관이 입국을 금지할 수 있다.
ㄷ. 거주·이전의 자유는 국외에서 체류지와 거주지를 자유롭게 정할 수 있는 '해외여행 및 해외 이주의 자유'를 포함하지만, 대한민국의 국적을 이탈할 수 있는 '국적변경의 자유'까지 그 내용에 포섭하지 않는다.
ㄹ. 대도시 내에서의 법인의 등기에 대하여 5배의 세율을 부과하는 것은 해당 법인의 거주·이전의 자유를 제한한다.

① ㄱ, ㄴ   ② ㄱ, ㄹ
③ ㄴ, ㄷ   ④ ㄴ, ㄹ
⑤ ㄷ, ㄹ

 **해설**

ㄱ. X 거주·이전의 자유는 국민이 원활하게 개성신장과 경제활동을 해 나가기 위하여는 자유로이 생활의 근거지를 선택하고 변경하는 것이 필수적이라는 고려에 기하여 생활형성의 중심지 즉, 거주지나 체류지라고 볼 만한 정도로 생활과 밀접한 연관을 갖는 장소를 선택하고 변경하는 행위를 보호하는 기본권으로서, 생활의 근거지에 이르지 못하는 일시적인 이동을 위한 장소의 선택과 변경까지 그 보호영역에 포함되는 것은 아니다. 이 사건에서 서울 광장이 청구인들의 생활형성의 중심지라고 할 수 없을 뿐만 아니라 청구인들이 서울광장에 출입하고 통행하는 행위가 그 장소를 중심으로 생활을 형성해 나가는 행위에 속한다고 볼 수도 없으므로 청구인들이 서울광장을 출입하고 통행하는 자유는 헌법상의 거주·이전의 자유의 보호영역에 속한다고 할 수 없고, 따라서 이 사건 통행제지행위로 인하여 청구인들의 거주·이전의 자유가 제한된다고 할 수는 없다(2011.6.30. 2009헌마406).

ㄴ. O 출입국관리법 제11조 제1항 제4호

ㄷ. X 거주·이전의 자유는 국내에서 체류지와 거주지를 자유롭게 정할 수 있는 자유영역뿐 아니라 나아가 국외에서 체류지와 거주지를 자유롭게 정할 수 있는 '해외여행 및 해외 이주의 자유'를 포함하고 덧붙여 대한민국의 국적을 이탈할 수 있는 '국적변경의 자유' 등도 그 내용에 포섭된다고 보아야 한다. 따라서 해외여행 및 해외이주의 자유는 필연적으로 외국에서 체류 또는 거주하기 위해서 대한민국을 떠날 수 있는 "출국의 자유"와 외국체류 또는 거주를 중단하고 다시 대한민국으로 돌아올 수 있는 '입국의 자유'를 포함한다(2004.10.28. 2003헌가18).

ㄹ. O 1998.2.27. 97헌바79

제4항 통신의 자유

29 21법전협-3-16   정답 ④

통신의 자유에 관한 설명 중 옳은 것은? (다툼이 있는 경우 판례에 의함)

① 전기통신역무제공에 관한 계약을 체결하는 경우 전기통신사업자로 하여금 가입자에게 본인임을 확인할 수 있는 증서 등을 제시하도록 하는 휴대전화 가입 본인확인제는 익명으로 통신하고자 하는 자의 통신의 비밀을 제한한다.

② 자유로운 의사소통은 통신내용의 비밀을 보장하는 것만으로도 충분하고, 구체적인 통신관계의 발생으로 야기된 모든 사실관계, 특히 통신관여자의 인적 동일성·통신장소·통신횟수·통신시간 등 통신의 외형을 구성하는 통신이용의 전반적 상황의 비밀까지도 보장하는 것은 아니다.

③ 수용자가 밖으로 내보내는 모든 서신을 봉함하지 않은 상태로 교정시설에 제출하도록 하는 것은, 교정시설의 안전과 질서유지, 수용자의 교화 및 사회복귀를 원활하게 하기 위한 보안검색의 필요성에 기한 것으로서 수용자의 통신의 자유를 침해하지 않는다.

④ 이른바 '패킷감청'의 방식으로 이루어지는 인터넷회선 감청은, 인터넷통신 감청을 통신제한조치의 하나로 인정하면서 집행 단계나 그 이후에 인터넷회선 감청을 통해 수사기관이 취득한 자료에 대한 권한 남용을 방지하거나 개인의 통신의 자유의 침해를 최소화하기 위한 조치를 제대로 마련하고 있지 않으므로 패킷감청 대상자의 통신의 자유를 침해한다.

⑤ 사생활의 비밀과 자유에 포섭될 수 있는 사적 영역에 속하는 통신의 자유를 헌법이 별개의 조항을 통해 기본권으로 보장하는 이유는, 개인 간의 의사소통을 전제로 하는 통신의 경우 사인에 의한 침해가능성이 국가에 의한 침해가능성보다 더 크기 때문이다.

 해설

① X 헌법 제18조로 보장되는 기본권인 통신의 자유란 통신수단을 자유로이 이용하여 의사소통할 권리이다. '통신수단의 자유로운 이용'에는 자신의 인적 사항을 누구에게도 밝히지 않는 상태로 통신수단을 이용할 자유, 즉 통신수단의 익명성 보장도 포함된다. 심판대상 조항은 휴대전화를 통한 문자·전화·모바일 인터넷 등 통신기능을 사용하고자 하는 자에게 반드시 사전에 본인확인 절차를 거치는 데 동의해야만 이를 사용할 수 있도록 하므로, 익명으로 통신하고자 하는 청구인들의 통신의 자유를 제한한다. 반면, 심판대상조항이 통신의 비밀을 제한하는 것은 아니다. 가입자의 인적사항이라는 정보는 통신의 내용·상황과 관계없는 '비 내용적 정보'이며 휴대전화 통신계약 체결 단계에서는 아직 통신수단을 통하여 어떠한 의사소통이 이루어지는 것이 아니므로 통신의 비밀에 대한 제한이 이루어진다고 보기는 어렵기 때문이다. … 가입자가 이러한 정보 제공에 동의하지 않으면 이동통신사는 휴대전화 통신계약 체결을 거부할 수 있다. 따라서 심판대상조항은 가입자의 개인정보에 대한 제공·이용 여부를 스스로 결정할 권리를 제한하고 있으므로, 개인정보자기결정권을 제한한다(2019.9.26. 2017헌마1209).

② X 자유로운 의사소통은 통신내용의 비밀을 보장하는 것만으로는 충분하지 아니하고 구체적인 통신으로 발생하는 외형적인 사실관계, 특히 통신관여자의 인적 동일성·통신시간·통신장소·통신횟수 등 통신의 외형을 구성하는 통신이용의 전반적 상황의 비밀까지도 보장해야 한다(2018.6.28. 2012헌마191 등).

③ X 사건 시행령조항은 교정시설의 안전과 질서유지, 수용자의 교화 및 사회복귀를 원활하게 하기 위해 수용자가 밖으로 내보내는 서신을 봉함하지 않은 상태로 제출하도록 한 것이나, 이와 같은 목적은 교도관이 수용자의 면전에서 서신에 금지물품이 들어 있는지를 확인하고 수용자로 하여금 서신을 봉함하게 하는 방법, 봉함된 상태로 제출된 서신을 X-ray 검색기 등으로 확인한 후 의심이 있는 경우에만 개봉하여 확인하는 방법, 서신에 대한 검열이 허용되는 경우에만 무봉함 상태로 제출하도록 하는 방법 등으로도 얼마든지 달성할 수 있다고 할 것인바, 위 시행령 조항이 수용자가 보내려는 모든 서신에 대해 무봉함 상태의 제출을 강제함으로써 수용자의 발송 서신 모두를 사실상 검열 가능한 상태에 놓이도록 하는 것은 기본권 제한의 최소 침해성 요건을 위반하여 수용자인 청구인의 통신비밀의 자유를 침해하는 것이다(2012.2.23. 2009헌마333).

④ O 패킷감청 방식으로 이루어지는 인터넷회선 감청은 그 특성상, 실제 집행 단계에서 원래 허가받은 통신제한조치의 인적·물적 범위를 넘어 피의자 또는 피내사자의 범죄 수사와 무관한 정보뿐만 아니라 피의자 또는 피내사자와 무관하게 해당 인터넷회선을 이용하는 불특정 다수인의 정보까지 광범위하게 수사기관에 수집·보관되므로, 다른 종류의 통신제한조치에 비하여, 개인의 통신 및 사생활의 비밀과 자유가 침해될 가능성이 높다. 그런데 현행법은 인터넷통신 감청을 통신제한조치의 하나로 인정하면서 앞서 본 바와 같이 집행 단계나 그 이후에 인터넷회선 감청을 통해 수사기관이 취득한 자료에 대한 권한 남용을 방지하거나 개인의 통신 및 사생활의 비밀과 자유의 침해를 최소화하기 위한 조치를 제대로 마련하고 있지 않다. 이러한 여건 하에서 인터넷회선의 감청을 허용하는 것은 개인의 통신 및 사생활의 비밀과 자유에 심각한 위협을 초래하게 된다. 따라서 이 사건 법률조항으로 인하여 달성하려는 공익과 제한되는 사익 사이의 법익 균형성도 인정되지 아니한다. 그렇다면 이 사건 법률조항은 과잉금지원칙에 반하여 청구인의 통신 및 사생활의 비밀과 자유를 침해한다(2018.8.30. 2016헌마263).

⑤ X . 사생활의 비밀과 자유에 포섭될 수 있는 사적 영역에 속하는 통신의 자유를 헌법이 별개의 조항을 통해 기본권으로 보장하는 이유는 우편이나 전기통신의 운영이 전통적으로 국가독점에서 출발하였기 때문에 개인 간의 의사소통을 전제로 하는 통신은 국가에 의한 침해가능성이 여타의 사적 영역보다 크기 때문이다(2018.6.28. 2012헌마191 등).

제3절 정신생활영역의 자유

제1항 양심의 자유

30 19변시-13 정답 ④

양심적 병역거부에 관한 최근 헌법재판소의 결정 내용에 관한 설명 중 옳지 않은 것은?

① 양심적 병역거부자에 대한 관용은 결코 병역의무의 면제와 특혜의 부여에 대한 관용이 아니며, 대체복무제는 병역의무의 일환으로 도입되는 것이므로 현역복무와의 형평을 고려하여 최대한 등가성을 가지도록 설계되어야 한다.

② 양심적 병역거부자에 대한 대체복무제를 규정하지 아니한 병역종류조항과 양심상의 결정에 따라 입영을 거부하거나 소집에 불응하는 자에 대하여 형벌을 부과하는 처벌조항은 '양심에 반하는 행동을 강요당하지 아니할 자유', 즉, '부작위에 의한 양심실현의 자유'를 제한한다.

③ 국가의 존립과 안전을 위한 불가결한 헌법적 가치를 담고 있는 국방의 의무와 개인의 인격과 존엄의 기초가 되는 양심의 자유라는 헌법적 가치가 서로 충돌하는 경우에도 그에 대한 심사는 헌법상 비례원칙에 의하여야 한다.

④ 대체복무제를 도입함으로써 병역자원을 확보하고 병역부담의 형평을 기할 수 있음에도 불구하고, 양심적 병역거부자에 대한 처벌의 예외를 인정하지 않고 일률적으로 형벌을 부과하는 처벌조항은 양심적 병역거부자의 양심의 자유를 침해한다.

⑤ 양심적 병역거부의 바탕이 되는 양심상의 결정은 종교적 동기뿐만 아니라 윤리적·철학적 또는 이와 유사한 동기로부터라도 형성될 수 있는 것이므로 양심적 병역거부자의 기본권 침해여부는 양심의 자유를 중심으로 판단한다.

① O 양심적 병역거부자에 대한 관용은 결코 병역의무의 면제와 특혜의 부여에 대한 관용이 아니다. 대체복무제는 병역의무의 일환으로 도입되는 것이고 현역복무와의 형평을 고려하여 최대한 등가성을 가지도록 설계되어야 하는 것이기 때문이다(2018.6.28. 2011헌바379 등 [헌법불합치,합헌]).

② O 병역종류조항에 대체복무제가 마련되지 아니한 상황에서, 양심상의 결정에 따라 입영을 거부하거나 소집에 불응하는 이 사건 청구인 등이 현재의 대법원 판례에 따라 처벌조항에 의하여 형벌을 부과받음으로써 양심에 반하는 행동을 강요받고 있으므로, 이 사건 법률조항은 '양심에 반하는 행동을 강요당하지 아니할 자유', 즉, '부작위에 의한 양심실현의 자유'를 제한하고 있다(2018.6.28. 2011헌바379 등 [헌법불합치,합헌]).

③ O 이 사건 법률조항으로 인해서 국가의 존립과 안전을 위한 불가결한 헌법적 가치를 담고 있는 국방의 의무와 개인의 인격과 존엄의 기초가 되는 양심의 자유가 상충하게 된다. 이처럼 헌법적 가치가 서로 충돌하는 경우, 입법자는 두 가치를 양립시킬 수 있는 조화점을 최대한 모색해야 하고, 그것이 불가능해 부득이 어느 하나의 헌법적 가치를 후퇴시킬 수밖에 없는 경우에도

그 목적에 비례하는 범위 내에 그쳐야 한다. 헌법 제37조 제2항의 비례원칙은, 단순히 기본권제한의 일반원칙에 그치지 않고, 모든 국가작용은 정당한 목적을 달성하기 위하여 필요한 범위 내에서만 행사되어야 한다는 국가작용의 한계를 선언한 것이므로, 비록 이 사건 법률조항이 헌법 제39조에 규정된 국방의 의무를 형성하는 입법이라 할지라도 그에 대한 심사는 **헌법상 비례원칙에 의하여야 한다**(2018.6.28. 2011헌바379 등 [헌법불합치,합헌]).

④ X [재판관 강일원, 재판관 서기석의 합헌의견] 양심적 병역거부자에 대한 처벌은 대체복무제를 규정하지 아니한 병역종류조항의 입법상 불비와 양심적 병역거부는 처벌조항의 '정당한 사유'에 해당하지 않는다는 법원의 해석이 결합되어 발생한 문제일 뿐, 처벌조항 자체에서 비롯한 문제가 아니다. 이상을 종합하여 보면, 처벌조항은 정당한 사유 없이 병역의무를 거부하는 병역기피자를 처벌하는 조항으로서, 과잉금지원칙을 위반하여 양심적 병역거부자의 양심의 자유를 침해한다고 볼 수는 없다.
[재판관 안창호, 재판관 조용호의 합헌의견] 대체복무제의 도입은 국가공동체가 양심적 병역거부에 대한 합법성과 정당성을 인정하는 문제이므로, 그 도입여부는 규범적 평가 이전에 국민적 합의가 선행되어야 하는데, 아직 이에 관한 국민적 합의가 이루어지지 못한 것으로 보인다. 이와 같은 상황에서 양심적 병역거부자에 대해 형벌을 부과한다고 하여 침해의 최소성 요건을 충족하지 못한다고 볼 수 없다. 병역거부는 양심의 자유를 제한하는 근거가 되는 다른 공익적 가치와 형량할 때 우선적으로 보호받아야 할 보편적 가치를 가진다고 할 수 없다. 반면 처벌조항에 의하여 달성되는 공익은 국가공동체의 안전보장과 국토방위를 수호함으로써, 헌법의 핵심적 가치와 질서를 확보하고 국민의 생명과 자유, 안전과 행복을 지키는 것이다. 따라서 처벌조항에 의하여 제한되는 사익이 달성하려는 공익에 비하여 우월하다고 할 수 없으므로, 처벌조항은 법익의 균형성 요건을 충족한다. 그렇다면 처벌조항은 과잉금지원칙을 위반하여 양심의 자유를 침해하지 아니한다(2018.6.28. 2011헌바379 등 [헌법불합치,합헌]).

⑤ O 이 사건 법률조항에 의하여 이들의 종교의 자유도 함께 제한된다. 그러나 종교적 신앙에 의한 행위라도 개인의 주관적·윤리적 판단을 동반하는 것인 한 양심의 자유에 포함시켜 고찰할 수 있고, 앞서 보았듯이 양심적 병역거부의 바탕이 되는 양심상의 결정은 종교적 동기뿐만 아니라 윤리적·철학적 또는 이와 유사한 동기로부터도 형성될 수 있는 것이므로, 이 사건에서는 **양심의 자유를 중심으로 기본권 침해 여부를 판단**하기로 한다(2018.6.28. 2011헌바379 등 [헌법불합치,합헌]).

31 13변시-3   정답 ③

甲은 「집회 및 시위에 관한 법률」을 위반하여 징역 1년 6월을 선고받고 복역하던 중, 가석방심사위원회의 준법서약서 제출요구를 거절하여 가석방 대상에서 제외되었다. 이에 甲은 가석방심사 시 준법서약서 제출을 요구하는 「가석방심사 등에 관한 규칙」 제14조 제2항이 자신의 양심의 자유, 평등권 등을 침해한다는 이유로 헌법소원심판을 청구하였다. 이 사안과 관련된 설명 중 옳지 않은 것은? (다툼이 있는 경우 판례에 의함)

[참조]
「가석방심사 등에 관한 규칙」 제14조[심사상의 주의]
② 국가보안법위반, 집회및시위에관한법률위반 등의 수형자에 대하여는 가석방 결정 전에 출소 후 대한민국의 국법질서를 준수하겠다는 준법서약서를 제출하게 하여 준법의지가 있는지 여부를 확인하여야 한다.

① 만일 甲이 이미 석방된 경우라 할지라도, 같은 유형의 침해행위가 앞으로도 반복될 위험이 있고 그에 대한 헌법적 해명이 긴요한 사항인 경우에는 심판청구의 이익을 인정할 수 있다.
② 위 규칙조항은 가석방심사위원회의 준법서약서 제출요구를 규정하고 있지만, 甲이 준법서약서 제출요구행위를 대상으로 한 행정소송 등을 통하여 권리구제를 받을 것을 기대할 수는 없으므로 사전구제절차를 이행하지 않았다는 이유로 기본권침해의 직접성을 부인할 수 없다.
③ 양심의 자유에 의해 보호되는 양심에는 개인의 세계관이나 주의·신조 등도 포함되고, 甲이 준법서약서를 쓰지 않을 경우 자신의 신조 또는 사상을 그대로 유지한다는 것을 소극적으로 표명하게 되므로, 甲의 양심의 영역을 건드린다고 볼 수 있다.
④ 위 규칙조항은 내용상 甲에게 그 어떠한 법적 의무도 부과하는 것이 아니며 법적 불이익의 부과 등 방법에 의하여 준법서약을 강제하고 있는 것이 아니므로 甲의 양심의 자유를 침해하는 것이 아니다.
⑤ 준법서약서 제출이 요구되지 않는 타 수형자에 비하여 甲을 차별취급하는 것은 준법서약서가 국민의 일반적 의무사항을 확인하고 서약하는 수단에 불과하다는 점에서 헌법상 평등의 원칙에 위배되지 않는다.

 해설

본 사안은 「국가보안법위반, 집회및시위에관한법률위반 등의 수형자에 대하여는 가석방 결정 전에 출소 후 대한민국의 국법질서를 준수하겠다는 가석방심사위원회의 준법서약서 제출요구를 하는 가석방심사 등에관한규칙 제14조 제2항(2002.4.25. 98헌마425·99헌마170·498 병합)」의 기각결정에 대한 사례형 문제이다.
① O 이 사건 청구인들이 모두 석방된 이상, … 청구인들의 주관적 권리구제에는 도움이 되지 아니한다고 할 수 있으나, … 이 사건 심판청구의 이익은 여전히 존재한다 할 것이다.

② O 가석방심사위원회의 준법서약서 제출요구는 당해 수형자에게 준법서약서의 제출을 권유 내지 유도하는 권고적 성격의 중간적 조치에 불과하여 행정소송의 대상이 되는 독립한 행정처분으로서의 외형을 갖춘 행위라고 보기 어렵다. 그렇다면 청구인들이 이 사건 심판청구 전에 가석방심사위원회의 준법서약서 제출요구행위를 대상으로 한 행정소송 등 사전구제절차를 통하여 권리구제를 받을 것을 기대할 수는 없다 할 것이어서 동 구제절차를 이행하지 아니하였다는 이유로 기본권침해의 직접성이 없다고 할 수 없으며, 따라서 이 사건 심판청구들은 권리침해의 직접성의 측면에서는 모두 적법하다.
③ X 이 사건 준법서약은 국민이 부담하는 일반적 의무를 장래를 향하여 확인하는 것에 불과하며, 어떠한 가정적 혹은 실제적 상황하에서 특정의 사유(思惟)를 하거나 특별한 행동을 할 것을 새로이 요구하는 것이 아니다. 따라서 이 사건 준법서약은 어떤 구체적이거나 적극적인 내용을 담지 않은 채 단순한 헌법적 의무의 확인·서약에 불과하다 할 것이어서 양심의 영역을 건드리는 것이 아니다.
④ O 이 사건의 경우, 이 사건 규칙조항에 의하여 준법서약서의 제출이 반드시 법적으로 강제되어 있는 것이 아니며, 가석방은 행형당국의 판단에 따라 수형자가 받는 사실상의 이익이며 은전일 뿐이어서, 준법서약서의 제출을 거부하는 당해 수형자는 결국 이 사건 규칙조항에 의하여 가석방의 혜택을 받을 수 없게 될 것이지만, 단지 그것뿐이며 더 이상 법적 지위가 불안해지거나 법적 상태가 악화되지 아니한다. 즉, 원래의 형기대로 복역하는 수형생활에 아무런 변화가 없는 것이다. 이와 같이 이 사건 규칙조항은 내용상 당해 수형자에게 하등의 법적 의무를 부과하는 것이 아니며 이행강제나 처벌 또는 법적 불이익의 부과 등 방법에 의하여 준법서약을 강제하고 있는 것이 아니므로 당해 수형자의 양심의 자유를 침해하는 것이 아니다.
⑤ O 준법서약제는 당해 수형자의 타 수형자에 대한 차별취급의 목적이 분명하고 비중이 큼에 비하여, 차별취급의 수단은 기본권침해의 문제가 없는 국민의 일반적 의무사항의 확인 내지 서약에 불과하다 할 것이므로 그 차별취급의 비례성이 유지되고 있음이 명백하다 할 것이고, 결국 이 사건 규칙조항은 헌법상 평등의 원칙에 위배되지 아니한다고 할 것이다.

32 21법전협-1-5   정답 ⑤

양심의 자유에 관한 설명 중 옳은 것을 모두 고른 것은?
(다툼이 있는 경우 판례에 의함)

ㄱ. 「국가보안법」상 이적행위조항은 반국가단체 등에 대한 동조행위를 처벌하는 것으로 개인의 사상과 이념을 근거로 처벌하는 것이 되어 양심의 자유를 침해한다.
ㄴ. 법적 강제수단이 아닌 사실상 내지 간접적인 강제수단에 의해서도 양심의 자유는 제한될 수 있다.
ㄷ. 헌법에 의해 보호받는 양심은 법질서와 도덕에 부합하는 사고를 가진 다수의 양심이 아니라 '소수자'의 양심이다.
ㄹ. 보안관찰처분은 보안관찰처분대상자의 내심의 작용을 문제 삼는 것이 아니라, 보안관찰처분대상자가 보안관찰 해당범죄를 다시 저지를 위험성이 내심의 영역을 벗어나 외부에 표출되는 경우에 재범의 방지를 위하여 내려지는 특별예방적 목적의 처분이므로, 보안관찰처분 근거규정은 해당 보안관찰처분대상자의 양심의 자유를 침해하지 아니한다.

① ㄱ, ㄴ   ② ㄱ, ㄹ
③ ㄴ, ㄷ   ④ ㄷ, ㄹ
⑤ ㄴ, ㄷ, ㄹ

ㄱ. X 헌재는 국가보안법상 이적행위조항은 죄형법정주의의 명확성의 원칙에 위배되지 않으며, 표현의 자유를 침해하지 않는다(2015.4.30. 2012헌바95)고 판시하였다. 지문은 이적행위조항 중 동조 부분에 대한 반대의견이다.
ㄴ. O 법적 강제수단이 아니라, 법적으로 강제되어 있지 않은 준법서약서의 제출 등의 경우에서도 양심의 자유를 제한될 수 있다.
⇨ 그러나 준법서약서의 제출은 양심의 자유를 침해하지 않는다.
비교판례 양심의 자유는 내심에서 우러나오는 윤리적 확신과 이에 반하는 외부적 법질서의 요구가 서로 회피할 수 없는 상태로 충돌할 때에만 침해될 수 있다. 그러므로 당해 실정법이 특정의 행위를 금지하거나 명령하는 것이 아니라 단지 특별한 혜택을 부여하거나 권고 내지 허용하고 있는 데에 불과하다면, 수범자는 수혜를 스스로 포기하거나 권고를 거부함으로써 법질서와 충돌하지 아니한 채 자신의 양심을 유지, 보존할 수 있으므로 양심의 자유에 대한 침해가 된다 할 수 없다.
이 사건의 경우, 가석방심사등에관한규칙 제14조에 의하여 준법서약서의 제출이 반드시 법적으로 강제되어 있는 것이 아니다. 당해 수형자는 가석방심사위원회의 판단에 따라 준법서약서의 제출을 요구받았다고 하더라도 자신의 의사에 의하여 준법서약서의 제출을 거부할 수 있다. 또한 가석방은 행형기관의 교정정책 혹은 형사정책적 판단에 따라 수형자에게 주는 은혜적 조치일 뿐이고 수형자에게 주어지는 권리가 아니어서, 준법서약서의 제출을 거부하는 당해 수형자는 결국 위 규칙조항에 의하여 가석방의 혜택을 받을 수 없게 될 것이지만, 단지 그것뿐이며 더 이상 법적 지위가 불안해지거나 법적 상태가 악화되지 아니한다. 이와 같이 위 규칙조항은 내용상 당해 수형자에게 하등의 법적 의무를 부과하는 것이 아니며 이행강제나 처벌 또는 법적 불이익의 부과 등 방법에 의하여 준법서약을 강제하고 있는 것이 아니므로 당해 수형자의 양심의 자유를 침해하는 것이 아니다(2002. 4. 25. 98헌마425).

ㄷ. O 개인의 양심은 사회 다수의 정의관·도덕관과 일치하지 않을 수 있으며, 오히려 헌법상 양심의 자유가 문제되는 상황은 개인의 양심이 국가의 법질서나 사회의 도덕률에 부합하지 않는 경우이므로, 헌법에 의해 보호받는 양심은 법질서와 도덕에 부합하는 사고를 가진 다수가 아니라 이른바 '소수자'의 양심이 되기 마련이다(2018.6.28. 2011헌바379).

ㄹ. O 보안관찰처분은 그 대상자가 보안관찰해당범죄를 저지를 위험성이 내심의 영역을 벗어나 외부에 표출되는 경우에 재범의 방지를 위하여 내려지는 특별예방적 목적의 처분이므로 양심의 자유를 침해하지 않는다(1997.11.27. 92헌바28). … 합헌결정
보안관찰법상의 보안관찰처분은 보안관찰처분대상자의 내심의 작용을 문제삼는 것이 아니라, 보안관찰처분대상자가 보안관찰해당범죄를 다시 저지를 위험성이 내심의 영역을 벗어나 외부에 표출되는 경우에 재범의 방지를 위하여 내려지는 특별예방적 목적의 처분이므로, 양심의 자유를 보장한 헌법규정에 위반된다고 할 수 없다.

제2항 종교의 자유

33   16법전협-3-5   정답 ①

종교의 자유에 관한 설명 중 옳은 것을 모두 고른 것은?
(다툼이 있는 경우 판례에 의함)

> ㄱ. 헌법상 보호되는 종교의 자유에는 특정 종교단체가 그 종교의 지도자와 교리자를 자체적으로 교육시킬 수 있는 종교교육의 자유가 포함된다.
> ㄴ. 종교의 자유에는 일반적으로 신앙의 자유, 종교적 행위의 자유 및 종교적 집회·결사의 자유 등이 포함된다.
> ㄷ. 공군참모총장이 전 공군을 지휘·감독할 지위에서 수하의 장병을 상대로 단결심의 함양과 조직의 유지·관리를 위하여 계몽적 차원에서 군종장교로 하여금 교계에 널리 알려진 특정 종교에 대한 비판적 정보를 담은 책자를 발행·배포하게 한 행위는 원칙적으로 정교분리의 원칙에 반하는 위법한 직무집행에 해당되지 않는다.
> ㄹ. 선교의 자유에는 국민이 선택한 임의의 장소에서 자유롭게 종교전파를 할 수 있는 권리까지 포함된다고 할 수 없다.

① ㄱ, ㄴ, ㄷ, ㄹ
② ㄱ, ㄴ, ㄷ
③ ㄱ, ㄷ, ㄹ
④ ㄴ, ㄹ
⑤ ㄷ, ㄹ

 해설

ㄱ. O 헌법 제20조는 "모든 국민은 종교의 자유를 가진다", "국교는 인정되지 아니하며, 종교와 정치는 분리된다"고 규정하여 종교의 자유를 선언하고 있다. 헌법상 보호되는 종교의 자유에는 특정 종교단체가 그 종교의 지도자와 교리자를 자체적으로 교육시킬 수 있는 종교교육의 자유가 포함된다고 볼 것이다(2000.3.30. 99헌바14).

ㄴ. O 종교의 자유는 일반적으로 신앙의 자유, 종교적 행위의 자유 및 종교적 집회·결사의 자유 등 3요소로 구성되어 있다(2014.6.26. 2012헌마782).

ㄷ. O 군대 내에서 군종장교는 국가공무원인 참모장교로서의 신분뿐 아니라 성직자로서의 신분을 함께 가지고 소속 종단으로부터 부여된 권한에 따라 설교·강론 또는 설법을 행하거나 종교의식 및 성례를 할 수 있는 종교의 자유를 가지는 것이므로, 군종장교가 최소한 성직자의 신분에서 주재하는 종교활동을 수행함에 있어 소속종단의 종교를 선전하거나 다른 종교를 비판하였다고 할지라도 그것만으로 종교적 중립을 준수할 의무를 위반한 직무상의 위법이 있다고 할 수 없다. 공군참모총장이 전 공군을 지휘·감독할 지위에서 수하의 장병들을 상대로 단결심의 함양과 조직의 유지·관리를 위하여 계몽적인 차원에서 군종장교로 하여금 교계에 널리 알려진 특정 종교에 대한 비판적 정보를 담은 책자를 발행·배포하게 한 행위가 특별한 사정이 없는 한 정교분리의 원칙에 위반하는 위법한 직무집행에 해당하지 않는다고 한 사례(대판 2007.4.26. 2006다87903).

ㄹ. O 종교(선교활동)의 자유는 국민에게 그가 선택한 임의의 장소에서 자유롭게 행사할 수 있는 권리까지 보장한다고 할 수 없으며, 그 임의의 장소가 대한민국의 주권이 미치지 아니하는 지역 나아가 국가에 의한 국민의 생명·신체 및 재산의 보호가 강력히 요구되는 해외 위난 지역인 경우에는 더욱 그러하다(2008.6.26. 2007헌마1366).

34   13법전협-1-8   정답 ④

다음 사례에 관한 설명으로 옳은 것은?

> 종립학교인 A 고교에 강제로 배정된 고등학생 B는 A 고교가 자신의 종교와 다른 종교를 교육하여 종교의 자유를 침해하였다고 주장하였다. 그러나 A 고교가 속한 Y 학교법인은 교육의 자주성에 따라 특정 종교를 교육할 자유가 있다고 주장하고 있다.

① Y 학교법인의 기본권 보다는 B의 기본권이 우월하다고 보는 것이 대법원 판례이다.
② 기본권의 충돌 문제는 발생하나, 기본권의 제3자효가 문제될 여지는 없다.
③ 기본권에 대한 국가의 보장의무와는 무관하다.
④ 비슷한 사안에서 대법원은 B에게 손해배상청구권이 있음을 인정한 바가 있다.
⑤ 사립학교에서는 교육의 자주성이 최대한 보장되어야 하므로 어떠한 종교교육을 하더라도 헌법에 위반되는 경우는 없다.

① X 고등학교 평준화정책에 따른 학교 강제배정제도가 위헌이 아니라고 하더라도 여전히 종립학교(종교단체가 설립한 사립학교)가 가지는 종교교육의 자유 및 운영의 자유와 학생들이 가지는 소극적 종교행위의 자유 및 소극적 신앙고백의 자유 사이에 충돌이 생기게 되는데, 이와 같이 하나의 법률관계를 둘러싸고 두 기본권이 충돌하는 경우에는 구체적인 사안에서의 사정을 종합적으로 고려한 이익형량과 함께 양 기본권 사이의 실제적인 조화를 꾀하는 해석 등을 통하여 이를 해결하여야 하고, 그 결과에 따라 정해지는 양 기본권 행사의 한계 등을 감안하여 그 행위의 최종적인 위법성 여부를 판단하여야 한다(대판 2010.4.22. 2008다38288 전원합의체). 판례가 B의 기본권을 더 우월하게 보지는 않았다.

② X 헌법상의 기본권은 제1차적으로 개인의 자유로운 영역을 공권력의 침해로부터 보호하기 위한 방어적 권리이지만 다른 한편으로 헌법의 기본적인 결단인 객관적인 가치질서를 구체화한 것으로서, 사법을 포함한 모든 법 영역에 그 영향을 미치는 것이므로 사인간의 사적인 법률관계도 헌법상의 기본권 규정에 적합하게 규율되어야 한다. 다만 기본권 규정은 그 성질상 사법관계에 직접 적용될 수 있는 예외적인 것을 제외하고는 사법상의 일반원칙을 규정한 민법 제2조, 제103조, 제750조, 제751조 등의 내용을 형성하고 그 해석 기준이 되어 간접적으로 사법관계에 효력을 미치게 된다. 종교의 자유라는 기본권의 침해와 관련한 불법행위의 성립 여부도 위와 같은 일반규정을 통하여 사법상으로 보호되는 종교에 관한 인격적 법익침해 등의 형태로 구체화되어 논하여져야 한다(대판 2010.4.22. 2008다38288 전원합의체). 기본권의 제3자효도 함께 문제가 된다.

③ X 우리 헌법은 제10조에서 국가는 개인이 가지는 불가침의 기본적 인권을 확인하고 이를 보장할 의무를 진다고 규정함으로써, 소극적으로 국가권력이 국민의 기본권을 침해하는 것을 금지하는데 그치지 아니하고 나아가 적극적으로 국민의 기본권을 타인의 침해로부터 보호할 의무를 부과하고 있다(1997.1.16. 90헌마110·136 병합). 사안의 경우 Y학교법인에 의해 B의 종교의 자유가 침해될 여지가 있으므로 기본권 보장의무와도 관련이 있다.

④ O 원고에 대한 이 사건 징계사유만으로는 학칙에서 정하는 퇴학처분 사유에는 해당하지 아니함이 객관적으로 명백할 뿐만 아니라 징계권자 또는 징계위원들이 조금만 주의를 기울였더라면 이러한 사정을 쉽게 알 수 있었다고 할 것이다. 그럼에도 원심이, 원고의 담임교사에 대한 불손한 태도만으로도 퇴학처분까지 가능한 징계사유에 해당한다고 전제하고, 원고의 위반 내용이나 담임교사의 권면 등 이 사건 퇴학처분에 이르게 된 경위에 비추어 볼 때 원고에 대한 징계로 퇴학처분을 선택한 것이 사회통념상 용인될 수 없을 정도의 징계권 남용에 해당한다고 보기는 어렵다고 판단한 조치에는, 학생에 대한 징계처분으로 인한 불법행위의 성립요건에 관한 법리를 오해하여 판결에 영향을 미친 위법이 있다(대판 2010.4.22. 2008다38288 전원합의체).

⑤ X 종립학교가 고등학교 평준화정책에 따라 학생 자신의 신앙과 무관하게 입학하게 된 학생들을 상대로 종교적 중립성이 유지된 보편적인 교양으로서의 종교교육의 범위를 넘어서서 학교의 설립이념이 된 특정의 종교교리를 전파하는 종파교육 형태의 종교교육을 실시하는 경우에는 그 종교교육의 구체적인 내용과 정도, 종교교육이 일시적인 것인지 아니면 계속적인 것인지 여부, 학생들에게 그러한 종교교육에 관하여 사전에 충분한 설명을 하고 동의를 구하였는지 여부, 종교교육에 대한 학생들의 태도나 학생들이 불이익이 있을 것을 염려하지 아니하고 자유롭게 대체과목을 선택하거나 종교교육에 참여를 거부할 수 있었는지 여부 등의 구체적인 사정을 종합적으로 고려하여 사회공동체의 건전한 상식과 법감정에 비추어 볼 때 용인될 수 있는 한계를 초과한 종교교육이라고 보이는 경우에는 위법성을 인정할 수 있다(대판 2010.4.22. 2008다38288 전원합의체).

제3항 언론·출판의 자유

35 15변시-6 정답 ③

언론·출판의 자유에 관한 설명 중 옳지 않은 것은? (다툼이 있는 경우 판례에 의함)

① 구체적인 전달이나 전파의 상대방이 없는 집필행위도 표현의 자유의 보호영역에 포함된다.
② 헌법 제21조 제2항의 검열금지조항은 절대적 금지를 의미하므로 국가안전보장·질서유지·공공복리를 위하여 필요한 경우라도 사전검열이 허용되지 않는다.
③ 의사의 자유로운 표명과 전파의 자유에는 책임이 따르므로 자신의 신원을 밝히지 아니한 채 익명 또는 가명으로 자신의 사상이나 견해를 표명하고 전파할 익명표현의 자유는 보장되지 않는다.
④ 정보 등을 불특정 다수인에게 전파하는 광고물도 헌법 제21조가 보장하는 언론·출판의 자유의 보호대상이 된다.
⑤ 음란표현도 헌법 제21조가 규정하는 언론·출판의 자유의 보호영역에 포함된다.

① O 표현의 자유의 보호영역은 일반적으로 의견의 자유 또는 의견 형성의 자유와 표현의 자유 그리고 전파의 자유를 포함한다. 일반적으로 문자를 통한 표현행위가 이루어지는 과정을 살펴보면 표현하고자 하는 내용이 내면적으로 형성되고 그것을 문자로 외부적으로 작성하여 그 작성된 것을 외부에 전달하거나 전파하는 단계를 거치게 되는데, 집필행위는 사람의 내면에 있는 생각이 외부로 나타나는 첫 단계의 행위란 점에서 문자를 통한 표현행위의 가장 기초적이고도 전제가 되는 행위라 할 것이다. 일반적으로 표현의 자유는 정보의 전달 또는 전파와 관련지어 생각되므로 구체적인 전달이나 전파의 상대방이 없는 집필의 단계를 표현의 자유의 보호영역에 포함시킬 것인지 의문이 있을 수 있으나, 집필은 문자를 통한 모든 의사표현의 기본 전제가 된다는 점에서 당연히 표현의 자유의 보호영역에 속해 있다고 보아야 한다 (2005.2.24. 2003헌마289).

② O 헌법 제21조 제2항이 언론·출판에 대한 검열금지를 규정한 것은 비록 헌법 제37조 제2항이 국민의 자유와 권리를 국가안전보장·질서유지 또는 공공복리를 위하여 필요한 경우에 한하여 법률로써 제한할 수 있도록 규정하고 있다고 할지라도 언론·출판의 자유에 대하여는 검열을 수단으로 한 제한만은 법률로써도 허용되지 아니한다는 것을 밝힌 것이다(1996.10.4. 93헌가13·91헌바10 병합).

③ X 헌법 제21조에서 보장하고 있는 표현의 자유는, 전통적으로는 사상 또는 의견의 자유로운 표명(발표의 자유)과 그것을 전파할 자유(전달의 자유)를 의미하는 것으로서, 개인이 인간으로서의 존엄과 가치를 유지하고 행복을 추구하며 국민주권을 실현하는 데 필수불가결한 것이고, 종교의 자유, 양심의 자유, 학문과 예술의 자유 등의 정신적인 자유를 외부적으로 표현하는 자유이다. 이러한 '자유로운' 표명과 전파의 자유에는 자신의 신원을 누구에게도 밝히지 아니한 채 익명 또는 가명으로 자신의 사상이나 견해를 표명하고 전파할 **익명표현의 자유도 그 보호영역에 포함**된다고 할 것이다(2010.2.25. 2008헌마324·2009헌바31 등).

④ ○ 우리 헌법은 제21조 제1항에서 "모든 국민은 언론·출판의 자유 …… 를 가진다"라고 규정하여 현대 자유민주주의의 존립과 발전에 필수불가결한 기본권으로 언론·출판의 자유를 강력하게 보장하고 있는바, 광고물도 사상·지식·정보 등을 불특정다수인에게 전파하는 것으로서 언론·출판의 자유에 의한 보호를 받는 대상이 됨은 물론이다(1998.2.27. 96헌바2).

⑤ ○ 음란표현도 헌법 제21조가 규정하는 언론·출판의 자유의 보호영역에는 해당하되, 다만 헌법 제37조 제2항에 따라 국가 안전보장·질서유지 또는 공공복리를 위하여 제한할 수 있는 것이다(2009.5.28. 2006헌바109).

36 18변시-8   정답 ②

언론·출판의 자유에 관한 설명 중 옳지 않은 것은? (다툼이 있는 경우 판례에 의함)

① 표현의 특성이나 규제의 필요성에 따라 언론·출판의 자유의 보호를 받는 표현 중에서 사전검열금지원칙의 적용이 배제되는 영역을 따로 설정할 경우 그 기준에 대한 객관성을 담보할 수 없다는 점 등을 고려하면, 헌법상 사전검열은 예외 없이 금지되는 것으로 보아야 한다.

② 언론의 자유에 의하여 보호되는 것은 정보의 획득에서부터 뉴스와 의견의 전파에 이르기까지 언론의 기능과 본질적으로 연관되는 활동에 국한되므로, 인터넷언론사가 취재 인력 3명 이상을 포함하여 취재 및 편집 인력 5명 이상을 상시적으로 고용하도록 하는 것은 언론의 자유를 제한하는 것이 아니라 인터넷언론사의 직업의 자유를 제한하는 것이다.

③ 「옥외광고물 등 관리법」상 사전허가제도는 일정한 지역·장소 및 물건에 광고물 또는 게시시설을 표시하거나 설치하는 경우에 그 광고물 등의 종류·모양·크기·색깔, 표시 또는 설치의 방법 및 기간 등을 규제하고 있을 뿐, 광고물 등의 내용을 심사·선별하여 광고물을 사전에 통제하려는 제도가 아님은 명백하므로, 헌법 제21조 제2항이 정하는 사전허가·검열에 해당되지 아니한다.

④ 의료에 관한 광고는 표현의 자유의 보호영역에 속하지만 사상이나 지식에 관한 정치적·시민적 표현 행위와는 차이가 있고, 한편 직업수행의 자유의 보호영역에도 속하지만 인격발현과 개성신장에 미치는 효과가 중대한 것은 아니므로, 의료에 관한 광고의 규제에 대한 과잉금지원칙 위배 여부를 심사함에 있어 그 기준을 완화하는 것이 타당하다.

⑤ 「언론중재 및 피해구제 등에 관한 법률」은 언론이 사망한 사람의 인격권을 침해한 경우에 그 피해가 구제될 수 있도록 명문의 규정을 두고 있으며, 사망한 사람의 인격권을 침해하였거나 침해할 우려가 있는 경우의 구제절차는 유족이 수행하도록 하고 있다.

① ○ 헌법이 특정한 표현에 대해 예외적으로 검열을 허용하는 규정을 두지 않은 점, 이러한 상황에서 표현의 특성이나 규제의 필요성에 따라 언론·출판의 자유의 보호를 받는 표현 중에서 사전검열금지원칙의 적용이 배제되는 영역을 따로 설정할 경우 그 기준에 대한 객관성을 담보할 수 없다는 점 등을 고려하면, 헌법상 사전검열은 예외 없이 금지되는 것으로 보아야 하므로 의료광고 역시 사전검열금지원칙의 적용대상이 된다(2015.12.23. 2015헌바75).

② ✕ 언론의 자유에 의하여 보호되는 것은 정보의 획득에서부터 뉴스와 의견의 전파에 이르기까지 언론의 기능과 본질적으로 관련되는 모든 활동이다. 이런 측면에서 고용조항과 확인조항은 인터넷신문의 발행을 제한하는 효과를 가지고 있으므로 언론의 자유를 제한한다. 급변하는 인터넷 환경과 기술 발전, 매체의 다양화 및 신규 또는 대안 매체의 수요 등을 감안하더라도, 취재 및 편집 인력을 상시 일정 인원 이상 고용하도록 강제하는 것이 인터넷신문의 언론으로서의 신뢰성을 제고하기 위해 반드시 필요하다고 보기도 어렵다. 고용조항 및 확인조항은 소규모 인터넷신문이 언론으로서 활동할 수 있는 기회 자체를 원천적으로 봉쇄할 수 있음에 비하여, 인터넷신문의 신뢰도 제고라는 입법목적의 효과는 불확실하다는 점에서 법익의 균형성도 잃고 있다. 따라서 고용조항 및 확인조항은 과잉금지원칙에 위배되어 청구인들의 언론의 자유를 침해한다(2016.10.27. 2015헌마1206).

③ ○ 광고물도 언론·출판의 자유에 의한 보호를 받는 대상이 됨은 물론이나, 옥외광고물등관리법 제3조는 일정한 지역·장소 및 물건에 광고물 또는 게시시설을 표시하거나 설치하는 경우에 그 광고물 등의 종류·모양·크기·색깔, 표시 또는 설치의 방법 및 기간 등을 규제하고 있을 뿐, 광고물 등의 내용을 심사·선별하여 광고물을 사전에 통제하려는 제도가 아님은 명백하므로, 헌법 제21조 제2항이 정하는 사전허가·검열에 해당되지 아니한다(1998.2.27. 96헌바2).

④ ○ 상업광고는 표현의 자유의 보호영역에 속하지만 사상이나 지식에 관한 정치적, 시민적 표현행위와는 차이가 있고, 한편 직업수행의 자유의 보호영역에 속하지만 인격발현과 개성신장에 미치는 효과가 중대한 것은 아니다. 그러므로 상업광고 규제에 관한 비례의 원칙 심사에 있어서 '피해의 최소성' 원칙은 같은 목적을 달성하기 위하여 달리 덜 제약적인 수단이 없을 것인지 혹은 입법목적을 달성하기 위하여 필요한 최소한의 제한인지를 심사하기 보다는 '입법목적을 달성하기 위하여 필요한 범위 내의 것인지'를 심사하는 정도로 완화되는 것이 상당하다(2005.10.27. 2003헌가3).

⑤ ○ 언론중재 및 피해구제 등에 관한 법률(언론중재법)은 언론 등이 타인의 인격권을 침해하여서는 아니한다고 규정하면서(제5조 제1항), 타인의 범위 사망한 사람을 포함하고 있는데(제5조의2 제1항), 사망한 사람의 경우 그 구제절차를 유족이 수행한다고 규정하고 있다(제5조의2 제2항).

언론중재 및 피해구제 등에 관한 법률 제5조의2(사망자의 인격권 보호)
① 제5조 제1항의 타인에는 사망한 사람을 포함한다.
② 사망한 사람의 인격권을 침해하였거나 침해할 우려가 있는 경우에는 이에 따른 구제절차를 유족이 수행한다.

37 21변시-4 정답 ①

언론·출판의 자유에 관한 설명 중 옳은 것은? (다툼이 있는 경우 판례에 의함)

① 사전허가금지의 대상은 어디까지나 언론·출판 자유의 내재적 본질인 표현의 내용을 보장하는 것을 말하는 것이지, 언론·출판을 위해 필요한 물적 시설이나 언론기업의 주체인 기업인으로서의 활동까지 포함되는 것으로 볼 수는 없다.

② 사전검열금지원칙은 의사표현의 발표 여부가 오로지 행정권의 허가에 달려있는 사전심사만을 금지하는 것이 아니라 모든 형태의 사전적인 규제를 금지하는 것이다.

③ 의료광고는 표현의 자유의 보호영역에 속하지만 사상이나 지식에 관한 정치적·시민적 표현 행위와는 차이가 있고, 직업수행의 자유의 보호영역에도 속하지만 인격발현과 개성신장에 미치는 효과가 중대한 것은 아니므로, 그 규제의 위헌여부는 완화된 기준인 자의금지원칙에 따라 심사한다.

④ 사실적 주장에 관한 언론보도 등으로 인하여 피해를 입은 자는 그 보도 내용에 관한 반론보도를 언론사에 청구할 수 있는데, 이 청구에는 언론사의 고의·과실이나 위법성이 필요하지 않으나, 보도 내용이 진실인 경우에는 청구할 수 없다.

⑤ 의사의 자유로운 표명과 전파의 자유에는 책임이 따르므로 자신의 신원을 밝히지 아니한 채 익명 또는 가명으로 자신의 사상이나 견해를 표명하고 전파할 익명표현의 자유는 보장되지 않는다.

 해설

① O 사전허가금지의 대상은 어디까지나 언론·출판 자유의 내재적 본질인 표현의 내용을 보장하는 것을 말하는 것이지, 언론·출판을 위해 필요한 물적 시설이나 언론기업의 주체인 기업인으로서의 활동까지 포함되는 것으로 볼 수는 없다. 즉, 언론·출판에 대한 허가·검열금지의 취지는 정부가 표현의 내용에 관한 가치판단에 입각해서 특정 표현의 자유로운 공개와 유통을 사전 봉쇄하는 것을 금지하는 데 있으므로, 내용 규제 그 자체가 아니거나 내용 규제 효과를 초래하는 것이 아니라면 헌법이 금지하는 "허가"에는 해당되지 않는다(2016.10.27. 2015헌마1206).

② X 헌법 제21조 제1항과 제2항은 모든 국민은 언론·출판의 자유를 가지며, 언론·출판에 대한 허가나 검열은 인정되지 아니한다고 규정하고 있다. 여기서의 검열은 행정권이 주체가 되어 사상이나 의견 등이 발표되기 이전에 예방적 조치로서 그 내용을 심사, 선별하여 발표를 사전에 억제하는, 즉 허가받지 아니한 것의 발표를 금지하는 제도를 뜻한다. 그러나 검열금지의 원칙은 모든 형태의 사전적인 규제를 금지하는 것이 아니고, 단지 의사표현의 발표 여부가 오로지 행정권의 허가에 달려있는 사전심사만을 금지하는 것을 뜻한다. 그러므로 검열은 일반적으로 허가를 받기 위한 표현물의 제출의무, 행정권이 주체가 된 사전심사절차, 허가를 받지 아니한 의사표현의 금지 및 심사절차를 관철할 수 있는 강제수단 등의 요건을 갖춘 경우에만 이에 해당하는 것이다(2006.10.26. 2005헌가14).

③ X 의료에 관한 광고는 표현의 자유의 보호영역에 속하지만 사상이나 지식에 관한 정치적, 시민적 표현 행위와는 차이가 있으며, 직업수행의 자유는 직업선택의 자유에 비해 인격발현과 개성신장에 미치는 효과가 중대한 것은 아니다. 그러므로 의료에 관한 광고의 규제에 대한 과잉금지원칙 위배 여부를 심사함에 있어, 피해의 최소성 원칙은 같은 목적을 달성하기 위하여 달리 덜 제약적인 수단이 없을 것인지 혹은 입법목적을 달성하기 위하여 필요한 최소한의 제한인지를 심사하기 보다는 '입법목적을 달성하기 위하여 필요한 범위 내의 것인지'를 심사하는 정도로 완화하는 것이 상당하다(2014.3.27. 2012헌바293). → 자의금지원칙이 아니라 피해의 최소성 원칙 측면에서 완화된 과잉금지원칙에 따라 심사한다.

④ X

> **언론중재 및 피해구제 등에 관한 법률 제16조(반론보도청구권)**
> ① 사실적 주장에 관한 언론보도등으로 인하여 피해를 입은 자는 그 보도 내용에 관한 반론보도를 언론사등에 청구할 수 있다.
> ② 제1항의 청구에는 언론사등의 고의·과실이나 위법성을 필요로 하지 아니하며, 보도 내용의 진실 여부와 상관없이 그 청구를 할 수 있다.
>
> 참고 **제14조(정정보도 청구의 요건)**
> ① 사실적 주장에 관한 언론보도등이 진실하지 아니함으로 인하여 피해를 입은 자(이하 "피해자"라 한다)는 해당 언론보도등이 있음을 안 날부터 3개월 이내에 언론사, 인터넷뉴스서비스사업자 및 인터넷 멀티미디어 방송사업자(이하 "언론사등"이라 한다)에게 그 언론보도등의 내용에 관한 정정보도를 청구할 수 있다. 다만, 해당 언론보도등이 있은 후 6개월이 지났을 때에는 그러하지 아니하다.
> ② 제1항의 청구에는 언론사등의 고의·과실이나 위법성을 필요로 하지 아니한다.

⑤ X 헌법 제21조에서 보장하고 있는 표현의 자유는, 전통적으로는 사상 또는 의견의 자유로운 표명(발표의 자유)과 그것을 전파할 자유(전달의 자유)를 의미하는 것으로서, 개인이 인간으로서의 존엄과 가치를 유지하고 행복을 추구하며 국민주권을 실현하는데 필수불가결한 것이고, 종교의 자유, 양심의 자유, 학문과 예술의 자유 등의 정신적인 자유를 외부적으로 표현하는 자유이다. 이러한 '자유로운' 표명과 전파의 자유에는 자신의 신원을 누구에게도 밝히지 아니한 채 익명 또는 가명으로 자신의 사상이나 견해를 표명하고 전파할 익명표현의 자유도 그 보호영역에 포함된다고 할 것이다(2010.2.25. 2008헌마324·2009헌바31).

38 12변시-18   정답 ①, ③, ⑤

표현의 자유에 관한 설명 중 옳지 않은 것은? (다툼이 있는 경우 판례에 의함)

① 건강기능식품의 허위·과장 광고를 사전에 예방하지 않을 경우 소비자들이 신체·건강상으로 이미 입은 피해의 회복이 사실상 불가능하며, 그 광고는 영리목적의 순수한 상업광고로서 표현의 자유 등이 위축될 위험도 작으므로 건강기능식품의 기능성 표시·광고에 대하여 식품의약품안전청장이 건강기능식품협회에 위탁하여 사전심의를 받도록 하는 것은 헌법이 금지하는 사전검열에 해당하지 않는다.

② 국가가 개인의 표현행위를 규제하는 경우, 표현내용에 대한 규제는 원칙적으로 중대한 공익의 실현을 위하여 불가피한 경우에 한하여 엄격한 요건 하에서만 허용되는 반면, 표현내용과 무관한 표현방법에 대한 제한은 합리적인 공익상의 이유로 비례의 원칙의 준수 하에서 가능하다.

③ "음란"이란 인간존엄 내지 인간성을 왜곡하는 노골적이고 적나라한 성표현으로서 오로지 성적 흥미에만 호소할 뿐 전체적으로 보아 하등의 문학적, 예술적, 과학적 또는 정치적 가치를 지니지 않은 것으로서, 사회의 건전한 성도덕을 크게 해칠 뿐만 아니라 사상의 경쟁 메커니즘에 의해서도 그 해악이 해소되기 어려워, 음란한 표현은 언론·출판의 자유의 보호영역에 포함되지 아니한다.

④ 외교기관 인근의 옥외집회나 시위를 원칙적으로 금지하면서도, 해당 외교기관을 대상으로 하지 아니하는 경우, 대규모 집회 또는 시위로 확산될 우려가 없는 경우, 외교기관의 업무가 없는 휴일에 개최하는 경우를 예외로 하는 것은, 집회의 자유를 침해하지 않는다.

⑤ 해가 뜨기 전이나 해가 진 후의 옥외집회를 원칙적으로 금지하고, 일정한 경우 관할경찰관서장이 이를 예외적으로 허용할 수 있도록 한 법률조항은 집회의 자유를 침해하여 헌법에 위반되는데, 그 근거로는 헌법 제21조 제2항의 집회의 허가금지 또는 과잉금지원칙을 들 수 있다.

 해설

① X 한국건강기능식품협회가 행하는 이 사건 **건강기능식품 기능성 광고 사전심의**는 헌법이 금지하는 사전검열에 해당하므로 헌법에 위반된다. 종래 이와 견해를 달리하여 건강기능식품 기능성광고의 사전심의절차를 규정한 구 건강기능식품법 관련조항이 헌법상 사전검열금지원칙에 위반되지 않는다고 판단한 우리 재판소 결정 (2010.7.29. 2006헌바75)은, **이 결정 취지와 저촉되는 범위 안에서 변경**하기로 한다(2018.6.28. 2016헌가8). → 건강기능식품 기능성광고 심의는 행정권이 주체가 된 사전심사라고 할 것이다.

② O 국가가 개인의 표현행위를 규제하는 경우, 표현내용에 대한 규제는 원칙적으로 중대한 공익의 실현을 위하여 불가피한 경우에 한하여 엄격한 요건 하에서 허용되는 반면, 표현내용과 무관하게 표현의 방법을 규제하는 것은 합리적인 공익상의 이유로 폭 넓은 제한이 가능하다(2002.12.18. 2000헌마764).

③ X 음란표현이 언론·출판의 자유의 보호영역에 해당하지 아니한다고 해석할 경우 음란표현에 대하여는 언론·출판의 자유의 제한에 대한 헌법상의 기본원칙, 예컨대 명확성의 원칙, 검열금지의 원칙 등에 입각한 합헌성 심사를 하지 못하게 될 뿐만 아니라, 기본권 제한에 대한 헌법상의 기본원칙, 예컨대 법률에 의한 제한, 본질적 내용의 침해금지 원칙 등도 적용하기 어렵게 되는 결과, 모든 음란표현에 대하여 사전 검열을 받도록 하고 이를 받지 않은 경우 형사처벌을 하거나, 유통목적이 없는 음란물의 단순소지를 금지하거나, 법률에 의하지 아니하고 음란물출판에 대한 불이익을 부과하는 행위 등에 대한 합헌성 심사도 하지 못하게 됨으로써, 결국 음란표현에 대한 최소한의 헌법상 보호마저도 부인하게 될 위험성이 농후하게 된다는 점을 간과할 수 없다. 이 사건 법률조항의 **음란표현은 헌법 제21조가 규정하는 언론·출판의 자유의 보호영역** 내에 있다고 볼 것인바, 종전에 이와 견해를 달리하여 음란표현은 헌법 제21조가 규정하는 언론·출판의 자유의 보호영역에 해당하지 아니한다는 취지로 판시한 우리 재판소의 의견(1998.4.30. 95헌가16)을 변경한다(2009.5.28. 2006헌바109).

④ O 이 사건 법률조항은 외교기관의 경계지점으로부터 반경 100미터 이내 지점에서의 집회 및 시위를 원칙적으로 금지하되, 그 가운데에서도 외교기관의 기능이나 안녕을 침해할 우려가 없다고 인정되는 세가지의 예외적인 경우에는 이러한 집회 및 시위를 허용하고 있는바, 이는 입법기술상 가능한 최대한의 예외적 허용 규정이며, 그 예외적 허용 범위는 적절하다고 보이므로 이보다 더 넓은 범위의 예외를 인정하지 않는 것을 두고 침해의 최소성 원칙에 반한다고 할 수 없다. 그리고 이사건 법률조항으로 달성하고자 하는 공익은 외교기관의 기능과 안전의 보호라는 국가적 이익이며, 이 사건 법률조항은 법익충돌의 위험성이 없는 경우에는 외교기관 인근에서의 집회나 시위도 허용함으로써 구체적인 상황에 따라 상충하는 법익 간의 조화를 이루고 있다. 따라서 이 사건 법률조항이 청구인의 집회의 자유를 침해한다고 할 수 없다 (2010.10.28. 2010헌마111).

[참고판례] 국회의사당의 경계지점으로부터 100미터 이내의 장소에서 옥외집회·시위금지(2018.5.31. 2013헌바322) … 헌법불합치

[참고판례] 국무총리 공관 인근에서 옥외집회·시위금지 (2018.6.28. 2015헌가28) … 헌법불합치

⑤ X 출제당시 판례인 헌재결 2009.9.24. 2008헌가25에서는 5인 (위헌)은 허가제를, 2인(헌법불합치)은 과잉금지원칙 위반을 들고 있어서 정답처리되었다. 최근 2014.4.24. 2011헌가29 결정에서는 2인의 헌법불합치 결정을 근거로 판단했다. 즉 헌법재판소는 야간옥외집회사건 한정위헌결정에서 위헌의 근거로 허가제가 아닌 과잉금지원칙 위반을 들고 있다(2014.4.24. 2011헌가29).

[관련판례] 헌법 제21조 제2항에 의하여 금지되는 '허가'는 '행정청이 주체가 되어 집회의 허용 여부를 사전에 결정하는 것'으로, 법률적 제한이 실질적으로 행정청의 허가 없는 옥외집회를 불가능하게 하는 것이라면 헌법상 금지되는 사전허가제에 해당하지만, 그에 이르지 아니하는 한 헌법 제21조 제2항에 반하는 것은 아니다. 이 사건 법률조항의 단서 부분은 본문에 의한 제한을 완화시키려는 것이므로 헌법이 금지하고 있는 '옥외집회에 대한 일반적인 사전허가'라고 볼 수 없다. 한편, 이 사건 법률조항 중 단서 부분은 시위에 대하여 적용되지 않으므로 야간 시위의 금지와 관련하여 **헌법상 '허가제 금지'** 규정의 위반 여부는 문제되지 아니한다(2014.4.24. 2011헌가29). → 최소침해성 및 법익균형성 원칙에 반한다(오늘날 생활형태를 고려하지 않았기 때문임).

39 21법전협-2-4   정답 ⑤

공무원의 표현의 자유에 관한 설명 중 옳은 것은? (다툼이 있는 경우 판례에 의함)

① 공무원에 대하여 직무 수행 중 정치적 주장을 표시·상징하는 복장 등 착용행위를 금지하는 것은 해당 공무원의 정치적 표현의 자유를 침해한다.

② 군무원이 연설, 문서 또는 그 밖의 방법으로 정치적 의견을 공표하는 것을 금지하는 것은 해당 군무원의 정치적 표현의 자유를 침해한다.

③ 공무원의 '공무 외의 일을 위한 집단 행위'를 금지하여 공무원의 집단적인 정치적 표현을 제한하는 것은 해당 공무원의 표현의 자유를 침해한다.

④ 공무원에 대하여 국가 또는 지방자치단체의 정책에 대한 집단적인 반대·방해 행위를 금지하는 것은 해당 공무원의 표현의 자유를 침해한다.

⑤ 초·중등학교의 교육공무원이 정당을 제외한 '그 밖의 정치단체'의 결성에 관여하거나 이에 가입하는 행위를 금지하는 것은 명확성의 원칙에 위배되어 해당 교육공무원의 정치적 표현의 자유를 침해한다.

 해설

① X 위 규정들은 공무원의 근무기강을 확립하고 공무원의 정치적 중립성을 확보하려는 입법목적을 가진 것으로서, 공무원이 직무 수행 중 정치적 주장을 표시·상징하는 복장 등을 착용하는 행위는 그 주장의 당부를 떠나 국민으로 하여금 공무집행의 공정성과 정치적 중립성을 의심하게 할 수 있으므로 공무원이 직무수행 중인 경우에는 그 활동과 행위에 더 큰 제약이 가능하다고 하여야 할 것인바, 위 규정들은 오로지 공무원의 직무수행 중의 행위만을 금지하고 있으므로 침해의 최소성원칙에 위배되지 아니한다. 따라서 위 규정들은 과잉금지원칙에 반하여 공무원의 정치적 표현의 자유를 침해한다고 할 수 없다(2012.5.31. 2009헌마705 등).

② X 심판대상조항은 금지되는 정치 관여 행위를 최소화함으로써 군무원의 정치적 표현의 자유에 대한 제한을 축소하고 있는 반면, 심판대상조항이 달성하고자 하는 공익은 헌법 제5조 제2항에 명문화된 국민의 결단으로부터 유래하는 것이므로 매우 엄중하다. 따라서 심판대상조항으로 보호하고자 하는 공익이 군무원이 심판대상조항으로 인하여 받게 되는 불이익보다 더 크다고 할 것이므로, 심판대상조항은 법익의 균형성원칙에 위반되지도 않는다. 결국 심판대상조항은 과잉금지원칙에 반하여 군무원의 정치적 표현의 자유를 침해한다고 볼 수도 없다(2018.7.26. 2016헌바139).

③ X 공무원이 집단적으로 정치적 의사표현을 하는 경우에는 이것이 공무원이라는 집단의 이익을 대변하기 위한 것으로 비춰질 수 있으며, 정치적 중립성의 훼손으로 공무의 공정성과 객관성에 대한 신뢰를 저하시킬 수 있다. 따라서 이 사건 조항이 정치적 표현행위를 포함하여 공무원의 집단행위를 제한하더라도 이것이 표현의 자유에 대한 과도한 제한이라고 볼 수 없다. 나아가 공무원의 집단적인 정치적 표현행위가 공익을 표방한다고 하여도 우리나라의 정치 현실상 정치적 편향성에 대한 의심을 제거하기가 어려운 것이 사실이므로, 공익을 표방하는 공무원의 집단적인 정치적 표현행위는 심판대상조항의 적용이 배제되는 '공익'을 위한 행위에 포함된다고 볼 수는 없다. 따라서 이 사건 조항은 표현의 자유를 침해하지 아니한다(2020.4.23. 2018헌마550).

④ X 국가 또는 지방자치단체의 정책에 대한 공무원의 집단적인 반대·방해 행위가 허용된다면 원활한 정책의 수립과 집행이 불가능하게 되고 공무원의 정치적 중립성이 훼손될 수 있는바, 위 규정들이 달성하려는 공익은 그로 말미암아 제한받는 공무원의 정치적 표현의 자유에 비해 작다고 할 수 없으므로 법익의 균형성 또한 인정된다. 따라서 위 규정들은 과잉금지원칙에 반하여 공무원의 정치적 표현의 자유를 침해한다고 할 수 없다(2012.5.31. 2009헌마705 등).

⑤ O 초·중등학교의 교육공무원이 정치단체의 결성에 관여하거나 이에 가입하는 행위를 금지한 국가공무원법 제65조 제1항 중 '국가공무원법 제2조 제2항 제2호의 교육공무원 가운데 초·중등교육법 제19조 제1항의 교원은 그 밖의 정치단체의 결성에 관여하거나 이에 가입할 수 없다.' 부분은 나머지 청구인들의 정치적 표현의 자유 및 결사의 자유를 침해한다(2020.4.23. 2018헌마551 [위헌]).

40 21법전협-1-4   정답 ②

표현의 자유에 관한 설명 중 옳지 않은 것은? (다툼이 있는 경우 판례에 의함)

① 인터넷언론사에 대하여 선거일 전 90일부터 선거일까지 후보자 명의의 칼럼이나 저술을 게재하는 보도를 제한하는 것은 해당 후보자의 표현의 자유를 침해한다.

② 탈법방법에 의한 광고의 배부를 금지하고 이를 위반한 경우 처벌하는 「공직선거법」 조항은 일반 유권자의 정치적 표현을 원천적으로 봉쇄하는 것으로 과잉금지원칙에 위반된다.

③ 선거에서의 정치적 중립의무를 지지 않는 지방의회의원의 지위를 이용한 선거운동을 금지하고 위반 시 형사처벌하는 것은 지방의회의원의 정치적 표현의 자유를 침해하지 않는다.

④ 비(非)의료인의 의료에 관한 광고를 금지하고 처벌하는 것은 국민의 생명권과 건강권을 보호하고 국민의 보건에 관한 국가의 보호의무를 이행하기 위하여 필요한 최소한도 내의 제한이므로 비의료인의 표현의 자유를 침해한다고 볼 수 없다.

⑤ 구체적 위험이 현존하지는 않더라도 그 위험성이 명백한 단계에서 반국가단체 등에 대한 찬양·고무·선전·동조 행위 등을 규제하는 것은 국가의 안전과 존립, 국민의 생존과 자유를 보호하기 위한 불가피한 선택으로 표현의 자유에 대한 지나친 제한이 아니다.

해설

① O 이 사건 시기제한조항의 입법목적은 선거일 전 90일부터 선거일까지 후보자 명의의 칼럼 등을 게재하는 인터넷 선거보도를 금지함으로써 인터넷 선거보도의 공정성과 선거의 공정성을 확보하려는 것이므로, 그 입법목적은 정당하다. 또한 이 사건 시기제한조항은 인터넷언론사에 대하여 위와 같은 선거보도를 제한함으로써 공직선거의 후보자나 후보자가 되려는 사람이 인터넷언론사에 칼럼 등을 게재하려는 것을 제한하고, 이를 위반한 경우 이 사건 심의위원회의 심의를 거쳐 필요한 조치를 취할 수 있게 되므로, 그 입법목적을 달성하기 위하여 적합한 수단이다(2019.11.28. 2016헌마90). → 그러나 침해의 최소성원칙과 법익의 균형성원칙에도 반한다. 따라서 이 사건 시기제한조항은 과잉금지원칙에 반하여 청구인의 표현의 자유를 침해한다.

② X 광고는 일방적으로 배부되고 불특정 다수의 사람들이 그들의 의도와 상관없이 광고에 노출된다는 점에서는 문서, 인쇄물 등 다른 방식과 마찬가지이지만, 대중매체를 이용할 경우 광범위한 표현의 상대방을 두기 때문에 그 파급효과가 문서, 인쇄물 등 다른 방식에 비하여 훨씬 크다. 또한 광고는 표현 방법을 금전적으로 구매하는 것이기 때문에 문서, 인쇄물 등 다른 방식에 비하여 후보자 본인의 특별한 노력은 필요로 하지 않으면서 비용은 많이 드는 매체이므로, 경제력에 따라 그 이용 가능성에 큰 차이가 있을 수 있다. 이와 같은 사정 등을 종합하여 볼 때, 광고는 문서, 인쇄물 등 다른 방식에 비하여 선거의 공정성을 훼손할 우려가 더 크다고 할 것이므로, 탈법방법에 의한 광고의 배부를 금지하는 것은 과잉금지원칙에 위배되어 선거운동의 자유 및 정치적 표현의 자유를 침해한다고 볼 수 없다(2016. 3. 31. 2013헌바26).

③ O 국회의원과 지방의회의원은 선거에서의 정치적 중립의무가 요구되지 않으므로 선거운동이 금지되는 주체에서도 제외되나, 지방자치단체 장은 선거에서의 정치적 중립성이 엄격히 요구됨에 따라 선거운동이 금지된다. 이 사건 법률조항에서 국회의원과 지방의회의원을 선거에 영향을 미치는 행위가 금지되는 주체에서 제외하면서 지방자치단체 장을 제외하지 않은 것은 선거에서 정치적 중립의무가 요구되는 정도에 따른 것이므로 합리적인 근거 없는 차별로서 평등원칙에 위배된다고 볼 수 없다(2005.6.30. 2004헌바33).

④ O 비의료인에게 의료에 관한 광고를 허용할 경우에는 비의료인에 의하여 의료에 관한 부정확한 광고가 양산되고, 그에 의하여 일반인들이 올바른 의료선택을 하지 못하게 되며, 무면허 의료행위가 조장·확산될 위험이 있다. 이 사건 법률조항은 이러한 결과를 방지하여 국민의 생명권과 건강권을 보호하고 국민의 보건에 관한 국가의 보호의무를 이행하기 위하여 필요한 최소한도 내의 제한이라고 할 것이므로, 비의료인인 청구인의 표현의 자유, 직업수행의 자유를 침해한다고 볼 수 없다(2016.9.29. 2015헌바325).

⑤ O 이적행위 조항은 반국가단체 또는 그 동조세력에 의한 사회적 혼란을 미리 방지하고 그들에 의한 국가전복 등의 시도를 사전에 차단함으로써 국가의 안전과 국민의 생존 및 자유를 확보하기 위한 것으로 그 목적의 정당성이 인정된다. 1991년 이적행위 조항이 개정되어 "국가의 존립·안전이나 자유민주적 기본질서를 위태롭게 한다는 정을 알면서"라는 초과 주관적 구성요건이 추가됨으로써, 위 조항의 적용범위가 국가의 존립·안전이나 자유민주적 기본질서에 실질적 해악을 미칠 위험성이 명백한 행위로 제한되었다. 따라서 위 조항이 단순히 정부의 정책에 반대한다는 이유만으로 행위자를 처벌하는 수단으로 악용될 가능성은 거의 없다. 우리나라가 처한 특수한 안보현실에 비추어 볼 때, 구체적 위험이 현존하지는 않더라도 그 위험성이 명백한 단계에서 이적행위를 규제하는 것은 결코 표현의 자유에 대한 지나친 제한이 아니다. 이적행위 조항을 통하여 달성하고자 하는 국가의 존립과 안전, 국민의 생존과 자유라는 중대하고 긴요한 공익에 비하여, 개인이 이적행위를 할 수 없게 됨으로써 제한받는 사익이 결코 크다고 할 수 없으므로, 이적행위 조항은 표현의 자유를 침해하지 아니한다(2015.4.30. 2012헌바95).

---

41 14변시-12   정답 ②

표현의 자유에 관한 설명 중 옳지 않은 것을 모두 고른 것은? (다툼이 있는 경우 판례에 의함)

ㄱ. '법관이 그 품위를 손상하거나 법원의 위신을 실추시킨 경우'를 징계사유로 하고 있는 법률규정은 '품위 손상', '위신 실추'라는 불명확한 개념을 전제로 하여 법관의 표현의 자유를 제한하는 것으로서, 위 개념의 모호성과 포괄성으로 인해 제한되지 않아야 할 표현까지 다 함께 제한하여 법관의 사법부 내부 혁신 등을 위한 표현행위를 위축시키므로 과잉금지원칙에 위배된다.

ㄴ. 인터넷게시판을 설치·운영하는 정보통신서비스 제공자에게 본인확인조치의무를 부과하여 게시판 이용자로 하여금 본인확인절차를 거쳐야만 게시판을 이용할 수 있도록 하는 법령조항은 과잉금지원칙에 위배하여 인터넷게시판 이용자의 표현의 자유 및 인터넷게시판을 운영하는 정보통신서비스 제공자의 언론의 자유를 침해한다.

ㄷ. 정보통신망을 통하여 일반에게 공개된 정보로 말미암아 사생활 침해나 명예훼손 등 타인의 권리가 침해된 경우, 그 침해를 받은 자가 삭제요청을 하면 정보통신서비스 제공자는 권리의 침해 여부를 판단하기 어렵거나 이해당사자 간에 다툼이 예상되는 경우에는 30일 이내에서 해당 정보에 대한 접근을 임시적으로 차단하는 조치를 하도록 하는 법률조항은 과잉금지원칙에 위배되지 않는다.

ㄹ. 공무원은 집단·연명으로 또는 단체의 명의를 사용하여 국가의 정책을 반대해서는 아니된다는 국가공무원 복무규정은 그러한 행위의 정치성이나 공정성 등을 불문하는 점, 그 적용대상이 되는 공무원의 범위가 제한적이지 않고 지나치게 광범위한 점, 그 행위가 근무시간 내에 행해지는지 근무시간 외에 행해지는지 여부를 불문하는 점에서 침해의 최소성 원칙에 위배되어, 공무원의 정치적 표현의 자유를 침해한다.

ㅁ. 방송사업자가 방송법 소정의 심의규정을 위반한 경우에는 방송통신위원회가 시청자에 대한 사과를 명할 수 있도록 한 방송법 규정은 심의규정을 위반한 방송사업자에게 '주의 또는 경고'만으로도 반성을 촉구하고 언론사로서의 공적 책무에 대한 인식을 제고할 수 있다는 점에서 보다 덜 제한적인 다른 수단이 존재하므로, 침해의 최소성 원칙에 위배된다.

① ㄱ, ㄴ   ② ㄱ, ㄹ
③ ㄴ, ㄷ, ㄹ   ④ ㄷ, ㅁ
⑤ ㄹ, ㅁ

ㄱ. X 구 법관징계법 제2조 제2호가 '품위 손상', '위신 실추'와 같은 추상적인 용어를 사용하고 있기는 하나, 구체적으로 어떠한 행위가 이에 해당하는지 충분히 예측할 수 없을 정도로 그 적용범위가 모호하다거나 불분명하다고 할 수 없고, 법관의 사법부 내부혁신 등을 위한 표현행위에 있어서도 그러한 표현행위를 하였다는 것 자체가 위 법률조항의 징계사유가 되는 것이 아니라, 표현행위가 이루어진 시기와 장소, 표현의 내용 및 방법, 행위의 상대방 등 제반 사정을 종합하여 볼 때 법관으로서의 품위를 손상하거나 법원의 위신을 실추시킨 행위에 해당하는 경우에 한하여 징계사유가 되는 것이므로, 구 법관징계법 제2조 제2호는 그 적용범위가 지나치게 광범위하거나 포괄적이어서 법관의 표현의 자유를 과도하게 제한한다고 볼 수 없어 과잉금지원칙에 위배되지 아니한다(2012.2.23. 2009헌바34).

ㄴ. O 또한 인터넷게시판 이용자에 대해서는 표현의 자유, 개인정보자기결정권을 침해한다(2012.8.23. 2010헌마47 등).

ㄷ. O 정보게재자의 표현의 자유를 침해하지 아니한다(2012.5.31. 2010헌마88).

ㄹ. X 공무원의 행위는 그것이 직무 내의 것인지 직무 외의 것인지 구분하기 어려운 경우가 많으며, 설사 공무원이 직무 외에서 집단적인 정치적 표현 행위를 한다 하더라도 공무원의 정치적 중립성에 대한 국민의 신뢰는 유지되기 어려우므로 직무 내외를 불문하고 금지한다 하더라도 침해의 최소성원칙에 위배되지 아니한다. 만약 공무원의 국가 정책에 대한 집단적인 반대·방해 행위가 허용된다면 원활한 국가 정책의 수립과 집행이 불가능하게 되고 공무원의 정치적 중립성이 훼손될 수 있는바, 위 규정이 달성하려는 공익은 그로 말미암아 제한받는 공무원의 정치적 표현의 자유에 비해 결코 작다고 할 수 없으므로 법익의 균형성 또한 인정된다. 따라서 위 규정은 과잉금지원칙에 반하여 공무원의 정치적 표현의 자유를 침해한다고 할 수 없다(2012.5.3. 2009헌마705·2010헌마90 병합).

ㅁ. O 방송사업자의 인격권을 침해한다(2012.8.23. 2009헌가27).

42 19법전협-2-7 정답 ⑤

표현의 자유와 다른 기본권의 충돌관계에 관한 설명으로 옳지 않은 것은? (다툼이 있는 경우 판례에 의함)

① 타인을 모욕한 경우에 이를 처벌하는 것과 같이 명예권과 표현의 자유라는 두 기본권이 충돌하게 되는 경우, 과잉금지원칙에 따라서 표현의 자유를 제한하는 정도와 명예를 보호하는 정도 사이에 적정한 비례를 유지하고 있는가의 관점에서 심사한다.

② 국민의 알권리에서 나오는 정보공개청구권과 개인정보주체의 사생활의 비밀과 자유가 충돌하는 경우, 어느 하나를 상위 기본권이라고 하거나 어느 쪽이 우월하다고 할 수는 없어 상충하는 기본권 모두가 최대한으로 그 기능과 효력을 발휘할 수 있도록 조화로운 방법을 모색하여야 한다.

③ 공개되지 아니한 타인간의 대화를 녹음 또는 청취하여 지득한 대화의 내용을 공개하거나 누설한 자를 처벌하는 것과 같이 대화자의 통신의 비밀과 공개자의 표현의 자유라는 두 기본권이 충돌하는 경우, 「형법」 제20조의 일반적 위법성조각사유에 관한 규정을 적정하게 해석 적용함으로써 공개자의 표현의 자유도 적절히 보장될 수 있는 이상, 「형법」상의 명예훼손죄와 같은 위법성조각사유에 관한 특별규정을 두지 아니하였다는 점만으로 기본권 제한의 비례성을 상실하였다고는 볼 수 없다.

④ 사후심사나 검열의 성격을 띠지 아니한 사전심사 절차의 허용 여부는 표현의 자유와 충돌되는 다른 법익 사이의 조화의 문제이므로 헌법상의 기본권 제한의 일반적 원칙인 헌법 제37조 제2항에 의하여 상충하는 다른 법익과의 교량과정을 통하여 결정된다.

⑤ 건강기능식품의 기능성 광고와 같이 규제 필요성이 큰 표현과 국민의 건강권이 충돌하는 경우, 국민의 건강권을 보호하고 국민의 보건에 관한 국가의 보호의무를 이행하기 위하여 입법자가 사전심의절차를 특별히 법률로 규정하였다면, 이에 대해서는 사전검열금지원칙이 적용되지 않는다.

① O 헌법 제10조로부터 도출되는 일반적 인격권에는 개인의 명예에 관한 권리도 포함된다. 심판대상조항(모욕죄)이 공연히 타인을 모욕한 경우에 이를 처벌하는 것은 위와 같이 헌법 제10조에 의하여 보장되는 외부적 명예를 보호하기 위함이다. 그와 반면에 심판대상조항은 표현의 자유를 제한하고 있으므로 결국 심판대상조항에 의하여 명예권과 표현의 자유라는 두 기본권이 충돌하게 된다. 이와 같이 두 기본권이 충돌하는 경우 헌법의 통일성을 유지하기 위하여 상충하는 기본권 모두 최대한으로 그 기능과 효력을 발휘할 수 있도록 조화로운 방법이 모색되어야 할 것이고, 결국은 과잉금지원칙에 따라서 심판대상조항의 목적이 정당한 것인가, 그러한 목적을 달성하기 위하여 마련된 수단이 표현의 자유를 제한하는 정도와 명예를 보호하는 정도 사이에 적정한 비례를 유지하고 있는가의 관점에서 심사하기로 한다(2013.6.27. 2012헌바37).

② O 정보공개청구권은 알권리의 당연한 내용이며, 알권리는 헌법 제21조의 표현의 자유에 당연히 포함되는 기본권으로서 개인의 자유권적 기본권에 해당하고, 헌법 제17조의 사생활의 비밀과 자유 또한 개인의 자유권적 기본권에 해당하므로 국민의 알권리(정보공개청구권)와 개인정보 주체의 사생활의 비밀과 자유 중 어느 하나를 상위 기본권이라고 하거나 어느 쪽이 우월하다고 할 수는 없을 것이기 때문이다. 따라서 이러한 경우에는 헌법의 통일성을 유지하기 위하여 상충하는 기본권 모두가 최대한으로 그 기능과 효력을 발휘할 수 있도록 조화로운 방법을 모색하되(규범조화적 해석), 법익형량의 원리, 입법에 의한 선택적 재량 등을 종합적으로 참작하여 심사하여야 한다(2010.12.28. 2009헌바258).

③ O 이 사건 법률조항이 불법 취득한 타인간의 대화내용을 공개한 자를 처벌함에 있어 형법 제20조(정당행위)의 일반적 위법성조각사유에 관한 규정을 적정하게 해석 적용함으로써 공개자의 표현의 자유도 적절히 보장될 수 있는 이상, 이 사건 법률조항에 형법상의 명예훼손죄와 같은 위법성조각사유에 관한 특별규정을 두지 아니하였다는 점만으로 기본권 제한의 비례성을 상실하였다고는 볼 수 없다(2011.8.30. 2009헌바42).

④ O 헌법 제21조 제2항이 금지하는 검열은 사전검열만을 의미하므로 개인이 정보와 사상을 발표하기 이전에 국가기관이 미리 그 내용을 심사·선별하여 일정한 범위내에서 발표를 저지하는 것만을 의미하고, 헌법상 보호되지 않는 의사표현에 대하여 공개한 뒤에 국가기관이 간섭하는 것을 금지하는 것은 아니다. 그러므로 사후심사나 앞에서 밝힌 검열의 성격을 띠지 아니한 그 외의 사전심사는 검열에 해당하지 아니한다. 다만, 이러한 검열의 성격을 띠지 아니한 심사절차의 허용 여부는 표현의 자유와 이와 충돌되는 다른 법익 사이의 조화의 문제이므로 헌법상의 기본권제한의 일반적 원칙인 헌법 제37조 제2항에 의하여 상충하는 다른 법익과의 교량과정을 통하여 결정된다 할 것이다(1996.10.4. 93헌가13·91헌바10). 따라서 건강기능식품의 기능성 광고는 인체의 구조 및 기능에 대하여 보건용도에 유용한 효과를 준다는 기능성 등에 관한 정보를 널리 알려 해당 건강기능식품의 소비를 촉진시키기 위한 상업광고로서 헌법 제21조 제1항의 표현의 자유의 보호 대상이 됨과 동시에 같은 조 제2항의 사전검열 금지 대상도 된다(2018.6.28. 2016헌가8). → 지문은 재판관 조용호의 반대의견

⑤ X 헌법재판소는 헌재 2015.12.23. 2015헌바75 결정에서, 현행 헌법이 사전검열을 금지하는 규정을 두면서 1962년 헌법과 같이 특정한 표현에 대해 예외적으로 검열을 허용하는 규정을 두고 있지 아니한 점, 표현의 특성이나 이에 대한 규제의 필요성에 따라 언론·출판의 자유의 보호를 받는 표현 중에서 사전검열금지원칙의 적용이 배제되는 영역을 따로 설정할 경우 그 기준에 대한 객관성을 담보할 수 없어 종국적으로는 집권자에게 불리한 내용의 표현을 사전에 억제할 가능성을 배제할 수 없는 점 등을 들어, 현행 헌법상 사전검열은 표현의 자유 보호대상이면 예외 없이 금지된다는 입장을 명시적으로 밝힌 바 있다.

43 20법전협-2-7 정답 ④

알 권리에 관한 설명으로 옳은 것을 모두 고른 것은?
(다툼이 있는 경우 판례에 의함)

ㄱ. 알 권리는 적어도 이미 생성되어 존재하는 정보원(情報源)을 전제로 하는 것이므로, 현존하는 정보원에 대한 접근을 넘어 적극적으로 새로운 정보의 생성을 구하는 것은 알 권리의 보호대상에 포함된다고 볼 수 없다.

ㄴ. 알 권리는 국가권력의 간섭을 받지 아니하고 국민이 원하는 정보를 자유롭게 수집할 수 있는 정보의 자유와 국가기관 등 공공기관이 보유하고 있는 정보에 대하여 공개를 요구할 수 있는 정보공개청구권을 내용으로 한다.

ㄷ. 「공공기관의 정보공개에 관한 법률」에 따라 정보의 공개를 청구하려는 자는 해당 정보를 보유하거나 관리하고 있는 공공기관에 정보공개 청구서를 제출하여야 하며, 말로써는 정보공개를 청구할 수 없다.

ㄹ. 알 권리는 모든 정보원으로부터 일반적 정보를 수집하고 이를 처리할 수 있는 권리를 말하는데, 여기서 '일반적'이란 신문, 잡지, 방송 등 불특정다수인에게 개방될 수 있는 것을, '정보'란 양심, 사상, 의견, 지식 등의 형성에 관련이 있는 일체의 자료를 말한다.

① ㄱ, ㄴ ② ㄱ, ㄷ
③ ㄷ, ㄹ ④ ㄱ, ㄴ, ㄹ
⑤ ㄴ, ㄷ, ㄹ

 해설

④ 알 권리에 관한 설명으로 옳은 것은 ㄱ, ㄴ, ㄹ 이다.

ㄱ. O 알 권리는 적어도 이미 생성되어 존재하는 정보원(情報源)을 전제로 하는 것이며, 인식의 대상이 되는 정보원이 존재하지 아니하는 경우에는 알 권리가 제한될 여지가 없다. 청구인들의 주장은 결국 사업시행자인 조합이 토지 등 소유자에게 통지하여야 하는 정보의 범위를 '개략적인 부담금내역'보다 더 확대·구체화하여야 한다는 것으로, 현존하는 정보원에 대한 접근을 넘어 적극적으로 새로운 정보의 생성을 구하는 것은 헌법이 보장하는 알 권리의 보호대상에 포함된다고 볼 수 없다(2015.12.23. 2015헌바66).

ㄴ. O 알 권리(right to know)는 일반적으로 접근할 수 있는 정보원으로부터 자유롭게 정보를 수령·수집하거나, 국가기관 등에 대하여 정보의 공개를 청구할 수 있는 권리를 말한다. 알 권리는 표현의 자유와 표리일체의 관계에 있으며 자유권적 성질과 청구권적 성질을 공유하는 것이다. 자유권적 성질은 일반적으로 정보에 접근하고 수집·처리함에 있어서 국가권력의 방해를 받지 아니한다는 것을 말하며, 청구권적 성질은 의사형성이나 여론형성에 필요한 정보를 적극적으로 수집할 권리 등을 의미하는 것이다(1991.5.13. 90헌마133, ; 2013.7.25. 2012헌마167).

ㄷ. X 공공기관의 정보공개에 관한 법률상 정보공개청구는 정보공개청구서의 제출이나 말로써 청구한다.

> **공공기관의 정보공개에 관한 법률 제10조(정보공개의 청구방법)**
> ① 정보의 공개를 청구하는 자(이하 "청구인"이라 한다)는 해당 정보를 보유하거나 관리하고 있는 공공기관에 다음 각 호의 사항을 적은 정보공개 청구서를 제출하거나 말로써 정보의 공개를 청구할 수 있다.

ㄹ. O 헌법 제21조 등에서 도출되는 기본권인 알 권리는 모든 정보원으로부터 일반적 정보를 수집하고 이를 처리할 수 있는 권리를 말하는데, 여기서 '일반적'이란 신문, 잡지, 방송 등 불특정다수인에게 개방될 수 있는 것을, 정보란 양심, 사상, 의견, 지식 등의 형성에 관련이 있는 일체의 자료를 말한다(2010.10.28. 2008헌마638 ; 2016.5.26. 2014헌마45).

44 19변시-14 정답 ③

甲은 건강기능식품을 판매하면서 사전심의 받은 내용과 다른 내용의 표시·광고를 하였다는 이유로 관할 구청장으로부터 「건강기능식품에 관한 법률」 조항에 따라 영업허가취소처분을 받고, 법원에서 벌금 100만 원을 선고받았다. 이에 甲은 위 영업허가취소처분의 취소를 구하는 소를 제기하고, 소송 계속 중 위 법 조항에 대하여 위헌법률심판제청신청을 하였다. 다음 설명 중 옳은 것은?
(다툼이 있는 경우 판례에 의함)

① 건강기능식품에 대한 기능성 광고는 상업광고이므로 헌법상 표현의 자유의 보호대상이 될 수 없다.
② 헌법재판소가 위 영업허가취소처분의 근거조항에 대해 위헌결정을 하는 경우, 같은 조항에 근거하여 제3자인 乙에게 내려진 영업허가취소처분이 위헌결정 이전에 이미 확정력이 발생하였다 하더라도, 위헌결정의 효력이 乙에 대한 영업허가취소처분에도 미치는 것이 원칙이다.
③ 건강기능식품 기능성 광고 사전심의가 헌법이 금지하는 사전검열에 해당하려면 심사절차를 관철할 수 있는 강제수단이 존재할 것을 필요로 하는데, 영업허가취소와 같은 행정제재나 벌금형과 같은 형벌의 부과는 사전심의절차를 관철하기 위한 강제수단에 해당한다.
④ 甲이 제기한 영업허가취소처분 취소청구의 소 계속 중 법원의 위헌법률심판제청이 이루어지게 되면 위 영업허가취소처분의 효력은 헌법재판소의 위헌 여부에 대한 판단이 이루어질 때까지 자동적으로 정지된다.
⑤ 甲이 영업허가취소처분에 대해 그 취소를 구하는 행정심판을 제기한 경우 관할 행정심판위원회가 헌법재판소에 위헌법률심판제청을 하는 것은 허용된다.

① X 건강기능식품의 기능성 광고는 인체의 구조 및 기능에 대하여 보건용도에 유용한 효과를 준다는 기능성 등에 관한 정보를 널리 알려 해당 건강기능식품의 소비를 촉진시키기 위한 상업광고이지만, 헌법 제21조 제1항의 표현의 자유의 보호 대상이 됨과 동시에 같은 조 제2항의 사전검열 금지 대상도 된다(2018.6.28. 2016헌가8 등 [위헌]).
② X 위헌인 법률에 근거한 행정처분이 당연무효인지의 여부는 위헌결정의 소급효와는 별개의 문제로서, 위헌결정의 소급효가 인정된다고 하여 위헌인 법률에 근거한 행정처분이 당연무효가 된다고는 할 수 없고, 오히려 이미 취소소송의 제기기간을 경과하여 확정력이 발생한 행정처분에는 위헌결정의 소급효가 미치지 않는다고 보아야 한다(대판 1994.10.28. 92누9463).
③ O 심의받은 내용과 다른 내용의 광고를 한 경우, 이 사건 제재조항은 대통령령으로 정하는 바에 따라 영업허가를 취소·정지하거나, 영업소의 폐쇄를 명할 수 있도록 하고, 이 사건 처벌조항은 5년 이하의 징역 또는 5천만 원 이하의 벌금에 처하도록 하고 있다. 이와 같은 행정제재나 형벌의 부과는 사전심의절차를 관철하기 위한 강제수단에 해당한다(2018.6.28. 2016헌가8 등 [위헌]).
④ X 법원이 법률의 위헌 여부 심판을 헌법재판소에 제청한 때에는 당해 소송사건의 재판은 헌법재판소의 위헌 여부의 결정이 있을 때까지 정지된다(헌법재판소법 제42조). 취소소송의 제기는 처분 등의 효력이나 그 집행 또는 절차의 속행에 영향을 주지 아니한다(행정소송법 제23조 제1항). 법원의 소송절차가 정지되는 것이지 영업허가취소처분의 효력이 정지되지 않는다.
⑤ X 법률이 헌법에 위반되는지 여부가 재판의 전제가 된 경우에는 당해 사건을 담당하는 법원(군사법원을 포함한다. 이하 같다)은 직권 또는 당사자의 신청에 의한 결정으로 헌법재판소에 위헌 여부 심판을 제청한다(헌법재판소법 제41조 제1항). 법원이 아닌 행정심판위원회는 위헌법률심판 제청을 할 수 없다.

45 19변시-15   정답 ⑤

甲은 2014. 5.경 신용카드 회사의 개인정보 유출사고로 인해 주민등록번호가 불법 유출되었다는 이유로 관할 지방자치단체장에게 주민등록번호 변경신청을 하였으나, 구 「주민등록법」(이하 「주민등록법」이라 함)상 주민등록번호 불법 유출을 원인으로 한 주민등록번호 변경은 허용되지 않는다는 이유로 주민등록번호 변경을 거부하는 취지의 통지를 받았다. 이에 甲은 2014. 6.경 개인별로 주민등록번호를 부여하면서 주민등록번호 변경에 관한 규정을 두고 있지 않은 「주민등록법」 제7조가 자신의 기본권을 침해한다고 주장하면서 「헌법재판소법」 제68조 제1항에 의한 헌법소원심판을 청구하였다. 다음 설명 중 옳지 않은 것은? (다툼이 있는 경우 판례에 의함)

① 甲의 주장은 주민등록번호 부여제도에 대하여 입법을 하였으나 주민등록번호 변경에 대하여는 아무런 규정을 두지 아니한 부진정입법부작위가 위헌이라는 것이어서, 「주민등록법」 제7조가 甲의 기본권을 침해하는지 여부가 심판대상이다.

② 국가가 주민등록번호를 부여·관리·이용하면서 「주민등록법」에 그 변경에 관한 규정을 두지 않은 것은 주민등록번호 불법 유출 등을 원인으로 자신의 주민등록번호를 변경하고자 하는 甲의 개인정보자기결정권을 제한하고 있다.

③ 위 사례에서 위헌성은 주민등록번호 변경에 관하여 규정하지 아니한 부작위에 있으므로, 「주민등록법」에 대하여 단순위헌결정을 할 경우 주민등록번호제도 자체에 관한 근거규정이 사라지게 되어 법적공백이 생기게 된다는 점 등을 고려하면, 헌법불합치 결정을 선고하면서 입법자가 개선입법을 할 때까지 계속 적용을 명할 수 있다.

④ 모든 주민에게 고유한 주민등록번호를 부여하면서 이를 변경할 수 없도록 한 것은 주민 생활의 편익을 증진시키고 행정사무를 신속하고 효율적으로 처리하기 위한 것으로 입법목적의 정당성과 수단의 적합성을 인정할 수 있다.

⑤ 「주민등록법」 제7조가 국가나 지방자치단체로 하여금 국방, 치안, 조세, 사회복지 등의 행정사무를 신속하고 효율적으로 처리할 수 있도록 주민등록의 대상자인 국민에게 주민등록번호 변경을 허가하지 아니함으로써 달성할 수 있게 되는 공익이 그로 인한 정보주체의 불이익에 비하여 더 작다고 보기는 어려워 법익균형성의 원칙에 반하지 않는다.

해설

① O 청구인들이 주장하는 것은 위 조항들의 내용이 위헌이라는 것이 아니라, 주민등록번호의 잘못된 이용에 대비한 '주민등록번호 변경'에 대하여 아무런 규정을 두고 있지 않은 것이 헌법에 위반된다는 것이므로, 이는 주민등록번호 부여제도에 대하여 입법을 하였으나 **주민등록번호의 변경에 대하여는 아무런 규정을 두지 아니한 부진정 입법부작위가 위헌**이라는 것이다.

따라서 청구인들의 이러한 주장과 가장 밀접하게 관련되는 조항인 주민등록법 제7조 전체를 심판대상으로 삼고, 나머지 조항들은 심판대상에서 제외하기로 한다(2015.12.23. 2013헌바68 등 [헌법불합치]).

② O 주민등록번호는 모든 국민에게 일련의 숫자 형태로 부여되는 고유한 번호로서 당해 개인을 식별할 수 있는 정보에 해당하는 개인정보이다. 그런데 심판대상조항은 국가가 주민등록번호를 부여·관리·이용하면서 그 변경에 관한 규정을 두지 않음으로써 주민등록번호 불법 유출 등을 원인으로 자신의 주민등록번호를 변경하고자 하는 청구인들의 개인정보자기결정권을 제한하고 있다(2015.12.23. 2013헌바68 등 [헌법불합치]).

③ O 위와 같은 부작위의 위헌성을 이유로 심판대상조항에 대해 단순위헌결정을 할 경우 주민등록번호제도 자체에 관한 근거규정이 사라지게 되어 용인하기 어려운 법적 공백이 생기게 된다. 더욱이 입법자는 주민등록번호 변경제도를 형성함에 있어 기술적인 문제나 소요되는 비용 등을 고려하여 어떤 경우에 변경을 허용할 것인지, 변경 절차나 방법을 어떻게 할 것인지, 변경 허용 여부에 관한 판단을 누가 하도록 할 것인지 등에 관하여 광범위한 입법재량을 가진다. 따라서 심판대상조항에 대하여 단순위헌결정을 하는 대신 헌법불합치결정을 선고하되, 다만 입법자의 개선입법이 이루어질 때까지 **계속적용**을 명하기로 한다(2015.12.23. 2013헌바68 등 [헌법불합치]).

④ O 심판대상조항이 모든 주민에게 고유한 주민등록번호를 부여하면서 이를 변경할 수 없도록 한 것은 주민생활의 편익을 증진시키고 행정사무를 신속하고 효율적으로 처리하기 위한 것으로서, 그 입법목적의 정당성과 수단의 적합성을 인정할 수 있다(2015.12.23. 2013헌바68 등 [헌법불합치]).

⑤ X 심판대상조항에서 주민등록번호 변경을 허용하지 않음으로써 얻어지는 행정사무의 신속하고 효율적인 처리를 통한 공익이 중요하다고 하더라도, 앞서 본 바와 같이 주민등록번호의 유출이나 오·남용으로 인하여 발생할 수 있는 피해 등에 대한 아무런 고려 없이 일률적으로 주민등록번호를 변경할 수 없도록 함으로써 침해되는 주민등록번호 소지자의 개인정보자기결정권에 관한 사익은 심판대상조항에 의하여 달성되는 구체적 공익에 비하여 결코 적지 않다고 할 것이므로, 심판대상조항은 **법익의 균형성도 충족하지 못하였다**(2015.12.23. 2013헌바68 등 [헌법불합치]).

제4항 집회·결사의 자유

46 19변시-10   정답 ①

「집회 및 시위에 관한 법률」에 대한 헌법재판소의 결정에 관한 설명 중 옳지 않은 것은?

① 국무총리 공관의 출입이나 안전에 위협을 가할 위험성이 낮은 소규모 옥외집회·시위라고 하더라도 일반 대중의 합세로 인하여 대규모 집회·시위로 확대될 우려나 폭력집회·시위로 변질될 위험이 있으므로, 국무총리 공관 경계지점으로부터 100미터 이내의 장소에서 옥외집회·시위를 전면적으로 금지하는 것은 집회의 자유를 침해하지 않는다.

② 재판에 영향을 미칠 염려가 있거나 미치게 하기 위한 집회 또는 시위를 금지하고 이를 위반한 자를 형사처벌하는 것은 어떠한 집회·시위가 규제대상에 해당하는지를 판단할 수 있는 아무런 기준도 제시하지 아니함으로써 사실상 재판과 관련된 집단적 의견표명 일체가 불가능하게 되어 집회의 자유를 실질적으로 박탈하는 결과를 초래하므로 집회의 자유를 침해한다.

③ 민주적 기본질서에 위배되는 집회·시위를 금지하고 위반 시 형사처벌하는 것은 규율범위의 광범성으로 인하여, 집회·시위의 내용이나 목적이 민주적 기본질서에 조금이라도 위배되는 경우 처벌이 가능할 뿐 아니라 사실상 사회현실이나 정부정책에 비판적인 사람들의 집단적 의견표명 일체를 봉쇄하는 결과를 초래하므로 집회의 자유를 침해한다.

④ '일출시간 전, 일몰시간 후'라는 광범위하고 가변적인 시간대의 옥외집회 또는 시위를 금지하는 것은 오늘날 직장인이나 학생들의 근무·학업 시간, 도시화·산업화가 진행된 현대사회의 생활형태 등을 고려하지 아니하고 목적 달성을 위해 필요한 정도를 넘는 지나친 제한을 가하는 것이어서 집회의 자유를 침해한다.

⑤ 국회의사당의 경계지점으로부터 100미터 이내의 장소에서 옥외집회를 전면적으로 금지하는 것은 국회의원에 대한 물리적인 압력이나 위해를 가할 가능성이 없는 장소 및 국회의사당 등 국회시설에의 출입이나 안전에 지장이 없는 장소까지도 집회금지장소에 포함되게 하여 국회의 헌법적 기능에 대한 보호의 필요성을 고려하더라도 지나친 규제라고 할 것이다.

해설

① X 이 사건 금지장소 조항은 그 입법목적을 달성하는 데 필요한 최소한도의 범위를 넘어, 규제가 불필요하거나 또는 예외적으로 허용하는 것이 가능한 집회까지도 이를 일률적·전면적으로 금지하고 있다고 할 것이므로 침해의 최소성 원칙에 위배된다 (2018.6.28. 2015헌가28 등 [헌법불합치]).

② O 위 조항은 집회·시위의 목적이나 내용이 법관의 직무상 독립에 영향을 미쳐 재판의 관할 법원, 결론, 이유, 절차, 시기 등을 달라지게 할 위험이 있기만 하면, 그 위험이 어느 정도로 구체적이고 실질적인 것인지 여부를 불문하고 그 집회·시위를 예외 없이 일률적으로 금지하는 집회·시위의 절대적 금지사유를 규정하고 재판에 영향을 미치게 하는 집회·시위뿐만 아니라 그러한 염려가 있는 집회·시위를 일률적으로 금지함으로써 보호법익에 대한 구체적, 실질적 위험이 있다고 보기 어려운 경우에도 예외를 규정하지 아니하고 있다. 이는 특정한 사실이나 견해를 표명하는 것을 금지하고 억압하는 것으로서 다원주의적 가치관을 전제로 하는 민주주의에 정면으로 배치되고, 입법목적 달성에 필요한 범위를 넘어 과도하게 집회의 자유를 제한하는 것이다(2016.9.29. 2014헌가3 등 [위헌]).

③ O 민주적 기본질서는 우리 헌법의 근간을 이루는 지배원리에 해당하는바, 보호하고자 하는 공익의 가치가 대단히 크고 중요한 것임은 분명하다. 그러나 위 조항은 대의민주주의와 다원적인 열린 사회를 위한 필수적 구성요소인 집회의 자유를 사전적, 전면적으로 제한하면서 헌법상의 원리인 민주적 기본질서라는 개념을 그대로 사용하였을 뿐 그로 인한 기본권 제한의 한계를 설정할 수 있는 구체적 기준을 제시하지 않았다. 그 결과 그 규율범위의 광범성으로 인하여 헌법 제37조 제2항의 기본권 제한의 한계를 넘게 되고, 제한의 준칙을 어겨 국민의 기본권을 침해하는 결과를 피할 수 없게 됨으로써, 대의제 민주주의국가에서 집회의 자유가 가지는 헌법적 의미와 기능을 간과한 채 사실상 사회현실이나 정부정책에 비판적인 사람들의 집단적 의견표명 일체를 봉쇄할 정도로 공익에 일방적인 우위를 부여함으로써 법익의 균형성을 갖추지 못하였다. 따라서 이 사건 제3호 부분은 과잉금지원칙을 위반하여 집회의 자유를 침해한다(2016.9.29. 2014헌가3 등 [위헌]).

④ O 집시법 제10조는 '해가 뜨기 전이나 해가 진 후'라는 광범위하고 가변적인 시간대의 옥외집회를 금지하고 있으므로, 이는 목적 달성을 위해 필요한 정도를 넘는 지나친 제한이라고 할 것이며, 과잉금지 원칙에 위배하여 집회의 자유를 침해하는 것으로 헌법에 위반되고, 이를 구성요건으로 하는 집시법 제23조 제1호의 해당 부분 역시 헌법에 위반된다(2009.9.24. 2008헌가25 [헌법불합치]).

⑤ O 심판대상조항은 입법목적을 달성하는 데 필요한 최소한도의 범위를 넘어, 규제가 불필요하거나 또는 예외적으로 허용하는 것이 가능한 집회까지도 이를 일률적·전면적으로 금지하고 있으므로 **침해의 최소성 원칙에 위배된다**(2018.5.31. 2013헌바322 등 [헌법불합치]).

47 16변시-11 정답 ④

집회 및 결사의 자유에 관한 설명 중 옳은 것을 모두 고른 것은? (다툼이 있는 경우 헌법재판소 판례에 의함)

ㄱ. 집회의 자유는 개성신장과 아울러 여론형성에 영향을 미칠 수 있게 하여 동화적 통합을 촉진하는 기능을 가지며, 나아가 정치·사회현상에 대한 불만과 비판을 공개적으로 표출케 함으로써 정치적 불만세력을 사회적으로 통합하여 정치적 안정에 기여하는 역할을 한다.

ㄴ. 노동조합을 설립할 때 행정관청에 설립신고서를 제출하게 하고 그 요건을 충족하지 못하는 경우 설립신고서를 반려하도록 하는 법률조항은 헌법상 금지된 결사에 대한 허가제에 해당하지 않는다.

ㄷ. 집회는 일정한 장소를 전제로 하여 특정 목적을 가진 다수인이 일시적으로 회합하는 것을 말하는 것으로, 여기서의 다수인이 가지는 공동의 목적은 '내적인 유대 관계'로 족하지 않고 공통의 의사형성과 의사표현이라는 공동의 목적이 포함되어야 한다.

ㄹ. 안마사들로 하여금 의무적으로 대한안마사협회의 회원이 되어 정관을 준수하도록 하는 법률조항은, 그들 사이에 정보를 교환하고 친목을 도모하며 직업활동을 효과적으로 수행하도록 하기 위하여 국가가 적극적으로 개입하는 것이 필요하므로 안마사들의 결사의 자유를 침해하지 않는다.

① ㄱ, ㄴ
② ㄱ, ㄷ
③ ㄷ, ㄹ
④ ㄱ, ㄴ, ㄹ
⑤ ㄱ, ㄴ, ㄷ, ㄹ

  해설

ㄱ. O 인간으로서의 존엄과 가치를 보장하기 위하여 자유로운 인격발현을 최고 가치중의 하나로 삼는 우리 헌법질서내에서 집회의 자유는 국민들이 타인과 접촉하고 정보와 의견을 교환하며 공동의 목적을 위하여 집단적으로 의사표현을 할 수 있게 함으로써 개성신장과 아울러 여론형성에 영향을 미칠 수 있게 하여 동화적 통합을 촉진하는 기능을 가지며, 나아가 정치·사회현상에 대한 불만과 비판을 공개적으로 표출케 함으로써 정치적 불만세력을 사회적으로 통합하여 정치적 안정에 기여하는 역할을 한다(2009.9.24. 2008헌가25).

ㄴ. O 노동조합을 설립할 때 행정관청에 설립신고서를 제출하게 하고 그 요건을 충족하지 못하는 경우 설립신고서를 반려하도록 하고 있는 노동조합 및 노동관계조정법 제12조 제3항 제1호가 헌법상 금지된 단체결성에 대한 허가제에 해당하는지 여부와 단결권을 침해하는지 여부 노동조합법은 노동조합 설립과 관련하여 노동조합법상의 요건 충족 여부를 사전에 심사하도록 하는 구조를 취하고 있으나, 그렇다고 하여 이것이 노동조합 설립의 일반적 금지를 의미하는 것으로 볼 수는 없다. 노동조합법상 요구되는 요건만 충족되면 그 설립이 자유롭다는 점에서 노동조합 설립신고와 이에 대한 심사는 일반적인 금지를 특정한 경우에 해제하는 허가와는 개념적으로 구분되기 때문이다. 그렇다면 노동조합법이 노동조합의 자유설립주의를 원칙으로 하면서도 노동조합 설립 이전에 설립신고서를 제출하여 행정관청의 그 요건에 대한 실질적인 심사를 거쳐 신고증을 교부 또는 설립신고서를 반려하도록 하는 것은 노동조합의 본질적 요소인 자주성 등을 확보하도록 하기 위한 부득이한 조치로서, 단체의 설립 여부 자체를 사전에 심사하여 특정한 경우에 한해서만 그 설립을 허용하는 '허가'와는 다르다고 할 것이므로 이 사건 규정의 노동조합 설립신고서 반려제도가 헌법 제21조 제2항 후단에서 금지하는 결사에 대한 허가제라고 볼 수 없다. … 또한 과잉금지의 원칙을 위반하여 근로자의 단결권을 침해한다고 할 수 없다(2012.3.29. 2011헌바53).

ㄷ. X 헌법재판소는 "일반적으로 집회는, 일정한 장소를 전제로 하여 특정 목적을 가진 다수인이 일시적으로 회합하는 것을 말하는 것으로 일컬어지고 있고, 그 공동의 목적은 '내적인 유대 관계'로 족하다"고 판시하여 의사표현을 위한 목적에 한정하지 않아 최광의설의 입장에 서 있다(2009.5.28. 2007헌바22).

ㄹ. O 안마사들은 시각장애로 말미암아 공동의 이익을 증진하기 위하여 개인적으로나 이익단체를 조직하여 활동하는 것이 용이하지 않고, 안마사들로 하여금 하나의 중앙회에 의무적으로 가입하도록 하여 전국적 차원의 단체를 존속시키는 것은 그들 사이에 정보를 교환하고 친목을 도모하며 직업수행 능력을 높일 수 있고, 시각장애인으로 하여금 직업 활동을 효과적으로 수행하도록 하기 위하여 국가가 적극적으로 개입하는 것이 필요하다. 이 사건 법률조항으로 안마사회에 의무적으로 가입하고 정관을 준수하고 회비를 납부하게 되지만 과다한 부담이라고 단정하기 어렵다. 이 사건 법률조항은 안마사들의 결사의 자유를 침해하지 않는다(2008.10.30. 2006헌가15).

48 17변시-7   정답 ⑤

「집회 및 시위에 관한 법률」(이하 '집시법'이라 한다)에 관한 설명 중 옳은 것(○)과 옳지 않은 것(×)을 올바르게 조합한 것은? (다툼이 있는 경우 판례에 의함)

ㄱ. 사전신고를 하지 않은 옥외집회는 불법집회이므로 관할경찰관서장은 언제나 해산명령을 내릴 수 있으며, 이에 불응하는 경우에는 처벌할 수 있다고 보아야 한다.

ㄴ. 집회의 시간과 장소가 중복되는 2개 이상의 신고가 있을 경우 관할경찰관서장은 먼저 신고된 집회가 다른 집회의 개최를 봉쇄하기 위한 가장집회신고에 해당하는지 여부에 관하여 판단할 권한이 없으므로 뒤에 신고된 집회에 대하여 집회 자체를 금지하는 통고를 하여야 한다.

ㄷ. 구 집시법의 옥외집회·시위에 관한 일반규정 및 「형법」에 의한 규제 및 처벌에 의하여 사법의 독립성 및 공정성 확보라는 입법 목적을 달성함에 지장이 없음에도 불구하고, 재판에 영향을 미칠 염려가 있거나 미치게 하기 위한 집회·시위를 사전적·전면적으로 금지하고 이를 위반한 자를 형사처벌하는 구 집시법 조항은 집회의 자유를 실질적으로 박탈하는 결과를 초래하므로 집회의 자유를 침해한다.

ㄹ. 집회의 자유는 국가가 개인의 집회참가행위를 감시하고 그에 대한 정보를 수집함으로써 집회에 참가하고자 하는 자로 하여금 불이익을 두려워하여 미리 집회참가를 포기하도록 집회참가의사를 약화시키는 것 등 집회의 자유의 행사에 영향을 미치는 모든 조치를 금지한다.

① ㄱ(○), ㄴ(○), ㄷ(×), ㄹ(×)
② ㄱ(○), ㄴ(×), ㄷ(○), ㄹ(×)
③ ㄱ(×), ㄴ(○), ㄷ(×), ㄹ(○)
④ ㄱ(×), ㄴ(×), ㄷ(○), ㄹ(○)
⑤ ㄱ(×), ㄴ(×), ㄷ(○), ㄹ(○)

 해설

ㄱ. X 신고는 행정관청에 집회에 관한 구체적인 정보를 제공함으로써 공공질서의 유지에 협력하도록 하는 데 의의가 있는 것으로 집회의 허가를 구하는 신청으로 변질되어서는 아니 되므로, 신고를 하지 아니하였다는 이유만으로 옥외집회 또는 시위를 헌법의 보호 범위를 벗어나 개최가 허용되지 않는 집회 내지 시위라고 단정할 수 없다. 따라서 집회 및 시위에 관한 법률 제20조 제1항 제2호가 미신고 옥외집회 또는 시위를 해산명령 대상으로 하면서 별도의 해산 요건을 정하고 있지 않더라도, 그 옥외집회 또는 시위로 인하여 타인의 법익이나 공공의 안녕질서에 대한 직접적인 위험이 명백하게 초래된 경우에 한하여 위 조항에 기하여 해산을 명할 수 있고, 이러한 요건을 갖춘 해산명령에 불응하는 경우에만 집회 및 시위에 관한 법률 제24조 제5호에 의하여 처벌할 수 있다고 보아야 한다(대판 2012.4.19. 2010도6388 전원합의체).

ㄴ. X 먼저 신고된 집회가 다른 집회의 개최를 봉쇄하기 위한 허위 또는 가장 집회신고에 해당함이 객관적으로 분명해 보이는 경우에는, 뒤에 신고된 집회에 다른 집회금지 사유가 있는 경우가 아닌 한, 관할경찰관서장이 단지 먼저 신고가 있었다는 이유만으로 뒤에 신고된 집회에 대하여 집회 자체를 금지하는 통고를 하여서는 아니 되고, 설령 이러한 금지통고에 위반하여 집회를 개최하였다고 하더라도 그러한 행위를 집회 및 시위에 관한 법률상 금지통고에 위반한 집회개최행위에 해당한다고 보아서는 아니 된다(대판 2014.12.11. 2011도13299).

ㄷ. O 구 집회 및 시위에 관한 법률의 옥외집회·시위에 관한 일반규정 및 형법에 의한 규제 및 처벌에 의하여 사법의 독립성을 확보할 수 있음에도 불구하고, 이 사건 제2호 부분은 재판에 영향을 미칠 염려가 있거나 미치게 하기 위한 집회·시위를 사전적·전면적으로 금지하고 있을 뿐 아니라, 어떠한 집회·시위가 규제대상에 해당하는지를 판단할 수 있는 아무런 기준도 제시하지 아니함으로써 사실상 재판과 관련된 집단적 의견표명 일체가 불가능하게 되어 집회의 자유를 실질적으로 박탈하는 결과를 초래하므로 최소침해성 원칙에 반한다. 더욱이 이 사건 제2호 부분으로 인하여 달성하고자 하는 공익 실현 효과는 가정적이고 추상적인 반면, 이 사건 제2호 부분으로 인하여 침해되는 집회의 자유에 대한 제한 정도는 중대하므로 법익균형성도 상실하였다. 따라서 이 사건 제2호 부분은 과잉금지원칙에 위배되어 집회의 자유를 침해한다(2016.9.29. 2014헌가3 등).

ㄹ. O 집회의 자유는 집회에 참가하지 못하게 하는 국가의 강제를 금지할 뿐 아니라, 예컨대 집회장소로의 여행을 방해하거나, 집회장소로부터 귀가하는 것을 방해하거나, 집회참가자에 대한 검문의 방법으로 시간을 지연시킴으로써 집회장소에 접근하는 것을 방해하거나, 국가가 개인의 집회참가행위를 감시하고 그에 관한 정보를 수집함으로써 집회에 참가하고자 하는 자로 하여금 불이익을 두려워하여 미리 집회참가를 포기하도록 집회참가의사를 약화시키는 것 등 집회의 자유행사에 영향을 미치는 모든 조치를 금지한다(2003.10.30. 2000헌바67·83 등).

49 21변시-36 정답 ④

「집회 및 시위에 관한 법률」(이하, '집시법'이라 함)상 옥외집회에 관한 설명 중 옳은 것(○)과 옳지 않은 것(×)을 올바르게 조합한 것은? (다툼이 있는 경우 판례에 의함)

ㄱ. 집회신고는 행정관청에 집회에 관한 구체적인 정보를 제공함으로써 공공질서의 유지에 협력하도록 하는 데 그 의의가 있는 것이지 집회의 허가를 구하는 신청으로 변질되어서는 아니되므로, 신고를 하지 아니하였다는 이유만으로 그 옥외집회 또는 시위를 헌법의 보호 범위를 벗어나 개최가 허용되지 않는 집회 내지 시위라고 단정할 수 없다.

ㄴ. 집시법이 미신고 옥외집회 또는 시위를 해산 명령 대상으로 하면서 별도의 해산요건을 정하고 있지 않더라도, 옥외집회 또는 시위로 인하여 타인의 법익이나 공공의 안녕 질서에 대한 직접적인 위험이 명백하게 초래된 경우에 한하여 집시법에 기하여 해산을 명할 수 있고, 이 요건을 갖춘 해산 명령에 불응하는 경우에만 집시법에 의하여 처벌을 할 수 있다.

ㄷ. 누구든지 각급 법원의 경계 지점으로부터 100미터 이내의 장소에서 옥외집회 또는 시위를 할 경우 형사처벌한다는 규정은, 입법목적을 달성하는 데 필요한 최소한도의 범위를 넘어 규제가 불필요하거나 또는 예외적으로 허용 가능한 옥외집회·시위까지도 일률적·전면적으로 금지하고 있으므로 침해의 최소성의 원칙에 위배된다.

① ㄱ(○), ㄴ(×), ㄷ(×)
② ㄱ(○), ㄴ(×), ㄷ(○)
③ ㄱ(×), ㄴ(×), ㄷ(○)
④ ㄱ(○), ㄴ(○), ㄷ(○)
⑤ ㄱ(×), ㄴ(○), ㄷ(×)

 해설

④ 「집회 및 시위에 관한 법률」상 옥외집회에 관한 설명으로 모두 옳다.

ㄱ, ㄴ. ○ 집회의 자유가 가지는 헌법적 가치와 기능, 집회에 대한 허가 금지를 선언한 헌법정신, 옥외집회 및 시위에 관한 사전신고제의 취지 등을 종합하여 보면, 신고는 행정관청에 집회에 관한 구체적인 정보를 제공함으로써 공공질서의 유지에 협력하도록 하는 데 의의가 있는 것으로 집회의 허가를 구하는 신청으로 변질되어서는 아니 되므로, 신고를 하지 아니하였다는 이유만으로 옥외집회 또는 시위를 헌법의 보호 범위를 벗어나 개최가 허용되지 않는 집회 내지 시위라고 단정할 수 없다. 따라서 집회 및 시위에 관한 법률(이하 '집시법'이라고 한다) 제20조 제1항 제2호가 미신고 옥외집회 또는 시위를 해산명령 대상으로 하면서 별도의 해산 요건을 정하고 있지 않더라도, 그 옥외집회 또는 시위로 인하여 타인의 법익이나 공공의 안녕질서에 대한 직접적인 위험이 명백하게 초래된 경우에 한하여 위 조항에 기하여 해산을 명할 수 있고, 이러한 요건을 갖춘 해산명령에 불응하는 경우에만 집시법 제24조 제5호에 의하여 처벌할 수 있다고 보아야 한다(대판 2012.4.19. 2010도6388 전원합의체).

ㄷ. ○ 법원 인근에서의 집회라 할지라도 법관의 독립을 위협하거나 재판에 영향을 미칠 염려가 없는 집회도 있다. 예컨대 법원을 대상으로 하지 않고 검찰청 등 법원 인근 국가기관이나 일반법인 또는 개인을 대상으로 한 집회로서 재판업무에 영향을 미칠 우려가 없는 집회가 있을 수 있다. 법원을 대상으로 한 집회라도 사법행정과 관련된 의사표시 전달을 목적으로 한 집회 등 법관의 독립이나 구체적 사건의 재판에 영향을 미칠 우려가 없는 집회도 있다. 한편 집시법은 심판대상조항 외에도 집회·시위의 성격과 양상에 따라 법원을 보호할 수 있는 다양한 규제수단을 마련하고 있으므로, 각급 법원 인근에서의 옥외집회·시위를 예외적으로 허용한다고 하더라도 이러한 수단을 통하여 심판대상조항의 입법목적은 달성될 수 있다. 심판대상조항은 입법목적을 달성하는 데 필요한 최소한도의 범위를 넘어 규제가 불필요하거나 또는 예외적으로 허용 가능한 옥외집회·시위까지도 일률적·전면적으로 금지하고 있으므로, 침해의 최소성 원칙에 위배된다. … 심판대상조항은 과잉금지원칙을 위반하여 집회의 자유를 침해한다(2018.7.26. 2018헌바137).

50 22변시-12 정답 ①

甲은 ○○새마을금고 이사장 선거에 출마한 자로서 「새마을금고법」 제22조 제3항 제1호 내지 제3호 위반을 이유로 기소되었다. 이에 甲은 위 조항이 자신의 기본권을 침해한다고 주장한다. 이에 관한 설명 중 옳은 것은? (다툼이 있는 경우 판례에 의함)

「새마을금고법」 제22조(임원의 선거운동 제한)
③ 누구든지 임원 선거와 관련하여 다음 각 호의 방법 외의 선거운동을 할 수 없다.
  1. 금고에서 발행하는 선거공보 제작 및 배부
  2. 금고에서 개최하는 합동연설회에서의 지지 호소
  3. 전화(문자메시지를 포함한다) 및 컴퓨터통신(전자우편을 포함한다)을 이용한 지지 호소

① 위 「새마을금고법」 조항은 甲 자신이 원하는 방법으로 자신의 선거공약 등을 자유롭게 표현할 자유를 제한한다.
② 위 「새마을금고법」 조항은 甲의 결사의 자유를 제한하는 것은 아니다.
③ 결사의 자유에 포함되는 단체활동의 자유는 단체 외부에 대한 활동만을 포함하고, 단체의 조직, 의사형성의 절차 등 단체의 내부적 생활을 스스로 결정하고 형성할 권리인 단체 내부 활동의 자유는 포함하지 않는다.
④ 새마을금고 임원 선거에서 선거운동을 하는 것은 헌법에 의하여 보호되는 선거권의 범위에 포함된다.
⑤ 공적인 역할을 수행하는 결사 또는 그 구성원들이 결사의 자유의 침해를 주장하는 경우, 과잉금지원칙 위반 여부를 판단함에 있어 순수한 사적인 임의결사의 결사의 자유가 제한되는 경우와 동일한 기준을 적용하여야 한다.

해설

① O 심판대상조항은 금고에서 발행하는 선거공보 제작 및 배부, 금고에서 개최하는 합동연설회에서의 지지 호소, 전화 및 컴퓨터 통신을 이용한 지지 호소의 방법을 통한 선거운동만을 허용함으로써, 임원 선거에 출마하는 후보자가 자신이 원하는 방법으로 자신의 선거공약 등을 자유롭게 표현할 자유를 제한한다(2018.2.22. 2016헌바364).

② X 임원 선거에 있어서 법률에서 정하고 있는 방법 이외의 방법으로 선거운동을 할 수 없도록 하고, 이를 위반하여 선거운동을 한 사람을 처벌하는 심판대상조항은 단체의 내부적 활동을 스스로 결정하고 형성하고자 하는 결사의 자유를 제한한다(2018.2.22. 2016헌바364).

③ X 헌법 제21조가 규정하는 결사의 자유라 함은 다수의 자연인 또는 법인이 공동의 목적을 위하여 단체를 결성할 수 있는 자유를 의미하는 것으로, 이에는 적극적으로 단체결성의 자유, 단체존속의 자유, 결사에의 가입·잔류의 자유와 소극적으로 기존의 단체로부터 탈퇴할 자유와 결사에 가입하지 아니할 자유가 모두 포함된다. 특히 결사의 자유에 포함되는 단체활동의 자유는 단체 외부에 대한 활동뿐만 아니라 단체의 조직, 의사형성의 절차 등 단체의 내부적 생활을 스스로 결정하고 형성할 권리인 단체 내부 활동의 자유를 포함한다(2018.2.22. 2016헌바364).

④ X 헌법 제24조에 의하여 보장되는 선거권이란 국민이 공무원을 선거하는 권리를 의미하는 것으로, 사법인적인 성격을 지니는 새마을금고의 임원 선거에서 임원을 선출하거나 선거운동을 하는 것은 헌법에 의하여 보호되는 선거권의 범위에 포함되지 아니한다(2018.2.22. 2016헌바364).

⑤ X 공적인 역할을 수행하는 결사 또는 그 구성원들이 기본권의 침해를 주장하는 경우 과잉금지원칙 위반 여부를 판단함에 있어, 순수한 사적인 임의결사의 기본권이 제한되는 경우에 비하여 완화된 기준을 적용할 수 있다. 다만, 앞서 살펴본 바와 같이 새마을금고는 설립목적과 목적 사업이 법률에 직접 규정되어 있는 공공성이 강한 특수법인이므로, 이 사건에서 과잉금지원칙 위반 여부를 심사함에 있어 새마을금고의 특수법인으로서의 성격과 임원 선거 관리의 공공성을 고려하여야 할 것이다(2018.2.22. 2016헌바364).

---

51 20법전협-2-8   정답 ⑤

집회의 자유에 관한 설명으로 옳은 것은? (다툼이 있는 경우 판례에 의함)

① 해가 뜨기 전이나 해가 진 후의 옥외집회를 원칙적으로 금지하고, 주최자가 질서유지인을 두고 미리 신고한 경우 관할경찰관서장이 이를 예외적으로 허용할 수 있도록 한 것은 헌법 제21조 제2항에서 금지하는 집회에 대한 허가제에 해당된다.

② 「집회 및 시위에 관한 법률」상 옥외집회에 해당하려면, 사방이 폐쇄되어 있지 않을 뿐 아니라 천장이 없는 장소이어야 한다.

③ 집회·시위 등 현장에서 집회·시위 참가자에 대한 사진이나 영상촬영 등의 행위는 집회·시위 참가자들에게 심리적 부담으로 작용하여 여론형성 및 민주적 토론절차에 영향을 주고, 집회의 자유를 전체적으로 위축시키는 결과를 가져올 수 있으므로, 과잉금지원칙에 위반하여 참가자들의 집회의 자유를 침해한다.

④ 일반적으로 집회는 일정한 장소를 전제로 하여 특정 목적을 가진 다수인이 일시적으로 회합하는 것을 말하는 것이므로, 그 공동의 목적은 '내적인 유대 관계'에 그쳐서는 안 된다.

⑤ 집회의 자유에는 집회를 통하여 형성된 의사를 집단적으로 표현하고 이를 통하여 불특정 다수인의 의사에 영향을 줄 자유를 포함하므로, 이를 내용으로 하는 시위의 자유 또한 집회의 자유에 의하여 보호되는 기본권이다.

해설

① X 일출시간 전, 일몰시간 후에는 옥외집회 또는 시위를 금지하고, 다만 옥외집회의 경우 예외적으로 관할 경찰관서장이 허용할 수 있도록 한 구 '집회 및 시위에 관한 법률'(1989. 3. 29. 법률 제4095호로 개정되고, 2007. 5. 11. 법률 제8424호로 개정되기 전의 것) 제10조(이하 '이 사건 법률조항'이라 한다)가 헌법 제21조 제2항이 규정하는 허가제 금지에 위반되는지 여부(소극) 헌법 제21조 제2항에 의하여 금지되는 '허가'는 '행정청이 주체가 되어 집회의 허용 여부를 사전에 결정하는 것'으로, 법률적 제한이 실질적으로 행정청의 허가 없는 옥외집회를 불가능하게 하는 것이라면 헌법상 금지되는 사전허가제에 해당하지만, 그에 이르지 아니하는 한 헌법 제21조 제2항에 반하는 것은 아니다. 이 사건 법률조항의 단서 부분은 본문에 의한 제한을 완화시키려는 것이므로 헌법이 금지하고 있는 '옥외집회에 대한 일반적인 사전허가'라고 볼 수 없다. 한편, 이 사건 법률조항 중 단서 부분은 시위에 대하여 적용되지 않으므로 야간 시위의 금지와 관련하여 헌법상 '허가제 금지' 규정의 위반 여부는 문제되지 아니한다(2014.4.24. 2011헌가29).

② X "옥외집회"란 천장이 없거나(or) 사방이 폐쇄되지 아니한 장소에서 여는 집회를 말한다.

> **집회 및 시위에 관한 법률 제2조(정의)**
> 이 법에서 사용하는 용어의 뜻은 다음과 같다.
> 1. "옥외집회"란 천장이 없거나 사방이 폐쇄되지 아니한 장소에서 여는 집회를 말한다.

③ X 옥외집회·시위에 대한 경찰의 촬영행위는 증거보전의 필요성 및 긴급성, 방법의 상당성이 인정되는 때에는 헌법에 위반된다고 할 수 없으나, 경찰이 옥외집회 및 시위 현장을 촬영하여 수집한 자료의 보관·사용 등은 엄격하게 제한하여, 옥외집회·시위 참가자 등의 기본권 제한을 최소화해야 한다. 옥외집회·시위에 대한 경찰의 촬영행위에 의해 취득한 자료는 '개인정보'의 보호에 관한 일반법인 '개인정보 보호법'이 적용될 수 있다. 이 사건에서 피청구인이 신고범위를 벗어난 동안에만 집회참가자들을 촬영한 행위가 과잉금지원칙을 위반하여 집회참가자인 청구인들의 일반적 인격권, 개인정보자기결정권 및 집회의 자유를 침해한다고 볼 수 없다(2018.8.30. 2014헌마843).

④ X 집회시위법에 '옥외집회'에 대한 정의규정은 있으나 '집회'에 대한 정의규정은 없다. 그러나 일반적으로 집회는, 일정한 장소를 전제로 하여 특정 목적을 가진 다수인이 일시적으로 회합하는 것을 말하는 것으로 일컬어지고 있고, 그 공동의 목적은 '내적인 유대 관계'로 족하다(2009.5.28. 2007헌바22).

⑤ O 집회의 자유는 집회를 통하여 형성된 의사를 집단적으로 표현하고 이를 통하여 불특정 다수인의 의사에 영향을 줄 자유를 포함하므로 이를 내용으로 하는 시위의 자유 또한 집회의 자유를 규정한 헌법 제21조 제1항에 의하여 보호되는 기본권이다(2005.11.24. 2004헌가17).

---

52 20법전협-1-6   정답 ③

집회의 자유에 관한 설명 중 옳지 않은 것은? (다툼이 있는 경우 판례에 의함)

① 집회의 자유는 집회를 통하여 형성된 의사를 집단적으로 표현하고 이를 통하여 불특정 다수인의 의사에 영향을 줄 자유를 포함하므로, 이를 내용으로 하는 시위의 자유 또한 집회의 자유를 규정한 헌법 제21조 제1항에 의하여 보호되는 기본권이다.

② 시위란 여러 사람이 공동목적을 가지고 도로, 광장, 공원 등 일반인이 자유로이 통행할 수 있는 장소를 진행하거나 위력 또는 기세를 보여 불특정한 여러 사람의 의견에 영향을 주거나 제압을 가하는 행위이다.

③ 국무총리 공관의 경계 지점으로부터 100미터 이내의 장소에서 옥외집회·시위를 금지하고 위반 시 처벌하는 것은 해당 집회나 시위에 참여한 자의 집회의 자유를 침해하지 않는다.

④ 집회장소가 바로 집회의 목적과 효과에 대하여 중요한 의미를 가지기 때문에, 누구나 '어떤 장소에서' 자신이 계획한 집회를 할 것인가를 원칙적으로 자유롭게 결정할 수 있어야만 집회의 자유가 비로소 효과적으로 보장되는 것이다.

⑤ 일반적으로 집회는 일정한 장소를 전제로 하여 특정 목적을 가진 다수인이 일시적으로 회합하는 것을 말하는 것으로, 그 공동의 목적은 '내적인 유대 관계'로 족하다.

 해설

① O 집회의 자유는 집회를 통하여 형성된 의사를 집단적으로 표현하고 이를 통하여 불특정 다수인의 의사에 영향을 줄 자유를 포함하므로 이를 내용으로 하는 시위의 자유 또한 집회의 자유를 규정한 헌법 제21조 제1항에 의하여 보호되는 기본권이다(2005.11.24. 2004헌가17).

② O 집회 및 시위에 관한 법률 제2조 제2호

③ X 국무총리 공관 인근에서 옥외집회·시위를 금지하고 위반시 처벌하는 '집회 및 시위에 관한 법률' 제11조 제3호, 제23조 제1호 중 제11조 제3호에 관한 부분은 집회의 자유를 침해한다(2018.6.28. 2015헌가28 [헌법불합치(적용계속)]).

관련판례1-1 누구든지 국회의사당의 경계지점으로부터 100미터 이내의 장소에서 옥외집회 또는 시위를 할 경우 형사처벌한다고 규정한 '집회 및 시위에 관한 법률' 제11조 제1호 중 '국회의사당'에 관한 부분 및 제23조 중 제11조 제1호 가운데 '국회의사당'에 관한 부분은 집회의 자유를 침해한다(2018.5.31. 2013헌바322 [헌법불합치(적용계속)]).

관련판례1-2 누구든지 각급 법원의 경계 지점으로부터 100미터 이내의 장소에서 옥외집회 또는 시위를 할 경우 형사처벌한다고 규정한 '집회 및 시위에 관한 법률' 제11조 제1호 중 '각급 법원' 부분 및 제23조 제1호 중 제11조 제1호 가운데 '각급 법원'에 관한 부분은 집회의 자유를 침해한다(2018.7.26. 2018헌바137 [헌법불합치(적용계속)]).

관련판례2 재판에 영향을 미칠 염려가 있거나 미치게 하기 위한 집회 또는 시위를 금지하고 이를 위반한 자를 형사처벌하는 구 '집회 및 시위에 관한 법률' 제3조 제1항 제2호 및 구 집시법 제14조 제1항 본문 중 제3조 제1항 제2호 부분은 집회의 자유를 침해한다(2016.9.29. 2014헌가3 [위헌]).

④ O 집회의 목적·내용과 집회의 장소는 일반적으로 밀접한 내적인 연관관계에 있기 때문에, 집회의 장소에 대한 선택이 집회의 성과를 결정짓는 경우가 적지 않다. 집회장소가 바로 집회의 목적과 효과에 대하여 중요한 의미를 가지기 때문에, 누구나 '어떤 장소에서' 자신이 계획한 집회를 할 것인가를 원칙적으로 자유롭게 결정할 수 있어야만 집회의 자유가 비로소 효과적으로 보장되는 것이다. 따라서 집회의 자유는 다른 법익의 보호를 위하여 정당화되지 않는 한, 집회장소를 항의의 대상으로부터 분리시키는 것을 금지한다(2003.10.30. 2000헌바67·83 등).

⑤ O 일반적으로 집회는, 일정한 장소를 전제로 하여 특정 목적을 가진 다수인이 일시적으로 회합하는 것을 말하는 것으로 일컬어지고 있고, 그 공동의 목적은 '내적인 유대 관계'로 족하다(2009.5.28. 2007헌바22).

53 19법전협-1-9 정답 ⑤

집회의 자유에 관한 설명으로 옳지 않은 것은? (다툼이 있는 경우 판례에 의함)

① 각급 법원 인근에서의 옥외집회와 시위를 절대적으로 금지하고 이를 위반한 경우에 형벌을 부과하는 것은 헌법 제21조 제2항의 사전허가제 금지에 위반되지 않는다.
② 집회의 금지는 원칙적으로 공공의 안녕질서에 대한 직접적 위협이 명백하게 존재하는 경우에 한하여 허용될 수 있는 것으로서, 집회의 자유를 보다 적게 제한하는 다른 가능성이 없는 경우에 비로소 고려될 수 있는 최종적인 수단이다.
③ 각급 법원의 경계 지점으로부터 100미터 이내의 장소에서 옥외집회 또는 시위를 한 사람을 형사처벌하는 것은 해당 집회나 시위 참가자의 집회의 자유를 침해한다.
④ 미신고 시위에 대한 해산명령에 불응하는 자를 처벌하는 것은 해당 시위 참가자의 집회의 자유를 침해하지 않는다.
⑤ 옥외집회 및 시위의 경우 관할 경찰서장으로 하여금 '최소한의 범위'에서 질서유지선을 설정할 수 있도록 하고, 질서유지선의 효용을 해친 경우 형사처벌하도록 하는 것은 죄형법정주의의 명확성원칙에 위배된다.

 해설

①, ③ O 누구든지 각급 법원의 경계 지점으로부터 100미터 이내의 장소에서 옥외집회 또는 시위를 할 경우 형사처벌한다고 규정한 '집회 및 시위에 관한 법률' 제11조 제1호 중 '각급 법원' 부분 및 제23조 제1호 중 제11조 제1호 가운데 '각급 법원'에 관한 부분(심판대상조항). 심판대상조항의 옥외집회·시위 장소의 제한은 입법에 의한 것이므로 헌법 제21조 제2항의 '사전허가제 금지'에 위반되지는 않지만, 헌법 제37조 제2항이 정하는 기본권 제한의 한계 안에 있는지 여부가 문제된다. … 심판대상조항은 과잉금지원칙을 위반하여 집회의 자유를 침해한다(2018.7.26. 2018헌바137).
② O 2018.7.26. 2018헌바137
④ O 미신고 시위에 대한 해산명령에 불응하는 자를 처벌하도록 규정한 '집회 및 시위에 관한 법률' 제24조 제5호 중 '제20조 제2항' 가운데 '제6조 제1항에 따른 신고를 하지 아니한 시위'에 관한 부분은 과잉금지원칙을 위반하여 집회의 자유를 침해한다고 볼 수 없다(2016.9.29. 2014헌바492).
⑤ X 옥외집회 및 시위의 경우 관할경찰관서장으로 하여금 '최소한의 범위'에서 질서유지선을 설정할 수 있도록 하고, 질서유지선의 효용을 해친 경우 형사처벌하도록 하는 '집회 및 시위에 관한 법률' 제13조 제1항의 "최소한의 범위"란 '옥외집회 및 시위가 본래 신고한 범위에서 적법하게 진행되도록 하여 집회나 시위 참가자들의 집회의 자유 및 참가자들의 안전을 보호함과 동시에 일반인의 통행이나 원활한 교통소통, 또는 물리적 충돌 방지 등 공공의 질서유지를 달성하기 위하여 필요한 한도에서 가능한 적은 범위'로 충분히 해석할 수 있으므로, 심판대상조항은 죄형법정주의의 명확성원칙에 위배된다고 볼 수 없다(2016.11.24. 2015헌바218).

제5항 학문과 예술의 자유

54 20법전협-2-17 정답 ②

헌법상 대학의 자율성에 관한 설명으로 옳지 않은 것은? (다툼이 있는 경우 판례에 의함)

① 대학 설립자가 사립대학교나 학교법인을 자유롭게 운영할 자유는 비록 헌법에 명문규정은 없으나 헌법 제10조에서 보장 되는 행복추구권의 한 내용을 이루는 일반적인 행동의 자유권과 교육의 자주성·전문성·정치적 중립성 및 대학의 자율성을 규정하고 있는 헌법 제31조 제4항 등에 의하여 인정되는 기본권의 하나이다.
② "대학의 자율성은 법률이 정하는 바에 의하여 보장된다."라는 규정은 1980년 헌법에서 최초로 명문화되었다.
③ 대학의 자율성은 학문의 자유의 확실한 보장수단으로 꼭 필요한 것으로서 대학에게 부여된 헌법상의 기본권이다.
④ 대학 자치의 주체는 기본적으로 대학이지만, 경우에 따라서는 교수나 교수회도 대학 자치의 주체로 인정될 수 있다.
⑤ 학문의 자유를 향유하는 대학 교원은 대학자치의 주체로서 어느 정도 대학의 운영에 적극적으로 참여할 수 있는 길이 보장되어 있으나, 임금, 근무조건, 후생복지 등 교원의 경제적·사회적 지위향상에 대해서까지 대학 구성원들이 대학의 자율성을 근거로 그 의사결정 과정에 참여할 수 있다고 보기는 어렵다.

 해설

① O 설립자가 사립학교를 자유롭게 운영할 자유는 비록 헌법에 명문의 규정은 없으나 헌법 제10조에서 보장되는 행복추구권의 한 내용을 이루는 일반적인 행동의 자유권과 모든 국민의 능력에 따라 균등하게 교육을 받을 권리를 규정하고 있는 헌법 제31조 제1항 그리고 교육의 자주성·전문성·정치적 중립성 및 대학의 자율성을 규정하고 있는 헌법 제31조 제4항에 의하여 인정되는 기본권의 하나라 하겠다(2006.4.27. 2005헌마1047·1048).
② X 초등의무교육은 건국헌법에서 규정되어 있었으나, 대학의 자율성은 현행헌법(1987년 9차 개정)에서 처음으로 규정하였다(헌법 제31조 제4항).
③ O 교육의 자주성이나 대학의 자율성은 헌법 제22조 제1항이 보장하고 있는 학문의 자유의 확실한 보장수단으로 꼭 필요한 것으로서 이는 대학에게 부여된 헌법상의 기본권이다(1992.10.1. 92헌마68·76).
④ O 헌법재판소는 대학의 자율성은 헌법 제22조 제1항이 보장하고 있는 학문의 자유의 확실한 보장수단으로 꼭 필요한 것으로서 대학에게 부여된 헌법상의 기본권으로 보고 있다(1992.10.1. 92헌마68 등). 그러나 대학의 자치의 주체를 기본적으로 대학으로 본다고 하더라도 교수나 교수회의 주체성이 부정된다고 볼 수는 없고, 가령 학문의 자유를 침해하는 대학의 장에 대한 관계에서는 교수나 교수회가 주체가 될 수 있고, 또한 국가에 의한 침해에 있어서는 대학 자체 외에도 대학 전구성원이 자율성을 갖는 경우도 있을 것이므로 문제되는 경우에 따라서 대학, 교수, 교수회 모두가 단독, 혹은 중첩적으로 주체가 될 수 있다고 보아야 할 것이다(2006.4.27. 2005헌마1047).

⑤ O 대학의 자율성을 보장하는 취지는 대학 구성원들이 학문의 연구와 교육이라는 대학의 기능을 달성하는 데 필요한 사항을 자주적으로 결정하도록 제도적으로 보장하는 것이며, 연구와 교육에 관한 중요한 의사결정 과정에 대학 구성원들이 참여할 수 있도록 하는 것이다. 이에 따라 학문의 자유를 향유하는 대학 교원은 대학자치의 주체로서 어느 정도 대학의 운영에 적극적으로 참여할 수 있는 길이 보장되어 있으나, <u>임금, 근무조건, 후생복지 등 교원의 경제적·사회적 지위향상에 대해서까지 대학 구성원들이 대학의 자율성을 근거로 그 의사결정 과정에 참여할 수 있다고 보기는 어렵다</u>(2018.8.30. 2015헌가38).

제4절 경제생활영역의 자유

55 20변시-21   정답 ②

헌법상 경제질서에 관한 설명 중 옳은 것은? (다툼이 있는 경우 판례에 의함)

① 헌법 제121조는 전근대적인 법률관계인 소작제도를 금지하고, 부재지주로 인하여 야기되는 농지이용의 비효율성을 제거하기 위한 경자유전의 원칙을 천명하고 있으므로 농지의 위탁경영은 허용되지 않는다.
② 국가에 대하여 경제에 관한 규제와 조정을 할 수 있도록 규정한 헌법 제119조 제2항이 보유세 부과 그 자체를 금지하는 취지로 보이지 아니하므로 주택 등에 보유세인 종합부동산세를 부과하는 그 자체를 헌법 제119조에 위반된다고 보기 어렵다.
③ 헌법 제119조 제2항에 규정된 '경제주체간의 조화를 통한 경제민주화'의 이념은 경제영역에서 정의로운 사회질서를 형성하기 위하여 추구할 수 있는 국가목표이기는 하지만 개인의 기본권을 제한하는 국가행위를 정당화하는 헌법규범이 될 수 없다.
④ 「자동차운수사업법」상의 운송수입금 전액관리제로 인하여 사기업은 그 본연의 목적을 포기할 것을 강요받을 뿐만 아니라, 기업경영과 관련하여 국가의 광범위한 감독과 통제 및 관리를 받게 되므로, 위 전액관리제는 헌법 제126조의 '사영기업을 국유 또는 공유로 이전'하는 것에 해당한다.
⑤ 현행 헌법이 보장하는 소비자보호운동이란 '공정한 가격으로 양질의 상품 또는 용역을 적절한 유통구조를 통해 적절한 시기에 안전하게 구입하거나 사용할 소비자의 제반 권익을 증진할 목적으로 이루어지는 구체적 활동'을 의미하므로, 소비자 권익의 증진을 위한 단체를 조직하고 이를 통하여 활동하는 형태에 이르지 않으면 소비자보호운동에 포함되지 않는다.

 해설

① X 소작제는 금지되나, 위탁경영은 허용된다.

> **제121조**
> ① 국가는 농지에 관하여 경자유전의 원칙이 달성될 수 있도록 노력하여야 하며, 농지의 소작제도는 금지된다.
> ② 농업생산성의 제고와 농지의 합리적인 이용을 위하거나 불가피한 사정으로 발생하는 농지의 임대차와 <u>위탁경영은 법률이 정하는 바에 의하여 인정된다.</u>

② O 2008.11.13. 2006헌바112
③ X <u>헌법 제119조 제2항에 규정된 '경제주체 간의 조화를 통한 경제민주화'의 이념은 경제영역에서 정의로운 사회질서를 형성하기 위하여 추구할 수 있는 국가목표로서 개인의 기본권을 제한하는 국가행위를 정당화하는 헌법규범</u>이다(2004.10.28. 99헌바91).
④ X 이 사건 법률조항들이 규정하는 운송수입금 전액관리제로 인하여 청구인들이 기업경영에 있어서 영리추구라고 하는 사기업 본연의 목적을 포기할 것을 강요받거나 전적으로 사회·경제정책적 목표를 달성하는 방향으로 기업활동의 목표를 전환해야 하는 것도 아니고, 그 기업경영과 관련하여 국가의 광범위한 감독과 통제 또는 관리를 받게 되는 것도 아니며, 더구나 청구인들 소유의 기업에 대한 재산권이 박탈되거나 통제를 받게 되어 그 기업이 사회의 공동재산의 형태로 변형된 것도 아니므로, 이 사건 법률조항들이 헌법 제126조에 위반된다고 볼 수 없다(1998.10.29. 97헌마345).
⑤ X 현행 헌법이 보장하는 소비자보호운동이란 '공정한 가격으로 양질의 상품 또는 용역을 적절한 유통구조를 통해 적절한 시기에 안전하게 구입하거나 사용할 소비자의 제반 권익을 증진할 목적으로 이루어지는 구체적 활동'을 의미하고, 단체를 조직하고 이를 통하여 활동하는 형태, 즉 근로자의 단결권이나 단체행동권에 유사한 활동뿐만 아니라, 하나 또는 그 이상의 소비자가 동일한 목표로 함께 의사를 합치하여 벌이는 운동이면 모두 이에 포함된다(2011.12.29. 2010헌바54).

56   19변시-11   정답 ①

헌법상의 경제질서에 관한 설명 중 옳은 것(○)과 옳지 않은 것(×)을 올바르게 조합한 것은? (다툼이 있는 경우 판례에 의함)

ㄱ. 헌법 제119조 이하의 경제에 관한 장은 국가가 경제정책을 통하여 달성하여야 할 공익을 구체화하고, 동시에 헌법 제37조 제2항의 기본권제한을 위한 일반적 법률유보에서의 공공복리를 구체화하고 있다.
ㄴ. 고의나 과실로 타인에게 손해를 가한 경우에만 그 손해에 대한 배상책임을 가해자가 부담한다는 과실책임 원칙은 헌법 제119조 제1항의 자유시장 경제질서에서 파생된 것이다.
ㄷ. 허가받지 않은 지역의 의료기관이 더 가까운 경우에도 허가 받은 지역의 의료기관으로 환자를 이송할 수밖에 없도록 강제하고 있는 「응급의료에 관한 법률」 조항은 응급환자이송업체사이의 자유경쟁을 막아 헌법상 경제질서에 위배된다.
ㄹ. 헌법 제119조 제1항에 비추어 보더라도, 개인의 사적 거래에 대한 공법적 규제는 되도록 사전적·일반적 규제보다는, 사후적·구체적 규제방식을 택하여 국민의 거래자유를 최대한 보장하여야 할 것이다.

① ㄱ(○), ㄴ(○), ㄷ(×), ㄹ(○)
② ㄱ(×), ㄴ(○), ㄷ(○), ㄹ(×)
③ ㄱ(○), ㄴ(×), ㄷ(○), ㄹ(○)
④ ㄱ(○), ㄴ(×), ㄷ(×), ㄹ(×)
⑤ ㄱ(×), ㄴ(○), ㄷ(×), ㄹ(○)

 해설

ㄱ. ○ 우리 헌법은 헌법 제119조 이하의 경제에 관한 장에서 "균형 있는 국민경제의 성장과 안정, 적정한 소득의 분배, 시장의 지배와 경제력남용의 방지, 경제주체간의 조화를 통한 경제의 민주화, 균형있는 지역경제의 육성, 중소기업의 보호육성, 소비자보호 등"의 경제영역에서의 국가목표를 명시적으로 규정함으로써 국가가 경제정책을 통하여 달성하여야 할 "공익"을 구체화하고, 동시에 헌법 제37조 제2항의 기본권제한을 위한 일반법률유보에서의 "공공복리"를 구체화하고 있다(1996.12.26. 96헌가18 [위헌]).
ㄴ. ○ 고의나 과실로 타인에게 손해를 가한 경우에만 그 손해에 대한 배상책임을 가해자가 부담한다는 과실책임 원칙은 헌법 제119조 제1항의 자유시장 경제질서에서 파생된 것으로 오늘날 민사책임의 기본원리이다(2016.4.28. 2015헌바230 [합헌]).
ㄷ. × 영업지역을 제한하지 않으면 이송업자는 허가받은 지역과 상관없이 이송수요가 많은 지역을 중심으로 영업을 할 가능성이 크고, 이에 따라 수요가 적은 지역에 거주하는 주민들의 구급차등의 이용이 어려워질 수 있다. 또 구급차등은 안전한 이송을 위하여 늘 적절히 정비되어 있어야 하고 환자 이송 뒤 소독이 이루어져야 한다. 그런데 차고지로부터 먼 장소에서의 영업이 허용되면 구급차등이 환자 이송에 적합한 상태로 유지·관리되지 않을 염려가 커진다. 또 관할 지방자치단체 등이 구급차등의 운용상태를 지도·감독하는 데도 어려움이 있게 되어 응급이송의 질이 저하될 우려가 있다. 심판대상조항이 과잉금지원칙을 위반하여 청구인 회사의 직업수행의 자유를 침해한다고 볼 수 없다(2018.2.22. 2016헌바100 [합헌,기타]).

ㄹ. ○ "대한민국의 경제질서는 개인과 기업의 경제상의 자유와 창의를 존중함을 기본으로 한다."고 규정한 헌법 제119조 제1항에 비추어 보더라도, 개인의 사적 거래에 대한 공법적 규제는 되도록 사전적·일반적 규제보다는, 사후적·구체적 규제방식을 택하여 국민의 거래자유를 최대한 보장하여야 할 것이다(2012.8.23. 2010헌가65 [합헌]).

제1항   재산권

57   13변시-12   정답 ⑤

재산권에 관한 설명 중 옳지 않은 것은? (다툼이 있는 경우 판례에 의함)

① 재산권 보장은 사유재산의 처분과 그 상속을 포함하는 것이므로 유언자가 생전에 최종적으로 자신의 재산권에 대하여 처분할 수 있는 법적 가능성을 의미하는 유언의 자유는 헌법상 재산권의 보호를 받는다.
② 재산권 행사의 대상이 되는 객체가 지닌 사회적인 연관성과 사회적 기능이 크면 클수록 입법자에 의한 보다 더 광범위한 제한이 정당화된다.
③ 헌법 제23조 제1항의 재산권 보장에 의하여 보호되는 재산권은 사적 유용성 및 그에 대한 원칙적 처분권을 내포하는 재산가치 있는 구체적 권리이다.
④ 문화재의 사용, 수익, 처분에 있어 고의로 문화재의 효용을 해하는 은닉을 금지하는 것은 문화재에 관한 재산권 행사의 사회적 제약을 구체화한 것에 불과하다.
⑤ 공공필요에 의한 재산권의 수용에 있어서 수용의 주체는 국가 등의 공적 기관에 한정된다고 할 것이므로 민간기업에게 산업단지개발사업에 필요한 토지 등을 수용할 수 있도록 하는 것은 헌법 제23조 제3항에 위반된다.

 해설

① ○ 우리 헌법의 재산권 보장은 사유재산의 처분과 그 상속을 포함하는 것인바, 유언자가 생전에 최종적으로 자신의 재산권에 대하여 처분할 수 있는 법적 가능성을 의미하는 유언의 자유는 생전증여에 의한 처분과 마찬가지로 헌법상 재산권의 보호를 받는다(2008.3.27. 2006헌바82).
② ○ 재산권에 대한 제한의 허용정도는 재산권행사의 대상이 되는 객체가 기본권의 주체인 국민 개개인에 대하여 가지는 의미와 다른 한편으로는 그것이 사회전반에 대하여 가지는 의미가 어떠한가에 달려 있다. 즉, 재산권 행사의 대상이 되는 객체가 지닌 사회적인 연관성과 사회적 기능이 크면 클수록 입법자에 의한 보다 광범위한 제한이 정당화된다. 다시 말하면, 특정 재산권의 이용이나 처분이 그 소유자 개인의 생활영역에 머무르지 아니하고 일반국민 다수의 일상생활에 큰 영향을 미치는 경우에는 입법자가 공동체의 이익을 위하여 개인의 재산권을 규제하는 권한을 더욱 폭넓게 가진다고 하겠다(1998.12.24. 89헌마214 ; 2000.6.29. 99헌마289).

③ O 헌법 제23조 제1항 및 헌법 제13조 제2항에 의하여 보호되는 재산권은 사적 유용성 및 그에 대한 원칙적 처분권을 내포하는 재산가치 있는 구체적 권리이고, 단순한 이익이나 재화의 획득에 관한 기회 또는 기업활동의 사실적·법적 여건 등은 재산권보장의 대상이 아니다(2010.7.29. 2008헌마581 등).

④ O 문화재를 사용, 수익, 처분함에 있어 고의로 문화재의 효용을 해하는 은닉을 하여서는 아니된다는 것, 즉 문화재의 사회적 효용과 가치를 유지하는 방법으로만 사용·수익할 수 있다는 것으로, 문화재에 관한 재산권 행사의 사회적 제약을 구체화한 것에 불과하고 문화재의 사용·수익을 금지하는 등 문화재의 사적 유용성과 처분권을 부정하여 구체적으로 형성된 재산권을 박탈하거나 제한하는 것은 아니므로 보상을 요하는 헌법 제23조 제3항 소정의 수용 등에 해당하는 것은 아니다.
그러나 본인의 문화재의 보유·보관행위 이전에 타인이 한 당해 문화재에 관한 도굴 등이 처벌되지 아니하여도, 본인이 그 정을 알고 보유·보관하는 경우 처벌하도록 규정한 구 법 제82조 제4항 및 법 제104조 제4항은 재산권 행사의 사회적 제약을 넘어 불필요하거나 지나치게 가혹한 부담을 부과하는 것으로 헌법에 위반된다.

⑤ X 헌법 제23조 제3항은 정당한 보상을 전제로 하여 재산권의 수용 등에 관한 가능성을 규정하고 있지만, 재산권 수용의 주체를 한정하지 않고 있다. 위 헌법조항의 핵심은 당해 수용이 공공필요에 부합하는가, 정당한 보상이 지급되고 있는가 여부 등에 있는 것이지, 그 수용의 주체가 국가인지 민간기업인지 여부에 달려 있다고 볼 수 없다. 또한 국가 등의 공적 기관이 직접 수용의 주체가 되는 것이든 그러한 공적 기관의 최종적인 허부판단과 승인결정하에 민간기업이 수용의 주체가 되는 것이든, 양자 사이에 공공필요에 대한 판단과 수용의 범위에 있어서 본질적인 차이를 가져올 것으로 보이지 않는다. 따라서 위 수용 등의 주체를 국가 등의 공적 기관에 한정하여 해석할 이유가 없다. … 민간기업을 수용의 주체로 규정한 자체를 두고 위헌이라고 할 수 없으며, 나아가 이 사건 수용조항을 통해 민간기업에게 사업시행에 필요한 토지를 수용할 수 있도록 규정할 필요가 있다는 입법자의 인식에도 합리적인 이유가 있다 할 것이다(2009.9.24. 2007헌바114).

58 정답 ⑤

재산권에 관한 설명 중 옳지 않은 것은? (다툼이 있는 경우 판례에 의함)

① 농지의 경우 그 사회성과 공공성은 일반적인 토지의 경우보다 더 강하다고 할 수 있으므로, 농지 재산권을 제한하는 입법에 대한 헌법심사의 강도는 다른 토지 재산권을 제한하는 입법에 대한 것보다 낮다.

② '공공필요'의 요건과 관련한 공익성은 추상적인 공익 일반 또는 국가의 이익 이상의 중대한 공익을 요구하므로 기본권 일반의 제한사유인 '공공복리'보다 좁게 보는 것이 타당하다.

③ 재산권에 대한 제약이 재산권자가 수인하여야 하는 사회적 제약의 한계를 넘는 경우, 입법자는 재산권에 대한 제한의 비례성을 회복할 수 있도록 수인의 한계를 넘어 가혹한 부담이 발생하는 예외적인 때에는 이를 완화하거나 조정하는 등의 보상규정을 두어야 한다.

④ 헌법적으로 가혹한 부담의 조정이란 '목적'을 달성하기 위하여 이를 완화·조정할 수 있는 '방법'의 선택에 있어서는 반드시 직접적인 금전적 보상의 방법에 한정되지 아니하고, 입법자에게 광범위한 형성의 자유가 부여된다.

⑤ 청중이나 관중으로부터 당해 공연에 대한 반대급부를 받지 아니하는 경우에는 상업용 목적으로 공표된 음반 또는 상업용 목적으로 공표된 영상저작물을 재생하여 공중에게 공연할 수 있도록 하는 것은 저작권자의 정당한 수익을 비(非)권리자에게 이전한다는 점에서 저작권자의 재산권을 침해한다.

해설

① O 토지재산권에 대하여는 강한 사회성 내지는 공공성으로 말미암아 다른 재산권에 비하여 더 강한 제한과 의무가 부과될 수 있으나, 그렇다고 하더라도 토지재산권에 대한 제한입법 역시 다른 기본권을 제한하는 입법과 마찬가지로 과잉금지의 원칙을 준수해야 하고, 재산권의 본질적 내용인 사용·수익권과 처분권을 부인해서는 아니 된다. 다만 농지의 경우 그 사회성과 공공성은 일반적인 토지의 경우보다 더 강하다고 할 수 있으므로, 농지 재산권을 제한하는 입법에 대한 헌법심사의 강도는 다른 토지 재산권을 제한하는 입법에 대한 것보다 낮다고 봄이 상당하다(2010.2.25. 2008헌바116).

② O 오늘날 공익사업의 범위가 확대되는 경향에 대응하여 재산권의 존속보장과의 조화를 위해서는, '공공필요'의 요건에 관하여, 공익성은 추상적인 공익 일반 또는 국가의 이익 이상의 중대한 공익을 요구하므로 기본권 일반의 제한사유인 '공공복리'보다 좁게 보는 것이 타당하다(2014.10.30. 2011헌바172 등).

③, ④ O 재산권에 대한 제약이 비례원칙에 합치하는 것이라면 그 제약은 재산권자가 수인하여야 하는 사회적 제약의 범위 내에 있는 것이고, 반대로 재산권에 대한 제약이 비례원칙에 반하여 과잉된 것이라면 그 제약은 재산권자가 수인하여야 하는 사회적 제약의 한계를 넘는 것이며, 따라서 입법자가 재산권을 비례의 원칙에 부합하게 합헌적으로 제한하기 위해서는 수인의 한계를 넘어 가혹한 부담이 발생하는 예외적인 경우에는 이를 완화하는 보상규정을 두어야 한다. 다만 헌법적으로 가혹한 부담의 조정이란 '목적'을 달성하기 위하여 이를 완화·조정할 수 있는 '방법'의 선택에 있어서는 반드시 직접적인 금전적 보상의 방법에 한정되지 아니하고 입법자에게 광범위한 형성의 자유가 부여된다(2014.7.24. 2012헌마662).

⑤ X 청중이나 관중으로부터 당해 공연에 대한 반대급부를 받지 아니하는 경우에는 상업용 목적으로 공표된 음반 또는 상업용 목적으로 공표된 영상저작물을 재생하여 공중에게 공연할 수 있다고 규정한 저작권법 제29조 제2항 본문 및 저작인접권의 목적이 되는 실연·음반 및 방송에 관하여 공연권제한조항을 준용하는 저작권법 제87조 제1항 중 '제29조 제2항 본문' 부분은 저작재산권자 및 저작인접권자의 재산권을 침해하지 아니한다(2019.11.28. 2016헌마1115 등).

59 21법전협-3-17   정답 ④

재산권에 관한 설명 중 옳은 것(○)과 옳지 않은 것(×)을 올바르게 조합한 것은? (다툼이 있는 경우 판례에 의함)

ㄱ. 환매권의 발생기간을 '취득일로부터 10년 이내'로 제한한 「공익사업을 위한 토지 등의 취득 및 보상에 관한 법률」 규정은 토지수용 등의 원인이 된 공익사업의 폐지 등으로 공공필요가 소멸하였음에도 단지 10년이 경과하였다는 사정만으로 환매권이 배제되는 결과가 초래될 수 있으므로 환매권자의 재산권을 침해한다.

ㄴ. 예비군 교육훈련에 참가한 예비군대원이 훈련 과정에서 식비, 여비 등을 스스로 지출함으로써 생기는 경제적 부담은 헌법에서 보장하는 재산권의 범위에 포함된다고 할 수 없고, 예비군 교육훈련 기간 동안의 일실수익과 같은 기회비용 역시 경제적인 기회에 불과하여 재산권의 범위에 포함되지 아니한다.

ㄷ. 재산권에 대한 제약이 비례의 원칙에 합치하는 것이라면 그 제약은 재산권자가 수인하여야 하는 사회적 제약의 범위 내에 있는 것이고, 반대로 비례의 원칙에 위배되는 과잉제한이라면 그 제약은 재산권자가 수인하여야 하는 사회적 제약의 한계를 넘는 것이다.

ㄹ. 재산권의 내용과 한계를 정할 입법자의 권한은 장래에 발생할 사실관계에 적용될 새로운 권리를 형성하고 그 내용을 규정할 권한을 가질 뿐, 과거의 법에 의하여 취득한 구체적인 법적 지위에 대하여 그 내용을 새로이 형성할 수 있는 권한을 포함하고 있다고 볼 수는 없다.

ㅁ. 소급입법에 의한 재산권박탈금지는 헌법에는 규정을 두고 있지 않으나, 법치국가원리에서 파생되는 소급입법금지원칙에 의하여 당연히 인정되고 있다.

① ㄱ(○), ㄴ(○), ㄷ(×), ㄹ(×), ㅁ(○)
② ㄱ(×), ㄴ(○), ㄷ(×), ㄹ(○), ㅁ(×)
③ ㄱ(○), ㄴ(×), ㄷ(○), ㄹ(×), ㅁ(○)
④ ㄱ(○), ㄴ(○), ㄷ(○), ㄹ(×), ㅁ(×)
⑤ ㄱ(×), ㄴ(○), ㄷ(○), ㄹ(○), ㅁ(×)

④ 재산권에 관한 설명 중 옳은 것은 ㄱ, ㄴ, ㄷ 이다.

ㄱ. O 환매권의 발생기간을 제한하고 있는 '공익사업을 위한 토지 등의 취득 및 보상에 관한 법률' 제91조 제1항 중 '토지의 협의취득일 또는 수용의 개시일부터 10년 이내에' 부분은 재산권을 침해한다(2020.11.26. 2019헌바131 [헌법불합치]).

ㄴ. O 예비군 교육훈련에 참가한 예비군대원이 훈련 과정에서 식비, 여비 등을 스스로 지출함으로써 생기는 경제적 부담은 헌법에서 보장하는 재산권의 범위에 포함된다고 할 수 없고, 예비군 교육훈련 기간 동안의 일실수익과 같은 기회비용 역시 경제적인 기회에 불과하여 재산권의 범위에 포함되지 아니한다(2019.8.29. 2017헌마828).

ㄷ. O 재산권에 대한 제약이 비례원칙에 합치하는 것이라면 그 제약은 재산권자가 수인하여야 하는 사회적 제약의 범위 내에 있는 것이고, 반대로 재산권에 대한 제약이 비례원칙에 반하여 과잉된 것이라면 그 제약은 재산권자가 수인하여야 하는 사회적 제약의 한계를 넘는 것이다(2005.9.29. 2002헌바84 등).

ㄹ. X 재산권의 내용과 한계를 정할 입법자의 권한은, 장래에 발생할 사실관계에 적용될 새로운 권리를 형성하고 그 내용을 규정할 권한뿐만 아니라, 더 나아가 과거의 법에 의하여 취득한 구체적인 법적 지위에 대하여까지도 그 내용을 새로이 형성할 수 있는 권한을 포함하고 있는 것이다(1999.4.29. 94헌바37 등).

ㅁ. X 헌법 제13조 제2항은 "모든 국민은 소급입법에 의하여 재산권을 박탈당하지 아니한다."고 규정하여 소급입법에 의한 재산권의 박탈을 금지하고 있다.

60 15변시-12   정답 ②

재산권에 관한 설명 중 옳지 않은 것은? (다툼이 있는 경우 판례에 의함)

① 헌법 제23조의 재산권은 「민법」상의 소유권뿐만 아니라, 재산적 가치 있는 사법상의 물권·채권 등 모든 권리를 포함하며, 국가로부터의 일방적인 급부가 아닌 자기 노력의 대가나 자본의 투자 등 특별한 희생을 통하여 얻은 공법상의 권리도 포함한다.

② 헌법재판소는 도로의 지표 지하 50미터 이내의 장소에서는 관할 관청의 허가나 소유자 또는 이해관계인의 승낙이 없으면 광물을 채굴할 수 없도록 규정한 구 「광업법」 조항에 대하여, 다른 권리와의 충돌가능성이 내재되어 있는 광업권의 특성을 감안하더라도 위와 같은 제한은 광업권자가 수인하여야 하는 사회적 제약의 범주를 벗어나 광업권자의 재산권을 침해한다고 판시하였다.

③ 「군인연금법」상 퇴역연금수급권과 같이 연금수급인 자신이 기여금의 납부를 통해 연금의 재원 형성에 일부 기여하는 경우에는 이러한 연금수급권은 사회적 기본권의 하나인 사회보장 수급권의 성격을 지니면서도 재산권으로서의 성격을 아울러 지닌다.

④ 헌법 제13조 제2항은 "모든 국민은 소급입법에 의하여 … 재산권을 박탈당하지 아니한다."라고 규정하고 있는바, 새로운 입법으로 이미 종료된 사실관계 또는 법률관계에 작용하도록 하는 진정소급입법은 개인의 신뢰보호와 법적 안정성을 내용으로 하는 법치국가원리에 의하여 특단의 사정이 없는 한 헌법상 허용되지 않는 것이 원칙이다.

⑤ 헌법재판소는 개인파산절차에서 면책을 받은 채무자가 악의로 채권자목록에 기재하지 않은 청구권에 대해서만 면책의 예외를 인정하고, 파산채권자에게 채무자의 악의를 입증하도록 규정한 「채무자 회생 및 파산에 관한 법률」 조항은 파산채권자의 재산권을 침해하지 않는다고 판시하였다.

 해설

① O 헌법 제23조의 재산권은 민법상의 소유권뿐만 아니라, 재산적 가치있는 사법상의 물권, 채권 등 모든 권리를 포함하며, 또한 국가로부터의 일방적인 급부가 아닌 자기 노력의 댓가나 자본의 투자 등 특별한 희생을 통하여 얻은 공법상의 권리도 포함한다 (2000.6.29. 99헌마289).

참고판례 공법상의 권리가 헌법상의 재산권보장의 보호를 받기 위해서는 다음과 같은 요건을 갖추어야 한다. 첫째, 공법상의 권리가 권리주체에게 귀속되어 개인의 이익을 위하여 이용가능해야 하며(사적 유용성), 둘째, 국가의 일방적인 급부에 의한 것이 아니라 권리주체의 노동이나 투자, 특별한 희생에 의하여 획득되어 자신이 행한 급부의 등가물에 해당하는 것이어야 하며(수급자의 상당한 자기기여), 셋째, 수급자의 생존의 확보에 기여해야 한다. 이러한 요건을 통하여 사회부조와 같이 국가의 일방적인 급부에 대한 권리는 재산권의 보호대상에서 제외되고, 단지 사회법상의 지위가 자신의 급부에 대한 등가물에 해당하는 경우에 한하여 사법상의 재산권과 유사한 정도로 강력하여 그에 대한 박탈이 법치국가원리에 반하는 경우에 한하여, 그러한 성격의 **공법상의 권리가 재산권의 보호대상에 포함**되는 것이다(2000.6.29. 99헌마289).

② X 도로의 지표 지하 50미터 이내의 장소에서는 관할 관청의 허가나 소유자 또는 이해관계인의 승낙이 없으면 광물을 채굴할 수 없도록 규정한 구 「광업법」 조항은, 광업권이 정당한 토지사용권 등 공익과 충돌하는 것을 조정하는 정당한 입법목적이 있고, 도로와 일정 거리 내에서는 허가 또는 승낙 하에서만 채굴할 수 있도록 하는 것은 적절한 수단이 되며, 정당한 이유 없이 허가 또는 승낙을 거부할 수 없도록 하여 광업권이 합리적인 이유 없이 제한되는 일이 없도록 하므로 최소침해성의 원칙에도 부합하고, 실현하고자 하는 공익과 광업권의 침해 정도를 비교형량할 때 적정한 비례관계가 성립하므로 법익균형성도 충족된다. 또한 광업권의 특성을 감안할 때 심판대상조항에 의한 제한은 광업권자가 수인하여야 하는 사회적 제약의 범주에 속하는 것이다. 따라서 심판대상조항은 광업권자의 재산권을 침해하지 아니한다(2014.2.27. 2010헌바483).

③ O 구 군인연금법상 **퇴역연금 수급권**은 사회적 기본권의 하나인 사회보장 수급권의 성격을 지니면서도, 수급인 자신이 기여금의 납부를 통해 퇴역연금의 재원 형성에 일부 기여한다는 점에서 후불적 임금의 성격 또한 가미되어 있으므로 **재산권으로서의 성격을 아울러 지니고 있다** 할 것이다(2007.10.25. 2005헌바68).

④ O 소급입법은 새로운 입법으로 이미 종료된 사실관계 또는 법률관계에 작용케 하는 진정소급입법과 현재 진행중인 사실관계 또는 법률관계에 작용케 하는 부진정소급입법으로 나눌 수 있는바, **부진정소급입법**은 원칙적으로 허용되지만 소급효를 요구하는 공익상의 사유와 신뢰보호의 요청 사이의 교량과정에서 신뢰보호의 관점이 입법자의 형성권에 제한을 가하게 되는데 반하여, 기존의 법에 의하여 형성되어 이미 굳어진 개인의 법적 지위를 사후입법을 통하여 박탈하는 것 등을 내용으로 하는 **진정소급입법은 개인의 신뢰보호와 법적 안정성을 내용으로 하는 법치국가원리에 의하여 특단의 사정이 없는 한 헌법적으로 허용되지 아니하는 것이 원칙**이고, 다만 일반적으로 국민이 소급입법을 예상할 수 있었거나 법적 상태가 불확실하고 혼란스러워 보호할 만한 신뢰이익이 적은 경우와 소급입법에 의한 당사자의 손실이 없거나 아주 경미한 경우 그리고 신뢰보호의 요청에 우선하는 심히 중대한 공익상의 사유가 소급입법을 정당화하는 경우 등에는 예외적으로 진정소급입법이 허용된다(1999.7.22. 97헌바76).

⑤ O 개인파산절차에서 면책을 받은 채무자가 악의로 채권자목록에 기재하지 않은 청구권에 대해서만 면책의 예외를 인정하고, 파산채권자에게 채무자의 악의를 입증하도록 하는 '채무자 회생 및 파산에 관한 법률' 제566조 단서 제7호(이하 '심판대상조항'이라 한다)가 파산채권자의 재산권과 평등권을 침해하는지 여부(소극) 심판대상조항은 채권의 공평한 변제와 채무자의 경제적 재기를 목적으로 하면서도, 채권자목록에 기재되지 아니함으로 인하여 채권이 상실될 채권자를 보호하기 위한 것으로 목적의 정당성이 인정되고, 채무자가 악의로 채권자목록에서 누락한 채권을 면책 대상에서 제외하는 것은 위 목적달성을 위한 적합한 수단에 해당한다. 만약 채권자목록에 기재되지 않은 모든 채권을 면책의 대상에서 제외한다면, 파산 및 면책 본연의 기능을 수행하기 어렵고, 면책 여부가 채권자목록에 기재하였는지 여부에 좌우된다는 불합리한 점이 생길 수 있으며, 면책제도의 취지와 실제 면책이 이루어지는 채무자의 상황 등을 고려할 때, 입증책임을 채권자에게 부담시켰다 하더라도 재산권에 대한 과도한 제한으로 보기는 어렵다. 또한 개인파산절차와 개인회생절차는 제도의 취지와 기능이 다르므로, 채권자목록에 기재되지 않은 채권의 면책 여부를 달리 정하는 것에는 합리적인 이유가 있으므로 평등권을 침해하지 않는다(2014.6.26. 2012헌가22).

61 16변시-17 정답 ②

재산권에 관한 설명 중 옳지 않은 것은? (다툼이 있는 경우 판례에 의함)

① 헌법 제23조 제3항이 규정하는 '정당한 보상'이란 원칙적으로 피수용 재산의 객관적인 재산 가치를 완전하게 보상하는 완전보상을 의미한다.
② 중학교 학교환경위생 정화구역 안에서 여관영업을 금지하는 법률조항은, 구체적·개별적으로 형성된 재산권인 여관영업권을 사회적 수인한도를 넘어 박탈하거나 제한하면서 아무런 보상규정을 두지 아니하여 국민의 재산권을 침해한다.
③ 행정기관이 개발촉진지구 지역개발사업으로 실시계획을 승인하고 이를 고시하기만 하면 고급골프장 사업과 같이 공익성이 낮은 사업에 대해서까지도 시행자인 민간개발자에게 수용권한을 부여하는 법률조항은 헌법 제23조 제3항에 위반된다.
④ 공익사업을 수행하는 자는 동일한 토지소유자에 속하는 일단의 토지의 일부가 취득되거나 사용됨으로 인하여 잔여지의 가격이 감소하거나 그 밖의 손실이 있는 때에는 원칙적으로 국토교통부령으로 정하는 바에 따라 그 손실을 보상하여야 한다.
⑤ 개발제한구역 지정 당시의 상태대로 토지를 사용·수익·처분할 수 있는 이상, 구역지정에 따른 단순한 토지이용의 제한은 원칙적으로 재산권에 내재하는 사회적 제약의 범주를 넘지 않는다.

 해설

① O 헌법이 규정한 '정당한 보상'이란 원칙적으로 피수용재산의 객관적인 재산가치를 완전하게 보상하는 것이어야 한다는 완전보상을 뜻하는 것이다(2002.12.18. 2002헌가4).
② X 초·중·고등학교 및 대학교 경계선으로부터 200미터 내로 설정된 학교환경위생정화구역 안에서 여관시설 및 영업행위를 금지하고 있는 이 사건 법률조항 중 초등학교부분에 대하여는 초등학교 학생들의 건전하고 쾌적한 교육환경을 조성하여 학교 교육의 능률화를 기하기 위하여 일정한 학교환경위생정화구역 안에 여관의 시설을 금지함으로써 그 여관시설 및 영업자에 대한 재산권의 사회적 제약을 구체화하는 입법이라는 것이 헌법재판소의 판례인바, 이러한 이치는 중·고등학교 및 대학교 부분에 대하여도 그대로 타당하다고 할 것이고 따라서 이 사건 법률조항은 공익목적을 위하여 개별적·구체적으로 이미 형성된 구체적 재산권을 박탈하거나 제한하는 것이 아니므로, 보상을 요하는 헌법 제23조 제3항 소정의 수용·사용 또는 제한에 해당되는 것은 아니다(2006.3.30. 2005헌바110).
③ O 행정기관이 개발촉진지구 지역개발사업으로 실시계획을 승인하고 이를 고시하기만 하면, 고급골프장 사업과 같이 공익성이 낮은 사업에 대해서까지도 시행자인 민간개발자에게 수용권한을 부여하는 구「지역균형개발 및 지방중소기업 육성에 관한 법률」이 헌법 제23조 제3항에 위배되는지 여부 이 사건에서 문제된 지구개발사업의 하나인 '관광휴양지 조성사업' 중에는 고급골프장, 고급리조트 등의 사업과 같이 입법목적에 대한 기여도가 낮을 뿐만 아니라, 대중의 이용·접근가능성이 작아 공익성이 낮은 사업도 있다. 또한 고급골프장 등 사업은 그 특성상 사업 운영 과정에서 발생하는 지방세수 확보와 지역경제 활성화는 부수적인 공익일 뿐이고, 이 정도의 공익이 그 사업으로 인하여 강제수용 당하는 주민들의 기본권침해를 정당화할 정도로 우월하다고 볼 수는 없다. 따라서 이 사건 법률조항은 공익적 필요성이 인정되기 어려운 민간개발자의 지구개발사업을 위해서까지 공공수용이 허용될 수 있는 가능성을 열어두고 있어 헌법 제23조 제3항에 위반된다(2014.10.30. 2011헌바129·2011헌바172).
④ O

> **공익사업을 위한 토지 등의 취득 및 보상에 관한 법률 제73조(잔여지의 손실과 공사비 보상)**
> ① 사업시행자는 동일한 소유자에 속하는 일단의 토지의 일부가 취득되거나 사용됨으로 인하여 잔여지의 가격이 감소하거나 그 밖의 손실이 있을 때 또는 잔여지에 통로·도랑·담장 등의 신설이나 그 밖의 공사가 필요할 때에는 국토교통부령으로 정하는 바에 따라 그 손실이나 공사의 비용을 보상하여야 한다. 다만, 잔여지의 가격 감소분과 잔여지에 대한 공사의 비용을 합한 금액이 잔여지의 가격보다 큰 경우에는 사업시행자는 그 잔여지를 매수할 수 있다.

⑤ O [1] 개발제한구역의 지정으로 인한 개발가능성의 소멸과 그에 따른 지가의 하락이나 지가상승률의 상대적 감소는 토지소유자가 감수해야 하는 사회적 제약의 범주에 속하는 것으로 보아야 한다. 자신의 토지를 장래에 건축이나 개발목적으로 사용할 수 있으리라는 기대가능성이나 신뢰 및 이에 따른 지가상승의 기회는 원칙적으로 재산권의 보호범위에 속하지 않는다. 구역지정 당시의 상태대로 토지를 사용·수익·처분할 수 있는 이상, 구역지정에 따른 단순한 토지이용의 제한은 원칙적으로 재산권에 내재하는 사회적 제약의 범주를 넘지 않는다.
[2] 도시계획법 제21조에 의한 재산권의 제한은 개발제한구역으로 지정된 토지를 원칙적으로 지정 당시의 지목과 토지현황에 의한 이용방법에 따라 사용할 수 있는 한, 재산권에 내재하는 사회적 제약을 비례의 원칙에 합치하게 합헌적으로 구체화한 것이라고 할 것이나, 종래의 지목과 토지현황에 의한 이용방법에 따른 토지의 사용도 할 수 없거나 실질적으로 사용·수익을 전혀 할 수 없는 예외적인 경우에도 아무런 보상없이 이를 감수하도록 하고 있는 한, 비례의 원칙에 위반되어 당해 토지소유자의 재산권을 과도하게 침해하는 것으로서 헌법에 위반된다(1998.12.24. 89헌마214).

62   20법전협-1-15   정답 ④

재산권에 관한 설명 중 옳지 않은 것은? (다툼이 있는 경우 판례에 의함)

① 헌법 제23조의 재산권은 「민법」상의 소유권뿐만 아니라, 재산적 가치가 있는 사법상의 물권, 채권 등 모든 권리를 포함하며, 국가로부터의 일방적인 급부가 아닌 자기 노력의 대가나 자본의 투자 등 특별한 희생을 통하여 얻은 공법상의 권리도 포함한다.

② 도로의 지표 지하 50미터 이내의 장소에서는 관할 관청의 허가나 소유자 또는 이해관계인의 승낙이 없으면 광물을 채굴할 수 없도록 하는 것은, 다른 권리와의 충돌가능성이 내재되어 있는 광업권의 특성을 감안할 때 광업권자가 수인해야 하는 사회적 제약의 범주를 벗어나지 않아 해당 광업권자의 재산권을 침해하지 않는다.

③ 「군인연금법」상 퇴역연금수급권과 같이 연금수급인 자신이 기여금의 납부를 통해 연금의 재원형성에 일부 기여하는 경우에는 이러한 연금수급권은 사회적 기본권의 하나인 사회보장수급권의 성격을 지니면서도 재산권의 성격도 아울러 지닌다.

④ 중학교 학교환경위생정화구역 안에서 여관과 관련한 행위의 금지의무를 위반한 자를 처벌하는 것은, 구체적·개별적으로 형성된 재산권인 여관영업권을 사회적 수인한도를 넘어 박탈하거나 제한하여 사실상 수용하면서 아무런 보상규정을 두지 않은 것으로 해당 여관영업자의 재산권을 침해한다.

⑤ 개인파산절차에서 면책을 받은 채무자가 악의로 채권자목록에 기록하지 않은 청구권에 대해서만 면책의 예외를 인정하고, 파산채권자에게 채무자의 악의를 입증하도록 하는 것은 파산채권자의 재산권을 침해하지 않는다.

① O 헌법 제23조의 재산권은 민법상의 소유권뿐만 아니라, 재산적 가치있는 사법상의 물권, 채권 등 모든 권리를 포함하며, 또한 국가로부터의 일방적인 급부가 아닌 자기 노력의 댓가나 자본의 투자 등 특별한 희생을 통하여 얻은 <u>공법상의 권리도 포함한다</u>(2000.6.29. 99헌마289).

② O 도로 등 영조물 주변 일정 범위에서 광업권자의 채굴행위를 제한하는 구 광업법 제44조 제1항 제1호 중 '도로'에 관한 부분은 광업권이 정당한 토지사용권 등 공익과 충돌하는 것을 조정하는 정당한 입법목적이 있고, 도로와 일정 거리 내에서는 허가 또는 승낙 하에서만 채굴할 수 있도록 하는 것은 적절한 수단이 되며, 정당한 이유 없이 허가 또는 승낙을 거부할 수 없도록 하여 광업권이 합리적인 이유 없이 제한되는 일이 없도록 하므로 최소침해성의 원칙에도 부합하고, 실현하고자 하는 공익과 광업권의 침해 정도를 비교형량할 때 적정한 비례관계가 성립하므로 법익균형성도 충족된다. 또한 광업권의 특성을 감안할 때 심판대상조항에 의한 제한은 광업권자가 <u>수인하여야 하는 사회적 제약의 범주에 속하는 것이다</u>. 따라서 심판대상조항은 광업권자의 재산권을 침해하지 아니한다(2014.2.27. 2010헌바483).

③ O 구 군인연금법상의 퇴역연금 수급권은 사회적 기본권의 하나인 사회보장 수급권의 성격을 지니면서도, 수급인 자신이 기여금의 납부를 통해 퇴역연금의 재원 형성에 일부 기여한다는 점에서 후불적 임금의 성격 또한 가미되어 있으므로 재산권으로서의 성격을 아울러 지니고 있다 할 것이다(2007.10.25. 2005헌바68).

④ X 학교환경위생정화위원회의 심의를 거쳐 학습과 학교보건위생에 나쁜 영향을 주지 않는다고 인정하는 경우에는 상대정화구역 안에서의 여관영업이 허용되며, 건물의 소유주로서는 건물을 "여관" 이외의 다른 용도로는 사용할 수 있으므로 건물의 기능에 합당한 <u>사적인 효용성은 그대로 유지된다</u>고 할 것이고, 재산권 침해를 최소화하고 사전에 여관영업을 정리할 수 있도록 기존시설에 대하여 2회에 걸쳐 각각 5년 가량의 유예기간을 주는 규정이 있었음을 고려하면, 피해최소성의 원칙에도 부합될 뿐 아니라, 여관영업을 금지함으로써 건물소유자 내지 여관업자가 입게 될 불이익보다는 이를 허용함으로 인하여 중학교 교육의 능률화를 기할 수 없는 결과가 더 크다고 할 것이므로, 법익균형성도 충족하고 있다. 따라서 이 사건 법률조항은 비례의 원칙을 위반하여 직업수행의 자유 및 <u>재산권을 침해하지 않는다</u>(2011.10.25. 2010헌바384).

⑤ O 심판대상조항은 채권의 공평한 변제와 채무자의 경제적 재기를 목적으로 하면서도, <u>채권자목록에 기재되지 아니함으로 인하여 채권이 상실될 채권자를 보호하기 위한 것으로</u> 목적의 정당성이 인정되고, 채무자가 악의로 채권자목록에서 누락한 채권을 면책 대상에서 제외하는 것은 위 목적달성을 위한 적합한 수단에 해당한다. 만약 채권자목록에 기재되지 않은 모든 채권을 면책의 대상에서 제외한다면, 파산 및 면책 본연의 기능을 수행하기 어렵고, 면책 여부가 채권자목록에 기재하였는지 여부에 좌우된다는 불합리한 점이 생길 수 있으며, 면책제도의 취지와 실제 면책이 이루어지는 채무자의 상황 등을 고려할 때, 입증책임을 채권자에게 부담시켰다 하더라도 <u>재산권에 대한 과도한 제한으로 보기는 어렵다</u>(2014.6.26. 2012헌가22).

63 | 19법전협-2-8　　　　　정답 ④

재산권에 관한 설명으로 옳지 않은 것은? (다툼이 있는 경우 판례에 의함)

① 공용수용은 특정한 공익사업의 시행을 위하여 타인의 토지 등의 재산권을 강제적으로 취득하는 제도를 말하는 것이므로, 헌법 제23조 제3항에서 규정하는 '공공필요'의 의미는 "국민의 재산권을 그 의사에 반하여 강제적으로라도 취득해야 할 공익적 필요성"으로 해석된다.

② '공공필요'의 요건과 관련한 공익성은 추상적인 공익 일반 또는 국가의 이익 이상의 중대한 공익을 요구하므로 기본권 일반의 제한사유인 '공공복리'보다 좁게 보는 것이 타당하다.

③ 고급골프장 등의 사업과 같은 공익적 필요성이 인정되기 어려운 민간개발자의 지구개발사업을 위하여 타인의 재산을 수용할 수 있도록 하는 것은 헌법 제23조 제3항에 위반되므로 허용될 수 없다.

④ '공익사업'으로 실정법에 열거되어 있지 않은 사업이라고 하더라도 공공의 이익에 도움이 되는 사업으로서 공익성이 인정되면 공용수용이 허용될 수 있다.

⑤ 법률에서 공용수용이 가능한 공익사업을 열거하고 있더라도, 이는 공공성 유무를 판단하는 일응의 기준을 제시한 것에 불과하므로, 사업인정의 단계에서 개별적·구체적으로 공공성에 관한 심사를 하여야 한다.

 해설

① O 헌법재판소는 헌법 제23조 제3항에서 규정하고 있는 '공공필요'의 의미를 "국민의 재산권을 그 의사에 반하여 강제적으로라도 취득해야 할 공익적 필요성"으로 해석하여 왔다. 즉 '공공필요'의 개념은 '공익성'과 '필요성'이라는 요소로 구성되어 있다(2014.10.30. 2011헌바172).

② O 오늘날 공익사업의 범위가 확대되는 경향에 대응하여 재산권의 존속보장과의 조화를 위해서는, '공공필요'의 요건에 관하여, 공익성은 추상적인 공익 일반 또는 국가의 이익 이상의 중대한 공익을 요구하므로 기본권 일반의 제한사유인 '공공복리'보다 좁게 보는 것이 타당하다(2014.10.30. 2011헌바172).

③ O 이 사건에서 문제된 지구개발사업의 하나인 '관광휴양지 조성사업' 중에는 고급골프장, 고급리조트 등(이하 '고급골프장 등'이라 한다)의 사업과 같이 입법목적에 대한 기여도가 낮을 뿐만 아니라, 대중의 이용·접근가능성이 작아 공익성이 낮은 사업도 있다. 또한 고급골프장 등 사업은 그 특성상 사업 운영 과정에서 발생하는 지방세수 확보와 지역경제 활성화는 부수적인 공익일 뿐이고, 이 정도의 공익이 그 사업으로 인하여 강제수용 당하는 주민들의 기본권침해를 정당화할 정도로 우월하다고 볼 수는 없다. 따라서 이 사건 법률조항은 공익적 필요성이 인정되기 어려운 민간개발자의 지구개발사업을 위해서까지 공용수용이 허용될 수 있는 가능성을 열어두고 있어 헌법 제23조 제3항에 위반된다(2014.10.30. 2011헌바172).

④ X 공용수용이 허용될 수 있는 공익성을 가진 사업, 즉 공익사업의 범위는 사업시행자와 토지소유자 등의 이해가 상반되는 중요한 사항으로서, 공용수용에 대한 법률유보의 원칙에 따라 법률에서 명확히 규정되어야 한다. 공공의 이익에 도움이 되는 사업이라도 '공익사업'으로 실정법에 열거되어 있지 않은 사업은 공용수용이 허용될 수 없다(2014.10.30. 2011헌바172).

⑤ O 법이 공용수용 할 수 있는 공익사업을 열거하고 있더라도, 이는 공공성 유무를 판단하는 일응의 기준을 제시한 것에 불과하므로, 사업인정의 단계에서 개별적·구체적으로 공공성에 관한 심사를 하여야 한다. 즉 공공성의 확보는 1차적으로 입법자가 입법을 행할 때 일반적으로 당해 사업이 수용이 가능할 만큼 공공성을 갖는가를 판단하고, 2차적으로는 사업인정권자가 개별적·구체적으로 당해 사업에 대한 사업인정을 행할 때 공공성을 판단하는 것이다(2014.10.30. 2011헌바172).

64 | 18변시-15　　　　　정답 ①

A도 甲군수는 「지역균형개발 및 지방중소기업 육성에 관한 법률」에 따라 지역개발사업을 실시하기로 결정하였다. 甲군수는 같은 법률에 따라 골프장 및 리조트 건설사업의 시행자로 주식회사 乙을 지정·고시하였다. 乙은 위 사업시행에 필요한 토지의 취득을 위하여 A도 지방토지수용위원회에 수용재결을 신청하였고, 동 위원회는 수용재결을 하였다. 이에 관한 설명 중 옳은 것은? (다툼이 있는 경우 판례에 의함)

① 乙에 의한 공용수용은 헌법 제23조 제3항에 명시되어 있는 대로 국민의 재산권을 그 의사에 반하여 강제적으로라도 취득해야 할 공익적 필요성이 있을 것, 법률에 의거할 것, 정당한 보상을 지급할 것의 요건을 모두 갖추어야 한다.

② 헌법 제23조 제3항에서 규정된 '공공필요' 요건 중 '공익성'은 기본권 일반의 제한사유인 '공공복리'보다 넓은 개념이다.

③ 공용수용에서 공공성의 확보는 입법자가 입법을 할 때 공공성을 갖는가를 판단하면 족하고, 甲이 개별적·구체적으로 당해 사업에 대한 사업인정을 행할 때 별도로 판단할 필요가 없다.

④ 乙의 고급골프장, 고급리조트 건설을 위한 토지수용은 국토균형발전, 지역경제활성화 등의 공공 이익이 인정되는 것으로서 법익의 형량에 있어서 사인의 재산권 보호의 이익보다 월등하게 우월한 공익으로 판단되므로 공공필요에 의한 수용에 해당한다.

⑤ 헌법 제23조 제3항이 규정하는 정당한 보상이란 원칙적으로 피수용재산의 객관적인 재산가치를 완전하게 보상하는 완전보상을 의미하는바, 공시지가를 기준으로 수용된 토지에 대한 보상액을 산정하는 것은 정당보상 원칙에 위배된다.

본 문제는 2014.10.30. 2011헌바129·2011헌바172에 대한 내용이다.

① O 헌법 제23조의 근본취지는 우리 헌법이 사유재산제도의 보장이라는 기조 위에서 원칙적으로 모든 국민의 구체적 재산권의 자유로운 이용·수익·처분을 보장하면서 공공필요에 의한 재산권의 수용·사용 또는 제한은 헌법이 규정하는 요건을 갖춘 경우에만 예외적으로 허용한다는 것으로 해석된다. 이와 같은 우리 헌법의 재산권 보장에 관한 규정의 근본취지에 비추어 볼 때, 공공필요에 의한 재산권의 공권력적, 강제적 박탈을 의미하는 공용수용은 헌법상의 재산권 보장의 요청상 불가피한 최소한에 그쳐야 한다. 즉 **공용수용은 헌법 제23조 제3항에 명시되어 있는 대로 국민의 재산권을 그 의사에 반하여 강제적으로라도 취득해야 할 공익적 필요성이 있을 것, 법률에 의거할 것, 정당한 보상을 지급할 것의 요건을 모두 갖추어야 한다**(2014.10.30. 2011헌바129·2011헌바172).

② X 오늘날 공익사업의 범위가 확대되는 경향에 대응하여 재산권의 존속보장과의 조화를 위해서는, '공공필요'의 요건에 관하여, **공익성**은 추상적인 공익 일반 또는 국가의 이익 이상의 중대한 공익을 요구하므로 기본권 일반의 제한사유인 **'공공복리'보다 좁게 보는 것이 타당**하며, 공익성의 정도를 판단함에 있어서는 공용수용을 허용하고 있는 개별법의 입법목적, 사업내용, 사업이 입법목적에 이바지 하는 정도는 물론, 특히 **그 사업이 대중을 상대로 하는 영업인 경우에는 그 사업 시설에 대한 대중의 이용·접근가능성도 아울러 고려하여야 한다.**

③ X 공용수용이 허용될 수 있는 공익성을 가진 사업, 즉 공익사업의 범위는 사업시행자와 토지소유자 등의 이해가 상반되는 중요한 사항으로서, 공용수용에 대한 법률유보의 원칙에 따라 법률에서 명확히 규정되어야 한다. 공공의 이익에 도움이 되는 사업이라도 '공익사업'으로 실정법에 열거되어 있지 않은 사업은 공용수용이 허용될 수 없다. 다만 법이 공용수용 할 수 있는 공익사업을 열거하고 있더라도, 이는 공공성 유무를 판단하는 일응의 기준을 제시한 것에 불과하므로, 사업인정의 단계에서 개별적·구체적으로 공공성에 관한 심사를 하여야 한다. 즉 **공공성의 확보는 1차적으로 입법자가 입법을 행할 때 일반적으로 당해 사업이 수용이 가능할 만큼 공공성을 갖는가를 판단하고, 2차적으로는 사업인정권자가 개별적·구체적으로 당해 사업에 대한 사업인정을 행할 때 공공성을 판단하는** 것이다(2014.10.30. 2011헌바129·2011헌바172).

④ X 이 사건에서 문제된 지구개발사업의 하나인 '관광휴양지 조성사업' 중에는 고급골프장, 고급리조트 등의 사업과 같이 입법목적에 대한 기여도가 낮을 뿐만 아니라, 대중의 이용·접근가능성이 작아 공익성이 낮은 사업도 있다. 또한 고급골프장 등 사업은 그 특성상 사업 운영 과정에서 발생하는 **지방세수 확보와 지역경제 활성화는 부수적인 공익일 뿐이고, 이 정도의 공익이 그 사업으로 인하여 강제수용 당하는 주민들의 기본권침해를 정당화할 정도로 우월하다고 볼 수는 없다.** 따라서 이 사건 법률조항은 공익적 필요성이 인정되기 어려운 민간개발자의 지구개발사업을 위해서까지 공용수용이 허용될 수 있는 가능성을 열어두고 있어 **헌법 제23조 제3항에 위반**된다(2014.10.30. 2011헌바129·2011헌바172).

⑤ X 헌법이 규정한 '정당한 보상'이란 원칙적으로 피수용재산의 객관적인 재산가치를 완전하게 보상하는 것이어야 한다는 완전보상을 뜻하는 것으로서 재산권의 객체가 갖는 객관적 가치란 그 물건의 성질에 정통한 사람들의 자유로운 거래에 의하여 도달할 수 있는 합리적인 매매가능가격, 즉 시가에 의하여 산정되는 것이 보통이다. 그러나 토지의 경우에는 그 특성상 인근 유사토지의 거래가격을 기준으로 하여 토지의 가격형성에 미치는 제 요소를 종합적으로 고려한 합리적 조정을 거쳐서 객관적인 가치를 평가할 수밖에 없다. 따라서 **토지수용으로 인한 손실보상액의 산정을 '공시지가'를 기준으로 한 것이 헌법상의 정당보상의 원칙에 위배되는 것은 아니다**(2002.12.18. 2002헌가4).

65 14변시-6   정답 ③

(가)와 (나)의 이론은 헌법 제23조의 재산권 보장과 관련하여 사회적 제약과 공용침해를 구별하는 기준에 관한 것이다. 각 학설에 관한 설명 중 옳은 것을 모두 고른 것은? (다툼이 있는 경우 판례에 의함)

(가) 재산권의 사회적 제약은 공용침해보다 재산권에 대한 침해가 적은 경우이므로 보상 없이 감수하여야 한다.

(나) 재산권의 사회적 제약이란 재산권에 관한 권리와 의무를 일반적·추상적으로 형성하는 것이며, 공용침해는 이미 형성된 구체적인 재산적 권리를 박탈하거나 제한하는 것이다.

ㄱ. (나)의 이론은 보상의무의 유무를 결정하는 경계선을 찾는 이론으로, 이는 형식적 기준설과 실질적 기준설로 나뉜다.

ㄴ. (가)의 이론에서는 사회적 제약과 공용침해의 위헌성을 심사하는 기준을 각기 달리한다.

ㄷ. 헌법재판소는 도시계획법 제21조에 대한 위헌소원 사건(89헌마214 등)에서 개발제한구역 지정으로 인한 지가의 하락은 토지소유자가 감수해야 하는 사회적 제약의 범주 내라고 판시하였다.

ㄹ. 헌법 제23조 제3항과 관련하여, 재산권의 공용침해 규정과 보상에 관한 규정을 동일한 법률에 규정하여야 한다는 요청은 (나)의 이론보다는 (가)의 이론을 취할 때 논리적으로 호응된다.

ㅁ. 헌법재판소는 「택지소유상한에 관한 법률」 제2조 제1호 나목 등 위헌소원 사건(94헌바37 등)에서 (나)의 이론에 입각하여 일정 규모 이상의 택지에 대해 기간의 제한 없이 계속적으로 고율의 부담금을 부과하더라도 택지소유자의 택지에 관한 권리를 과도하게 침해하는 것이 아니므로 사회적 제약의 범주 내라고 판시하였다.

ㅂ. (나)의 이론은 '구체적 재산권의 존속보장'보다는 '가치의 손실에 대한 보상'에 더 중점을 둔다.

① ㄱ   ② ㄴ, ㄹ
③ ㄷ   ④ ㄹ, ㅁ
⑤ ㅂ

(가)는 '경계이론'에 대한 설명이고, (나)는 분리이론에 대한 설명이다.

ㄱ. X 보상의무의 유무를 결정하는 경계선을 찾는 이론은 경계이론이다.

ㄴ. X 제23조 제1항·2항에 의한 내용한계형성규정에 대한 심사기준과 제23조 제3항의 공용침해규정에 대한 **심사기준을 각기 달리하는 이론은 분리이론**이다. 경계이론은 침해의 정도를 사후적으로 판단하여 침해의 정도가 강하여 일정한 경계선을 넘어서면 공용침해규정으로 보고, 침해의 정도가 약하여 경계선을 넘어서지 않으면 내용한계형성규정으로 본다.

ㄷ. O 헌법재판소는 도시계획법 제21조에 의한 개발제한구역지정규정을 헌법 제23조 제1항·제2항에 의한 내용한계형성규정으로 보면서, 개발제한구역의 지정으로 인한 개발가능성의 소멸과 그에 따른 지가의 하락이나 지가상승률의 상대적 감소는 토지소유자가 감수해야 하는 사회적 제약의 범주에 속하는 것으로 보아야 한다고 하였다(1998.12.24. 89헌마214).
ㄹ. X 경계이론은 결부조항의 취지를 약화시킨다. 결부조항의 의미를 강조하는 것은 분리이론이다.
ㅁ. X 헌법재판소는 택지소유상한에 관한 법률을 내용한계형성규정으로 보면서 택지소유상한을 정하는 것 자체는 헌법에 위반되지 않지만 어떠한 경우에도 어느 누구라도 660㎡를 초과하는 택지를 취득할 수 없도록 너무 낮은 택지소유상한을 정한 것과 일률적으로 고율의 부담금을 부과하는 것은 헌법에 위배된다고 하였다(1999.4.29. 94헌바37).
ㅂ. X 분리이론은 존속보장 우선의 원칙에 따라 재산권의 '가치의 손실에 대한 보상'보다 '구체적 재산권의 존속보장'에 더 중점을 둔 이론이다.

제2항 직업의 자유

66   12변시-16   정답 ②

직업의 자유에 관한 설명으로 옳은 것을 모두 고른 것은? (다툼이 있는 경우 판례에 의함)

ㄱ. 직업이란 생활의 기본적 수요를 충족시키기 위한 계속적인 소득활동을 의미하며 그 종류나 성질을 묻지 아니하나, 대학생이 방학 또는 휴학 중 학원강사로서 일하는 행위는 직업의 자유의 보호영역에 속한다고 볼 수 없다.
ㄴ. 의료인이 아닌 자의 무면허의료행위를 일률적·전면적으로 금지하고 이를 위반한 경우에 그 치료결과에 관계없이 형사처벌을 하는 법률조항은, 대안이 없는 유일한 선택이라고 하기 어려우므로 비례의 원칙에 위배되어 직업의 자유를 침해한다.
ㄷ. 경쟁의 자유는 다른 기업과의 경쟁에서 국가의 간섭이나 방해를 받지 않고 기업활동을 할 수 있는 자유를 의미하기 때문에 직업의 자유에 의하여 보장된다.
ㄹ. 헌법재판소는, 직업선택의 자유와 직업행사의 자유는 기본권주체에 대한 그 제한의 효과가 다르기 때문에 제한에 대한 위헌심사기준도 다르며, 특히 직업행사의 자유에 대한 제한의 경우 인격발현에 대한 침해의 효과가 일반적으로 직업선택 그 자체에 대한 제한에 비하여 작기 때문에 그 제한이 보다 폭넓게 허용된다고 하여, 독일의 단계이론과 유사한 논리를 전개한다.
ㅁ. 유치원 주변의 학교환경위생정화구역 안에서 당구장 시설을 하지 못하도록 하는 것은 비례의 원칙에 위배되어 직업수행의 자유를 침해한다.

① ㄱ, ㄴ, ㄷ   ② ㄷ, ㄹ, ㅁ
③ ㄴ, ㄷ, ㄹ   ④ ㄱ, ㄷ, ㄹ
⑤ ㄴ, ㄹ, ㅁ

ㄱ. X 직업의 자유는 '생활의 기본적 수요를 충족시키기 위한 계속적인 소득활동으로서의 교습행위'를 자유롭게 행할 자유를 의미하고, 행복추구권은 일반적 행동의 자유에 속하는 것으로서 '생활수단성'과 '계속성'이라는 개념표지를 결하여 단지 일시적·일회적이거나 무상으로 가르치는 행위를 보호영역으로 하는 권리라고 말할 수 있다. 따라서 이 사건에 있어 문제되는 학원강사로서의 교습행위가 직업의 자유의 보호영역에 포함되는 이상 이 사건 심판대상 조항들로 인한 기본권침해는 직업의 자유에 한하여 문제된다(2003.9.25. 2002헌마519).
ㄴ. X 의료인이 아닌 자의 의료행위를 전면적으로 금지한 것은 매우 중대한 헌법적 법익인 국민의 생명권과 건강권을 보호하고 국민의 보건에 관한 국가의 보호의무(헌법 제36조 제3항)를 이행하기 위한 조치로서, 이러한 중대한 공익이 국민의 기본권을 보다 적게 침해하는 다른 방법으로는 효율적으로 실현될 수 없으므로, 이러한 기본권의 제한은 비례의 원칙에 부합하고 헌법적으로 정당화된다(2005.3.31. 2001헌바87).

ㄷ. ㅇ 직업의 자유는 영업의 자유와 기업의 자유를 포함하고, 이러한 영업 및 기업의 자유를 근거로 원칙적으로 누구나가 자유롭게 경쟁에 참여할 수 있다. 경쟁의 자유는 기본권의 주체가 직업의 자유를 실제로 행사하는 데에서 나오는 결과이므로 당연히 직업의 자유에 의하여 보장되고, 다른 기업과의 경쟁에서 국가의 간섭이나 방해를 받지 않고 기업활동을 할 수 있는 자유를 의미한다(1996.12.26. 96헌가18).

ㄹ. ㅇ 직업선택의 자유와 직업행사의 자유는 기본권의 주체에 대한 그 제한의 효과가 다르기 때문에 제한에 있어 적용되는 기준도 다르고, 특히 **직업수행의 자유에 대한 제한**은 인격발현에 대한 침해의 효과가 일반적으로 **직업선택 그 자체에 대한 제한에 비하여 작기 때문에, 그에 대한 제한은 보다 폭넓게 허용된**다고 할 수 있다(1993.5.13. 92헌마80).

ㅁ. ㅇ 이 사건 법률조항은 교육법 제81조에 규정된 각 학교에 설정된 정화구역 안에서 당구장시설을 금지하여 당구장영업을 못하게 하는 것이므로 **직업수행 내지 행사의 자유를 제한하는 것임이 분명하다**. … 유치원주변에 당구장시설을 허용한다고 하여도 이로 인하여 유치원생이 학습을 소홀히 하거나 교육적으로 나쁜 영향을 받을 위험성이 있다고 보기 어려우므로, 유치원 및 이와 유사한 교육기관의 학교환경위생정화구역안에서 당구장시설을 하지 못하도록 기본권을 제한하는 것은 입법목적의 달성을 위하여 필요하고도 적정한 방법이라고 할 수 없어 역시 기본권제한의 한계를 벗어난 것이다(1997.3.27. 94헌마196).

67 17변시-1 정답 ③

직업의 자유에 관한 설명 중 옳지 않은 것은? (다툼이 있는 경우 판례에 의함)

① 직업의 개념표지 가운데 '계속성'과 관련하여서는 주관적으로 활동의 주체가 어느 정도 계속적으로 해당 소득활동을 영위할 의사가 있고, 객관적으로도 그러한 활동이 계속성을 띨 수 있으면 족한 것으로 휴가기간 중에 하는 일, 수습직으로서의 활동 따위도 포함된다.

② 국가 정책에 따라 정부의 허가를 받은 외국인은 정부가 허가한 범위 내에서 소득활동을 할 수 있는 것이므로, 외국인이 국내에서 누리는 직업의 자유는 법률 이전에 헌법에 의해서 부여된 기본권이라고 할 수는 없고, 법률에 따른 정부의 허가에 의해 비로소 발생하는 권리이다.

③ 직업의 자유에는 '해당 직업에 합당한 보수를 받을 권리'까지 포함되어 있어서 노동자는 동일하거나 동급, 동질의 유사 다른 직업군에서 수령하는 보수에 상응하는 보수를 요구할 수 있다.

④ 의료인이 '치료효과를 보장하는 등 소비자를 현혹할 우려가 있는 내용의 광고'를 한 경우 형사처벌하도록 규정한 「의료법」 조항은 의료인의 표현의 자유뿐만 아니라 직업수행의 자유도 동시에 제한한다.

⑤ 성인 대상 성범죄로 형을 선고받아 확정된 자로 하여금 그 형의 집행을 종료한 날부터 10년 동안 의료기관에 취업할 수 없도록 한 것은, 일정한 직업을 선택함에 있어 기본권 주체의 능력과 자질에 따른 제한이므로 이른바 '주관적 요건에 의한 좁은 의미의 직업선택의 자유'에 대한 제한에 해당한다.

① ㅇ 우리 헌법 제15조는 "모든 국민은 직업선택의 자유를 가진다"고 규정하여 직업의 자유를 국민의 기본권의 하나로 보장하고 있는바, 직업의 자유에 의한 보호의 대상이 되는 '직업'은 '생활의 기본적 수요를 충족시키기 위한 계속적 소득활동'을 의미하며 그러한 내용의 활동인 한 그 종류나 성질을 묻지 아니한다. 이러한 직업의 개념표지들은 개방적 성질을 지녀 엄격하게 해석할 필요는 없는바, '계속성'과 관련하여서는 주관적으로 활동의 주체가 어느 정도 계속적으로 해당 소득활동을 영위할 의사가 있고, 객관적으로도 그러한 활동이 계속성을 띨 수 있으면 족하다고 해석되므로 **휴가기간 중에 하는 일, 수습직으로서의 활동 따위도 이에 포함**된다고 볼 것이고, 또 '생활수단성'과 관련하여서는 단순한 여가활동이나 취미활동은 직업의 개념에 포함되지 않으나 겸업이나 부업은 삶의 수요를 충족하기에 적합하므로 직업에 해당한다고 말할 수 있다(2003.9.25. 2002헌마519).

② ㅇ 직업의 자유는 국가자격제도정책과 국가의 경제상황에 따라 법률에 의하여 제한할 수 있고 인류보편적인 성격을 지니고 있지 아니하므로 국민의 권리에 해당한다. 이와 같이 헌법에서 인정하는 직업의 자유는 원칙적으로 대한민국 국민에게 인정되는 기본권이지, **외국인에게 인정되는 기본권은 아니다**. 국가 정책에 따라 정부의 허가를 받은 외국인은 정부가 허가한 범위 내에서 소득활동을 할 수 있는 것이므로, 외국인이 국내에서 누리는 직업의 자유는 법률 이전에 헌법에 의해서 부여된 기본권이라고 할 수는 없고, 법률에 따른 정부의 허가에 의해 비로소 발생하는 권리이다(2014.8.28. 2013헌마359).

③ X 직업의 자유에 '해당 직업에 합당한 보수를 받을 권리'까지 포함되어 있다고 보기 어렵다(2004.2.26. 2001헌마718). 따라서 노동자는 동일하거나 동급, 동질의 유사 다른 직업군에서 수령하는 보수에 상응하는 보수를 요구할 수 없다.
④ O 광고물은 사상·지식·정보 등을 불특정 다수인에게 전파하는 것으로서 헌법 제21조 제1항이 보장하는 언론·출판의 자유에 의해 보호받는 대상이 되므로, 의료광고를 규제하는 심판대상조항은 청구인의 표현의 자유를 제한한다. 또한, 헌법 제15조는 직업수행의 자유 내지 영업의 자유를 포함하는 직업의 자유를 보장하고 있는바, 의료인 등이 의료서비스를 판매하는 영업활동의 중요한 수단이 되는 의료광고를 규제하는 심판대상조항은 직업수행의 자유도 동시에 제한한다(2014.9.25. 2013헌바28).
⑤ O 이 사건 법률조항에 의하여 형의 집행을 종료한 때부터 10년간 의료기관에 취업할 수 없게 되었는바, 이는 일정한 직업을 선택함에 있어 기본권 주체의 능력과 자질에 따른 제한이므로 이른바 '주관적 요건에 의한 좁은 의미의 직업선택의 자유'에 대한 제한에 해당한다(2016.3.31. 2013헌마585 등). → 과잉금지원칙 위배 → 직업선택의 자유 침해

68 20변시-17   정답 ④

직업의 자유에 관한 설명 중 옳은 것을 모두 고른 것은?
(다툼이 있는 경우 판례에 의함)

ㄱ. 직업의 자유에 의한 보호의 대상이 되는 직업은 생활의 기본적 수요를 충족시키기 위한 계속적 소득활동을 의미하며, 그 개념표지가 되는 '계속성'의 해석상 휴가기간 중에 하는 일, 수습직으로서의 활동 등은 이에 포함되지 않는다.
ㄴ. 직업의 자유에는 해당 직업에 합당한 보수를 받을 권리까지 포함되어 있다고 보기 어려우므로 자신이 원하는 수준보다 적은 보수를 법령에서 규정하고 있다고 하여 직업선택이나 직업수행의 자유가 침해된다고 할 수 없다.
ㄷ. 어떠한 직업분야에 관한 자격제도를 만들면서 그 자격요건을 어떻게 설정할 것인가에 관하여는 그 입법재량의 폭이 좁다 할 것이므로, 과잉금지원칙을 적용함에 있어서 다른 방법으로 직업선택의 자유를 제한하는 경우에 비하여 보다 엄격한 심사가 필요하다.
ㄹ. 직장선택의 자유는 원하는 직장을 제공하여 주거나 선택한 직장의 존속보호를 청구할 권리를 보장하지 않으나, 국가는 직업선택의 자유로부터 나오는 객관적 보호의무, 즉 사용자에 의한 해고로부터 근로자를 보호할 의무를 진다.

① ㄱ, ㄴ   ② ㄱ, ㄹ
③ ㄴ, ㄷ   ④ ㄴ, ㄹ
⑤ ㄷ, ㄹ

ㄱ. X 우리 헌법 제15조는 "모든 국민은 직업선택의 자유를 가진다"고 규정하여 직업의 자유를 국민의 기본권의 하나로 보장하고 있는바, 직업의 자유에 의한 보호의 대상이 되는 '직업'은 '생활의 기본적 수요를 충족시키기 위한 계속적 소득활동'을 의미하며 그러한 내용의 활동인 한 그 종류나 성질을 묻지 아니한다. 이러한 직업의 개념표지들은 개방적 성질을 지녀 엄격하게 해석할 필요는 없는바, '계속성'과 관련하여서는 주관적으로 활동의 주체가 어느 정도 계속적으로 해당 소득활동을 영위할 의사가 있고, 객관적으로도 그러한 활동이 계속성을 띨 수 있으면 족하다고 해석되므로 휴가기간 중에 하는 일, 수습직으로서의 활동 따위도 이에 포함된다고 볼 것이고, 또 '생활수단성'과 관련하여서는 단순한 여가활동이나 취미활동은 직업의 개념에 포함되지 않으나 겸업이나 부업은 삶의 수요를 충족하기에 적합하므로 직업에 해당한다고 말할 수 있다(2003.9.25. 2002헌마519).
ㄴ. O 직업의 자유에 '해당 직업에 합당한 보수를 받을 권리'까지 포함되어 있다고 보기 어려우므로 이 사건 법령조항이 청구인이 원하는 수준 보다 적은 봉급월액을 규정하고 있다고 하여 이로 인해 청구인의 직업선택이나 직업수행의 자유가 침해되었다고 할 수 없다(2008.12.26. 2007헌마444).
ㄷ. X 과잉금지의 원칙을 적용함에 있어서도 어떠한 직업분야에 관한 자격제도를 만들면서 그 자격요건을 어떻게 설정할 것인가에 관하여는 국가에게 폭넓은 입법재량권이 부여되어 있는 것이므로 다른 방법으로 직업선택의 자유를 제한하는 경우에 비하여 보다 유연하고 탄력적인 심사가 필요하다 할 것이다(2009.7.30. 2007헌마1037).
ㄹ. O 직장선택의 자유는 개인이 그 선택한 직업분야에서 구체적인 취업의 기회를 가지거나, 이미 형성된 근로관계를 계속 유지하거나 포기하는 데에 있어 국가의 방해를 받지 않는 자유로운 선택·결정을 보호하는 것을 내용으로 한다. 그러나 이 기본권은 원하는 직장을 제공하여 줄 것을 청구하거나 한번 선택한 직장의 존속보호를 청구할 권리를 보장하지 않으며, 또한 사용자의 처분에 따른 직장 상실로부터 직접 보호하여 줄 것을 청구할 수도 없다. 다만 국가는 이 기본권에서 나오는 객관적 보호의무, 즉 사용자에 의한 해고로부터 근로자를 보호할 의무를 질 뿐이다(2002.11.28. 2001헌바50).

69   21법전협-3-7   정답 ④

직업의 자유에 관한 설명 중 옳지 않은 것을 모두 고른 것은? (다툼이 있는 경우 판례에 의함)

ㄱ. 「공직선거법」상 인터넷게시판 실명확인 조항은 인터넷언론사에게 인터넷홈페이지 게시판 등을 운영함에 있어서 선거운동기간 중 이용자의 실명확인 조치의무, 실명인증표시 조치의무 및 실명인증표시가 없는 게시물에 대한 삭제의무를 부과하여 인터넷언론사의 직업의 자유도 제한한다.

ㄴ. 「도로교통법」상 운전면허 부정 취득시 모든 운전면허에 대한 필요적 취소는, 상시 자동차 운전을 담당하는 직업의 경우에는 도로교통과 관련한 공공안전에 미치는 효과가 다른 직업보다 더 크고 국민의 생명·신체를 보호할 필요성이 크므로 직업의 자유를 침해하지 않는다.

ㄷ. 아동학대 관련 범죄자의 경우, 형이 확정된 때부터 형의 집행이 종료되거나 집행을 받지 아니하기로 확정된 후 10년까지의 기간 동안 아동관련기관인 체육시설 또는 「초·중등교육법」 제2조 각 호의 학교를 운영하거나 그에 취업할 수 없게 한 것은, 일정한 직업을 선택함에 있어 법률에 의한 제한에 해당하므로 객관적 사유에 의한 직업선택의 자유에 대한 제한단계에 해당한다.

ㄹ. 청원경찰이 저지른 범죄의 종류나 내용을 불문하고 범죄행위로 금고 이상의 형의 선고유예를 받게 되면 당연히 퇴직되도록 규정한 것은, 그것이 달성하려는 공익의 비중에도 불구하고 청원경찰의 직업의 자유를 과도하게 제한하는 것이다.

ㅁ. 세무사 자격과 변호사 자격을 동시에 가지고 있는 세무사 자격 보유 변호사로 하여금 세무사로서 세무조정업무를 수행하기 위해서는 별도로 세무사 자격시험에 합격하여 세무사등록부에 등록할 것을 요구하는 것은, 직업수행의 자유를 제한하지만 직업선택의 자유를 제한하는 것은 아니다.

① ㄱ, ㄴ, ㄷ   ② ㄱ, ㄷ, ㄹ
③ ㄱ, ㄹ, ㅁ   ④ ㄴ, ㄷ, ㅁ
⑤ ㄴ, ㄹ, ㅁ

④ 직업의 자유에 관한 설명 중 옳지 않은 것은 ㄴ, ㄷ, ㅁ 이다.

ㄱ. O 실명확인 조항은 인터넷언론사에게 인터넷홈페이지 게시판 등을 운영함에 있어서 선거운동기간 중 이용자의 실명확인 조치의무, 실명인증표시 조치의무 및 실명인증표시가 없는 게시물에 대한 삭제의무를 부과하여 인터넷언론사의 직업의 자유도 제한한다(2021.1.28. 2018헌마456 등).

ㄴ. X 심판대상조항이 '부정 취득하지 않은 운전면허'까지 필요적으로 취소하도록 한 것은, 임의적 취소·정지 사유로 함으로써 구체적 사안의 개별성과 특수성을 고려하여 불법의 정도에 상응하는 제재수단을 선택하도록 하는 등 완화된 수단에 의해서도 입법목적을 같은 정도로 달성하기에 충분하므로, 피해의 최소성 원칙에 위배된다. 나아가, 위법이나 비난의 정도가 미약한 사안을 포함한 모든 경우에 부정 취득하지 않은 운전면허까지 필요적으로 취소하고 이로 인해 2년 동안 해당 운전면허 역시 받을 수 없게 하는 것은, 공익의 중대성을 감안하더라도 지나치게 기본권을 제한하는 것이므로, 법익의 균형성 원칙에도 위배된다. 따라서 심판대상조항 중 각 '거짓이나 그 밖의 부정한 수단으로 받은 운전면허를 제외한 운전면허'를 필요적으로 취소하도록 한 부분은, 과잉금지원칙에 반하여 일반적 행동의 자유 또는 직업의 자유를 침해한다(2020.6.25. 2019헌가9 등).

ㄷ. X 청구인들은 심판대상조항에 의하여 형이 확정된 때부터 형의 집행이 종료되거나 집행을 받지 아니하기로 확정된 후 10년까지의 기간 동안 아동관련기관인 체육시설 또는 '초·중등교육법' 제2조 각 호의 학교를 운영하거나 그에 취업할 수 없게 되었다. 이는 일정한 직업을 선택함에 있어 기본권 주체의 능력과 자질에 따른 제한에 해당하므로 이른바 '주관적 요건에 의한 좁은 의미의 직업선택의 자유'에 대한 제한에 해당한다(2018.6.28. 2017헌마130 등).

ㄹ. O 청원경찰이 저지른 범죄의 종류나 내용을 불문하고 범죄행위로 금고 이상의 형의 선고유예를 받게 되면 당연히 퇴직되도록 규정함으로써 그것이 달성하려는 공익의 비중에도 불구하고 청원경찰의 직업의 자유를 과도하게 제한하고 있어 법익의 균형성 원칙에도 위배된다. 따라서, 심판대상조항은 과잉금지원칙에 반하여 직업의 자유를 침해한다(2018.1.25. 2017헌가26).

ㅁ. X 심판대상조항은 세무사 자격 보유 변호사로 하여금 '세무사로서는 세무사의 업무(세무대리)를 일체 수행할 수 없도록 규정하고 있다. 이는 세무사 자격과 변호사 자격을 동시에 가지고 있는 세무사 자격 보유 변호사로 하여금, 세무사로서 세무대리를 하기 위해서는 별도로 세무사 자격시험에 합격하여 세무사등록부에 등록할 것을 요구하는 것이므로, 세무사라는 직업을 선택할 수 있는 자유를 제한하는 것이다(2018.4.26. 2015헌가19).

70 21법전협-2-6 정답 ①

직업의 자유에 관한 설명 중 옳지 않은 것은? (다툼이 있는 경우 판례에 의함)

① 제조업의 직접생산공정업무를 근로자파견의 대상 업무에서 제외하는 법률조항은 근로자 파견을 허용하되 파견기간을 제한하는 방법 등의 대안이 존재하므로, 침해의 최소성 원칙에 위배되어 제조업의 직접생산공정업무에 관하여 근로자파견의 역무를 제공받고자 하는 사업주의 직업수행의 자유를 침해한다.

② 세무사 자격 보유 변호사가 세무사로서 세무조정업무를 일체 수행할 수 없도록 한 규정은 이들에게 세무사 자격을 부여한 의미를 상실시키는 것일 뿐만 아니라 세무사 자격에 기한 직업선택의 자유를 지나치게 제한하는 것으로 헌법에 위반된다.

③ 청원경찰이 저지른 범죄의 종류나 내용을 불문하고 범죄행위로 금고 이상의 형의 선고유예를 받게 되면 당연히 퇴직되도록 규정한 것은 이를 통해 달성하려는 공익의 비중에도 불구하고 청원경찰의 직업의 자유를 과도하게 제한하고 있어 헌법에 위반된다.

④ 아동학대 관련 범죄전력자가 아동 관련 기관인 체육시설 등을 운영하거나 학교에 취업하는 것을 형이 확정된 때부터 형의 집행이 종료되거나 집행을 받지 아니하기로 확정된 후 10년 까지의 기간 동안 제한하는 것은 과잉금지원칙에 반하여 직업의 자유를 침해한다.

⑤ 약사 또는 한약사가 아닌 자연인의 약국 개설을 금지하고 위반 시 형사처벌 하는 것은 과잉금지원칙에 반하여 약국 개설을 원하는 자연인의 직업의 자유를 침해한다고 볼 수 없다.

해설

① X 심판대상조항은 제조업의 직접생산공정업무에 관한 근로자파견 자체를 금지하고 위반 시 처벌하고 있으나, 현재로서는 근로자파견의 확대로 인한 사회·경제적 부작용을 충분히 방지할 수 있다고 보기 어렵고, 제조업의 특성상 숙련되지 못한 근로자의 파견 또는 근로자의 잦은 변동을 방지할 필요성이 크며, 제조업의 직접생산공정업무의 경우에도 일정한 경우에는 예외적으로 근로자파견이 허용되고, 행정상의 제재수단만으로 입법목적을 실효적으로 달성할 수 있다고 보기 어려운 점 등에 비추어 보면, 침해의 최소성을 위반하였다고 보기 어렵다. … 따라서 심판대상조항이 제조업의 직접생산공정업무에 관하여 근로자파견의 역무를 제공받고자 하는 사업주의 직업수행의 자유를 침해한다고 볼 수 없다 (2017.12.28. 2016헌바346).

② O 심판대상조항이 세무사 자격 보유 변호사에 대하여 세무조정업무를 일체 수행할 수 없도록 전면 금지하는 것은 세무사 자격 부여의 의미를 상실시키는 것일 뿐만 아니라, 세무사 자격에 기한 직업선택의 자유를 지나치게 제한하는 것이다. 또한 소비자가 세무사, 공인회계사, 변호사 중 가장 적합한 자격사를 선택할 수 있도록 하는 것이 세무조정업무의 전문성을 확보하고 납세자의 권익을 보호하고자 하는 입법목적에 보다 부합한다. 따라서 심판대상조항은 침해의 최소성에도 반한다(2018.4.26. 2016헌마116 [헌법불합치]).

③ O 청원경찰이 금고 이상의 형의 선고유예를 받은 경우 당연 퇴직되도록 규정한 청원경찰법 제10조의6 제1호 중 제5조 제2항에 의한 국가공무원법 제33조 제5호에 관한 부분은 직업의 자유를 침해한다(2018.1.25. 2017헌가26 [위헌]).

④ O 아동학대관련범죄로 형을 선고받아 확정된 자로 하여금 그 형이 확정된 때부터 형의 집행이 종료되거나 집행을 받지 아니하기로 확정된 후 10년 동안 체육시설 및 「초·중등교육법」 제2조 각 호의 학교를 운영하거나 이에 취업 또는 사실상 노무를 제공할 수 없도록 한 아동복지법 제29조의3 제1항 제17호 중 '아동학대관련범죄로 형을 선고받아 확정된 사람'에 관한 부분, 구 아동복지법 제29조의3 제1항 제18호 중 '아동학대관련범죄로 형을 선고받아 확정된 사람'에 관한 부분, 아동복지법 제29조의3 제1항 제18호 중 「초·중등교육법」 제2조 각 호의 학교' 가운데 '아동학대관련범죄로 형을 선고받아 확정된 사람'에 관한 부분은 청구인들의 직업선택의 자유를 침해한다(2018.6.28. 2017헌마130 등 [위헌]).

⑤ O 약사 또는 한약사가 아닌 자연인'의 약국 개설을 금지하고 위반 시 형사처벌하는, 약사법 제20조 제1항 중 '약사 또는 한약사가 아닌 자연인'에 관한 부분 및 약사법 제93조 제1항 제2호 중 '약사 또는 한약사가 아닌 자연인'에 관한 부분은 과잉금지원칙에 반하여 직업의 자유를 침해한다고 볼 수 없다(2020.10.29. 2019헌바249).

71 20법전협-3-7 정답 ⑤

직업의 자유에 관한 설명으로 옳은 것은? (다툼이 있는 경우 판례에 의함)

① 직업의 자유에는 직업선택의 자유와 직업수행의 자유가 포함되지만, 자신이 원하는 직업 내지 직종에 종사하는 데 필요한 전문지식을 습득하기 위한 직업교육장을 임의로 선택할 수 있는 '직업교육장 선택의 자유'까지 포함된다고 볼 수 없다.

② 교통사고로 사람을 사상한 후 필요한 조치를 하지 아니한 경우 운전면허를 취소 또는 정지시킬 수 있도록 한 것은 자동차 등의 운전을 불가결의 요건으로 하는 직업을 수행하는 사람들에게는 직업을 박탈하는 것과 같은 효과를 발생시키므로, 그들의 직업의 자유를 침해한다.

③ 직업행사의 자유에 대한 제한에 있어서는 직업선택의 자유에 비하여 상대적으로 그 침해의 정도가 작다고 할 것이고 공공복리 등 공익상의 이유로 비교적 넓은 법률상의 규제가 가능하므로, 이 경우에는 과잉금지원칙이 아니라 자의금지원칙의 위반 여부를 심사하게 된다.

④ 「신용정보의 이용 및 보호에 관한 법률」상 사생활 등 조사업 금지조항은 특정인의 소재 및 연락처를 알아내거나 사생활 등을 조사하는 일을 업으로 할 수 없게 함으로써 탐정업의 개설·운영을 전면 금지하는 것이므로 직업수행의 자유를 침해한다.

⑤ 청원경찰이 금고 이상의 형의 선고유예를 받은 경우 범죄의 종류나 내용을 불문하고 당연퇴직하도록 하는 것은 과잉금지원칙에 반하여 청원경찰의 직업의 자유를 침해한다.

① X 헌법 제15조에 의한 직업선택의 자유라 함은 자신이 원하는 직업 내지 직종을 자유롭게 선택하는 직업선택의 자유뿐만 아니라 그가 선택한 직업을 자기가 결정한 방식으로 자유롭게 수행할 수 있는 직업수행의 자유를 포함한다. 그리고 직업선택의 자유에는 자신이 원하는 직업 내지 직종에 종사하는데 필요한 전문지식을 습득하기 위한 직업교육장을 임의로 선택할 수 있는 '직업교육장 선택의 자유'도 포함된다(2009.2.26. 2007헌마1262).

② X 이 사건 취소조항은 자동차를 운전할 일반적 행동의 자유를 제한할 뿐만 아니라 자동차 등의 운전을 불가결의 요건으로 하는 직업을 수행하는 사람들에게는 직업을 박탈하는 것과 다름없는 효과를 발생시킨다. 이는 해당 개인의 생계 수단을 제한하는 의미가 있으므로, 제한되는 사익의 정도가 크다고 할 수 있다. 그렇지만 운전면허를 불가결의 요소로 하는 직업은 상시 자동차의 운전을 담당하는 직업이므로, 도로교통과 관련한 공공의 안전에 미치는 효과가 다른 직업의 경우에 비하여 더 크다고 할 수 있다. 따라서 이 사건 취소조항의 요건에 해당하는 사람들 중 자동차 등 운전을 불가결의 요건으로 하는 직업을 수행하는 자들에 대하여 교통 관여를 배제할 필요성 내지 공익은 다른 운전자의 경우에 비하여 더욱 크다. 그렇다면 이 사건 취소조항에 의한 기본권의 제한에는 그 제한되는 사익에 상응하는 정도 이상의 중대한 공익이 존재한다고 인정된다. 결국 이 사건 취소조항이 교통사고로 인하여 발생할 국민의 생명, 신체에 대한 위험을 예방하고 교통질서확립을 위하여, 도로를 사용하여 운행하는 혜택을 누리고 그것을 영업의 수단으로 하는 국민의 이익을 제한함에 있어서 법익균형성을 위배하였다고 보기 어렵다. 이 사건 취소조항은 과잉금지원칙에 반하여 일반적 행동의 자유 또는 직업의 자유를 침해하지 아니한다(2019.8.29. 2018헌바4).

③ X 직업행사의 자유는 직업결정의 자유에 비하여 상대적으로 그 침해의 정도가 작다고 할 것이어서, 이에 대하여는 공공복리 등 공익상의 이유로 비교적 넓은 법률상의 규제가 가능하지만, 직업수행의 자유를 제한할 때에도 헌법 제37조 제2항에 의거한 비례의 원칙에 위배되어서는 안된다(2003.10.30. 2001헌마700). → 직업수행의 자유를 제한할 때에도 헌법 제37조 제2항에서 정하고 있는 기본권 제한의 한계인 과잉금지원칙이 준수되어야 한다.

④ X **특정인의 사생활 등을 조사하는 일을 업으로 하는 행위를 금지한 '신용정보의 이용 및 보호에 관한 법률' 제40조 후단 제4호 본문(이하 '사생활 등 조사업 금지조항'이라 한다)이 직업선택의 자유를 침해하는지 여부(소극)** 특정인의 소재·연락처 및 사생활 등의 조사업을 금지하는 것 외에 달리 위 조항의 입법목적을 동일한 정도로 실현할 수 있는 방법을 찾기 어렵다. 청구인은 탐정업의 업무영역에 속하지만 위 조항에 의해 금지되지 않는 업무를 수행하는 것이 불가능하지 않다. 예를 들어, 청구인은 현재에도 도난·분실 등으로 소재를 알 수 없는 물건 등을 찾아주는 일을 직업으로 삼을 수 있고, 개별 법률이 정한 요건을 갖추어 신용조사업, 경비업, 손해사정사 등 법이 특별히 허용하는 범위에서 탐정업 유사직역에 종사할 수 있다. 따라서 위 조항은 과잉금지원칙을 위반하여 직업선택의 자유를 침해하지 아니한다(2018.6.28. 2016헌마473). → 판례는 '사생활 등 조사업 금지조항'은 직업선택의 자유를 침해하지 않은 것으로 판단하였고, '탐정 등 명칭사용 금지조항'이 직업수행의 자유를 침해하지 않는다고 보았다.

⑤ O 청원경찰이 금고 이상의 형의 선고유예를 받은 경우 당연 퇴직되도록 규정한 청원경찰법 제10조의6 제1호 중 제5조 제2항에 의한 국가공무원법 제33조 제5호에 관한 부분은 청원경찰이 저지른 범죄의 종류나 내용을 불문하고 범죄행위로 금고 이상의 형의 선고유예를 받게 되면 당연히 퇴직되도록 규정함으로써 그것이 달성하려는 공익의 비중에도 불구하고 청원경찰의 직업의 자유를 과도하게 제한하고 있어 법익의 균형성 원칙에도 위배된다. 따라서, 심판대상조항은 과잉금지원칙에 반하여 직업의 자유를 침해한다(2018.1.25. 2017헌가26).

72 20법전협-1-14 정답 ②

직업의 자유에 관한 설명 중 옳지 않은 것은? (다툼이 있는 경우 판례에 의함)

① 로스쿨에 입학하는 자들에 대하여 학사 전공별로, 그리고 출신 대학별로 로스쿨 입학정원의 비율을 각각 규정한 것은 변호사가 되기 위하여 필요한 전문지식을 습득할 수 있는 로스쿨에 입학하는 것을 제한하는 것이므로, 로스쿨에 입학하려는 자의 직업선택의 자유를 제한하는 것이다.

② 직업의 자유에는 해당 직업에 합당한 보수를 받을 권리까지 포함되어 있으므로, 일정한 법령에서 특정 직역의 급여를 당사자가 원하는 수준보다 적은 봉급월액을 규정하고 있는 경우에는 직업의 자유가 제한되는 것으로 볼 수 있다.

③ 직업수행의 자유는 직업선택의 자유에 비하여 비교적 넓은 법률상의 규제가 가능하지만, 이 경우에도 헌법 제37조 제2항에 따른 비례의 원칙은 지켜야 한다.

④ 게임물을 이용하여 도박, 그 밖의 사행행위를 하게 하거나 이를 하도록 방치한 게임물 관련사업자가 소유 또는 점유하는 게임물을 필요적으로 몰수하도록 하는 것은 게임물 관련사업자의 직업수행의 자유를 침해하지 않는다.

⑤ 정원제로 사법시험 합격자를 결정하는 방법은 객관적 사유에 의한 직업선택의 자유의 제한이 아니라 주관적 사유에 의한 직업선택의 자유의 제한에 해당한다.

① O 법학전문대학원 설치·운영에 관한 법률 제26조 제2항 및 제3항이 로스쿨에 입학하는 자들에 대하여 학사 전공별로, 그리고 출신 대학별로 로스쿨 입학정원의 비율을 각각 규정한 것은 변호사가 되기 위하여 필요한 전문지식을 습득할 수 있는 로스쿨에 입학하는 것을 제한하는 것이기 때문에 직업교육장 선택의 자유 내지 직업선택의 자유를 제한한다고 할 것이다(2009.2.26. 2007헌마1262). → 직업선택의 자유를 침해하지 아니한다.

② X 직업의 자유에 '해당 직업에 합당한 보수를 받을 권리'까지 포함되어 있다고 보기 어려우므로 이 사건 법령조항이 청구인이 원하는 수준 보다 적은 봉급월액을 규정하고 있다고 하여 이로 인해 청구인의 직업선택이나 직업수행의 자유가 침해되었다고 할 수 없다(2004.2.26. 2001헌마718, 2008.12.26. 2007헌마444).

③ O 헌법 제15조는 직업의 자유를 보장하고 있고, 이러한 직업의 자유에는 자신이 원하는 직업을 자유롭게 선택하는 직업선택의 자유와 선택한 직업을 자신이 원하는 방식으로 자유롭게 수행할 수 있는 직업수행의 자유가 포함되는데, 직업수행의 자유는 직업선택의 자유에 비하여 성질상 상대적으로 그 침해의 정도가 작다고 할 수 있어 이에 대하여는 공공복리 등 공익상의 이유로 비교적 넓은 법률상의 규제가 가능하지만, 그 경우에도 헌법 제37조 제2항에 따른 비례의 원칙은 지켜져야 한다(2002.7.18. 99헌마574, 2018.1.25. 2016헌바201 등).

④ O 게임물을 이용하여 도박 그 밖의 사행행위를 하게 하거나 이를 하도록 방치한 게임물 관련사업자가 소유 또는 점유하는 게임물을 필요적으로 몰수하도록 정하고 있는 '게임산업진흥에 관한 법률' 제44조 제2항 중 '제1항 제1호는 과잉금지원칙에 위배하여 게임물 관련사업자의 재산권 및 직업수행의 자유를 침해하는지 아니한다(2019.2.28. 2017헌바401).

⑤ O 시험제도란 본질적으로 응시자의 자질과 능력을 측정하는 것이고, 합격자를 결정하는 방법에 있어 상대평가(정원제)에 의할 것인지 절대평가에 의할 것인지의 문제는 개인의 주관적인 자질과 능력을 측정하는 기술적 방법들 중 어떤 것을 택할 것인지의 문제일 따름이므로, 절대평가의 방법을 택하면 주관적 사유에 의한 제한이고, 상대평가의 방법을 택하면 객관적 사유에 의한 제한이라고 단정할 수 없다. 즉, 사법시험은 판사, 검사, 변호사 또는 군법무관이 되려고 하는 자에게 필요한 학식과 능력의 유무 등을 검정하기 위한 것인바(사법시험법 제1조), 선발인원의 제한을 두는 취지는 상대평가라는 방식을 통하여 응시자의 주관적 자질과 능력을 검정하려 하는 것이므로, 이는 객관적 사유에 의한 제한이 아니라 주관적 사유에 의한 제한이라고 하여야 할 것이다(2010.5.27. 2008헌바110).

73 19법전협-2-20   정답 ⑤

직업의 자유에 관한 설명으로 옳지 않은 것은? (다툼이 있는 경우 판례에 의함)

① 세무사 자격을 보유한 변호사로 하여금 세무사 등록을 하지 않은 경우 세무사로서의 업무 일체를 할 수 없도록 하는 것은 세무사 자격 보유 변호사의 직업선택의 자유를 침해하는 것이다.

② 특정인의 사생활 등을 조사하는 일을 업으로 하는 탐정업을 금지하고, 탐정 유사명칭의 사용을 금지하는 것은 직업선택의 자유와 직업수행의 자유에 대한 제한으로 구별할 수 있으나 모두 위헌적인 기본권 침해는 아니다.

③ 변호사에게 변리사 자격을 부여하더라도, 변리사시험을 치르는 일반응시자의 직업선택의 자유를 침해하지 않는다.

④ 의료인이 아닌 자의 무면허의료행위를 일률적·전면적으로 금지하고 이를 위반한 경우에 그 치료결과에 관계없이 형사처벌을 하는 것은, 국가에서 일정한 형태의 자격인증을 하는 방법 이외에는 달리 대안이 없어 비례의 원칙에 위배되지 않는다.

⑤ 주방에서 발생하는 음식물 찌꺼기 등을 분쇄하여 오수와 함께 배출하는 주방용오물분쇄기의 판매와 사용을 금지하는 것은 주방용오물분쇄기를 사용하려는 사람들의 일반적 행동자유권과 주방용오물분쇄기를 판매하려는 사람들의 직업의 자유를 침해한다.

① O 세무사 자격 보유 변호사로 하여금 세무사로서 세무사의 업무를 할 수 없도록 규정한 세무사법 제20조 제1항 본문 중 변호사에 관한 부분은 과잉금지원칙을 위반하여 세무사 자격 보유 변호사의 직업선택의 자유를 침해하므로 헌법에 위반된다(2018.4.26. 2015헌가19).

② O [1] 특정인의 사생활 등을 조사하는 일을 업으로 하는 행위를 금지한 '신용정보의 이용 및 보호에 관한 법률' 제40조 후단 제4호 본문은 직업선택의 자유를 침해하지 않는다.
[2] 탐정 유사 명칭의 사용 금지를 규정한 '신용정보의 이용 및 보호에 관한 법률' 제40조 후단 제5호는 직업수행의 자유를 침해하지 않는다(2018.6.28. 2016헌마473).

③ O 변호사에게 변리사 자격을 부여하는 것 및 특허청 경력공무원에게 변리사시험의 일부를 면제해 주는 데에는 합리적인 이유가 있고, 일반 응시자도 변리사시험에 합격하여 변리사가 될 수 있는 길이 열려 있으며 달리 변리사 시험제도를 유명무실하게 하는 요소를 찾아 볼 수 없으므로 심판대상조항은 청구인들이 변리사라는 직업을 선택하는 자유를 침해하지 아니한다(2010.2.25. 2007헌마956).

④ O 2005.9.29. 2005헌바29

⑤ X 주방에서 발생하는 음식물 찌꺼기 등을 분쇄하여 오수와 함께 배출하는 주방용오물분쇄기의 판매와 사용을 금지하는 '주방용오물분쇄기의 판매·사용금지' 제1조는 주방용오물분쇄기를 사용하거나 판매하려는 청구인들의 일반적 행동자유권 또는 직업의 자유를 침해하지 않는다(2018.6.28. 2016헌마1151).

74 14변시-5 정답 ③

甲은 국세에 관한 행정사무에 종사하고 있는 기간이 12년이며, 그 중 5급 이상 공무원으로 근무한 기간이 3년이 되었는바, 구 세무사법(1999. 12. 31. 법률 제6080호로 개정되기 전의 것, 이하 '구법'이라 한다) 제3조 제2호에 따르면 국세에 관한 행정사무 종사경력이 10년 이상이고, 일반직 5급 이상 공무원으로서 5년 이상 재직한 경력이 있는 경우(이하 이를 '자격부여요건'이라 한다)에는 당연히 세무사자격이 부여되었다. 그런데 개정된 세무사법(1999. 12. 31. 법률 제6080호로 개정된 것, 이하 '개정법'이라 한다) 제3조는 위 제2호를 삭제하였고, 개정법 부칙 제3항은 2000. 12. 31. 현재 종전의 제3조 제2호의 규정에 해당하는 자에 대하여만 구법 규정을 적용하도록 규정하였다. 그에 따라 2000. 12. 31. 현재 구법 규정상의 자격부여요건을 갖추지 못한 甲은 구법 규정이 적용될 수 없어 세무사자격시험을 거치지 않고도 세무사자격이 부여되는 지위를 상실하였다. 다음 설명 중 옳지 않은 것은? (다툼이 있는 경우 판례에 의함)

① 어떤 직업분야에 자격제도를 시행함에 있어서 자격요건의 구체적인 내용은 업무의 내용과 제반 여건 등을 종합적으로 고려하여 입법자가 결정할 사항이며, 다만 그것이 재량의 범위를 넘어서 명백히 불합리한 경우에만 비로소 위헌의 문제가 생긴다.

② 국세관련 경력공무원에 대한 세무사자격 부여제도를 폐지한 것은 경력공무원에 대한 특혜시비를 완화하면서 아울러 일반응시자들과의 형평을 도모하려는 공익적인 목적을 갖는 것으로서 그 목적의 정당성은 인정된다 할 것이다.

③ 구법상의 자격부여요건을 갖춘 세무공무원 경력자는 국세업무전반에 걸친 폭넓은 이해와 세무법률관계에 관한 실무적·이론적 지식을 갖추고 있으며, 이들이 갖추고 있는 능력과 지식은 행정실무적 능력 뿐 아니라 법률제도에 대한 기본적인 소양이나 세법에 대한 이론적인 지식이 필요한 세무사업무의 수행에 적합하다는 점에서 세무사자격을 부여하는 데에 합리적인 이유가 있으므로 이를 고려하지 않고 국세관련 경력공무원에 대하여 세무사자격을 부여하지 않도록 개정된 세무사법 제3조는 과잉금지원칙에 위배되어 甲의 직업선택의 자유를 침해한다.

④ 甲의 세무사자격 부여에 대한 신뢰는 보호할 필요성이 있는 합리적이고도 정당한 신뢰라 할 것이고, 개정법 제3조 등의 개정으로 말미암아 甲이 입게 된 불이익의 정도, 즉 신뢰이익의 침해 정도는 중대하다고 아니할 수 없는 반면, 甲의 신뢰이익을 침해함으로써 일반응시자와의 형평을 제고한다는 공익은 위와 같은 신뢰이익 제한을 헌법적으로 정당화할만한 사유라고 보기 어렵다.

⑤ 2000. 12. 31. 현재 자격부여요건을 충족한 자와 그렇지 못한 甲 사이에는 단지 근무기간에 있어서의 양적인 차이만 존재할 뿐 본질적인 차이는 없고, 세무사자격 부여제도의 폐지와 관련된 조항의 시행일만을 2001. 1. 1.로 늦추어 1년의 유예기간을 두고 있는 것 자체가 합리적 근거 없는 자의적 조치이므로, 위 부칙조항은 합리적인 이유 없이, 자의적으로 설정된 기준을 토대로 위 부칙조항의 적용대상자와 甲을 차별 취급하는 것으로서 평등의 원칙에 위반된다.

해설

국세관련 경력공무원에 대하여 세무사자격을 부여하지 않도록 개정된 세무사법 제3조가 직업선택의 자유를 침해하는지(소극)와 기존 국세관련 경력공무원 중 일부에게만 구법 규정을 적용하여 세무사자격이 부여되도록 규정한 위 세무사법 부칙 제3항이 신뢰이익을 침해하는 것으로서 헌법에 위반되는지(적극), 평등권을 침해하는지(적극)가 문제된 사건이다(2001.9.27. 2000헌마152). … 헌법불합치

① O 입법부가 어떤 직업분야에 자격제도를 시행함에 있어서 그 업무에 대하여 설정할 자격요건의 구체적인 내용은 업무의 내용과 제반 여건 등을 종합적으로 고려하여 입법자가 결정할 사항이다. 따라서 자격요건의 설정에 대한 판단·선택은 헌법재판소가 가늠하기보다는 입법자에게 맡겨두는 것이 옳으며, 그러한 범위 내에서 입법자에게 입법형성권이 인정된다. 다만 그것이 재량의 범위를 넘어 명백히 불합리한 경우에만 비로소 위헌의 문제가 생길 수 있다(2001.9.27. 2000헌마152).

② O ③ X 국세관련 경력공무원에 대한 세무사자격 부여제도를 폐지한 것은 경력공무원에 대한 특혜시비를 완화하면서 아울러 일반응시자들과의 형평을 도모하려는 공익적인 목적을 갖는 것으로서 그 목적의 정당성은 인정된다 할 것이다. 그리고 경력공무원이라 하여 반드시 세무사로서 필요한 전문적 지식이나 자질에 대한 객관적인 검증절차를 거친 것은 아니므로 그들도 일반응시자와 마찬가지로 세무사자격시험을 통한 통상의 검증절차를 거치도록 하고, 다만 그 경력을 감안하여 시험과목의 일부면제제도를 채택한 입법자의 판단이 그 내용이나 방법에 있어서 반드시 합리성을 결여한 것이라고 보기도 어렵다. 그렇다면 이 사건 법률조항이 국세관련 경력공무원에게 세무사자격을 부여하지 않는 것이 반드시 재량의 범위를 넘어 명백히 불합리하다고 할 수는 없으므로, 이 사건 법률조항은 청구인들의 직업선택의 자유를 침해하는 것이 아니다.

④ O 청구인들의 세무사자격 부여에 대한 신뢰는 보호할 필요성이 있는 합리적이고도 정당한 신뢰라 할 것이고, 개정법 제3조 등의 개정으로 말미암아 청구인들이 입게 된 불이익의 정도, 즉 신뢰이익의 침해정도는 중대하다고 아니할 수 없는 반면, 청구인들의 신뢰이익을 침해함으로써 일반응시자와의 형평을 제고한다는 공익은 위와 같은 신뢰이익 제한을 헌법적으로 정당화할 만한 사유라고 보기 어렵다. 그러므로 기존 국세관련 경력공무원 중 일부에게만 구법 규정을 적용하여 세무사자격이 부여되도록 규정한 위 세무사법 부칙 제3항은 충분한 공익적 목적이 인정되지 아니함에도 청구인들의 기대가치 내지 신뢰이익을 과도하게 침해한 것으로서 헌법에 위반된다.

⑤ O 2000. 12. 31. 현재 자격부여요건을 충족한 자와 그렇지 못한 청구인들 사이에는 단지 근무기간에 있어서의 양적인 차이만 존재할 뿐, 본질적인 차이는 없고, 세무사자격 부여제도의 폐지와 관련된 조항의 시행일만을 2001. 1. 1.로 늦추어 1년의 유예기간을 두고 있는 것 자체가 합리적 근거 없는 자의적 조치이므로, 위 부칙조항은 합리적인 이유 없이, 자의적으로 설정된 기준을 토대로 위 부칙조항의 적용대상자와 청구인들을 차별취급하는 것으로서 평등의 원칙에도 위반된다.

| 제3항 | 소비자의 권리 |

제3장 | 정치적 기본권

제1절 정치적 자유권의 개관

제2절 참정권

01 17변시-3 정답 ⑤

재외국민의 참정권에 관한 설명 중 옳은 것(○)과 옳지 않은 것(×)을 올바르게 조합한 것은? (다툼이 있는 경우 판례에 의함)

ㄱ. 단지 주민등록이 되어 있는지 여부에 따라 선거인 명부에 오를 자격을 결정하여 그에 따라 선거권 행사 여부가 결정되도록 함으로써 엄연히 대한민국의 국민임에도 불구하고 「주민등록법」상 주민등록을 할 수 없는 재외국민의 선거권 행사를 전면적으로 부정하고 있는 것은 재외국민의 선거권을 침해하고 보통선거원칙에도 위반된다.

ㄴ. '외국의 영주권을 취득한 재외국민'과 같이 법령의 규정상 주민등록이 불가능한 재외국민인 주민의 지방선거 피선거권을 부인하도록 한 규정은 국내거주 재외국민의 공무담임권을 침해한다.

ㄷ. 주민등록이 되어 있지 않고 국내거소신고도 하지 않은 재외국민에게 국회의원 재·보궐선거의 선거권을 인정하지 않은 「공직선거법」상 재외선거인 등록신청조항은, 선거제도를 현저히 불합리하거나 불공정하게 형성한 것이므로 그 재외국민의 선거권을 침해하고 보통선거원칙에도 위배된다.

ㄹ. 주권자인 국민의 지위에 아무런 영향을 미칠 수 없는 주민등록 여부만을 기준으로 하여 주민등록을 할 수 없는 재외국민의 국민투표권 행사를 전면적으로 배제하도록 한 규정은 주민등록이 되어 있지 않은 재외국민의 국민투표권을 침해한다.

ㅁ. 특정한 지역구의 국회의원선거에 투표하기 위해서는 국민이라는 자격만으로 충분하므로, 주민등록이 되어 있지 않고 국내거소신고도 하지 않은 재외국민에게 임기만료지역구국회의원선거권을 인정하지 않은 것은 그 재외국민의 선거권을 침해하고 보통선거원칙에도 위배된다.

① ㄱ(○), ㄴ(○), ㄷ(×), ㄹ(×), ㅁ(○)
② ㄱ(○), ㄴ(○), ㄷ(○), ㄹ(×), ㅁ(×)
③ ㄱ(×), ㄴ(×), ㄷ(○), ㄹ(×), ㅁ(○)
④ ㄱ(○), ㄴ(×), ㄷ(×), ㄹ(○), ㅁ(×)
⑤ ㄱ(○), ㄴ(○), ㄷ(×), ㄹ(○), ㅁ(×)

 해설

ㄱ. O 단지 주민등록이 되어 있는지 여부에 따라 선거인명부에 오를 자격을 결정하여 그에 따라 선거권 행사 여부가 결정되도록 함으로써 엄연히 대한민국의 국민임에도 불구하고 주민등록법상 주민등록을 할 수 없는 재외국민의 선거권 행사를 전면적으로 부정하고 있는 공직선거법 제37조 제1항은 어떠한 정당한 목적도 찾기 어려우므로 헌법 제37조 제2항에 위반하여 재외국민의 선거권과 평등권을 침해하고 보통선거원칙에도 위반된다(2007.6.28. 2004헌마644 등).

ㄴ. O 공직선거법 제16조 제2항이 국회의원 선거에 있어서는 주민등록 여부와 관계없이 만25세 이상의 국민이라면 누구든지 피선거권을 가지는 것으로 규정함으로써, 국내거주 여부를 불문하고 재외국민도 국회의원 선거의 피선거권을 가진다는 사실을 고려할 때, 지방선거에서의 피선거권에 대해서만 주민등록 여부를 기준으로 하여 주민등록이 되어 있지 않은 자의 피선거권을 부정하는 것은 설득력이 없다. 따라서 지방선거 피선거권의 부여에 있어 주민등록만을 기준으로 함으로써 주민등록이 불가능한 재외국민인 주민의 지방선거 피선거권을 부인하는 법 제16조 제3항은 헌법 제37조 제2항에 위반하여 국내거주 재외국민의 공무담임권을 침해한다(2007.6.28. 2004헌마644·2005헌마360 등).

ㄷ. X 입법자는 재외선거제도를 형성하면서, 잦은 재·보궐선거는 재외국민으로 하여금 상시적인 선거체제에 직면하게 하는 점, 재외 재·보궐선거의 투표율이 높지 않을 것으로 예상되는 점, 재·보궐선거 사유가 확정될 때마다 전 세계 해외 공관을 가동하여야 하는 등 많은 비용과 시간이 소요된다는 점을 종합적으로 고려하여 재외선거인에게 국회의원의 재·보궐선거권을 부여하지 않았다고 할 것이고, 이와 같은 선거제도의 형성이 현저히 불합리하거나 불공정하다고 볼 수 없다. 따라서 재외선거인 등록신청조항은 재외선거인의 선거권을 침해하거나 보통선거원칙에 위배된다고 볼 수 없다(2014.7.24. 2009헌마256 등).

ㄹ. O 국민투표는 국가의 중요정책이나 헌법개정안에 대해 주권자로서의 국민이 그 승인 여부를 결정하는 절차인데, 주권자인 국민의 지위에 아무런 영향을 미칠 수 없는 주민등록 여부만을 기준으로 하여, 주민등록을 할 수 없는 재외국민의 국민투표권 행사를 전면적으로 배제하고 있는 국민투표법 제14조 제1항은 앞서 본 국정선거권의 제한에 대한 판단에서와 동일한 이유에서 청구인들의 국민투표권을 침해한다(2007.6.28. 2004헌마644 등).

ㅁ. X 지역구국회의원은 국민의 대표임과 동시에 소속지역구의 이해관계를 대변하는 역할을 하고 있다. 전국을 단위로 선거를 실시하는 대통령선거와 비례대표국회의원선거에 투표하기 위해서는 국민이라는 자격만으로 충분한 데 반해, 특정한 지역구의 국회의원선거에 투표하기 위해서는 '해당지역과의 관련성'이 인정되어야 한다. 주민등록과 국내거소신고를 기준으로 지역구국회의원선거권을 인정하는 것은 해당 국민의 지역적 관련성을 확인하는 합리적인 방법이다. 따라서 선거권조항과 재외선거인 등록신청조항이 재외선거인의 임기만료지역구국회의원선거권을 인정하지 않은 것이 재외선거인의 선거권을 침해하거나 보통선거원칙에 위배된다고 볼 수 없다(2014.7.24. 2009헌마256 등).

02   19법전협-1-1   정답 ①

참정권에 관한 설명으로 옳지 않은 것은? (다툼이 있는 경우 판례에 의함)

① 주민등록이 되어 있지 않고 국내거소신고도 하지 않은 재외선거인에게 국회의원 재선거의 선거권을 인정하지 않은 것은 재외선거인의 선거권을 침해한다.
② 승진가능성은 공직신분의 유지나 업무수행과 같은 법적 지위에 직접 영향을 미치는 것이 아니고 간접적, 사실적 또는 경제적 이해관계에 영향을 미치는 것에 불과하여 공무담임권의 보호영역에 포함되지 않는다.
③ 총장후보자에 지원하려는 사람에게 지원서 접수시 1,000만 원의 기탁금을 납부하도록 하고, 기탁금 납입 영수증을 제출하도록 하는 것은 해당 지원자의 공무담임권을 침해한다.
④ 공무원 채용시험의 응시연령의 제한은 공무담임권의 중대한 제한이 되는 것이므로 공무담임권의 보호영역에 포함된다.
⑤ 금고 이상의 형의 선고유예의 판결을 받아 그 기간 중에 있는 사람이 공무원으로 임용되는 것을 금지하고 이러한 사람이 공무원으로 임용되더라도 그 임용을 당연무효로 하는 것은 해당 공무원의 공무담임권을 침해하지 않는다.

 해설

① X 주민등록과 국내거소신고를 기준으로 지역구국회의원선거권을 인정하는 것은 해당 국민의 지역적 관련성을 확인하는 합리적인 방법이다. 따라서 선거권조항과 재외선거인 등록신청조항이 재외선거인의 임기만료지역구국회의원선거권을 인정하지 않은 것이 재외선거인의 선거권을 침해하거나 보통선거원칙에 위배된다고 볼 수 없다(2014.7.24. 2009헌마256 등).
② O 승진가능성이라는 것은 공직신분의 유지나 업무수행과 같은 법적 지위에 직접 영향을 미치는 것이 아니고 간접적, 사실적 또는 경제적 이해관계에 영향을 미치는 것에 불과하여 공무담임권의 보호영역에 포함된다고 보기는 어렵다(2010.3.25. 2009헌마538). → 타 직렬보다 승진경쟁률이 높은 경우, 타 직렬만큼 승진기회를 제공해야 하는 것은 아니다.
 [비교판례] 공무담임권은 공직취임의 기회 균등뿐만 아니라 취임한 뒤 승진할 때에도 균등한 기회 제공을 요구한다(2018.7.26. 2017헌마1183). → 승진기회가 있는 경우 부당하게 배제 금지
③ O 총장후보자에 지원하려는 사람에게 접수시 1,000만 원의 기탁금을 납부하도록 하고, 지원서 접수시 기탁금 납입 영수증을 제출하도록 한 '전북대학교 총장임용후보자 선정에 관한 규정' 제15조 제1항 제9호와 '전북대학교 총장임용후보자 선정에 관한 규정' 제15조 제3항(이하 위 두 조항을 합하여 '이 사건 기탁금조항'이라 한다)은 과잉금지원칙에 반하여 청구인의 공무담임권을 침해한다(2018.4.26. 2014헌마274).
④ O 공무원채용시험에 있어서의 응시연령의 제한은 공무담임권의 중대한 제한이 되는 것이다(2000.1.27. 99헌마123).
⑤ O 금고 이상의 형의 선고유예를 받고 그 기간 중에 있는 자를 임용결격사유로 삼고, 위 사유에 해당하는 자가 임용되더라도 이를 당연무효로 하는 구 국가공무원법 제33조 제1항 제5호는 입법자의 재량을 일탈하여 공무담임권을 침해한 것이라고 볼 수 없다(2016.7.28. 2014헌바437).

제3절   정당제도

03   13변시-5   정답 ⑤

자유민주적 기본질서와 정당제도에 관한 설명 중 옳지 않은 것은? (다툼이 있는 경우 판례에 의함)

① 자유민주적 기본질서는 모든 폭력적 지배와 자의적 지배, 즉 반국가단체의 일인독재 내지 일당독재를 배제하고 다수의 의사에 의한 국민의 자치, 자유·평등의 기본원칙에 의한 법치주의적 통치질서를 의미한다.
② 경찰청장이 퇴직일로부터 2년 이내에는 정당의 발기인이 되거나 당원이 될 수 없도록 하는 것은 헌법의 정당 설립 및 가입의 자유를 침해한다.
③ 정치자금법상 국고보조금 배분에 있어서 교섭단체 구성 여부에 따라 차등을 두는 것은 다수의석을 가지고 있는 원내정당을 우대하고자 하는 것으로 합리적 이유가 있다.
④ 초·중등학교 교원의 정치활동은 교육수혜자인 학생의 입장에서는 수업권의 침해로 받아들여질 수 있다는 점에서 현시점에서는 국민의 교육기본권을 더욱 보장함으로써 얻을 수 있는 공익을 우선시해야 하므로 초·중등학교 교원의 정당가입금지는 정당화된다.
⑤ 현대의 민주주의가 종래의 순수한 대의제 민주주의에서 정당국가적 민주주의 경향으로 변화하고 있음을 부인할 수 없다고 하더라도, 대의제 민주주의 원리에 기초한 자유위임은 최소한 국회 운영과 관련되는 한 정당과 교섭단체의 지시에 국민대표기관인 국회의원이 기속되는 것을 배제하는 근거가 된다.

 해설

① O 1990.4.2. 89헌가113.
② O 경찰청장 퇴임 후 2년간 정당가입금지(1999.12.23. 99헌마135 - 경찰법 제11조 제4항 등 위헌소원) … 위헌결정
③ O 교섭단체의 구성여부에 따라 보조금의 배분규모에 차이가 있더라도 그러한 차등정도는 각 정당간의 경쟁상태를 현저하게 변경시킬 정도로 합리성을 결여한 차별이라고 보기 어렵다(2006.7.27. 2004헌마655).
④ O 이 사건 법률조항이 청구인들과 같은 초·중등학교 교원의 정당가입 및 선거운동의 자유를 금지함으로써 정치적 기본권을 제한하는 측면이 있는 것은 사실이나, 공무원의 정치적 중립성 등을 규정한 헌법 제7조 제1항·제2항, 교육의 정치적 중립성을 규정한 헌법 제31조 제4항의 규정취지에 비추어 보면, 감수성과 모방성 그리고 수용성이 왕성한 초·중등학교 학생들에게 교원이 미치는 영향은 매우 크고, 교원의 활동은 근무시간 내외를 불문하고 학생들의 인격 및 기본생활습관 형성 등에 중요한 영향을 끼치는 잠재적 교육과정의 일부분인 점을 고려하고, 교원의 정치활동은 교육수혜자인 학생의 입장에서는 수업권의 침해로 받아들여질 수 있다는 점에서 현 시점에서는 국민의 교육기본권을 더욱 보장함으로써 얻을 수 있는 공익을 우선시해야 할 것이라는 점 등을 종합적으로 감안할 때, 초·중등학교 교육공무원의 정당가입 및 선거운동의 자유를 제한하는 것은 헌법적으로 정당화될 수 있다(2004.3.25. 2001헌마710 - 정당법 제6조 제1호 등 위헌확인). … 기각결정

⑤ X 국회의원과 소속정당의 기속에 대해서, 국회의원이 소속정당의 결정에 위반되는 행위를 한 이유로 제재를 받는 경우, 국회의원의 지위를 상실하게 할 수는 없으나 정당 내부의 사실상의 강제 또는 정당으로부터의 제명은 가능하다. 이에 대해서 헌법재판소도 "자유위임은 의회내에서의 정치의사형성에 정당의 협력을 배척하는 것이 아니며, 의원이 정당과 교섭단체의 지시에 기속되는 것을 배제하는 근거가 되는 것도 아니다. 또한 국회의원의 국민대표성을 중시하는 입장에서도 특정 정당에 소속된 국회의원이 정당기속 내지는 교섭단체의 결정(소위 '당론')에 위반하는 정치활동을 한 이유로 제재를 받는 경우, 국회의원 신분을 상실하게 할 수는 없으나 '정당내부의 사실상의 강제' 또는 소속 '정당으로부터의 제명은 가능하다"고 보고 있다(2003.10.30. 2002헌라1).

04 18변시-4 정답 ③

정당제도에 관한 설명 중 옳은 것(○)과 옳지 않은 것(×)을 올바르게 조합한 것은? (다툼이 있는 경우 판례에 의함)

ㄱ. 정당이 그 소속 국회의원을 제명하기 위해서는 당헌이 정하는 절차를 거치는 외에 그 소속 국회의원 전원의 2분의 1 이상의 찬성이 있어야 한다.
ㄴ. 외국인인 사립대학의 교원은 정당의 발기인이나 당원이 될 수 있다.
ㄷ. 헌법재판소는 정당해산심판의 청구를 받은 때에는 직권 또는 청구인의 신청에 의하여 종국결정의 선고 시까지 피청구인의 활동을 정지하는 결정을 할 수 있다.
ㄹ. 정당의 등록요건으로 '5 이상의 시·도당과 각 시·도당 1천인 이상의 당원'을 요구하는 것은 국민의 정당설립의 자유에 어느 정도 제한을 가하지만, 이러한 제한은 '상당한 기간 또는 계속해서', '상당한 지역에서' 국민의 정치적 의사형성과정에 참여해야 한다는 정당의 개념표지를 구현하기 위한 합리적인 제한이다.
ㅁ. 임기만료에 의한 국회의원선거에 참여하여 의석을 얻지 못하고 유효투표총수의 100분의 2 이상을 득표하지 못한 때 정당의 등록을 취소하도록 규정한 것은 과잉금지원칙에 위반되어 정당설립의 자유를 침해하는 것이다.

① ㄱ(○), ㄴ(×), ㄷ(×), ㄹ(○), ㅁ(×)
② ㄱ(×), ㄴ(×), ㄷ(○), ㄹ(○), ㅁ(○)
③ ㄱ(○), ㄴ(×), ㄷ(○), ㄹ(○), ㅁ(○)
④ ㄱ(×), ㄴ(○), ㄷ(×), ㄹ(×), ㅁ(○)
⑤ ㄱ(×), ㄴ(×), ㄷ(○), ㄹ(×), ㅁ(×)

ㄱ. O 정당이 그 소속 국회의원을 제명하기 위해서는 당헌이 정하는 절차를 거치는 외에 그 소속 **국회의원 전원의 2분의 1** 이상의 찬성이 있어야 한다(정당법 제33조).
ㄴ. X 정당법 제22조 제1항 2호와 제2항에 따라 사립학교의 교원은 총장·학장·교수·부교수·조교수를 제외하고 정당의 발기인 및 당원이 될 수 있으나, **외국인은 당원이 될 수 없기** 때문에 틀린 내용이다.

> **정당법 제22조(발기인 및 당원의 자격)**
> ② 대한민국 국민이 아닌 자는 당원이 될 수 없다.

ㄷ. O 헌법재판소법 제57조의 내용이다. : 헌법재판소는 정당해산심판의 청구를 받은 때에는 청구인의 신청 또는 직권으로 종국결정의 선고시까지 피청구인의 활동을 정지하는 결정을 **할 수 있다**.
ㄹ. O 이러한 제한은 "상당한 기간 또는 계속해서", "상당한 지역에서" 국민의 정치적 의사형성 과정에 참여해야 한다는 헌법상 정당의 개념표지를 구현하기 위한 합리적인 제한이라고 할 것이므로, 그러한 제한은 헌법적으로 정당화된다고 할 것이다(2006.3.30. 2004헌마246). … 기각
ㅁ. O 임기만료에 의한 국회의원선거에 참여하여 의석을 얻지 못하고 유효투표총수의 100분의 2 이상을 득표하지 못한 때(구 정당법 제41조 제3항)에 대해서 헌법재판소는 국회의원선거에서 원내진출 및 일정 수준의 득표에 실패한 정당이라 하더라도, 실질적으로 국민의 정치적 의사형성에 참여할 의사와 능력이 있는 한 그 정당에 대한 등록취소는 허용되지 않는다고 하여 정당법 제44조 제1항 제3호의 **정당등록취소조항에 대해서 과잉금지의 원칙에 위반된다고 하여 위헌결정**을 하였다(2014.1.28. 2012헌마431·2012헌가19).

05 14변시-4 정답 ③

정당법에서는 정당의 등록요건으로 제17조에서 "정당은 5 이상의 시·도당을 가져야 한다."라고 규정하고, 제18조 제1항에서는 "시·도당은 1천인 이상의 당원을 가져야 한다."라고 규정하고 있다. 미등록 정당인 甲은 정당법상의 이러한 요건들을 충족하는 것이 거의 불가능하므로, 위 정당법 제17조 및 제18조 제1항의 규정으로 인해 헌법 제8조 제1항의 정당설립의 자유 등이 침해되고 있다고 주장한다. 다음 설명 중 옳지 않은 것을 모두 고른 것은? (다툼이 있는 경우 판례에 의함)

ㄱ. 정당은 오늘날 대중민주주의에 있어서 국민의 정치의사형성의 담당자이며 매개자이자 민주주의에 있어서 필수불가결한 요소이기 때문에, 정당의 자유로운 설립과 활동은 민주주의 실현의 전제조건이라고 할 수 있다.

ㄴ. 민주적 의사형성과정의 개방성을 보장하기 위하여 정당설립의 자유를 최대한으로 보호하려는 헌법 제8조의 정신에 비추어, 정당의 설립 및 가입을 금지하는 법률조항은 이를 정당화하는 사유의 중대성에 있어서 적어도 '민주적 기본질서에 대한 위반'에 버금가는 것이어야 한다.

ㄷ. 헌법재판소 판례에 따르면, 헌법 및 정당법상 정당의 개념적 징표로서는 ㉠ 국가와 자유민주주의 또는 헌법질서를 긍정할 것, ㉡ 공익의 실현에 노력할 것, ㉢ 선거에 참여할 것, ㉣ 정강이나 정책을 가질 것, ㉤ 국민의 정치적 의사형성에 참여할 것, ㉥ 구성원들이 당원이 될 수 있는 자격을 구비할 것을 들 수 있다. 따라서 독일의 경우와는 달리 '상당한 기간 또는 계속해서', '상당한 지역에서'라는 개념표지는 요구되지 않는다.

ㄹ. 정당법 제17조에서 정당의 등록요건으로 5 이상의 시·도당을 가져야 한다고 규정한 것은 '정당설립의 자유'라는 기본권에 대한 제한임이 분명하다. 하지만 지역적 연고에 지나치게 의존하는 정당정치풍토의 문제점과 전국정당으로서 국민의 정치적 의사형성에 참여하는데 필요한 조직을 갖추어야 한다는 헌법 제8조 제2항의 취지에 비추어 볼 때 입법자의 판단이 자의적이라고 볼 수 없다.

ㅁ. 각 시·도당 내에 1천인 이상의 당원을 획일적으로 요구하고 있는 정당법 제18조 제1항은 국민의 정당설립의 자유에 어느 정도 제한을 가하고 있으나, 그러한 제한은 국민의 정치적 의사형성 과정에 참여해야 한다는 정당의 개념표지를 구현하기 위한 합리적인 제한이라고 할 것이므로 헌법적으로 정당화된다고 할 것이다.

① ㄱ, ㄷ ② ㄴ
③ ㄷ   ④ ㄹ
⑤ ㄹ, ㅁ

해설

ㄱ. O 2004.3.25. 2001헌마710

ㄴ. O 민주적 의사형성과정의 개방성을 보장하기 위하여 정당설립의 자유를 최대한으로 보호하려는 헌법 제8조의 정신에 비추어, 정당의 설립 및 가입을 금지하는 법률조항은 이를 정당화하는 사유의 중대성에 있어서 적어도 '민주적 기본질서에 대한 위반'에 버금가는 것이어야 한다고 판단된다. 다시 말하면, 오늘날의 의회민주주의가 정당의 존재없이는 기능할 수 없다는 점에서 심지어 '위헌적인 정당을 금지해야 할 공익'도 정당설립의 자유에 대한 입법적 제한을 정당화하지 못하도록 규정한 것이 헌법의 객관적인 의사라면, 입법자가 그외의 공익적 고려에 의하여 정당설립금지조항을 도입하는 것은 원칙적으로 헌법에 위반된다(1999.12.23. 99헌마135 경찰청장 퇴직후 2년이내인 자의 정당가입금지사건).

ㄷ. X 우리 헌법 및 정당법상 정당의 개념적 징표로서는 지문의 내용 뿐만 아니라, 계속적이고 공고한 조직을 구비할 것을 들 수 있다. 즉, 정당은 정당법 제2조에 의한 정당의 개념표지 외에 예컨대 독일의 정당법이 규정하고 있는 바와 같이 "상당한 기간 또는 계속해서" "상당한 지역에서" 국민의 정치적 의사형성에 참여해야 한다는 개념표지가 요청된다(2006.3.30. 2004헌마246).

ㄹ, ㅁ. O 전국 정당으로서의 기능 및 위상을 충실히 하기 위해서 5개의 시·도당을 구성하는 것이 필요하다고 본 입법자의 판단이 자의적이라고 볼 수 없고(ㄹ), 각 시·도당 내에 1,000명 이상의 당원을 요구하는 것도 우리나라 전체 및 각 시·도의 인구를 고려해 볼 때, 청구인과 같은 군소정당 또는 신생정당이라 하더라도 과도한 부담이라고 할 수 없다(ㅁ). 따라서 이 사건 법률조항이 비록 정당으로 등록되기에 필요한 요건으로서 5개 이상의 시·도당 및 각 시·도당마다 1,000명 이상의 당원을 갖출 것을 요구하고 있기 때문에 국민의 정당설립의 자유에 어느 정도 제한을 가하는 점이 있는 것은 사실이나, 이러한 제한은 "상당한 기간 또는 계속해서", "상당한 지역에서" 국민의 정치적 의사형성과정에 참여해야 한다는 정당의 개념표지를 구현하기 위한 합리적인 제한이라고 할 것이므로, 그러한 제한은 헌법적으로 정당화된다고 할 것이다(2006.3.30. 2004헌마246).

06   21법전협-2-1   정답 ⑤

정당제도에 관한 설명 중 옳지 않은 것은? (다툼이 있는 경우 판례에 의함)

① 어떠한 정당을 엄격한 요건 아래 위헌정당으로 판단하여 해산을 명하는 것은 헌법을 수호한다는 방어적 민주주의 관점에서 비롯되는 것이고, 이에 따라 정당이 해산되는 상황에서는 국회의원의 국민대표성은 부득이 희생될 수밖에 없다.

② 정당설립의 자유는 헌법 제8조 제1항 전단에 규정되어 있지만, 국민 개인과 정당 그리고 권리능력 없는 사단의 실체를 가지고 있는 등록 취소된 정당이 주장할 수 있는 기본권이다.

③ 특정 정당에 소속된 국회의원이 정당기속 내지는 교섭단체의 결정에 위반되는 정치활동을 한 이유로 제재를 받는 경우, 국회의원 신분을 상실하게 할 수는 없으나, 소속 정당으로부터의 제명은 가능하다.

④ 경상보조금을 지급받은 정당은 그 경상보조금 총액의 100분의 30 이상은 「정당법」상의 정책연구소에, 100분의 10 이상은 시·도당에 배분·지급하여야 하며, 100분의 10 이상은 여성정치발전을 위하여 사용하여야 한다.

⑤ 정당이 국회 내 교섭단체가 되는 경우, 그 교섭단체는 국회의 원활한 운영을 위하여 소속의원의 의사를 수렴·집약하여 의견을 조정하는 교섭창구의 역할을 하므로, 「국회법」 절차를 무시하고 법률안의 가결을 선포한 국회의장을 상대로 권한쟁의심판을 청구할 수 있다.

 해설

① O 어떠한 정당을 엄격한 요건 아래 위헌정당으로 판단하여 해산을 명하는 것은 헌법을 수호한다는 방어적 민주주의 관점에서 비롯되는 것이고, 이러한 비상상황에서는 국회의원의 국민대표성은 부득이 희생될 수밖에 없다(2014.12.19. 2013헌다1).

② O 정당설립의 자유는 헌법 제8조 제1항 전단에 규정되어 있지만, 국민 개인과 정당 그리고 '권리능력 없는 사단'의 실체를 가지고 있는 등록취소된 정당에게 인정되는 '기본권'이다(2014.1.28. 2012헌마431 등).

③ O 자유위임은 의회내에서의 정치의사형성에 정당의 협력을 배척하는 것이 아니며, 의원이 정당과 교섭단체의 지시에 기속되는 것을 배제하는 근거가 되는 것도 아니다. 또한 국회의원의 국민대표성을 중시하는 입장에서도 특정 정당에 소속된 국회의원이 정당기속 내지는 교섭단체의 결정(소위 '당론')에 위반하는 정치활동을 한 이유로 제재를 받는 경우, 국회의원 신분을 상실하게 할 수는 없으나 "정당내부의 사실상의 강제" 또는 소속 "정당으로부터의 제명"은 가능하다고 보고 있다. 그렇다면, 당론과 다른 견해를 가진 소속 국회의원을 당해 교섭단체의 필요에 따라 다른 상임위원회로 전임(사·보임)하는 조치는 특별한 사정이 없는 한 헌법상 용인될 수 있는 "정당내부의 사실상 강제"의 범위내에 해당한다고 할 것이다(2003.10.30. 2002헌라1).

④ O

> **정치자금법 제28조(보조금의 용도제한 등)**
> ② 경상보조금을 지급받은 정당은 그 경상보조금 총액의 100분의 30 이상은 정책연구소[「정당법」 제38조(정책연구소의 설치·운영)에 의한 정책연구소를 말한다. 이하 같다]에, 100분의 10 이상은 시·도당에 배분·지급하여야 하며, 100분의 10 이상은 여성정치발전을 위하여 사용하여야 한다.

⑤ X 국회법 제33조 제1항 본문은 정당이 교섭단체가 될 수 있다고 규정하고 있다. 교섭단체는 국회의 원활한 운영을 위하여 소속의원의 의사를 수렴·집약하여 의견을 조정하는 교섭창구의 역할을 하는 조직이다. 국회법상 교섭단체의 대표의원은 국회 내부의 기관 구성에 참여하거나, 의사와 관련하여 합의권이나 협의권 등 각종 권한을 부여받는바, 이는 교섭단체의 권한을 대표의원을 통해서 행사하는 것으로 볼 수 있다. 그러나 헌법은 권한의심판청구의 당사자로 국회의원들의 모임인 교섭단체에 대해서 규정하고 있지 않다. 국회는 교섭단체와 같이 국회의 내부 조직을 자율적으로 구성하고 그에 일정한 권한을 부여할 수 있으나(2003. 10. 30. 2002헌라1 참조), 헌법은 국회의원들이 교섭단체를 구성하여 활동하는 것까지 예정하고 있지 아니하다. 교섭단체가 갖는 권한은 원활한 국회 의사진행을 위하여 국회법에서 인정하고 있는 권한일 뿐이다. 또한 교섭단체의 권한 침해는 교섭단체에 속한 국회의원 개개인의 심의·표결권 등 권한 침해로 이어질 가능성이 높은바, 교섭단체와 국회의장 등 사이에 분쟁이 발생하더라도 국회의원과 국회의장 등 사이의 권한쟁의심판으로 해결할 수 있다. 따라서 위와 같은 분쟁을 해결할 적당한 기관이나 방법이 없다고 할 수 없다. 이러한 점을 종합하면, 교섭단체는 그 권한침해를 이유로 권한쟁의심판을 청구할 수 없다(2020.5. 27. 2019헌라6 등).

07   19법전협-2-10   정답 ⑤

헌법 제8조에 관한 설명으로 옳지 않은 것은? (다툼이 있는 경우 판례에 의함)

① 헌법 제8조 제1항의 정당설립의 자유는 정당설립의 자유만이 아니라 누구나 국가의 간섭을 받지 아니하고 자유롭게 정당에 가입하고 정당으로부터 탈퇴할 수 있는 자유를 함께 보장한다.

② 정당은 국민의 이익을 위하여 책임 있는 정치적 주장이나 정책을 추진하고 공직선거의 후보자를 추천 또는 지지함으로써 국민의 정치적 의사형성에 참여함을 목적으로 하여 조직된 단체이고 또 그러한 목적수행에 필요한 조직을 갖추고 있으므로, 헌법은 정당에 대하여 일반결사와는 다른 특별한 보호와 규제를 하고 있다.

③ 입법자는 정당에 대한 보조금의 배분기준을 정함에 있어 입법정책적인 재량권을 가지므로, 그 내용이 현재의 각 정당들 사이의 경쟁상태를 현저하게 변경시킬 정도가 아니면 합리성을 인정할 수 있다.

④ 정당은 당내 민주주의가 확립되고 민의에 따라 정당이 구성되고 공천되는 것을 전제로 해야 하며, 정당의 금품수수에 대한 일정한 규제는 민주주의의 기초가 훼손되는 것을 방지하기 위하여 이루어지는 대의제 민주주의의 필연적 귀결이다.

⑤ 헌법 제8조 제2항은 정당의 자유의 헌법적 근거를 제공하는 근거규범으로서 기능하는 동시에 정당에 대하여 정당의 자유의 한계를 부과하고 입법자에 대하여 그에 필요한 입법을 해야 할 의무를 부과하는 규정이다.

① O 2006.3.30. 2004헌마246
② O 1995.5.25. 95헌마105
③ O 2006.7.27. 2004헌마655
④ O 2009.10.29. 2008헌바146
⑤ X 헌법 제8조 제2항은 헌법 제8조 제1항에 의하여 정당의 자유가 보장됨을 전제로 하여, 그러한 자유를 누리는 정당의 목적·조직·활동이 민주적이어야 한다는 요청, 그리고 그 조직이 국민의 정치적 의사형성에 참여하는데 필요한 조직이어야 한다는 요청을 내용으로 하는 것으로서, 정당에 대하여 정당의 자유의 한계를 부과하는 것임과 동시에 입법자에 대하여 그에 필요한 입법을 해야 할 의무를 부과하고 있다. 그러나 이에 나아가 정당의 자유의 헌법적 근거를 제공하는 근거규범으로서 기능한다고는 할 수 없다(2004.12.16. 2004헌마456).

08 16변시-15   정답 ④

정당해산심판에 관한 설명 중 옳지 않은 것을 모두 고른 것은? (다툼이 있는 경우 판례에 의함)

ㄱ. 정당해산심판절차에서는 정당해산심판의 성질에 반하지 않는 한도에서 「헌법재판소법」 제40조에 따라 민사소송에 관한 법령이 준용될 수 있지만, 민사소송에 관한 법령이 준용되지 않아 법률의 공백이 생기는 부분에 대하여는 헌법재판소가 정당해산심판의 성질에 맞는 절차를 창설할 수 있다.
ㄴ. 헌법 제8조 제4항에서 말하는 민주적 기본질서의 위배란, 정당의 목적이나 활동이 우리 사회의 민주적 기본질서에 대하여 실질적인 해악을 끼칠 수 있는 구체적 위험성을 초래하는 경우뿐만 아니라 민주적 기본질서에 대한 단순한 위반이나 저촉까지도 포함하는 넓은 개념이다.
ㄷ. '정당의 목적이나 활동이 민주적 기본질서에 위배될 때'라는 헌법 제8조 제4항의 정당해산 요건이 충족되면, 헌법재판소는 해당 정당의 위헌적 문제성을 해결할 수 있는 다른 대안적 수단이 있는 경우라 하더라도 강제적 정당해산결정을 할 수 있다.
ㄹ. 헌법재판소는 위헌정당해산결정으로 정당이 해산되는 경우 정당해산결정의 실효성을 위해 지역구 의원이냐 비례대표 의원이냐를 불문하고 해산된 정당 소속의 국회의원과 지방의회의원은 그 자격을 상실한다고 결정하였다.

① ㄱ, ㄹ
② ㄴ, ㄷ
③ ㄱ, ㄴ, ㄷ
④ ㄴ, ㄷ, ㄹ
⑤ ㄱ, ㄴ, ㄷ, ㄹ

ㄱ. O '헌법재판의 성질에 반하지 아니하는 한도'에서만 보충적으로 민사소송에 관한 법령을 준용하도록 하고 있다. 헌법재판소가 헌법재판의 성질에 반한다고 판단할 경우에는 그 준용을 배제하도록 함으로써, 일률적으로 민사소송에 관한 법령을 준용함에 따른 문제점을 해소하고 있는 것이다. … 증거조사와 사실인정에 관한 민사소송법의 규정을 적용함으로써 실체적 진실과 다른 사실관계가 인정될 수 있는 규정은 헌법과 정당을 동시에 보호하는 정당해산심판의 성질에 반하는 것으로 준용될 수 없을 것이다. 또 민사소송에 관한 법령의 준용이 배제되어 법률의 공백이 생기는 부분에 대하여는 헌법재판소가 정당해산심판의 성질에 맞는 절차를 창설하여 이를 메울 수밖에 없다. 이와 같이 법률의 공백이 있는 경우 정당해산심판제도의 목적과 취지에 맞는 절차를 창설하여 실체적 진실을 발견하고 이에 근거하여 헌법정신에 맞는 결론을 도출해내는 것은 헌법이 헌법재판소에 부여한 고유한 권한이자 의무이다(2014.2.27. 2014헌마7).
ㄴ. X 헌법 제8조 제4항에서 말하는 민주적 기본질서의 위배란, 민주적 기본질서에 대한 단순한 위반이나 저촉을 의미하는 것이 아니라, 민주 사회의 불가결한 요소인 정당의 존립을 제약해야 할 만큼 그 정당의 목적이나 활동이 우리 사회의 민주적 기본질서에 대하여 실질적인 해악을 끼칠 수 있는 구체적 위험성을 초래하는 경우를 가리킨다(2014.12.19. 2013헌다1).
ㄷ. X 헌법 제37조 제2항의 내용, 침익적 국가권력의 행사에 수반되는 법치국가적 한계, 나아가 정당해산심판제도의 최후수단적 성격이나 보충적 성격을 감안한다면, 헌법 제8조 제4항의 명문규정상 요건이 구비된 경우에도 해당 정당의 위헌적 문제성을 해결할 수 있는 다른 대안적 수단이 없고, 정당해산결정을 통하여 얻을 수 있는 사회적 이익이 정당해산결정으로 인해 초래되는 정당의 정당활동 자유 제한으로 인한 불이익과 민주주의 사회에 대한 중대한 제약이라는 사회적 불이익을 초과할 수 있을 정도로 큰 경우에 한하여 정당해산결정이 헌법적으로 정당화될 수 있다(2014.12.19. 2013헌다1).
ㄹ. X 헌법재판소는 위헌정당해산결정으로 정당이 해산되는 경우 정당해산결정의 실효성을 위해 지역구 의원이냐 비례대표 의원이냐를 불문하고 해산된 정당 소속의 국회의원은 그 자격을 상실한다고 결정하였다. 그러나 해산된 정당 소속의 **지방의회의원은 그 자격을 상실한다는 결정은 하지 않았다.**

관련판례 헌법재판소의 해산결정으로 정당이 해산되는 경우에 그 정당 소속 국회의원이 의원직을 상실하는지에 대하여 명문의 규정은 없으나, 정당해산심판제도의 본질은 민주적 기본질서에 위배되는 정당을 정치적 의사형성과정에서 배제함으로써 국민을 보호하는 데 있는데 해산정당 소속 국회의원의 의원직을 상실시키지 않는 경우 정당해산결정의 실효성을 확보할 수 없게 되므로, 이러한 정당해산제도의 취지 등에 비추어 볼 때 헌법재판소의 정당해산결정이 있는 경우 그 정당 소속 국회의원의 의원직은 당선 방식을 불문하고 모두 상실되어야 한다(2014.12.19. 2013헌다1).

09 21변시-16 정답 ②

정당해산심판에 관한 설명 중 옳지 않은 것을 모두 고른 것은? (다툼이 있는 경우 판례에 의함)

ㄱ. 헌법 제8조 제4항의 정당해산심판제도는 정치적 반대세력을 제거하고자 하는 정부의 일방적인 행정처분에 의해서 유력한 진보적 야당이 등록취소되어 사라지고 말았던 우리 현대사에 대한 반성의 산물로서 1960년 제3차 헌법 개정을 통해 헌법에 도입된 것이다.

ㄴ. 헌법 제8조 제4항의 민주적 기본질서 개념은 정당해산결정의 가능성과 긴밀히 결부되어 있다. 이 민주적 기본질서의 외연이 확장될수록 정당해산결정의 가능성은 축소되고, 이와 동시에 정당활동의 자유는 확대될 것이다. 따라서 민주적 기본질서를 현행 헌법이 채택한 민주주의의 구체적 모습과 동일하게 보아서는 안 된다.

ㄷ. 헌법재판소는 정당해산심판의 청구를 받은 때에는 직권 또는 청구인의 신청에 의하여 종국결정의 선고 시까지 피청구인의 활동을 정지하는 결정을 할 수 있다.

ㄹ. 비례원칙 준수 여부는 법률이나 기타 공권력 행사의 위헌 여부를 판단할 때 사용하는 위헌심사의 척도에 해당하므로, 헌법재판소가 정당해산결정을 내리기 위해서는 그 해산결정이 비례원칙에 부합하는지를 판단할 필요가 없다.

ㅁ. 대통령은 국무회의의 의장으로서 회의를 소집하고 이를 주재하지만 대통령이 사고로 직무를 수행할 수 없을 경우에는 국무총리가 그 직무를 대행할 수 있고, 대통령이 해외 순방 중인 경우는 '사고'에 해당되므로, 대통령의 직무상 해외 순방 중 국무총리가 주재한 국무회의에서 이루어진 정당해산심판청구서 제출안에 대한 의결은 위법하지 아니한다.

① ㄱ, ㅁ
② ㄴ, ㄹ
③ ㄱ, ㄷ, ㅁ
④ ㄱ, ㄹ, ㅁ
⑤ ㄴ, ㄷ, ㄹ

 해설

② 정당해산심판에 관한 설명 중 옳지 않은 것은 ㄴ, ㄹ 이다.

ㄱ. O 정당해산심판제도는 정부의 일방적인 행정처분에 의해 진보적 야당이 등록취소되어 사라지고 말았던 우리 현대사에 대한 반성의 산물로서 제3차 헌법 개정을 통해 헌법에 도입된 것이다 (2014.12.19. 2013헌다1).

ㄴ. X 헌법 제8조 제4항의 민주적 기본질서 개념은 정당해산결정의 가능성과 긴밀히 결부되어 있다. 이 민주적 기본질서의 외연이 확장될수록 정당해산결정의 가능성은 확대되고, 이와 동시에 정당활동의 자유는 축소될 것이다. 민주 사회에서 정당의 자유가 지니는 중대한 함의나 정당해산심판제도의 남용가능성 등을 감안한다면, 헌법 제8조 제4항의 민주적 기본질서는 최대한 엄격하고 협소한 의미로 이해해야 한다. 따라서 민주적 기본질서를 현행 헌법이 채택한 민주주의의 구체적 모습과 동일하게 보아서는 안 된다.

정당이 위에서 본 바와 같은 민주적 기본질서, 즉 민주적 의사결정을 위해서 필요한 불가결한 요소들과 이를 운영하고 보호하는데 필요한 최소한의 요소들을 수용한다면, 현행 헌법이 규정한 민주주의 제도의 세부적 내용에 관해서는 얼마든지 그와 상이한 주장을 개진할 수 있는 것이다(2014.12.19. 2013헌다1).

ㄷ. O

> **헌법재판소법 제57조(가처분)**
> 헌법재판소는 정당해산심판의 청구를 받은 때에는 직권 또는 청구인의 신청에 의하여 종국결정의 선고 시까지 피청구인의 활동을 정지하는 결정을 할 수 있다.

ㄹ. X 일반적으로 비례원칙은 우리 재판소가 법률이나 기타 공권력 행사의 위헌 여부를 판단할 때 사용하는 위헌심사 척도의 하나이다. 그러나 정당해산심판제도에서는 헌법재판소의 정당해산결정이 정당의 자유를 침해할 수 있는 국가권력에 해당하므로 헌법재판소가 정당해산결정을 내리기 위해서는 그 해산결정이 비례원칙에 부합하는지를 숙고해야 하는바, 이 경우의 비례원칙 준수 여부는 그것이 통상적으로 기능하는 위헌심사의 척도가 아니라 헌법재판소의 정당해산결정이 충족해야 할 일종의 헌법적 요건 혹은 헌법적 정당화 사유에 해당한다. 이와 같이 강제적 정당해산은 우리 헌법상 핵심적인 정치적 기본권인 정당 활동의 자유에 대한 근본적 제한이므로 헌법재판소는 이에 관한 결정을 할 때 헌법 제37조 제2항이 규정하고 있는 비례원칙을 준수해야만 하는 것이다 (2014.12.19. 2013헌다1).

ㅁ. O 대통령은 국무회의의 의장으로서 회의를 소집하고 이를 주재하지만 대통령이 사고로 직무를 수행할 수 없는 경우에는 국무총리가 그 직무를 대행할 수 있고, 대통령이 해외 순방 중인 경우는 '사고'에 해당되므로, 대통령의 직무상 해외 순방 중 국무총리가 주재한 국무회의에서 이루어진 정당해산심판청구서 제출안에 대한 의결은 위법하지 아니하다(2014.12.19. 2013헌다1).

10 21법전협-1-20 정답 ④

정당해산심판에 관한 설명 중 옳지 않은 것은? (다툼이 있는 경우 판례에 의함)

① 정당대표나 주요 당직자 등의 공식적 발언, 정당의 기관지나 선전자료와 같은 간행물, 정당의 의사결정과정에서 일정한 영향력을 가지거나 정당의 이념으로부터 영향을 받은 당원들의 행위 등도 정당의 목적을 파악하는 자료로 사용될 수 있다.

② 정당해산심판절차에서는 재심을 허용하지 아니함으로써 얻을 수 있는 법적 안정성의 이익보다 재심을 허용함으로써 얻을 수 있는 구체적 타당성의 이익이 더 크므로 재심을 허용하여야 한다.

③ 정당해산심판절차에서는 정당해산심판의 성질에 반하지 않는 한도에서 「헌법재판소법」제40조에 따라 민사소송에 관한 법령이 준용될 수 있지만, 민사소송에 관한 법령이 준용되지 않아 법률의 공백이 생기는 부분에 대하여는 헌법재판소가 정당해산심판의 성질에 맞는 절차를 창설할 수 있다.

④ '정당의 목적이나 활동이 민주적 기본질서에 위배될 때'라는 헌법 제8조 제4항의 정당해산 요건이 충족되면, 헌법재판소는 해당 정당의 위헌적 문제성을 해결할 수 있는 다른 대안적 수단이 있는 경우라 하더라도 강제적 정당해산결정을 할 수 있다.

⑤ 대통령이 사고로 직무를 수행할 수 없는 경우에는 국무총리가 그 직무를 대행할 수 있고, 대통령이 해외 순방 중인 경우는 '사고'에 해당되므로, 대통령의 직무상 해외 순방 중 국무총리가 주재한 국무회의에서 이루어진 정당해산심판청구서 제출안에 대한 의결은 적법하다.

① **O** 당대표의 활동, 대의기구인 당대회와 중앙위원회의 활동, 집행기구인 최고위원회의 활동, 원내기구인 원내의원총회와 원내대표의 활동 등 정당 기관의 활동은 정당 자신의 활동이므로 원칙적으로 정당의 활동으로 볼 수 있고, 정당의 최고위원 등 주요 당직자의 공개된 정치 활동은 일반적으로 그 지위에 기하여 한 것으로 볼 수 있으므로 원칙적으로 정당에 귀속시킬 수 있을 것으로 보인다. 정당 소속의 국회의원 등은 비록 정당과 밀접한 관련성을 가지지만 헌법상으로는 정당의 대표자가 아닌 국민 전체의 대표자이므로 그들의 행위를 곧바로 정당의 활동으로 귀속시킬 수는 없겠으나, 가령 그들의 활동 중에서도 국민의 대표자의 지위가 아니라 그 정당에 속한 유력한 정치인의 지위에서 행한 활동으로서 정당과 밀접하게 관련되어 있는 행위들은 정당의 활동이 될 수도 있을 것이다(2014.12.19. 2013헌다1 [인용(해산)]).

② **O** 정당해산심판은 원칙적으로 해당 정당에게만 그 효력이 미치며, 정당해산결정은 대체정당이나 유사정당의 설립까지 금지하는 효력을 가지므로 오류가 드러난 결정을 바로잡지 못한다면 장래 세대의 정치적 의사결정에까지 부당한 제약을 초래할 수 있다. 따라서 정당해산심판절차에서는 재심을 허용하지 아니함으로써 얻을 수 있는 법적 안정성의 이익보다 재심을 허용함으로써 얻을 수 있는 구체적 타당성의 이익이 더 크므로 재심을 허용하여야 한다. 한편, 이 재심절차에서는 원칙적으로 민사소송법의 재심에 관한 규정이 준용된다(2016.5.26. 2015헌아20).

③ **O** 정당해산심판절차에 있어 다양한 절차법 중에서도 '민사소송에 관한 법령'을 준용할 수 있도록 규정하고 있다. 아울러 준용조항은 '헌법재판의 성질에 반하지 아니하는 한도'에서만 보충적으로 민사소송에 관한 법령을 준용하도록 하고 있다. 헌법재판소가 헌법재판의 성질에 반한다고 판단할 경우에는 그 준용을 배제하도록 함으로써, 일률적으로 민사소송에 관한 법령을 준용함에 따른 문제점을 해소하고 있는 것이다. 민사소송에 관한 법령의 준용이 배제되어 법률의 공백이 생기는 부분에 대하여는 헌법재판소가 정당해산심판의 성질에 맞는 절차를 창설하여 이를 메울 수밖에 없다. 이와 같이 법률의 공백이 있는 경우 정당해산심판제도의 목적과 취지에 맞는 절차를 창설하여 실체적 진실을 발견하고 이에 근거하여 헌법정신에 맞는 결론을 도출해내는 것은 헌법이 헌법재판소에 부여한 고유한 권한이자 의무이다(2014.2.27. 2014헌마7).

④ **X** 헌법 제37조 제2항의 내용, 침익적 국가권력의 행사에 수반되는 법치국가적 한계, 나아가 정당해산심판제도의 최후수단적 성격이나 보충적 성격을 감안한다면, 헌법 제8조 제4항의 명문규정상 요건이 구비된 경우에도 해당 정당의 위헌적 문제성을 해결할 수 있는 다른 대안적 수단이 없고, 정당해산결정을 통하여 얻을 수 있는 사회적 이익이 정당해산결정으로 인해 초래되는 정당의 정당 활동 자유 제한으로 인한 불이익과 민주주의 사회에 대한 중대한 제약이라는 사회적 불이익을 초과할 수 있을 정도로 큰 경우에 한하여 정당해산결정이 헌법적으로 정당화될 수 있다(2014.12.19. 2013헌다1).

⑤ **O** 대통령은 국무회의의 의장으로서 회의를 소집하고 이를 주재하지만 대통령이 사고로 직무를 수행할 수 없는 경우에는 국무총리가 그 직무를 대행할 수 있고, 대통령이 해외 순방 중인 경우는 '사고'에 해당되므로, 대통령의 직무상 해외 순방 중 국무총리가 주재한 국무회의에서 이루어진 정당해산심판청구서 제출안에 대한 의결은 위법하지 아니하다(2014.12.19. 2013헌다1).

제4절 저항권

11 13법전협-1-11   정답 ④

저항권에 관한 설명으로 옳지 않은 것은?

① 대법원의 판례는 명시적으로 저항권을 인정한 바는 없다.
② 학설에서는 헌법전문의 "불의에 항거한 4·19민주이념을 계승하고"라는 부분을 저항권의 실정 헌법적 근거로 보기도 하지만, 대법원은 이를 명시적으로 부인한 바 있다.
③ 국회법 규정에 따른 협의 없이 개의시간을 변경하거나 회의일시를 통지하지 아니한 입법과정의 하자는 저항권행사의 대상이 되지 않는다는 것이 헌법재판소 판례이다.
④ 저항권은 1776년 미국의 독립선언과 버지니아권리장전에서도 나타나지만, 일찍이 1215년 영국의 마그나카르타에서도 평민들이 군주에 대해 저항할 수 있는 권리를 규정하였다.
⑤ 헌법재판소는 저항권이 국가권력에 의하여 헌법의 기본원리에 대한 중대한 침해가 행하여지고 그 침해가 헌법의 존재 자체를 부인하는 것으로서 다른 합법적인 구제수단으로는 목적을 달성할 수 없을 때에 국민이 자기의 권리·자유를 지키기 위하여 실력으로 저항할 수 있는 권리라고 정의하였다.

 해설

①, ② ○ 현대 입헌 자유민주주의국가의 헌법이론상 자연법에서 우러나온 자연권으로서의 소위 저항권이 헌법 기타 실정법에 규정되어 있든 없든 간에 엄존하는 권리로 인정되어야 한다는 논지가 시인된다 하더라도 그 저항권이 실정법에 근거를 두지 못하고 오직 자연법에만 근거하고 있는 한 법관은 이를 재판규범으로 원용할 수 없다. 더구나 오늘날 저항권의 존재를 인정하는 학자 사이에도 그 구체적 개념의 의무내용이나 그 성립요건에 관해서는 그 견해가 구구하여 일치된다 할 수 없어 결국 막연하고 추상적인 개념이란 말을 면할 수 없고, 이미 헌법에 저항권의 존재를 선언한 몇 개의 입법례도 그 구체적 요건은 서로 다르다 할 것이니 헌법 및 법률에 저항권에 관하여 아무런 규정도 없는(소론 헌법 전문 중 "4.19의거 운운"은 저항권 규정으로 볼 수 없다) 우리나라의 현 단계에서는 더욱이 이 저항권이론을 재판의 준거규범으로 채용적용할 수 없다(대판 1980.5.20. 80도306, 김재규의 박정희 대통령 살해사건).

③, ⑤ ○ 저항권이 헌법이나 실정법에 규정이 있는지 여부를 가려볼 필요도 없이 제청법원이 주장하는 국회법 소정의 협의 없는 개의시간의 변경과 회의일시를 통지하지 아니한 입법과정의 하자는 저항권의 대상이 아니다. 왜냐하면, 저항권은 국가권력에 의하여 헌법의 기본원리에 대한 중대한 침해가 행하여지고 그 침해가 헌법의 존재 자체를 부인하는 경우 다른 합법적인 구제수단으로는 목적을 달성할 수 없을 때에 국민이 자기의 권리·자유를 지키기 위하여 실력으로 저항하는 권리이기 때문이다(1997.9.25. 97헌가4).

④ ✗ 1776년 6월 버지니아 권리장전과 1776년 7월 독립선언에도 저항권 조항이 있다. 단, 1215년 영국의 마그나카르타의 저항권은 귀족들이 가진 왕에 대한 저항권이며, 평민들이 군주에 대해 저항할 수 있는 권리는 아니다.

제5절 선거제도

12 13변시-9   정답 없음 (출제 당시 정답 ③)

선거제도 등에 관한 설명 중 옳은 것을 모두 고른 것은?
(다툼이 있는 경우 판례에 의함)

ㄱ. 공직선거법상 부재자투표 개시시간을 오전 10시부터로 정한 것은 일과시간 이전에 투표소에 가서 투표할 수 없게 하므로 부재자투표자의 선거권을 침해한다.
ㄴ. 시·도의원 지역선거구를 획정할 때 인구 외에 행정구역·지세·교통 등 여러 가지 조건을 고려하여야 하며, 시·도 선거구 평균인구수로부터 상하 60%의 편차를 넘는 선거구 획정은 그 지역 선거권자의 평등권과 선거권을 침해한다.
ㄷ. 해상에 장기 기거하는 선원이 모사전송(팩스) 시스템을 이용하여 선상에서 투표를 할 수 있는 방안이 마련된다면, 전송과정에서 투표의 내용이 직·간접적으로 노출되어 비밀선거원칙에 위배되므로 헌법에 위반된다.
ㄹ. 지방자치단체의 자치사무 처리에 주민들이 직접 참여하는 주민투표권은 국민주권에서 도출되는 헌법상 기본권이기 때문에 이를 침해당한 경우 헌법소원심판을 청구할 수 있다.
ㅁ. 임기만료전 180일 이내에 비례대표 국회의원에 궐원이 생긴 때 정당의 비례대표 국회의원 후보자 명부에 의한 의석승계를 허용하지 않는 것은 정당에 비례대표 국회의원 의석을 할당받도록 한 선거권자들의 정치적 의사표현을 무시하고 왜곡하는 결과를 낳을 수 있고 대의제 민주주의 원리에 부합하지 않는다.

① ㄱ, ㄷ, ㄹ   ② ㄴ, ㄷ, ㅁ
③ ㄱ, ㄴ, ㅁ   ④ ㄱ, ㄴ, ㄹ
⑤ ㄷ, ㄹ, ㅁ

 해설

ㄱ. ○ 이 사건 투표시간조항이 투표개시시간을 일과시간 이내인 오전 10시부터로 정한 것은 투표시간을 줄인 만큼 투표관리의 효율성을 도모하고 행정부담을 줄이는 데 있고, 그 밖에 부재자투표의 인계·발송절차의 지연위험 등과는 관련이 없다. … 따라서 이 사건 투표시간조항 중 투표개시시간 부분은 수단의 적정성, 법익균형성을 갖추지 못하므로 과잉금지원칙에 위배하여 청구인의 선거권과 평등권을 침해하는 것이다(2012.2.23. 2010헌마601).

ㄴ. ✗ 인구편차 상하 60%의 기준에서 곧바로 인구편차 상하 33⅓%의 기준을 채택하는 경우 시·도의원지역구를 조정함에 있어 예기치 않은 어려움에 봉착할 가능성이 매우 크므로, 현시점에서는 시·도의원지역구 획정에서 허용되는 인구편차 기준을 인구편차 상하 50%(인구비례 3:1)로 변경하는 것이 타당하다(2018.6.28. 2014헌마189). … 헌법불합치결정

ㄷ. X 이 사건 조항은 모사전송 시스템 등 전자통신 기술을 이용한 선상투표와 같은 기술적인 대체수단이 있음에도 불구하고 선거권을 과도하게 제한하고 있으므로 '피해의 최소성' 원칙에 위배되고, 원양의 해상업무에 종사하는 선원들은 아무런 귀책사유도 없이 헌법상의 선거권을 행사할 수 없게 되는 반면, 이와 관련하여 추구되는 공익은 불분명한 것이어서, '법익의 균형성' 원칙에도 위배된다. 그러므로 이 사건 조항은 과잉금지의 원칙에 위배하여 청구인들의 선거권을 침해한다(2007.6.28. 2005헌마772). … 헌법불합치결정
따라서 모사전송 시스템을 이용하여 선상에서 투표할 수 있는 방안이 마련된다면 선거권을 침해하지 않는다.

ㄹ. X 주민투표권은 헌법상의 열거되지 아니한 권리 등 그 명칭의 여하를 불문하고 헌법상의 기본권성이 부정된다는 것이 우리 재판소의 일관된 입장이라 할 것인데, 이 사건에서 그와 달리 보아야 할 아무런 근거를 발견할 수 없다. 그렇다면 이 사건 심판청구는 헌법재판소법 제68조 제1항의 헌법소원을 통해 그 침해여부를 다툴 수 있는 기본권을 대상으로 하고 있는 것이 아니므로 그러한 한에서 이유 없다. 하지만 주민투표권이 헌법상 기본권이 아닌 법률상의 권리에 해당한다 하더라도 비교집단 상호간에 차별이 존재할 경우에 헌법상의 평등권 심사까지 배제되는 것은 아니다(2007.6.28. 2004헌마643). … 헌법불합치결정

ㅁ. O 비례대표국회의원의 전체 임기(4년)의 1/8 정도에 해당하는 180일이라는 기간은 비례대표국회의원으로서 국정을 수행함에 있어 결코 짧지 않은 기간이라 할 수 있고, 잔여임기가 180일 이내인 경우에 궐원된 비례대표국회의원의 의석 승계를 일체 허용하지 아니하는 것은 그 입법목적에 비추어 지나친 것이어서 침해의 최소성 원칙에도 위배된다. 따라서 심판대상조항은 과잉금지원칙에 위배하여 청구인들의 공무담임권을 침해한 것이다(2009.6.25. 2008헌마413). … 헌법불합치결정

13 | 21법전협-3-1 | 정답 ③

선거제도와 선거원칙에 관한 설명 중 옳지 않은 것은?
(다툼이 있는 경우 판례에 의함)

① 모사전송 시스템을 이용한 선상투표 제도는 직접선거의 원칙이나 비밀선거의 원칙에 위배되지 않는다.
② 지역구 후보자에 대한 투표를 해당 후보 소속정당 비례대표후보자에 대한 투표로 의제하는 1인 1표제는 직접선거의 원칙에 위배된다.
③ 집행유예자와 수형자에 대하여 전면적·획일적으로 선거권을 제한하는 것은 평등원칙에 위배되지 않으나 보통선거원칙에 위배된다.
④ 공직선거권 행사 연령을 19세 이상으로 획일적으로 제한한 것은 보통선거의 원칙에 위배되지 않는다.
⑤ 국회의원 선거구구역표 중 인구편차 상하 33⅓%의 기준을 넘어서는 선거구에 관한 부분은 평등선거의 원칙에 위배된다.

① O 통상 모사전송 시스템의 활용에는 특별한 기술을 요하지 않고, 당사자들이 스스로 이를 이용하여 투표를 한다면 비밀 노출의 위험이 적거나 없을 뿐만 아니라, 설사 투표 절차나 그 전송과정에서 비밀이 노출될 우려가 있다 하더라도, 이는 국민주권원리나 보통선거원칙에 따라 선원들이 선거권을 행사할 수 있도록 충실히 보장하기 위한 불가피한 측면이라 할 수도 있고, 더욱이 선원들로서는 자신의 투표결과에 대한 비밀이 노출될 위험성을 스스로 용인하고 투표에 임할 수도 있을 것이므로, 선거권 내지 보통선거원칙과 비밀선거원칙을 조화적으로 해석할 때, 이를 두고 헌법에 위반된다 할 수 없다(2007.6.28. 2005헌마772).

② O 비례대표제를 채택하는 경우 직접선거의 원칙은 의원의 선출뿐만 아니라 정당의 비례적인 의석확보도 선거권자의 투표에 의하여 직접 결정될 것을 요구하는바, 비례대표의원의 선거는 지역구의원의 선거와는 별도의 선거이므로 이에 관한 유권자의 별도의 의사표시, 즉 정당명부에 대한 별도의 투표가 있어야 함에도 현행제도는 정당명부에 대한 투표가 따로 없으므로 결국 비례대표의원의 선출에 있어서는 정당의 명부작성행위가 최종적·결정적인 의의를 지니게 되고, 선거권자들의 투표행위로써 비례대표의원의 선출을 직접·결정적으로 좌우할 수 없으므로 직접선거의 원칙에 위배된다(2001.7.19. 2000헌마91 등).

③ X 심판대상조항은 집행유예자와 수형자에 대하여 전면적·획일적으로 선거권을 제한하고 있다. 심판대상조항의 입법목적에 비추어 보더라도, 구체적인 범죄의 종류나 내용 및 불법성의 정도 등과 관계없이 일률적으로 선거권을 제한하여야 할 필요성이 있다고 보기는 어렵다. 범죄자가 저지른 범죄의 경중을 전혀 고려하지 않고 수형자와 집행유예자 모두의 선거권을 제한하는 것은 침해의 최소성원칙에 어긋난다. 특히 집행유예자는 집행유예 선고가 실효되거나 취소되지 않는 한 교정시설에 구금되지 않고 일반인과 동일한 사회생활을 하고 있으므로, 그들의 선거권을 제한해야 할 필요성이 크지 않다. 따라서 심판대상조항은 청구인들의 선거권을 침해하고, 보통선거원칙에 위반하여 집행유예자와 수형자를 차별취급하는 것이므로 평등원칙에도 어긋난다(2014.1.28. 2012헌마409 등).

④ O 많은 국가에서 선거권 연령을 18세 이상으로 정하고 있으나, 선거권 연령은 국가마다 특수한 상황 등을 고려하여 결정할 사항이고, 다른 법령에서 18세 이상의 사람에게 근로능력이나 군복무능력 등을 인정한다고 하여 선거권 행사능력과 반드시 동일한 기준에 따라 정하여야 하는 것은 아니므로 선거권 연령을 19세 이상으로 정한 것이 불합리하다고 볼 수 없다. 따라서 선거권 연령을 19세 이상으로 정한 것이 입법자의 합리적인 입법재량의 범위를 벗어난 것으로 볼 수 없으므로, 19세 미만인 사람의 선거권 및 평등권을 침해하였다고 볼 수 없다(2013.7.25. 2012헌마174).

⑤ O 인구편차 상하 33⅓%를 넘어 인구편차를 완화하는 것은 지나친 투표가치의 불평등을 야기하는 것으로, 이는 대의민주주의의 관점에서 바람직하지 아니하고, 국회를 구성함에 있어 국회의원의 지역대표성이 고려되어야 한다고 할지라도 이것이 국민주권주의의 출발점인 투표가치의 평등보다 우선시 될 수는 없다. … 이러한 사정들을 고려할 때, 현재의 시점에서 헌법이 허용하는 인구편차의 기준을 인구편차 상하 33⅓%를 넘어서지 않는 것으로 봄이 타당하다. 따라서 심판대상 선거구역표 중 인구편차 상하 33⅓%의 기준을 넘어서는 선거구에 관한 부분은 위 선거구가 속한 지역에 주민등록을 마친 청구인들의 선거권 및 평등권을 침해한다(2014.10.30. 2012헌마192 등).

14 21법전협-1-3 정답 ②

선거권에 관한 설명 중 옳은 것을 모두 고른 것은? (다툼이 있는 경우 판례에 의함)

ㄱ. 1년 이상의 징역의 형의 선고를 받고 그 집행이 종료되지 아니한 사람의 선거권을 제한하는 것은 해당 수형자의 선거권을 침해하지 않는다.

ㄴ. 동시계표 투표함 수를 제한하지 아니하는 것은 개표참관인들의 실질적 개표참관을 불가능하게 하고 선거의 공정성을 현저히 해함으로써 선거인들의 선거권을 침해한다.

ㄷ. 사법인(私法人)적인 성격을 지니는 농협·축협의 조합장선거에서 선거운동기간을 후보자등록마감일의 다음 날부터 선거일 전일까지로 한정하면서 예비후보자 제도를 두지 아니한 것은 헌법상 보장되는 선거권을 침해한다.

ㄹ. 신체의 장애로 인하여 자신이 기표할 수 없는 선거인에 대해 투표보조인이 가족이 아닌 경우에 반드시 2인을 동반하여서만 투표를 보조하게 할 수 있도록 하는 것은 해당 선거인의 선거권을 침해하지 않는다.

ㅁ. 지방자치단체의 장 선거에서 후보자가 1인일 경우 투표를 실시하지 않고 해당 후보자를 당선자로 정하도록 하는 것은 해당 선거인의 선거권을 침해하지 않는다.

ㅂ. 청각장애선거인에 대하여 '후보자·정당에 관한 정치적 정보 및 의견'에 대한 알 권리를 내포하는 선거권을 실질적으로 보장하는 것의 헌법적 의의를 고려할 때 선거방송토론위원회 주관 대담·토론회의 방송에서 한국수화언어 또는 자막의 방영을 재량사항으로 규정한 것은 청각장애인의 선거권을 침해한다.

① ㄱ, ㄴ, ㄷ   ② ㄱ, ㄹ, ㅁ
③ ㄱ, ㄷ, ㅂ   ④ ㄴ, ㄹ, ㅁ
⑤ ㄷ, ㄹ, ㅂ

ㄱ. O 심판대상조항은 공동체 구성원으로서 기본적 의무를 저버린 수형자에 대하여 사회적·형사적 제재를 부과하고, 수형자와 일반국민의 준법의식을 제고하기 위한 것이다. 법원의 양형관행을 고려할 때 1년 이상의 징역형을 선고받은 사람은 공동체에 상당한 위해를 가하였다는 점이 재판 과정에서 인정된 자이므로, 이들에 한해서는 사회적·형사적 제재를 가하고 준법의식을 제고할 필요가 있다. 심판대상조항에 따른 선거권 제한 기간은 각 수형자의 형의 집행이 종료될 때까지이므로, 형사책임의 경중과 선거권 제한 기간은 비례하게 된다. 심판대상조항이 과실범, 고의범 등 범죄의 종류를 불문하고, 침해된 법익의 내용을 불문하며, 형 집행 중에 이뤄지는 재량적 행정처분인 가석방 여부를 고려하지 않고 선거권을 제한한다고 하여 불필요한 제한을 부과한다고 할 수 없다. 1년 이상의 징역형을 선고받은 사람의 선거권을 제한함으로써 형사적·사회적 제재를 부과하고 준법의식을 강화한다는 공익이, 형 집행기간 동안 선거권을 행사하지 못하는 수형자 개인의 불이익보다 작다고 할 수 없다. 따라서 심판대상조항은 과잉금지원칙을 위반하여 청구인의 선거권을 침해하지 아니한다(2017. 5. 25. 2016헌마292).

ㄴ. X 이 사건 법률조항에 의하면, 신고된 개표참관인의 수가 많지 않을 경우 동시에 계표되는 투표함의 수에 비하여 상대적으로 적은 수의 개표참관인이 참관을 하게 될 수도 있다. 그러나 개표부정에 대하여 가장 큰 이해관계를 가진 정당 및 후보자들은 공직선거법이 허용하는 범위 내에서 스스로 개표참관인을 선정·신고함으로써 개표절차를 감시할 수 있고, 그 외에도 개표사무원을 중립적인 자들로 위촉하고, 개표관람을 실시하는 등 개표의 공정성을 확보하기 위해 다양한 조치들이 시행되고 있는 점에 비추어, 동시계표 투표함 수에 대한 제한을 두지 아니한 것은 입법자의 합리적 재량의 범위 안에 있는 것으로 인정되고, 일부 개표소에서 동시계표 투표함 수에 비하여 상대적으로 적은 수의 개표참관인이 선정될 수 있다는 사정만으로 입법자의 선택이 현저히 불합리하거나 불공정하여 청구인들의 선거권이 침해되었다고 볼 수 없다(2013.8.29. 2012헌마326).

ㄷ. X 심판대상조항들이 달성하고자 하는 조합장선거의 공정성 확보라는 공익은 조합장선거의 후보자가 예비후보자 제도나 합동연설회 또는 공개토론회의 개최 등을 통하여 충분한 선거운동을 할 수 없게 되는 불이익보다 훨씬 크다. 따라서 심판대상조항들은 후보자 및 선거인인 조합원의 결사의 자유 등을 침해하지 아니한다(2017.7.27. 2016헌바372).

ㄹ. O 심판대상조항이 달성하고자 하는 공익은 중증장애인의 실질적인 선거권 보장과 선거의 공정성 확보로서 매우 중요한 반면, 심판대상조항으로 인해 청구인이 받는 불이익은 투표보조인이 가족이 아닌 경우 2인을 동반해야 하므로, 투표보조인이 1인인 경우에 비하여 투표의 비밀이 더 유지되기 어렵고, 투표보조인을 추가로 섭외해야 한다는 불편에 불과하므로, 심판대상조항은 법익의 균형성원칙에 반하지 않는다. 그러므로 심판대상조항은 비밀선거의 원칙에 대한 예외를 두고 있지만 필요하고 불가피한 예외적인 경우에 한하고 있으므로, 과잉금지원칙에 반하여 청구인의 선거권을 침해하지 않는다(2020.5.27. 2017헌마867).

ㅁ. O 심판대상조항의 입법목적은 선거에 소요되는 여러 가지 절차를 간소화하여 행정적 편의를 도모하고 선거비용을 절감하는 등 선거제도의 효율성을 제고하기 위한 것으로 그 정당성을 인정할 수 있으며, 후보자등록기한까지 후보자가 1인일 경우 투표를 생략하고 해당 후보자를 당선자로 결정하는 것은 이러한 입법목적을 달성하기 위한 적절한 수단이라 할 수 있다. 지방자치단체의 장 선거에 있어서는 "유효투표의 다수"를 얻은 자가 당선인으로 결정되는 것이 원칙이므로 후보자가 1인일 경우에는 단 1표를 얻더라도 출마한 후보가 당선인이 된다.
다만 후보자가 1명일 경우에도 투표를 실시하여 일정비율 이상의 득표를 할 경우에만 당선자로 인정하는 방법도 있겠으나, 당선자의 결정방식은 사회적, 경제적, 기술적 여건 등 여러 가지 요건을 종합적으로 고려하여 입법자가 결정할 사항으로 입법형성의 자유가 인정되는 부분이며, 당선인이 반드시 일정비율 이상의 득표를 해야 민주적 정당성이나 대표성을 획득한다고 볼 수도 없다. 후보자가 1인일 경우에도 투표를 실시하도록 하면 당선자가 없어 재선거를 하게 되는 경우도 발생할 수 있는데 이 경우 재선거 실시에 따르는 새로운 후보자 확보 가능성의 문제, 행정적인 번거로움과 시간·비용의 낭비는 물론이고 지방자치단체의 장 업무의 공백 역시 필연적으로 뒤따르게 된다. 입법자가 위와 같은 사정을 고려하여 후보자가 1인일 경우 투표를 실시하지 않고 해당 후보자를 지방자치단체의 장 당선자로 정하도록 결단한 것은 입법목적 달성에 필요한 범위를 넘은 과도한 제한이라 할 수 없으므로 심판대상조항은 청구인의 선거권을 침해하지 않는다(2016.10.27. 2014헌마797).

ㅂ. X 이 사건 한국수어·자막조항은 실제로 방송사업자 등이 한국수어·자막방송을 할 수 있는 인력, 장비 및 기술수준 등을 갖출 수 있는지 여부에 따라 한국수어·자막방송 여부가 결정되는 점, 이를 의무사항으로 규정할 경우 선거비용이 과다하게 소요될 수 있고, 방송사업자의 보도·편성의 자유와 후보자·정당의 선거운동의 자유를 제한할 여지가 있는 점을 고려하여, 한국수어 또는

자막의 방영을 재량사항으로 규정한 것이다. 방송법, 장애인복지법, '장애인차별금지 및 권리구제 등에 관한 법률'(이하 '장애인차별금지법'이라 한다) 및 그 하위규범을 통하여, 청각장애인에 대한 선거정보의 제공 의무화가 특히 자막방송의 경우에는 규범적으로 상당 부분 구현되어 있다. 지상파방송사업자, 위성방송사업자, 종합편성·보도전문편성의 방송채널사용사업자, 그리고 종합유선방송사업자·방송채널사용사업자로서 해당 사업자의 매출액, 시청점유율 등을 고려하여 방송통신위원회가 고시하는 사업자는 방송법 제69조 제8항, 제9항, 같은 법 시행령 제52조에 따라 이 사건 선거방송에서 한국수어·폐쇄자막·화면해설 등을 이용한 방송을 할 의무를 부담한다. 지상파방송사업자, 종합편성·보도전문편성의 방송채널사용사업자는 '장애인방송 편성 및 제공 등 장애인 방송접근권 보장에 관한 고시'(이하 '장애인방송고시'라 한다)에 따라 이 사건 선거방송 중 후보자 등의 방송연설, 방송시설주관 후보자연설의 방송, 선거방송토론위원회 주관 대담·토론회에서 반드시 폐쇄자막방송을 하여야 한다. 장애인복지법 제22조, 같은 법 시행령 제14조는 국가와 지방자치단체가 방송국의 장 등 민간 사업자에게 이 사건 선거방송에 청각장애인을 위한 한국수어 또는 폐쇄자막 등을 방영하도록 요청하여야 하고, 그 요청을 받은 방송국의 장 등 민간 사업자는 정당한 사유가 없으면 그 요청에 따라야 한다고 규정하고 있다. 또한 한국수어·자막방송은 청각장애인의 선거정보 획득의 기회를 확대하는 방향으로 지속적·단계적으로 개선되고 있다. 장애인방송고시는 방송사업자의 종류, 규모, 장애인방송 제작여건, 시청자의 수요, 채널의 성격, 장애인방송의 종류와 소요 비용 등에 따라 장애인방송 편성비율 목표치 및 목표달성시점을 달리 정하여 2012년부터 2016년까지 장애인방송 편성비율을 꾸준히 높여왔다. 한편 장애인방송고시에서 한국수어방송의 편성비율을 낮게 정한 것은 대부분 방송영상과 한국수어영상이 합성되어 송출되는 형태로 한국수어방송이 이루어지고 있기 때문에 한국수어방송이 모든 시청자에게 보이게 되어 방송영상의 중요한 부분을 가리는 점 등을 고려한 것이다. 이에 수어영상의 크기, 위치 조정 및 삭제가 가능한 한국 스마트수어방송을 2014년 개발하여 2019년부터 실시하고 있다. 적어도 최근 전국단위 주요 선거에서 선거방송토론위원회 주관 대담·토론회 방송은 100% 한국수어방송을 하고 있다는 점도 고려되어야 한다. 이에 더하여 청각장애인이 선거정보를 획득할 수 있는 다양한 수단들이 존재하는 점 등을 종합적으로 고려하면, 이 사건 한국수어·자막조항이 청구인 김□□, 함○○의 선거권을 침해한다고 보기 어렵다(2020.8.28. 2017헌마813).

15 16변시-12 정답 ③

선거제도 및 선거권에 관한 설명 중 옳지 않은 것은?
(다툼이 있는 경우 판례에 의함)

① 선거구 획정에 있어서 인구편차 상하 33⅓%, 인구비례 2:1의 기준을 넘어 인구편차를 완화하는 것은 지나친 투표가치의 불평등을 야기하는 것으로, 이는 대의민주주의의 관점에서 바람직하지 아니하고, 국회를 구성함에 있어 국회의원의 지역대표성이 고려되어야 한다고 할지라도 이것이 국민주권주의의 출발점인 투표가치의 평등보다 우선시 될 수는 없다.

② 일부 개표소에서 동시계표 투표함 수에 비하여 상대적으로 적은 수의 개표참관인이 선정될 수 있다는 사정만으로 실질적인 개표감시가 이루어지지 않는다거나 개표절차 및 계표방법에 관한 입법자의 선택이 현저히 불합리하거나 불공정하여 선거권이 침해되었다고 볼 수는 없다.

③ 지역농협은 사법인에서 볼 수 없는 공법인적 특성을 많이 가지고 있으므로, 지역농협의 조합장선거에서 조합장을 선출하거나 조합장으로 선출될 권리, 조합장선거에서 선거운동을 하는 것도 헌법에 의하여 보호되는 선거권의 범위에 포함된다.

④ 선거공영제의 내용은 우리의 선거문화와 풍토, 정치문화 및 국가의 재정상황과 국민의 법감정 등 여러 가지 요소를 종합적으로 고려하여 입법자가 정책적으로 결정할 사항으로서 넓은 입법형성권이 인정되는 영역이다.

⑤ 헌법 제118조 제1항 및 제2항은 지방의회의 설치와 지방의회의원선거를 규정함으로써 주민들이 지방의회의원을 선출할 수 있는 선거권 및 주민들이 지방의회의원이라는 선출직공무원에 취임할 수 있는 공무담임권을 기본권으로 보호하고 있다.

① ○ 인구편차 상하 33⅓%를 넘어 인구편차를 완화하는 것은 지나친 투표가치의 불평등을 야기하는 것으로, 이는 대의민주주의의 관점에서 바람직하지 아니하고, 국회를 구성함에 있어 국회의원의 지역대표성이 고려되어야 한다고 할지라도 이것이 국민주권주의의 출발점인 투표가치의 평등보다 우선시 될 수는 없다. 특히, 현재는 지방자치제도가 정착되어 지역대표성을 이유로 헌법상 원칙인 투표가치의 평등을 현저히 완화할 필요성이 예전에 비해 크지 아니하다(2014.10.30. 2012헌마192).

② ○ 이 사건 법률조항에 의하면, 신고된 개표참관인의 수가 많지 않을 경우 동시에 계표되는 투표함의 수에 비하여 상대적으로 적은 수의 개표참관인이 참관을 하게 될 수도 있다. 그러나 개표부정에 대하여 가장 큰 이해관계를 가진 정당 및 후보자들은 공직선거법이 허용하는 범위 내에서 스스로 개표참관인을 선정·신고함으로써 개표절차를 감시할 수 있고, 그 외에도 개표사무원을 중립적인 자들로 위촉하고, 개표관람을 실시하는 등 개표의 공정성을 확보하기 위해 다양한 조치들이 시행되고 있는 점에 비추어, 동시계표 투표함 수에 대한 제한을 두지 아니한 것은 입법자의 합리적 재량의 범위 안에 있는 것으로 인정되고, 일부 개표소에서 동시계표 투표함 수에 비하여 상대적으로 적은 수의 개표참관인이 선정될 수 있다는 사정만으로 입법자의 선택이 현저히 불합리하거나 불공정하여 청구인들의 선거권이 침해되었다고 볼 수 없다(2013.8.29. 2012헌마326).

③ X 구 농협법은 지역농협을 법인으로 하면서(제4조), 공직선거에 관여해서는 아니 되고(제7조), 조합의 재산에 대하여 국가 및 지방자치단체의 조세 외의 부과금이 면제되도록 규정하고 있어(제8조) 이를 공법인으로 볼 여지가 있으나, 한편 지역농협은 조합원의 경제적·사회적·문화적 지위의 향상을 목적으로 하는 농업인의 자주적 협동조직으로, 조합원 자격을 가진 20인 이상이 발기인이 되어 설립하고(제15조), 조합원의 출자로 자금을 조달하며(제21조), 지역농협의 결성이나 가입이 강제되지 아니하고, 조합원의 임의탈퇴 및 해산이 허용되며(제28조, 제29조), 조합장은 조합원들이 직접 선출하거나 총회에서 선출하도록 하고 있으므로(제45조), 기본적으로 사법인적 성격을 지니고 있다 할 것이다. 이처럼 사법인적인 성격을 지니는 **농협의 조합장선거에서 조합장을 선출하거나 조합장으로 선출될 권리, 조합장선거에서 선거운동을 하는 것은 헌법에 의하여 보호되는 선거권의 범위에 포함되지 않는다**(2012.2.23. 2011헌바154).

④ O 선거공영제의 내용은 우리의 선거문화와 풍토, 정치문화 및 국가의 재정상황과 국민의 법감정 등 여러 가지 요소를 종합적으로 고려하여 입법자가 정책적으로 결정할 사항으로서 넓은 입법형성권이 인정되는 영역이라고 할 것이다(2011.4.28. 2010헌바232).

⑤ O 헌법 제118조 제1항 및 제2항은 지방의회의 설치와 지방의회의원선거를 규정함으로써 주민들이 지방의회의원을 선출할 수 있는 선거권 및 주민들이 지방의회의원이라는 선출직공무원에 취임할 수 있는 공무담임권을 기본권으로 보호하고 있다(2013.2.28. 2012헌마131).

16 21변시-2 정답 ⑤

선거권과 선거제도에 관한 설명 중 옳지 않은 것은? (다툼이 있는 경우 판례에 의함)

① 대의기관의 선출주체가 곧 대의기관의 의사결정에 대한 승인주체가 되는 것은 당연한 논리적 귀결이므로, 국민투표권자의 범위는 대통령선거권자·국회의원선거권자와 일치하여야 한다.

② 임기만료에 따른 비례대표국회의원선거에서 정당에 배분된 비례대표국회의원의석수가 그 정당이 추천한 비례대표국회의원후보자수를 넘는 때에는 그 넘는 의석은 공석으로 한다.

③ 국립대학의 장 후보자 선정을 직접선거의 방법으로 실시하기로 해당 대학 교원의 합의가 있는 경우 그 선거관리를 선거관리위원회에 의무적으로 위탁시키는 「교육공무원법」 조항은, 선거의 공정성과 선거에 관한 모든 사항을 선거관리위원회에 위탁하는 것이 아니라 선거관리만을 위탁하는 것이고 그 외 선거권·피선거권·선출방식 등은 여전히 대학이 자율적으로 정할 수 있는 점 등을 고려할 때 대학의 자율의 본질적인 부분을 침해하였다고 볼 수 없다.

④ 사법적인 성격을 지니는 농업협동조합의 조합장선거에서 조합장을 선출하거나 조합장으로 선출될 권리, 조합장선거에서 선거운동을 하는 것은 헌법에 의하여 보호되는 선거권의 범위에 포함되지 않는다.

⑤ 헌법재판소는 대통령선거와 국회의원선거에서 확성장치의 사용과 관련하여 확성장치의 수만 규정하고 있을 뿐 확성장치의 소음규제기준을 마련하고 있지 아니한 「공직선거법」 조항은 과잉금지원칙에 위배되어 건강하고 쾌적한 환경에서 생활할 권리를 침해한다고 하였다.

① O 헌법 제72조의 중요정책 국민투표와 헌법 제130조의 헌법개정안 국민투표는 대의기관인 국회와 대통령의 의사결정에 대한 국민의 승인절차에 해당한다. 대의기관의 선출주체가 곧 대의기관의 의사결정에 대한 승인주체가 되는 것은 당연한 논리적 귀결이므로, 국민투표권자의 범위는 대통령선거권자·국회의원선거권자와 일치되어야 한다. 공직선거법 제15조 제1항은 19세 이상의 국민에게 대통령 및 국회의원의 선거권을 인정하고 있는바, 재외선거인에게도 대통령선거권과 국회의원선거권이 인정되고 있다. 따라서 재외선거인은 대의기관을 선출할 권리가 있는 국민으로서 대의기관의 의사결정에 대해 승인할 권리가 있고, 국민투표권자에는 재외선거인이 포함된다고 보아야 한다(2014.7.24. 2009헌마256). 단, 현 공직선거법 15조 제1항에 따르면 18세 이상의 국민은 대통령 및 국회의원 선거권을 가진다.

② O

공직선거법 제189조(비례대표국회의원의석의 배분과 당선인의 결정·공고·통지)
⑤ 정당에 배분된 비례대표국회의원의석수가 그 정당이 추천한 비례대표국회의원후보자수를 넘는 때에는 그 넘는 의석은 공석으로 한다.

③ O 국가의 예산과 공무원이라는 인적조직에 의하여 운용되는 국립대학에서 선거관리를 공정하게 하기 위하여 중립적 기구인 선거관리위원회에 선거관리를 위탁하는 것은 선거의 공정성을 확보하기 위한 적절한 방법인 점, 선거관리위원회에 위탁하는 경우는 대학의 장 후보자를 선정함에 있어서 교원의 합의된 방식과 절차에 따라 직접선거에 의하는 경우로 한정되어 있는 점, 선거에 관한 모든 사항을 선거관리위원회에 위탁하는 것이 아니라 선거관리만을 위탁하는 것이고 그 외 선거권, 피선거권, 선출방식 등은 여전히 대학이 자율적으로 정할 수 있는 점, 중앙선거관리위원회에서 위 선거관리와 관련한 규칙을 제정하고자 하는 경우 대학들은 교육인적자원부장관을 통하여 그 의견을 개진할 수 있는 점(교육공무원법 제24조의3 제2항), 선거관리위원회는 공공단체의 직접선거와 관련하여 조합원이 직접투표로 선출하는 조합장선거(농업협동조합법 제51조 제4항)와 교육위원 및 교육감선거(지방교육자치에 관한 법률 제51조 제1항)의 경우에도 그 선거사무를 관리하고 있는 점을 고려하면, 교육공무원법 제24조의3 제1항이 매우 자의적인 것으로서 합리적인 입법한계를 일탈하였거나 대학의 자율의 본질적인 부분을 침해하였다고 볼 수 없다(2006.4.27. 2005헌마1047·1048).

④ O 농협법은 지역농협을 법인으로 하면서(제4조), 공직선거에 관여해서는 아니 되고(제7조), 조합의 재산에 대하여 국가 및 지방자치단체의 조세 외의 부과금이 면제되도록 규정하고 있어(제8조) 이를 공법인으로 볼 여지가 있으나, 한편 지역농협은 조합원의 경제적·사회적·문화적 지위의 향상을 목적으로 하는 농업인의 자주적 협동조직으로, 조합원 자격을 가진 20인 이상이 발기인이 되어 설립하고(제15조), 조합원의 출자로 자금을 조달하며(제21조), 지역농협의 결성이나 가입이 강제되지 아니하고, 조합원의 임의탈퇴 및 해산이 허용되며(제28조, 제29조), 조합장은 조합원들이 직접 선출하거나 총회에서 선출하도록 하고 있으므로(제45조), 기본적으로 사법인적 성격을 지니고 있다 할 것이다. 이처럼 사법적인 성격을 지니는 농협의 조합장선거에서 조합장을 선출하거나 조합장으로 선출될 권리, 조합장선거에서 선거운동을 하는 것은 헌법에 의하여 보호되는 선거권의 범위에 포함되지 않는다(2012.2.23. 2011헌바154).

⑤ X 심판대상조항이 선거운동의 자유를 감안하여 선거운동을 위한 확성장치를 허용할 공익적 필요성이 인정된다고 하더라도 정온한 생활환경이 보장되어야 할 주거지역에서 출근 또는 등교 이전 및 퇴근 또는 하교 이후 시간대에 확성장치의 최고출력 내지 소음을 제한하는 등 사용시간과 사용지역에 따른 수인한도 내에서 확성장치의 최고출력 내지 소음 규제기준에 관한 규정을 두지 아니한 것은, 국민이 건강하고 쾌적하게 생활할 수 있는 양호한 주거환경을 위하여 노력하여야 할 국가의 의무를 부과한 헌법 제35조 제3항에 비추어 보면, 적절하고 효율적인 최소한의 보호조치를 취하지 아니하여 국가의 기본권 보호의무를 과소하게 이행한 것으로서, 청구인의 건강하고 쾌적한 환경에서 생활할 권리를 침해하므로 헌법에 위반된다(2019.12.27. 2018헌마730). → 과잉금지원칙에 위배되는 것이 아니라 과소보호금지원칙에 위배된다.

17 15변시-2   정답 ①

선거 또는 투표에 관한 헌법재판소 결정에 부합하지 않는 것은?

① 시각장애선거인을 위한 점자형 선거공보의 작성 여부를 후보자의 임의사항으로 규정하고 그 면수를 책자형 선거공보의 면수 이내로 한정한 「공직선거법」 조항은 시각장애인의 선거권과 평등권을 침해한다.

② 대한민국 국외의 구역을 항해하는 선박에 장기 기거하는 선원들이 선거권을 행사할 수 있는 방법을 마련하지 않은 「공직선거법」 조항은 위와 같은 선원들의 선거권을 침해한다.

③ 대통령선거경선후보자가 당내경선 후보자로 등록을 하고 당내경선 과정에서 탈퇴함으로써 후원회를 둘 수 있는 자격을 상실한 때에는 후원회로부터 후원받은 후원금 전액을 국고에 귀속하도록 하는 것은 경선에 참여하여 낙선한 대통령선거경선후보자와의 관계에서 합리적인 이유가 있는 차별이라고 하기 어렵다.

④ 주민투표권 행사를 위한 요건으로 그 지방자치단체의 관할 구역에 주민등록이 되어 있을 것을 요구함으로써 국내거소신고만 할 수 있고 주민등록을 할 수 없는 국내거주 재외국민에 대하여 주민투표권을 인정하지 않은 「주민투표법」 조항은 위와 같은 국내거주 재외국민의 평등권을 침해한다.

⑤ 유기징역 또는 유기금고의 선고를 받고 그 집행유예기간 중인 자에 대하여 전면적·획일적으로 선거권을 제한한 「공직선거법」 조항은 위와 같이 집행유예기간 중인 자의 선거권을 침해하고 보통선거원칙에 위반된다.

 해설

① X 시각장애인은 의무적으로 시행되는 여러 선거방송을 통하여 선거에 관한 정보를 충분히 얻을 수 있다. 인터넷을 이용한 음성정보전송 방식의 선거운동이 특별한 제한 없이 허용되고 있고, 음성을 이용한 인터넷 정보 검색이 가능하며, 인터넷상의 문자정보를 음성으로 전환하는 기술이 빠르게 발전하고 있는 현실에 비추어 보면, 선거공보는 다양한 선거정보제공 수단 중 하나에 불과하다. 시각장애인 중 상당수는 점자를 해독하지 못한다는 사정까지 감안하면 책자형 선거공보와 달리 점자형 선거공보의 작성을 의무사항으로 하는 것은 후보자의 선거운동의 자유에 대한 지나친 간섭이 될 수 있다. 따라서 심판대상조항이 **점자형 선거공보의 작성 여부**를 후보자의 **임의사항**으로 규정하고 그 면수를 책자형 선거공보의 면수 이내로 한정하고 있더라도, 시각장애인의 선거권과 평등권을 침해한다고 볼 수 없다(2014.5.29. 2012헌마913).

② O 이 사건 조항은 모사전송 시스템 등 전자통신 기술을 이용한 선상투표와 같은 기술적인 대체수단이 있음에도 불구하고 선거권을 과도하게 제한하고 있으므로 '피해의 최소성' 원칙에 위배되고, 원양의 해상업무에 종사하는 선원들은 아무런 귀책사유도 없이 헌법상의 선거권을 행사할 수 없게 되는 반면, 이와 관련하여 추구되는 공익은 불분명한 것이어서, '법익의 균형성' 원칙에도 위배된다. 그러므로 이 사건 조항은 과잉금지의 원칙에 위배하여 청구인들의 선거권을 침해한다(2007.6.28. 2005헌마772). 따라서 모사전송 시스템을 이용하여 선상에서 투표할 수 있는 방안이 마련된다면 선거권을 침해하지 않는다.

③ O 대통령선거경선후보자가 당내경선 과정에서 탈퇴함으로써 후원회를 둘 수 있는 자격을 상실한 때에는 후원회로부터 후원받은 후원금 전액을 국고에 귀속하도록 하고 있는 구 정치자금법 제21조 제3항 제2호의 '대통령선거경선후보자'에 관한 부분은 선거운동의 자유 및 공직선거에 입후보하지 아니할 자유(공직선거과정에서 이탈할 자유) 등 선거의 자유를 침해하는 것이다(2009.12.29. 2007헌마1412).

④ O 이 사건 법률조항(주민투표법 제5조) 부분은 주민등록만을 요건으로 주민투표권의 행사 여부가 결정되도록 함으로써 '주민등록을 할 수 없는 국내거주 재외국민'을 '주민등록이 된 국민인 주민'에 비해 차별하고 있고, 더 나아가 '주민투표권이 인정되는 외국인'과 '주민투표권이 인정될 여지가 있는 외국국적동포'와의 관계에서도 차별을 행하고 있는 바, 그와 같은 차별에 아무런 합리적 근거도 인정될 수 없으므로 국내거주 재외국민인 이 사건 청구인들의 헌법상 기본권인 평등권을 침해하는 것으로 위헌이다(2007.6.28. 2004헌마643). … 헌법불합치결정

⑤ O 심판대상조항은 집행유예자와 수형자에 대하여 전면적·획일적으로 선거권을 제한하고 있다. 심판대상조항의 입법목적에 비추어 보더라도, 구체적인 범죄의 종류나 내용 및 불법성의 정도 등과 관계없이 일률적으로 선거권을 제한하여야 할 필요성이 있다고 보기는 어렵다. 범죄자가 저지른 범죄의 경중을 전혀 고려하지 않고 수형자와 집행유예자 모두의 선거권을 제한하는 것은 침해의 최소성원칙에 어긋난다. 특히 집행유예자는 집행유예 선고가 실효되거나 취소되지 않는 한 교정시설에 구금되지 않고 일반인과 동일한 사회생활을 하고 있으므로, 그들의 선거권을 제한해야 할 필요성이 크지 않다. 따라서 심판대상조항은 청구인들의 선거권을 침해하고, 보통선거원칙에 위반하여 집행유예자와 수형자를 차별취급하는 것이므로 평등원칙에도 어긋난다(2014.1.28. 2012헌마409 등).

18 | 20법전협-2-1 | 정답 ④

선거원칙에 관한 설명으로 옳지 않은 것은? (다툼이 있는 경우 판례에 의함)

① 보통선거라 함은 개인의 납세액이나 소유하는 재산, 사회적 신분, 인종, 성별, 종교, 교육 등을 요건으로 하지 않고 일정한 연령에 달한 모든 국민에게 선거권을 인정하는 제도를 말한다.

② 투표가치의 평등은 모든 투표가 선거의 결과에 미치는 기여도 내지 영향력에 있어서 숫자적으로 완전히 동일할 것까지를 요구하는 것이 아니다.

③ 자의적인 선거구 획정으로 말미암아 특정 지역의 선거인이 정치 과정에 참여할 기회를 잃게 되었거나 그가 지지하는 후보가 당선될 가능성을 의도적으로 박탈하는 것이 명확하다면 평등선거 원칙에 위반된다.

④ 직접선거 원칙은 비례대표제를 채택하는 경우 정당의 비례적인 의석확보까지 선거권자의 투표에 의하여 직접 결정될 것을 요구하는 것은 아니다.

⑤ 자유선거원칙은 선거의 전 과정에 요구되는 선거권자의 의사 형성의 자유와 의사실현의 자유를 말하고, 구체적으로는 투표의 자유, 입후보의 자유 나아가 선거운동의 자유를 뜻한다.

 해설

① O 보통선거라 함은 개인의 납세액이나 소유하는 재산을 선거권의 요건으로 하는 제한선거에 대응하는 것으로 이러한 요건뿐만 아니라 그밖에 사회적 신분·인종·성별·종교·교육 등을 요건으로 하지 않고 일정한 연령에 달한 모든 국민에게 선거권을 인정하는 제도를 말한다(2001.6.28. 2000헌마111).

② O 평등선거의 원칙은 평등의 원칙이 선거제도에 적용된 것으로서 투표의 수적 평등 즉 복수투표제 등을 부인하고 모든 선거인에게 1인 1표(one man, one vote)를 인정함을 의미할 뿐만 아니라 투표의 성과가치의 평등 즉 1표의 투표가치가 대표자선정이라는 선거의 결과에 대하여 기여한 정도에 있어서도 평등하여야 함(one vote, one value)을 의미한다. 그러나 이러한 투표가치의 평등은 모든 투표가 선거의 결과에 미치는 기여도 내지 영향력에 있어서 숫자적으로 완전히 동일할 것까지를 요구하는 것이라고는 보기 어렵다(1995.12.27. 95헌마224·239·285·373).

③ O 선거구획정에 관하여 국회의 광범한 재량이 인정되지만 그 재량에는 평등선거의 실현이라는 헌법적 요청에 의하여 일정한 한계가 있을 수밖에 없는바, 첫째로, 선거구획정에 있어서 인구비례원칙에 의한 투표가치의 평등은 헌법적 요청으로서 다른 요소에 비하여 기본적이고 일차적인 기준이기 때문에, 합리적 이유없이 투표가치의 평등을 침해하는 선거구획정은 자의적인 것으로서 헌법에 위반된다는 것이고, 둘째로, 특정 지역의 선거인들이 자의적인 선거구획정으로 인하여 정치과정에 참여할 기회를 잃게 되었거나, 그들이 지지하는 후보가 당선될 가능성을 의도적으로 박탈당하고 있음이 입증되어 특정 지역의 선거인들에 대하여 차별하고자 하는 국가권력의 의도와 그 집단에 대한 실질적인 차별효과가 명백히 드러난 경우, 즉 게리맨더링에 해당하는 경우에는, 그 선거구획정은 입법재량의 한계를 벗어난 것으로서 헌법에 위반된다는 것이다(2001.10.25. 2000헌마92).

④ X 비례대표제하에서 선거결과의 결정에는 정당의 의석배분이 필수적인 요소를 이룬다. 그러므로 비례대표제를 채택하는 한 직접선거의 원칙은 의원의 선출 뿐만 아니라 정당의 비례적인 의석확보도 선거권자의 투표에 의하여 직접 결정될 것을 요구하는 것이다(2001.7.19. 2000헌마91).

⑤ O 자유선거의 원칙은 비록 우리 헌법에 명문으로 규정되지는 아니하였지만 민주국가의 선거제도에 내재하는 법 원리로서, 국민주권의 원리, 의회민주주의의 원리 및 참정권에 관한 규정에서 그 근거를 찾을 수 있다. 이러한 자유선거의 원칙은 선거의 전과정에 요구되는 선거권자의 의사형성의 자유와 의사실현의 자유를 말하고, 구체적으로는 투표의 자유, 입후보의 자유 나아가 선거운동의 자유를 뜻한다. 선거운동의 자유는 널리 선거과정에서 자유로이 의사를 표현할 자유의 일환이므로 표현의 자유의 한 태양이기도 하다(2001.8.30. 99헌바92).

19 20법전협-1-3   정답 ③

선거제도에 관한 설명 중 옳지 않은 것은? (다툼이 있는 경우 판례에 의함)

① 선거운동은 국민주권 행사의 일환일 뿐 아니라 정치적 표현의 자유의 한 형태로서 민주사회를 구성하고 움직이게 하는 요소이므로, 그 제한입법에 있어서 엄격한 심사기준이 적용된다.
② 선거제도는 국민의 주권행사 내지 참정권행사의 과정으로서 국가권력의 창출과 국가 내에서 행사되는 모든 권력의 정당성을 국민의 정치적인 합의에 근거하게 하는 통치기구의 조직원리이다.
③ 선거운동의 기회균등의 원칙은 무소속후보자를 포함한 모든 후보자가 불합리한 차별을 받지 않도록 하는 것이므로, 정당의 기본적 활동을 보장하기 위한 상대적인 차별도 허용되지 않는다.
④ 선거공영제의 내용은 선거문화와 풍토, 정치문화 및 국가의 재정상황과 국민의 법 감정 등 여러 가지 요소를 종합적으로 고려하여 입법자가 정책적으로 결정할 사항으로서 넓은 입법형성권이 인정되는 영역이다.
⑤ 선거는 주권자인 국민이 그 주권을 행사하는 통로이므로 정당의 공직선거 후보자의 결정과정이 민주적이지 않으면 민주주의원리와 국민주권원리에 부합한다고 볼 수 없다.

해설

① O 선거운동은 국민주권 행사의 일환일 뿐 아니라 정치적 표현의 자유의 한 형태로서 민주사회를 구성하고 움직이게 하는 요소이므로, 선거운동의 허용범위는 아무런 제약 없이 입법자의 재량에 맡겨진 것이 아니고 그 제한입법의 위헌 여부에 대하여는 엄격한 심사기준이 적용된다(1994.7.29. 93헌가4·6 등).
② O 대의제 민주주의에 바탕을 둔 우리 헌법의 통치구조에서 선거제도는 국민의 주권행사 내지 참정권행사의 과정으로서 국가권력의 창출과 국가 내에서 행사되는 모든 권력의 정당성을 국민의 정치적인 합의에 근거하게 하는 통치기구의 조직원리이다(2001.10.25. 2000헌마193).
③ X 대의제민주주의에 바탕을 둔 우리 헌법의 통치구조에서 선거제도는 통치기구의 조직원리이므로 모든 국민이 선거에 평등하게 참여할 수 있는 기회를 보장하는 것은 필수 불가결할 뿐만 아니라 헌법상 선거운동의 기회균등의 원칙은 무소속후보자를 포함한 모든 후보자가 불합리한 차별을 받지 않도록 하는 것이라고 할 것이나, 정당의 본질적 기능과 기본적 활동을 보장하기 위한 합리적이고 상대적인 차별은 허용된다(1996.3.28. 96헌마9 등).
④ O 선거공영제의 내용과 선거비용 보전의 요건은 우리의 선거문화와 풍토, 정치문화 및 국가의 재정상황과 국민의 법감정 등 여러 가지 요소를 종합적으로 고려하여 입법자가 정책적으로 결정할 사항이라 할 것이다(2010.5.27. 2008헌마491).
⑤ O 선거는 주권자인 국민이 그 주권을 행사하는 통로이므로 선거제도는 첫째, 국민의 의사를 제대로 반영하고, 둘째, 국민의 자유로운 선택을 보장하여야 하고, 셋째, 정당의 공직선거 후보자의 결정과정이 민주적이어야 하며, 그렇지 않으면 민주주의원리 나아가 국민주권의 원리에 부합한다고 볼 수 없다(2001.7.19. 2000헌마91 등).

20 19법전협-3-2   정답 ①

재외국민으로서 주민등록이 되어 있지 않고 국내 거소신고도 하지 않은 재외선거인(이하 '재외선거인'이라 한다)의 선거권 및 국민투표권에 관한 설명 중 옳은 것(○)과 옳지 않은 것(×)을 올바르게 조합한 것은? (다툼이 있는 경우 판례에 의함)

ㄱ. 재외선거인에게 임기만료 지역구국회의원 선거권을 인정하지 않는 것은 재외선거인의 선거권을 침해하거나 보통선거원칙에 위배되지 않는다.
ㄴ. 재외선거인에게 국회의원의 재·보궐선거권을 부여하지 않는 것은 재외선거인의 선거권을 침해하거나 보통선거원칙에 위배되지 않는다.
ㄷ. 재외선거인 등록신청조항이 재외선거인에게 선거를 실시할 때마다 재외선거인 등록신청을 하도록 하는 것은 재외선거인의 선거권을 침해한다.
ㄹ. 국민투표는 대한민국의 헌법질서 내에서 국민의 의사를 직접적으로 반영하는 절차이므로 국민투표권자를 대한민국의 영토에서 생활영역을 영위하는 사람으로 한정하는 것은 재외선거인의 국민투표권을 침해하지 않는다.

① ㄱ(○), ㄴ(○), ㄷ(×), ㄹ(×)
② ㄱ(○), ㄴ(×), ㄷ(×), ㄹ(○)
③ ㄱ(×), ㄴ(○), ㄷ(×), ㄹ(○)
④ ㄱ(○), ㄴ(○), ㄷ(○), ㄹ(×)
⑤ ㄱ(×), ㄴ(×), ㄷ(○), ㄹ(○)

해설

ㄱ. O 지역구국회의원은 국민의 대표임과 동시에 소속지역구의 이해관계를 대변하는 역할을 하고 있다. 전국을 단위로 선거를 실시하는 대통령선거와 비례대표국회의원선거에 투표하기 위해서는 국민이라는 자격만으로 충분한 데 반해, 특정한 지역구의 국회의원선거에 투표하기 위해서는 '해당 지역과의 관련성'이 인정되어야 한다. 주민등록과 국내거소신고를 기준으로 지역구국회의원선거권을 인정하는 것은 해당 국민의 지역적 관련성을 확인하는 합리적인 방법이다. 따라서 선거권조항과 재외선거인 등록신청조항이 재외선거인의 임기만료지역구국회의원선거권을 인정하지 않은 것이 재외선거인의 선거권을 침해하거나 보통선거원칙에 위배된다고 볼 수 없다(2014.7.24. 2009헌마256).
ㄴ. O 입법자는 재외선거제도를 형성하면서, 잦은 재·보궐선거는 재외국민으로 하여금 상시적인 선거체제에 직면하게 하는 점, 재외 재·보궐선거의 투표율이 높지 않을 것으로 예상되는 점, 재·보궐선거 사유가 확정될 때마다 전 세계 해외 공관을 가동하여야 하는 등 많은 비용과 시간이 소요된다는 점을 종합적으로 고려하여 재외선거인에게 국회의원의 재·보궐선거권을 부여하지 않았다고 할 것이고, 이와 같은 선거제도의 형성이 현저히 불합리하거나 불공정하다고 볼 수 없다. 따라서 재외선거인 등록신청조항은 재외선거인의 선거권을 침해하거나 보통선거원칙에 위배된다고 볼 수 없다(2014.7.24. 2009헌마256).
ㄷ. X 재외선거인의 등록신청서에 따라 재외선거인명부를 작성하는 방법은 해당 선거에서 투표할 권리가 있는지 확인함으로써 투표의 혼란을 막고, 선거권이 있는 재외선거인을 재외선거인명부에 등록하기 위한 합리적인 방법이다. 따라서 재외선거인 등록신청조항이 재외선거인자로 하여금 선거를 실시할 때마다 재외선거인 등록신청을 하도록 규정한 것이 재외선거인의 선거권을 침해한다고 볼 수 없다(2014.7.24. 2009헌마256).

ㄹ. X 헌법 제72조의 중요정책 국민투표와 헌법 제130조의 헌법개정안 국민투표는 대의기관인 국회와 대통령의 의사결정에 대한 국민의 승인절차에 해당한다. 대의기관의 선출주체가 곧 대의기관의 의사결정에 대한 승인주체가 되는 것은 당연한 논리적 귀결이다. 재외선거인은 대의기관을 선출할 권리가 있는 국민으로서 대의기관의 의사결정에 대해 승인할 권리가 있으므로, 국민투표권자에는 재외선거인이 포함된다고 보아야 한다. 또한, 국민투표는 선거와 달리 국민이 직접 국가의 정치에 참여하는 절차이므로, 국민투표권은 대한민국 국민의 자격이 있는 사람에게 반드시 인정되어야 하는 권리이다. 이처럼 국민의 본질적 지위에서 도출되는 국민투표권을 추상적 위험 내지 선거기술상의 사유로 배제하는 것은 헌법이 부여한 참정권을 사실상 박탈한 것과 다름없다. 따라서 국민투표법조항은 재외선거인의 국민투표권을 침해한다(2014.7.24. 2009헌마256). → 지문은 재판관 이진성, 재판관 김창종, 재판관 조용호의 국민투표법조항에 관한 반대의견

21 16변시-1 정답 ⑤

다음 사례에 관한 설명 중 옳은 것(○)과 옳지 않은 것(×)을 올바르게 조합한 것은? (다툼이 있는 경우 판례에 의함)

대통령 甲은 대통령선거를 10개월여 앞둔 시점에서 소상공인들이 주최한 간담회에 참석하여 재벌가의 후손인 야당의 대표가 대통령에 당선되면 소상공인들의 지위는 더욱 불안해질 수밖에 없으니 대통령선거에서 현명한 선택을 당부한다는 취지의 발언을 하였다. 이에 야당은 甲의 발언이 「공직선거법」 제9조 제1항에 위반된다는 이유로 甲을 중앙선거관리위원회에 고발하였다. 중앙선거관리위원회는 甲에 대해 「공직선거법」 제9조 제1항이 정한 공무원의 선거중립의무를 위반하였다고 결정하면서 대통령의 선거중립의무 준수 요청조치를 취한 후, 이를 甲에게 통고하고 언론사를 통하여 공표하였다. 이 같은 중앙선거관리위원회의 요청조치에 대해 甲은 헌법소원심판을 청구하였다.

※ 「공직선거법」
제9조
① 공무원 기타 정치적 중립을 지켜야 하는 자(기관·단체를 포함한다)는 선거에 대한 부당한 영향력의 행사 기타 선거결과에 영향을 미치는 행위를 하여서는 아니된다.

ㄱ. 중앙선거관리위원회의 위 요청조치는 중앙선거관리위원회의 공명선거 협조요청에 불과하여 甲에게 법적 효과를 미치는 것은 아니므로 공권력 행사성이 없다.
ㄴ. 중앙선거관리위원회의 위 요청조치는 항고소송에 의한 권리구제절차를 거칠 수 있는 행정행위에 속하므로 헌법소원의 보충성의 요청에 의해 해당 절차를 거친 후에야만 헌법소원심판을 청구할 수 있다.
ㄷ. 대통령, 지방자치단체의 장, 지방의회의원은 직무의 기능이나 영향력을 이용하여 선거에서 국민의 자유로운 의사형성과정에 영향을 미치고 정당간의 경쟁관계를 왜곡할 가능성이 크다는 점에서 선거에서의 정치적 중립성이 요구된다.
ㄹ. 중앙선거관리위원회가 위 요청조치를 취하기 전에 甲에게 의견진술의 기회를 부여하지 않았다면 적법절차원칙에 어긋나서 甲의 기본권을 침해한 것이다.

① ㄱ(○), ㄴ(○), ㄷ(×), ㄹ(○)
② ㄱ(○), ㄴ(×), ㄷ(○), ㄹ(○)
③ ㄱ(×), ㄴ(○), ㄷ(○), ㄹ(×)
④ ㄱ(×), ㄴ(×), ㄷ(○), ㄹ(×)
⑤ ㄱ(×), ㄴ(×), ㄷ(×), ㄹ(×)

 해설

⑤ 대통령의 선거중립의무 준수요청 헌법소원 사건(2008.1.17. 2007헌마700)에 관한 설명 중 옳은 것(○)과 옳지 않은 것(×)을 올바르게 조합한 것은 ㄱ(×), ㄴ(×), ㄷ(×), ㄹ(×)이다.

ㄱ. X 선거관리위원회법 제14조의2의 '경고'는 선거법 위반행위에 대한 제재적 조치의 하나로서 법률에 규정된 것이므로 피경고자는 이러한 경고를 준수하여야 할 의무가 있고, 피경고자가 경고를 불이행하는 경우 선거관리위원회 위원·직원에 의하여 관할 수사기관에 수사의뢰 또는 고발될 수 있으므로(위 조항 후문), 위 '경고'가 청구인의 법적 지위에 영향을 주지 않는다고는 할 수 없다. 중앙선거관리위원회 위원장이 중앙선거관리위원회 전체회의의 심의를 거쳐 대통령의 위법사실을 확인한 후 그 재발방지를 촉구하는 내용의 이 사건 조치를 청구인 대통령에 대하여 직접 발령한 것이 <u>단순한 권고적·비권력적 행위라든가 대통령인 청구인의 법적 지위에 불리한 효과를 주지 않았다고 보기는 어렵다</u>(탄핵소추사유는 근본적으로 청구인의 행위가 이 사건 법률조항에 위반되었다는 점이 되지만, 이 사건 조치에 의하여 청구인의 위법사실이 유권적으로 확인됨으로써 탄핵발의의 계기가 부여된다). 청구인이 이 사건 조치를 따르지 않음으로써 형사적으로 처벌될 가능성은 없다고 하더라도, 이 사건 조치가 그 자체로 청구인에게 그러한 위축효과를 줄 수 있음은 명백하다고 볼 것이고, 나아가 이 사건 조치에 대하여 법원에서 소송으로 구제받기는 어렵다는 점에서 헌법기관인 피청구인이 청구인의 위 발언내용이 위법이라고 판단한 이 사건 조치는 최종적·유권적인 판단으로서 기본권 제한의 효과를 발생시킬 가능성이 높다고 할 것이다(2008.1.17. 2007헌마700).

ㄴ. X 헌법소원은 다른 법률에 구제절차가 있는 경우에는 그 절차를 모두 거친 후에 심판청구를 하여야 하고(헌법재판소법 제68조 제1항 단서), 다만 청구인이 그의 불이익으로 돌릴 수 없는 정당한 이유 있는 착오로 전심절차를 밟지 않은 경우, 전심절차로 권리가 구제될 가능성이 거의 없거나 권리구제절차가 허용되는지 여부가 객관적으로 불확실하여 전심절차 이행의 기대가능성이 없을 때에는 보충성의 예외로서 바로 헌법소원을 제기할 수 있다. 그런데 이 사건 법률조항과 같이 금지의무만이 있을 뿐 그 위반에 대한 처벌조항이 없는 경우, 이를 위반하였다는 내용의 이 사건 조치가 법원에서 항고소송의 대상으로 인정받은 바 없을 뿐 아니라 이에 해당하는지 여부도 불투명하다. 결국 청구인에게 항고소송에 의한 권리구제절차를 거치도록 요구하거나 기대할 수 없으므로 <u>보충성의 예외를 인정</u>하여 헌법소원을 허용함이 상당하다(2008.1.17. 2007헌마700).

ㄷ. X 이 사건 법률조항(공직선거법 제9조 제1항 공무원의 선거중립 의무) 중 수범자인 행위주체 부분을 살펴보면, 주체는 '공무원 기타 정치적 중립을 지켜야 하는 자'로 규정되어 있으므로, 이 때 '공무원'은 자유선거원칙과 선거에서의 정당의 기회균등을 수호하여야 하는 모든 공무원을 의미한다. 그런데 사실상 모든 공무원이 그 직무의 행사를 통하여 선거에 부당한 영향력을 행사할 수 있는 지위에 있으므로, 여기서의 공무원이란 원칙적으로 국가와 지방자치단체의 모든 공무원 즉 좁은 의미의 직업공무원은 물론이고, 적극적인 정치활동을 통하여 국가에 봉사하는 정치적 공무원(예컨대, 대통령, 국무총리, 국무위원, 도지사, 시장, 군수, 구청장 등 지방자치단체의 장)을 포함하며, 특히 직무의 기능이나 영향력을 이용하여 선거에서 국민의 자유로운 의사형성과정에 영향을 미치고 정당간의 경쟁관계를 왜곡할 가능성은 정부나 지방자치단체의 집행기관에 있어서 더욱 크다고 판단되므로, 대통령, 지방자치단체의 장 등에게는 다른 공무원보다도 선거에서의 정치적 중립성이 특히 요구된다. 다만 공무원 중에서 국회의원과 지방의 회의원은 정치활동의 자유가 보장되고(국가공무원법 제3조 제3항, 제65조, '국가공무원법 제3조 제3항의 공무원의 범위에 관한 규정' 제2조 제4호) 선거에서의 중립의무 없이 선거운동이 가능하므로(공직선거법 제60조 제1항 제4호, 정당법 제22조 제1항 제1호 단서) **국회의원과 지방의회의원은 위 공무원의 범위에 포함되지 않는다**(2008.1.17. 2007헌마700).

ㄹ. X 각급 선거관리위원회의 의결을 거쳐 행하는 사항에 대하여는 원칙적으로 행정절차에 관한 규정이 적용되지 않는바(행정절차법 제3조 제2항 제4호), 이는 권력분립의 원리와 선거관리위원회 의결절차의 합리성을 고려한 것으로 보인다. 또한 선거운동의 특성상 선거법 위반행위인지 여부와 그에 대한 조치는 가능하면 신속하게 결정되어야 할 뿐 아니라, <u>선거관리위원회법 제14조의2의 조치가 위반행위자에 대하여 종국적 법률효과를 발생시키는 것도 아니므로, 위반행위자에게 의견진술의 기회를 보장하는 것이 반드시 필요하거나 적절하다고 보기는 어렵다.</u> 이와 같이 선거관리의 특성, 이 사건 조치가 규율하는 행위의 성격, 위 조치의 제재효과 및 기본권침해의 정도 등을 종합하여 볼 때, 청구인에게 위 조치 전에 의견진술의 기회를 부여하지 않은 것이 적법절차원칙에 어긋나서 청구인의 기본권을 침해한다고 볼 수 없다(2008.1.17. 2007헌마700).

22 19법전협-1-7 정답 ④

한국철도공사와 같이 정부가 100분의 50 이상의 지분을 가지고 있는 기관의 상근직원은 선거운동을 할 수 없도록 「공직선거법」은 규정하고 있다. 그럼에도 불구하고 한국철도공사 상근직원 甲은 특정 정당과 그 정당의 후보자에 대한 지지를 호소하는 내용의 메일을 한국철도공사 경기지부 소속 노조원에게 발송하였다는 이유로 기소되었다. 甲은 소송 계속 중 자신의 선거운동을 금지하고 있는 「공직선거법」 규정에 대하여 위헌법률심판제청신청을 하였으나 기각되자, 「헌법재판소법」 제68조 제2항에 의한 헌법소원심판을 청구하였다. 이와 관련한 설명으로 옳지 않은 것은? (다툼이 있는 경우 판례에 의함)

① 甲은 선거과정에서 자유로이 의사를 표현할 자유가 제한된다는 이유로 헌법상 언론·출판·집회·결사의 자유가 침해되었다고 주장할 수 있다.

② 선거운동의 자유는 선거권 행사의 전제 내지 선거권의 중요한 내용을 이룬다고 할 수 있으므로, 甲에 대한 선거운동의 제한은 선거권의 제한으로도 파악될 수 있다.

③ 甲의 선거운동의 자유를 제한하고 있는 「공직선거법」 규정의 위헌 여부에 대하여는 엄격한 심사기준이 적용된다.

④ 甲이 수행하는 직무의 공익적 성격과 선거의 공정성을 고려할 때 甲에게는 공무원에 준하는 정치적 중립성이 요구된다.

⑤ 한국철도공사 상근직원의 직급이나 직무의 성격에 대한 검토 없이 일률적으로 모든 상근직원에게 선거운동을 전면적으로 금지하는 것은 선거운동의 자유를 지나치게 제한한다.

① O 선거운동의 자유는 널리 선거과정에서 자유로이 의사를 표현할 자유의 일환이므로 표현의 자유의 한 태양이기도 한데, 이러한 정치적 표현의 자유는 선거과정에서의 선거운동을 통하여 국민이 정치적 의견을 자유로이 발표, 교환함으로써 비로소 그 기능을 다하게 된다 할 것이므로 선거운동의 자유는 헌법이 정한 언론·출판·집회·결사의 자유 및 보장규정에 의한 보호를 받는다(2018.2.22. 2015헌바124).

② O 우리 헌법은 참정권의 내용으로서 모든 국민에게 법률이 정하는 바에 따라 선거권을 부여하고 있는데, 선거권이 제대로 행사되기 위하여는 후보자에 대한 정보의 자유교환이 필연적으로 요청된다 할 것이므로, 선거운동의 자유는 선거권 행사의 전제 내지 선거권의 중요한 내용을 이룬다고 할 수 있고, 따라서 선거운동의 제한은 선거권의 제한으로도 파악될 수 있을 것이다(2018.2.22. 2015헌바124).

③ O 선거운동은 국민주권 행사의 일환일 뿐 아니라 정치적 표현의 자유의 한 형태로서 민주사회를 구성하고 움직이게 하는 요소이므로 그 제한입법의 위헌여부에 대하여는 엄격한 심사기준이 적용되어야 할 것이다(2018.2.22. 2015헌바124).

④ X 한국철도공사 상근직원이 수행하는 직무의 성격에 비추어 볼 때 이들에게 공무원에 준하는 정치적 중립성이 요구된다고 할 수 없을 뿐만 아니라, 직무에 공익적 성격이 있다고 하더라도 그러한 공익적 업무를 수행하는 자의 영향력 행사를 배제하여 선거의 공정성을 확보한다는 공익은 그 지위를 이용한 선거운동 내지 영향력 행사만을 금지하는 것으로 충분히 확보될 수 있다. 그러므로 심판대상조항과 같이 한국철도공사 상근직원에 대하여 일체의 선거운동을 금지하는 것은 선거운동의 자유를 중대하게 제한하는 데 비하여, 이러한 금지가 선거의 공정성 및 형평성의 확보라는 공익에 기여하는 바는 크지 않다. 따라서 심판대상조항은 법익의 균형성을 충족하지 못하였다(2018.2.22. 2015헌바124).

⑤ O 한국철도공사의 상근직원에게 일정 범위 내에서 선거운동을 제한할 필요성이 인정된다 하더라도, 직급에 따른 업무의 내용과 수행하는 개별 구체적인 직무의 성격에 대한 검토 없이 일률적으로 모든 상근직원에게 선거운동을 전면적으로 금지하고 이에 위반한 경우 처벌하는 것은 선거운동의 자유를 지나치게 제한하는 것이다(2018.2.22. 2015헌바124).

제6절 공무원제도

23 | 14변시-9 | 정답 ③

공무담임권에 관한 설명 중 옳은 것(○)과 옳지 않은 것(×)을 올바르게 조합한 것은? (다툼이 있는 경우 판례에 의함)

ㄱ. 공무담임권의 보호영역에는 공직취임 기회의 자의적인 배제뿐 아니라, 공무원 신분의 부당한 박탈이나 권한의 부당한 정지도 포함된다.

ㄴ. 직업공무원으로의 공직취임권은 임용지원자의 능력·전문성·적성·품성을 기준으로 하는 능력주의 또는 성과주의를 바탕으로 하여야 하므로 공직자 선발에 있어 직무수행능력과 무관한 요소를 기준으로 삼아서는 안 된다. 따라서 헌법 제32조 제4항에서 여자의 근로에 대한 특별한 보호를 규정하고 있다 하더라도 이를 이유로 공직자 선발에 있어 능력주의의 예외가 인정될 수 있는 것은 아니다.

ㄷ. 공무원이 특정의 장소에서 근무하는 것 또는 특정의 보직을 받아 근무하는 것은 공무담임권의 보호영역에 포함된다고 보기 어려우므로, 지방공무원의 의사와 관계 없이 지방자치단체의 장 사이의 동의만으로 지방공무원을 소속 지방자치단체에서 다른 지방자치단체로 전출시킬 수 있다 하더라도 공무원의 신분보장이라는 헌법적 요청에 위반되지 않는다.

ㄹ. 금고 이상의 형의 집행유예 판결을 받은 것을 공무원의 당연퇴직사유로 규정한 법률조항이 입법자의 재량을 일탈하여 공무담임권을 침해한 것으로 볼 수 없다.

ㅁ. 임용권자로 하여금 형사사건으로 기소된 공무원을 직위해제할 수 있도록 규정한 것은 그러한 공무원을 직무담당으로부터 배제함으로써 공직 및 직무수행의 공정성과 그에 대한 국민의 신뢰를 유지하기 위한 것으로서 입법목적이 정당하지만, 직무와 전혀 관련이 없는 범죄나 지극히 경미한 범죄로 기소된 경우까지 임용권자의 임의적인 판단에 따라 직위해제를 할 수 있게 허용하므로 공무담임권을 침해한다.

① ㄱ(○), ㄴ(○), ㄷ(×), ㄹ(×), ㅁ(○)
② ㄱ(×), ㄴ(×), ㄷ(○), ㄹ(○), ㅁ(○)
③ ㄱ(○), ㄴ(×), ㄷ(×), ㄹ(○), ㅁ(×)
④ ㄱ(○), ㄴ(○), ㄷ(○), ㄹ(×), ㅁ(×)
⑤ ㄱ(○), ㄴ(×), ㄷ(×), ㄹ(○), ㅁ(○)

ㄱ. O 우리 헌법 제25조는 "모든 국민은 법률이 정하는 바에 의하여 공무담임권을 가진다."고 규정하여 공무담임권을 기본권으로 보장하고 있고, 공무담임권의 보호영역에는 공직취임 기회의 자의적인 배제뿐 아니라 **공무원 신분의 부당한 박탈이나 권한(직무)의 부당한 정지도 포함**된다(2010.9.2. 2010헌마418).

ㄴ. X 헌법의 기본원리나 특정조항에 비추어 능력주의원칙에 대한 예외를 인정할 수 있는 경우가 있다. 그러한 헌법원리로는 우리 헌법의 기본원리인 사회국가원리를 들 수 있고, 헌법조항으로는 여자·연소자근로의 보호, 국가유공자·상이군경 및 전몰군경의 유가족에 대한 우선적 근로기회의 보장을 규정하고 있는 헌법 제32조 제4항 내지 제6항, 여자·노인·신체장애자 등에 대한 사회보장의무를 규정하고 있는 헌법 제34조 제2항 내지 제5항 등을 들 수 있다. 이와 같은 헌법적 요청이 있는 경우에는 합리적 범위 안에서 능력주의가 제한될 수 있다(1999.12.23. 98헌마363).

ㄷ. X 지문의 전단은 '공무수행의 자유'를 설명하는 것으로 이것까지 그 공무담임권에 보호영역에 포함된다고 보기는 어렵다(2008.6.26. 2005헌마1275). 그러나 지문의 후단은 지방자치단체의 장은 소속 지방공무원의 전출·전입에 서로 동의하였더라도 해당 지방공무원 본인의 동의를 얻어야만 그를 전출·전입할 수 있다는 것으로 해석하는 것이 타당하고, 지방공무원의 신분보장이라는 헌법적 요청도 충족할 수 있게 된다(2002.11.28. 98헌바101·99헌바8). 따라서 '지방공무원의 의사와 관계없이'의 부분이 틀렸다.

ㄹ. O 금고 이상의 형의 집행유예를 받은 경우 지방공무원직에서 당연히 퇴직하는 것으로 규정한 지방공무원법 조항은 공무담임권, 평등권을 침해하지 않는다(2003.12.18. 2003헌마409). 국가직 공무원도 마찬가지이다(1997.11.27. 95헌마14·96헌바63). 그러나 금고 이상의 형의 선고유예판결의 경우에는 위헌결정이 난 것은 집행유예를 받은 경우와 혼동하지 않아야 한다(2002.8.29. 2001헌마788·2002헌마173 ; 2003.10.30. 2002헌마735).

ㅁ. X 형사사건으로 기소된 공무원에 대한 임의적 직위해제는 적법절차원칙이나, 무죄추정의 원칙에 위배된다고 볼 수 없다(2006.5.25. 2004헌바12) 그러나 필요적 직위해제처분은 헌법에 위반된다(1998.5.28. 96헌가12).

24 20변시-14 정답 ③

공무원의 연금청구권에 관한 설명 중 옳지 않은 것은?
(다툼이 있는 경우 판례에 의함)

① 공무원연금제도는 공무원을 대상으로 퇴직 또는 사망과 공무로 인한 부상·질병 등에 대하여 적절한 급여를 실시함으로써 공무원 및 그 유족의 생활안정과 복리향상에 기여하는 데 그 목적이 있으며, 사회적 위험이 발생한 때에 국가의 책임 아래 보험기술을 통하여 공무원의 구제를 도모하는 사회보험제도의 일종이다.

② 「공무원연금법」상의 퇴직급여 등 각종 급여를 받을 권리, 즉 연금수급권은 재산권의 성격과 사회보장수급권의 성격이 불가분적으로 혼재되어 있는데, 입법자로서는 연금수급권의 구체적 내용을 정함에 있어 어느 한쪽의 요소에 보다 중점을 둘 수 있다.

③ 공무원의 범죄행위로 인해 형사처벌이 부과된 경우에는 그로 인하여 공직을 상실하게 되므로, 이에 더하여 공무원의 퇴직급여청구권까지 박탈하는 것은 이중처벌금지의 원칙에 위반된다.

④ 공무원 또는 공무원이었던 자가 재직 중의 사유로 금고 이상의 형을 받은 때 퇴직급여 및 퇴직수당의 일부를 감액하여 지급하도록 한 「공무원연금법」 조항은 공무원의 신분이나 직무상 의무와 관련 없는 범죄인지 여부 등과 관계없이 일률적·필요적으로 퇴직급여를 감액하는 것으로서 재산권을 침해한다.

⑤ 공무원의 직무와 관련이 없는 범죄라 할지라도 고의범의 경우에는 공무원의 법령준수의무, 청렴의무, 품위유지의무 등을 위반한 것으로 볼 수 있으므로 이를 퇴직급여의 감액사유에서 제외하지 아니하더라도 헌법에 위반되지 않는다.

해설

①, ② O 2013.9.26. 2011헌바272

③ X 헌법 제13조 제1항 후단에 규정된 일사부재리 또는 이중처벌금지의 원칙에 있어서 처벌이라고 함은 원칙적으로 범죄에 대한 국가의 형벌권 실행으로서의 과벌을 의미하는 것이고 국가가 행하는 일체의 제재나 불이익처분이 모두 그에 포함된다고는 할 수 없으므로 이 사건 법률조항에 의하여 급여를 제한한다고 하더라도 그것이 헌법이 금하고 있는 이중적인 처벌에 해당하는 것은 아니라고 할 것이다(2002.7.18. 2000헌바57).

④ O 공무원의 신분이나 직무상 의무와 관련이 없는 범죄의 경우에도 퇴직급여 등을 제한하는 것은, 공무원범죄를 예방하고 공무원이 재직중 성실히 근무하도록 유도하는 입법목적을 달성하는 데 적합한 수단이라고 볼 수 없다. 그리고 특히 과실범의 경우에는 공무원이기 때문에 더 강한 주의의무 내지 결과발생에 대한 가중된 비난가능성이 있다고 보기 어려우므로, 퇴직급여 등의 제한이 공무원으로서의 직무상 의무를 위반하지 않도록 유도 또는 강제하는 수단으로서 작용한다고 보기 어렵다. 입법자로서는 입법목적을 달성함에 반드시 필요한 범죄의 유형과 내용 등으로 그 범위를 한정하여 규정함이 최소침해성의 원칙에 따른 기본권 제한의 적절한 방식이다. 단지 금고 이상의 형을 받았다는 이유만으로 이미 공직에서 퇴출당할 공무원에게 더 나아가 일률적으로 그 생존의 기초가 될 퇴직급여 등까지 반드시 감액하도록 규정한다면 그 법률조항은 침해되는 사익에 비해 지나치게 공익만을 강조한 입법이라고 아니할 수 없다.

나아가 이 사건 법률조항은 퇴직급여에 있어서는 국민연금법상의 사업장 가입자에 비하여, 퇴직수당에 있어서는 근로기준법상의 근로자에 비하여 각각 차별대우를 하고 있는바, 이는 **자의적인 차별**에 해당한다(2007.3.29. 2005헌바33). → 재산권을 침해하고 평등의 원칙에 위배된다.

⑤ O 공무원의 직무와 관련이 없는 범죄라 할지라도 고의범의 경우에는 공무원의 법령준수의무, 청렴의무, 품위유지의무 등을 위반한 것으로 볼 수 있으므로 이를 퇴직급여의 감액사유에서 제외하지 아니하더라도 위 결정(2007.3.29. 2005헌바33)의 취지에 반한다고 볼 수 없다(2016.6.30. 2014헌바365).

25 20법전협-3-8   정답 ④

공무담임권에 관한 설명으로 옳지 않은 것은? (다툼이 있는 경우 판례에 의함)

① 공무담임권은 국민이 국가나 공공단체의 구성원으로서 직무를 담당할 수 있는 권리를 뜻하고, 여기서 직무를 담당한다는 것은 공무담임에 관하여 능력과 적성에 따라 평등한 기회를 보장받는 것을 의미한다.

② 공무담임권의 보호영역에는 일반적으로 공직취임의 기회보장, 신분박탈, 직무의 정지가 포함되는 것일 뿐, 특별한 사정도 없이 공무원이 특정의 장소에서 근무하는 것 또는 특정의 보직을 받아 근무하는 것을 포함하는 일종의 '공무수행의 자유'까지 그 보호영역에 포함된다고 보기는 어렵다.

③ 승진시험의 응시제한이나 이를 통한 승진기회의 보장 등 공직신분의 유지나 업무수행에 영향을 주지 않는 단순한 내부 승진인사에 관한 문제는 공무담임권의 보호영역에 포함되지 않는다.

④ 행정5급 일반임기제공무원을 채용하는 경력경쟁채용시험공고를 하면서 그 응시자격요건으로 '변호사 자격 등록'을 요구한 것은, 변호사 자격을 갖추었음에도 불구하고 변호사 자격 등록을 하지 않는 자에게 국가공무원으로 임용될 수 있는 기회를 갖지 못하도록 하는 것이므로 공무담임권을 침해한다.

⑤ 기능직공무원들에게 일반직공무원으로 우선 임용될 기회를 주지 않는다고 하여도 기능직공무원으로서 그대로 신분을 유지하게 되므로, 일반직공무원으로 우선 임용될 권리 내지 기회보장은 공무담임권의 보호영역에 속하지 않는다.

 해설

① O 공무담임권은, 국민이 국가나 공공단체의 구성원으로서 직무를 담당할 수 있는 권리를 뜻하고, 여기서 직무를 담당한다는 것은 공무담임에 관하여 능력과 적성에 따라 평등한 기회를 보장받는 것을 의미한다(2001헌마788·2002헌마173 등, 2018.7.26. 2017헌마1183).

② O 공무담임권에는 일반적으로 공직취임의 기회보장, 신분박탈, 직무의 정지에 관련된 사항이 그 보호영역에 포함되지만, 특별한 사정도 없이 공무원이 특정의 장소에서 근무하는 것이나 특정의 보직을 받아 근무하는 것을 포함하는 일종의 '공무수행의 자유'까지 그 보호영역에 포함된다고 보기는 어렵다(2008.6.26. 2005헌마1275).

③ O 공무담임권의 보호영역에는 일반적으로 공직취임의 기회보장, 신분박탈, 직무의 정지가 포함될 뿐이고 청구인이 주장하는 '승진시험의 응시제한'이나 이를 통한 승진기회의 보장 문제는 공직신분의 유지나 업무수행에는 영향을 주지 않는 단순한 내부 승진인사에 관한 문제에 불과하여 공무담임권의 보호영역에 포함된다고 보기는 어려우므로 결국 이 사건 심판대상 규정은 청구인의 공무담임권을 침해한다고 볼 수 없다(2007.6.28. 2005헌마1179).

④ X 피청구인 방위사업청장이 행정5급 일반임기제공무원을 채용하는 경력경쟁채용시험공고를 하면서, 그 응시자격요건으로 '변호사 자격 등록'을 요구한 부분(이하 '이 사건 공고'라 한다)이 변호사 자격을 가졌으나 변호사 자격 등록을 하지 아니한 청구인들의 공무담임권을 침해하는지 여부(소극) 이 사건 공고는 대한변호사협회에 등록한 변호사로서 실제 변호사의 업무를 수행한 경력이 있는 사람을 우대하는 한편, 임용예정자에게 변호사등록 거부사유 등이 있는지를 대한변호사협회의 검증절차를 통하여 확인받도록 하는 데 목적이 있다. 이 사건 공고가 응시자격요건으로 변호사 자격 등록을 요구하는 것은 이러한 목적, 그리고 지원자가 채용예정직위에서 수행할 업무 등에 비추어 합리적이다. 인사권자인 피청구인은 경력경쟁채용시험을 실시하면서 응시자격요건을 구체적으로 어떻게 정할 것인지를 판단하고 결정하는 데 재량이 인정되는데, 이 사건 공고가 그 재량권을 현저히 일탈하였다고 볼 수 없다. 이 사건 공고는 청구인들의 공무담임권을 침해하지 않는다(2019.8.29. 2019헌마616).

⑤ O 기능직공무원이 일반직공무원으로 우선 임용될 수 있는 기회의 보장은 공무담임권에서 당연히 파생되는 것으로 볼 수 없다. 특히 공개경쟁시험이나 일반적인 경력경쟁시험보다 유리한 조건으로 청구인들과 같은 조무직렬 기능직공무원들에게 일반직공무원으로 우선 임용될 기회를 주지 않는다고 하여도 청구인들은 기능직공무원으로서 그대로 신분을 유지하게 되므로, 심판대상조항이 청구인들의 공직신분의 유지나 업무수행과 같은 법적 지위에 직접 영향을 미치는 것도 아니다. 따라서 청구인들이 주장하는 일반직공무원으로 우선 임용될 권리 내지 기회보장은 공무담임권의 보호영역에 속하지 아니하고, 심판대상조항으로 인하여 청구인들의 공무담임권 침해 문제가 생길 여지가 없다(2013.11.28. 2011헌마565).

| 26 | 20법전협-1-11 | 정답 ① |

공무담임권에 관한 설명 중 옳지 않은 것은? (다툼이 있는 경우 판례에 의함)

① 공무원으로 임용되기 전에 병역의무를 이행한 기간을 승진소요 최저연수에 포함하는 규정을 두지 않는 것은 승진임용기회에 과도한 제한을 가한다고 볼 수 있으므로 병역의무 이행자의 공무담임권을 침해한다.
② 국회의원선거 및 지방의회의원선거에 있어서 피선거권 행사 연령을 25세 이상으로 정한 것은 입법형성권의 한계 내에 있으므로, 25세 미만인 사람들의 공무담임권을 침해한다고 볼 수 없다.
③ 공무담임권의 보호영역에는 공무원이 특정의 장소에서 근무하는 것 또는 특정의 보직을 받아 근무하는 것을 포함하는 일종의 '공무수행의 자유'까지 포함된다고 보기는 어렵다.
④ 간접선거제를 채택하고 있는 국립대학교 총장후보자 선정과정에서 후보자에 지원하려는 사람에게 기탁금 1,000만 원을 납부하도록 하고, 기탁금을 납입하지 않을 경우 총장후보자에 지원하는 기회가 주어지지 않도록 하는 것은 총장후보에 지원하려는 자의 공무담임권을 침해한다.
⑤ 금고 이상의 형의 선고유예를 받고 그 기간 중에 있는 자를 임용결격사유로 삼고 이러한 사유에 해당하는 자가 임용되더라도 이를 당연무효로 하는 것은 해당 임용결격 공무원의 공무담임권을 침해한 것이라고 볼 수는 없다.

 해설

① ✕ 승진기간조항은 직무 난이도 증가에 대비해 능력을 배양할 최소한의 재직기간이 필요하다는 취지에서 재직하지 않고도 승진기간을 채울 수 있는 예외를 병역휴직과 같이 공무원 휴직으로만 한정하고 청구인의 병역의무 이행기간을 포함시키지 않았다. 승진소요 최저연수를 충족하였다는 의미는 승진임용자로 결정된다는 것이 아니라 경력평정을 실시하는 등 승진임용을 위한 절차가 개시될 수 있다는 의미에 불과하다. 승진소요 최저연수에 공무원 임용 전 병역의무 이행기간을 포함시키지 않았다 하여 청구인의 승진임용기회에 과도한 제한을 가한다고 보기는 어려우므로, 승진기간조항은 공무담임권을 침해하지 않는다(2018.7.26. 2017헌마1183).
② ○ 입법자가 국회의원 및 지방의회의원에게 요구되는 능력 및 이러한 능력을 갖추기 위하여 요구되는 교육과정 등에 소요되는 최소한의 기간, 선출직공무원에게 납세 및 병역의무의 이행을 요구하는 국민의 기대와 요청을 고려하여 국회의원 및 지방의회의원의 피선거권 행사연령을 25세 이상으로 정한 것은 합리적이고 입법형성권의 한계 내에 있으므로 25세 미만인 사람의 공무담임권 및 평등권을 침해한다고 볼 수 없다(2013.8.29. 2012헌마288).
③ ○ 헌법 제25조의 공무담임권의 보호영역에는 일반적으로 공직취임의 기회보장, 신분박탈, 직무의 정지에 관련된 사항이 포함되지만, 특별한 사정도 없이 공무원이 특정의 장소에서 근무하는 것이나 특정의 보직을 받아 근무하는 것을 포함하는 일종의 '공무수행의 자유'까지 포함된다고 보기 어렵다(2014.1.28. 2011헌마239).
④ ○ 총장후보자에 지원하려는 사람에게 접수시 1,000만 원의 기탁금을 납부하도록 하도록 한 '전북대학교 총장임용후보자 선정에 관한 규정' 제15조 제1항 제9호, '전북대학교 총장임용후보자 선정에 관한 규정' 제15조 제3항은 청구인의 공무담임권을 침해한다(2018.4.26. 2014헌마274).
⑤ ○ 금고 이상의 형의 선고유예를 받고 그 기간 중에 있는 자를 임용결격사유로 삼고, 위 사유에 해당하는 자가 임용되더라도 이를 당연무효로 하는 구 국가공무원법 제33조 제1항 제5호는 공무담임권을 침해하지 아니한다(2016.7.28. 2014헌바437).

| 27 | 19법전협-3-1 | 정답 ③ |

공무담임권에 관한 설명 중 옳은 것(○)과 옳지 않은 것(✕)을 올바르게 조합한 것은? (다툼이 있는 경우 판례에 의함)

ㄱ. 국회의원으로 당선된 사립대학 교원으로 하여금 사립대학 교원의 직을 사직하도록 하는 법률 조항은 사립대학 교원의 공무담임권을 침해하지 않는다.
ㄴ. 서울특별시 국·공립 초등학교 교사 임용시험에서 동일 지역 교육대학 출신 응시자에게 지역가산점을 부여하는 것은 다른 지역 교육대학 출신자의 공무담임권을 침해한다.
ㄷ. 수뢰죄를 범하여 금고 이상의 형의 선고유예를 받은 공립 고등학교 교사를 당연퇴직하게 하는 법률 조항은 해당 교사의 공무담임권을 침해하지 않는다.
ㄹ. 7급 또는 9급 국가공무원 공개경쟁채용시험에서 노동직류와 직업상담직류를 선발할 때, 직업상담사 자격증 소지자에게 점수를 가산하는 것은 해당 자격증을 소지하지 아니한 자의 공무담임권을 침해한다.

① ㄱ(○), ㄴ(○), ㄷ(✕), ㄹ(✕)
② ㄱ(✕), ㄴ(○), ㄷ(✕), ㄹ(○)
③ ㄱ(○), ㄴ(✕), ㄷ(○), ㄹ(✕)
④ ㄱ(✕), ㄴ(○), ㄷ(○), ㄹ(✕)
⑤ ㄱ(○), ㄴ(✕), ㄷ(○), ㄹ(○)

 해설

ㄱ. ○ 사립대학 교원이 국회의원으로 당선된 경우 임기개시일 전까지 그 직을 사직하도록 규정한 국회법(2013. 8. 13. 법률 제12108호로 개정된 것) 제29조 제2항 단서 제3호 중 사립대학 교원에 관한 부분은 청구인의 공무담임권과 직업선택의 자유, 평등권을 침해하지 않는다(2015.4.30. 2014헌마621).

ㄴ. X 구 교육공무원법 제11조의2 [별표2]에서 인정되는 각종 가산점은 제1차 시험성적의 10% 범위에서만 부여할 수 있고, 임용권자로서는 다른 가산점을 고려하여 지역가산점을 부여해야 하므로 지역가산점을 제한된 범위 내에서 부여할 수밖에 없는 점, 이 사건 지역가산점을 받지 못하는 불이익은 그런 점을 알고도 다른 지역 교대에 입학한 것에서 기인하는 점, 노력 여하에 따라서는 가산점의 불이익을 감수하고라도 수도권 지역에 합격할 길이 열려 있는 점 등에 비추어, 이 사건 지역가산점규정이 과잉금지원칙에 위배되어 다른 지역 교대출신 응시자들의 공무담임권, 평등권을 침해한다고 볼 수 없다(2014.4.24. 2010헌마747).

ㄷ. O 수뢰죄를 범하여 금고 이상의 형의 선고유예를 받은 국가공무원은 당연퇴직하도록 한 국가공무원법 제69조 단서 중 '형법 제129조 제1항'에 관한 부분은 과잉금지원칙에 반하여 청구인의 공무담임권을 침해하지 않는다(2013.7.25. 2012헌바409).

ㄹ. X 심판대상조항은 2003년과 2007년경부터 규정된 것이어서 해당 직류의 채용시험을 진지하게 준비 중이었다면 누구라도 직업상담사 자격증이 가산대상 자격증임을 알 수 있었다고 보이며, 자격증소지를 시험의 응시자격으로 한 것이 아니라 각 과목 만점의 최대 5% 이내에서 가산점을 부여하는 점, 자격증 소지자도 다른 수험생들과 마찬가지로 합격의 최저 기준인 각 과목 만점의 40%이상을 취득하여야 한다는 점, 그 가산점 비율은 3% 또는 5%로서 다른 직렬과 자격증 가산점 비율에 비하여 과도한 수준이라고 볼 수 없다는 점을 종합하면 이 조항이 피해최소성 원칙에 위배된다고 볼 수 없고, 법익의 균형성도 갖추었다. 따라서 심판대상조항이 청구인들의 공무담임권과 평등권을 침해하였다고 볼 수 없다(2018.8.30. 2018헌마46).

28 19법전협-3-5 정답 ④

직업공무원제도에 관한 설명 중 옳지 않은 것은? (다툼이 있는 경우 판례에 의함)

① 공무원은 공직자인 동시에 국민의 한 사람이기도 하므로, 공무원은 공인으로서의 지위와 사인으로서의 지위, 국민전체에 대한 봉사자로서의 지위와 기본권을 향유하는 기본권주체로서의 지위라는 이중적 지위를 가진다.

② 공무원이라고 하여 기본권이 무시되거나 경시되어서도 안 되지만, 공무원의 신분과 지위의 특수성에 비추어 공무원에 대해서는 일반 국민에 비해 보다 넓고 강한 기본권제한이 가능하다.

③ 국민이 공무원으로 임용된 경우, 정년까지 근무할 수 있는 권리는 헌법의 공무원신분보장 규정에 의하여 보호되는 기득권으로서 그 침해 내지 제한은 신뢰보호원칙에 위배되지 않는 범위 내에서만 가능하다.

④ 직업공무원제도를 유지하기 위해 공무원에게 보수청구권이 인정되지만, 보수청구권의 구체적 내용을 형성함에 있어서는 입법자에게 폭넓은 재량이 헌법상 허용되므로, 공무원의 보수청구권이 법률 및 하위법령에 의하여 보수의 구체적 수준이 형성되더라도 이를 재산권적 성격이 인정되는 공법상 권리로 볼 수는 없다.

⑤ 직업공무원제도에서 말하는 공무원은 국가 또는 공공단체와 근로관계를 맺고 이른바 공법상 특별권력관계 내지 특별행정법관계 아래 공무를 담당하는 것을 직업으로 하는 협의의 공무원을 말하며 정치적 공무원은 포함되지 않는다.

①, ② O 공무원은 공직자인 동시에 국민의 한 사람이기도 하므로 국민전체에 대한 봉사자로서의 지위와 기본권을 향유하는 기본권주체로서의 지위라는 이중적 지위를 가지는바, 공무원이라고 하여 기본권이 무시되거나 경시되어서는 안 되지만, 공무원의 신분과 지위의 특수성상 공무원에 대해서는 일반 국민에 비해 보다 넓고 강한 기본권 제한이 가능하게 된다(2012.3.29. 2010헌마97).

③ O 2000.12.14. 99헌마112

④ X 공무원의 보수청구권은, 법률 및 법률의 위임을 받은 하위법령에 의해 그 구체적 내용이 형성되면 재산적 가치가 있는 공법상의 권리가 되어 재산권의 내용에 포함되지만, 법령에 의하여 구체적 내용이 형성되기 전의 권리, 즉 공무원이 국가 또는 지방자치단체에 대하여 어느 수준의 보수를 청구할 수 있는 권리는 단순한 기대이익에 불과하여 재산권의 내용에 포함된다고 볼 수 없다(2008.12.26. 2007헌마444).

⑤ O 1989.12.18. 89헌마32

29 19법전협-1-13 정답 ②

헌법상 직업공무원제도에 관한 설명으로 옳지 않은 것은? (다툼이 있는 경우 판례에 의함)

① 국민이 공무원으로 임용된 경우에 있어서 그가 정년까지 근무할 수 있는 권리는 헌법의 공무원신분보장 규정에 의하여 보호되는 기득권으로서 그 침해 내지 제한은 신뢰보호의 원칙에 위배되지 않는 범위 내에서만 가능하다.

② 직업공무원제도에서의 공무원이란 국가 또는 공공단체와 근로관계를 맺고 이른바 공법상 특별권력관계 내지 특별행정법관계 아래 공무를 담당하는 것을 직업으로 하는 협의의 공무원은 물론 정치적 공무원을 포함한다.

③ 공무원은 공인으로서의 지위와 사인으로서의 지위, 국민전체에 대한 봉사자로서의 지위와 기본권을 향유하는 기본권주체로서의 지위라는 이중적 지위를 가지므로, 공무원의 신분과 지위의 특수성에 비추어 일반 국민에 비해 보다 넓고 강한 기본권제한이 가능하다.

④ 공무원의 보수청구권은 법률 및 법률의 위임을 받은 하위법령에서 보수의 구체적 수준이 형성되면 재산권적 성격이 인정되는 공법상 권리가 되나, 그 보수청구권의 구체적 내용을 형성함에 있어서는 입법자에게 폭넓은 재량이 허용된다.

⑤ 직업공무원제도는 국민주권원리에 바탕을 둔 민주적이고 법치주의적인 공직제도로서 정권담당자에 따라 영향을 받지 않는 것은 물론 같은 정권하에서도 정당한 이유 없이 해임당하지 않는 것을 불가결의 요건으로 한다.

해설

① O 국민이 공무원으로 임용된 경우에 있어서 그가 정년까지 근무할 수 있는 권리는 헌법의 공무원신분보장 규정에 의하여 보호되는 기득권으로서 그 침해 내지 제한은 신뢰보호의 원칙에 위배되지 않는 범위 내에서만 가능하다고 할 것이고 이 원칙에 위배되는 것은 입법형성권의 한계를 벗어난 위헌적인 것이라 할 것이다(1994.4.28. 91헌바15).

② X 우리나라는 직업공무원제도를 채택하고 있는데, 이는 공무원이 집권세력의 논공행상의 제물이 되는 엽관제도(獵官制度)를 지양하고 정권교체에 따른 국가작용의 중단과 혼란을 예방하고 일관성있는 공무수행의 독자성을 유지하기 위하여 헌법과 법률에 의하여 공무원의 신분이 보장되는 공직구조에 관한 제도이다. 여기서 말하는 공무원은 국가 또는 공공단체와 근로관계를 맺고 이른바 공법상 특별권력관계 내지 특별행정법관계 아래 공무를 담당하는 것을 직업으로 하는 협의의 공무원을 말하며 정치적 공무원이라든가 임시적 공무원은 포함되지 않는 것이다(1989.12.18. 89헌마32).

③ O 공무원은 공직자인 동시에 국민의 한 사람이기도 하므로 국민전체에 대한 봉사자로서의 지위와 기본권을 향유하는 기본권주체로서의 지위라는 이중적 지위를 가지는바, 공무원이라고 하여 기본권이 무시되거나 경시되어서는 안 되지만, 공무원의 신분과 지위의 특수성상 공무원에 대해서는 일반 국민에 비해 보다 넓고 강한 기본권 제한이 가능하게 된다(2012.3.29. 2010헌마97).

④ O 공무원의 보수청구권은, 법률 및 법률의 위임을 받은 하위법령에 의해 그 구체적 내용이 형성되면 재산적 가치가 있는 공법상의 권리가 되어 재산권의 내용에 포함되지만, 법령에 의하여 구체적 내용이 형성되기 전의 권리, 즉 공무원이 국가 또는 지방자치단체에 대하여 어느 수준의 보수를 청구할 수 있는 권리는 단순한 기대이익에 불과하여 재산권의 내용에 포함된다고 볼 수 없다. … 직업공무원제도를 유지하기 위해 공무원에게 보수청구권이 인정되지만, 공무담당자로서의 지위, 공무의 특수성, 국가재정적 상황 등 공무원법관계의 특성으로 인하여 그 보수청구권의 구체적 내용을 형성함에 있어서는 입법자에게 폭 넓은 재량이 헌법상 허용된다고 할 것이다(2008.12.26. 2007헌마444).

⑤ O 헌법이 "공무원은 국민전체에 대한 봉사자이며, 국민에 대하여 책임을 진다. 공무원의 신분과 정치적 중립성은 법률이 정하는 바에 의하여 보장된다."(헌법 제7조, 구 헌법 제6조)라고 명문으로 규정하고 있는 것은 바로 직업공무원제도가 국민주권원리에 바탕을 둔 민주적이고 법치주의적인 공직제도임을 천명하고 정권담당자에 따라 영향받지 않는 것은 물론 같은 정권하에서도 정당한 이유없이 해임당하지 않는 것을 불가결의 요건으로 하는 직업공무원제도의 확립을 내용으로 하는 입법의 원리를 지시하고 있는 것으로서 법률로서 관계규정을 마련함에 있어서도 헌법의 위와 같은 기속적 방향 제시에 따라 공무원의 신분보장이라는 본질적 내용이 침해되지 않는 범위내라는 입법의 한계가 확정되어진 것이라 할 것이다(1989.12.18. 89헌마32).

30 16변시-14 정답 ①

공무원제도 및 공무담임권에 관한 설명 중 옳지 않은 것은? (다툼이 있는 경우 판례에 의함)

① 원칙적으로 공직자선발에 있어 해당 공직이 요구하는 직무수행능력과 무관한 요소인 성별·종교·사회적 신분·출신지역 등을 이유로 하는 차별은 허용되지 않는다고 할 것이므로, 우리 헌법의 기본원리인 사회국가원리도 능력주의 원칙에 대한 예외로 작용할 수 없다.

② 부사관으로 최초로 임용되는 사람의 최고연령을 27세로 정한 법률조항은 부사관이라는 공직 취임의 기회를 제한하고 있으나, 군 조직의 특수성, 군 조직 내에서 부사관의 상대적 지위 및 역할 등을 고려할 때 공무담임권을 침해한다고 볼 수 없다.

③ 지방자치단체의 장이 공소 제기된 후 구금상태에 있는 경우 일시적으로 부단체장이 그 권한을 대행하도록 규정한 법률조항은 해당 지방자치단체장의 공무담임권을 침해한다고 볼 수 없다.

④ 향토예비군 지휘관이 금고 이상 형의 선고유예를 받은 경우에는 그 직에서 당연해임되도록 규정하고 있는 법률조항은, 범죄의 종류와 내용을 가리지 않고 모두 당연퇴직사유로 정함으로써 공무담임권을 침해한다.

⑤ 공무원의 기부금 모집을 금지하고 있는 법률조항은 선거의 공정성을 확보하고 공무원의 정치적 중립성을 보장하기 위한 것이므로, 정치적 의사표현의 자유를 침해하지 않는다.

① X 헌법 제25조가 보장하고 있는 비선거직공직에 대한 공직취임권은 모든 국민에게 누구나 그 능력과 적성에 따라 공직에 취임할 수 있는 균등한 기회를 보장한다는 뜻으로 보아야 할 것이므로, 원칙적으로 공직자선발에 있어 해당 공직이 요구하는 직무수행능력과 무관한 요소인 성별·종교·사회적 신분·출신지역 등을 이유로 하는 어떠한 차별도 허용되지 않는다고 할 것이나, 헌법의 기본원리나 특정조항에 비추어 능력주의 원칙에 대한 예외를 인정할 수 있는 경우가 있고, 이러한 헌법적 요청이 있는 경우에는 합리적 범위 안에서 능력주의가 제한될 수 있다(2001.2.22. 2000헌마25).

② O 부사관으로 최초로 임용되는 사람의 최고연령을 27세로 정한 「군인사법」상 연령상한제가 공무담임권을 침해하는지 여부(소극) 국가의 안전보장과 국토방위의 의무를 수행하기 위하여 군인은 강인한 체력과 정신력을 바탕으로 언제든지 전투력을 유지할 필요가 있고 이를 위해 군 조직은 위계질서의 확립과 기강확보가 어느 조직보다 중요시된다. 이러한 군의 특수성을 고려할 때 부사관의 임용연령상한을 제한하는 심판대상조항은 그 입법목적이 정당하고, 수단의 적합성도 인정된다. … 따라서 심판대상조항이 과잉금지의 원칙을 위반하여 부사관으로 최초 임용되는 사람의 공무담임권을 침해한다고 볼 수 없다(2014.9.25. 2011헌마414).

③ O 지방자치단체의 장(이하 '자치단체장'이라 한다)이 '공소 제기된 후 구금상태에 있는 경우' 부단체장이 그 권한을 대행하도록 규정한 지방자치법 제111조 제1항 제2호(이하 '이 사건 법률조항'이라 한다)가, 자치단체장인 청구인의 공무담임권을 제한함에 있어 과잉금지원칙에 위반되는지 여부(소극) 이 사건 법률조항의 입법목적은 주민의 복리와 자치단체행정의 원활하고 효율적인 운영에 초래될 것으로 예상되는 위험을 미연에 방지하려는 것으로, 자치단체장이 '공소 제기된 후 구금상태'에 있는 경우 자치단체행정의 계속성과 융통성을 보장하고 주민의 복리를 위한 최선의 정책집행을 도모하기 위해서는 해당 자치단체장을 직무에서 배제시키는 방법 외에는 달리 의미있는 대안을 찾을 수 없고, 범죄의 죄질이나 사안의 경중에 따라 직무정지의 필요성을 달리 판단할 여지가 없으며, 소명의 기회를 부여하는 등 직무정지라는 제재를 가함에 있어 추가적인 요건을 설정할 필요도 없다. 나아가 정식 형사재판절차를 앞두고 있는 '공소 제기된 후'부터 시작하여 '구금상태에 있는' 동안만 직무를 정지시키고 있어 그 침해가 최소한에 그치도록 하고 있고, 이 사건 법률조항이 달성하려는 공익은 매우 중대한 반면, 일시적·잠정적으로 직무를 정지당할 뿐 신분을 박탈당하지도 않는 자치단체장의 사익에 대한 침해는 가혹하다고 볼 수 없으므로 과잉금지원칙에 위반되지 않는다(2011.4.28. 2010헌마474).

④ O 향토예비군 지휘관이 금고 이상의 형의 선고유예를 받은 경우에 당연 해임되도록 규정하고 있는 구 향토예비군설치법 시행규칙 제11조 제2항 제1호 중 같은 조 제1항 제1호에 의한 제10조 제3항 제5호 부분(이하 '이 사건 법률조항'이라 한다)이 헌법 제25조의 공무담임권을 침해하는 것인지 여부(적극) 향토예비군 지휘관이 금고 이상의 형의 선고유예를 받은 경우에는 그 직에서 당연해임하도록 규정하고 있는 이 사건 법률조항은 금고 이상의 선고유예의 판결을 받은 모든 범죄를 포괄하여 규정하고 있을 뿐 아니라, 심지어 오늘날 누구에게나 위험이 상존하는 교통사고 관련 범죄 등 과실범의 경우마저 당연해임의 사유에서 제외하지 않고 있으므로 최소침해성의 원칙에 반한다. 오늘날 사회구조의 변화로 인하여 '모든 범죄로부터 순결한 공직자 집단'이라는 신뢰를 요구하는 것은 지나치게 공익만을 우선한 것이며, 오늘날 사회국가원리에 입각한 공직제도의 중요성이 강조되면서 개개 공무원의 공무담임권 보장의 중요성이 더욱 큰 의미를 가지고 있다. 일단 공무원으로 채용된 공무원을 퇴직시키는 것은 공무원이 장기간 쌓은 지위를 박탈해 버리는 것이므로 같은 입법목적을 위한 것이라고 하여도 당연퇴직 또는 당연해임사유를 임용결격사유와 동일하게 취급하는 것은 타당하다고 할 수 없다. 따라서 이 사건 법률조항은 과잉금지원칙에 위배하여 공무담임권을 침해하는 조항이라고 할 것이다(2005.12.22. 2004헌마947).

⑤ O 공무원의 투표권유운동 및 기부금모집을 금지하고 있는 국가공무원법 제65조 제2항 제1호 및 제4호(이하 '이 사건 국가공무원법 조항들'이라 한다)가 과잉금지원칙을 위배하여 선거운동의 자유 및 정치적 의사 표현의 자유를 침해하는지 여부(소극) 이 사건 국가공무원법 조항들은 공무원의 정치적 중립성에 정면으로 반하는 행위를 금지함으로써 선거의 공정성과 형평성을 확보하고 공무원의 정치적 중립성을 보장하기 위한 것인바, 그 입법목적이 정당할 뿐 아니라 방법이 적절하고, 공무원이 국가사무를 담당하며 국민의 이익을 위하여 존재하는 이상 그 직급이나 직렬 등에 상관없이 공무원의 정치운동을 금지하는 것이 부득이하고 불가피하며, 법익 균형성도 갖추었다고 할 것이므로, 과잉금지원칙을 위배하여 선거운동의 자유 및 정치적 의사표현의 자유를 침해한다고 볼 수 없다(2012.7.26. 2009헌바298).

31 21변시-5   정답 ⑤

공무원의 정당가입과 집단 행위 금지 등에 관한 설명 중 옳은 것(○)과 옳지 않은 것(×)을 올바르게 조합한 것은? (다툼이 있는 경우 판례에 의함)

ㄱ. 초·중등 교원인 교육공무원에 대하여 정당의 결성에 관여하거나 이에 가입하는 것을 전면적으로 금지함으로써 얻어지는 공무원의 정치적 중립성 또는 교육의 정치적 중립성은 명백하거나 구체적이지 못한 반면, 그로 인하여 초·중등 교원인 교육공무원이 받게 되는 정당설립의 자유, 정당가입의 자유에 대한 제약과 민주적 의사형성과정의 개방성 및 이를 통한 민주주의의 발전이라는 공익에 발생하는 피해는 매우 크므로, 법익의 균형성을 인정할 수 없다.

ㄴ. 「국가공무원법」 제65조 제1항에서 초·중등 교원인 교육공무원의 가입 등이 금지되는 '정치단체'는 '특정 정당이나 특정 정치인을 지지·반대하는 단체로서 그 결성에 관여하거나 가입하는 경우 공무원의 정치적 중립성 및 교육의 정치적 중립성을 훼손할 가능성이 높은 단체'로 한정할 수 있으므로, '정치단체'의 의미 내지 범위가 지나치게 광범위하다거나 법관의 해석에 의하여 무한히 확대될 위험이 있다고 보기 어렵다.

ㄷ. 공무원의 집단 행위를 금지하고 있는 「국가공무원법」 제66조 제1항 본문의 '공무 외의 일을 위한 집단 행위' 부분은, 특정 정당을 지지하거나 반대하는 등 정파성을 강하게 띤 표현행위 등을 한정적으로 규제하는 것이 아니라 헌법질서의 수호유지를 위한 정치적 의사표현까지도 집단적으로 이루어지기만 하면 공익에 반하는 행위로 전제하고 이를 모두 금지하므로, 과잉금지원칙에 위배된다.

ㄹ. 공무원의 정당가입이 허용된다면, 공무원의 정치적 행위가 직무 내의 것인지 직무 외의 것인지 구분하기 어려운 경우가 많고, 설사 공무원이 근무시간 외에 혹은 직무와 관련 없이 정당과 관련된 정치적 표현행위를 한다 하더라도 공무원의 정치적 중립성에 대한 국민의 기대와 신뢰는 유지되기 어렵다.

① ㄱ(○), ㄴ(○), ㄷ(×), ㄹ(×)
② ㄱ(○), ㄴ(×), ㄷ(×), ㄹ(○)
③ ㄱ(×), ㄴ(○), ㄷ(×), ㄹ(×)
④ ㄱ(×), ㄴ(×), ㄷ(○), ㄹ(×)
⑤ ㄱ(×), ㄴ(×), ㄷ(×), ㄹ(○)

해설

⑤ 공무원의 정당가입과 집단 행위 금지 등에 관한 설명 중 옳은 것(○)과 옳지 않은 것(×)을 올바르게 조합한 것은 ㄱ(×), ㄴ(×), ㄷ(×), ㄹ(○)이다.

ㄱ. **×** 이 사건 정당가입 금지조항이 청구인들과 같은 초·중등학교 교원의 정당가입 자유를 금지함으로써 정치적 기본권을 제한하는 측면이 있는 것은 사실이나, 감수성과 모방성, 그리고 수용성이 왕성한 초·중등학교 학생들에게 교원이 미치는 영향은 매우 크고, 교원의 활동은 근무시간 내외를 불문하고 학생들의 인격 및 기본생활습관 형성 등에 큰 영향을 끼치는 잠재적 교육과정의 일부분인 점을 고려하고, 교원의 정치활동은 교육수혜자인 학생으로서는 수업권의 침해로 받아들여질 수 있다는 점에서 현시점에서는 국민의 교육기본권을 더욱 보장함으로써 얻을 수 있는 공익을 우선시해야 할 것이다. 이러한 점을 두루 고려할 때, 이 사건 정당가입 금지조항이 달성하려는 공익은 그로 말미암아 제한받는 사익에 비해 결코 작다고 할 수 없으므로 법익의 균형성 또한 인정된다. 따라서 이 사건 정당가입 금지조항은 과잉금지원칙에 위배된다고 볼 수 없다(2020.4.23. 2018헌마551).

참고 초·중등학교의 교육공무원이 정치단체의 결성에 관여하거나 이에 가입하는 행위를 금지한 국가공무원법 제65조 제1항 중 '국가공무원법 제2조 제2항 제2호의 교육공무원 가운데 초·중등교육법 제19조 제1항의 교원은 그 밖의 정치단체의 결성에 관여하거나 이에 가입할 수 없다.' 부분(이하 "국가공무원법조항 중 '그 밖의 정치단체'에 관한 부분"이라 한다)은 나머지 청구인들의 정치적 표현의 자유 및 결사의 자유를 침해한다(2020.4.23. 2018헌마551).

ㄴ. **×** 국가공무원법조항 중 '그 밖의 정치단체'에 관한 부분은 법적 용기관인 법관의 보충적 법해석을 통하여도 그 규범내용이 확정될 수 없는 모호하고 막연한 개념을 사용하고 있으므로 명확성원칙에 위배되어 나머지 청구인들의 정치적 표현의 자유 및 결사의 자유를 침해한다(2020.4.23. 2018헌마551). → 지문은 반대의견이다.

ㄷ. **×** 이 사건 국가공무원법 규정에서 공무원의 정치적 의사표현이 집단적으로 이루어지는 것을 금지하는 것은, 다수의 집단행동은 그 행위의 속성상 개인행동보다 공공의 안녕질서나 법적 평화와 마찰을 빚을 가능성이 크고, 공무원이 집단적으로 정치적 의사표현을 하는 경우에는 이것이 공무원이라는 집단의 이익을 대변하기 위한 것으로 비춰질 수 있으며, 정치적 중립성의 훼손으로 공무의 공정성과 객관성에 대한 신뢰를 저하시킬 수 있기 때문이다. 특히 우리나라의 정치 현실에서는 집단적으로 이루어지는 정부 정책에 대한 비판이나 반대가 특정 정당이나 정파 등을 지지하는 형태의 의사표시로 나타나지 않더라도 그러한 주장 자체로 현실정치에 개입하려 한다거나, 정파적 또는 당파적인 것으로 오해 받을 소지가 크다. 따라서 공무원의 집단적인 의사표현을 제한하는 것은 불가피하고 이것이 과잉금지원칙에 위반된다고 볼 수 없다(2014.8.28. 2011헌바32). → 지문은 반대의견이다.

ㄹ. **○** 공무원의 정당가입이 허용된다면, 공무원의 정치적 행위가 직무 내의 것인지 직무 외의 것인지 구분하기 어려운 경우가 많고, 설사 공무원이 근무시간 외에 혹은 직무와 관련 없이 정당과 관련한 정치적 표현행위를 한다 하더라도 공무원의 정치적 중립성에 대한 국민의 기대와 신뢰는 유지되기 어렵다. 나아가 공무원의 행위는 근무시간 내외를 불문하고 국민에게 중대한 영향을 미친다고 할 것이므로, 직무 내의 정당 활동에 대한 규제만으로 공무원의 근무기강을 확립하고 정치적 중립성을 확보하는 데 충분하다고 할 수 없다(2020. 4. 23. 2018헌마551).

제4장 | 청구권적 기본권

제1절 청구권적 기본권의 개관

01 20법전협-1-2   정답 ⑤

청구권적 기본권에 관한 설명 중 옳지 않은 것은? (다툼이 있는 경우 판례에 의함)

① 국가배상청구권의 성립요건으로서 공무원의 고의 또는 과실을 규정함으로써 무과실책임을 인정하지 않는 것은 해당 청구권자의 국가배상청구권을 침해하지 않는다.
② 범죄피해자구조청구권은 생존권적 기본권으로서의 성격을 가지는 청구권적 기본권이므로 구조금청구권의 행사대상을 우선적으로 대한민국의 영역 안의 범죄피해에 한정하는 것은 입법형성의 재량의 범위 내에 있다.
③ 형사보상청구에 대한 보상의 결정에 대하여는 불복을 신청할 수 없도록 하여 형사보상의 결정을 단심재판으로 하는 것은 해당 청구인들의 형사보상청구권을 침해한다.
④ 재판청구권은 법적 분쟁의 해결을 가능하게 하는 적어도 한 번의 권리구제절차가 개설될 것을 요청할 뿐 아니라, 실효성 있는 권리보호를 위하여 필요한 절차적 요건을 갖추어야 한다.
⑤ 국민이 자신의 의견이나 희망을 해당 기관에 직접 진술할 수 있는 청원권은 헌법상 기본권으로 보장되지만, 본인을 대리하거나 중개하는 제3자를 통해 청원사항을 진술하는 경우에는 청원권으로 보호되지 않는다.

 해설

① O 헌법 제29조 제1항 제1문은 '공무원의 직무상 불법행위'로 인한 국가 또는 공공단체의 책임을 규정하면서 제2문은 '이 경우 공무원 자신의 책임은 면제되지 아니한다.'고 규정하는 등 헌법상 국가배상책임은 공무원의 책임을 일정 부분 전제하는 것으로 해석될 수 있고, 헌법 제29조 제1항에 법률유보 문구를 추가한 것은 국가재정을 고려하여 국가배상책임의 범위를 법률로 정하도록 한 것으로 해석되며, 공무원의 고의 또는 과실이 없는데도 국가배상을 인정할 경우 피해자 구제가 확대되기도 하겠지만 현실적으로 원활한 공무수행이 저해될 수 있어 이를 입법정책적으로 고려할 필요성이 있다. … 이러한 점들을 고려할 때, 위 조항이 국가배상청구권의 성립요건으로서 공무원의 고의 또는 과실을 규정한 것을 두고 입법형성의 범위를 벗어나 헌법 제29조에서 규정한 국가배상청구권을 침해한다고 보기는 어렵다(2020.3.26. 2016헌바55).
② O 범죄피해자구조청구권이라 함은 타인의 범죄행위로 말미암아 생명을 잃거나 신체상의 피해를 입은 국민이나 그 유족이 가해자로부터 충분한 피해배상을 받지 못한 경우에 국가에 대하여 일정한 보상을 청구할 수 있는 권리이며, 그 법적 성격은 생존권적 기본권으로서의 성격을 가지는 청구권적 기본권이라고 할 것이다. … 국가의 재정에 기반을 두고 있는 구조금에 대한 청구권 행사대상을 우선적으로 대한민국의 영역 안의 범죄피해에 한정하고,

향후 해외에서 발생한 범죄피해의 경우에도 구조를 하는 방향으로 운영하는 것은 입법형성의 재량의 범위 내라고 할 것이다. 따라서 범죄피해자구조청구권의 대상이 되는 범죄피해에 해외에서 발생한 범죄피해의 경우를 포함하고 있지 아니한 것이 현저하게 불합리한 자의적인 차별이라고 볼 수 없어 평등원칙에 위배되지 아니한다(2011.12.29. 2009헌마354).
③ O 보상액의 산정에 기초되는 사실인정이나 보상액에 관한 판단에서 오류나 불합리성이 발견되는 경우에도 그 시정을 구하는 불복신청을 할 수 없도록 하는 것은 형사보상청구권 및 그 실현을 위한 기본권으로서의 재판청구권의 본질적 내용을 침해하는 것이라 할 것이고, 나아가 법적안정성만을 지나치게 강조함으로써 재판의 적정성과 정의를 추구하는 사법제도의 본질에 부합하지 아니하는 것이다. 또한, 불복을 허용하더라도 즉시항고는 절차가 신속히 진행될 수 있고 사건수도 과다하지 아니한데다 그 재판내용도 비교적 단순하므로 불복을 허용한다고 하여 상급심에 과도한 부담을 줄 가능성은 별로 없다고 할 것이어서, 이 사건 불복금지 조항은 형사보상청구권 및 재판청구권을 침해한다고 할 것이다(2010.10.28. 2008헌마514).
④ O 헌법 제27조 제1항은 권리구제절차에 관한 구체적 형성을 완전히 입법자의 형성권에 맡기지는 않는다. 입법자가 단지 법원에 제소할 수 있는 형식적인 권리나 이론적인 가능성만을 제공할 뿐 권리구제의 실효성이 보장되지 않는다면 권리구제절차의 개설은 사실상 무의미할 수 있다. 그러므로 재판청구권은 법적 분쟁의 해결을 가능하게 하는 적어도 한번의 권리구제절차가 개설될 것을 요청할 뿐 아니라 그를 넘어서 소송절차의 형성에 있어서 실효성있는 권리보호를 제공하기 위하여 그에 필요한 절차적 요건을 갖출 것을 요청한다(2002.10.31. 2001헌바40).
⑤ X 청원권의 행사는 자신이 직접 하든 아니면 제3자인 중개인이나 대리인을 통해서 하든 청원권으로서 보호된다. 우리 헌법은 문서로 청원을 하도록 한 것 이외에 그 형식을 제한하고 있지 않으며, 청원권의 행사방법이나 그 절차를 구체화하고 있는 청원법도 제3자를 통해 하는 방식의 청원을 금지하고 있지 않다. 따라서 국민이 여러 가지 이해관계 또는 국정에 관해서 자신의 의견이나 희망을 해당 기관에 직접 진술하는 외에 그 본인을 대리하거나 중개하는 제3자를 통해 진술하더라도 이는 청원권으로서 보호될 것이다(2005.11.24. 2003헌바108).

제2절 청원권

02 21변시-19 정답 ③

청구권적 기본권에 관한 설명 중 옳은 것을 모두 고른 것은? (다툼이 있는 경우 판례에 의함)

ㄱ. 국회에 청원을 하려는 자는 국회의원의 소개를 받지 않더라도 청원할 수 있다.
ㄴ. 무죄판결이 확정된 피고인이 구금 여부와 상관없이 재판에 들어간 비용의 보상을 법원에 청구할 수 있도록 하는 내용의 비용보상청구권의 제척기간을 무죄판결이 확정된 날부터 6개월로 규정한 법률조항은 형사보상청구권을 제한한다.
ㄷ. 헌법상 범죄피해자 구조청구권은 1987년 개정헌법에서 도입되었다.
ㄹ. 법관이 행하는 재판사무의 특수성과 그 재판과정의 잘못에 대하여는 따로 불복절차에 의하여 시정될 수 있는 제도적 장치가 마련되어 있는 점 등에 비추어 보면, 특별한 경우가 아닌 한 법관의 재판에 법령의 규정을 따르지 아니한 잘못이 있다 하더라도 이로써 바로 그 재판상 직무행위가 「국가배상법」 제2조 제1항에서 말하는 위법한 행위로 되어 국가의 손해배상책임이 발생하는 것은 아니다.
ㅁ. 국가배상청구권의 성립요건으로서 공무원의 고의 또는 과실을 규정한 것은 법률로 이미 형성된 국가배상청구권의 행사 및 존속을 제한한다기보다는 국가배상청구권의 내용을 형성하는 것이다.

① ㄱ, ㄴ, ㄷ
② ㄱ, ㄴ, ㄹ, ㅁ
③ ㄱ, ㄷ, ㄹ, ㅁ
④ ㄴ, ㄷ, ㄹ, ㅁ
⑤ ㄱ, ㄴ, ㄷ, ㄹ, ㅁ

③ 청구권적 기본권에 관한 설명 중 옳은 것은 ㄱ, ㄷ, ㄹ, ㅁ 이다.
ㄱ. O

> **국회법 제123조(청원서의 제출)**
> ① 국회에 청원을 하려는 자는 의원의 소개를 받거나 국회규칙으로 정하는 기간 동안 국회규칙으로 정하는 일정한 수 이상의 국민의 동의를 받아 청원서를 제출하여야 한다. <개정 2019. 4. 16.>

참고 지방자치법 제73조(청원서의 제출) ① 지방의회에 청원을 하려는 자는 지방의회의원의 소개를 받아 청원서를 제출하여야 한다.

ㄴ. X 심판대상조항은 무죄판결이 확정된 경우 피고인이 비용보상청구권을 재판상 행사할 수 있는 기간을 제한하는 규정이므로 기본적으로 청구권자의 재판청구권을 제한한다. 한편, 심판대상조항은 재산적 가치가 있는 비용보상청구권의 행사를 제한함으로써 비용보상청구권자의 재산권을 침해하고, 형사보상청구권이나 국가배상청구권과 비교할 때 청구기간이 지나치게 짧아 평등원칙에 위배된다고 볼 수 있다. 그런데 재산권이나 평등원칙 침해 여부는 재판청구권 침해 여부에 대한 판단에서 함께 다루어질 것이므로,

이 사건에서는 심판대상조항이 비용보상청구권자의 재판청구권을 침해하는지 여부를 중심으로 판단한다(2015.4.30. 2014헌바408).
→ 지문은 재판관 5인의 반대(위헌)의견이다. 반대의견은 심판대상조항이 무죄판결 확정일로부터 6개월이라는 극히 단기의 제척기간을 두는 것은 비용보상청구권자의 재판청구권과 재산권을 침해하고 평등권에도 위배되어 위헌이라는 입장이다. 위헌정족수에 도달하지 못하여 합헌결정되었다.

ㄷ. O 헌법상 범죄피해자 구조청구권은 현행헌법인 1987년 개정헌법에서 도입되었다.

ㄹ. O 법관이 행하는 재판사무의 특수성과 그 재판과정의 잘못에 대하여는 따로 불복절차에 의하여 시정될 수 있는 제도적 장치가 마련되어 있는 점 등에 비추어 보면, 법관의 재판에 법령의 규정을 따르지 아니한 잘못이 있다 하더라도 이로써 바로 그 재판상 직무행위가 국가배상법 제2조 제1항에서 말하는 위법한 행위로 되어 국가의 손해배상책임이 발생하는 것은 아니고, 그 국가배상책임이 인정되려면 당해 법관이 위법 또는 부당한 목적을 가지고 재판을 하는 등 법관이 그에게 부여된 권한의 취지에 명백히 어긋나게 이를 행사하였다고 인정할 만한 특별한 사정이 있어야 한다고 해석함이 상당하다(대판 2001.4.24. 2000다16114, 2002.3.28. 2001헌바18).

ㅁ. O 이 사건 법률조항이 국가배상청구권의 성립요건으로서 공무원의 고의 또는 과실을 규정한 것은 법률로 이미 형성된 국가배상청구권의 행사 및 존속을 제한한다고 보기 보다는 국가배상청구권의 내용을 형성하는 것이라고 할 것이다(2015.4.30. 2013헌바395).

제3절 재판청구권

03 18변시-12 정답 ②

재판청구권에 관한 설명 중 옳은 것을 모두 고른 것은?
(다툼이 있는 경우 판례에 의함)

ㄱ. 특허쟁송에 있어서 특허청의 심판과 항고심판을 거쳐 곧바로 법률심인 대법원의 재판을 받게 하는 것은 법관에 의한 재판을 받을 권리를 침해한다.
ㄴ. 법관의 자격이 없는 법원공무원으로 하여금 소송비용액 확정결정절차 등 재판의 부수적 업무를 처리하게 하는 사법보좌관제도는 법관에 의한 재판을 받을 권리를 침해한다.
ㄷ. 교도소장이 수형자가 출정비용을 예납하지 않았거나 영치금과의 상계에 동의하지 않았다는 이유로 행정소송 변론기일에 출정을 제한한 행위는 형벌의 집행을 위한 것으로 수형자의 재판청구권을 침해하였다고 볼 수 없다.
ㄹ. 「군사법원법」의 적용대상이 되는 모든 범죄에 대하여 수사기관의 구속기간의 연장을 허용하는 것은 부적절한 방식에 의한 과도한 기본권 제한으로서, 신체의 자유 및 신속한 재판을 받을 권리를 침해하는 것이다.
ㅁ. 헌법과 법률이 정한 법관에 의한 재판을 받을 권리는 직업법관에 의한 재판을 주된 내용으로 하는 것이므로, 국민참여재판을 받을 권리가 헌법 제27조 제1항에서 규정한 재판을 받을 권리의 보호범위에 속한다고 볼 수 없다.

① ㄱ, ㄹ   ② ㄱ, ㄹ, ㅁ
③ ㄴ, ㄷ, ㄹ   ④ ㄴ, ㄷ, ㅁ
⑤ ㄱ, ㄷ, ㄹ, ㅁ

 해설

ㄱ. O 행정심판은 어디까지나 법원에 의한 재판의 전심절차로서만 기능하여야 함을 의미한다. 그런데 특허법 제186조 제1항이 이러한 행정심판에 대한 법원의 사실적 측면과 법률적 측면에 대한 심사를 배제하고 대법원으로 하여금 특허사건의 최종심 및 법률심으로서 단지 법률적 측면의 심사만을 할 수 있도록 하고, **재판의 전심절차로서만 기능해야 할 특허청의 항고심판을 사실확정에 관한 한 사실상 최종심으로 기능**하게 하고 있는 것은, 일체의 법률적 쟁송에 대한 재판기능을 대법원을 최고법원으로 하는 법원에 속하도록 규정하고 있는 **헌법에 위반된다**고 하지 아니할 수 없다(1995.9.28. 92헌가11 등). … 헌법불합치

ㄴ. X 사법보좌관에게 소송비용액 확정결정절차를 처리하도록 한 이 사건 조항이 그 입법재량권을 현저히 불합리하게 또는 자의적으로 행사하였다고 단정할 수 없으므로 헌법 제27조 제1항에 위반된다고 할 수 없다(2009.2.26. 2007헌바8·84).

ㄷ. X 소장은 수형자가 출정비용을 예납하지 않았거나 영치금과의 상계에 동의하지 않았다고 하더라도, 우선 수형자를 출정시키고 사후에 출정비용을 받거나 영치금과의 상계를 통하여 출정비용을 회수하여야 하는 것이지, 이러한 이유로 수형자의 출정을 제한할 수 있다는 것은 아니다. 이 사건 각 출정제한행위는 이 사건 지침을 위반하여 청구인의 **재판청구권을 과도하게 침해하였다고** 할 것이다(2012.3.29. 2010헌마475).

ㄹ. O 군사법원법의 적용대상이 되는 모든 범죄에 대하여 수사기관의 구속기간의 연장을 허용하는 것은 그 과도한 광범성으로 인하여 과잉금지의 원칙에 어긋난다고 할 수 있을 뿐만 아니라, 군검찰관이 이를 수사하고 필요한 경우 그 구속기간의 연장을 허용하는 것이 더 적절하기 때문에, 군사법경찰관의 구속기간을 연장까지 하면서 이러한 목적을 달성하려는 것은 부적절한 방식에 의한 과도한 기본권의 제한으로서, 과잉금지의 원칙에 위반하여 **신체의 자유 및 신속한 재판을 받을 권리를 침해하는 것이다**(2003.11.27. 2002헌마193).

ㅁ. O 우리 헌법상 헌법과 법률이 정한 법관에 의한 재판을 받을 권리라 함은 직업법관에 의한 재판을 주된 내용으로 하는 것이므로 '**국민참여재판을 받을 권리**'가 헌법 제27조 제1항에서 규정한 **재판을 받을 권리의 보호범위에 속한다고 볼 수 없다**. 그렇다면 '국민참여재판을 받을 권리'는 헌법상 재판청구권으로서 보호된다고 할 수 없으므로 국민참여재판에 관한 이 사건 법률조항들이 청구인의 재판청구권을 침해한다고 할 수 없고, 다만 국민참여재판의 대상 사건과 시기를 규정한 재판참여법률 제5조 제1항, 부칙 제2항이 헌법상 평등권을 침해하는지 여부만 문제된다(2009.11.26. 2008헌바12).

04 16변시-13 정답 ④

재판청구권에 관한 설명 중 옳지 않은 것은? (다툼이 있는 경우 판례에 의함)

① 교원의 신분과 관련되는 징계처분의 적법성 판단에 있어서는 교육의 자주성·전문성이 요구되는바, 교원 징계처분에 관하여 교원징계재심위원회의 재심을 거치지 않으면 행정소송을 제기할 수 없도록 한 법률조항은 헌법 제27조의 재판청구권을 침해하지 않는다.
② 헌법 제27조 제1항의 '모든 국민은 헌법과 법률이 정한 법관에 의하여 법률에 의한 재판을 받을 권리'로부터 모든 사건에 관하여 대법원의 재판을 받을 권리가 도출되지는 않는다.
③ 현역병으로 입대한 군인이 그 신분취득 전 저지른 범죄에 대한 군사법원의 재판권을 규정하고 있는 법률조항은 헌법 제27조 제1항의 재판청구권을 침해하지 않는다.
④ 국민참여재판을 받을 권리는 직업법관에 의한 재판을 받을 권리를 주된 내용으로 하는 헌법 제27조 제1항에서 규정한 재판을 받을 권리의 보호범위에 속한다.
⑤ 법관이 아닌 사법보좌관이 소송비용액 확정결정절차를 처리하도록 한 법률조항은, 동일 심급 내에서 법관으로부터 다시 재판받을 수 있는 권리가 보장되고 있으므로, 헌법 제27조 제1항의 재판청구권을 침해하지 않는다.

① O 입법자는 행정심판을 통한 권리구제의 실효성, 행정청에 의한 자기시정의 개연성, 문제되는 행정처분의 특수성 등을 고려하여 행정심판을 임의적 전치절차로 할 것인지, 아니면 필요적 전치절차로 할 것인지를 결정하는 입법형성권을 가지고 있는데, 교원에 대한 징계처분은 그 적법성을 판단함에 있어서 전문성과 자주성에 기한 사전심사가 필요하고, 판단기관인 재심위원회의 독립성 및 공정성이 확보되어 있고 심리절차에 있어서도 상당한 정도로 사법절차가 준용되어 권리구제절차로서의 실효성을 가지고 있으며, 재판청구권의 제약은 경미한 데 비하여 그로 인하여 달성되는 공익은 크므로, 재심제도가 입법형성권의 한계를 벗어나 국민의 재판청구권을 침해하는 제도라고 할 수 없다(2007.1.17. 2005헌바86).

② O 헌법이 대법원을 최고법원으로 규정하였다고 하여 대법원이 곧바로 모든 사건을 상고심으로서 관할하여야 한다는 결론이 당연히 도출되는 것은 아니며, "헌법과 법률이 정하는 법관에 의하여 법률에 의한 재판을 받을 권리"가 사건의 경중을 가리지 않고 **모든 사건에 대하여 대법원을 구성하는 법관에 의한 균등한 재판을 받을 권리를 의미한다거나 또는 상고심재판을 받을 권리를 의미하는 것이라고 할 수는 없다.** 또한 심급제도는 사법에 의한 권리보호에 관하여 한정된 법발견자원의 합리적인 분배의 문제인 동시에 재판의 적정과 신속이라는 서로 상반되는 두 가지의 요청을 어떻게 조화시키느냐의 문제로 돌아가므로, 원칙적으로 입법자의 형성의 자유에 속하는 사항이다(2007.7.26. 2006헌마551).

③ O **군인신분 취득 전 범죄에 대하여 군사법원의 재판권을 인정**하는 군사법원법 이 사건 법률조항이 현역병으로 입대한 군인이 그 신분취득 전 저지른 범죄에 대하여도 군사법원의 재판을 받도록 하고 있으나, 이는 군사법원을 두는 취지 및 군사법원이 '신분적인 재판권'을 가지는 점을 고려할 때, **군 입대 전 저지른 범죄를 입대 후 저지른 범죄와 달리 볼 이유가 없다는 판단에 따른 것으로서, 이러한 입법형성은 다음에서 보는 바와 같은 이유로 입법재량의 범위를 일탈한 합리성원칙 내지 자의금지원칙에 위배된 것이라고 볼 수 없다**(2009.7.30. 2008헌바162).

④ X 우리 헌법상 헌법과 법률이 정한 법관에 의한 재판을 받을 권리라 함은 직업법관에 의한 재판을 주된 내용으로 하는 것이므로 '국민참여재판을 받을 권리'가 헌법 제27조 제1항에서 규정한 재판을 받을 권리의 보호범위에 속한다고 볼 수 없다(2009.11.26. 2008헌바12).

⑤ O 사법보좌관에게 소송비용액 확정결정절차를 처리하도록 한 이 사건 조항이 그 입법재량을 현저히 불합리하게 또는 자의적으로 행사하였다고 단정할 수 없으므로 헌법 제27조 제항에 위반된다고 할 수 없다(2009.2.26. 2007헌바8·84).

05 21법전협-3-18 정답 ②

재판받을 권리 내용에 관한 설명 중 옳지 않은 것은?
(다툼이 있는 경우 판례에 의함)

① 특허청의 심판절차에 의한 심결은 특허청 행정공무원에 의한 것으로서, 이를 헌법과 법률이 정한 법관에 의한 재판이라고 볼 수 없으므로, 특허청의 항고심판 심결에 대하여 곧바로 대법원에 상고하도록 규정한 것은, 법관에 의한 재판받을 권리의 본질적 내용을 침해하는 것이다.

② 헌법이 대법원을 최고법원으로 규정하였으므로 대법원은 모든 사건을 상고심으로서 관할하며, 대법원이 상고이유에 관하여 일정한 요건에 해당하지 않는다고 인정하면서 더 이상 심리를 하지 않는다고 판결로 상고를 기각하는 것은 헌법에 위반된다.

③ 의견제출 기한 내에 감경된 과태료를 자진납부한 경우 해당 질서위반행위에 대한 과태료 부과 및 징수절차는 종료한다고 규정하여, 당사자가 질서위반행위에 대한 의견제출이나 이의제기를 할 수 없도록 하더라도 재판청구권을 침해한 것은 아니다.

④ 변호사보수를 소송비용에 산입하여 패소한 당사자의 부담으로 한 것은 정당한 권리행사를 하려는 당사자의 실효적 권리구제를 보장하고, 남소와 남상소를 방지하여 사법제도의 적정하고 합리적 운영을 도모하려는 것으로서, 과잉금지원칙에 위반되어 소송당사자의 재판을 받을 권리를 침해한다고 할 수 없다.

⑤ 소취하간주의 경우도 소송이 재판에 의하여 종료된 경우와 마찬가지로 변호사보수를 소송비용에 산입하여 원고가 부담하도록 한 규정은, 원고로 하여금 부당한 제소 및 방어를 자제하게 하는 효과를 갖는다는 점에서 원고의 재판을 받을 권리를 침해하지 않는다.

① O 특허법 제186조 제1항은 특허청의 항고심판절차에 의한 항고심결 또는 보정각하결정에 대하여 불복이 있는 경우에도 법관에 의한 사실확정 및 법률적용의 기회를 주지 아니하고 단지 그 심결이나 결정이 법령에 위반된 것을 이유로 하는 경우에 한하여 곧바로 법률심인 대법원에 상고할 수 있도록 하고 있는바, 특허청의 심판절차에 의한 심결이나 보정각하결정은 특허청의 행정공무원에 의한 것으로서 이를 헌법과 법률이 정한 법관에 의한 재판이라고 볼 수 없다. 그렇다면 결국 특허법 제186조 제1항은 법관에 의한 사실확정 및 법률적용의 기회를 박탈한 것으로서 헌법상 국민에게 보장된 "법관에 의한"재판을 받을 권리의 본질적 내용을 침해하는 위헌규정이라 아니할 수 없다(1995.9.28. 92헌가11 등).

② X 헌법이 대법원을 최고법원으로 규정하였다고 하여 대법원이 곧바로 모든 사건을 상고심으로서 관할하여야 한다는 결론이 당연히 도출되는 것은 아니며, "헌법과 법률이 정하는 법관에 의하여 법률에 의한 재판을 받을 권리"가 사건의 경중을 가리지 않고 모든 사건에 대하여 대법원을 구성하는 법관에 의한 재판을 받을 권리를 의미한다거나 또는 상고심재판을 받을 권리를 의미하는 것이라고 할 수는 없다. 또한 심급제도는 사법에 의한 권리보호에 관하여 한정된 법발견자원의 합리적인 분배의 문제인 동시에

재판의 적정과 신속이라는 서로 상반되는 두 가지의 요청을 어떻게 조화시키느냐의 문제로 돌아가므로, 원칙적으로 입법자의 형성의 자유에 속하는 사항이다. 심리불속행제도와 관련된 특례법 제4조 제1항은 비록 국민의 재판청구권을 제약하고 있기는 하지만 위 심급제도와 대법원의 기능에 비추어 볼 때 헌법이 요구하는 대법원의 최고법원성을 존중하면서 민사, 가사, 행정 등 소송사건에 있어서 상고심재판을 받을 수 있는 객관적 기준을 정함에 있어 개별적 사건에서의 권리구제보다 법령해석의 통일을 더 우위에 둔 규정으로서 그 합리성이 있다고 할 것이므로 헌법에 위반되지 아니한다(2012.5.31. 2010헌마625 등).

③ O 의견제출 기한 내에 감경된 과태료를 자진 납부하는 경우 해당 질서위반행위에 대한 과태료 부과 및 징수절차가 종료되도록 함으로써 당사자가 질서위반행위규제법에 따라 의견을 제출하거나 이의를 제기할 수 없도록 하였다고 하더라도, 이것이 입법형성의 한계를 일탈하여 재판청구권을 침해하였다거나 당사자의 의견제출 권리를 충분히 보장하지 않음으로써 적법절차원칙을 위반하였다고 보기 어렵다(2019.12.27. 2017헌바413).

④ O 변호사보수를 소송비용에 산입함으로써 특히 경제적인 능력이 부족한 사람들의 법원에의 접근을 일부 제한하게 되는 점은 부인할 수 없다고 할 것이지만, 위 법률조항은 정당한 권리실행을 위하여 소송제도를 이용하려는 사람들에게 실효적인 권리구제수단을 마련하고 사법제도를 적정하고 합리적으로 운영하기 위한 중대한 공익을 추구하고 있다고 할 것이므로 피해의 최소성과 법익의 균형성도 갖추고 있다(2002.4.25. 2001헌바20).

⑤ O 이 사건 준용조항은 원고의 제소로 인해 비용을 지출한 피고에게 실효적인 권리구제를 보장하고, 부당한 제소를 방지하여 사법제도의 적정하고 합리적인 운영을 도모하려는 데에 그 취지가 있으므로 그 입법목적이 정당하고, 이로써 원고는 소송비용의 부담으로 인하여 부당한 제소나 기일해태를 자제하게 되어 입법목적의 달성에 실효적인 수단이 된다고 할 것이므로 수단의 적절성도 인정된다. 소취하간주의 경우 민사소송법 제114조 제2항에서 민사소송법 제98조뿐만 아니라 제99조 내지 제101조도 준용함으로써 소취하간주의 경위 등을 감안하여 구체적 타당성을 도모할 수 있고, 민사소송법, 민사소송비용법, 그리고 이에 근거하여 제정된 대법원규칙 등에서 소송비용의 범위와 액수를 한정하고 있으며, 법원의 소송비용부담 결정에 대한 불복절차를 두어 기본권 제한을 최소화하려는 여러 제도를 두고 있으므로, 침해의 최소성과 법익의 균형성도 갖추고 있다고 할 것이다. 따라서 이 사건 준용조항은 재판청구권을 침해하지 아니한다(2017.7.27. 2015헌바1).

---

06 21법전협-2-13 정답 ②

재판청구권에 관한 설명 중 옳은 것을 모두 고른 것은?
(다툼이 있는 경우 판례에 의함)

ㄱ. 형사보상의 청구에 대하여 한 보상의 결정에 대하여는 불복을 신청할 수 없도록 하여 형사보상의 결정을 단심재판으로 규정한 「형사보상법」조항은 해당 형사보상을 청구한 자의 재판청구권을 침해하지 않는다.

ㄴ. 「민주화운동 관련자 명예회복 및 보상 등에 관한 법률」상 민주화운동과 관련하여 희생된 자와 그 유족이 민주화운동 관련자 명예회복 및 보상심의위원회의 보상금 등 지급결정에 동의한 때에 재판상 화해의 성립으로 간주하는 것은 해당 민주화운동 관련자의 재판청구권을 침해하지 않는다.

ㄷ. 「4·16세월호참사 피해구제 및 지원 등을 위한 특별법」상 배상금 등을 지급받으려는 신청인이 '4·16세월호참사 배상 및 보상심의위원회'의 배상금 등 지급결정에 동의한 때에 국가와 해당 신청인 사이에 민사소송법에 따른 재판상 화해가 성립된 것으로 보는 것은 해당 신청인의 재판청구권을 침해한다.

ㄹ. 「학교안전사고 예방 및 보상에 관한 법률」상 학교안전사고에 대한 공제급여결정에 대하여 학교안전공제중앙회 소속의 학교안전공제보상재심사위원회가 재결을 행한 경우 재심사청구인이 공제급여와 관련된 소를 제기하지 아니하거나 소를 취하한 때에는 학교안전공제회와 해당 재심사청구인 간에 당해 재결 내용과 동일한 합의가 성립된 것으로 간주하는 것은 학교안전공제회의 재판청구권을 침해한다.

① ㄱ, ㄴ ② ㄴ, ㄹ
③ ㄱ, ㄴ, ㄷ ④ ㄱ, ㄷ, ㄹ
⑤ ㄴ, ㄷ, ㄹ

② 재판청구권에 관한 설명 중 옳은 것은 ㄴ, ㄹ이다.

ㄱ. X 형사보상의 청구에 대하여 한 보상의 결정에 대하여는 불복을 신청할 수 없도록 하여 형사보상의 결정을 단심재판으로 규정한 형사보상법 제19조 제1항은 청구인들의 형사보상청구권 및 재판청구권을 침해한다(2010.10.28. 2008헌마514 등 [위헌]).

ㄴ. O 민주화보상법은 관련규정을 통하여 보상금 등을 심의·결정하는 위원회의 중립성과 독립성을 보장하고 있고, 심의절차의 전문성과 공정성을 제고하기 위한 장치를 마련하고 있으며, 신청인으로 하여금 위원회의 지급결정에 대한 동의 여부를 자유롭게 선택하도록 정하고 있다. 따라서 심판대상조항은 관련자 및 유족의 재판청구권을 침해하지 아니한다(2018.8.30. 2014헌바180 등). → 민주화보상법상 보상금 등에는 정신적 손해에 대한 배상이 포함되어 있지 않은바, 이처럼 정신적 손해에 대해 적절한 배상이 이루어지지 않은 상태에서 적극적·소극적 손해에 상응하는 배상이 이루어졌다는 사정만으로 정신적 손해에 대한 국가배상청구마저 금지하는 것은, 해당 손해에 대한 적절한 배상이 이루어졌음을 전제로 하여 국가배상청구권 행사를 제한하려 한 민주화보상법의 입법목적에도 부합하지 않으며, 국가의 기본권 보호의무를 규정한 헌법 제10조 제2문의 취지에도 반하는 것으로서, 국가배상청구권에 대한 지나치게 과도한 제한에 해당한다. 따라서 심판대상조항 중 정신적 손해에 관한 부분은 민주화운동 관련자와 유족의 국가배상청구권을 침해한다. [위헌]

ㄷ. X 세월호피해지원법은 소송절차에 준하여 피해에 상응하는 충분한 배상과 보상이 이루어질 수 있도록 관련 규정을 마련하고 있다. 신청인에게 지급결정 동의의 법적 효과를 안내하는 절차를 마련하고 있으며, 신청인은 배상금 등 지급에 대한 동의에 관하여 충분히 생각하고 검토할 시간이 보장되어 있고, 배상금 등 지급결정에 대한 동의 여부를 자유롭게 선택할 수 있다. 따라서 심의위원회의 배상금 등 지급결정에 동의한 때 재판상 화해가 성립한 것으로 간주하더라도 이것이 재판청구권 행사에 대한 지나친 제한이라고 보기 어렵다. … 따라서 세월호피해지원법 제16조는 청구인들의 재판청구권을 침해하지 않는다(2017.6.29. 2015헌마654). → 배상금 등을 지급받으려는 신청인으로 하여금 '4·16세월호참사에 관하여 어떠한 방법으로도 일체의 이의를 제기하지 않을 것임을 서약합니다'라는 내용이 기재된 배상금 등 동의 및 청구서를 제출하도록 규정한 세월호피해지원법 시행령 제15조 중 별지 제15호 서식 가운데 일체의 이의제기를 금지한 부분은 법률유보원칙을 위반하여 청구인들의 일반적 행동의 자유를 침해한다(2017.6.29. 2015헌마654 [위헌]).

ㄹ. O 공제중앙회는 공제회의 상급기관이라거나 지휘·감독기관으로 볼 수 없으므로 공제중앙회 소속 재심위원회의 재심사절차는 제3자적 입장에서 공제회와 재심사청구인 사이의 사법적 분쟁을 해결하기 위한 간이분쟁해결절차에 불과하다. 따라서 이러한 재심사절차에서 공제회는 재심사청구인과 마찬가지로 공제급여의 존부 및 범위에 관한 법률상 분쟁의 일방당사자의 지위에 있으므로, 공제회 역시 이에 관하여 법관에 의하여 재판받을 기회를 보장받아야 함에도 불구하고 이를 박탈하는 것은 헌법상 용인될 수 없다. 그런데 합의간주조항은 실질적으로 재심사청구인에게만 재결을 다툴 수 있도록 하고 있으므로, 합리적인 이유 없이 분쟁의 일방당사자인 공제회의 재판청구권을 침해한다(2015.7.30. 2014헌가7 [위헌]).

07 21변시-10 정답 ⑤

재판청구권에 관한 설명 중 옳은 것을 모두 고른 것은?
(다툼이 있는 경우 판례에 의함)

ㄱ. 재판청구권에는 민사재판, 형사재판, 행정재판뿐만 아니라 헌법재판을 받을 권리도 포함되므로, 헌법상 보장되는 기본권인 '공정한 재판을 받을 권리'에는 '공정한 헌법재판을 받을 권리'도 포함된다.

ㄴ. 심급제도는 하급심에서 잘못된 재판을 하였을 때 상소심으로 하여금 이를 바로잡게 하는 것이 재판청구권을 실질적으로 보장하는 방법이 된다는 의미에서 재판청구권을 보장하기 위한 하나의 수단이며, 사법에 의한 권리보호에 관하여 한정된 사법자원의 합리적인 분배의 문제인 동시에 재판의 적정과 신속이라는 상반되는 요청을 어떻게 조화시키느냐의 문제에 속한다.

ㄷ. '국민참여재판을 받을 권리'는 법률상의 권리가 아니라 헌법상의 권리로 재판청구권으로부터 도출된다.

ㄹ. 법관에 대한 징계처분 취소청구소송을 대법원의 단심재판에 의하도록 한 「법관징계법」조항은 재판청구권을 침해한다고 볼 수 없다.

ㅁ. 형사보상의 청구에 대한 보상 결정에 불복을 신청할 수 없도록 하여 형사보상의 결정을 단심재판으로 하는 것은 형사보상 청구인의 재판청구권을 침해한다.

① ㄱ, ㄴ, ㄷ ② ㄱ, ㄷ, ㄹ
③ ㄴ, ㄹ, ㅁ ④ ㄷ, ㄹ, ㅁ
⑤ ㄱ, ㄴ, ㄹ, ㅁ

 해설

⑤ 재판청구권에 관한 설명 중 옳은 것은 ㄱ, ㄴ, ㄹ, ㅁ 이다.

ㄱ. O 공정한 재판을 받을 권리는 헌법 제27조의 재판청구권에 의하여 함께 보장되고, 재판청구권에는 민사재판, 형사재판, 행정재판뿐만 아니라 헌법재판을 받을 권리도 포함되므로(2013.8.29. 2011헌마122 참조), 헌법상 보장되는 기본권인 '공정한 재판을 받을 권리'에는 '공정한 헌법재판을 받을 권리'도 포함된다(2014.4.24. 2012헌마2).

ㄴ. O 심급제도는 하급심에서 잘못된 재판을 하였을 때에는 상소심으로 하여금 이를 바로잡게 하는 것이 재판청구권을 실질적으로 보장하는 방법이 된다는 의미에서 재판청구권을 보장하기 위한 하나의 수단이다. 그러나, 심급의 반복에 의한 절차의 지연은 헌법 제27조 제3항에 의한 '신속한 재판을 받을 권리'라는 재판청구권의 또 다른 측면과 배치될 수 있고, 모든 사건에 대하여 아무런 제한 없이 상소를 허용하는 것은 제한된 사법자원의 효율적 활용과 합리적 분배를 저해할 수 있다. 따라서 심급제도는 사법에 의한 권리보호에 관하여 한정된 사법자원의 합리적 분배의 문제인 동시에 재판의 적정과 신속이라는 상반되는 요청을 어떻게 조화시키느냐의 문제이므로 원칙적으로 입법자의 형성의 자유에 속하는 사항이다(2015.9.24. 2012헌마798).

ㄷ. X 헌법과 법률이 정한 법관에 의한 재판을 받을 권리는 직업법관에 의한 재판을 주된 내용으로 하는 것이므로, 국민참여재판을 받을 권리가 헌법 제27조 제1항에서 규정한 재판을 받을 권리의 보호범위에 속한다고 볼 수 없다(2015.7.30. 2014헌바447).

ㄹ. O 구 법관징계법 제27조는 법관에 대한 대법원장의 징계처분 취소청구소송을 대법원에 의한 단심재판에 의하도록 규정하고 있는 바, 이는 독립적으로 사법권을 행사하는 법관이라는 지위의 특수성과 법관에 대한 징계절차의 특수성을 감안하여 재판의 신속을 도모하기 위한 것으로 그 합리성을 인정할 수 있고, 대법원이 법관에 대한 징계처분 취소청구소송을 단심으로 재판하는 경우에는 사실확정도 대법원의 권한에 속하여 법관에 의한 사실확정의 기회가 박탈되었다고 볼 수 없으므로, 헌법 제27조 제1항의 재판청구권을 침해하지 아니한다(2012.2.23. 2009헌바34).

ㅁ. O 보상액의 산정에 기초되는 사실인정이나 보상액에 관한 판단에서 오류나 불합리성이 발견되는 경우에도 그 시정을 구하는 불복신청을 할 수 없도록 하는 것은 형사보상청구권 및 그 실현을 위한 기본권으로서의 재판청구권의 본질적 내용을 침해하는 것이라 할 것이고, 나아가 법적안정성만을 지나치게 강조함으로써 재판의 적정성과 정의를 추구하는 사법제도의 본질에 부합하지 아니하는 것이다. 또한, 불복을 허용하더라도 즉시항고는 절차가 신속히 진행될 수 있고 사건수도 과다하지 아니한데다 그 재판내용도 비교적 단순하므로 불복을 허용한다고 하여 상급심에 과도한 부담을 줄 가능성은 별로 없다고 할 것이어서, 이 사건 불복금지조항은 형사보상청구권 및 재판청구권을 침해한다고 할 것이다 (2010.10.28. 2008헌마514).

08 20법전협-2-9 정답 ③

재판청구권 등에 관한 설명으로 옳은 것을 모두 고른 것은? (다툼이 있는 경우 판례에 의함)

ㄱ. 디엔에이 감식 시료채취영장 발부 과정에서 채취대상자에게 자신의 의견을 밝히거나 영장 발부 후 불복할 수 있는 절차 등에 관하여 규정하지 아니한 「디엔에이 신원확인정보의 이용 및 보호에 관한 법률」조항은 채취대상자의 재판청구권을 침해한다.

ㄴ. 헌법 제27조 제5항은 형사피해자의 재판절차진술권을 헌법상 기본권으로 보장함으로써 형사피해자의 공판절차 참여권을 보장하고 있는바, 형사피해자를 약식명령의 고지 대상자에서 제외하고 있는 「형사소송법」조항은 형사피해자의 재판절차진술권을 침해한다.

ㄷ. 특허무효심결에 대한 소를 심결의 등본을 송달받은 날부터 30일 이내에 제기하도록 한 「특허법」조항은 제소기간이 지나치게 짧아 재판청구권 행사를 불가능하게 하거나 현저히 곤란하게 한다고 할 수 있으므로, 특허무효심결에 대하여 소송으로 다투고자 하는 당사자의 재판청구권을 침해한다.

ㄹ. 구체적인 상속분의 확정과 분할의 방법에 관하여서는 가정법원이 당사자의 주장에 구애받지 않고 후견적 재량을 발휘하여 합목적적으로 판단하여야 할 필요성이 인정되므로, 상속 재산분할에 관한 사건을 가사비송사건으로 분류하는 것은 상속재산분할에 관한 사건을 제기하고자 하는 자의 공정한 재판을 받을 권리를 침해하지 않는다.

① ㄱ, ㄴ　　② ㄱ, ㄷ
③ ㄱ, ㄹ　　④ ㄴ, ㄷ
⑤ ㄷ, ㄹ

 해설

③ 재판청구권 등에 관한 설명으로 옳은 것은 ㄱ, ㄹ 이다.

ㄱ. O **디엔에이감식시료채취영장 발부 과정에서 채취대상자에게 자신의 의견을 밝히거나 영장 발부 후 불복할 수 있는 절차 등에 관하여 규정하지 아니한 '디엔에이신원확인정보의 이용 및 보호에 관한 법률' 제8조(이하 '이 사건 영장절차 조항'이라 한다)가 청구인들의 재판청구권을 침해하는지 여부(적극)**
(1) 디엔에이감식시료채취영장 발부 여부는 채취대상자에게 자신의 디엔에이감식시료가 강제로 채취당하고 그 정보가 영구히 보관·관리됨으로써 자신의 신체의 자유, 개인정보자기결정권 등의 기본권이 제한될 것인지 여부가 결정되는 중대한 문제이다. 그럼에도 불구하고 이 사건 영장절차 조항은 채취대상자에게 디엔에이감식시료채취영장 발부 과정에서 자신의 의견을 진술할 수 있는 기회를 절차적으로 보장하고 있지 않을 뿐만 아니라, 발부 후 그 영장 발부에 대하여 불복할 수 있는 기회를 주거나 채취행위의 위법성 확인을 청구할 수 있도록 하는 구제절차마저 마련하고 있지 않다. 위와 같은 입법상의 불비가 있는 이 사건 영장절차 조항은 채취대상자인 청구인들의 재판청구권을 과도하게 제한하므로, 침해의 최소성 원칙에 위반된다. (2) 이 사건 영장절차 조항에 따라 발부된 영장에 의하여 디엔에이신원확인정보를 확보할 수 있고, 이로써 장래 범죄수사 및 범죄예방 등에 기여하는 공익적 측면이 있으나,

이 사건 영장절차 조항의 불완전·불충분한 입법으로 인하여 채취대상자의 재판청구권이 형해화되고 채취대상자가 범죄수사 및 범죄예방의 객체로만 취급받게 된다는 점에서, 양자 사이에 법익의 균형성이 인정된다고 볼 수도 없다. (3) 따라서 이 사건 영장절차 조항은 과잉금지원칙을 위반하여 청구인들의 재판청구권을 침해한다(2018.8.30. 2016헌마344).

ㄴ. X 형사피해자를 약식명령의 고지 대상자에서 제외하고 있는 형사소송법 제452조(이하 '이 사건 고지조항'이라 한다)가 형사피해자의 재판절차진술권을 침해하는지 여부(소극) 형사피해자는 약식명령을 고지받지 않으나, 신청을 하는 경우 형사사건의 진행 및 처리 결과에 대한 통지를 받을 수 있고, 고소인인 경우에는 신청 없이도 검사가 약식명령을 청구한 사실을 알 수 있어, 법원이나 수사기관에 자신의 진술을 기재한 진술서나 탄원서 등을 제출하는 등 의견을 밝힐 수 있는 기회를 가질 수 있다. 또한, 약식명령은 경미하고 간이한 사건을 대상으로 하기 때문에, 대부분 범죄사실에 다툼이 없는 경우가 많고, 형사피해자도 이미 범죄사실을 충분히 인지하고 있어, 범죄사실에 대한 별도의 확인 없이도 얼마든지 법원이나 수사기관에 의견을 제출할 수 있으며, 직접 범죄사실의 확인을 원하는 경우에는 소송기록의 열람·등사를 신청하는 것도 가능하므로, 형사피해자가 약식명령을 고지받지 못한다고 하여 형사재판절차에서의 참여기회가 완전히 봉쇄되어 있다고 볼 수 없다. 따라서 이 사건 고지조항은 형사피해자의 재판절차진술권을 침해하지 않는다(2019.9.26. 2018헌마1015).

ㄷ. X 특허무효심결에 대한 소는 심결의 등본을 송달받은 날부터 30일 이내에 제기하도록 한 특허법 제186조 제3항은 재판청구권을 침해하지 아니한다(2018.8.30. 2017헌바258).

ㄹ. O 상속재산분할에 관한 사건을 가사비송사건으로 분류하고 있는 가사소송법 제2조 제1항 제2호 나목 10)(이하 '가사비송 조항'이라 한다)이 상속재산분할에 관한 사건을 제기하고자 하는 자의 공정한 재판을 받을 권리를 침해하는지 여부(소극) 상속재산분할에 관한 사건의 결과는 가족공동체의 안정에 커다란 영향을 미친다는 특수성을 감안할 때, 구체적인 상속분의 확정과 분할의 방법에 관하여서는 가정법원이 당사자의 주장에 구애받지 않고 후견적 재량을 발휘하여 합목적적으로 판단하여야 할 필요성이 인정된다. 이와 같은 점을 고려하여 가사비송 조항은 상속재산분할에 관한 사건을 법원의 후견적 재량이 인정되는 가사비송절차에 의하도록 한 것이다. 가사소송법 관계법령은 상속재산분할에 관한 사건을 가사비송사건으로 규정하면서도 절차와 심리방식에 있어 당사자의 공격방어권과 처분권을 담보하기 위한 여러 제도들을 마련하고 있다. 따라서 가사비송 조항이 입법재량의 한계를 일탈하여 상속재산분할에 관한 사건을 제기하고자 하는 자의 공정한 재판을 받을 권리를 침해한다고 볼 수 없다(2017.4.27. 2015헌바24).

09 19법전협-3-3 정답 ⑤

재판을 받을 권리에 관한 설명 중 옳지 않은 것은? (다툼이 있는 경우 판례에 의함)

① 특허무효심결에 대한 소의 경우, 심결의 등본을 송달받은 날부터 30일 이내에 제기하도록 하는 것은 해당 소를 제기하려는 자의 재판청구권을 침해하지 않는다.

② 헌법과 법률이 정한 법관에 의한 재판을 받을 권리라 함은 직업법관에 의한 재판을 주된 내용으로 하는 것이므로, '국민참여재판을 받을 권리'는 헌법 제27조 제1항에서 규정한 재판을 받을 권리의 보호범위에 속하지 않는다.

③ 재판을 받을 권리는 사건의 경중을 가리지 않고 모든 사건에 대하여 대법원을 구성하는 법관에 의한 균등한 재판을 받을 권리나 상고심 재판을 받을 권리를 의미하지 않는다.

④ 헌법재판에서 동일한 사건에 대하여 2명 이상의 재판관을 기피할 수 없도록 하는 것은, 7명 이상의 심리정족수를 보장함과 동시에 기피신청에 의해 그 자체로 기피신청 당사자에게 불리한 재판 결과를 초래하는 것을 최소화하기 위한 부득이한 조치이므로, 해당 기피신청 당사자의 공정한 헌법재판을 받을 권리를 침해하지 않는다.

⑤ 형사재판에 있어 범죄사실의 확정과 책임은 행위 시를 기준으로 하므로 현역병의 군대 입대 전 범죄에 대한 재판권을 군사법원에 부여하는 것은 해당 현역병의 재판청구권을 침해한다.

 해설

① O 2018.8.30. 2017헌바258
② O 2015.7.30. 2014헌바447
③ O 2012.3.29. 2010헌마693
④ O 2016.11.24. 2015헌마902
⑤ X 현역병의 군대 입대 전 범죄에 대한 군사법원의 재판권을 규정하고 있는 군사법원법 제2조 제2항 중 제1항 제1호의 '군형법 제1조 제2항의 현역에 복무하는 병' 부분은 재판청구권을 침해하지 않으므로 헌법에 위반되지 않는다(2009.7.30. 2008헌바162).

10 19법전협-1-2   정답 ③

재판청구권에 관한 설명으로 옳지 않은 것은? (다툼이 있는 경우 판례에 의함)

① 「국민의 형사재판 참여에 관한 법률」이 정하는 대상 사건에 해당하는 경우에 피고인은 원칙적으로 국민참여재판으로 재판을 받을 법률상 권리를 가진다고 할 것이고, 이러한 형사소송절차상의 권리를 배제함에 있어서는 헌법에서 정한 적법절차원칙을 따라야 한다.

② 「성폭력범죄의 처벌 등에 관한 특례법」에 따른 성폭력범죄 피해자의 법정대리인이 국민참여재판을 원하지 아니하는 경우에 법원은 국민참여재판을 하지 아니하기로 하는 배제결정을 할 수 있다.

③ 「인신보호법」에서 피수용자인 구제청구자의 즉시항고 제기기간을 3일로 정한 것은 피수용자의 재판청구권을 침해하지 않는다.

④ 「공익사업을 위한 토지 등의 취득 및 보상에 관한 법률」에서 토지수용위원회의 수용재결서를 받은 날로부터 60일 이내에 보상금증감청구소송을 제기하도록 하는 것은 해당 토지소유자의 재판청구권을 침해하지 않는다.

⑤ 「형사소송법」에서 공판조서의 절대적 증명력을 인정하는 것은 해당 피고인의 재판을 받을 권리를 침해하지 않는다.

 해설

① O 국민참여재판을 받을 권리는 헌법상 기본권으로서 보호될 수는 없지만, 재판참여법에서 정하는 대상 사건에 해당하는 한 피고인은 원칙적으로 국민참여재판으로 재판을 받을 법률상 권리를 가진다고 할 것이고, 이러한 형사소송절차상의 권리를 배제함에 있어서는 헌법에서 정한 적법절차원칙을 따라야 한다(2014.1.28. 2012헌바298).

② O 국민의 형사재판 참여에 관한 법률 제9조 제1항 제3호

> **국민의 형사재판 참여에 관한 법률 제9조(배제결정)**
> ① 법원은 공소제기 후부터 공판준비기일이 종결된 다음날까지 다음 각 호의 어느 하나에 해당하는 경우 국민참여재판을 하지 아니하기로 하는 결정을 할 수 있다.
> 1. 배심원·예비배심원·배심원후보자 또는 그 친족의 생명·신체·재산에 대한 침해 또는 침해의 우려가 있어서 출석의 어려움이 있거나 이 법에 따른 직무를 공정하게 수행하지 못할 염려가 있다고 인정되는 경우
> 2. 공범 관계에 있는 피고인들 중 일부가 국민참여재판을 원하지 아니하여 국민참여재판의 진행에 어려움이 있다고 인정되는 경우
> 3. 「성폭력범죄의 처벌 등에 관한 특례법」제2조의 범죄로 인한 피해자(이하 "성폭력범죄 피해자"라 한다) 또는 법정대리인이 국민참여재판을 원하지 아니하는 경우
> 4. 그 밖에 국민참여재판으로 진행하는 것이 적절하지 아니하다고 인정되는 경우
> ③ 제1항의 결정에 대하여는 즉시항고를 할 수 있다.

관련판례 국민참여재판으로 진행하는 것이 적절하지 아니하다고 인정되는 경우 법원이 국민참여재판 배제 결정을 할 수 있도록 한 구 '국민의 형사재판 참여에 관한 법률' 제9조 제1항 제3호는 피고인의 재판청구권을 침해하지 않는다(2014.1.28. 2012헌바298).

③ X 인신보호법 제15조 중 '피수용자인 구제청구자'의 즉시항고 제기기간을 '3일'로 정한 부분은 피수용자의 **재판청구권을 침해한다**(2015.9.24. 2013헌가21).

④ O 토지수용위원회의 수용재결서를 받은 날로부터 60일 이내에 보상금증감청구소송을 제기하도록 한 '공익사업을 위한 토지 등의 취득 및 보상에 관한 법률' 제85조 제1항 전문 중 관련 부분은 보상금증감청구소송을 제기하려는 토지소유자의 재판청구권을 침해하지 아니한다(2016.7.28. 2014헌바206).

⑤ O 공판조서의 절대적 증명력을 인정하는 형사소송법 제56조는 청구인의 재판을 받을 권리를 침해하거나 평등원칙에 위반되지는 않는다(2013.8.29. 2011헌바253).

제4절 국가배상청구권

11 21법전협-1-12   정답 ⑤

승용차를 운전하던 민간인 甲의 과실과 오토바이를 운전하여 직무를 집행하던 육군 중사 乙의 과실이 경합하여 오토바이 뒷좌석에 타고 있던 직무집행중인 육군 중사 丙에게 전치 약 10주의 상해를 입힌 경우, 국가배상청구권에 관한 설명 중 옳지 않은 것은?

① 피해자 丙은 「군인연금법」등에 의하여 보상을 받을 수 있으므로 헌법 제29조 제2항과 「국가배상법」제2조 제1항 단서에 따라 국가의 배상책임이 인정되지 않는다.

② 헌법재판소 판례에 따르면, 甲이 丙에게 손해 전부를 배상한 경우 국가에 대하여 자신의 부담부분을 넘어선 부분에 대해 구상권이 인정된다.

③ 대법원 판례에 의하면, 가해자인 乙에게 고의 중과실이 인정되는 경우에는 피해자 丙에 대한 乙의 배상책임이 인정되지만, 경과실에 불과한 경우에는 乙의 丙에 대한 배상책임이 인정되지 않는다.

④ 대법원 판례에 의하면, 이중배상금지규정은 절대적 효력을 가지므로 국가에 대한 甲의 구상권은 인정될 수 없다.

⑤ 대법원 판례에 의하면, 피해자가 경비교도대원인 경우에도 국가의 배상책임은 인정될 수 없다.

 해설

① O 공무원의 직무상 불법행위로 손해를 받은 국민은 법률이 정하는 바에 의하여 국가 또는 공공단체에 정당한 배상을 청구할 수 있다. 이 경우 공무원 자신의 책임은 면제되지 아니한다(헌법 제29조 제1항). 군인·군무원·경찰공무원 기타 법률이 정하는 자가 전투·훈련등 직무집행과 관련하여 받은 손해에 대하여는 법률이 정하는 보상외에 국가 또는 공공단체에 공무원의 직무상 불법행위로 인한 배상은 청구할 수 없다(헌법 제29조 제2항).

군인·군무원·경찰공무원 또는 예비군대원이 전투·훈련 등 직무 집행과 관련하여 전사(戰死)·순직(殉職)하거나 공상(公傷)을 입은 경우에 본인이나 그 유족이 다른 법령에 따라 재해보상금·유족연금·상이연금 등의 보상을 지급받을 수 있을 때에는 이 법 및 「민법」에 따른 손해배상을 청구할 수 없다(국가배상법 제2조 제1항 단서).

② O 일반국민이 직무집행중인 군인과의 공동불법행위로 직무집행중인 다른 군인에게 공상을 입혀 그 피해자에게 공동의 불법행위로 인한 손해를 배상한 다음 공동불법행위자인 군인의 부담부분에 관하여 국가에 대하여 구상권을 행사하는 것을 허용하지 아니한다고 해석하는 한, 헌법 제11조, 제23조 제1항, 제29조 및 제37조 제2항에 위반되어 위헌이다(1994.12.29. 93헌바21).즉 甲은 국가에 대해 구상권을 행사할 수 있다.

③ O 공무원이 직무수행 중 불법행위로 타인에게 손해를 입힌 경우에 국가 등이 국가배상책임을 부담하는 외에 공무원 개인도 고의 또는 중과실이 있는 경우에는 불법행위로 인한 손해배상책임을 지고, 공무원에게 경과실이 있을 뿐인 경우에는 공무원 개인은 손해배상책임을 부담하지 아니한다. 이처럼 경과실이 있는 공무원이 피해자에 대하여 손해배상책임을 부담하지 아니함에도 피해자에게 손해를 배상하였다면 그것은 채무자 아닌 사람이 타인의 채무를 변제한 경우에 해당하고, 이는 민법 제469조의 '제3자의 변제' 또는 민법 제744조의 '도의관념에 적합한 비채변제'에 해당하여 피해자는 공무원에 대하여 이를 반환할 의무가 없고, 그에 따라 피해자의 국가에 대한 손해배상청구권이 소멸하여 국가는 자신의 출연 없이 채무를 면하게 되므로, 피해자에게 손해를 직접 배상한 경과실이 있는 공무원은 특별한 사정이 없는 한 국가에 대하여 국가의 피해자에 대한 손해배상책임의 범위 내에서 공무원이 변제한 금액에 관하여 구상권을 취득한다고 봄이 타당하다(대판 2014.8.20. 2012다54478).

④ O 헌법 제29조 제2항 및 이를 근거로 한 국가배상법 제2조 제1항 단서 규정의 입법 취지는, 국가 또는 공공단체가 위험한 직무를 집행하는 군인·군무원·경찰공무원 또는 향토예비군대원에 대한 피해보상제도를 운영하여, 직무집행과 관련하여 피해를 입은 군인 등이 간편한 보상절차에 의하여 자신의 과실 유무나 그 정도와 관계없이 무자력의 위험부담이 없는 확실하고 통일된 피해보상을 받을 수 있도록 보장하는 대신에, 피해 군인 등이 국가 등에 대하여 공무원의 직무상 불법행위로 인한 손해배상을 청구할 수 없게 함으로써, 군인 등의 동일한 피해에 대하여 국가 등의 보상과 배상이 모두 이루어짐으로 인하여 발생할 수 있는 과다한 재정지출과 피해 군인 등 사이의 불균형을 방지하고, 또한 가해자인 군인 등과 피해자인 군인 등의 직무상 잘못을 따지는 쟁송이 가져올 폐해를 예방하려는 데에 있고, 또 군인, 군무원 등 이 법률 규정에 열거된 자가 전투, 훈련 기타 직무집행과 관련하는 등으로 공상을 입은 데 대하여 재해보상금, 유족연금, 상이연금 등 별도의 보상제도가 마련되어 있는 경우에는 이중배상의 금지를 위하여 이들의 국가에 대한 국가배상법 또는 민법상의 손해배상청구권 자체를 절대적으로 배제하는 규정이므로, 이들은 국가에 대하여 손해배상청구권을 행사할 수 없는 것인바, 따라서 국가배상법 제2조 제1항 단서 규정은 다른 법령에 보상제도가 규정되어 있고, 그 법령에 규정된 상이등급 또는 장애등급 등의 요건에 해당되어 그 권리가 발생한 이상, 실제로 그 권리를 행사하였는지 또는 그 권리를 행사하고 있는지 여부에 관계없이 적용된다고 보아야 하고, 그 각 법률에 의한 보상금청구권이 시효로 소멸되었다 하여 적용되지 않는다고 할 수는 없다(대판 2002.5.10. 2000다39735).

⑤ X 현역병으로 입영하여 소정의 군사교육을 마치고 전임되어 구 교정시설경비교도대설치법(1989.12.30. 법률 제4157호로 개정되기 전의 것)상의 경비교도로 임용된 자는 군인의 신분을 상실하고, 군인과 다른 경비교도로서의 신분을 취득하게 되었다 할 것이어서 국가배상법 제2조 제1항 단서 소정의 군인 등에 해당하지 아니하고, 위 법 제9조, 제10조, 동 시행령 제38조, 교정시설경비교도대운영규칙(법무부훈령 제143호) 제104조 등의 규정에 의하여 경비교도가 전사상 급여금을 지급받는다든지, 원호와 가료의 대상이 된다든지, 만기전역이 되는 등 그 처우에 있어서 군인에 준하는 취급을 받는다 하여 여전히 군인의 신분을 유지하는 것이라고 할 수 없으며, 또한 경비교도로 근무중 공무수행과 관련하여 사망한 자에 대하여 국가기관이 그를 국가유공자예우등에관한법률 제4조 제1항 제5호 소정의 순직 군경(군인 또는 경찰공무원으로서 교육훈련 또는 직무수행중 사망한 자)에 해당한다 하여 국가유공자로 결정하고 사망급여금 등이 지급되었다 하더라도 그러한 사실 때문에 그 신분이 군인 또는 경찰공무원으로 바뀌는 것은 아니라 할 것이다(대판 1991.4.26. 90다15907).

12 19법전협-2-1   정답 ⑤

국가배상청구권에 관한 설명으로 옳지 않은 것은? (다툼이 있는 경우 판례에 의함)

① 「국가배상법」 제7조가 정하는 상호보증은 당사국과의 조약이 체결되어 있을 것을 요건으로 하지 않는다.

② 이중배상청구금지와 관련한 「국가배상법」 제2조 제1항 단서는 국가배상청구권을 헌법 내재적으로 제한하는 헌법 제29조 제2항에 직접 근거하고, 실질적으로 그 내용을 같이 하는 것이므로 헌법에 위반되지 않는다.

③ 전투·훈련 등 직무집행과 관련하여 공상을 입은 군인이 「국가배상법」에 따라 손해배상금을 지급받은 다음 국가유공자법이 정한 보상금 등 보훈급여금의 지급을 청구하는 경우에, 국가는 그 지급을 거부할 수 없다.

④ 「국가배상법」에 따른 손해배상의 소송은 배상심의회에 배상신청을 하지 아니하고도 제기할 수 있다.

⑤ 생명·신체·재산의 침해로 인한 국가배상을 받을 권리는 양도하거나 압류하지 못한다.

 해설

① O 국가배상법 제7조는 우리나라만이 입을 수 있는 불이익을 방지하고 국제관계에서 형평을 도모하기 위하여 외국인의 국가배상청구권의 발생요건으로 '외국인이 피해자인 경우에는 해당 국가와 상호보증이 있을 것'을 요구하고 있는데, … 그리고 상호보증은 외국의 법령, 판례 및 관례 등에 의하여 발생요건을 비교하여 인정되면 충분하고 반드시 당사국과의 조약이 체결되어 있을 필요는 없으며, 당해 외국에서 구체적으로 우리나라 국민에게 국가배상청구를 인정한 사례가 없더라도 실제로 인정될 것이라고 기대할 수 있는 상태이면 충분하다(대판 2015.6.11. 2013다208388).

② O 1995.12.28. 95헌바3, 2018.5.31. 2013헌바22
③ O 국가배상법 제2조 제1항 단서는 헌법 제29조 제2항에 근거를 둔 규정으로서, 구 국가유공자법이 정한 보상에 관한 규정은 국가배상법 제2조 제1항 단서가 정한 '다른 법령'에 해당하므로, 구 국가유공자법에서 정한 국가유공자 요건에 해당하여 보상금 등 보훈급여금을 지급받을 수 있는 경우는 구 국가유공자법에 따라 '보상을 지급받을 수 있을 때'에 해당한다. 따라서 군인·군무원·경찰공무원 또는 향토예비군대원(이하 '군인 등'이라 한다)이 전투·훈련 등 직무집행과 관련하여 공상을 입는 등의 이유로 구 국가유공자법이 정한 국가유공자 요건에 해당하여 보상금 등 보훈급여금을 지급받을 수 있는 경우에는 국가배상법 제2조 제1항 단서에 따라 국가를 상대로 국가배상을 청구할 수 없다고 보아야 한다. 그러나 이와 달리 전투·훈련 등 직무집행과 관련하여 공상을 입은 군인 등이 먼저 국가배상법에 따라 손해배상금을 지급받은 다음 구 국가유공자법이 정한 보상금 등 보훈급여금의 지급을 청구하는 경우 피고로서는 다음과 같은 사정에 비추어 국가배상법에 따라 손해배상을 받았다는 사정을 들어 보상금 등 보훈급여금의 지급을 거부할 수 없다고 보아야 한다(대판 2017.2.3. 2014두40012).
④ O 국가배상법 제9조
⑤ X 생명·신체의 침해로 인한 국가배상을 받을 권리는 양도하거나 압류하지 못한다(국가배상법 제4조). → 재산 X

제5절 형사보상청구권

13   18법전협-1-20   정답 ②

형사보상청구권에 관한 설명으로 옳은 것만을 모두 고른 것은? (다툼이 있는 경우 판례에 의함)

ㄱ. 형사보상청구권은 1948년 제헌헌법에서부터 헌법에 명문으로 규정되어 왔다.
ㄴ. 형사보상의 청구에 대하여 한 보상의 결정에 대하여는 불복을 신청할 수 없도록 하여 형사보상의 결정을 단심재판으로 규정한 법률조항은 형사보상청구인의 형사보상청구권을 침해한다.
ㄷ. 헌법은 형사피고인의 형사보상청구권만을 규정하고 있지만, 그 의미상 형사피의자까지도 형사보상청구권자가 된다고 보아야 하는 것이 형사보상청구권의 취지에 부합한다.
ㄹ. 국가의 형사사법행위가 고의·과실로 인한 것으로 인정되는 경우에는 국가배상청구 등 별개의 절차에 의하여 인과관계 있는 모든 손해를 배상받을 수 있으므로, 형사보상절차로써 인과관계 있는 모든 손해를 보상하지 않는다고 하여 반드시 부당하다고 할 수는 없다.
ㅁ. 무죄재판을 받아 확정된 사건의 피고인이 미결구금을 당한 경우에는 공소를 제기한 검사가 소속된 지방검찰청에 보상청구를 한다.

① ㄱ, ㄹ   ② ㄱ, ㄴ, ㄹ
③ ㄱ, ㄴ, ㅁ   ④ ㄴ, ㄹ, ㅁ
⑤ ㄴ, ㄷ, ㄹ, ㅁ

ㄱ. O 형사보상청구권은 건국헌법에서부터 현행헌법(제9차 개헌)까지 계속 규정되어 왔는데 제8차 개헌까지는 형사피고인에 제한했던 것을 제9차 개헌에서 형사피의자까지 확대하였다.
ㄴ. O 보상액의 산정에 기초되는 사실인정이나 보상액에 관한 판단에서 오류나 불합리성이 발견되는 경우에도 그 시정을 구하는 불복신청을 할 수 없도록 하는 것은 형사보상청구권 및 그 실현을 위한 기본권으로서의 재판청구권의 본질적 내용을 침해하는 것이라 할 것이고, 나아가 법적안정성만을 지나치게 강조함으로써 재판의 적정성과 정의를 추구하는 사법제도의 본질에 부합하지 아니하는 것이다. 또한, 불복을 허용하더라도 즉시항고는 절차가 신속히 진행될 수 있고 사건수도 과다하지 아니한데다 그 재판내용도 비교적 단순하므로 불복을 허용한다고 하여 상급심에 과도한 부담을 줄 가능성은 별로 없다고 할 것이어서, 이 사건 불복금지조항은 형사보상청구권 및 재판청구권을 침해한다고 할 것이다(2010.10.28. 2008헌마514).
ㄷ. X 형사피의자 또는 형사피고인으로서 구금되었던 자가 법률이 정하는 불기소처분을 받거나 무죄판결을 받은 때에는 법률이 정하는 바에 의하여 국가에 정당한 보상을 청구할 수 있다(헌법 제28조).
ㄹ. O 형사보상은 국가의 위법·부당한 행위를 전제로 하는 국가배상과는 그 취지 자체가 상이한 것이고, 따라서 그 보상 범위도 손해배상의 범위와 동일하여야 하는 것이 아니다. 국가의 형사사법행위가 고의·과실로 인한 것으로 인정되는 경우에는 국가배상청구 등

별개의 절차에 의하여 인과관계 있는 모든 손해를 배상받을 수 있으므로, 형사보상절차로써 인과관계 있는 모든 손해를 보상하지 않는다고 하여 반드시 부당하다고 할 수는 없을 것이다 (2010.7.29. 2008헌가4).

ㅁ. X

> **형사보상 및 명예회복에 관한 법률 제7조(관할법원)**
> 보상청구는 무죄재판을 한 법원에 대하여 하여야 한다.

제6절 범죄피해자구조청구권

14 13법전협-1-6   정답 ④

범죄피해자구조청구권에 관한 설명으로 옳은 것은?

① 범죄피해자구조청구권은 제8차 개정헌법에 처음 도입되었다.
② 구조대상 범죄피해는 대한민국의 영역 안에서 또는 해외에서 대한민국 국민에 의하여 행하여진 사람의 생명 또는 신체를 해치는 죄에 해당하는 행위로 인하여 사망하거나 장해 또는 중상해를 입은 경우이다.
③ 구조대상 범죄피해를 받은 사람은 가해자의 불명이나 무자력으로 인하여 피해의 전부 또는 일부를 배상받지 못하는 경우에 한하여 구조금을 지급받을 수 있다.
④ 범죄행위 당시 구조피해자와 가해자 사이에 동거친족 관계가 있는 경우 구조금은 지급되지 않는다.
⑤ 구조금을 받을 권리는 그 구조결정이 해당 신청인에게 송달된 날부터 3년간 행사하지 아니하면 시효로 인하여 소멸된다.

 해설

① X 범죄피해자구조청구권은 현행헌법에서 처음으로 헌법에 규정하였다.
② X

> **범죄피해자보호법 제3조(정의)**
> ① 이 법에서 사용하는 용어의 뜻은 다음과 같다.
>   4. "구조대상 범죄피해"란 대한민국의 영역 안에서 또는 대한민국의 영역 밖에 있는 대한민국의 선박이나 항공기 안에서 행하여진 사람의 생명 또는 신체를 해치는 죄에 해당하는 행위(「형법」 제9조, 제10조 제1항, 제12조, 제22조 제1항에 따라 처벌되지 아니하는 행위를 포함하며, 같은 법 제20조 또는 제21조 제1항에 따라 처벌되지 아니하는 행위 및 과실에 의한 행위는 제외한다)로 인하여 사망하거나 장해 또는 중상해를 입은 것을 말한다.

③ X 개정전에는 가해자의 불명이나 무자력도 구조금의 지급요건이 이었으나 현행법상 더 이상 요건이 아니다.

> **범죄피해자보호법 제16조(구조금의 지급요건)**
> 국가는 구조대상 범죄피해를 받은 사람(이하 "구조피해자"라 한다)이 다음 각 호의 어느 하나에 해당하면 구조피해자 또는 그 유족에게 범죄피해 구조금(이하 "구조금"이라 한다)을 지급한다.
>   1. 구조피해자가 피해의 전부 또는 일부를 배상받지 못하는 경우
>   2. 자기 또는 타인의 형사사건의 수사 또는 재판에서 고소·고발 등 수사단서를 제공하거나 진술, 증언 또는 자료제출을 하다가 구조피해자가 된 경우

④ O

> **범죄피해자보호법 제19조(구조금을 지급하지 아니할 수 있는 경우)**
> ① 범죄행위 당시 구조피해자와 가해자 사이에 다음 각 호의 어느 하나에 해당하는 친족관계가 있는 경우에는 구조금을 지급하지 아니한다.
>   1. 부부(사실상의 혼인관계를 포함한다)
>   2. 직계혈족
>   3. 4촌 이내의 친족
>   4. 동거친족

⑤ X

> **범죄피해자보호법 제31조(소멸시효)**
> 구조금을 받을 권리는 그 구조결정이 해당 신청인에게 송달된 날부터 2년간 행사하지 아니하면 시효로 인하여 소멸된다.

제5장 | 사회적 기본권

제1절 사회적 기본권의 개관

01 12변시-10 정답 ③

사회적 기본권에 관한 설명 중 옳지 않은 것은? (다툼이 있는 경우 판례에 의함)

① 국가의 사회보장·사회복지 증진의무나 재해예방노력 의무 등의 성질에 비추어 국가가 어떠한 내용의 산재보험을 어떠한 범위와 방법으로 시행할지 여부는 입법자의 재량영역에 속하는 문제이고, 산재피해 근로자에게 인정되는 산재보험수급권도 그와 같은 입법재량권의 행사에 의하여 제정된 산업재해보상보험법에 의하여 비로소 구체화되는 '법률상의 권리'이다.

② 외국인 산업연수생이 연수라는 명목 하에 사업주의 지시·감독을 받으면서 사실상 노무를 제공하고 수당 명목의 금품을 수령하는 등 실질적인 근로관계에 있는 경우에도 근로기준법이 보장한 근로기준 중 주요사항을 그들에게 적용되지 않도록 하는 것은, 합리적인 근거가 없으므로 자의적인 차별이다.

③ 보건복지부장관이 장애로 인한 추가지출비용을 반영한 별도의 최저생계비를 결정하지 않은 채 가구별 인원수만을 기준으로 최저생계비를 결정한 당해연도 최저생계비고시는, 생활능력이 없는 장애인가구 구성원의 인간다운 생활을 할 권리를 침해한다.

④ 헌법 제33조 제1항에서 '단체협약체결권'을 명시하여 규정하고 있지 않다고 하더라도, 근로조건의 향상을 위한 근로자 및 그 단체의 본질적인 활동의 자유인 '단체교섭권'에는 단체협약체결권이 포함되어 있다고 보아야 한다.

⑤ 이른바 유니언 샵(Union Shop)협정의 체결에서 근로자의 단결하지 아니할 자유와 노동조합의 적극적 단결권이 충돌하게 되나, 노동조합의 적극적 단결권은 근로자 개인의 단결하지 않을 자유보다 중시되어야 하므로 유니언 샵 협정은 헌법적으로 용인된다.

 해설

① **O** 헌법 제34조 제2항 및 제6항의 국가의 사회보장·사회복지 증진의무나 재해예방노력의무 등의 성질에 비추어 국가가 어떠한 내용의 산재보험을 어떠한 범위와 방법으로 시행할지 여부는 입법자의 재량영역에 속하는 문제이고, 산재피해 근로자에게 인정되는 **산재보험수급권**도 그와 같은 입법재량권의 행사에 의하여 제정된 산재보험법에 의하여 비로소 구체화되는 '**법률상의 권리**'이다(2005.7.21. 2004헌바2).

② **O** 산업연수생이 연수라는 명목하에 사업주의 지시·감독을 받으면서 사실상 노무를 제공하고 수당 명목의 금품을 수령하는 등 실질적인 근로관계에 있는 경우에도, **근로기준법이 보장한 근로기준 중 주요사항을 외국인 산업연수생에 대하여만 적용되지 않도록 하는 것은 합리적인 근거를 찾기 어렵다**(2007.8.30. 2004헌마670).

③ **X** 보건복지부장관이 2002년도 최저생계비를 고시함에 있어 장애로 인한 추가지출비용을 반영한 별도의 최저생계비를 결정하지 않은 채 가구별 인원수만을 기준으로 최저생계비를 결정한 것은 생활능력 없는 장애인가구 구성원의 인간의 존엄과 가치 및 행복추구권, 인간다운 생활을 할 권리, 평등권을 침해하였다고 할 수 없다(2004.10.28. 2002헌마328).

④ **O** 헌법 제33조 제1항이 '**단체협약체결권**'을 명시하여 규정하고 있지 않다고 하더라도 근로조건의 향상을 위한 근로자 및 그 단체의 본질적 활동의 자유인 '**단체교섭권**'에는 **단체협약체결권이 포함**되어 있다고 보아야 한다(1998.2.27. 94헌바13·26·95헌바44).

⑤ **O** 근로자의 단결하지 아니할 자유와 노동조합의 적극적 단결권(조직강제권)이 충돌하게 되나, 근로자에게 보장되는 적극적 단결권이 단결하지 아니할 자유보다 특별한 의미를 갖고 있고, 노동조합의 조직강제권도 이른바 자유권을 수정하는 의미의 생존권(사회권)적 성격을 함께 가지는 만큼 근로자 개인의 자유권에 비하여 보다 특별한 가치로 보장되는 점 등을 고려하면, **노동조합의 적극적 단결권은 근로자 개인의 단결하지 않을 자유보다 중시**된다고 할 것이고, 또 노동조합에게 위와 같은 조직강제권을 부여한다고 하여 이를 근로자의 단결하지 아니할 자유의 본질적인 내용을 침해하는 것으로 단정할 수는 없다(2005.11.24. 2002헌바95·96,2003헌바9).

02 17변시-6   정답 ②

사회적 기본권에 관한 설명 중 옳지 않은 것은? (다툼이 있는 경우 판례에 의함)

① '인간다운 생활을 할 권리'로부터는 인간의 존엄에 상응하는 생활에 필요한 '최소한의 물질적인 생활'의 유지에 필요한 급부를 요구할 수 있는 구체적인 권리가 상황에 따라서는 직접 도출될 수 있다고 할 수는 있어도, 동 기본권이 직접 그 이상의 급부를 내용으로 하는 구체적인 권리를 발생케 한다고는 볼 수 없다.

② 모든 국민은 인간다운 생활을 할 권리를 가지며 국가는 생활능력 없는 국민을 보호할 의무가 있다는 헌법의 규정은 모든 국가기관을 기속하므로, 입법부 또는 행정부의 경우와 헌법재판소의 경우에 있어서 그 기속력의 의미가 다르게 이해되어서는 안 된다.

③ 「공무원연금법」상의 연금수급권과 같은 사회보장수급권은 헌법 제34조의 규정으로부터 도출되는 사회적 기본권의 하나이며, 따라서 국가에 대하여 적극적으로 급부를 요구하는 것이므로 헌법규정만으로는 이를 실현할 수 없고, 법률에 의한 형성을 필요로 한다.

④ 국가가 인간다운 생활을 보장하기 위한 헌법적 의무를 다하였는지의 여부가 사법적 심사의 대상이 된 경우에는, 국가가 생계보호에 관한 입법을 전혀 하지 아니하였다든가 그 내용이 현저히 불합리하여 헌법상 용인될 수 있는 재량의 범위를 명백히 일탈한 경우에 한하여 인간다운 생활을 할 권리를 보장한 헌법에 위반된다고 할 수 있다.

⑤ 「형의 집행 및 수용자의 처우에 관한 법률」에 의한 교도소·구치소에 수용 중인 자는 당해 법률에 의하여 생계유지의 보호를 받고 있으므로, 「국민기초생활 보장법」의 보충급여의 원칙에 따라 중복적인 보장을 피하기 위하여 위 수용자를 기초생활보장제도의 보장단위인 개별가구에서 제외키로 한 것은 위 수용자의 인간다운 생활을 할 권리를 침해하지 아니한다.

 해설

① O 인간다운 생활을 할 권리로부터는 인간의 존엄에 상응하는 생활에 필요한 "최소한의 물질적인 생활"의 유지에 필요한 급부를 요구할 수 있는 구체적인 권리가 상황에 따라서는 직접 도출될 수 있다고 할 수는 있어도, 동 기본권이 직접 그 이상의 급부를 내용으로 하는 구체적인 권리를 발생케 한다고는 볼 수 없다(2003.5.15. 2002헌마90).

② X 모든 국민은 인간다운 생활을 할 권리를 가지며 국가는 생활능력 없는 국민을 보호할 의무가 있다는 헌법의 규정은 모든 국가기관을 기속하지만, 그 기속의 의미는 적극적·형성적 활동을 하는 입법부 또는 행정부의 경우와 헌법재판에 의한 사법적 통제기능을 하는 헌법재판소에 있어서 동일하지 아니하다. 위와 같은 헌법의 규정이, **입법부나 행정부**에 대하여는 국민소득, 국가의 재정능력과 정책 등을 고려하여 가능한 범위안에서 최대한으로 모든 국민이 물질적인 최저생활을 넘어서 인간의 존엄성에 맞는 건강하고 문화적인 생활을 누릴 수 있도록 하여야 한다는 행위의 지침 즉 **행위규범**으로서 작용하지만, **헌법재판**에 있어서는 다른 국가기관 즉 입법부나 행정부가 국민으로 하여금 인간다운 생활을 영위하도록 하기 위하여 객관적으로 필요한 최소한의 조치를 취할 의무를 다하였는지를 기준으로 국가기관의 행위의 합헌성을 심사하여야 한다는 **통제규범**으로 작용하는 것이다(1997.5.29. 94헌마33).

③ O 공무원연금법상의 연금수급권과 같은 사회보장수급권은 헌법 제34조의 규정으로부터 도출되는 사회적 기본권의 하나이며, 따라서 국가에 대하여 적극적으로 급부를 요구하는 것이므로 **헌법규정만으로는 이를 실현할 수 없고, 법률에 의한 형성을 필요로 한다**(2012.8.23. 2010헌바425).

④ O 국가가 인간다운 생활을 보장하기 위한 헌법적 의무를 다하였는지의 여부가 사법적 심사의 대상이 된 경우에는, **국가가 생계보호에 관한 입법을 전혀 하지 아니하였다든가 그 내용이 현저히 불합리하여 헌법상 용인될 수 있는 재량의 범위를 명백히 일탈한 경우에 한하여 헌법에 위반**된다고 할 수 있다(1997.5.29. 94헌마33).

⑤ O 생활이 어려운 국민에게 필요한 급여를 행하여 이들의 최저생활을 보장하기 위해 제정된 '국민기초생활 보장법'은 부양의무자에 의한 부양과 다른 법령에 의한 보호가 이 법에 의한 급여에 우선하여 행하여지도록 하는 보충급여의 원칙을 채택하고 있는바, '형의 집행 및 수용자의 처우에 관한 법률' 및 치료감호법에 의한 구치소·치료감호시설에 수용 중인 자는 당해 법률에 의하여 생계유지의 보호와 의료적 처우를 받고 있으므로 이러한 **구치소·치료감호시설에 수용 중인 자에 대하여 '국민기초생활 보장법'에 의한 중복적인 보장을 피하기 위하여 개별가구에서 제외하기로 한 입법자의 판단이 헌법상 용인될 수 있는 재량의 범위를 일탈하여 인간다운 생활을 할 권리와 보건권을 침해한다고 볼 수 없다**(2012.2.23. 2011헌마123).

03 20변시-13   정답 ③

사회적 기본권에 관한 설명 중 옳은 것을 모두 고른 것은? (다툼이 있는 경우 판례에 의함)

ㄱ. 보건복지부장관이 고시한 생활보호사업지침상의 생계보호급여의 수준이 일반 최저생계비에 못미친다고 하더라도 그 사실만으로 국민의 인간다운 생활을 보장하기 위하여 국가가 실현해야 할 객관적 내용의 최소한도의 보장에 이르지 못하였다거나 헌법상 용인될 수 있는 재량의 범위를 명백히 일탈하였다고 볼 수 없다.

ㄴ. 이름(성명)은 개인의 정체성과 개별성을 나타내는 인격의 상징으로서 개인이 사회 속에서 자신의 생활영역을 형성하고 발현하는 기초가 되므로, 부모가 자녀의 이름을 지을 자유는 혼인과 가족생활을 보장하는 헌법 제36조 제1항이 아니라 일반적 인격권 및 행복추구권을 보장하는 헌법 제10조에 의하여 보호받는다.

ㄷ. 헌법 제119조 제2항은 국가가 경제영역에서 실현하여야 할 목표의 하나로서 '적정한 소득의 분배'를 들고 있으므로, 이로부터 소득에 대하여 누진세율에 따른 종합과세를 시행하여야 할 구체적인 헌법적 의무가 입법자에게 부과된다.

ㄹ. 부모의 자녀에 대한 교육권은 비록 헌법에 명문으로 규정되어 있지는 않지만, 모든 인간이 누리는 불가침의 인권으로서 혼인과 가족생활을 보장하는 헌법 제36조 제1항, 행복추구권을 보장하는 헌법 제10조 및 "국민의 자유와 권리는 헌법에 열거되지 아니한 이유로 경시되지 아니한다."고 규정하는 헌법 제37조 제1항에서 도출되는 중요한 기본권이다.

ㅁ. 자녀의 양육과 교육에 있어서 부모의 교육권은 교육의 모든 영역에서 존중되어야 하며, 다만, 학교교육의 범주 내에서는 국가의 교육권한이 헌법적으로 독자적인 지위를 부여받음으로써 부모의 교육권과 함께 자녀의 교육을 담당하지만, 학교 밖의 교육영역에서는 원칙적으로 부모의 교육권이 우위를 차지한다.

① ㄱ, ㄴ
② ㄱ, ㅁ
③ ㄱ, ㄹ, ㅁ
④ ㄴ, ㄷ, ㄹ
⑤ ㄷ, ㄹ, ㅁ

ㄱ. O 1997.5.29. 94헌마33
ㄴ. X 비록 헌법에 명문으로 규정되어 있지는 않지만, **부모의 자녀의 이름을 지을 자유**는 혼인과 가족생활을 보장하는 헌법 제36조 제1항과 행복추구권을 보장하는 헌법 제10조에 의하여 보호받는다고 할 수 있다(2016.7.28. 2015헌마964).
ㄷ. X 반드시 소득에 대하여 누진세율에 따른 종합과세를 시행하여야 할 구체적인 헌법적 의무가 조세입법자에게 부과되는 것이라고 할 수 없다. → '적정한 소득의 분배'를 무조건적으로 실현할 것을 요구한다거나 정책적으로 항상 최우선적인 배려를 하도록 요구하는 것은 아니라 할 것이다(1999.11.25. 98헌마55).
ㄹ. O 2000.4.27. 98헌가16 등

ㅁ. O 자녀의 양육과 교육에 있어서 부모의 교육권은 교육의 모든 영역에서 존중되어야 하며, 다만, 학교교육에 관한 한, 국가는 헌법 제31조에 의하여 부모의 교육권으로부터 원칙적으로 독립된 독자적인 교육권한을 부여받음으로써 부모의 교육권과 함께 자녀의 교육을 담당하지만, **학교 밖의 교육영역에서는 원칙적으로 부모의 교육권이 우위**를 차지한다(2000.4.27. 98헌가16 등).

제2절 인간다운 생활을 할 권리

04 18변시-10   정답 ④

사회보장수급권에 관한 설명 중 옳지 않은 것은? (다툼이 있는 경우 판례에 의함)

① 도보나 자기 소유 교통수단 또는 대중교통수단 등을 이용하여 통상의 출퇴근을 하는 산업재해보상보험 가입 근로자는 사업주가 제공하거나 그에 준하는 교통수단을 이용하여 출퇴근하는 산업재해보상보험 가입 근로자와 같은 근로자인데도 통상의 출퇴근 재해를 업무상 재해로 인정받지 못한다는 점에서 차별취급이 존재하며, 이러한 차별은 정당화될 수 있는 합리적 근거가 없다.

② 「군인연금법」상 퇴역연금수급권은 사회보장수급권과 재산권이라는 두 가지 성격이 불가분적으로 혼화되어, 전체적으로 재산권의 보호 대상이 되면서도 순수한 재산권만이 아닌 특성을 지니므로, 비록 퇴역연금수급권이 재산권으로서의 성격을 일부 지닌다고 하더라도 사회보장법리에 강하게 영향을 받을 수밖에 없다.

③ 국민연금이 근로관계로부터 독립하여 제3자인 보험자로 하여금 피보험자의 생활위험을 보호하도록 함으로써 순수한 사회정책적 차원에서 가입자의 노령보호를 주된 목적으로 하는 데 비하여, 공무원연금은 근무관계의 한 당사자인 국가가 다른 당사자인 공무원의 사회보장을 직접 담당함으로써 피보험자(공무원)에 대한 사회정책적 보호 외에 공무원근무관계의 기능유지라는 측면도 함께 도모하고 있다.

④ 헌법 제25조의 공무담임권은 공무원의 재임 기간 동안 충실한 공직 수행을 담보하기 위하여 공무원의 퇴직급여 및 공무상 재해보상 보장까지 그 보호영역으로 하고 있으므로, 「공무원연금법」이 선출직 지방자치단체의 장을 위한 별도의 퇴직급여제도를 마련하지 않은 것은 사회보장수급권을 침해한다.

⑤ 공무원연금제도와 산업재해보상보험제도는 사회보장형태로서 사회보험이라는 점에 공통점이 있을 뿐, 보험가입자, 보험관계의 성립 및 소멸, 재정조성 주체 등에서 큰 차이가 있어, 「공무원연금법」상의 유족급여수급권자와 「산업재해보상보험법」상의 유족급여수급권자가 본질적으로 동일한 비교집단이라고 보기 어렵다.

① O 심판대상조항은 '사업주가 제공한 교통수단이나 그에 준하는 교통수단을 이용하는 등 사업주의 지배관리하에서 출퇴근 중 발생한 사고만을 업무상 재해로 본다고 명시적으로 규정하여, 혜택근로자만 한정하여 보호하는 것을 명백히 밝히고 있다. 그 결과 사업장의 규모나 재정여건의 부족 또는 사업주의 일방적 의사나 개인 사정 등으로 출퇴근용 차량을 제공받지 못하거나 그에 준하는 교통수단을 지원받지 못하는 비혜택근로자는 산재보험에 가입되어 있다 하더라도 출퇴근 재해에 대하여 보상을 받을 수 없는데, 이러한 차별을 정당화할 수 있는 합리적 근거를 찾기 어렵다(2016.9.29. 2014헌바254). … 헌법불합치

② O **군인연금법상 퇴역연금 수급권**은 사회보장수급권과 재산권이라는 두 가지 성격이 불가분적으로 혼화되어, 전체적으로 재산권의 보호 대상이 되면서도 순수한 재산권만이 아닌 특성을 지니므로, 비록 퇴직연금 수급권이 재산권으로서의 성격을 일부 지닌다고 하더라도 **사회보장법리에 강하게 영향**을 받을 수밖에 없다(2007.10.25. 2005헌바68).

③ O 공무원연금은 사회적 위험에 대한 보호방법과 급여의 제한에 있어서 국민연금과 상당한 부분 차이가 있다. 즉 국민연금이 근로관계로부터 독립하여 제3자인 보험자로 하여금 피보험자의 생활위험을 보호하도록 함으로써 순수한 사회정책적 차원에서 가입자의 노령보호를 주된 목적으로 하는 데 비하여, 공무원연금은 근무관계의 한 당사자인 국가가 다른 당사자인 공무원의 사회보장을 직접 담당함으로써 피보험자(공무원)에 대한 사회정책적 보호 외에 공무원근무관계의 기능유지라는 측면도 함께 도모하고 있다(2013.8.29. 2010헌바354). → 헌법재판소는 2013.9.26. 2013헌바170과 2009.7.30. 2008헌가1에서 사립학교직원, 군인연금법도 마찬가지로 보고 있다.

④ X 헌법 제25조의 공무담임권은 공무원의 재임 기간 동안 충실한 공무 수행을 담보하기 위하여 **공무원의 퇴직급여 및 공무상 재해보상을 보장할 것까지 그 보호영역으로 하고 있다고 보기 어렵다.** 지방자치단체장은 특정 정당을 정치적 기반으로 하여 선거에 입후보할 수 있고 선거에 의하여 선출되는 공무원이라는 점에서 헌법 제7조 제2항에 따라 신분보장이 필요하고 정치적 중립성이 요구되는 공무원에 해당한다고 보기 어려우므로 헌법 제7조의 해석상 **지방자치단체장을 위한 퇴직급여제도를 마련하여야 할 입법적 의무가 도출된다고 볼 수 없고,** 그 외에 헌법 제34조나 공무담임권 보장에 관한 헌법 제25조로부터 위와 같은 입법의무가 도출되지 않는다. 따라서 이 사건 입법부작위는 헌법소원의 대상이 될 수 없는 입법부작위를 그 심판대상으로 한 것으로 부적법하다(2014.6.26. 2012헌마459).

⑤ O 공무원연금제도와 산재보험제도는 사회보장 형태로서 사회보험이라는 점에 공통점이 있을 뿐, 보험가입자, 보험관계의 성립 및 소멸, 재정조성 주체 등에서 큰 차이가 있어, **공무원연금법상의 유족급여수급권자와 산재보험법상의 유족급여수급권자가 본질적으로 동일한 비교집단이라고 보기 어렵다.** 공무원연금과 국민연금은 사회보장적 성격을 가진다는 점에서 동일하기는 하나, 제도의 도입 목적과 배경, 재원의 조성 등에 차이가 있고, 공무원연금은 국민연금에 비해 재정건전성 확보를 통하여 국가의 재정부담을 낮출 필요가 절실하다는 점 등에 비추어 볼 때, 공무원연금의 수급권자에서 형제자매를 제외한 것은 합리적인 이유가 있다(2014.5.29. 2012헌마555).

---

05 21법전협-2-12   정답 ①

인간다운 생활을 할 권리에 관한 설명 중 옳지 않은 것은? (다툼이 있는 경우 판례에 의함)

① 직장가입자가 소득월액보험료를 일정 기간 이상 체납한 경우 그 체납한 보험료를 완납할 때까지 국민건강보험공단이 그 가입자 및 피부양자에 대하여 보험급여를 실시하지 아니할 수 있도록 하는 것은 해당 직장가입자의 인간다운 생활을 할 권리를 침해하는 것이다.

② 구 「종합부동산세법」이 공시가격을 기준으로 주택분의 경우에는 6억 내지 9억 원, 종합합산 토지분의 경우에는 3억 내지 6억 원을 초과하여 보유한 자를 납세의무자로 규정한 것은 납세의무자의 인간다운 생활을 할 권리를 제한하거나 침해하지 않는다.

③ 일정 범위의 사업을 「산업재해보상보험법」의 적용 대상에서 제외하면서 그 적용제외사업을 대통령령으로 정하도록 규정한 것은 적용제외사업에 종사하는 근로자의 인간다운 생활을 할 권리를 침해하지 않는다.

④ 헌법상의 사회보장권은 그에 관한 수급요건, 수급자의 범위, 수급액 등 구체적인 사항이 법률에 규정됨으로써 비로소 구체적인 법적 권리로 형성된다고 보아야 할 것이다.

⑤ 통상의 출퇴근 재해를 업무상 재해로 인정하여 근로자를 보호해 주는 것이 산업재해보상보험의 생활보장적 성격에 부합한다.

① X 직장가입자가 소득월액보험료를 일정 기간 이상 체납한 경우 그 체납한 보험료를 완납할 때까지 국민건강보험공단이 그 가입자 및 피부양자에 대하여 보험급여를 실시하지 아니할 수 있도록 한 구 국민건강보험법 제53조 제3항 제1호는 해당 직장가입자의 인간다운 생활을 할 권리 및 재산권을 침해하지 아니한다(2020.4.23. 2017헌바244).

② O 종합부동산세법은 공시가격을 기준으로 주택분의 경우에는 6억 내지 9억 원, 종합합산 토지분의 경우에는 3억 내지 6억 원을 초과하여 보유한 자를 납세의무자로 하고 있는바, 위 과세대상 주택 등의 가액에 비추어 보면, 종합부동산세의 납세의무자는 인간의 존엄에 상응하는 최소한의 물질적인 생활을 유지할 수 있는 지위에 있다 할 것이므로, 이 사건 종합부동산세 부과규정으로 인하여 납세의무자의 생존권이나 인간다운 생활을 할 권리를 제한하거나 침해한다고 보기 어렵다 할 것이다(2008.11.13. 2006헌바112 등).

③ O 심판대상조항에 따라 대통령령으로 정하는 사업에 대하여는 산재보험이 적용되지 아니하나, 이는 사업의 종류와 규모 등에 따른 재해발생률, 그로 인한 비용부담의 정도 및 비용부담이 당해 사업에 미치는 영향의 차이와 국가의 산재보험 운용능력 등을 고려한 조치로 보이고, 나아가 심판대상조항에 따른 산재보험 적용제외사업의 사업주도 산재보험에 임의로 가입할 수 있는 점, 행정부가 산재보험의 운용실태를 조사·분석하여 적용제외사업의 범위를 적절히 조정해오고 있는 점 등을 고려하면, 심판대상조항의 내용이 현저히 불합리하여 헌법상 용인될 수 있는 재량의 범위를 명백히 일탈한 경우에 해당한다고 볼 수 없으므로, 심판대상조항이 헌법 제34조에 위배된다고 볼 수 없다(2018.1.25. 2016헌바466).

④ O 헌법상의 사회보장권은 그에 관한 수급요건, 수급자의 범위, 수급액 등 구체적인 사항이 법률에 규정됨으로써 비로소 구체적인 법적 권리로 형성되는 것이다(2000.6.1. 98헌마216).
⑤ O 근로자의 출퇴근 행위는 업무의 전 단계로서 업무와 밀접·불가분의 관계에 있고, 사실상 사업주가 정한 출퇴근 시각과 근무지에 기속된다. 대법원은 출장행위 중 발생한 재해를 사업주의 지배관리 아래 발생한 업무상 재해로 인정하는데, 이러한 출장행위도 이동방법이나 경로선택이 근로자에게 맡겨져 있다는 점에서 통상의 출퇴근행위와 다를 바 없다. 따라서 통상의 출퇴근 재해를 업무상 재해로 인정하여 근로자를 보호해 주는 것이 산재보험의 생활보장적 성격에 부합한다(2016.9.29. 2014헌바254).

06 20법전협-2-11 정답 ②

인간다운 생활을 할 권리에 관한 설명으로 옳지 않은 것은? (다툼이 있는 경우 판례에 의함)

① 인간다운 생활을 할 권리로부터는 인간의 존엄에 상응하는 생활에 필요한 '최소한의 물질적인 생활'의 유지에 필요한 급부를 요구할 수 있는 구체적인 권리가 상황에 따라서는 직접 도출될 수 있다고 할 수는 있어도, 동 기본권이 직접 그 이상의 급부를 내용으로 하는 구체적인 권리를 발생케 한다고는 볼 수 없다.
② 모든 국민은 인간다운 생활을 할 권리를 가지며 국가는 생활능력 없는 국민을 보호할 의무가 있다는 헌법의 규정은 모든 국가기관을 기속하므로 그 기속의 의미는 국회와 헌법재판소에 대하여 동일하다.
③ 사회적 기본권의 성격을 가지는 기초연금수급권은 법률에 의해서 구체적으로 형성되는 권리로서, 국가가 재정부담능력과 전체적인 사회보장 수준 등을 고려하여 그 내용과 범위를 정하는 것이므로 폭넓은 입법형성의 자유가 인정된다.
④ 도시환경정비사업의 시행으로 인하여 철거되는 주택의 소유자를 위하여 사업시행기간 동안 거주할 임시수용시설을 설치하는 것은 국가에 대하여 최소한의 물질적 생활을 요구할 수 있는 인간다운 생활을 할 권리의 향유와 관련되어 있다고 할 수 없다.
⑤ 참전명예수당이 참전유공자의 노고와 명예를 고양하기 위하여 70세 이상 노령의 참전유공자에게 경제적 지원을 하는 것이라는 점을 고려하면, 참전유공자 예우와 관련하여 70세 되지 않은 참전유공자를 참전명예수당 지급대상에서 제외하였다 하여 70세 되지 않은 참전유공자의 인간다운 생활을 할 권리가 침해당하였다고 보기는 어렵다.

 해설

① O 인간다운 생활을 할 권리로부터는 인간의 존엄에 상응하는 생활에 필요한 "최소한의 물질적인 생활"의 유지에 필요한 급부를 요구할 수 있는 구체적인 권리가 상황에 따라서는 직접 도출될 수 있다고 할 수는 있어도, 동 기본권이 직접 그 이상의 급부를 내용으로 하는 구체적인 권리를 발생케 한다고는 볼 수 없다(2003.5.15. 2002헌마90).
② X 모든 국민은 인간다운 생활을 할 권리를 가지며 국가는 생활능력 없는 국민을 보호할 의무가 있다는 헌법의 규정은 모든 국가기관을 기속하지만 그 기속의 의미는 동일하지 아니한데, 입법부나 행정부에 대하여는 국민소득, 국가의 재정능력과 정책 등을 고려하여 가능한 범위 안에서 최대한으로 모든 국민이 물질적인 최저생활을 넘어서 인간의 존엄성에 맞는 건강하고 문화적인 생활을 누릴 수 있도록 하여야 한다는 행위의 지침, 즉 행위규범으로서 작용하지만, 헌법재판에 있어서는 다른 국가기관, 즉 입법부나 행정부가 국민으로 하여금 인간다운 생활을 영위하도록 하기 위하여 객관적으로 필요한 최소한의 조치를 취할 의무를 다하였는지를 기준으로 국가기관의 행위의 합헌성을 심사하여야 한다는 통제규범으로 작용하는 것이다(2004.10.28. 2002헌마328).
③ O 사회적 기본권의 성격을 가지는 기초연금수급권은 법률에 의해서 구체적으로 형성되는 권리로서, 국가가 재정부담능력과 전체적인 사회보장 수준 등을 고려하여 그 내용과 범위를 정하는 것이므로 폭넓은 입법형성의 자유가 인정된다(2016.2.25. 2015헌바191).
④ O 헌법 제34조 제1항에 따른 인간다운 생활을 할 권리는 사회권적 기본권의 일종으로서 인간의 존엄에 상응하는 최소한의 물질적인 생활의 유지에 필요한 급부를 국가에게 적극적으로 요구할 수 있는 권리를 의미한다(. 그런데 도시환경정비사업의 시행으로 인하여 철거되는 주택의 소유자를 위하여 사업시행기간 동안 거주할 임시수용시설을 설치하는 것은 국가에 대하여 최소한의 물질적 생활을 요구할 수 있는 인간다운 생활을 할 권리의 향유와 관련되어 있다고 할 수 없다(2014.3.27. 2011헌바396).
⑤ O 인간다운 생활이라고 하는 개념이 사회의 경제적 수준 등에 따라 달라질 수 있는 상대적 개념이고 이 사건 참전명예수당이 소득수준을 기준으로 하는 것이 아니며 단지 70세 이상 노령의 참전유공자에게 경제적 지원을 하는 것이라는 점을 고려하면, 이 사건 법률조항이 있다 하여 70세 되지 않은 참전유공자의 생계보호에 관한 입법이 전혀 없다고 볼 것은 아니므로 인간다운 생활을 할 권리가 침해당하였다고 보기는 어렵고, 그밖에 일정한 금전급부의 수급기준을 정하고 있는 이 사건 법률조항이 청구인들의 행복추구권을 침해한다고도 할 수 없다(2003.7.24. 2002헌마522).

07 19법전협-3-4 정답 ②

인간다운 생활을 할 권리에 관한 설명 중 옳지 않은 것은? (다툼이 있는 경우 판례에 의함)

① 인간다운 생활을 할 권리로부터는 인간의 존엄에 상응하는 생활에 필요한 "최소한의 물질적인 생활"의 유지에 필요한 급부를 요구할 수 있는 구체적인 권리가 상황에 따라서는 직접 도출될 수 있다고 할 수는 있어도, 동 기본권이 직접 그 이상의 급부를 내용으로 하는 구체적인 권리를 발생케 한다고는 볼 수 없다.

② 인간다운 생활을 할 권리에 관한 헌법의 규정은 모든 국가기관을 기속하며, 그 기속의 의미는 적극적·형성적 활동을 하는 입법부 또는 행정부뿐만 아니라 헌법재판에 의한 사법적 통제기능을 하는 헌법재판소에 있어서도 동일하다.

③ 「산업재해보상보험법」상 산재보험수급권은 사회보장수급권의 하나로서 재해근로자가 국가에 대하여 적극적으로 급부를 요구할 수 있는 권리이므로 헌법 규정만으로는 실현할 수 없는 것이고 법률에 의한 실현을 필요로 한다.

④ 건강보험제도에 따른 건강보험수급권은 사회보장수급권의 하나로서 사회적 기본권에 속하므로, 건강보험의 수급 범위를 제한하는 것이 문제되는 경우에는 인간다운 생활을 할 권리를 침해하는지 여부에 관하여 심사한다.

⑤ 국가가 인간다운 생활을 보장하기 위한 헌법적 의무를 다하였는지의 여부가 사법적 심사의 대상이 된 경우에는, 국가가 최저 생활 보장에 관한 입법을 전혀 하지 아니하였다든가 그 내용이 현저히 불합리하여 헌법상 용인될 수 있는 재량의 범위를 명백히 일탈한 경우에 한하여 헌법에 위반된다고 할 수 있다.

① O 2003.5.15. 2002헌마90
② X 모든 국민은 인간다운 생활을 할 권리를 가지며 국가는 생활능력 없는 국민을 보호할 의무가 있다는 헌법의 규정은 모든 국가기관을 기속하지만 그 기속의 의미는 동일하지 아니한데, 입법부나 행정부에 대하여는 국민소득, 국가의 재정능력과 정책 등을 고려하여 가능한 범위 안에서 최대한으로 모든 국민이 물질적인 최저생활을 넘어서 인간의 존엄성에 맞는 건강하고 문화적인 생활을 누릴 수 있도록 하여야 한다는 행위의 지침, 즉 행위규범으로서 작용하지만, 헌법재판에 있어서는 다른 국가기관, 즉 입법부나 행정부가 국민으로 하여금 인간다운 생활을 영위하도록 하기 위하여 객관적으로 필요한 최소한의 조치를 취할 의무를 다하였는지를 기준으로 국가기관의 행위의 합헌성을 심사하여야 한다는 통제규범으로 작용하는 것이다(1997.5.29. 94헌마33, 2004.10.28. 2002헌마328).
③ O 산재보험제도는 보험가입자(사업주)가 납부하는 보험료와 국고부담을 재원으로 하여 근로자에게 발생하는 업무상 재해라는 사회적 위험을 보험방식에 의하여 대처하는 사회보험제도(사회보장기본법 제3조 제2호)이므로 이 제도에 따른 산재보험수급권은 이른바 사회보장수급권의 하나에 속한다. 그런데 이러한 산재보험수급권은 국가에 대하여 적극적으로 급부를 요구하는 것이므로 헌법규정만으로는 이를 실현할 수 없고 법률에 의한 형성을 필요로 한다. 즉, 산재보험수급권의 구체적 내용인 수급요건·수급권자의 범위·급여금액 등은 법률에 의하여 비로소 확정된다(2004.11.25. 2002헌바52).

④ O 헌법 제34조 제1항은 모든 국민의 인간다운 생활을 할 권리 보장을, 제2항은 국가의 사회보장 및 사회복지 증진에 노력할 의무를 규정하고 있다. 사회보장 수급권은 헌법 제34조 제1항에 따른 인간다운 생활을 보장하기 위한 사회적 기본권 중의 핵심인데, 건강보험수급권은 사회보장수급권의 하나로서 바로 이러한 사회적 기본권에 속하므로, 건강보험수급권의 보장은 인간다운 생활을 할 권리의 보장을 의미한다(2003.12.18. 2002헌바1 참조).
이 사건 심판대상조항은 인조테이프를 이용한 요실금수술의 요양급여 인정기준을 요류역학검사로 복압성 요실금 또는 복압성 요실금이 주된 혼합성 요실금이 확인될 것으로 정하고 그 이외에는 비급여 대상으로 함으로써 건강보험의 수급범위를 제한하고 있는데, 이러한 건강보험 수급범위의 제한이 요실금 환자의 인간다운 생활을 할 권리를 침해하는지 여부가 문제된다(2013.9.26. 2010헌마204).
위 각 판례를 보면, "건강보험제도에 따른 건강보험수급권은 사회보장수급권의 하나로서 사회적 기본권에 속한다", "건강보험의 수급범위 제한이 인간다운 생활을 할 권리를 침해하는지 여부가 심사되기도 한다"는 것을 알 수 있다.
인간다운 생활을 할 권리는 사회적 기본권에 관한 총칙적 규정인 헌법 제34조 제1항에 근거하며, 인간의 존엄성에 상응하는 건강하고 문화적인 생활을 영위할 권리를 의미한다. 그 밖의 사회적 기본권들은 인간다운 생활을 할 권리를 구현하기 위한 수단적 권리라고 할 수 있다. 따라서 건강보험수급권 역시 인간다운 생활을 할 권리의 수단이므로, 건강보험 수급범위 제한에 따른 인간다운 생활을 할 권리의 침해여부 심사한다는 4번 지문은 타당한 것으로 보인다.
다만, "~하므로"라는 연결어로 인하여, 오류가 있는 것은 아닌지 의문이 있을 수 있겠으나, 선택형은 명백한 오답이 있으면 그것을 우선적으로 선택하는 것이 타당하므로, 4번은 맞는 지문으로 선택하는 것이 수험생 입장에서 타당하다(사견).
⑤ O 2004.10.28. 2002헌마328

08 19법전협-2-3 정답 ②

인간다운 생활을 할 권리와 사회보장수급권에 관한 설명으로 옳지 않은 것은? (다툼이 있는 경우 판례에 의함)

① 「공무원연금법」상의 연금수급권과 같은 사회보장수급권은 헌법 제34조로부터 도출되는 사회적 기본권의 하나이다.

② 교도소・구치소에 수용 중인 자에 대하여 「국민기초생활보장법」에 의한 급여를 제외키로 한 입법자의 판단은 재량의 범위를 일탈하여 인간다운 생활을 할 권리를 침해한다.

③ 인간다운 생활을 할 권리는 국가가 재정형편 등 여러 가지 상황들을 종합적으로 감안하여 법률을 통하여 구체화할 때에 비로소 인정되는 법률적 권리라고 할 것이다.

④ 분할연금은 국민연금 가입기간 중 실질적인 혼인기간을 고려하여 산정하여야 하므로, 법률혼 관계를 유지하고 있었다고 하더라도 실질적인 혼인관계가 해소되어 노령연금 수급권의 형성에 아무런 기여가 없었다면 그 기간에 대하여는 노령연금의 분할을 청구할 전제를 갖추었다고 볼 수 없다.

⑤ 퇴직 후 신법 조항 시행일 전에 장애 상태가 확정된 군인을 보호하기 위한 최소한의 조치도 하지 않은 것은 그 차별을 정당화할 만한 합리적인 이유가 있는 것으로 보기 어렵기 때문에 헌법상 평등원칙에 위반된다.

 해설

① O 공무원연금법상의 연금수급권과 같은 사회보장수급권은 헌법 제34조로부터 도출되는 사회적 기본권의 하나이다. 이와 같이 사회적 기본권의 성격을 지니는 연금수급권은 국가에 대하여 적극적으로 급부를 요구하는 것으로서 법률에 의한 형성을 필요로 하고, 연금수급권의 구체적인 내용, 즉 수급요건, 수급권자의 범위, 급여금액 등은 법률에 의하여 비로소 확정된다(2014.6.26. 2012헌마459).

② X 생활이 어려운 국민에게 필요한 급여를 행하여 이들의 최저생활을 보장하기 위해 제정된 '국민기초생활 보장법'은 부양의무자에 의한 부양과 다른 법령에 의한 보호가 이 법에 의한 급여에 우선하여 행하여지도록 하는 보충급여의 원칙을 채택하고 있는바, '형의 집행 및 수용자의 처우에 관한 법률'에 의한 교도소・구치소에 수용 중인 자는 당해 법률에 의하여 생계유지의 보호를 받고 있으므로 이러한 생계유지의 보호를 받고 있는 교도소・구치소에 수용 중인 자에 대하여 '국민기초생활 보장법'에 의한 중복적인 보장을 피하기 위하여 개별가구에서 제외키로 한 입법자의 판단이 헌법상 용인될 수 있는 재량의 범위를 일탈하여 인간다운 생활을 할 권리를 침해한다고 볼 수 없다(2011.3.31. 2009헌마617・2010헌마341).

③ O 2000.6.1. 98헌마216, 2009.9.24. 2007헌마1092

④ O 분할연금제도는 재산권적인 성격과 사회보장적 성격을 함께 가진다. 분할연금제도의 재산권적 성격은 노령연금 수급권도 혼인생활 중에 협력하여 이룬 부부의 공동재산이므로 이혼 후에는 그 기여분에 해당하는 몫을 분할하여야 한다는 것이고, 여기서 노령연금 수급권 형성에 대한 기여란 부부공동생활 중에 역할분담의 차원에서 이루어지는 가사・육아 등을 의미하므로, 분할연금은 국민연금 가입기간 중 실질적인 혼인 기간을 고려하여 산정하여야 한다. 따라서 법률혼 관계를 유지하고 있었다고 하더라도 실질적인 혼인관계가 해소되어 노령연금 수급권의 형성에 아무런 기여가 없었다면 그 기간에 대하여는 노령연금의 분할을 청구할 전제를 갖추었다고 볼 수 없다.

그럼에도 불구하고 심판대상조항은 법률혼 관계에 있었지만 별거・가출 등으로 실질적인 혼인관계가 존재하지 않았던 기간을 일률적으로 혼인 기간에 포함시켜 분할연금을 산정하도록 하고 있는바, 이는 분할연금제도의 재산권적 성격을 몰각시키는 것으로서 그 입법형성권의 재량을 벗어났다고 보아야 한다.

2015. 12. 29. 개정된 국민연금법은 제64조의2를 신설하여 민법상 재산분할청구제도에 따라 연금의 분할에 관하여 별도로 결정된 경우에는 그에 따르도록 하였다. 그런데, 위 조항이 신설되었다 하더라도 심판대상조항이 유효하다면 노령연금 수급권자로서는 하여금 먼저 재산분할청구권을 행사하여야 자신의 정당한 연금을 확보할 수 있으므로, 위 조항이 신설되었다 하여 심판대상조항의 위헌성이 해소되는 것은 아니다. 따라서 심판대상조항은 재산권을 침해한다(2016.12.29. 2015헌바182). … 헌법불합치

⑤ O 공무상 질병 또는 부상으로 인하여 퇴직 후 장애 상태가 확정된 군인에게 상이연금을 지급하도록 한 개정된 군인연금법 제23조 제1항을 개정법 시행일 이후부터 적용하도록 한 군인연금법 부칙 중 구 군인연금법) 제23조 제1항에 관한 부분 및 군인연금법 부칙 제1조 중 군인연금법 제23조 제1항에 관한 부분은 평등원칙에 위반된다(2016.12.29. 2015헌바208). … 헌법불합치

→ 퇴직 후 신법 조항 시행일 전에 장애 상태로 된 군인에게 장애 상태가 확정된 때부터 상이연금을 지급하는 것이 국가의 재정형편상 어렵다면, 신법 조항 시행일 이후부터 상이연금을 지급하도록 하거나, 수급자의 생활수준에 따라 지급범위와 지급액을 달리 하는 등 국가의 재정능력을 감안하면서도 차별적 요소를 완화하는 입법을 할 수 있다. 그럼에도 불구하고, 퇴직 후 신법 조항 시행일 전에 장애 상태가 확정된 군인을 보호하기 위한 최소한의 조치도 하지 않은 것은 그 차별이 군인연금기금의 재정상황 등 실무적 여건이나 경제상황 등을 고려한 것이라고 하더라도, 그 차별을 정당화할 만한 합리적인 이유가 있는 것으로 보기 어렵다. 따라서 심판대상조항은 헌법상 평등원칙에 위반된다.

09 19법전협-2-12 정답 ③

헌법상 사회국가원리에 관한 설명 중 옳지 않은 것을 모두 고른 것은? (다툼이 있는 경우 판례에 의함)

ㄱ. 사회국가란 경제·사회·문화의 모든 영역에서 정의로운 사회질서의 형성을 위하여 사회현상에 관여하고 간섭하고 분배하고 조정하는 국가는 아니며, 다만 국민 각자가 실제로 자유를 행사할 수 있는 그 실질적 조건을 마련해 줄 의무가 있는 국가를 의미한다.

ㄴ. 사회보험료를 형성하는 중요 원리인 사회연대의 원칙은 사회국가원리에서 나오는 것으로, 보험료와 보험급여 사이의 개별적 등가성의 원칙에 수정을 가하는 원리로서 사회보험체계 내에서의 소득의 재분배를 정당화하는 근거이며, 보험의 급여수혜자가 아닌 제3자인 사용자의 보험료 납부의무를 정당화하는 근거이기도 하다.

ㄷ. 우리 헌법은 전문(前文), 사회적 기본권의 보장, 경제 영역에서 적극적으로 계획하고 유도하고 재분배하여야 할 국가의 의무를 규정하는 경제에 관한 조항 등과 같이 사회국가원리의 구체화된 여러 표현을 통하여 사회국가원리를 수용하였다.

ㄹ. 조세나 보험료와 같은 공과금의 부과에 있어서 사회국가원리는 일반적으로 입법자의 결정을 정당화하는 헌법적 근거로서 작용하며, 특히 경제적 약자나 중소기업에 대한 조세감면혜택 등과 같이 사회정책적 고려에 기초한 차별대우가 자의적인가를 판단하는 경우에 사회국가원리는 입법자의 형성권을 정당화하는 헌법적 가치결정을 의미한다.

ㅁ. 우리 헌법에서 수용한 사회국가원리에 의하면 국가는 사회복지국가를 실현하기 위하여 가능한 수단을 동원할 책무를 지므로, 입법자는 가능한 여러 가지 수단들 가운데 이러한 목적의 달성에 가장 적합한 수단을 선택할 의무를 진다.

① ㄱ, ㄴ ② ㄴ, ㄷ
③ ㄱ, ㅁ ④ ㄷ, ㄹ
⑤ ㄹ, ㅁ

 해설

ㄱ, ㅁ. ✗ 우리 헌법은 그 전문에 "각인의 기회를 균등히 하고 (중략) 국민생활의 균등한 향상을 기하고 (후략)"라고 선언하고, 제10조에서 "모든 국민은 인간으로서의 존엄과 가치를 가지며, 행복을 추구할 권리를 가진다", 제34조에서는 "모든 국민은 인간다운 생활을 할 권리를 가진다"라고 각 규정하며, 제119조에서는 경제주체간의 조화를 통한 경제민주화를 다짐하고 있으므로, 국가는 이러한 복지국가를 실현하기 위하여 가능한 수단을 동원할 책무를 진다고 할 것이다. 그러나, 가능한 여러가지 수단들 가운데 구체적으로 어느 것을 선택할 것인가는 기본적으로 입법자의 재량에 속하는 것이고, 따라서 입법자는 그 목적을 추구함에 있어 그에게 부여된 입법재량권을 남용하였거나 그 한계를 일탈하여 명백히 불공정 또는 불합리하게 자의적으로 입법형성권을 행사하였다는 등 특별한 사정이 없는 한 헌법위반의 문제는 야기되지 아니한다고 할 것이다 (2001.1.18. 2000헌바7).

ㄴ, ㄹ. ○ 2000.6.29. 99헌마289

ㄷ. ○ 우리 헌법은 사회국가원리를 명문으로 규정하고 있지는 않지만, 헌법의 전문, 사회적 기본권의 보장(헌법 제31조 내지 제36조), 경제 영역에서 적극적으로 계획하고 유도하고 재분배하여야 할 국가의 의무를 규정하는 경제에 관한 조항(헌법 제119조 제2항 이하) 등과 같이 사회국가원리의 구체화된 여러 표현을 통하여 사회국가원리를 수용하였다. 사회국가란 한마디로, 사회정의의 이념을 헌법에 수용한 국가, 사회현상에 대하여 방관적인 국가가 아니라 경제·사회·문화의 모든 영역에서 정의로운 사회질서의 형성을 위하여 사회현상에 관여하고 간섭하고 분배하고 조정하는 국가이며, 궁극적으로는 국민 각자가 실제로 자유를 행사할 수 있는 그 실질적 조건을 마련해 줄 의무가 있는 국가이다 (2002.12.18. 2002헌마52).

제3절 교육을 받을 권리

10 16변시-20 정답 ①

교육기본권에 관한 설명 중 옳은 것은? (다툼이 있는 경우 판례에 의함)

① 고등학교 졸업학력 검정고시 응시자격을 제한하는 것은, 국민의 교육받을 권리 중 그 의사와 능력에 따라 균등하게 교육받을 것을 국가로부터 방해받지 않을 권리, 즉 자유권적 기본권을 제한하는 것이므로, 그 제한에 대하여는 헌법 제37조 제2항의 과잉금지원칙에 의한 심사를 받아야 한다.

② 2년제 전문대학의 졸업자에게만 대학·산업대학 또는 원격대학의 편입학 자격을 부여하고, 3년제 전문대학의 2년 이상 과정 이수자에게는 편입학 자격을 부여하지 아니한 것은 교육을 받을 권리를 침해한다.

③ 학교운영지원비는 기본적으로 학부모의 자율적 협찬금의 성격을 갖고 있으며, 그 지출에 대한 내용도 충분하게 통제되고 있으므로 이를 중학교 학생으로부터 징수하도록 하는 법률조항은 의무교육의 무상원칙에 위배되지 아니한다.

④ 지능이나 수학능력 등 일정한 능력이 있음에도 법률에 따라 아동의 입학연령을 제한하여 초등학교 입학을 허용하지 않는 것은 능력에 따라 균등한 교육을 받을 권리를 침해한다.

⑤ 교육의 기회균등에는 교육시설에 균등하게 참여할 수 있는 권리가 포함된다 하더라도, 편입학조치로 인하여 기존의 재학생들의 교육환경이 상대적으로 열악해지는 경우에는 새로운 편입학 자체를 금지할 수 있다.

① O 고졸검정고시 또는 '고등학교 입학자격 검정고시'에 합격했던 자는 해당 검정고시에 다시 응시할 수 없도록 응시자격을 제한한 전라남도 교육청 공고 검정고시 응시자격을 제한하는 것은, 국민의 교육받을 권리 중 그 의사와 능력에 따라 균등하게 교육받을 것을 국가로부터 방해받지 않을 권리, 즉 자유권적 기본권을 제한하는 것이므로, 그 제한에 대하여는 헌법 제37조 제2항의 비례원칙에 의한 심사, 즉 과잉금지원칙에 따른 심사를 받아야 할 것이다(2012.5.31. 2010헌마139).

② X 대학·산업대학 또는 원격대학에 편입학할 수 있는 자격을 전문대학을 졸업한 자로 규정하고 있는 고등교육법 제51조에 의하면 '3년제 전문대학의 2년 이상 과정을 이수한 자'는 편입학을 할 수 없다. … 3년제 전문대학의 2년 이상의 이수자에게 의무교육기관이 아닌 대학에의 일반 편입학을 허용하지 않는 것이 교육을 받을 권리나 평생교육을 받을 권리를 본질적으로 침해하지 않는다(2010.11.25. 2010헌마144).

③ X 학교운영지원비를 학교회계 세입항목에 포함시키도록 하는 구 초·중등교육법 제30조의2 제2항 제2호 중 중학교 학생으로부터 징수하는 것에 관한 부분(이하 '이 사건 세입조항'이라 한다)이 헌법 제31조 제3항에 규정되어 있는 의무교육 무상의 원칙에 위배되는지 여부(적극) 헌법 제31조 제3항에 규정된 의무교육 무상의 원칙에 있어서 무상의 범위는 헌법상 교육의 기회균등을 실현하기 위해 필수불가결한 비용, 즉 모든 학생이 의무교육을 받음에 있어서 경제적인 차별 없이 수학하는 데 반드시 필요한 비용에 한한다고 할 것이며, 수업료나 입학금의 면제, 학교와 교사 등 인적·물적 기반 및 그 기반을 유지하기 위한 인건비와 시설유지비, 신규시설투자비 등의 재원마련 및 의무교육의 실질적인 균등보장을 위해 필수불가결한 비용은 무상의 범위에 포함된다. 그런데 학교운영지원비는 그 운영상 교원연구비와 같은 교사의 인건비 일부와 학교회계직원의 인건비 일부 등 의무교육과정의 인적기반을 유지하기 위한 비용을 충당하는데 사용되고 있다는 점, 학교회계의 세입상 현재 의무교육기관에서는 국고지원을 받고 있는 입학금, 수업료와 함께 같은 항에 속하여 분류되고 있음에도 불구하고 학교운영지원비에 대해서만 학생과 학부모의 부담으로 남아있다는 점, 학교운영지원비는 기본적으로 학부모의 자율적 협찬금의 외양을 갖고 있음에도 그 조성이나 징수의 자율성이 완전히 보장되지 않아 기본적이고 필수적인 학교 교육에 필요한 비용에 가깝게 운영되고 있다는 점 등을 고려해보면 이 사건 세입조항은 헌법 제31조 제3항에 규정되어 있는 의무교육의 무상원칙에 위배되어 헌법에 위반된다(2012.8.23. 2010헌바220).

④ X 헌법 제31조 제1항에서 말하는 "능력에 따라 균등하게 교육을 받을 권리"란 법률이 정하는 일정한 교육을 받을 전제조건으로서의 능력을 갖추었을 경우 차별 없이 균등하게 교육을 받을 기회가 보장된다는 것이지 일정한 능력, 예컨대 지능이나 수학능력 등이 있다고 하여 제한 없이 다른 사람과 차별하여 어떠한 내용과 종류와 기간의 교육을 받을 권리가 보장된다는 것은 아니다. 따라서 의무취학 시기를 만 6세가 된 다음 날 이후의 학년초로 규정하고 있는 교육법 제96조 제1항은 의무교육제도 실시를 위해 불가피한 것이며 이와 같은 아동들에 대하여 만 6세가 되기 전에 앞당겨서 입학을 허용하지 않는다고 해서 헌법 제31조 제1항의 능력에 따라 균등하게 교육을 받을 권리를 본질적으로 침해한 것으로 볼 수 없다(1994.2.24. 93헌마192).

⑤ X 편입학조치(중등교사자격자들 중 교육대학교 3학년에 특별편입학시킬 대상자를 선발)에 수반하여 학교 여건에 따라 교수 정원 및 교육시설을 확충하거나 주·야간제 또는 계절제를 운용하는 등 재학생들의 정상적인 교육에 별 지장이 없도록 갖가지 시책을 강구하도록 요구할 여지는 있을지 모르나, 기존의 재학생들에 대한 교육환경이 상대적으로 열악해질 수 있음을 이유로 새로운 편입학 자체를 하지 말도록 요구하는 것은, 본래 균등한 취학기회 보장을 목표로 하는 교육을 받을 권리의 내용으로는 포섭할 수 없다고 보아야 한다(2003.9.25. 2001헌마814).

11 18변시-13 정답 ②

교육제도에 관한 설명 중 옳은 것은? (다툼이 있는 경우 판례에 의함)

① 한자를 국어과목에서 분리하여 초등학교 재량에 따라 선택적으로 가르치도록 하는 것은, 국어교과의 내용으로 한자를 배우고 일정 시간 이상 필수적으로 한자교육을 받음으로써 교육적 성장과 발전을 통해 자아를 실현하고자 하는 학생들의 자유로운 인격발현권을 제한하는 것이나, 학부모의 자녀교육권을 제한하는 것은 아니다.

② 초등학교 교육과정의 편제와 수업시간은 교육현장을 가장 잘 파악하고 교육과정에 대해 적절한 수요 예측을 할 수 있는 해당 부처에서 정하도록 할 필요가 있으므로, 「초·중등교육법」 제23조 제2항이 교육과정의 기준과 내용에 관한 기본적인 사항을 교육부장관이 정하도록 위임한 것 자체가 교육제도 법정주의에 반한다고 보기 어렵다.

③ 학교교육에 있어서 교원의 수업권은 직업의 자유에 의하여 보장되는 기본권이지만, 원칙적으로 학생의 학습권은 교원의 수업권에 대하여 우월한 지위에 있다. 교원의 고의적인 수업거부행위는 학생의 학습권과 정면으로 상충하는 것인바, 수업권의 우월적 지위가 인정되는 예외적인 경우에만 수업거부행위는 헌법상 정당화된다.

④ 대학의 자율의 구체적인 내용은 법률이 정하는 바에 의하여 보장되며, 국가는 헌법 제31조 제6항에 따라 모든 학교제도의 조직·계획·운영·감독에 관한 포괄적인 권한을 부여받지만, 대학의 자율성 보장은 대학자치의 본질이므로 대학의 자율에 대한 침해 여부를 심사함에 있어서는 엄격한 과잉금지원칙을 적용하여야 한다.

⑤ 대학의 장 후보자를 추천할 때 해당 대학 교원의 합의된 방식과 절차에 따라 직접선거로 선정하는 경우 해당 대학은 선거관리에 관하여 중앙선거관리위원회에 선거관리를 위탁할 수 있다.

① X 학생들의 자유로운 인격발현권을 제한하고, 학부모의 자녀교육권도 제한할 수 있다.

관련판례 [1] 이 사건 한자 관련 고시는 한자를 국어과목에서 분리하여 학교 재량에 따라 선택적으로 가르치도록 하고 있으므로, 국어교과의 내용으로 한자를 배우고 일정 시간 이상 필수적으로 한자교육을 받음으로써 교육적 성장과 발전을 통해 자아를 실현하고자 하는 학생들의 자유로운 인격발현권을 제한한다. 또한 학부모는 자녀의 개성과 능력을 고려하여 자녀의 학교교육에 관한 전반적인 계획을 세우고, 자신의 인생관·사회관·교육관에 따라 자녀를 교육시킬 권리가 있는바, 이 사건 한자 관련 고시는 자녀의 올바른 성장과 발전을 위하여 한자교육이 반드시 필요하고 국어과목 시간에 이루어져야 한다고 생각하는 학부모의 자녀교육권도 제한할 수 있다.

[2] 현재 한글전용이 보편화되어 있어 대부분의 문서와 책, 언론기사 등이 한글 위주로 작성되어 있고, 한자는 한글만으로 뜻의 구별이 안 되거나 생소한 단어의 경우 그 정확한 이해를 돕기 위해 부기하는 정도로만 표기되고 있다. 한자어는 굳이 한자로 쓰지 않더라도 앞뒤 문맥으로 그 뜻을 이해할 수 있는 경우가 대부분이고, 특정 낱말이 한자로 어떻게 표기되는지를 아는 것이 어휘능력이나 독해력, 사고력 향상에 결정적인 요소가 된다고 보기 어렵다. 특히 요즘에는 인터넷이 상용화되어 한글만 사용하더라도 지식과 정보 습득에 아무런 문제가 없다. 이러한 점들을 종합하면, 한자를 국어과목의 일환이 아닌 독립과목으로 편제하고 학교 재량에 따라 선택적으로 가르치도록 하였다고 하여 학생들의 자유로운 인격발현권이나 부모의 자녀교육권을 침해한다고 볼 수 없다(2016.11.24. 2012헌마854).

② O 초등학교의 교육목적과 교육목표를 달성하기 위한 교육과정은 국가 수준의 공통성뿐만 아니라 지역, 학교, 개인 수준의 다양성을 동시에 갖추어야 하는 과정으로서, 교육을 둘러싼 여러 여건에 따라 적절히 대처할 필요성이 있기 때문에 이에 관한 모든 사항을 법률에 규정하는 것은 입법기술상 매우 어렵다. 특히, 초등학교 교육과정의 편제와 수업시간은 교육여건의 변화에 따른 시의적절한 대처가 필요하므로 교육현장을 가장 잘 파악하고 교육과정에 대해 적절한 수요 예측을 할 수 있는 해당 부처에서 정하도록 할 필요가 있다. 따라서 초·중등교육법 제23조 제2항이 교육과정의 기준과 내용에 관한 기본적인 사항을 교육부장관이 정하도록 위임한 것 자체가 교육제도 법정주의에 반한다고 보기 어렵다. … 따라서 이 사건 고시 부분에서 초등학교 1, 2학년의 교과에 영어를 배제하였다 하더라도, 이는 초·중등교육법 제23조 제2항 및 제3항의 위임에 따라 초·중등교육법 시행령 제43조 제1항 제1호가 규정한 교과의 범위 내에서 그 내용을 구체화한 것이므로, 위임 범위를 벗어났다고 볼 수 없다(2016.2.25. 2013헌마838).

③ X 학교교육에 있어서 교원의 가르치는 권리를 수업권이라고 한다면, 이것은 교원의 지위에서 생기는 학생에 대한 일차적인 교육상의 직무권한이지만 어디까지나 학생의 학습권 실현을 위하여 인정되는 것이므로, 학생의 학습권은 교원의 수업권에 대하여 우월한 지위에 있다. 따라서 학생의 학습권이 왜곡되지 않고 올바로 행사될 수 있도록 하기 위해서라면 교원의 수업권은 일정한 범위 내에서 제약을 받을 수밖에 없고, 학생의 학습권은 개개 교원들의 정상을 벗어난 행동으로부터 보호되어야 한다. 특히, 교원의 수업거부행위는 학생의 학습권과 정면으로 충돌하는 것인바, 교육의 계속성 유지의 중요성과 교육의 공공성에 비추어 보거나 학생·학부모 등 다른 교육당사자들의 이익과 교량해 볼 때 교원이 고의로 수업을 거부할 자유는 어떠한 경우에도 인정되지 아니하며, 교원은 계획된 수업을 지속적으로 성실히 이행할 의무가 있다(대판 2007.9.20. 2005다25298).

④ X 엄격한 과잉금지원칙을 적용하는 것이 아니다.

관련판례 대학의 자율도 헌법상의 기본권이므로 기본권제한의 일반적 법률유보의 원칙을 규정한 헌법 제37조 제2항에 따라 제한될 수 있다. 다만 그 규율의 정도는 그 시대의 사정과 각급 학교에 따라 다를 수밖에 없는 것이므로 교육의 본질을 침해하지 않는 한 궁극적으로는 입법권자의 형성의 자유에 속하는 것이라 할 수 있다. 따라서 교육공무원법이 대학의 자유를 제한하고 있다고 하더라도 그 위헌 여부는 입법자가 기본권을 제한함에 있어 헌법 제37조 제2항에 의한 합리적인 입법한계를 벗어나 자의적으로 그 본질적 내용을 침해하였는지 여부에 따라 판단되어야 할 것이다(2006.4.27. 2005헌마1047·1048).

⑤ X 중앙선거관리위원회가 아니라 구·시·군선거관리위원회에, 선거관리를 '위탁할 수 있다'가 아니라 '하여야 한다'(교육공무원법 제24조의3 제1항).

교육공무원법 제24조의3(대학의 장 후보자 추천을 위한 선거사무의 위탁)
① 대학의 장 후보자를 추천할 때 제24조 제3항 제2호에 따라 해당 대학 교원, 직원 및 학생의 합의된 방식과 절차에 따라 직접선거로 선정하는 경우 해당 대학은 선거관리에 관하여 그 소재지를 관할하는 「선거관리위원회법」에 따른 구·시·군선거관리위원회에 선거관리를 위탁하여야 한다.

12 22변시-19 정답

교육을 받을 권리에 관한 설명 중 옳지 않은 것은?
(다툼이 있는 경우 판례에 의함)

① 대학 입학전형자료의 하나인 수능시험은 고등학교 교육과정에 대한 최종적이고 종합적인 평가로서 학교교육 제도와 밀접한 관계가 있기 때문에, 수능시험의 출제 방향이나 원칙을 어떻게 정할 것인지에 대하여 국가는 폭넓은 재량권을 갖는다.

② 의무교육 무상의 원칙은 의무교육을 위탁받은 사립학교를 설치·운영하는 학교법인이 관련 법령에 의하여 이미 부담하도록 규정되어 있는 경비까지 종국적으로 국가나 지방자치단체의 부담으로 한다는 취지는 아니다.

③ 국민의 수학권과 교사의 수업의 자유는 다 같이 보호되어야 하겠지만, 그 중에서도 국민의 수학권이 더 우선적으로 보호되어야 한다.

④ 헌법은 국가의 교육권한과 부모의 교육권의 범주 내에서 학생에게도 자신의 교육에 관하여 스스로 결정할 권리, 즉 자유롭게 교육을 받을 권리를 부여하고, 학생은 국가의 간섭을 받지 아니하고 자신의 능력과 개성, 적성에 맞는 학교를 자유롭게 선택할 권리를 가진다.

⑤ 검정고시로 고등학교 졸업학력을 취득한 사람들에게는 정규 고등학교 학교생활기록부가 없어 초등교사로서의 품성과 자질 등을 다방면으로 평가할 자료가 부족하므로, 국립 교육대학교 수시모집요강에서 이들에게 수시모집에 응시할 수 있는 기회를 부여하지 않았더라도 검정고시로 고등학교 졸업학력을 취득한 사람들의 교육을 받을 권리를 침해한 것은 아니다.

해설

① O 국가는 학교에서의 교육목표, 학습계획, 학습방법, 학교조직 등 교육제도를 정하는 데 포괄적 규율권한과 폭넓은 입법형성권을 갖는다. 대학 입학전형자료의 하나인 수능시험은 대학 진학을 위해 필요한 것이지만, 고등학교 교육과정에 대한 최종적이고 종합적인 평가로서 학교교육 제도와 밀접한 관계에 있다. 따라서 국가는 수능시험의 출제 방향이나 원칙을 어떻게 정할 것인지에 대해서도 폭넓은 재량권을 갖는다(2018.2.22. 2017헌마691).

② O 의무교육의 무상성과 비용 부담에 관한 법령의 내용과 취지, 체계를 종합해 보면, 의무교육 등에 소요되는 경비의 재원에 관한 지방교육자치에 관한 법률 제37조, 지방교육재정교부금법 제11조 제1항은 헌법이 규정한 의무교육 무상의 원칙에 따라 경제적 능력에 관계없이 교육기회를 균등하게 보장하기 위하여 의무교육 대상자의 학부모 등이 교직원의 보수 등 의무교육에 관련된 경비를 부담하지 않도록 국가와 지방자치단체에 교육재정을 형성·운영할 책임을 부여하고, 그 재원 형성의 구체적인 내용을 규정하고 있는 데 그칠 뿐, 더 나아가 의무교육을 위탁받은 사립학교를 설치·운영하는 학교법인 등과의 관계에서 관련 법령에 의하여 이미 학교법인이 부담하도록 규정되어 있는 경비까지 종국적으로 국가나 지방자치단체의 부담으로 한다는 취지까지 규정한 것으로 볼 수 없다(대판 2015.1.29. 2012두7387).

③ O 국민의 수학권과 교사의 수업의 자유는 다 같이 보호되어야 하겠지만 그 중에서도 국민의 수학권이 더 우선적으로 보호되어야 한다(1992.11.12. 89헌마88).

④ ○ 헌법은 국가의 교육권한과 부모의 교육권의 범주 내에서 학생에게도 자신의 교육에 관하여 스스로 결정할 권리, 즉 자유롭게 교육을 받을 권리를 부여하고, 학생은 국가의 간섭을 받지 아니하고 자신의 능력과 개성, 적성에 맞는 학교를 자유롭게 선택할 권리를 가진다(2012.11.29. 2011헌마827).

⑤ ✗ 수시모집에서 검정고시 출신자에게 수학능력이 있는지 여부를 평가받을 기회를 부여하지 아니하고 이를 박탈한다는 것은 수학능력에 따른 합리적인 차별이라고 보기 어렵다. 피청구인들은 정규 고등학교 학교생활기록부가 있는지 여부, 공교육 정상화, 비교내신 문제 등을 차별의 이유로 제시하고 있으나 이러한 사유가 차별취급에 대한 합리적인 이유가 된다고 보기 어렵다. 그렇다면 이 사건 수시모집요강은 검정고시 출신자인 청구인들을 합리적인 이유 없이 차별함으로써 청구인들의 균등하게 교육을 받을 권리를 침해한다(2017.12.28. 2016헌마649 [인용(위헌확인)]).

13 21변시-12 정답 ⑤

교육기본권과 교육제도에 관한 설명 중 옳지 않은 것은?
(다툼이 있는 경우 판례에 의함)

① 헌법 제31조 제6항의 교육제도 법정주의는 교육제도에 관한 기본방침을 제외한 나머지 세부적인 사항까지 반드시 형식적 의미의 법률만으로 정하여야 한다는 것은 아니고, 입법자가 정한 기본방침을 구체화하거나 이를 집행하기 위한 세부시행 사항은 하위법령에 위임하는 것이 가능하다.

② 검정고시로 고등학교 졸업학력을 취득한 사람들의 수시모집 지원을 제한하는 국립교육대학교의 '신입생 수시모집 입시요강'이, 기초생활수급자 및 차상위계층, 장애인 등을 대상으로 하는 일부 특별전형에만 검정고시 출신자의 지원을 허용하고 있을 뿐 수시모집에서의 검정고시 출신자의 지원을 일률적으로 제한한다면, 검정고시로 고등학교 졸업학력을 취득한 사람들의 균등하게 교육을 받을 권리를 침해한다.

③ 부모는 자녀의 교육에 관하여 전반적인 계획을 세우고 자신의 인생관·사회관·교육관에 따라 자녀의 교육을 자유롭게 형성할 권리를 가지므로 학부모의 학교선택권에는 종교학교선택권도 포함된다.

④ 임시이사가 선임된 학교법인의 정상화를 위한 이사 선임에 관하여 사학분쟁조정위원회의 심의를 거치도록 하는 것은, 사학분쟁조정위원회 구성에 공정성과 전문성이 갖추어진 점, 학교법인의 정체성 및 정상화 심의과정에서 사학분쟁조정위원회가 종전이사 등의 의견을 청취할 수 있는 점 등을 고려할 때, 학교법인과 종전이사의 사학의 자유를 침해하지 않는다.

⑤ 학교폭력과 관련하여 학교가 가해학생에 대해 일정한 조치를 내렸을 경우, 그 조치가 적절하였는지 여부에 대해 가해학생의 학부모가 의견을 제시할 권리는 법률상의 권리에 불과하여 학부모의 자녀교육권에 포함되지 않는다.

 해설

① ○ 헌법 제31조 제6항 소정의 교육제도 법정주의는 교육제도에 관한 기본방침을 제외한 나머지 세부적인 사항까지 반드시 형식적 의미의 법률만으로 정하여야 한다는 의미는 아니다. 그러므로 입법자가 정한 기본방침을 구체화하거나 이를 집행하기 위한 세부시행 사항은 하위법령에 위임이 가능하다(1991.2.11. 90헌가27, 2019.4.11. 2018헌마221).

② ○ 이 사건 수시모집요강은 기초생활수급자·차상위계층, 장애인 등을 대상으로 하는 일부 특별전형에만 검정고시 출신자의 지원을 허용하고 있을 뿐 수시모집에서의 검정고시 출신자의 지원을 일률적으로 제한함으로써 실질적으로 검정고시 출신자의 대학입학 기회의 박탈이라는 결과를 초래하고 있다. 수시모집의 학생선발방법이 정시모집과 동일할 수는 없으나, 이는 수시모집에서 응시자의 수학능력이나 그 정도를 평가하는 방법이 정시모집과 다른 것을 의미할 뿐, 수학능력이 있는 자들에게 동등한 기회를 주고 합리적인 선발 기준에 따라 학생을 선발하여야 한다는 점은 정시모집과 다르지 않다. 따라서 수시모집에서 검정고시 출신자에게 수학능력이 있는지 여부를 평가받을 기회를 부여하지 아니하고 이를 박탈한다는 것은 수학능력에 따른 합리적인 차별이라고 보기 어렵다. 피청구인들은 정규 고등학교 학교생활기록부가 있는지 여부, 공교육 정상화, 비교내신 문제 등을 차별의 이유로 제시하고 있으나 이러한 사유가 차별취급에 대한 합리적인 이유가 된다고 보기 어렵다. 그렇다면 이 사건 수시모집요강은 검정고시 출신자인 청구인들을 합리적인 이유 없이 차별함으로써 청구인들의 균등하게 교육을 받을 권리를 침해한다(2017.12.28. 2016헌마649).

③ ○ 부모는 자녀의 교육에 관하여 전반적인 계획을 세우고 자신의 인생관·사회관·교육관에 따라 자녀의 교육을 자유롭게 형성할 권리를 가지므로 학부모의 학교선택권에는 종교학교선택권도 포함된다(2009.4.30. 2005헌마514).

④ ○ 임시이사가 선임된 학교법인의 정상화를 위한 이사 선임에 관하여 사학분쟁조정위원회의 심의를 거치도록 한 사립학교법 제25조의3 제1항은, 사학분쟁조정위원회가 그 인적 구성과 기능에 있어 공정성 및 전문성을 갖추고 있다는 점, 학교법인의 정체성은 설립자로부터 이어지는 이사의 인적 연속성보다는 설립 목적이 화체된 정관을 통하여 유지·계승된다는 점, 사학분쟁조정위원회는 정상화 심의과정에서 종전이사 등의 의견을 청취할 수 있다는 점 등을 고려할 때 학교법인과 종전이사 등의 사학의 자유를 침해한다고 볼 수 없다(2013.11.28. 2007헌마1189).

⑤ ✗ 부모는 자녀의 교육에 관하여 전반적인 계획을 세우고 자신의 인생관·사회관·교육관에 따라 자녀의 교육을 자유롭게 형성할 권리를 가지고, 아직 성숙하지 못한 초·중·고등학생인 자녀의 교육과정에 참여할 권리를 가진다. 따라서 학교가 학생에 대해 불이익 조치를 할 경우 해당 학생의 학부모가 의견을 제시할 권리는 자녀교육권의 일환으로 보호된다. 학교폭력예방법 제17조 제5항이 학교폭력 가해학생에 대한 조치 전에 자녀교육권의 일환으로 그 보호자에게 의견 진술의 기회를 부여하는 것처럼, 가해학생에 대해 일정한 조치가 내려졌을 경우 그 조치가 적절하였는지 여부에 대해 의견을 제시 할 수 있는 권리 또한 그 연장선상에서 학부모의 자녀교육권의 내용에 포함된다(2013.10.24. 2012헌마832).

14 19변시-9 정답 ③

A국립대학교는 '추천위원회에서 총장후보자를 선정'하는 간선제 방식에 따라 총장후보자를 선출하려고 한다. 'A국립대학교 총장임용후보 선정에 관한 규정'(이하 '규정'이라 함)에서는 총장후보자에 지원하려는 사람에게 1,000만 원의 기탁금을 납부하고, 지원서 접수 시 기탁금 납입 영수증을 제출하도록 하고 있다. 甲은 A국립대학교의 교수로서 총장후보자에 지원하고자 한다. 乙은 A국립대학교의 교수로서 총장후보자 선출에 참여하고자 한다. 다음 설명 중 옳은 것은? (다툼이 있는 경우 판례에 의함)

① 공무담임권은 국민이 공직에 취임하기 이전의 문제이므로 이미 공직에 취임하여 공무원이 된 甲이 헌법상의 공무담임권 침해를 이유로 한 헌법소원심판을 청구하는 것은 허용되지 않는다.
② 乙이 대학총장 후보자 선출에 참여할 권리는 헌법상 기본권으로 인정할 수 없다.
③ 헌법상 대학의 자율은 대학에게 대학의 장 후보자 선정과 관련하여 반드시 직접선출 방식을 보장하여야 하는 것은 아니다.
④ 총장후보자 지원자들에게 1,000만 원의 기탁금을 납부하게 하는 것은 지원자가 무분별하게 총장후보자에 지원하는 것을 예방하는 데 기여할 수 있고, 그 액수가 과다하다고도 볼 수 없어 헌법에 위반된다고 할 수 없다.
⑤ 위 규정의 위헌성에 대해 다투고자 할 경우 먼저 위 규정에 대해 항고소송을 제기하여야만 하고 직접 헌법소원심판을 청구하는 것은 허용되지 않는다.

 해설

① X 국립대학교 총장은 교육공무원으로서 국가공무원의 신분을 가진다. 이 사건 기탁금조항은 국립대학교인 전북대학교 총장후보자 선정과정에서 후보자에 지원하려는 사람에게 기탁금을 납부하도록 하고, 기탁금을 납입하지 않을 경우 총장후보자에 지원하는 기회가 주어지지 않도록 하고 있다. 따라서 이 사건 기탁금조항은 기탁금을 납입할 수 없거나 그 납입을 거부하는 사람들의 공무담임권을 제한한다(2018.4.26. 2014헌마274 [위헌,각하]).
② X 1990년대 이후 국립대학에서 총장 후보자에 대한 직접선거방식이 도입된 이래 거의 대부분 대학 구성원들이 추천하는 후보자 중에서 대학의 장을 임명하여 옴으로써 대통령이 대학총장을 임명함에 있어 대학교원들의 의사를 존중하여 온 점을 고려하면, 청구인들에게 <u>대학총장 후보자 선출에 참여할 권리</u>가 있고 이 권리는 대학의 자치의 본질적인 내용에 포함된다고 할 것이므로 결국 <u>헌법상의 기본권으로 인정할 수 있다</u>(2006.4.27. 2005헌마1047 등 [기각]).
③ O <u>대학의 장 후보자 선정과 관련하여 대학에게 반드시 직접선출 방식을 보장하여야 하는 것은 아니며,</u> 다만 대학교원들의 합의된 방식으로 그 선출방식을 정할 수 있는 <u>기회를 제공하면 족하다고 할 것이다</u>(2006.4.27. 2005헌마1047·1048 등 [기각]).
④ X 기탁금조항의 1,000만 원 액수는 교원 등 학내 인사뿐만 아니라 일반 국민들 입장에서도 적은 금액이 아니다. 여기에, 추천위원회의 최초 투표만을 기준으로 기탁금 반환 여부가 결정되는 점, 일정한 경우 기탁자 의사와 관계없이 기탁금을 발전기금으로 귀속시키는 점 등을 종합하면, 이 사건 기탁금조항의 1,000만 원이라는 액수는 자력이 부족한 교원 등 학내 인사와 일반 국민으로 하여금 총장후보자에 지원하려는 의사를 단념토록 할 수 있을 정도로 <u>과다한 액수라고 할 수 있다.</u> 이러한 사정들을 종합하면 이 사건 기탁금조항은 침해의 최소성에 반한다(2018.4.26. 2014헌마274 [위헌,각하]).
⑤ X 2014헌마274 사례에서 기탁금 규정에 대해 직접 헌법소원을 인정하여 위헌결정을 하였다.

15 13변시-11 정답 ②

아동의 교육에 관한 국가와 부모 및 교사의 권리 등에 대한 설명 중 옳지 않은 것은? (다툼이 있는 경우 판례에 의함)

① 부모는 자녀의 교육에 관하여 전반적인 계획을 세우고 자신의 인생관·사회관·교육관에 따라 자녀의 교육을 자유롭게 형성할 권리를 가지며, 부모의 교육권은 다른 교육 주체와의 관계에서 원칙적인 우위를 가진다.
② 부모가 자녀의 이익을 가장 잘 보호할 수 있다는 점에 비추어 자녀가 의무교육을 받아야 할지 여부를 부모가 자유롭게 결정할 수 없도록 하는 것은 부모의 교육권에 대한 침해이다.
③ 학교교육에 있어서 교사의 가르치는 권리를 수업권이라고 한다면, 그것은 자연법적으로는 학부모에게 속하는 자녀에 대한 교육권을 신탁받은 것이고, 실정법상으로는 공교육에 책임이 있는 국가의 위임에 의한 것이다.
④ 헌법은 국가의 교육권한과 부모의 교육권의 범주 내에서 학생에게도 자신의 교육에 관하여 스스로 결정할 권리를 부여하고 있으므로, 학생은 국가의 간섭을 받지 아니하고 자신의 능력과 개성, 적성에 맞는 학교를 자유롭게 선택할 권리를 가진다.
⑤ 학교교육에 관한 한, 국가는 헌법 제31조에 의하여 부모의 교육권으로부터 원칙적으로 독립된 독자적인 교육권한을 부여받음으로써 부모의 교육권과 함께 자녀의 교육을 담당한다.

 해설

① O 자녀의 양육과 교육은 일차적으로 부모의 천부적인 권리인 동시에 부모에게 부과된 의무이기도 하다. '<u>부모의 자녀에 대한 교육권</u>'은 비록 헌법에 명문으로 규정되어 있지는 아니하지만, 이는 모든 인간이 누리는 불가침의 인권으로서 혼인과 가족생활을 보장하는 헌법 제36조 제1항, 행복추구권을 보장하는 헌법 제10조 및 "국민의 자유와 권리는 헌법에 열거되지 아니한 이유로 경시되지 아니한다"고 규정하는 헌법 제37조 제1항에서 나오는 중요한 기본권이다. 부모는 자녀의 교육에 관하여 전반적인 계획을 세우고 자신의 인생관·사회관·교육관에 따라 자녀의 교육을 자유롭게 형성할 권리를 가지며, <u>부모의 교육권은 다른 교육의 주체와의 관계에서 원칙적인 우위를 가진다</u>(2000.4.27. 98헌가16 등). 그러나 중요한 것은 부모는 헌법 제36조 제1항에 의하여 자녀교육에 대한 <u>독점적인 권리를 부여받는 것은 아니다</u>는 점이다.

제5장 사회적 기본권 | 171

② X 부모는 어떠한 방향으로 자녀의 인격이 형성되어야 하는가에 관한 목표를 정하고, 자녀의 개인적 성향·능력·정신적, 신체적 발달상황 등을 고려하여 교육목적을 달성하기에 적합한 교육수단을 선택할 권리를 가진다. 부모의 이러한 일차적인 결정권은, 누구보다도 부모가 자녀의 이익을 가장 잘 보호할 수 있다는 사고에 기인하는 것이다. … 그러나 학교제도에 관한 국가의 규율권한과 부모의 교육권이 서로 충돌하는 경우, 어떠한 법익이 우선하는가의 문제는 구체적인 경우마다 법익형량을 통하여 판단해야 하는데, **자녀가 의무교육을 받아야 할지의 여부와 그의 취학연령을 부모가 자유롭게 결정할 수 없다는 것은** 부모의 교육권에 대한 **과도한 제한이 아니다**(2000.4.27. 98헌가16 등).

③ O 학교교육에서 교사의 가르치는 권리는 자연법적으로는 학부모에게 속하는 자녀에 대한 교육권을 신탁받은 것이고, 실정법상으로는 공교육의 책임이 있는 국가의 위임에 의한 것이다(1992.11.12. 89헌마88).

④ O 헌법은 국가의 교육권한과 부모의 교육권의 범주 내에서 학생에게도 자신의 교육에 관하여 스스로 결정할 권리, 즉 자유롭게 교육을 받을 권리를 부여하고, 학생은 국가의 간섭을 받지 아니하고 자신의 능력과 개성, **적성에 맞는 학교를 자유롭게 선택할 권리를 가진다**(2012.11.29. 2011헌마827).

⑤ O 학교교육에 관한 한, 국가는 헌법 제31조에 의하여 **부모의 교육권으로부터 원칙적으로 독립된 독자적인 교육권한**을 부여받음으로써 부모의 교육권과 함께 자녀의 교육을 담당하지만, 학교 밖의 교육영역에서는 원칙적으로 부모의 교육권이 우위를 차지한다(2000.4.27. 98헌가16등).

---

16 | 21법전협-1-13   정답 ⑤

교육제도 및 교육을 받을 권리에 관한 설명 중 옳은 것(O)과 옳지 않은 것(×)을 올바르게 조합한 것은? (다툼이 있는 경우 판례에 의함)

ㄱ. 헌법 제31조 제6항 소정의 교육제도 법정주의는 교육제도에 관한 기본방침을 제외한 나머지 세부적인 사항까지 반드시 형식적 의미의 법률만으로 정하여야 한다는 의미는 아니다.

ㄴ. 사립학교도 공교육의 일익을 담당한다는 점에서 국·공립학교와 본질적인 차이가 있을 수 없기 때문에 그 규율의 정도는 그 시대의 사정과 각급 학교의 형편에 따라 다를 수밖에 없는 것이므로, 교육의 본질을 침해하지 않는 한 궁극적으로는 입법권자의 형성의 자유에 속하는 것이라 할 수 있다.

ㄷ. 검정고시로 고등학교 졸업학력을 취득한 사람들의 수시모집 지원을 제한하는 내용의 국립교육대학교 수시모집요강은 검정고시 출신자들을 합리적인 이유 없이 차별함으로써 해당 검정고시 출신자의 균등하게 교육을 받을 권리를 침해한다.

ㄹ. 초·중등교육법은 고등학교 교육제도와 그 운영에 관하여 기본적인 사항을 이미 규정하고 있고, 다만 고등학교의 입학방법과 절차 등 입학전형에 관한 사항은 각 지역과 시점에 따라 달라지는 고등학교 교육에 대한 수요 및 공급의 상황과, 각종 고등학교별 특성 등을 고려하여야 할 필요성으로 인하여 행정입법에 위임하고 있으므로, 신입생 선발시기와 지원 방법을 대통령령으로 규정한 것은 교육제도 법정주의에 위반되지 않는다.

ㅁ. 교육을 받을 권리는 '국민이 그 의사와 능력에 따라 균등하게 교육받을 것을 공권력에 의하여 부당하게 침해받지 않을 권리'와 '국민이 능력에 따라 균등하게 교육받을 수 있도록 국가가 적극적으로 배려하여 줄 것을 요구할 수 있는 권리'를 포함한다.

① ㄱ(O), ㄴ(×), ㄷ(O), ㄹ(O), ㅁ(×)
② ㄱ(O), ㄴ(O), ㄷ(×), ㄹ(×), ㅁ(×)
③ ㄱ(×), ㄴ(O), ㄷ(×), ㄹ(×), ㅁ(×)
④ ㄱ(×), ㄴ(×), ㄷ(O), ㄹ(O), ㅁ(O)
⑤ ㄱ(O), ㄴ(O), ㄷ(O), ㄹ(O), ㅁ(O)

 해설

ㄱ. O 헌재 2001.4.26. 2000헌가4

ㄴ. O 사립학교 운영의 자유가 헌법 제10조, 제31조 제1항, 제4항에서 도출되는 기본권이기는 하나, 사립학교도 공교육의 일익을 담당한다는 점에서 국·공립학교와 본질적인 차이가 있을 수 없기 때문에 공적인 학교 제도를 보장하여야 할 책무를 진 국가가 일정한 범위 안에서 사립학교의 운영을 감독·통제할 권한과 책임을 지는 것 또한 당연하다고 할 것이고, 그 규율의 정도는 그 시대의 사정과 각급학교의 형편에 따라 다를 수밖에 없는 것이므로, 교육의 본질을 침해하지 않는 한 궁극적으로는 입법자의 형성의 자유에 속하는 것이라고 할 수 있다(2013.11.28. 2007헌마1189,1190(병합), 2001.1.18. 99헌바63 등).

ㄷ. O 고졸 검정고시에 합격한 사람은 초·중등교육법 제27조의2 제1항 및 초·중등교육법 시행령 제98조 제1항 제1호에 따라 상급학교 진학 시 고등학교를 졸업한 사람과 같은 수준의 학력이 있다고 인정되므로, 고등학교를 졸업한 사람과 마찬가지로 대학에 입학할 수 있는 자격을 갖는다(고등교육법 제33조 제1항). 그런데 피청구인들 대학은 대학입학 전형을 수시모집과 정시모집으로 구분하여 신입생을 선발하면서 수시모집 전형에 있어서는 검정고시 출신자의 지원을 제한함으로써, 대학입학의 기회에 있어 고등학교를 졸업한 사람과 검정고시 출신자를 차별하여 취급하고 있다. 따라서 이 사건의 쟁점은 이 사건 수시모집요강이 헌법 제31조 제1항에서 보장하는 균등하게 교육을 받을 권리를 침해하는지 여부이다.
… (중략) … 그런데 이 사건 수시모집요강은 기초생활수급자 및 차상위계층, 장애인 등을 대상으로 하는 일부 특별전형에만 검정고시 출신자의 지원을 허용하고 있을 뿐 수시모집에서의 검정고시 출신자의 지원을 일률적으로 제한하여 실질적으로 검정고시 출신자의 대학입학 기회의 박탈이라는 결과를 초래하고 있다. 수시모집의 학생선발방법이 정시모집과 동일할 수는 없으나, 이는 수시모집에서 응시자의 수학능력이나 그 정도를 평가하는 방법이 정시모집과 다른 것을 의미하며, 수학능력이 있는 자들에게 동등한 기회를 주고 합리적인 선발 기준에 따라 학생을 선발하여야 한다는 점에서는 정시모집과 다르다고 할 수 없다. 따라서 이 사건 수시모집요강이 수시모집에서 검정고시 출신의 응시자에게 수학능력이 있는지 여부를 평가할 수 있는 기회를 부여하지 아니하고 이를 박탈한다는 것은 수학능력에 따른 합리적인 차별이라고 보기 어렵다(2017.12.28. 2016헌마649).

ㄹ. O 초·중등교육법(이하 '법'이라 한다)은 고등학교 교육제도와 그 운영에 관하여 교육의 목적(제45조), 수업연한(제46조), 입학자격(제47조), 학과와 교과 및 교육과정(제48조) 등 기본적인 사항을 이미 규정하고 있다. 또한 법 제61조 제1항은 '학교교육제도를 포함한 교육제도의 개선과 발전을 위하여 특히 필요하다고 인정되는 경우 한시적으로' 대통령령으로 정하는 바에 따라 초·중등교육법 조항의 일부를 적용받지 않는 학교 또는 교육과정을 운영할 수 있도록 규정함으로써 다양한 고등학교 교육제도를 운영할 수 있는 근거를 마련하고 있다. 다만 고등학교의 입학방법과 절차 등 입학전형에 관한 사항은 각 지역과 시점에 따라 달라지는 고등학교 교육에 대한 수요 및 공급의 상황과 각종 고등학교별 특성 등을 고려하여야 할 필요성으로 인하여 행정입법에 위임하고 있다(법 제47조 제2항). 따라서 심판대상조항이 고등학교별 특성과 필요성에 따라 신입생 선발시기와 지원 방법을 대통령령으로 규정한 것 자체가 교육제도 법정주의에 위반된다고 보기는 어렵다(2019.4.11. 2018헌마221).

ㅁ. O 헌법 제31조 제1항의 교육을 받을 권리는, 국민이 능력에 따라 균등하게 교육받을 것을 공권력에 의하여 부당하게 침해받지 않을 권리와, 국민이 능력에 따라 균등하게 교육받을 수 있도록 국가가 적극적으로 배려하여 줄 것을 요구할 수 있는 권리로 구성되는바, 전자는 자유권적 기본권의 성격이, 후자는 사회권적 기본권의 성격이 강하다고 할 수 있다. 그런데 이 사건 규칙조항과 같이 검정고시응시자격을 제한하는 것은, 국민의 교육받을 권리 중 그 의사와 능력에 따라 균등하게 교육받을 것을 국가로부터 방해받지 않을 권리, 즉 자유권적 기본권을 제한하는 것이므로, 그 제한에 대하여는 헌법 제37조 제2항의 비례원칙에 의한 심사, 즉 과잉금지원칙에 따른 심사를 받아야 할 것이다(2008.4.24. 2007헌마1456).

17 20법전협-3-9 정답 ④

교육을 받을 권리에 관한 설명으로 옳은 것을 모두 고른 것은? (다툼이 있는 경우 판례에 의함)

> ㄱ. 청소년의 자유롭게 교육을 받을 권리는 국가의 교육권한과 부모의 교육권의 범주 내에서 인정되는 것이므로, 구체적 사정에 따라 다양한 조치를 취할 수 있도록 하기 위해 마련된 「학교폭력예방 및 대책에 관한 법률」상의 기간제한 없는 출석정지조치는 청소년의 자유롭게 교육을 받을 권리를 침해하지 않는다.
> ㄴ. 헌법 제22조 제1항이 보장하고 있는 학문의 자유와 헌법 제31조 제4항에서 보장하고 있는 대학의 자율성에 따라 대학이 학생의 선발 및 전형 등 대학입시제도를 자율적으로 마련할 수 있으므로, 대학의 자율적 학생 선발권에 대한 제약은 허용되지 않는다.
> ㄷ. 헌법 제31조 제3항의 의무교육무상의 원칙이 의무교육을 위탁받은 사립학교를 설치·운영하는 학교법인 등과의 관계에서 관련 법령에 의하여 이미 학교법인이 부담하도록 규정되어 있는 경비까지 종국적으로 국가나 지방자치단체의 부담으로 한다는 취지로 볼 수는 없다.
> ㄹ. 교원노조에게 일반적인 정치활동을 허용할 경우 교육을 통해 책임감 있고 건전한 인격체로 성장해가야 할 학생들의 교육을 받을 권리는 중대한 침해를 받을 수 있는 점 등에 비추어 보면, 교원노조라는 집단성을 이용하여 행하는 정치활동을 금지하는 것이 과잉금지원칙에 위반된다고 볼 수 없다.

① ㄱ, ㄷ ② ㄴ, ㄹ
③ ㄱ, ㄴ, ㄷ ④ ㄱ, ㄷ, ㄹ
⑤ ㄴ, ㄷ, ㄹ

 해설

④ 교육을 받을 권리에 관한 설명으로 옳은 것은 ㄱ, ㄷ, ㄹ 이다.
> ㄱ. O 이 사건 징계조치 조항에서 수개의 조치를 병과하고 출석정지기간의 상한을 두지 않음으로써 구체적 사정에 따라 다양한 조치를 취할 수 있도록 한 것은, 피해학생의 보호 및 가해학생의 선도·교육을 위하여 바람직하다고 할 것이고, 이 사건 징계조치 조항보다 가해학생의 학습의 자유를 덜 제한하면서, 피해학생에게 심각한 피해와 지속적인 영향을 미칠 수 있는 학교폭력에 구체적·탄력적으로 대처하고, 피해학생을 우선적으로 보호하면서 가해학생도 선도·교육하려는 입법 목적을 이 사건 징계조치 조항과 동일한 수준으로 달성할 수 있는 입법의 대안이 있다고 보기 어렵다. 따라서 이 사건 징계조치 조항이 가해학생에 대하여 수개의 조치를 병과할 수 있도록 하고 출석정지조치를 취함에 있어 기간의 상한을 두고 있지 않다고 하더라도, 가해학생의 학습의 자유에 대한 제한이 입법 목적 달성에 필요한 최소한의 정도를 넘는다고 볼 수 없다(2019.4.11. 2017헌바140).
> ㄴ. X 헌법 제22조 제1항이 보장하고 있는 학문의 자유와 헌법 제31조 제4항에서 보장하고 있는 대학의 자율성에 따라 대학이 학생의 선발 및 전형 등 대학입시제도를 자율적으로 마련할 수 있다 하더라도,

이러한 대학의 자율적 학생 선발권을 내세워 국민의 '균등하게 교육을 받을 권리'를 침해할 수 없으며, 이를 위해 대학의 자율권은 일정부분 제약을 받을 수 있다(2017.12.28. 2016헌마649).
→ 검정고시로 고등학교 졸업학력을 취득한 사람들의 수시모집 지원을 제한하는 내용의 서울교육대학교 등의 '2017학년도 신입생 수시모집 입시요강'은 청구인들의 균등하게 교육을 받을 권리를 침해한다[인용(위헌확인)].

ㄷ. O 헌법 제31조 제3항의 의무교육 무상의 원칙이 의무교육을 위탁받은 사립학교를 설치·운영하는 학교법인 등과의 관계에서 관련 법령에 의하여 이미 학교법인이 부담하도록 규정되어 있는 경비까지 종국적으로 국가나 지방자치단체의 부담으로 한다는 취지로 볼 수는 없다. 따라서 사립학교를 설치·경영하는 학교법인이 공유재산을 점유하는 목적이 의무교육 실시라는 공공 부문과 연결되어 있다는 점만으로 그 점유자를 변상금 부과대상에서 제외하여야 한다고 할 수 없다(2017.7.27. 2016헌바374).

ㄹ. O 교원의 행위는 교육을 통해 건전한 인격체로 성장해 가는 과정에 있는 미성숙한 학생들의 인격형성에 지대한 영향을 미칠 수 있는 점, 교원의 정치적 표현행위가 교원노조와 같은 단체의 이름으로 교원의 지위를 전면에 드러낸 채 대규모로 행해지는 경우 다양한 가치관을 조화롭게 소화하여 건전한 세계관·인생관을 형성할 능력이 미숙한 학생들에게 편향된 가치관을 갖게 할 우려가 있는 점, 교원노조에게 일반적인 정치활동을 허용할 경우 교육을 통해 책임감 있고 건전한 인격체로 성장해가야 할 학생들의 교육을 받을 권리는 중대한 침해를 받을 수 있는 점 등에 비추어 보면, 교원노조라는 집단성을 이용하여 행하는 정치활동을 금지하는 것이 과잉금지원칙에 위반된다고 볼 수 없다(2014.8.28. 2011헌바32).

18 20법전협-1-1 정답 ①

교육기본권에 관한 설명 중 옳은 것은? (다툼이 있는 경우 판례에 의함)

① 학교급식은 의무교육의 실질적인 균등보장을 위한 본질적이고 핵심적인 부분이라고까지는 할 수 없으므로, 의무교육 대상인 중학생의 학부모에게 급식관련비용 일부를 부담하도록 하는 것은 의무교육의 무상원칙에 위배되지 않는다.

② 검정고시로 고등학교 졸업학력을 취득한 사람들은 정규 고등학교의 학교생활기록부가 없어 초등교사로서의 품성과 자질 등을 다방면에서 평가할 자료가 없으므로, 해당 검정고시 출신자들에게 국립교육대학교의 수시모집에 지원할 수 없도록 하는 것은 이들의 교육을 받을 권리를 침해하지 않는다.

③ 부모의 자녀에 대한 교육권은 비록 헌법에 명문으로 규정되어 있지 않지만, 모든 인간이 국적과 관계없이 누리는 양도할 수 없는 불가침의 인권으로서 헌법 제10조의 인간의 존엄에서 나오는 중요한 기본권이다.

④ 「학교폭력예방 및 대책에 관한 법률」상 징계조치 조항에서 출석정지기간의 상한을 규정하지 않는 것은 가해학생에 대하여 무기한 내지 장기간의 출석정지조치를 가능하게 하는 것으로 가해학생의 교육을 받을 권리인 학습의 자유를 침해한다.

⑤ 학교법인의 사학운영의 자유는 교육을 받을 권리와 마찬가지로 헌법상 기본권으로 보장되므로, 자율형 사립고등학교를 후기학교로 정하여 신입생을 일반고와 동시에 선발하도록 하는 것은 사학운영의 자유를 침해한다.

 해설

① O 학교급식은 학생들에게 한 끼 식사를 제공하는 영양공급 차원을 넘어 교육적인 성격을 가지고 있지만, 이러한 교육적 측면은 기본적이고 필수적인 학교 교육 이외에 부가적으로 이루어지는 식생활 및 인성교육으로서의 보충적 성격을 가지므로 의무교육의 실질적인 균등보장을 위한 본질적이고 핵심적인 부분이라고까지는 할 수 없다. 이 사건 법률조항들은 비록 중학생의 학부모들에게 급식관련 비용의 일부를 부담하도록 하고 있지만, 학부모에게 급식에 필요한 경비의 일부를 부담시키는 경우에 있어서도 학교급식 실시의 기본적 인프라가 되는 부분은 배제하고 있으며, 국가나 지방자치단체의 지원으로 학부모의 급식비 부담을 경감하는 조항이 마련되어 있고, 특히 저소득층 학생들을 위한 지원방안이 마련되어 있다는 점 등을 고려해 보면, 이 사건 법률조항들이 입법형성권의 범위를 넘어 헌법상 의무교육의 무상원칙에 반하는 것으로 보기는 어렵다(2012.4.24. 2010헌바164).

② X 수시모집에서 검정고시 출신자에게 수학능력이 있는지 여부를 평가받을 기회를 부여하지 아니하고 이를 박탈한다는 것은 수학능력에 따른 합리적인 차별이라고 보기 어렵다. 피청구인들은 정규 고등학교 학교생활기록부가 있는지 여부, 공교육 정상화, 비교내신 문제 등을 차별의 이유로 제시하고 있으나 이러한 사유가 차별취급에 대한 합리적인 이유가 된다고 보기 어렵다. 그렇다면 이 사건 수시모집요강은 검정고시 출신자인 청구인들을 합리적인 이유 없이 차별함으로써 청구인들의 균등하게 교육을 받을 권리를 침해한다(2017.12.28. 2016헌마649 [인용(위헌확인)]).

[판례 본문 중] 이 사건 수시모집요강이 검정고시 출신자들에게는 정규 고등학교의 학교생활기록부가 없어 초등교사로서의 품성과 자질 등을 다방면에서 평가할 자료가 없다는 이유로 검정고시 출신자로 하여금 피청구인들 대학의 수시모집에 전혀 지원할 수 없도록 하는 것은 불합리하다고 볼 수밖에 없다.

③ X 부모의 자녀에 대한 교육권은 비록 헌법에 명문으로 규정되어 있지는 아니하지만, 모든 인간이 국적과 관계없이 누리는 양도할 수 없는 불가침의 인권으로서 혼인과 가족생활을 보장하는 헌법 제36조 제1항, 행복추구권을 보장하는 헌법 제10조 및 "국민의 자유와 권리는 헌법에 열거되지 아니한 이유로 경시되지 아니한다."고 규정하는 헌법 제37조 제1항에서 나오는 중요한 기본권이다(2000.4.27. 98헌가16 등).

④ X 이 사건 징계조치 조항에서 수개의 조치를 병과하고 출석정지기간의 상한을 두지 않음으로써 구체적 사정에 따라 다양한 조치를 취할 수 있도록 한 것은, 피해학생의 보호 및 가해학생의 선도·교육을 위하여 바람직하다고 할 것이고, 이 사건 징계조치 조항보다 가해학생의 학습의 자유를 덜 제한하면서, 피해학생에게 심각한 피해와 지속적인 영향을 미칠 수 있는 학교폭력에 구체적·탄력적으로 대처하고, 피해학생을 우선적으로 보호하면서 가해학생도 선도·교육하려는 입법 목적을 이 사건 징계조치 조항과 동일한 수준으로 달성할 수 있는 입법의 대안이 있다고 보기 어렵다. 따라서 이 사건 징계조치 조항이 가해학생에 대하여 수개의 조치를 병과할 수 있도록 하고 출석정지조치를 취함에 있어 기간의 상한을 두고 있지 않다고 하더라도, 가해학생의 학습의 자유에 대한 제한이 입법 목적 달성에 필요한 최소한의 정도를 넘는다고 볼 수 없다(2019.4.11. 2017헌바140).

⑤ X 개별 자사고에 적합한 학생을 선발함에 있어서 핵심적 요소는 선발 방법인바, 자사고와 일반고가 동시선발하더라도 해당 학교의 장이 입학전형 방법을 정할 수 있으므로 해당 자사고의 교육에 적합한 학생을 선발하는 데 지장이 없고, 시행령은 입학전형 실시권자나 학생 모집 단위 등도 그대로 유지하여 자사고의 사학운영의 자유 제한을 최소화하였다. 또한 일반고 경쟁력 강화만으로 고교서열화 및 입시경쟁 완화에 충분하다고 단정할 수 없다. 따라서 이 사건 동시선발 조항은 국가가 학교 제도를 형성할 수 있는 재량 권한의 범위 내에 있다(2019.4.11. 2018헌마221).

19 19법전협-1-14 정답 ①

교육 관련 기본권에 관한 설명으로 옳지 않은 것은?
(다툼이 있는 경우 판례에 의함)

① 중학교에 상응하는 교육과정인 3년제 고등공민학교 졸업자에 대하여 중학교 학력을 인정하지 않는 것은 평등원칙에 위반된다.

② 국립교육대학교의 '2017학년도 신입생 수시모집 입시요강'이 검정고시로 고등학교 졸업학력을 취득한 사람들의 수시모집 지원을 제한하는 것은 교육을 받을 권리를 침해한다.

③ 의무취학시기를 만 6세가 된 다음날 이후의 학년 초로 규정하고 있던 구 「교육법」 조항에 따라, 만 6세가 되기 전에 앞당겨서 입학을 허용하지 않는 것은 능력에 따라 균등하게 교육을 받을 권리를 침해하지 않는다.

④ 수업료나 입학금의 면제, 학교와 교사 등 인적·물적 기반 및 그 기반을 유지하기 위한 인건비와 시설유지비, 신규시설투자비 등의 재원마련 및 의무교육의 실질적인 균등보장을 위해 필수불가결한 비용은 의무교육 무상의 범위에 포함된다.

⑤ 학교운영지원비는 징수의 자율성이 완전히 보장되지 않고 기본적이고 필수적인 학교 교육에 필요한 비용에 가깝게 운영되고 있다는 점 등을 고려하면 학교운영지원비 관련 세입조항은 의무교육 무상원칙에 위배된다.

 해설

① X 중학교 졸업자에게는 졸업과 동시에 학력을 인정하면서 중학교에 상응하는 교육과정인 3년제 고등공민학교 졸업자에 대하여는 중학교 학력을 인정하지 않는 것에 합리적 이유가 있다할 것이므로 평등원칙에 어긋난다고 볼 수 없다(2005.11.24. 2003헌마173). → 고등공민학교는 교육시설뿐 아니라 수업연한, 연간 수업일수 등 교육과정 전반에서 중학교와 차이가 있다. 이는 고등공민학교과정을 이수한 자에게 중학교 과정 이수자와 동등한 정도의 학업성취도를 보장할 수 없는 이유가 된다.

② O 검정고시로 고등학교 졸업학력을 취득한 사람들의 수시모집 지원을 제한하는 내용의 피청구인 국립교육대학교 등의 '2017학년도 신입생 수시모집 입시요강'은 검정고시 출신자인 청구인들을 합리적인 이유 없이 차별함으로써 청구인들의 균등하게 교육을 받을 권리를 침해한다(2017.12.28. 2016헌마649).

③ O 의무취학시기를 만 6세가 된 다음날 이후의 학년초로 규정하고 있는 교육법 제96조 제1항은 의무교육제도 실시를 위해 불가피한 것이며 위와 같은 아동들에 대하여 만 6세가 되기 전에 앞당겨서 입학을 허용하지 않는다고 해서 헌법 제31조 제1항의 능력에 따라 균등하게 교육을 받을 권리를 본질적으로 침해한 것으로 볼 수 없다(1994.2.24. 93헌마192).

④ O 헌법 제31조 제3항에 규정된 의무교육의 무상원칙에 있어서 의무교육 무상의 범위는 원칙적으로 헌법상 교육의 기회균등을 실현하기 위해 필수불가결한 비용, 즉 모든 학생이 의무교육을 받음에 있어서 경제적인 차별 없이 수학하는 데 반드시 필요한 비용에 한한다. 따라서, 의무교육에 있어서 무상의 범위에는 의무교육이 실질적이고 균등하게 이루어지기 위한 본질적 항목으로, 수업료나 입학금의 면제, 학교와 교사 등 인적·물적 시설 및 그 시설을 유지하기 위한 인건비와 시설유지비 등의 부담제외가 포함되고,

그 외에도 의무교육을 받는 과정에 수반하는 비용으로서 의무교육의 실질적인 균등보장을 위해 필수불가결한 비용은 무상의 범위에 포함된다. 학교급식은 학생들에게 한 끼 식사를 제공하는 영양공급 차원을 넘어 교육적인 성격을 가지고 있지만, 이러한 교육적 측면은 기본적이고 필수적인 학교 교육 이외에 부가적으로 이루어지는 식생활 및 인성교육으로서의 보충적 성격을 가지므로 의무교육의 실질적인 균등보장을 위한 본질적이고 핵심적인 부분이라고까지는 할 수 없다(2012.4.24. 2010헌바164).

⑤ O 학교운영지원비는 그 운영상 교원연구비와 같은 교사의 인건비 일부와 학교회계직원의 인건비 일부 등 의무교육과정의 인적 기반을 유지하기 위한 비용을 충당하는데 사용되고 있다는 점, 학교회계의 세입상 현재 의무교육기관에서는 국고지원을 받고 있는 입학금, 수업료와 함께 같은 항에 속하여 분류되고 있음에도 불구하고 학교운영지원비에 대해서만 학생과 학부모의 부담으로 남아있다는 점, 학교운영지원비는 기본적으로 학부모의 자율적 협찬금의 외양을 갖고 있음에도 그 조성이나 징수의 자율성이 완전히 보장되지 않아 기본적이고 필수적인 학교 교육에 필요한 비용에 가깝게 운영되고 있다는 점 등을 고려해보면 이 사건 세입조항(학교운영지원비를 학교회계 세입항목에 포함시키고 중학교 학생으로부터 징수)은 헌법 제31조 제3항에 규정되어 있는 의무교육의 무상원칙에 위배되어 헌법에 위반된다(2012.8.23. 2010헌바220).

제4절 근로의 권리

20 20법전협-3-10   정답 ⑤

근로의 권리에 관한 설명으로 옳은 것(○)과 옳지 않은 것(×)을 올바르게 조합한 것은? (다툼이 있는 경우 판례에 의함)

ㄱ. 근로자의 건강하고 문화적인 생활의 실현에 이바지할 수 있도록 여가를 부여하는 데 그 목적이 있는 연차유급휴가는 인간의 존엄성을 보장하기 위한 합리적인 근로조건에 해당하므로, 연차유급휴가에 관한 권리는 근로의 권리의 내용에 포함된다.

ㄴ. 해고예고제도는 근로조건의 핵심적 부분인 해고와 관련된 사항이며 근로자가 갑자기 직장을 잃어 생활이 곤란해지는 것을 막는 데 목적이 있으므로 근로자의 인간 존엄성을 보장하기 위한 최소한의 근로조건에 해당하고, 이러한 해고예고에 대한 권리는 근로의 권리의 내용에 포함된다.

ㄷ. 근로자가 퇴직급여를 청구할 수 있는 권리는 헌법상 바로 도출되는 것이 아니라 「근로자퇴직급여 보장법」 등 관련 법률이 구체적으로 정하는 바에 따라 비로소 인정될 수 있는 것이므로, 계속근로기간 1년 미만인 근로자가 퇴직급여를 청구할 수 있는 권리는 근로의 권리의 내용에 포함되지 않는다.

ㄹ. 부당해고에 대한 노동위원회 구제절차의 적용대상에서 4인 이하 사업장을 제외한 것은 헌법상 용인될 수 있는 재량의 범위를 벗어난 것으로 볼 수 있으므로 4인 이하 사업장에서 근무하는 사람의 근로의 권리를 침해한다.

① ㄱ(○), ㄴ(×), ㄷ(×), ㄹ(×)
② ㄱ(×), ㄴ(○), ㄷ(○), ㄹ(○)
③ ㄱ(○), ㄴ(○), ㄷ(×), ㄹ(○)
④ ㄱ(×), ㄴ(×), ㄷ(○), ㄹ(○)
⑤ ㄱ(○), ㄴ(○), ㄷ(○), ㄹ(×)

 해설

⑤ 근로의 권리에 관한 설명으로 옳은 것은 ㄱ, ㄴ, ㄷ 이고, 옳지 않은 것은 ㄹ 이다.

ㄱ. O 연차유급휴가는 근로자의 건강하고 문화적인 생활의 실현에 이바지할 수 있도록 여가를 부여하는 데 그 목적이 있는 것으로, 인간의 존엄성을 보장하기 위한 합리적인 근로조건에 해당하므로 연차유급휴가에 관한 권리는 근로의 권리의 내용에 포함된다(2015.5.28. 2013헌마619).

ㄴ. O 근로기준법에 마련된 해고예고제도는 근로조건의 핵심적 부분인 해고와 관련된 사항일 뿐만 아니라, 근로자가 갑자기 직장을 잃어 생활이 곤란해지는 것을 막는 데 목적이 있으므로, 근로자의 인간 존엄성을 보장하기 위한 합리적 근로조건에 해당한다. 따라서 근로관계 종료 전 사용자로 하여금 근로자에게 해고예고를 하도록 하는 것은 개별 근로자의 인간 존엄성을 보장하기 위한 최소한의 근로조건 가운데 하나에 해당하므로, 해고예고에 관한 권리는 근로의 권리의 내용에 포함된다(2015.12.23. 2014헌바3).

ㄷ. O 근로자가 퇴직급여를 청구할 수 있는 권리도 헌법상 바로 도출되는 것이 아니라 퇴직급여법 등 관련 법률이 구체적으로 정하는 바에 따라 비로소 인정될 수 있는 것이므로 계속근로기간 1년 미만인 근로자가 퇴직급여를 청구할 수 있는 권리가 헌법 제32조 제1항에 의하여 보장된다고 보기는 어렵다(2011.7.28. 2009헌마408).

ㄹ. X 4인 이하 사업장에 부당해고제한조항이나 노동위원회 구제절차를 적용되는 근로기준법 조항으로 나열하지 않았다 하여 헌법상 용인될 수 있는 재량의 범위를 벗어난 것이라고 볼 수 없으므로, 심판대상조항은 청구인의 근로의 권리를 침해하지 아니한다(2019.4.11. 2017헌마820).

21 19법전협-2-2 정답 ②

근로의 권리 등에 관한 설명으로 옳지 않은 것은? (다툼이 있는 경우 판례에 의함)

① 일용근로자로서 3개월을 계속 근무하지 아니한 자를 해고예고제도의 적용제외사유로 규정한 것은 해당 일용근로자의 근로의 권리를 침해하지 않는다.
② 국가기관 등의 취업지원 실시기관이 시행하는 공무원 채용시험의 가점 대상이 되는 공무원의 범위에서 지도직 공무원을 배제하는 것은 국가유공자 등에게 우선적으로 근로의 기회를 제공할 국가의 의무에 위배된다.
③ 근로의 권리에는 '일할 자리에 관한 권리'만이 아니라 '일할 환경에 관한 권리'도 함께 내포되어 있다.
④ 국가에 대하여 고용증진을 위한 사회적·경제적 정책을 요구할 수 있는 권리는 국민에 한하여 인정되지만, 자본주의 경제질서 하에서 근로자가 기본적 생활수단을 확보하고 인간의 존엄성을 보장받기 위하여 최소한의 근로조건을 요구할 수 있는 권리는 외국인 근로자에게도 인정된다.
⑤ 근로의 권리는 근로자를 개인의 차원에서 보호하기 위한 권리로서 개인인 근로자가 근로의 권리의 주체가 되는 것이고, 노동조합은 그 주체가 될 수 없다.

① O 일용근로자로서 3개월을 계속 근무하지 아니한 자를 해고예고제도의 적용제외사유로 규정하고 있는 근로기준법 제35조 제1호는 청구인의 근로의 권리를 침해하지 않는다(2017.5.25. 2016헌마640). / 월급근로자로서 6개월이 되지 못한 자를 해고예고제도의 적용예외 사유로 규정하고 있는 근로기준법 제35조 제3호는 근무기간이 6개월 미만인 월급근로자의 근로의 권리를 침해하고, 평등원칙에 위배된다(2015.12.23. 2014헌바3).
② X 이 사건 시행령조항은 지도직 공무원의 임용 목적, 업무상의 특징, 대체가능성 및 국가유공자법상의 취업가산점 제도의 취지 등을 고려하여 지도직 공무원을 그 가점 대상 공무원에서 제외한 것이다. 그러므로 이 사건 시행령조항이 입법재량의 한계를 일탈하여 국가유공자에 대한 근로기회 우선보장 의무를 규정한 헌법 제32조 제6항을 위반하였다고 볼 수도 없다(2016.10.27. 2014헌마254).
③, ④ O 근로의 권리가 "일할 자리에 관한 권리"만이 아니라 "일할 환경에 관한 권리"도 함께 내포하고 있는바, 후자는 인간의 존엄성에 대한 침해를 방어하기 위한 자유권적 기본권의 성격도 갖고 있어 건강한 작업환경, 일에 대한 정당한 보수, 합리적인 근로조건의 보장 등을 요구할 수 있는 권리 등을 포함한다고 할 것이므로 외국인 근로자라고 하여 이 부분에까지 기본권 주체성을 부인할 수는 없다. 즉 근로의 권리의 구체적인 내용에 따라, 국가에 대하여 고용증진을 위한 사회적·경제적 정책을 요구할 수 있는 권리는 사회권적 기본권으로서 국민에 대하여만 인정해야 하지만, 자본주의 경제질서하에서 근로자가 기본적 생활수단을 확보하고 인간의 존엄성을 보장받기 위하여 최소한의 근로조건을 요구할 수 있는 권리는 자유권적 기본권의 성격도 아울러 가지므로 이러한 경우 외국인 근로자에게도 그 기본권 주체성을 인정함이 타당하다(2007.8.30. 2004헌마670).
⑤ O 2009.2.26. 2007헌바27

제5절 근로3권

22 21법전협-3-19   정답 ②

노동3권에 관한 설명 중 옳지 않은 것은? (다툼이 있는 경우 판례에 의함)

① 「노동조합 및 노동관계조정법 시행령」에 법률의 위임 없이 법률이 정하지 아니한 법외노조 통보에 관하여 규정한 것은 헌법상 노동3권을 본질적으로 제한하고 있어 그 자체로 무효이다.
② 노동3권은 법률의 제정이라는 국가의 개입을 통하여 비로소 실현될 수 있는 권리로서, 법률이 없으면 헌법의 규정만으로 직접 법규범으로서 효력을 발휘할 수 있는 구체적 권리라고 보기는 어렵다.
③ 대학 교원에게도 단결권을 인정하면서 다만 해당 노동조합이 행사할 수 있는 권리를 다른 노동조합과 달리 강한 제약 아래 두는 방법도 얼마든지 가능하므로, 「고등교육법」에서 규율하는 대학 교원들의 단결권을 인정하지 않는 것은 대학 교원의 단결권을 침해한다.
④ 제한된 구역의 경비를 목적으로 필요한 범위에서 경찰관의 직무를 수행할 뿐이며 그 신분보장은 공무원에 비해 취약한 청원경찰의 근로3권을 경찰공무원과 유사하게 전면적으로 제한하는 것은, 과잉금지원칙을 위반하여 노동3권을 침해하는 것이다.
⑤ 노동3권 중 단결권은 결사의 자유가 근로의 영역에서 구체화된 것으로서, 연혁적·개념적으로 자유권으로서의 본질을 가지고 있으므로, '국가에 의한 자유'가 아니라 '국가로부터의 자유'가 보다 강조되어야 한다.

 해설

① O 법외노조 통보는 적법하게 설립된 노동조합의 법적 지위를 박탈하는 중대한 침익적 처분으로서 원칙적으로 국민의 대표자인 입법자가 스스로 형식적 법률로써 규정하여야 할 사항이고, 행정입법으로 이를 규정하기 위하여는 반드시 법률의 명시적이고 구체적인 위임이 있어야 한다. 그런데 노동조합 및 노동관계조정법 시행령(이하 '노동조합법 시행령'이라 한다) 제9조 제2항은 법률의 위임 없이 법률이 정하지 아니한 법외노조 통보에 관하여 규정함으로써 헌법상 노동3권을 본질적으로 제한하고 있으므로 그 자체로 무효이다(대판 2020.9.3. 2016두32992 전원합의체).
② X 헌법 제33조 제1항은 "근로자는 근로조건의 향상을 위하여 자주적인 단결권·단체교섭권 및 단체행동권을 가진다."라고 규정함으로써 노동3권을 기본권으로 보장하고 있다. 노동3권은 법률의 제정이라는 국가의 개입을 통하여 비로소 실현될 수 있는 권리가 아니라, 법률이 없더라도 헌법의 규정만으로 직접 법규범으로서 효력을 발휘할 수 있는 구체적 권리라고 보아야 한다(대판 2020.9.3. 2016두32992 전원합의체).
③ O 일반 근로자 및 초·중등교원과 구별되는 대학 교원의 특수성을 인정하더라도, 대학 교원에게도 단결권을 인정하면서 다만 해당 노동조합이 행사할 수 있는 권리를 다른 노동조합과 달리 강한 제약 아래 두는 방법도 얼마든지 가능하므로, 단결권을 전면적으로 부정하는 것은 필요 최소한의 제한이라고 보기 어렵다. 또 최근 들어 대학 사회가 다층적으로 변화하면서 대학 교원의 사회·경제적 지위의 향상을 위한 요구가 높아지고 있는 상황에서 단결권을 행사하지 못한 채 개별적으로만 근로조건의 향상을 도모해야 하는 불이익은 중대한 것이므로, 심판대상조항은 과잉금지원칙에 위배된다(2018.8.30. 2015헌가38).
④ O 청원경찰은 특정 경비구역에서 근무하며 그 구역의 경비에 필요한 한정된 권한만을 행사하므로, 청원경찰의 업무가 가지는 공공성이나 사회적 파급력은 군인이나 경찰의 그것과는 비교하여 견주기 어렵다. 그럼에도 심판대상조항은 군인이나 경찰과 마찬가지로 모든 청원경찰의 근로3권을 획일적으로 제한하고 있다. 이상을 종합하여 보면, 심판대상조항이 모든 청원경찰의 근로3권을 전면적으로 제한하는 것은 과잉금지원칙을 위반하여 청구인들의 근로3권을 침해하는 것이다(2017.9.28. 2015헌마653).
⑤ O 단결권은 결사의 자유가 근로의 영역에서 구체화된 것으로서, 연혁적·개념적으로 자유권으로서의 본질을 가지고 있으므로, '국가에 의한 자유가 아니라 '국가로부터의 자유'가 보다 강조되어야 한다(대판 2020.9.3. 2016두32992 전원합의체).

23 18법전협-2-17   정답 ④

근로3권에 관한 설명 중 옳지 않은 것은? (다툼이 있는 경우 헌법재판소 판례에 따름)

① 근로3권은 국가공권력에 대하여 근로자의 단결권 방어를 일차적인 목표로 하지만, 근로3권의 보다 큰 헌법적 의미는 근로자단체라는 사회적 반대세력의 창출을 가능하게 함으로써 노사관계의 형성에서 사회적 균형을 이루어 근로조건에 관한 노사 간의 실질적인 자치를 보장하려는 데 있다.
② 근로3권의 사회권적 성격에 따라 입법자는 근로자단체의 조직, 단체교섭, 단체협약, 노동쟁의 등에 관한 노동조합관련법의 제정을 통하여 노사 간의 세력균형이 이루어지고 근로자의 근로3권이 실질적으로 기능할 수 있도록 하는 데 필요한 법적 제도와 법규범을 마련하여야 할 의무가 있다.
③ 헌법 제33조 제1항에 단체협약체결권을 명시하여 규정하고 있지 않다고 하더라도 단체교섭권에는 단체협약체결권이 포함되는 것으로 해석하여야 한다.
④ 전국교직원노동조합 조합원들이 집단 연가서를 제출한 후 수업을 하지 않고 무단결근 내지 무단조퇴를 한 채 교육부가 추진하고 있는 교육행정정보시스템(NEIS) 반대집회에 참석하는 행위는 헌법 제33조 제1항의 보호를 받는 쟁의행위이다.
⑤ 노조전임자가 사용자로부터 급여를 지급받는 것을 금지하는 한편, 일부 노동조합 업무에 대하여 일정한 한도 내에서 유급처리가 가능하도록 근로시간 면제를 인정하면서, 이를 위반하여 사용자에게 급여 지급을 요구하고 이를 관철할 목적의 쟁의행위를 금지하는 법률조항은 노사가 자율적으로 결정하여 집단적 자치를 실현할 수 있는 자유를 방해하는 것으로서 헌법 제33조 제1항의 단체교섭권 및 단체행동권을 제한한다.

① O 근로3권은 국가공권력에 대하여 근로자의 단결권의 방어를 일차적인 목표로 하지만, 근로3권의 보다 큰 헌법적 의미는 근로자단체라는 사회적 반대세력의 창출을 가능하게 함으로써 노사관계의 형성에 있어서 사회적 균형을 이루어 근로조건에 관한 노사간의 실질적인 자치를 보장하려는 데 있다. 근로자는 노동조합과 같은 근로자단체의 결성을 통하여 집단으로 사용자에 대항함으로써 사용자와 대등한 세력을 이루어 근로조건의 형성에 영향을 미칠 수 있는 기회를 가지게 되므로 이러한 의미에서 근로3권은 '사회적 보호기능을 담당하는 자유권' 또는 '사회권적 성격을 띤 자유권'이라고 말할 수 있다(1998.2.27. 94헌바13).

② O 근로3권의 성격은 국가가 단지 근로자의 단결권을 존중하고 부당한 침해를 하지 아니함으로써 보장되는 자유권적 측면인 국가로부터의 자유 뿐이 아니라, 근로자의 권리행사의 실질적 조건을 형성하고 유지해야 할 국가의 적극적인 활동을 필요로 한다. 이는 곧, 입법자가 근로자단체의 조직, 단체교섭, 단체협약, 노동쟁의 등에 관한 노동조합관련법의 제정을 통하여 노사간의 세력균형이 이루어지고 근로자의 근로3권이 실질적으로 기능할 수 있도록 하기 위하여 필요한 법적 제도와 법규범을 마련하여야 할 의무가 있다는 것을 의미한다(1998.2.27. 94헌바13).

③ O 헌법 제33조 제1항이 "근로자는 근로조건의 향상을 위하여 자주적인 단결권, 단체교섭권, 단체행동권을 가진다"고 규정하여 근로자에게 "단결권, 단체교섭권, 단체행동권"을 기본권으로 보장하는 뜻은 근로자가 사용자와 대등한 지위에서 단체교섭을 통하여 자율적으로 임금 등 근로조건에 관한 단체협약을 체결할 수 있도록 하기 위한 것이다. 비록 헌법이 위 조항에서 '단체협약체결권'을 명시하여 규정하고 있지 않다고 하더라도 근로조건의 향상을 위한 근로자 및 그 단체의 본질적인 활동의 자유인 '단체교섭권'에는 단체협약체결권이 포함되어 있다고 보아야 한다(1998.2.27. 94헌바13·26·95헌바44).

④ X 전교조 조합원들이 다수 조합원들과 함께 집단 연가서를 제출한 후 수업을 하지 않고 무단 결근 내지 무단 조퇴를 한 채 교육인적자원부가 추진하고 있는 교육행정정보시스템(NEIS) 반대집회에 참석하는 등의 쟁의행위는 NEIS의 시행을 저지하기 위한 목적으로 이루어진 것인바, 청구인들의 행위는 직접적으로는 물론 간접적으로도 근로조건의 결정에 관한 주장을 관철할 목적으로 한 쟁의행위라고 볼 수 없어 노동조합및노동관계조정법의 적용대상인 쟁의행위에 해당하지 않는다고 할 것이다(2004.7.15. 2003헌마878).

⑤ O 노조전임자 및 근로시간 면제 제도는 특정 근로자의 개인적 근로조건에 관한 문제가 아니라 전체 조합원들의 이해와 관련된 집단적 노사관계에 관한 사항으로, 근로3권의 행사목적인 '근로조건의 유지·개선과 근로자의 경제적·사회적 지위의 향상'에 관한 사항에 해당하므로, 결국 노조전임자에 대한 급여 지급 요구나 근로시간 면제 한도를 초과하는 요구를 하고 이를 관철하기 위한 쟁의행위를 금지하는 이 사건 노조법 조항들은 헌법상 보장된 청구인들의 단체교섭권 및 단체행동권을 제한한다. 다만, 노사합의에 따라 노조전임자를 두는 것 자체에는 아무런 제한이 없고(노조법 제24조 제1항),
이 사건 노조법 조항들이 근로자가 노동조합을 결성하거나 노동조합에 가입할 권리 내지 가입하지 아니할 권리인 단결권을 직접적으로 제한하고 있지는 아니하므로, 단결권의 침해 여부는 별도로 판단하지 아니한다. 따라서 이 사건 노조법 조항들이 노조전임자에 대한 급여 지급 및 근로시간 면제 제도에 관하여 노사가 자율적으로 결정하여 집단적 자치를 실현할 수 있는 자유를 과도하게 제한함으로써 헌법 제37조 제2항의 과잉금지원칙에 반하여 청구인들의 단체교섭권 및 단체행동권을 침해하는지 여부를 살펴보기로 한다(2014.5.29. 2010헌마606). → 따라서 이 사건 노조법 조항들이 과잉금지원칙에 위반하여 노사자치의 원칙 또는 청구인들의 단체교섭권 및 단체행동권을 침해한다고 볼 수 없다.

또한 헌법상 국제법 존중주의원칙에 위배되지 않는다. 이 사건 노조법조항(노조전임자 급여 금지에 관한 노조법 제24조 제2항, '근로시간 면제 제도'에 관한 노조법 제24조 제4항 등)들로 인하여 노조전임자의 근로의 권리가 제한된다고 볼 수 없고, 나아가 노조전임자 자체를 하나의 직업 유형으로 볼 수는 없으므로 직업의 자유가 제한된다고 보기도 어렵다.

제6절 환경권

24   17법전협-2-3   정답 ③

환경권에 관한 설명으로 옳지 않은 것은? (다툼이 있는 경우 판례에 따름)

① 헌법 제35조 제1항의 환경권 규정은 환경정책에 관한 국가적 규제와 조정을 뒷받침하는 헌법적 근거가 되며, 국가는 환경정책 실현을 위한 재원마련과 환경침해적 행위를 억제하고 환경보전에 적합한 행위를 유도하기 위한 수단으로 수질개선부담금과 같은 환경부담금을 부과·징수하는 방법을 선택할 수 있다.

② 「자연공원법」에서 자연공원 내 집단시설지구의 지정·개발에 관한 규정을 둔 것이 집단시설지구의 하류지역 주민들의 환경권을 침해하지 않는다.

③ 일정한 경우 국가는 사인인 제3자에 의한 국민의 환경권침해에 대해서도 적극적으로 기본권 보호조치를 취할 의무를 지므로 헌법재판소가 이를 심사할 때에는 과잉금지원칙을 심사기준으로 삼아야 한다.

④ 교도소 독거실 내 화장실 창문과 철격자 사이에 안전철망을 설치한 행위는 수용자의 환경권을 침해하지 않는다.

⑤ 환경권 침해 내지 환경권에 대한 국가의 보호의무위반은 궁극적으로 생명·신체의 안전에 대한 침해로 귀결된다.

해설

① ○ 1998.12.24. 98헌가1
② ○ 이 사건 심판대상조항들이 집단시설지구 안에서 행정청에게 제한없는 개발허가권한을 부여한 규정이라고 볼 수 없으므로 그 자체로는 청구인들의 기본권을 침해하지 아니한다(1999.7.22. 97헌바9).
③ X 일정한 경우 국가는 사인인 제3자에 의한 국민의 환경권 침해에 대해서도 적극적으로 기본권 보호조치를 취할 의무를 지나, 헌법재판소가 이를 심사할 때에는 국가가 국민의 기본권적 법익 보호를 위하여 적어도 적절하고 효율적인 최소한의 보호조치를 취했는가 하는 이른바 "과소보호금지원칙"의 위반 여부를 기준으로 삼아야 한다(2008.7.31. 2006헌마711).(공직선거법상 확성장치 사용 소음제한기준 사건)

> 참고판례 선거운동의 자유를 감안하여 선거운동을 위한 확성장치를 허용할 공익적 필요성이 인정된다고 하더라도 … 확성장치의 최고출력 내지 소음 규제기준에 관한 규정을 두지 아니한 것은, 국민이 건강하고 쾌적하게 생활할 수 있는 양호한 주거환경을 위하여 노력하여야 할 국가의 의무를 부과한 헌법 제35조 제3항에 비추어 보면, 적절하고 효율적인 최소한의 보호조치를 취하지 아니하여 국가의 기본권 보호의무를 과소하게 이행한 것이다. 따라서, 심판대상조항은 국가의 기본권 보호의무를 과소하게 이행한 것으로서, 청구인의 건강하고 쾌적한 환경에서 생활할 권리를 침해한다(2019.12.27. 2018헌마730). … 헌법불합치(판례변경)

④ ○ 2014.6.26. 2011헌마150
⑤ ○ 2015.9.24. 2013헌마384

제7절 혼인과 가족생활의 보장

25 | 19변시-18 | 정답 ⑤

甲은 미혼인 독신자이며, 乙은 슬하에 만 10세의 아들 丙을 두고 있고 남편과는 사별하였다. 甲은 乙, 丙과 협의하여 丙을 자신의 친양자로 입양하기로 결정한 후, 법원에 친양자 입양 청구를 하고 그 사건 계속 중 혼인한 자만 친양자 입양을 할 수 있도록 정한 「민법」 조항에 대하여 위헌법률심판제청신청을 하였다. 다음 설명 중 옳지 않은 것은? (다툼이 있는 경우 판례에 의함)

① 법원이 헌법재판소에 위헌법률심판을 제청한 때에 당해사건의 재판은 헌법재판소의 위헌 여부 결정이 있을 때까지 정지되는 것이 원칙이나, 다만 법원이 긴급하다고 인정하는 경우에는 종국재판 외의 소송절차를 진행할 수 있다.
② 만약 위헌법률심판제청신청이 기각되고 그 기각결정이 2018. 7. 2. 甲에게 통지된 후, 甲이 2018. 7. 16. 헌법재판소에 국선대리인 선임신청을 하고, 이에 따라 2018. 7. 19. 선임된 국선대리인이 2018. 8. 10. 처음으로 헌법소원심판청구서를 제출하였다면 청구기간을 준수한 것이다.
③ 헌법 제36조 제1항은 가족생활을 스스로 결정하고 형성할 수 있는 자유를 기본권으로 보장한다.
④ 친양자로 될 사람이 자신의 의사에 따라 스스로 입양의 대상이 될 것인지 여부를 결정할 수 있는 자유와 친양자 입양을 하려는 사람이 자신의 의사에 따라 친양자 입양을 할지 여부를 결정할 수 있는 자유는 모두 기본권으로 보호된다.
⑤ 위 「민법」 조항은 독신자의 친양자 입양을 원천적으로 봉쇄하여 독신자의 기본권에 중대한 제한을 초래하므로 평등권 침해 여부 심사 시 비례의 원칙이 적용되나, 독신자도 일반 입양은 할 수 있고 일반 입양의 사실도 친양자 입양과 마찬가지로 가족관계증명서에 드러나지 않는다는 점 등을 고려하면, 비례의 원칙에 위배되어 독신자의 평등권을 침해한다고 볼 수 없다.

 해설

① ○

> **헌법재판소법 제42조**
> ① 법원이 법률의 위헌 여부 심판을 헌법재판소에 제청한 때에는 당해 소송사건의 재판은 헌법재판소의 위헌 여부의 결정이 있을 때까지 정지된다. 다만, 법원이 긴급하다고 인정하는 경우에는 종국재판 외의 소송절차를 진행할 수 있다.

② ○

> **헌법재판소법 제69조(청구기간)**
> ② 제68조 제2항에 따른 헌법소원심판은 위헌 여부 심판의 제청신청을 기각하는 결정을 통지받은 날부터 30일 이내에 청구하여야 한다.

헌법재판소법 제70조(국선대리인)
① 헌법소원심판을 청구하려는 자가 변호사를 대리인으로 선임할 자력(資力)이 없는 경우에는 헌법재판소에 국선대리인을 선임하여 줄 것을 신청할 수 있다. 이 경우 제69조에 따른 청구기간은 국선대리인의 선임신청이 있는 날을 기준으로 정한다.

③ O 헌법 제36조 제1항은 "혼인과 가족생활은 개인의 존엄과 양성의 평등을 기초로 성립되고 유지되어야 하며, 국가는 이를 보장한다."라고 규정하고 있는데, 헌법 제36조 제1항은 혼인과 가족생활을 스스로 결정하고 형성할 수 있는 자유를 기본권으로서 보장하고, 혼인과 가족에 대한 제도를 보장한다(2002.8.29. 2001헌바82 [위헌]).

④ O 헌법 제36조 제1항은 혼인과 가족생활을 스스로 결정하고 형성할 수 있는 자유를 기본권으로서 보장한다(2011.2.24. 2009헌바89 등). 친양자 입양의 경우에도 친양자로 될 사람이 그의 의사에 따라 스스로 입양의 대상이 될 것인지 여부를 결정할 수 있는 자유가 보장되므로, 친양자로 될 사람은 자신의 양육에 보다 적합한 가정환경에서 양육받을 것을 선택할 권리를 가진다(2012.5.31. 2010헌바87 참조). 친양자 입양을 하려는 사람도 친양자 입양 여부에 대한 의사결정의 주체이자 친양자 입양으로 새롭게 형성될 가족의 구성원이므로 친양자가 될 사람과 마찬가지로 그의 의사에 따라 친양자 입양을 할지 여부를 결정할 수 있는 자유를 갖고, 양자의 양육에 보다 적합한 가정환경에서 양자를 양육할 것을 선택할 권리를 가진다(2013.9.26. 2011헌가42 [합헌]).

⑤ X 양친이 되려는 사람은 양자를 부양하기에 충분한 재산이 있고, 양자에 대하여 종교의 자유를 인정하고 사회의 구성원으로서 그에 상응하는 양육과 교육을 할 수 있으며, 아동학대·가정폭력·성폭력·마약 등의 범죄나 알코올 등 약물중독의 경력이 없어야 하고, 입양 성립 전에 입양기관 등으로부터 소정의 교육을 받아야 한다. 나아가 입양 청구 시에는 양친의 자격을 구비하였다는 서류로 범죄경력 조회 회신서, 양친 가정조사서 및 양친교육 이수증명서를 법원에 제출하여야 하는 등 입양특례법상의 입양은 민법상 친양자 제도와 내용과 절차 면에서 다른 점이 있다. 따라서 구체적 규율 내용이 다른 민법에서 입양특례법과 달리 독신자를 친양자의 양친에서 제외하였다 하여, 이를 두고 합리적 이유 없는 불평등이라고 할 수 없다(2013.9.26. 2011헌가42 [합헌]). 비례원칙을 적용하지 않고 자의금지원칙에 따라 심사하였다.

26 17변시-9   정답 ③

혼인과 가족생활에 대하여 규정하고 있는 헌법 제36조 제1항에 관한 설명 중 옳지 않은 것은? (다툼이 있는 경우 판례에 의함)

① 헌법 제36조 제1항은 혼인과 가족생활을 스스로 결정하고 형성할 수 있는 자유를 기본권으로서 보장하며, 친양자 입양의 경우에도 친양자로 될 사람이 그의 의사에 따라 스스로 입양의 대상이 될 것인지 여부를 결정할 수 있는 자유를 보장한다.

② 친양자로 될 자와 마찬가지로 친생부모 역시 그로부터 출생한 자와의 가족 및 친족관계의 유지에 관하여 헌법 제36조 제1항에 의하여 인정되는 혼인과 가정생활의 자유로운 형성에 대한 기본권을 가진다.

③ 헌법 제36조 제1항에서 규정하는 '혼인'이란 양성이 평등하고 존엄한 개인으로서 자유로운 의사의 합치에 의하여 생활공동체를 이루는 것을 말하므로, 법적으로 승인되지 아니한 사실혼도 헌법 제36조 제1항의 보호범위에 포함된다.

④ 부모가 자녀의 이름을 지어주는 것은 자녀의 양육과 가족생활을 위하여 필수적인 것이고, 가족생활의 핵심적 요소라 할 수 있으므로, '부모가 자녀의 이름을 지을 자유'는 혼인과 가족생활을 보장하는 헌법 제36조 제1항과 행복추구권을 보장하는 헌법 제10조에 의하여 보호받는다.

⑤ 부모의 자녀에 대한 교육권은 비록 헌법에 명문으로 규정되어 있지는 아니하지만, 혼인과 가족생활을 보장하는 헌법 제36조 제1항, 행복추구권을 보장하는 헌법 제10조 및 "국민의 자유와 권리는 헌법에 열거되지 아니한 이유로 경시되지 아니한다."라고 규정하는 헌법 제37조 제1항에서 나오는 중요한 기본권이며, 이러한 부모의 자녀교육권이 학교영역에서는 자녀의 교육진로에 관한 결정권 내지는 자녀가 다닐 학교를 선택하는 권리로 구체화된다.

 해설

① O 헌법 제36조 제1항은 혼인과 가족생활을 스스로 결정하고 형성할 수 있는 자유를 기본권으로서 보장한다. 친양자 입양의 경우에도 친양자로 될 사람이 그의 의사에 따라 스스로 입양의 대상이 될 것인지 여부를 결정할 수 있는 자유가 보장되므로, 친양자로 될 사람은 자신의 양육에 보다 적합한 가정환경에서 양육받을 것을 선택할 권리를 가진다(2013.9.26. 2011헌가42).

② O 친양자로 될 자와 마찬가지로, 친생부모 역시 그로부터 출생한 자와의 가족 및 친족관계의 '유지'에 관하여 헌법 제10조에 의하여 인정되는 가정생활과 신분관계에 대한 인격권 및 행복추구권 및 헌법 제36조 제1항에 의하여 인정되는 혼인과 가정생활의 자유로운 형성에 대한 기본권을 가진다는 점에 대해서는 별다른 의문이 없다(2012.5.31. 2010헌바87).

③ X 헌법 제36조 제1항에서 규정하는 '혼인'이란 양성이 평등하고 존엄한 개인으로서 자유로운 의사의 합치에 의하여 생활공동체를 이루는 것으로서 법적으로 승인받은 것을 말하므로, 법적으로 승인되지 아니한 **사실혼은 헌법 제36조 제1항의 보호범위에 포함된다고 보기 어렵다**(2014.8.28. 2013헌바119).

④ O 부모가 자녀의 이름을 지어주는 것은 자녀의 양육과 가족생활을 위하여 필수적인 것이고, 가족생활의 핵심적 요소라 할 수 있으므로, '부모가 자녀의 이름을 지을 자유'는 혼인과 가족생활을 보장하는 헌법 제36조 제1항과 행복추구권을 보장하는 헌법 제10조에 의하여 보호받는다(2016.7.28. 2015헌마964).

⑤ O 부모의 자녀에 대한 교육권은 비록 헌법에 명문으로 규정되어 있지는 아니하지만, 혼인과 가족생활을 보장하는 헌법 제36조 제1항, 행복추구권을 보장하는 헌법 제10조 및 헌법 제37조 제1항에서 나오는 중요한 기본권이며, 이러한 부모의 자녀교육권이 학교 영역에서는 자녀의 교육진로에 관한 결정권 내지는 자녀가 다닐 학교를 선택하는 권리로 구체화된다(2009.4.30. 2005헌마514).

27 21법전협-3-20 정답 ⑤

혼인과 가족생활에 관한 설명 중 옳지 않은 것은? (다툼이 있는 경우 판례에 의함)

① 헌법 제36조 제1항에서 규정하는 '혼인'이란 양성이 평등하고 존엄한 개인으로서 자유로운 의사의 합치에 의하여 생활공동체를 이루는 것으로서 법적으로 승인받은 것을 말하므로, 법적으로 승인되지 아니한 사실혼은 헌법 제36조 제1항의 보호범위에 포함된다고 보기 어렵다.

② 헌법 제36조 제1항은 소극적으로는 국가권력의 부당한 침해에 대한 개인의 주관적 방어권으로서 국가권력이 혼인과 가정이란 사적인 영역을 침해하는 것을 금지하면서, 적극적으로는 혼인과 가정을 제3자 등으로부터 보호해야 할 뿐 아니라 개인의 존엄과 양성의 평등을 바탕으로 성립되고 유지되는 혼인·가족제도를 실현해야 할 국가의 과제를 부과하고 있다.

③ 헌법 제36조 제1항은 혼인과 가족에 관련되는 공법 및 사법의 모든 영역에 영향을 미치는 헌법원리 내지 원칙규범으로서의 성격도 가지는데, 이는 적극적으로는 적절한 조치를 통해서 혼인과 가족을 지원하고 제3자에 의한 침해 앞에서 혼인과 가족을 보호해야 할 국가의 과제를 포함하며, 소극적으로는 불이익을 야기하는 제한조치를 통해서 혼인과 가족을 차별하는 것을 금지해야 할 국가의 의무를 포함한다.

④ 1세대 3주택 이상 보유자에 대하여 양도소득세 중과세를 하는 것은 재산권을 침해하는 것은 아니지만, 혼인으로 새로이 1세대를 이루는 자를 위하여 상당한 기간 내에 보유 주택수를 줄일 수 있도록 하고 그러한 경과규정이 정하는 기간 내에 양도하는 주택에 대해서는 혼인 전의 보유 주택수에 따라 양도소득세를 정하는 등의 완화규정을 두지 않는 것은 헌법 제36조 제1항이 정하고 있는 혼인에 따른 차별금지원칙에 위배되고, 혼인의 자유를 침해한다.

⑤ 부모가 자녀의 이름을 지어주는 것은 자녀의 양육과 가족생활을 위하여 필수적인 것이며 가족생활의 핵심적 요소라 할 수 있으므로, '부모의 자녀의 이름을 지을 자유'는 헌법 제36조 제1항에 의하여 보호되는 것이지, 행복추구권을 보장하는 헌법 제10조에 의하여 보호되는 것은 아니다.

해설

① O 헌법 제36조 제1항에서 규정하는 '혼인'이란 양성이 평등하고 존엄한 개인으로서 자유로운 의사의 합치에 의하여 생활공동체를 이루는 것으로서 법적으로 승인받은 것을 말하므로, 법적으로 승인되지 아니한 사실혼은 헌법 제36조 제1항의 보호범위에 포함된다고 보기 어렵다(2014.8.28. 2013헌바119).

② O 헌법 제36조 제1항은 "혼인과 가족생활은 개인의 존엄과 양성의 평등을 기초로 성립되고 유지되어야 하며, 국가는 이를 보장한다"고 하여 혼인 및 그에 기초하여 성립된 부모와 자녀의 생활공동체인 가족생활이 국가의 특별한 보호를 받는다는 것을 규정하고 있다. 이 헌법규정은 소극적으로는 국가권력의 부당한 침해에 대한

개인의 주관적 방어권으로서 국가권력이 혼인과 가정이란 사적인 영역을 침해하는 것을 금지하면서, 적극적으로는 혼인과 가정을 제3자 등으로부터 보호해야 할 뿐만 아니라 개인의 존엄과 양성의 평등을 바탕으로 성립되고 유지되는 혼인·가족제도를 실현해야 할 국가의 과제를 부과하고 있다(2000.4.27. 98헌가16 등).

③ O 헌법 제36조 제1항은 혼인과 가족에 관련되는 공법 및 사법의 모든 영역에 영향을 미치는 헌법원리 내지 원칙규범으로서의 성격도 가지는데, 이는 적극적으로는 적절한 조치를 통해서 혼인과 가족을 지원하고 제삼자에 의한 침해 앞에서 혼인과 가족을 보호해야 할 국가의 과제를 포함하며, 소극적으로는 불이익을 야기하는 제한조치를 통해서 혼인과 가족을 차별하는 것을 금지해야 할 국가의 의무를 포함한다(2002.8.29. 2001헌바82).

④ O 혼인으로 새로이 1세대를 이루는 자를 위하여 상당한 기간 내에 보유 주택수를 줄일 수 있도록 하고 그러한 경과규정이 정하는 기간 내에 양도하는 주택에 대해서는 혼인 전의 보유 주택수에 따라 양도소득세를 정하는 등의 완화규정을 두는 것과 같은 손쉬운 방법이 있음에도 이러한 완화규정을 두지 아니한 것은 최소침해성원칙에 위배된다고 할 것이고, 이 사건 법률조항으로 인하여 침해되는 것은 헌법이 강도 높게 보호하고자 하는 헌법 제36조 제1항에 근거하는 혼인에 따른 차별금지 또는 혼인의 자유라는 헌법적 가치라 할 것이므로 이 사건 법률조항이 달성하고자 하는 공익과 침해되는 사익 사이에 적절한 균형관계를 인정할 수 없어 법익균형성원칙에도 반한다. 결국 이 사건 법률조항은 과잉금지원칙에 반하여 헌법 제36조 제1항이 정하고 있는 혼인에 따른 차별금지원칙에 위배되고, 혼인의 자유를 침해한다(2011.11.24. 2009헌바146).

⑤ X 부모가 자녀의 이름을 지어주는 것은 자녀의 양육과 가족생활을 위하여 필수적인 것이고, 가족생활의 핵심적 요소라 할 수 있으므로, '부모가 자녀의 이름을 지을 자유'는 혼인과 가족생활을 보장하는 헌법 제36조 제1항과 행복추구권을 보장하는 헌법 제10조에 의하여 보호받는다(2016.7.28. 2015헌마964).

28 21법전협-1-14   정답

혼인과 가족생활의 보호에 관한 설명 중 옳은 것(○)과 옳지 않은 것(×)을 올바르게 조합한 것은? (다툼이 있는 경우 판례에 의함)

ㄱ. 헌법 제31조는 부모 외에 국가에게도 자녀의 교육에 대한 과제와 의무가 있다는 것을 규정하고 있으므로 국가는 부모의 자녀교육권을 제한할 수 있다.

ㄴ. 헌법 전문과 헌법 제9조에서 말하는 전통, 전통문화란 역사성과 시대성을 띤 개념으로서 헌법의 가치질서, 인류의 보편가치, 정의와 인도정신 등을 고려하여 오늘날의 의미로 포착하여야 한다.

ㄷ. 헌법 제36조 제1항은 소극적으로 불이익을 야기하는 제한조치를 통해서 혼인과 가족을 차별하는 것을 금지해야 할 국가의 의무를 포함하나, 적극적으로 적절한 조치를 통해서 혼인과 가족을 지원하고 제3자에 의한 침해 앞에서 혼인과 가족을 보호해야 할 국가의 과제를 포함하지 않는다.

ㄹ. 육아휴직신청권은 헌법 제36조 제1항 등으로부터 개인에게 직접 주어지는 헌법적 차원의 권리라고 볼 수 없다.

ㅁ. 헌법 제36조 제1항에서 규정하는 혼인이란 법적으로 승인받은 것을 말하므로, 사실혼은 그 보호범위에 포함되지 않는다.

① ㄱ(○), ㄴ(○), ㄷ(○), ㄹ(○), ㅁ(○)
② ㄱ(○), ㄴ(×), ㄷ(×), ㄹ(×), ㅁ(×)
③ ㄱ(×), ㄴ(○), ㄷ(×), ㄹ(×), ㅁ(×)
④ ㄱ(×), ㄴ(×), ㄷ(○), ㄹ(○), ㅁ(○)
⑤ ㄱ(○), ㄴ(○), ㄷ(×), ㄹ(○), ㅁ(○)

해설

ㄱ. O 국가는 개인의 기본권을 보장해야 하므로 국가가 과외교습과 같은 사적으로 이루어지는 교육을 제한하는 경우에는 특히 자녀 인격의 자유로운 발현권과 부모의 교육권을 존중해야 하는바, 부모에게는 제도교육이 충족시키지 못하는 자녀교육의 영역에서 부모의 특별한 소망이 실현될 수 있는 기회가 열려있어야 하며, 자녀에게는 국가의 간섭을 받음이 없이 사교육을 통하여 자신의 다양한 능력, 성향을 발전시킬 수 있는 기회가 보장되어야 한다. 그러나 부모의 교육권, 자녀의 인격발현권이 절대적 기본권이 아니므로 당연히 다른 기본권과 마찬가지로 헌법 제37조 제2항에 의한 제한을 받을 수 있다(2000.4.27. 98헌가16). 특히 부모의 자녀교육권은 다른 기본권과는 달리, 기본권의 주체인 부모의 자기결정권이라는 의미에서 보장되는 자유가 아니라, 자녀의 보호와 인격발현을 위하여 부여되는 기본권이다. 다시 말하면, 부모의 자녀교육권은 자녀의 행복이란 관점에서 보장되는 것이며, 자녀의 행복이 부모의 교육에 있어서 그 방향을 결정하는 지침이 된다(2000.4.27. 98헌가16). 따라서 부모는 자녀의 교육에 있어서 자녀의 정신적, 신체적 건강을 고려하여 교육의 목적과 그에 적합한 수단을 선택해야 할 것이고, 부모가 자녀의 건강에 반하는 방향으로 자녀교육권을 행사할 경우에는 헌법 제31조는 부모 외에도 국가에게 자녀의 교육에 대한 과제와 의무가 있다는 것을 규정하고 있으므로 국가는 부모의 자녀교육권을 제한할 수 있다(2009.10.29. 2008헌마635).

제5장 사회적 기본권 | 183

ㄴ. O 우리 헌법은 제정 당시부터 특별히 혼인의 남녀동권을 헌법적 혼인질서의 기초로 선언함으로써 우리 사회 전래의 가부장적인 봉건적 혼인질서를 더 이상 용인하지 않겠다는 헌법적 결단을 표현하였으며, 현행 헌법에 이르러 양성평등과 개인의 존엄은 혼인과 가족제도에 관한 최고의 가치규범으로 확고히 자리잡았다. 한편, 헌법 전문과 헌법 제9조에서 말하는 '전통', '전통문화'란 역사성과 시대성을 띤 개념으로서 헌법의 가치질서, 인류의 보편가치, 정의와 인도정신 등을 고려하여 오늘날의 의미로 포착하여야 하며, 가족제도에 관한 전통·전통문화란 적어도 그것이 가족제도에 관한 헌법이념인 개인의 존엄과 양성의 평등에 반하는 것이어서는 안 된다는 한계가 도출되므로, 전래의 어떤 가족제도가 헌법 제36조 제1항이 요구하는 개인의 존엄과 양성평등에 반한다면 헌법 제9조를 근거로 그 헌법적 정당성을 주장할 수는 없다(2005.2.3. 2001헌가9,10,11,12,13,14,15,2004헌가5(병합)).

ㄷ. X 헌법재판소는 헌법 제36조 제1항은 "혼인과 가족생활은 개인의 존엄과 양성의 평등을 기초로 성립되고 유지되어야 하며, 국가는 이를 보장한다."고 규정하여 혼인과 가족생활에 불이익을 주지 않을 것을 명하고 있고, 이는 적극적으로 적절한 조치를 통하여 혼인과 가족을 지원하고 제3자에 의한 침해로부터 혼인과 가족을 보호해야 할 국가의 과제와 소극적으로 불이익을 야기하는 제한 조치를 통하여 혼인과 가족생활을 차별하는 것을 금지해야 할 국가의 의무를 포함하는 것이다(2011.11.24. 2009헌바146).

ㄹ. O 육아휴직제도는 양육권이 갖는 사회권적 기본권으로서의 측면이 입법자에 의하여 제도로 도입된 것으로 볼 수 있지만, 육아의 수단으로 휴직제도를 이용한다는 점에서는 근로자의 권리로서의 측면도 아울러 가지고 있다고 할 수 있다. 그런데 장기복무장교, 준사관, 장기복무부사관 및 단기복무중인 여자군인은 병역법상의 병역의무를 이행하는 남성 단기복무군인과 달리 직업군인이므로, 그들의 근로자로서의 권리 역시 고려되어야 한다(2008.10.30. 2005헌마1156). → 다만 육아휴직신청권은 헌법적 차원의 권리라고 볼 수는 없고, 법률상의 권리

ㅁ. O 헌법 제36조 제1항에서 규정하는 '혼인'이란 양성이 평등하고 존엄한 개인으로서 자유로운 의사의 합치에 의하여 생활공동체를 이루는 것으로서 법적으로 승인받은 것을 말하므로, 법적으로 승인되지 아니한 사실혼은 헌법 제36조 제1항의 보호범위에 포함된다고 보기 어렵다(2014.8.28. 2013헌바119).

29 20법전협-2-12　　　정답 ②

헌법상 혼인과 가족생활 보장에 관한 설명으로 옳지 않은 것은? (다툼이 있는 경우 판례에 의함)

① 헌법 제36조 제1항에서 규정하는 '혼인'이란 양성이 평등하고 존엄한 개인으로서 자유로운 의사의 합치에 의하여 생활 공동체를 이루는 것으로서 법적으로 승인받은 것을 말하므로, 법적으로 승인되지 아니한 사실혼은 헌법 제36조 제1항의 보호범위에 포함되지 않는다.

② 출생신고시 자녀의 이름에 사용할 수 있는 한자의 범위를 '통상 사용되는 한자'로 제한하고 있는 것은 국민으로 하여금 국가가 정한 '인명용 한자'라는 기준에 맞추도록 일률적으로 강제함으로써 '부모가 자녀의 이름을 지을 자유'를 침해한다.

③ 중혼을 혼인취소의 사유로 정하면서 그 취소청구권의 제척기간 또는 소멸사유를 규정하지 않은 것은 헌법 제36조 제1항으로부터 도출되는 일부일처제를 실현하기 위한 것이므로 후 혼배우자의 인격권 및 행복추구권을 침해하지 않는다.

④ 아무런 예외 없이 혼인 종료 후 300일 이내에 출생한 자를 전남편의 친생자로 추정하는 것은 입법형성의 한계를 벗어나 모가 가정생활과 신분관계에서 누려야 할 혼인과 가족생활에 관한 기본권을 침해한다.

⑤ 헌법 제36조 제1항은 친양자로 될 자가 그의 의사에 의해 스스로 입양의 대상이 될 것인지 여부를 결정할 수 있는 자유, 나아가 친생부모가 사실상 부모로서의 자격을 상실하였거나 양육의 의지가 없는 경우에는 입양이라는 제도를 통해 열악한 양육환경에서 적극적으로 벗어나 양부모에 의해 양육 받을 수 있는 자유를 보장한다.

 해설

① O 헌법 제36조 제1항에서 규정하는 '혼인'이란 양성이 평등하고 존엄한 개인으로서 자유로운 의사의 합치에 의하여 생활공동체를 이루는 것으로서 법적으로 승인받은 것을 말하므로, 법적으로 승인되지 아니한 사실혼은 헌법 제36조 제1항의 보호범위에 포함된다고 보기 어렵다(2014.8.28. 2013헌바119).

② X 출생신고시 자녀의 이름에 사용할 수 있는 한자의 범위를 '통상 사용되는 한자'로 제한하고 있는 '가족관계의 등록 등에 관한 법률' 제44조 제3항 중 '통상 사용되는 한자' 부분 및 '가족관계의 등록 등에 관한 규칙'(2009. 12. 31. 대법원규칙 제2263호로 개정된 것) 제37조(이하 위 두 조항을 합하여 '심판대상조항'이라 한다)가 '부모가 자녀의 이름을 지을 자유'를 침해하는지 여부(소극) 한자는 그 숫자가 방대하고 범위가 불분명한데다가, 우리나라는 한글 전용 정책을 주축으로 하여 한자에 익숙하지 못한 사람이 증가하고 있는바, 이름에 통상 사용되지 아니하는 한자를 사용하는 경우에는 그와 사회적·법률적 관계를 맺는 사람들이 그 이름을 인식하고 사용하는 데 상당한 불편을 겪게 될 뿐만 아니라, 그 범위조차 불분명한 한자를 가족관계등록 전산시스템에 모두 구현하는 것도 현실적으로 어려우므로, 자녀의 이름에 사용할 수 있는 한자의 범위를 제한하는 것은 불가피한 측면이 있다. 심판대상조항은 자녀의 이름에 사용할 수 있는 한자를 정함에 있어 총 8,142자를 '인명용 한자'로 지정하고 있는데 이는 결코 적지 아니하고, '인명용 한자'의

범위를 일정한 절차를 거쳐 계속 확대함으로써 이름에 한자를 사용함에 있어 불편함이 없도록 하는 보완장치를 강구하고 있다. 또한 '인명용 한자'가 아닌 한자를 사용하였다고 하더라도, 출생신고나 출생자 이름 자체가 불수리되는 것은 아니고, 가족관계등록부에 해당 이름이 한글로만 기재되어 종국적으로 해당 한자가 함께 기재되지 않는 제한을 받을 뿐이며, 가족관계등록부나 그와 연계된 공적 장부 이외에 사적 생활의 영역에서 해당 한자 이름을 사용하는 것을 금지하는 것도 아니다. 따라서 심판대상조항은 자녀의 이름을 지을 자유를 침해하지 않는다(2016.7.28. 2015헌마964).
③ O 중혼을 혼인취소의 사유로 정하면서 그 취소청구권의 제척기간 또는 소멸사유를 규정하지 않은 민법 제816조 제1호 중 "제810조의 규정에 위반한 때" 부분은 입법재량의 한계를 일탈하여 후혼배우자의 인격권 및 행복추구권을 침해하지 아니한다(2014.7.24. 2011헌바275).
④ O 혼인 종료 후 300일 이내에 출생한 자를 전남편의 친생자로 추정하는 민법 제844조 제2항 중 "혼인관계종료의 날로부터 300일 내에 출생한 자"에 관한 부분은 모가 가정생활과 신분관계에서 누려야 할 인격권, 혼인과 가족생활에 관한 기본권을 침해한다(2015.4.30. 2013헌마623).
⑤ O 친양자 입양의 경우에도 헌법 제36조 제1항은 친양자로 될 자가 그의 의사에 의해 스스로 입양의 대상이 될 것인지 말 것인지를 결정할 수 있는 자유, 나아가 친생부모가 사실상 부모로서의 자격을 상실하였거나 양육의 의지가 없는 경우에는 입양이라는 제도를 통해 열악한 양육환경에서 적극적으로 벗어나 양부모에 의해 양육받을 수 있는 자유를 보장하고, 국가는 그러한 개인의 자유가 최대한 보장되도록 입양제도를 형성할 의무가 있다(2012.5.31. 2010헌바87).

30 19법전협-1-3   정답 ①

혼인과 가족제도에 관한 설명으로 옳지 않은 것은? (다툼이 있는 경우 판례에 의함)

① 자산소득합산과세의 대상이 되는 혼인한 부부에게 혼인하지 않은 부부나 독신자보다 더 많은 조세부담을 지우는 것은 합리적 이유가 있으므로 헌법상 정당화된다.
② 중혼을 혼인취소의 사유로 정하면서 그 취소청구권의 제척기간 또는 소멸사유를 규정하지 않은 것은 후혼배우자의 인격권 및 행복추구권을 침해하지 않는다.
③ 가족법이 헌법이념의 실현에 장애를 초래하고 헌법규범과 현실과의 괴리를 고착시키는데 일조하고 있다면, 그러한 가족법은 수정되어야 한다.
④ 친생부인의 소에 관한 제척기간이 지나치게 단기간이거나 불합리하여 진실한 혈연관계에 반하는 친자관계를 부인할 수 있는 기회를 극단적으로 제한하는 것이라면, 이는 입법재량의 한계를 넘어서는 것으로서 헌법에 위반된다.
⑤ 혼인 종료 후 300일 이내에 출생한 자를 전남편의 친생자로 추정하는 것은 모의 가정생활과 신분관계에서 누려야 할 인격권 및 혼인과 가족생활에 관한 기본권을 침해한다.

① X 부부 자산소득 합산과세를 통해서 혼인한 부부에게 가하는 조세부담의 증가라는 불이익이 자산소득합산과세를 통하여 달성하는 사회적 공익보다 크다고 할 것이므로, 소득세법 제61조 제1항이 자산소득합산과세의 대상이 되는 혼인한 부부를 혼인하지 않은 부부나 독신자에 비하여 차별취급하는 것은 헌법상 정당화되지 아니하기 때문에 헌법 제36조 제1항에 위반된다(2002.8.29. 2001헌바82).
② O 2014.7.24. 2011헌바275
③ O 헌법은 국가사회의 최고규범이므로 가족제도가 비록 역사적·사회적 산물이라는 특성을 지니고 있다 하더라도 헌법의 우위로부터 벗어날 수 없으며, 가족법이 헌법이념의 실현에 장애를 초래하고, 헌법규범과 현실과의 괴리를 고착시키는데 일조하고 있다면 그러한 가족법은 수정되어야 한다(2005.2.3. 2001헌가9 호주제폐지사건).
④ O 친생부인의 소에 관하여 어느 정도의 제척기간을 둘 것인가는 법률적인 친자관계를 진실에 부합시키고자 하는 부의 이익과 친자관계의 신속한 확정을 통하여 법적 안정을 찾고자 하는 자의 이익을 어떻게 그 사회의 실정과 전통적 관념에 맞게 조화시킬 것인가에 관한 문제로서 이해관계인들의 기본권적 지위와 혼인 및 가족생활에 관한 헌법적 결단을 고려하여 결정되어야 할 것이므로 원칙적으로 입법권자의 재량에 맡겨져 있다 할 수 있다. 다만 그 제소기간이 지나치게 단기간이거나 불합리하여 부가 자의 친생자 여부에 대한 확신을 가지기도 전에 그 제척기간이 경과하여 버림으로써 친생을 부인하고자 하는 부로 하여금 제소를 현저히 곤란하게 하거나 사실상 불가능하게 하여 진실한 혈연관계에 반하는 친자관계를 부인할 수 있는 기회를 극단적으로 제한하는 것이라면 이는 입법재량의 한계를 넘어서는 것으로서 위헌이라 아니할 수 없다(1997.3.27. 95헌가14·96헌가7).
→ 민법 제847조 제1항 중 '그 출생을 안 날로부터 1년내' 부분 - 헌법불합치 / 친생부인의 소의 제척기간을 규정한 민법(2005.3.31. 법률 제7427호로 개정된 것) 제847조 제1항 중 "부(夫)가 그 사유가 있음을 안 날부터 2년내" 부분 - 합헌(2015.3.26. 2012헌바357)
⑤ O 혼인 종료 후 300일 이내에 출생한 자를 전남편의 친생자로 추정하는 민법 제844조 제2항 중 "혼인관계종료의 날로부터 300일 내에 출생한 자"에 관한 부분은 모가 가정생활과 신분관계에서 누려야 할 인격권, 혼인과 가족생활에 관한 기본권을 침해한다(2015.4.30. 2013헌마623).
2017.10.31. 헌법재판소 불합치결정으로 인해 민법 제844조가 개정되고, 제854조의2(친생부인의 허가 청구), 제855조의2(인지의 허가 청구)가 신설되었다.

제6장 | 국민의 기본적 의무

01 21법전협-2-11 정답 ③

국민의 의무에 관한 설명 중 옳은 것을 모두 고른 것은?
(다툼이 있는 경우 판례에 의함)

ㄱ. 우리 헌법상 납세의 의무, 국방의 의무, 교육을 받게 할 의무, 근로의 의무, 환경보전의무가 명시적으로 규정되어 있다.
ㄴ. 환경보전의무는 1980년 제8차 개정헌법에서 처음 규정되었으나, 교육을 받게 할 의무는 1948년 제헌헌법에서부터 규정되었다.
ㄷ. 조세의 부과·징수는 국민의 납세의무에 기초하는 것으로서 재산권을 제한하는 것이 아니므로 과잉금지원칙이 적용되지 않는다.
ㄹ. 헌법 제39조 제2항은 누구든지 병역의무의 이행으로 인하여 불이익한 처우를 받지 아니한다고 규정하고 있으며 이는 병역의무를 이행한 사람에게 보상조치를 취하거나 특혜를 부여할 의무를 국가에게 지우는 것은 아니다.
ㅁ. 교육을 받게 할 의무의 주체는 우리나라의 국민으로서 교육을 받아야 할 자녀, 즉 학령아동을 가진 친권자 또는 후견인이나, 헌법 제31조 제3항의 의무교육 무상제의 책임주체는 국가 또는 지방자치단체이다.

① ㄴ, ㄷ
② ㄱ, ㄴ, ㄷ
③ ㄱ, ㄹ, ㅁ
④ ㄷ, ㄹ, ㅁ
⑤ ㄱ, ㄴ, ㄹ, ㅁ

 해설

③ 사법권에 관한 설명 중 옳은 것은 ㄱ, ㄹ, ㅁ 이다.
ㄱ. O

> **제38조**
> 모든 국민은 법률이 정하는 바에 의하여 납세의 의무를 진다.
> **제39조**
> ① 모든 국민은 법률이 정하는 바에 의하여 국방의 의무를 진다.
> **제31조**
> ② 모든 국민은 그 보호하는 자녀에게 적어도 초등교육과 법률이 정하는 교육을 받게 할 의무를 진다.
> **제32조**
> ② 모든 국민은 근로의 의무를 진다. 국가는 근로의 의무의 내용과 조건을 민주주의원칙에 따라 법률로 정한다.
> **제35조**
> ① 모든 국민은 건강하고 쾌적한 환경에서 생활할 권리를 가지며, 국가와 국민은 환경보전을 위하여 노력하여야 한다.

ㄴ. X 환경보전의무는 1980년 제8차 개정헌법에서 처음 규정되었으나, 교육을 받게 할 의무는 1962년 제5차 개정헌법에서부터 규정되었다. 의무교육에 대해서는 1948년 제헌헌법부터 규정되어 있다.

ㄷ. X 조세의 부과·징수는 국민의 납세의무에 기초하는 것으로서 원칙으로 재산권의 침해가 되지 않지만, 조세의 부과·징수가 납세자에게 과잉금지원칙에 위반되어 재산권 본질을 침해하면 재산권의 침해가 문제될 수 있다. 다만 헌법재판소는 조세관련 법률의 재산권 침해 여부에 대해 과잉금지원칙에 의한 심사를 하거나, 조세평등주의나 조세법률주의의 관점에서 판단하기도 한다.

ㄹ. O 헌법 제39조 제1항에서 국방의 의무를 국민에게 부과하고 있는 이상 병역법에 따라 군복무를 하는 것은 국민이 마땅히 하여야 할 이른바 신성한 의무를 다 하는 것일 뿐, 그러한 의무를 이행하였다고 하여 이를 특별한 희생으로 보아 일일이 보상하여야 한다고 할 수는 없는 것이므로, 헌법 제39조 제2항은 병역의무를 이행한 사람에게 보상조치를 취하거나 특혜를 부여할 의무를 국가에게 지우는 것이 아니라, 법문 그대로 병역의무의 이행을 이유로 불이익한 처우를 하는 것을 금지하고 있을 뿐이다(1999.12.23. 98헌바33).

ㅁ. O 교육을 받을 권리의 주체는 미성년의 학생이기 때문에, 보호자가 취학시킬 의무를 다함으로써 교육을 받을 권리의 실효성을 기하기 위하여 교육을 받게 할 의무를 부과한다. 교육을 받게할 의무의 주체는 학령아동의 친권자 또는 그 후견인이다(성낙인, 헌법학 1506면). 그리고 헌법 제31조 제3항의 의무교육 무상제의 책임주체는 국가 또는 지방자치단체이다.

M

제3편 통치구조론

제1장 | 통치구조의 구성원리

제1절 대의제와 민주주의

01 21법전협-1-15 　　　　　　정답 ②

대의제에 관한 설명 중 옳은 것을 모두 고른 것은? (다툼이 있는 경우 판례에 의함)

ㄱ. 국회 위원회에서 소속 상임위원이 당론에 반하는 의사를 표시하였다는 이유로 해당 상임위원의 의사에 반하여 상임위원 개선(改選)이 이루어졌다면, 이는 국회의원이 국민의 대표자로서 갖는 지위보다 특정 정당의 당원으로서 갖는 지위를 우선순위에 두는 것으로 대의제 헌법원리에 위배된다.

ㄴ. 1972년 제7차 개정헌법은 대한민국 주권자인 국민은 그 대표자나 국민투표에 의하여 주권을 행사한다는 점을 명시하였다.

ㄷ. 회계책임자가 300만 원 이상의 벌금을 선고받은 경우 후보자의 당선을 무효로 하는 것은 유권자의 의사를 크게 왜곡하여 대의제 이념에 반한다.

ㄹ. 대의제 민주주의 하에서 국민의 국회의원 선거권이란 국회의원을 보통·평등·직접·비밀선거에 의하여 국민의 대표자로 선출하는 권리에 그친다는 점에서 유권자가 설정한 국회의석분포에 국회의원들을 기속시키는 것은 대의제도의 본질에 반한다.

① ㄱ, ㄴ　　② ㄴ, ㄹ
③ ㄷ, ㄹ　　④ ㄱ, ㄴ, ㄷ
⑤ ㄴ, ㄷ, ㄹ

 해설

ㄱ. X 현대의 민주주의가 종래의 순수한 대의제 민주주의에서 정당국가적 민주주의의 경향으로 변화하고 있음은 주지하는 바와 같다. 다만, 국회의원의 국민대표성보다는 오늘날 복수정당제하에서 실제적으로 정당에 의하여 국회가 운영되고 있는 점을 강조하려는 견해와, 반대로 대의제 민주주의 원리를 중시하고 정당국가적 현실은 기본적으로 국회의원의 전체국민대표성을 침해하지 않는 범위내에서 인정하려는 입장이 서로 맞고 있다. 국회의원의 원내활동을 기본적으로 각자에 맡기는 자유위임은 자유로운 토론과 의사형성을 가능하게 함으로써 당내민주주의를 구현하고 정당의 독재화 또는 과두화를 막아주는 순기능을 갖는다. 그러나 자유위임은 의회내에서의 정치의사형성에 정당의 협력을 배척하는 것이 아니며, 의원이 정당과 교섭단체의 지시에 기속되는 것을 배제하는 근거가 되는 것도 아니다. 또한 국회의원의 국민대표성을 중시하는 입장에서도 특정 정당에 소속된 국회의원이 정당기속 내지는 교섭단체의 결정(소위 '당론')에 위반하는 정치활동을 한 이유로 제재를 받는 경우, 국회의원 신분을 상실하게 할 수는 없으나 "정당내부의 사실상의 강제" 또는 소속 "정당으로부터의 제명"은 가능하다고 보고 있다. 그렇다면, 당론과 다른 견해를 가진 소속 국회의원을 당해 교섭단체의 필요에 따라 다른 상임위원회로 전임(사·보임)하는 조치는 특별한 사정이 없는 한 헌법상 용인될 수 있는 "정당내부의 사실상 강제"의 범위내에 해당한다고 할 것이다(2003.10.30. 02002헌라1).

ㄴ. O

> **제1조(1972.112.27.시행)**
> ① 대한민국은 민주공화국이다.
> ② 대한민국의 주권은 국민에게 있고, 국민은 그 대표자나 국민투표에 의하여 주권을 행사한다.

ㄷ. X 헌법 제13조 제3항의 규범적 실질내용에 의거할 때, 후보자의 회계책임자가 300만 원 이상의 벌금형을 선고 받은 경우 후보자의 당선을 무효로 하는 법적 효과를 채택하고 있는 이 사건 법률조항은 헌법 제13조 제3항의 규범적 구성요건에 해당하지 아니한다. 즉, 헌법 제13조 제3항은 '친족의 행위와 본인 간에 실질적으로 의미 있는 아무런 관련성을 인정할 수 없음에도 불구하고 오로지 친족이라는 사유 그 자체만으로' 불이익한 처우를 가하는 경우에만 적용되기 때문이다. 따라서 친족이 회계책임자의 신분을 갖고 있는 경우는 별론으로 하고, 원칙적으로 회계책임자가 친족이 아닌 이상, 이 사건 법률조항은 적어도 헌법 제13조 제3항의 규범적 실질내용에 위배될 수는 없는 것이다(2010.3.25. 2009헌마170).

ㄹ. O 우리 헌법은 법률이 정하는 바에 따른 '선거권'과 '공무담임권' 및 국가안위에 관한 중요정책과 헌법개정에 대한 '국민투표권'만을 헌법상의 참정권으로 보장하고 있으므로, 지방자치법 제13조의 2에서 규정한 주민투표권은 그 성질상 선거권, 공무담임권, 국민투표권과 전혀 다른 것이어서 이를 법률이 보장하는 참정권이라고 할 수 있을지언정 헌법이 보장하는 참정권이라고 할 수는 없다(2001.6.28. 2000헌마735).

02 19법전협-2-5 정답 ①

대의제도에 관한 설명 중 옳지 않은 것을 모두 고른 것은? (다툼이 있는 경우 판례에 의함)

> ㄱ. 국민과 국회의원은 자유위임관계에 있는 것이 아니라 명령적 위임관계에 있다.
> ㄴ. 국민과 대표 간의 관계에 관한 학설 가운데 헌법적 대표설에 따르면 헌법 제1조 제2항의 "모든 권력은 국민으로부터 나온다"는 규정에 따라 국회가 국민의 헌법적 대표기관이며, 대통령·헌법재판소·법원은 국민대표기관에 해당되지 않는다.
> ㄷ. 1972년 헌법은 국민은 그 대표자나 국민투표에 의하여 주권을 행사한다고 규정함으로써 헌법에 국민대표에 관한 명시적 규정을 두었다.
> ㄹ. 국민의 국회의원 선거권은 국회의원을 보통·평등·직접·비밀선거에 의하여 국민의 대표자로 선출하는 권리에 그치는 것이기 때문에 유권자가 설정한 국회의석분포에 국회의원들을 기속시키는 것은 대의제도의 본질에 반하는 것이다.

① ㄱ, ㄴ ② ㄴ, ㄹ
③ ㄷ, ㄹ ④ ㄱ, ㄷ
⑤ ㄱ, ㄹ

ㄱ, ㄴ. X 국민과 대표 간의 관계에 관한 학설 가운데 헌법적 대표설은 국회가 국민의 대표기관이라는 것은 국민의 위임에 의해서가 아니라 헌법에서 직접 나오는 것이라고 한다. 이에 따르면 국민으로부터 나오는 권력을 헌법에 의하여 수임해서 행사하는 주권행사기관, 즉 국회·대통령·법원·헌법재판소 등도 국민대표기관으로서 헌법에서 지정되어 있다고 할 수 있다(김철수, 헌법학신론 1248면). / 법적 대표설 중 옐리네크의 법정대표설에 의하면 국민은 선거를 통하여 의회를 조직하는 제1차 국가기관이고, 의회는 국민의 의사를 대표하는 제2차 국가기관이므로, 국민과 의회는 법적으로 하나의 통일체를 형성한다고 본다.
ㄷ. O 1972년 헌법 제1조 제2항
ㄹ. O 대의제 민주주의하에서 국민의 국회의원 선거권이란 국회의원을 보통·평등·직접·비밀선거에 의하여 국민의 대표자로 선출하는 권리에 그치며, 국민과 국회의원은 명령적 위임관계에 있는 것이 아니라 자유위임관계에 있으므로, 유권자가 설정한 국회의석분포에 국회의원들을 기속시키고자 하는 내용의 "국회구성권"이라는 기본권은 오늘날 이해되고 있는 대의제도의 본질에 반하는 것이어서 헌법상 인정될 여지가 없다(1998.10.29. 96헌마186).

03 20법전협-1-7 정답 ①

국민주권에 관한 설명 중 옳은 것은? (다툼이 있는 경우 판례에 의함)

① 국민주권주의는 모든 국가권력이 국민의 의사에 기초해야 한다는 의미로 사법권의 민주적 정당성을 위한 국민참여재판 도입의 헌법적 근거가 된다.
② 100만 원 이상의 벌금형이 확정된 선거범에 대하여 5년간 선거권을 정지시키는 것은 민주주의와 국민주권을 선언한 헌법 제1조에 비추어 볼 때 해당 선거범의 선거권을 침해한다.
③ 발전용원자로 및 관계시설의 건설허가 신청 시 필요한 방사선환경영향평가서 및 그 초안을 작성하는 데 있어 '중대사고'에 대한 평가를 제외하는 것은 국민들이 원전과 관련하여 정확하고 공정한 여론을 형성하는 것을 방해하므로 국민주권주의에 위반된다.
④ 국회 위원회 단계에서 교착상태에 빠진 쟁점안건에 대하여 재적의원 과반수가 심사기간 지정요구를 하는 경우 국회의장이 의무적으로 심사기간을 지정하도록 하는 내용의 규정을 마련하지 않는 것은 다수결원리와 의회민주주의에 위반되고, 나아가 국민주권주의에도 위반된다.
⑤ 선거범죄로 인하여 당선이 무효로 된 때를 비례대표지방의회의원의 의석 승계 제한사유로 규정한 것은 왜곡된 선거인의 의사를 바로잡기 위한 것으로 국민주권원리에 위반되지 않는다.

① O 국민주권주의는 모든 국가권력이 국민의 의사에 기초해야 한다는 의미로 사법권의 민주적 정당성을 위한 국민참여재판을 도입한 근거가 되고 있으나, 그렇다고 하여 국민주권주의 이념이 곧 사법권을 포함한 모든 권력을 국민이 직접 행사하여야 하고 이에 따라 모든 사건을 국민참여재판으로 할 것을 요구한다고 볼 수 없다(2016.12.29. 2015헌바63).
② X 선거권을 제한하는 공직선거법 제18조 제1항 제3호 중 '선거범으로서 100만 원 이상의 벌금형의 선고를 받고 그 형이 확정된 후 5년을 경과하지 아니한 자 또는 형의 집행유예의 선고를 받고 그 형이 확정된 후 10년을 경과하지 아니한 자'에 관한 부분은 청구인들의 선거권을 침해하지 아니한다(2018.1.25. 2015헌마821 등).
③ X 청구인들은 이 사건 각 고시조항이 국민들의 정확하고 공정한 여론 형성을 방해하므로 민주주의 원리에도 위반된다고 주장한다. 민주주의 원리의 한 내용인 국민주권주의는 모든 국가권력이 국민의 의사에 기초해야 한다는 의미일 뿐 국민이 정치적 의사결정에 관한 모든 정보를 제공받고 직접 참여하여야 한다는 의미는 아니므로, 청구인들의 이 부분 주장 역시 이유 없다(2016.10.27. 2012헌마121).
[판례 결론] 발전용원자로 및 관계시설의 건설허가 신청시 필요한 방사선환경영향평가서 및 그 초안을 작성하는 데 있어 '중대사고'에 대한 평가를 제외하고 있는 '원자력이용시설 방사선환경영향평가서 작성 등에 관한 규정'(2012. 1. 20. 원자력안전위원회고시 제2012-4호) 제5조 제1항 [별표1], [별표2] 중 해당 부분은 국가의 기본권 보호의무를 위반하여 청구인들의 생명·신체의 안전에 대한 권리를 침해하지 않는다.

④ X 국회법 제85조 제1항에 국회 재적의원 과반수가 의안에 대하여 심사기간 지정을 요청하는 경우 국회의장이 그 의안에 대하여 의무적으로 심사기간을 지정하도록 규정하지 아니한 입법부작위(이하 '이 사건 입법부작위'라 한다)는 입법자가 재적의원 과반수의 요구에 의해 위원회의 심사를 배제할 수 있는 비상입법절차와 관련하여 아무런 입법을 하지 않음으로써 입법의 공백이 발생한 '진정입법부작위'에 해당한다. 따라서 이 사건 입법부작위의 위헌 여부와 국회법 제85조 제1항은 아무런 관련이 없고, 그 위헌 여부가 이 사건 심사기간 지정 거부행위에 어떠한 영향도 미칠 수 없다. 나아가 헌법실현에 관한 1차적 형성권을 갖고 있는 정치적·민주적 기관인 국회와의 관계에서 헌법재판소가 가지는 기능적 한계에 비추어 보더라도, 헌법재판소가 근거규범도 아닌 이 사건 입법부작위의 위헌 여부에 대한 심사에까지 나아가는 것은 부적절하므로 그 심사를 최대한 자제하여 의사절차에 관한 국회의 자율성을 존중하는 것이 바람직하다.

만일 이 사건 입법부작위의 위헌 여부를 선결문제로 판단하더라도, 헌법의 명문규정이나 해석상 국회 재적의원 과반수의 요구가 있는 경우 국회의장이 심사기간을 지정하고 본회의에 부의해야 한다는 의무는 도출되지 않으므로, 국회법 제85조 제1항에서 이러한 내용을 규정하지 않은 것이 다수결의 원리, 나아가 의회민주주의에 반한다고도 볼 수 없다(2016.5.26. 2015헌라1).

⑤ X 심판대상조항은 선거범죄를 범한 비례대표지방의회의원 당선인 본인의 의원직 박탈로 그치지 아니하고 그로 인하여 궐원된 비례대표지방의회의원석에 대하여 소속 정당의 비례대표지방의회의원 후보자명부에 의한 의석 승계를 인정하지 아니함으로써 결과적으로 그 정당에 비례대표지방의회의원석을 할당받도록 한 선거권자들의 정치적 의사표명을 무시하고 왜곡하는 결과가 된다. 이는 국민주권의 원리 내지 대의제 민주주의를 근간으로 하는 우리 법체계하에서는 원칙적으로 용인되기 어려운 것이다(2009.6.25. 2007헌마40). [위헌]

04 19법전협-2-13 정답 ③

헌법상 국민주권원리에 관한 설명 중 옳지 않은 것을 모두 고른 것은? (다툼이 있는 경우 판례에 의함)

ㄱ. 우리 헌법은 국민주권주의와 자유민주주의에 입각한 입헌민주헌법의 기본원리에 기초하고 있으므로 이들 원리는 헌법을 비롯한 모든 법령해석의 기준이 되고, 입법형성권 행사의 한계와 정책결정의 방향을 제시하며, 모든 국가기관과 국민이 존중하고 지켜가야 하는 최고의 가치규범에 해당한다.

ㄴ. 지방자치기관은 정치적 권력기관으로서 중앙·지방간 권력의 수직적 분배라고 하는 권력분립적 속성에 따라 중앙정치기관의 구성과 마찬가지로 국민주권·민주주의 원리가 구현되어야 한다.

ㄷ. 지방교육자치는 중앙권력에 대한 지방적 자치로서의 속성을 지니며 동시에 교육의 자주성·전문성·정치적 중립성을 구현하기 위한 것이므로, 정치권력에 대한 문화적 자치로서의 속성도 아울러 지니고 있어, 지방교육자치의 민주적 정당성 요청은 어느 정도 제한이 불가피하다.

ㄹ. 민주주의원리의 한 내용인 국민주권주의는 모든 국가권력이 국민의 의사에 기초해야 한다는 의미일 뿐만 아니라 국민이 정치적 의사결정에 관한 모든 정보를 제공받고 직접 참여하여야 한다는 의미를 가지고 있다.

ㅁ. 국민주권주의는 모든 국가권력이 국민의 의사에 기초해야 한다는 의미로 사법권의 민주적 정당성을 위한 국민참여재판을 도입한 근거가 되나, 모든 사건을 국민참여재판으로 할 것을 요구하는 것은 아니다.

① ㄱ, ㄴ ② ㄱ, ㄷ
③ ㄴ, ㄹ ④ ㄷ, ㅁ
⑤ ㄹ, ㅁ

 해설

ㄱ. O 1989.9.8. 88헌가6
ㄴ. X 국민주권·민주주의원리는 그 작용영역, 즉 공권력의 종류와 내용에 따라 구현방법이 상이할 수 있다. 국회·대통령과 같은 정치적 권력기관은 헌법 규정에 따라 국민으로부터 직선된다. 그러나 지방자치기관은 그것도 정치적 권력기관이긴 하지만, 중앙·지방간 권력의 수직적 분배라고 하는 지방자치제의 권력분립적 속성상, 중앙정치기관의 구성과는 다소 상이한 방법으로 국민주권·민주주의원리가 구현될 수도 있다. 또한 교육부문에 있어서의 국민주권·민주주의의 요청도, 문화적 권력이라고 하는 국가교육권의 특수성으로 말미암아, 정치부문과는 다른 모습으로 구현될 수 있다(2000.3.30. 99헌바113).

ㄷ. O 지방교육자치도 지방자치권행사의 일환으로서 보장되는 것이므로, 중앙권력에 대한 지방적 자치로서의 속성을 지니고 있지만, 동시에 그것은 헌법 제31조 제4항이 보장하고 있는 교육의 자주성·전문성·정치적 중립성을 구현하기 위한 것이므로, 정치권력에 대한 문화적 자치로서의 속성도 아울러 지니고 있다. 이러한 '이중의 자치'의 요청으로 말미암아 지방교육자치의 민주적 정당성요청은

어느정도 제한이 불가피하게 된다. 지방교육자치는 '민주주의·지방자치·교육자주'라고 하는 세 가지의 헌법적 가치를 골고루 만족시킬 수 있어야만 하는 것이다. '민주주의'의 요구를 절대시하여 비정치기관인 교육위원이나 교육감을 정치기관(국회의원·대통령 등)의 선출과 완전히 동일한 방식으로 구성한다거나, '지방자치'의 요구를 절대시하여 지방자치단체장이나 지방의회가 교육위원·교육감의 선발을 무조건적으로 좌우한다거나, '교육자주'의 요구를 절대시하여 교육·문화분야 관계자들만이 전적으로 교육위원·교육감을 결정한다거나 하는 방식은 그 어느 것이나 헌법적으로 허용될 수 없다(2000.3.30. 99헌바113).

ㄹ. X 민주주의 원리의 한 내용인 국민주권주의는 모든 국가권력이 국민의 의사에 기초해야 한다는 의미일 뿐 국민이 정치적 의사결정에 관한 모든 정보를 제공받고 직접 참여하여야 한다는 의미는 아니다(2016.10.27. 2012헌마121).

ㅁ. O 2016.12.29. 2015헌바63

제2절 권력분립의 원리

05 22변시-6 정답 ②

권력분립원칙에 관한 설명 중 옳지 않은 것은? (다툼이 있는 경우 판례에 의함)

① 특정한 국가기관을 구성함에 있어 입법부, 행정부, 사법부가 그 권한을 나누어 가지거나 기능적인 분담을 하는 것은 권력분립의 원칙에 반하는 것이 아니라 권력분립의 원칙을 실현하는 것으로 볼 수 있다.

② 지방의회 사무직원의 임용권을 지방자치단체의 장에게 부여하도록 규정한 것은 지방의회와 지방자치단체의 장 사이의 상호견제와 균형의 원리에 비추어 헌법상 권력분립원칙에 위반된다.

③ 정치적 사건을 담당하게 될 특별검사의 임명에 대법원장을 관여시키는 것이 헌법상 권력분립의 원칙에 어긋난다거나 입법재량의 범위에 속하지 않는다고는 할 수 없다.

④ 권력분립원칙이란 국가권력의 기계적 분립과 엄격한 절연을 의미하는 것이 아니라 권력상호간의 견제와 균형을 통한 국가권력의 통제를 의미한다.

⑤ 고위공직자범죄수사처를 독립된 형태로 설치하도록 규정한 것은 고위공직자범죄수사처가 행정부 소속의 중앙행정기관으로서 여러 기관에 의한 통제가 충실히 이루어질 수 있으므로 권력분립의 원칙에 위배되지 않는다.

 해설

①, ④ O 헌법상 권력분립의 원칙이란 국가권력의 기계적 분립과 엄격한 절연을 의미하는 것이 아니라, 권력 상호간의 견제와 균형을 통한 국가권력의 통제를 의미하는 것이다. 따라서 특정한 국가기관을 구성함에 있어 입법부, 행정부, 사법부가 그 권한을 나누어 가지거나 기능적인 분담을 하는 것은 권력분립의 원칙에 반하는 것이 아니라 권력분립의 원칙을 실현하는 것으로 볼 수 있다(2008.1.10. 2007헌마1468).

② X 지방의회 사무직원의 임용권을 지방자치단체의 장에게 부여하고 있는 구 지방자치 제91조 제2항은 지방의회와 지방자치단체의 장 사이의 상호견제와 균형의 원리에 어긋나지 아니한다(2014.1.28. 2012헌바216).

③ O 정치적 사건을 담당하게 될 특별검사의 임명에 대법원장을 관여시키는 것이 과연 바람직한 것인지에 대하여 논란이 있을 수 있으나, 그렇다고 국회의 이러한 정치적·정책적 판단이 헌법상 권력분립원칙에 어긋난다거나 입법재량의 범위에 속하지 않는다고는 할 수 없다(2008.1.10. 2007헌마1468).

⑤ O 수사처의 권한 행사에 대하여는 여러 기관으로부터의 통제가 충실히 이루어질 수 있으므로, 단순히 수사처가 독립된 형태로 설치되었다는 이유만으로 권력분립원칙에 반한다고 볼 수 없다(2021.1.28. 2020헌마264 등).

06 19법전협-1-15   정답 ③

권력분립에 관한 설명 중 옳지 않은 것을 모두 고른 것은? (다툼이 있는 경우 판례에 의함)

ㄱ. 국정감사 또는 조사는 계속 중인 재판 또는 수사 중인 사건의 소추(訴追)에 관여할 목적으로 행사되어서는 안 된다.
ㄴ. 국회는 의원의 자격을 심사하고 의원을 징계할 수 있으며, 이에 대하여는 법원에 제소할 수 없다.
ㄷ. 헌법상 권한배분질서를 유지하고 권력분립의 원리를 보장하기 위하여 국회 소수파 의원들이 국회를 대신하여 국회의 권한침해를 다투는 권한쟁의심판을 청구하는 것은 적법하다.
ㄹ. 대법원장이 사학분쟁조정위원회 위원 중 5인을 추천하고, 위원장은 대법원장이 추천하는 인사 중에서 호선하도록 하는 것은 법원이 행정행위에 직접 관여하고 사전 통제를 하는 것으로 권력분립원칙에 위반된다.
ㅁ. 행정처분에 대한 소송절차에서 행정처분의 주체인 행정청이 구체적 규범통제를 위하여 근거 법률의 위헌 여부에 대해 위헌법률심판의 제청을 신청할 수 있도록 하는 것은 권력분립원칙에 위반된다.

① ㄱ, ㄴ, ㄷ
② ㄴ, ㄷ, ㄹ
③ ㄷ, ㄹ, ㅁ
④ ㄱ, ㄷ, ㅁ
⑤ ㄴ, ㄹ, ㅁ

해설

ㄱ. O 국정감사 및 조사에 관한 법률 제8조
ㄴ. O
> **제64조**
> ② 국회는 의원의 자격을 심사하며, 의원을 징계할 수 있다.
> ④ 제2항과 제3항의 처분에 대하여는 <u>법원에 제소할 수 없다.</u>

ㄷ. X 권한쟁의심판에서 국회의원이 국회의 권한침해를 주장하여 심판청구를 하는 이른바 '제3자 소송담당'을 허용하는 명문의 규정이 없고, 다른 법률의 준용을 통해서 이를 인정하기도 어려운 현행법 체계 하에서, 국회의 의사가 다수결로 결정되었음에도 다수결의 결과에 반하는 소수 국회의원에게 권한쟁의심판을 청구할 수 있게 하는 것은 다수결의 원리와 의회주의의 본질에 어긋날 뿐만 아니라, 국가기관이 기관 내부에서 민주적인 토론을 통해 기관의 의사를 결정하는 대신 모든 문제를 사법적 수단에 의해 해결하려는 방향으로 남용될 우려도 있다. 따라서 '제3자 소송담당'이 허용되지 않는 현행법 하에서 <u>국회의 구성원인 국회의원은 국회의 조약 체결·비준 동의권 침해를 주장하는 권한쟁의심판에서 청구인적격이 없다</u>(2015.11.26. 2013헌라3).
→ 보기는 반대의견의 내용이다.

ㄹ. X 사학분쟁조정위원회는 행정·입법·사법부에서 추천한 인사들로 구성되고, 임기제를 취함으로써 고도의 정치적 중립성을 가지며, 공정성 및 전문성도 갖추고 있다. 또한 정치적 중립성을 엄격하게 지켜야 할 대법원장의 지위에 비추어 <u>대법원장이 더 많은 위원을 추천하고</u>(대법원장 5인, 대통령·국회의장 3인), 대법원장이 추천한 위원 중에서 위원장을 호선하도록 한 것은 오히려 중립성이 강조되는 조정위원회의 성격을 반영한 것이다. 따라서 설치·기능 조항 및 구성 조항이 권력분립의 원칙에 위배된다고 볼 수 없다(2015.11.26. 2012헌바300).

ㅁ. X 헌법재판소법 제68조 제2항은 기본권의 침해가 있을 것을 그 요건으로 하고 있지 않을 뿐만 아니라 청구인적격에 관하여도 '법률의 위헌여부심판의 제청신청이 법원에 의하여 기각된 때에는 그 신청을 한 당사자'라고만 규정하고 있는바, 위 '당사자'는 행정소송을 포함한 모든 재판의 당사자를 의미하는 것으로 새겨야 할 것이고, 행정소송의 피고인 행정청만 위 '당사자'에서 제외하여야 할 합리적인 이유도 없다.
행정청이 행정처분 단계에서 당해 처분의 근거가 되는 법률이 위헌이라고 판단하여 그 적용을 거부하는 것은 권력분립의 원칙상 허용될 수 없지만, 행정처분에 대한 소송절차에서는 행정처분의 적법성·정당성뿐만 아니라 그 근거 법률의 헌법적합성까지도 심판대상으로 되는 것이므로, 행정처분에 불복하는 당사자뿐만 아니라 행정처분의 주체인 행정청도 헌법의 최고규범력에 따른 구체적 규범통제를 위하여 근거 법률의 위헌 여부에 대한 심판의 제청을 신청할 수 있고 헌법재판소법 제68조 제2항의 헌법소원을 제기할 수 있다고 봄이 상당하다(2008.4.24. 2004헌바44).

제3절 정부형태

07 17법전협-2-20   정답 ⑤

정부형태에 관한 설명으로 옳은 것을 모두 고른 것은?

ㄱ. 1960년 대한민국헌법상 국무총리와 국무위원은 국회의원이어야 한다.
ㄴ. 프랑스 이원집정부제에서는 국민들의 직접선거로 대통령이 선출되므로, 의회는 대통령을 불신임할 수 없다.
ㄷ. 미국 대통령제에서는 하원이 대통령을 불신임할 수 없으나, 영국 의원내각제에서는 하원이 수상을 불신임할 수 있다.
ㄹ. 독일의원내각제에서 연방의회는 차기 수상을 재적의원 과반수 찬성으로 선임하지 아니하고는 연방수상을 불신임할 수 없다.

① ㄱ, ㄴ
② ㄱ, ㄷ
③ ㄷ, ㄹ
④ ㄱ, ㄷ, ㄹ
⑤ ㄴ, ㄷ, ㄹ

ㄱ. X 국무총리와 국무위원의 과반수는 국회의원이어야 한다. 단, 민의원이 해산된 때에는 예외로 한다(1960년 헌법 제69조 제6항).
ㄴ. O 프랑스 이원집정부제에서는 국민들의 직접선거로 대통령이 선출되므로, 의회는 대통령을 불신임 할 수 없다. 다만 총리에 대해서는 불신임할 수 있다. → 프랑스 이원집정부제는 대통령의 권한이 강화된 형태
ㄷ. O 미국 대통령제에서는 하원이 대통령을 불신임할 수 없으나, 영국 의원내각제에서는 하원이 수상을 불신임할 수 있다. → 대통령제에서 의회와 행정부는 상호 분리, 의원내각제에서 의회와 행정부는 상호 의존
ㄹ. O 독일의원내각제에서 수상에 대한 의회의 불신임권 행사는 연방의회가 재적의원 과반수로 후임자를 선출하고 연방대통령에게 현직수상의 해임을 건의함으로써만 가능하다(건설적 불신임제).

제2장 | 국회

제1절 의회주의

제2절 국회의 구성과 조직

01 21법전협-1-16 정답 ②

국회의 구성과 조직에 관한 설명 중 옳은 것은? (다툼이 있는 경우 판례에 의함)

① 의장이 사고(事故)가 있을 때에는 의장이 지정하는 부의장이 그 직무를 대리하며, 의장이 심신상실 등 부득이한 사유로 의사표시를 할 수 없게 되어 직무대리자를 지정할 수 없을 때에는 연장자인 부의장의 순으로 의장의 직무를 대행한다.
② 「국회법」은 상임위원회 상임위원을 개선할 때 임시회의 경우에는 회기 중에 개선될 수 없도록 하고 있는데, 여기에서의 '회기'는 '개선의 대상이 되는 해당 위원이 선임 또는 개선된 임시회의 회기'를 의미하는 것으로 해석된다.
③ 국회는 위원회의 심사를 거치거나 위원회가 제안한 의안 중 정부조직에 관한 법률안, 조세 또는 국민에게 부담을 주는 법률안 등 주요 의안의 본회의 상정 전이나 본회의 상정 후에 재적의원 4분의 1 이상이 요구할 때에는 그 심사를 위하여 의원 전원으로 구성되는 전원위원회(全院委員會)를 개회할 수 있으나, 전원위원회는 해당 의안에 대한 수정안을 제출할 수 없다.
④ 국회의원은 둘 이상의 상임위원회의 위원이 될 수 있지만 국회의장과 부의장은 상임위원이 될 수 없다.
⑤ 소관 위원회는 다른 위원회와 협의하여 연석회의(連席會議)를 열고 의견을 교환하고 표결을 할 수 있다.

① X 의장이 사고(事故)가 있을 때에는 의장이 지정하는 부의장이 그 직무를 대리한다(국회법 제12조 제1항). 의장이 심신상실 등 부득이한 사유로 의사표시를 할 수 없게 되어 직무대리자를 지정할 수 없을 때에는 소속 의원 수가 많은 교섭단체 소속 부의장의 순으로 의장의 직무를 대행한다(동조 제2항).
② O 국회법 제48조 제6항의 입법목적은 '위원이 일정 기간 재임하도록 함으로써 위원회의 전문성을 강화'하는 것이므로, 국회법 제48조 제6항은 '위원이 된(선임 또는 보임된)' 때'로부터 일정 기간 동안 '위원이 아니게 되는(사임되는) 것'을 금지하는 형태로 규정되어야 한다. 따라서 국회법 제48조 제6항 본문 중 "위원을 개선할 때 임시회의 경우에는 회기 중에 개선될 수 없고" 부분은 개선의 대상이 되는 해당 위원이 '위원이 된(선임 또는 보임된) 임시회의 회기 중'에 개선을 금지하는 것이다. 이는 국회법 제48조 제6항 본문 중 "정기회의 경우에는 선임 또는 개선 후 30일 이내에는 개선될 수 없다." 부분이 '선임 또는 개선된 때로부터' '30일' 동안 개선을 금지하는 것과 마찬가지이다. 그러므로 국회법 제48조 제6항 본문 중 "임시회의 경우에는 회기 중에 개선될 수 없고"라는 문언에서 개선될 수 없는 '회기'는 '개선의 대상이 되는 해당 위원이 선임 또는 개선된 임시회의 회기'를 의미하는 것으로 해석된다(2020.5.27. 2019헌라1).
③ X 국회는 위원회의 심사를 거치거나 위원회가 제안한 의안 중 정부조직에 관한 법률안, 조세 또는 국민에게 부담을 주는 법률안 등 주요 의안의 본회의 상정 전이나 본회의 상정 후에 재적의원 4분의 1 이상이 요구할 때에는 그 심사를 위하여 의원 전원으로 구성되는 전원위원회(全院委員會)를 개회할 수 있다. 다만, 의장은 주요 의안의 심의 등 필요하다고 인정하는 경우 각 교섭단체 대표의원의 동의를 받아 전원위원회를 개회하지 아니할 수 있다(국회법 제63조의 제1항). 전원위원회는 제1항에 따른 의안에 대한 수정안을 제출할 수 있다. 이 경우 해당 수정안은 전원위원장이 제안자가 된다(동조 제2항).
④ X 의원은 둘 이상의 상임위원회의 위원(상임위원)이 될 수 있다(국회법 제39조 제1항). 의장은 상임위원이 될 수 없다(동조 제3항).
⑤ X 소관 위원회는 다른 위원회와 협의하여 연석회의(連席會議)를 열고 의견을 교환할 수 있다. 다만, 표결은 할 수 없다(국회법 제63조 제1항).

02   15변시-16   정답 ④

국회의 위원회에 관한 설명 중 옳은 것(○)과 옳지 않은 것(×)을 올바르게 조합한 것은? (다툼이 있는 경우 판례에 의함)

> ㄱ. 국회의원은 둘 이상의 상임위원회의 위원이 될 수 있다.
> ㄴ. 「국회법」상 상설특별위원회로는 예산결산특별위원회와 국정조사특별위원회가 있고, 윤리특별위원회와 인사청문특별위원회는 한시적 특별위원회에 속한다.
> ㄷ. 교섭단체 소속 국회의원만 국회 정보위원회 위원이 될 수 있도록 한 「국회법」 조항은 교섭단체 소속이 아닌 국회의원의 평등권을 제한한다.

① ㄱ(×), ㄴ(×), ㄷ(○)
② ㄱ(○), ㄴ(×), ㄷ(○)
③ ㄱ(×), ㄴ(○), ㄷ(×)
④ ㄱ(○), ㄴ(×), ㄷ(×)
⑤ ㄱ(○), ㄴ(○), ㄷ(○)

 해설

ㄱ. **O** 의원은 둘 이상의 상임위원회의 위원(이하 "상임위원"이라 한다)이 될 수 있다(국회법 제39조 제1항).
ㄴ. **X** 국회는 둘 이상의 상임위원회와 관련된 안건이거나 특히 필요하다고 인정한 안건을 효율적으로 심사하기 위하여 본회의의 의결로 특별위원회를 둘 수 있다(국회법 제44조 제1항). **예산결산특별위원회는 상설특별위원회**이고, **윤리특별위원회, 인사청문특별위원회는 비상설특별위원회**이다. 국정조사특별위원회는 활동기한이 정해진 한시적 특별위원회이다.
ㄷ. **X** 교섭단체 소속 국회의원만 국회 정보위원회 위원이 될 수 있도록 한 「국회법」 조항에 대한 무소속 국회의원의 헌법소원에 대하여 헌법재판소는 각하하였다.

> [관련판례] 청구인이 국회법 제48조 제3항 본문에 의하여 침해당하였다고 주장하는 기본권은 청구인이 국회 상임위원회에 소속하여 활동할 권리, 청구인이 무소속 국회의원으로서 교섭단체 소속 국회의원과 동등하게 대우받을 권리라는 것으로서 이는 입법권을 행사하는 국가기관인 국회를 구성하는 국회의원의 지위에서 향유할 수 있는 권한일 수는 있을지언정 헌법이 일반국민에게 보장하고 있는 기본권이라고 할 수는 없다(2000.8.31. 2000헌마156).

03   17변시-15   정답 없음

국회의 위원회에 관한 설명 중 옳은 것(○)과 옳지 않은 것(×)을 올바르게 조합한 것은?

> ㄱ. 국회의장은 어느 상임위원회에도 속하지 아니하는 사항은 국회운영위원회와 협의하여 소관 상임위원회를 정한다.
> ㄴ. 윤리특별위원회는 위원장 1명을 포함한 15명의 위원으로 구성되고, 위원회 임기는 1년이며 예산결산특별위원회와는 달리 상설특별위원회의 성격을 가진다.
> ㄷ. 정보위원회는 그 소관사항을 분담·심사하기 위하여 상설소위원회를 둘 수 있다.
> ㄹ. 국정감사 또는 조사를 행하는 위원회는 위원회의 의결로 필요한 경우 2인 이상의 위원으로 별도의 소위원회나 반을 구성하여 감사 또는 조사를 시행하게 할 수 있다.
> ㅁ. 예산결산특별위원회의 위원수는 50인으로 하며, 예산결산특별위원회의 위원의 임기는 1년이나 보임 또는 개선된 위원의 임기는 전임자의 남은 기간으로 한다.

① ㄱ(×), ㄴ(×), ㄷ(○), ㄹ(○), ㅁ(○)
② ㄱ(○), ㄴ(×), ㄷ(○), ㄹ(×), ㅁ(○)
③ ㄱ(○), ㄴ(○), ㄷ(×), ㄹ(×), ㅁ(×)
④ ㄱ(○), ㄴ(×), ㄷ(×), ㄹ(○), ㅁ(○)
⑤ ㄱ(×), ㄴ(○), ㄷ(×), ㄹ(○), ㅁ(×)

 해설

ㄱ. **O** 국회법 제37조 제2항
ㄴ. **X** 의원의 자격심사·징계에 관한 사항을 심사하기 위하여 제44조 제1항에 따라 윤리특별위원회를 구성한다. 상설특별위원회였던 **윤리특별위원회를 비상설로 개정**하였다(2018.7.17.). 이에 따라 윤리특별위원회의 인적 구성에 대한 조항도 삭제되었다(국회법 제46조 참고).
ㄷ. **O** 상임위원회는 소관 법률안의 심사를 분담하는 둘 이상의 소위원회를 둘 수 있다(국회법 제57조 제2항). → 종래에는 정보위원회는 상설소위원회를 둘 수 없었으나, 2019. 4. 국회법 개정으로 **정보위원회도 상설소위원회를 둘 수 있다.**
ㄹ. **O** 국정감사 및 조사에 관한 법률 제5조 제1항
ㅁ. **O** **예산결산특별위원회의 위원 수는 50명**으로 한다. 이 경우 의장은 교섭단체 소속 의원 수의 비율과 상임위원회 위원 수의 비율에 따라 각 교섭단체 대표의원의 요청으로 위원을 선임한다(국회법 제45조 제2항). **예산결산특별위원회 위원의 임기는 1년**으로 한다. 다만, 국회의원 총선거 후 처음 선임된 위원의 임기는 선임된 날부터 개시하여 의원의 임기 개시 후 1년이 되는 날까지로 하며, 보임되거나 개선된 위원의 임기는 전임자 임기의 남은 기간으로 한다(국회법 제45조 제3항).

제3절 국회의 운영과 의사절차

04   21법전협-3-5   정답 ②

국회의 의사공개원칙에 관한 설명 중 옳은 것을 모두 고른 것은? (다툼이 있는 경우 판례에 의함)

ㄱ. 헌법과 「국회법」에 의하면 의사공개의 원칙은 본회의뿐만 아니라 위원회, 청문회에도 적용된다.
ㄴ. 의사공개의 원칙은 방청과 보도의 자유를 그 내용으로 하며, 회의록의 공표까지 포함하는 것은 아니다.
ㄷ. 의사공개원칙은 국회의 헌법적 기능과 관련된 회의뿐만 아니라 단순한 행정적 회의도 공개되어야 한다는 것이다.
ㄹ. 위원회 회의가 공개되는 경우에도 방청을 허용하여서는 아니 될 사유가 있다는 이유로 위원장이 방청을 허가하지 않는 것은 의사공개원칙에 반한다.
ㅁ. 출석의원 과반수의 찬성이 있거나 국회의장이 국가의 안전보장을 위하여 필요하다고 인정할 때에는 국회의 회의를 공개하지 아니할 수 있다.

① ㄱ, ㄴ   ② ㄱ, ㅁ
③ ㄱ, ㄷ, ㄹ   ④ ㄴ, ㄷ, ㄹ
⑤ ㄴ, ㄷ, ㄹ, ㅁ

② 국회의 의사공개원칙에 관한 설명 중 옳은 것은 ㄱ, ㅁ 이다.
ㄱ. O 헌법과 「국회법」에 의하면 의사공개의 원칙은 본회의뿐만 아니라 위원회, 청문회에도 적용된다(헌법 제50조 제1항, 국회법 제75조 제1항, 제54조의2 제1항, 제57조 제5항, 제65조 제4항).
ㄴ. X 의사공개의 원칙은 의회민주주의의 핵심적인 기본원리일 뿐 아니라 대의제도의 이념에 따라 주권자인 국민이 국회의원의 의정활동을 감시하고 비판함으로써 책임정치를 실현시킬 수 있는 불가결의 전제조건이며, 공개성은 의사결정의 공정성을 담보하고 정치적 야합과 부패에 대한 방부제 역할을 한다. <u>의사공개의 원칙은 구체적으로는 방청의 자유, 보도의 자유, 중계방송의 자유, 회의록 열람 공표의 자유 등을 포함한다</u>(2010.12.28. 2008헌라7 등).
ㄷ. X 헌법 제50조 제1항은 "국회의 회의는 공개한다"라고 하여 의사공개의 원칙을 규정하고 있는바, 이는 <u>단순한 행정적 회의를 제외하고</u> 국회의 헌법적 기능과 관련된 모든 회의는 원칙적으로 국민에게 공개되어야 함을 천명한 것이다(2000.6.29. 98헌마443 등).
ㄹ. X 국회법 제55조 제1항을 위와 같이 합당하게 이해하는 한, 이 조항은 헌법에 규정된 의사공개의 원칙에 저촉되지 않으면서도 국민의 방청의 자유와 위원회의 원활한 운영간에 적절한 조화를 꾀하고 있다고 할 것이므로 이를 두고 국민의 기본권을 침해하는 위헌조항이라 할 수는 없다(2000.6.29. 98헌마443 등).
ㅁ. O

> 제50조
> ① 국회의 회의는 공개한다. 다만, 출석의원 과반수의 찬성이 있거나 의장이 국가의 안전보장을 위하여 필요하다고 인정할 때에는 공개하지 아니할 수 있다.

05   21법전협-2-14   정답 ②

국회의 운영과 의사원칙에 관한 설명 중 옳은 것을 모두 고른 것은? (다툼이 있는 경우 판례에 의함)

ㄱ. 국회의원 총선거 후 처음으로 의장과 부의장을 선거할 때에는 출석의원 중 최다선(最多選) 의원이, 최다선 의원이 2명 이상인 경우에는 그 중 연장자가 의장의 직무를 대행한다.
ㄴ. 헌법 제49조에 따라 어떠한 사항을 일반정족수가 아닌 특별정족수에 따라 의결할 것인지 여부는 국회 스스로 판단하여 법률에 정할 사항이 아니기 때문에 가중다수결은 헌법이 명시적으로 허용한 경우에만 인정된다.
ㄷ. 표결이 종료되어 '재적의원 과반수의 출석'에 미달하였다는 결과가 확인된 이상, '출석의원 과반수의 찬성'에 미달한 경우와 마찬가지로 국회의 의사는 부결로 확정되었다고 보아야 한다.
ㄹ. 헌법개정안과 대통령으로부터 환부된 법률안은 무기명투표로 표결한다.

① ㄱ, ㄴ   ② ㄱ, ㄷ
③ ㄴ, ㄹ   ④ ㄷ, ㄹ
⑤ ㄱ, ㄷ, ㄹ

② 국회의 운영과 의사원칙에 관한 설명 중 옳은 것은 ㄱ, ㄷ 이다.
ㄱ. O

> **국회법 제18조(의장 등 선거 시의 의장 직무대행)**
> 의장 등의 선거에서 다음 각 호의 어느 하나에 해당할 때에는 <u>출석의원 중 최다선(最多選) 의원이, 최다선 의원이 2명 이상인 경우에는 그 중 연장자가 의장의 직무를 대행한다.</u>
> 1. 국회의원 총선거 후 처음으로 의장과 부의장을 선거할 때

ㄴ. X 일반정족수는 다수결원리를 실현하는 국회의 의결방식 중 하나에 불과하고, 그 자체가 헌법상의 원칙이나 원리라고 볼 수는 없다. 나아가 국회가 자신의 의사절차에 관한 제도를 스스로 입안하면서 가중다수결과 일반다수결 중 어느 것을 선택할 것인지는 국회의 자율영역에 속한다고 보아야 한다(2016.5.26. 2015헌라1).
ㄷ. O 헌법 제49조 및 국회법 제109조에서는 의결정족수에 관하여 "…… 재적의원 과반수의 출석과 출석의원의 과반수의 찬성으로 의결한다."라고 규정하여, 일부 다른 입법례와는 달리(독일과 일본 등은 의결을 위한 출석정족수와 찬성을 위한 정족수를 단계적으로 규정하고 있다), 의결을 위한 출석정족수와 찬성정족수를 병렬적으로 규정하고 있다. 나아가 '재적의원 과반수의 출석'과 '출석의원의 과반수의 찬성'이라는 규정의 성격이나 흠결의 효력을 별도로 구분하여 규정하고 있지도 아니한다. 따라서 표결이 종료되어 '재적의원 과반수의 출석'에 미달하였다는 결과가 확인된 이상, '출석의원 과반수의 찬성'에 미달한 경우와 마찬가지로 국회의 의사는 부결로 확정되었다고 보아야 한다(2009.10.29. 2009헌라8 등).

ㄹ. X

국회법 제112조(표결방법)
④ 헌법개정안은 기명투표로 표결한다.
⑤ 대통령으로부터 환부(還付)된 법률안과 그 밖에 인사에 관한 안건은 무기명투표로 표결한다. 다만, 겸직으로 인한 의원 사직과 위원장 사임에 대하여 의장이 각 교섭단체 대표의원과 협의한 경우에는 그러하지 아니하다.

해설

ㄱ. O

국회법 제51조(위원회의 제안)
① 위원회는 그 소관에 속하는 사항에 관하여 법률안과 그 밖의 의안을 제출할 수 있다.
② 제1항의 의안은 위원장이 제안자가 된다.

ㄴ. X 국회법 제95조 제5항 본문의 문언, 입법취지, 입법경과를 종합적으로 고려하면, 위원회의 심사를 거쳐 본회의에 부의된 법률안의 취지 및 내용과 직접 관련이 있는지 여부는 '원안에서 개정하고자 하는 조문에 관한 추가, 삭제 또는 변경으로서, 원안에 대한 위원회의 심사절차에서 수정안의 내용까지 심사할 수 있었는지 여부'를 기준으로 판단하는 것이 타당하다. <u>이 사건 수정안은 이 사건 원안의 개정취지에 변화를 초래한 것이 아니고 이 사건 원안이 개정취지 달성을 위해 제시한 여러 입법수단 중 일부만 채택한 것에 불과한 것으로서</u>, 이 사건 원안에 대한 위원회의 심사절차에서 이 사건 수정안의 내용까지 심사할 수도 있었으므로, 이 사건 <u>원안의 취지 및 내용과 직접 관련성이 인정된다</u>(2020. 5. 27. 2019헌라6 등).

ㄷ. X 국회에서 쟁점안건의 심의과정에서 물리적 충돌을 방지하고 안건이 대화와 타협을 통하여 심의되며, 소수 의견이 개진될 수 있는 기회를 보장하면서도 효율적으로 심의되도록 하고, 예산안 등이 법정 기한 내에 처리될 수 있도록 제도를 보완하는 한편, 의장석 또는 위원장석 점거 등을 금지함으로써 국회 내 질서유지를 강화하는 등 민주적이고 효율적인 국회를 구현하려는 취지에서 정기회 기간 중에는 예산안 처리에 부수하는 법률안만 위원회 또는 본회의에 상정할 수 있도록 제한하는 규정을 삭제하였다(제93조의2제2항 삭제). [시행 2012. 5. 30.] [법률 제11453호, 2012. 5. 25., 일부개정]
(구) 국회법 제93조의2(법률안의 본회의 상정시기) ② 정기회 기간중에 위원회 또는 본회의에 상정하는 법률안은 다음 연도의 예산안처리에 부수하는 법률안에 한한다. 다만, 긴급하고 불가피한 사유로 위원회 또는 본회의 의결이 있는 경우에는 그러하지 아니하다.

ㄹ. X 무제한토론제도의 입법취지는 소수 의견이 개진될 수 있는 기회를 보장하면서도 안건에 대한 효율적인 심의가 이루어지도록 하는 것인 점, 국회법 제7조가 집회 후 즉시 의결로 회기를 정하도록 한 취지와 회기제도의 의미, 헌법과 국회법이 예정하고 있는 국회의 정상적인 운영 절차, '회기결정의 건'에 대한 무제한토론을 허용할 경우 국회의 운영에 심각한 장애가 초래될 수 있는 점, 국회법 제106조의2의 규정, 국회 선례 등을 체계적·종합적으로 고려하면, '회기결정의 건'은 그 본질상 국회법 제106조의2에 따른 무제한토론의 대상이 되지 않는다고 보는 것이 타당하다(2020.5.27. 2019헌라6, 2020헌라1).

---

06 21법전협-1-17   정답 ⑤

입법절차에 관한 설명 중 옳지 않은 것을 모두 고른 것은? (다툼이 있는 경우 판례에 의함)

ㄱ. 위원회는 그 소관에 속하는 사항에 관하여 법률안과 그 밖의 의안을 제출할 수 있으며, 이 경우에 해당 의안은 위원장이 제안자가 된다.

ㄴ. 「국회법」에서 수정동의의 요건으로 규정한 '원안의 취지 및 내용과의 직접 관련성'은 '원안의 취지와 수정안 취지 사이의 직접 관련성', '원안의 취지와 수정안의 내용 사이의 직접 관련성', '원안의 내용과 수정안의 내용 사이의 직접 관련성'을 모두 갖추어야 하며, 그 중 하나의 직접 관련성이라도 흠결할 경우에는 수정동의를 통해 발의할 수 있는 적법한 수정안이 될 수 없다.

ㄷ. 정기회 기간 중에 위원회 또는 본회의에 상정하는 법률안은 긴급하고 불가피한 사유로 위원회 또는 본회의 의결이 있는 경우를 제외하고는 다음 연도의 예산안처리에 부수하는 법률안에 한한다.

ㄹ. 현행 「국회법」상으로는 '회기결정의 건'과 관련하여 무제한토론을 배제하는 명문의 규정이 없다는 점에서 '회기결정의 건'도 무제한토론의 대상이 될 수 있다.

① ㄱ, ㄴ   ② ㄱ, ㄹ
③ ㄷ, ㄹ   ④ ㄱ, ㄴ, ㄷ
⑤ ㄴ, ㄷ, ㄹ

07 19법전협-2-14 정답 ①

국회의 조직과 운영에 관한 설명 중 옳은 것을 모두 고른 것은? (다툼이 있는 경우 판례에 의함)

ㄱ. 국회의장이 심신상실 등 부득이한 사유로 의사표시를 할 수 없게 되어 직무대리자를 지정할 수 없을 때에는 소속 의원 수가 많은 교섭단체 소속 부의장의 순으로 의장의 직무를 대행한다.

ㄴ. 국회의장이 국회의 의사를 원활히 운영하기 위하여 상임위원회의 구성원인 위원의 선임 및 개선에 있어 교섭단체대표의원과 협의하고 그의 요청에 응하는 것은 국회운영에 있어 본질적인 요소이다.

ㄷ. 소관 위원회는 다른 위원회와 협의하여 연석회의를 열고 의견을 교환할 수 있으나 표결은 할 수 없다.

ㄹ. 「국회법」 규정에 위배하여 야당의원들에게 본회의 개의일시를 알리지 않은 채 본회의를 개의하여 여당의원들만의 출석과 표결로 법안의 가결을 선포한 것은 야당의원들의 헌법상의 권한을 침해한 것임과 아울러 다수결원리를 규정한 헌법 제49조에 위배되는 것이다.

ㅁ. 법안에 대한 투표가 종료된 결과 재적의원 과반수의 출석이라는 의결정족수에 미달된 이상, 해당 법안에 대한 국회의 의결이 유효하게 성립되었다고 할 수 없으므로, 국회의장이 해당 법안에 대한 재표결을 실시하여 그 결과에 따라 법안의 가결을 선포한 것은 일사부재의원칙에 위배되지 않는다.

① ㄱ, ㄴ, ㄷ   ② ㄴ, ㄷ, ㄹ
③ ㄷ, ㄹ, ㅁ   ④ ㄱ, ㄹ, ㅁ
⑤ ㄴ, ㄷ, ㅁ

 해설

ㄱ. O 국회법 제12조

> **국회법 제12조(부의장의 의장 직무대리)**
> ① 의장이 사고가 있을 때에는 의장이 지정하는 부의장이 그 직무를 대리한다.
> ② 의장이 심신상실 등 부득이한 사유로 의사표시를 할 수 없게 되어 직무대리자를 지정할 수 없을 때에는 소속 의원 수가 많은 교섭단체 소속 부의장의 순으로 의장의 직무를 대행한다.

ㄴ. O 국회의장이 국회의 의사를 원활히 운영하기 위하여 상임위원회의 구성원인 위원의 선임 및 개선에 있어 교섭단체대표의원과 협의하고 그의 "요청"에 응하는 것은 국회운영에 있어 본질적인 요소라고 아니할 수 없다. 피청구인은 국회법 제48조 제1항에 규정된 바에 따라 청구인이 소속된 한나라당 "교섭단체대표의원의 요청"을 서면으로 받고 이 사건 사·보임행위를 한 것으로서 하등 헌법이나 법률에 위반되는 행위를 한 바가 없다(2003.10.30. 2002헌라1).

ㄷ. O 국회법 제63조 제1항

ㄹ. X 국회의장이 야당의원들에게 본회의 개의일시를 국회법에 규정된 대로 적법하게 통지하지 않음으로써 그들이 본회의에 출석할 기회를 잃게 되었고, 그 결과 법률안의 심의·표결과정에 참여하지 못하게 되었다면 이로써 야당의원들의 헌법에 의하여 부여된 법률안 심의·표결의 권한이 침해된 것이다(1997.7.16. 96헌라2).
→ 지문은 재판관 3인의 인용의견이었으나, 법률안 가결선포행위의 위헌 여부에 대해 인용의견이 과반수에 이르지 아니하여 기각되었다. 즉, 국회법위반의 하자는 있을지언정 입법절차에 관한 헌법의 규정을 명백히 위반한 흠이 있다고 볼 수 없으므로, 이를 무효라고 할 수는 없다.

ㅁ. X 전자투표에 의한 표결의 경우 국회의장의 투표종료선언에 의하여 투표 결과가 집계됨으로써 안건에 대한 표결 절차는 실질적으로 종료되므로, 투표의 집계 결과 출석의원 과반수의 찬성에 미달한 경우는 물론 재적의원 과반수의 출석에 미달한 경우에도 국회의 의사는 부결로 확정되었다고 볼 수밖에 없다. 결국 방송법 수정안에 대한 1차 투표가 종료되어 재적의원 과반수의 출석에 미달되었음이 확인된 이상, 방송법 수정안에 대한 국회의 의사는 부결로 확정되었다고 보아야 하므로, 피청구인이 이를 무시하고 재표결을 실시하여 그 표결 결과에 따라 방송법안의 가결을 선포한 행위는 일사부재의 원칙(국회법 제92조)에 위배하여 청구인들의 표결권을 침해한 것이다(2009.10.29. 2009헌라8·9·10).
→ 지문은 재판관 4인의 적법의견

08 19법전협-3-7 정답 ⑤

국회의 의사공개에 관한 설명 중 옳지 않은 것은? (다툼이 있는 경우 판례에 의함)

① 의사공개원칙은 의사진행의 내용과 의원의 활동을 국민에게 공개함으로써 민의에 따른 국회운영을 실천한다는 민주주의적 요청에서 유래하는 것이다.

② 의사공개원칙은 본회의, 위원회, 소위원회의 회의 모두에 적용되는 것으로, 「국회법」에서 "소위원회의 회의는 공개한다."라고 규정한 것은 헌법상 의사공개원칙을 확인한 것에 불과하다.

③ 본회의는 공개하나, 의장의 제의 또는 의원 10명 이상의 연서에 의한 동의(動議)로 본회의 의결이 있거나 의장이 각 교섭단체 대표의원과 협의하여 국가안전보장을 위하여 필요하다고 인정할 때에는 공개하지 아니할 수 있다.

④ 국민은 헌법상 보장된 알권리의 한 내용으로서 국회에 대하여 입법과정의 공개를 요구할 권리를 가지며, 국회의 의사에 대하여는 직접적인 이해관계 유무에 상관없이 일반적 정보공개청구권을 가진다.

⑤ 「국회법」은 정보위원회의 회의를 공개하도록 하면서, 다만 공청회를 실시하는 경우에는 위원회의 의결로 이를 공개하지 아니할 수 있도록 규정하고 있다.

 해설

① O 2000.6.29. 98헌마443
②, ④ O 2009.9.24. 2007헌바17
③ O 국회법 제75조 제1항
⑤ X 정보위원회의 회의는 공개하지 아니한다. 다만, 공청회 또는 제65조의2에 따른 인사청문회를 실시하는 경우에는 위원회의 의결로 이를 공개할 수 있다(국회법 제54조의2 제1항).

제4절 국회의 권한

제1항 입법에 관한 권한

Ⅰ 헌법제정·개정에 관한 권한

09 22변시-3 정답 ②

헌법개정에 관한 설명 중 옳은 것(○)과 옳지 않은 것(×)을 올바르게 조합한 것은? (다툼이 있는 경우 판례에 의함)

ㄱ. 국회는 헌법개정안이 공고된 날로부터 60일 이내에 의결하여야 하며, 국회의 의결은 국회재적의원 300명 중 200명 이상의 찬성을 얻어야 한다.
ㄴ. 헌법상 헌법개정안은 국회가 의결한 후 30일 이내에 국민투표에 붙여 국회의원선거권자 과반수의 투표와 투표자 과반수의 찬성을 얻어야 한다.
ㄷ. 헌법개정은 국회재적의원 300명 중 150명 이상의 발의로 제안될 수 있다.
ㄹ. 성문헌법의 개정은 헌법의 조문이나 문구의 명시적이고 직접적인 변경을 내용으로 하는 헌법개정안의 제출에 의하여야 하고, 하위규범인 법률의 형식으로, 일반적인 입법절차에 의하여 개정될 수 없다.

① ㄱ(○), ㄴ(○), ㄷ(○), ㄹ(×)
② ㄱ(○), ㄴ(○), ㄷ(×), ㄹ(○)
③ ㄱ(○), ㄴ(×), ㄷ(×), ㄹ(○)
④ ㄱ(×), ㄴ(○), ㄷ(×), ㄹ(○)
⑤ ㄱ(×), ㄴ(×), ㄷ(○), ㄹ(×)

해설

② 헌법개정에 관한 설명 중 옳은 것은 ㄱ, ㄴ, ㄹ 이다.

ㄱ, ㄴ.

헌법 제130조
① 국회는 헌법개정안이 공고된 날로부터 60일 이내에 의결하여야 하며, 국회의 의결은 재적의원 3분의 2 이상의 찬성을 얻어야 한다.
② 헌법개정안은 국회가 의결한 후 30일 이내에 국민투표에 붙여 국회의원선거권자 과반수의 투표와 투표자 과반수의 찬성을 얻어야 한다.

공직선거법 제21조(국회의 의원정수)
① 국회의 의원정수는 지역구국회의원 253명과 비례대표국회의원 47명을 합하여 300명으로 한다.

ㄷ. ✗

제128조
① 헌법개정은 국회재적의원 과반수 또는 대통령의 발의로 제안된다.

ㄹ. ○ 성문헌법의 개정은 헌법의 조문이나 문구의 명시적이고 직접적인 변경을 내용으로 하는 헌법개정안의 제출에 의하여야 하고, 하위규범인 법률의 형식으로, 일반적인 입법절차에 의하여 개정될 수는 없다(2013.11.28. 2012헌마166).

---

10 19변시-3 정답 ③

다음 중 옳은 것(○)과 옳지 않은 것(×)을 올바르게 조합한 것은? (다툼이 있는 경우 판례에 의함)

ㄱ. 헌법 제69조는 단순히 대통령의 취임선서의무만을 규정한 것이 아니라, 헌법 제66조 제2항 및 제3항에 규정된 대통령의 헌법적 책무를 구체화하고 강조하는 실체적 내용을 지닌 규정이다.
ㄴ. 1952년 개정헌법(제1차 개헌)의 주요 개정내용은 주권의 제약·영토변경을 위한 개헌에 대한 국민투표제와 국무위원에 대한 개별적 불신임제의 도입, 자유경제체제로의 경제체제 전환 등이다.
ㄷ. 정당운영에 필요한 자금에 대한 국가보조는 정당의 공적 기능의 중요성을 감안하여 정당의 정치자금 조달을 보완하는 데에 의의가 있으므로, 본래 국민의 자발적 정치조직인 정당에 대한 과도한 국가보조는 국민의 지지를 얻고자 하는 노력이 실패한 정당이 스스로 책임져야 할 위험부담을 국가가 상쇄하는 것으로서 정당 간 자유로운 경쟁을 저해할 수 있다.
ㄹ. 우리나라의 헌법은 제헌헌법 이래 그간 각 헌법의 개정절차조항 자체가 여러 번 개정된 적이 있으며, 형식적으로도 전문을 포함한 전면개정도 이루어졌던 점을 볼 때, 우리 헌법의 각 개별규정 가운데 무엇이 헌법제정규정이고 무엇이 헌법개정규정인지를 구분하는 것은 가능하다.
ㅁ. 개인의 신뢰이익에 대한 보호가치는 법령에 따른 개인의 행위가 국가에 의하여 일정방향으로 유인된 신뢰의 행사인지, 아니면 단지 법률이 부여한 기회를 활용한 것으로서 원칙적으로 사적 위험부담의 범위에 속하는 것인지 여부에 따라 달라진다.

① ㄱ(○), ㄴ(○), ㄷ(×), ㄹ(×), ㅁ(○)
② ㄱ(×), ㄴ(○), ㄷ(○), ㄹ(○), ㅁ(×)
③ ㄱ(○), ㄴ(×), ㄷ(○), ㄹ(×), ㅁ(○)
④ ㄱ(○), ㄴ(×), ㄷ(○), ㄹ(×), ㅁ(×)
⑤ ㄱ(×), ㄴ(○), ㄷ(×), ㄹ(○), ㅁ(×)

해설

ㄱ. ○ 헌법은 제66조 제2항에서 대통령에게 '국가의 독립·영토의 보전·국가의 계속성과 헌법을 수호할 책무'를 부과하고, 같은 조 제3항에서 '조국의 평화적 통일을 위한 성실한 의무'를 지우면서, 제69조에서 이에 상응하는 내용의 취임선서를 하도록 규정하고 있다. 헌법 제69조는 단순히 대통령의 취임선서의무만을 규정한 것이 아니라, 헌법 제66조 제2항 및 제3항에 규정된 대통령의 헌법적 책무를 구체화하고 강조하는 실체적 내용을 지닌 규정이다(2004.5.14. 2004헌나1 [기각]).
ㄴ. ✗ 1차 개정헌법이 아니라 2차 개정헌법의 내용이다.
ㄷ. ○  국가보조는 정당의 공적 기능의 중요성을 감안하여 정당의 정치자금 조달을 보완하는 데에 그 의의가 있으므로, 본래 국민의 자발적 정치조직인 **정당에 대한 과도한 국가보조**는 정당의 국민의존성을 떨어뜨리고 정당과 국민을 멀어지게 할 우려가 있다.

이는 국민과 국가를 잇는 중개자로서의 정당의 기능, 즉 공당으로서의 기능을 약화시킴으로써 정당을 국민과 유리된 정치인들만의 단체, 즉 사당으로 전락시킬 위험이 있다. 뿐만 아니라 과도한 국가보조는 국민의 지지를 얻고자 하는 노력이 실패한 정당이 스스로 책임져야 할 위험부담을 국가가 상쇄하는 것으로서 정당간 자유로운 경쟁을 저해할 수 있다(2015.12.23. 2013헌바168 [헌법불합치]).

ㄹ. X 헌법개정의 한계에 관한 규정을 두지 아니하고 헌법의 개정을 법률의 개정과는 달리 국민투표에 의하여 이를 확정하도록 규정하고 있는(헌법 제130조 제2항) 현행의 우리 헌법상으로는 과연 어떤 규정이 헌법핵 내지는 헌법제정규범으로서 상위규범이고 어떤 규정이 **단순한 헌법개정규범으로서 하위규범인지를 구별하는 것이 가능하지 아니하며, 달리 헌법의 각 개별규정 사이에 그 효력상의 차이를 인정하여야 할 아무런 근거도 찾을 수 없다**(1996.6.13. 94헌바20 [합헌,각하]).

ㅁ. O 개인의 신뢰이익에 대한 보호가치는 ① 법령에 따른 개인의 행위가 국가에 의하여 일정방향으로 유인된 신뢰의 행사인지, ② 아니면 단지 법률이 부여한 기회를 활용한 것으로서 원칙적으로 사적 위험부담의 범위에 속하는 것인지 여부에 따라 달라진다. 만일 법률에 따른 개인의 행위가 단지 법률이 반사적으로 부여하는 기회의 활용을 넘어서 **국가에 의하여 일정 방향으로 유인된 것이라면 특별히 보호가치가 있는 신뢰**이익이 인정될 수 있고, 원칙적으로 개인의 신뢰보호가 국가의 법률개정이익에 우선된다고 볼 여지가 있다(2002.11.28. 2002헌바45 [합헌]).

11  정답 ③

헌법의 개정에 관한 설명 중 옳지 않은 것은?

① 헌법의 개정이란 헌법이 정한 절차에 따라, 헌법의 기본적 동일성을 파괴하지 않고, 의식적으로 헌법의 조항을 수정하거나 삭제 또는 새로운 조항을 추가하는 것을 말한다.

② 실질적 의미의 헌법이 아니더라도 성문헌법에 규정되어 있는 사항을 개정하려면 헌법개정절차에 따라야 한다.

③ 헌법개정안은 국회재적의원 과반수 또는 대통령의 발의로 제안되고, 공고의 절차를 거쳐, 국회가 의결한 후 30일 이내에 국민투표에 회부하며, 국회의원선거권자 과반수의 찬성을 얻어 헌법개정이 확정되면, 대통령은 즉시 이를 공포하여야 한다.

④ 대통령의 임기연장 또는 중임변경을 위한 헌법개정은 그 헌법개정 제안 당시의 대통령에 대하여는 효력이 없다.

⑤ 헌법의 개정에 한계가 있는지 여부에 관하여 학설상 대립이 있지만 현실적으로 그 한계를 무시한 개헌이 이루어지는 경우, 헌법재판소 판례에 따르면 위헌법률심판이나 헌법소원 어느 절차에 의하여도 그 헌법규정에 대한 위헌심사가 가능하지 않다.

 해설

① O 헌법개정이란 헌법이 정한 절차에 따라 헌법의 기본적 동일성을 유지하면서 헌법의 특정 조항을 수정·삭제하거나 새로운 조항을 추가하는 것을 의미한다.

② O 일반적으로 헌법개정은 성문헌법을 전제로 한 개념이므로 타당한 설명이다.

③ X 국회의원선거권자 과반수의 투표와 투표자 과반수의 찬성을 얻어야 한다(헌법 제130조 제2항).

> **제128조**
> ① 헌법개정은 **국회재적의원 과반수** 또는 **대통령**의 발의로 제안된다.
> ② 대통령의 임기연장 또는 중임변경을 위한 헌법개정은 그 헌법개정 제안 당시의 대통령에 대하여는 효력이 없다.
>
> **제129조**
> 제안된 헌법개정안은 대통령이 **20일 이상**의 기간 이를 공고하여야 한다.
>
> **제130조**
> ① 국회는 헌법개정안이 공고된 날로부터 **60일 이내**에 의결하여야 하며, 국회의 의결은 **재적의원 3분의 2 이상**의 찬성을 얻어야 한다.
> ② 헌법개정안은 국회가 의결한 후 **30일 이내**에 국민투표에 붙여 **국회의원선거권자 과반수의 투표와 투표자 과반수의 찬성**을 얻어야 한다.
> ③ 헌법개정안이 제2항의 찬성을 얻은 때에는 헌법개정은 확정되며, 대통령은 **즉시** 이를 공포하여야 한다.

④ O 대통령의 임기연장 또는 중임변경을 위한 헌법개정은 그 **헌법개정 제안 당시의 대통령에 대하여는 효력이 없다**(헌법 제128조 제2항).

⑤ O 헌법 및 헌법재판소의 규정상 위헌심사의 대상이 되는 법률은 국회의 의결을 거친 이른바 형식적 의미의 법률을 의미하는 것이므로 **헌법의 개별규정 자체는 헌법소원에 의한 위헌심사의 대상이 아니다**(2001.2.22. 2000헌바38). 헌법은 그 전체로서 주권자인 국민의 결단 내지 국민적 합의의 결과라고 보아야 할 것으로, 헌법의 개별규정을 헌법재판소법 제68조 제1항 소정의 공권력 행사의 결과라고 볼 수도 없다(1995.12.28. 95헌바3).

12   19법전협-3-20   정답 ④

헌법 개정 없이도 가능한 것을 모두 고른 것은?

ㄱ. 감사원의 감사위원을 12인으로 하는 것
ㄴ. 대법원장과 대법관이 아닌 법관의 정년을 70세로 하는 것
ㄷ. 헌법재판소장의 정년을 75세로 하는 것
ㄹ. 중앙선거관리위원회 위원의 임기를 9년으로 하는 것
ㅁ. 지방자치단체의 종류에서 시·군·구를 제외하는 것

① ㄱ, ㄴ, ㄷ
② ㄱ, ㄴ, ㄹ
③ ㄱ, ㄹ, ㅁ
④ ㄴ, ㄷ, ㅁ
⑤ ㄷ, ㄹ, ㅁ

 해설

ㄱ. X 감사원은 원장을 포함한 5인 이상 11인 이하의 감사위원으로 구성한다(헌법 제98조 제1항). 따라서 감사원의 감사위원을 12인으로 하기 위해서는 헌법 개정이 필요하다.
ㄴ. O 대법원장과 대법관의 정년은 각각 70세, 판사의 정년은 65세로 한다(법원조직법 제45조 제4항). 따라서 대법원장과 대법관이 아닌 법관의 정년을 70세로 하기 위해서 헌법 개정은 필요없다.
ㄷ. O 재판관의 정년은 70세로 한다(헌법재판소법 제7조 제2항). 따라서 헌법재판소장의 정년을 75세로 하기 위해서 헌법 개정은 필요없다.
ㄹ. X 위원의 임기는 6년으로 한다(헌법 제114조 제3항). 따라서 중앙선거관리위원회 위원의 임기를 9년으로 하기 위해서는 헌법 개정이 필요하다.
ㅁ. O 지방자치단체의 종류는 법률로 정한다(헌법 제117조 제2항). 따라서 지방자치단체의 종류에서 시·군·구를 제외하기 위해서 헌법 개정은 필요없다.

II 법률제정에 관한 권한

13   22변시-7   정답 ③

국회의 법률제정절차에 관한 설명 중 옳은 것은? (다툼이 있는 경우 판례에 의함)

① 국회 본회의에서 A법률안을 표결에 부친 결과 재적 300명, 출석 280명, 찬성 140명, 반대 130명, 무효 10명으로 나타난 경우, 이 법률안은 가결된다.
② 국회에서 의결되어 정부에 이송된 B법률안 중 제3조에 대해 위헌 논란이 있어 대통령이 국회에 재의를 요구하는 경우, 제3조를 수정하여 재의를 요구할 수 있다.
③ 제21대국회(2020~2024)의 제388회국회(임시회: 2021. 6. 4.~2021. 7. 3.)에서 의결되어 2021. 6. 27. 정부에 이송된 C법률안에 대해 대통령은 국회가 폐회 중인 2021. 7. 4. 국회에 재의를 요구할 수 있다.
④ 제20대국회(2016~2020)의 마지막 회기에서 처리되지 못한 D법률안은 제21대국회의 첫 회기에서 자동으로 상정되어 심의된다.
⑤ 정부에 이송된 E법률안에 대해 대통령이 재의를 요구하는 경우, 국회가 재적의원 3분의 2 이상의 찬성으로 전과 같은 의결을 하면 대통령은 더 이상 재의를 요구할 수 없고 지체 없이 공포하여야 하며, 대통령이 공포함으로써 E법률안은 법률로서 확정된다.

 해설

① X 가부동수인 경우 부결된 것으로 보아야 하므로 해당 법률안은 부결된다.

> **제49조**
> 국회는 헌법 또는 법률에 특별한 규정이 없는 한 재적의원 과반수의 출석과 출석의원 과반수의 찬성으로 의결한다. 가부동수인 때에는 부결된 것으로 본다.

② X

> **제53조**
> ③ 대통령은 법률안의 일부에 대하여 또는 법률안을 수정하여 재의를 요구할 수 없다.

③ O

> **제53조**
> ② 법률안에 이의가 있을 때에는 대통령은 제1항의 기간내에 이의서를 붙여 국회로 환부하고, 그 재의를 요구할 수 있다. 국회의 폐회중에도 또한 같다.

④ X

> **제51조**
> 국회에 제출된 법률안 기타의 의안은 회기중에 의결되지 못한 이유로 폐기되지 아니한다. 다만, 국회의원의 임기가 만료된 때에는 그러하지 아니하다.

⑤ X

> **제53조**
> ④ 재의의 요구가 있을 때에는 국회는 재의에 붙이고, 재적의원과반수의 출석과 출석의원 3분의 2 이상의 찬성으로 전과 같은 의결을 하면 그 법률안은 법률로서 확정된다.
> ⑤ 대통령이 제1항의 기간내에 공포나 재의의 요구를 하지 아니한 때에도 그 법률안은 법률로서 확정된다.

14 20변시-3   정답 ①

국회의 입법권과 입법절차에 관한 설명 중 옳은 것을 모두 고른 것은? (다툼이 있는 경우 판례에 의함)

ㄱ. 법률이 행정부에 속하지 않는 공법적 단체의 자치법적 사항을 그 정관으로 정하도록 위임한 경우에는 원칙적으로 포괄 위임입법금지의 원칙은 적용되지 않는다.

ㄴ. 법규정립행위는 그것이 국회입법이든 행정입법이든 막론하고 일종의 법률행위이므로, 그 행위의 속성상 행위 자체는 한번에 끝나는 것이고, 그러한 입법행위의 결과인 권리침해상태가 계속될 수 있을 뿐이다.

ㄷ. 법률안 제출은 국가기관 상호간의 행위이며, 이로써 국민에 대하여 직접적인 법률효과를 발생시키는 것이므로, 정부가 법률안을 제출하지 아니하는 것은 헌법소원의 대상이 되는 공권력의 불행사에 해당한다.

ㄹ. 국회의원은 국회의장의 가결선포행위에 대하여 심의·표결권 침해를 이유로 권한쟁의심판을 청구할 수 있을 뿐, 질의권·토론권 및 표결권의 침해를 이유로 헌법소원심판을 청구할 수 없다.

ㅁ. 국회의장이 본회의의 위임 없이 법률안을 정리한 경우, 그러한 정리가 본회의에서 의결된 법률안의 실질적 내용에 변경을 초래하지 아니하였더라도, 본회의의 명시적인 위임이 없는 것이므로 헌법이나 「국회법」상의 입법절차에 위반된다.

① ㄱ, ㄴ, ㄹ ② ㄱ, ㄴ, ㅁ
③ ㄱ, ㄷ, ㄹ ④ ㄴ, ㄷ, ㅁ
⑤ ㄷ, ㄹ, ㅁ

 해설

ㄱ. O 헌법 제75조, 제95조가 정하는 포괄적인 위임입법의 금지는, 그 문리해석상 정관에 위임한 경우까지 그 적용 대상으로 하고 있지 않고, 또 권력분립의 원칙을 침해할 우려가 없다는 점 등을 볼 때, **법률이 정관에 자치법적 사항을 위임한 경우에는 원칙적으로 적용되지 않는다**(2001.4.26. 2000헌마122).

ㄴ. O 1995.2.23. 92헌바165

ㄷ. X 비록 정부가 법률안을 제출할 수 있다 하더라도 법률로서 확정되기 위하여서는 반드시 국회의 의결과 대통령의 공포절차를 거쳐야 하므로, **법률안의 제출**은 국가기관 상호간의 **내부적인 행위**에 불과하고 이로써 국민에 대하여 직접적인 법률효과를 발생시키는 것이 아니어서, 그 불행사는 헌법소원심판의 대상이 되는 공권력의 불행사에 해당되지 아니한다(2009.2.10. 2009헌마65).

ㄹ. O [권한쟁의 可] 국회의원은 국민이 직접 선출하는 대표로서 헌법과 법률에서 여러 권한을 부여하고 있지만 그 중에서 가장 중요하고 본질적인 것은 입법에 대한 권한임은 두말할 필요가 없다. 이 권한에는 법률안 제출권(헌법 제52조)과 법률안 심의·표결권이 포함되는 것이다. 국회의장과 국회의원 간에 그들의 권한의 존부 또는 범위에 관하여 분쟁이 생길 수 있고, 이와 같은 분쟁은 단순히 국회의 구성원인 국회의원과 국회의장 간의 국가기관 내부문제가 아니라 헌법상 별개의 국가기관이 각자 그들의 권한의 존부 또는 범위를 둘러싼 분쟁인 것이다. 이 분쟁은 권한쟁의심판 이외에 이를 해결할 수 있는 다른 수단이 없으므로 **국회의원과 국회의장은 헌법 제111조 제1항 제4호 소정의 권한쟁의심판의 당사자가 될 수 있다**(2000.2.24. 99헌라1).

[헌법소원 不可] 국회의원이 국회 내에서 행하는 **질의권·토론권 및 표결권** 등은 입법권 등 공권력을 행사하는 국가기관 국회의 구성원의 지위에 있는 국회의원에게 부여된 권한이지 국회의원 개인에게 헌법이 보장하는 권리 즉 **기본권으로 인정된 것이라고 할 수 없으므로**, 설사 국회의장의 불법적인 의안처리행위로 헌법의 기본원리가 훼손되었다고 하더라도 그로 인하여 헌법상 보장된 구체적 기본권을 침해당한 바 없는 국회의원인 청구인들에게 헌법소원심판청구가 허용된다고 할 수 없다(1995.2.23. 90헌마125).

ㅁ. X 국회의 위임 의결이 없더라도 국회의장은 국회에서 의결된 법률안의 조문이나 자구·숫자, 법률안의 체계나 형식 등의 정비가 필요한 경우 의결된 내용이나 취지를 변경하지 않는 범위 안에서 이를 정리할 수 있다고 봄이 상당하고, 이렇듯 국회의장이 **국회의 위임 없이 법률안을 정리**하더라도 그러한 정리가 국회에서 의결된 법률안의 실질적 내용에 변경을 초래하는 것이 아닌 한 헌법이나 국회법상의 입법절차에 위반된다고 볼 수 없다(2009.6.25. 2007헌마451).

15 19변시-6   정답 ⑤

국회의 법률제정절차에 관한 설명 중 옳은 것은?

① 국회의원과 정부는 법률안을 제출할 수 있으며, 정부의 법률안 제출권은 미국식 대통령제 정부형태의 요소이다.

② 법률안에 대한 수정동의는 그 안을 갖추고 이유를 붙여 20명 이상의 찬성의원과 연서하여 미리 의장에게 제출하여야 한다.

③ 법률안에 이의가 있을 때에는 대통령은 정부에 이송된 후 15일 이내에 이의서를 붙여 국회로 환부하고 재의를 요구할 수 있으나, 국회의 폐회 중에는 환부할 수 없다.

④ 대통령은 법률안의 일부에 대하여 또는 법률안을 수정하여 재의를 요구할 수 있다.

⑤ 법률안에 대한 재의의 요구가 있을 때에는 국회는 재의에 붙이고, 재적의원과반수의 출석과 출석의원 3분의 2 이상의 찬성으로 전과 같은 의결을 하면 그 법률안은 법률로서 확정된다.

① X 정부의 법률안 제출권은 미국에는 없는 **의원내각제적 요소**라고 할 수 있다.
② X

> **국회법 제95조(수정동의)**
> ① 의안에 대한 수정동의는 그 안을 갖추고 이유를 붙여 **30명 이상의 찬성** 의원과 연서하여 미리 의장에게 제출하여야 한다. 다만 **예산안에 대한 수정동의는 의원 50명 이상의 찬성**이 있어야 한다.

③, ④ X ⑤ O

> **제53조**
> ① 국회에서 의결된 법률안은 정부에 이송되어 15일 이내에 대통령이 공포한다.
> ② 법률안에 이의가 있을 때에는 대통령은 제1항의 기간내에 이의서를 붙여 국회로 환부하고, 그 재의를 요구할 수 있다. 국회의 폐회중에도 또한 같다.
> ③ 대통령은 **법률안의 일부에 대하여 또는 법률안을 수정하여 재의를 요구할 수 없다.**
> ④ 재의의 요구가 있을 때에는 국회는 재의에 붙이고, **재적의원과반수의 출석과 출석의원 3분의 2 이상의 찬성**으로 전과 같은 의결을 하면 그 법률안은 법률로서 확정된다.

16 18변시-2   정답 ④

국회의 입법절차에 관한 설명 중 옳지 않은 것은? (다툼이 있는 경우 판례에 의함)

① 법률안 가결 선포는 국회 본회의에서 이루어지는 법률안 의결절차의 종결행위로서 이를 권한쟁의 심판대상으로 삼아 이에 이르기까지 일련의 심의·표결 절차상의 하자들을 다툴 수 있는 이상, 하나의 법률안 의결과정에서 국회의장이 행한 중간처분에 불과한 반대토론 불허행위를 별도의 판단대상으로 삼을 필요가 없다.

② 국회부의장이 법률안들에 대한 표결절차 등을 진행하였다 하더라도 국회부의장은 국회의장의 위임에 따라 그 직무를 대리하여 법률안 가결 선포행위를 할 수 있을 뿐, 법률안 가결 선포행위에 따른 법적 책임을 지는 주체가 될 수 없다.

③ 어떠한 의안으로 인하여 원안이 본래의 취지를 잃고 전혀 다른 의미로 변경되는 정도에까지 이르지 않는다면 이를 「국회법」상의 수정안에 해당하는 것으로 보아 의안을 처리할 수 있다는 해석이 가능하므로, 헌법상 보장된 국회의 자율권을 근거로 개별적인 수정안에 대한 평가와 그 처리에 대한 국회의장의 판단은 명백히 법에 위반되지 않는 한 존중되어야 한다.

④ 국회의 의결을 요하는 안건에 대하여 국회의장이 본회의 의결에 앞서 소관위원회에 안건을 회부하는 것은 국회의 심의권을 위원회에 위양하는 것이므로, 국회 상임위원회 위원장이 위원회를 대표해서 의안을 심사하는 권한은 국회의장으로부터 위임된 것이다.

⑤ 의사진행 방해로 의안상정·제안설명 등 의사진행이 정상적으로 이루어지지 못하고 질의신청을 하는 의원도 없는 상황에서 국회의장이 '질의신청 유무'에 대한 언급 없이 단지 '토론신청이 없으므로 바로 표결하겠다'고 한 행위가, 위원회 심의를 거치지 않은 안건에 대하여 질의, 토론을 거치도록 정한 「국회법」 제93조에 위반하여 국회의원들의 심의·표결권을 침해할 정도에 이르렀다고는 보기 어렵다.

① O 청구인은 국회의장이 이 사건 법률안들에 대한 청구인의 반대토론을 허가하지 않은 것에 따른 권한침해의 확인도 구하고 있으나, 법률안의 가결 선포는 국회 본회의에서 이루어지는 법률안 의결절차의 종결행위로서 이를 심판대상으로 삼아 이에 이르기까지 일련의 심의·표결 절차상의 하자들을 다툴 수 있는 이상, 하나의 법률안 의결과정에서 **피청구인이 행한 중간처분에 불과한 반대토론 불허행위를 별도의 판단대상으로 삼을 필요가 없으므로**, 이 사건 법률안들과 관련하여 문제되는 피청구인의 처분은 위 각 가결 선포행위로 한정하기로 한다(2011.8.30. 2009헌라7).

② O 국회의원은 **국회의장의 직무를 대리하여 법률안 가결·선포행위를 한 국회부의장**을 상대로 위 가결·선포행위가 자신의 법률안 심의·표결권을 침해하였음을 주장하여 권한쟁의심판을 청구할 수 없다. 그 이유는 의안의 상정·가결선포 등의 권한을 갖는 국회의장을 상대로 제기되어야 하므로, **국회부의장은 국회의장의**

직무를 대리하여 법률안을 가결선포할 수 있을 뿐(국회법 제12조 제1항), **법률안 가결선포행위에 따른 법적 책임을 지는 주체가 될 수 없기 때문이다**(2009.10.29. 2009헌라8·9·10).

③ O 국회법상 수정안의 범위에 대한 어떠한 제한도 규정되어 있지 않은 점과 국회법 규정에 따른 문언의 의미상 수정이란 원안에 대하여 다른 의사를 가하는 것으로 새로 추가, 삭제 또는 변경하는 것을 모두 포함하는 개념이라는 점에 비추어, 어떠한 의안으로 인하여 원안이 본래의 취지를 잃고 전혀 다른 의미로 변경되는 정도까지 이르지 않는다면 이를 국회법상의 수정안에 해당하는 것으로 볼 수 있는 것이다. 따라서 피청구인이 이러한 입장에 따라 이 사건 수정안을 적법한 것으로 보고 의안을 처리하였다 하더라도 이를 위 국회법의 규정에 위배된다고 할 수는 없다(2009.10.29. 2009헌라8·9·10 병합).

④ X 국회의 의결을 요하는 안건에 대하여 의장이 본회의 의결에 앞서 소관위원회에 안건을 회부하는 것은 국회의 심의권을 위원회에 위양하는 것이 아니고, 그 안건이 본회의에 최종적으로 부의되기 이전의 한 단계로서, 소관위원회가 발의 또는 제출된 의안에 대한 심사권한을 행사하여 사전 심사를 할 수 있도록 소관위원회에 송부하는 행위라 할 수 있다. 상임위원회는 그 소관에 속하는 의안, 청원 등을 심사하므로, 국회의장이 안건을 위원회에 회부함으로써 상임위원회에 심사권이 부여되는 것이 아니고, 심사권 자체는 법률상 부여된 위원회의 고유한 권한으로 볼 수 있다(국회법 제36조, 제37조). 따라서 국회 상임위원회 위원장이 위원회를 대표해서 의안을 심사하는 권한이 국회의장으로부터 위임된 것임을 전제로 한 국회의장에 대한 이 사건 심판청구는 피청구인 적격이 없는 자를 상대로 한 청구로서 부적법하다(2010.12.28. 2008헌라7 [권한침해확인, 기각]).

⑤ O 국회법 제93조는 '위원회의 심의를 거치지 아니한 안건에 대해서는 제안자가 그 취지를 설명하도록' 정하고 있으나, 그러한 취지설명의 방식에는 제한이 없고 제안자가 발언대에서 구두설명을 하지 않더라도 서면이나 컴퓨터 단말기에 의한 설명 등으로 이를 대체할 수 있으므로, 발언대의 마이크를 사용하기 어려울 만큼 소란스러운 상황에서 피청구인이 제안자의 취지설명을 컴퓨터 단말기로 대체하도록 한 것이 국회법 제93조를 위반하였다고 할 수 없다. 또한, 의사진행 방해로 의안상정·제안설명 등 **의사진행이 정상적으로 이루어지지 못하고 질의신청을 하는 의원도 없는 상황에서 피청구인이 '질의신청 유무'에 대한 언급 없이 단지 '토론신청이 없으므로 바로 표결하겠다'라고 한 행위**가 위원회 심의를 거치지 않은 안건에 대하여 질의, 토론을 거치도록 정한 국회법 제93조에 위반하여 청구인 **국회의원들의 심의·표결권을 침해할 정도에 이르렀다고는 보기 어렵다**(2008.4.24. 2006헌라2).

---

17  정답 ②

법률 제정과정에 관한 설명 중 옳지 않은 것은? (다툼이 있는 경우 판례에 의함)

① 정부가 예산 또는 기금상의 조치를 수반하는 법률안을 제출하는 경우에는 그 법률안의 시행에 수반될 것으로 예상되는 비용에 대한 추계서와 이에 상응하는 재원조달방안에 관한 자료를 법률안에 첨부하여야 한다.

② 대통령이 거부한 법률안에 대하여 국회가 재의결하여 확정된 법률이 정부에 이송된 후라면 국회의장이 당연히 공포권을 갖는다.

③ 법률의 입법절차가 헌법이나 「국회법」에 위반된다고 하더라도 그러한 사유만으로는 그 법률로 인하여 국민의 기본권이 현재, 직접적으로 침해받는다고 볼 수 없으므로 「헌법재판소법」 제68조 제1항의 헌법소원심판을 청구할 수 없다.

④ 대통령의 법률안 제출행위는 국가기관간의 내부적 행위에 불과하고 국민에 대하여 직접적인 법률효과를 발생시키는 행위가 아니므로 「헌법재판소법」 제68조 제1항의 헌법소원심판의 대상이 되는 공권력의 행사에 해당되지 않는다.

⑤ 국회에 제출된 법률안은 회기 중에 의결되지 못한 이유로 폐기되지 아니하나, 국회의원의 임기가 만료된 때에는 그러하지 아니하다.

해설

① O 국회법 제79조의2 제3항

② X 대통령은 제4항과 제5항의 규정에 의하여 확정된 법률을 지체 없이 공포하여야 한다. 제5항에 의하여 법률이 확정된 후 또는 제4항에 의한 **확정법률이 정부에 이송된 후 5일 이내에 대통령이 공포하지 아니할 때에는 국회의장이 이를 공포한다**(헌법 제53조 제6항).

③ O **법률의 입법절차가 헌법이나 국회법에 위반된다고 하더라도 그러한 사유만으로는 그 법률로 인하여 국민의 기본권이 현재, 직접적으로 침해받는다고 볼 수 없으므로 헌법소원심판을 청구할 수 없다**(1998.8.27. 97헌마8 등).

④ O 대통령의 법률안 제출행위는 국가기관간의 내부적 행위에 불과하고 국민에 대하여 직접적인 법률효과를 발생시키는 행위가 아니므로 헌법재판소법 제68조에서 말하는 공권력의 행사에 해당되지 않는다(1994.8.31. 92헌마174).

⑤ O 국회에 제출된 법률안 기타의 의안은 회기 중에 의결되지 못한 이유로 폐기되지 아니한다. 다만, 국회의원의 임기가 만료된 때에는 그러하지 아니하다(헌법 제51조).

18 20법전협-3-11   정답 ③

「국회법」상의 법률안 심의 및 의결에 관한 설명으로 옳지 않은 것을 모두 고른 것은?

ㄱ. 위원회 위원장은 간사와 협의하여 회부된 법률안의 입법 취지와 주요 내용 등을 국회공보 또는 국회 인터넷 홈페이지 등에 게재하는 방법 등으로 입법예고해야 하며, 그 기간은 20일 이상으로 한다.
ㄴ. 의장은 천재지변이나 전시·사변 또는 이에 준하는 국가비상사태의 경우 각 교섭단체 대표의원과 협의하여 관련 안건의 심사기간을 지정할 수 있다.
ㄷ. 위원회에 회부된 안건을 신속처리대상안건으로 지정하려는 경우 의원은 재적의원 3분의 1 이상이 서명한 신속처리대상안건 지정요구 동의(動議)를 의장에게 제출하고, 의장은 지체 없이 이를 무기명투표로 표결하되, 재적의원 5분의 3 이상의 찬성으로 의결한다.
ㄹ. 신속처리대상안건은 본회의에 부의된 것으로 보는 날부터 60일 이내에 본회의에 상정되어야 하며, 신속처리대상안건이 60일 이내에 본회의에 상정되지 아니하였을 때에는 그 기간이 지난 후 처음으로 개의되는 본회의에 상정된다.
ㅁ. 위원회에서 본회의에 부의할 필요가 없다고 결정된 의안은 본회의에 부의하지 않지만, 위원회의 결정이 본회의에 보고된 날부터 폐회 또는 휴회 중의 기간을 제외한 7일 이내에 의원 20명 이상의 요구가 있을 때에는 그 의안을 본회의에 부의해야 한다.

① ㄱ, ㄴ, ㄷ
② ㄱ, ㄴ, ㄹ
③ ㄱ, ㄷ, ㅁ
④ ㄴ, ㄹ, ㅁ
⑤ ㄷ, ㄹ, ㅁ

해설

③ 「국회법」상의 법률안 심의 및 의결에 관한 설명으로 옳지 않은 것은 ㄱ, ㄷ, ㅁ 이다.

ㄱ. X

국회법 제82조의2(입법예고)
① 위원장은 간사와 협의하여 회부된 법률안(체계·자구 심사를 위하여 법제사법위원회에 회부된 법률안은 제외한다)의 입법 취지와 주요 내용 등을 국회공보 또는 국회 인터넷 홈페이지 등에 게재하는 방법 등으로 입법예고하여야 한다. 다만, 다음 각 호의 어느 하나에 해당하는 경우에는 위원장이 간사와 협의하여 입법예고를 하지 아니할 수 있다.
<각호생략>
② 입법예고기간은 10일 이상으로 한다. 다만, 특별한 사정이 있는 경우에는 단축할 수 있다.

ㄴ. O

국회법 제85조(심사기간)
① 의장은 다음 각 호의 어느 하나에 해당하는 경우에는 위원회에 회부하는 안건 또는 회부된 안건에 대하여 심사기간을 지정할 수 있다. 이 경우 제1호 또는 제2호에 해당할 때에는 의장이 각 교섭단체 대표의원과 협의하여 해당 호와 관련된 안건에 대해서만 심사기간을 지정할 수 있다.
1. 천재지변의 경우
2. 전시·사변 또는 이에 준하는 국가비상사태의 경우
3. 의장이 각 교섭단체 대표의원과 합의하는 경우

ㄷ. X

국회법 제85조의2(안건의 신속 처리)
① 위원회에 회부된 안건(체계·자구 심사를 위하여 법제사법위원회에 회부된 안건을 포함한다)을 제2항에 따른 신속처리대상안건으로 지정하려는 경우 의원은 재적의원 과반수가 서명한 신속처리대상안건 지정요구 동의(動議)(이하 이 조에서 "신속처리안건 지정동의"라 한다)를 의장에게 제출하고, 안건의 소관 위원회 소속 위원은 소관 위원회 재적위원 과반수가 서명한 신속처리안건 지정동의를 소관 위원회 위원장에게 제출하여야 한다. 이 경우 의장 또는 안건의 소관 위원회 위원장은 지체 없이 신속처리안건 지정동의를 무기명투표로 표결하되, 재적의원 5분의 3 이상 또는 안건의 소관 위원회 재적위원 5분의 3 이상의 찬성으로 의결한다.

ㄹ. O

국회법 제85조의2(안건의 신속 처리)
⑥ 제4항 단서 또는 제5항에 따른 신속처리대상안건은 본회의에 부의된 것으로 보는 날부터 60일 이내에 본회의에 상정되어야 한다.
⑦ 제6항에 따라 신속처리대상안건이 60일 이내에 본회의에 상정되지 아니하였을 때에는 그 기간이 지난 후 처음으로 개의되는 본회의에 상정된다.

ㅁ. X

국회법 제87조(위원회에서 폐기된 의안)
① 위원회에서 본회의에 부의할 필요가 없다고 결정된 의안은 본회의에 부의하지 아니한다. 다만, 위원회의 결정이 본회의에 보고된 날부터 폐회 또는 휴회 중의 기간을 제외한 7일 이내에 의원 30명 이상의 요구가 있을 때에는 그 의안을 본회의에 부의하여야 한다.

19 20법전협-2-13   정답 ①

국회의 입법절차 및 의사절차에 관한 설명으로 옳은 것을 모두 고른 것은? (다툼이 있는 경우 판례에 의함)

ㄱ. 입법절차상 하자가 문제된 경우, 해당 법률의 실체적 내용으로 인하여 기본권을 침해받은 자가 헌법소원심판을 청구하여 그 심판절차에서 입법절차 하자를 이유로 해당 법률이 위헌임을 주장하는 것은 별론으로 하고, 단순히 입법절차 하자로 인한 기본권 침해를 주장하는 헌법소원심판청구는 부적법하다.

ㄴ. 법률안 표결과정에서 권한 없는 자에 의한 임의 투표행위와 위법한 무권대리투표행위로 의심받을 만한 행위가 있었다면, 이러한 법률안 표결과정의 현저한 무질서와 불합리·불공정은 그 표결 결과의 정당성에 영향을 미쳤을 개연성이 있으므로, 국회의장의 법률안 가결선포행위는 국회의원의 표결권을 침해한다.

ㄷ. 국회의 회의는 공개하는 것이 원칙이지만, 출석 의원 3분의 1 이상의 찬성이 있거나 국회의장이 국가의 안전보장 또는 안녕 질서를 유지하기 위하여 필요하다고 인정할 때에는 공개하지 아니할 수 있다.

ㄹ. 헌법재판소가 국회의장의 법률안 가결선포행위에 대하여 입법절차상 하자를 이유로 국회의원의 법률안 심의·표결권 침해를 인정하였음에도 국회의장이 그 하자를 치유하기 위한 아무런 조치를 취하지 않았다면, 이는 권한침해확인결정의 기속력에 반하여 국회의원의 법률안 심의·표결권을 침해하는 것이다.

① ㄱ, ㄴ   ② ㄱ, ㄹ
③ ㄷ, ㄹ   ④ ㄱ, ㄴ, ㄷ
⑤ ㄴ, ㄷ, ㄹ

 해설

① 국회의 입법절차 및 의사절차에 관한 설명으로 옳은 것은 ㄱ, ㄴ이다.

ㄱ. O 입법권은 국회의 권한이지 헌법상 보장된 국민의 기본권이라고 할 수도 없다. 따라서 청구인들은 이 사건 법률의 실체적 내용으로 인하여 현재, 직접적으로 기본권을 침해받은 경우에 헌법소원심판을 청구하거나 이 사건 법률이 구체적 소송사건에서 재판의 전제가 된 경우에 위헌여부심판의 제청신청을 하여 그 심판절차에서 입법절차에 하자가 있음을 이유로 이 사건 법률이 위헌임을 주장하는 것은 별론으로 하고 단순히 입법절차의 하자로 인하여 기본권을 현재, 직접적으로 침해받았다고 주장하여 헌법소원심판을 청구할 수는 없다고 할 것이다(1998.8.27. 97헌마8).

ㄴ. O 신문법 수정안 표결 전후의 무질서하였던 회의장 상황 및 현행 전자투표 방식의 맹점 등을 고려할 때, 피청구인으로서는 표결 과정에서 요구되는 최소한의 질서를 확보하고 위법한 투표행위나 투표 방해행위를 제지하는 등의 조치를 취하였어야 함에도 그러지 못한 결과, 신문법 수정안에 대한 표결 과정에 권한 없는 자에 의한 임의의 투표행위, 위법한 무권 또는 대리투표행위로 의심받을 만한 여러 행위, 투표방해 또는 반대 투표행위 등 정상적인 절차에서 나타날 수 없는 투표행위가 다수 확인되는바, 신문법 수정안에 대한 표결 절차는 자유와 공정이 현저히 저해되었다. 신문법 수정안 표결 전후 상황, 위법의 의심이 있는 투표행위의 횟수 및 정도 등을 종합하면, 신문법 수정안의 표결 결과는 극도로 무질서한 상황에서 발생한 위법한 투표행위, 정당한 표결권 행사에 의한 것인지를 객관적으로 가릴 수 없는 다수의 투표행위들이 그대로 반영된 것으로서, 표결과정의 현저한 무질서와 불합리 내지 불공정이 표결 결과의 정당성에 영향을 미쳤을 개연성이 있다. 결국, 피청구인의 신문법안 가결선포행위는 헌법 제49조 및 국회법 제109조의 다수결 원칙에 위배되어 청구인들의 표결권을 침해한 것이다(2009.10.29. 2009헌라8·9·10).

ㄷ. X

> **국회법 제75조(회의의 공개)**
> ① 본회의는 공개한다. 다만, 의장의 제의 또는 의원 10명 이상의 연서에 의한 동의(動議)로 본회의 의결이 있거나 의장이 각 교섭단체 대표의원과 협의하여 국가의 안전보장을 위하여 필요하다고 인정할 때에는 공개하지 아니할 수 있다.

ㄹ. X 피청구인의 법률안 가결선포행위가 청구인들의 법률안 심의·표결권을 침해한 것임을 확인한 권한침해확인결정의 기속력으로 피청구인이 구체적인 특정한 조치를 취할 작위의무를 부담한다고는 볼 수 없다는 이유로, 권한침해확인결정 이후 피청구인의 부작위가 재차 청구인들의 법률안 심의·표결권을 침해한 것이라고 주장하여 제기된 권한쟁의심판청구를 기각한 사례(2010.11.25. 2009헌라12).

20 17변시-12 정답 ②

「국회법」 제85조에 관한 설명 중 옳은 것(○)과 옳지 않은 것(×)을 올바르게 조합한 것은? (다툼이 있는 경우 판례에 의함)

※ 「국회법」
제85조(심사기간)
① 의장은 다음 각 호의 어느 하나에 해당하는 경우에는 위원회에 회부하는 안건 또는 회부된 안건에 대하여 심사기간을 지정할 수 있다. 이 경우 제1호 또는 제2호에 해당할 때에는 의장이 각 교섭단체 대표의원과 협의하여 해당 호와 관련된 안건에 대해서만 심사기간을 지정할 수 있다.
  1. 천재지변의 경우
  2. 전시·사변 또는 이에 준하는 국가비상사태의 경우
  3. 의장이 각 교섭단체 대표의원과 합의하는 경우
② 제1항의 경우 위원회가 이유 없이 지정된 심사기간 내에 심사를 마치지 아니하였을 때에는 의장은 중간보고를 들은 후 다른 위원회에 회부하거나 바로 본회의에 부의할 수 있다.

ㄱ. 국회의장의 직권상정권한은 국회의 수장이 국회의 비상적인 헌법적 장애상태를 회복하기 위하여 가지는 권한으로 국회의장의 의사정리권에 속하고, 의안 심사에 관하여 위원회 중심주의를 채택하고 있는 우리 국회에서는 비상적·예외적 의사절차에 해당한다.
ㄴ. 「국회법」 제85조 제1항에 국회 재적의원 과반수가 의안에 대하여 심사기간 지정을 요청하는 경우 국회의장이 그 의안에 대하여 의무적으로 심사기간을 지정하도록 규정하지 아니한 것은 법률의 내용이 불완전·불충분한 '부진정입법부작위'에 해당한다.
ㄷ. 「국회법」 제85조 제1항 각 호의 심사기간 지정사유는 국회의장의 직권상정권한을 제한하는 역할을 할 뿐 국회의원의 국회 본회의에서의 법안에 대한 심의·표결권을 제한하는 내용을 담고 있지는 않다.
ㄹ. 헌법의 명문규정 및 해석상 국회 재적의원 과반수의 요구가 있는 경우 국회의장이 심사기간을 지정하고 본회의에 부의해야 한다는 헌법상 의무가 도출된다.

① ㄱ(○), ㄴ(○), ㄷ(○), ㄹ(×)
② ㄱ(○), ㄴ(×), ㄷ(○), ㄹ(×)
③ ㄱ(×), ㄴ(○), ㄷ(×), ㄹ(○)
④ ㄱ(×), ㄴ(○), ㄷ(○), ㄹ(○)
⑤ ㄱ(○), ㄴ(×), ㄷ(×), ㄹ(×)

해설

ㄱ, ㄷ. ○ 국회법 제85조 제1항의 직권상정권한은 국회의 수장이 국회의 비상적인 헌법적 장애상태를 회복하기 위하여 가지는 권한으로 국회의장의 의사정리권에 속하고, 의안 심사에 관하여 위원회 중심주의를 채택하고 있는 우리 국회에서는 비상적·예외적 의사절차에 해당한다. 국회법 제85조 제1항 각 호의 심사기간 지정사유는 국회의장의 직권상정권한을 제한하는 역할을 할 뿐 국회의원의 법안에 대한 심의·표결권을 제한하는 내용을 담고 있지는 않다(2016.5.26. 2015헌라1).

ㄴ. × 국회법 제85조 제1항에 국회 재적의원 과반수가 의안에 대하여 심사기간 지정을 요청하는 경우 국회의장이 그 의안에 대하여 의무적으로 심사기간을 지정하도록 규정하지 아니한 입법부작위(이하 '이 사건 입법부작위'라 한다)는 입법자가 재적의원 과반수의 요구에 의해 위원회의 심사를 배제할 수 있는 비상입법절차와 관련하여 아무런 입법을 하지 않음으로써 입법의 공백이 발생한 '진정입법부작위'에 해당한다(2016.5.26. 2015헌라1).

ㄹ. × 헌법의 명문규정이나 해석상 국회 재적의원 과반수의 요구가 있는 경우 국회의장이 심사기간을 지정하고 본회의에 부의해야 한다는 의무는 도출되지 않으므로, 국회법 제85조 제1항에서 이러한 내용을 규정하지 않은 것이 다수결의 원리, 나아가 의회민주주의에 반한다고도 볼 수 없다(2016.5.26. 2015헌라1).

Ⅲ 그 외의 입법권한

21 13변시-8   정답 ①

국회의 권한에 관한 다음 설명 중 옳은 것(○)과 옳지 않은 것(×)을 올바르게 조합한 것은? (다툼이 있는 경우 판례에 의함)

ㄱ. 정부가 국채를 모집하거나 예산 외에 국가의 부담이 될 계약을 체결하려 할 때에는 정부는 미리 국회의 의결을 얻어야 한다.
ㄴ. 국회는 국무총리 또는 국무위원의 해임을 대통령에게 요구할 수 있고, 그 요구가 재적의원 과반수의 찬성에 의한 경우에 대통령은 그 해임요구를 받아들여야 한다.
ㄷ. 대통령의 직무집행상 헌법 위반뿐만 아니라 정치적 무능력이나 정책결정상의 잘못 등 직책수행의 불성실성 역시 탄핵소추사유가 될 수 있다.
ㄹ. 국회의원은 20인 이상의 찬성으로 회기 중 현안이 되고 있는 중요한 사항을 대상으로 정부에 대하여 질문을 할 것을 의장에게 요구할 수 있다.
ㅁ. 국정조사를 위한 조사위원회는 조사의 목적, 조사할 사안의 범위와 조사방법 등이 포함된 조사계획서를 본회의에 제출하여 승인을 얻어야 하는데, 본회의는 조사계획서를 의결로써 승인하거나 반려할 수 있다.

① ㄱ(○), ㄴ(×), ㄷ(×), ㄹ(○), ㅁ(○)
② ㄱ(×), ㄴ(×), ㄷ(○), ㄹ(×), ㅁ(○)
③ ㄱ(○), ㄴ(○), ㄷ(○), ㄹ(×), ㅁ(×)
④ ㄱ(○), ㄴ(×), ㄷ(×), ㄹ(○), ㅁ(×)
⑤ ㄱ(○), ㄴ(×), ㄷ(×), ㄹ(×), ㅁ(○)

 해설

ㄱ. ○ 헌법 제58조
ㄴ. × **국회의 해임건의**(요구)는 대통령을 기속하는 해임의결권이 아니라, **아무런 법적 구속력이 없는 단순한 해임건의에 불과**하다. 우리 헌법 내에서 '해임건의권'의 의미는 대통령을 간접적이나마 견제하고자 하는 것에 지나지 않는다(2004.5.14. 2004헌나1).
ㄷ. × 헌법 제69조는 대통령의 취임선서의무를 규정하면서, 대통령으로서 '직책을 성실히 수행할 의무'를 언급하고 있다. 비록 대통령의 '성실한 직책수행의무'는 헌법적 의무에 해당하나, '헌법을 수호해야 할 의무'와는 달리, 규범적으로 그 이행이 관철될 수 있는 성격의 의무가 아니므로, 원칙적으로 사법적 판단의 대상이 될 수 없다고 할 것이다. 헌법 제65조 제1항은 탄핵사유를 '헌법이나 법률에 위배한 때'로 제한하고 있고, 헌법재판소의 탄핵심판절차는 법적인 관점에서 단지 탄핵사유의 존부만을 판단하는 것이므로, 이 사건에서 청구인이 주장하는 바와 같은 **정치적 무능력이나 정책결정상의 잘못 등 직책수행의 성실성여부는 그 자체로서 소추사유가 될 수 없어**, 탄핵심판절차의 판단대상이 되지 아니한다(2004.5.14. 2004헌나1).

ㄹ. ○

국회법 제122조의3(긴급현안질문)
① 의원은 20명 이상의 찬성으로 회기 중 현안이 되고 있는 중요한 사항을 대상으로 정부에 대하여 질문(이하 이 조에서 "긴급현안질문"이라 한다)을 할 것을 의장에게 요구할 수 있다.

ㅁ. ○

국정감사 및 조사에 관한 법률 제3조(조사)
④ 조사위원회는 조사의 목적, 조사할 사안의 범위와 조사방법, 조사에 필요한 기간 및 소요경비 등을 기재한 조사계획서를 본회의에 제출하여 승인을 받아 조사를 한다.
⑤ 본회의는 제4항의 조사계획서를 검토한 다음 의결로써 이를 승인하거나 반려한다.

제2항 재정에 관한 권한

22 | 21변시-6 | 정답 ①

국가의 예산과 재정에 관한 설명 중 옳지 않은 것은?
(다툼이 있는 경우 판례에 의함)

① 새로운 회계연도가 개시될 때까지 예산안이 의결되지 못한 때에는 정부는 국회에서 예산안이 의결될 때까지 헌법에 의하여 설치된 기관 또는 시설의 유지·운영의 목적을 위한 경비는 전년도 예산에 준하여 집행할 수 있으나, 법률에 의하여 설치된 기관 또는 시설의 유지·운영의 목적을 위한 경비는 전년도 예산에 준하여 집행할 수 없다.

② 예산안에 대한 국회의 수정동의는 그 안을 갖추고 이유를 붙여 50명 이상의 찬성 국회의원과 연서하여 미리 국회의장에게 제출하여야 한다.

③ 재정조달목적 부담금의 경우에는 공적 과제가 부담금 수입의 지출 단계에서 비로소 실현되나, 정책실현목적 부담금의 경우에는 공적 과제의 전부 혹은 일부가 부담금의 부과 단계에서 이미 실현된다.

④ 국회의장이 각 교섭단체 대표의원과 합의한 경우를 제외하고, 국회의 위원회가 예산안에 대하여 11월 30일까지 심사를 마치지 아니하였을 때에는 그 다음 날에 위원회에서 심사를 마치고 바로 본회의에 부의된 것으로 본다.

⑤ 행정각부의 장관이 국가 예산을 재원으로 사회복지사업을 시행함에 있어 예산확보방법과 그 집행대상 등에 관하여 정책결정을 내리고 이를 미리 일선 공무원들에게 지침 등의 형태로 고지하는 일련의 행위는 장래의 예산 확보 및 집행에 대비한 일종의 준비행위로서 「헌법재판소법」 제68조 제1항의 헌법소원의 대상이 될 수 없지만, 위와 같은 정책결정을 구체화한 지침의 내용이 국민의 기본권에 직접적으로 영향을 끼치고, 앞으로 법령의 뒷받침에 의하여 그대로 실시될 것이 틀림없을 것으로 예상될 수 있을 때에는 예외적으로 대상이 될 수도 있다.

해설

① X

> **제54조**
> ③ 새로운 회계연도가 개시될 때까지 예산안이 의결되지 못한 때에는 정부는 국회에서 예산안이 의결될 때까지 다음의 목적을 위한 경비는 전년도 예산에 준하여 집행할 수 있다.
> 1. 헌법이나 법률에 의하여 설치된 기관 또는 시설의 유지·운영
> 2. 법률상 지출의무의 이행
> 3. 이미 예산으로 승인된 사업의 계속

② O

> **국회법 제95조(수정동의)**
> ① 의안에 대한 수정동의(修正動議)는 그 안을 갖추고 이유를 붙여 30명 이상의 찬성 의원과 연서하여 미리 의장에게 제출하여야 한다. 다만, 예산안에 대한 수정동의는 의원 50명 이상의 찬성이 있어야 한다.

③ O 부담금은 그 부과목적과 기능에 따라 ① 순수하게 재정조달의 목적만 가지는 재정조달목적 부담금과 ② 재정조달 목적뿐만 아니라 부담금의 부과 자체로써 국민의 행위를 특정한 방향으로 유도하거나 특정한 공법적 의무의 이행 또는 공공출연으로부터의 특별한 이익과 관련된 집단 간의 형평성 문제를 조정하여 특정한 사회·경제정책을 실현하기 위한 정책실현목적 부담금으로 구분될 수 있다. 전자의 경우에는 공적 과제가 부담금 수입의 지출 단계에서 비로소 실현되나, 후자의 경우에는 공적 과제의 전부 혹은 일부가 부담금의 부과 단계에서 이미 실현된다(2008.11.27. 2007헌마860).

④ O

> **국회법 제85조의3(예산안 등의 본회의 자동 부의 등)**
> ① 위원회는 예산안, 기금운용계획안, 임대형 민자사업 한도액안(이하 "예산안등"이라 한다)과 제4항에 따라 지정된 세입예산안 부수 법률안의 심사를 매년 11월 30일까지 마쳐야 한다.
> ② 위원회가 예산안등과 제4항에 따라 지정된 세입예산안 부수 법률안(체계·자구 심사를 위하여 법제사법위원회에 회부된 법률안을 포함한다)에 대하여 제1항에 따른 기한까지 심사를 마치지 아니하였을 때에는 그 다음 날에 위원회에서 심사를 마치고 바로 본회의에 부의된 것으로 본다. 다만, 의장이 각 교섭단체 대표의원과 합의한 경우에는 그러하지 아니하다.

⑤ O 행정 각 부의 장관이 국가 예산을 재원으로 사회복지사업을 시행함에 있어 예산 확보 방법과 그 집행 대상 등에 관하여 정책결정을 내리고 이를 미리 일선 공무원들에게 지침 등의 형태로 고지하는 일련의 행위는 장래의 예산 확보 및 집행에 대비한 일종의 준비행위로서 헌법소원의 대상이 될 수 없지만, 위와 같은 정책결정을 구체화시킨 지침의 내용이 국민의 기본권에 직접적으로 영향을 끼치고, 앞으로 법령의 뒷받침에 의하여 그대로 실시될 것이 틀림없을 것으로 예상될 수 있을 때에는 예외적으로 헌법소원의 대상이 될 수도 있다(2007.10.25. 2006헌마1236).

23 | 12변시-15 | 정답 ①

조세와 부담금에 관한 설명 중 옳지 않은 것은? (다툼이 있는 경우 판례에 의함)

① 어떤 공적 과제에 관한 재정조달을 조세로 할 것인지 아니면 부담금으로 할 것인지는 원칙적으로 입법자의 자유로운 선택이 인정되는 정책재량 차원의 문제에 속한다.

② 국가가 조세저항을 회피하기 위한 수단으로 부담금의 형식을 남용해서는 안 되므로, 부담금을 국가의 일반적 재정수입에 포함시켜 일반적 국가과제를 수행하는 데 사용하는 것은 허용될 수 없다.

③ '먹는 샘물' 수입판매업자에게 수질개선부담금을 부과하는 것은, 수돗물 우선정책에 반하는 수입된 '먹는 샘물'의 보급 및 소비를 억제하도록 간접적으로 유도하기 위한 합리적인 이유가 있으므로 평등원칙에 위배되지 않는다.

④ 부담금 납부의무자는 재정조달 대상인 공적 과제에 대하여 일반국민에 비해 '특별히 밀접한 관련성'을 가져야 하며, 부담금이 장기적으로 유지되는 경우에 그 징수의 타당성이나 적정성이 입법자에 의해 지속적으로 심사될 것이 요구된다.

⑤ 공동주택의 수분양자들에게 학교용지부담금을 부과하는 것은 부담금의 헌법적 한계를 벗어난 것이지만, 그 개발사업자들에게 학교용지부담금을 부과하는 것은 부담금의 헌법적 한계를 벗어난 것이 아니다.

해설

① ✗ 부담금은 조세에 대한 관계에서 어디까지나 예외적으로만 인정되어야 하며, 어떤 공적 과제에 관한 재정조달을 조세로 할 것인지 아니면 부담금으로 할 것인지에 관하여 **입법자의 자유로운 선택권을 허용하여서는 안 된다**(2004.7.15. 2002헌바42).

② ○ 만일 실질적으로는 국가 등의 일반적 과제에 관한 재정조달을 목표로 하여 조세의 성격을 띠는 것임에도 단지 국민의 조세저항이나 이중과세의 문제를 회피하기 위한 수단으로 부담금이라는 형식을 남용한다면, 조세를 중심으로 재정을 조달한다는 헌법상의 기본적 재정질서가 교란될 위험이 있을 뿐만 아니라, 조세에 관한 헌법상의 특별한 통제장치가 무력화될 우려가 있다. 따라서 부담금은 조세에 대한 관계에서 어디까지나 예외적으로만 인정되어야 하며, 국가의 일반적 과제를 수행하는데 부담금의 형식을 남용해서는 안된다(1998.12.24. 98헌가1).

③ ○ 먹는샘물 수입판매업자에게 수질개선부담금을 부과하는 것은 수돗물 우선정책에 반하는 수입 먹는샘물의 보급 및 소비를 억제하도록 간접적으로 유도함으로써 궁극적으로는 수돗물의 질을 개선하고 이를 국민에게 저렴하게 공급하려는 정당한 국가정책이 원활하게 실현될 수 있게 하기 위한 것으로서, 부과에 합리적인 이유가 있으므로 평등원칙에 위배되는 것이라 볼 수 없다 (2004.7.15. 2002헌바42).

④ ○ 부담금 납부의무자는 재정조달 대상인 공적 과제에 대하여 일반국민에 비해 '특별히 밀접한 관련성'을 가져야 하며, 부담금이 장기적으로 유지되는 경우에 있어서는 그 징수의 타당성이나 적정성이 입법자에 의해 지속적으로 심사될 것이 요구된다(2004.7.15. 2002헌바42).

⑤ ○ 신규 주택의 수분양자들이 위 공익사업에 대하여 일반 국민들에 비하여 밀접한 관련성을 갖는다고 보기 어려움에도 불구하고 신규 주택의 수분양자들에게만 학교용지확보를 위한 부담금을 부과하는 것은 합리적인 이유가 없는 차별에 해당한다 (2005.3.31. 2003헌가20). 개발사업자는 개발사업을 통해 이익을 얻었다는 점에서 개발사업 지역에서의 학교시설 확보라는 특별한 공익사업에 대해 밀접한 관련성을 가지고 있을 뿐만 아니라 이에 대해 일정한 부담을 져야 할 책임도 가지고 있는바, 개발사업자에 대한 학교용지부담금 부과는 평등원칙에 반하지 아니한다 (2008.9.25. 2007헌가9).

24 | 15변시-13 | 정답 ②

헌법상 조세법률주의와 조세평등주의에 관한 설명 중 옳은 것(○)과 옳지 않은 것(×)을 올바르게 조합한 것은? (다툼이 있는 경우 판례에 의함)

ㄱ. 헌법재판소는 유사석유제품 제조자와 석유제품 제조자 모두에게 교통·에너지·환경세를 부과하면서 동일하게 제조량을 과세표준으로 삼은 것은 조세평등주의에 위반되지 않는다고 판시하였다.

ㄴ. 특정인이나 특정계층에 대하여 조세감면조치를 취하는 것은 국민의 재산권에 대한 제한이 아니기 때문에 법률로 규정하지 않더라도 언제나 가능하다.

ㄷ. 헌법재판소는 사회보험료인 구 「국민건강보험법」상의 보험료는 특정의 반대급부 없이 금전납부의무를 부담하는 세금과는 달리, 반대급부인 보험급여를 전제로 하고 있고, 부과주체가 국가 또는 지방자치단체가 아니며, 그 징수절차가 조세와 다르므로 조세법률주의가 적용되지 않는다고 판시하였다.

ㄹ. 어떤 공적 과제에 관한 재정조달을 조세로 할 것인지 아니면 부담금으로 할 것인지에 관하여 입법자의 자유로운 선택권이 허용된다.

① ㄱ(○), ㄴ(○), ㄷ(○), ㄹ(✗)
② ㄱ(○), ㄴ(✗), ㄷ(○), ㄹ(✗)
③ ㄱ(✗), ㄴ(○), ㄷ(✗), ㄹ(○)
④ ㄱ(✗), ㄴ(✗), ㄷ(○), ㄹ(○)
⑤ ㄱ(○), ㄴ(✗), ㄷ(✗), ㄹ(✗)

해설

ㄱ. O 환경오염원이자 교통혼잡의 원인인 자동차등의 연료를 제조·판매하여 이익을 얻는 자에게 과세하고자 하는 입법취지에 비추어 보면, 유사석유제품 제조자는 자동차등의 연료를 제조·판매하여 수익을 얻고 있으므로 석유제품 제조자와 본질적으로 동일한 집단이다. 따라서 과세물품조항과 납세의무자조항이 유사석유제품 제조자와 석유제품 제조자 모두에게 교통·에너지·환경세를 과세하면서 동일하게 제조량을 과세표준으로 삼은 것은 조세평등주의에 위배되지 아니한다(2014.7.24. 2013헌바177).

ㄴ. X 특정인이나 특정계층에 대하여 정당한 이유없이 조세감면의 우대조치를 하는 것은 특정한 납세자군이 조세의 부담을 다른 납세자군의 부담으로 떠맡기는 것에 다름아니므로 조세감면의 근거 역시 법률로 정하여야만 하는 것이 국민주권주의나 법치주의의 원리에 부응하는 것이다(1996.6.26. 93헌바2).

ㄷ. O 보험료는 특정의 반대급부 없이 금전납부의무를 부담하는 세금과는 달리, 반대급부인 보험급여를 전제로 하고 있고, 부과주체가 국가 또는 지방자치단체가 아니며, 그 징수절차가 조세와 다르므로 위 헌법재판소의 결정에서와 같이 **조세법률주의가 적용되지 않는다**고 할 것이다. 그러나 보험료도 국민의 재산권과 직결되는 사항으로서 구체적이고 확정적인 법률규정에 의하여 부과되어야 하므로, 포괄위임입법금지원칙과 같은 일반적인 헌법적 기준은 적용된다 할 것이다(2000.6.29. 99헌마289, 2007.4.26. 2005헌바51).

ㄹ. X 부담금은 조세에 대한 관계에서 어디까지나 예외적으로만 인정되어야 하며, 어떤 공적 과제에 관한 재정조달을 조세로 할 것인지 아니면 부담금으로 할 것인지에 관하여 **입법자의 자유로운 선택권을 허용하여서는 안된다**. 즉, 국가 등의 일반적 재정수입에 포함시켜 일반적 과제를 수행하는 데 사용할 목적이라면 반드시 조세의 형식으로 해야 하지, 거기에 부담금의 형식을 남용해서는 안되는 것이다(1988.12.24. 98헌가1).

25 14변시-19 정답 ⑤

조세입법에 대한 헌법적 통제에 관한 설명 중 옳지 않은 것은? (다툼이 있는 경우 판례에 의함)

① 조세평등주의가 요구하는 담세능력에 따른 과세의 원칙(응능부담의 원칙)은 한편으로 동일한 소득은 원칙적으로 동일하게 과세될 것을 요청하며(수평적 조세정의), 다른 한편으로 소득이 다른 사람들 간의 공평한 조세부담의 배분을 요청한다(수직적 조세정의).

② 담세능력에 따른 과세의 원칙은 담세능력이 큰 자는 담세능력이 작은 자에 비하여 더 많은 세금을 낼 것과, 최저생계를 위하여 필요한 경비는 과세로부터 제외되어야 한다는 최저생계를 위한 공제를 요청할 뿐, 입법자로 하여금 소득세법에 있어서 반드시 누진세율을 도입할 것까지 요구하는 것은 아니다.

③ 부부자산소득 합산과세제도에 따라 부부(夫婦)가 합산과세로 인하여 개인과세되는 독신자 등 다른 사람들보다 더 많은 조세를 부담하게 하는 것은 부부간의 인위적인 자산 명의의 분산과 같은 가장행위(假裝行爲)를 방지한다는 사회적 공익이 혼인한 부부에게 가하는 조세부담의 증가라는 불이익보다 크지 않기 때문에 혼인과 가족생활을 보장하는 헌법 제36조 제1항에 위반된다.

④ 28년 간의 혼인생활 끝에 협의이혼하면서 재산분할을 청구하여 받은 재산액 중 상속세의 배우자 인적공제액을 초과하는 부분에 대하여 증여세를 부과하는 것은, 증여세제의 본질에 반하여 증여라는 과세원인이 없음에도 불구하고 증여세를 부과하는 것이어서 실질적 조세법률주의에 위배된다.

⑤ 지방세법이 사치성재산에 대해 중과세를 하면서 '고급오락장용 건축물'을 과세대상으로 규정한 경우, '오락'의 개념이 추상적이기는 하지만 '고급'이라는 한정적 수식어가 있을 뿐만 아니라 어느 정도의 규모와 설비를 갖춘 오락장이 위 개념에 포섭되는지를 법관의 보충적 해석을 통해 확인할 수 있으므로 과세요건명확주의를 내용으로 하는 조세법률주의에 위배되지 않는다.

해설

①, ② O 1999.11.25. 98헌마55

③ O 부부간의 인위적인 자산 명의의 분산과 같은 가장행위 등은 상속세및증여세법상 증여의제규정 등을 통해서 방지할 수 있고, 부부의 공동생활에서 얻어지는 절약가능성을 담세력과 결부시켜 조세의 차이를 두는 것은 타당하지 않으며, 자산소득이 있는 모든 납세의무자 중에서 혼인한 부부가 혼인하였다는 이유만으로 혼인하지 않은 자산소득자보다 더 많은 조세부담을 하여 소득을 재분배하도록 강요받는 것은 부당하며, 부부 자산소득 합산과세를 통해서 혼인한 부부에게 가하는 조세부담의 증가라는 불이익이 자산소득합산과세를 통하여 달성하는 사회적 공익보다 크다고 할 것이므로, 소득세법 제61조 제1항이 자산소득합산과세의 대상이 되는 혼인한 부부를 혼인하지 않은 부부나 독신자에 비하여 차별취급하는 것은 헌법상 정당화되지 아니하기 때문에 **헌법 제36조 제1항에 위반**된다(2002.8.29. 2001헌바82).

④ O [1] 이혼시 재산분할을 청구하여 상속세 인적공제액을 초과하는 재산을 취득한 경우 그 초과부분에 대하여 증여세를 부과하는 것은, 증여세제의 본질에 반하여 증여라는 과세원인 없음에도 불구하고 증여세를 부과하는 것이어서 현저히 불합리하고 자의적이며 재산권보장의 헌법이념에 부합하지 않으므로 **실질적 조세법률주의에 위배**된다.
[2] 증여세의 상속세 보완세적 기능을 관철하는 데에만 집착한 나머지 배우자상속과 이혼시 재산분할의 재산관계의 본질적이고도 다양한 차이점을 무시하고 이를 동일하게 다루는 것은, 본질적으로 다른 것을 같게 다룸으로써 자신의 실질적 공유재산을 청산받는 혼인당사자를 합리적 이유없이 불리하게 차별하는 것이므로 **조세평등주의에 위배**된다(1997.10.30. 96헌바14).

⑤ X '고급오락장' 및 "기타 사치성 재산"의 개념이 지나치게 추상적이고 불명확하여 그 대상이 무엇인지를 예측하기가 어렵고, 그 입법연혁과 입법목적을 살펴보더라도 '고급오락장' 및 '기타 사치성 재산'의 기준과 범위를 합리적이고 객관적으로 예측해내기가 어려워서 과세관청의 자의적인 해석과 집행을 초래할 염려가 있으므로 헌법 제38조, 제59조에 규정된 **조세법률주의에 위배**된다(1999.3.25. 98헌가11).

26 21법전협-2-15   정답 ⑤

국회의 재정권에 관한 설명 중 옳은 것은?

① 국회는 정부의 동의 없이 정부가 제출한 지출예산 각 항의 금액을 삭감할 수 없다.
② 정부는 국채를 모집하거나 예산 외에 국가의 부담이 될 계약을 체결한 경우에는 즉시 국회의 승인을 얻어야 한다.
③ 세입과는 달리 세출을 위해서는 예산에 계상(計上)되어 있으면 족하고, 별도로 법률의 근거를 요하지 않는다.
④ 대통령은 국회에서 통과된 예산안을 국회에 환부하여 재심의를 요구하는 거부권을 행사할 수 있다.
⑤ 정부는 감사원의 검사를 거친 결산을 국회에 제출해야 하며, 국회에 제출된 결산은 예산안과 마찬가지로 소관 상임위원회와 예산결산특별위원회의 심사를 거쳐 본회의의 의결을 거쳐야 한다.

 해설

① X 국회는 정부의 동의 없이 정부가 제출한 지출예산 각항의 금액을 증액할 수 없지만, 삭감할 수는 있다.

> **제57조**
> 국회는 정부의 동의없이 정부가 제출한 지출예산 각항의 금액을 증가하거나 새 비목을 설치할 수 없다.

② X

> **제58조**
> 국채를 모집하거나 예산외에 국가의 부담이 될 계약을 체결하려 할 때에는 정부는 미리 국회의 의결을 얻어야 한다.

③ X

> **국가재정법 제17조(예산총계주의)**
> ② 제53조에 규정된 사항을 제외하고는 세입과 세출은 모두 예산에 계상하여야 한다.

④ X 대통령은 국회에서 통과한 예산안에 대한 거부권이 없다.
⑤ O

> **국가재정법 제61조(국가결산보고서의 국회제출)**
> 정부는 제60조에 따라 감사원의 검사를 거친 국가결산보고서를 다음 연도 5월 31일까지 국회에 제출하여야 한다.
>
> **국회법 제84조(예산안·결산의 회부 및 심사)**
> ① 예산안과 결산은 소관 상임위원회에 회부하고, 소관 상임위원회는 예비심사를 하여 그 결과를 의장에게 보고한다. 이 경우 예산안에 대해서는 본회의에서 정부의 시정연설을 듣는다.
> ② 의장은 예산안과 결산에 제1항의 보고서를 첨부하여 이를 예산결산특별위원회에 회부하고 그 심사가 끝난 후 본회의에 부의한다. 결산의 심사 결과 위법하거나 부당한 사항이 있는 경우에 국회는 본회의 의결 후 정부 또는 해당 기관에 변상 및 징계조치 등 그 시정을 요구하고, 정부 또는 해당 기관은 시정 요구를 받은 사항을 지체 없이 처리하여 그 결과를 국회에 보고하여야 한다.

27 20법전협-3-12 정답 ④

조세에 관한 설명으로 옳지 않은 것은? (다툼이 있는 경우 판례에 의함)

① 국회는 위원회가 제안한 조세에 관한 법률안의 본회의 상정 전이나 본회의 상정 후에 재적의원 4분의 1 이상이 요구할 때에는 그 심사를 위하여 의원 전원으로 구성되는 전원위원회를 개회할 수 있다.
② 우리나라는 조세입법에서 영구세주의를 따르기 때문에 국회가 조세에 관한 법률을 제정하면 그 법률에 따라 국가나 지방자치단체가 계속하여 조세를 부과·징수할 수 있다.
③ 조세법률주의의 이념은 과세요건을 법률로 명확하게 규정함으로써 국민의 재산권을 보장함과 동시에 국민의 경제생활에 법적 안정성과 예측가능성을 보장함에 있으므로, 조세법률주의는 조세의 부과·징수에 관한 규정뿐 아니라 조세감면규정에도 적용된다.
④ 조세감면 등의 조세우대조치를 내용으로 하는 경우, 조세평등주의 위반 여부를 판단함에 있어서는 입법재량의 범위를 벗어났는지에 관하여 합리성 심사기준이 아니라 엄격심사기준을 적용하여야 한다.
⑤ 납세의무의 중요한 사항 내지 본질적인 내용에 관련된 것이라 하더라도 그 중 경제현실의 변화나 전문적 기술의 발달 등에 즉응하여야 하는 세부적인 사항에 관하여는 국회 제정의 형식적 법률보다 더 탄력성이 있는 행정입법에 이를 위임할 필요가 있다.

해설

① O

> **국회법 제63조의2(전원위원회)**
> ① 국회는 위원회의 심사를 거치거나 위원회가 제안한 의안 중 정부조직에 관한 법률안, 조세 또는 국민에게 부담을 주는 법률안 등 주요 의안의 본회의 상정 전이나 본회의 상정 후에 재적의원 4분의 1 이상이 요구할 때에는 그 심사를 위하여 의원 전원으로 구성되는 전원위원회(全院委員會)를 개회할 수 있다. 다만, 의장은 주요 의안의 심의 등 필요하다고 인정하는 경우 각 교섭단체 대표의원의 동의를 받아 전원위원회를 개회하지 아니할 수 있다.

② O 영구세주의(↔일년세주의)란 법률의 개폐가 없는 한 당해 법률에 의하여 계속하여 과세할 수 있는 원칙으로, 우리나라 헌법 제59조에서 '조세의 종목과 세율은 법률로 정한다.'라고 하여 영구세주의를 규정하고 있다고 볼 수 있으므로 국회가 조세에 관한 법률을 제정하면 그 법률에 따라 국가나 지방자치단체가 계속하여 조세를 부과·징수할 수 있다.
③ O 헌법 제38조와 제59조가 선언하고 있는 조세법률주의는 과세요건법정주의와 과세요건명확주의를 핵심내용으로 하며, 과세요건을 법률로 명확하게 규정함으로써 국민의 재산권을 보장함과 동시에 국민의 경제생활에 법적 안정성과 예측가능성을 보장하기 위한 것이다. 이러한 조세법률주의는 조세의 부과·징수에 관한 규정뿐 아니라 조세감면규정에도 적용된다(2015.4.30. 2011헌바269).
④ X 입법자가 조세감면의 혜택을 부여하는 입법을 함에 있어서 그 입법목적, 과세공평 등에 비추어 그 범위를 결정하는 것은 입법자의 광범위한 재량행위에 속하고, 재량의 범위를 뚜렷하게 벗어나 자의적이거나 임의적인 것으로 볼 수 없는 한 이것을 위헌이라고 단정할 수 없다. 이 사건 법률조항은 양도소득세의 전부 또는 일부를 감면하는 조세우대조치를 내용으로 하고 있으므로, 이 사건 법률조항이 조세평등주의에 위반되는지 여부를 판단함에 있어서는 그 내용이 입법목적 등에 비추어 현저하게 입법재량의 범위를 벗어나 합리성을 결여한 것인지 여부, 즉 합리성 심사기준을 적용하여 판단할 수 있다(2011.6.30. 2010헌바430).
⑤ O 조세법률주의를 지나치게 철저하게 시행한다면 복잡다양하고도 끊임없이 변천하는 경제상황에 대처하여 적확하게 과세대상을 포착하고 적정하게 과세표준을 산출하기 어려워 담세력에 응한 공평과세의 목적을 달성할 수 없게 된다. 따라서 조세법률주의를 견지하면서도 조세평등주의와의 조화를 위하여 경제현실에 응하여 공정한 과세를 할 수 있게 하고 탈법적인 조세회피행위에 대처하기 위하여는 납세의무의 중요한 사항 내지 본질적인 내용에 관련된 것이라 하더라도 그 중 경제현실의 변화나 전문적 기술의 발달 등에 즉응하여야 하는 세부적인 사항에 관하여는 국회 제정의 형식적 법률보다 더 탄력성이 있는 행정입법에 이를 위임할 필요가 있는 것이다(1997.9.25. 96헌바18).

28 20법전협-1-18 정답 ⑤

국가의 재정에 관한 설명 중 옳은 것(○)과 옳지 않은 것(×)을 올바르게 조합한 것은? (다툼이 있는 경우 판례에 의함)

> ㄱ. 한 회계연도를 넘어 계속하여 지출할 필요가 있을 때에는 정부는 연한을 정하여 계속비로서 국회의 의결을 얻어야 하며, 예비비는 항목별로 국회의 의결을 얻어야 한다.
> ㄴ. 정부는 예산안을 국회에 제출한 후 부득이한 사유로 인하여 그 내용의 일부를 수정하고자 하는 때에는 국무회의의 심의를 거쳐 대통령의 승인을 얻은 수정예산안을 국회에 제출할 수 있다.
> ㄷ. 부담금은 조세에 대한 관계에서 어디까지나 예외적으로만 인정되어야 하며, 어떤 공적 과제에 관한 재정조달을 조세로 할 것인지 아니면 부담금으로 할 것인지에 관하여 입법자의 자유로운 선택권을 허용하여서는 안 된다.
> ㄹ. 새로운 회계연도가 개시될 때까지 예산안이 의결되지 못한 때에는 정부는 국회에서 예산안이 의결될 때까지 법령상 지출의무의 이행을 위한 경비는 전년도 예산에 준하여 집행할 수 있다.

① ㄱ(×), ㄴ(×), ㄷ(○), ㄹ(○)
② ㄱ(○), ㄴ(×), ㄷ(○), ㄹ(○)
③ ㄱ(×), ㄴ(○), ㄷ(×), ㄹ(○)
④ ㄱ(○), ㄴ(×), ㄷ(○), ㄹ(×)
⑤ ㄱ(×), ㄴ(○), ㄷ(○), ㄹ(×)

 해설

ㄱ. X 예비비는 일반회계 예산총액의 100분의 1 이내의 금액을 총액으로 국회의 의결을 얻어야 한다. 예비비는 항목별로 국회의 의결을 얻어야 하는 것은 아니므로 이에 대한 통제로서 차기국회의 승인을 얻도록 하고 있다.

> **제55조**
> ① 한 회계연도를 넘어 계속하여 지출할 필요가 있을 때에는 정부는 연한을 정하여 계속비로서 국회의 의결을 얻어야 한다.
> ② 예비비는 총액으로 국회의 의결을 얻어야 한다. 예비비의 지출은 차기국회의 승인을 얻어야 한다.

ㄴ. O

> **국가재정법 제35조(국회제출 중인 예산안의 수정)**
> 정부는 예산안을 국회에 제출한 후 부득이한 사유로 인하여 그 내용의 일부를 수정하고자 하는 때에는 국무회의의 심의를 거쳐 대통령의 승인을 얻은 수정예산안을 국회에 제출할 수 있다.

ㄷ. O 부담금은 조세에 대한 관계에서 어디까지나 예외적으로만 인정되어야 하며, 어떤 공적 과제에 관한 재정조달을 조세로 할 것인지 아니면 부담금으로 할 것인지에 관하여 입법자의 자유로운 선택권을 허용하여서는 안 된다(2004.7.15. 2002헌바42).

ㄹ. X 법령상 지출의무의 이행이 아니라 법률상 지출의무의 이행이다.

> **제54조**
> ③ 새로운 회계연도가 개시될 때까지 예산안이 의결되지 못한 때에는 정부는 국회에서 예산안이 의결될 때까지 다음의 목적을 위한 경비는 전년도 예산에 준하여 집행할 수 있다.
> 1. 헌법이나 법률에 의하여 설치된 기관 또는 시설의 유지·운영
> 2. 법률상 지출의무의 이행
> 3. 이미 예산으로 승인된 사업의 계속

29 20법전협-2-14   정답 ④

국회의 예산안 심의와 관련된 설명으로 옳지 않은 것을 모두 고른 것은?

> ㄱ. 국회는 정부의 동의 없이 정부가 제출한 지출예산 각항의 금액을 증가하거나 새 비목을 설치할 수 없다.
> ㄴ. 의안에 대한 수정동의 중, 예산안에 대한 수정동의는 그 안을 갖추고 이유를 붙여 30명 이상의 찬성 의원과 연서하여 미리 의장에게 제출하여야 한다.
> ㄷ. 새로운 회계연도가 개시될 때까지 예산안이 의결되지 못한 때에는 정부는 국회에서 예산안이 의결될 때까지 가예산을 편성하여 국회의 의결을 얻어 집행할 수 있다.
> ㄹ. 한 회계연도를 넘어 계속하여 지출할 필요가 있을 때에는 정부는 연한을 정하여 계속비로서 국회의 의결을 얻어야 한다.
> ㅁ. 헌법은 정부가 회계연도마다 예산안을 편성하여 회계연도 개시 100일전까지 국회에 제출하고, 국회가 회계연도 개시 30일 전까지 이를 의결하도록 규정하고 있다.

① ㄱ, ㄴ, ㄷ   ② ㄱ, ㄴ, ㄹ
③ ㄱ, ㄹ, ㅁ   ④ ㄴ, ㄷ, ㅁ
⑤ ㄷ, ㄹ, ㅁ

 해설

④ 국회의 예산안 심의와 관련된 설명으로 옳지 않은 것은 ㄴ, ㄷ, ㅁ 이다.

ㄱ. O 국회는 정부의 동의없이 정부가 제출한 지출예산 각항의 금액을 증가하거나 새 비목을 설치할 수 없다(헌법 제57조).

ㄴ. X 의안에 대한 수정동의(修正動議)는 그 안을 갖추고 이유를 붙여 30명 이상의 찬성 의원과 연서하여 미리 의장에게 제출하여야 한다. 다만, 예산안에 대한 수정동의는 의원 50명 이상의 찬성이 있어야 한다(국회법 제95조 제1항).

ㄷ. X 새로운 회계연도가 개시될 때까지 예산안이 의결되지 못한 때에는 정부는 국회에서 예산안이 의결될 때까지 다음의 목적을 위한 경비는 전년도 예산에 준하여 집행할 수 있다(헌법 제54조 제3항).

ㄹ. O 한 회계연도를 넘어 계속하여 지출할 필요가 있을 때에는 정부는 연한을 정하여 계속비로서 국회의 의결을 얻어야 한다(헌법 제55조 제1항).

ㅁ. X 정부는 회계연도마다 예산안을 편성하여 회계연도 개시 90일 전까지 국회에 제출하고, 국회는 회계연도 개시 30일전까지 이를 의결하여야 한다(헌법 제54조 제2항).

> [참고] 국가재정법 제33조(예산안의 국회제출) 정부는 제32조의 규정에 따라 대통령의 승인을 얻은 예산안을 회계연도 개시 120일 전까지 국회에 제출하여야 한다.

30 19법전협-1-11   정답 ③

재정에 관한 설명으로 옳지 않은 것은?

① 법령에 따라 국가가 지급하여야 하는 지출이 발생하거나 증가함으로써 이미 확정한 예산에 대하여 변경을 가할 필요가 있는 경우, 정부는 추가경정예산안을 편성할 수 있다.

② 정부는 회계연도마다 예산안을 편성하여 회계연도 개시 90일전까지 국회에 제출하고, 국회는 회계연도 개시 30일전까지 이를 의결하여야 한다.

③ 정부는 예측할 수 없는 예산 외의 지출 또는 예산초과지출에 충당하기 위하여 예비비로 세입세출예산에 계상할 수 있으며, 이 때 예비비는 총액으로 국회의 의결을 얻고 예비비의 지출도 정부가 금액의 총괄명세서를 회계연도 당해 국회에서 승인을 얻어야 한다.

④ 새로운 회계연도가 개시될 때까지 예산안이 의결되지 못하더라도, 헌법이나 법률에 의해 설치된 기관이나 시설의 유지·운영을 위한 경비는 전년도 예산에 준하여 집행할 수 있다.

⑤ 한 회계연도를 넘어 계속하여 지출할 필요가 있을 때에는 연한을 정하여 계속비로서 국회의 의결을 얻어야 하며, 이 때 연한은 원칙적으로 5년 이내로 하되, 예외적으로 10년 이내로 할 수 있다.

해설

① O

국가재정법 제89조(추가경정예산안의 편성)
① 정부는 다음 각 호의 어느 하나에 해당하게 되어 이미 확정된 예산에 변경을 가할 필요가 있는 경우에는 추가경정예산안을 편성할 수 있다.
1. 전쟁이나 대규모 재해(「재난 및 안전관리 기본법」제3조에서 정의한 자연재난과 사회재난의 발생에 따른 피해를 말한다)가 발생한 경우
2. 경기침체, 대량실업, 남북관계의 변화, 경제협력과 같은 대내·외 여건에 중대한 변화가 발생하였거나 발생할 우려가 있는 경우
3. 법령에 따라 국가가 지급하여야 하는 지출이 발생하거나 증가하는 경우

② O 정부는 회계연도마다 예산안을 편성하여 회계연도 개시 90일 전까지 국회에 제출하고, 국회는 회계연도 개시 30일전까지 이를 의결하여야 한다(헌법 제54조 제2항).

③ X 예비비는 총액으로 국회의 의결을 얻어야 한다. 예비비의 지출은 차기국회의 승인을 얻어야 한다(헌법 제55조 제2항).

④ O

제54조
③ 새로운 회계연도가 개시될 때까지 예산안이 의결되지 못한 때에는 정부는 국회에서 예산안이 의결될 때까지 다음의 목적을 위한 경비는 전년도 예산에 준하여 집행할 수 있다.
1. 헌법이나 법률에 의하여 설치된 기관 또는 시설의 유지·운영
2. 법률상 지출의무의 이행
3. 이미 예산으로 승인된 사업의 계속

⑤ O

제55조
① 한 회계연도를 넘어 계속하여 지출할 필요가 있을 때에는 정부는 연한을 정하여 계속비로서 국회의 의결을 얻어야 한다.

국가재정법 제23조(계속비)
① 완성에 수년도를 요하는 공사나 제조 및 연구개발사업은 그 경비의 총액과 연부액(年賦額)을 정하여 미리 국회의 의결을 얻은 범위 안에서 수년도에 걸쳐서 지출할 수 있다.
② 제1항의 규정에 따라 국가가 지출할 수 있는 연한은 그 회계연도부터 5년 이내로 한다. 다만, 사업규모 및 국가재원 여건상 필요한 경우에는 예외적으로 10년 이내로 할 수 있다.

제3항 국정통제에 관한 권한

31 21법전협-2-16   정답 ③

국회의 국정감사권 및 국정조사권에 관한 설명 중 옳은 것을 모두 고른 것은? (다툼이 있는 경우 판례에 의함)

ㄱ. 1972년 제7차 개정헌법은 1948년 제헌헌법이 규정한 국정감사권을 폐지하였고, 1980년 제8차 개정헌법은 국정조사권을 규정하였으며, 현행 헌법은 국정감사권과 국정조사권을 규정하고 있다.

ㄴ. 국정감사의 대상은 지방자치단체 중 특별시·광역시·도의 경우에는 국가위임사무와 국가가 보조금 등 예산을 지원하는 사업으로 제한된다.

ㄷ. 국회는 재적의원 4분의 1 이상의 요구가 있는 때에는 특별위원회 또는 상임위원회로 하여금 국정의 특정사안에 관하여 국정조사를 하게 한다.

ㄹ. 「국회에서의 증언·감정 등에 관한 법률」상의 증인이 허위의 진술을 한 경우 위증죄로 처벌하는 것은 해당 증인의 진술거부권을 제한하지만 과잉금지원칙에 위반되는 것은 아니다.

ㅁ. 국회로부터 공무원이 국가기밀 사항에 대한 증언의 요구를 받은 경우에 이로부터 5일 이내에 그 발표로 말미암아 국가안위에 중대한 영향을 미칠 수 있음이 명백하다는 주무부장관의 소명이 있으면 해당 증언을 거부할 수 있으나, 국회가 주무부장관의 소명을 수락하지 아니할 경우에는 해당 증언을 거부할 수 없다.

① ㄴ, ㄷ　　　　② ㄹ, ㅁ
③ ㄱ, ㄴ, ㄷ　　　④ ㄷ, ㄹ, ㅁ
⑤ ㄱ, ㄴ, ㄷ, ㄹ

③ 국회의 국정감사권 및 국정조사권에 관한 설명 중 옳은 것은 ㄱ, ㄴ, ㄷ 이다.

ㄱ. O 국정감사권은 제헌헌법부터 규정되었으나, 1972년 제7차 개정헌법에서는 국정감사권을 폐지하였다가 현행 헌법에서 부활시켰다. 국정조사권은 제4공화국의 국회법에서 규정하였으나, 헌법상 최초로 규정한 것은 1980년 제8차 개정헌법이다. 현행 헌법은 국정감사권과 국정조사권을 모두 규정하고 있다.

ㄴ. O

> 국정감사 및 조사에 관한 법률 제7조(감사의 대상)
> 감사의 대상기관은 다음 각 호와 같다.
>   2. 지방자치단체 중 특별시·광역시·도. 다만, 그 감사범위는 국가위임사무와 국가가 보조금 등 예산을 지원하는 사업으로 한다.

ㄷ. O

> 국정감사 및 조사에 관한 법률 제3조(국정조사)
> ① 국회는 재적의원 4분의 1 이상의 요구가 있는 때에는 특별위원회 또는 상임위원회로 하여금 국정의 특정사안에 관하여 국정조사(이하 "조사"라 한다)를 하게 한다.

ㄹ. X 국회에서 허위의 진술을 한 증인을 위증죄로 처벌하는 구 '국회에서의 증언·감정 등에 관한 법률' 제14조 제1항 본문 중 증인에 관한 부분이 진술거부권을 제한하는지 여부(소극) 국회증언감정법상의 증인의 경우 진술거부권을 고지받을 권리가 인정되지 않으므로, 청구인이 진술거부권을 고지받지 않았다고 하더라도 심판대상조항이 헌법상 진술거부권을 제한한다고 볼 수 없다(2015.9.24. 2012헌바410).

ㅁ. X 국회로부터 공무원이 국가기밀 사항에 대한 증언의 요구를 받은 경우에 이로부터 5일 이내에 그 발표로 말미암아 국가안위에 중대한 영향을 미칠 수 있음이 명백하다는 주무부장관의 소명이 있으면 해당 증언을 거부할 수 있고, 국회가 주무부장관의 소명을 수락하지 아니할 경우에도 해당 증언을 거부할 수 있다. 다만 국회는 국무총리의 성명(聲明)을 요구할 수 있다.

> 국회에서의 증언·감정 등에 관한 법률 제4조(공무상 비밀에 관한 증언·서류등의 제출)
> ① 국회로부터 공무원 또는 공무원이었던 사람이 증언의 요구를 받거나, 국가기관이 서류등의 제출을 요구받은 경우에 증언할 사실이나 제출할 서류등의 내용이 직무상 비밀에 속한다는 이유로 증언이나 서류등의 제출을 거부할 수 없다. 다만, 군사·외교·대북 관계의 국가기밀에 관한 사항으로서 그 발표로 말미암아 국가안위에 중대한 영향을 미칠 수 있음이 명백하다고 주무부장관(대통령 및 국무총리의 소속기관에서는 해당 관서의 장)이 증언 등의 요구를 받은 날부터 5일 이내에 소명하는 경우에는 그러하지 아니하다.
> ② 국회가 제1항 단서의 소명을 수락하지 아니할 경우에는 본회의의 의결로, 폐회 중에는 해당 위원회의 의결로 국회가 요구한 증언 또는 서류등의 제출이 국가의 중대한 이익을 해친다는 취지의 국무총리의 성명(聲明)을 요구할 수 있다.
> ③ 국무총리가 제2항의 성명 요구를 받은 날부터 7일 이내에 그 성명을 발표하지 아니하는 경우에는 증언이나 서류등의 제출을 거부할 수 없다.

---

32 19법전협-2-9 정답 ②

국정감사 및 조사에 관한 설명 중 옳은 것을 모두 고른 것은?

> ㄱ. 우리 헌법에 국정조사권은 1980년 헌법에 최초로 규정되었다.
> ㄴ. 국회는 재적의원 4분의 1이상의 요구가 있는 때에는 특별위원회 또는 상임위원회로 하여금 국정의 특정사안에 관하여 조사를 시행하게 한다.
> ㄷ. 국정감사의 대상기관 중 지방자치단체의 경우는 본회의가 특히 필요하다고 의결한 경우에 한한다.
> ㄹ. 국회에서의 증언에서 18세 미만의 자나 선서의 취지를 이해하지 못하는 자는 선서를 하게 하지 아니한다.
> ㅁ. 국정감사나 국정조사와 관련하여 보고와 서류 및 해당기관이 보유한 사진·영상물의 제출 요구를 받은 때에는 이 법에 특별한 규정이 있는 경우를 제외하고는 다른 법률의 규정에 불구하고 누구든지 이에 응하여야 한다.

① ㄱ, ㄴ, ㄷ   ② ㄱ, ㄴ, ㅁ
③ ㄱ, ㄷ, ㄹ   ④ ㄴ, ㄹ, ㅁ
⑤ ㄷ, ㄹ, ㅁ

ㄱ. O

국정감사권	제헌헌법에서 규정 → 7차개정에서 삭제 → 9차개정에서 부활
국정조사권	8차개정에서 신설 ※ 7차개정(4공화국)에서는 국회법에 규정

ㄴ. O 국정감사 및 조사에 관한 법률 제3조 제1항

ㄷ. X 지방자치단체에 대한 국정감사는 원칙적으로 지방자치단체의 고유사무는 제외된다고 보는 것이 일반적이다. 그런데 국감법은 제7조 2호에서 '지방자치단체 중 특별시·광역시·도. 다만, 그 감사범위는 국가위임사무와 국가가 보조금 등 예산을 지원하는 사업으로 한다.', 제4호에서 '제1호부터 제3호까지 외의 지방행정기관, 지방자치단체, 「감사원법」에 따른 감사원의 감사대상기관. 이 경우 본회의가 특히 필요하다고 의결한 경우로 한정한다.'라고 규정하고 있다.

> 국정감사 및 조사에 관한 법률 제7조(감사의 대상)
> 감사의 대상기관은 다음 각 호와 같다.
>   1. 「정부조직법」, 그 밖의 법률에 따라 설치된 국가기관
>   2. 지방자치단체 중 특별시·광역시·도. 다만, 그 감사범위는 국가위임사무와 국가가 보조금 등 예산을 지원하는 사업으로 한다.
>   3. 「공공기관의 운영에 관한 법률」 제4조에 따른 공공기관, 한국은행, 농업협동조합중앙회, 수산업협동조합중앙회
>   4. 제1호부터 제3호까지 외의 지방행정기관, 지방자치단체, 「감사원법」에 따른 감사원의 감사대상기관. 이 경우 본회의가 특히 필요하다고 의결한 경우로 한정한다.

ㄹ. X 16세 미만의 사람이나 선서의 취지를 이해하지 못하는 사람에게는 선서를 하게 하지 아니한다(국회에서의 증언·감정 등에 관한 법률 제3조 제4항).

ㅁ. O 국회에서의 증언·감정 등에 관한 법률 제2조

33 15변시-1 정답 ⑤

조약과 국제법규에 관한 헌법재판소 결정에 부합하는 것을 모두 고른 것은?

> ㄱ. 강제노동의 폐지에 관한 국제노동기구(ILO)의 105호 조약은 일반적으로 승인된 국제법규성이 인정된다.
> ㄴ. 국제연합(UN)의 '인권에 관한 세계선언' 및 국제연합교육과학문화기구와 국제노동기구가 채택한 '교원의 지위에 관한 권고'는 일반적으로 승인된 국제법규성이 인정되므로 국내법적 효력이 인정된다.
> ㄷ. 국제노동기구 산하 '결사의 자유위원회'의 권고는 국내법과 같은 효력이 있거나 일반적으로 승인된 국제법규라고 볼 수 없다.
> ㄹ. 마라케쉬협정은 적법하게 체결되어 공포된 조약이므로 국내법과 같은 효력을 갖는 것이어서, 마라케쉬협정에 의하여 관세법위반자의 처벌이 가중된다고 하더라도 이를 들어 법률에 의하지 아니한 형사처벌이라고 할 수 없다.

① ㄱ, ㄴ ② ㄱ, ㄹ
③ ㄴ, ㄷ ④ ㄴ, ㄹ
⑤ ㄷ, ㄹ

 해설

> ㄱ. X 강제노동의 폐지에 관한 국제노동기구(ILO)의 제105호 조약은 우리나라가 비준한 바가 없고, 헌법 제6조 제1항에서 말하는 일반적으로 승인된 국제법규로서 헌법적 효력을 갖는 것이라고 볼 만한 근거도 없으므로 이 사건 심판대상 규정의 위헌성 심사의 척도가 될 수 없다(1998.7.16. 97헌바23).
> ㄴ. X 국제연합(UN)의 '인권에 관한 세계선언'은 선언적인 의미를 가지고 있을 뿐, 보편적인 법적 구속력을 가진 것은 아니다 (1991.7.22. 89헌가106).
> ㄷ. O 국제노동기구의 '결사의 자유위원회'나 국제연합의 '경제적·사회적 및 문화적 권리위원회' 및 경제협력개발기구(OECD)의 '노동조합자문위원회' 등의 국제기구들이 우리나라에 대하여 가능한 한 빨리 모든 영역의 공무원들에게 근로3권을 보장할 것을 권고하고 있다고 하더라도 그것만으로 위 법률조항이 위헌으로서 당연히 효력을 상실하는 것은 아니다(대판 1993.12.24. 93도1711). 국제인권규약들은 권리의 본질을 침해하지 아니하는 한 국내의 민주적인 대의절차에 따라 필요한 범위 안에서 근로기본권에 대한 법률에 의한 제한은 용인하고 있으므로 공무원의 근로3권을 제한하는 지방공무원법 제58조 제1항과 정면으로 배치되는 것은 아니고, 그 밖에 청구인들이 거론하는 근로기본권에 관한 국제법상의 선언, 협약 및 권고 등은 우리나라가 비준한 바 없거나 권고적 효력만을 가지고 있어 위 법률조항에 대한 위헌성 심사의 척도가 될 수 없다(2005. 10.27. 2003헌바50).
> ㄹ. O 마라케쉬협정도 적법하게 체결되어 공포된 조약이므로 국내법과 같은 효력을 갖는 것이어서 그로 인하여 새로운 범죄를 구성하거나 범죄자에 대한 처벌이 가중된다고 하더라도 이것은 국내법에 의하여 형사처벌을 가중한 것과 같은 효력을 갖게 되는 것이다. 따라서 마라케쉬협정에 의하여 관세법위반자의 처벌이 가중된다고 하더라도 이를 들어 법률에 의하지 아니한 형사처벌이라거나 행위시의 법률에 의하지 아니한 형사처벌이라고 할 수 없다(1998.11.26. 97헌바65).

34 21변시-7 정답 ①

헌법상 국제질서에 관한 설명 중 옳지 않은 것은? (다툼이 있는 경우 판례에 의함)

① 전국의 주한 미군기지를 통폐합하여 평택지역으로 집중 재배치하는 내용의 미군기지이전협정과 이행합의서는 지역주민의 자기결정권을 직접적으로 제한한다.
② 외교관계에 관한 비엔나협약에 의하여 외국의 대사관저에 대해 강제집행이 불가능하게 된 경우 국가가 강제집행신청인의 손실을 보상할 입법의무는 발생하지 않는다.
③ 한미자유무역협정의 경우 헌법 제60조 제1항에 의하여 국회의 동의를 필요로 하는 우호통상항해조약의 하나로서 법률적 효력이 인정되므로, 규범통제의 대상이 됨은 별론으로 하고, 그에 의하여 성문헌법이 개정될 수는 없다.
④ 우리나라가 가입한 개정 교토협약이 국내법과 같은 효력을 가진다고 하더라도, 곧 헌법적 효력을 갖는 것이라고 볼 만한 근거는 없는바, 동 협약이 법률조항의 위헌성 심사척도가 될 수는 없다.
⑤ 소송비용담보제공명령에 관한 법률규정은, 우리나라에 효력이 있는 국제법과 조약 중 국내에 주소 등을 두고 있지 아니한 외국인이 소를 제기한 경우에 소송비용담보제공명령을 금지하는 것을 찾아 볼 수 없으므로, 헌법 제6조 제2항에 위배되지 아니한다.

 해설

> ① X 미군기지의 이전은 공공정책의 결정 내지 시행에 해당하는 것으로서 인근 지역에 거주하는 사람들의 삶을 결정함에 있어서 사회적 영향을 미치게 되나, 개인의 인격이나 운명에 관한 사항은 아니며 각자의 개성에 따른 개인적 선택에 직접적인 제한을 가하는 것이 아니다. 따라서 그와 같은 사항은 헌법상 자기결정권의 보호범위에 포함된다고 볼 수 없다(2006.2.23. 2005헌마268).
> ② O 외국의 대사관저에 대하여 강제집행을 할 수 없다는 이유로 집달관이 청구인들의 강제집행의 신청의 접수를 거부하여 강제집행이 불가능하게 된 경우 국가가 청구인들에게 손실을 보상하는 법률을 제정하여야 할 헌법상의 명시적인 입법위임은 인정되지 아니하고, 헌법의 해석으로도 그러한 법률을 제정함으로써 청구인들의 기본권을 보호하여야 할 입법자의 행위의무 내지 보호의무가 발생하였다고 볼 수 없다(1998.5.28. 96헌마44).
> ③ O 우리 헌법 제6조 제1항은 "헌법에 의하여 체결·공포된 조약과 일반적으로 승인된 국제법규는 국내법과 같은 효력을 가진다."고 규정하고, 헌법 부칙 제5조는 "이 헌법 시행 당시의 법령과 조약은 이 헌법에 위배되지 않는 한 그 효력을 지속한다."고 규정하는바, 우리 헌법은 조약에 대한 헌법의 우위를 전제하고 있으며, 헌법과 동일한 효력을 가지는 이른바 헌법적 조약을 인정하지 아니한다고 볼 것이다. 한미무역협정의 경우, 헌법 제60조 제1항에 의하여 국회의 동의를 필요로 하는 우호통상항해조약의 하나로서 법률적 효력이 인정되므로, 규범통제의 대상이 됨은 별론으로 하고, 그에 의하여 성문헌법이 개정될 수는 없다(2013.11.28. 2012헌마166).
> ④ O 우리 헌법은 헌법에 의하여 체결·공포된 조약과 일반적으로 승인된 국제법규를 국내법과 마찬가지로 준수하고 성실히 이행함으로써 국제질서를 존중하여 항구적 세계평화와 인류공영에 이바지함을

기본이념의 하나로 하고 있으므로(헌법 전문 및 제6조 제1항 참조), 국제적 협력의 정신을 존중하여 될 수 있는 한 국제법규의 취지를 살릴 수 있도록 노력할 것이 요청된다. 우리나라는 2003. 2. 개정교토협약에 가입하였고, 2006. 2.부터 개정교토협약이 발효된 이상 국내법과 마찬가지로 이를 준수할 의무가 있다고 할 것이다. 그러나 개정교토협약이 국내법과 같은 효력을 가진다고 하더라도, 곧 헌법적 효력을 갖는 것이라고 볼 만한 근거는 없는 바, 이 사건 법률조항의 위헌성 심사의 척도가 될 수는 없다(2015.6.25. 2013헌바193).

⑤ O 헌법 제6조 제2항에 의하면 외국인은 국제법과 조약이 정하는 바에 의하여 그 지위가 보장되는데, 우리나라에 효력이 있는 국제법과 조약 중 국내에 주소 등을 두고 있지 아니한 외국인이 소를 제기한 경우에 소송비용담보제공명령을 금지하는 국제법이나 조약을 찾아볼 수 없고, 이 사건 법률조항은 그 적용대상을 외국인으로 한정하고 있지 아니할 뿐만 아니라 외국인을 포함하여 국내에 주소 등을 두고 있지 아니한 원고의 재판청구권을 침해한다고 볼 수 없으므로, 이 사건 법률조항은 헌법 제6조 제2항에 위배되지 아니한다(2011.12.29. 2011헌바57).

35 20법전협-1-8 정답 ③

헌법상 국제질서에 관한 설명 중 옳은 것만을 모두 고른 것은? (다툼이 있는 경우 판례에 의함)

ㄱ. 가입국의 재판권 면제에 관한 국제통화기금협정 규정은 그것이 국회의 동의를 얻어 체결되었다면 성질상 국내에 바로 적용될 수 있는 법규범으로서 위헌법률심판의 대상이 된다.

ㄴ. 적법하게 체결·공포된 마라케쉬협정에 의하여 「관세법」 위반자의 처벌이 가중된다고 하더라도, 이를 들어 법률에 의하지 아니한 형사처벌이라거나 행위시의 법률에 의하지 아니한 형사처벌이라고 할 수 없다.

ㄷ. 헌법 제6조 제1항의 국제법 존중주의는 우리나라가 가입한 조약과 일반적으로 승인된 국제법규가 국내법과 같은 효력을 가진다는 것으로서 조약이나 국제법규가 국내법에 우선한다는 것으로 볼 수 없다.

ㄹ. 국회는 선전포고, 국군의 외국에의 파견에는 동의권을 가지나 외국군대의 대한민국 영역 안에서의 주류에 대해서는 동의권을 갖지 않는다.

ㅁ. 오늘날 전쟁과 테러 혹은 무력행위로부터 자유로워야 하는 것은 인간의 존엄과 가치를 실현하고 행복을 추구하기 위한 기본 전제가 되는 것이므로 헌법 제10조와 제37조 제1항으로부터 평화적 생존권이라는 기본권이 도출된다.

① ㄱ, ㄴ ② ㄴ, ㅁ
③ ㄱ, ㄴ, ㄷ ④ ㄱ, ㄷ, ㄹ
⑤ ㄷ, ㄹ, ㅁ

해설

③ 헌법상 국제질서에 관한 설명 중 옳은 것은 ㄱ, ㄴ, ㄷ 이다.

ㄱ. O 이 사건 조항 {국제통화기금협정 제9조(지위, 면제 및 특권) 제3항 (사법절차의 면제) 및 제8항(직원 및 피용자의 면제와 특권), 전문기구의특권과면제에관한협약 제4절, 제19절(a)}은 각 국회의 동의를 얻어 체결된 것으로서, 헌법 제6조 제1항에 따라 국내법적, 법률적 효력을 가지는 바, 가입국의 재판권 면제에 관한 것이므로 성질상 국내에 바로 적용될 수 있는 법규범으로서 위헌법률심판의 대상이 된다(2001.9.27. 2000헌바20).

ㄴ. O 마라케쉬협정도 적법하게 체결되어 공포된 조약이므로 국내법과 같은 효력을 갖는 것이어서 그로 인하여 새로운 범죄를 구성하거나 범죄자에 대한 처벌이 가중된다고 하더라도 이것은 국내법에 의하여 형사처벌을 가중한 것과 같은 효력을 갖게 되는 것이다. 따라서 마라케쉬협정에 의하여 관세법위반자의 처벌이 가중된다고 하더라도 이를 들어 법률에 의하지 아니한 형사처벌이라거나 행위시의 법률에 의하지 아니한 형사처벌이라고 할 수 없다(1998.11.26. 97헌바65).

ㄷ. O 헌법 제6조 제1항의 국제법 존중주의는 우리나라가 가입한 조약과 일반적으로 승인된 국제법규가 국내법과 같은 효력을 가진다는 것으로서 조약이나 국제법규가 국내법에 우선한다는 것은 아니다(2001.4.26. 99헌가13).

ㄹ. X 국회는 선전포고, 국군의 외국에의 파견 또는 외국군대의 대한민국 영역안에서의 주류에 대한 동의권을 가진다(헌법 제60조 제2항).

ㅁ. X 청구인들이 평화적 생존권이란 이름으로 주장하고 있는 평화란 헌법의 이념 내지 목적으로서 추상적인 개념에 지나지 아니하고, 평화적 생존권은 이를 헌법에 열거되지 아니한 기본권으로서 특별히 새롭게 인정할 필요성이 있다거나 그 권리내용이 비교적 명확하여 구체적 권리로서의 실질에 부합한다고 보기 어려워 헌법상 보장된 기본권이라고 할 수 없다(2009.5.28. 2007헌마369).

제4항 국회의 자율권

36 21법전협-3-4   정답 ④

국회의 자율권에 관한 설명 중 옳지 않은 것은? (다툼이 있는 경우 판례에 의함)

① 국회는 법률에 저촉되지 아니하는 범위 안에서 의사와 내부규율에 관한 규칙을 제정할 수 있다.
② 국회의 자율권은 권력분립의 원칙에 입각한 것으로 의회주의사상에 뿌리를 둔 국회기능의 하나로 간주된다.
③ 헌법은 국회의원의 자격심사·징계·제명에 관하여 법원에 제소할 수 없음을 규정함으로써 국회의 자율권을 보장하고 있다.
④ 헌법은 교섭단체와 위원회를 구성할 수 있는 국회의 권한을 직접 규정함으로써 국회의 내부조직에 관한 자율권을 보장하고 있다.
⑤ 의사진행에 관한 폭넓은 재량권은 국회의 자율권에 속하므로 국회의장의 의사절차 진행 행위가 헌법이나 법률에 명백히 위배되지 않는 한 다른 국가기관은 이를 존중하여야 한다.

 해설

① O

> 제64조
> ① 국회는 법률에 저촉되지 아니하는 범위안에서 의사와 내부규율에 관한 규칙을 제정할 수 있다.

② O 국회의 자율권은 의회주의사상에 그 뿌리를 두고 권력분립의 원칙에 입각한 것으로, 현대국가의 의회에서는 국회가 갖는 입법·재정·견제·인사기능의 실효성을 높이기 위해서 필요불가결한 국회기능의 하나로 간주되고 있다(2020.5.27. 2019헌라6 등).

③ O

> 제64조
> ② 국회는 의원의 자격을 심사하며, 의원을 징계할 수 있다.
> ③ 의원을 제명하려면 국회재적의원 3분의 2 이상의 찬성이 있어야 한다.
> ④ 제2항과 제3항의 처분에 대하여는 법원에 제소할 수 없다.

④ X 교섭단체와 위원회를 구성할 수 있는 국회의 권한은 헌법에 직접 규정되어 있지 않고 국회법에 규정되어 있다(국회법 제5장 이하 참고).
⑤ O 국회의장의 의사진행에 관한 폭넓은 재량권은 국회의 자율권의 일종이므로, 다른 국가기관은 헌법이나 법률에 명백히 위배되지 않는 한 국회의장의 의사절차 진행 행위를 존중하여야 한다(2020.5.27. 2019헌라6 등).

제5절 국회의원의 헌법상 지위와 특권

37 12변시-4   정답 ③

국회의원의 지위와 권한에 관한 설명 중 옳은 것은? (다툼이 있는 경우 판례에 의함)

① 국회의원은 국민의 대표자로서 소속 정당의 의사에 기속되지 않고 양심에 따라 자유로이 투표할 수 있으므로 당론을 위반하는 정치활동에 대한 정당 내부의 사실상의 강제도 허용되지 않는다.
② 국회의원의 면책특권이 적용되는 행위에 대하여 공소가 제기된 경우, 형사처벌할 수 없는 행위에 대하여 공소가 제기된 것이므로 무죄를 선고하여야 한다.
③ 국회의원이 사직하고자 하는 경우, 회기 중에는 국회의 의결이 있어야 하고, 폐회 중에는 국회의장의 허가가 있어야 한다.
④ 국회의원은 대통령, 헌법재판소 재판관, 선거관리위원회 위원, 감사위원을 겸직할 수 없지만, 국무총리, 국무위원, 지방자치단체의 장은 겸직할 수 있다.
⑤ 국회의원이 불구속으로 기소되어 징역형이 확정된 경우에도 국회의 회기 중에는 그 형을 집행할 수 없다.

 해설

① X 국회의원의 국민대표성을 중시하는 입장에서도 특정 정당에 소속된 국회의원이 정당기속 내지는 교섭단체의 결정(소위 '당론')에 위반하는 정치활동을 한 이유로 제재를 받는 경우, 국회의원 신분을 상실하게 할 수는 없으나 **"정당내부의 사실상의 강제" 또는 소속 "정당으로부터의 제명"은 가능**하다고 보고 있다(2003.10.30. 2002헌라1).
② X 국회의원의 면책특권에 속하는 행위에 대하여는 공소를 제기할 수 없으며 이에 반하여 공소가 제기된 것은 결국 공소권이 없음에도 공소가 제기된 것이 되어 형사소송법 제327조 제2호의 '공소제기의 절차가 법률의 규정에 위반하여 무효인 때'에 해당되므로 **공소를 기각**하여야 한다(대판 1992.9.22. 91도3317).
③ O 국회는 의결로 의원의 사직을 허가할 수 있다. 다만, **폐회중에는 의장이 허가**할 수 있다(국회법 제135조 제1항).
④ X 국회의원은 지방자치단체의 장을 겸직할 수 없다(국회법 제29조).

> 국회법 제29조(겸직 금지)
> ① 의원은 국무총리 또는 국무위원 직 외의 다른 직을 겸할 수 없다. 다만, 다음 각 호의 어느 하나에 해당하는 경우에는 그러하지 아니하다.
> 1. 공익 목적의 명예직
> 2. 다른 법률에서 의원이 임명·위촉되도록 정한 직
> 3. 「정당법」에 따른 정당의 직

⑤ X 국회의원에게 불체포특권이 인정된다 하더라도 **불구속으로 수사 또는 형사소추하거나 판결확정 후에 자유형을 집행하는 것은 가능**하다.

38 20변시-11   정답 ⑤

국회의원에 관한 설명 중 옳은 것은? (다툼이 있는 경우 판례에 의함)

① 국회의원이 자신의 발언 내용이 허위라는 점을 인식하지 못하여 발언 내용에 다소 근거가 부족하거나 진위 여부를 확인하기 위한 조사를 제대로 하지 않았다면, 발언이 직무수행의 일환으로 이루어졌더라도 면책특권의 대상이 되지 않는다.
② 대통령이 국회의 동의 절차를 거치지 아니한 채 입법사항에 관한 조약을 체결·비준한 경우, 국회의 조약에 대한 체결·비준 동의권이 침해되었을 뿐 아니라 국회의원 개인의 심의·표결권이 침해되었으므로 국회의원은 대통령을 피청구인으로 하여 권한쟁의심판을 청구할 수 있다.
③ 사립대학 교원이 국회의원으로 당선된 경우 임기개시일 전까지 그 직을 사직하도록 강제하는 것은, 당선된 사립학교 교원으로 하여금 그 직을 휴직하게 하는 것만으로도 충분히 국회의원으로서의 공정성과 직무전념성을 확보할 수 있으므로 사립학교 교원의 공무담임권을 침해한다.
④ 국회의장이 적법한 반대토론 신청이 있었음에도 반대토론을 허가하지 않고 토론절차를 생략하기 위한 의결을 거치지도 않은 채 법률안들에 대한 표결절차를 진행한 것은 국회의원의 법률안 심의·표결권을 침해한 것이며, 국회의원의 법률안 심의·표결권 침해가 확인된 이상 그 법률안의 가결선포행위는 무효이다.
⑤ 국회의원의 법률안 심의·표결권은 국민에 의하여 선출된 국가기관으로서 국회의원이 그 본질적 임무인 입법에 관한 직무를 수행하기 위해서 보유하는 권한으로서의 성격을 갖고 있으므로 국회의원의 개별적인 의사에 따라 포기할 수 있는 것은 아니다.

 해설

① X 발언 내용 자체에 의하더라도 직무와는 아무런 관련이 없음이 분명하거나, 명백히 허위임을 알면서도 허위의 사실을 적시하여 타인의 명예를 훼손하는 경우 등까지 면책특권의 대상이 될 수는 없지만, 발언 내용이 허위라는 점을 인식하지 못하였다면 비록 **발언 내용에 다소 근거가 부족하거나 진위 여부를 확인하기 위한 조사를 제대로 하지 않았다**고 하더라도, 그것이 직무 수행의 일환으로 이루어진 것인 이상 이는 **면책특권의 대상**이 된다(대판 2007.1.12. 2005다57752).
② X 피청구인 대통령이 국회의 동의 없이 조약을 체결·비준하였다 하더라도 국회의 체결·비준 동의권이 침해될 수는 있어도 국회의원인 청구인들의 심의·표결권이 침해될 가능성은 없다고 할 것이므로, 청구인들의 이 부분 심판청구 역시 부적법하다. … 조약의 체결·비준의 주체인 피청구인이 국회의 동의를 필요로 하는 조약에 대하여 국회의 동의절차를 거치지 아니한 채 체결·비준하는 경우 국회의 조약에 대한 체결·비준 동의권이 침해되는 것이므로, 이를 다투는 권한쟁의심판의 당사자는 국회가 되어야 할 것이다. 이와 달리 국회의 구성원인 국회의원이 국회의 권한 침해를 주장하여 권한쟁의심판을 청구할 수 있기 위하여는 이른바 '제3자 소송담당'이 허용되어야 한다. 그러나 '제3자 소송담당'은 예외적으로 법률의 규정이 있는 경우에만 인정되는 것이다. 따라서 권한쟁의심판에 있어 '제3자 소송담당'을 허용하는 법률의 규정이 없는 현행법 체계하에서 **국회의 구성원인 청구인들은 국회의 조약에 대한 체결·비준 동의권의 침해를 주장하는 권한쟁의심판을 청구할 수 없다**(2007.7.26. 2005헌라8).
③ X 사립대학 교원이 국회의원으로 당선된 경우 임기개시일 전까지 그 직을 사직하도록 규정한 국회법 제29조 제2항 단서 제3호 중 사립대학 교원에 관한 부분은 청구인의 공무담임권과 직업선택의 자유를 침해하지 않는다(2015.4.30. 2014헌마621).
④ X [1] 피청구인(국회의장)은 청구인의 반대토론 신청이 적법하게 이루어졌음에도 이를 허가하지 않고 나아가 토론절차를 생략하기 위한 의결을 거치지도 않은 채 이 사건 법률안들에 대한 표결절차를 진행하였으므로, 이는 국회법 제93조 단서를 위반하여 청구인의 **법률안 심의·표결권을 침해**하였다.
[2] 국회의 입법과 관련하여 일부 국회의원들의 권한이 침해되었다 하더라도 그것이 다수결의 원칙(헌법 제49조)과 회의공개의 원칙(헌법 제50조)과 같은 입법절차에 관한 헌법의 규정을 명백히 위반한 흠에 해당하는 것이 아니라면 그 법률안의 가결 선포행위를 곧바로 무효로 볼 것은 아닌데, 피청구인의 이 사건 법률안들에 대한 가결 선포행위는 그것이 입법절차에 관한 헌법규정을 위반하였다는 등 가결 선포행위를 **취소 또는 무효로 할 정도의 하자에 해당한다고 보기는 어렵다**(2011.8.30. 2009헌라7).
⑤ O 2009.10.29. 2009헌라8·9·10 등

39 19법전협-3-19 정답 ④

국회의 자율권에 관한 설명 중 옳은 것은? (다툼이 있는 경우 판례에 의함)

① 헌법은 국회의 국회의원 제명처분에 대해서는 법원이나 헌법재판소에 제소할 수 없다고 규정하고 있다.
② 헌법은 국회는 법령에 저촉되지 아니하는 범위 안에서 의사와 내부규율에 관한 규칙을 제정할 수 있다고 규정하고 있다.
③ 국회는 의결로 국회의원의 사직을 허가할 수 있는데, 사직허가 여부는 토론을 거쳐 표결하여야 한다.
④ 국회의장이 국회의원을 그 의사에 반하여 국회 보건복지위원회에서 사임시키고 환경노동위원회로 보임한 행위는 기본적으로 국회의 조직자율권에 해당하는 행위라고 할 수 있다.
⑤ 국회의 자율권에는 국회구성권도 포함되므로 「국회법」을 개정하여 부의장을 3인으로 할 수도 있다.

 해설

① X 헌법은 국회의 국회의원 제명처분에 대해서는 법원에 제소할 수 없다고 규정하고 있으나(제64조 제4항), 헌법재판소에 제소할 수 없다는 규정은 없다.
② X 국회는 법률에 저촉되지 아니하는 범위안에서 의사와 내부규율에 관한 규칙을 제정할 수 있다(헌법 제64조 제1항).
③ X

> **국회법 제135조(사직)**
> ① 국회는 의결로 의원의 사직을 허가할 수 있다. 다만, 폐회 중에는 의장이 허가할 수 있다.
> ③ 사직의 허가 여부는 토론을 하지 아니하고 표결한다.

④ O 이 사건 사·보임행위는 기본적으로 국회의 조직자율권에 해당하는 행위라고 할 수 있고, 따라서 이를 평가함에 있어 헌법이나 법률에 명백히 위반되는 것이 아닌 한 성급하게 위헌이라는 평가를 내려서는 안 된다(2003.10.30. 2002헌라1).
⑤ X 국회의 자율권도 헌법이나 법률을 위반하지 않는 범위내에서 허용되어야 하고 따라서 국회의 의사절차나 입법절차에 헌법이나 법률의 규정을 명백히 위반한 흠이 있는 경우에도 국회가 자율권을 가진다고는 할 수 없다(1997.7.16. 96헌라2).
위 판례에 비추어보면, 헌법 제48조에서 "국회는 의장 1인과 부의장 2인을 선출한다."고 규정하고 있으므로 「국회법」을 개정하여 부의장을 3인으로 할 수 없다고 보는 것이 타당하다.

40 19법전협-1-16 정답 ②

국회의원에 관한 설명 중 옳은 것(○)과 옳지 않은 것(×)을 올바르게 조합한 것은? (다툼이 있는 경우 판례에 의함)

ㄱ. 국회의장은 정부의 의원체포동의를 요청받은 후 처음 개의하는 본회의에 이를 보고하고, 본회의에 보고된 때부터 24시간 이후 72시간 이내에 표결하되, 체포동의안이 72시간 이내에 표결되지 아니하는 경우에는 그 이후에 최초로 개의하는 본회의에 상정하여 표결한다.
ㄴ. 비례대표국회의원은 소속정당의 합당·해산 또는 제명의 사유로 당적을 이탈·변경한 경우에는 퇴직되지 않기 때문에 헌법재판소의 정당해산결정이 있는 경우 그 정당 소속 비례대표국회의원의 의원직은 상실되지 않는다.
ㄷ. 국회의원이 자신의 발언이 허위임을 인식하지 못했다면 비록 발언 내용에 다소 근거가 부족하거나 진위 여부를 확인하기 위한 조사를 제대로 하지 않았다고 하더라도, 그것이 직무 수행의 일환으로 이루어진 이상 해당 국회의원의 발언은 면책특권의 대상이 된다.
ㄹ. 국회는 국회의원이 의장석 또는 위원장석을 점거하고 점거 해제를 위한 의장 또는 위원장의 조치에 따르지 않은 경우에는 윤리특별위원회의 심사를 거치지 아니하고 그 의결로써 해당 국회의원을 징계할 수 있다.
ㅁ. 직무관련성이 인정되는 주식을 보유한 국회의원에 대하여 그 주식을 매각 또는 백지신탁 후 일정 기간 내 처분하도록 강제하는 것은 국회의원의 이해충돌을 방지하기 위한 다른 방법이 존재한다는 점에서 과잉금지원칙에 위반된다.

① ㄱ(×), ㄴ(×), ㄷ(○), ㄹ(○), ㅁ(○)
② ㄱ(○), ㄴ(×), ㄷ(○), ㄹ(○), ㅁ(×)
③ ㄱ(○), ㄴ(○), ㄷ(×), ㄹ(○), ㅁ(×)
④ ㄱ(○), ㄴ(×), ㄷ(○), ㄹ(×), ㅁ(×)
⑤ ㄱ(×), ㄴ(○), ㄷ(×), ㄹ(×), ㅁ(○)

 해설

ㄱ. O

> **국회법 제26조(체포동의 요청의 절차)**
> ② 의장은 제1항에 따른 체포동의를 요청받은 후 처음 개의하는 본회의에 이를 보고하고, 본회의에 보고된 때부터 24시간 이후 72시간 이내에 표결한다. 다만, 체포동의안이 72시간 이내에 표결되지 아니하는 경우에는 그 이후에 최초로 개의하는 본회의에 상정하여 표결한다.

ㄴ. X 헌법재판소의 해산결정으로 정당이 해산되는 경우에 그 정당 소속 국회의원이 의원직을 상실하는지에 대하여 명문의 규정은 없으나, 정당해산심판제도의 본질은 민주적 기본질서에 위배되는 정당을 정치적 의사형성과정에서 배제함으로써 국민을 보호하는 데에

있는데 해산정당 소속 국회의원의 의원직을 상실시키지 않는 경우 정당해산결정의 실효성을 확보할 수 없게 되므로, 이러한 정당해산제도의 취지 등에 비추어 볼 때 헌법재판소의 정당해산결정이 있는 경우 그 정당 소속 국회의원의 의원직은 당선 방식을 불문하고 모두 상실되어야 한다(2014.12.19. 2013헌다1).

ㄷ. O 면책특권의 목적 및 취지 등에 비추어 볼 때, 발언 내용 자체에 의하더라도 직무와는 아무런 관련이 없음이 분명하거나, 명백히 허위임을 알면서도 허위의 사실을 적시하여 타인의 명예를 훼손하는 경우 등까지 면책특권의 대상이 될 수는 없지만, 발언 내용이 허위라는 점을 인식하지 못하였다면 비록 발언 내용에 다소 근거가 부족하거나 진위 여부를 확인하기 위한 조사를 제대로 하지 않았다고 하더라도, 그것이 직무 수행의 일환으로 이루어진 것인 이상 이는 면책특권의 대상이 된다(대판 2007.1.12. 2005다57752).

ㄹ. O

> **국회법 제155조(징계)**
> 국회는 의원이 다음 각 호의 어느 하나에 해당하는 행위를 하였을 때에는 윤리특별위원회의 심사를 거쳐 그 의결로써 징계할 수 있다. 다만, 의원이 제10호에 해당하는 행위를 하였을 때에는 윤리특별위원회의 심사를 거치지 아니하고 그 의결로써 징계할 수 있다.
> 10. 제148조의2를 위반하여 의장석 또는 위원장석을 점거하고 점거 해제를 위한 제145조에 따른 의장 또는 위원장의 조치에 따르지 아니하였을 때

ㅁ. X 국회의원이 보유한 직무관련성 있는 주식의 매각 또는 백지신탁을 명하고 있는 구 공직자윤리법 제14조의4 제1항 본문 제1호 및 제2호 가목 본문 중 제10조 제1항 제1호의 '국회의원' 부분은 과잉금지의 원칙을 준수하고 있으므로 당해사건 원고의 재산권을 침해하지 않는다(2012.8.23. 2010헌가65).

41 16변시-8 정답 ④

국회의원 甲이 장관 乙에게 국회 내에서 대정부 질문을 하는 과정에서 기업비리에 관한 의혹을 제기하면서, 항간의 소문을 근거로 해당 기업총수를 비방하였다. 이에 관한 설명 중 옳은 것(○)과 옳지 않은 것(×)을 올바르게 조합한 것은? (다툼이 있는 경우 판례에 의함)

> ㄱ. 甲이 자신이 제기한 의혹의 진위 여부를 확인하기 위한 조사를 제대로 하지 않았다고 한다면, 비록 甲의 발언이 직무수행의 일환으로 이루어졌고 해당 발언 내용이 허위라는 것을 인식하지 못하였더라도, 甲의 발언은 헌법상 국회의원의 면책특권의 대상이 될 수 없다.
> ㄴ. 甲의 발언이 헌법상 국회의원의 면책특권에 해당된다는 전제 하에 甲의 발언에 대해 공소가 제기되었다면, 이는 공소권이 없음에도 공소가 제기된 것이므로 그 공소는 기각되어야 한다.
> ㄷ. 면책특권의 대상이 되는 행위는 국회의 직무수행에 필수적인 국회의원의 국회 내에서의 직무상 발언과 표결이라는 의사표현행위 자체에만 국한되지 않고 이에 통상적으로 부수하여 행하여지는 행위까지 포함되므로, 甲이 乙에게 대정부 질문이나 질의를 준비하기 위해 자료제출을 요구하는 행위는 헌법상 국회의원의 면책특권의 대상이 될 수 있다.
> ㄹ. 甲의 발언이 헌법상 국회의원의 면책특권에 해당되는 행위로 인정되었더라도, 만약 甲이 나중에 위 발언에 대한 도의적 책임을 지고 국회의원직에서 사퇴하였을 경우에는 甲은 위 발언에 대해 더 이상 헌법상 국회의원의 면책특권을 누릴 수 없게 된다.

① ㄱ(○), ㄴ(○), ㄷ(×), ㄹ(○)
② ㄱ(○), ㄴ(×), ㄷ(○), ㄹ(×)
③ ㄱ(×), ㄴ(○), ㄷ(×), ㄹ(○)
④ ㄱ(×), ㄴ(○), ㄷ(○), ㄹ(×)
⑤ ㄱ(×), ㄴ(×), ㄷ(×), ㄹ(○)

 해설

ㄱ. X 발언 내용 자체에 의하더라도 직무와는 아무런 관련이 없음이 분명하거나, 명백히 허위임을 알면서도 허위의 사실을 적시하여 타인의 명예를 훼손하는 경우 등까지 면책특권의 대상이 될 수는 없지만, 발언 내용이 허위라는 점을 인식하지 못하였다면 비록 발언 내용에 다소 근거가 부족하거나 진위 여부를 확인하기 위한 조사를 제대로 하지 않았다고 하더라도, 그것이 직무 수행의 일환으로 이루어진 것인 이상 이는 면책특권의 대상이 된다(대판 2007.1.12. 2005다57752).

ㄴ. O 면책특권이 인정되는 경우에 법원은 어떠한 판단을 하여야 하는지 문제에 대해 우리나라 대법원은 "유성환의원 원고사전배포 사건"에서 공소기각판결을 하였다(대판 1992.9.22. 91도3317). 따라서 국회의원의 면책특권에 해당하는 행위에 대해서 공소가 제기된 경우 법원은 이를 기각하여야 한다.

ㄷ. O 면책특권의 대상이 되는 행위는 국회의 직무수행에 필수적인 국회의원의 국회 내에서의 직무상 발언과 표결이라는 의사표현행위 자체에만 국한되지 아니하고 이에 통상적으로 **부수하여 행하여지는 행위까지 포함**하며, 그와 같은 부수행위인지 여부는 구체적인 행위의 목적·장소·태양 등을 종합하여 개별적으로 판단하여야 한다(대판 2011.5.13. 2009도14442).

ㄹ. X 면책특권에 의해 면책된 행위의 면책기간은 재임 중에 국한되는 것은 아니고 **임기만료 이후에도 적용**된다.

42 14변시-13   정답 ⑤

다음 설명 중 옳은 것(○)과 옳지 않은 것(×)을 올바르게 조합한 것은? (다툼이 있는 경우 판례에 의함)

ㄱ. 국회 상임위원회 위원장이 조약비준동의안을 심의함에 있어서 야당 소속 상임위원회 위원들의 출입을 봉쇄한 상태에서 상임위원회 전체회의를 개의하여 안건을 상정하고 소위원회로 안건심사를 회부한 행위는 야당 소속 상임위원회 위원들의 조약비준동의안에 대한 심의권을 침해한 것으로 무효이다.

ㄴ. 헌법 제41조 제1항의 "국회는 국민의 보통·평등·직접·비밀선거에 의하여 선출된 국회의원으로 구성한다."라는 규정은 단순히 국회의원을 국민의 직접선거에 의하여 선출한다는 의미를 넘어 국민의 직접선거에 의하여 무소속을 포함한 국회의 정당 간의 의석분포를 결정하는 권리까지 포함한다.

ㄷ. 대기업으로부터 이른바 떡값 명목의 금품을 수수하였다는 검사들의 실명이 게재된 보도자료를 국회의원이 작성하여 국회 법제사법위원회 개의 당일 국회의원회관에서 기자들에게 배포한 행위는 면책특권의 대상이 된다.

ㄹ. 국회의원이 보유한 직무관련성 있는 주식의 매각 또는 백지신탁을 명하고 있는 구 공직자윤리법 조항은 과잉금지원칙에 위반되어 국회의원의 재산권을 침해하는 것이다.

ㅁ. 비례대표국회의원 당선인이 선거범죄로 비례대표국회의원직을 상실하여 비례대표국회의원에 결원이 생긴 경우에 소속 정당의 비례대표국회의원 후보자명부상 차순위자의 의원직 승계를 인정하지 않는 공직선거법 조항은 과잉금지원칙에 위반되지 않아 그 정당의 비례대표국회의원 후보자명부상의 차순위 후보자의 공무담임권을 침해하지 않는다.

① ㄱ(X), ㄴ(○), ㄷ(X), ㄹ(○), ㅁ(○)
② ㄱ(X), ㄴ(X), ㄷ(○), ㄹ(X), ㅁ(○)
③ ㄱ(○), ㄴ(X), ㄷ(X), ㄹ(○), ㅁ(X)
④ ㄱ(○), ㄴ(○), ㄷ(○), ㄹ(X), ㅁ(X)
⑤ ㄱ(X), ㄴ(X), ㄷ(○), ㄹ(X), ㅁ(X)

 해설

ㄱ. X 청구인들(야당 소속 상임위원회 위원)은 피청구인의 **위헌·위법**한 이 사건 상정·회부행위로 인하여 헌법에 의하여 부여받은 이 사건 동의안의 심의권을 침해당하였다 할 것이다. … 비록 이 사건 동의안의 상정·회부행위가 중대한 하자를 지니고 있기는 하지만, 제반 상황을 감안하여, 청구인들의 이 사건 동의안의 상정·회부행위에 대한 **무효확인청구는 이를 기각함**이 상당하다(2010.12.28. 2008헌라7). 즉, 심의권한은 침해당하였지만 무효는 아니다.

ㄴ. X 헌법의 기본원리인 대의제민주주의하에서 국회의원 선거권이란 것은 국회의원을 보통·평등·직접·비밀선거에 의하여 국민의 대표자인 국회의원을 선출하는 권리에 그치고, 개별 유권자 혹은 집단으로서의 국민의 의사를 선출된 국회의원이 그대로 대리하여 줄 것을 요구할 수 있는 권리까지 포함하는 것은 아니다. … 청구인들 주장의 '국회구성권'이란 유권자가 설정한 국회의석분포에 국회의원들을 기속시키고자 하는 것이고, 이러한 내용의 '국회구성권'이라는 것은 오늘날 이해되고 있는 대의제도의 본질에 반하는 것이므로 헌법상 인정될 여지가 없다(1998.10.29. 96헌마186).

ㄷ. O 이는 국회의원의 면책특권의 대상이 되는 직무부수행위에 해당한다(대판 2011.5.13. 2009도14442).

ㄹ. X 이 사건 법률조항으로 인한 사익의 침해가 그로 인해 확보되는 공익보다 반드시 크다고는 볼 수 없으므로 법익균형성원칙 역시 준수하고 있다. 따라서 이 사건 법률조항은 당해사건 원고(국회의원)의 **재산권을 침해하지 아니한다**(2012.8.23. 2010헌가65). … 합헌결정(8인 재판관 중 위헌결정 4인)

ㅁ. X 심판대상조항은 비례대표국회의원 후보자명부상의 차순위 후보자의 승계까지 부인함으로써 선거를 통하여 표출된 선거권자들의 정치적 의사표명을 무시·왜곡하는 결과를 초래하고, 선거범죄에 관하여 귀책사유도 없는 정당이나 차순위 후보자에게 불이익을 주는 것은 필요 이상의 지나친 제재를 규정한 것이라고 보지 않을 수 없으므로, 과잉금지원칙에 위배하여 청구인들의 공무담임권을 침해한 것이다.(2009.6.25. 2007헌마40 등). … 위헌결정

43 21변시-18 정답 ②

국회와 국회의원의 권한에 관한 설명 중 옳지 않은 것은? (다툼이 있는 경우 판례에 의함)

① 국회의 기관인 의장·부의장 선거와 사임처리, 교섭단체와 위원회 구성 등은 모두 자율적인 국회 내부의 조직구성행위이지만, 국회 부의장을 3인으로 하기 위해서는 헌법을 개정하여야 한다.
② 경상보조금과 선거보조금은 지급 당시 「국회법」에 의하여 동일 정당의 소속의원으로 교섭단체를 구성한 정당에 대하여 그 100분의 50을 정당별로 의석 비율에 따라 분할하여 배분·지급한다.
③ 교섭단체 대표의원은 국회운영위원회의 위원이며 동시에 정보위원회의 위원이 된다.
④ 국회의 동의권이 침해되었다고 하여 동시에 국회의원의 심의·표결권이 침해된다고 할 수 없고, 또 국회의원의 심의·표결권은 국회의 대내적인 관계에서 행사되고 침해될 수 있을 뿐 다른 국가기관과의 대외적인 관계에서는 침해될 수 없다.
⑤ 국회의 입법과 관련하여 일부 국회의원들의 권한이 침해되었다 하더라도 그것이 다수결의 원칙과 회의공개의 원칙 같은 입법절차에 관한 헌법의 규정을 명백히 위반한 흠에 해당하는 것이 아니라면 그 법률안의 가결 선포행위를 곧바로 무효로 볼 것은 아니다.

 해설

① O 국회 부의장을 3인으로 하기 위해서는 헌법을 개정하여야 한다.

> **제48조**
> 국회는 의장 1인과 부의장 2인을 선출한다.

② X

> **정치자금법 제27조(보조금의 배분)**
> ① 경상보조금과 선거보조금은 지급 당시 「국회법」제33조(교섭단체)제1항 본문의 규정에 의하여 동일 정당의 소속의원으로 교섭단체를 구성한 정당에 대하여 그 100분의 50을 정당별로 균등하게 분할하여 배분·지급한다.

③ O

> **국회법 제39조(상임위원회의 위원)**
> ② 각 교섭단체 대표의원은 국회운영위원회의 위원이 된다.
> **제48조(위원의 선임 및 개선)**
> ③ 정보위원회의 위원은 의장이 각 교섭단체 대표의원으로부터 해당 교섭단체 소속 의원 중에서 후보를 추천받아 부의장 및 각 교섭단체 대표의원과 협의하여 선임하거나 개선한다. 다만, 각 교섭단체 대표의원은 정보위원회의 위원이 된다.

④ O 국회의 동의권이 침해되었다고 하여 동시에 국회의원의 심의·표결권이 침해된다고 할 수 없고, 또 국회의원의 심의·표결권은 국회의 대내적인 관계에서 행사되고 침해될 수 있을 뿐 다른 국가기관과의 대외적인 관계에서는 침해될 수 없는 것이므로, 국회의원들 상호간 또는 국회의원과 국회의장 사이와 같이 국회 내부적으로만 직접적인 법적 연관성을 발생시킬 수 있을 뿐이고 대통령 등 국회 이외의 국가기관과 사이에서는 권한침해의 직접적인 법적 효과를 발생시키지 아니한다(2007.7.26. 2005헌라8).

⑤ O 국회의 입법과 관련하여 일부 국회의원들의 권한이 침해되었다 하더라도 그것이 다수결의 원칙(헌법 제49조)과 회의공개의 원칙(헌법 제50조)과 같은 입법절차에 관한 헌법의 규정을 명백히 위반한 흠에 해당하는 것이 아니라면 그 법률안의 가결 선포행위를 곧바로 무효로 볼 것은 아니다(2011.8.30. 2009헌라7).

제3장 | 대통령과 정부

제1절 대통령

제1항 ▶ 대통령의 헌법상 지위와 신분관계

01 15변시-14 정답 ①

각 괄호 안에 들어갈 용어를 올바르게 나열한 것은?

> 대통령선거에 있어서는 중앙선거관리위원회가 유효투표의 다수를 얻은 자를 당선인으로 결정하고, 이를 (A)에게 통지하여야 한다. 다만, 후보자가 1인인 때에는 그 득표수가 (B)의 3분의 1 이상에 달하여야 당선인으로 결정하며 이렇게 당선인이 결정된 때에는 (C)이 이를 공고한다.

	A	B	C
①	국회의장	선거권자총수	중앙선거관리위원회위원장
②	국회의장	선거권자총수	국회의장
③	국회의장	유효투표총수	국회의장
④	당선인	유효투표총수	중앙선거관리위원회위원장
⑤	당선인	선거권자총수	국회의장

해설

① O 대통령선거에 있어서는 중앙선거관리위원회가 유효투표의 다수를 얻은 자를 당선인으로 결정하고, 이를 (A 국회의장)에게 통지하여야 한다. 다만, 후보자가 1인인 때에는 그 득표수가 (B 선거권자총수)의 3분의 1이상에 달하여야 당선인으로 결정한다(공직선거법 제187조 제1항). 제1항의 규정에 의하여 당선인이 결정된 때에는 (C 중앙선거관리위원회위원장)이 이를 공고하고, 지체없이 당선인에게 당선증을 교부하여야 한다(공직선거법 제187조 제3항).

공직선거법 제187조(대통령당선인의 결정·공고·통지)
① 대통령선거에 있어서는 중앙선거관리위원회가 유효투표의 다수를 얻은 자를 당선인으로 결정하고, 이를 국회의장에게 통지하여야 한다. 다만, 후보자가 1인인 때에는 그 득표수가 선거권자총수의 3분의 1 이상에 달하여야 당선인으로 결정한다.
② 최고득표자가 2인 이상인 때에는 중앙선거관리위원회의 통지에 의하여 국회는 재적의원 과반수가 출석한 공개회의에서 다수표를 얻은 자를 당선인으로 결정한다.
③ 제1항의 규정에 의하여 당선인이 결정된 때에는 중앙선거관리위원회위원장이, 제2항의 규정에 의하여 당선인이 결정된 때에는 국회의장이 이를 공고하고, 지체없이 당선인에게 당선증을 교부하여야 한다.
④ 천재·지변 기타 부득이한 사유로 인하여 개표를 모두 마치지 못하였다 하더라도 개표를 마치지 못한 지역의 투표가 선거의 결과에 영향을 미칠 염려가 없다고 인정되는 때에는 중앙선거관리위원회는 우선 당선인을 결정할 수 있다.

대통령의 헌법상 지위와 신분관계에 대한 헌법조문 제67조
① 대통령은 국민의 보통·평등·직접·비밀선거에 의하여 선출한다.
② 제1항의 선거에 있어서 최고득표자가 2인 이상인 때에는 국회의 재적의원 과반수가 출석한 공개회의에서 다수표를 얻은 자를 당선자로 한다.
③ 대통령후보자가 1인일 때에는 그 득표수가 선거권자 총수의 3분의 1 이상이 아니면 대통령으로 당선될 수 없다.
④ 대통령으로 선거될 수 있는 자는 국회의원의 피선거권이 있고 선거일 현재 40세에 달하여야 한다.
⑤ 대통령의 선거에 관한 사항은 법률로 정한다.

제68조
① 대통령의 임기가 만료되는 때에는 임기만료 70일 내지 40일 전에 후임자를 선거한다.
② 대통령이 궐위된 때 또는 대통령 당선자가 사망하거나 판결 기타의 사유로 그 자격을 상실한 때에는 60일 이내에 후임자를 선거한다.

---

02   21법전협-1-9   정답 ①

대통령에 관한 설명 중 옳은 것은?

① 대통령은 국민의 보통·평등·직접·비밀선거에 의하여 선출되지만, 국회의원의 투표에 의해 대통령으로 당선되는 경우도 있다.
② 대통령후보자가 1인일 때에는 그 득표수가 선거권자 총수의 과반수가 아니면 대통령으로 당선될 수 없다.
③ 대통령의 임기가 만료되는 때에는 60일 이내에 그 후임자를 선거하여야 한다.
④ 대통령은 내란 또는 외환의 죄를 범한 경우에도 재직 중에는 형사상의 소추를 받지 아니한다.
⑤ 대통령으로 선거될 수 있으려면 국회의원의 피선거권이 있고 선거일 현재 40세에 달하여야 하나, 국내 거주 요건은 따로 요구되지 않는다.

해설

① O ② X

제67조
① 대통령은 국민의 보통·평등·직접·비밀선거에 의하여 선출한다.
② 제1항의 선거에 있어서 최고득표자가 2인 이상인 때에는 국회의 재적의원 과반수가 출석한 공개회의에서 다수표를 얻은 자를 당선자로 한다.
③ 대통령후보자가 1인일 때에는 그 득표수가 선거권자 총수의 3분의 1 이상이 아니면 대통령으로 당선될 수 없다.

③ X

제68조
① 대통령의 임기가 만료되는 때에는 임기만료 70일 내지 40일전에 후임자를 선거한다.

④ X

제84조
대통령은 내란 또는 외환의 죄를 범한 경우를 제외하고는 재직중 형사상의 소추를 받지 아니한다.

⑤ X

제67조
④ 대통령으로 선거될 수 있는 자는 국회의원의 피선거권이 있고 선거일 현재 40세에 달하여야 한다.

공직선거법 제16조(피선거권)
① 선거일 현재 5년 이상 국내에 거주하고 있는 40세 이상의 국민은 대통령의 피선거권이 있다. 이 경우 공무로 외국에 파견된 기간과 국내에 주소를 두고 일정기간 외국에 체류한 기간은 국내거주기간으로 본다. <개정 1997. 1. 13.>

03   19법전협-3-9   정답 ①

대통령의 지위와 권한에 관한 설명 중 옳지 않은 것은?
(다툼이 있는 경우 판례에 의함)

① 헌법상 대통령에게 '성실한 직책수행의무'가 인정되며 이는 '헌법을 수호해야 할 의무'와 같이 규범적으로 그 이행이 관철될 수 있는 성격의 것으로서 원칙적으로 탄핵심판에서 사법적 판단의 대상이 될 수 있다.

② 헌법 제75조는 대통령에 대한 입법권한의 위임에 관한 규정이지만, 국무총리나 행정각부의 장으로 하여금 법률의 위임에 따라 총리령 또는 부령을 발할 수 있도록 하고 있는 헌법 제95조의 취지에 비추어 볼 때, 입법자는 법률에서 구체적으로 범위를 정하기만 한다면 대통령령뿐만 아니라 부령에 입법사항을 위임할 수도 있다.

③ 헌법상 대통령의 불소추특권에 의하여 재직 중 기소되지 아니하는 범죄의 경우에는 대통령 재직 기간 중 공소시효의 진행은 정지된다.

④ 긴급재정경제명령은 평상시의 헌법질서에 따른 권력행사방법으로는 대처할 수 없는 중대한 위기상황에 대비하여 헌법이 인정한 비상수단으로서 의회주의 및 권력분립주의 원칙에 대한 중대한 예외가 되므로 그 발동요건은 엄격히 해석되어야 한다.

⑤ 헌법 제72조는 대통령에게 임의적인 국민투표발의권을 독점적으로 부여하였으므로 특정의 국가정책에 대하여 다수의 국민들이 국민투표를 원하고 있음에도 불구하고 대통령이 국민투표에 회부하지 아니한다고 하여도 이를 헌법 제72조에 위반된다고 할 수 없다.

① ✗ 대통령의 '직책을 성실히 수행할 의무'는 헌법적 의무에 해당하지만, '헌법을 수호해야 할 의무'와는 달리 규범적으로 그 이행이 관철될 수 있는 성격의 의무가 아니므로 원칙적으로 사법적 판단의 대상이 되기는 어렵다. 세월호 참사 당일 피청구인이 직책을 성실히 수행하였는지 여부는 그 자체로 소추사유가 될 수 없어, 탄핵심판절차의 판단대상이 되지 아니한다(2017.3.10. 2016헌나1).

② ○ 1998.2.27. 97헌마64

③ ○ 비록 헌법 제84조에는 "대통령은 내란 또는 외환의 죄를 범한 경우를 제외하고는 재직중 형사상의 소추(訴追)를 받지 아니한다"고만 규정되어 있을 뿐 헌법이나 형사소송법 등의 법률에 대통령의 재직중 공소시효의 진행이 정지된다고 명백히 규정되어 있지는 않다고 하더라도, <u>위 헌법규정은 바로 공소시효진행의 소극적 사유가 되는 국가의 소추권행사의 법률상 장애사유에 해당하므로, 대통령의 재직중에는 공소시효의 진행이 당연히 정지되는 것으로 보아야 한다</u>(1995.1.20. 94헌마246).

④ ○ 1996.2.29. 93헌마186

⑤ ○ 2005.11.24. 2005헌마579

제2항   대통령의 권한과 그에 대한 통제

04   22변시-8   정답 ③

대통령의 긴급재정경제명령권에 관한 설명 중 옳은 것(○)과 옳지 않은 것(×)을 올바르게 조합한 것은? (다툼이 있는 경우 판례에 의함)

ㄱ. 긴급재정경제명령은 내우·외환·천재지변 또는 중대한 재정·경제상의 위기가 현실적으로 발생한 경우뿐만 아니라 그러한 위기가 발생할 우려가 있는 경우 사전적·예방적으로 발할 수 있다.

ㄴ. 대통령은 긴급재정경제명령을 한 때에는 지체 없이 국회에 보고하여 승인을 얻어야 하며, 승인을 얻지 못한 때에는 그 명령은 그때부터 효력을 상실한다.

ㄷ. 긴급재정경제명령이 헌법상 소정의 요건과 한계에 부합하는 것이라면 그 자체로 목적의 정당성, 수단의 적정성, 피해의 최소성, 법익의 균형성이라는 기본권제한의 한계로서의 과잉금지원칙을 준수하는 것이 된다.

ㄹ. 긴급재정경제명령은 국가의 안전보장이나 공공의 안녕질서라는 소극적 목적뿐만 아니라 공공복지의 증진과 같은 적극적 목적을 위해서도 발할 수 있다.

① ㄱ(○), ㄴ(✗), ㄷ(○), ㄹ(○)
② ㄱ(○), ㄴ(✗), ㄷ(✗), ㄹ(✗)
③ ㄱ(✗), ㄴ(○), ㄷ(○), ㄹ(✗)
④ ㄱ(✗), ㄴ(○), ㄷ(✗), ㄹ(✗)
⑤ ㄱ(✗), ㄴ(✗), ㄷ(✗), ㄹ(○)

③ 대통령의 긴급재정경제명령권에 관한 설명 중 옳은 것은 ㄴ, ㄷ 이다.

ㄱ, ㄹ ✗ 긴급재정경제명령은 정상적인 재정운용·경제운용이 불가능한 중대한 재정·경제상의 위기가 현실적으로 발생하여(그러므로 위기가 발생할 우려가 있다는 이유로 사전적·예방적으로 발할 수는 없다) 긴급한 조치가 필요함에도 국회의 폐회 등으로 국회가 현실적으로 집회될 수 없고 국회의 집회를 기다려서는 그 목적을 달할 수 없는 경우에 이를 사후적으로 수습함으로써 기존질서를 유지·회복하기 위하여(그러므로 <u>공공복리의 증진과 같은 적극적 목적을 위하여는 발할 수 없다</u>) 위기의 직접적 원인의 제거에 필수불가결한 최소의 한도 내에서 헌법이 정한 절차에 따라 행사되어야 한다(1996.2.29. 93헌마186).

ㄴ. ○

> **제76조**
> ① 대통령은 내우·외환·천재·지변 또는 중대한 재정·경제상의 위기에 있어서 국가의 안전보장 또는 공공의 안녕질서를 유지하기 위하여 긴급한 조치가 필요하고 국회의 집회를 기다릴 여유가 없을 때에 한하여 최소한으로 필요한 재정·경제상의 처분을 하거나 이에 관하여 법률의 효력을 가지는 명령을 발할 수 있다.
> ③ 대통령은 제1항과 제2항의 처분 또는 명령을 한 때에는 지체없이 국회에 보고하여 그 승인을 얻어야 한다.
> ④ 제3항의 승인을 얻지 못한 때에는 그 처분 또는 명령은 그때부터 효력을 상실한다. 이 경우 그 명령에 의하여 개정 또는 폐지되었던 법률은 그 명령이 승인을 얻지 못한 때부터 당연히 효력을 회복한다.

ㄷ. O 긴급재정경제명령이 아래에서 보는 바와 같은 헌법 제76조 소정의 요건과 한계에 부합하는 것이라면 그 자체로 목적의 정당성, 수단의 적정성, 피해의 최소성, 법익의 균형성이라는 기본권 제한의 한계로서의 과잉금지원칙을 준수하는 것이 되는 것이다(1996.2.29. 93헌마186).

05 | 20변시-7 | 정답 ②

대통령에 관한 설명 중 옳지 않은 것은? (다툼이 있는 경우 판례에 의함)

① 헌법상 대통령은 국회에 출석하여 발언하거나 서한으로 의견을 표시할 수 있지만 국회의 요구에 따라 국회에 출석·답변해야 할 의무는 없다.
② 대통령은 내우·외환·천재·지변 또는 중대한 재정·경제상의 위기가 현실적으로 발생하였거나 발생할 우려가 있어서 국가의 안전보장 또는 공공의 안녕질서를 유지하기 위하여 긴급한 조치가 필요하고 국회의 집회를 기다릴 여유가 없을 때에 한하여 법률의 효력을 가지는 명령을 발할 수 있다.
③ 대통령의 국법상 행위는 문서로써 하며, 이 문서에는 국무총리와 관계 국무위원이 부서한다. 군사에 관한 것도 또한 같다.
④ 대통령의 성실한 직책수행의무는 대통령의 취임 선서를 규정한 헌법 제69조에 명시적으로 규정되어 있지만 규범적으로 그 이행이 관철될 수 있는 성격의 의무가 아니므로 원칙적으로 사법적 판단의 대상이 되지 않는다.
⑤ 대통령은 국회의 동의를 얻어 감사원장을 임명하고, 감사원장의 제청으로 국회의 동의를 거치지 아니하고 감사위원을 임명한다.

 해설

① O 대통령은 국회에 출석하여 발언하거나 서한으로 의견을 표시할 수 있으나(헌법 제81조), **대통령은 국회의 요구에 따른 출석·답변의무는 없다.** 한편 국무총리·국무위원 또는 정부위원은 국회의 요구에 따른 출석·답변의무가 있다(헌법 제62조 제1항, 제2항).
② X

> **제76조**
> ① 대통령은 내우·외환·천재·지변 또는 중대한 재정·경제상의 위기에 있어서 국가의 안전보장 또는 공공의 안녕질서를 유지하기 위하여 긴급한 조치가 필요하고 국회의 집회를 기다릴 여유가 없을 때에 한하여 최소한으로 필요한 재정·경제상의 처분을 하거나 이에 관하여 법률의 효력을 가지는 명령을 발할 수 있다.
> ② 대통령은 국가의 안위에 관계되는 중대한 교전상태에 있어서 국가를 보위하기 위하여 긴급한 조치가 필요하고 국회의 집회가 불가능한 때에 한하여 법률의 효력을 가지는 명령을 발할 수 있다.

③ O 헌법 제82조
④ O 헌법 제69조는 대통령의 취임 선서를 규정하면서 대통령으로서 직책을 성실히 수행할 의무를 언급하고 있다. 헌법 제69조는 단순히 대통령의 취임 선서의 의무만 규정한 것이 아니라 선서의 내용을 명시적으로 밝힘으로써 헌법 제66조 제2항 및 제3항에 따라 대통령의 직무에 부과되는 헌법적 의무를 다시 한 번 강조하고 그 내용을 구체화하는 규정이다. **대통령의 '직책을 성실히 수행할 의무'는 헌법적 의무에 해당하지만, '헌법을 수호해야 할 의무'와는 달리 규범적으로 그 이행이 관철될 수 있는 성격의 의무가 아니므로 원칙적으로 사법적 판단의 대상이 되기는 어렵다**(2017.3.10. 2016헌나1).
⑤ O 감사원장은 국회의 동의를 거쳐 대통령이 임명하지만(헌법 제98조 제1항), 감사위원은 감사원장의 제청으로 대통령이 임명한다(헌법 제98조 제2항). 따라서 **감사위원의 임명에는 국회의 동의를 요하지 아니한다.**

06 | 19변시-4 | 정답 ⑤

대통령의 권한행사에 관한 설명 중 옳지 않은 것은? (다툼이 있는 경우 판례에 의함)

① 사면은 형의 선고의 효력 또는 공소권을 상실시키거나, 형의 집행을 면제시키는 국가원수의 고유한 권한을 의미하며, 사법부의 판단을 변경하는 제도로서 권력분립의 원리에 대한 예외가 된다.
② 일반사병 이라크 파병결정은 그 성격상 국방 및 외교에 관련된 고도의 정치적 결단을 요하는 문제로서, 헌법과 법률이 정한 절차를 지켜 이루어진 것임이 명백하다면, 대통령과 국회의 판단은 존중되어야 하고 헌법재판소가 사법적 기준만으로 이를 심판하는 것은 자제되어야 한다.
③ 대통령은 전시·사변 또는 이에 준하는 국가비상사태에 있어서 병력으로써 군사상의 필요에 응하거나 공공의 안녕질서를 유지할 필요가 있을 때에는 법률이 정하는 바에 의하여 계엄을 선포할 수 있다.
④ 대통령은 행정부의 수반으로서 국가가 국민의 생명과 신체의 안전 보호의무를 충실하게 이행할 수 있도록 권한을 행사하고 직책을 수행하여야 하는 의무를 부담하지만, 국민의 생명이 위협받는 재난상황이 발생하였다고 하여 대통령이 직접 구조 활동에 참여하여야 하는 등 구체적이고 특정한 행위의무까지 바로 발생한다고 보기는 어렵다.
⑤ 대통령이 국회 본회의에서 행한 시정연설에서 정책과 결부하지 않고 단순히 대통령의 신임 여부만을 묻는 국민투표를 실시하고자 한다고 밝힌 것은 「헌법재판소법」 제68조 제1항의 헌법소원의 대상이 되는 "공권력의 행사"에 해당한다.

① O 사면은 형의 선고의 효력 또는 공소권을 상실시키거나, 형의 집행을 면제시키는 국가원수의 고유한 권한이며, 사법부의 판단을 변경하는 제도로서 권력분립의 원리에 대한 예외가 된다(2000.6.1. 97헌바74 [합헌]).

② O **대통령이 국군을 이라크에 파견하기로 한 결정**은 그 성격상 국방 및 외교에 관련된 **고도의 정치적 결단**을 요하는 문제로서, 헌법과 법률이 정한 절차를 지켜 이루어진 것임이 명백하므로, **대통령과 국회의 판단은 존중**되어야 하고 **헌법재판소가 사법적 기준만으로 이를 심판하는 것은 자제**되어야 한다(2004.4.29. 2003헌마814 [각하]).

③ O

> **제77조**
> ① 대통령은 전시·사변 또는 이에 준하는 국가비상사태에 있어서 병력으로써 군사상의 필요에 응하거나 공공의 안녕질서를 유지할 필요가 있을 때에는 법률이 정하는 바에 의하여 계엄을 선포할 수 있다.

④ O 국민의 생명이 위협받는 재난상황이 발생하였다고 하여 **대통령이 직접 구조 활동에 참여하여야 하는 등 구체적이고 특정한 행위의무까지 바로 발생한다고 보기는 어렵다.** 세월호 참사에 대한 피청구인의 대응조치에 미흡하고 부적절한 면이 있었다고 하여 곧바로 피청구인이 생명권 보호의무를 위반하였다고 인정하기는 어렵다(2017.3.10. 2016헌나1 [인용(파면)]).

⑤ X 피청구인이 **대통령으로서 국회 본회의의 시정연설에서 자신에 대한 신임국민투표를 실시하고자 한다고 밝혔다** 하더라도, 그것이 공고와 같이 법적인 효력이 있는 행위가 아니라 단순한 정치적 제안의 피력에 불과하다고 인정되는 이상 이를 두고 **헌법소원의 대상이 되는 "공권력의 행사"라고 할 수는 없으므로,** 이에 대한 취소 또는 위헌확인을 구하는 청구인들의 심판청구는 모두 부적법하다(2003.11.27. 2003헌마694 등 [각하]).

07 22변시-15 정답 ③

헌법 제72조의 국민투표부의권에 관한 설명 중 옳지 않은 것은? (다툼이 있는 경우 판례에 의함)

① 헌법상 국민에게 특정 국가정책에 관하여 국민투표에 회부할 것을 요구할 권리가 인정된다고 할 수 없다.
② 대통령이 자신에 대한 재신임 국민투표를 국민들에게 제안한 것은 그 자체로서 헌법 제72조에 반하는 것으로 헌법을 실현하고 수호하여야 할 대통령의 의무를 위반한 것이다.
③ 특정 정책을 국민투표에 부치면서 자신의 신임을 결부시키는 대통령의 행위는 헌법에 위반되지 않는다.
④ 국민투표의 가능성은 국민주권주의나 민주주의원칙과 같은 일반적인 헌법원칙에 근거하여 인정될 수 없으며, 헌법에 명문으로 규정되지 않는 한 허용되지 않는다.
⑤ 대통령의 국민투표부의권은 대통령에 의한 국민투표의 정치적 남용을 방지할 수 있도록 엄격하고 축소적으로 해석되어야 한다.

① O 헌법 제72조는 국민투표에 부쳐질 중요정책인지 여부를 대통령이 재량에 의하여 결정하도록 명문으로 규정하고 있고 헌법재판소 역시 위 규정은 대통령에게 국민투표의 실시 여부, 시기, 구체적 부의사항, 설문내용 등을 결정할 수 있는 임의적인 국민투표발의권을 독점적으로 부여하였다고 하여 이를 확인하고 있다. 따라서 특정의 국가정책에 대하여 다수의 국민들이 국민투표를 원하고 있음에도 불구하고 대통령이 이러한 희망과는 달리 국민투표에 회부하지 아니한다고 하여도 이를 헌법에 위반된다고 할 수 없고 국민에게 특정의 국가정책에 관하여 국민투표에 회부할 것을 요구할 권리가 인정된다고 할 수도 없다(2005.11. 4. 2005헌마579 등).

② O 대통령이 자신에 대한 재신임을 국민투표의 형태로 묻고자 하는 것은 헌법 제72조에 의하여 부여받은 국민투표부의권을 위헌적으로 행사하는 경우에 해당하는 것으로, 국민투표제도를 자신의 정치적 입지를 강화하기 위한 정치적 도구로 남용해서는 안 된다는 헌법적 의무를 위반한 것이다. 물론, 대통령이 위헌적인 재신임 국민투표를 단지 제안만 하였을 뿐 강행하지는 않았으나, 헌법상 허용되지 않는 재신임 국민투표를 국민들에게 제안한 것은 그 자체로서 헌법 제72조에 반하는 것으로 헌법을 실현하고 수호해야 할 대통령의 의무를 위반한 것이다(2004.5.14. 2004헌나1).

③ X 대통령은 헌법상 국민에게 자신에 대한 신임을 국민투표의 형식으로 물을 수 없을 뿐만 아니라, 특정 정책을 국민투표에 붙이면서 이에 자신의 신임을 결부시키는 대통령의 행위도 위헌적인 행위로서 헌법적으로 허용되지 않는다(2004.5.14. 2004헌나1).

④ O 헌법은 명시적으로 규정된 국민투표 외에 다른 형태의 재신임 국민투표를 허용하지 않는다. 이는 주권자인 국민이 원하거나 또는 국민의 이름으로 실시하더라도 마찬가지이다. 국민은 선거와 국민투표를 통하여 국가권력을 직접 행사하게 되며, 국민투표는 국민에 의한 국가권력의 행사방법의 하나로서 명시적인 헌법적 근거를 필요로 한다. 따라서 국민투표의 가능성은 국민주권주의나 민주주의원칙과 같은 일반적인 헌법원칙에 근거하여 인정될 수 없으며, 헌법에 명문으로 규정되지 않는 한 허용되지 않는다(2004.5.14. 2004헌나1).

⑤ O 대통령의 부의권을 부여하는 헌법 제72조는 가능하면 대통령에 의한 국민투표의 정치적 남용을 방지할 수 있도록 엄격하고 축소적으로 해석되어야 한다(2004.5.14. 2004헌나1).

08 20변시-6 정답 ⑤

위임입법에 관한 설명 중 옳지 않은 것은? (다툼이 있는 경우 판례에 의함)

① 헌법이 인정하고 있는 위임입법의 형식은 예시적인 것으로 보아야 할 것이고, 법률이 입법사항을 고시와 같은 행정규칙의 형식으로 위임하더라도 그 행정규칙은 위임된 사항만을 규율할 수 있으므로, 국회입법원칙과 상치되지 않는다.

② 국가전문자격시험을 운영함에 있어 시험과목 및 시험실시에 관한 구체적인 사항을 어떻게 정할 것인가는 법률에서 반드시 직접 정하여야 하는 사항이라고 보기 어렵고, 전문자격시험에서 요구되는 기량을 갖추었는지 여부를 어떠한 방법으로 평가할 것인지 정하는 것뿐만 아니라 평가 그 자체도 전문적·기술적인 영역에 해당하므로, 시험과목 및 시험실시 등에 관한 사항을 대통령령에 위임할 필요성이 인정된다.

③ '식품접객영업자 등 대통령령으로 정하는 영업자'는 '영업의 위생관리와 질서유지, 국민의 보건위생 증진을 위하여 총리령으로 정하는 사항'을 지켜야 한다고 규정한 구「식품위생법」조항은, 수범자와 준수사항을 모두 하위법령에 위임하면서도 위임될 내용에 대해 구체화하고 있지 아니하여 그 내용들을 전혀 예측할 수 없게 하고 있으므로 포괄위임금지원칙에 위반된다.

④ 상시 4명 이하의 근로자를 사용하는 사업 또는 사업장에 대하여 대통령령으로 정하는 바에 따라「근로기준법」의 일부 규정을 적용할 수 있도록 위임한「근로기준법」조항은, 종전에는「근로기준법」을 전혀 적용하지 않던 4인 이하 사업장에 대하여「근로기준법」을 일부나마 적용하는 것으로 범위를 점차 확대해 나간 동법 시행령의 연혁 등을 종합적으로 고려하여 볼 때, 사용자의 부담이 그다지 문제되지 않으면서 동시에 근로자의 보호필요성의 측면에서 우선적으로 적용될 수 있는「근로기준법」의 범위를 선별하여 적용할 것을 대통령령에 위임한 것으로 볼 수 있고, 그러한「근로기준법」조항들이 4인 이하 사업장에 적용되리라 예측할 수 있다.

⑤ 운전면허를 받은 사람이 자동차등을 이용하여 살인 또는 강간 등 행정안전부령이 정하는 범죄행위를 한 때 운전면허를 취소하도록 하는 구「도로교통법」조항은 필요적 운전면허취소 대상범죄를 자동차등을 이용하여 살인·강간 및 이에 준하는 범죄로 정하고 있으나, 위 조항에 의하더라도 하위법령에 규정될 자동차등을 이용한 범죄행위의 유형을 충분히 예측할 수 없으므로 포괄위임금지원칙에 위배된다.

 해설

① O 2004.10.28. 99헌바91
② O 2019.5.30. 2018헌마1208
③ O 심판대상조항은 식품접객업자를 제외한 어떠한 영업자가 하위법령에서 수범자로 규정될 것인지에 대하여 아무런 기준을 정하고 있지 않다. 비록 수범자 부분이 다소 광범위하더라도 준수사항이 구체화되어 있다면 준수사항의 내용을 통해 수범자 부분을 예측하는 것이 가능할 수 있는데, '영업의 위생관리와 질서유지', '국민의 보건위생 증진'은 매우 추상적이고 포괄적인 개념이어서 이를 위하여 준수하여야 할 사항이 구체적으로 어떠한 것인지 그 행위태양이나 내용을 예측하기 어렵다. 또한 '영업의 위생관리와 국민의 보건위생 증진'은 식품위생법 전체의 입법목적과 크게 다를 바 없고, '질서유지'는 식품위생법의 입법목적에도 포함되어 있지 않은 일반적이고 추상적인 공익의 전체를 의미함에 불과하므로, 이러한 목적의 나열만으로는 식품 관련 영업자에게 행위기준을 제공해주지 못한다. 결국 심판대상조항은 수범자와 준수사항을 모두 하위법령에 위임하면서도 위임될 내용에 대해 구체화하고 있지 아니하여 그 내용들을 전혀 예측할 수 없게 하고 있으므로, 포괄위임금지원칙에 위반된다(2016.11.24. 2014헌가6).

④ O 2019.4.11. 2013헌바112

⑤ X 안전하고 원활한 교통의 확보와 자동차 이용 범죄의 예방이라는 심판대상조항의 입법목적, 필요적 운전면허취소 대상범죄를 자동차등을 이용하여 살인·강간 및 이에 준하는 정도의 흉악 범죄나 법익에 중대한 침해를 야기하는 범죄로 한정하고 있는 점, 자동차 운행으로 인한 범죄에 대한 처벌의 특례를 규정한 관련 법조항 등을 유기적·체계적으로 종합하여 보면, 결국 심판대상조항에 의하여 하위법령에 규정될 자동차등을 이용한 범죄행위의 유형은 '범죄의 실행행위 수단으로 자동차등을 이용하여 살인 또는 강간 등과 같이 고의로 국민의 생명과 재산에 큰 위협을 초래할 수 있는 중대한 범죄'가 될 것임을 충분히 예측할 수 있으므로, 심판대상조항은 **포괄위임금지원칙에 위배되지 아니한다**(2015.5.28. 2013헌가6). 다만, 헌법재판소는 이 판례에서 심판대상조항이 과잉금지원칙에 반하여 직업의 자유와 일반적 행동의 자유가 침해되었다고 보아 헌법에 위반된다고 하였다.

09 14변시-18 정답 ⑤

행정입법에 관한 설명 중 옳은 것은? (다툼이 있는 경우 판례에 의함)

① 의료기기 판매업자의 의료기기법 위반행위에 대하여 보건복지부령이 정하는 기간 이내의 범위에서 업무정지를 명할 수 있도록 한 의료기기법 조항은 포괄위임금지원칙에 위반되지 않는다.
② 헌법 제95조는 "국무총리 또는 행정각부의 장은 소관사무에 관하여 법률이나 대통령령의 위임 또는 직권으로 총리령 또는 부령을 발할 수 있다."라고 규정하여 재위임의 근거를 마련하고 있지만, 헌법 제75조에서 정하고 있는 대통령령의 경우와는 달리 '구체적으로 범위를 정하여'라는 제한을 규정하고 있지 아니하므로 대통령령으로 위임받은 사항을 그대로 재위임할 수 있다.
③ 헌법은 국회입법의 원칙을 천명하면서 법규명령인 대통령령, 총리령과 부령, 대법원규칙, 헌법재판소규칙, 중앙선거관리위원회규칙에 대한 위임입법을 한정적으로 열거하고 있으므로 행정기관의 고시 등과 같은 행정규칙에 입법사항을 위임할 수 없다.
④ 집행명령은 법률의 위임이 없더라도 직권으로 발할 수 있기 때문에 모법이 폐지되어도 집행명령은 실효되지 않으며, 모법에 규정되어 있지 않은 새로운 법률사항을 집행명령으로 규정할 수 있다.
⑤ 「국가유공자 등 단체설립에 관한 법률」의 조항이 상이군경회를 비롯한 각 국가유공자단체의 대의원 선출에 관한 사항을 정관에 위임하는 형식을 갖추었다 하더라도, 이는 본래 정관에서 자치적으로 규율하여야 할 사항을 정관규정사항으로 남겨둔 것에 불과하고, 헌법 또는 다른 법률에서 이를 법률규율사항으로 정한 바도 없기 때문에 그 위헌심사에는 헌법상 포괄위임입법금지원칙이 적용되지 않는다.

① X 이 사건 법률조항은 업무정지기간의 범위에 관하여 아무런 규정을 두고 있지 아니하고, 나아가 의료기기법의 다른 규정이나 다른 관련 법률을 유기적·체계적으로 종합하여 보더라도 보건복지가족부령에 규정될 업무정지기간의 범위, 특히 상한이 어떠할지를 예측할 수 없으므로 헌법 제75조의 포괄위임금지원칙에 위배된다(2011.9.29. 2010헌가93, 헌법불합치결정).
② X 법률에서 위임받은 사항을 전혀 규정하지 않고 모두 재위임하는 것은 '위임받은 권한을 그대로 다시 위임할 수 없다'는 복위임금지의 법리에 반할 뿐 아니라 수권법의 내용변경을 초래하는 것이 되고, 대통령령 이외의 법규명령의 제정·개정절차가 대통령령에 비하여 보다 용이한 점을 고려할 때 하위의 법규명령에 대한 재위임의 경우에도 대통령령에의 위임에 가하여지는 헌법상의 제한이 마땅히 적용되어야 할 것이다. 따라서 **법률에서 위임받은 사항을 전혀 규정하지 아니하고 그대로 하위의 법규명령에 재위임하는 것은 허용되지 않으며** 위임받은 사항에 관하여 대강(大綱)을 정하고 그 중의 특정사항을 범위를 정하여 하위의 법규명령에 다시 위임하는 경우에만 재위임이 허용된다(2002.10.31. 2001헌라1).
③ X 헌법재판소는 헌법이 인정하고 있는 위임입법의 형식은 예시적인 것으로 보아 예외적으로 행정규칙으로의 위임을 인정하고 있다(2004.10.28. 99헌바91).
④ X 집행명령은 모법의 세칙을 정하고 있는 범위 내에서 법규의 성질을 지니므로, 행정기관뿐만 아니라 국민에게도 효력을 가질 수 있다. 따라서, 모법을 변경하거나 보충할 수 없으며, **모법에 규정이 없는 새로운 입법사항을 규정하거나 법률에 없는 국민의 새로운 권리·의무를 규정할 수도 없다**(대판 1990.9.28. 89누2493).
⑤ O 법률이 자치적인 사항을 정관에 위임할 경우 원칙적으로 헌법상의 포괄위임입법금지원칙이 적용되지 않는다(2006.3.30. 2005헌바31).

10 21법전협-3-10 정답 ③

행정입법에 관한 설명 중 옳은 것은? (다툼이 있는 경우 판례에 의함)

① 기본권을 제한하는 내용의 입법을 위임할 때에는 행정규칙에 위임하는 것이 원칙이고, 고시와 같은 형식으로 입법위임을 할 때에는 법령이 전문적·기술적 사항이나 경미한 사항으로서 업무의 성질상 위임이 불가피한 사항에 한정된다.
② 하위 행정입법의 제정 없이 상위 법령의 규정만으로도 집행이 이루어질 수 있는 경우라도 포괄위임입법금지의 원칙에 따라 하위 행정입법을 하여야 할 헌법적 작위의무가 인정된다.
③ 행정입법의 지체가 위법으로 되어 그에 대한 법적 통제가 가능하기 위하여는 우선 행정청에게 시행명령을 제정·개정할 법적 의무가 있어야 하고, 상당한 기간이 지났음에도 불구하고 명령제정·개정권이 행사되지 않아야 한다.
④ 위임입법의 한계의 법리는 헌법의 근본원리인 권력분립주의와 의회주의 내지 법치주의에 바탕을 두는 것이기 때문에 행정부에서 제정된 대통령령에서 규정한 내용이 정당한지 여부와 직접적으로 관계가 있다.
⑤ 법률에서 사용된 추상적 용어가 하위법령에 규정될 내용의 범위를 구체적으로 정해주기 위한 역할을 하는 경우 포괄위임입법금지원칙 위반의 문제와 별도로 명확성원칙 위반의 문제를 검토해야 한다.

① X 행정규칙은 법규명령과 같은 엄격한 제정 및 개정절차를 요하지 아니하므로, 기본권을 제한하는 작용을 하는 법률이 입법위임을 할 때에는 대통령령, 총리령, 부령 등 법규명령에 위임함이 바람직하고, 고시와 같은 형식으로 입법위임을 할 때에는 적어도 행정규제기본법 제4조 제2항 단서에서 정한 바와 같이 법령이 전문적·기술적 사항이나 경미한 사항으로서 업무의 성질상 위임이 불가피한 사항에 한정된다 할 것이고, 그러한 사항이라 하더라도 포괄위임금지의 원칙상 법률의 위임은 반드시 구체적·개별적으로 한정된 사항에 대하여 행하여져야 할 것이다(2012.2.23. 2009헌마318).

② X 삼권분립의 원칙, 법치행정의 원칙을 당연한 전제로 하고 있는 우리 헌법 하에서 행정권의 행정입법 등 법집행의무는 헌법적 의무라고 보아야 할 것이나, 이는 행정입법의 제정이 법률의 집행에 필수불가결한 경우로서 행정입법을 제정하지 아니하는 것이 곧 행정권에 의한 입법권 침해의 결과를 초래하는 경우를 말하는 것이므로, 만일 하위 행정입법의 제정 없이 상위 법령의 규정만으로도 집행이 이루어질 수 있는 경우라면 하위 행정입법을 하여야 할 헌법적 작위의무는 인정되지 아니한다고 할 것이다(2018.5.31. 2016헌마626).

③ O 행정입법의 지체가 위법으로 되어 그에 대한 법적 통제가 가능하기 위하여는 우선 행정청에게 시행명령을 제정·개정할 법적 의무가 있어야 하고, 상당한 기간이 지났음에도 불구하고 명령제정·개정권이 행사되지 않아야 한다(2018.5.31. 2016헌마626).

④ X 위임입법의 법리는 헌법의 근본원리인 권력분립주의와 의회주의 내지 법치주의에 바탕을 두는 것이기 때문에 행정부에서 제정된 대통령령에서 규정한 내용이 정당한 것인지 여부와 위임의 적법성에는 직접적인 관계가 없다. 따라서 대통령령으로 규정한 내용이 헌법에 위반될 경우라도 그 대통령령의 규정이 위헌으로 되는 것은 별론으로 하고 그로 인하여 정당하고 적법하게 입법권을 위임한 수권법률 조항까지도 위헌으로 되는 것은 아니다(1996.6.26. 93헌바2).

⑤ X 일반적으로 법률에서 일부 내용을 하위법령에 위임하는 경우 위임을 둘러싼 법률규정 자체에 대한 명확성의 문제는, 그 위임규정이 하위법령에 위임하고 있는 내용과는 무관하게 법률 자체에서 해당 부분을 완결적으로 정하고 있는지에 따라 달라진다. 즉 법률에서 사용된 추상적 용어가 하위법령에 규정될 내용과는 별도로 독자적인 규율 내용을 정하기 위한 것이라면 별도로 명확성 원칙이 문제될 수 있으나, 그 추상적 용어가 하위법령에 규정될 내용의 범위를 구체적으로 정해주기 위한 역할을 하는 경우라면 명확성의 문제는 결국 포괄위임금지원칙 위반의 문제로 포섭된다(2016.12.29. 2014헌바419).

11 21법전협-1-10 정답 ⑤

행정입법에 관한 설명 중 옳은 것은? (다툼이 있는 경우 판례에 의함)

① 헌법은 국회입법의 원칙을 천명하면서, 법률의 위임을 받아 발할 수 있는 법규명령으로 대통령령, 총리령과 부령 등을 한정적으로 열거하고 있으므로, 법률 또는 그 이하의 입법형식으로써 헌법상 원칙에 대한 예외를 인정하여 고시와 같은 행정규칙에 입법사항을 위임할 수는 없다.

② 법률이 행정부가 아니거나 행정부에 속하지 않는 공법적 기관의 정관에 특정 사항을 정할 수 있다고 위임하는 경우에는 권력분립의 원칙을 훼손할 여지가 있으므로 헌법상의 포괄위임입법금지의 원칙이 적용되어야 한다.

③ 법률조항의 위임에 따라 대통령령으로 규정한 내용이 헌법에 위반되는 경우에는 그로 인하여 해당 대통령령의 모법인 해당 수권(授權) 법률조항도 당연히 위헌이 된다고 보아야 한다.

④ 법률에서 위임받은 사항을 직접 규정하지 않고 재위임하는 것은 복위임금지의 법리에 반할 뿐 아니라 수권법의 내용변경을 초래하므로, 위임받은 사항에 관하여 대강을 정하고 그 중의 특정사항을 범위를 정하여 하위법령에 다시 위임하였다고 하더라도 이러한 재위임은 허용되지 않는다.

⑤ 법률에서 사용된 추상적 용어가 하위법령에 규정될 내용과는 별도로 독자적인 규율 내용을 정하기 위한 것이라면 별도로 명확성 원칙이 문제될 수 있으나, 그 추상적 용어가 하위법령에 규정될 내용의 범위를 구체적으로 정해주기 위한 역할을 하는 경우라면 명확성의 문제는 결국 포괄위임입법금지원칙 위반의 문제로 포섭된다.

① X 사회적 변화에 대응한 입법수요의 급증과 종래의 형식적 권력분립주의로는 현대사회에 대응할 수 없다는 기능적 권력분립론을 감안하여 헌법 제40조·제75조·제95조의 의미를 살펴보면, 국회가 입법으로 행정기관에게 구체적인 범위를 정하여 위임한 사항에 관하여는 당해 행정기관이 법 정립의 권한을 갖게 되고, 입법자가 그 규율의 형식도 선택할 수 있다고 보아야 하므로, 헌법이 인정하고 있는 위임입법의 형식은 예시적인 것으로 보아야 한다. 법률이 일정한 사항을 행정규칙에 위임하더라도 그 행정규칙은 위임된 사항만을 규율할 수 있으므로, 국회입법의 원칙과 상치되지 않는다. 다만, 행정규칙은 법규명령과 같은 엄격한 제정 및 개정절차를 필요로 하지 아니하므로, 기본권을 제한하는 내용의 입법을 위임할 때에는 법규명령에 위임하는 것이 원칙이고, 고시와 같은 형식으로 입법위임을 할 때에는 법령이 전문적·기술적 사항이나 경미한 사항으로서 업무의 성질상 위임이 불가피한 사항에 한정된다.

[재판관 박한철, 재판관 이정미, 재판관 이진성의 헌법불합치의견] 헌법은 국회입법의 원칙을 천명하면서, 법률의 위임을 받아 발할 수 있는 법규명령으로 대통령령, 총리령과 부령 등을 한정적으로 열거하고 있다. 또한 우리 헌법은 경성헌법이므로, 법률

또는 그 이하의 입법형식으로써 헌법상 원칙에 대한 예외를 인정하여 고시와 같은 행정규칙에 입법사항을 위임할 수는 없다. 조세특례제한법은 조세의 감면 또는 중과 등 조세특례에 관한 사항을 규정하기 위해 제정된 것으로서, 조세특례제한법상 어떠한 업종으로 분류되느냐에 따라 조세의 감면 또는 가중의 효과가 발생될 수 있으므로, 조세특례제한법상 업종의 분류에 관한 사항은 국민의 권리의무에 영향을 미치는 입법사항에 속한다. 따라서 그에 대해서는 법규명령에 위임하여야 하고 행정규칙에 재위임이 필요하더라도 단계적으로 위임하여야 하는데, 심판대상조항은 법규명령이 아닌 통계청장이 작성하여 고시하는 행정규칙에 막바로 위임하고 있으므로, 헌법에 위반된다(2014.7.24. 2013헌바183).

② X 헌법 제75조, 제95조의 문리해석상 및 법리해석상 포괄적인 위임입법의 금지는 법규적 효력을 가지는 행정입법의 제정을 그 주된 대상으로 하고 있다. 위임입법을 엄격한 헌법적 한계 내에 두는 이유는 무엇보다도 권력분립의 원칙에 따라 국민의 자유와 권리에 관계되는 사항은 국민의 대표기관이 정하는 것이 원칙이라는 법리에 기인한 것이다. 즉, 행정부에 의한 법규사항의 제정은 입법부의 권한 내지 의무를 침해하고 자의적인 시행령 제정으로 국민들의 자유와 권리를 침해할 수 있기 때문에 엄격한 헌법적 기속을 받게 하는 것이다. 그런데 법률이 행정부가 아니거나 행정부에 속하지 않는 공법적 기관의 정관에 특정 사항을 정할 수 있다고 위임하는 경우에는 그러한 권력분립의 원칙을 훼손할 여지가 없다. 이는 자치입법에 해당되는 영역이므로 자치적으로 정하는 것이 바람직하다. 따라서 법률이 정관에 자치법적 사항을 위임한 경우에는 헌법 제75조, 제95조가 정하는 포괄적인 위임입법의 금지는 원칙적으로 적용되지 않는다고 봄이 상당하다(2006.3.30. 2005헌바31).

③ X 이 사건 법률조항이 분리과세대상이 되는 구체적 범위를 대통령령으로 정하도록 위임한 것 자체는 정당하고 적법한 입법권의 위임이므로, 재산권 보장 및 평등의 원칙에 반하여 청구인의 기본권을 침해하는 것이 아니고, 위임입법의 법리는 헌법의 근본원리인 권력분립주의와 의회주의 내지 법치주의에 바탕을 두는 것이기 때문에 행정부에서 제정된 대통령령에서 규정한 내용이 정당한 것인지 여부와 위임의 적법성은 직접적인 관계가 없다. 따라서 대통령령으로 규정한 내용이 헌법에 위반될 경우라도 그 대통령령의 규정이 위헌으로 되는 것은 별론으로 하고 그로 인하여 정당하고 적법하게 입법권을 위임한 수권법률조항까지 위헌으로 되는 것은 아니다(2010.2.25. 2008헌바34).

④ X 법률에서 위임받은 사항을 전혀 규정하지 않고 모두 재위임하는 것은 '위임받은 권한을 그대로 다시 위임할 수 없다'는 복위임금지의 법리에 반할 뿐 아니라 수권법의 내용변경을 초래하는 것이 되고, 대통령령 이외의 법규명령의 제정·개정절차가 대통령령에 비하여 보다 용이한 점을 고려할 때 하위의 법규명령에 대한 재위임의 경우에도 대통령령에의 위임에 가하여지는 헌법상의 제한이 마땅히 적용되어야 할 것이다. 따라서 법률에서 위임받은 사항을 전혀 규정하지 아니하고 그대로 하위의 법규명령에 재위임하는 것은 허용되지 않으며 위임받은 사항에 관하여 대강(大綱)을 정하고 그 중의 특정사항을 범위를 정하여 하위의 법규명령에 다시 위임하는 경우에만 재위임이 허용된다(2002.10.31. 2001헌라1).

⑤ O 일반적으로 법률에서 일부 내용을 하위법령에 위임하는 경우 위임을 둘러싼 법률규정 자체에 대한 명확성의 문제는, 그 위임규정이 하위법령에 위임하고 있는 내용과는 무관하게 법률 자체에서 해당 부분을 완결적으로 정하고 있는지 여부에 따라 달라진다. 즉 법률에서 사용된 추상적 용어가 하위법령에 규정될 내용과는 별도로 독자적인 규율 내용을 정하기 위한 것이라면 별도로 명확성 원칙이 문제될 수 있으나, 그 추상적 용어가 하위법령에 규정될 내용의 범위를 구체적으로 정해주기 위한 역할을 하는 경우라면 명확성의 문제는 결국 포괄위임입법금지원칙 위반의 문제로 포섭될 것이다(2011.12.29. 2010헌바385 등 참조). 그리고 이러한 기준은 조세법 영역에서 명확성원칙의 발현인 과세요건명확주의와 포괄위임입법금지원칙의 발현인 과세요건법정주의와의 관계에도 그대로 적용될 수 있다(2015.7.30. 2013헌바204).

12 15변시-18 정답 ①

위임입법에 관한 설명 중 옳지 않은 것은? (다툼이 있는 경우 판례에 의함)

① 법률조항의 위임에 따라 대통령령으로 규정한 내용이 헌법에 위반되는 경우에는 그로 인하여 모법인 해당 수권(授權) 법률조항도 위헌으로 된다.

② 조례에 대한 법률의 위임은 법규명령에 대한 법률의 위임과 같이 반드시 구체적으로 범위를 정하여 할 필요가 없으며 포괄적인 것으로 족하다.

③ 헌법이 인정하고 있는 위임입법의 형식은 예시적인 것으로 보아야 할 것인바, 입법자에게 상세한 규율이 불가능한 것으로 보이는 영역이라면 행정부에 필요한 보충을 할 책임이 인정되고 극히 전문적인 식견에 좌우되는 영역에서는 행정규칙에 대한 위임입법이 제한적으로 인정될 수 있다.

④ 위임조항에서 위임의 구체적 범위를 명확히 규정하고 있지 않다고 하더라도 당해 법률의 전반적 체계와 관련규정에 비추어 위임조항의 내재적인 위임의 범위나 한계를 객관적으로 분명히 확정할 수 있다면 이를 포괄적인 백지위임에 해당하는 것으로 볼 수 없다.

⑤ 법률에서 위임받은 사항을 전혀 규정하지 아니하고 그대로 재위임하는 것은 허용되지 않으며, 위임받은 사항에 관하여 대강을 정하고 그 중의 특정사항을 범위를 정하여 하위법령에 다시 위임하는 경우에만 재위임이 허용된다.

 해설

① X 법률조항 자체에서 직접 규정하지 않고 구체적 내용을 대통령령에 위임한 경우, 비록 그 위임에 따라 대통령령으로 규정한 내용이 헌법에 위반되더라도 그 **대통령령이 위헌으로 되는 것은 별론으로 하고 그로 인하여 바로 수권법률까지 위헌으로 되는 것이 아니다**(1996.6.26. 93헌바2).

② O 조례의 제정권자인 지방의회는 선거를 통해서 그 지역적인 민주적 정당성을 지니고 있는 주민의 대표기관이고 헌법이 지방자치단체에 포괄적인 자치권을 보장하고 있는 취지로 볼 때, **조례에 대한 법률의 위임**은 법규명령에 대한 법률의 위임과 같이 반드시 구체적으로 범위를 정하여 할 필요가 없으며 **포괄적인 것으로 족하다**(1995.4.20. 92헌마264·279 병합).

③ O 헌법이 인정하고 있는 위임입법의 형식은 예시적인 것으로 보아야 할 것이고, 그것은 법률이 행정규칙에 위임하더라도 그 행정규칙은 위임된 사항만을 규율할 수 있으므로, 국회입법의 원칙과 상치되지도 않는다. 다만, 형식의 선택에 있어서 규율의 밀도와 규율영역의 특성이 개별적으로 고찰되어야 할 것이고, 그에 따라 입법자에게 상세한 규율이 불가능한 것으로 보이는 영역이라면 행정부에게 필요한 보충을 할 책임이 인정되고 극히 전문적인 식견에 좌우되는 영역에서는 행정기관에 의한 구체화의 우위가 불가피하게 있을 수 있다. 그러한 영역에서 **행정규칙에 대한 위임입법이 제한적으로 인정**될 수 있다(2004.10.28. 99헌바91).

④ O 위임입법에 있어서 위임의 구체성·명확성의 요구 정도는 규제대상의 종류와 성격에 따라서 달라진다. 즉 급부행정 영역에서는 기본권침해 영역보다는 구체성의 요구가 다소 약화되어도 무방하다고 해석되며, 다양한 사실관계를 규율하거나 사실관계가 수시로 변화될 것이 예상될 때에는 위임의 명확성의 요건이 완화된다.

뿐만 아니라 위임조항에서 위임의 구체적 범위를 명확히 규정하고 있지 않다고 하더라도 당해 법률의 전반적 체계와 관련규정에 비추어 위임조항의 내재적인 위임의 범위나 한계를 객관적으로 분명히 확정할 수 있다면 이를 일반적이고 포괄적인 백지위임에 해당하는 것으로 볼 수 없다(1997.12.24. 95헌마390).
⑤ O 2002.10.31. 2001헌라1

13 21변시-1   정답 ④

포괄위임금지원칙에 관한 설명 중 옳은 것(○)과 옳지 않은 것(×)을 올바르게 조합한 것은? (다툼이 있는 경우 판례에 의함)

ㄱ. 국회입법에 대한 헌법 제40조와 행정입법에 대한 헌법 제75조 및 제95조의 의미를 체계적으로 살펴보면, 포괄위임금지원칙은 입법부와 행정부 사이의 권력배분의 문제이므로 법률이 대법원규칙에 입법을 위임할 경우 포괄위임금지원칙은 적용되지 않는다.
ㄴ. 행정각부의 장은 소관사무에 관하여 법률이나 대통령령의 위임 또는 직권으로 부령을 발할 수 있는데, 법률이 부령에 입법을 위임하는 경우 대통령령에 위임하는 경우와 마찬가지로 '구체적으로 범위를 정하여' 하여야 한다.
ㄷ. 지방의회는 민주적 정당성을 지니고 있는 주민의 대표기관이고, 헌법이 지방자치단체에 대해 포괄적인 자치권을 보장하고 있는 취지로 볼 때, 조례에 대한 법률의 위임은 법규명령에 대한 법률의 위임과 같이 반드시 구체적으로 범위를 정하여 할 필요가 없으며 포괄적인 것으로 족하다.
ㄹ. 행정규칙은 법규명령과 같은 엄격한 제정 및 개정절차를 요하지 아니하므로 위임입법이 제한적으로 인정되지만, 위임이 불가피하게 인정되는 경우 법률의 위임은 반드시 구체적·개별적으로 한정된 사항에 대하여 행해져야 하는 것은 아니다.

① ㄱ(×), ㄴ(×), ㄷ(○), ㄹ(×)
② ㄱ(○), ㄴ(×), ㄷ(×), ㄹ(○)
③ ㄱ(×), ㄴ(○), ㄷ(○), ㄹ(○)
④ ㄱ(×), ㄴ(○), ㄷ(○), ㄹ(×)
⑤ ㄱ(○), ㄴ(×), ㄷ(○), ㄹ(×)

④ 포괄위임금지원칙에 관한 설명 중 옳은 것은 ㄴ, ㄷ이다.
ㄱ. X 대법원은 헌법 제108조에 근거하여 입법권의 위임을 받아 규칙을 제정할 수 있다 할 것이고, 헌법 제75조에 근거한 포괄위임금지원칙은 법률에 이미 하위법규에 규정될 내용 및 범위의 기본사항이 구체적으로 규정되어 있어서 누구라도 당해 법률로부터 하위법규에 규정될 내용의 대강을 예측할 수 있어야 함을 의미하므로, 위임입법이 대법원규칙인 경우에도 수권법률에서 이 원칙을 준수하여야 함은 마찬가지이다(2016.6.30. 2013헌바27).
ㄴ. O 헌법 제75조는 "대통령은 법률에서 구체적으로 범위를 정하여 위임받은 사항과 법률을 집행하기 위하여 필요한 사항에 관하여 대통령령을 발할 수 있다."고 규정하고 있고, 헌법 제95조는 "국무총리 또는 행정각부의 장은 소관사무에 관하여 법률이나 대통령령의 위임 또는 직권으로 총리령 또는 부령을 발할 수 있다."고 규정하고 있다. 헌법 제75조는 위임입법의 근거를 마련하는 한편, 대통령령으로 입법할 수 있는 사항을 법률에서 구체적으로 범위를 정하여 위임받은 사항으로 한정함으로써 위임입법의 범위와 한계를 제시하고 있는 것으로, 이는 법률에서 일정한 사항을 하위법령에 위임하는 경우의 일반원칙으로서 대통령령뿐만 아니라 헌법 제95조에 의하여 총리령 또는 부령에 위임하는 경우에도 동일하게 적용된다(2016.2.25. 2015헌바191).
ㄷ. O 조례의 제정권자인 지방의회는 선거를 통해서 그 지역적인 민주적 정당성을 지니고 있는 주민의 대표기관이고, 헌법이 지방자치단체에 대해 포괄적인 자치권을 보장하고 있는 취지로 볼 때 조례제정권에 대한 지나친 제약은 바람직하지 않으므로 조례에 대한 법률의 위임은 법규명령에 대한 법률의 위임과 같이 반드시 구체적으로 범위를 정하여 할 필요가 없으며 포괄적인 것으로 족하다고 할 것이다(1995.4.20. 92헌마264·279).
ㄹ. X 행정규칙은 법규명령과 같은 엄격한 제정 및 개정절차를 요하지 아니하므로, 재산권 등과 같은 기본권을 제한하는 작용을 하는 법률이 입법위임을 할 때에는 "대통령령", "총리령", "부령" 등 법규명령에 위임함이 바람직하고, 금융감독위원회의 고시와 같은 형식으로 입법위임을 할 때에는 적어도 행정규제기본법 제4조 제2항 단서에서 정한 바와 같이 법령이 전문적·기술적 사항이나 경미한 사항으로서 업무의 성질상 위임이 불가피한 사항에 한정된다 할 것이고, 그러한 사항이라 하더라도 포괄위임금지의 원칙상 법률의 위임은 반드시 구체적·개별적으로 한정된 사항에 대하여 행하여져야 한다(2004.10.28. 99헌바91).

14 16변시-6 정답 ③

위임입법에 관한 설명 중 옳지 않은 것은? (다툼이 있는 경우 판례에 의함)

① 법률에서 명시적으로 규정된 제재보다 더 가벼운 것을 하위 규칙에서 규정한 경우라 하더라도 만일 그것이 기본권 제한적 효과를 지니게 된다면, 이는 행정법적 법률유보원칙의 위배여부에도 불구하고 헌법 제37조 제2항에 따라 엄격한 법률적 근거를 지녀야 한다.

② 헌법 제75조에 근거한 포괄위임금지원칙은 법률에서 위임하는 하위규범의 형식이 대통령령이 아니라 대법원규칙인 경우에도 준수되어야 한다.

③ 제1종 특수면허 없이 자동차를 운전한 경우 무면허운전죄로 처벌하면서 제1종 특수면허로 운전할 수 있는 차의 종류를 부령에 위임한 법률조항은 포괄위임금지원칙에 위배된다.

④ 일정한 권리에 관하여 법률이 규정한 존속기간을 뜻하는 제척기간은 권리관계를 조속히 확정시키기 위하여 권리의 행사에 중대한 제한을 가하는 것이므로 모법인 법률에 의한 위임이 없는 한 시행령이 함부로 제척기간을 규정할 수는 없다.

⑤ 구 「공직선거법」이 관련 조항에서 허용하는 수당·실비 기타 이익을 제공하는 행위 이외의 금품 제공행위를 처벌하면서, 선거사무관계자에게 지급이 허용되는 수당과 실비의 종류와 금액을 중앙선거관리위원회가 정하도록 규정하는 것은 그 내용이 예측가능하여 포괄위임금지원칙에 위배되지 아니한다.

① O 이 사건 경고(방송위원회가 ○○방송의 ○○수첩 '친일파는 살아있다 2' 방송에 대하여 청구인 주식회사 ○○방송과 당시 ○○수첩 제작책임자인 청구인 최○용에게 한 '경고 및 관계자 경고')가 피청구인이 방송사업자에게 방송표현 내용에 대한 경고를 함으로써 해당 방송에 대하여 제재를 가하는 것이라고 볼 때, 그러한 제재는 방송의 자유를 제한하는 것이므로 헌법 제37조 제2항에 따라 법률적 근거를 지녀야 한다. 이 사건 **경고의 경우 법률(구 방송법 제100조 제1항)에서 명시적으로 규정된 제재보다 더 가벼운 것을 하위 규칙에서 규정한 경우이므로,** 그러한 제재가 행정법에서 요구되는 법률유보원칙에 어긋났다고 단정하기 어려운 측면이 있다. 그러나 만일 그것이 **기본권 제한적 효과를 지니게 된다면,** 이는 행정법적 법률유보원칙의 위배 여부에도 불구하고 **헌법 제37조 제2항에 따라 엄격한 법률적 근거를 지녀야 한다**(2007.11.29. 2004헌마290).

② O 헌법 제75조에서 근거한 포괄위임금지원칙은 법률에 이미 대통령령 등 하위법규에 규정될 내용 및 범위의 기본사항이 구체적으로 규정되어 있어서 누구라도 당해 법률로부터 하위법규에 규정될 내용의 대강을 예측할 수 있어야 함을 의미하는데, **위임입법이 대법원규칙인 경우에도 수권법률에서 이 원칙을 준수**하여야 하는 것은 마찬가지이다(2014.10.30. 2013헌바368).

③ X 도로교통법상 운전면허를 취득하여야 하는 자동차 및 건설기계의 종류는 매우 다양하고 어떤 운전면허로 어떤 자동차 또는 건설기계를 운전할 수 있도록 할지를 정하는 작업에는 전문적이고 기술적인 지식이 요구되므로, 제1종 특수면허로 운전할 수 있는 차의 종류를 하위법령에 위임할 필요성이 인정된다. 또한, 자동차 운전자로서는 자동차관리법상 특수자동차의 일종인 트레일러와 레커의 용도와 조작방법 등의 특성을 감안할 때 이를 운전하기 위해서는 제1종 특수면허를 취득하여야 한다는 점도 충분히 예측할 수 있으므로, 심판대상조항이 포괄위임금지원칙에 위배된다고 할 수 없다(2015.1.29. 2013헌바173).

④ O 일정한 권리에 관하여 법률이 규정한 존속기간을 뜻하는 제척기간은 권리관계를 조속히 확정시키기 위하여 권리의 행사에 중대한 제한을 가하는 것이므로, 모법인 **법률에 의한 위임이 없는 한 시행령이 함부로 제척기간을 규정할 수는 없다**고 할 것이다 (대판 1990.9.28. 89누2493).

⑤ O 공직선거법 제135조 제2항은 제공이 허용되는 수당과 실비의 종류와 금액을 중앙선거관리위원회 규칙에 위임할 필요성과 예측가능성을 인정할 수 있으므로, 그에 해당하지 않는 선거사무관계자에 대한 수당·실비를 제공하는 행위를 처벌하는 심판대상조항은 범죄의 구성요건을 규율함에 있어 포괄위임입법금지원칙에 위배되지 아니한다(2015.4.30. 2013헌바55).

15 17변시-19   정답 ①

행정입법에 관한 설명 중 옳지 않은 것을 모두 고른 것은? (다툼이 있는 경우 판례에 의함)

ㄱ. 삼권분립의 원칙, 법치행정의 원칙을 당연한 전제로 하고 있는 우리 헌법 하에서 행정권의 행정입법 등 법집행의무는 헌법적 의무라고 보아야 할 것이므로, 하위 행정입법의 제정 없이 상위 법령의 규정만으로 집행이 이루어질 수 있는 경우라도 하위 행정입법을 하여야 할 헌법적 작위의무는 인정된다.

ㄴ. 법령의 직접적인 위임에 따라 수임행정기관이 그 법령을 시행하는데 필요한 구체적 사항을 정한 것이면, 그 제정형식이 고시, 훈령, 예규 등과 같은 행정규칙이더라도 그것이 상위법령의 위임한계를 벗어나지 아니하는 한, 상위법령과 결합하여 대외적인 구속력을 갖는 법규명령으로서 기능하고 있는 것으로 볼 수 있으므로「헌법재판소법」제68조 제1항에 의한 헌법소원의 대상이 되는 공권력 행사에 해당한다.

ㄷ. 헌법이 인정하고 있는 위임입법의 형식은 예시적인 것으로 보아야 하고, 법률이 일정한 사항을 행정규칙에 위임하더라도 그 행정규칙은 위임된 사항만을 규율할 수 있으므로 국회입법의 원칙과 상치된다고 할 수 없다.

ㄹ. 법령에서 행정처분의 요건 중 일부 사항을 부령으로 정할 것을 위임한 데 따라 시행규칙 등 부령에서 이를 정한 경우에 그 부령의 규정은 국민에 대해서도 구속력이 있는 법규명령에 해당한다고 할 것이지만, 법령의 위임이 없음에도 법령에 규정된 처분 요건에 해당하는 사항을 부령에서 변경하여 규정한 경우에는 그 부령의 규정은 행정청 내부의 사무처리 기준 등을 정한 것으로서 행정조직 내에서 적용되는 행정명령의 성격을 지닐 뿐 국민에 대한 대외적 구속력은 없다.

① ㄱ
② ㄱ, ㄴ
③ ㄴ, ㄹ
④ ㄷ, ㄹ
⑤ ㄱ, ㄷ, ㄹ

 해설

ㄱ. X 삼권분립의 원칙, 법치행정의 원칙을 당연한 전제로 하고 있는 우리 헌법 하에서 행정권의 행정입법 등 법집행의무는 헌법적 의무라고 보아야 할 것이다. 그런데 이는 행정입법의 제정이 법률의 집행에 필수불가결한 경우로서 행정입법을 제정하지 아니하는 것이 곧 행정권에 의한 입법권 침해의 결과를 초래하는 경우를 말하는 것이므로, 만일 하위 행정입법의 제정 없이 상위 법령의 규정만으로도 집행이 이루어질 수 있는 경우라면 하위 행정입법을 하여야 할 헌법적 작위의무는 인정되지 아니한다(2005.12.22. 2004헌마66).

ㄴ. O 법령의 직접적인 위임에 따라 위임행정기관이 그 법령을 시행하는데 필요한 구체적 사항을 정한 것이면, 그 제정형식은 비록 법규명령이 아닌 고시, 훈령, 예규 등과 같은 행정규칙이더라도 그것이 상위법령의 위임한계를 벗어나지 아니하는 한, 상위법령과 결합하여 대외적인 구속력을 갖는 법규명령으로서 기능하게 된다고 보아야 할 것인바, 청구인이 법령과 예규의 관계규정으로 말미암아 직접 기본권침해를 받았다면 이에 대하여 바로 헌법소원심판을 청구할 수 있다(1992.6.26. 91헌마25).

ㄷ. O 헌법 제40조와 헌법 제75조, 제95조의 의미를 살펴보면, 국회입법에 의한 수권이 입법기관이 아닌 행정기관에게 법률 등으로 구체적인 범위를 정하여 위임한 사항에 관하여는 당해 행정기관에게 법정립의 권한을 갖게 되고, 입법자가 규율의 형식도 선택할 수 있다 할 것이므로, 헌법이 인정하고 있는 위임입법의 형식은 예시적인 것으로 보아야 할 것이고, 그것은 법률이 행정규칙에 위임하더라도 그 행정규칙은 위임된 사항만을 규율할 수 있으므로, 국회입법의 원칙과 상치되지도 않는다(2006.12.28. 2005헌바59).

ㄹ. O 법령에서 행정처분의 요건 중 일부 사항을 부령으로 정할 것을 위임한 데 따라 시행규칙 등 부령에서 이를 정한 경우에 그 부령의 규정은 국민에 대해서도 구속력이 있는 법규명령에 해당한다고 할 것이지만, 법령의 위임이 없음에도 법령에 규정된 처분 요건에 해당하는 사항을 부령에서 변경하여 규정한 경우에는 그 부령의 규정은 행정청 내부의 사무처리 기준 등을 정한 것으로서 행정조직 내에서 적용되는 행정명령의 성격을 지닐 뿐 국민에 대한 대외적 구속력은 없다고 보아야 한다(대판 2013.9.12. 2011두10584).

16 20법전협-1-17 정답 ②

A ~ D와 관련된 설명 중 옳은 것은?

(가) A는 전시·사변 또는 이에 준하는 국가비상사태에 있어서 병력으로써 군사상의 필요에 응하거나 공공의 안녕질서를 유지할 필요가 있을 때에는 법률이 정하는 바에 의하여 B를 선포할 수 있다.

(나) A는 내우·외환·천재·지변 또는 중대한 재정·경제상의 위기에 있어서 국가의 안전보장 또는 공공의 안녕질서를 유지하기 위하여 긴급한 조치가 필요하고 C의 집회를 기다릴 여유가 없을 때에 한하여 최소한으로 필요한 재정·경제상의 처분을 하거나 이에 관하여 법률의 효력을 가지는 명령을 발할 수 있다.

(다) 비상계엄이 선포된 때에는 법률이 정하는 바에 의하여 영장제도, 언론·출판·집회·결사의 자유, D의 권한에 관하여 특별한 조치를 할 수 있다.

① A가 (가)의 권한을 행사하기 위해서는 국무회의 심의를 거쳐야 하나, (나)의 권한을 행사할 때에는 국무회의 심의를 거칠 필요가 없다.
② B를 선포할 때에는 A는 지체없이 C에 통고하여야 한다.
③ C가 재적의원 과반수의 출석과 출석의원 과반수의 찬성으로 B의 해제를 요구한 때에는 A는 B를 해제하여야 한다.
④ D에는 국회와 정부 그리고 법원이 해당된다.
⑤ A가 (나)의 명령을 할 때 C가 폐회 중일 때에는 A는 지체 없이 C에 집회를 요구하여야 한다.

(가)와 (다)는 계엄선포권, (나)는 긴급재정경제처분·명령권에 대한 헌법조문이다.
A : 대통령, B : 계엄, C : 국회, D : 정부나 법원
① X 비상계엄선포나 긴급재정경제처분·명령권의 행사는 모두 국무회의 심의를 거쳐야 한다(헌법 제89조 제5호).
② O 계엄을 선포한 때에는 대통령은 지체없이 국회에 통고하여야 한다(헌법 제77조 제4항).
③ X 국회가 재적의원 과반수의 찬성으로 계엄의 해제를 요구한 때에는 대통령은 이를 해제하여야 한다(헌법 제77조 제5항 참고).
④ X 비상계엄이 선포된 때에는 법률이 정하는 바에 의하여 정부나 법원의 권한에 관하여 특별한 조치를 할 수 있다(헌법 제77조 제3항). 국회의 권한에 관하여 특별한 조치를 할 수 없다.
⑤ X 긴급재정경제처분·명령권의 긴급요건으로 '국회의 집회를 기다릴 여유가 없을 때'란, 집회가 불가능할 때뿐만 아니라 집회를 기다릴 여유가 없는 급박한 상황을 의미한다. 따라서 국회의 폐회 등으로 국회가 현실적으로 집회될 수 없고 국회의 집회를 기다려서는 그 목적을 달할 수 없는 경우에는 대통령이 명령을 발하면 족하고, 국회에 집회를 요구하여야 하는 것은 아니다. 헌법 제76조는 대통령에게 국회에 집회를 요구할 의무를 부과하는 규정을 두고 있지 않다.

17 21법전협-2-08 정답 ③

대통령의 법률안거부권에 관한 설명 중 옳지 않은 것은?

① 법률안거부권은 국회의 독점적인 법률제정권에 대한 대통령의 견제수단으로, 이를 통해 국회의 경솔한 입법이나 위헌적인 법률의 제정을 사전에 차단할 수 있다.
② 법률안거부권의 법적 성격은 국회가 재의결할 때까지 법률로서의 확정을 정지시킨다는 점에서 소극적인 정지적(停止的) 거부권으로 이해할 수 있다.
③ 헌법은 대통령이 법률안거부권을 행사할 수 있는 사유를 그 법률안이 헌법에 위반되거나 집행이 불가능한 경우로 한정하고 있다.
④ 헌법은 국회가 폐회 중인 경우에도 대통령이 법률안거부권을 행사하려면 해당 법률안이 정부에 이송된 날부터 15일의 기간 내에 국회로 환부하도록 규정하고 있다.
⑤ 대통령에 의한 재의의 요구가 있을 때에는 국회는 재의에 붙이고, 재적의원 과반수의 출석과 출석의원 3분의 2 이상의 찬성으로 전과 같이 의결하면 그 법률안은 법률로서 확정된다.

① O 대통령의 법률안거부권은 의회의 법률제정에 대한 독점권을 방지하며, 엄격한 삼권분립의 구조 하에서 의회의 경솔한 입법이나 위헌적 입법을 방지함으로써 행정부와 의회간의 견제와 균형을 실현하기 위한 것이다.
② O 법률안거부권의 법적 성격에 대하여 정지조건을 의미한다는 설, 취소권을 의미한다는 설, 공법상의 특유제도라는 설 등이 있다. 생각건대 법률안거부권은 국회가 재의결할 때까지 법률로서의 확정을 정지시키는 소극적인 정지적 거부권(停止的 拒否權)으로 보아야 한다(성낙인, 헌법학 588면).
③ X 헌법은 대통령이 법률안거부권을 행사하는 사유에 대해 '이의가 있을 때라고만 규정하고 있을 뿐, 법률안거부권 행사의 실질적 요건에 대하여 명문의 규정은 없다. 그러나 제도의 취지로 볼 때 거부권의 행사에는 정당한 사유와 필요성이 있어야 한다. 즉 법률안이 헌법에 위반되거나 집행이 불가능한 경우뿐만 아니라, 법률안이 공익에 현저히 반하는 경우에도 거부권을 행사할 수 있다. ㉠ 집행불능한 법률안, ㉡ 국익에 어긋나는 법률안, ㉢ 정부에 부당한 정치적 압력을 가하는 내용을 담고 있는 법률안, ㉣ 위헌적 법률안 등이 그 예이다(성낙인, 헌법학 589면 참고).
④, ⑤ O

> 제53조
> ① 국회에서 의결된 법률안은 정부에 이송되어 15일 이내에 대통령이 공포한다.
> ② 법률안에 이의가 있을 때에는 대통령은 제1항의 기간내에 이의서를 붙여 국회로 환부하고, 그 재의를 요구할 수 있다. 국회의 폐회중에도 또한 같다.
> ④ 재의의 요구가 있을 때에는 국회는 재의에 붙이고, 재적의원과반수의 출석과 출석의원 3분의 2 이상의 찬성으로 전과 같은 의결을 하면 그 법률안은 법률로서 확정된다.

18 14변시-14   정답 ①

사면에 관한 설명 중 옳지 않은 것은? (다툼이 있는 경우 판례에 의함)

① 기소유예처분의 대상인 피의사실에 대하여 일반사면이 있은 경우 그 처분의 취소를 구하는 헌법소원의 경우에는 권리보호의 이익이 있다고 볼 수 없으므로 헌법소원심판청구는 적법하지 않다.

② 사립학교교원에 대한 해임처분이 무효인 경우, 해임처분을 받아 복직되지 아니한 기간 동안 법률상 당연퇴직사유인 금고 이상의 형을 선고받았으나 그 후 특별사면에 의하여 형의 선고의 효력이 상실되었다 하더라도 당연퇴직으로 말미암아 상실된 교원의 지위가 다시 회복되는 것은 아니다.

③ 현역 군인에 대하여 징계처분의 효력을 상실시키는 특별사면이 있었다고 하더라도 징계처분의 기초되는 비위사실이 현역복무부적합사유에 해당하는 경우에는 이를 이유로 현역복무부적합조사위원회에 회부하거나 전역심사위원회의 심의를 거쳐 전역명령을 할 수 있다.

④ 여러 개의 형이 병과된 사람에 대하여 그 병과형 중 일부의 집행을 면제하거나 그에 대한 형의 선고의 효력을 상실케 하는 특별사면이 있은 경우, 그 특별사면의 효력이 병과된 나머지 형에까지 미치는 것은 아니므로 징역형의 집행유예와 벌금형이 병과된 사람에 대하여 징역형의 집행유예의 효력을 상실케 하는 내용의 특별사면이 그 벌금형의 선고의 효력까지 상실케 하는 것은 아니다.

⑤ 금고 이상의 형의 선고를 받은 후 특별사면된 마주(馬主)에 대하여 경마시행규정에서 정한 필요적 등록취소사유인 '금고 이상의 형의 선고를 받은 때'에 해당된다고 보아 마주 등록을 취소할 수는 없지만, 그 기초되는 범죄사실을 들어 같은 규정에서 정한 임의적 등록취소사유인 '마주로서 품위를 손상시켰을 때'에 해당된다고 보아 마주 등록을 취소할 수 있다.

 해설

① X 청구인의 이 사건 도로교통법위반 범행은 사면되었는바, 만약 우리 재판소가 이 사건 심판청구를 받아들여 "기소유예" 처분을 취소하면 피청구인은 "공소권없음"의 결정을 할 것으로 짐작되는데, "기소유예" 처분은 피의사실은 인정되나 정상을 참작하여 단지 그 소추를 유예하는 처분임에 반하여, "공소권없음" 처분은 검사에게 피의사실에 대한 공소권이 없음을 선언하는 형식적 판단으로서 피의자의 범죄 혐의 유무에 관하여 실체적 판단을 하는 것이 아니다. 그렇다면 비록 청구인의 이 사건 음주운전 소위에 대하여 일반사면이 있었다고 하더라도 이 사건 심판청구는 권리보호의 이익이 있다(1996.10.4. 95헌마318).

② O 사립학교교원에 대한 징계해임처분이 무효라면 학교경영자가 해임처분의 유효를 주장하여 교원의 근무를 사실상 거부한다고 하더라도 해임된 교원은 해임처분시부터 여전히 계속하여 교원의 지위를 유지하고 있는 것이라 할 것이고, 그 교원이 복직되지 아니한 기간 동안 금고 이상의 형을 받았다면 사립학교법 제57조, 교육법 제77조 제1호, 국가공무원법 제33조 제1항 제3호, 제4호, 제5호에 의하여 당연퇴직된다 할 것이며, 그 후 특별사면에 의하여 위 금고 이상의 형의 선고의 효력이 상실되었다 할지라도 사면법 제5조 제2항에 의하면 형의 선고에 관한 기성의 효과는 사면으로 인하여 변경되지 않는다고 되어 있고 이는 사면의 효과가 소급하지 아니함을 의미하는 것이므로, 당연퇴직으로 말미암아 상실된 교원의 지위가 다시 회복되는 것은 아니다 (대판 1993.6.8. 93다852).

③ O 구 군인사법 제37조, 군인사법 시행령 제49조에 의한 현역복무부적합자 전역제도란 대통령령으로 정하는 일정한 사유로 인하여 현역복무에 적합하지 아니한 자를 전역심사위원회 심의를 거쳐 현역에서 전역시키는 제도로서 징계제도와는 규정 취지와 사유, 위원회 구성 및 주체 등에서 차이가 있으므로, 현역 군인에 대하여 징계처분의 효력을 상실시키는 특별사면이 있었다고 하더라도 징계처분의 기초되는 비위사실이 현역복무부적합사유에 해당하는 경우에는 이를 이유로 현역복무부적합조사위원회에 회부하거나 전역심사위원회의 심의를 거쳐 전역명령을 할 수 있다(대판 2012.1.12. 2011두18649).

④ O 형법 제41조, 사면법 제5조 제1항 제2호, 제7조 등의 규정의 내용 및 취지에 비추어 보면, 여러 개의 형이 병과된 사람에 대하여 그 병과형 중 일부의 집행을 면제하거나 그에 대한 형의 선고의 효력을 상실케 하는 특별사면이 있은 경우, 그 특별사면의 효력이 병과된 나머지 형에까지 미치는 것은 아니므로 징역형의 집행유예와 벌금형이 병과된 신청인에 대하여 징역형의 집행유예의 효력을 상실케 하는 내용의 특별사면이 그 벌금형의 선고의 효력까지 상실케 하는 것은 아니다(대결 1997.10.13. 96모33).

⑤ O 마주가 금고 이상 형의 선고를 받은 후 그 형 선고의 효력을 상실시키는 특별사면을 받았다고 할지라도 그 기초되는 범죄사실이 경마의 공정성을 담보하는 데에 큰 흠이 되는 경우라면 마주 자격을 박탈해야 할 필요성도 있으므로, 특별사면으로 인하여 같은 규정 제7조 제1항 제4호의 사유에 해당하지 않게 되었다고 하여 그 기초되는 범죄사실을 들어 같은 규정 제7조 제2항 제4호의 '마주로서 품위를 손상한 때'에 해당하는 사유로 삼을 수 없는 것은 아니다(대판 2002.8.23. 2000다64298).

19 22변시-18   정답 ④

헌법 제75조와 제95조에 따른 위임입법과 「헌법재판소법」 제68조 제1항에 의한 헌법소원심판에 관한 설명 중 옳지 않은 것은? (다툼이 있는 경우 판례에 의함)

① 법률이 행정청에 일정한 사항을 위임하였는데, 행정청이 그 위임에 따른 행정입법을 하지 아니하는 경우 그 부작위도 헌법소원의 대상이 된다.
② 상위법령에서 하위 행정입법의 제정을 예정하고 있더라도 하위 행정입법의 제정 없이 상위법령의 규정만으로도 집행이 이루어질 수 있는 경우에는 하위 행정입법을 하여야 할 헌법적 작위의무는 인정되지 아니한다.
③ 행정부에서 제정한 명령·규칙도 그것이 별도의 집행을 기다리지 않고 직접 기본권을 침해하는 것일 때에는 헌법소원의 대상이 된다.
④ 행정규칙이 아닌 시행령은 법률에 의한 위임이 없더라도 법률이 규정한 개인의 권리·의무에 관한 내용을 보충하거나 법률에 규정되지 아니한 새로운 추가적 내용을 규정할 수 있다.
⑤ '고시'는 행정규칙으로서 일반적으로 대외적 구속력을 갖는 것이 아니어서 원칙적으로 헌법소원의 대상이 아니나, 다만 법령의 규정에 의하여 행정관청에 법령의 구체적 내용을 보충할 권한을 부여한 경우, 그것이 상위법령의 위임한계를 벗어나지 않는 한, 상위법령과 결합하여 대외적으로 구속력을 갖는 법규명령으로 기능하여 헌법소원의 대상이 된다.

해설

① O 우리 헌법은 국가권력의 남용으로부터 국민의 자유와 권리를 보호하려는 법치국가의 실현을 기본이념으로 하고 있고, 자유민주주의 헌법의 원리에 따라 국가의 기능을 입법·행정·사법으로 분립하여 견제와 균형을 이루게 하는 권력분립제도를 채택하고 있어, 행정과 사법은 법률에 기속되므로, 국회가 특정한 사항에 대하여 행정부에 위임하였음에도 불구하고 행정부가 정당한 이유 없이 이를 이행하지 않는다면 권력분립의 원칙과 법치국가의 원칙에 위배되는 것이다(2004.2.26. 2001헌마718).
② O 삼권분립의 원칙, 법치행정의 원칙을 당연한 전제로 하고 있는 우리 헌법 하에서 행정권의 행정입법 등 법집행의무는 헌법적 의무라고 보아야 할 것이다. 그런데 이는 행정입법의 제정이 법률의 집행에 필수불가결한 경우로서 행정입법을 제정하지 아니하는 것이 곧 행정권에 의한 입법권 침해의 결과를 초래하는 경우를 말하는 것이므로, 만일 하위 행정입법의 제정 없이 상위 법령의 규정만으로도 집행이 이루어질 수 있는 경우라면 하위 행정입법을 하여야 할 헌법적 작위의무는 인정되지 아니한다(2005.12.22. 2004헌마66).
③ O 입법부·행정부·사법부에서 제정한 규칙이 별도의 집행행위를 기다리지 않고 직접 기본권을 침해하는 것일 때에는 모두 헌법소원심판의 대상이 될 수 있는 것이다(1990.10.15. 89헌마178).
④ X 법률의 시행령은 모법인 법률에 의하여 위임받은 사항이나 법률이 규정한 범위 내에서 법률을 현실적으로 집행하는 데 필요한 세부적인 사항만을 규정할 수 있을 뿐, 법률에 의한 위임이 없는 한 법률이 규정한 개인의 권리·의무에 관한 내용을 변경·보충하거나 법률에 규정되지 아니한 새로운 내용을 규정할 수는 없다(대판 2020.9.3. 2016두32992 전원합의체).
⑤ O 이 사건 중소기업청 고시는 행정규칙에 해당한다고 할 것인데, 행정규칙은 일반적으로 행정조직 내부에서만 효력을 가지는 것이고 대외적인 구속력을 갖는 것이 아니어서 원칙적으로 헌법소원의 대상이 아니나, 다만 법령의 규정에 의하여 행정관청에 법령의 구체적 내용을 보충할 권한을 부여한 경우에는 그것이 상위법령의 위임한계를 벗어나지 아니하는 한, 상위법령과 결합하여 대외적인 구속력을 갖는 법규명령으로서 기능하여 헌법소원의 대상이 될 수 있다(2007.8.30. 2004헌마670).

20 17변시-5   정답 ①

○○노동청장 乙은 甲에 대하여 부정한 방법으로 직업능력개발 훈련비용을 지급받았다는 이유로, 지원금의 지급을 제한하는 처분을 하면서 기지급된 지원금을 회수하는 처분을 하였다. 이에 甲은 당해 처분의 취소를 구하는 소를 제기하는 한편 위 소송 계속 중 당해 처분의 근거 법률인 구 「고용보험법」제35조 제1항에 대하여 위헌법률심판제청신청을 하였으나 2011. 11. 14.(월) 위 제청신청이 기각되고 2011. 11. 17.(목) 그 기각결정을 통지받은 후 2011. 12. 15.(목) 「헌법재판소법」제68조 제2항에 의한 헌법소원심판을 청구하였다. 이에 관한 설명 중 옳지 않은 것을 모두 고른 것은? (다툼이 있는 경우 판례에 의함)

※ 구 「고용보험법」(2007. 5. 11. 법률 제8429호로 개정되고, 2008. 12. 31. 법률 제9315호로 개정되기 전의 것)

제35조(부정행위에 따른 지원의 제한 등)
① 노동부장관은 거짓이나 그 밖의 부정한 방법으로 이 장의 규정에 따른 고용안정·직업능력개발 사업의 지원을 받은 자 또는 받으려는 자에게 대통령령으로 정하는 바에 따라 그 지원을 제한하거나 이미 지원된 것을 반환하도록 명할 수 있다.
<이하 생략>

ㄱ. 甲은 법원의 위헌법률심판제청신청 기각결정이 있은 날부터 30일을 도과하여 헌법소원심판을 청구하였으므로 청구기간 요건을 충족하지 못하였다.
ㄴ. 구 「고용보험법」상의 각종 지원은 사회적·경제적 상황, 기업 및 노동시장이 처한 현실, 고용보험의 재정 상황 등에 따라 그 지원의 내용 및 범위가 수시로 변화될 가능성이 있으므로 지원금의 반환 범위나 지급 제한의 구체적 내용 및 범위를 대통령령에 위임할 필요성이 인정된다.
ㄷ. 구 「고용보험법」제35조 제1항은 지원금의 지급을 제한하거나 이미 지급된 지원금은 사후에 반환하도록 하는 원상회복 및 행정적 제재를 규정한 것으로서 甲의 재산권을 직접 제한하는 법률이므로 그 내용의 일부를 하위법령에 위임하는 경우에는 위임의 구체성·명확성의 요구가 강화된다.
ㄹ. 구 「고용보험법」제35조 제1항은 지원금의 부당수령자에 대한 제재의 목적으로 '이미 지원된 것의 반환'과는 별도로 '지원을 제한'하도록 하고 있는데, 이러한 지원 제한에 대하여 제한의 범위나 기간 등에 관하여 기본적 사항도 법률에 규정하지 아니한 채 대통령령에 포괄적으로 위임하고 있으므로 포괄위임금지원칙에 위반된다.

① ㄱ
② ㄱ, ㄷ
③ ㄱ, ㄹ
④ ㄴ, ㄹ
⑤ ㄴ, ㄷ, ㄹ

 해설

ㄱ. X 제68조 제2항의 규정에 의한 헌법소원심판은 위헌여부심판의 제청신청을 기각하는 결정을 통지받은 날부터 30일이내에 청구하여야 한다(헌법재판소법 제69조 제2항).
ㄴ. O 고용안정·직업능력개발사업에 따른 지원금의 부정수령행위에 대한 원상회복 및 행정적 제재를 규정한 이 사건 법률조항 역시 위와 같은 고용보험법의 특성에 비추어 볼 때, 고용안정·직업능력개발사업의 구체적 지원 내용 및 범위, 고용보험의 재정상황, 위반의 강도·기간·횟수 등에 따라 지원금의 반환 범위 및 지급 제한의 내용 등을 적절히 현실화할 필요가 있기 때문에 모든 내용을 법률로 정하는 것보다는 지원금의 반환 범위나 지급제한의 구체적 내용 및 범위를 대통령령에 위임할 필요성이 인정된다(2016.3.31. 2014헌가2 등).
ㄷ. O 위임의 구체성·명확성의 요구 정도는 규제대상의 종류와 성격에 따라서 달라진다. 즉, 일반적인 급부행정법규의 경우보다 처벌법규나 조세법규 등 국민의 기본권을 직접적으로 제한하거나 침해할 소지가 있는 법규에서는 구체성·명확성의 요구가 강화되어 그 위임의 요건과 범위가 더 엄격하게 제한적으로 규정되어야 하고, 규율대상이 지극히 다양하거나 수시로 변화하는 성질의 것일 때에는 위임의 구체성·명확성의 요건이 완화되어야 할 것이다(2002.6.27. 2000헌가10. 2011.12.29. 2010헌바385 등).
ㄹ. O 이 사건 법률조항에서는 지원금의 부당수령자에 대한 제재의 목적으로 '지원을 제한'하도록 하고 있는데, 이러한 지원 제한에 대하여는 제한의 범위나 기간 등에 관하여 기본적 사항도 법률에 규정하지 아니한 채 이를 대통령령에 포괄적으로 위임하고 있다. 그리하여 구 고용보험법의 목적과 규정내용, 고용안정·직업능력개발사업의 취지, 지원금의 종류 및 내용 등을 체계적·유기적으로 종합하여 살펴보아도 일반인으로 하여금 어떤 방식으로, 어느 기간이나 정도의 범위에서 지원금의 지급이 제한되고 그 지급제한기간 동안 지원받은 금액 중 얼마까지 반환하여야 하는지 그 대강의 내용을 법률에서 전혀 예측할 수 없도록 하고 있다. 따라서 이 사건 법률조항은 고용안정·직업능력개발사업의 지원금을 부정수령한 사업자 등에 대한 지원금의 지급제한기간 및 반환의 내용 및 범위 등에 관한 기본적 사항을 법률에 규정하지 않은 채 이를 포괄적으로 대통령령에 위임함으로써 행정청의 자의적인 법집행을 가능하게 하고 있으므로 헌법 제75조의 포괄위임금지원칙에 위반된다(2016.3.31. 2014헌가2 등). → '지원제한' 부분은 위헌 / '반환명령' 부분은 합헌

21 20법전협-2-15   정답 ③

대통령의 권한에 관한 설명으로 옳지 않은 것을 모두 고른 것은? (다툼이 있는 경우 판례에 의함)

ㄱ. 대통령의 긴급재정경제명령 발포행위는 일종의 국가긴급권으로서 대통령의 고도의 정치적 결단을 요하고 가급적 그 결단이 존중되어야 하는 통치행위의 영역에 속하는 것이므로 「헌법재판소법」 제68조 제1항의 헌법소원의 대상이 되지 않는다.
ㄴ. 대통령의 일반사면은 원칙적으로 형을 선고받은 자에 대하여는 형 선고의 효력이 상실되고, 형을 선고받지 아니한 자에 대하여는 공소권이 상실되는 효과를 발생한다.
ㄷ. 대통령이 헌법상 국민에게 자신에 대한 신임을 국민투표 형식으로 묻거나 특정 정책을 국민투표에 부치면서 이에 자신의 신임을 결부시키는 것은 위헌적인 행위로서 헌법적으로 허용되지 않는다.
ㄹ. 대통령은 중앙선거관리위원회 위원 중 3인을 임명하고, 중앙선거관리위원회 위원장을 국회 동의를 얻어 위원 중에서 임명한다.
ㅁ. 대통령은 국회에 서한으로 의견을 표시할 수는 있으나, 국회에 출석하여 발언할 수는 없다.

① ㄱ, ㄴ, ㄷ ② ㄱ, ㄴ, ㄹ
③ ㄱ, ㄹ, ㅁ ④ ㄴ, ㄷ, ㅁ
⑤ ㄷ, ㄹ, ㅁ

③ 대통령의 권한에 관한 설명으로 옳지 않은 것은 ㄱ, ㄹ, ㅁ이다.
ㄱ. ✗ 대통령의 긴급재정경제명령은 국가긴급권의 일종으로서 고도의 정치적 결단에 의하여 발동되는 행위이고 그 결단을 존중하여야 할 필요성이 있는 행위라는 의미에서 이른바 통치행위에 속한다고 할 수 있으나, 통치행위를 포함하여 모든 국가작용은 국민의 기본권적 가치를 실현하기 위한 수단이라는 한계를 반드시 지켜야 하는 것이고, 헌법재판소는 헌법의 수호와 국민의 기본권 보장을 사명으로 하는 국가기관이므로 비록 고도의 정치적 결단에 의하여 행해지는 국가작용이라고 할지라도 그것이 국민의 기본권 침해와 직접 관련되는 경우에는 당연히 헌법재판소의 심판대상이 된다(1996.2.29. 93헌마186).
ㄴ. ○

> **사면법 제5조(사면 등의 효과)**
> ① 사면, 감형 및 복권의 효과는 다음 각 호와 같다.
>   1. 일반사면 : 형 선고의 효력이 상실되며, 형을 선고받지 아니한 자에 대하여는 공소권(公訴權)이 상실된다. 다만, 특별한 규정이 있을 때에는 예외로 한다.

ㄷ. ○ 대통령은 헌법상 국민에게 자신에 대한 신임을 국민투표의 형식으로 물을 수 없을 뿐만 아니라, 특정 정책을 국민투표에 붙이면서 이에 자신의 신임을 결부시키는 대통령의 행위도 위헌적인 행위로서 헌법적으로 허용되지 않는다(2004.5.14. 2004헌나1).
ㄹ. ✗ 중앙선거관리위원회는 대통령이 임명하는 3인, 국회에서 선출하는 3인과 대법원장이 지명하는 3인의 위원으로 구성한다. 위원장은 위원중에서 호선한다.(헌법 제114조 제2항)
ㅁ. ✗ 대통령은 국회에 출석하여 발언하거나 서한으로 의견을 표시할 수 있다(헌법 제81조).

22 22변시-20   정답 ②

탄핵심판에 관한 설명 중 옳은 것(○)과 옳지 않은 것(✗)을 올바르게 조합한 것은? (다툼이 있는 경우 판례에 의함)

ㄱ. 탄핵심판은 고위공직자가 권한을 남용하여 헌법이나 법률을 위반하는 경우 그 권한을 박탈함으로써 헌법질서를 지키는 헌법재판이고, 탄핵결정은 대상자를 공직으로부터 파면함에 그치고 형사상 책임을 면제하지 아니한다는 점에서 탄핵심판절차는 형사절차나 일반 징계절차와는 성격을 달리한다.
ㄴ. 「국회법」에 탄핵소추안에 대하여 표결 전에 반드시 토론을 거쳐야 한다는 명문 규정이 있다.
ㄷ. 탄핵심판절차에서는 법적인 관점에서 탄핵사유의 존부만을 판단하는 것이므로, 직책수행의 성실성 여부는 그 자체로서 소추사유가 될 수 없어 탄핵심판절차의 판단대상이 되지 아니한다.
ㄹ. 탄핵소추의결서에서 그 위반을 주장하는 '법규정의 판단'에 관하여 헌법재판소는 원칙적으로 구속을 받지 않으므로, 청구인이 그 위반을 주장하는 법규정 외에 다른 관련 법규정에 근거하여 탄핵의 원인이 된 사실관계를 판단할 수 있다.
ㅁ. 헌법재판소는 탄핵소추의결서에 기재되지 아니한 소추사유도 판단의 대상으로 삼을 수 있다.

① ㄱ(○), ㄴ(○), ㄷ(✗), ㄹ(○), ㅁ(○)
② ㄱ(○), ㄴ(✗), ㄷ(○), ㄹ(○), ㅁ(✗)
③ ㄱ(○), ㄴ(✗), ㄷ(✗), ㄹ(✗), ㅁ(✗)
④ ㄱ(✗), ㄴ(○), ㄷ(✗), ㄹ(○), ㅁ(○)
⑤ ㄱ(✗), ㄴ(✗), ㄷ(○), ㄹ(✗), ㅁ(✗)

② 탄핵심판에 관한 설명 중 옳은 것은 ㄱ, ㄷ, ㄹ 이다.
ㄱ. ○ 탄핵심판은 고위공직자가 권한을 남용하여 헌법이나 법률을 위반하는 경우 그 권한을 박탈함으로써 헌법질서를 지키는 헌법재판이고, 탄핵결정은 대상자를 공직으로부터 파면함에 그치고 형사상 책임을 면제하지 아니한다(헌법 제65조 제4항)는 점에서 탄핵심판절차는 형사절차나 일반 징계절차와는 성격을 달리 한다(2017.3.10. 2016헌나1).
ㄴ. ✗ 탄핵소추의 중대성에 비추어 소추의결을 하기 전에 충분한 찬반토론을 거치는 것이 바람직하다. 그러나 국회법에 탄핵소추안에 대하여 표결 전에 반드시 토론을 거쳐야 한다는 명문 규정은 없다(2017.3.10. 2016헌나1).
ㄷ. ○ 헌법 제65조 제1항은 탄핵사유를 '헌법이나 법률에 위배한 경우'로 제한하고 있고, 헌법재판소의 탄핵심판절차는 법적 관점에서 단지 탄핵사유의 존부만을 판단하는 것이므로, 이 사건에서 청구인이 주장하는 것과 같은 세월호 참사 당일 피청구인이 직책을 성실히 수행하였는지 여부는 그 자체로 소추사유가 될 수 없어, 탄핵심판절차의 판단대상이 되지 아니한다(2017.3.10. 2016헌나1).
ㄹ. ○ ㅁ. ✗ 헌법재판소는 원칙적으로 국회의 소추의결서에 기재된 소추사유에 의하여 구속을 받고, 소추의결서에 기재되지 아니한 소추사유를 판단의 대상으로 삼을 수 없다. 그러나 소추의결서에서

그 위반을 주장하는 '법규정의 판단'에 관하여 헌법재판소는 원칙적으로 구속을 받지 않으므로, 청구인이 그 위반을 주장한 법규정 외에 다른 관련 법규정에 근거하여 탄핵의 원인이 된 사실관계를 판단할 수 있다. 또 헌법재판소는 소추사유를 판단할 때 국회의 소추의결서에서 분류된 소추사유의 체계에 구속되지 않으므로, 소추사유를 어떤 연관관계에서 법적으로 고려할 것인가 하는 것은 전적으로 헌법재판소의 판단에 달려있다(2017.3.10. 2016헌나1).

23 18변시-20   정답 ④

탄핵제도에 관한 설명 중 옳지 않은 것은? (다툼이 있는 경우 판례에 의함)

① 국회의 의사자율권 등에 비추어 볼 때 국회가 탄핵소추사유에 대하여 별도의 조사를 하지 않은 채 탄핵소추안을 의결하였다고 하여 그 의결이 헌법이나 법률을 위반한 것이라고 볼 수 없다.

② 탄핵소추안을 각 소추사유별로 나누어 발의할 것인지 아니면 여러 소추사유를 포함하여 하나의 안으로 발의할 것인지는 소추안을 발의하는 의원들의 자유로운 의사에 달린 것이므로, 대통령이 헌법이나 법률을 위배한 사실이 여러 가지일 때 그 중 한 가지 사실만으로도 충분히 파면결정을 받을 수 있다고 판단되면 그 한 가지 사유만으로 탄핵소추안을 발의할 수 있다.

③ '그 직무집행에 있어서 헌법이나 법률을 위배한 때'를 탄핵사유로 규정하고 있는 헌법 제65조 제1항의 '헌법'에는 명문의 헌법규정뿐만 아니라 헌법재판소의 결정에 따라 형성되어 확립된 불문헌법도 포함되고, '법률'에는 형식적 의미의 법률과 이와 동등한 효력을 가지는 국제조약 및 일반적으로 승인된 국제법규 등이 포함된다.

④ 대통령에 대한 탄핵심판청구는 대통령 본인의 직무집행과 관련한 중대한 헌법이나 법률 위배를 이유로 하는 경우에만 적법요건을 갖춘 것이다.

⑤ 여러 개의 탄핵사유가 포함된 하나의 탄핵소추안을 발의하고 안건 수정 없이 그대로 본회의에 상정된 경우에, 국회의장은 '표결할 안건의 제목을 선포할' 권한만 있는 것이지, 직권으로 탄핵소추안에 포함된 개개 소추사유를 분리하여 여러 개의 탄핵소추안으로 만든 다음 이를 각각 표결에 부칠 수는 없다.

 해설

① O 국회의 의사절차에 헌법이나 법률을 명백히 위반한 흠이 있는 경우가 아니면 국회 의사절차의 자율권은 권력분립의 원칙상 존중되어야 하고, 국회법 제130조 제1항은 탄핵소추의 발의가 있을 때 그 사유 등에 대한 조사 여부를 국회의 재량으로 규정하고 있으므로, **국회가 탄핵소추사유에 대하여 별도의 조사를 하지 않았다거나 국정조사결과나 특별검사의 수사결과를 기다리지 않고 탄핵소추안을 의결하였다고 하여 그 의결이 헌법이나 법률을 위반한 것이라고 볼 수 없다**(2017.3.10. 2016헌나1).

②, ⑤ O 탄핵소추안을 각 소추사유별로 나누어 발의할 것인지 아니면 여러 소추사유를 포함하여 하나의 안으로 발의할 것인지는 소추안을 발의하는 의원들의 자유로운 의사에 달린 것이다. 대통령이 헌법이나 법률을 위배한 사실이 여러 가지일 때 그 중 한 가지 사실만으로도 충분히 파면 결정을 받을 수 있다고 판단되면 그 한 가지 사유만으로 탄핵소추안을 발의할 수도 있고, 여러 가지 소추사유를 종합할 때 파면할 만하다고 판단되면 여러 가지 소추사유를 함께 묶어 하나의 탄핵소추안으로 발의할 수도 있다. 이 사건과 같이 국회 재적의원 과반수에 해당하는 171명의 의원이 여러 개 탄핵사유가 포함된 하나의 탄핵소추안을 마련한 다음 이를 발의하고 안건 수정 없이 그대로 본회의에 상정된 경우에는 그 탄핵소추안에 대하여 찬반 표결을 하게 된다. 그리고 본회의에 상정된 의안에 대하여 표결절차에 들어갈 때 국회의장에게는 '표결할 안건의 제목을 선포할' 권한만 있는 것이지(국회법 제110조 제1항), 직권으로 이 사건 탄핵소추안에 포함된 개개 소추사유를 분리하여 여러 개의 탄핵소추안으로 만든 다음 이를 각각 표결에 부칠 수는 없다(2017.3.10. 2016헌나1).

③ O 헌법 제65조 제1항의 '헌법'에는 명문의 헌법규정뿐만 아니라 헌법재판소의 결정에 따라 형성되어 확립된 **불문헌법도 포함**되고, '법률'에는 형식적 의미의 법률과 이와 동등한 효력을 가지는 **국제조약 및 일반적으로 승인된 국제법규 등이 포함**된다(2017.3.10. 2016헌나1).

④ X 헌법 제65조는 대통령이 '그 직무집행에 있어서 헌법이나 법률을 위배한 때'를 탄핵사유로 규정하고 있다. 여기에서 '직무'란 법제상 소관 직무에 속하는 고유 업무와 사회통념상 이와 관련된 업무를 말하고, 법령에 근거한 행위뿐만 아니라 대통령의 지위에서 **국정수행과 관련하여 행하는 모든 행위**를 포괄하는 개념이다(2017.3.10. 2016헌나1).

24 21법전협-2-19   정답 ⑤

탄핵심판제도에 관한 설명 중 옳지 않은 것은? (다툼이 있는 경우 판례에 의함)

① 국회의 의사자율권 등에 비추어 볼 때 국회가 탄핵소추사유에 대하여 별도의 조사를 하지 않은 채 탄핵소추안을 의결하였다고 하여 그 의결이 헌법이나 법률을 위반한 것이라고 볼 수 없다.

② 탄핵소추안을 각 소추사유별로 나누어 발의할 것인지 아니면 여러 소추사유를 포함하여 하나의 안으로 발의할 것인지는 소추안을 발의하는 의원들의 자유로운 의사에 달린 것이므로, 대통령이 헌법이나 법률을 위배한 사실이 여러 가지일 때 그 중 한 가지사실만으로도 충분히 파면결정을 받을 수 있다고 판단되면 그 한 가지 사유만으로 탄핵소추안을 발의할 수 있다.

③ 대통령의 성실한 직책수행의무는 헌법적 의무에 해당하나, 헌법을 수호해야 할 의무와는 달리 규범적으로 그 이행이 관철될 수 있는 성격의 의무가 아니므로, 원칙적으로 사법적 판단의 대상이 될 수 없다.

④ 여러 개의 탄핵사유가 포함된 하나의 탄핵소추안이 발의되어 안건 수정 없이 그대로 본회의에 상정된 경우에, 국회의장은 '표결할 안건의 제목을 선포'할 권한만 있는 것이지, 직권으로 탄핵소추안에 포함된 개개 소추사유를 분리하여 여러 개의 탄핵소추안으로 만든 다음 이를 각각 표결에 부칠 수는 없다.

⑤ 헌법재판소는 탄핵소추의결서에서 국회가 그 위반을 주장하는 법규정의 판단에 관하여 원칙적으로 구속을 받으므로, 국회가 그 위반을 주장한 법규정 외에 다른 관련 법규정에 근거하여 탄핵의 원인이 된 사실관계를 판단할 수 없다.

① O 국회의 의사절차에 헌법이나 법률을 명백히 위반한 흠이 있는 경우가 아니면 국회 의사절차의 자율권은 권력분립의 원칙상 존중되어야 하고, 국회법 제130조 제1항은 탄핵소추의 발의가 있을 때 그 사유 등에 대한 조사 여부를 국회의 재량으로 규정하고 있으므로, 국회가 탄핵소추사유에 대하여 별도의 조사를 하지 않았다거나 국정조사결과나 특별검사의 수사결과를 기다리지 않고 탄핵소추안을 의결하였다고 하여 그 의결이 헌법이나 법률을 위반한 것이라고 볼 수 없다(2017.3.10. 2016헌나1).

② O 탄핵소추안을 각 소추사유별로 나누어 발의할 것인지 아니면 여러 소추사유를 포함하여 하나의 안으로 발의할 것인지는 소추안을 발의하는 의원들의 자유로운 의사에 달린 것이다. 대통령이 헌법이나 법률을 위배한 사실이 여러 가지일 때 그 중 한 가지 사실만으로도 충분히 파면 결정을 받을 수 있다고 판단되면 그 한 가지 사유만으로 탄핵소추안을 발의할 수도 있고, 여러 가지 소추사유를 종합할 때 파면할 만하다고 판단되면 여러 가지 소추사유를 함께 묶어 하나의 탄핵소추안으로 발의할 수도 있다(2017.3.10. 2016헌나1).

③ O 대통령의 '직책을 성실히 수행할 의무'는 헌법적 의무에 해당하지만, '헌법을 수호해야 할 의무'와는 달리 규범적으로 그 이행이 관철될 수 있는 성격의 의무가 아니므로 사법적 판단의 대상이 되기는 어렵다(2017.3.10. 2016헌나1).

④ O 국회 재적의원 과반수에 해당하는 171명의 의원이 여러 개 탄핵사유가 포함된 하나의 탄핵소추안을 마련한 다음 이를 발의하고 안건 수정 없이 그대로 본회의에 상정된 경우에는 그 탄핵소추안에 대하여 찬반 표결을 하게 된다. 그리고 본회의에 상정된 의안에 대하여 표결절차에 들어갈 때 국회의장에게는 '표결할 안건의 제목을 선포할 권한만 있는 것이지(국회법 제110조 제1항), 직권으로 이 사건 탄핵소추안에 포함된 개개 소추사유를 분리하여 여러 개의 탄핵소추안으로 만든 다음 이를 각각 표결에 부칠 수는 없다(2017.3.10. 2016헌나1).

⑤ X 헌법재판소는 원칙적으로 국회의 소추의결서에 기재된 소추사유에 의하여 구속을 받고, 소추의결서에 기재되지 아니한 소추사유를 판단의 대상으로 삼을 수 없다. 그러나 소추의결서에서 그 위반을 주장하는 '법규정의 판단'에 관하여 헌법재판소는 원칙적으로 구속을 받지 않으므로, 청구인이 그 위반을 주장한 법규정 외에 다른 관련 법규정에 근거하여 탄핵의 원인이 된 사실관계를 판단할 수 있다(2017.3.10. 2016헌나1).

25 20법전협-2-16   정답 ③

정당해산심판과 탄핵심판에 관한 설명으로 옳지 않은 것을 모두 고른 것은? (다툼이 있는 경우 판례에 의함)

ㄱ. 헌법 제8조 제4항은 정당해산심판의 사유를 정당의 목적이나 활동이 민주적 기본질서에 심각한 위험을 초래하는 경우로 한정하지 않고 있으므로, 정당의 목적이나 활동이 민주적 기본 질서에 단순히 저촉되는 때에도 그 정당은 해산될 수 있다.

ㄴ. 헌법재판소의 해산결정으로 해산되는 정당 소속 국회의원의 의원직 상실은 정당해산심판제도의 본질로부터 인정되는 기본적 효력으로 보아야 하므로, 정당해산결정에 의하여 해산 된 정당에 소속된 국회의원은 의원직을 상실한다.

ㄷ. 공무원 징계의 경우 징계사유의 특정은 그 대상이 되는 비위 사실을 다른 사실과 구별할 정도로 기재하면 충분한 것과 마찬 가지로, 탄핵소추사유도 그 대상 사실을 다른 사실과 명백하게 구분할 수 있을 정도의 구체적 사정이 기재되면 충분하다.

ㄹ. 헌법재판소는 사법기관으로서 탄핵소추의결서에서 그 위반을 주장하는 '법규정의 판단'에 관하여 원칙적으로 구속을 받으므로, 청구인이 그 위반을 주장한 법규정 외에 다른 관련 법규정에 근거하여 탄핵의 원인이 된 사실관계를 판단할 수 없다.

ㅁ. 탄핵심판에 있어서 피청구인이 결정 선고 전에 해당 공직에서 파면되었을 때에는 헌법재판소는 심판청구를 각하하여야 한다.

① ㄱ, ㄴ, ㄷ   ② ㄱ, ㄴ, ㄹ
③ ㄱ, ㄹ, ㅁ   ④ ㄴ, ㄷ, ㅁ
⑤ ㄷ, ㄹ, ㅁ

해설

③ 정당해산심판과 탄핵심판에 관한 설명으로 옳지 않은 것은 ㄱ, ㄹ, ㅁ 이다.

ㄱ. X 헌법 제8조 제4항에서 말하는 민주적 기본질서의 위배란, 민주적 기본질서에 대한 단순한 위반이나 저촉을 의미하는 것이 아니라, 민주 사회의 불가결한 요소인 정당의 존립을 제약해야 할 만큼 그 정당의 목적이나 활동이 우리 사회의 민주적 기본질서에 대하여 실질적인 해악을 끼칠 수 있는 구체적 위험성을 초래하는 경우를 가리킨다(2014.12.19. 2013헌다1).

ㄴ. O 헌법재판소의 해산결정으로 해산되는 정당 소속 국회의원의 의원직 상실은 정당해산심판제도의 본질로부터 인정되는 기본적 효력으로 봄이 상당하므로, 이에 관하여 명문의 규정이 있는지 여부는 고려의 대상이 되지 아니하고, 그 국회의원이 지역구에서 당선되었는지, 비례대표로 당선되었는지에 따라 아무런 차이가 없이, 정당해산결정으로 인하여 신분유지의 헌법적인 정당성을 잃으므로 그 의원직은 상실되어야 한다(2014.12.19. 2013헌다1).

ㄷ. O 공무원 징계의 경우 징계사유의 특정은 그 대상이 되는 비위사실을 다른 사실과 구별될 정도로 기재하면 충분하므로, 탄핵소추사유도 그 대상 사실을 다른 사실과 명백하게 구분할 수 있을 정도의 구체적 사정이 기재되면 충분하다(2017.3.10. 2016헌나1).

ㄹ. X 헌법재판소는 원칙적으로 국회의 소추의결서에 기재된 소추사유에 의하여 구속을 받고, 소추의결서에 기재되지 아니한 소추사유를 판단의 대상으로 삼을 수 없다. 그러나 소추의결서에서 그 위반을 주장하는 '법규정의 판단'에 관하여 헌법재판소는 원칙적으로 구속을 받지 않으므로, 청구인이 그 위반을 주장한 법규정 외에 다른 관련 법규정에 근거하여 탄핵의 원인이 된 사실관계를 판단할 수 있다(2017.3.10. 2016헌나1).

ㅁ. X 피청구인이 결정 선고 전에 해당 공직에서 파면되었을 때에는 헌법재판소는 심판청구를 기각하여야 한다(헌법재판소법 제53조 제2항).

26 15변시-9 정답 ②

다음은 교수와 학생간의 대화이다. 교수의 질문에 대한 학생의 대답 중 옳은 것은? (다툼이 있는 경우 판례에 의함)

① 교수 : 국무총리에 대한 탄핵소추의 발의에 필요한 최소한의 국회의원 수는 몇 명인가요?
학생 : 국회재적의원 과반수입니다.

② 교수 : 헌법은 탄핵소추의 의결을 받은 자의 권한행사에 관한 조항을 두고 있나요?
학생 : 네. 헌법은 탄핵소추의 의결을 받은 자는 탄핵심판이 있을 때까지 그 권한행사가 정지된다고 규정하고 있습니다.

③ 교수 : 국회는 탄핵소추의결을 하여야 할 헌법상 작위의무가 있나요?
학생 : 네. 국회는 헌법수호의무가 있기 때문에 탄핵대상자가 그 직무에 관하여 헌법이나 법률을 위반한 경우에는 탄핵소추를 의결할 헌법상의 의무가 있습니다.

④ 교수 : 대통령이 직책을 성실하게 수행하지 아니한 것도 탄핵사유가 되나요?
학생 : 대통령의 정치적 무능력이나 정책결정상의 잘못 등 직책을 성실하게 수행하지 아니한 것은 헌법이나 법률을 위배한 것과 같기 때문에 탄핵사유가 됩니다.

⑤ 교수 : 탄핵결정이 있을 경우 피청구인은 민사상 또는 형사상의 책임을 지나요?
학생 : 아닙니다. 탄핵결정으로 피청구인의 모든 책임이 면제됩니다. 탄핵결정으로 공직에서 파면된 피청구인에게 민·형사상의 책임을 또 지게 하는 것은 너무 가혹합니다.

해설

① X

제65조
① 대통령·국무총리·국무위원·행정각부의 장·헌법재판소 재판관·법관·중앙선거관리위원회 위원·감사원장·감사위원 기타 법률이 정한 공무원이 그 직무집행에 있어서 헌법이나 법률을 위배한 때에는 국회는 탄핵의 소추를 의결할 수 있다.
② 제1항의 탄핵소추는 국회재적의원 3분의 1 이상의 발의가 있어야 하며, 그 의결은 국회재적의원 과반수의 찬성이 있어야 한다. 다만, 대통령에 대한 탄핵소추는 국회재적의원 과반수의 발의와 국회재적의원 3분의 2 이상의 찬성이 있어야 한다.
③ 탄핵소추의 의결을 받은 자는 탄핵심판이 있을 때까지 그 권한행사가 정지된다.
④ 탄핵결정은 공직으로부터 파면함에 그친다. 그러나, 이에 의하여 민사상이나 형사상의 책임이 면제되지는 아니한다.

② O 헌법은 탄핵소추의 의결을 받은 자는 탄핵심판이 있을 때까지 그 권한행사가 정지된다고 규정하고 있다(제65조 제3항).

③ X 국회에게 대통령의 헌법 등 위배행위가 있을 경우에 **탄핵소추의결을 하여야 할 헌법상의 작위의무가 있다거나 청구인에게 탄핵소추의결을 청구할 헌법상 기본권이 있다고 할 수 없다.** 왜냐하면 헌법은 "대통령이 그 직무집행에 있어서 헌법이나 법률을 위배한 때에는 국회는 탄핵의 소추를 의결할 수 있다(헌법 제65조 제1항)."라고 규정함으로써 명문규정상 국회의 탄핵소추의결이 국회의 재량행위임을 밝히고 있고 헌법해석상으로도 국정통제를 위하여 헌법상 국회에게 인정된 다양한 권한 중 어떠한 것을 행사하는 것이 적절한 것인가에 대한 판단권은 오로지 국회에 있다고 보아야 할 것이며, 나아가 청구인에게 국회의 탄핵소추의결을 청구할 권리에 관하여도 아무런 명문규정이 없고, 헌법해석상으로도 그와 같은 권리를 인정할 수 없기 때문이다(다만 청원법에 의하여 청구인은 국회에 탄핵소추의결을 청원할 수는 있으나 이에 대하여 국회는 성실히 심사처리할 의무만 있을 뿐 반드시 탄핵소추의결을 하여야 할 의무는 없다)(1996.2.29. 93헌마186).

④ X 헌법 제69조는 대통령의 취임선서의무를 규정하면서, 대통령으로서 '직책을 성실히 수행할 의무'를 언급하고 있다. 비록 대통령의 '성실한 직책수행의무'는 헌법적 의무에 해당하나, '헌법을 수호해야 할 의무'와는 달리, 규범적으로 그 이행이 관철될 수 있는 성격의 의무가 아니므로, 원칙적으로 사법적 판단의 대상이 될 수 없다고 할 것이다. 헌법 제65조 제1항은 탄핵사유를 '헌법이나 법률에 위배한 때'로 제한하고 있고, 헌법재판소의 탄핵심판절차는 법적인 관점에서 단지 탄핵사유의 존부만을 판단하는 것이므로, 이 사건에서 청구인이 주장하는 바와 같은 **정치적 무능력이나 정책결정상의 잘못 등 직책수행의 성실성여부는 그 자체로서 소추사유가 될 수 없어**, 탄핵심판절차의 판단대상이 되지 아니한다(2004.5.14. 2004헌나1).

⑤ X 탄핵결정은 공직으로부터 파면함에 그친다. 그러나, 이에 의하여 민사상이나 형사상의 책임이 면제되지는 아니한다(헌법 제65조 제4항).

27 19법전협-2-15   정답 ⑤

대통령에 관한 설명 중 옳은 것을 모두 고른 것은? (다툼이 있는 경우 판례에 의함)

ㄱ. 대통령의 '헌법을 수호해야 할 의무'는 헌법적 의무에 해당하나, 규범적으로 그 이행이 관철될 수 있는 성격의 의무가 아니므로, 원칙적으로 사법적 판단의 대상이 될 수 없다.

ㄴ. 대통령의 임기는 전임대통령의 임기만료일의 다음 날 0시부터 개시되나, 전임자의 임기가 만료된 후에 실시하는 선거와 궐위로 인한 선거에 의한 대통령의 임기는 당선이 결정된 때부터 개시된다.

ㄷ. 대통령은 국가의 안위에 관계되는 중대한 교전상태에 있어서 국가를 보위하기 위하여 긴급한 조치가 필요하고 국회의 집회를 기다릴 여유가 없을 때에 한하여 법률의 효력을 가지는 명령을 발할 수 있다.

ㄹ. 대통령은 사면심사위원회의 심사를 거친 법무부장관의 상신(上申)을 통하여 특별사면, 특정한 자에 대한 감형 및 복권을 시행한다.

ㅁ. 국가안전보장에 관련되는 대외정책·군사정책과 국내정책의 수립에 관하여 국무회의의 심의에 앞서 대통령의 자문에 응하기 위하여 국가안전보장회의를 두어야 한다.

① ㄱ, ㄴ, ㄷ   ② ㄴ, ㄷ, ㄹ
③ ㄷ, ㄹ, ㅁ   ④ ㄱ, ㄷ, ㅁ
⑤ ㄴ, ㄹ, ㅁ

ㄱ. X 헌법 제66조 제2항 및 제69조에 규정된 대통령의 '헌법을 준수하고 수호해야 할 의무'는 헌법상 법치국가원리가 대통령의 직무집행과 관련하여 구체화된 헌법적 표현이다. 헌법의 기본원칙인 법치국가원리의 본질적 요소는 한 마디로 표현하자면, 국가의 모든 작용은 '헌법'과 국민의 대표로써 구성된 의회의 '법률'에 의해야 한다는 것과 국가의 모든 권력행사는 행정에 대해서는 행정재판, 입법에 대해서는 헌법재판의 형태로써 사법적 통제의 대상이 된다는 것이다(2004.5.14. 2004헌나1). / 헌법 제69조는 대통령의 취임선서의무를 규정하면서, 대통령으로서 '직책을 성실히 수행할 의무'를 언급하고 있다. 비록 대통령의 '성실한 직책수행의무'는 헌법적 의무에 해당하나, '헌법을 수호해야 할 의무'와는 달리, 규범적으로 그 이행이 관철될 수 있는 성격의 의무가 아니므로, 원칙적으로 사법적 판단의 대상이 될 수 없다고 할 것이다.

ㄴ. O 공직선거법 제14조 제1항

ㄷ. X 대통령은 국가의 안위에 관계되는 중대한 교전상태에 있어서 국가를 보위하기 위하여 긴급한 조치가 필요하고 국회의 집회가 불가능한 때에 한하여 법률의 효력을 가지는 명령을 발할 수 있다(헌법 제76조 제2항).

구분	긴급명령	긴급재정·경제명령과 처분
상황	국가의 안위에 관계되는 중대한 교전상태	내우·외환·천재·지변 또는 중대한 재정·경제의 위기
목적	국가보위목적	국가의 안전보장 또는 공공의 안녕질서를 유지
국회집회	국회의 집회가 불가능한 경우에 한함	국회의 집회를 기다릴 여유가 없을 때
국무회의	심의대상(헌법 제89조 제5호)	
국회의 통제	국회승인 필요	
내용	국정전반	재정·경제사항으로 제한

ㄹ. O 사면법 제9조, 제10조

사면법 제9조(특별사면 등의 실시)
특별사면, 특정한 자에 대한 감형 및 복권은 대통령이 한다.
사면법 제10조(특별사면 등의 상신)
① 법무부장관은 대통령에게 특별사면, 특정한 자에 대한 감형 및 복권을 상신(上申)한다.
② 법무부장관은 제1항에 따라 특별사면, 특정한 자에 대한 감형 및 복권을 상신할 때에는 제10조의2에 따른 사면심사위원회의 심사를 거쳐야 한다.

ㅁ. O 헌법 제91조 제1항, 국가안전보장회의는 헌법상 필수적 자문기관이다.

구분		자문기관	의장
헌법상 기관	필수적	국가안전보장회의	대통령
	임의적	국가원로자문회의	직전 대통령(없으면 대통령이 지명)
		민주평화통일자문회의	대통령
		국민경제자문회의	대통령
법률상 기관		국가과학기술자문회의	대통령

28 12변시-8   정답 ②

대통령의 권한행사에 대한 사법적 통제에 관한 설명 중 옳지 않은 것을 모두 고른 것은? (다툼이 있는 경우 판례에 의함)

ㄱ. 헌법재판소는 긴급재정경제명령이 헌법 제76조에 규정된 발동 요건을 충족하는 것이라면, 그 긴급재정경제명령으로 인하여 기본권이 제한되는 경우에도 목적의 정당성, 수단의 적정성, 피해의 최소성, 법익의 균형성이라는 비례원칙이 준수된 것으로 판시하였다.

ㄴ. 대통령은 국민의 선거에 의하여 취임하는 공무원이므로 선거운동을 허용할 수밖에 없다. 따라서 공직선거법 제9조 제1항이 규정하는 "공무원 기타 정치적 중립을 지켜야 하는 자"에 대통령이 포함되지 아니하는 것으로 해석해야 한다.

ㄷ. 국가나 국가기관은 공권력 행사의 주체이자 기본권의 '수범자'로서 국민의 기본권을 보호하거나 실현해야 할 책임과 의무를 지니고 있으므로, 국가기관인 대통령은 자신의 표현의 자유가 침해되었음을 이유로 헌법소원을 제기할 수 있는 청구인적격이 없다.

ㄹ. 국군을 외국에 파견하는 결정은 파견군인인 국민의 생명과 신체의 안전뿐만 아니라 우리나라의 국제평화에의 기여, 국가안보 등 궁극적으로 국민의 기본권과 헌법의 보장에 영향을 미치는 중요한 문제로서 정치적 결단에 맡겨둘 것이 아니라 사법적 기준에 의하여 심사되어야 한다.

ㅁ. 헌법 제79조는 대통령의 사면권의 구체적 내용과 방법 등을 법률에 위임함으로써 사면의 종류, 대상, 범위 등에 관하여 입법자에게 광범위한 입법재량을 부여하고 있다. 따라서 특별사면의 대상을 '형'으로 규정할 것인지, '사람'으로 규정할 것인지는 입법재량사항에 속한다.

① ㄱ, ㄴ, ㄷ ② ㄴ, ㄷ, ㄹ
③ ㄷ, ㄹ, ㅁ ④ ㄱ, ㄹ, ㅁ
⑤ ㄴ, ㄷ, ㅁ

 해설

ㄱ. O 긴급재정경제명령이 헌법 제76조 소정의 요건과 한계에 **부합하는 것**이라면 그 자체로 목적의 정당성, 수단의 적정성, 피해의 최소성, 법익의 균형성이라는 **기본권제한의 한계로서의 과잉금지원칙을 준수하는 것**이 되는 것이다(1996.2.29. 93헌마186).

ㄴ. X 공선법 제9조의 '공무원'이란, 위 헌법적 요청을 실현하기 위하여 선거에서의 중립의무가 부과되어야 하는 모든 공무원 즉, 구체적으로 '자유선거원칙'과 '선거에서의 정당의 기회균등'을 위협할 수 있는 모든 공무원을 의미한다. 그런데 사실상 모든 공무원이 그 직무의 행사를 통하여 선거에 부당한 영향력을 행사할 수 있는 지위에 있으므로, 여기서의 공무원이란 원칙적으로 국가와 지방자치단체의 모든 공무원 즉, 좁은 의미의 직업공무원은

물론이고, 적극적인 정치활동을 통하여 국가에 봉사하는 정치적 공무원도 포함한다. 다만, **국회의원과 지방의회의원은** 정당의 대표자이자 선거운동의 주체로서의 지위로 말미암아 선거에서의 **정치적 중립성이 요구될 수 없으므로,** 공선법 제9조의 '공무원' 에 해당하지 않는다. 따라서 선거에 있어서의 정치적 중립성은 행정부와 사법부의 모든 공직자에게 해당하는 공무원의 기본적 의무이다. 더욱이, **대통령은** 행정부의 수반으로서 공정한 선거가 실시될 수 있도록 총괄·감독해야 할 의무가 있으므로, 당연히 선거에서의 중립의무를 지는 공직자에 해당하는 것이고, 이로써 **공선법 제9조의 '공무원'에 포함**된다(2004.5.14. 2004헌나1).

ㄷ. X 대통령도 국민의 한사람으로서 제한적으로나마 기본권의 주체가 될 수 있는바, 대통령은 소속 정당을 위하여 **정당활동을 할 수 있는 사인으로서의 지위**와 국민 모두에 대한 봉사자로서 공익실현의 의무가 있는 헌법기관으로서의 지위를 동시에 갖는데 **최소한 전자의 지위와 관련하여는 기본권 주체성을 갖는다고 할 수 있다**(2008.1.17. 2007헌마700).

ㄹ. X 이 사건과 같은 **외국에의 국군의 파견결정은 고도의 정치적 결단이 요구되는 사안이다.** 살피건대, 이 사건 파견결정은 그 성격상 국방 및 외교에 관련된 고도의 정치적 결단을 요하는 문제로서, 헌법과 법률이 정한 절차를 지켜 이루어진 것임이 명백하므로, 대통령과 국회의 판단은 존중되어야 하고 우리 재판소가 사법적 기준만으로 이를 심판하는 것은 자제되어야 한다(2004.4.29. 2003헌마814).

ㅁ. O 사면의 종류, 대상, 범위, 절차, 효과 등은 범죄의 죄질과 보호법익, 일반국민의 가치관 내지 법감정, 국가이익과 국민화합의 필요성, 권력분립의 원칙과의 관계 등 제반사항을 종합하여 입법자가 결정할 사항으로서 입법자에게 광범위한 입법재량 내지 형성의 자유가 부여되어 있다. 따라서 **특별사면의 대상을 "형"으로 규정할 것인지, "사람"으로 규정할 것인지는 입법재량사항에 속한다** 할 것이다(2000.6.1. 97헌바74).

29 13변시-6 정답 ③

대통령과 행정부에 관한 설명 중 옳지 않은 것은? (다툼이 있는 경우 판례에 의함)

① 중앙행정기관의 장은 법률에서 위임한 사항이나 법률을 집행하기 위하여 필요한 사항을 규정한 대통령령·총리령·부령·훈령·예규·고시 등이 제정·개정 또는 폐지된 때에는 10일 이내에 이를 국회 소관상임위원회에 제출하여야 한다.

② 대통령이 자신에 대한 재신임을 국민투표의 형태로 묻고자 하는 것은 헌법 제72조에 의하여 부여받은 국민투표 부의권을 위헌적으로 행사하는 경우에 해당하는 것으로, 국민투표제도를 자신의 정치적 입지를 강화하기 위한 정치적 도구로 남용해서는 안 된다는 헌법적 의무를 위반한 것이다.

③ 우리 헌법에서 국무총리는 국무위원 및 행정각부의 장 임명제청권, 대통령의 국법상 행위에 관한 문서에의 부서권 등 실질적인 행정부 통할권을 가지므로, 대통령의 보좌기관이 아니며 대통령과의 관계에서 독자적인 권한을 행사한다.

④ 위헌적인 법률을 법질서로부터 제거하는 권한은 헌법상 단지 헌법재판소에 부여되어 있으므로, 설사 행정부가 특정 법률에 대하여 위헌의 의심이 있다 하더라도 헌법재판소에 의하여 법률의 위헌성이 확인될 때까지는 법을 존중하고 집행하기 위한 모든 노력을 기울여야 한다.

⑤ 위임입법에 관한 헌법 제75조는 처벌법규에도 적용되는 것이지만 처벌법규의 위임은 특히 긴급한 필요가 있거나 미리 법률로써 자세히 정할 수 없는 부득이한 사정이 있는 경우에 한정되어야 하고, 이 경우에도 법률에서 범죄의 구성요건은 처벌대상인 행위가 어떠한 것일지를 예측할 수 있을 정도로 구체적으로 정하고 형벌의 종류 및 그 상한의 폭을 명백히 규정하여야 한다.

 해설

① O 국회법 제98조의2 제1항
② O 국민투표는 직접민주주의를 실현하기 위한 수단으로서 '사안에 대한 결정' 즉, 특정한 국가정책이나 법안을 그 대상으로 한다. 따라서 국민투표의 본질상 '대표자에 대한 신임'은 국민투표의 대상이 될 수 없으며, 우리 헌법에서 대표자의 선출과 그에 대한 신임은 단지 선거의 형태로써 이루어져야 한다. 대통령이 자신에 대한 재신임을 국민투표의 형태로 묻고자 하는 것은 헌법 제72조에 의하여 부여받은 국민투표부의권을 위헌적으로 행사하는 경우에 해당하는 것으로, 국민투표제도를 자신의 정치적 입지를 강화하기 위한 정치적 도구로 남용해서는 안 된다는 헌법적 의무를 위반한 것이다. 물론, 대통령이 위헌적인 재신임 국민투표를 단지 제안만 하였을 뿐 강행하지는 않았으나, **헌법상 허용되지 않는 재신임 국민투표를 국민들에게 제안**한 것은 그 자체로서 **헌법 제72조에 반하는 것으로 헌법을 실현하고 수호해야 할 대통령의 의무를 위반**한 것이다(2004.5.14. 2004헌나1).

③ X 국무총리는 단지 대통령의 첫째가는 보좌기관으로서, 행정에 관하여 독자적인 권한을 가지지 못하고 대통령의 명을 받아 행정각부를 통할하는 기관으로서의 지위를 가진다(1994.4.28. 89헌마221).

④ O 이에 따라 대통령은 헌법을 수호하고 실현하기 위한 모든 노력을 기울여야 할 뿐만 아니라, 법을 준수하여 현행법에 반하는 행위를 해서는 안 되며, 나아가 입법자의 객관적 의사를 실현하기 위한 모든 행위를 해야 한다. … 위헌적인 법률을 법질서로부터 제거하는 권한은 헌법상 단지 헌법재판소에 부여되어 있으므로, 설사 행정부가 특정 법률에 대하여 위헌의 의심이 있다 하더라도, 헌법재판소에 의하여 법률의 위헌성이 확인될 때까지는 법을 존중하고 집행하기 위한 모든 노력을 기울여야 한다(2004.5.14. 2004헌나1).

⑤ O 죄형법정주의와 위임입법의 한계의 요청상 처벌법규를 위임하기 위하여는 첫째, 특히 긴급한 필요가 있거나 미리 법률로써 자세히 정할 수 없는 부득이한 사정이 있는 경우에 한정되어야 하며, 둘째, 이러한 경우일지라도 법률에서 범죄의 구성요건은 처벌대상행위가 어떠한 것일 것이라고 이를 예측할 수 있을 정도로 구체적으로 정하여야 하며, 셋째, 형벌의 종류 및 그 상한과 폭을 명백히 규정하여야 한다(1995.10.26. 93헌바62).

30 15변시-11 정답 없음

대통령과 행정부에 관한 설명 중 옳지 않은 것은? (다툼이 있는 경우 판례에 의함)

① 「정부조직법」은 행정각부의 장이 아닌 국무위원을 인정하고 있지 않다.
② 비상계엄이 선포된 때에는 법률이 정하는 바에 의하여 영장제도, 언론·출판·집회·결사의 자유, 정부나 법원의 권한에 관하여 특별한 조치를 할 수 있다.
③ 대통령은 법률안의 일부에 대하여 또는 법률안을 수정하여 국회에 재의를 요구할 수 없다.
④ 입법권자는 헌법 제96조에 의하여 법률로써 행정을 담당하는 행정기관을 설치함에 있어, 국무총리가 대통령의 명을 받아 통할하는 기관 외에도 대통령이 직접 통할하는 기관을 설치할 수 있다.
⑤ 국무회의는 대통령·국무총리와 15인 이상 30인 이하의 국무위원으로 구성하며, 행정각부간의 권한의 획정을 심의한다.

 해설

① O 정부조직법 제26조 제2항에서 "행정각부에 장관 1명과 차관 1명을 두되, 장관은 국무위원으로 보하고, 차관은 정무직으로 한다."라고 규정하는 등 국무위원에 대한 규정을 두고 있다.
문제의 의도는 행정각부의 장은 국무위원 중에서 국무총리의 제청으로 대통령이 임명한다고 규정한 헌법 제94조의 해석론으로 「국무위원은 모두 행정각부의 장은 아니다」라는 반대해석이 맞는 가이다. 일반적으로 행정각부의 장은 모두 국무위원이지만, **모든 국무위원이 행정각부의 장은 아니다.** 이러한 국무위원을 4공화국 이전에는 무임소장관으로, 5공화국 노무현 정부에서는 정무장관, 이명박 정부에서는 특임장관으로 불렀는데, 이러한 국무위원이 존재하는 이유는 국무위원의 헌법상 최소 인원이 15인 이상이므로 이를 맞추기 위해서이다.
그러나 현 정부조직도상 18부이므로 15인이 넘어가기 때문에 현 「정부조직법」상으로는 「국무위원은 모두 행정각부의 장은 아니다」가 아니라 「국무위원은 모두 행정각부의 장」이라고 보아야 한다. 2017. 7 「정부조직법」 개정으로 국민안전처(장관 1, 차관 1)가 폐지되면서 본 지문은 맞는 것으로 보아야 한다.

② O 비상계엄이 선포된 때에는 법률이 정하는 바에 의하여 영장제도, 언론·출판·집회·결사의 자유, 정부나 법원의 권한에 관하여 특별한 조치를 할 수 있다(헌법 제77조 제3항). 헌법 제77조 제3항에서는 법률이 정하는 바에 의하여 영장제도, 언론·출판·집회·결사의 자유, 정부나 법원의 권한에 관하여 특별한 조치를 할 수 있다고 하고 있는데 이에 계엄법 제9조는 비상계엄지역에서 계엄사령관은 군사상 필요할 때에는 체포·구금·압수·수색·거주·이전·언론·출판·집회·결사 또는 단체행동에 대하여 특별한 조치를 할 수 있다(계엄법 제9조 제1항)고 하여 헌법 제77조 제3항 외에도 거주·이전·단체행동에 대한 특별한 조치를 할 수 있도록 하고 있다.

③ O 대통령은 **법률안의 일부에 대하여 또는 법률안을 수정하여 재의를 요구할 수 없다**(헌법 제53조 제2항).

④ O 입법권자는 헌법 제96조에 의하여 법률로써 행정을 담당하는 행정기관을 설치함에 있어 그 기관이 관장하는 사무의 성질에 따라 국무총리가 대통령의 명을 받아 통할할 수 있는 기관으로 설치할 수도 있고 또는 대통령이 직접 통할하는 기관으로 설치할 수도 있다할 것이므로, 헌법 제86조 제2항 및 제94조에서 말하는 국무총리의 통할을 받는 행정각부는 입법권자가 헌법 제96조의 위임을 받은 정부조직법 제29조에 의하여 설치하는 행정각부만을 의미한다고 할 것이다. … 대통령직속의 헌법기관이 별도로 규정되어 있다는 이유만을 들어 법률에 의하더라도 헌법에 열거된 헌법기관 이외에는 대통령직속의 행정기관을 설치할 수 없다든가 또는 **모든 행정기관은 헌법상 예외적으로 열거된 경우 등 이외에는 반드시 국무총리의 통할을 받아야 한다고는 말한 수 없다** 할 것이고 이는 현행 헌법상 대통령중심제의 정부조직원리에도 들어맞는 것이라 할 것이다(1994.4.28. 89헌마221).

⑤ O 국무회의는 **대통령·국무총리와 15인 이상 30인 이하의 국무위원**으로 구성한다(헌법 제88조 제2항). 국무회의는 행정각부간의 권한의 획정을 심의한다(헌법 제89조 제10호).

31 21변시-15 정답 ①

대통령과 행정부에 관한 설명 중 옳지 않은 것은? (다툼이 있는 경우 판례에 의함)

① 국무총리는 헌법상 대통령의 보좌기관으로서 행정각부를 통할한다는 점 등을 고려할 때, 국무총리의 소재지는 헌법적으로 중요한 기본적 사항이라 보아야 하고, 국무총리가 서울에 소재해야 한다는 규범에 대한 국민적 의식이 형성되었다고 할 수 있으므로 이러한 관습헌법의 존재를 인정할 수 있다.

② 중앙행정기관의 장은 법률에서 위임한 사항이나 법률을 집행하기 위하여 필요한 사항을 규정한 대통령령·총리령·부령·훈령·예규·고시 등이 제정·개정 또는 폐지되었을 때에는 10일 이내에 이를 국회 소관 상임위원회에 제출하여야 한다.

③ 성질상 정부의 구성단위인 중앙행정기관이라 할지라도 법률상 그 기관의 장이 국무위원이 아니라든가 또는 국무위원이라 하더라도 그 소관사무에 관하여 부령을 발할 권한이 없다면, 그 기관은 헌법이 규정하는 실정법적 의미의 행정각부로 볼 수 없다.

④ 대통령이 계엄을 선포하였을 때에는 지체 없이 국회에 통고하여야 하며, 국회가 폐회 중일 때에는 대통령은 지체 없이 국회에 집회를 요구하여야 한다.

⑤ 헌법이 감사원을 독립된 외부감사기관으로 정하고 있는 취지, 국가기능의 총체적 극대화를 위하여 중앙정부와 지방자치단체는 서로 행정기능과 행정책임을 분담하면서 중앙행정의 효율성과 지방행정의 자주성을 조화시켜 국민과 주민의 복리증진이라는 공동목표를 추구하는 협력관계에 있다는 점에 비추어 보면, 감사원은 지방자치단체의 자치사무에 대해 합법성 감사뿐만 아니라 합목적성 감사도 실시할 수 있다.

해설

① X 청구인들은 국무총리제도가 채택된 이래 줄곧 대통령과 국무총리가 서울이라는 하나의 도시에 소재하고 있었다는 사실을 들어 이에 대한 관습헌법이 존재한다고 주장한다. 그러나 국무총리의 소재지는 헌법적으로 중요한 기본적 사항이라 보기 어렵고 나아가 이러한 규범이 존재한다는 국민적 의식이 형성되었는지 조차 명확하지 않으므로 이러한 관습헌법의 존재를 인정할 수 없다 (2005.11.24. 2005헌마579).

② O

> **국회법 제98조의2(대통령령 등의 제출 등)**
> ① 중앙행정기관의 장은 법률에서 위임한 사항이나 법률을 집행하기 위하여 필요한 사항을 규정한 대통령령·총리령·부령·훈령·예규·고시 등이 제정·개정 또는 폐지되었을 때에는 10일 이내에 이를 국회 소관 상임위원회에 제출하여야 한다. 다만, 대통령령의 경우에는 입법예고를 할 때(입법예고를 생략하는 경우에는 법제처장에게 심사를 요청할 때를 말한다)에도 그 입법예고안을 10일 이내에 제출하여야 한다.

③ O 헌법이 "행정각부"의 의의에 관하여는 아무런 규정도 두고 있지 않지만, "행정각부의 장(長)"에 관하여는 "제3관 행정각부"의 관(款)에서 행정각부의 장은 국무위원 중 에서 임명되며(헌법 제94조)

그 소관사무에 관하여 법률이나 대통령령의 위임 또는 직권으로 부령을 발할 수 있다(헌법 제95조)고 규정하고 있는 바, 이는 헌법이 "행정각부"의 의의에 관하여 간접적으로 그 개념범위를 제한한 것으로 볼 수 있다. 즉, 성질상 정부의 구성단위인 중앙행정기관이라 할지라도, 법률상 그 기관의 장(長)이 국무위원이 아니라든가 또는 국무위원이라 하더라도 그 소관사무에 관하여 부령을 발할 권한이 없는 경우에는, 그 기관은 우리 헌법이 규정하는 실정법적(實定法的) 의미의 행정각부로는 보지 아니하는 헌법상의 간접적인 개념제한이 있음을 알 수 있다. 따라서 정부의 구성단위로서 그 권한에 속하는 사항을 집행하는 모든 중앙행정기관이 곧 헌법 제86조 제2항 소정의 행정각부는 아니라 할 것이다 (1994.4.28. 89헌마86).

④ O

> **헌법 제77조**
> ④ 계엄을 선포한 때에는 대통령은 지체없이 국회에 통고하여야 한다.
>
> **계엄법 제4조(계엄 선포의 통고)**
> ① 대통령이 계엄을 선포하였을 때에는 지체 없이 국회에 통고(通告)하여야 한다.
> ② 제1항의 경우에 국회가 폐회 중일 때에는 대통령은 지체 없이 국회에 집회(集會)를 요구하여야 한다.

⑤ O 청구인들은 지방자치권의 헌법상 보장이라는 취지에 비추어 볼 때 국가기관인 감사원에 의한 지방자치단체의 자치사무에 대한 감사는 지방자치법 제171조나 '국정감사 및 조사에 관한 법률' 제7조 제2호에 준하여 합법성 감사에 한정되어야 한다고 주장하나, 위와 같이 헌법이 감사원을 독립된 외부감사기관으로 정하고 있는 취지, 국가기능의 총체적 극대화를 위하여 중앙정부와 지방자치단체는 서로 행정기능과 행정책임을 분담하면서 중앙행정의 효율성과 지방행정의 자주성을 조화시켜 국민과 주민의 복리증진이라는 공동목표를 추구하는 협력관계에 있다는 점에 비추어 보면, 감사원에 의한 지방자치단체의 자치사무에 대한 감사를 합법성 감사에 한정하고 있지 아니한 이 사건 관련규정은 그 목적의 정당성과 합리성을 인정할 수 있다(2008.5.29. 2005헌라3).

32 21법전협-2-17 정답 ⑤

행정부에 관한 설명 중 옳지 않은 것은?

① 행정각부간의 권한의 획정, 행정각부의 중요한 정책의 수립과 조정은 국무회의의 심의사항이다.

② 국무위원은 국무회의의 구성원으로서 국무회의 의안제출권, 국법상 행위에 대한 부서권, 국회 출석·발언권 등을 가진다.

③ 국무위원은 국무총리의 제청으로 대통령이 임명하며, 군인도 현역을 면한 후에는 국무위원으로 임명될 수 있다.

④ 법무부장관은 검찰사무의 최고 감독자로서 일반적으로 검사를 지휘·감독하고, 구체적 사건에 대하여는 검찰총장만을 지휘·감독한다.

⑤ 행정각부의 장은 소관사무에 관하여 법률이나 대통령령의 위임이 있을 때에 한하여 부령을 발할 수 있다.

① O

제89조
다음 사항은 국무회의의 심의를 거쳐야 한다.
10. 행정각부간의 권한의 획정
13. 행정각부의 중요한 정책의 수립과 조정

② O

헌법 제87조
② 국무위원은 국정에 관하여 대통령을 보좌하며, 국무회의의 구성원으로서 국정을 심의한다.
국무회의 규정 제3조(의안 제출)
① 대통령·국무총리 또는 국무위원은「대한민국헌법」제89조 및 법령에 규정된 국무회의의 심의사항을 의안으로 제출한다.
헌법 제82조
대통령의 국법상 행위는 문서로써 하며, 이 문서에는 국무총리와 관계 국무위원이 부서한다. 군사에 관한 것도 또한 같다.
헌법 제62조
① 국무총리·국무위원 또는 정부위원은 국회나 그 위원회에 출석하여 국정처리상황을 보고하거나 의견을 진술하고 질문에 응답할 수 있다.

③ O

제87조
① 국무위원은 국무총리의 제청으로 대통령이 임명한다.
④ 군인은 현역을 면한 후가 아니면 국무위원으로 임명될 수 없다.

④ O

검찰청법 제8조(법무부장관의 지휘·감독)
법무부장관은 검찰사무의 최고 감독자로서 일반적으로 검사를 지휘·감독하고, 구체적 사건에 대하여는 검찰총장만을 지휘·감독한다.

⑤ X

제95조
국무총리 또는 행정각부의 장은 소관사무에 관하여 법률이나 대통령령의 위임 또는 직권으로 총리령 또는 부령을 발할 수 있다.

33 19법전협-1-17 정답 ⑤

행정부에 관한 설명 중 옳은 것(○)과 옳지 않은 것(×)을 올바르게 조합한 것은? (다툼이 있는 경우 판례에 의함)

ㄱ. 국무회의는 대통령·국무총리를 포함한 15인 이상 30인 이하의 국무위원으로 구성한다.
ㄴ. 감사원은 원장을 포함한 5인 이상 11인 이하의 감사위원으로 구성한다.
ㄷ. 국무회의의 의결 행위는 그 자체로 국민에 대하여 직접적인 법률효과를 발생시키는 행위이기 때문에 국무회의 의결은 공권력의 행사로서 헌법소원의 대상이 된다.
ㄹ. 중앙행정기관의 장(長)이 국무위원이 아니더라도 그 소관사무에 관하여 부령을 발할 권한이 있다면 그 기관은 헌법이 규정하는 실정법적 의미의 행정각부이다.
ㅁ. 헌법은 국무위원과 국회의원의 겸직을 허용 또는 금지하는 규정을 두고 있지 않으나,「국회법」에서 양자의 겸직을 허용하고 있어 국무위원은 국회의원을 겸직할 수 있다.

① ㄱ(×), ㄴ(○), ㄷ(○), ㄹ(○), ㅁ(×)
② ㄱ(○), ㄴ(×), ㄷ(○), ㄹ(○), ㅁ(×)
③ ㄱ(○), ㄴ(○), ㄷ(×), ㄹ(○), ㅁ(×)
④ ㄱ(○), ㄴ(×), ㄷ(○), ㄹ(×), ㅁ(○)
⑤ ㄱ(×), ㄴ(○), ㄷ(×), ㄹ(×), ㅁ(○)

ㄱ. X 국무회의는 대통령·국무총리와 15인 이상 30인 이하의 국무위원으로 구성한다(헌법 제88조 제2항).
ㄴ. O 헌법 제98조 제1항
ㄷ. X 국무회의의 의결은 국가기관의 내부적 의사결정행위에 불과하여 그 자체로 국민에 대하여 직접적인 법률효과를 발생시키는 행위가 아니므로 헌법재판소법 제68조 제1항에서 말하는 공권력의 행사에 해당하지 아니한다(2003.12.18. 2003헌마225).
ㄹ. X "행정각부"의 의의에 관하여는 아무런 규정도 두고 있지 않지만, "행정각부의 장(長)"에 관하여는 "제3관 행정각부"의 관(款)에서 행정각부의 장은 국무위원 중에서 임명되며(헌법 제94조) 그 소관사무에 관하여 법률이나 대통령령의 위임 또는 직권으로 부령을 발할 수 있다(헌법 제95조)고 규정하고 있는바, 이는 헌법이 "행정각부"의 의의에 관하여 간접적으로 그 개념범위를 제한한 것으로 볼 수 있다. 즉, 성질상 정부의 구성단위인 중앙행정기관이라 할지라도, 법률상 그 기관의 장(長)이 국무위원이 아니라든가 또는 국무위원이라 하더라도 그 소관사무에 관하여 부령을 발할 권한이 없는 경우에는, 그 기관은 우리 헌법이 규정하는 실정법적(實定法的) 의미의 행정각부로는 볼 수 없다는 헌법상의 간접적인 개념제한이 있음을 알 수 있다. 따라서 정부의 구성단위로서 그 권한에 속하는 사항을 집행하는 모든 중앙행정기관이 곧 헌법 제86조 제2항 소정의 행정각부는 아니라 할 것이다. 또한 입법권자는 헌법 제96조에 의하여 법률로써 행정을 담당하는 행정기관을 설치함에 있어 그 기관이 관장하는 사무의 성질에 따라 국무총리가 대통령의 명을 받아 통할할 수 있는 기관으로 설치할 수도 있고 또는 대통령이 직접 통할하는 기관으로 설치할 수도 있다 할 것이므로 헌법 제86조 제2항 및 제94조에서 말하는 국무총리의 통할을 받는 행정각부는 입법권자가 헌법 제96조의 위임을 받은 정부조직법 제29조에 의하여 설치하는 행정각부만을 의미한다고 할 것이다(1994.4.28. 89헌마221).

ㅁ. O 국회법 제29조 제1항에서 '의원은 국무총리 또는 국무위원 직 외의 다른 직을 겸할 수 없다.'하고 국무위원과 국회의원의 겸직을 허용하고 있다.

④ X 정부조직법 제22조(국무총리의 직무대행) 국무총리가 사고로 직무를 수행할 수 없는 경우에는 기획재정부장관이 겸임하는 부총리, 교육부장관이 겸임하는 부총리의 순으로 직무를 대행하고, 국무총리와 부총리가 모두 사고로 직무를 수행할 수 없는 경우에는 대통령의 지명이 있으면 그 지명을 받은 국무위원이, 지명이 없는 경우에는 제26조제1항에 규정된 순서에 따른 국무위원이 그 직무를 대행한다.

⑤ X 1952년 제1차 개헌에서는 부통령과 국무총리를 함께 두었으나, 1954년 제2차 개헌에서 국무총리 제도가 폐지된 적이 있다. 1960년 제3차 개헌에서 국무총리제를 부활시켰다.

제2절 행정부

제1항 국무총리

34 21법전협-3-11   정답 ①

국무총리에 관한 설명으로 옳은 것은?

① 국무총리는 중앙행정기관의 장의 명령이나 처분이 위법 또는 부당하다고 인정될 경우에는 대통령의 승인을 받아 이를 중지 또는 취소할 수 있다.
② 국무총리는 군사에 관한 사항을 제외하고는 대통령의 국법상의 행위에 관한 모든 문서에 부서하는 권한을 가진다.
③ 헌법재판소는 대통령이 국회의 동의 없이 국무총리를 임명하였다면 그 임명행위는 명백히 헌법에 위배되고, 이러한 법리는 국무총리 대신 국무총리 '서리'라는 이름으로 임명하였다고 하여 달라지는 것이 아니라고 하였다.
④ 국무총리가 사고로 직무를 수행할 수 없는 경우에는 대통령의 지명에 따라 그 지명을 받은 국무위원이, 지명이 없는 경우에는 「정부조직법」 제26조제1항에 규정된 순서에 따른 국무위원이 그 직무를 대행한다.
⑤ 1952년 제1차 개헌으로 국무총리 제도가 폐지된 적이 있다.

 해설

① O
> **정부조직법 제18조(국무총리의 행정감독권)**
> ② 국무총리는 중앙행정기관의 장의 명령이나 처분이 위법 또는 부당하다고 인정될 경우에는 대통령의 승인을 받아 이를 중지 또는 취소할 수 있다.

② X
> **제82조**
> 대통령의 국법상 행위는 문서로써 하며, 이 문서에는 국무총리와 관계 국무위원이 부서한다. 군사에 관한 것도 또한 같다.

③ X 헌법재판소는 관여재판관의 과반수인 5인이 이유를 달리하나 결론에 있어서는 각하의견이 다수여서 각하결정을 내렸다(1998.7.14. 98헌라1). 지문은 재판관 김문희, 재판관 이재화, 재판관 한대현의 인용의견이다.

35 20법전협-1-4   정답 ③

국무총리제도에 관한 설명 중 옳은 것을 모두 고른 것은? (다툼이 있는 경우 판례에 의함)

ㄱ. 1919. 9. 11. 대한민국임시헌법은 명문으로 국무총리 제도를 규정하였다.
ㄴ. 국무총리는 대통령의 명을 받아 각 중앙행정기관의 장을 지휘·감독하지만, 중앙행정기관의 장의 명령이나 처분이 위법 또는 부당하다고 인정될 경우 이를 중지 또는 취소함에는 대통령의 승인을 요하지 않는다.
ㄷ. 현행 헌법상 국무총리는 대통령의 첫째가는 보좌기관으로서 행정에 관하여 독자적인 권한을 가지지 못하고, 대통령의 명을 받아 행정각부를 통할하는 기관으로서의 지위만을 가진다.
ㄹ. 1948년 헌법 이래 국무총리는 대통령이 사고로 인하여 직무를 수행할 수 없을 때 행해지는 권한의 대행에서 제1순위 권한대행권자의 지위에 있어 왔다.
ㅁ. 현행 헌법상 국무총리의 통할을 받는 행정각부에 모든 행정기관이 포함된다고 볼 수 없으므로, 국무총리의 통할을 받지 아니하는 대통령직속기관을 설치하는 것은 헌법에 위배되지 않는다.

① ㄱ, ㄴ, ㄷ   ② ㄱ, ㄴ, ㄹ
③ ㄱ, ㄷ, ㅁ   ④ ㄴ, ㄹ, ㅁ
⑤ ㄷ, ㄹ, ㅁ

해설

③ 국무총리에 관한 설명으로 옳은 것은 ㄱ, ㄷ, ㅁ 이다.

ㄱ. O 국무총리와 각부총장과 노동국총판을 국무원이라 칭하며 임시대통령을 보좌하며 법률 급 명령에 의하여 주관행정사무를 집행함(1919년 임시정부 헌법 제37조). 이후 임시정부는 대통령제를 거쳐, 국무령제, 국무위원제, 주석제, 주석·부주석제 등으로 변경되었다.

ㄴ. X

> **정부조직법 제18조(국무총리의 행정감독권)**
> ① 국무총리는 대통령의 명을 받아 각 중앙행정기관의 장을 지휘·감독한다.
> ② 국무총리는 중앙행정기관의 장의 명령이나 처분이 위법 또는 부당하다고 인정될 경우에는 <u>대통령의 승인을 받아</u> 이를 중지 또는 취소할 수 있다.

ㄷ., ㅁ. O 국무총리는 단지 대통령의 첫째 가는 보좌기관으로서 행정에 관하여 독자적인 권한을 가지지 못하고 대통령의 명을 받아 행정각부를 통할하는 기관으로서의 지위만을 가지며, 행정권 행사에 대한 최후의 결정권자는 대통령이라고 해석하는 것이 타당하다고 할 것이다. 이와 같은 헌법상의 대통령과 국무총리의 지위에 비추어 보면 국무총리의 통할을 받는 행정각부에 모든 행정기관이 포함된다고 볼 수 없다 할 것이다.
입법권자는 헌법 제96조에 의하여 법률로써 행정을 담당하는 행정기관을 설치함에 있어 그 기관이 관장하는 사무의 성질에 따라 국무총리가 대통령의 명을 받아 통할하는 기관으로 설치할 수도 있고 또는 대통령이 직접 통할하는 기관으로 설치할 수도 있다. 국무총리의 통할을 받지 않는 대통령직속기관으로 국가안전기획부의 설치를 규정한 정부조직법 제14조 제1항이나 국가안전기획부의 조직에 관하여 규정한 국가안전기획부법 제4조 및 제6조 등이 헌법 제86조 제2항과 제94조에 위배되어 <u>위헌이라고 볼 수는 없다</u>(1994.4.28. 89헌마221).

ㄹ. X 역대헌법상 대통령 권한대행 순서

제헌헌법	부통령 → 국무총리
2차개헌	부통령 → 법률이 정한 국무위원 순
3차개헌(2공화국)	참의원의장 → 민의원의장 → 국무총리
3공화국~현행헌법	국무총리 → 법률이 정한 국무위원 순

---

36   20법전협-3-13   정답 ③

국무총리에 관한 설명으로 옳지 않은 것은? (다툼이 있는 경우 판례에 의함)

① 국무총리의 권한과 위상은 기본적으로 지리적인 소재지와는 직접적으로 관련이 없으며, 대통령과 국무총리가 서울이라는 하나의 도시에 소재하고 있어야 한다는 관습헌법의 존재를 인정할 수 없다.

② 대통령이 해외 순방 중인 경우는 '사고'에 해당되므로, 대통령의 해외 순방 중 국무총리가 주재한 국무회의에서 이루어진 정당해산심판청구서 제출안에 대한 의결은 위법하지 아니하다.

③ 각 중앙행정기관의 장을 지휘·감독하는 차상급중앙행정관청인 국무총리는 중앙행정기관의 장의 명령이나 처분이 위법 또는 부당하다고 인정할 때에는 직권으로 이를 중지하거나 취소할 수 있는 권한을 가진다.

④ 대통령은 국무총리의 국무위원에 대한 해임건의에 기속되지 않을 뿐만 아니라, 국회의 국무위원에 대한 해임건의에도 기속되지 않는다.

⑤ 국무총리와 부총리가 모두 사고로 직무를 수행할 수 없는 경우에는 대통령의 지명이 있으면 그 지명을 받은 국무위원이, 지명이 없는 경우에는 「정부조직법」에 규정된 순서에 따른 국무위원이 그 직무를 대행한다.

해설

① O 국무총리의 권한과 위상은 기본적으로 지리적인 소재지와는 직접적으로 관련이 있다고 할 수 없다. 나아가 청구인들은 대통령과 국무총리가 서울이라는 하나의 도시에 소재하고 있어야 한다는 관습헌법의 존재를 주장하나 이러한 관습헌법의 존재를 인정할 수 없다(2005.11.24. 2005헌마579).

② O 대통령은 국무회의의 의장으로서 회의를 소집하고 이를 주재하지만 대통령이 사고로 직무를 수행할 수 없는 경우에는 국무총리가 그 직무를 대행할 수 있고, <u>대통령이 해외 순방 중인 경우는 '사고'에 해당되므로, 대통령의 직무상 해외 순방 중 국무총리가 주재한 국무회의에서 이루어진 정당해산심판청구서 제출안에 대한 의결은 위법하지 아니하다</u>(2014.12.19. 2013헌다1).

③ X

> **정부조직법 제18조(국무총리의 행정감독권)**
> ② 국무총리는 중앙행정기관의 장의 명령이나 처분이 위법 또는 부당하다고 인정될 경우에는 <u>대통령의 승인을 받아</u> 이를 중지 또는 취소할 수 있다.

④ O <u>국회는 국무총리나 국무위원의 해임을 건의할 수 있으나</u>(헌법 제63조), <u>국회의 해임건의는 대통령을 기속하는 해임결의권이 아니라, 아무런 법적 구속력이 없는 단순한 해임건의에 불과하다.</u> 우리 헌법 내에서 '해임건의권'의 의미는, 임기 중 아무런 정치적 책임을 물을 수 없는 대통령 대신에 그를 보좌하는 국무총리·국무위원에 대하여 정치적 책임을 추궁함으로써 대통령을 간접적이나마 견제하고자 하는 것에 지나지 않는다(2004.5.14. 2004헌나1).

ⓢ ○

> **정부조직법 제22조(국무총리의 직무대행)**
> 국무총리가 사고로 직무를 수행할 수 없는 경우에는 기획재정부장관이 겸임하는 부총리, 교육부장관이 겸임하는 부총리의 순으로 직무를 대행하고, 국무총리와 부총리가 모두 사고로 직무를 수행할 수 없는 경우에는 대통령의 지명이 있으면 그 지명을 받은 국무위원이, 지명이 없는 경우에는 제26조 제1항에 규정된 순서에 따른 국무위원이 그 직무를 대행한다.

37 19법전협-1-12   정답 ③

국무총리의 헌법상 지위에 관한 설명 중 옳은 것을 모두 고른 것은? (다툼이 있는 경우 판례에 의함)

ㄱ. 국무총리는 대통령의 명을 받아 각 중앙행정기관의 장을 지휘·감독하며, 중앙행정기관의 장의 명령이나 처분이 위법 또는 부당하다고 인정될 경우에는 대통령의 승인을 받아 이를 중지 또는 취소할 수 있다.
ㄴ. 국무총리제도가 채택된 이래 줄곧 대통령과 국무총리가 서울이라는 하나의 도시에 소재하고 있었다는 사실을 통해 국무총리의 소재지는 헌법적으로 중요한 기본적 사항으로 간주될 수 있을 뿐만 아니라 이러한 규범이 존재한다는 국민적 의식이 형성되었다고 보아야 한다.
ㄷ. 국무총리는 국회의 동의를 얻어 대통령이 임명하되 대통령이 국무총리임명동의안을 국회에 제출하면, 인사청문특별위원회는 임명동의안이 회부된 날부터 15일 이내에 인사청문회를 마쳐야 하며, 국회는 임명동의안이 제출된 날부터 20일 이내에 그 심사 또는 인사청문을 마쳐야 한다.
ㄹ. 국무총리가 사고로 직무를 수행할 수 없는 경우에는 부총리가 그 직무를 대행하고, 국무총리와 부총리가 모두 사고로 직무를 수행할 수 없는 경우에는 대통령의 지명이 있으면 그 지명을 받은 국무위원이, 지명이 없는 경우에는 국무총리의 지명에 따른 국무위원이 그 직무를 대행한다.
ㅁ. 헌법상 대통령과 국무총리의 지위에 비추어 국무총리의 통할을 받는 행정각부에 모든 행정기관이 포함된다고 볼 수 없다.

① ㄱ, ㄴ, ㄷ ② ㄱ, ㄴ, ㅁ
③ ㄱ, ㄷ, ㅁ ④ ㄴ, ㄷ, ㄹ
⑤ ㄷ, ㄹ, ㅁ

 해설

ㄱ. ○

> **정부조직법 제18조(국무총리의 행정감독권)**
> ① 국무총리는 대통령의 명을 받아 각 중앙행정기관의 장을 지휘·감독한다.
> ② 국무총리는 중앙행정기관의 장의 명령이나 처분이 위법 또는 부당하다고 인정될 경우에는 대통령의 승인을 받아 이를 중지 또는 취소할 수 있다.

ㄴ. × 국무총리제도가 채택된 이래 줄곧 대통령과 국무총리가 서울이라는 하나의 도시에 소재하고 있었다는 사실을 들어 이에 대한 관습헌법이 존재한다고 주장한다. 그러나 국무총리의 소재지는 헌법적으로 중요한 기본적 사항이라 보기 어렵고 나아가 이러한 규범이 존재한다는 국민적 의식이 형성되었는지 조차 명확하지 않으므로 이러한 관습헌법의 존재를 인정할 수 없다(2005.11.24. 2005헌마579).

ㄷ. ○

> **인사청문회법 제9조(위원회의 활동기간등)**
> ① 위원회는 임명동의안등이 회부된 날부터 15일 이내에 인사청문회를 마치되, 인사청문회의 기간은 3일이내로 한다. 다만, 부득이한 사유로 헌법재판소재판관등의 후보자에 대한 인사청문회를 그 기간 이내에 마치지 못하여 제6조 제3항의 규정에 의하여 기간이 정하여진 때에는 그 연장된 기간 이내에 인사청문회를 마쳐야 한다.
>
> **인사청문회법 제6조(임명동의안등의 회부 등)**
> ② 국회는 임명동의안등이 제출된 날부터 20일 이내에 그 심사 또는 인사청문을 마쳐야 한다.

ㄹ. ×

> **정부조직법 제22조(국무총리의 직무대행)**
> 국무총리가 사고로 직무를 수행할 수 없는 경우에는 기획재정부장관이 겸임하는 부총리, 교육부장관이 겸임하는 부총리의 순으로 직무를 대행하고, 국무총리와 부총리가 모두 사고로 직무를 수행할 수 없는 경우에는 대통령의 지명이 있으면 그 지명을 받은 국무위원이, 지명이 없는 경우에는 제26조 제1항에 규정된 순서에 따른 국무위원이 그 직무를 대행한다.

ㅁ. ○ 헌법상의 대통령과 국무총리의 지위에 비추어 보면 국무총리의 통할을 받는 행정각부에 모든 행정기관이 포함된다고 볼 수 없다 할 것이다(1994.4.28. 89헌마221).

| 38 | 19법전협-3-12 | 정답 ③ |

국무총리에 관한 설명 중 옳은 것은? (다툼이 있는 경우에는 판례에 의함)

① 국회의원이 국무총리직을 겸할 때에는 국회 상임위원회 위원을 사임하여야 한다.
② 국무총리는 중앙행정기관의 장의 명령이나 처분이 위법 또는 부당하다고 인정될 경우에는 직권으로 이를 중지 또는 취소할 수 있다.
③ 국무총리의 소재지는 헌법적으로 중요한 기본적 사항이라 보기 어렵고 나아가 이러한 규범이 존재한다는 국민적 의식이 형성되었는지조차 명확하지 않으므로, 대통령과 국무총리가 서울이라는 하나의 도시에 소재하고 있어야 한다는 관습헌법의 존재를 인정할 수 없다.
④ 국무총리의 해임건의안이 발의되었을 때에는 국회의장은 그 해임건의안이 발의된 후 처음 개의하는 본회의에 그 사실을 보고하고, 본회의에 보고된 때부터 24시간 이후 72시간 이내에 기명투표로 표결한다.
⑤ 대통령과 국무총리의 헌법상 지위에 비추어 보면 국무총리의 통할을 받는 행정각부에 모든 행정기관이 포함된다고 볼 수 있다.

 해설

① X 국무총리 또는 국무위원의 직을 겸한 의원은 상임위원을 사임할 수 있다(국회법 제39조 제4항).
② X 국무총리는 중앙행정기관의 장의 명령이나 처분이 위법 또는 부당하다고 인정될 경우에는 대통령의 승인을 받아 이를 중지 또는 취소할 수 있다(정부조직법 제18조 제2항).
③ O 2005.11.24. 2005헌마579
④ X 국무총리 또는 국무위원의 해임건의안이 발의되었을 때에는 의장은 그 해임건의안이 발의된 후 처음 개의하는 본회의에 그 사실을 보고하고, 본회의에 보고된 때부터 24시간 이후 72시간 이내에 무기명투표로 표결한다. 이 기간 내에 표결하지 아니한 해임건의안은 폐기된 것으로 본다(국회법 제112조 제7항).
⑤ X 헌법상의 대통령과 국무총리의 지위에 비추어 보면 국무총리의 통할을 받는 행정각부에 모든 행정기관이 포함된다고 볼 수 없다(1994.4.28. 89헌마221).

제2항 국무위원·행정각부의 장·국무회의·자문기관

| 39 | 18변시-5 | 정답 ⑤ |

국무총리 및 국무위원에 관한 설명 중 옳지 않은 것은? (다툼이 있는 경우 판례에 의함)

① 국회는 국무총리나 국무위원에 대한 해임을 건의할 수 있으나, 국회의 해임건의는 대통령을 기속하는 해임결의권이 아니라, 아무런 법적 구속력이 없는 단순한 해임건의권에 불과하다.
② 국회는 국무총리나 국무위원이 그 직무집행에 있어서 헌법이나 법률을 위배한 때에는 탄핵의 소추를 의결할 수 있고, 그 탄핵소추는 국회재적의원 3분의 1 이상의 발의가 있어야 하며, 그 의결은 국회재적의원 과반수의 찬성이 있어야 한다.
③ 행정권은 헌법상 대통령에게 귀속되고, 국무총리는 단지 대통령의 첫째가는 보좌기관으로서 행정에 관하여 독자적인 권한을 가지지 못하고 대통령의 명을 받아 행정각부를 통할하는 기관으로서의 지위만을 가지며, 행정권 행사에 대한 최후의 결정권자는 대통령이라고 해석하는 것이 타당하다.
④ 국무총리제도는 1954년 제2차 개정 헌법에서 폐지된 바 있고, 이때 국무위원에 대한 개별적 불신임제를 채택하였다.
⑤ 대통령의 궐위시 국무총리가 대통령의 권한을 대행하고, 국무총리도 궐위된 경우에는 법률이 정한 국무위원의 순서로 대통령 권한을 대행하지만, 국무총리가 사고로 직무를 수행할 수 없는 경우에는 대통령의 지명을 받은 국무위원이 우선적으로 국무총리의 직무를 대행한다.

 해설

① O 국회의 해임건의는 대통령을 기속하는 해임의결권이 아니라, 아무런 법적 구속력이 없는 단순한 해임건의에 불과하다. 우리 헌법 내에서 '해임건의권'의 의미는 대통령을 간접적이나마 견제하고자 하는 것에 지나지 않는다(2004.5.14. 2004헌나1).
② O 헌법 제65조 제1, 2항의 내용이다.
③ O 국무총리는 단지 대통령의 첫째가는 보좌기관으로서, 행정에 관하여 독자적인 권한을 가지지 못하고 대통령의 명을 받아 행정각부를 통할하는 기관으로서의 지위를 가진다(1994.4.28. 89헌마221).
④ O 제2차 개정헌법(1954.11.27)에서 폐지된 바 있었으나, 이 경우를 제외하고는 부통령이 있었던 때에도 국무총리를 두었다. 제2차 개정헌법인 사사오입 개헌의 특징으로 국무위원에 대한 개별적 불신임제를 채택하였다.
⑤ X 국무총리가 사고로 직무를 수행할 수 없는 경우에는 기획재정부장관이 겸임하는 부총리, 교육부장관이 겸임하는 부총리의 순으로 직무를 대행하고, 국무총리와 부총리가 모두 사고로 직무를 수행할 수 없는 경우에는 대통령의 지명이 있으면 그 지명을 받은 국무위원이, 지명이 없는 경우에는 제26조 제1항에 규정된 순서에 따른 국무위원이 그 직무를 대행한다(정부조직법 제22조).

제3항 감사원

40 18변시-11   정답 ③

감사원에 관한 설명 중 옳지 않은 것은?

① 19세 이상의 국민은 공공기관의 사무처리가 법령위반 또는 부패행위로 인하여 공익을 현저히 해하는 경우 대통령령으로 정하는 일정한 수 이상의 국민의 연서로 감사원에 감사를 청구할 수 있으나, 사적인 권리관계 또는 개인의 사생활에 관한 사항은 감사청구의 대상에서 제외된다.

② 감사원은 법령에 따라 국가 또는 지방자치단체가 위탁하거나 대행하게 한 사무에 대해서도 감찰한다.

③ 감사원장은 국회의 동의를 얻어 감사위원 중에서 대통령이 임명하고, 감사원장의 임기는 4년으로 하며, 중임할 수 없다.

④ 1948년 제헌헌법에서는 국가의 수입지출의 결산을 검사하는 기관으로 심계원을 두었다.

⑤ 감사원은 대통령에 소속하되, 직무에 관하여는 독립의 지위를 가진다. 감사원 소속 공무원의 임면, 조직 및 예산의 편성에 있어서는 감사원의 독립성이 최대한 존중되어야 한다.

 해설

① O 부패방지 및 국민권익위원회의 설치와 운영에 관한 법률 제72조 제1항과 제2항 제3호의 내용이다.

부패방지 및 국민권익위원회의 설치와 운영에 관한 법률 제72조(감사청구권)
① 18세 이상의 국민은 공공기관의 사무처리가 법령위반 또는 부패행위로 인하여 공익을 현저히 해하는 경우 대통령령으로 정하는 일정한 수 이상의 국민의 연서로 감사원에 감사를 청구할 수 있다. 다만, 국회·법원·헌법재판소·선거관리위원회 또는 감사원의 사무에 대하여는 국회의장·대법원장·헌법재판소장·중앙선거관리위원회 위원장 또는 감사원장(이하 "당해 기관의 장"이라 한다)에게 감사를 청구하여야 한다. <시행일 2022. 7. 5.>
② 제1항에도 불구하고 다음 각호의 어느 하나에 해당하는 사항은 감사청구의 대상에서 제외한다.
  1. 국가의 기밀 및 안전보장에 관한 사항
  2. 수사·재판 및 형집행(보안처분·보안관찰처분·보호처분·보호관찰처분·보호감호처분·치료감호처분·사회봉사명령을 포함한다)에 관한 사항
  3. 사적인 권리관계 또는 개인의 사생활에 관한 사항
  4. 다른 기관에서 감사하였거나 감사중인 사항. 다만, 다른 기관에서 감사한 사항이라도 새로운 사항이 발견되거나 중요사항이 감사에서 누락된 경우에는 그러하지 아니하다.
  5. 그 밖에 감사를 실시하는 것이 적절하지 아니한 정당한 사유가 있는 경우로서 대통령령이 정하는 사항
③ 제1항에도 불구하고 지방자치단체와 그 장의 권한에 속하는 사무의 처리에 대한 감사청구는 「지방자치법」 제16조에 따른다.

② O 감사원은 국가 또는 지방자치단체가 위탁하거나 대행하게 한 사무에 대해서 감찰한다(감사원법 제24조 제1항 제4호).

감사원법 제24조(감찰 사항)
① 감사원은 다음 각 호의 사항을 감찰한다.
  1. 「정부조직법」 및 그 밖의 법률에 따라 설치된 행정기관의 사무와 그에 소속한 공무원의 직무
  2. 지방자치단체의 사무와 그에 소속한 지방공무원의 직무
  3. 제22조 제1항 제3호 및 제23조 제7호에 규정된 자의 사무와 그에 소속한 임원 및 감사원의 검사대상이 되는 회계사무와 직접 또는 간접으로 관련이 있는 직원의 직무
  4. 법령에 따라 국가 또는 지방자치단체가 위탁하거나 대행하게 한 사무와 그 밖의 법령에 따라 공무원의 신분을 가지거나 공무원에 준하는 자의 직무
② 제1항 제1호의 행정기관에는 군기관과 교육기관을 포함한다. 다만, 군기관에는 소장급 이하의 장교가 지휘하는 전투를 주된 임무로 하는 부대 및 중령급 이하의 장교가 지휘하는 부대는 제외한다.
③ 제1항의 공무원에는 국회·법원 및 헌법재판소에 소속한 공무원은 제외한다.
④ 제1항에 따라 감찰을 하려는 경우 다음 각 호의 어느 하나에 해당하는 사항은 감찰할 수 없다.
  1. 국무총리로부터 국가기밀에 속한다는 소명이 있는 사항
  2. 국방부장관으로부터 군기밀이거나 작전상 지장이 있다는 소명이 있는 사항

③ X 헌법 제98조의 내용으로, 감사원장은 **국회의 동의**를 얻어 대통령이 임명하고, 그 **임기는 4년**으로 하며, **1차에 한하여 중임**할 수 있다.

④ O 건국헌법은 대통령 소속하에 심계원(회계검사)과 감찰위원회(직무감찰)를 두었다.

⑤ O 대통령소속하의 헌법상 필수기관으로 단지 조직상의 직속을 의미할 뿐이고, 권능상·직무상으로는 **대통령으로부터 독립된 기관**이다(대통령의 지휘·감독 X).

41 21법전협-2-9 정답 ⑤

감사원에 관한 설명 중 옳지 않은 것은?

① 감사원은 대통령에 소속하되, 직무에 관하여는 독립의 지위를 가진다.
② 감사원은 감사원장을 포함한 7명의 감사위원으로 구성된다.
③ 국회는 의결로 감사원에 대하여 「감사원법」에 따른 감사원의 직무 범위에 속하는 사항 중 사안을 특정하여 감사를 요구할 수 있다. 이 경우 감사원은 감사 요구를 받은 날부터 3개월 이내에 감사 결과를 국회에 보고하여야 한다.
④ 감사원은 지방자치단체의 사무와 그에 소속한 지방공무원의 직무에 대해서도 감찰할 수 있다.
⑤ 감사에 관한 절차, 감사원의 내부 규율과 감사사무 처리에 관한 감사원의 규칙제정권은 헌법에 명시되어 있다.

① ○

> **감사원법 제2조(지위)**
> ① 감사원은 대통령에 소속하되, 직무에 관하여는 독립의 지위를 가진다.

② ○

> **헌법 제98조**
> ① 감사원은 원장을 포함한 5인 이상 11인 이하의 감사위원으로 구성한다.
>
> **감사원법 제3조(구성)**
> 감사원은 감사원장(이하 "원장"이라 한다)을 포함한 7명의 감사위원으로 구성한다.

③ ○

> **국회법 제127조의2(감사원에 대한 감사 요구 등)**
> ① 국회는 의결로 감사원에 대하여 「감사원법」에 따른 감사원의 직무 범위에 속하는 사항 중 사안을 특정하여 감사를 요구할 수 있다. 이 경우 감사원은 감사 요구를 받은 날부터 3개월 이내에 감사 결과를 국회에 보고하여야 한다.

④ ○

> **감사원법 제24조(감찰 사항)**
> ① 감사원은 다음 각 호의 사항을 감찰한다.
> 2. 지방자치단체의 사무와 그에 소속한 지방공무원의 직무

⑤ ✗ 감사원의 규칙제정권은 헌법이 아니라 감사원법에 규정되어 있다.

> **감사원법 제52조(감사원규칙)**
> 감사원은 감사에 관한 절차, 감사원의 내부 규율과 감사사무 처리에 관한 규칙을 제정할 수 있다.

42 19법전협-2-16 정답 ⑤

감사원에 관한 설명 중 옳은 것은? (다툼이 있는 경우 판례에 의함)

① 감사원에게 지방자치단체의 위임사무 및 자치사무를 구별하지 않고 합법성 감사뿐만 아니라 합목적성감사도 실시할 수 있도록 하는 「감사원법」 규정은 헌법상 지방자치단체의 권한을 침해하는 것으로 헌법에 위반된다.
② 감사위원은 감사원장의 제청으로 국회의 동의를 얻어 대통령이 임명하고, 그 임기는 4년으로 하며, 1차에 한하여 중임할 수 있다.
③ 감사위원은 탄핵결정이나 금고 이상의 형의 선고에 의하지 아니하고는 본인의 의사에 반하여 면직되지 않는다.
④ 권력분립원칙에 따라 감사원의 회계검사 및 직무감찰 대상에서 국회, 법원, 헌법재판소 및 이들 기관에 소속된 공무원은 제외된다.
⑤ 공익감사청구에 대한 감사원의 기각결정은 공권력 행사에 해당되지 않으므로, 이에 대한 「헌법재판소법」 제68조 제1항에 의한 헌법소원심판 청구는 부적법하다.

① ✗ 감사원법에서 지방자치단체의 자치권을 존중할 수 있는 장치를 마련해두고 있는 점, 국가재정지원에 상당부분 의존하고 있는 우리 지방재정의 현실, 독립성이나 전문성이 보장되지 않은 지방자치단체 자체감사의 한계 등으로 인한 외부감사의 필요성까지 감안하면, 이 사건 관련규정이 지방자치단체의 고유한 권한을 유명무실하게 할 정도로 지나친 제한을 함으로써 지방자치권의 본질적 내용을 침해하였다고는 볼 수 없다(2008.5.29. 2005헌라3).

② ✗ 감사위원의 임명에는 국회의 동의를 요하지 아니한다.

> **제98조**
> ② 원장은 국회의 동의를 얻어 대통령이 임명하고, 그 임기는 4년으로 하며, 1차에 한하여 중임할 수 있다.
> ③ 감사위원은 원장의 제청으로 대통령이 임명하고, 그 임기는 4년으로 하며, 1차에 한하여 중임할 수 있다.

③ ✗

> **감사원법 제8조(신분보장)**
> ① 감사위원은 다음 각 호의 어느 하나에 해당하는 경우가 아니면 본인의 의사에 반하여 면직되지 아니한다.
> 1. 탄핵결정이나 금고 이상의 형의 선고를 받았을 때
> 2. 장기(長期)의 심신쇠약으로 직무를 수행할 수 없게 된 때

④ ✗ 직무감찰 대상에서 국회, 법원, 헌법재판소 및 이들 기관에 소속된 공무원은 제외되지만(감사원법 제24조 제3항), 회계검사에 있어서는 그러한 제한규정이 없다.

⑤ ○ 헌법이나 법률 어디에도 감사원장에 대하여 공익사항에 관한 감사원 감사청구를 할 수 있는 권리를 규정하고 있지 않고, 달리 조리상 이러한 권리를 인정할 만한 사정도 보이지 않는다. 따라서 이 사건 감사청구 거부결정은 헌법재판소법 제68조 제1항의 공권력 행사에 해당한다고 볼 수 없으므로, 이를 대상으로 한 이 사건 심판청구는 부적법하다(2014.4.8. 2014헌마256). / 부패방지법(제40조)상의 국민감사청구제도는 일정한 요건을 갖춘 국민들이

감사청구를 한 경우에 감사원장으로 하여금 감사청구된 사항에 대하여 감사실시 여부를 결정하고 그 결과를 감사청구인에게 통보하도록 의무를 지운 것이므로(동법 제42조·제43조), 이러한 국민감사청구에 대한 기각결정은 공권력주체의 고권적 처분이라는 점에서 헌법소원의 대상이 될 수 있는 공권력행사라고 보아야 할 것이다(2006.2.23. 2004헌마414).

[참고] **국가인권위원회의 진정 기각결정**

[종례판례] 국가인권위원회의 진정 기각결정은 공권력의 행사로서 헌법소원심판의 대상 ○, 보충성 요건도 충족 ○(2009.2.26. 2008헌마275)

[변경된 판례] 국가인권위원회의 각하 및 기각결정은 공권력의 행사로서 헌법소원심판의 대상 ○, 보충성 요건은 충족 ×(2015.3.26. 2013헌마214)

제3절 선거관리위원회

43 20법전협-1-16   정답 ②

선거관리위원회에 관한 설명 중 옳지 않은 것은? (다툼이 있는 경우 판례에 의함)

① 중앙선거관리위원회 위원장은 위원 중에서 호선하며, 9인의 위원 중 대통령이 임명하는 3인과 대법원장이 지명하는 3인은 국회 소관상임위원회의 인사청문절차를, 국회에서 선출하는 3인은 국회 인사청문특별위원회의 인사청문절차를 거쳐야 한다.

② 각급 선거관리위원회는 선거인명부의 작성 등 선거사무에 관하여 관계 행정기관에 필요한 지시를 할 수 있으나, 국민투표사무에 관해서는 그러하지 아니하다.

③ 중앙선거관리위원회는 법률에 저촉되지 아니하는 범위 안에서 내부규율에 관한 규칙을 제정할 수 있다.

④ 각급 선거관리위원회는 위원 과반수의 출석으로 개의하고 출석위원 과반수의 찬성으로 의결하며, 위원장은 표결권을 가지고 가부동수인 때에는 결정권을 가진다.

⑤ 중앙선거관리위원회 위원장이 대통령에게 통고한 '대통령의 선거중립의무 준수요청 조치' 및 '대통령의 선거중립의무 준수 재촉구 조치'는 「헌법재판소법」 제68조 제1항에 의한 헌법소원의 대상인 공권력행사에 해당한다.

① ○

제114조
② 중앙선거관리위원회는 대통령이 임명하는 3인, 국회에서 선출하는 3인과 대법원장이 지명하는 3인의 위원으로 구성한다. 위원장은 위원중에서 호선한다.

국회법 제46조의3(인사청문특별위원회)
① 국회는 다음 각 호의 임명동의안 또는 의장이 각 교섭단체 대표의원과 협의하여 제출한 선출안 등을 심사하기 위하여 인사청문특별위원회를 둔다. 다만, 「대통령직 인수에 관한 법률」 제5조 제2항에 따라 대통령당선인이 국무총리 후보자에 대한 인사청문의 실시를 요청하는 경우에 의장은 각 교섭단체 대표의원과 협의하여 그 인사청문을 실시하기 위한 인사청문특별위원회를 둔다.
  2. 헌법에 따라 국회에서 선출하는 헌법재판소 재판관 및 중앙선거관리위원회 위원에 대한 선출안

국회법 제65조의2(인사청문회)
① 제46조의3에 따른 심사 또는 인사청문을 위하여 인사에 관한 청문회(이하 "인사청문회"라 한다)를 연다.
② 상임위원회는 다른 법률에 따라 다음 각 호의 어느 하나에 해당하는 공직후보자에 대한 인사청문 요청이 있는 경우 인사청문을 실시하기 위하여 각각 인사청문회를 연다.
  1. 대통령이 임명하는 헌법재판소 재판관, 중앙선거관리위원회 위원, 국무위원,(이하 생략)
  2. (생략)
  3. 대법원장이 지명하는 헌법재판소 재판관 또는 중앙선거관리위원회 위원의 후보자

② ✕

제115조
① 각급 선거관리위원회는 선거인명부의 작성등 선거사무와 국민투표사무에 관하여 관계 행정기관에 필요한 지시를 할 수 있다.

③ ○

제114조
⑥ 중앙선거관리위원회는 법령의 범위안에서 선거관리·국민투표관리 또는 정당사무에 관한 규칙을 제정할 수 있으며, 법률에 저촉되지 아니하는 범위안에서 내부규율에 관한 규칙을 제정할 수 있다.

④ ○

선거관리위원회법 제10조(위원회의 의결정족수)
① 각급선거관리위원회는 위원과반수의 출석으로 개의하고 출석위원 과반수의 찬성으로 의결한다.
② 위원장은 표결권을 가지며 가부동수인 때에는 결정권을 가진다.

⑤ ○ 선거관리위원회법 제14조의2의 '경고'는 선거법 위반행위에 대한 제재적 조치의 하나로서 법률에 규정된 것이므로 피경고자는 이러한 경고를 준수하여야 할 의무가 있고, 피경고자가 경고를 불이행하는 경우 선거관리위원회 위원·직원에 의하여 관할 수사기관에 수사의뢰 또는 고발될 수 있으므로(위 조항 후문), 위 '경고'가 청구인의 법적 지위에 영향을 주지 않는다고는 할 수 없다. 중앙선거관리위원회 위원장이 중앙선거관리위원회 전체회의의 심의를 거쳐 대통령의 위법사실을 확인한 후 그 재발방지를 촉구하는 내용의 이 사건 조치를 청구인 대통령에 대하여 직접 발령한 것이 단순한 권고적·비권력적 행위라든가 대통령인 청구인의 법적 지위에 불리한 효과를 주지 않았다고 보기는 어렵다. 청구인이 이 사건 조치를 따르지 않음으로써 형식적으로 처벌될 가능성은 없다고 하더라도, 이 사건 조치가 그 자체로 청구인에게 그러한 위축효과를 줄 수 있음은 명백하다고 볼 것이고, 나아가

이 사건 조치에 대하여 법원에서 소송으로 구제받기는 어렵다는 점에서 헌법기관인 피청구인이 청구인의 위 발언내용이 위법이라고 판단한 이 사건 조치는 최종적·유권적인 판단으로서 기본권 제한의 효과를 발생시킬 가능성이 높다고 할 것이다(2008.1.17. 2007헌마700).

제4절 지방자치제도

44 22변시-11   정답 ①

지방자치단체 구역에 관한 설명 중 옳은 것(○)과 옳지 않은 것(×)을 올바르게 조합한 것은? (다툼이 있는 경우 판례에 의함)

> ㄱ. 공유수면에 대한 명시적인 법령상의 규정이나 불문법상 해상경계선이 존재하지 않는다면, 주민·구역·자치권을 구성요소로 하는 지방자치단체의 본질에 비추어 지방자치단체의 관할구역에 경계가 없는 부분이 있다는 것은 상정할 수 없으므로, 헌법재판소가 권한쟁의심판을 통하여 형평의 원칙에 따라 합리적이고 공평하게 해상경계선을 획정하여야 한다.
> ㄴ. 공유수면의 관할 귀속과 매립지의 관할 귀속은 그 성질상 달리 보아야 하므로 매립공사를 거쳐 종전에 존재하지 않았던 토지가 새로이 생겨난 경우, 공유수면의 관할권을 가지고 있던 지방자치단체이든 그 외의 경쟁 지방자치단체이든 새로 생긴 매립지에 대하여는 중립적이고 동등한 지위에 있다.
> ㄷ. 관할 행정청이 국가기본도에 표시된 해상경계선을 기준으로 하여 과거부터 현재에 이르기까지 반복적으로 처분을 내리고, 지방자치단체가 허가, 면허 및 단속 등의 업무를 지속적으로 수행하여 왔다고 하더라도 국가기본도상의 해상경계선은 지방자치단체 관할 경계에 관하여 불문법으로서 그 기준이 될 수 없다.
> ㄹ. 지방자치단체의 자치권이 미치는 관할구역의 범위에는 육지는 물론 바다도 포함되므로, 공유수면에 대해서도 지방자치단체의 자치권한이 존재한다고 보아야 한다.

① ㄱ(○), ㄴ(○), ㄷ(×), ㄹ(○)
② ㄱ(○), ㄴ(×), ㄷ(○), ㄹ(○)
③ ㄱ(○), ㄴ(×), ㄷ(○), ㄹ(×)
④ ㄱ(×), ㄴ(○), ㄷ(○), ㄹ(×)
⑤ ㄱ(×), ㄴ(○), ㄷ(×), ㄹ(×)

① 지방자치단체 구역에 관한 설명 중 옳은 것은 ㄱ, ㄴ, ㄹ 이다.
ㄱ. O 공유수면에 대한 지방자치단체의 관할구역 경계획정은 이에 관한 명시적인 법령상의 규정이 존재한다면 그에 따르고, 명시적인 법령상의 규정이 존재하지 않는다면 불문법상 해상경계에 따라야 한다. 그리고 이에 관한 불문법상 해상경계마저 존재하지 않는다면, 주민·구역·자치권을 구성요소로 하는 지방자치단체의 본질에 비추어 지방자치단체의 관할구역에 경계가 없는 부분이 있다는 것은 상정할 수 없으므로, 권한쟁의심판권을 가지고 있는 헌법재판소가 형평의 원칙에 따라 합리적이고 공평하게 해상경계선을 획정할 수밖에 없다(2019.4.11. 2016헌라8 등).
ㄴ. O 공유수면의 관할 귀속과 매립지의 관할 귀속은 그 성질상 달리 보아야 한다. 매립공사를 거쳐 종전에 존재하지 않았던 토지가 새로이 생겨난 경우 동일성을 유지하면서 단순히 바다에서 토지로 그 형상이 변경된 것에 불과하다고 보기는 어렵다. … 공유수면이 매립됨으로써 상실되는 어업권 등은 보상 등을 통해 보전되었으므로, 공유수면의 관할권을 가지고 있던 지방자치단체이든 그 외의 경쟁 지방자치단체이든 새로 생긴 매립지에 대하여는 중립적이고 동등한 지위에 있다 할 것이다(2020.7.16. 2015헌라3).
ㄷ. X 국가기본도에 표시된 해상경계선은 그 자체로 불문법상 해상경계선으로 인정되는 것은 아니나, 관할 행정청이 국가기본도에 표시된 해상경계선을 기준으로 하여 과거부터 현재에 이르기까지 반복적으로 처분을 내리고, 지방자치단체가 허가, 면허 및 단속 등의 업무를 지속적으로 수행하여 왔다면 국가기본도상의 해상경계선은 여전히 지방자치단체 관할 경계에 관하여 불문법으로서 그 기준이 될 수 있다(2021.2.25. 2015헌라7).
ㄹ. O 지방자치법 제4조 제1항에 규정된 지방자치단체의 구역은 주민·자치권과 함께 자치단체의 구성요소이고, 자치권이 미치는 관할구역의 범위에는 육지는 물론 바다도 포함되므로, 공유수면에 대해서도 지방자치단체의 자치권한이 미친다(2015.7.30. 2010헌라2).

45 13변시-4   정답 ②

지방자치제도에 관한 설명 중 옳지 않은 것은? (다툼이 있는 경우 판례에 의함)

① 지방자치단체의 구역은 주민, 자치권과 함께 지방자치단체의 구성요소로서 자치권을 행사할 수 있는 장소적 범위를 말하며, 자치권이 미치는 관할 구역의 범위에는 육지는 물론 바다도 포함된다.
② 지방자치단체의 장이 공소 제기된 후 구금상태에 있는 경우 부단체장이 그 권한을 대행하도록 한 지방자치법 조항은 유죄판결이나 그 확정을 기다리지 아니한 채 바로 단체장의 직무를 정지시키고 있으므로 무죄추정의 원칙에 반한다.
③ 특정 지방자치단체의 존속을 보장하는 것은 헌법상 지방자치제도 보장의 핵심적 영역 내지 본질적 부분이 아니므로 현행법상의 지방자치단체의 중층구조를 계속 존속하도록 할지 여부는 입법자의 입법형성권 범위 안에 있다.
④ "공무원은 집단·연명으로 또는 단체의 명의를 사용하여 국가 또는 지방자치단체의 정책을 반대하거나 국가 또는 지방 자치단체의 정책 수립·집행을 방해해서는 아니 된다."라는 「지방공무원 복무규정」 조항은 국가 또는 지방자치단체의 정책에 대한 반대·방해행위가 일회적이고 우연한 것인지 혹은 계속적이고 계획적인 것인지 등을 묻지 아니하고 금지하는 것으로 해석되므로 명확성원칙에 위배되지 않는다.
⑤ 지방의회의원으로 하여금 지방공사 직원을 겸직하지 못하도록 한 것은 지방공사 직원과 지방의회의원으로서의 지위가 충돌하여 직무의 공정성이 훼손될 가능성이 존재하며, 지방의회의 활성화라는 취지에 비추어 볼 때 지방의회의원의 직업선택의 자유를 침해하지 않는다.

① O 헌법재판소는 지방자치법 제4조 제1항에 규정된 지방자치단체의 구역은 주민·자치권과 함께 자치단체의 구성요소이며, 자치권이 미치는 관할 구역의 범위에는 육지는 물론 바다도 포함되므로, 공유수면에 대한 지방자치단체의 자치권한이 존재한다고 판시한 바 있다(2006.8.31. 2003헌라1).
② X 이 사건 법률조항은 공소 제기된 자로서 구금되었다는 사실 자체에 사회적 비난의 의미를 부여한다거나 그 유죄의 개연성에 근거하여 직무를 정지시키는 것이 아니라, 구금의 효과, 즉 구속되어 있는 자치단체장의 물리적 부재상태로 말미암아 자치단체행정의 원활하고 계속적인 운영에 위험이 발생할 것이 명백하여 이를 미연에 방지하기 위하여 직무를 정지시키는 것이므로, '범죄사실의 인정 또는 유죄의 인정에서 비롯되는 불이익'이라거나 '유죄를 근거로 하는 사회윤리적 비난'이라고 볼 수 없다. 따라서 **무죄추정의 원칙에 위반되지 않는다**(2011.4.28. 2010헌마474).
③ O 헌법상 자치제도의 보장은 지방자치단체에 의한 자치행정을 일반적으로 보장한다는 것뿐이고 특정자치단체의 존속을 보장한다는 것은 아니며 지방자치단체의 폐치·분합에 있어 지방자치권의 존중은 법정절차의 준수로 족하다(1995.3.23. 94헌마175).

이와 같이 헌법상 지방자치제도보장의 핵심영역 내지 본질적 부분이 지방자치단체에 의한 자치행정을 일반적으로 보장하는 것이라면, **현행법에 따른 지방자치단체의 중층구조** 또는 지방자치단체로서 특별시·광역시 및 도와 함께 시·군 및 구를 계속하여 존속하도록 할지 여부는 결국 입법자의 입법형성권의 범위에 들어가는 것으로 보아야 한다.
④ O 이 사건 국가공무원 복무규정 제3조 제2항 등은 국가 정책에 대한 반대·방해 행위의 구체적 태양을 규정하지 않고 있으므로, 그것이 일회적이고 우연한 행위이든 계속적이고 계획적인 것이든, 그리고 유형적·물리적인 것이든 무형적인 것이든 가리지 아니하고 그 행위를 금지한다고 할 것이다. 즉, 이 사건 국가공무원 복무규정 제3조 제2항 등은 국가 정책에 대한 반대·방해 행위의 수단 및 방법이나 정도를 가리지 아니하고 그러한 모든 행위를 금지하는 것으로 해석되므로 명확성원칙에 위배되지 않는다고 할 것이다. 따라서 이 사건 국가공무원 복무규정 제3조 제2항 등은 명확성원칙에 위배되지 아니한다(2012.5.31. 2009헌마705·2010헌마90).
⑤ O 이 사건 법률조항으로 말미암아 지방의회의원으로 당선된 자가 지방공사직원의 직을 그만두어야 함으로써 제한되는 직업선택의 자유에 비하여 이 사건 법률조항을 통하여 달성하고자 하는 공익, 즉 헌법상 권력분립 및 정치적 중립성의 원칙을 보장하고, 지방의회 기능의 활성화를 통해 지방자치제도를 정착하고자 하는 공익이 결코 적다고 할 수 없으므로, **법익의 균형성도 인정**된다(2012.4.24. 2010헌마605).

46 17변시-11 정답 ②

지방자치제도에 관한 설명 중 옳지 않은 것을 모두 고른 것은? (다툼이 있는 경우 헌법재판소 판례에 의함)

ㄱ. 최초의 지방의회가 구성된 것은 제1공화국 기간이었던 1950년이었고, 지방의회를 조국통일이 이루어질 때까지 구성하지 아니한다는 것을 헌법 부칙에 규정한 것은 1980년 제8차 개정 헌법에서였다.

ㄴ. 지방의회가 선거를 통해서 그 지역적인 민주적 정당성을 지니고 있는 주민의 대표기관이라 하더라도 조례를 통하여 주민의 권리의무에 관한 사항을 규율하는 경우에는 법률의 위임이 있어야 하고 조례에 대한 법률의 위임은 법규명령에 대한 법률의 위임과 같이 반드시 구체적으로 범위를 정하여야 한다.

ㄷ. 「지방자치법」 제4조 제1항에 규정된 지방자치단체의 구역은 주민·자치권과 함께 자치단체의 구성요소이고, 자치권이 미치는 관할구역의 범위에는 육지는 물론 바다도 포함되므로, 공유수면에 대해서도 지방자치단체의 자치권한이 미친다.

ㄹ. 지방자치단체장은 선거로 취임하는 공무원이지만 그 신분이나 직무수행상 다른 일반공무원과 차이가 없고, 해당 지방자치단체를 통합·대표하고 국가사무를 위임받아 처리하는 등 일반직 공무원에 비하여 중요한 업무를 수행하므로 헌법 제7조 제2항에 따라 신분보장이 필요하고 정치적 중립성이 요구되는 공무원에 해당한다.

ㅁ. 주민자치제를 본질로 하는 민주적 지방자치제도가 안정적으로 뿌리내린 현 시점에서 지방자치단체의 장 선거권을 지방의회의원 선거권, 나아가 국회의원 선거권 및 대통령 선거권과 구별하여 하나는 법률상의 권리로, 나머지는 헌법상의 권리로 이원화하는 것은 허용될 수 없으므로 지방자치단체의 장 선거권 역시 다른 선거권과 마찬가지로 헌법 제24조에 의해 보호되는 기본권으로 인정하여야 한다.

① ㄱ, ㄴ, ㄷ ② ㄱ, ㄴ, ㄹ
③ ㄱ, ㄷ, ㄹ ④ ㄴ, ㄷ, ㅁ
⑤ ㄴ, ㄹ, ㅁ

 해설

ㄱ. X

제1공화국	우리나라는 지방자치에 관한 규정은 건국헌법에서부터 존재해왔으나, 1952년에야 최초의 지방의회가 구성되었다.
제2공화국	시·읍·면장까지도 주민이 직접 선거하였으나 단명에 그쳤다.
제3공화국	제5차 개정헌법 부칙은 지방의회의 구성시기를 법률로 정하도록 하였으나, 구성하지 못하였다.
제4공화국	제7차 개정헌법에서 구성을 조국의 평화통일시까지 미루어 사실상 지방자치를 폐지하였다.
제5공화국	제8차 개정헌법에서는 지방의회의 구성을 지방자치단체의 재정자립도를 감안하여 순차적으로 하되 법률로 규정하도록 하였으나 지방의회가 구성되지 않았다.
제6공화국	91년 지방의회선거, 95년 지방자치단체장 선거 실시

ㄴ. X 조례의 제정권자인 지방의회는 선거를 통해서 그 지역적인 민주적 정당성을 지니고 있는 주민의 대표기관이고 헌법이 지방자치단체에 포괄적인 자치권을 보장하고 있는 취지로 볼 때, 조례에 대한 법률의 위임은 법규명령에 대한 법률의 위임과 같이 반드시 구체적으로 범위를 정하여 할 필요가 없으며 **포괄적으로도 가능**하다고 할 것이다(2008.5.29. 2006헌바78).

ㄷ. O 자치권이 미치는 관할 구역의 범위에는 육지는 물론 바다도 포함되므로, **공유수면에 대한 지방자치단체의 자치권한이 존재**한다(2006.8.31. 2003헌라1).

ㄹ. X 지방자치단체장은 특정 정당을 정치적 기반으로 할 수 있고 주민의 선거를 통해 취임하며 정해진 임기 동안 재직하는 정무직 공무원으로서, 공무원법상 신분보장 및 정치운동 금지의 제한을 받지 않는다는 점에서(지방공무원법 제3조), 공무원법상 신분보장을 받으며 평생 또는 장기간 공무원으로 근무할 것이 예정된 **경력직공무원과는 차이가 있다**(2014.6.26. 2012헌마459). 지방자치단체장은 특정 정당을 정치적 기반으로 하여 선거에 입후보할 수 있고 선거에 의하여 선출되는 공무원이라는 점에서 헌법 제7조 제2항에 따라 신분보장이 필요하고 **정치적 중립성이 요구되는 공무원에 해당한다고 보기 어렵다**(2014.6.26. 2012헌마459).

ㅁ. O 주민자치제를 본질로 하는 민주적 지방자치제도가 안정적으로 뿌리내린 현 시점에서 지방자치단체의 장 선거권을 지방의회의원 선거권, 나아가 국회의원 선거권 및 대통령 선거권과 구별하여 하나는 법률상의 권리로, 나머지는 헌법상의 권리로 이원화하는 것은 허용될 수 없다. 그러므로 **지방자치단체의 장 선거권 역시 다른 선거권과 마찬가지로 헌법 제24조에 의해 보호되는 기본권**으로 인정하여야 한다(2016.10.27. 2014헌마797).

47 21법전협-1-2 정답 ④

지방자치제도에 관한 설명 중 옳지 않은 것은? (다툼이 있는 경우 판례에 의함)

① 중앙행정기관의 자치사무에 관한 감사범위는 위법성 감사에 한정되며, 이를 넘어선 포괄적인 감사는 지방자치권을 침해하는 것으로 허용될 수 없다.
② 지방자치단체의 사무에 관한 그 장(長)의 명령이나 처분이 법령에 위반되거나 현저히 부당하여 공익을 해친다고 인정되면 시·도에 대하여는 주무부장관이, 시·군 및 자치구에 대하여는 시·도지사가 기간을 정하여 서면으로 시정할 것을 명하고, 그 기간에 이행하지 아니하면 이를 취소하거나 정지할 수 있다. 이 경우 자치사무에 관한 명령이나 처분에 대하여는 법령을 위반하는 것에 한한다.
③ 지방자치단체의 폐치·분합에 관한 것은 지방자치단체의 자치행정권 중 지역고권의 보장문제이나, 대상지역 주민들은 그로 인하여 인간다운 생활공간에서 살 권리 등을 침해받게 될 수도 있다는 점에서 헌법소원의 대상이 될 수 있다.
④ 대통령이 법률안에 대해서만 재의를 요구할 수 있는 것과 같이, 지방자치단체의 장은 자치단체의 법(法)인 조례안에 대해서만 재의를 요구할 수 있고, 이를 제외한 나머지 지방의회 의결사항에 대해서는 재의를 요구할 수 없다.
⑤ 주민소환투표가 발의되어 공고되었다는 이유만으로 곧바로 주민소환투표 대상자의 권한 행사가 정지되도록 한 것은 주민소환투표 대상자의 공무담임권을 침해하는 것이 아니다.

① O 중앙행정기관이 지방자치단체의 자치사무에 대한 감사에 착수하기 위해서는 자치사무에 관하여 특정한 법령위반행위가 확인되었거나 위법행위가 있었으리라는 합리적 의심이 가능한 경우이어야 하고, 또한 그 감사대상을 특정해야 한다. 중앙행정기관이 전반기 또는 후반기 감사와 같은 포괄적·사전적 일반감사나 위법사항을 특정하지 않고 개시하는 감사 또는 법령위반사항을 적발하기 위한 감사는 모두 허용되지 않는다(2009.5.28. 2006헌라6).
② O

> **지방자치법 제188조(위법·부당한 명령·처분의 시정)**
> ① 지방자치단체의 사무에 관한 지방자치 단체의 장의 명령이나 처분이 법령에 위반되거나 현저히 부당하여 공익을 해친다고 인정되면 시·도에 대하여는 주무부장관이, 시·군 및 자치구에 대하여는 시·도지사가 기간을 정하여 서면으로 시정할 것을 명하고, 그 기간에 이행하지 아니하면 이를 취소하거나 정지할 수 있다. 이 경우 자치사무에 관한 명령이나 처분에 대하여는 법령에 위반하는 것에 한한다.

③ O 지방자치단체의 폐치·분합에 관한 것은 지방자치단체의 자치행정권 중 지역고권의 보장문제임과 동시에, 다른 한편으로는 지방자치단체의 폐치·분합에 관한 것은 대상지역 주민들의 인간다운 생활공간에서 살 권리 등을 침해할 수 있으므로 헌법소원의 대상이 될 수 있다(1994.12.29. 94헌마201).

④ X 지방자치단체의 장은 이송받은 조례안에 대하여 '이의가 있으면' 20일 이내에 이유를 붙여 지방의회로 환부하고, 재의를 요구할 수 있다. 이 경우 지방자치단체의 장은 조례안의 일부에 대하여 또는 조례안을 수정하여 재의를 요구할 수 없다(지방자치법 제26조 제3항). 또한 지방자치단체의 장은 지방의회의 의결이 '월권'이거나 '법령에 위반'되거나 '공익을 현저히 해친다고 인정'되면 그 의결사항을 이송받은 날부터 20일 이내에 이유를 붙여 재의를 요구할 수 있다(지방자치법 제107조 제1항).

⑤ O 주민소환투표가 발의되어 공고되었다는 이유만으로 곧바로 주민소환투표 대상자의 권한행사가 정지되도록 한 주민소환에 관한 법률 제21조 제1항(2009.3.26, 2007헌마843) … 기각결정
법 제21조 제1항의 입법목적은 행정의 정상적인 운영과 공정한 선거관리라는 정당한 공익을 달성하려는데 있고, 주민소환투표가 공고된 날로부터 그 결과가 공표될 때까지 주민소환투표 대상자의 권한행사를 정지하는 것은 위 입법목적을 달성하기 위한 상당한 수단이 되는 점, 위 기간 동안 권한행사를 일시 정지한다 하더라도 이로써 공무담임권의 본질적인 내용이 침해된다고 보기 어려운 점, 권한행사의 정지기간은 통상 20일 내지 30일의 비교적 단기간에 지나지 아니하므로, 이 조항이 달성하려는 공익과 이로 인하여 제한되는 주민소환투표 대상자의 공무담임권이 현저한 불균형 관계에 있지 않은 점 등을 고려하면, 위 조항이 과잉금지의 원칙에 반하여 과도하게 공무담임권을 제한하는 것으로 볼 수 없다. 또 대통령 등 탄핵소추 대상 공무원의 권한행사 정지와 주민소환대상 공무원의 권한행사 정지는 성격과 차원을 달리하여, 양자를 평등권 침해 여부 판단에 있어 비교의 대상으로 삼을 수 없으므로, 탄핵소추대상 공무원과 비교하여 평등권이 침해된다는 청구인의 주장도 이유 없다.

48 20법전협-3-17   정답 ③

조례에 관한 설명으로 옳지 않은 것은? (다툼이 있는 경우 판례에 의함)

① 지방자치단체는 그 내용이 주민의 권리 제한이나 의무 부과에 관한 사항이거나 벌칙에 관한 사항이 아니면 국가의 사무와 성질에 비추어 전국적으로 통일되어야 할 사항을 제외한 모든 사무에 관해서 법률의 위임이 없더라도 조례를 제정할 수 있다.

② 지방자치단체의 장은 이송받은 조례안에 대하여 이의가 있으면 조례안을 이송받은 후 20일 이내에 이유를 붙여 지방의회로 환부하여 재의를 요구할 수 있다.

③ 조례 제정은 지방자치단체의 고유사무인 자치사무와 국가사무로서 지방자치단체의 장에게 위임된 기관위임사무에 관해서 허용되며, 개별 법령이 지방자치단체에 위임한 단체위임사무에 관해서는 조례를 제정할 수 없다.

④ 조례 제정은 법령의 범위 안에서만 허용되는데, 여기서 법령은 형식적 법률과 대통령령, 총리령, 부령과 같은 법규명령뿐 아니라 법규명령으로 기능하는 행정규칙까지 포함한다.

⑤ 조례제정권에 대한 법률의 위임은 법규명령에 대한 법률의 위임과 같이 반드시 구체적으로 범위를 정하여 할 필요가 없으며 포괄적인 것으로 충분하다.

 해설

① O 지방자치단체는 그 내용이 주민의 권리의 제한 또는 의무의 부과에 관한 사항이거나 벌칙에 관한 사항이 아닌 한 법률의 위임이 없더라도 그의 사무에 관하여 조례를 제정할 수 있다 할 것인바 … 지방자치단체는 법령에 위반되지 아니하는 범위 내에서 그 사무에 관하여 조례를 제정할 수 있는 것이고, 조례가 규율하는 특정사항에 관하여 그것을 규율하는 국가의 법령이 이미 존재하는 경우에도 조례가 법령과 별도의 목적에 기하여 규율함을 의도하는 것으로서 그 적용에 의하여 법령의 규정이 의도하는 목적과 효과를 전혀 저해하는 바가 없는 때, 또는 양자가 동일한 목적에서 출발한 것이라고 할지라도 국가의 법령이 반드시 그 규정에 의하여 전국에 걸쳐 일률적으로 동일한 내용을 규율하려는 취지가 아니고 각 지방자치단체가 그 지방의 실정에 맞게 별도로 규율하는 것을 용인하는 취지라고 해석되는 때에는 그 조례가 국가의 법령에 위반되는 것은 아니라고 할 것이다(대판 2006.10.12. 2006추38).

② O

> **지방자치법 제32조(조례와 규칙의 제정 절차 등)**
> ② 지방자치단체의 장은 제1항의 조례안을 이송받으면 20일 이내에 공포하여야 한다.
> ③ 지방자치단체의 장은 이송받은 조례안에 대하여 이의가 있으면 제2항의 기간에 이유를 붙여 지방의회로 환부(還付)하고, 재의(再議)를 요구할 수 있다. 이 경우 지방자치단체의 장은 조례안의 일부에 대하여 또는 조례안을 수정하여 재의를 요구할 수 없다.

③ X 지방자치법 제15조, 제9조에 의하면, 지방자치단체가 자치조례를 제정할 수 있는 사항은 지방자치단체의 고유사무인 자치사무와 개별법령에 의하여 지방자치단체에 위임된 단체위임사무에 한하는 것이고, 국가사무가 지방자치단체의 장에게 위임된 기관위임사무는 원칙적으로 자치조례의 제정범위에 속하지 않는다 할 것이고, 다만 기관위임사무에 있어서도 그에 관한 개별법령에서 일정한 사항을 조례로 정하도록 위임하고 있는 경우에는 위임받은 사항에 관하여 개별법령의 취지에 부합하는 범위 내에서 이른바 위임조례를 정할 수 있다(대판 2000.5.30. 99추85).

④ O 헌법 제117조 제1항에서 규정하고 있는 '법령'에 법률 이외에 헌법 제75조 및 제95조 등에 의거한 '대통령령', '총리령' 및 '부령'과 같은 법규명령이 포함되는 것은 물론이지만, 헌법재판소의 "법령의 직접적인 위임에 따라 수임행정기관이 그 법령을 시행하는데 필요한 구체적 사항을 정한 것이면, 그 제정형식은 비록 법규명령이 아닌 고시, 훈령, 예규 등과 같은 행정규칙이더라도, 그것이 상위법령의 위임한계를 벗어나지 아니하는 한, 상위법령과 결합하여 대외적인 구속력을 갖는 법규명령으로서 기능하게 된다고 보아야 한다"고 판시 한 바에 따라, 헌법 제117조 제1항에서 규정하는 '법령'에는 법규명령으로서 기능하는 행정규칙이 포함된다(2002.10.31. 2001헌라1).

⑤ O 조례에 대한 법률의 위임은 법규명령에 대한 법률의 위임과 같이 반드시 구체적으로 범위를 정하여 할 필요가 없으며 포괄적인 것으로 족하다(1995.4.20. 92헌마264·279).

49 | 19법전협-3-6 | 정답 ③

지방자치제도에 관한 설명 중 옳지 않은 것은? (다툼이 있는 경우 판례에 의함)

① 헌법이 주권의 지역적 주체로서의 주민에 의한 자기통치의 실현이라는 지방자치를 제도적으로 보장한다는 것은, 지방자치의 본질적 내용인 핵심영역은 어떠한 경우라도 입법 기타 중앙정부의 침해로부터 보호되어야 한다는 것을 의미한다.
② 지방자치는 지방자치단체가 독자적인 자치기구를 설치해서 그 자치단체의 고유사무를 국가기관의 간섭 없이 스스로의 책임 아래 처리하는 것이라는 점에서 지방자치단체의 대표인 단체장은 주민의 자발적 지지에 기초를 둔 선거를 통해 선출되어야 한다.
③ 조례에 대한 법률의 위임은 법규명령에 대한 법률의 위임과 같이 구체적으로 범위를 정하여 이루어져야 한다.
④ 헌법이 규정하는 자치권 가운데에는 자치에 관한 규정을 스스로 제정할 수 있는 자치입법권은 물론이고 그 밖에 그 소속 공무원에 대한 인사와 처우를 스스로 결정하고 이에 관련된 예산을 스스로 편성하여 집행하는 권한이 성질상 당연히 포함된다.
⑤ 지방자치제도는 지방의 공동관심사를 자율적으로 처결함과 동시에 주민의 자치역량을 배양하여 국민주권주의와 자유민주주의 이념구현에 이바지함을 목적으로 하는 제도이다.

 해설

① O 1998.4.30. 96헌바62
② O 2016.10.27. 2014헌마797
③ X 조례의 제정권자인 지방의회는 선거를 통해서 그 지역적인 민주적 정당성을 지니고 있는 주민의 대표기관이고, 헌법이 지방자치단체에 대해 포괄적인 자치권을 보장하고 있는 취지로 볼 때 조례제정권에 대한 지나친 제약은 바람직하지 않으므로 조례에 대한 법률의 위임은 법규명령에 대한 법률의 위임과 같이 반드시 구체적으로 범위를 정하여 할 필요가 없으며 포괄적인 것으로 족하다고 할 것이다(1995.4.20. 92헌마264·279).
④ O 2002.10.31. 2001헌라1
⑤ O 2009.3.26. 2007헌마843

제4장 | 법원

제1절 사법권의 의의

 01 | 20변시-22 | 정답 ③

사법권에 관한 설명 중 옳지 않은 것은? (다툼이 있는 경우 판례에 의함)

① 수뢰액이 5천만 원 이상인 때에는 무기 또는 10년 이상의 징역에 처하도록 한 「특정범죄 가중처벌 등에 관한 법률」 조항은 별도의 법률상 감경사유가 없는 한 집행유예의 선고를 할 수 없도록 그 법정형의 하한을 높였다고 하더라도 법관의 양형결정권을 침해하였다거나 법관독립의 원칙에 위배된다고 할 수 없다.
② 근무성적이 현저히 불량하여 판사로서 정상적인 직무를 수행할 수 없는 경우에 연임발령을 하지 않도록 규정한 구 「법원조직법」은 사법의 독립을 침해한다고 볼 수 없다.
③ 비안마사들의 안마시술소 개설행위금지 규정을 위반한 자를 처벌하는 구 「의료법」 조항이 벌금형과 징역형을 모두 규정하고 있으나, 그 하한에는 제한을 두지 않고 그 상한만 5년 이하의 징역형 또는 2천만 원 이하의 벌금형으로 제한하면서 죄질에 따라 벌금형이나 선고유예까지 선고할 수 있도록 하는 것은 법관의 양형재량권을 침해하고 비례의 원칙에 위배된다.
④ 약식절차에서 피고인이 정식재판을 청구한 경우 약식명령보다 더 중한 형을 선고할 수 없도록 한 「형사소송법」 조항은 법관의 양형결정권을 침해하지 않는다.
⑤ 정신적인 장애로 항거불능·항거곤란 상태에 있음을 이용하여 사람을 간음한 자를 처벌하는 「성폭력범죄의 처벌 등에 관한 특례법」 조항은, 유기징역형의 하한을 7년으로 정하여 별도의 법률상 감경사유가 없는 한 작량감경을 하더라도 집행유예를 선고할 수 없도록 하였으나 책임과 형벌의 비례원칙에 반한다고 할 수 없다.

 해설

① O 2001.5.31. 2000헌바91
② O 2016.9.29. 2015헌바331
③ X 시각장애인들에 대한 실질적인 보호를 위하여 비안마사들의 안마시술소 개설행위를 실효적으로 규제하는 것이 필요하고, 이 사건 처벌조항은 벌금형과 징역형을 모두 규정하고 있으나, 그 하한에는 제한을 두지 않고 그 상한만 5년 이하의 징역형 또는 2천만 원 이하의 벌금형으로 제한하여 법관의 양형재량권을 폭넓게 인정하고 있으며, 죄질에 따라 벌금형이나 선고유예까지 선고할 수 있으므로, 이러한 법정형이 위와 같은 입법목적에 비추어 지나치게 가혹한 형벌이라고 보기 어렵다. 따라서 이 사건 처벌조항이 책임과 형벌 사이의 비례원칙에 위반되어 헌법에 위반된다고 볼 수 없다(2017.12.28. 2017헌가15).
④ O 2005.3.31. 2004헌가27·2005헌바8
⑤ O 2016.11.24. 2015헌바136

02　13변시-7　정답 ④

헌법재판권을 포함한 사법권의 한계와 관련된 설명 중 옳은 것은? (다툼이 있는 경우 판례에 의함)

① 대통령에 의한 국군의 이라크 파병은 고도의 정치적 결단에 의한 국가작용이라 하더라도 국민의 기본권침해와 직접 관련된 경우이므로 이에 대한 헌법소원심판청구는 각하하지 않고 본안판단을 하여야 할 것이다.

② 국회의 자율권은 존중되어야 하기 때문에 국회의 의사절차나 입법절차에 헌법이나 법률의 규정을 명백히 위반한 흠이 있는 경우에도 헌법재판소가 이를 이유로 해당 절차에 대해 위헌결정을 할 수 없다.

③ 국회의원 선거구 획정의 위헌 여부는 국민의 기본권과 직접적인 관련이 없기 때문에 헌법재판소의 심판대상이 아니다.

④ 국회는 재적의원 3분의 2 이상의 찬성을 얻어 국회의원 甲을 제명하였고, 甲은 이 제명에 불복하여 법원에 가처분을 신청한 경우, 이 신청에 대해 법원은 각하하여야 한다.

⑤ 대통령이 긴급재정경제명령으로 금융실명제를 도입하는 것은 경제제도에 관한 긴급한 조치에 불과하여 기본권에 직접 영향을 주지 않으므로 헌법소원의 대상이 될 수 없다.

 해설

① **X** 헌법재판소는 이라크파병결정에 대한 헌법소원사건에서 사법자제론에 근거한 통치행위이론에 입각하여 헌법소원을 각하결정한 예가 있다(2004.4.29. 2003헌마814).

② **X** 국회의 자율권도 헌법이나 법률을 위반하지 않는 범위 내에서 허용되어야 하고 따라서 국회의 의사절차나 입법절차에 헌법이나 법률의 규정을 명백히 위반한 흠이 있는 경우에도 국회가 자율권을 가진다고는 할 수 없다. 이 사건은 국회의장이 국회의원의 헌법상 권한을 침해하였다는 이유로 국회의원인 청구인들이 국회의장을 상대로 권한쟁의심판을 청구한 사건이므로 심판대상은 국회의 자율권이 허용되는 사항이라고 볼 수 없고, 따라서 헌법재판소가 심사할 수 없는 국회내부의 자율에 관한 문제라고 할 수는 없다(1997.7.16. 96헌라2).

③ **X** 헌법재판소는 이 문제에 대한 명시적 논급을 하지 않았지만 이에 대하여 심사할 수 있다는 것을 전제로 하여 선거구획정을 논하고 있다(1995.12.27. 95헌마224·239·285·373 병합).

④ **O** 의원에 대한 국회의 징계처분에 대해서는 법원에 제소할 수 없다(헌법 제64조 제4항). 따라서 이 신청에 대해 법원은 각하하여야 한다.

⑤ **X** 이른바 통치행위를 포함하여 모든 국가작용은 국민의 기본권적 가치를 실현하기 위한 수단이라는 한계를 반드시 지켜야 하는 것이고, 헌법재판소는 헌법의 수호와 국민의 기본권 보장을 사명으로 하는 국가기관이므로 비록 고도의 정치적 결단에 의하여 행해지는 국가작용이라고 할지라도 그것이 국민의 기본권 침해와 직접 관련되는 경우에는 당연히 헌법재판소의 심판대상이 될 수 있는 것일 뿐만 아니라, 긴급재정경제명령은 법률의 효력을 갖는 것이므로 마땅히 헌법에 기속되어야 할 것이다. 따라서 이 사건 긴급명령이 통치행위이므로 헌법재판의 대상이 될 수 없다는 법무부장관의 주장은 받아들일 수 없다(1996.2.29. 93헌마186).

03　21법전협-2-10　정답 ⑤

사법권에 관한 설명 중 옳은 것을 모두 고른 것은? (다툼이 있는 경우 판례에 의함)

ㄱ. 특수강도의 기회에 피해자를 강제추행한 자에 대하여 특단의 사정이 없는 한 집행유예를 선고하지 못하도록 한 것은, 법률상 감경사유가 경합되거나 법률상 감경사유와 작량감경사유가 경합되는 경우 집행유예가 가능하므로, 법관의 양형결정권을 침해한다고 할 수 없다.

ㄴ. 우리 헌법은 권력 상호간의 견제와 균형을 위하여 명시적으로 규정한 예외를 제외하고는 입법부에게 사법작용을 수행할 권한을 부여하지 않고 있다는 점에 비추어 볼 때, 법원으로 하여금 증거조사도 하지 말고 형을 선고하도록 한 법률조항은 헌법이 정한 입법권의 한계를 유월하여 사법작용을 침해하는 것이다.

ㄷ. 헌법 제107조 제3항은 행정심판에 사법절차가 '준용'될 것을 요구하고 있으므로 사법 절차적 요소를 엄격히 갖춰야 할 필요는 없다고 하더라도 적어도 사법절차의 본질적 요소를 전혀 구비하지 아니하고 있다면 헌법 제107조 제3항에 위반된다고 할 것이다.

ㄹ. 헌법 제106조 법관의 신분보장 규정은 헌법 제105조 제4항 법관정년제 규정과 조화롭게 해석하여야 할 것이고, 따라서 정년제를 전제로 재직 중인 법관은 탄핵 또는 금고 이상의 형의 선고에 의하지 아니하고는 파면되지 아니하며 징계처분에 의하지 아니하고는 정직·감봉 기타 불리한 처분을 받지 아니한다고 해석하여야 하고, 그러한 해석 하에서는 헌법 제105조 제4항에 따라 입법자가「법원조직법」제45조 제4항에서 법관의 정년을 정한 것은 위 신분보장 규정에 위배되지 않는다.

① ㄴ
② ㄱ, ㄷ
③ ㄴ, ㄹ
④ ㄱ, ㄷ, ㄹ
⑤ ㄱ, ㄴ, ㄷ, ㄹ

 해설

⑤ 사법권에 관한 설명으로 모두 옳다.

ㄱ. **O** 입법자는 특수강도의 기회에 피해자를 강제추행한 자에 대하여 특단의 사정이 없는 한 집행유예를 선고하지 못하도록 입법적 결단을 내린 것인데 위 결단이 자의적이라 보기 어렵고, 법률상 감경사유가 경합되거나 법률상 감경사유와 작량감경사유가 경합되는 경우 집행유예가 가능하므로 이 사건 조항이 법관의 양형결정권을 침해한다고 할 수 없다(2010.7.29. 2009헌바350).

ㄴ. **O** 우리 헌법은 권력 상호간의 견제와 균형을 위하여 명시적으로 규정한 예외를 제외하고는 입법부에게 사법작용을 수행할 권한을 부여하지 않고 있다. 그런데도 입법자가 법원으로 하여금 증거조사도 하지 말고 형을 선고하도록 하는 법률을 제정한 것은 헌법이 정한 입법권의 한계를 유월하여 사법작용의 영역을 침범한 것이라고 할 것이다(1996.1.25. 95헌가5).

ㄷ. O 헌법 제107조 제3항은 행정심판에 사법절차가 "준용"될 것만을 요구하고 있으므로 위와 같은 사법절차적 요소를 엄격히 갖추어야 할 필요는 없다고 하더라도 적어도 사법절차의 본질적 요소를 전혀 구비하지 아니하고 있다면 "준용"의 요구에 대하여는 위반된다고 할 것이다(2000.6.1. 98헌바8).

ㄹ. O 헌법규정 사이의 우열관계, 헌법규정에 대한 위헌성판단은 인정되지 아니하므로, 그에 따라 헌법 제106조 법관의 신분보장 규정은 헌법 제105조 제4항 법관정년제 규정과 병렬적 관계에 있는 것으로 보아 조화롭게 해석하여야 할 것이고, 따라서, 정년제를 전제로 그 재직 중인 법관은 탄핵 또는 금고 이상의 형의 선고에 의하지 아니하고는 파면되지 아니하며, 징계처분에 의하지 아니하고는 정직, 감봉 기타 불리한 처분을 받지 아니한다고 해석하여야 하고, 그러한 해석하에서는 헌법 제105조 제4항에 따라 입법자가 법관의 정년을 결정한 이 사건 법률조항은 그것이 입법자의 입법재량을 벗어나지 않고 기본권을 침해하지 않는 한 헌법에 위반된다고 할 수 없고, 위에서 본 바와 같이 그 입법 자체가 평등권, 직업선택의 자유나 공무담임권 등 기본권을 침해하였다고 볼 수 없어, 결국 신분보장 규정에도 위배된다고 할 수 없다(2002.10.31. 2001헌마557).

해설

① O 1995.9.28. 92헌가11
②, ③ O 2001.3.15. 2001헌가1
④ X

> **법원조직법 제4조(대법관)**
> ① 대법원에 대법관을 둔다.
> ② 대법관의 수는 대법원장을 포함하여 14명으로 한다.

⑤ O 1996.1.25. 95헌가5 [반국가행위자의처벌에관한특별조치법 제2조 제1항 제2호 등 위헌제청]

---

04 19법전협-3-8 정답 ④

사법권에 관한 설명 중 옳지 않은 것은? (다툼이 있는 경우 판례에 의함)

① 사법작용은 헌법 그 자체에 의한 유보가 없는 한 오로지 대법원을 최고법원으로 하는 법원만이 담당할 수 있고, 행정심판은 어디까지나 법원에 의한 재판의 전심절차로서만 기능하여야 한다.
② 사법의 본질은 법 또는 권리에 관한 다툼이 있거나 법이 침해된 경우에 독립적인 법원이 원칙적으로 직접 조사한 증거를 통한 객관적 사실인정을 바탕으로 법을 해석·적용하여 유권적인 판단을 내리는 작용이다.
③ 사법절차를 특징지우는 요소로는 판단기관의 독립성·공정성, 대심적 심리구조, 당사자의 절차적 권리보장 등을 들 수 있다.
④ 대법원에 대법관을 두며, 대법관의 수는 대법원장을 제외한 14명으로 한다.
⑤ 법관으로 하여금 증거조사에 의한 사실판단도 하지 말고, 최초의 공판기일에 공소사실과 검사의 의견만을 듣고 결심하여 형을 선고하라는 것은 입법에 의해서 사법의 본질적인 중요부분을 대체시켜 버리는 것에 다름이 아니어서 권력분립원칙에 어긋나는 것이다.

---

05 20법전협-3-14 정답 ②

법원에 관한 설명으로 옳지 않은 것을 모두 고른 것은?
(다툼이 있는 경우 판례에 의함)

ㄱ. 특수법원이란 헌법이 정하는 사법권독립의 요건을 갖추지 아니한 예외법원과 대법원을 최종심으로 하지 않는 모든 법원을 말하는 것으로, 이러한 특수법원의 설치는 원칙적으로 금지된다.
ㄴ. 대법원장은 해당 국가기관의 파견요청이 있고 업무의 성질상 법관을 파견하는 것이 타당하다고 인정되는 경우라면 해당 법관의 동의 여부와 상관없이 사법부 이외의 다른 국가기관에 기간을 정하여 법관을 파견할 수 있다.
ㄷ. 입법자가 모든 파산절차에서 특정 이해관계인을 법원으로 하여금 파산관재인으로 선임하도록 강요하고 일정한 경우 감독권마저 배제시킨다면, 이는 파산절차의 공평성의 이념에 반하며 이해당사자로부터 중립적인 법원이 행하는 사법권을 훼손하는 것이 될 수 있다.
ㄹ. 재판청구권은 사건의 경중을 가리지 않고 모든 사건에 대해 대법원을 구성하는 법관에 의한 균등한 재판을 받을 권리를 의미한다거나 또는 상고심재판을 받을 권리를 의미하는 것이 아니다.
ㅁ. 사형·무기 또는 단기 1년 이상의 징역 또는 금고에 해당하는 사건은 피고인이 국민참여재판을 원하지 않더라도 국민참여재판의 대상이 될 수 있다.

① ㄱ, ㄴ, ㄹ   ② ㄱ, ㄴ, ㅁ
③ ㄱ, ㄷ, ㅁ   ④ ㄴ, ㄷ, ㄹ
⑤ ㄷ, ㄹ, ㅁ

② 법원에 관한 설명으로 옳지 않은 것은 ㄱ, ㄴ, ㅁ 이다.

ㄱ. X 지문은 특별법원에 대한 설명이다.

	특별법원	특수법원
의의	법관의 자격이 없는 자가 재판하거나 재판에 대한 최고법원인 대법원에 상고가 인정되지 않는 법원(헌법이 정하는 사법권독립의 요건을 갖추지 아니한 예외법원과 대법원을 최종심으로 하지 않는 법원)	법관의 자격을 가진 자가 재판을 담당하고 최고법원에의 상고가 인정되고 있을지라도 그 관할이 한정되고 그 대상이 특수한 법원
근거	헌법상 근거	법률로 설치 가능
허용 여부	원칙적 금지	원칙적 가능
예	군사법원	가정법원, 특허법원, 행정법원 등

ㄴ. X

법원조직법 제50조(파견근무)
대법원장은 다른 국가기관으로부터 법관의 파견근무 요청을 받은 경우에 업무의 성질상 법관을 파견하는 것이 타당하다고 인정되고 해당 법관이 파견근무에 동의하는 경우에는 그 기간을 정하여 이를 허가할 수 있다.

ㄷ. O 우리의 파산절차는 사법절차에 편입되어 왔다. 그러므로 만일 일반적으로 모든 파산절차에서 입법자가 특정 이해관계인을 법원으로 하여금 파산관재인으로 선임하도록 강요하고 일정한 경우 감독권마저 배제시킨다면, 이는 파산절차의 공평성의 이념에 반하며 이해 당사자로부터 중립적인 법원이 행하는 사법권을 훼손하는 것이 될 수도 있다(2001.3.15. 2001헌가1).

ㄹ. O 헌법이 대법원을 최고법원으로 규정하였다고 하여 대법원이 곧바로 모든 사건을 상고심으로서 관할하여야 한다는 결론이 당연히 도출되는 것은 아니며, "헌법과 법률이 정하는 법관에 의하여 법률에 의한 재판을 받을 권리"가 사건의 경중을 가리지 않고 모든 사건에 대하여 대법원을 구성하는 법관에 의한 균등한 재판을 받을 권리를 의미한다거나 또는 상고심 재판을 받을 권리를 의미하는 것이라고 할 수는 없다(1997.10.30. 97헌바37).

ㅁ. X 사형·무기 또는 단기 1년 이상의 징역 또는 금고에 해당하는 사건은 국민참여재판의 대상사건에 해당하지만(국민의 형사재판 참여에 관한 법률 제5조 제1항 제1호, 법원조직법 제32조 제1항 제3호), 피고인이 국민참여재판을 원하지 아니하는 경우에는 국민참여재판을 하지 아니한다(국민의 형사재판 참여에 관한 법률 제5조 제2항 참고).

06 | 19법전협-1-10 정답 ①

법원에 관한 설명 중 옳지 않은 것을 모두 고른 것은?
(다툼이 있는 경우 판례에 의함)

ㄱ. 대법원장은 해당 국가기관의 파견요청이 있고 업무의 성질상 법관을 파견하는 것이 타당하다고 인정되는 경우라면 해당 법관의 동의가 없는 경우에도 사법부 이외의 다른 국가기관에 기간을 정하여 법관을 파견할 수 있다.

ㄴ. 특수법원이란 헌법이 정하는 사법권독립의 요건을 갖추지 아니한 예외법원과 대법원을 최종심으로 하지 않는 모든 법원을 말하는 것으로, 이러한 특수법원의 설치는 원칙적으로 금지된다.

ㄷ. 국민참여재판은 사형·무기 등 일정형량 이상의 1심 중요 형사사건으로서 법원이 필요하다고 인정하는 경우를 대상으로 하며, 대상 사건에 따라 참여 배심원의 수가 9인 또는 7인으로 다르다.

ㄹ. 국민의 재판청구권은 사건의 경중을 가리지 않고 모든 사건에 대해 대법원을 구성하는 법관에 의한 균등한 재판을 받을 권리나 상고심재판을 받을 권리를 의미하지 않으며, 심급제도는 입법형성의 자유에 속한다.

ㅁ. 「공적자금관리특별법」상 파산관재인의 선임 및 직무감독에 관한 사항은 전형적인 사법권의 본질에 속하는 사항이 아니며 입법자에 의한 개입여지가 넓으므로, 그러한 입법형성권 행사가 자의적이거나 비합리적이 아닌 한 사법권을 침해한다고 할 수 없다.

① ㄱ, ㄴ, ㄷ ② ㄱ, ㄴ, ㅁ
③ ㄱ, ㄷ, ㄹ ④ ㄴ, ㄷ, ㄹ
⑤ ㄷ, ㄹ, ㅁ

ㄱ. X 대법원장은 다른 국가기관으로부터 법관의 파견근무 요청을 받은 경우에 업무의 성질상 법관을 파견하는 것이 타당하다고 인정되고 해당 법관이 파견근무에 동의하는 경우에는 그 기간을 정하여 이를 허가할 수 있다(법원조직법 제50조).

ㄴ. X 보기는 특별법원에 대한 설명이다.

	특별법원	특수법원
의의	법관의 자격이 없는 자가 재판하거나 재판에 대한 최고법원인 대법원에 상고가 인정되지 않는 법원(헌법이 정하는 사법권독립의 요건을 갖추지 아니한 예외법원과 대법원을 최종심으로 하지 않는 법원)	법관의 자격을 가진 자가 재판을 담당하고 최고법원에의 상고가 인정되고 있을지라도 그 관할이 한정되고 그 대상이 특수한 법원
근거	헌법상 근거	법률로 설치 가능
허용 여부	원칙적 금지	원칙적 가능
예	군사법원	가정법원, 특허법원, 행정법원 등

ㄷ. X 국민참여재판의 대상사건은 법정되어 있으며, 피고인이 국민참여재판을 원하지 아니하거나 제9조 제1항에 따른 배제결정이 있는 경우는 국민참여재판을 하지 아니한다(국민의 형사재판 참여에 관한 법률 제5조 참고).

> **국민의 형사재판 참여에 관한 법률 제5조(대상사건)**
> ① 다음 각 호에 정하는 사건을 국민참여재판의 대상사건(이하 "대상사건"이라 한다)으로 한다.
>   1. 「법원조직법」 제32조 제1항(제2호 및 제5호는 제외한다)에 따른 합의부 관할 사건
>   2. 제1호에 해당하는 사건의 미수죄・교사죄・방조죄・예비죄・음모죄에 해당하는 사건
>   3. 제1호 또는 제2호에 해당하는 사건과 「형사소송법」 제11조에 따른 관련 사건으로서 병합하여 심리하는 사건
> ② 피고인이 국민참여재판을 원하지 아니하거나 제9조 제1항에 따른 배제결정이 있는 경우는 국민참여재판을 하지 아니한다.
>
> **국민의 형사재판 참여에 관한 법률 제13조(배심원의 수)**
> ① 법정형이 사형・무기징역 또는 무기금고에 해당하는 대상사건에 대한 국민참여재판에는 9인의 배심원이 참여하고, 그 외의 대상사건에 대한 국민참여재판에는 7인의 배심원이 참여한다. 다만, 법원은 피고인 또는 변호인이 공판준비절차에서 공소사실의 주요내용을 인정한 때에는 5인의 배심원이 참여하게 할 수 있다.

ㄹ. O 2007.7.26. 2006헌마551
ㅁ. O 2001.3.15. 2001헌가1 등

07 19법전협-2-17   정답 ②

법원에 관한 설명 중 옳지 않은 것을 모두 고른 것은?
(다툼이 있는 경우 판례에 의함)

> ㄱ. 법관으로 하여금 증거조사에 의한 사실판단도 하지 말고, 최초의 공판기일에 공소사실과 검사의 의견만을 듣고 결심하여 형을 선고하라는 것은 입법에 의해서 사법의 본질적인 중요부분을 대체하는 것이다.
> ㄴ. 법관의 임기를 정년제로 하는 것은 위헌성 판단의 대상은 될 수 있으나, 그 차별에 합리적인 이유가 있어 하위 법관의 평등권을 침해하지 않는다.
> ㄷ. 국민참여재판으로 진행하는 것이 적절하지 아니하다고 인정되는 경우에 법원이 국민참여재판 배제 결정을 할 수 있도록 하는 것은 피고인에 대한 범죄사실 인정이나 유죄판결을 전제로 하여 불이익을 과하는 것이 아니므로 무죄추정원칙에 위배되지 않는다.
> ㄹ. 특수강도의 죄를 저지른 자가 강제추행의 죄를 범한 때의 법정형을 강간죄를 범한 때와 동일하게 사형・무기 또는 10년 이상의 징역으로 정한 것은 별도의 법률상 감경사유가 없는 한 법관에게 집행유예를 선고할 수 없도록 하는 것으로 법관의 양형결정권을 부당하게 침해하는 것이다.

① ㄱ, ㄴ   ② ㄴ, ㄹ
③ ㄷ, ㄹ   ④ ㄱ, ㄷ
⑤ ㄱ, ㄹ

> ㄱ. O 반국가행위자의처벌에관한특별조치법 제7조 제7항이 특정 사안에 있어 법관으로 하여금 증거조사에 의한 사실판단도 하지말고, 최초의 공판기일에 공소사실과 검사의 의견만을 듣고 결심하여 형을 선고하라는 것은 입법에 의해서 사법의 본질적인 중요부분을 대체시켜 버리는 것에 다름 아니어서 우리 헌법상의 권력분립원칙에 어긋나는 것이다(1996.1.25. 95헌가5).
> ㄴ. X 헌법 제105조 제1항 내지 제3항에서는 대법원장・대법관 및 그 이외의 법관의 임기제를 규정하고 있고, 같은 조 제4항에서, "법관의 정년은 법률로 정한다."라고 규정하여 '법관정년제' 자체를 헌법에서 명시적으로 채택하고 있으며, 다만, 구체적인 정년연령을 법률로 정하도록 위임하고 있을 뿐이다. 따라서 '법관정년제' 자체의 위헌성 판단은 헌법규정에 대한 위헌주장으로, 종전 우리 헌법재판소 판례에 의하면, 위헌판단의 대상이 되지 아니한다. 물론 이 경우에도 법관의 정년연령을 규정한 법률의 구체적인 내용에 대하여는 위헌판단의 대상이 될 수 있다. … 법관의 정년을 직위에 따라 순차적으로 낮게 차등하게 설정한 것은 법관 업무의 성격과 특수성, 평균수명, 조직체 내의 질서 등을 고려하여 정한 것으로 그 차별에 합리적인 이유가 있다고 할 것이므로, 청구인의 평등권을 침해하였다고 볼 수 없다(2002.10.31. 2001헌마557).
> ㄷ. O 2014.1.28. 2012헌바298
> ㄹ. X 입법자는 특수강도의 기회에 피해자를 강제추행한 자에 대하여 특단의 사정이 없는 한 집행유예를 선고하지 못하도록 입법적 결단을 내린 것인데 위 결단이 자의적이라 보기 어렵고, 법률상 감경사유가 경합되거나 법률상 감경사유와 작량감경사유가 경합되는 경우 집행유예가 가능하므로 법관의 양형결정권을 침해한다고 할 수 없다(2009.6.25. 2007헌바25).

08 15변시-10 정답 ①

법원에 관한 설명 중 옳은 것을 모두 고른 것은? (다툼이 있는 경우 판례에 의함)

ㄱ. 구「법원조직법」이 법관의 정년을 직위에 따라 대법원장 70세, 대법관 65세, 그 이외의 법관 63세로 정한 것은 법관 업무의 성격과 특수성, 평균수명, 조직체 내의 질서 등을 고려하여 정한 것으로 그 차별에 합리적인 이유가 있다.

ㄴ.「형법」조항이 집행유예의 요건을 '3년 이하의 징역 또는 금고의 형을 선고할 경우'로 한정하고 있는 것은 법관의 양형판단권을 근본적으로 제한하거나 사법권의 본질을 침해하지 아니한다.

ㄷ. 국회의원선거에 있어서 선거의 효력에 관하여 이의가 있는 선거인·정당 또는 후보자는 선거일부터 30일 이내에 당해 선거구선거관리위원회위원장을 피고로 하여 관할 고등법원에 소를 제기할 수 있다.

ㄹ. 법관은 징역 이상의 형의 선고에 의하지 아니하고는 파면되지 아니한다.

① ㄱ, ㄴ
② ㄱ, ㄷ
③ ㄴ, ㄷ
④ ㄴ, ㄹ
⑤ ㄷ, ㄹ

 해설

ㄱ. O 이 사건 법률조항은 법관의 정년을 직위에 따라 대법원장 70세, 대법관 65세, 그 이외의 법관 63세로 하여 법관 사이에 약간의 차이를 두고 있는 것으로, 헌법 제11조 제1항에서 금지하고 있는 차별의 요소인 '성별', '종교' 또는 '사회적 신분' 그 어디에도 해당되지 아니할 뿐만 아니라, 그로 인하여 어떠한 사회적 특수계급제도를 설정하는 것도 아니고, 그와 같이 법관의 정년을 직위에 따라 순차적으로 낮게 차등하게 설정한 것은 법관 업무의 성격과 특수성, 평균수명, 조직체 내의 질서 등을 고려하여 정한 것으로 그 차별에 합리적인 이유가 있다고 할 것이므로, 청구인의 평등권을 침해하였다고 볼 수 없다(2002.10.31. 2001헌마557).

ㄴ. O 형법 제62조 제1항 본문 중 "3년 이하의 징역 또는 금고의 형을 선고할 경우"라는 집행유예의 요건한정부분은 법관의 양형판단권을 근본적으로 제한하거나 사법권의 본질을 침해한 위헌법률조항이라 할 수 없다(1997.8.21. 93헌바60).

ㄷ. X 국회의원선거에 있어서 선거의 효력에 관하여 이의가 있는 선거인·정당 또는 후보자는 선거일부터 30일 이내에 당해 선거구선거관리위원회위원장을 피고로 하여 <u>대법원에 소를 제기할 수 있다</u>(공직선거법 제222조 제1항).

ㄹ. X 법관은 <u>탄핵 또는 금고 이상의 형의</u> 선고에 의하지 아니하고는 파면되지 아니하며, 징계처분에 의하지 아니하고는 정직·감봉 기타 불리한 처분을 받지 아니한다(헌법 제106조 제1항).

09 16변시-2 정답 ①

법원(法院)에 관한 설명 중 옳지 않은 것은? (다툼이 있는 경우 판례에 의함)

① 사법부의 독립성 및 전문성 요청을 감안하여 헌법은 대법원이 법률에 저촉되지 아니하는 범위 안에서 법관의 임기와 정년, 소송에 관한 절차, 법원의 내부규율과 사무처리에 관한 규칙을 제정하도록 명문으로 규정하고 있다.

② 재판이라 함은 구체적 사건에 관하여 사실의 확정과 그에 대한 법률의 해석적용을 그 본질적인 내용으로 하는 일련의 과정이므로, 법관에 의한 재판을 받을 권리를 보장한다고 함은 법관이 사실을 확정하고 법률을 해석·적용하는 재판을 받을 권리를 보장한다는 뜻이다.

③ 군사법원의 조직·권한 및 재판관의 자격을 일반법원과 달리 정할 수 있다고 하여도 그것은 사법권의 독립 등 헌법의 근본원리에 위반되거나 기본권의 본질적 내용을 침해하여서는 아니 되는 헌법적 한계가 있다.

④ 어떤 국세가「국세기본법」상 당해세 중 우선징수권이 인정되는 '당해 재산의 소유 그 자체를 과세의 대상으로 하여 부과하는 국세와 가산금'에 해당하는지에 관한 구체적·세부적 판단 문제는 개별법령의 해석·적용의 권한을 가진 법원의 영역에 속하므로, 헌법재판소가 가려서 답변할 성질의 것이 아니다.

⑤ 대한변호사협회징계위원회에서 징계를 받은 변호사는 법무부변호사징계위원회에서의 이의절차를 밟은 후 곧바로 대법원에 즉시항고 하도록 한 법률조항은 법무부변호사징계위원회를 사실확정에 관한 한 사실상 최종심으로 기능하게 하므로 헌법에 위반된다.

 해설

① X 헌법은 대법원이 법률에 저촉되지 아니하는 범위 안에서 소송에 관한 절차, 법원의 내부규율과 사무처리에 관한 규칙을 제정하도록 명문으로 규정하고 있다. 그러나 법관의 임기는 10년으로 헌법에 명문으로 규정하고 있고 <u>정년은 법률로 정하도록 하고 있다.</u>

> **제108조**
> 대법원은 법률에 저촉되지 아니하는 범위안에서 <u>소송에 관한 절차, 법원의 내부규율과 사무처리에 관한 규칙</u>을 제정할 수 있다.
>
> **제105조**
> ① 대법원장의 임기는 6년으로 하며, 중임할 수 없다.
> ② 대법관의 임기는 6년으로 하며, 법률이 정하는 바에 의하여 연임할 수 있다.
> ③ 대법원장과 대법관이 아닌 법관의 임기는 10년으로 하며, 법률이 정하는 바에 의하여 연임할 수 있다.
> ④ <u>법관의 정년은 법률로 정한다.</u>

② O 재판이라 함은 구체적 사건에 관하여 사실의 확정과 그에 대한 법률의 해석적용을 그 본질적인 내용으로 하는 일련의 과정이다. 따라서 법관에 의한 재판을 받을 권리를 보장한다고 함은 결국 법관이 사실을 확정하고 법률을 해석·적용하는 재판을 받을 권리를 보장한다는 뜻이고, 그와 같은 법관에 의한 사실확정과

법률의 해석적용의 기회에 접근하기 어렵도록 제약이나 장벽을 쌓아서는 아니 된다고 할 것이며, 만일 그러한 보장이 제대로 이루어지지 아니한다면 헌법상 보장된 재판을 받을 권리의 본질적 내용을 침해하는 것으로서 우리 헌법상 허용되지 아니한다 (1995.9.28. 92헌가11 등).

③ O 군사법원의 조직·권한 및 재판관의 자격을 일반법원과 달리 정할 수 있다고 하여도 그것이 아무런 한계 없이 입법자의 자의에 맡겨 질 수는 없는 것이고 사법권의 독립 등 헌법의 근본원리에 위반되거나 헌법 제27조 제1항의 재판청구권, 헌법 제11조 제1항의 평등권, 헌법 제12조의 신체의 자유 등 기본권의 본질적 내용을 침해하여서는 안 될 헌법적 한계가 있다고 할 것이다 (1996.10.31. 93헌바25).

④ O 어떤 국세가 우선징수권이 인정되는 "당해 재산의 소유 그 자체를 과세의 대상으로 하여 부과하는 국세와 가산금"에 해당되는지에 관한 구체적·세부적인 판단 문제는 개별법령의 해석·적용의 권한을 가진 법원의 영역에 속하므로, 헌법재판소가 가려서 답변할 성질의 것이 아니다(2001.2.22. 99헌바44).

⑤ O [1] **대한변호사협회 변호사징계위원회나 법무부변호사징계위원회의 징계에 관한 결정**은 비록 그 징계위원 중 일부에 법관이 참여한다고 하더라도 이를 헌법과 법률이 정한 법관에 의한 재판이라고 볼 수 없으므로, **법무부변호사징계위원회의 결정이 법률에 위반된 것을 이유로 하는 경우에 한하여 법률심인 대법원에 즉시항고할 수 있도록 한 변호사법 제81조 제4항 내지 제6항**은, 법관에 의한 사실확정 및 법률적용의 기회를 박탈한 것으로서 헌법상 국민에게 보장된 '**법관에 의한**' 재판을 받을 권리를 침해하는 위헌규정이다.
[2] 변호사법 제81조 제4항 내지 제6항은 행정심판에 불과한 법무부변호사징계위원회의 결정에 대하여 법원의 사실적 측면과 법률적 측면에 대한 심사를 배제하고 **대법원으로 하여금 변호사징계사건의 최종심 및 법률심으로서 단지 법률적 측면의 심사만을 할 수 있도록 하고 재판의 전심절차로서만 기능해야 할 법무부변호사징계위원회를 사실확정에 관한 한 사실상 최종심으로 기능**하게 하고 있으므로, 일체의 법률적 쟁송에 대한 재판기능을 대법원을 최고법원으로 하는 법원에 속하도록 규정하고 있는 헌법 제101조 제1항 및 재판의 전심절차로서 행정심판을 두도록 하는 헌법 제107조 제3항에 위반된다 (2000.6.29. 99헌가9).

---

10 21변시-13 정답 ③

법원에 관한 설명 중 옳은 것은? (다툼이 있는 경우 판례에 의함)

① 헌법은 "대법원은 법령에 저촉되지 아니하는 범위 안에서 소송에 관한 절차, 법원의 내부규율과 사무처리에 관한 규칙을 제정할 수 있다."라고 규정하고 있다.

② 대법관후보추천위원회는 선임대법관·법원행정처장·대한변호사협회장 등으로 구성되는데, 사법부의 독립을 위하여 행정부 소속 공무원은 대법관후보추천위원회의 위원이 될 수 없다.

③ 단독판사와 합의부의 심판권을 어떻게 분배할 것인지 등에 관한 문제는 기본적으로 입법형성권을 가진 입법자가 사법정책을 고려하여 결정할 사항으로, 입법자는 국민의 권리가 효율적으로 보호되고 재판제도가 적정하게 운용되도록 법원조직에 따른 재판사무 범위를 배분·확정하여야 한다.

④ 「범죄인인도법」은 법원의 인도심사결정 시 그 성질에 반하지 않는 한도에서 관련 「형사소송법」 규정을 준용하고 있으며 인도대상이 된 자에게 변호인의 조력을 받을 수 있게 하고 의견진술기회를 부여하고 있으므로, 법원에 의한 범죄인인도심사는 전형적인 사법절차의 대상에 해당되고 그 심사절차는 성질상 국가형벌권의 확정을 목적으로 하는 형사절차와 동일하다고 할 수 있다.

⑤ 명령이 법률에 위반되는 여부가 재판의 전제가 된 경우에는 대법원이 이를 최종적으로 심사할 권한을 가지고, 명령이 헌법에 위반되는 여부가 재판의 전제가 된 경우에는 헌법재판소가 이를 최종적으로 심사할 권한을 가진다.

 해설

① X

> **제108조**
> 대법원은 법률에 저촉되지 아니하는 범위안에서 소송에 관한 절차, 법원의 내부규율과 사무처리에 관한 규칙을 제정할 수 있다.

참고 헌법 제114조 ⑥ 중앙선거관리위원회는 법령의 범위안에서 선거관리·국민투표관리 또는 정당사무에 관한 규칙을 제정할 수 있으며, 법률에 저촉되지 아니하는 범위안에서 내부규율에 관한 규칙을 제정할 수 있다.

② X 행정부 소속 공무원은 대법관후보추천위원회의 위원이 될 수 없다는 규정은 없다.

> **법원조직법 제41조의2(대법관후보추천위원회)**
> ③ 위원은 다음 각 호에 해당하는 사람을 대법원장이 임명하거나 위촉한다.
> 1. 선임대법관
> 2. 법원행정처장
> 3. 법무부장관
> 4. 대한변호사협회장
> 5. 사단법인 한국법학교수회 회장

6. 사단법인 법학전문대학원협의회 이사장
7. 대법관이 아닌 법관 1명
8. 학식과 덕망이 있고 각계 전문 분야에서 경험이 풍부한 사람으로서 변호사 자격을 가지지 아니한 사람 3명. 이 경우 1명 이상은 여성이어야 한다.

③ O 여러 법원 사이에 재판권을 어떻게 나누어 행사시킬 것인지, 단독판사와 합의부의 관할을 어떻게 나누어 행사할 것인지 등에 관한 문제는 기본적으로 입법형성권을 가진 입법자가 사법정책을 고려하여 결정할 사항이므로, 입법자는 국민의 권리가 효율적으로 보호되고 재판제도가 적정하게 운용되도록 관할이나 그 관할구역 안의 법원조직에 따른 재판사무 범위를 배분·확정하여야 한다 (2016.12.29. 2015헌바63).

④ X 법원에 의한 범죄인인도심사는 국가형벌권의 확정을 목적으로 하는 형사절차와 같은 전형적인 사법절차의 대상에 해당되는 것은 아니며, 법률(범죄인인도법)에 의하여 인정된 특별한 절차라 볼 것이다. 그렇다면 심급제도에 대한 입법재량의 범위와 범죄인인도심사의 법적 성격, 그리고 범죄인인도법에서의 심사절차에 관한 규정 등을 종합할 때, 이 사건 법률조항이 범죄인인도심사를 서울고등법원의 단심제로 하고 있다고 해서 적법절차원칙에서 요구되는 합리성과 정당성을 결여한 것이라 볼 수 없다(2003.1.30. 2001헌바95).

⑤ X

제107조
② 명령·규칙 또는 처분이 헌법이나 법률에 위반되는 여부가 재판의 전제가 된 경우에는 대법원은 이를 최종적으로 심사할 권한을 가진다.

제2절 사법권의 독립

11 19변시-1 정답 ②

사법권의 독립에 관한 설명 중 옳지 않은 것은? (다툼이 있는 경우 판례에 의함)

① 법관에 대한 대법원장의 징계처분 취소청구소송을 대법원의 단심재판에 의하도록 하는 것은, 독립적으로 사법권을 행사하는 법관이라는 지위의 특수성과 법관에 대한 징계절차의 특수성을 감안하여 재판의 신속을 도모하기 위한 것이므로 헌법에 합치된다.

② 부보(附保)금융기관 파산 시 법원으로 하여금 예금보험공사나 그 임직원을 의무적으로 파산관재인으로 선임하도록 하고, 예금보험공사가 파산관재인으로 선임된 경우 「파산법」상의 파산관재인에 대한 법원의 해임권과 허가권 등 법원의 감독을 배제하는 법 조항은 법원의 사법권 내지 사법권 독립을 침해하는 것이다.

③ 약식절차에서 정식재판을 청구하는 경우 약식명령의 형보다 중한 형을 선고하지 못하도록 하는 구 「형사소송법」 조항은 법관의 양형결정권을 침해하지 않는다.

④ 회사정리절차의 개시와 진행여부에 관한 법관의 판단을 금융기관 내지 성업공사 등 이해당사자의 의사에 실질적으로 종속시키는 법 조항은 사법권을 형해화하는 것이고 사법권의 독립을 위협할 소지가 있다.

⑤ 강도상해죄의 법정형의 하한을 '7년 이상의 징역'으로 정하고 있는 「형법」 조항은 법정형의 하한을 살인죄의 그것보다 높였다고 해서 사법권의 독립 및 법관의 양형판단권을 침해하는 것은 아니다.

 해설

① O 구 법관징계법 제27조는 법관에 대한 대법원장의 징계처분 취소청구소송을 대법원에 의한 단심재판에 의하도록 규정하고 있는 바, 이는 독립적으로 사법권을 행사하는 법관이라는 지위의 특수성과 법관에 대한 징계절차의 특수성을 감안하여 재판의 신속을 도모하기 위한 것으로 그 합리성을 인정할 수 있고, 대법원이 **법관에 대한 징계처분 취소청구소송을 단심**으로 재판하는 경우에는 사실확정도 대법원의 권한에 속하여 법관에 의한 사실확정의 기회가 박탈되었다고 볼 수 없으므로, 헌법 제27조 제1항의 **재판청구권을 침해하지 아니한다**(2012.2.23. 2009헌바34 [합헌]).

② X 파산관재인의 선임 및 직무감독에 관한 사항은 대립당사자간의 법적 분쟁을 사법적 절차를 통하여 해결하는 전형적인 사법권의 본질에 속하는 사항이 아니며, 따라서 입법자에 의한 개입여지가 넓으므로, 그러한 입법형성권 행사가 자의적이거나 비합리적이 아닌 한 사법권을 침해한다고 할 수 없다. 이 사건 조항이 예보가 파산관재인이 될 경우 파산법상의 법원의 해임권 등을 배제하고 있으나, 예금자보호법상 예보의 의사결정과정, 파산관리절차에 관한 지휘체계, 예보에 대한 국가기관의 감독장치, 이 사건 조항의 입법목적과 내용 등을 고려할 때, 그러한 감독권 배제가 자의적이거나 불합리하게 법원의 사법권을 제한한 것이라 보기 어렵다(2001.3.15. 2001헌가1 등 [합헌]).

③ O 검사의 약식명령청구사안이 적당하지 않다고 판단될 경우 법원은 직권으로 통상의 재판절차로 사건을 넘겨 재판절차를 진행시킬 수 있고 이 재판절차에서 법관이 자유롭게 형량을 결정할 수 있으므로 이러한 점들을 종합해보면 이 사건 법률조항에 의하여 법관의 양형결정권이 침해된다고 볼 수 없다(2004헌가27·2005헌바8 등 [합헌]).

④ O 회사정리절차의 개시와 진행의 여부를 실질적으로 금융기관의 의사에 종속시키는 위 규정은, 회사의 갱생가능성 및 정리계획의 수행가능성의 판단을 오로지 법관에게 맡기고 있는 회사정리법의 체계에 위반하여 사법권을 형해화시키는 것으로서, 지시로부터의 독립도 역시 그 내용으로 하는 사법권의 독립에 위협의 소지가 있다(1990.6.25. 89헌가98 등 [위헌]).

⑤ O 강도상해죄의 법정형의 하한을 살인죄의 그것보다 높였다고 해서 바로 헌법상의 합리성과 비례성의 원칙을 위배하였다고 볼 수는 없다(2001.4.26. 99헌바43 [합헌]).

12 18변시-6   정답 ⑤

사법권의 독립에 관한 설명 중 옳지 않은 것은? (다툼이 있는 경우 판례에 의함)

① 사법권의 독립은 재판상의 독립, 즉 법관이 재판을 함에 있어서 어떠한 외부적인 압력이나 간섭도 받지 않는다는 것뿐만 아니라, 재판의 독립을 위해 법관의 신분보장도 차질 없이 이루어져야 함을 의미한다.

② 법관이 중대한 신체상 또는 정신상의 장해로 직무를 수행할 수 없을 때에는, 대법관인 경우에는 대법원장의 제청으로 대통령이 퇴직을 명할 수 있고, 판사인 경우에는 인사위원회의 심의를 거쳐 대법원장이 퇴직을 명할 수 있다.

③ 형사재판에 있어서 사법권의 독립은 심판기관인 법원과 소추기관인 검찰청의 분리를 요구함과 동시에 법관이 실제 재판에 있어서 소송당사자인 검사와 피고인으로부터 부당한 간섭을 받지 않은 채 독립하여야 할 것을 요구한다.

④ 대법원이 법관에 대한 징계처분 취소청구소송을 단심으로 재판하는 경우에는 사실확정도 대법원의 권한에 속하여 법관에 의한 사실확정의 기회가 박탈되었다고 볼 수 없으므로, 법관에 대한 대법원장의 징계처분 취소청구소송을 대법원에 의한 단심재판에 의하도록 한 것은 헌법에 위반되지 아니한다.

⑤ 약식절차에서 피고인이 정식재판을 청구한 경우 약식명령의 형보다 중한 형을 선고할 수 없도록 한 것은, 피고인이 정식재판을 청구하는 경우 법관에게 부여된 형종에 대한 선택권이 검사의 일방적인 약식명령 청구에 의하여 심각하게 제한되므로 법관의 양형결정권을 침해한다.

① O 사법권의 독립은 권력분립을 그 중추적 내용의 하나로 하는 자유민주주의 체제의 특징적 지표이고 법치주의의 요소를 이룬다. 사법권의 독립은 재판상의 독립, 즉 법관이 재판을 함에 있어서 오직 헌법과 법률에 의하여 그 양심에 따라 할 뿐, 어떠한 외부적인 압력이나 간섭도 받지 않는다는 것뿐만 아니라, 재판의 독립을 위해 법관의 신분보장도 차질 없이 이루어져야 함을 의미한다. 이에 헌법은 법관의 독립을 보장하기 위하여 법관의 신분보장에 관한 사항을 규정하고 있는바(헌법 제101조 제1항 및 제3항, 제103조, 제105조, 제106조 등 참조), 사법의 독립을 실질적으로 보장하는 것은 헌법 제27조에 의하여 보장되고 있는 국민의 재판청구권이 올바로 행사될 수 있도록 하기 위한 측면에서도 그 의의가 있다(2016.9.29. 2015헌바331).

② O 헌법은 "법관이 중대한 심신상의 장해로 직무를 수행할 수 없을 때에는 법률이 정하는 바에 의하여 퇴직하게 할 수 있다(헌법 제106조 제2항)"라고 하고 있어 강제퇴직의 사유를 제한하고 있고, 이에 따라 법원조직법 제47조는 "법관이 중대한 신체상 또는 정신상의 장해로 직무를 수행할 수 없을 때에는, 대법관인 경우에는 대법원장의 제청으로 대통령이 퇴직을 명할 수 있고, 판사인 경우에는 인사위원회의 심의를 거쳐 대법원장이 퇴직을 명할 수 있다."고 규정하고 있다.

③ O 헌법 제101조, 제103조, 제106조는 사법권독립을 보장하고 있는바, 형사재판에 있어서 사법권독립은 심판기관인 법원과 소추기관인 검찰청의 분리를 요구함과 동시에 법관이 실제 재판에 있어서 소송당사자인 검사와 피고인으로부터 부당한 간섭을 받지 않은 채 독립하여야 할 것을 요구한다(1995.11.30. 92헌마44).

④ O 대법원이 법관에 대한 징계처분 취소청구소송을 단심으로 재판하는 경우에는 법률심인 상고심으로서 사실확정에는 관여하지 않는 다른 재판과 달리 심리의 범위에 관하여 아무런 제한이 없어 사실확정도 대법원의 권한에 속하므로, 법관에 의한 사실확정의 기회가 박탈되었다고 볼 수도 없다. 따라서, 구 법관징계법 제27조가 법관에 대한 징계처분 취소청구소송을 대법원이 단심으로 재판하도록 규정하고 있다 하더라도 이는 입법자의 적법한 재량 범위 내의 입법행위로서 입법재량을 현저히 불합리하게 또는 자의적으로 행사하였다고 볼 수 없으므로 헌법 제27조 제1항에 위반된다고 할 수 없다(2012.2.23. 2009헌바34).

⑤ X 형사재판에서 법관의 양형결정이 법률에 기속되는 것은 법률에 따라 심판한다는 헌법 제103조에 의한 것으로 법치국가원리의 당연한 귀결이다. 헌법상 어떠한 행위가 범죄에 해당하고 이를 어떻게 처벌할 것인지 여부를 정할 권한은 국회에 부여되어 있고 그에 대하여는 광범위한 입법재량 내지 형성의 자유가 인정되고 있으므로 형벌에 대한 입법자의 입법정책적 결단은 기본적으로 존중되어야 한다. 따라서 형사법상 법관에게 주어진 양형권한도 입법자가 만든 법률에 규정되어 있는 내용과 방법에 따라 그 한도 내에서 재판을 통해 형벌을 구체화하는 것으로 볼 수 있다. 또한 검사의 약식명령청구사안이 적당하지 않다고 판단될 경우 법원은 직권으로 통상의 재판절차로 사건을 넘겨 재판절차를 진행시킬 수 있고 이 재판절차에서 법관이 자유롭게 형량을 결정할 수 있으므로 이러한 점들을 종합해보면 이 사건 법률조항에 의하여 법관의 양형결정권이 침해된다고 볼 수 없다(2005.3.31. 2004헌가27·2005헌바8).

13 21법전협-3-9   정답 ①

사법권의 독립에 관한 설명 중 옳은 것은? (다툼이 있는 경우 판례에 의함)

① 파산절차 중 법원의 파산관재인의 선임 및 직무감독권한은 사법의 본질적 사항은 아니므로, 법률로 선임 및 직무감독권한의 일부를 제한한다고 하여 사법의 본질을 훼손하는 것이라고 단정할 수는 없다.
② 대법원에 두는 양형위원회는 위원장 1명과 13명의 위원으로 구성하되, 위원장이 아닌 위원 중 1명은 상임위원으로 한다.
③ 사법권의 독립을 위하여 현행「법원조직법」은 대법관후보추천위원회의 구성에 있어서 행정부 소속 공무원을 배제하고 있다.
④ 대법관회의는 대법관 전원의 3분의 2 이상의 출석과 출석인원 과반수의 찬성으로 의결하며, 의장은 의결에서 표결권을 갖지 아니한다.
⑤ '법관이 그 품위를 손상하거나 법원의 위신을 실추시킨 경우'를 법관에 대한 징계사유로 규정하고 있는 구「법관징계법」제2조 제2호는 명확성의 원칙에 위배된다.

 해설

① O 파산절차 중 '파산관재인의 선임 및 직무감독에 관한 사항'은 법 또는 권리에 관한 분쟁을 법원이 대심적 심리에 의한 사실인정을 바탕으로 법을 해석 적용하여 유권적인 판단을 내리는 작용이 아니라, 파산재단에 속하는 재산을 환가하여 이를 파산채권자에게 분배하는 등 직무를 담당할 파산관재인을 선임하고 감독하는 일이므로 사법의 본질적 사항이 아니라 할 것이다. 그렇다면 입법자는 이에 관하여 보다 폭 넓은 입법형성권을 가진다 할 것이고, 따라서 종래 파산법이 그에 관한 사항을 법원의 권한으로 정하고 있더라도(제147조) 다시 법률로써 그 일부를 제한한다고 하여서 이를 가지고 사법의 본질을 훼손하는 것이라고 단정할 수는 없다 할 것이다(2001.3.15. 2001헌가1 등).

② X
> 법원조직법 제81조의3(위원회의 구성)
> ① 위원회는 위원장 1명을 포함한 13명의 위원으로 구성하되, 위원장이 아닌 위원 중 1명은 상임위원으로 한다.

③ X 현행「법원조직법」에서 대법관후보추천위원회의 구성에 있어서 행정부 소속 공무원을 배제하는 조항은 없다(법원조직법 제41조의2 참고).

④ X
> 법원조직법 제16조(대법관회의의 구성과 의결방법)
> ② 대법관회의는 대법관 전원의 3분의 2 이상의 출석과 출석인원 과반수의 찬성으로 의결한다.
> ③ 의장은 의결에서 표결권을 가지며, 가부동수(可否同數)일 때에는 결정권을 가진다.

⑤ X 구 법관징계법 제2조 제2호의 '법관이 그 품위를 손상하거나 법원의 위신을 실추시킨 경우'란 '법관이 주권자인 국민으로부터 수임받은 사법권을 행사함에 손색이 없는 인품에 어울리지 않는 행위를 하거나 법원의 위엄을 훼손하는 행위를 함으로써 법원 및 법관에 대한 국민의 신뢰를 떨어뜨릴 우려가 있는 경우로 해석할 수 있고, 위 법률조항의 수범자인 평균적인 법관은 구체적으로 어떠한 행위가 여기에 해당하는지를 충분히 예측할 수 있으므로, 구 법관징계법 제2조 제2호는 명확성원칙에 위배되지 아니한다(2012.2.23. 2009헌바34).

14 17변시-10   정답 ③

甲은 법관으로 임용된 이래 서울 등 이른바 재경지역 법원에 근무하다가 법원내부의 확립된 인사원칙의 하나인 경향교류원칙에 따라 A광역시 지방법원 판사로 전보발령되어 근무하던 중, 정기인사를 앞두고 그동안 자신이 대법원 양형위원회의 양형기준을 벗어난 판결을 여러 차례 선고한 것에 대한 문책성 인사가 이루어질 것이라는 소문을 들었다. **이에 관한 설명 중 옳은 것을 모두 고른 것은?** (다툼이 있는 경우 판례에 의함)

ㄱ.「법원조직법」은 법관의 인적 독립 보장을 위해서 甲의 의사에 반하여 전보발령처분을 할 수 없도록 명시적으로 규정하고 있다.
ㄴ. 사법부 스스로 판사의 근무성적평정에 관한 사항을 정하도록 대법원규칙에 위임할 필요성이 인정되고, 근무성적평정에 관한 사항이 직무능력, 자질 등과 같은 평가사항 등에 관한 사항임을 충분히 예측할 수 있으므로 판사의 근무성적평정에 관한 사항을 대법원규칙으로 정하도록 위임한 구「법원조직법」조항은 포괄위임금지원칙에 위배되지 않는다.
ㄷ. 양형기준은 법적 구속력을 가지고 있지만, 그동안 甲이 양형기준에서 정한 범위를 벗어난 판결을 하는 경우라도 판결서에 합리적이고 설득력 있는 방식으로 양형이유를 기재하였기 때문에 문책대상은 아니다.
ㄹ. 甲은 징계처분에 의하지 아니하고는 정직·감봉 또는 불리한 처분을 받지 않는다.

① ㄹ
② ㄱ, ㄴ
③ ㄴ, ㄹ
④ ㄱ, ㄴ, ㄷ
⑤ ㄱ, ㄷ, ㄹ

 해설

ㄱ. X 「법원조직법」은 법관의 의사에 반하여 전보발령처분을 할 수 없도록 하는 명시적 규정을 두고 있지 않다. 판사의 보직(補職)은 대법원장이 행한다(법원조직법 제44조 제1항)라고 규정하여 인사처분 등 법관의 보직에 관한 사항은 대법원장의 전속적 결정 사항으로 보고 있다. → 헌법 제106조에 규정된 법관의 신분보장상의 "불리한 처분"에는 법관의 의사에 반하는 전보처분도 당연히 포함된다는 재판관 변정수의 반대의견도 있다(1993.12.23. 92헌마247).

ㄴ. O 판사의 근무성적평정에 관한 사항을 하위법규인 대법원규칙에 위임할 필요성을 인정할 수 있다. 또한 관련조항의 해석과 판사에 대한 연임제 및 근무성적평정제도의 취지 등을 고려할 때, 이 사건 근무평정조항에서 말하는 '근무성적평정에 관한 사항'이란 판사의 연임 등 인사관리에 반영시킬 수 있는 것으로 사법기능 및 업무의 효율성을 위하여 판사의 직무수행에 요구되는 것, 즉 직무능력과 자질 등과 같은 평가사항, 평정권자 및 평가방법 등에 관한 사항임을 충분히 예측할 수 있으므로 이 사건 근무평정조항은 포괄위임금지원칙에 위배된다고 볼 수 없다(2016.9.29. 2015헌바331).

ㄷ. X 법관은 형의 종류를 선택하고 형량을 정할 때 양형기준을 존중하여야 한다. 다만, **양형기준은 법적 구속력을 갖지 아니한다**(법원조직법 제81조의7 제1항). 법원이 양형기준을 벗어난 판결을 하는 경우에는 판결서에 양형의 이유를 적어야 한다. 다만, 약식절차 또는 즉결심판절차에 따라 심판하는 경우에는 그러하지 아니하다(법원조직법 제81조의7 제2항)

ㄹ. O 법관은 탄핵결정이나 금고 이상의 형의 선고에 의하지 아니하고는 파면되지 아니하며, 징계처분에 의하지 아니하고는 정직(停職)·감봉 또는 불리한 처분을 받지 아니한다(법원조직법 제46조 제1항).

제3절 법원의 조직

15 21법전협-1-11 정답 ④

법원에 관한 설명 중 옳지 않은 것은?

① 대법원장과 대법관이 아닌 법관은 대법관회의의 동의를 얻어 대법원장이 임명한다.
② 대법관의 수는 대법원장을 포함하여 14명으로 한다.
③ 대법관회의는 대법관 전원의 3분의 2 이상의 출석과 출석인원 과반수의 찬성으로 의결하며, 가부동수(可否同數)일 때에는 의장이 결정권을 가진다.
④ 비상계엄하의 군사재판은 군인·군무원의 범죄나 군사에 관한 간첩죄에 대하여 사형을 선고하는 경우에는 단심으로 할 수 있다.
⑤ 재판의 심리와 판결은 공개한다. 다만, 심리는 국가의 안전보장, 안녕질서 또는 선량한 풍속을 해칠 우려가 있는 경우에는 결정으로 공개하지 아니할 수 있다.

① O 헌법 제104조 제3항
② O 법원조직법 제4조 제2항
③ O 법원조직법 제16조 제2항
④ X 비상계엄하의 군사재판은 군인·군무원의 범죄나 군사에 관한 간첩죄의 경우와 초병·초소·유독음식물공급·포로에 관한 죄중 법률이 정한 경우에 한하여 단심으로 할 수 있다. 다만, 사형을 선고한 경우에는 그러하지 아니하다(헌법 제110조 제4항).
⑤ O 법원조직법 제65조

제4절 사법절차와 운영

16 20법전협-1-20 정답 ③

사법절차에 관한 설명 중 옳지 않은 것만을 모두 고른 것은?

ㄱ. 헌법은 행정심판에 관하여 규정을 두고 있지 않지만 행정심판의 특성상 그 절차에서는 사법절차가 준용되어야 한다.
ㄴ. 명령 또는 규칙이 헌법에 위반된다고 인정하는 경우뿐 아니라 명령 또는 규칙이 법률에 위반된다고 인정하는 경우에도 대법원의 심판권은 대법관 전원의 3분의 2 이상의 합의체에서 행사한다.
ㄷ. 상급법원 재판에서의 판단은 동종 사건에 관하여 하급심을 기속한다.
ㄹ. 계엄지역에서는 법무부장관이 지정하는 군사법원이 「계엄법」에 따른 재판권을 가진다.

① ㄱ, ㄴ ② ㄷ, ㄹ
③ ㄱ, ㄷ, ㄹ ④ ㄴ, ㄷ, ㄹ
⑤ ㄱ, ㄴ, ㄷ, ㄹ

ㄱ. X 재판의 전심절차로서 행정심판을 할 수 있다. 행정심판의 절차는 법률로 정하되, 사법절차가 준용되어야 한다(헌법 제107조 제3항).
ㄴ. O

> **법원조직법 제7조(심판권의 행사)**
> ① 대법원의 심판권은 대법관 전원의 3분의 2 이상의 합의체에서 행사하며, 대법원장이 재판장이 된다. 다만, 대법관 3명 이상으로 구성된 부(部)에서 먼저 사건을 심리(審理)하여 의견이 일치한 경우에 한정하여 다음 각 호의 경우를 제외하고 그 부에서 재판할 수 있다.
> 1. 명령 또는 규칙이 헌법에 위반된다고 인정하는 경우
> 2. 명령 또는 규칙이 법률에 위반된다고 인정하는 경우
> 3. 종전에 대법원에서 판시(判示)한 헌법·법률·명령 또는 규칙의 해석 적용에 관한 의견을 변경할 필요가 있다고 인정하는 경우
> 4. 부에서 재판하는 것이 적당하지 아니하다고 인정하는 경우

ㄷ. X 상급법원 재판에서의 판단은 해당 사건에 관하여 하급심을 기속한다(법원조직법 제8조).
ㄹ. X 계엄지역에서는 국방부장관이 지정하는 군사법원이 「계엄법」에 따른 재판권을 가진다(군사법원법 제12조).

제4편 헌법소송론

제1장 | 헌법재판 일반

제1절 헌법재판제도의 역사

01 19법전협-1-6 정답 ③

우리나라 헌법재판 제도의 역사에 관한 설명 중 옳지 않은 것을 모두 고른 것은?

> ㄱ. 1948년 헌법은 위헌법률심판을 관장하는 헌법위원회와 탄핵심판을 관장하는 탄핵재판소를 별개로 설치하도록 규정하였다.
> ㄴ. 1960년 헌법(제3차 개정헌법)은 헌법재판소가 탄핵심판권, 권한쟁의심판권, 위헌정당해산심판권을 행사하도록 규정하였다.
> ㄷ. 1980년 헌법(제8차 개정헌법)은 대법원이 위헌법률심판권과 탄핵심판권을 행사하도록 규정하였다.
> ㄹ. 1972년 헌법(제7차 개정헌법)은 헌법위원회를 설치하여 위헌법률심판권과 권한쟁의심판, 탄핵심판권을 행사하도록 규정하였다.
> ㅁ. 1962년 헌법(제5차 개정헌법)은 대법원이 위헌법률심판권을 그리고 헌법위원회가 탄핵심판권을 행사하도록 규정하였다.
> ㅂ. 1987년 헌법(제9차 개정헌법)에서 헌법소원심판제도가 처음으로 도입되었다.

① ㄱ, ㄴ, ㄷ
② ㄴ, ㄷ, ㄹ
③ ㄷ, ㄹ, ㅁ
④ ㄱ, ㄹ, ㅁ
⑤ ㄷ, ㅁ, ㅂ

해설

ㄱ. O 제헌헌법에서는 헌법재판을 담당하는 기관으로 헌법위원회를 두었고, 헌법위원회는 제5장 '법원편'에 규정되어 있었는데, 당시 그 권한은 위헌법률심사에 한정되어 있었다. 이에 따라 탄핵사건을 다루는 기관으로 헌법 제3장 '국회편'에 탄핵재판소를 따로 규정하였다.

ㄴ. O

> **1960년 헌법 제83조의3**
> 헌법재판소는 다음 각호의 사항을 관장한다.
> 1. 법률의 위헌여부 심사
> 2. 헌법에 관한 최종적 해석
> 3. 국가기관간의 권한쟁의
> 4. 정당의 해산
> 5. 탄핵재판
> 6. 대통령, 대법원장과 대법관의 선거에 관한 소송

ㄷ. X 1980년 헌법(제8차 개정헌법)은 위헌법률심판권과 탄핵심판권은 헌법위원회에서 행사했다.

> **1980년 헌법 제112조**
> ① 헌법위원회는 다음 사항을 심판한다.
> 1. 법원의 제청에 의한 법률의 위헌여부
> 2. 탄핵
> 3. 정당의 해산

ㄹ. X 1972년 헌법에서 헌법위원회는 위헌법률심판, 탄핵심판, 정당해산심판을 관할하였다. 권한쟁의심판에 대해서는 규정을 두지 않았다.

> **1972년 헌법 제109조**
> ① 헌법위원회는 다음 사항을 심판한다.
> 1. 법원의 제청에 의한 법률의 위헌여부
> 2. 탄핵
> 3. 정당의 해산

ㅁ. X 1962년 헌법은 헌법재판에 속하는 사항 중 위헌법률심사, 정당해산심판, 선거소송에 대해서는 대법원이, 탄핵심판에 대해서는 탄핵심판위원회가 이를 담당하게 하였다.

ㅂ. O 1987년 헌법 제111조 제1항 제5호

제2절 헌법재판소의 헌법상 지위

02 12변시-2   정답 ⑤

대법원과 헌법재판소의 관할에 관한 설명 중 옳지 않은 것은? (다툼이 있는 경우 판례에 의함)

① 헌법재판소법 제68조 제1항은 법원의 재판을 헌법소원의 대상에서 제외하고 있으나, 법원이 헌법재판소가 위헌으로 결정하여 그 효력을 전부 또는 일부 상실한 법률을 적용함으로써 국민의 기본권을 침해한 재판의 경우에도 헌법소원이 허용되지 않는 것이라고 동 조항을 해석한다면 그러한 한도 내에서 헌법에 위반된다.

② 헌법재판소는, 헌법 제107조 제2항에 따른 대법원의 명령·규칙에 대한 최종심사권은 구체적인 소송 사건에서 명령·규칙의 위헌 여부가 재판의 전제가 되었을 경우 대법원이 최종적으로 심사할 수 있다는 것을 의미하고, 명령·규칙 그 자체에 의하여 직접 기본권이 침해된 경우에는 헌법재판소법 제68조 제1항에 의한 헌법소원심판을 청구하는 것이 허용된다고 판시하였다.

③ 헌법재판소는, 행정처분의 취소를 구하는 행정소송을 제기하였으나 그 기각의 판결이 확정된 경우 당해 행정처분 자체의 위헌성을 주장하면서 그 취소를 구하는 헌법소원심판청구는 당해 법원의 재판이 예외적으로 헌법소원심판의 대상이 되어 그 재판 자체가 취소되는 경우를 제외하고는 허용되지 아니한다고 판시하였다.

④ 대법원은, 유신헌법에 근거한 긴급조치는 사전적으로는 물론 사후적으로도 국회의 동의 내지 승인 등을 얻도록 하는 조치가 취하여진 바가 없어 국회의 입법권 행사라는 실질을 전혀 가지지 못한 것이기 때문에 헌법재판소의 위헌심판대상이 되는 '법률'에 해당한다고 할 수 없고, 따라서 그 위헌 여부에 대한 심사권은 최종적으로 대법원에 속한다고 판시하였다.

⑤ 헌법재판소는, 대법원이 사법권의 독립을 위하여 규칙제정권을 가지므로 헌법재판소가 대법원규칙에 대하여 그 위헌 여부를 심사할 수 없다고 판시하였다.

① O 헌법재판소법 제68조 제1항이 원칙적으로 헌법에 위반되지 아니한다고 하더라도, 법원이 헌법재판소가 위헌으로 결정하여 그 효력을 전부 또는 일부 상실하거나 위헌으로 확인된 법률을 적용함으로써 국민의 기본권을 침해한 경우에도 법원의 재판에 대한 헌법소원이 허용되지 않는 것으로 해석한다면, 위 법률조항은 그러한 한도내에서 헌법에 위반된다(1997.12.24. 96헌마172·173 등).

②, ③ O 원행정처분에 대하여 법원에 행정소송을 제기하여 패소판결을 받고 그 판결이 확정된 경우에는 당사자는 그 판결의 기판력에 의한 기속을 받게 되므로, 별도의 절차에 의하여 위 판결의 기판력이 제거되지 아니하는 한, 행정처분의 위법성을 주장하는 것은 확정판결의 기판력에 어긋나므로 **원행정처분은 헌법소원심판의 대상이 되지 아니한다**(1998.5.28. 91헌마98 등). 다만 행정소송으로 행정처분의 취소를 구한 청구인의 청구를 받아들이지 아니한 법원의 판결에 대한 헌법소원심판의 청구가 예외적으로 허용되어 그 재판이 헌법재판소법 제75조 제3항에 따라 취소되는 경우에는 **원래의 행정처분에 대한 헌법소원심판의 청구도 이를 인용**하는 것이 상당하다(1997.12.24. 96헌마172·173 병합).

④ O 헌법 제107조 제1항, 제111조 제1항 제1호의 규정에 의하면, 헌법재판소에 의한 위헌심사의 대상이 되는 '법률'이란 '국회의 의결을 거친 이른바 형식적 의미의 법률'을 의미하고, 위헌심사의 대상이 되는 규범이 형식적 의미의 법률이 아닌 때에는 그와 동일한 효력을 갖는 데에 국회의 승인이나 동의를 요하는 등 국회의 입법권 행사라고 평가할 수 있는 실질을 갖춘 것이어야 한다. 구 대한민국헌법(1980. 10. 27. 헌법 제9호로 전부 개정되기 전의 것, 이하 '유신헌법'이라 한다) 제53조 제3항은 대통령이 긴급조치를 한 때에는 지체 없이 국회에 통고하여야 한다고 규정하고 있을 뿐, 사전적으로는 물론이거니와 사후적으로도 긴급조치가 그 효력을 발생 또는 유지하는 데 국회의 동의 내지 승인 등을 얻도록 하는 규정을 두고 있지 아니하고, 실제로 국회에서 긴급조치를 승인하는 등의 조치가 취하여진 바도 없다. 따라서 **유신헌법에 근거한 긴급조치는 국회의 입법권 행사라는 실질을 전혀 가지지 못한 것으로서, 헌법재판소의 위헌심판대상이 되는 '법률'에 해당한다고 할 수 없고, 긴급조치의 위헌 여부에 대한 심사권은 최종적으로 대법원에 속한다**(대판 2010.12.16. 2010도5986 전원합의체).

⑤ X [1] 헌법 제107조 제2항이 규정한 명령·규칙에 대한 대법원의 최종심사권이란 구체적인 소송사건에서 명령·규칙의 위헌여부가 재판의 전제가 되었을 경우 법률의 경우와는 달리 헌법재판소에 제청할 것 없이 대법원이 최종적으로 심사할 수 있다는 의미이며, 명령·규칙 그 자체에 의하여 직접 기본권이 침해되었음을 이유로 하여 헌법소원심판을 청구하는 것은 위 헌법규정과는 아무런 상관이 없는 문제이다.

[2] 따라서 입법부·행정부·사법부에서 제정한 **규칙이 별도의 집행행위를 기다리지 않고 직접 기본권을 침해하는 것일 때에는 모두 헌법소원심판의 대상**이 될 수 있는 것이다(1990.10.15. 89헌마178).

제3절 헌법재판소의 구성과 조직

제4절 헌법재판소의 일반심판절차

03 12변시-6 정답 ②

헌법재판소의 조직 및 심판절차에 관한 설명 중 옳지 않은 것은? (다툼이 있는 경우 판례에 의함)

① 헌법재판소 전원재판부는 재판관 7인 이상의 출석으로 사건을 심리하며, 탄핵의 심판, 정당해산의 심판, 권한쟁의의 심판은 구두변론에 의한다.
② 전원재판부는 종국심리에 관여한 재판관 과반수의 찬성으로 사건에 관한 결정을 한다. 다만, 법률의 위헌결정, 탄핵의 결정, 정당해산의 결정, 헌법소원의 인용결정, 권한쟁의심판 청구의 인용결정을 하는 경우에는 재판관 6인 이상의 찬성이 있어야 한다.
③ 헌법소원심판에서 재판관 3인으로 구성되는 지정재판부 재판관 전원의 일치된 의견에 의한 결정으로 심판청구를 각하할 수 있으나, 각하결정을 하지 아니하는 경우에는 결정으로 헌법소원을 재판부의 심판에 회부하여야 한다.
④ 헌법재판소는 권한쟁의심판의 대상이 된 국가기관 또는 지방자치단체의 권한의 유무 또는 범위에 관하여 판단한다. 그 결정은 모든 국가기관과 지방자치단체를 기속한다.
⑤ 헌법소원심판을 청구하려는 자가 변호사를 대리인으로 선임할 자력이 없는 경우에는 헌법재판소에 국선대리인을 선임하여 줄 것을 신청할 수 있다. 헌법재판소는 그 심판청구가 명백히 부적법하거나 이유 없는 경우 또는 권리의 남용이라고 인정되는 경우에는 국선대리인을 선정하지 아니할 수 있다.

① O 재판부는 **재판관 7명 이상의 출석**으로 사건을 심리한다(헌법재판소법 제23조 제1항). 탄핵의 심판, 정당해산의 심판 및 권한쟁의의 심판은 **구두변론**에 의한다(헌법재판소법 제30조 제1항).
② X **법률의 위헌결정, 탄핵의 결정, 정당해산의 결정 또는 헌법소원에 관한 인용결정**(認容決定)을 하는 경우, 종전에 헌법재판소가 판시한 헌법 또는 법률의 해석 적용에 관한 의견을 **변경**하는 경우에만 **재판관 6인 이상의 찬성**을 요한다(헌법재판소법 제23조 참조).
③ O 지정재판부는 **전원의 일치된 의견**으로 제3항의 각하결정을 하지 아니하는 경우에는 결정으로 헌법소원을 재판부의 심판에 회부하여야 한다(헌법재판소법 제72조 제4항).
④ O 헌법재판소의 권한쟁의심판의 결정은 모든 국가기관과 지방자치단체를 기속한다(헌법재판소법 제67조).
⑤ O 헌법재판소는 제1항의 신청이 있는 경우 또는 제2항의 경우에는 헌법재판소규칙으로 정하는 바에 따라 변호사 중에서 국선대리인을 선정한다. 다만, 그 심판청구가 명백히 부적법하거나 이유 없는 경우 또는 권리의 남용이라고 인정되는 경우에는 국선대리인을 선정하지 아니할 수 있다(헌법재판소법 제70조 제3항).

04 22변시-16 정답 ⑤

헌법재판소 위헌결정의 효력 등에 관한 설명 중 옳은 것을 모두 고른 것은? (다툼이 있는 경우 판례에 의함)

ㄱ. 형사재판 유죄확정판결이 있은 후 당해 처벌 근거 조항에 대해 위헌결정이 내려진 경우 유죄판결을 받은 자는 재심청구를 통하여 유죄의 확정판결을 다툴 수 있다.
ㄴ. 헌법재판소가 「공직선거법」의 국회의원 지역선거구 구역표에 대하여 계속적용 헌법불합치 결정을 하면서 입법개선시한을 부여한 경우, 그 시한까지 국회가 아무런 조치를 취하지 않으면 헌법불합치 선언된 위 선거구 구역표의 효력은 상실되고, 입법자가 국회의원선거에 관한 사항을 법률로 규정함에 있어서 폭넓은 입법형성의 자유를 가진다고 하여도 선거구에 관한 입법을 할 것인지 여부에 대해서는 입법자에게 어떤 형성의 자유가 존재한다고 할 수 없다.
ㄷ. 설령 헌법재판소 위헌결정의 결정이유에까지 기속력을 인정한다고 하더라도, 결정이유의 기속력을 인정하기 위해서는 결정주문을 뒷받침하는 결정이유에 대하여 적어도 위헌결정의 정족수인 재판관 6인 이상의 찬성이 있어야 할 것이고, 이에 미달할 경우에는 결정이유에 대하여 기속력을 인정할 여지가 없다.
ㄹ. 「헌법재판소법」은 법률의 위헌결정, 권한쟁의심판의 결정, 헌법소원의 인용결정에 대한 기속력을 명문으로 규정하고 있다.

① ㄱ
② ㄱ, ㄹ
③ ㄴ, ㄷ
④ ㄴ, ㄷ, ㄹ
⑤ ㄱ, ㄴ, ㄷ, ㄹ

⑤ 헌법재판소 위헌결정의 효력 등에 관한 설명으로 모두 옳다.
ㄱ. O

> **헌법재판소법 제47조(위헌결정의 효력)**
> ③ 제2항에도 불구하고 형벌에 관한 법률 또는 법률의 조항은 소급하여 그 효력을 상실한다. 다만, 해당 법률 또는 법률의 조항에 대하여 종전에 합헌으로 결정한 사건이 있는 경우에는 그 결정이 있는 날의 다음 날로 소급하여 효력을 상실한다.
> ④ 제3항의 경우에 위헌으로 결정된 법률 또는 법률의 조항에 근거한 유죄의 확정판결에 대하여는 재심을 청구할 수 있다.

ㄴ. O 헌법 제41조 제3항은 국회의원선거에 있어 필수적인 요소라고 할 수 있는 선거구에 관하여 직접 법률로 정하도록 규정하고 있으므로, 피청구인에게는 국회의원의 선거구를 입법할 명시적인 헌법상 입법의무가 존재한다. 나아가 헌법이 국민주권의 실현 방법으로 대의민주주의를 채택하고 있고 선거구는 이를 구현하기 위한 기초가 된다는 점에 비추어 보면, 헌법 해석상으로도 피청구인에게 국회의원의 선거구를 입법할 의무가 인정된다. 따라서 헌법재판소가 입법개선시한을 정하여 헌법불합치결정을 하였음에도

국회가 입법개선시한까지 개선입법을 하지 아니하여 국회의원의 선거구에 관한 법률이 존재하지 아니하게 된 경우, 국회는 이를 입법 하여야 할 헌법상 의무가 있다(2016.4.28. 2015헌마1177 등). → [본문 중] 입법자가 국회의원선거에 관한 사항을 법률로 규정함에 있어서 폭넓은 입법형성의 자유를 가진다고 하여도, 선거구에 관한 입법을 할 것인지 여부에 대해서는 입법자에게 어떤 형성의 자유가 존재한다고 할 수 없으므로, 피청구인에게는 국회의원의 선거구를 입법할 명시적인 헌법상 입법의무가 존재한다 할 것이다.

ㄷ. O 헌법재판소법 제47조 제1항 및 제75조 제1항에 규정된 법률의 위헌결정 및 헌법소원 인용결정의 기속력과 관련하여, 입법자인 국회에게 기속력이 미치는지 여부, 나아가 결정주문뿐 아니라 결정이유에까지 기속력을 인정할지 여부는 헌법재판소의 헌법재판권 내지 사법권의 범위와 한계, 국회의 입법권의 범위와 한계 등을 고려하여 신중하게 접근할 필요가 있다. 설령 결정이유에까지 기속력을 인정한다고 하더라도, 결정주문을 뒷받침하는 결정이유에 대하여 적어도 위헌결정의 정족수인 재판관 6인 이상의 찬성이 있어야 할 것이고(헌법 제113조 제1항 및 헌법재판소법 제23조 제2항 참조), 이에 미달할 경우에는 결정이유에 대하여 기속력을 인정할 여지가 없는데, 헌법재판소가 2006. 5. 25. '안마사에 관한 규칙' 제3조 제1항 제1호와 제2호 중 각 "앞을 보지 못하는" 부분에 대하여 위헌으로 결정한 2003헌마715등 사건의 경우 그 결정이유에서 비맹제외기준이 과잉금지원칙에 위반된다는 점과 관련하여서는 재판관 5인만이 찬성하였을 뿐이므로 위 과잉금지원칙 위반의 점에 대하여 기속력이 인정될 여지가 없다 (2008.10.30. 2006헌마1098 등).

ㄹ. O

> **헌법재판소법 제47조(위헌결정의 효력)**
> ① 법률의 위헌결정은 법원과 그 밖의 국가기관 및 지방자치단체를 기속(羈束)한다.
>
> **제67조(결정의 효력)**
> ① 헌법재판소의 권한쟁의심판의 결정은 모든 국가기관과 지방자치단체를 기속한다.
>
> **제75조(인용결정)**
> ① 헌법소원의 인용결정은 모든 국가기관과 지방자치단체를 기속한다.

05 17변시-16   정답 ④

헌법재판소의 심판절차에 관한 설명 중 옳은 것을 모두 고른 것은?

ㄱ. 법률의 위헌결정, 탄핵의 결정, 정당해산의 결정, 권한쟁의에 관한 인용결정 또는 헌법소원에 관한 인용결정을 하는 경우에는 재판관 6명 이상의 찬성이 있어야 한다.

ㄴ. 당사자는 동일한 사건에 대하여 2명 이상의 재판관을 기피할 수 없다.

ㄷ. 탄핵의 심판, 정당해산의 심판 및 권한쟁의의 심판은 구두변론에 의하고, 위헌법률의 심판과 헌법소원에 관한 심판은 서면심리에 의한다.

ㄹ. 권한쟁의의 심판은 그 사유가 있음을 안 날부터 90일 이내에, 그 사유가 있은 날부터 180일 이내에 청구하여야 한다.

ㅁ. 헌법소원심판을 청구하려는 자가 변호사를 대리인으로 선임할 자력이 없는 경우에는 헌법재판소에 국선대리인을 선임하여 줄 것을 신청할 수 있다. 이 경우 「헌법재판소법」 제69조에 따른 청구기간은 국선대리인이 심판청구서를 제출한 날이 아니라 국선대리인의 선임신청이 있는 날을 기준으로 정한다.

① ㄱ, ㄴ ② ㄱ, ㅁ
③ ㄴ, ㄷ, ㄹ ④ ㄴ, ㄷ, ㅁ
⑤ ㄷ, ㄹ, ㅁ

 해설

ㄱ. X **권한쟁의에 관한 인용결정은 재판관 과반수의 찬성**이 있어야 한다.

> **헌법재판소법 제23조(심판정족수)**
> ② 재판부는 종국심리(終局審理)에 관여한 재판관 과반수의 찬성으로 사건에 관한 결정을 한다. 다만, 다음 각 호의 어느 하나에 해당하는 경우에는 재판관 6명 이상의 찬성이 있어야 한다.
> 1. 법률의 위헌결정, 탄핵의 결정, 정당해산의 결정 또는 헌법소원에 관한 인용결정(認容決定)을 하는 경우
> 2. 종전에 헌법재판소가 판시한 헌법 또는 법률의 해석 적용에 관한 의견을 변경하는 경우

ㄴ. O 헌법재판소법 제24조 제4항

ㄷ. O

> **헌법재판소법 제30조(심리의 방식)**
> ① 탄핵의 심판, 정당해산의 심판 및 권한쟁의의 심판은 구두변론에 의한다.
> ② **위헌법률의 심판과 헌법소원에 관한 심판**은 서면심리에 의한다. 다만, 재판부는 필요하다고 인정하는 경우에는 변론을 열어 당사자, 이해관계인, 그 밖의 참고인의 진술을 들을 수 있다.

ㄹ. X 권한쟁의의 심판은 그 사유가 있음을 안 날부터 **60일 이내**에, 그 사유가 있은 날부터 180일 이내에 청구하여야 한다(헌법재판소법 제63조 제1항).

ㅁ. O 헌법재판소법 제70조 제1항

> **헌법재판소법 제70조(국선대리인)**
> ① 헌법소원심판을 청구하려는 자가 변호사를 대리인으로 선임할 자력(資力)이 없는 경우에는 헌법재판소에 국선대리인을 선임하여 줄 것을 신청할 수 있다. 이 경우 제69조에 따른 청구기간은 국선대리인의 선임신청이 있는 날을 기준으로 정한다.

06 15변시-7 정답 ①

헌법재판에 관한 설명 중 옳은 것은?

① 「헌법재판소법」은 헌법소원심판에 대해서만 국선대리인제도를 직접 규정하고 있다.
② 심판에 관여한 재판관은 결정서에 의견을 표시하여야 하나, 탄핵심판과 정당해산심판의 경우 예외가 허용된다.
③ 탄핵심판, 권한쟁의심판, 헌법소원심판은 반드시 구두변론을 거쳐야 한다.
④ 심판의 변론과 종국결정의 선고는 심판정에서 해야 한다. 다만, 종국결정의 선고와 달리 변론은 헌법재판소장이 필요하다고 인정하는 경우 심판정 외에서 행해질 수 있다.
⑤ 헌법재판소는 한정위헌청구는 원칙적으로 적법하므로, 개별·구체적 사건에서 단순히 법률조항의 포섭이나 적용문제를 다투는 헌법소원심판 청구도 허용된다고 판시하였다.

 해설

① O 각종 심판절차에 있어서 당사자인 사인(私人)은 변호사를 대리인으로 선임하지 아니하면 심판청구를 하거나 심판수행을 하지 못한다. 다만, 그가 변호사의 자격이 있는 때에는 그러하지 아니하다(헌법재판소법 제25조 제3항). 이를 '변호사강제주의'라고 하며, 주로 헌법소원심판에서 문제된다. 헌법소원을 청구하고자 하는 자가 변호사를 대리인으로 선임할 자력이 없는 경우에는 헌법재판소에 국선대리인의 선임을 신청할 수 있다(헌법재판소법 제70조 제1항). 「헌법재판소법」은 헌법소원심판에 대해서만 국선대리인제도를 직접 규정하고 있다.

> **헌법재판소법 제70조(국선대리인)**
> ① 헌법소원심판을 청구하려는 자가 변호사를 대리인으로 선임할 자력(資力)이 없는 경우에는 헌법재판소에 국선대리인을 선임하여 줄 것을 신청할 수 있다. 이 경우 제69조에 따른 청구기간은 국선대리인의 선임신청이 있는 날을 기준으로 정한다.
> ② 제1항에도 불구하고 헌법재판소가 공익상 필요하다고 인정할 때에는 국선대리인을 선임할 수 있다.

② X 탄핵심판의 경우에 재판관의 의견을 표시하여야 하는지에 대하여 헌법재판소는 노무현대통령 탄핵심판사건에서는 재판관의 의견을 결정서에 표시하지 않았으나, 그 후 2005년에 개정된 헌법재판소법은 제36조 제3항에서 "심판에 관여한 재판관은 결정서에 의견을 표시하여야 한다"라고 규정하여 헌법재판소의 **모든 심판에서 재판관의 의견표시를 명문화**하였다.

③ X

> **헌법재판소법 제30조(심리의 방식)**
> ① 탄핵의 심판, 정당해산의 심판 및 권한쟁의의 심판은 구두변론에 의한다.
> ② 위헌법률의 심판과 헌법소원에 관한 심판은 서면심리에 의한다. 다만, 재판부는 필요하다고 인정하는 경우에는 변론을 열어 당사자, 이해관계인, 그 밖의 참고인의 진술을 들을 수 있다.

④ X

> **헌법재판소법 제33조(심판의 장소)**
> 심판의 변론과 종국결정의 선고는 심판정에서 한다. 다만, 헌법재판소장이 필요하다고 인정하는 경우에는 심판정 외의 장소에서 변론 또는 종국결정의 선고를 할 수 있다.

⑤ X 법률의 의미는 결국 개별·구체화된 법률해석에 의해 확인되는 것이므로 법률과 법률의 해석을 구분할 수는 없고, 재판의 전제가 된 법률에 대한 규범통제는 해석에 의해 구체화된 법률의 의미와 내용에 대한 헌법적 통제로서 헌법재판소의 고유권한이며, 헌법합치적 법률해석의 원칙상 법률조항 중 위헌성이 있는 부분에 한정하여 위헌결정을 하는 것은 입법권에 대한 자제와 존중으로서 당연하고 불가피한 결론이므로, 이러한 한정위헌결정을 구하는 **한정위헌청구는 원칙적으로 적법**하다고 보아야 한다. 다만, 재판소원을 금지하는 헌법재판소법 제68조 제1항의 취지에 비추어, 개별·구체적 사건에서 **단순히 법률조항의 포섭이나 적용의 문제를 다투거나, 의미있는 헌법문제에 대한 주장없이 단지 재판결과를 다투는 헌법소원 심판청구는 여전히 허용되지 않는다**(2012.12.27. 2011헌바117).

07 20법전협-2-20 정답 ③

헌법재판절차에 관한 설명으로 옳지 않은 것은? (다툼이 있는 경우 판례에 의함)

① 각종 심판절차에서 당사자인 국가기관 또는 지방자치단체는 변호사 또는 변호사의 자격이 있는 소속 직원을 대리인으로 선임하여 심판을 수행하게 할 수 있다.
② 변호사의 자격이 없는 사인인 청구인이 한 헌법소원심판청구나 주장 등 심판수행은 변호사인 대리인이 추인한 경우에 한하여 적법한 헌법소원심판청구와 심판수행으로서의 효력이 있고 헌법소원심판대상이 된다.
③ 변호사인 대리인에 의해 헌법소원심판의 청구가 이루어졌으나 그 청구 이후 심리과정에서 대리인이 사임하고 다른 대리인을 선임하지 않았다면, 기왕의 대리인에 의하여 수행된 소송행위 자체로서 재판성숙단계에 이르렀다 하더라도 그 소송행위는 무효가 된다.
④ 재판관에게 공정한 심판을 기대하기 어려운 사정이 있는 경우 당사자는 기피신청을 할 수 있으나, 변론기일에 출석하여 본안에 관한 진술을 한 때에는 기피신청을 할 수 없다.
⑤ 헌법재판소는 헌법재판사건의 심판기간을 180일로 정한 「헌법재판소법」 제38조 본문을 헌법재판의 심판기간에 관하여 지침을 제시하는 훈시적 규정으로 해석하고 있다.

① O 헌법재판소법 제25조 제2항
② O 변호사의 자격이 없는 사인인 청구인이 한 헌법소원심판청구나 주장 등 심판수행은 변호사인 대리인이 추인한 경우만이 적법한 헌법소원심판청구와 심판수행으로서의 효력이 있고 헌법소원심판대상이 된다(1992.6.26. 89헌마132).
③ X 헌법재판소법 제25조 제3항의 취지는 "재판의 본질을 이해하지 못하고 재판자료를 제대로 정리하여 제출할 능력이 없는 당사자를 보호해 주며 사법적 정의의 실현에 기여"하려는데 있다고 할 것이고 청구인의 헌법재판청구권을 제한하려는 데 그 본래의 목적이 있는 것이 아니므로 변호사인 대리인에 의한 헌법소원심판청구가 있었다면 그 이후 심리과정에서 대리인이 사임하고 다른 대리인을 선임하지 않았더라도 청구인이 그후 자기에게 유리한 진술을 할 기회를 스스로 포기한 것에 불과할 뿐, 헌법소원심판청구를 비롯하여 기왕의 대리인에 의하여 수행된 소송행위 자체로서 재판성숙단계에 이르렀다면 기왕의 대리인의 소송행위가 무효로 되는 것은 아니라고 할 것이다. 이 사건 헌법소원의 경우 대리인이 사임하기까지의 사이에 수행한 절차진행으로 이미 재판성숙단계에 이르렀다고 인정되는 바이즉 이 사건 심판청구는 적법하며 위 대리인이 2회에 걸쳐 작성 제출한 위 헌법소원심판청구이유보충서의 기재범위내에서 본안 판단하여야 할 것이다(1992.4.14. 91헌마156).
④ O 재판관에게 공정한 심판을 기대하기 어려운 사정이 있는 경우 당사자는 기피신청을 할 수 있다. 다만, 변론기일에 출석하여 본안에 관한 진술을 한 때에는 그러하지 아니하다(헌법재판소법 제24조 제3항).
⑤ O 헌법재판소법 제38조 본문은 헌법재판의 심판기간에 관하여 지침을 제시하는 훈시적 규정이므로 헌법재판소가 헌법소원심판 등 헌법재판을 함에 있어서 위 조항이 정한 심판기간인 180일 이내에 반드시 종국결정을 선고해야 할 법률상 의무가 있는 것이라고는 할 수 없다(2009.7.30. 2007헌마732 ; 2014.6.3. 2014헌마433).

08 20법전협-1-9 정답 ②

헌법재판에 관한 설명 중 옳은 것은? (다툼이 있는 경우 판례에 의함)

① 헌법소원심판절차에서 청구인이 승소하였는지 아니면 패소하였는지를 구분하지 않고 승소자의 당사자비용을 그 상대방인 패소자에게 부담시켜야 하는 「민사소송법」과 「행정소송법」의 소송비용에 관한 규정들을 준용하는 것은 헌법재판의 성질에 반하지 않는다.
② 위헌법률심판과 헌법소원심판은 서면심리에 의하되, 재판부는 필요하다고 인정하는 경우에는 변론을 열어 당사자, 이해관계인, 그 밖의 참고인의 진술을 들을 수 있다.
③ 헌법소원심판에서의 가처분결정은 다투어지는 '공권력 행사 또는 불행사'의 효력을 정지시켜야 할 긴급한 필요가 있어야 한다는 것이 그 핵심적 요건이 된다 할 것이므로, 본안심판이 부적법하거나 이유 없음이 명백한 경우에도 가처분의 요건은 충족된다.
④ 헌법소원심판의 모든 결정은 모든 국가기관과 지방자치단체를 기속한다.
⑤ 헌법재판소가 잘못 기재된 사실조회 결과를 근거로 하여 적법한 사전구제절차를 거친 불기소처분취소에 대한 헌법소원심판청구를 각하하였더라도, 이에 대한 재심청구는 법적 안정성 측면에서 허용되지 않는다.

① X 당사자비용을 제외한 심판비용을 국가가 모두 부담하는 헌법소원심판절차에서 청구인이 승소하였는지 아니면 패소하였는지를 구분하지 않고 승소자의 당사자비용을 그 상대방인 패소자에게 반드시 부담시켜야만 하는 민사소송법과 행정소송법의 소송비용에 관한 규정들을 준용하는 것은 헌법재판의 성질에 반한다(2015.5.28. 2012헌사496).
② O 위헌법률의 심판과 헌법소원에 관한 심판은 서면심리에 의한다. 다만, 재판부는 필요하다고 인정하는 경우에는 변론을 열어 당사자, 이해관계인, 그 밖의 참고인의 진술을 들을 수 있다(헌법재판소법 제30조 제2항).
③ X 위 가처분의 요건은 헌법소원심판에서 다투어지는 '공권력 행사 또는 불행사'의 현상을 그대로 유지시킴으로 인하여 생길 회복하기 어려운 손해를 예방할 필요가 있어야 한다는 것과 그 효력을 정지시켜야 할 긴급한 필요가 있어야 한다는 것 등이 된다. 따라서 본안심판이 부적법하거나 이유없음이 명백하지 않는 한, 위와 같은 가처분의 요건을 갖춘 것으로 인정되면, 가처분을 인용한 뒤 종국결정에서 청구가 기각되었을 때 발생하게 될 불이익과 가처분을 기각한 뒤 청구가 인용되었을 때 발생하게 될 불이익을 비교형량하여 후자가 전자보다 큰 경우에, 가처분을 인용할 수 있다(2000.12.8. 2000헌사471). 따라서 본안사건이 명백히 부적법하거나 명백히 이유 없는 경우에는 가처분 결정을 할 수 없다(2020.3.10. 2020헌사274).
④ X 헌법소원의 인용결정은 모든 국가기관과 지방자치단체를 기속한다(헌법재판소법 제75조 제1항).
⑤ X 청구인이 적법한 사전구제절차를 거쳐 불기소처분의 취소를 구하는 헌법소원심판청구를 하였음에도, 본안 판단을 하지 아니한 채 착오로 잘못 기재된 사실조회 결과를 근거로 적법한 사전구제절차를 거치지 아니한 것으로 잘못 판단하여 각하하는 결정을 한 경우, 이러한 재심대상결정에는 헌법재판소 제40조 제1항에 의하여 준용되는 민사소송법 제451조 제1항 제9호의 '판결에 영향을 미칠 중요한 사항에 관하여 판단을 누락한 때'에 준하는 재심사유가 있다(2011.2.24. 2008헌아4).

09 20법전협-1-10   정답 ③

헌법재판소의 위헌결정의 효력에 관한 설명 중 옳은 것만을 모두 고른 것은? (다툼이 있는 경우 판례에 의함)

ㄱ. 노동단체의 정치자금기부를 금지한 「정치자금법」 조항이 위헌 결정되고, 이후 국회가 법개정을 통하여 누구든지 단체와 관련된 자금으로 정치자금을 기부할 수 없도록 한 조항을 신설한 것은 노동단체의 표현의 자유의 본질적 내용을 침해한다는 점에서 종전에 위헌 결정된 법률조항의 반복입법에 해당한다.

ㄴ. 헌법재판소가 공무원의 '신분이나 직무상 의무'와 관련이 없는 범죄의 경우도 퇴직급여의 감액사유로 삼는 것은 헌법에 합치되지 않는다고 선언한 후, 국회가 법률개정을 통해 '직무관련성이 없는 고의범'은 여전히 퇴직급여 감액사유로 규정하더라도, 이는 공무원의 법령준수의무, 청렴의무, 품위유지의무 등에 비추어 위 헌법불합치결정의 취지에 반한다고 볼 수 없다.

ㄷ. 종전에 합헌으로 결정한 사건이 있는 형벌조항에 대하여 위헌결정이 선고된 경우, 그 합헌결정이 있는 날의 다음 날로 소급하여 효력을 상실하도록 하는 것은 재심청구 및 형사보상청구에 따른 국가의 재정적 부담을 줄이기 위해 일부 피고인들의 무죄판결을 받을 기회를 박탈하는 것으로 평등원칙에 위반된다.

ㄹ. 형벌 규정의 불처벌 특례에 대해 위헌결정을 한 경우, 그 소급효를 인정한다면 오히려 형사처벌을 받지 않았던 자들에게 형사상의 불이익이 미치게 된다는 점에서 소급효를 인정할 수 없다.

ㅁ. 헌법재판소 결정에 따르면, 비(非)형벌 규정에 대한 위헌결정 이후에 제소된 일반사건이라도 구체적 타당성의 요청이 현저하고 소급효의 부인이 정의와 형평에 반하는 경우에는 예외적으로 소급효를 인정할 수 있다.

① ㄱ, ㄴ, ㄷ ② ㄱ, ㄹ, ㅁ
③ ㄴ, ㄹ, ㅁ ④ ㄱ, ㄴ, ㄷ, ㄹ
⑤ ㄴ, ㄷ, ㄹ, ㅁ

 해설

③ 헌법재판소의 위헌결정의 효력에 관한 설명 중 옳은 것은 ㄴ, ㄹ, ㅁ. 이다.

ㄱ. X 어떤 법률조항이 위헌 결정된 법률조항의 반복입법에 해당하는지 여부는 입법목적이나 동기, 입법당시의 시대적 배경 및 관련조항들의 체계 등을 종합하여 실질적 동일성이 있는지 여부에 따라 판단하여야 할 것인바, 이 사건 기부금지 조항은 그 규율영역이 위헌 결정된 법률조항과 전적으로 동일한 경우에 해당하지 않고, 노동단체에 대한 차별적 규제의 의도가 전혀 존재하지 않는다는 점에서 종전에 헌법재판소가 위헌 결정(95헌마154)한 '노동단체의 정치자금 기부 금지' 규정의 반복입법에 해당하지 않는다(2010.12.28. 2008헌바89).

ㄴ. O 헌법재판소는 2005헌바33 결정에서 구 공무원연금법 제64조 제1항 제1호가 공무원의 '신분이나 직무상 의무'와 관련이 없는 범죄의 경우도 퇴직급여의 감액사유로 삼는 것이 퇴직공무원들의 기본권을 침해한다고 판시하였는데, 공무원의 직무와 관련이 없는 범죄라 할지라도 고의범의 경우에는 공무원의 법령준수의무, 청렴의무, 품위유지의무 등을 위반한 것으로 볼 수 있으므로 이를 퇴직급여의 감액사유에서 제외하지 아니하더라도 위 결정의 취지에 반한다고 볼 수 없다(2016.6.30. 2014헌바365).

ㄷ. X 헌법재판소가 당대의 법 감정과 시대상황을 고려하여 합헌이라는 유권적 확인을 하였다면, 그러한 사실 자체에 대하여 법적 의미를 부여하고 그것을 존중할 필요가 있다. 헌법재판소가 특정 형벌법규에 대하여 과거에 합헌결정을 하였다는 것은, 적어도 그 당시에는 당해 행위를 처벌할 필요성에 대한 사회구성원의 합의가 유효하다는 것을 확인한 것이므로, 합헌결정이 있었던 시점 이전까지로 위헌결정의 소급효를 인정할 근거가 없다.
결국 심판대상조항이 종전에 합헌결정이 있었던 형벌법규의 경우 위헌결정의 소급효를 제한하여 합헌결정이 없었던 경우와 달리 취급하는 것에는 합리적 이유가 있으므로 평등원칙에 위배된다고 보기 어렵다(2016.4.28. 2015헌바216).

ㄹ. O 교통사고처리특례법 제4조 제1항은 비록 형벌에 관한 것이기는 하지만 불처벌의 특례를 규정한 것이어서 위 법률조항에 대한 위헌결정의 소급효를 인정할 경우 오히려 형사처벌을 받지 않았던 자들에게 형사상의 불이익이 미치게 되므로 이와 같은 경우까지 헌법재판소법 제47조 제2항 단서의 적용범위에 포함시키는 것은 그 규정취지에 반하고, 따라서 위 법률조항이 헌법에 위반된다고 선고되더라도 형사처벌을 받지 않았던 자들을 소급하여 처벌할 수 없다(1977.1.16. 90헌마110 등).

ㅁ. O 구 헌법재판소법 제47조 제2항 본문은 위헌결정의 시간적 효력 범위에 관하여 장래효를 원칙으로 규정하고 있으나, 위헌결정을 위한 계기를 부여한 사건(당해 사건), 위헌결정이 있기 전에 이와 동종의 위헌 여부에 관하여 헌법재판소에 위헌제청을 하였거나 법원에 위헌제청신청을 한 사건(동종사건), 따로 위헌제청신청을 아니하였지만 당해 법률조항이 재판의 전제가 되어 법원에 계속 중인 사건(병행사건)에 대하여 예외적으로 소급효가 인정되고, 위헌결정 이후에 제소된 사건(일반사건)이라도 구체적 타당성의 요청이 현저하고 소급효의 부인이 정의와 형평에 반하는 경우에는 예외적으로 소급효를 인정할 수 있다(2013.6.27. 2010헌마535).

10 | 19법전협-2-4 | 정답 ①

헌법재판소 위헌결정의 효력에 관한 설명 중 옳은 것을 모두 고른 것은? (다툼이 있는 경우 판례에 의함)

ㄱ. 헌법재판소는 기본권 침해의 원인이 된 공권력의 행사 또는 불행사가 위헌인 법률에 기인한 것이라고 인정될 때에는 인용결정에서 해당 법률이 위헌임을 함께 선고할 수 있다.

ㄴ. 「헌법재판소법」은 위헌법률심판에서의 위헌결정에 대한 기속력규정만 있지 변형결정인 한정위헌 또는 한정합헌이나 헌법불합치결정에 대한 기속력규정은 없다.

ㄷ. 「헌법재판소법」 제68조 제2항에 따른 헌법소원이 인용된 경우에는 당해사건이 법원에서 이미 확정되었더라도 당사자는 재심을 청구할 수 있다.

ㄹ. 형벌에 관한 법률 또는 법률의 조항에 대해 위헌결정이 선고된 경우 이미 유죄의 확정판결을 받았던 자는 재심을 청구할 수 없다.

ㅁ. 위헌인 법률에 근거한 조세부과처분은 원칙상 취소할 수 있는 행위에 불과하므로 불복기간이 지난 경우에는 더 이상 다툴 수 없고, 조세부과처분과 체납처분 간에는 하자의 승계가 인정되지 않으므로 해당 「소득세법」 조항이 위헌으로 선고된 후에 공매 등의 체납처분을 하는 것은 위헌결정의 기속력에 반하지 않는다.

① ㄱ, ㄴ, ㄷ
② ㄴ, ㄷ, ㄹ
③ ㄷ, ㄹ, ㅁ
④ ㄱ, ㄹ, ㅁ
⑤ ㄴ, ㄷ, ㅁ

 해설

ㄱ, ㄴ. O 「헌법재판소법」은 제47조 제1항에서 '법률의 위헌결정은 법원과 그 밖의 국가기관 및 지방자치단체를 기속(羈束)한다.'라고 하여 위헌법률심판에서의 위헌결정에 대한 기속력규정만 있고, 변형결정인 한정위헌 또는 한정합헌이나 헌법불합치결정에 대한 기속력규정은 없다. / 합헌결정의 기속력은 부정 / 헌법불합치의 기속력은 긍정 / 한정위헌결정의 기속력을 인정하는 헌법재판소와 부정하는 대법원의 견해가 대립하고 있다.

ㄷ. O 헌법재판소법 제75조 제5항, 제7항

> **헌법재판소법 제75조(인용결정)**
> ② 제68조 제1항에 따른 헌법소원을 인용할 때에는 인용결정서의 주문에 침해된 기본권과 침해의 원인이 된 공권력의 행사 또는 불행사를 특정하여야 한다.
> ⑤ 제2항의 경우에 헌법재판소는 공권력의 행사 또는 불행사가 위헌인 법률 또는 법률의 조항에 기인한 것이라고 인정될 때에는 인용결정에서 해당 법률 또는 법률의 조항이 위헌임을 선고할 수 있다.
> ⑦ 제68조 제2항에 따른 헌법소원이 인용된 경우에 해당 헌법소원과 관련된 소송사건이 이미 확정된 때에는 당사자는 재심을 청구할 수 있다.

ㄹ. X 형벌에 관한 법률 또는 법률의 조항에 대해 위헌결정이 선고된 경우 이미 유죄의 확정판결을 받았던 자는 재심을 청구할 수 있다.

> **헌법재판소법 제47조(위헌결정의 효력)**
> ③ 제2항에도 불구하고 형벌에 관한 법률 또는 법률의 조항은 소급하여 그 효력을 상실한다. 다만, 해당 법률 또는 법률의 조항에 대하여 종전에 합헌으로 결정한 사건이 있는 경우에는 그 결정이 있는 날의 다음 날로 소급하여 효력을 상실한다.
> ④ 제3항의 경우에 위헌으로 결정된 법률 또는 법률의 조항에 근거한 유죄의 확정판결에 대하여는 재심을 청구할 수 있다.

ㅁ. X 헌법재판소가 어떤 법률을 위헌으로 결정한 경우 그 위헌결정에는 기속력이 부여된다(헌법재판소법 제47조 제1항). 위헌으로 결정된 법률은 별도의 절차 없이 효력을 상실하기 때문에 그 법률을 더 이상 적용해서는 안 되며, 그에 근거한 어떤 행위도 할 수 없다. 따라서 위헌결정된 법률을 집행하기 위한 후속행위의 속행은 기속력에 반하여 허용되지 않고 당연무효이다(헌법실무제요 99면).

관련판례 조세 부과의 근거가 되었던 법률규정이 위헌으로 선언된 경우, 비록 그에 기한 과세처분이 위헌결정 전에 이루어졌고, 과세처분에 대한 제소기간이 이미 경과하여 조세채권이 확정되었으며, 조세채권의 집행을 위한 체납처분의 근거규정 자체에 대하여는 따로 위헌결정이 내려진 바 없다고 하더라도, 위와 같은 위헌결정 이후에 조세채권의 집행을 위한 새로운 체납처분에 착수하거나 이를 속행하는 것은 더 이상 허용되지 않고, 나아가 이러한 위헌결정의 효력에 위배하여 이루어진 체납처분은 그 사유만으로 하자가 중대하고 객관적으로 명백하여 당연무효라고 보아야 한다(대판 2012.2.16. 2010두10907 전원합의체).

11 17변시-20   정답 ②

다음 설명 중 옳은 것(○)과 옳지 않은 것(×)을 올바르게 조합한 것은? (다툼이 있는 경우 판례에 의함)

ㄱ. 과세처분이 확정된 이후 조세 부과의 근거가 되었던 법률조항이 위헌으로 결정된 경우에도 조세채권의 집행을 위한 체납처분의 근거규정 자체에 대하여는 따로 위헌결정이 내려진 바 없다면, 위와 같은 위헌결정 이후에 조세채권의 집행을 위한 새로운 체납처분에 착수하거나 이를 속행할 수 있고, 이러한 체납처분이 당연무효가 되는 것도 아니다.

ㄴ. 일반적으로 법률이 헌법에 위배된다는 사정은 헌법재판소의 위헌결정이 있기 전에는 객관적으로 명백한 것이라고 할 수 없어 헌법재판소의 위헌결정 전에 행정처분의 근거가 되는 해당 법률이 헌법에 위배된다는 사유는 특별한 사정이 없는 한 그 행정처분 취소소송의 전제가 될 수 있을 뿐 당연무효사유는 아니다.

ㄷ. 행정처분에 대한 소송절차에서는 행정처분의 적법성·정당성뿐만 아니라 그 근거 법률의 헌법적합성까지도 심판대상으로 되는 것이므로, 행정처분에 불복하는 당사자뿐만 아니라 행정처분의 주체인 행정청도 헌법의 최고규범력에 따른 구체적 규범통제를 위하여 근거 법률의 위헌 여부에 대한 심판의 제청을 신청할 수 있고「헌법재판소법」제68조 제2항의 헌법소원심판을 청구할 수 있다.

ㄹ. 법률이 헌법에 위반되는지 여부를 심사할 권한이 없는 공무원으로서는 행위 당시의 법률에 따를 수밖에 없으므로, 행위의 근거가 된 법률조항에 대하여 위헌결정이 선고되더라도 위 법률조항에 따라 행위한 당해 공무원에게는 고의 또는 과실이 있다 할 수 없어 국가배상책임은 성립되지 아니한다.

① ㄱ(×), ㄴ(×), ㄷ(○), ㄹ(×)
② ㄱ(×), ㄴ(○), ㄷ(○), ㄹ(○)
③ ㄱ(×), ㄴ(○), ㄷ(×), ㄹ(○)
④ ㄱ(○), ㄴ(○), ㄷ(×), ㄹ(○)
⑤ ㄱ(○), ㄴ(×), ㄷ(○), ㄹ(×)

 해설

ㄱ. **X** 조세 부과의 근거가 되었던 **법률규정이 위헌**으로 선언된 경우, 비록 그에 기한 과세처분이 위헌결정 전에 이루어졌고, 과세처분에 대한 제소기간이 이미 경과하여 **조세채권이 확정**되었으며, 조세채권의 집행을 위한 **체납처분의 근거규정 자체에 대하여는 따로 위헌결정이 내려진 바 없다고 하더라도**, 위와 같은 위헌결정 이후에 조세채권의 집행을 위한 새로운 체납처분에 착수하거나 이를 속행하는 것은 더 이상 허용되지 않고, 나아가 이러한 위헌결정의 효력에 위배하여 이루어진 체납처분은 그 사유만으로 하자가 중대하고 객관적으로 명백하여 **당연무효**라고 보아야 한다(대판 2012.2.16. 2010두10907 전원합의체).

ㄴ. **O** 행정처분의 근거법률이 헌법에 위반된다는 사정은 헌법재판소의 위헌결정이 있기 전에는 객관적으로 명백한 것이라고 할 수는 없으므로 특별한 사정이 없는 한 그러한 하자는 행정처분의 취소사유에 해당할 뿐 당연무효사유는 아니어서, 제소기간이 경과한 뒤에는 행정처분의 근거 법률이 위헌임을 이유로 무효확인소송 등을 제기하더라도 행정처분의 효력에는 영향이 없음이 원칙이다. 따라서 행정처분의 근거가 된 법률조항의 위헌 여부에 따라 당해 행정처분의 무효확인을 구하는 당해 사건 재판의 주문이 달라지거나 재판의 내용과 효력에 관한 법률적 의미가 달라지는 것은 아니므로 재판의 전제성이 인정되지 아니한다(2014.1.28. 2010헌바251).

ㄷ. **O** 헌법재판소법 제68조 제2항에 의한 헌법소원심판은 구체적 규범통제의 헌법소원으로서 기본권의 침해가 있을 것을 그 요건으로 하고 있지 않을 뿐만 아니라 행정처분에 대한 소송절차에서는 그 근거법률의 헌법적합성까지도 심판대상으로 되는 것이므로, 행정처분의 주체인 **행정청**도 헌법의 최고규범력에 따른 구체적 규범통제를 위하여 **근거법률의 위헌 여부에 대한 심판의 제청을 신청**할 수 있고, **헌법재판소법 제68조 제2항의 헌법소원을 제기할 수 있다**(2008.4.24. 2004헌바44).

ㄹ. **O** 일반적으로 법률이 헌법에 위반된다는 사정은 헌법재판소의 위헌결정이 있기 전에는 객관적으로 명백한 것이라고 할 수 없어, 법률이 헌법에 위반되는지 여부를 심사할 권한이 없는 공무원으로서는 행위 당시의 법률에 따를 수밖에 없으므로, 행위의 근거가 된 법률조항에 대하여 **위헌결정이 선고되더라도** 위 법률조항에 따라 행위한 당해 **공무원에게는 고의 또는 과실이 있다** 할 수 없어 국가배상책임은 성립되지 아니한다(2014.4.24. 2011헌바56).

12   18변시-17   정답 ①

헌법재판에서의 가처분에 관한 설명 중 옳지 않은 것은?
(다툼이 있는 경우 판례에 의함)

① 「군사법원법」에 따라 재판을 받는 미결수용자의 면회 횟수를 주 2회로 정한 「군행형법 시행령」 조항의 효력을 정지시키는 가처분을 신청한 사건에서, 헌법재판소는 국방에 관한 국가기밀이 누설될 우려가 있고 미결수용자의 접견을 교도관이 참여하여 감시할 수도 없다는 이유로 가처분 신청을 기각하였다.
② 「헌법재판소법」 제68조 제1항에 의한 헌법소원심판의 가처분에서는 현상유지로 인한 회복하기 어려운 손해 예방의 필요성, 효력정지의 긴급성 요건이 충족되어야 하며, 가처분을 인용한 뒤 본안심판이 기각되었을 때 발생하게 될 불이익과 가처분을 기각한 뒤 본안심판이 인용되었을 때 발생하게 될 불이익을 비교형량하여 인용 여부를 결정한다.
③ 탄핵소추의결을 받은 자의 직무집행을 정지하기 위한 가처분은 인정될 여지가 없다.
④ 입국불허결정을 받은 외국인이 인천공항출입국관리사무소장을 상대로 난민인정심사불회부결정취소의 소를 제기한 후 그 소송수행을 위하여 변호인 접견신청을 하였으나 거부되자, 변호인접견 거부의 효력정지를 구하는 가처분 신청을 한 사건에서, 헌법재판소는 변호인 접견을 허가하여야 한다는 가처분 인용결정을 하였다.
⑤ 현재 시행되고 있는 법령의 효력을 정지시키는 가처분은 그 효력의 정지로 인하여 파급적으로 발생되는 효과가 클 수 있으므로, 일반적인 보전의 필요성이 인정된다고 하더라도 공공복리에 중대한 영향을 미칠 우려가 있을 때에는 인용되어서는 안 된다고 보아야 한다.

해설

① X 헌법재판소는 "위 규정에 대한 가처분신청이 인용된다면 군인의 신분이거나 군형법의 적용을 받는 미결수용자가 외부인과의 잦은 접촉을 통해 공소제기나 유지에 필요한 증거를 인멸하거나 국가방위와 관련된 중요한 국가기밀을 누설할 우려가 있을 수 있으나, 수용기관은 면회에 교도관을 참여시켜 감시를 철저히 하거나 필요한 경우에는 면회를 일시 불허함으로써 증거인멸이나 국가기밀누설을 방지할 수 있으므로, 이 사건 가처분을 인용한다 하여 공공복리에 중대한 영향을 미칠 우려는 없다(2002.4.25. 2002헌사129)."고 판시하여 **가처분 신청을 인용**하였다.

② O 헌법재판소법 제40조 제1항에 따라 준용되는 행정소송법 제23조 제2항의 집행정지규정과 민사소송법 제714조의 가처분규정에 비추어 볼 때, 이와 같은 가처분결정은 ㉠ 헌법소원심판에서 다투어지는 '공권력 행사 또는 불행사의 현상을 그대로 유지시킴으로 인하여 생길 회복하기 어려운 손해를 예방할 필요가 있어야 하고 ㉡ 그 효력을 정지시켜야 할 긴급한 필요가 있어야 한다는 것 등이 그 요건이 된다 할 것이므로, ㉢ 본안심판이 부적법하거나 이유 없음이 명백하지 않는 한, 위와 같은 가처분의 요건을 갖춘 것으로 인정되고, 이에 덧붙여 ㉣ 가처분을 인용한 뒤 종국결정에서 청구가 기각되었을 때 발생하게 될 불이익과 가처분을 기각한 뒤 청구가 인용되었을 때 발생하게 될 불이익에 대한 비교형량을 하여 후자의 불이익이 전자의 불이익보다 크다면 가처분을 인용할 수 있는 것이다(1999.3.25. 98헌사98 ; 2000.12.8. 2000헌사471).

③ O **탄핵소추의결을 받은 자의 직무집행을 정지하기 위한 가처분은 인정될 여지가 없다.** 다만 탄핵소추의 의결을 정지시키는 가처분신청의 경우 탄핵소추의결에 의한 권한행사정지제도가 탄핵소추의결을 받은 자의 권한행사를 절대적으로 정지시키기 위한 것이라고 볼 경우에는 가처분을 인정할 여지가 없겠지만 그렇지 않을 경우에는 탄핵소추의결의 효력을 정지시키는 가처분이 인정될 여지가 있다(성낙인).

④ O 입국불허결정을 받은 외국인이 인천공항출입국관리사무소장(이하 '피신청인'이라 한다)을 상대로 인신보호청구의 소 및 난민인정심사불회부결정취소의 소를 제기한 후 그 소송수행을 위하여 변호인접견신청을 하였으나 피신청인이 이를 거부한 사안에서 "신청인이 피신청인을 상대로 제기한 인신보호법상 수용임시해제청구의 소는 인용되었고, 인신보호청구의 소 역시 항고심에서 인용된 후 재항고심에 계속 중이며, 난민인정심사불회부결정취소의 소 역시 청구를 인용하는 제1심 판결이 선고되었으나, 두 사건 모두 상급심에서 청구가 기각될 가능성을 배제할 수 없다. 신청인이 위 소송 제기 후 5개월 이상 변호인을 접견하지 못하여 공정한 재판을 받을 권리가 심각한 제한을 받고 있는데, 이러한 상황에서 피신청인의 재항고가 인용될 경우 신청인은 변호인 접견을 하지 못한 채 불복의 기회마저 상실하게 되므로 회복하기 어려운 중대한 손해를 입을 수 있다. 위 인신보호청구의 소는 재항고에 대한 결정이 머지않아 날 것으로 보이므로 손해를 방지할 긴급한 필요 역시 인정되고, 이 사건 신청을 기각한 뒤 본안 청구가 인용 될 경우 발생하게 될 불이익이 크므로 이 사건 신청을 인용함이 상당하다(2014.6.5. 2014헌사592)."로 판시하여 가처분 신청을 인용하였다.

⑤ O 헌법재판소법 제40조 제1항에 따라 준용되는 행정소송법 제23조 제2항의 집행정지규정과 민사소송법 제714조의 가처분규정에 의하면, **법령의 위헌확인을 청구하는 헌법소원심판에서의 가처분**은 위헌이라고 다투어지는 법령의 효력을 그대로 유지시킬 경우 회복하기 어려운 손해가 발생할 우려가 있어 가처분에 의하여 임시로 그 법령의 효력을 정지시키지 아니하면 안 될 필요가 있을 때 허용되고, 다만 **현재 시행되고 있는 법령의 효력을 정지시키는 것일 때에는** 그 효력의 정지로 인하여 파급적으로 발생되는 효과가 클 수 있으므로 비록 일반적인 보전의 필요성이 인정된다고 하더라도 공공복리에 중대한 영향을 미칠 우려가 있을 때에는 인용되어서는 안될 것이다(2002.4.25. 2002헌사129).

13 21변시-3 정답 ①

헌법재판의 가처분에 관한 설명 중 옳지 않은 것은? (다툼이 있는 경우 판례에 의함)

① 가처분심판에서 6명의 재판관이 출석하여 4명의 재판관이 인용의견을 냈다면 가처분심판 인용결정이 내려진다.
② 「헌법재판소법」은 정당해산심판과 권한쟁의심판에 대해서 명문으로 가처분제도를 두고 있다.
③ 헌법재판소는 가처분심판의 인용결정을 전원재판부에서만 하였다.
④ 본안심판이 부적법하거나 이유 없음이 명백한 경우에는 가처분을 인용할 수 없다.
⑤ 법령의 효력을 정지시키는 가처분은 비록 일반적인 보전의 필요성이 인정된다고 하더라도 공공복리에 중대한 영향을 미칠 우려가 있는 때에는 인용되어서는 아니 된다.

① X 가처분 신청에 대하여도 재판관 7인 이상의 출석으로 사건을 심리하고, 종국심리에 관여한 재판관 과반수의 찬성으로 사건에 관한 결정을 한다(법 제23조 제1항, 제2항, 헌법재판실무제요 86면).
② O 헌법재판소법은 정당해산심판과 권한쟁의심판에 관해서만 가처분에 관한 규정을 두고 있지만(제57조, 제65조) 헌법재판소법 제68조 제1항에 의한 헌법소원심판절차에 있어서도 가처분의 필요성은 있을 수 있고, 달리 가처분을 허용하지 아니할 상당한 이유를 찾아볼 수 없으므로 헌법소원심판청구사건에서도 가처분은 허용된다(2006.2.23. 2005헌사754).

> **헌법재판소법 제57조(가처분)**
> 헌법재판소는 정당해산심판의 청구를 받은 때에는 직권 또는 청구인의 신청에 의하여 종국결정의 선고 시까지 피청구인의 활동을 정지하는 결정을 할 수 있다.
>
> **헌법재판소법 제65조(가처분)**
> 헌법재판소가 권한쟁의심판의 청구를 받았을 때에는 직권 또는 청구인의 신청에 의하여 종국결정의 선고 시까지 심판 대상이 된 피청구인의 처분의 효력을 정지하는 결정을 할 수 있다.

③ O 명문의 규정은 없지만 실무에서는 지정재판부가 헌법소원심판청구에 대해 각하결정을 할 경우 함께 가처분을 신청을 기각하는 결정을 하고 있다(헌법재판실무제요 87면). 그러나 가처분심판의 인용결정은 전원재판부에서만 하였다.
④ O 헌법소원심판에서 가처분결정은 다투어지는 '공권력 행사 또는 불행사'의 현상을 그대로 유지시킴으로 인하여 생길 회복하기 어려운 손해를 예방할 필요가 있어야 하고 그 효력을 정지시켜야 할 긴급한 필요가 있어야 한다는 것 등이 그 요건이 된다 할 것이므로, 본안심판이 부적법하거나 이유 없음이 명백하지 않는 한, 위와 같은 가처분의 요건을 갖춘 것으로 인정되고, 이에 덧붙여 가처분을 인용한 뒤 종국결정에서 청구가 기각되었을 때 발생하게 될 불이익과 가처분을 기각한 뒤 청구가 인용되었을 때 발생하게 될 불이익에 대한 비교형량을 하여 후자의 불이익이 전자의 불이익보다 크다면 가처분을 인용할 수 있다(2006.2.23. 2005헌사754).
⑤ O 헌법재판소법 제40조 제1항에 따라 준용되는 행정소송법 제23조 제2항의 집행정지규정과 민사소송법 제714조의 가처분규정에 의하면, 법령의 위헌확인을 청구하는 헌법소원심판에서의 가처분은 위헌이라고 다투어지는 법령의 효력을 그대로 유지시킬 경우 회복하기 어려운 손해가 발생할 우려가 있어 가처분에 의하여 임시로 그 법령의 효력을 정지시키지 아니하면 안될 필요가 있을 때 허용되고, 다만 현재 시행되고 있는 법령의 효력을 정지시키는 것일 때에는 그 효력의 정지로 인하여 파급적으로 발생되는 효과가 클 수 있으므로 비록 일반적인 보전의 필요성이 인정된다고 하더라도 공공복리에 중대한 영향을 미칠 우려가 있을 때에는 인용되어서는 안 될 것이다(2002.4.25. 2002헌사129).

14 21변시-14   정답 ⑤

주식회사 甲은 그 사용인인 乙이 甲의 업무에 관하여 「도로법」상 운행조항을 위반한 범죄사실로 「도로법」제86조(이하 '심판대상조항'이라 한다)에 따라 벌금 500,000원의 약식명령을 고지받고 위 약식명령이 확정되었다. 甲은 위 약식명령에 대해서 재심을 청구하면서, 처벌의 근거가 된 심판대상조항에 대해서 위헌법률심판제청신청을 하고자 한다. 다음 설명 중 옳은 것을 모두 고른 것은? (다툼이 있는 경우 판례에 의함)

> 「도로법」제86조(양벌규정)
> 법인의 대표자나 법인 또는 개인의 대리인·사용인 기타의 종업원이 그 법인 또는 개인의 업무에 관하여 제81조 내지 제85조의 규정에 의한 위반행위를 한 때에는 그 행위자를 벌하는 외에 그 법인 또는 개인에 대하여도 각 해당 조의 벌금형을 과한다.
>
> ※ 위 조문은 가상의 것임.

ㄱ. 甲이 제기한 재심의 소가 재심의 요건을 구비하지 못하여 소각하의 판결을 받을 것이 명백한 경우에는 甲이 심판대상조항이 위헌이라고 주장하면서 위헌법률심판제청신청을 하더라도, 심판대상조항은 재심개시절차에서는 원칙적으로 재판의 전제성이 인정되지 아니한다.

ㄴ. 법원은 재심사유가 있다고 판단하였으나 재심개시결정을 하지 아니한 채 심판대상조항에 대해서 직권으로 위헌제청을 한 경우, 그 위헌법률심판제청은 원칙적으로 재판의 전제성이 인정되지 아니하여 부적법하다.

ㄷ. 법원이 재심개시결정을 하고, 그 이후에 甲이 심판대상조항에 대해서 한 위헌법률심판제청신청을 받아들여 위헌법률심판제청을 하였다고 하더라도, 그 재심개시결정이 상급심에서 취소된 경우에는 그 위헌법률심판제청은 원칙적으로 재판의 전제성이 인정되지 아니하여 부적법하다.

ㄹ. 심판대상조항과 별도로 甲이 재심개시절차에서 자신에게 적용될 재심사유가 없다고 판단하여, 「형사소송법」등의 조항들이 재심사유를 지나치게 좁게 규정하고 있는 것이 위헌이라고 주장하며 위헌법률심판제청신청을 할 경우, 그 위헌법률심판제청신청은 재판의 전제성이 인정된다.

ㅁ. 헌법재판소는 심판대상조항이 위헌이라고 판단할 경우, 동일한 내용을 규정한 신법상의 법률조항에도 심판대상을 확장하여 위헌 결정을 할 수 있다.

① ㄱ, ㄹ, ㅁ
② ㄴ, ㄷ, ㅁ
③ ㄱ, ㄴ, ㄷ, ㄹ
④ ㄴ, ㄷ, ㄹ, ㅁ
⑤ ㄱ, ㄴ, ㄷ, ㄹ, ㅁ

해설

⑤ 보기 설명은 모두 옳다.

ㄱ. O 재심의 소가 재심의 요건을 구비하지 못하여 소각하의 판결을 받을 것이 명백한 경우에는 그 본안의 전제가 되는 법률이 위헌이라고 주장하더라도 그 법률은 위 재판의 전제가 되는 법률이 아니라고 할 것이므로 법원은 위 법률의 위헌 여부를 심판하도록 헌법재판소에 제청할 수 없다(대결 1990.11.28. 90마866).

ㄴ. O 형사소송법 제420조, 헌법재판소법 제47조 제4항 등에 의하면 재심은 반드시 법률에서 정한 일정한 사유가 있는 경우에만 청구할 수 있고, 재심의 청구를 받은 법원은 재심의 심판에 들어가기 전에 먼저 재심의 청구가 이유 있는지 여부를 가려 이를 기각하거나 재심개시의 결정을 하여야 하며, 재심개시의 결정이 확정된 뒤에 비로소 법원은 재심대상인 사건에 대하여 그 심급에 따라 다시 심판을 하게 된다. 그러므로 확정된 유죄판결에서 처벌의 근거가 된 법률조항은 재심의 개시 여부를 결정하는 재판에서는 재판의 전제성이 인정되지 않고, 재심의 개시 결정 이후의 '본안사건에 대한 심판'에 있어서만 재판의 전제성이 인정된다. 이 사건 제청법원은 당해사건인 재심사건에서 재심개시결정을 하지 아니한 채 심판대상조항에 대해 위헌제청을 하였으므로, 이 사건 위헌법률심판제청은 재판의 전제성이 인정되지 아니하여 부적법하다(2016.3.31. 2015헌가36).

ㄷ. O 확정된 유죄판결에서 처벌의 근거가 된 법률조항은 '재심의 청구에 대한 심판' 즉, 재심의 개시 여부를 결정하는 재판에서는 재판의 전제성이 인정되지 않고, 재심의 개시 결정이 확정된 이후의 '본안사건에 대한 심판'에 있어서만 재판의 전제성이 인정되므로, 재심의 개시결정 없이 위헌제청이 되거나 재심의 개시결정과 동시에 또는 그 이후에 위헌제청이 되었다고 하더라도 그 재심의 개시결정이 상급심에서 취소된 경우에는 원칙적으로 재판의 전제성이 인정되지 아니한다(2016.3.31. 2015헌가36).

ㄹ. O 재심사유에 관한 형사소송법 제420조는 당해사건에 적용되는 법률조항이라 할 것이다. 나아가, 청구인은 법관의 오판 등을 재심사유에서 제외하고 있는 것이 위헌이라고 주장하는바, 이는 소위 부진정입법부작위의 경우에 해당하고, 이러한 경우 그 법률조항에 대하여 위헌 또는 헌법불합치결정이 선고되고 그 결정의 취지에 따라 당해 법률조항이 개정되는 경우 당해사건의 결과에 영향을 미칠 가능성이 있으므로 재판의 전제성이 인정된다. 따라서 이 부분 심판청구는 적법하다(2011.6.30. 2009헌바430).

ㅁ. O 위헌제청은 개정 전 법률조항에 대하여 이루어졌지만, 개정법률 또는 다른 유사법률에 제청신청된 법률과 마찬가지의 위헌성이 있는 경우 심판대상을 확장할 수 있는가의 문제가 실무상 등장한다. 헌법재판소는 종래 개정법률 등으로 심판대상을 확장하는 것에 부정적이었으나, 근래에 들어 심판대상을 확장하는 사례가 나타나고 있다(헌법재판실무요 57면).

관련판례 국회는 2007. 4. 11. 법률 제8366호로 이 사건 의료법을 전부 개정하여 위 19조의2 제2항이 개정 의료법 제20조 제2항으로 변경되었으나, 그 규율 내용에 있어서는 아무런 변화가 없다. 따라서 위 개정 규정에 관하여도 여전히 의료인의 직업수행의 자유 및 태아 부모의 태아 성별 정보에 대한 접근을 방해받지 않을 권리를 침해하는지 등의 문제가 그대로 발생한다고 할 것인바, 이 사건 규정, 즉 구 의료법 제19조의2 제2항에 대하여 위헌의 선언을 하기로 한 이상, 개정된 의료법 규정의 효력을 그대로 유지시킨다면 이는 위헌적인 상태를 방치하는 결과가 될 것이다. 따라서 법질서의 정합성과 소송경제의 측면에서 개정 의료법에 대하여도 이 사건 규정과 함께 위헌을 선언할 필요가 있다고 할 것이므로, 이 사건 규정과 함께 의료법 제20조 제2항에 대하여도 위헌을 선언하기로 한다(2008.7.31. 2004헌마1010·2005헌바90).

15 19법전협-1-4 정답 ①

헌법재판에서의 가처분에 관한 설명으로 옳지 않은 것은? (다툼이 있는 경우 판례에 의함)

① 재판을 받는 미결수용자의 면회 횟수를 주 2회로 정하고 있는 「군행형법시행령」 규정은 그 효력을 가처분에 의하여 긴급히 정지시켜야 할 급박한 필요성이 인정되지 않는다.

② 「헌법재판소법」 제68조 제1항에 의한 헌법소원심판의 가처분에서는 현상유지로 인한 회복하기 어려운 손해 예방의 필요성과 효력정지의 긴급성 요건이 충족되어야 하며, 가처분을 인용한 뒤 본안심판이 기각되었을 때 발생하게 될 불이익과 가처분을 기각한 뒤 본안심판이 인용되었을 때 발생하게 될 불이익을 비교형량하여 인용 여부를 결정한다.

③ 「헌법재판소법」은 정당해산심판과 권한쟁의심판에 관해서만 가처분에 관한 규정을 두고 있을 뿐, 다른 헌법재판절차에 있어서도 가처분이 허용되는가에 관하여는 명문의 규정을 두고 있지 않다.

④ 위헌법률심판에서 재판의 정지를 구하는 가처분이나 탄핵소추의결을 받은 자의 직무집행을 정지하기 위한 가처분은 허용될 수 없다.

⑤ 가처분이란 본안결정의 실효성 확보를 위해 잠정적으로 임시의 지위를 정하는 것을 주된 내용으로 하는 가(假)구제제도를 말하며, 이는 본안결정 이전에 회복하기 어려운 손해가 발생함으로써 본안결정이 내려지더라도 실효성을 갖지 못하게 되는 사태를 방지하는 데에 그 취지가 있다.

해설

① X 면회제도는 피구속자가 가족 등 외부와 연결될 수 있는 통로를 적절히 개방, 유지함으로써 한편으로는 가족 등 타인과 교류하는 인간으로서의 기본적인 생활관계가 완전히 단절되어 파멸에 이르는 것을 방지하고, 다른 한편으로는 피고인의 방어권 행사에 조력하고자 존재하는 것으로 군행형법시행령의 적용을 받는 미결수용자들의 면회의 권리를 행형법시행령의 적용을 받아 매일 1회 면회할 수 있는 피구속자와 비교하여 합리적인 이유 없이 차별한다면, 군행형법시행령의 적용을 받는 자들은 이로 인하여 인간으로서의 행복추구권이나 피고인으로서의 방어권 행사에 회복하기 어려운 손상을 입게 될 것이다.
위 규정에 대한 가처분신청이 인용된다면 군인의 신분이거나 군형법의 적용을 받는 미결수용자가 외부인과의 잦은 접촉을 통해 공소제기나 유지에 필요한 증거를 인멸하거나 국가방위와 관련된 중요한 국가기밀을 누설할 우려가 있을 수 있으나, 수용기관은 면회에 교도관을 참여시켜 감시를 철저히 하거나 필요한 경우에는 면회를 일시 불허함으로써 증거인멸이나 국가기밀누설을 방지할 수 있으므로, 이 사건 가처분을 인용한다 하여 공공복리에 중대한 영향을 미칠 우려는 없다(2002.4.25. 2002헌사129).

② O 헌법재판소법 제40조 제1항이 준용하는 행정소송법 제23조 제2항의 집행정지규정과 민사집행법 제300조의 가처분규정에 따를 때, 본안심판이 부적법하거나 이유 없음이 명백하지 않고, 헌법소원심판에서 문제된 '공권력 행사 또는 불행사'를 그대로 유지할 경우 발생할 회복하기 어려운 손해를 예방할 필요와 그 효력을 정지시켜야 할 긴급한 필요가 있으며, 가처분을 인용한 뒤 종국결정에서 청구가 기각되었을 때 발생하게 될 불이익과 가처분을 기각한 뒤 청구가 인용되었을 때 발생하게 될 불이익을 비교형량하여 후자의 불이익이 전자의 불이익보다 클 경우 가처분을 인용할 수 있다(2000.12.8. 2000헌사471 ; 1999.3.25. 98헌사98 ; 2018.4.6. 2018헌사242).

③ O 헌법재판소법은 정당해산심판과 권한쟁의심판에 관해서만 가처분에 관한 규정(같은 법 제57조 및 제65조)을 두고 있을 뿐, 다른 헌법재판절차에 있어서도 가처분이 허용되는가에 관하여는 명문의 규정을 두고 있지 않다. 그러나 위 두 심판절차 이외에 같은 법 제68조 제1항 헌법소원심판절차에 있어서도 가처분의 필요성은 있을 수 있고, 달리 가처분을 허용하지 아니할 상당한 이유를 찾아볼 수 없으므로 위 헌법소원심판청구사건에서도 가처분이 허용된다고 할 것이다(2000.12.8. 2000헌사471).

④ O 위헌법률심판에 있어서 법원이 위헌제청을 한 경우에는 당연히 재판이 정지되므로(헌법재판소법 제42조 제1항) 재판의 정지를 구하는 가처분은 허용될 수 없다. 다만 위헌법률심판에서 법률의 효력정지 가처분은 허용된다. / 탄핵소추의 의결을 받은 자는 탄핵심판이 있을 때까지 그 권한행사가 정지되므로(헌법 제65조 제3항, 헌법재판소법 제50조) 직무집행을 정지하기 위한 가처분은 허용될 수 없다.

⑤ O 가처분의 의의에 대한 설명으로 옳다(헌법실무제요 참고).

16   20법전협-3-15   정답 ③

헌법재판에서의 재심과 가처분에 관한 설명으로 옳지 않은 것은? (다툼이 있는 경우 판례에 의함)

① 「헌법재판소법」 제68조 제1항의 헌법소원 중 법령에 대한 헌법소원 심판절차에서는 그 인용결정이 일반적 기속력과 대세적·법규적 효력을 가지기 때문에 원칙적으로 재심을 허용하지 아니함으로써 얻을 수 있는 법적 안정성의 이익이 재심을 허용함으로써 얻을 수 있는 구체적 타당성의 이익보다 높으므로 그 성질상 재심을 허용할 수 없다.

② 위헌으로 결정된 법률 또는 법률의 조항이 「헌법재판소법」 제47조 제3항 단서에 의하여 종전의 합헌결정이 있는 날의 다음 날로 소급하여 효력을 상실하는 경우 합헌결정이 있는 날의 다음 날 이후에 유죄판결이 선고되어 확정되었다면, 비록 범죄행위가 그 이전에 행하여졌더라도 그 판결에 대하여 재심을 청구할 수 있다.

③ 정당해산심판절차에서는 재심을 허용하지 아니함으로써 얻을 수 있는 법적 안정성의 이익이 재심을 허용함으로써 얻을 수 있는 구체적 타당성의 이익보다 더 크므로 재심이 허용되지 않는다.

④ 법령의 위헌확인을 청구하는 「헌법재판소법」 제68조 제1항에 의한 헌법소원심판에서의 가처분은 위헌이라고 주장되는 법령의 효력을 그대로 유지시킬 경우 회복하기 어려운 손해가 발생할 우려가 있어 가처분에 의하여 임시로 그 법령의 효력을 정지시키지 아니하면 안 될 필요가 있을 때 허용된다.

⑤ 권한쟁의심판에서의 가처분결정은 가처분을 인용한 뒤 종국결정에서 청구가 기각되었을 때 발생하게 될 불이익과 가처분을 기각한 뒤 청구가 인용되었을 때 발생하게 될 불이익에 대한 비교형량의 결과 후자의 불이익이 전자의 불이익보다 클 때에 한하여 허용될 수 있다.

 해설

① O 헌법재판소법 제68조에 따른 헌법소원 중 법령에 대한 헌법소원 심판절차에서는 그 인용결정이 위헌법률심판의 경우와 마찬가지로 일반적 기속력과 대세적·법규적 효력을 가지기 때문에 원칙적으로 재심을 허용하지 아니함으로써 얻을 수 있는 법적 안정성의 이익이 재심을 허용함으로써 얻을 수 있는 구체적 타당성의 이익보다 높으므로 그 성질상 재심을 허용할 수 없다. 반면, 헌법재판소법 제68조 제1항에 따른 헌법소원 중 행정작용에 속하는 공권력 작용을 대상으로 하는 심판절차에서는, 그 결정의 효력이 원칙적으로 소송당사자 사이에서만 미치기 때문에 재심을 허용함이 상당하다(2016.5.26. 2015헌아20).

② O 위헌으로 결정된 법률 또는 법률의 조항이 「헌법재판소법」 제47조 제3항 제3항 단서에 의하여 종전의 합헌결정이 있는 날의 다음 날로 소급하여 효력을 상실하는 경우 합헌결정이 있는 날의 다음 날 이후에 유죄판결이 선고되어 확정되었다면, 비록 범죄행위가 그 이전에 행하여졌더라도 그 판결은 위헌결정으로 인하여 소급하여 효력을 상실한 법률 또는 법률의 조항을 적용한 것으로서 '위헌으로 결정된 법률 또는 법률의 조항에 근거한 유죄의 확정판결'에 해당하므로 이에 대하여 재심을 청구할 수 있다(대결 2016.11.10. 2015모1475, 2020.2.27. 2017헌바420).

③ X 정당해산심판절차에서는 재심을 허용하지 아니함으로써 얻을 수 있는 법적 안정성의 이익보다 재심을 허용함으로써 얻을 수 있는 구체적 타당성의 이익이 더 크므로 재심을 허용하여야 한다(2016.5.26. 2015헌아20).

④ O 법령의 위헌확인을 청구하는 헌법소원심판에서의 가처분은 위헌이라고 다투어지는 법령의 효력을 그대로 유지시킬 경우 회복하기 어려운 손해가 발생할 우려가 있어 가처분에 의하여 임시로 그 법령의 효력을 정지시키지 아니하면 안될 필요가 있을 때 허용되고, 다만 현재 시행되고 있는 법령의 효력을 정지시키는 것일 때에는 그 효력의 정지로 인하여 파급적으로 발생되는 효과가 클 수 있으므로 비록 일반적인 보전의 필요성이 인정된다고 하더라도 공공복리에 중대한 영향을 미칠 우려가 있을 때에는 인용되어서는 안될 것이다(2002.4.25. 2002헌사129).

⑤ O 권한쟁의심판은 심판정에서 구두 변론기일에 당사자·이해관계인 기타 참고인의 진술을 듣고 증거조사를 하여 사실적인 측면과 헌법 또는 법률적인 견해에 대한 변론을 하게 된다(헌법재판소법 제30조·제31조). 재판부는 쟁점을 판단하는데 필요한 사실 확정을 한 다음 이를 바탕으로 피청구인의 처분 또는 부작위가 헌법 또는 법률에 의하여 부여받은 청구인의 권한을 침해하였거나 침해할 현저한 위험이 있는지 여부, 즉 청구인과 피청구인 상호간의 권한의 존부 또는 범위에 대한 평의를 거쳐 종국결정에 이르게 되고 이러한 과정을 밟는데는 상당한 시일을 요한다. 이와 같은 이유 때문에 헌법재판소가 직권 또는 청구인의 신청에 따라 심판대상이 된 피청구기관의 처분의 효력을 정지하는 가처분신청은 본안사건이 부적법하거나 이유없음이 명백하지 않는한, 가처분을 인용한 뒤 종국결정에서 청구가 기각되었을 때 발생하게 될 불이익과 가처분을 기각한 뒤 청구가 인용되었을 때 발생하게 될 불이익에 대한 비교형량을 하는 것이 가장 중요한 요건이 될 수 밖에 없고 이 비교형량의 결과 후자의 불이익이 전자의 불이익보다 클 때에 한하여 가처분결정을 허용할 수 있는 것이다(1999.3.25. 98헌사98).

제2장 | 위헌법률심판

01 12변시-14   정답 ②

위헌법률심판의 적법성에 관한 설명 중 옳은 것은? (다툼이 있는 경우 판례에 의함)

① 위헌법률심판의 적법요건으로서의 재판의 전제성에서 '재판'이라 함은 판결·결정·명령 등 그 형식 여하와 본안에 관한 재판이거나 소송절차에 관한 재판이거나를 불문하지만, 중간재판은 이에 포함되지 않는다.
② 법원의 위헌법률심판제청에 있어 위헌 여부가 문제되는 법률 또는 법률조항이 재판의 전제성 요건을 갖추고 있는지 여부는 되도록 제청법원의 이에 관한 법률적 견해를 존중해야 하는 것이 원칙이고, 다만 그 전제성에 관한 법률적 견해가 명백히 유지될 수 없을 경우에 헌법재판소가 이를 부정할 수 있다.
③ 행정처분의 근거가 된 법률이 헌법재판소에서 위헌으로 결정된 경우에는 그 전에 이미 집행이 종료된 행정처분이라 하더라도 당연무효가 되는 것으로 보아야 한다.
④ 재판의 전제성은 법원에 의한 법률의 위헌심판제청 당시에만 있으면 되고, 헌법재판소의 위헌법률심판의 시점에도 충족되어야 하는 것은 아니다.
⑤ 수소법원뿐만 아니라 집행법원도 제청권한이 있으며, 비송사건 담당법관의 경우는 물론, 헌법 제107조 제3항과 행정심판법 등에 근거를 두고 설치되어 행정심판을 담당하는 각종 행정심판기관도 제청권을 갖는다.

 해설

① X 헌법재판소법 제68조 제2항에 의한 헌법소원심판은 심판대상이 된 법률조항이 헌법에 위반되는 여부가 관련사건에서 재판의 전제가 된 경우에 한하여 청구될 수 있는데, 여기서 "재판"이라 함은 판결·결정·명령 등 그 형식 여하와 본안에 관한 재판이거나 소송절차에 관한 재판이거나를 불문하며, 심급을 종국적으로 종결시키는 **종국재판뿐만 아니라 중간재판도 이에 포함**된다(1996.12.26. 94헌바1).
② O 위헌여부가 문제되는 법률 또는 법률조항이 재판의 전제성요건을 갖추고 있는지의 여부는 되도록 제청법원의 이에 관한 법률적 견해를 존중해야 하고, 다만 그 전제성에 관한 법률적 견해가 명백히 유지될 수 없을 때에만 헌법재판소가 그 제청을 부적법하다 하여 각하할 수 있다(1999.9.16. 98헌가6).
③ X 법률에 근거하여 행정처분이 발하여진 후에 헌법재판소가 그 행정처분의 근거가 된 법률을 위헌으로 결정하였다면 결과적으로 행정처분은 법률의 근거가 없이 행하여진 것과 마찬가지가 되어 하자가 있는 것이 되나, 하자 있는 행정처분이 당연무효가 되기 위하여는 그 하자가 중대할 뿐만 아니라 명백한 것이어야 하는데, 일반적으로 법률이 헌법에 위반된다는 사정이 헌법재판소의 위헌결정이 있기 전에는 객관적으로 명백한 것이라고 할 수는 없으므로 헌법재판소의 위헌결정 전에 행정처분의 근거되는 당해 법률이 헌법에 위반된다는 사유는 특별한 사정이 없는 한 그 행정처분의 취소소송의 전제가 될 수 있을 뿐 당연무효사유는 아니라고 봄이 상당하다(대판 1994.10.28. 92누9463).
④ X 재판의 전제성은 법률의 위헌여부심판제청시만 아니라 심판시에도 갖추어져야 함이 원칙이다(1993.12.23. 93헌가2).
⑤ X 행정심판을 담당하는 각종 **행정심판기관은 제청권을 갖는 법원이라 할 수 없다.**

02 21법전협-3-13   정답 ②

위헌법률심판에 관한 설명 중 옳지 않은 것을 모두 고른 것은? (다툼이 있는 경우 판례에 의함)

ㄱ. 헌법 제107조 제1항, 「헌법재판소법」 제41조, 제43조 등의 규정취지는 법원은 문제되는 법률조항이 담당법관 스스로의 법적 견해에 의하여 단순한 의심을 넘어서 위헌의 확신이 있는 경우에만 위헌여부심판을 제청하라는 취지이다.
ㄴ. 제청된 법률의 위헌여부가 법원이 앞으로 진행될 소송절차와 관련한 중요한 문제점을 선행결정해야 하는지 여부의 판단에 영향을 주는 경우도 재판의 전제성이 있다.
ㄷ. 「형사소송법」에 의하여 법원이 행하는 증거채부결정은 당해 소송사건을 종국적으로 종결시키는 재판은 아니라고 하더라도, 그 자체가 법원의 의사결정으로서 헌법 제107조 제1항과 「헌법재판소법」 제41조 제1항에 규정된 재판에 해당한다.
ㄹ. 정당한 사유 없이 예비군 훈련을 받지 아니한 사람을 처벌하는 「향토예비군설치법」 및 「예비군법」 조항에 대한 법원의 위헌법률심판제청은, 대법원이 진정한 양심에 따른 예비군 훈련 거부가 위 조항들의 '정당한 사유'에 해당한다고 판단하였다고 하더라도, 헌법적 해명의 필요성이 있는 이상 재판의 전제성이 인정된다.

① ㄱ, ㄷ   ② ㄱ, ㄹ
③ ㄴ, ㄷ   ④ ㄱ, ㄴ, ㄹ
⑤ ㄴ, ㄷ, ㄹ

 해설

② 위헌법률심판에 관한 설명 중 옳지 않은 것은 ㄱ, ㄹ 이다.
ㄱ. X 헌법 제107조 제1항, 헌법재판소법 제41조, 제43조 등의 규정취지는 법원은 문제되는 법률조항이 담당법관 스스로의 법적 견해에 의하여 단순한 의심을 넘어선 합리적인 위헌의 의심이 있으면 위헌여부심판을 제청을 하라는 취지이고, 헌법재판소로서는 제청법원의 이 고유판단을 될 수 있는 대로 존중하여 제청신청을 받아들여 헌법판단을 하는 것이다(1993.12.23. 93헌가2).

ㄴ. O 제청된 법률이 위헌으로 심판되는 여부가 법원이 앞으로 진행될 소송절차와 관련한 중요한 문제점을 선행결정하여야 하는 여부의 판단에 영향을 주는 경우도 전제성이 있다고 보아야 한다(1994.2.24. 91헌가3).

ㄷ. O 헌법재판소법 제68조 제2항에 의한 헌법소원심판은 심판대상이 된 법률조항이 헌법에 위반되는 여부가 관련사건에서 재판의 전제가 된 경우에 한하여 청구될 수 있는데, 여기서 "재판"이라 함은 판결·결정·명령 등 그 형식 여하와 본안에 관한 재판이거나 소송절차에 관한 재판이거나를 불문하며, 심급을 종국적으로 종결시키는 종국재판뿐만 아니라 중간재판도 이에 포함된다. 법 제295조에 의하여 법원이 행하는 증거채부결정은 당해 소송사건을 종국적으로 종결시키는 재판은 아니라고 하더라도, 그 자체가 법원의 의사결정으로서 헌법 제107조 제1항과 헌법재판소법 제41조 제1항 및 제68조 제2항에 규정된 재판에 해당된다(1996.12.26. 94헌바1).

ㄹ. X 대법원은 진정한 양심에 따른 예비군 훈련 거부는 심판대상조항의 '정당한 사유'에 해당한다고 판단하였다. 그렇다면 진지한 양심의 결정에 따라 예비군 훈련을 거부하는 사람에 대한 처벌 문제는 심판대상조항의 위헌 여부가 아니라 법원의 구체적 판단에 달린 문제로 남게 되었다. 제청법원들은 제청신청인들이 진정한 양심에 따른 예비군 훈련 거부자에 해당하는지 여부를 심리하고 이를 바탕으로 정당한 사유의 존부를 가려 유·무죄 판결을 하면 되므로, 이 사건 위헌법률심판제청은 '심판대상조항이 헌법에 위반되는지 여부에 따라 당해 사건을 담당하는 법원이 다른 내용의 재판을 하게 되는 경우'에 해당한다고 볼 수 없다(2021.2.25. 2013헌가13 등).

03 13변시-18 정답 ②

헌법재판소 결정의 효력에 관한 설명 중 옳지 않은 것은? (다툼이 있는 경우 판례에 의함)

① 공권력의 행사 또는 불행사가 위헌인 법률에 기인한 것이라고 인정될 때에는 인용결정에서 해당 법률이 위헌임을 함께 선고할 수 있다.

② 헌법재판소법에 의하면, 위헌법률심판에서의 모든 결정은 법원과 그 밖의 국가기관 및 지방자치단체를 기속한다.

③ 헌법재판소법 제68조 제2항에 따른 헌법소원이 인용된 경우에는 당해사건이 법원에서 이미 확정되었더라도 당사자는 재심을 청구할 수 있다.

④ 형벌에 관한 법률 또는 법률의 조항에 대해 위헌결정이 선고된 경우 이미 유죄의 확정판결을 받았던 자는 재심을 청구할 수 있다.

⑤ 불처벌의 특례를 규정한 법률조항이 형벌에 관한 것이기는 하지만, 위헌결정의 소급효를 인정할 경우 오히려 형사처벌을 받지 않았던 자들에게 형사상의 불이익이 미치게 되므로 위헌결정의 소급효가 인정되지 않는다.

① O 헌법재판소법 제75조 제5항

헌법재판소법 제75조(인용결정)
② 제68조 제1항에 따른 헌법소원을 인용할 때에는 인용결정서의 주문에 침해된 기본권과 침해의 원인이 된 공권력의 행사 또는 불행사를 특정하여야 한다.
⑤ 제2항의 경우에 헌법재판소는 공권력의 행사 또는 불행사가 위헌인 법률 또는 법률의 조항에 기인한 것이라고 인정될 때에는 인용결정에서 해당 법률 또는 법률의 조항이 위헌임을 선고할 수 있다.

② X 법률의 위헌결정은 법원과 그 밖의 국가기관 및 지방자치단체를 기속하는 것이지(헌법재판소법 제47조 제1항), 위헌법률심판의 모든 결정이 법원과 그 밖의 국가기관 및 지방자치단체를 기속하는 것은 아니다.

③ O 헌법재판소법 제75조 제7항에 의하여 제68조 제2항의 헌법소원이 인용된 경우에 당해 헌법소원과 관련된 소송사건이 이미 확정된 때에는 당사자는 재심을 청구할 수 있다.

④ O 헌법재판소법 제47조 제4항

헌법재판소법 제47조(위헌결정의 효력)
③ 제2항에도 불구하고 형벌에 관한 법률 또는 법률의 조항은 소급하여 그 효력을 상실한다. 다만, 해당 법률 또는 법률의 조항에 대하여 종전에 합헌으로 결정한 사건이 있는 경우에는 그 결정이 있는 날의 다음 날로 소급하여 효력을 상실한다.
④ 제3항의 경우에 위헌으로 결정된 법률 또는 법률의 조항에 근거한 유죄의 확정판결에 대하여는 재심을 청구할 수 있다.

⑤ O 특례법 제4조 제1항은 비록 형벌에 관한 것이기는 하지만 **불처벌의 특례**를 규정한 것이어서 위 법률조항에 대한 위헌결정의 소급효를 인정할 경우 오히려 형사처벌을 받지 않았던 자들에게 형사상의 불이익이 미치게 되므로 이와 같은 경우까지 헌법재판소법 제47조 제2항 단서의 적용범위에 포함시키는 것은 그 규정 취지에 반하고, 따라서 위 법률조항이 헌법에 위반된다고 선고되더라도 형사처벌을 받지 않았던 자들을 소급하여 처벌할 수 없다(1997.1.16. 90헌마110·136).

04 14변시-15 정답 ⑤

헌법재판소 결정의 효력에 관한 설명 중 옳지 않은 것은? (다툼이 있는 경우 판례에 의함)

① 형벌에 관한 법령이 헌법재판소의 위헌결정으로 인하여 소급하여 그 효력을 상실하였거나 법원에서 위헌·무효로 선언된 경우, 법원은 당해 법령을 적용하여 공소가 제기된 피고사건에 대하여 형사소송법 제325조(무죄의 판결)에 따라 무죄를 선고하여야 한다.
② 헌법재판소법에 의하면, 위헌법률심판에서의 위헌결정은 법원과 그 밖의 국가기관 및 지방자치단체를 기속하고, 권한쟁의심판의 결정과 헌법소원의 인용결정은 모든 국가기관과 지방자치단체를 기속한다.
③ 헌법재판소의 위헌결정에 소급효를 인정할 것인가의 문제는 특별한 사정이 없는 한 헌법적합성의 문제라기보다는 입법정책의 문제이므로, 형벌 법규에 대한 위헌결정의 경우를 제외하고 법적 안정성을 더 높이 평가한 입법자의 판단은 헌법상 법치주의원칙에서 파생된 법적 안정성 내지 신뢰보호의 원칙에 의하여 정당화된다.
④ 구체적 규범통제의 실효성 보장의 견지에서 법원의 제청, 헌법소원의 청구 등을 통하여 헌법재판소에 법률의 위헌결정을 위한 계기를 부여한 당해 사건, 위헌결정이 있기 전에 이와 동종의 위헌 여부에 관하여 헌법재판소에 위헌제청을 하였거나 법원에 위헌제청신청을 한 경우의 당해 사건, 그리고 따로 위헌제청신청을 아니하였지만 당해 법률 또는 법률의 조항이 재판의 전제가 되어 법원에 계속 중인 사건은 위헌결정의 소급효가 인정된다.
⑤ 위헌법률심판은 법원이 헌법재판소에 제청하는 것이기 때문에 당해 사건의 당사자는 위헌법률심판사건의 당사자라고 할 수 없으나, 위헌법률심판제청신청을 한 사람은 위헌법률심판제청에 따른 헌법재판소 결정의 효력을 받는 자로서 권리구제를 위한 구체적 타당성의 요청이 현저한 경우에 헌법재판소 결정에 대하여 재심을 청구할 수 있다.

 해설

① ○ 대판 2010.12.16. 2010도5986 전원합의체
② ○ 법률의 위헌결정은 법원과 그 밖의 국가기관 및 지방자치단체를 기속한다(헌법재판소법 제47조 제1항). 헌법재판소의 권한쟁의심판의 결정은 모든 국가기관과 지방자치단체를 기속한다(헌법재판소법 제67조 제1항). 헌법소원의 인용결정은 모든 국가기관과 지방자치단체를 기속한다(헌법재판소법 제75조 제1항).
③, ④ ○ 헌법재판소가 형벌법규가 아닌 일반사건 법률에도 예외적으로 소급효를 인정하고 있는 경우에 대한 설명이다(1993.5.13. 92헌가10 등).
⑤ ✗ 위헌법률심판의 제청은 법원이 헌법재판소에 대하여 하는 것이기 때문에 당해사건에서 법원으로 하여금 **위헌법률심판을 제청하도록 신청을 한 사람은 위헌법률심판사건의 당사자라고 할 수 없다.** 원래 재심은 재판을 받은 당사자에게 이를 인정하는 특별한 불복절차이므로 청구인처럼 위헌법률심판이라는 재판의 당사자가 아닌 사람은 그 재판에 대하여 **재심을 청구할 수 있는 지위 내지 적격을 갖지 못한다**(2004.9.23. 2003헌아61).

제3장 | 헌법소원심판

01 22변시-17 정답 ④

「헌법재판소법」제68조 제1항에 의한 헌법소원심판청구의 적법요건에 관한 설명 중 옳지 않은 것은? (다툼이 있는 경우 판례에 의함)

① 심판청구를 교환적으로 변경하였다면 변경에 의한 신청구는 원칙적으로 그 청구변경서를 제출한 때에 제기한 것이라 볼 것이고, 이 시점을 기준으로 하여 청구기간의 준수 여부를 가려야 한다.
② 법학전문대학원의 총 입학정원이 한정되어 있는 상태에서 여성만이 진학할 수 있는 법학전문대학원의 설치를 인가한 것은 남성들이 진학할 수 있는 법학전문대학원의 정원에 영향을 미치므로, 법학전문대학원 입학을 준비 중인 남성들은, 교육부장관이 여성만이 진학할 수 있는 대학에 법학전문대학원 설치를 인가한 처분의 직접적인 상대방이 아니더라도 기본권침해의 자기관련성이 인정된다.
③ 아직 기본권의 침해는 없으나 장래에 확실히 기본권침해가 예측되는 경우에는 미리 헌법소원심판청구가 가능하고, 이때 별도로 청구기간 도과에 관한 문제는 발생하지 않는다.
④ 구성요건조항과 구성요건조항 위반에 대한 벌칙·과태료 조항이 별도로 규정되어 있는 경우, 청구인이 벌칙·과태료 조항에 대하여 그 법정형이나 액수가 과다하여 그 자체가 위헌임을 주장하였더라도 그 벌칙·과태료 조항에 대해서는 기본권침해의 직접성을 인정할 수 없다.
⑤ 헌법소원심판청구 후 심판대상이 되었던 법령조항이 개정되어 더 이상 청구인에게 적용될 여지가 없게 된 경우에는 심판대상인 구법 조항에 대하여 위헌결정을 받을 주관적 권리보호이익이 소멸된다.

 해설

① ○ 헌법소원심판청구를 교환적으로 변경한 경우 변경에 의한 신청구는 그 청구변경를 제출한 때에 제기한 것이라 볼 것이고 따라서 이 시점을 기준으로 청구기간의 준수여부를 가려야 한다(1992.6.26. 91헌마134).
② ○ 전체 법학전문대학원의 총 입학정원이 한정되어 있는 상태에서 이 사건 인가처분이 여성만이 진학할 수 있는 여자대학에 법학전문대학원 설치를 인가한 것은, 결국 청구인들과 같은 남성들이 진학할 수 있는 법학전문대학원의 정원이 여성에 비하여 적어지는 결과를 초래하여 청구인들의 직업선택의 자유, 평등권을 침해할 가능성이 있으므로, 이 사건 인가처분의 직접적인 상대방이 아닌 제3자인 청구인들에게도 기본권 침해의 자기관련성이 인정된다(2013.5.30. 2009헌마514).
③ ○ 청구기간을 준수하였는지 여부는 이미 기본권침해가 발생한 경우에 비로소 문제될 수 있는 것인데, 이 사건의 경우와 같이 아직 기본권의 침해는 없으나 장래 확실히 기본권침해가 예측되므로 미리 앞당겨 현재의 법적 관련성을 인정하는 경우에는 청구기간 도과의 문제가 발생할 여지가 없다(2001.2.22. 2000헌마25).

④ X 벌칙·과태료 조항의 전제가 되는 구성요건 조항이 별도로 규정되어 있는 경우에, 벌칙·과태료 조항에 대하여는 청구인이 그 법정형이 체계정당성에 어긋난다거나 과다하다는 등 그 자체가 위헌임을 주장하고 있지 않는 한 직접성을 인정할 수 없다 (2018.6.28. 2016헌마473).

⑤ O 헌법소원심판청구 후 심판의 대상이 되었던 법령조항이 개정되어 더 이상 청구인에게 적용될 여지가 없게 된 경우에는, 특별한 사정이 없는 한 심판대상인 구법조항에 대하여 위헌결정을 받을 주관적 권리보호의 이익은 소멸하므로, 그러한 헌법소원 심판청구는 부적법하다(2009.4.30. 2007헌마106).

02 13변시-15   정답 없음(출제 당시 정답 ④)

헌법재판소법 제68조 제1항에 의한 헌법소원에 대한 설명 중 옳지 않은 것은? (다툼이 있는 경우 판례에 의함)

① 국회의원총선거에 참여하여 의석을 얻지 못하고 유효투표총수의 100분의 2 이상을 득표하지 못한 때 등록을 취소한다는 정당법 등록취소규정은 그 자체에 의하여 곧바로 정당이 소멸되는 것이 아니라, 중앙선거관리위원회의 심사 및 그에 이은 등록취소라는 집행행위에 의하여 비로소 정당이 소멸하게 되므로 이 법규정은 기본권침해의 직접성이 없다.

② 법률에 의한 기본권 침해의 경우 제3자의 자기관련성을 어떠한 경우에 인정할 수 있는가의 문제는 입법의 목적 및 실질적인 규율대상, 법규정에서의 제한이나 금지가 제3자에게 미치는 효과나 진지성의 정도 및 규범의 직접적인 수규자에 의한 헌법소원 제기의 기대가능성 등을 종합적으로 고려하여 판단하여야 한다.

③ 법령에 대한 헌법소원심판은 법령이 시행된 후에 비로소 그 법령에 해당하는 사유가 발생하여 기본권의 침해를 받게 된 경우에는 그 사유가 발생하였음을 안 날부터 90일 이내에, 그 사유가 발생한 날부터 1년 이내에 청구하여야 한다.

④ 개정된 법령이 종전에 허용하던 영업을 금지하는 규정을 신설하면서 부칙에 유예기간을 둔 경우 그 법령 시행 전부터 영업을 해오던 사람은 유예기간 이후가 되어야 비로소 그 영업을 할 수 없으므로, 그 법령 시행일에 기본권의 침해를 받은 것으로 볼 것이 아니라 부칙에 의한 유예기간 이후가 되어야 비로소 기본권의 침해를 받은 것으로 보아야 한다.

⑤ 교도소장의 수형자에 대한 출정제한행위는 권력적 사실행위로서 행정소송의 대상이 된다고 단정하기 어렵고, 가사 행정소송의 대상이 된다고 하더라도 이미 종료된 행위로서 소의 이익이 부정되어 각하될 가능성이 높으므로, 수형자에게 그에 의한 권리구제절차를 밟을 것을 기대하기는 곤란하므로 이에 대한 헌법소원은 보충성원칙의 예외에 해당한다.

① O 이 사건 등록취소규정에 의하여 청구외 사회당이 소멸하여 그 결과 청구인 주장의 기본권이 침해되는 것이 아니라 위 규정 소정의 등록취소사유에 해당되는지 여부에 대한 중앙선거관리위원회의 심사 및 그에 이은 등록취소라는 집행행위에 의하여 비로소 정당이 소멸하게 된다. 그리고 중앙선거관리위원회의 이 사건 사회당에 대한 등록취소처분이 행정소송의 대상이 됨은 명백하다고 할 것이고 그 정당 등록취소처분의 취소소송절차에서의 위 규정에 의한 등록취소사유(예컨대 소정의 득표율에 미달되었는지 여부)에 대한 사실관계 확정과 더불어 얼마든지 위 규정에 대한 위헌 여부의 제청을 구할 수 있는 것이며 그 외 달리 그러한 절차경유가 곤란하거나 부당하다고 볼 사정 또는 그러한 절차의 경유가 실효성이 없다고 볼 사정은 찾아보기 어렵다. 따라서 이 사건 등록취소규정은 기본권 침해의 직접성이 없다(2006.4.27. 2004헌마562).

② O 기본권을 침해받은 자라 함은 공권력의 행사 또는 불행사로 인하여 자기의 기본권이 현재 그리고 직접적으로 침해받은 자를 의미하며 단순히 간접적이거나 사실적인 이해관계가 있을 뿐인 제3자는 이에 해당하지 않는다(1993.7.29. 89헌마123). 그러나 예외적으로 공권력작용의 직접적인 상대방이 아닌 제3자라고 하더라도 공권력의 작용이 그 제3자의 기본권을 직접적이고 법적으로 침해하고 있는 경우에는 그 제3자에게 자기관련성이 있다(1993.3.11. 91헌마233). 어떠한 경우에 제3자의 자기관련성을 인정할 수 있는가의 문제는 무엇보다도 ㉠ 법의 목적, ㉡ 실질적인 규율대상, ㉢ 법규정에서 제한이나 금지가 제3자에게 미치는 효과나 진지성의 정도, ㉣ 규범의 직접적인 수규자에 의한 헌법소원제기의 기대가능성 등을 종합적으로 고려하여 판단해야 한다(1997.9.25. 96헌마133).

③ O 법령이 기본권을 침해하는 것일 때에는 그 법령의 시행과 동시에 침해가 시작되는 것이므로 헌법소원의 심판청구는 원칙적으로 그 **법률이 시행된 사실을 안 날로부터 90일 이내에, 법률이 시행된 날로부터 1년 이내**에 하여야 할 것이지만, 법률이 시행된 후에 비로소 그 법률에 해당하는 사유가 발생하여 기본권의 침해를 받게 된 경우에는 그 사유가 발생했음을 안 날로부터 90일 이내에 그 사유가 발생한 날로부터 1년 이내에 헌법소원을 청구하면 되는 것이다(1991.11.12. 89헌마88).

④ O 부칙규정에 의하여 법 시행일로부터 1년간의 유예기간을 두어 1년이 되는 시점까지만 의약품도매상을 할 수 있도록 한 경우에는, 법 시행일에 이미 일정한 시점 이후부터는 영업을 할 수 없도록 기간을 제한받은 것이므로 청구인은 법시행일에 유예기간과 관계없이 기본권의 침해를 받은 것으로 보아야 한다(1996.3.28. 93헌마198).

⑤ O 이 사건 각 출정제한행위는 권력적 사실행위로서 행정소송의 대상이 된다고 단정하기 어렵고, 가사 행정소송의 대상이 된다고 하더라도 이미 종료된 행위로서 소의 이익이 부정되어 각하될 가능성이 많으므로, 청구인에게 그에 의한 권리구제절차를 밟을 것을 기대하기는 곤란하다. 따라서 이에 대한 헌법소원은 보충성 원칙의 예외로서 적법하다고 할 것이다(2012.3.29. 2010헌마475).

03 14변시-16   정답 ①, ④

헌법재판소법 제68조 제1항에 의한 헌법소원에 관한 설명 중 옳은 것은? (다툼이 있는 경우 판례에 의함)

① 국가인권위원회의 진정사건 기각결정은 헌법소원심판의 대상이 되는 공권력의 행사에 해당하나, 법원의 확립된 판례에 의하면 행정처분성이 인정되므로 행정심판이나 행정소송 등의 사전 구제절차를 경유하지 않은 헌법소원은 보충성 원칙에 위배된다.

② 헌법재판소장은 헌법재판소에 재판관 3명으로 구성되는 지정재판부를 두어 헌법소원심판의 사전심사를 담당하게 할 수 있고, 지정재판부는 헌법소원심판청구가 명백히 부적법하거나 이유 없는 경우에는 전원의 일치된 의견으로 각하한다.

③ 관할경찰서장이 옥외집회신고서를 법률상 근거 없이 반려한 행위는 기본권침해 가능성이 없어 헌법소원의 대상이 되는 공권력의 행사에 해당되지 않는다.

④ 죽음에 임박한 환자로서 무의미한 연명치료에서 벗어나 자연스럽게 죽음을 맞이할 연명치료의 중단 등에 관한 법률을 제정하지 아니한 국회의 입법부작위의 위헌성을 다투는 헌법소원에서, 환자의 자녀들은 정신적 고통을 감수하고 경제적 부담을 진다는 점에서 이해관계를 가지고 있으나, 이러한 이해관계는 간접적, 사실적 이해관계에 불과하여 위 입법부작위를 다툴 자기관련성이 인정되지 아니한다.

⑤ 신규 법무사의 수요가 경력직 공무원과 시험합격자라는 두 가지 공급원을 통하여 충당되고, 법무사 시험의 선발인원이 수급상 필요에 따라 결정되어 경력직 공무원에 대한 충원이 중단된다면 시험합격자에 의한 충원의 기회가 늘어날 가능성이 있다고 하더라도, 법무사 시험을 준비 중인 사람은 경력직 공무원에게 법무사 자격을 부여하는 법률조항의 수범자가 아니므로, 이를 다툴 자기관련성이 인정되지 아니한다.

 해설

① O 출제당시에는 틀린 지문이었으나, 판례변경으로 현재는 옳은 지문이다.
  관련판례 국가인권위원회는 법률상의 독립된 국가기관이고, 피해자인 진정인에게는 국가인권위원회법이 정하고 있는 구제조치를 신청할 법률상 신청권이 있는데 국가인권위원회가 진정을 각하 및 기각결정을 할 경우 피해자인 진정인으로서는 자신의 인격권 등을 침해하는 인권침해 또는 차별행위 등이 시정되고 그에 따른 구제조치를 받을 권리를 박탈당하게 되므로, **진정에 대한 국가인권위원회의 각하 및 기각결정**은 피해자인 진정인의 권리행사에 중대한 지장을 초래하는 것으로서 항고소송의 대상이 되는 **행정처분**에 해당하므로, 그에 대한 다툼은 우선 행정심판이나 행정소송에 의하여야 할 것이다.
  따라서 이 사건 심판청구는 행정심판이나 행정소송 등의 사전 구제절차를 모두 거친 후 청구된 것이 아니므로 **보충성 요건을 충족하지 못하였다**(2015.3.26. 2013헌마214).

② X 심판청구가 명백히 부적법하거나 이유 없는 경우의 사유는 지정재판부 전원의 일치된 의견으로 각하하는 사유가 아니다(헌법재판소법 제72조 제3항).

  헌법재판소법 제72조
  ③ 지정재판부는 다음 각호의 1에 해당되는 경우에는 지정재판부 재판관 전원의 일치된 의견에 의한 결정으로 헌법소원의 심판청구를 각하한다.
    1. 다른 법률에 의한 구제절차가 있는 경우 그 절차를 모두 거치지 않거나 또는 법원의 재판에 대하여 헌법소원의 심판이 청구된 경우
    2. 제69조의 규정에 의한 청구기간이 경과된 후 헌법소원심판이 청구된 경우
    3. 제25조의 규정에 의한 대리인의 선임없이 청구된 경우

③ X 서울남대문경찰서장의 법률상 근거없는 **옥외집회신고서의 반려행위**는 주무(主務) 행정기관에 의한 행위로서 기본권침해 가능성이 있는 **공권력의 행사에 해당한다**(2008.5.29. 2007헌마712).

④ O 환자의 자녀들은 이 사건 입법부작위 심판청구에 대해서는 자기관련성이 없다(2009.11.26. 2008헌마385).

⑤ X 경력공무원에 의한 신규 법무사의 충원이 중단된다면 시험합격자에 의한 충원의 기회는 개념상 늘어날 수밖에 없어서 청구인들의 법적 지위가 상대적으로 향상된다고 볼 여지가 있으므로, **청구인들(법무사 시험을 준비 중인 사람들)**이 그 법규정의 직접적인 적용을 받는 자가 아니라고 할지라도 그들의 자기관련성을 인정할 수 있다(2001.11.29. 2000헌마84).

04 20변시-15 정답 ⑤

「헌법재판소법」 제68조 제1항의 헌법소원심판에 관한 설명 중 옳은 것(○)과 옳지 않은 것(×)을 올바르게 조합한 것은? (다툼이 있는 경우 판례에 의함)

ㄱ. 위헌결정이 선고된 법률에 대한 헌법소원심판청구는 이미 효력을 상실한 법률조항에 대한 것이므로 더 이상 헌법소원심판의 대상이 될 수 없어 부적법하나, 위헌결정이 선고되기 이전에 심판청구된 법률조항의 경우에는 「헌법재판소법」 제68조 제1항의 헌법소원심판의 대상이 된다.

ㄴ. 헌법 제118조 제2항에서는 지방의회의원의 '선거'와 지방자치단체의 장의 '선임방법' 등에 관한 사항을 법률로 정한다고 규정하여 지방의회의원과 지방자치단체의 장을 문언상 다르게 정하고 있으므로, 지방자치단체의 장의 선거권은 「헌법재판소법」 제68조 제1항의 '헌법상 보장된 기본권'으로 보기 어렵다.

ㄷ. 법령이 「헌법재판소법」 제68조 제1항에 따른 헌법소원의 대상이 되려면 구체적인 집행행위 없이 직접 기본권을 침해해야 하는바, 여기의 집행행위에는 입법 및 사법행위는 포함되지 않는다.

ㄹ. 대학의 자율권은 학문의 자유의 확실한 보장수단으로 꼭 필요한 것으로서 기본적으로 대학에 부여된 기본권이나, 문제되는 사안에 따라 교수·교수회도 그 주체가 될 수 있어 「헌법재판소법」 제68조 제1항의 헌법소원심판을 청구할 수 있다.

① ㄱ(○), ㄴ(○), ㄷ(×), ㄹ(×)
② ㄱ(○), ㄴ(×), ㄷ(×), ㄹ(○)
③ ㄱ(×), ㄴ(○), ㄷ(×), ㄹ(×)
④ ㄱ(×), ㄴ(×), ㄷ(○), ㄹ(○)
⑤ ㄱ(×), ㄴ(×), ㄷ(×), ㄹ(○)

ㄱ. X 위헌결정이 선고된 법률에 대한 헌법소원심판청구는, 비록 **위헌결정이 선고되기 이전에 심판청구**된 것일지라도 더 이상 심판의 대상이 될 수 없으므로 부적법하다(1994.4.28. 92헌마280).

ㄴ. X 주민자치제를 본질로 하는 민주적 지방자치제도가 안정적으로 뿌리내린 현 시점에서 지방자치단체의 장 선거권을 지방의회의원 선거권, 나아가 국회의원 선거권 및 대통령 선거권과 구별하여 하나는 법률상의 권리로, 나머지는 헌법상의 권리로 이원화하는 것은 허용될 수 없다. 그러므로 **지방자치단체의 장 선거권** 역시 다른 선거권과 마찬가지로 헌법 제24조에 의해 보호되는 **기본권으로 인정하여야 한다**(2016.10.27. 2014헌마797).

ㄷ. X 법률 또는 법률조항 자체가 헌법소원의 대상이 될 수 있으려면 구체적인 집행행위를 기다리지 아니하고 그 법률 또는 법률조항에 의하여 직접, 현재, 자기의 기본권을 침해받아야 하는 바, 위에서 말하는 집행행위에는 **입법행위도 포함**되므로 법률 규정이 그 규정의 구체화를 위하여 하위규범의 시행을 예정하고 있는 경우에는 당해 법률 규정의 직접성은 부인된다(1996.2.29. 94헌마213). 사법행위와 관련하여, 헌법재판소는 "법원의 재판과 같은 별도의 집행행위"(2017헌마1081), "법원의 구체적인 집행행위의 매개를 거쳐"(2019헌마991, 89헌마267)라고 판시하였다.

ㄹ. ○ 헌법재판소는 대학의 자율성은 헌법 제22조 제1항이 보장하고 있는 학문의 자유의 확실한 보장수단으로 꼭 필요한 것으로서 대학에 부여된 헌법상의 기본권으로 보고 있다. 그러나 대학의 자치의 주체를 기본적으로 대학으로 본다고 하더라도 교수나 교수회의 주체성이 부정된다고 볼 수는 없고, 가령 학문의 자유를 침해하는 대학의 장에 대한 관계에서는 **교수나 교수회가 주체가 될 수 있고**, 또한 국가에 의한 침해에 있어서는 대학 자체 외에도 대학 전구성원이 자율성을 갖는 경우도 있을 것이므로 문제되는 경우에 따라서 대학, 교수, 교수회 모두가 단독, 혹은 중첩적으로 주체가 될 수 있다고 보아야 할 것이다(2006.4.27. 2005헌마1047·1048).

05 21변시-17 정답 ④

「헌법재판소법」 제68조 제1항의 헌법소원심판청구에 관한 설명 중 옳은 것(○)과 옳지 않은 것(×)을 올바르게 조합한 것은? (다툼이 있는 경우 판례에 의함)

ㄱ. 청구인의 구체적인 기본권 침해와 무관하게 법률 등 공권력이 헌법에 합치하는지 여부를 추상적으로 심판하고 통제하는 절차이다.

ㄴ. 행정처분의 취소를 구하는 행정소송을 제기하였으나 청구기각의 판결이 확정되어 법원의 소송절차에 의하여서는 더 이상 이를 다툴 수 없게 된 경우에, 그 행정처분을 심판대상으로 삼았던 법원의 그 재판 자체가 취소되지 않더라도 당해 행정처분은 헌법소원심판의 대상이 된다.

ㄷ. 일반적으로 수혜적 법령의 경우에는 수혜범위에서 제외된 자가 자신이 평등원칙에 반하여 수혜대상에서 제외되었다는 주장을 하거나, 비교집단에게 혜택을 부여하는 법령이 위헌이라고 선고되어 그러한 혜택이 제거된다면 비교집단과의 관계에서 자신의 법적 지위가 상대적으로 향상된다고 볼 여지가 있는 때에는 자기관련성을 인정할 수 있다.

ㄹ. 기본권침해의 직접성이란 집행행위에 의하지 아니하고 법률 그 자체에 의하여 자유의 제한, 의무의 부과, 권리 또는 법적 지위의 박탈이 생긴 경우를 말하므로, 법규범이 정하고 있는 법률효과가 구체적으로 발생함에 있어 사인의 행위를 요건으로 하고 있다고 한다면 직접성이 인정되지 아니한다.

ㅁ. 권리보호이익은 소송제도에 필연적으로 내재하는 요청으로 헌법소원제도의 목적상 필수적인 요건이라고 할 것이어서, 헌법소원심판청구의 적법요건 중의 하나로 권리보호이익을 요구하는 것이 청구인의 재판을 받을 권리를 침해한다고 볼 수는 없다.

① ㄱ(○), ㄴ(×), ㄷ(○), ㄹ(×), ㅁ(○)
② ㄱ(×), ㄴ(×), ㄷ(○), ㄹ(○), ㅁ(×)
③ ㄱ(○), ㄴ(○), ㄷ(×), ㄹ(○), ㅁ(×)
④ ㄱ(×), ㄴ(×), ㄷ(○), ㄹ(×), ㅁ(○)
⑤ ㄱ(×), ㄴ(○), ㄷ(×), ㄹ(○), ㅁ(○)

④ 「헌법재판소법」 제68조 제1항의 헌법소원심판청구에 관한 설명 중 옳은 것(○)과 옳지 않은 것(×)을 올바르게 조합한 것은 ㄱ(×), ㄴ(×), ㄷ(○), ㄹ(×), ㅁ(○)이다.

ㄱ. **X** 헌법재판소법 제68조 제1항에 따른 헌법소원심판은 주관적 권리구제의 헌법소원으로서 개별적인 공권력의 행사 또는 불행사로 인하여 헌법상 보장된 기본권을 침해받은 자가 청구할 수 있다.

> **헌법재판소법 제68조(청구 사유)**
> ① 공권력의 행사 또는 불행사(不行使)로 인하여 헌법상 보장된 기본권을 침해받은 자는 법원의 재판을 제외하고는 헌법재판소에 헌법소원심판을 청구할 수 있다. 다만, 다른 법률에 구제절차가 있는 경우에는 그 절차를 모두 거친 후에 청구할 수 있다.

ㄴ. **X** 행정처분의 취소를 구하는 행정소송을 제기하였으나 청구기각의 판결이 확정되어 법원의 소송절차에 의하여서는 더 이상 이를 다툴 수 없게 된 경우에, 당해 행정처분(이하 "원행정처분"이라고 한다) 자체의 위헌성 또는 그 근거법규의 위헌성을 주장하면서 그 취소를 구하는 헌법소원심판청구를 받아들여 이를 취소하는 것은, 원행정처분을 심판의 대상으로 삼았던 법원의 재판이 예외적으로 헌법소원심판의 대상이 되어 그 재판 자체가 취소되는 경우에 한하여, 국민의 기본권을 신속하고 효율적으로 구제하기 위하여 가능한 것이고, 이와는 달리 법원의 재판이 취소되지 아니하는 경우에는 확정판결의 기판력으로 인하여 원행정처분은 헌법소원심판의 대상이 되지 아니한다(2002.5.30. 2001헌마781).

ㄷ. **O** 자기관련성이 없는 경우에는 허용되지 않는 것이지만 평등권의 침해를 주장하는 헌법소원사건에서는 비교집단에게 혜택을 부여하는 법규정이 위헌이라고 선고되어 그러한 혜택이 제거된다면 비교집단과의 관계에서 청구인들의 법적 지위가 상대적으로 향상된다고 볼 여지가 있는 때에는 청구인들이 그 법규정의 직접적인 적용을 받는 자가 아니라고 할지라도 그들의 자기관련성을 인정할 수 있다(2001.11.29. 2000헌마84).

ㄹ. **X** 법규범이 구체적인 집행행위를 기다리지 아니하고 직접 기본권을 침해한다고 할 때의 집행행위란 공권력행사로서의 집행행위를 의미하는 것이므로 법규범이 정하고 있는 법률효과가 구체적으로 발생함에 있어 법무사의 해고행위와 같이 공권력이 아닌 사인의 행위를 요건으로 하고 있다 할지라도 법규범의 직접성을 부인할 수 없는 것이다(1996.4.25. 95헌마331).

ㅁ. **O** 권리보호이익은 소송제도에 필연적으로 내재하는 요청으로 헌법소원제도의 목적상 필수적인 요건이라고 할 것이어서 이로 인하여 본안판단을 받지 못한다고 하여도 재판을 받을 권리의 본질적인 부분에 대한 침해가 있다고 보기 어렵다(2001.9.27. 2001헌마152).

06 21법전협-3-15 정답 ②

「변호사시험법」은 변호사시험의 응시기간과 응시횟수를 법학전문대학원의 석사학위를 취득한 달의 말일 또는 취득예정기간 내 시행된 시험일부터 5년 내에 5회로 제한하고(이하, '이 사건 한도조항'), 다만 병역의무의 이행만을 위 응시기간제한의 예외로 인정하고 있다(이하, '이 사건 예외조항'). 청구인들은 위 조항들에 대하여 「헌법재판소법」 제68조 제1항에 따른 헌법소원심판을 청구하였다. 이에 관한 설명 중 옳지 않은 것을 모두 고른 것은? (다툼이 있는 경우 판례에 의함)

ㄱ. 법학전문대학원 졸업자로서 아직 변호사시험 응시가 가능한 청구인 甲의 이 사건 한도조항에 대한 심판청구는 기본권침해의 현재성 요건을 갖추었다.

ㄴ. 변호사시험에 합격한 청구인 乙의 이 사건 한도조항에 대한 심판청구는 기본권침해의 자기관련성 요건을 갖추었다.

ㄷ. 2021년도 제10회 변호사시험에 불합격함으로써 더 이상 변호사시험에 응시할 수 없게 된 청구인 丙이 제10회 변호사시험 합격자발표일로부터 1년을 경과하여 제기한 이 사건 한도조항에 대한 심판청구는 청구기간을 준수하지 못하였다.

ㄹ. 2021년도 제10회 변호사시험에 응시하지 아니함으로써 더 이상 변호사시험에 응시할 수 없게 된 청구인 丁이 제10회 변호사시험 접수일 마지막 날 또는 변호사시험 시행일 첫날로부터 90일을 경과하였지만 아직 1년을 경과하지 않은 때 제기한 이 사건 한도조항에 대한 심판청구는 청구기간을 준수하지 못하였다.

ㅁ. 2021년도 제10회 변호사시험에 불합격함으로써 더 이상 변호사시험에 응시할 수 없게 된 청구인 戊가 이 사건 예외조항에 관한 기본권침해사유를 구체적으로 소명하지 않은 채 제기한 이 사건 예외조항에 대한 심판청구는 기본권침해의 자기관련성 요건을 갖추었다.

① ㄱ, ㄴ, ㄹ ② ㄱ, ㄴ, ㅁ
③ ㄱ, ㄷ, ㅁ ④ ㄴ, ㄷ, ㄹ
⑤ ㄷ, ㄹ, ㅁ

② 이에 관한 설명 중 옳지 않은 것은 ㄱ, ㄴ, ㅁ 이다.

ㄱ. **X** 변호사시험에 응시할 기회가 남아있는 청구인들에게는 이 사건 한도조항에 따른 기본권제한이 현실화되지 아니하였으므로, 위 청구인들의 이 부분 심판청구는 현재성 요건을 갖추지 못하여 부적법하다(2020.9.24. 2018헌마739 등).

ㄴ. **X** 변호사시험에 응시하여 합격한 청구인은 이 사건 한도조항으로 인하여 어떠한 기본권제한을 받고 있다고 볼 수 없다. 위 청구인의 이 부분 심판청구는 자기관련성 요건을 갖추지 못하여 부적법하다(2020.9.24. 2018헌마739 등).

ㄷ. **O** 2017년도 제6회 변호사시험에 불합격함으로써 이 사건 한도조항에 의하여 기본권제한을 받게 된 청구인들은 위 시험 합격자발표일로부터 1년이 지나 이 사건 헌법소원심판을 청구하였으므로, 위 청구인들의 이 부분 심판청구는 청구기간을 경과하여 부적법하다(2020.9.24. 2018헌마739 등).

ㄹ. O 자신이 마지막으로 응시할 수 있었던 2018년도 제7회 변호사시험에 응시하지 않은 청구인은 위 시험 접수일 마지막 날 또는 위 시험 시행일 첫날에는 이 사건 한도조항에 따라 더 이상 변호사시험에 응시할 수 없음을 알았다고 할 것인데, 위 청구인의 이 부분 심판청구는 이로부터 90일이 경과하여 제기되었으므로 부적법하다(2020.9.24. 2018헌마739 등).

ㅁ. X 이 사건 예외조항에 관한 기본권침해 사유를 구체적으로 소명하지 않고 있는 청구인들의 이 사건 예외조항에 대한 심판청구는 기본권침해의 자기관련성 요건을 갖추었다고 볼 수 없어 부적법하다(2020.9.24. 2018헌마739 등).

07 21법전협-1-19 정답 ①

「헌법재판소법」 제68조 제1항의 헌법소원심판의 적법요건에 관한 설명 중 옳지 않은 것을 모두 고른 것은? (다툼이 있는 경우 헌법재판소 판례에 의함)

ㄱ. 「헌법재판소법」 제68조 제1항의 헌법소원심판은 원칙적으로 자신의 기본권을, 현재, 직접 침해당한 경우라야 제기할 수 있는 것으로, 제3자는 특별한 사정이 없는 한 기본권침해의 자기관련성이 인정되지 아니하는바, 태아의 성별정보에 대한 접근을 방해받지 아니할 권리와 관련하여 태아의 부(父)가 제기한 헌법소원심판은 기본권 침해의 자기관련성을 인정할 수 없어 부적법하다.

ㄴ. 고소 또는 고발을 한 사실이 없는 청구인이 장차 언젠가는 「형사소송법」의 규정으로 인하여 권리침해를 받을 우려가 있다고 하더라도 그러한 권리침해의 우려는 단순히 장래 잠재적으로 나타날 수도 있는 것에 불과하여 기본권 침해의 현재성을 구비하였다고 할 수 없다.

ㄷ. 교도소장의 이송처분에 대하여 행정심판 내지 행정소송으로 다투지 아니한 채 제기한 헌법소원심판청구는 보충성의 원칙에 위배되어 부적법하다.

ㄹ. 부진정입법부작위에 대하여 재판상 다툴 경우에는 입법부작위에 대한 헌법소원심판을 청구할 것이 아니라 존재하는 불완전, 불충분한 법률조항 자체가 헌법위반이라는 적극적인 헌법소원심판을 청구하여야 하고, 「헌법재판소법」 제69조 제1항 청구기간의 적용을 받는다.

ㅁ. 법령이 시행과 관련하여 유예기간을 둔 경우에는 부칙에 의한 유예기간과 관계없이 그 법령 시행일에 기본권 침해를 받은 것으로 보아야 한다.

① ㄱ, ㅁ   ② ㄱ, ㄴ, ㄷ
③ ㄱ, ㄹ, ㅁ   ④ ㄴ, ㄷ, ㄹ
⑤ ㄴ, ㄷ, ㅁ

 해설

ㄱ. X 청구인은 산모 본인은 아니나 앞으로 태어날 태아의 부로서 가족 구성원의 한사람이고, 산모와 똑같이 태아를 양육할 친권자가 될 자이므로 태아의 성별에 대해 직접 이해관계가 있는 자라고 할 것이다. 그런데 이 사건 규정은 산모뿐만 아니라 그 가족에 대해서도 태아 성별의 고지를 금지하여 태아의 부가 태아의 성별 정보에 접근하는 것을 방해하고 있는바, 이는 태아의 부의 기본권을 직접 침해하고 있다고 할 것이므로 청구인은 이 사건 규정에 대하여 자기관련성이 인정된다(2008. 7. 31. 2004헌마1010 등 [헌법불합치]).

→ 판례 변경이 이루어진 부분은 청구기간의 기산점을 종래 유예기간과 관계 없이 법 시행일이라고 판시한 부분이며, 기본권 침해의 시점과 관련하여 유예기간 경과 이전에 기본권 침해의 현재성을 인정한 판례는 변경하지 않은 점을 고려할 때, 논란의 여지가 있는 지문이나 반대의견의 입장을 지문으로 구성한 만큼 틀린 지문으로 처리해야 한다는 것이 출제의도라고 생각됨.

ㄴ. O 청구인은 그 자신이 고소 또는 고발을 한 사실이 없을 뿐 아니라 청구인이 장차 언젠가는 형사소송법의 규정으로 인하여 권리침해를 받을 우려가 있다 하더라도 그러한 권리침해의 우려는 단순히 장래 잠재적으로 나타날 수도 있는 것에 불과하여 권리침해의 현재성을 구비하였다고 할 수 없다(1989.7.21. 89헌마12).

ㄷ. O 교도소장의 이송처분에 대하여는 그 구제절차로서 행정심판 내지 행정소송으로 다툴 수 있으므로 위 구제절차를 거치지 아니한 헌법소원심판청구는 부적법하다(1992.6.19. 92헌마104 [각하]).

ㄹ. O 불완전입법 하여 재판상 다툴 경우에는 그 입법규정 자체를 대상으로 하여 그것이 헌법위반이라는 적극적인 헌법소원을 제기하여야 할 것이고, 이 때에는 헌법재판소법 제69조 제1항 소정의 청구기간의 적용을 받는다(1993.3.11. 89헌마79 [각하]).

ㅁ. X 유예기간을 경과하기 전까지 청구인들은 이 사건 보호자동승조항에 의한 보호자동승의무를 부담하지 않는다. 이 사건 보호자동승조항이 구체적이고 현실적으로 청구인들에게 적용된 것은 유예기간을 경과한 때부터라 할 것이므로, 이때부터 청구기간을 기산함이 상당하다. 종래 이와 견해를 달리하여, 법령의 시행일 이후 일정한 유예기간을 둔 경우 이에 대한 헌법소원심판 청구기간의 기산점을 법령의 시행일이라고 판시한 우리 재판소 결정들은, 이 결정의 취지와 저촉되는 범위 안에서 변경한다(2020.4.23. 2017헌마479 [기각, 각하]).

08 20법전협-3-16 정답 ④

「헌법재판소법」제68조 제1항에 의한 헌법소원심판에 관한 설명으로 옳은 것을 모두 고른 것은? (다툼이 있는 경우 판례에 의함)

ㄱ. 법률 조항의 구체화를 위해 시행령의 시행을 예정하고 있는 경우에는 법률 조항의 직접성이 부인될 수 있지만, 청구인이 그 법률조항의 포괄위임입법금지의 원칙 위반 여부를 다투고 있는 경우에는 그 법률조항의 위헌성 여부에 대해서도 위헌성을 심사할 수 있다.

ㄴ. 청구인이 형벌 조항을 위반하여 기소된 경우에는 법원의 재판과정에서 곧바로 법원에 해당 조항의 위헌 여부에 관한 판단을 구할 수 있었다고 하더라도, 그러한 절차가 존재한다는 사정만으로 기본권 침해의 직접성을 부정할 수는 없다.

ㄷ. 벌칙·과태료 조항의 전제가 되는 구성요건 조항이 별도로 규정되어 있는 경우에, 벌칙·과태료 조항에 대하여는 청구인이 그 법정형 또는 행정질서벌이 그 자체가 위헌임을 주장하고 있지 않는 한 직접성을 인정할 수 없다.

ㄹ. 법규범이 집행행위를 예정하고 있더라도 그 내용이 집행행위 이전에 이미 국민의 법적 지위를 결정적으로 정하는 것이어서 국민의 권리관계가 집행행위의 유무나 내용에 의하여 좌우될 수 없을 정도로 확정된 상태라면 그 법규범의 권리침해의 직접성은 인정되어야 한다.

① ㄱ, ㄷ
② ㄴ, ㄹ
③ ㄱ, ㄴ, ㄷ
④ ㄱ, ㄷ, ㄹ
⑤ ㄴ, ㄷ, ㄹ

 해설

④「헌법재판소법」제68조 제1항에 의한 헌법소원심판에 관한 설명으로 옳은 것은 ㄱ, ㄷ, ㄹ 이다.

ㄱ. O 법령이 헌법재판소법 제68조 제1항에 따른 헌법소원의 대상이 되려면 구체적인 집행행위 없이 직접 기본권을 침해하여야 하고, 여기의 집행행위에는 입법행위도 포함되므로 법령이 그 규정의 구체화를 위하여 하위규범의 시행을 예정하고 있는 경우에는 당해 법령의 직접성은 원칙적으로 부인된다(2013.6.27. 2011헌마475 등). 그러나 청구인이 법률조항의 포괄위임입법금지의 원칙 위반 여부를 다투고 있는 경우(규정형식 자체나 기본권과 관련된 경우의 위임형식)에는 직접성을 인정하여 그 법률조항의 위헌성 여부에 대해서도 위헌성을 심사할 수 있다(2001.4.26. 2000헌마122 참고).

ㄴ. X 형벌조항의 경우 국민이 그 형벌조항을 위반하기 전이라면 그 형벌조항을 실제로 위반하여 재판을 통한 형벌의 부과를 받게 되는 위험을 감수할 것을 국민에게 요구할 수 없다는 점에서, 그 형벌조항을 위반하였으나 기소되기 전이라면 재판과정에서 그 형벌조항의 위헌 여부에 관한 판단을 구할 수 없다는 점에서 각 구제절차가 없거나 있다고 하더라도 권리구제의 기대가능성이 없는 경우에 해당한다고 볼 여지가 있지만, 그 형벌조항을 위반하여 기소된 후에는 재판과정에서 그 형벌조항이 법률인 경우에는 위헌법률심판제청신청을 통하여 헌법재판소에 그 위헌 여부에 관한 판단을 구할 수 있고(헌법재판소법 제41조, 제68조 제2항), 명령·규칙인 경우에는 곧바로 법원에 그 위헌 여부에 관한 판단을 구할 수 있다는 점에서(헌법 제107조 제2항) 구제절차가 없거나 있다고 하더라도 권리구제의 기대가능성이 없는 경우에 해당한다고 볼 수가 없다고 할 것이다(2016.11.24. 2013헌마403).

ㄷ. O 벌칙·과태료 조항의 전제가 되는 구성요건 조항이 별도로 규정되어 있는 경우에, 벌칙·과태료 조항에 대하여는 청구인이 그 법정형이 체계정당성에 어긋난다거나 과다하다는 등 그 자체가 위헌임을 주장하고 있지 않는 한 직접성을 인정할 수 없다(2014.9.25. 2013헌마424).

ㄹ. O 법규범이 집행행위를 예정하고 있더라도 법규범의 내용이 집행행위 이전에 이미 국민의 권리관계를 직접 변동시키거나 국민의 법적 지위를 결정적으로 정하는 것이어서 국민의 권리관계가 집행행위의 유무나 내용에 의하여 좌우될 수 없을 정도로 확정된 상태라면 그 법규범의 권리침해의 직접성이 인정된다(1997.7.16. 97헌마38).

09 13변시-19 정답 ③

헌법재판소 판례에 의할 때 행정소송과 헌법소원에 관한 다음 서술 중 옳은 것을 모두 고른 것은?

ㄱ. 행정권력의 부작위에 대한 헌법소원은 공권력의 주체에게 헌법에서 유래하는 작위의무가 특별히 구체적으로 규정되어 이에 의거하여 기본권의 주체가 행정행위 내지 공권력의 행사를 청구할 수 있음에도 공권력의 주체가 그 의무를 해태하는 경우에 허용된다.

ㄴ. 행정처분에 대하여 법원에 행정소송을 제기하여 패소판결을 받고 그 판결이 확정된 경우에는 당해 행정처분 자체의 위헌성을 주장하면서 그 취소를 구하는 헌법소원심판의 청구는 원칙적으로 허용되지 않는다.

ㄷ. 甲이 택지초과소유부담금 부과처분에 대한 취소를 구하는 행정소송을 제기하여 패소로 확정되었는데, 그 후 처분의 근거가 되는 「택지소유상한에 관한 법률」이 甲이 제기하지 않은 다른 위헌법률심판사건에서 위헌으로 결정되었다. 이 경우 甲은 재심의 소를 제기하여 구제받을 수 있다.

ㄹ. 조례는 지방자치단체가 그 자치입법권에 근거하여 자주적으로 지방의회의 의결을 거쳐 제정한 법규이기 때문에 조례 자체로 인하여 직접 그리고 현재 자기의 기본권을 침해받은 자는 그 권리구제의 수단으로서 조례에 대한 헌법소원을 제기할 수 있다.

① ㄱ, ㄴ
② ㄴ, ㄷ
③ ㄱ, ㄴ, ㄹ
④ ㄱ, ㄷ, ㄹ
⑤ ㄴ, ㄷ, ㄹ

ㄱ. O 행정권력의 부작위에 대한 헌법소원은 공권력의 주체에게 헌법에서 유래하는 작위의무가 특별히 구체적으로 규정되어 이에 의거하여 기본권의 주체가 행정행위를 청구할 수 있음에도 공권력의 주체가 그 의무를 해태하는 경우에 허용된다(1996.6.13. 94헌마118 등).

ㄴ. O 원행정처분에 대하여 법원에 행정소송을 제기하여 **패소판결을 받고** 그 판결이 확정된 경우에는 당사자는 그 판결의 기판력에 의한 기속을 받게 되므로, 별도의 절차에 의하여 위 판결의 **기판력이 제거되지 아니하는 한**, 행정처분의 위법성을 주장하는 것은 확정판결의 기판력에 어긋나므로 **원행정처분은 헌법소원심판의 대상이 되지 아니한다**(1998.5.28. 91헌마98 등). 다만 행정소송으로 행정처분의 취소를 구한 청구인의 청구를 받아들이지 아니한 법원의 판결에 대한 헌법소원심판의 청구가 예외적으로 허용되어 그 재판이 헌법재판소법 제75조 제3항에 따라 취소되는 경우에는 원래의 행정처분에 대한 헌법소원심판의 청구도 이를 인용하는 것이 상당하다(1997.12.24. 96헌마172·173 병합).

ㄷ. X 재심은 확정판결에 대한 특별한 불복방법이고, 확정판결에 대한 법적 안정성의 요청은 미확정판결에 대한 그것보다 훨씬 크다고 할 것이므로 **재심을 청구할 권리가 헌법 제27조에서 규정한 재판을 받을 권리에 당연히 포함된다고 할 수 없고**, 심판대상법조항에 의한 재심청구의 혜택은 일정한 적법요건하에 헌법재판소법 제68조 제2항에 의한 헌법소원을 청구하여 인용된 자에게는 누구에게나 일반적으로 인정되는 것이고, 헌법소원청구의 기회가 규범적으로 균등하게 보장되어 있기 때문에, 심판대상법조항이 **헌법재판소법 제68조 제2항에 의한 헌법소원을 청구하여 인용결정을 받지 않은 사람에게는 재심의 기회를 부여하지 않는다고 하여 청구인의 재판청구권이나 평등권, 재산권과 행복추구권을 침해하였다고는 볼 수 없다**(2000.6.29. 99헌바66 헌법재판소법 제75조 제7항 위헌소원).

> **헌법재판소법 제75조(인용결정)**
> ⑦ 제68조 제2항에 따른 헌법소원이 인용된 경우에 해당 헌법소원과 관련된 소송사건이 이미 확정된 때에는 당사자는 재심을 청구할 수 있다.

ㄹ. O 조례는 지방자치단체가 그 자치입법권에 근거하여 자주적으로 지방의회의 의결을 거쳐 제정한 법규이기 때문에 조례 자체로 인하여 기본권을 침해받은 자는 그 권리구제의 수단으로서 조례에 대한 헌법소원을 제기할 수 있다고 할 것이다. 다만 이 경우에 그 적법요건으로서 **조례가 별도의 구체적인 집행행위를 기다리지 아니하고 직접 그리고 현재 자기의 기본권을 침해하는 것이어야 함을 요한다**(1995.4.20. 92헌마264·279 병합).

10 16변시-5   정답 ②

행정입법부작위에 관한 설명 중 옳지 않은 것은? (다툼이 있는 경우 판례에 의함)

① 법률이 세부적인 사항을 대통령령으로 정하도록 위임하였으나 대통령령이 아직 제정되지 않은 경우 이러한 행정입법부작위는 행정소송의 대상이 되지 않으므로 헌법소원심판의 대상이 된다.

② 하위 행정입법의 제정 없이 상위법령의 규정만으로 집행이 이루어질 수 있는 경우라 하더라도 상위법령에서 세부적인 사항을 하위 행정입법에 위임하고 있다면 하위 행정입법을 제정할 헌법적 작위의무가 인정된다.

③ 행정입법의 제정이 법률의 집행에 필수불가결한 경우로서 행정입법을 제정하지 아니하는 것이 곧 행정권에 의한 입법권 침해의 결과를 초래하는 경우, 행정권의 행정입법 등 법집행의무는 헌법적 의무라고 할 수 있다.

④ 행정입법의 진정입법부작위에 대한 헌법소원은, 행정청에게 헌법에서 유래하는 행정입법의 작위의무가 있고 상당한 기간이 경과하였음에도 불구하고 행정입법의 제정권이 행사되지 않은 경우에 인정된다.

⑤ 입법부가 법률로써 행정부에게 특정한 사항을 위임했음에도 불구하고, 행정부가 정당한 이유 없이 법률에서 위임한 시행령을 제정하지 않은 것은 그 법률에서 인정된 권리를 침해하는 불법행위가 될 수 있다.

① O 입법부작위에 대한 행정소송의 적법여부에 관하여 대법원은 "행정소송은 구체적 사건에 대한 법률상 분쟁을 법에 의하여 해결함으로써 법적 안정을 기하자는 것이므로 부작위위법확인소송의 대상이 될 수 있는 것은 구체적 권리의무에 관한 분쟁이어야 하고, 추상적인 법령에 관하여 제정의 여부 등은 그 자체로서 국민의 구체적인 권리의무에 직접적 변동을 초래하는 것이 아니어서 행정소송의 대상이 될 수 없다"고 판시하고 있으므로, 피청구인 보건복지부장관에 대한 청구 중 위 시행규칙에 대한 입법부작위 부분은 다른 구제절차가 없는 경우에 해당한다(1998.7.16. 96헌마246).

② X ③ O 삼권분립의 원칙, 법치행정의 원칙을 당연한 전제로 하고 있는 우리 헌법 하에서 **행정권의 행정입법 등 법집행의무는 헌법적 의무라고 보아야 할 것이다.** 그런데 이는 **행정입법의 제정이 법률의 집행에 필수불가결한 경우로서 행정입법을 제정하지 아니하는 것이 곧 행정권에 의한 입법권 침해의 결과를 초래하는 경우를 말하는 것이므로, 만일 하위 행정입법의 제정 없이 상위 법령의 규정만으로도 집행이 이루어질 수 있는 경우라면 하위 행정입법을 하여야 할 헌법적 작위의무는 인정되지 아니한다**(2005.12.22. 2004헌마66).

④ O **진정입법부작위**에 대한 헌법소원은 헌법에서 기본권보장을 위하여 법령에 명시적인 입법위임을 하였는데도 입법자가 이를 이행하지 아니한 경우이거나, 헌법해석상 특정인에게 구체적인 기본권이 생겨 이를 보장하기 위한 국가의 행위의무 내지 보호의무가 발생하였음이 명백함에도 불구하고 입법자가 아무런 입법조치를 취하지 아니한 경우에 한하여 허용된다(1994.12.29. 89헌마2; 2014.6.26. 2012헌마459).

⑤ O 우리 헌법은 국가권력의 남용으로부터 국민의 자유와 권리를 보호하려는 법치국가의 실현을 기본이념으로 하고 있고, 자유민주주의 헌법의 원리에 따라 국가의 기능을 입법·행정·사법으로 분립하여 견제와 균형을 이루게 하는 권력분립제도를 채택하고 있어, 행정과 사법은 법률에 기속되므로, 국회가 특정한 사항에 대하여 행정부에 위임하였음에도 불구하고 행정부가 정당한 이유 없이 이를 이행하지 않는다면 권력분립의 원칙과 법치국가의 원칙에 위배되는 것이다(2004.2.26. 2001헌마718).

11 19변시-19 정답 ④

부작위에 관한 설명 중 옳지 않은 것은? (다툼이 있는 경우 판례에 의함)

① 행정권력의 부작위에 대한 헌법소원은 헌법상 명문으로 공권력 주체의 작위의무가 규정되어 있는 경우, 헌법의 해석상 공권력 주체의 작위의무가 도출되는 경우, 공권력 주체의 작위의무가 법령에 구체적으로 규정되어 있는 경우 등에 허용된다.

② 재판청구권에 관하여 규정한 헌법 제27조, 헌법재판소 재판관의 구성과 재판관의 국회선출 등에 관하여 규정한 헌법 제111조 제2항 및 제3항의 해석상, 국회가 선출하여 임명된 재판관 중 공석이 발생한 경우 국회는 공정한 헌법재판을 받을 권리의 보장을 위해 공석인 재판관의 후임자를 선출하여야 할 구체적 작위의무가 있다.

③ 의료인이 아닌 자도 문신시술을 업으로 행할 수 있도록 자격 및 요건을 법률로 정하지 않은 것은 진정입법부작위에 해당하나, 헌법이 명시적으로 그러한 법률을 만들어야 할 입법의무를 부여하였다고 볼 수 없고, 그러한 입법의무가 헌법해석상 도출된다고 볼 수 없다.

④ 특수형태근로종사자인 캐디에 대하여 「근로기준법」이 전면적으로 적용되어야 한다는 주장은, 캐디와 같이 「근로기준법」상 근로자에 해당하지 않지만 이와 유사한 지위에 있는 사람을 「근로기준법」의 적용대상에 포함시키지 않은 부진정입법부작위의 위헌성을 다투는 것이므로 「헌법재판소법」 제68조 제2항의 헌법소원심판을 청구하는 것이 허용된다.

⑤ 수사기관에서 수사 중인 사건에 대하여 징계절차를 진행하지 아니함을 징계 혐의자인 지방공무원에게 통보하지 않아도 징계시효가 연장되는 것이 위헌이라는 주장은, 「지방공무원법」에서 징계시효 연장을 규정하면서 징계절차를 진행하지 아니함을 통보하지 아니한 경우에는 징계시효가 연장되지 않는다는 예외규정을 두지 아니한 부진정입법부작위의 위헌성을 다투는 것이므로 「헌법재판소법」 제68조 제2항의 헌법소원심판을 청구하는 것이 허용된다.

① O 행정권력의 부작위에 대한 헌법소원은 공권력의 주체에게 헌법에서 유래하는 작위의무가 특별히 구체적으로 규정되어 있고, 이에 의거하여 기본권의 주체가 행정행위를 청구할 수 있음에도, 공권력의 주체가 그 의무를 게을리하는 경우에 한하여 허용되고, 이러한 작위의무가 인정되지 않는 경우 그 헌법소원은 부적법한 청구가 되므로, 공권력의 부작위 때문에 피해를 입었다는 단순하고 일반적인 주장만으로 헌법소원심판을 청구하는 것은 부적법하다(2007.7.26. 2005헌마501 [각하]).

② O 헌법 제27조, 제111조 제2항 및 제3항의 해석상, 피청구인이 선출하여 임명된 재판관 중 공석이 발생한 경우, 피청구인은 공정한 헌법재판을 받을 권리의 보장을 위하여 **공석인 재판관의 후임자를 선출하여야 할 구체적 작위의무를 부담**한다고 할 것이다(2014.4.24. 2012헌마2 [각하]).

③ O 청구인은 청구인이 처벌을 받게 된 근거조항인 '보건범죄단속에 관한 특별조치법' 제5조와 구 의료법 제25조의 내용 자체의 불완전성을 다투고 있는 것이 아니라, 비의료인도 문신시술을 업으로 할 수 있도록 그 자격 및 요건에 관하여 입법을 하지 아니한 것이 청구인의 기본권을 침해한다고 주장하며 이를 적극적으로 다투고 있는바, 이는 진정입법부작위에 해당하나, **헌법이 명시적으로 비의료인의 문신시술업에 관한 법률을 만들어야 할 입법의무를 부여하였다고 볼 수 없고, 그러한 입법의무가 헌법해석상 도출된다고 볼 수 없으므로 이 사건 심판청구는 부적법**하다(2007.11.29. 2006헌마876 [각하]).

④ X 이 사건 심판청구는 성질상 **근로기준법이 전면적으로 적용되지 못하는 특수형태근로종사자**의 노무조건·환경 등에 대하여 근로기준법과 동일한 정도의 보호를 내용으로 하는 새로운 입법을 하여 달라는 것으로, 실질적으로 **진정입법부작위를 다투는 것과 다름없다. 따라서 이 사건 심판청구는 헌법재판소법 제68조 제2항에 따른 헌법소원에서 진정입법부작위를 다투는 것으로써 모두 부적법**하다(2016.11.24. 2015헌바413 등 [각하]).

⑤ O 청구인은 지방공무원법 제73조 제2항, 제3항, 제73조의2 제1항, 제2항 전부에 대하여 심판청구를 하면서, **수사기관에서 수사 중인 사건에 대하여 징계절차를 진행하지 아니함을 징계 혐의자에게 통보하지 않아도 징계시효가 연장되는 것이 위헌**이라는 취지로 다투고 있다. 이는 제73조의2 제2항에서 징계시효 연장을 규정하면서, 징계절차를 진행하지 아니함을 통보하지 아니한 경우에는 징계시효가 연장되지 않는다는 예외규정을 두지 아니한 입법의 불완전성·불충분성, 즉 **부진정입법부작위의 위헌성을 다투는 것**이다(2017.6.29. 2015헌바29 [합헌]).

12 21변시-11 정답 ②

부작위에 관한 설명 중 옳은 것(○)과 옳지 않은 것(×)을 올바르게 조합한 것은? (다툼이 있는 경우 판례에 의함)

ㄱ. 「국군포로의 송환 및 대우 등에 관한 법률」 조항이 등록포로 등의 예우의 신청, 기준, 방법 등에 필요한 사항을 대통령령으로 정한다고 규정하고 있어 대통령령을 제정할 의무가 있음에도, 그 의무가 상당기간 동안 불이행되고 있고 이를 정당화할 이유도 찾아보기 어려운 경우, 이러한 행정입법부작위는 헌법에 위반된다.

ㄴ. 「주민등록법」에서 주민등록번호의 부여에 관한 규정을 두고 있으나 주민등록번호의 잘못된 이용에 대비한 '주민등록번호 변경'에 대하여 아무런 규정을 두고 있지 않은 것이 헌법에 위반된다는 이유로 그 위헌확인을 구하는 「헌법재판소법」 제68조 제1항의 헌법소원심판청구는 진정입법부작위를 다투는 청구이다.

ㄷ. 「의료법」에서 치과의사로서 전문의의 자격인정 및 전문과목에 관하여 필요한 사항은 대통령령으로 위임하고 있고, 대통령령은 전문의자격시험의 방법 등 필요한 사항을 보건복지부령으로 정하도록 위임하고 있음에도 위 대통령령에 따른 시행규칙의 입법을 하지 않고 있는 것은 진정입법부작위에 해당하므로, 이 부분에 대한 「헌법재판소법」 제68조 제1항의 헌법소원심판청구는 청구기간의 제한을 받지 않는다.

ㄹ. 일본국에 대한 일본군위안부의 배상청구권이 한일청구권협정에 의하여 소멸되었는지 여부에 관한 한·일 양국 간 해석상 분쟁을 위 협정이 정한 절차에 따라 해결하지 아니하고 있는 행정권력의 부작위가 위헌인지 여부와 관련하여, 헌법 제10조의 국민의 인권을 보장할 의무, 제2조 제2항의 재외국민 보호의무, 헌법 전문은 국가의 국민에 대한 일반적·추상적 의무를 선언한 것이거나 국가의 기본적 가치질서를 선언한 것일 뿐이어서, 이들 조항 자체로부터 국가의 국민에 대한 구체적인 작위의무가 나올 수 없다고 할 것이다.

ㅁ. 「산업재해보상보험법」 및 「근로기준법 시행령」은 「근로기준법」과 같은 법 시행령에 의하여 근로자의 평균임금을 산정할 수 없는 경우 노동부장관으로 하여금 평균임금을 정하여 고시하도록 하고 있는데, 노동부장관은 그 취지에 따라 평균임금을 정하여 고시할 행정입법의무가 있으며, 이는 헌법적 의무라고 보아야 한다.

① ㄱ(○), ㄴ(○), ㄷ(×), ㄹ(○), ㅁ(○)
② ㄱ(○), ㄴ(×), ㄷ(○), ㄹ(×), ㅁ(○)
③ ㄱ(○), ㄴ(○), ㄷ(×), ㄹ(○), ㅁ(×)
④ ㄱ(×), ㄴ(×), ㄷ(○), ㄹ(×), ㅁ(×)
⑤ ㄱ(×), ㄴ(×), ㄷ(○), ㄹ(×), ㅁ(○)

할 의무가 있다고 할 것인바, 노동부장관의 그러한 작위의무는 직접 헌법에 의하여 부여된 것은 아니나, 법률이 행정입법을 당연한 전제로 규정하고 있음에도 불구하고 행정권이 그 취지에 따라 행정입법을 하지 아니함으로써 법령의 공백상태를 방치하고 있는 경우에는 행정권에 의하여 입법권이 침해되는 결과가 되는 것이므로, 노동부장관의 그러한 행정입법 작위의무는 헌법적 의무라고 보아야 한다(2002.7.18. 2000헌마707).

13 17변시-13 정답 ⑤

「헌법재판소법」 제68조 제1항의 헌법소원심판에 관한 설명 중 옳은 것(○)과 옳지 않은 것(×)을 올바르게 조합한 것은? (다툼이 있는 경우 판례에 의함)

ㄱ. 유치장 수용자에 대한 신체수색은 유치장의 관리주체인 경찰이 우월적 지위에서 피의자 등에게 일방적으로 강제하는 성격을 가진다고 보기 어려우므로 「헌법재판소법」 제68조 제1항의 공권력의 행사에 포함되지 아니한다.

ㄴ. 미국산 쇠고기를 수입하는 자에게 적용할 수입위생조건을 정하고 있는 농림수산식품부 고시인 「미국산 쇠고기 수입위생조건」의 경우 쇠고기 소비자는 직접적인 수범자가 아니고, 위 고시로 인해 소비자들이 자신도 모르게 미국산 쇠고기를 섭취하게 될 가능성이 있다고 할지라도 이는 단순히 사실적이고 추상적인 이해관계에 불과한 것이므로, 쇠고기 소비자들은 위 고시와 관련하여 기본권침해의 자기관련성이 인정되지 아니한다.

ㄷ. 법률안이 거부권 행사에 의하여 최종적으로 폐기되었다면 모르되, 그렇지 아니하고 공포되었다면 법률안은 그 동일성을 유지하여 법률로 확정되는 것이라고 보아야 하므로 청구 당시의 공포 여부를 문제삼아 헌법소원의 대상성을 부인할 수는 없다.

ㄹ. 언론인이 직무관련 여부 및 기부·후원·증여 등 그 명목에 관계없이 동일인으로부터 일정 금액을 초과하는 금품 등을 받거나 요구 또는 약속하는 것을 금지하는 「부정청탁 및 금품등 수수의 금지에 관한 법률」 조항은 자연인을 수범자로 하고 있을 뿐이어서, 사단법인 한국기자협회가 위 조항으로 인하여 자기의 기본권을 직접 침해당할 가능성은 없다고 할 것이나, 법인은 그 구성원을 위하여 또는 구성원을 대신하여 헌법소원심판을 청구할 수 있으므로, 사단법인 한국기자협회는 위 조항과 관련하여 기본권침해의 자기관련성이 인정된다.

① ㄱ(×), ㄴ(○), ㄷ(×), ㄹ(×)
② ㄱ(×), ㄴ(○), ㄷ(○), ㄹ(○)
③ ㄱ(○), ㄴ(○), ㄷ(○), ㄹ(×)
④ ㄱ(○), ㄴ(×), ㄷ(○), ㄹ(×)
⑤ ㄱ(×), ㄴ(×), ㄷ(○), ㄹ(×)

ㄱ. ✗ 유치장 수용자에 대한 신체수색은 유치장의 관리주체인 경찰이 피의자 등을 유치함에 있어 피의자 등의 생명·신체에 대한 위해를 방지하고, 유치장 내의 안전과 질서유지를 위하여 실시하는 것으로서 그 우월적 지위에서 피의자 등에게 일방적으로 강제하는 성격을 가진 것이므로 권력적 사실행위라 할 것이며, 이는 헌법소원심판청구의 대상이 되는 헌법재판소법 제68조 제1항의 공권력의 행사에 포함된다(2002.7.18. 2000헌마327).

ㄴ. ✗ 이 사건 고시는 미국산 쇠고기를 수입하는 자에게 적용할 수입위생조건을 정한 것으로서, 쇠고기 소비자의 경우 그 직접적인 수범자는 아니라 할 것이나, 이 사건 고시가 소비자의 생명·신체의 안전을 보호하기 위한 조치의 일환으로 행하여진 것임은 앞서 본 바와 같으므로, 실질적인 규율 목적 및 대상이 쇠고기 소비자와 관련을 맺고 있다 할 것이다. 그리고 앞서 본 바와 같이 가격 경쟁력이 높은 미국산 쇠고기가 수입·유통되는 경우 많은 소비자들이 이를 구매하여 섭취할 것으로 예상되고, 그렇지 않다 하더라도 가공식품 및 일반 식당 판매 등 여러 경로를 통하여 소비자 자신도 모르게 이를 섭취하게 될 가능성도 있으므로, 일반 소비자라 할 수 있는 나머지 청구인들(이하 '청구인들'이라 한다)은 특별한 사정이 없는 한 미국산 쇠고기 수입과 관련된 보호조치인 이 사건 고시에 대하여 구체적이고 실질적인 이해관계를 가진다 할 것이고, 따라서 이 사건 고시가 생명·신체의 안전에 대한 보호의무에 위반함으로 인하여 초래되는 기본권 침해와의 자기관련성을 인정할 수 있다 할 것이다(2008.12.26. 2008헌마419·423·436 등).
→ 진보신당의 자기관련성 ×, 일반인인 청구인의 자기관련성 ○

ㄷ. ○ 법률안이 거부권 행사에 의하여 최종적으로 폐기되었다면 모르되, 그렇지 아니하고 공포되었다면 법률안은 그 동일성을 유지하여 법률로 확정되는 것이라고 보아야 하므로 이에 대한 헌법소원은 적법하다(2001.11.29. 99헌마494).

ㄹ. ✗ 청구인 사단법인 한국기자협회는 전국의 신문·방송·통신사 소속 현직 기자들을 회원으로 두고 있는 민법상 비영리 사단법인으로서, '언론중재 및 피해구제에 관한 법률' 제2조 제12호에 따른 언론사에는 해당한다. 그런데 심판대상조항은 언론인 등 자연인을 수범자로 하고 있을 뿐이어서 청구인 사단법인 한국기자협회는 심판대상조항으로 인하여 자신의 기본권을 직접 침해당할 가능성이 없다. 또 사단법인 한국기자협회가 그 구성원인 기자들을 대신하여 헌법소원을 청구할 수도 없으므로, 위 청구인의 심판청구는 기본권 침해의 자기관련성을 인정할 수 없어 부적법하다(2016.7.28. 2015헌마236 등).

14 15변시-37 정답 ④

헌법소원심판에 관한 설명 중 옳은 것(○)과 옳지 않은 것(×)을 올바르게 조합한 것은? (다툼이 있는 경우 판례에 의함)

ㄱ. 비구속적 행정계획안이나 행정지침이라도 국민의 기본권에 직접적으로 영향을 끼치고, 앞으로 법령의 뒷받침에 의하여 그대로 실시될 것이 틀림없을 것으로 예상될 수 있을 때에는, 공권력행사로서 예외적으로 헌법소원의 대상이 된다.

ㄴ. 행정지도가 이를 따르지 않을 경우 일정한 불이익 조치를 예정하고 있어 사실상 상대방에게 그에 따를 의무를 부과하는 것과 다를 바 없어 단순한 행정지도로서의 한계를 넘어 규제적·구속적 성격을 상당히 강하게 갖게 되는 경우에는 이를 헌법소원의 대상이 되는 공권력의 행사로 볼 수 있다.

ㄷ. 법원의 재판을 거쳐 확정된 행정처분인 경우, 당해 행정처분을 심판의 대상으로 삼았던 법원의 재판이 예외적으로 헌법소원심판의 대상이 되어 그 재판 자체가 취소되는 경우에는 그 당해 행정처분 역시 헌법소원심판의 대상이 된다.

ㄹ. 검사로부터 기소유예처분을 받은 피의자는 「검찰청법」 소정의 항고를 거쳐 그 검사 소속의 지방검찰청 소재지를 관할하는 고등법원에 그 당부에 관한 재정을 신청할 수 있으므로 그와 같은 구제절차를 모두 거치지 않은 채 기소유예처분의 취소를 구하는 헌법소원심판 청구는 부적법하다.

① ㄱ(×), ㄴ(○), ㄷ(×), ㄹ(×)
② ㄱ(×), ㄴ(○), ㄷ(○), ㄹ(○)
③ ㄱ(○), ㄴ(×), ㄷ(×), ㄹ(○)
④ ㄱ(○), ㄴ(○), ㄷ(○), ㄹ(×)
⑤ ㄱ(○), ㄴ(○), ㄷ(○), ㄹ(○)

ㄱ. ○ **비구속적 행정계획안이나 행정지침**이라도 국민의 기본권에 직접적으로 영향을 끼치고, 앞으로 법령의 뒷받침에 의하여 그대로 실시될 것이 틀림없을 것으로 예상될 수 있을 때에는, 공권력행사로서 예외적으로 헌법소원의 대상이 될 수 있다(2000.6.1. 99헌마538 등).

ㄴ. ○ **교육인적자원부장관의 대학총장들에 대한 이 사건 학칙시정요구**는 고등교육법 제6조 제2항, 동법시행령 제4조 제3항에 따른 것으로서 그 법적 성격은 대학총장의 임의적인 협력을 통하여 사실상의 효과를 발생시키는 행정지도의 일종이지만, 그에 따르지 않을 경우 일정한 불이익조치를 예정하고 있어 사실상 상대방에게 그에 따를 의무를 부과하는 것과 다를 바 없으므로 단순한 행정지도로서의 한계를 넘어 규제적·구속적 성격을 상당히 강하게 갖는 것으로서 헌법소원의 대상이 되는 공권력의 행사라고 볼 수 있다(2003.6.26. 2002헌마337).

ㄷ. ○ 원행정처분에 대하여 법원에 행정소송을 제기하여 패소판결을 받고 그 판결이 확정된 경우에는 당사자는 그 판결의 기판력에 의한 기속을 받게 되므로, 별도의 절차에 의하여 위 판결의 기판력이 제거되지 아니하는 한, 행정처분의 위법성을 주장하는 것은 확정판결의 기판력에 어긋나므로 원행정처분은 헌법소원심판의 대상이 되지 아니한다(1998.5.28. 91헌마98 등). 다만 행정소송으로 행정처분의 취소를 구한 청구인의 청구를 받아들이지 아니한 법원의 판결에 대한 헌법소원심판의 청구가 예외적으로 허용되어 그 재판이 헌법재판소법 제75조 제3항에 따라 취소되는 경우에는 원래의 행정처분에 대한 헌법소원심판의 청구도 이를 인용하는 것이 상당하다(1997.12.24. 96헌마172·173 병합).

ㄹ. × 검사의 불기소처분에 대한 검찰청법 소정의 항고 및 재항고는 그 피의사건의 고소인 또는 고발인만이 할 수 있을 뿐, **기소유예처분을 받은 피의자**가 범죄혐의를 부인하면서 무고함을 주장하는 경우에는 검찰청법이나 다른 법률에 이에 대한 권리구제절차가 마련되어 있지 아니하므로, 검사의 기소유예처분의 취소를 구하는 헌법소원심판을 청구하는 경우에는 **보충성원칙의 예외에 해당**한다(2010.6.24. 2008헌마716).

15 19변시-20 정답 ④

기본권 침해의 자기관련성에 관한 설명 중 옳지 않은 것을 모두 고른 것은? (다툼이 있는 경우 판례에 의함)

ㄱ. 이동통신단말장치 구매 지원금 상한제에 관한 조항은 이동통신사업자, 대리점 및 판매점뿐만 아니라 이들을 통하여 이동통신단말장치를 구입하고자 하는 이용자들도 실질적 규율대상으로 삼고 있다고 할 수 있으므로, 이용자들도 자기관련성이 인정된다.

ㄴ. 요양급여비용의 액수를 인하하는 조치를 내용으로 하는 조항의 직접적인 수범자는 요양기관이나, 요양기관의 피고용자인 의사도 유사한 정도의 직업적 불이익을 받게 된다고 볼 수 있으므로 자기관련성이 인정된다.

ㄷ. 언론사와 언론보도로 인한 피해자 사이의 분쟁 해결에 관한 조항, 편집권보호에 관한 조항은 신문사를 규율대상으로 하지만, 신문사의 기자들도 그 실질적인 규율대상에 해당한다고 할 수 있으므로 자기관련성이 인정된다.

ㄹ. 정보통신망을 통하여 공개된 정보로 말미암아 사생활 등을 침해받은 자가 삭제요청을 하면 정보통신서비스 제공자는 임시조치를 하여야 한다고 정한 조항은 직접적 수범자를 정보통신서비스 제공자로 하나, 위 임시조치로 정보게재자가 게재한 정보는 접근이 차단되므로, 정보게재자에 대해서도 자기관련성이 인정된다.

ㅁ. 식품접객업소에서 배달 등의 경우에 합성수지 재질의 도시락 용기의 사용을 금지하는 조항의 직접적인 수범자는 식품접객업주이나, 위 조항으로 인해 합성수지 도시락 용기의 생산업자들도 직업수행의 자유를 제한받으므로 자기관련성이 인정된다.

① ㄷ
② ㄴ, ㄷ
③ ㄴ, ㅁ
④ ㄷ, ㅁ
⑤ ㄱ, ㄴ, ㄹ

해설

ㄱ. O 이동통신사업자, 대리점 및 판매점(이하 '이동통신사업자 등'이라 한다) 뿐만 아니라 이용자들 역시 지원금 상한 조항의 실질적인 규율대상에 포함되고, 지원금 상한 조항은 지원금 상한액의 기준과 한도를 제한함으로써 이용자들이 이동통신단말장치를 구입하는 가격에 직접 영향을 미치므로, 이동통신사업자 등으로부터 이동통신단말장치를 구입하여 **이동통신서비스를 이용하고자 하는 청구인들은 지원금 상한 조항에 대해 헌법소원심판을 청구할 자기관련성이 인정**된다(2017.5.25. 2014헌마844 [기각]).

ㄴ. O 이 사건 개정고시의 직접적인 수규자가 요양기관이기는 하지만, 동 고시는 요양급여비용 일반에 대한 포괄적 기준을 정하는 것으로서 그 실질적 규율대상이 수규자인 요양기관뿐만 아니라 의약계종사자 일반에 미치고 있다. 그리하여 이 사건 개정고시가 요양급여비용의 액수를 인하하는 조치를 내용상 새로 포함할 경우 직접적인 수규자가 이에 상응한 수입감소의 불이익을 받게 될 뿐만 아니라 요양기관 피고용자인 청구인들도, 동인들이 의사로 근무하고 있는 이상, 유사한 정도의 직업적 불이익을 받게 되는 것이다. 이는 의사로서 전문적 의료행위를 제공한 데 대한 대가인 진료비의 수가가 일괄적으로 감소되는 것을 의미하기 때문에 청구인들에게는 단순한 경제적 이해를 넘어서는 진지한 직업적 손실효과를 초래하는 것이다. 그렇다면 이 사건 개정고시는 **요양기관의 개설자가 아닌 일반의사인 위 청구인들**에게 단순히 간접적, 사실적 또는 경제적 이해관계만으로 관련된 것이 아니며 그 수규자에 대한 것과 거의 동일한 정도의 심각성을 지니는 법적 효과를 미치고 있으므로 청구인들의 **자기관련성은 인정된다**고 할 것이다(2003.12.18. 2001헌마543 [기각]).

ㄷ. X 신문법은 정기간행물사업자, 즉 일간신문을 경영하는 법인으로서의 신문사를 규율대상으로 하고 있고, 언론중재법도 언론사와 언론보도로 인한 피해자 사이의 분쟁을 해결하고자 규율하는 법률로서, 그 규율의 대상이 되는 주체는 **언론사에 소속되어 있는 기자가 아니라 언론사 자체**이다. 따라서 신문사의 기자인 청구인들은 심판대상조항에 대하여 자기관련성이 인정되지 않는다(2006.6.29. 2005헌마165 등 [각하]).

ㄹ. O 이 사건 법률조항의 문언상 **직접적인 수범자는 '정보통신서비스 제공자'이고, 정보게재자인 청구인은 제3자에 해당하나**, 사생활이나 명예 등 자기의 권리가 침해되었다고 주장하는 자로부터 침해사실의 소명과 더불어 그 정보의 삭제 등을 요청받으면 정보통신서비스 제공자는 지체 없이 임시조치를 하도록 규정하고 있는 이상, 위 임시조치로 **청구인이 게재한 정보는 접근이 차단되는 불이익**을 받게 되었으므로, 이 사건 법률조항의 입법목적, 실질적 규율대상, 제한이나 금지가 제3자에게 미치는 효과나 진지성의 정도를 종합적으로 고려할 때, 이 사건 법률조항으로 인한 기본권침해와 관련하여 **청구인의 자기관련성을 인정할 수 있다**(2012.5.31. 2010헌마88 [기각]).

ㅁ. X 이 사건 심판대상 규정은 식품접객업소에서의 2003. 7. 1.부터 합성수지 도시락 용기의 사용을 금지하는 것으로서 그 직접적인 수범자는 식품접객업주이므로 청구인들 중 합성수지 도시락 용기의 생산업자들은 원칙적으로 제3자에 불과하며, 또한 **합성수지 도시락 용기의 사용제한으로 인하여 입게 되는 영업매출의 감소 위험**은 직접적, 법률적인 이해관계로 보기는 어렵고 간접적, 사실적 혹은 경제적인 이해관계라고 볼 것이므로 **자기관련성을 인정하기 어렵다**(2007.2.22. 2003헌마428 등 [기각, 각하]).

16   19법전협-1-5   정답 ⑤

헌법소원심판의 청구인 능력에 관한 설명으로 옳지 않은 것은? (다툼이 있는 경우 판례에 의함)

① 국민 또는 국민과 유사한 지위에 있는 외국인은 원칙적으로 헌법소원심판을 청구할 수 있다.
② 대통령은 사인으로서의 지위와 헌법기관으로서의 지위를 동시에 갖는데, 최소한 전자의 지위와 관련하여서는 대통령도 헌법소원심판을 청구할 수 있다.
③ 국회의원이 상임위원회에서 활동할 권한을 침해당하였다고 하더라도, 이에 대한「헌법재판소법」제68조 제1항에 의한 헌법소원심판 청구는 부적법하다.
④ 대표자의 정함이 있고 독립된 사회적 조직체로서 활동하는 법인 아닌 사단·재단이 성질상 법인이 누릴 수 있는 기본권을 침해당했을 때에 자신의 이름으로 헌법소원심판을 청구하는 것은 적법하다.
⑤ 원시선이 나타나지 않은 초기배아는「헌법재판소법」제68조 제1항에 의한 헌법소원심판의 청구인 능력이 있다.

해설

① O 1994.12.29. 93헌마120
② O 대통령도 국민의 한사람으로서 제한적으로나마 기본권의 주체가 될 수 있는바, 대통령은 소속 정당을 위하여 정당활동을 할 수 있는 사인으로서의 지위와 국민 모두에 대한 봉사자로서 공익실현의 의무가 있는 헌법기관으로서의 지위를 동시에 갖는데 최소한 전자의 지위와 관련하여는 기본권 주체성을 갖는다고 할 수 있다(2008.1.17. 2007헌마700).
③ O 헌법재판소법 제68조 제1항의 규정에 의한 헌법소원은, 헌법이 보장하는 기본권의 주체가 국가기관의 공권력의 행사 또는 불행사로 인하여 그 기본권을 침해받았을 경우 이를 구제하기 위한 수단으로 인정된 것이므로, 헌법소원을 청구할 수 있는 자는 원칙으로 기본권의 주체로서의 국민에 한정되며 국민의 기본권을 보호 내지 실현할 책임과 의무를 지는 국가기관이나 그 일부는 헌법소원을 청구할 수 없다(1995.2.23. 90헌마125). 그런데 청구인이 이 사건 법률조항에 의하여 침해당하였다고 주장하는 기본권은 청구인이 **국회 상임위원회에 소속하여 활동할 권리, 청구인이 무소속 국회의원으로서 교섭단체소속 국회의원과 동등하게 대우받을 권리**라는 것으로서 이는 입법권을 행사하는 국가기관인 국회를 구성하는 국회의원의 지위에서 주장하는 권리일지언정 헌법이 일반국민에게 보장하고 있는 기본권이라고 할 수는 없다. 그러므로 국회의 구성원인 지위에서 공권력작용의 주체가 되어 오히려 국민의 기본권을 보호 내지 실현할 책임과 의무를 지는 **국회의원이 위와 같은 권한을 침해당하였다고 하더라도 이는 헌법재판소법 제68조 제1항에서 말하는 기본권의 침해에는 해당하지 않으므로, 이러한 경우 국회의원은 개인의 권리구제수단인 헌법소원을 청구할 수 없다고 할 것이다**(2000.8.31. 2000헌마156).
④ O 1991.6.3. 90헌마56
⑤ X 초기배아는 수정이 된 배아라는 점에서 형성 중인 생명의 첫 걸음을 떼었다고 볼 여지가 있기는 하나 아직 모체에 착상되거나 원시선이 나타나지 않은 이상 현재의 자연과학적 인식 수준에서 독립된 인간과 배아 간의 개체적 연속성을 확정하기 어렵다고 봄이 일반적이라는 점, 배아의 경우 현재의 과학기술 수준에서 모태 속에서 수용될 때 비로소 독립적인 인간으로의 성장가능성을 기대할 수 있다는 점, 수정 후 착상 전의 배아가 인간으로 인식된다거나 그와 같이 취급하여야 할 필요성이 있다는 사회적 승인이 존재한다고 보기 어려운 점 등을 종합적으로 고려할 때, **기본권 주체성을 인정하기 어렵다**(2010.5.27. 2005헌마346).

17 18변시-18   정답 ⑤

헌법소원심판의 '직접성' 요건에 관한 설명 중 옳지 않은 것은? (다툼이 있는 경우 판례에 의함)

① 헌법소원심판청구에 있어서 직접성 요건의 불비는 사후에 치유될 수 없다.
② 법령에 근거한 구체적인 집행행위가 재량행위인 경우 기본권 침해는 집행기관의 의사에 따른 집행행위, 즉 재량권의 행사에 의하여 비로소 현실화되므로 이러한 경우에는 법령에 의한 기본권 침해의 직접성이 인정되지 않는다.
③ 형벌조항의 경우 국민이 그 형벌조항을 위반하기 전이라면, 그 위헌성을 다투기 위해 그 형벌조항을 실제로 위반하여 재판을 통한 형벌의 부과를 받게 되는 위험을 감수할 것을 국민에게 요구할 수 없다.
④ 벌칙·과태료 조항의 전제가 되는 구성요건 조항이 벌칙·과태료 조항과 별도로 규정되어 있는 경우, 벌칙·과태료 조항에 대하여 그 법정형 또는 행정질서벌이 체계정당성에 어긋난다거나 과다하다는 등 그 자체가 위헌임을 주장하지 않는 한 직접성을 인정할 수 없다.
⑤ 형벌조항을 위반하여 기소되었다면, 그 집행행위인 형벌부과를 대상으로 한 구제절차가 없거나 있다고 하더라도 권리구제의 기대가능성이 없는 경우에 해당하므로, 형벌조항에 대하여 예외적으로 직접성을 인정할 수 있다.

① O 청구인은 자신이 반민규명위원회를 상대로 이 사건 결정의 취소를 구하는 행정소송을 제기하여 그 소송계속 중 당해 사건을 담당하는 법원으로부터 위헌제청신청기각결정까지 받은 만큼, 직접성의 요건을 충족하지 못한 하자는 사후에 치유된 것이라고 주장하나, 헌법재판소법 제68조 제1항에 의한 헌법소원심판청구에 있어서 **직접성 요건의 불비는 사후에 치유될 수 있는 성질의 것이라 볼 수 없다**(2009.9.24. 2006헌마1298).
② O 법령에 근거한 구체적인 집행행위가 **"재량행위"**인 경우 기본권침해는 집행기관의 의사에 따른 집행행위, 즉 재량권의 행사에 의하여 비로소 이루어지고 현실화되므로 이러한 경우에는 법령에 의한 기본권침해의 직접성이 인정되지 않는다(2003.7.24. 2003헌마3).
③ O 법률 또는 법률조항 자체가 헌법소원의 대상이 될 수 있으려면 일반적으로 구체적인 집행행위를 기다리지 아니하고 그 법률 또는 법률조항에 의하여 직접 기본권을 침해받아야 한다. 따라서 **법률 또는 법률조항이 구체적인 집행행위를 예정하고 있는 경우에는 직접성의 요건이 결여**된다. 그러나 국민에게 일정한 행위의무 또는 행위금지의무를 부과하는 법규정을 정한 후 이를 위반할 경우 제재수단으로서 형벌 또는 행정벌 등을 부과할 것을 정한 경우에, 그 **형벌이나 행정벌의 부과를 위 직접성에서 말하는 집행행위라고는 할 수 없다.** 국민은 별도의 집행행위를 기다릴 필요 없이 제재의 근거가 되는 법률의 시행 자체로 행위의무 또는 행위금지의무를 직접 부담하는 것이기 때문이다. 다시 말하면 설령 형벌의 부과를 구체적인 집행행위라고 보더라도, 이러한 법규범을 다투기 위하여 국민이 이 법규범을 실제로 위반하여 재판을 통한 형벌이나 벌금부과를 받게되는 위험을 감수할 것을 국민에게 요구할 수 없기 때문이다(1998.3.26. 97헌마194).
④ O 벌칙조항의 전제가 되는 구성요건조항이 별도로 규정되어 있는 경우에 벌칙 조항에 대하여는 청구인들이 그 법정형이 체계정당성에 어긋난다거나 과다하다는 등 그 자체가 위헌임을 주장하지 않는 한 **직접성을 인정할 수 없다**(2009.10.29. 2007헌마1359).
⑤ X 형벌조항의 경우 국민이 그 형벌조항을 위반하기 전이라면 그 형벌조항을 실제로 위반하여 재판을 통한 형벌의 부과를 받게 되는 위험을 감수할 것을 국민에게 요구할 수 없다는 점에서, 그 **형벌조항을 위반하였으나 기소되기 전**이라면 재판과정에서 그 형벌조항의 위헌 여부에 관한 판단을 구할 수 없다는 점에서 각 구제절차가 없거나 있다고 하더라도 **권리구제의 기대가능성이 없는 경우에 해당**한다고 볼 여지가 있지만, 그 형벌조항을 **위반하여 기소된 후**에는 재판과정에서 그 형벌조항이 법률인 경우에는 위헌법률심판제청신청을 통하여 헌법재판소에 그 위헌 여부에 관한 판단을 구할 수 있고(헌법재판소법 제41조, 제68조 제2항), 명령·규칙인 경우에는 곧바로 법원에 그 위헌 여부에 관한 판단을 구할 수 있다는 점에서(헌법 제107조 제2항) 구제절차가 없거나 있다고 하더라도 **권리구제의 기대가능성이 없는 경우에 해당한다고 볼 수가 없다고 할 것이다**(2013.7.25. 2012헌마182).

18 12변시-17   정답 ④

아래 사례에서 헌법소원심판청구의 적법요건에 관한 설명 중 옳지 않은 것은? (다툼이 있는 경우 판례에 의함)

> 대전광역시 교육감은 2002. 1. 1. 2002학년도 대전광역시 공립중등학교 교사임용후보자 선정경쟁시험을 시행하기 위한 '시행요강'을 공고하였다. 그 공고에 따르면 대전·충남 지역 소재 사범계대학 졸업자에게 시험 총점의 5%의 가산점을 부여하도록 되어 있다. 위 시험에 응시한 청구인들은 위와 같은 가산점 부여는 사범계대학 출신자와 비사범계대학 출신자를 차별하는 것이라고 하여 위 공고에 대한 헌법소원심판을 청구하였다.

① 이 사건 가산점 항목의 공고가 법령에 규정되어 있는 가산점의 내용을 단순히 알리는 데 불과한 것이 아니라 그 세부적 내용을 구체적으로 확정하는 효과가 있는 것이라면, 이는 국민의 기본권 상황에 변동을 초래하는 공권력의 행사로 볼 수 있다.

② 이 사건 가산점 항목은 공고되었고, 장차 합격자를 선정함에 있어 이 사건 가산점 항목이 적용될 것임이 위 심판청구 당시에 이미 확실히 예측되고 있었다면, 기본권 침해의 현재성은 인정된다.

③ 이 사건 가산점 항목의 공고에 대하여는 행정소송 등 다른 구제절차가 허용되는지 여부가 객관적으로 불확실하여 청구인에게 사전에 다른 권리구제절차를 거칠 것을 기대하기가 곤란하므로 보충성 원칙의 예외가 인정된다.

④ 이 사건 시행요강이 공고되기 이전인 2000. 11. 18. 대전광역시 교육감에 의해 이 사건 가산점 항목과 동일한 내용을 규정한 시험공고가 행해졌다면, 적어도 이 2000년 공고에 따른 시험에 응시하였다가 불합격한 청구인들에 대하여는 그 청구기간이 도과하였다.

⑤ 이 사건 심판계속 중 최종합격자가 확정되었다면, 이 사건 가산점 항목의 효력은 더 이상 존속하지 않지만 이 사건 가산점 항목과 유사한 내용의 공고는 앞으로도 계속 반복하여 행해질 가능성이 있고 그에 대한 헌법적 정당성 여부의 해명은 헌법질서의 수호를 위하여 매우 긴요한 것으로 판단되므로, 권리보호이익이 인정된다.

 해설

2004.3.25. 2001헌마882의 판결내용을 바탕으로 한 문제이다.
① O 교육공무원임용후보자선정경쟁시험규칙 제8조 제3항은 가산점의 부여 여부와 그 대상자 및 배점에 관한 세부적 내용을 시험실시기관으로 하여금 정하도록 하고 있기 때문에 이 사건 가산점 항목의 공고는 법령에 이미 확정적으로 규정되어 있는 것을 단순히 알리는 데 불과한 것이 아니라 위와 같은 세부적 내용을 구체적으로 확정하는 효과가 있다. 그러므로 이는 국민의 기본권 상황에 변동을 초래하는 공권력의 행사로 볼 수 있다.

② O 이 사건 헌법소원은 이 사건 가산점 항목이 공고되고 청구인이 그 제1차 시험까지 친 후에 제기되었을 뿐 아니라, 장차 합격자를 선정함에 있어 이 사건 가산점 항목이 적용될 것임이 위 심판청구 당시에 이미 확실히 예측되고 있었다. 이러한 점들에 비추어 볼 때, 이 사건 심판청구 당시 아직 제1차 시험 합격자 발표가 나지 않았다 하더라도 기본권 침해의 현재성은 인정된다고 할 것이다.

③ O 이 사건 가산점 항목의 공고에 대하여는 행정소송 등 다른 구제절차가 허용되는지 여부가 객관적으로 불확실하여 청구인에게 사전에 다른 권리구제절차를 거칠 것을 기대하기가 곤란하다. 그러므로 이 사건 가산점 항목에 관하여는 보충성 원칙의 예외를 인정하여, 청구인으로 하여금 사전에 다른 권리구제절차를 거칠 필요 없이 바로 헌법소원을 할 수 있게 함이 상당하다.

④ X 이 사건 가산점 항목과 같은 내용의 공고들이 해마다 전국의 시·도교육청에서 반복적으로 행해지고 있다 하더라도 그것들은 각각 당해연도에 당해 시·도교육청이 실시하는 시험에 대해서만 효력을 가지는 것이고, 이 사건 가산점 항목의 공고는 그와 별개의 것이다. 그러므로 이 사건 가산점 항목이 공고되기 이전인 2000. 11. 18. 경기도 교육감에 의해 이 사건 가산점 항목과 유사한 내용의 시험공고가 행해지고 같은 해 12. 17. 청구인이 그 시험에 응시하였다가 불합격한 사실이 있다고 하더라도, 그 무렵을 청구기간의 기산점으로 할 수 없는바, 이와 상반되는 해석하에 이 사건 헌법소원이 청구기간을 도과한 것이라고 하는 교육인적자원부장관의 주장은 이유 없다.

⑤ O 이 사건 가산점 항목과 유사한 내용의 공고는 교육공무원임용후보자선정경쟁시험규칙 제8조 제3항을 근거로 하여 앞으로도 계속 반복하여 행해질 가능성이 있고 그에 대한 헌법적 정당성 여부의 해명은 헌법질서의 수호를 위하여 매우 긴요한 것으로 판단되므로, 이 사건 심판청구의 이익을 인정할 수 있다.

19 16변시-4   정답 ⑤

「헌법재판소법」 제68조 제1항 헌법소원심판의 청구기간에 관한 설명 중 옳지 않은 것은? (다툼이 있는 경우 판례에 의함)

① 헌법소원심판청구를 추가적으로 변경한 경우 변경에 의한 신청구는 그 청구변경서를 제출한 때에 제기한 것으로 볼 것이므로, 이 시점을 기준으로 하여 청구기간의 준수여부를 가려야 한다.

② 기간의 계산은 「민사소송법」과 「민법」에 의하는바, 헌법소원심판 청구기간의 마지막 날이 공휴일에 해당한 때에는 그 다음 날이 청구기간의 종료일이 된다.

③ 헌법소원심판을 청구하고자 하는 자가 변호사를 대리인으로 선임할 자력이 없어 헌법재판소에 국선대리인을 선임하여 줄 것을 신청하는 경우에는 국선대리인의 선임신청이 있는 날을 기준으로 청구기간을 정한다.

④ 교육공무원의 정년을 65세에서 62세로 단축하는 개정법률이 공포되어 같은 날 시행된 경우, 개정법 시행 당시 60세인 중등교원에게 위 개정법으로 인한 기본권 침해가 발생한 시점은 그가 62세에 달하여 실제 정년퇴직에 이르렀을 때가 아니라 위 개정법이 공포되고 시행된 날이다.

⑤ 법령에 대한 헌법소원에 있어서 아직 그 법령에 의해 기본권 침해가 발생하지 않았으나 장래 그 침해가 확실히 예상되어 기본권침해의 현재성 요건을 예외적으로 충족한 경우에는 기본권 침해가 없더라도 청구기간의 도과문제가 발생할 수 있다.

① O 헌법재판소법 제68조 제1항 소정의 헌법소원심판청구를 추가적으로 변경한 경우 변경에 의한 신청구의 청구기간 준수 여부를 판단하는 기준시점(청구변경서 제출시) 헌법재판소법 제68조 제1항 소정의 헌법소원심판청구를 추가적으로 변경하였다면 변경에 의한 신청구는 그 청구변경서를 제출한 때에 제기한 것이라 볼 것이므로, 이 시점을 기준으로 하여 청구기간의 준수 여부를 가려야 한다(1998.9.30. 96헌바88).

② O

> **헌법재판소법 제40조(준용규정)**
> ① 헌법재판소의 심판절차에 관하여는 이 법에 특별한 규정이 있는 경우를 제외하고는 헌법재판의 성질에 반하지 아니하는 한도에서 민사소송에 관한 법령을 준용한다. 이 경우 탄핵심판의 경우에는 형사소송에 관한 법령을 준용하고, 권한쟁의심판 및 헌법소원심판의 경우에는 「행정소송법」을 함께 준용한다.
>
> **민사소송법 제170조(기간의 계산)**
> 기간의 계산은 민법에 따른다.
>
> **민법 제161조(공휴일 등과 기간의 만료점)**
> 기간의 말일이 토요일 또는 공휴일에 해당한 때에는 기간은 그 익일로 만료한다.

③ O

> **헌법재판소법 제70조(국선대리인)**
> ① 헌법소원심판을 청구하려는 자가 변호사를 대리인으로 선임할 자력(資力)이 없는 경우에는 헌법재판소에 국선대리인을 선임하여 줄 것을 신청할 수 있다. 이 경우 제69조에 따른 청구기간은 국선대리인의 선임신청이 있는 날을 기준으로 정한다.

④ O 법령이 시행된 후에 비로소 그 법령에 해당하는 사유가 발생한 경우에 법령에 대한 헌법소원의 청구기간은 언제나 법령시행일이 아닌 해당사유발생일로부터 기산하여야 하는지 여부(소극) 우리재판소의 결정례(1996.3.28. 93헌마198)는, 법령에 대한 헌법소원의 청구기간은 법령이 시행된 후에 비로소 그 법령에 해당하는 사유가 발생한 경우에는 언제나 법령시행일이 아닌 해당사유발생일로부터 기산하여야 한다는 것이 아니라, 법령시행일을 청구기간 기산일로 하는 것이 기본권구제의 측면에서 부당하게 청구기간을 단축하는 결과가 되거나, 침해가 확실히 예상되는 때로부터 기산한다면 오히려 기산일을 불확실하게 하여 청구권의 유무를 불안정하게 하는 결과를 가져올 경우 등에는, 법령시행일이 아닌 법령이 적용될 해당사유가 발생하여 기본권침해가 비로소 현실화된 날부터 기산함이 상당하다는 취지이다. 청구인은 이 사건 법률조항의 시행으로 인하여 그 즉시 정년이 62세로 단축된 중등교원의 지위를 갖게 된 것이지, 이후 62세에 달하여 실제 정년퇴직에 이르러서야 비로소 기본권의 제한을 받게 되었다고 할 것은 아니므로, 청구기간의 기산점은 이 사건 법률조항의 공포일(시행일)로 보는 것이 타당하다(2002.1.31. 2000헌마274).

⑤ X 청구기간을 준수하였는지 여부는 이미 기본권침해가 발생한 경우에 비로소 문제될 수 있는 것인데, 이 사건의 경우(국가유공자가산점 사건)와 같이 아직 기본권의 침해는 없으나 장래 확실히 기본권침해가 예측되므로 **미리 앞당겨 현재의 법적 관련성을 인정하는 경우에는 청구기간 도과의 문제가 발생할 여지가 없다**(1999.12.23. 98헌마363).

참고판례 심판청구 당시 청구인들은 국가공무원 채용시험에 응시하기 위하여 준비하고 있는 단계에 있었으므로 이 사건 심판대상조항(제대군인지원에관한법률 제8조 제1항 등 가산점)으로 인한 기본권침해를 현실적으로 받았던 것은 아니다. 그러나 청구인들은 심판청구 당시 국가공무원 채용시험에 응시하기 위한 준비를 하고 있었고, 이들이 응시할 경우 장차 그 합격여부를 가리는 데 있어 가산점제도가 적용될 것임은 심판청구 당시에 이미 확실히 예측되는 것이었다. 따라서 기본권침해의 현재관련성이 인정된다. 이와 같이 장래 확실히 기본권침해가 예측되어 현재관련성을 인정하는 이상 청구기간이 경과하였다고 할 수 없다. 청구기간을 준수하였는지 여부는 이미 기본권침해가 발생한 경우에 비로소 문제될 수 있는 것인데, 이 사건의 경우 아직 기본권침해는 없으나 장래 확실히 기본권침해가 예측되므로 미리 앞당겨 현재의 법적 관련성을 인정하는 것이기 때문이다. 따라서 청구기간이 지났다는 국가보훈처장의 주장은 이유없다(1999.12.23. 98헌마363).

참고판례 법령에 대한 헌법소원의 청구기간 기산점 법령에 대한 헌법소원의 청구기간도 기본권을 침해받은 때로부터 기산하여야 할 것이지 기본권을 침해받기도 전에 그 침해가 확실히 예상되는 등 실체적 제요건이 성숙하여 헌법판단에 적합하게 된 때로부터 기산할 것은 아니므로, 법령의 시행과 동시에 기본권침해를 받은 자는 그 법령이 시행된 사실을 안 날로부터 60일 이내에, 그 법령이 시행된 날로부터 180일 이내에 청구하여야 할 것이나, 법령이 시행된 후에 비로소 그 법령에 해당하는 사유가 발생하여 기본권의 침해를 받게 된 경우에는 그 사유가 발생하였음을 안 날로부터 60일 이내에, 그 사유가 발생한 날로부터 180일 이내에 청구하여야 할 것이다. 따라서 종전에 이와 견해를 달리하여 법령에 대한 헌법소원의 청구기간의 기산점에 관하여 기본권의 침해가 확실히 예상되는 때로부터도 청구기간을 기산한다는 취지로 판시한 우리 재판소의 의견은 이를 변경하기로 한다(1996.3.28. 93헌마198).

20 16변시-9 정답 ④

다음 사례에 관한 설명 중 옳지 않은 것은? (다툼이 있는 경우 판례에 의함)

[사례1]
甲과 乙은 사소한 시비가 문제되어 주먹다툼을 한 후 서로를 상해 혐의로 고소하였는데, 검사는 甲에 대해서는 기소유예 처분을, 乙에 대해서는 혐의없음의 불기소 처분을 하였다.

[사례2]
丙은 의사 丁으로부터 위 내시경 검사를 받던 중 丁의 과실로 출혈이 발생하였음에도 불구하고, 丁이 내시경 검사에 어떠한 문제도 없었다고 하면서 오히려 자신에게 폭언을 하자, 의사 丁을 업무상 과실치상 등으로 처벌해 달라고 고소장을 제출하였다. 그러나 검사는 이를 적법한 절차에 따른 고소사건으로 처리하지 아니하고, 단순한 진정사건으로 접수하여 공소시효 완성을 이유로 공소권없음 의견으로 내사종결 처분을 하였다.

① [사례1]의 경우, 형사피해자인 고소인 甲은 검사의 乙에 대한 혐의없음 처분에 관하여 「검찰청법」에 따른 항고를 거친 후 그 검사 소속의 지방검찰청 소재지를 관할하는 고등법원에 재정신청을 할 수 있으므로, 위 혐의없음 처분에 대한 헌법소원은 부적법하다.

② [사례1]의 경우, 만약 甲이 고소를 하지 않은 상태에서 수사기관의 인지에 의해 수사가 개시되었다면, 고소하지 않은 피해자 甲은 乙에 대한 혐의없음 처분에 대하여 헌법소원을 제기할 수 있다.

③ [사례1]의 경우, 甲은 자신에 대한 기소유예 처분이 자의적이라고 주장하면서 위 기소유예 처분에 대한 헌법소원을 제기할 수 있다.

④ [사례2]의 경우, 검사가 丙의 고소사건을 진정사건으로 수리하여 내사종결 처분한 것은 수사기관의 내부적 사건처리방식에 지나지 않으므로 헌법소원심판의 대상이 되는 공권력 행사라고 할 수 없다.

⑤ [사례2]의 경우, 만약 검사가 丙의 고소를 진정사건이 아니라 고소사건으로 처리하면서 丁에 대해서 혐의없음 처분을 하지 않고 공소권없음의 불기소처분을 하였다 해도, 이를 丁의 헌법상 기본권을 침해하는 공권력의 행사라고 볼 수 없다.

 해설

① O 검사의 불기소처분에 대해 2007년 개정 형사소송법에서는 고등법원에 재정신청을 할 수 있는 범죄를 모든 범죄로 확대하였고, 재정신청을 하기 위해서는 먼저 검찰청에 항고를 거치도록 하였다. 따라서 형사상 모든 범죄에 대하여 **피해자인 고소인**은 검찰청에 항고를 거친 후 고등법원에 재정신청을 제기할 수 있을 뿐, 헌법재판소에 **헌법소원을 제기할 수 없게 되었다.** 즉 검사의 불기소처분에 대하여 헌법소원을 제기하려면 보충성의 원칙에 따라 먼저 법원의 재정신청을 거치게 되므로, 법원의 재정신청을 거친 후에는 재판에 대한 헌법소원이 원칙적으로 금지되기 때문에 결국 검사의 불기소처분에 대해서는 헌법소원을 제기할 수 없게 된다(재판소원금지의 원칙 → 원행정처분에 대한 헌법소원의 법리). 그러나 **고소하지 않은 형사피해자**는 검찰청의 항고를 거쳐 재정신청을 할 수 없으므로 보충성에 대한 예외가 인정되어 바로 **헌법소원을 제기할 수 있다.**

<u>참고판례</u> 재정신청을 경유하지 않은 불기소처분에 대한 헌법소원 헌법재판소법 제68조 제1항에 의한 헌법소원심판은 다른 법률에 구제 절차가 있는 경우 그 절차를 모두 거친 후가 아니면 청구할 수 없는바, 검사의 불기소처분에 불복하는 고소인은 검찰청법 제10조에 따른 항고를 거쳐 관할 고등법원에 재정신청을 하여 그 당부를 다툴 수 있다(형사소송법 제260조 제1항, 제2항). 그런데 청구인은 이 사건 불기소처분에 대하여 법원에 재정신청을 하지 않은 채 곧바로 이 사건 헌법소원심판청구를 하였으므로 사전권리구제절차를 경유하였다고 볼 수 없다(2013.1.8. 2012헌마993).

<u>참고판례</u> 재정신청을 경유 한 불기소처분에 대한 헌법소원 원행정처분에 대한 헌법소원심판청구를 받아들여 이를 취소하는 것은, 원행정처분을 심판대상으로 삼았던 법원의 재판이 예외적으로 헌법소원심판대상이 되어 그 재판 자체까지 취소되는 경우에 한하고, 법원의 재판이 취소되지 아니하는 경우에는 확정판결의 기판력으로 인하여 원행정처분 그 자체는 헌법소원심판의 대상이 되지 아니하며, 이와 같은 법리는 검사의 불기소처분에 대하여 법원의 재정신청절차를 거친 경우에도 마찬가지로 적용되어야 한다(2008.7.29. 2008헌마487).

② O **피해자의 고소가 아닌 수사기관의 인지 등에 의하여 수사가 개시된 피의사건에서 검사의 불기소처분이 이루어진 경우 그 불기소처분의 취소를 구하기 위해 별도의 고소 없이 곧바로 제기된 피해자의 헌법소원이 보충성원칙의 예외에 해당하여 적법한지 여부(적극)** 피해자의 고소가 아닌 수사기관의 인지 등에 의해 수사가 개시된 피의사건에서 검사의 불기소처분이 이루어진 경우, 고소하지 아니한 피해자로 하여금 별도의 고소 및 이에 수반되는 권리구제절차를 거치게 하는 방법으로는 종래의 불기소처분 자체의 취소를 구할 수 없고 당해 수사처분 자체의 위법성도 치유될 수 없다는 점에서 이를 본래 의미의 사전 권리구제절차라고 볼 수 없고, 고소하지 아니한 피해자는 검사의 불기소처분을 다툴 수 있는 통상의 권리구제수단도 경유할 수 없으므로, 그 불기소처분의 취소를 구하는 헌법소원의 사전 권리구제절차라는 것은 형식적·실질적 측면에서 모두 존재하지 않을 뿐만 아니라, 별도의 고소 등은 그에 수반되는 비용과 권리구제가능성 등 현실적인 측면에서 볼 때에도 불필요한 우회절차를 강요함으로써 피해자에게 지나치게 가혹할 수 있으므로, 고소하지 아니한 피해자는 예외적으로 불기소처분의 취소를 구하는 헌법소원심판을 곧바로 청구할 수 있다(2010.6.24. 2008헌마716).

③ O 헌법재판소는 범죄혐의가 없음에도 불구하고 **검사의 자의적으로 기소유예처분**을 하는 것은 피의자의 평등권과 행복추구권을 침해하는 것이다(2008.7.31. 2008헌마351 참고)라고 하여 헌법소원의 대상이 된다고 판시하고 있다. 그리고 검사의 불기소처분에 대한 검찰청법 소정의 항고 및 재항고는 그 피의사건의 고소인 또는 고발인만이 할 수 있을 뿐, 기소유예처분을 받은 피의자가 범죄혐의를 부인하면서 무고함을 주장하는 경우에는 검찰청법이나 다른 법률에 이에 대한 권리구제절차가 마련되어 있지 아니하므로, 검사의 기소유예처분의 취소를 구하는 헌법소원심판을 청구하는 경우에는 보충성원칙의 예외에 해당한다(2010.6.24. 2008헌마716).

④ X 고소를 고소사건으로 수리하지 아니하고 진정사건으로 수리하여 공람종결한 처분은 고소인의 법률상 권리행사에 영향을 미치는 것으로 헌법소원의 대상이 되는 공권력의 행사라고 할 것이다(2005.9.6. 2005헌마752).

참고판례 진정은 그것이 비록 내사의 대상으로 되는 진정이라 하더라도 진정 그 자체가 법률의 규정에 의하여 법률상의 권리행사로서 인정되는 것이 아니고, 진정을 기초로 하여 수사소추기관의 적의 처리를 요망하는 의사표시에 지나지 아니한 만큼 진정에 의하여 이루어진 내사사건의 종결처리라는 것은 구속력이 없는 진정사건에 대한 수사기관의 내부적 사건처리방식에 지나지 아니하는 것이고, 따라서 그 처리결과에 대하여 불만이 있으면 진정인은 따로 구체적 범죄사실을 적시하여 고소나 고발을 할 수 있는 것으로서, 진정인의 권리행사에 아무런 영향을 미치는 것이 아니므로 이는 헌법소원의 대상이 되는 공권력의 행사라 할 수 없다(1990.12.26. 89헌마277). 다만 청구인의 고소사건을 적법한 절차에 따라 고소사건으로 처리하지 아니하고 단순히 진정사건으로 보아 공람종결처분을 한 것은 부적합하다고 보여지나, 위 고소사건은 피청구인이 고소사건으로 수리하여 조사 후 처리하였다 하더라도 공소를 제기할 사건으로 보이지 아니하므로 피청구인의 위 진정종결처분으로 인하여 청구인의 재판절차진술권과 평등권이 침해되었다고 볼 수는 없다(2000.11.30. 2000헌마356).

⑤ O '공소권없음' 결정이나 '혐의없음' 결정은 모두 피의자에 대하여 소추장애사유가 있어 기소할 수 없다는 내용의 처분이므로 두 결정은 기소할 수 없다는 점에서 동일한 처분이라고 할 수 있다. 한편 '공소권없음' 결정은 그 결정이 있다고 하여 청구인에게 범죄혐의가 있음이 확정되는 것이 결코 아니므로 피의사실이 인정됨에도, 즉 소추장애사유가 없어 기소할 수 있음에도 기소하지 않는다는 내용의 결정인 '기소유예' 결정과는 본질적으로 다르다. 설령 청구인의 주장대로 청구인에게는 이 사건 교통사고 발생에 아무런 과실이 없다고 하더라도, 청구인으로서는 '공소권없음' 결정으로 인해 자신이 이 사건 교통사고 발생에 아무런 과실이 없다는 점이 밝혀지지 않은 불이익을 입었다고 할 수 있을 뿐인데, 이는 어디까지나 간접적 또는 사실상의 불이익에 불과한 것이므로 이를 가지고 기본권 침해 문제가 발생하였다고 할 수는 없다. 따라서 피청구인이 '혐의없음' 결정을 하지 않고 '공소권없음' 결정을 한 것을 가리켜 청구인의 헌법상 기본권을 침해하는 공권력의 행사라고 할 수 없으므로 이 사건 심판청구는 부적법하다(2003.1.30. 2002헌마323).

21 14변시-17 정답 ②

甲은 절도죄를 범하여 유죄의 확정판결을 받고 현재 교도소에 수용 중인 자이다. 甲은 교도소 내의 처우와 관련하여 헌법소원심판을 청구하고자 변호사 乙과의 접견을 신청하였으나, 교도소장 丙은 접견을 불허하였다. 이에 甲은 변호사 乙에게 편지를 발송하고자 하였는데, 교도소장 丙은 수용자가 밖으로 내보내는 모든 서신을 봉함하지 않은 상태로 제출하게 하고 제출된 甲의 서신 내용을 검열한 다음 서신 발송을 거부하였다. 이 사안에 관한 설명 중 옳은 것을 모두 고른 것은? (다툼이 있는 경우 판례에 의함)

ㄱ. 서신검열행위는 이른바 권력적 사실행위로서 행정심판이나 행정소송의 대상이 되는 행정처분으로 볼 수 있으나, 위 검열행위가 이미 완료되어 행정심판이나 행정소송을 제기하더라도 소의 이익이 부정될 수밖에 없으므로 헌법소원심판을 청구하는 외에 다른 효과적인 구제방법이 있다고 보기 어렵기 때문에 보충성 원칙의 예외에 해당한다.

ㄴ. 자유형은 수형자를 일정한 장소에 구금하여 사회로부터 격리시켜 그 자유를 박탈함과 동시에 그의 교화·갱생을 도모하고자 함에 그 본질이 있으므로, 수형자의 기본권은 특별권력관계 내에서 인정되는 포괄적 명령권과 징계권에 의하여 개별적 법률의 근거 없이도 제한이 가능하다. 그러나 이러한 경우에도 기본권의 본질적 내용은 침해할 수 없다.

ㄷ. 교도소장 丙은 구 「형의 집행 및 수용자의 처우에 관한 법률 시행령」 제65조 제1항("수용자는 보내려는 서신을 봉함하지 않은 상태로 교정시설에 제출하여야 한다.")에 따라 甲의 서신을 봉함하지 않은 상태로 제출하게 하였는바, 위 시행령 조항은 수용자의 도주를 예방하고 교도소 내의 규율과 질서를 유지하기 위한 불가피한 것으로서 비례의 원칙에 위반되지 아니하여 수용자의 통신비밀의 자유를 침해하지 아니한다.

ㄹ. 헌법재판소의 판례에 따르면, 교도소장 丙의 서신발송거부행위는 행정심판 및 행정소송의 대상이 되므로, 이러한 사전구제절차를 거치지 아니하고 서신발송거부행위에 대하여 헌법소원심판을 청구하는 것은 보충성 원칙에 위배되어 부적법하다.

ㅁ. 형사절차가 종료되어 교정시설에 수용 중인 수형자가 형사사건의 변호인이 아닌 민사재판, 행정재판, 헌법재판 등에서 변호사와 접견할 경우에는 원칙적으로 헌법 제12조 제4항의 변호인의 조력을 받을 권리의 주체가 될 수 없으므로, 교도소장 丙의 접견불허처분에 의하여 甲의 헌법상 변호인의 조력을 받을 권리가 제한된다고 볼 수 없다.

① ㄱ, ㄴ ② ㄱ, ㄹ, ㅁ
③ ㄴ, ㄷ, ㄹ ④ ㄴ, ㄷ, ㅁ
⑤ ㄷ, ㅁ

해설

본 사례는 수형자에 대한 교도소장의 서신검열행위사건(1998.8.27. 96헌마398)과 수용자가 밖으로 내보내는 모든 서신을 무봉함 제출사건(2012.2.23. 2009헌마333)의 혼합문제로 수형자의 기본권에 대한 특별권력관계이론(ㄴ)까지 구성하였다.

- ㄱ, ㄹ. O 교도소장의 서신발송거부행위(서신발송의뢰 거부조치)는 행정심판법 및 행정소송법에 의한 심판이나 소송이 가능하므로 부적법하고(ㄹ), 서신검열행위는 보충성의 원칙에 대한 예외에 해당한다(ㄱ)(1998.8.27. 96헌마398).
- ㄴ. X 수형자를 구금하는 목적은 자유형의 집행이고, 자유형의 내용은 수형자를 일정한 장소에 구금하여 사회로부터 격리시켜 그 자유를 박탈함과 동시에 그의 교화·갱생을 도모함에 있다. 그러므로 자유형의 본질상 수형자에게는 외부와의 자유로운 교통·통신에 대한 제한이 수반되는 것이다. 그런데 수형자의 사회적 위험성이나 사회방위의 관점에서는 사회로부터의 격리가 불가피하나, 때로는 수형자의 교화·갱생을 위하여 일정한 범위내에서 서신수발의 자유를 허용하는 것이 보다 더 유익할 수도 있다. 따라서 수형자에게 통신의 자유를 구체적으로 어느 정도 인정할 것인가의 기준은 기본적으로 입법권자의 입법정책에 맡겨져 있다고 할 것이다(1998.8.27. 96헌마398). 따라서 특별권력관계에서 '개별적 법률의 근거 없이도 제한이 가능하다'는 것이 아니라 특별권력관계에서도 수형자의 기본권은 단지 '법률에 의하여 또는 법률에 근거해서만 제한될 수 있다.
- ㄷ. X 이 사건 시행령조항으로 인해 수용자가 밖으로 보내려는 서신을 봉함 상태로 제출하도록 하는 경우 그 내용물을 확인하는데 소요되는 인력과 재정을 감안하더라도 … 이 사건 시행령조항은 법익 균형성 요건도 충족하지 못하고 있다. 따라서 이 사건 시행령조항은 과잉금지원칙에 위배되어 수용자의 통신비밀의 자유를 침해한다(2012.2.23. 2009헌마333).
- ㅁ. O 변호인의 조력을 받을 권리에 대한 헌법과 법률의 규정 및 취지에 비추어 보면, '형사사건에서 변호인의 조력을 받을 권리'를 의미한다고 보아야 할 것이므로 형사절차가 종료되어 교정시설에 수용 중인 수형자나 미결수용자가 형사사건의 변호인이 아닌 민사재판, 행정재판, 헌법재판 등에서 변호사와 접견할 경우에는 원칙적으로 헌법상 변호인의 조력을 받을 권리의 주체가 될 수 없다(2013.8.29. 2011헌마122).

22   15변시-8   정답 ④

甲은 1997년부터 2000년까지 사법시험 제1차시험에 4회 응시하였고, 2001년도 사법시험 제1차시험에 응시하고자 하는 자인바, 당시 시행되던 「사법시험령」(1996. 8. 31. 대통령령 제15144호로 개정된 것) 제4조는 1997. 1. 1. 이후 실시된 사법시험 제1차시험에 4회 응시한 자는 마지막 응시 이후 4년간 제1차시험에 다시 응시할 수 없도록 규정하고 있었다. 이에 甲은 위 「사법시험령」 제4조에 의해 직업선택의 자유, 공무담임권 등 기본권을 침해당했다고 주장하면서 2000. 4. 18. 헌법소원심판을 청구하였다. 다음 설명 중 옳지 않은 것은? (다툼이 있는 경우 판례에 의함)

① 甲에게 변호사의 자격이 있는 경우가 아닌 한, 변호사를 대리인으로 선임하지 아니하면 甲은 헌법소원심판청구를 하거나 그 심판 수행을 하지 못한다.
② 위 「사법시험령」 자체의 효력을 직접 다투는 것을 소송물로 하여 일반법원에 소를 제기하는 길이 없어 구제절차가 있는 경우가 아니므로, 甲은 다른 구제절차를 거치지 않고 바로 헌법소원심판을 청구할 수 있다.
③ 기본권침해의 자기관련성이란 심판대상규정에 의하여 청구인의 기본권이 침해될 가능성이 있는가에 관한 것이고, 헌법소원은 주관적 기본권보장과 객관적 헌법보장 기능을 함께 가지고 있으므로 권리귀속에 대한 소명만으로써 자기관련성 구비 여부를 판단할 수 있다.
④ 「헌법재판소법」은 정당해산심판과 권한쟁의심판에 관해서만 가처분에 관한 규정을 두고 있으므로, 甲은 위 「사법시험령」 제4조에 대하여 헌법소원심판 청구를 할 수 있을 뿐 이를 본안으로 하여 위 「사법시험령」 제4조의 효력정지를 구하는 가처분을 헌법재판소에 신청할 수 없다.
⑤ 甲의 헌법소원심판 청구 당시 권리보호이익이 인정되더라도 심판계속 중에 위 「사법시험령」 제4조가 폐지되어 더 이상 응시횟수의 제한이 없게 되는 등 사실관계 또는 법률관계의 변동으로 말미암아 甲이 주장하는 기본권침해가 종료된 경우에는 원칙적으로 권리보호이익이 없다.

해설

① O 각종 심판절차에 있어서 당사자인 사인은 변호사를 대리인으로 선임하지 아니하면 심판청구를 하거나 심판수행을 하지 못한다. 다만, 그가 변호사의 자격이 있는 때에는 그러하지 아니하다(헌법재판소법 제25조 제3항).
② O 대통령령과 같은 행정부에서 제정한 명령도 별도의 집행행위를 기다리지 않고 직접 기본권을 침해하는 경우에는 헌법소원의 심판대상이 될 수 있는 것이므로, 이 사건 경우에도 청구인들은 적법하게 헌법소원을 제기할 수 있다(2001.4.26. 2000헌마262).
③ O 헌법재판소는 일반법원과는 달리 일반법률의 해석이나 사실인정의 문제를 다루는 기관이 아니라 헌법재판소가 사실문제 판단에 깊이 관여할 수 없는 헌법해석기관이며 헌법소원의 기능이 주관적 기본권보장과 객관적 헌법보장기능을 함께 가지고 있으므로 권리귀속에 대한 소명만으로써 자기관련성을 구비한 여부를 판단할 수 있다고 할 것이다(1994.12.29. 89헌마2).

④ X [1] 헌법재판소법은 명문의 규정을 두고 있지는 않으나, 같은 법 제68조 제1항 헌법소원심판절차에서도 가처분의 필요성이 있을 수 있고 또 이를 허용하지 아니할 상당한 이유를 찾아볼 수 없으므로, 가처분이 허용된다.

[2] 위 가처분의 요건은 헌법소원심판에서 다투어지는 '공권력 행사 또는 불행사'의 현상을 그대로 유지시킴으로 인하여 생길 회복하기 어려운 손해를 예방할 필요가 있어야 한다는 것과 그 효력을 정지시켜야 할 긴급한 필요가 있어야 한다는 것 등이 된다. 따라서 본안심판이 부적법하거나 이유없음이 명백하지 않는 한, 위와 같은 가처분의 요건을 갖춘 것으로 인정되면, 가처분을 인용한 뒤 종국결정에서 청구가 기각되었을 때 발생하게 될 불이익과 가처분을 기각한 뒤 청구가 인용되었을 때 발생하게 될 불이익을 비교형량하여 후자가 전자보다 큰 경우에, 가처분을 인용할 수 있다.

[3] 사법시험령 제4조 제3항이 효력을 유지하면, 신청인들은 곧 실시될 차회 사법시험에 응시할 수 없어 합격기회를 봉쇄당하는 돌이킬 수 없는 손해를 입게 되어 이를 정지시켜야 할 긴급한 필요가 인정되는 반면 효력정지로 인한 불이익은 별다른 것이 없으므로, 이 사건 가처분신청은 허용함이 상당하다(2000.12.8. 2000헌사471). 그러나 헌법재판소법 제68조 제2항에 의한 헌법소원심판에서는 가처분신청을 이유가 없다고 하여 기각결정을 한 적이 있다(1993.12.20. 93헌사81).

⑤ O 헌법소원제도는 국민의 기본권침해를 구제하기 위한 제도이므로 그 제도의 목적에 비추어 권리보호이익이 있는 경우에만 이를 제기할 수 있다. 헌법소원이 비록 적법하게 제기되었더라도 권리보호이익은 헌법재판소의 결정 당시에도 존재하여야 한다. 그러므로 헌법소원심판청구 당시 권리보호이익이 인정되더라도 심판계속 중에 사실관계 또는 법률관계의 변동으로 말미암아 청구인이 주장하는 기본권의 침해가 종료된 경우에는 원칙적으로 권리보호이익이 없으므로 헌법소원이 부적법한 것으로 된다. 이 사건 심판청구는 법령에 대한 헌법소원으로서 심판대상조항에 대한 위헌결정을 통하여 그 조항의 효력을 상실시키고자 하는 것이다. 그런데 이 사건 헌법소원이 제기된 뒤인 2001. 3. 28. 법률 제6436호로 사법시험법이, 같은 달 31. 대통령령 제17181호로 사법시험법시행령이 각 제정·시행되어 사법시험령이 폐지됨으로써, 이 사건 심판대상 조항이 규정하던 응시회수의 제한 역시 함께 폐지되었고, 위 새 법령에는 그와 같은 제한이 규정되어 있지 아니다. 따라서 청구인들은 헌법소원심판청구를 통하여 달성하고자 하는 주관적 목적을 이미 달성하였고, 이로써 심판대상의 위헌여부를 가릴 실익이 없어졌다고 할 것이며, 달리 동종의 기본권침해의 위험이 상존한다거나, 새로운 법령이 이 사건 조항과 유사한 내용을 규정하고 있어, 그에 의한 기본권침해의 위험을 사전에 제거하는 등 헌법질서의 수호·유지를 위하여 헌법적 해명이 요구되는 경우도 아니다(2001.4.26. 2000헌마262).

23 20변시-8 정답 ③

甲은 18년 6개월간 공무원으로 재직하다 2015. 8. 31. 정년퇴직하였다. 甲이 아래의 법률 개정과 관련하여 기본권 침해를 주장하며 헌법소원심판을 청구할 경우 다음 설명 중 옳지 않은 것은? (다툼이 있는 경우 판례에 의함)

> 구 「공무원연금법」(2014. 11. 19. 법률 제12844호로 개정되고, 2015. 6. 22. 법률 제13387호로 개정되기 전의 것) 제46조(퇴직연금 또는 퇴직연금일시금)
> ① 공무원이 20년 이상 재직하고 퇴직한 경우에는 다음 각 호의 어느 하나에 해당하는 때부터 사망할 때까지 퇴직연금을 지급한다.
>   1. ~ 5. (생략)
>
> [시행 2014. 11. 19.]
>
> 「공무원연금법」(2015. 6. 22. 법률 제13387호로 개정된 것) 제46조(퇴직연금 또는 퇴직연금일시금)
> ① 공무원이 10년 이상 재직하고 퇴직한 경우에는 다음 각 호의 어느 하나에 해당하는 때부터 사망할 때까지 퇴직연금을 지급한다.
>   1. ~ 5. (생략)
>
> [시행 2016. 1. 1.]
>
> 「공무원연금법」 부칙(2015. 6. 22. 법률 제13387호) 제6조(연금수급요건 완화에 관한 특례)
> 제46조 제1항부터 제3항까지, 제48조 제1항, 제56조 제1항부터 제3항까지 및 제60조 제1항의 개정규정은 이 법 시행 당시 재직 중인 공무원부터 적용한다.

① 개정 법률 공포일인 2015. 6. 22. 당시 재직 중이었으나 그 시행일 전 정년퇴직한 공무원 중 재직기간이 10년 이상 20년 미만인 자에 대하여 경과규정을 두지 아니한 것을 다투는 甲의 입법부작위 위헌확인 청구는 위 「공무원연금법」 부칙 제6조 자체의 불완전·불충분성을 다투는 청구와 다르지 않다.

② 甲이 개정 법률 시행 전인 2015. 9. 15. 「헌법재판소법」 제68조 제1항의 헌법소원심판을 청구하는 경우, 위 「공무원연금법」 부칙 제6조는 헌법소원의 대상이 될 수 있다.

③ 개정 법률이 시행되기 전 퇴직한 甲은 퇴직연금을 수급할 수 있는 기초를 상실하였으므로, 甲의 재산권 및 인간다운 생활을 할 권리가 제한된다.

④ 위와 같은 법률 개정으로 공무원의 재직기간이 10년 이상 20년 미만으로 동일하더라도 정년퇴직일이 2016. 1. 1. 이전인지 이후인지에 따라 퇴직연금의 지급을 달리하므로, 甲의 평등권이 제한된다.

⑤ 위와 같은 법률 개정으로 공무원연금의 최소 가입기간 요건을 완화하는 것은 종전 질서 아래 형성되었던 甲의 법적 지위를 불리하게 변경하거나 침해하는 것이 아니므로, 이에 관한 입법과정에서 새로이 주어지는 혜택이 甲의 예상에 못 미친다고 하여 甲의 신뢰를 침해하였다고 할 수 없다.

해설

① O 공무원연금법 부칙 제6조는 시행일 당시 재직 중인 공무원에 한하여 개정 법률이 적용된다는 내용을 분명하게 규정하고 있고 그 결과 그 전에 퇴직한 청구인에게는 개정 공무원연금법이 적용되지 않게 된 것이므로, 청구인의 주위적 청구는 위 법 부칙 제6조 자체의 불완전·불충분성을 다투는 예비적 청구와 다르지 않다(2017.5.25. 2015헌마933).

② O 법률이 일반적으로 효력을 발생하기 전이라도 공포되어 있고, 그로 인하여 사실상의 위험성이 이미 발생한 경우에는 예외적으로 침해의 현재성을 인정할 수 있다(1994.12.29. 94헌마201 참고).

③ X 청구인은 심판대상조항이 자신의 재산권 및 인간다운 생활을 할 권리도 침해한다고 주장하나, 공무원연금법이 개정되어 시행되기 전 청구인은 이미 퇴직하여 퇴직연금을 수급할 수 있는 기초를 상실한 상태이므로, 심판대상조항이 청구인의 재산권 및 인간다운 생활을 할 권리를 제한한다고 볼 수 없다(2017.5.25. 2015헌마933).

④ O 심판대상조항은 개정 법률의 적용대상을 법 시행일 당시 재직 중인 공무원으로 한정하여, 공무원의 재직기간이 10년 이상 20년 미만으로 동일하더라도 정년퇴직일이 2016. 1. 1. 이전인지 이후인지에 따라 퇴직연금의 지급을 달리하고 있으므로, 청구인의 평등권을 제한한다(2017.5.25. 2015헌마933).

⑤ O 신뢰보호원칙은 법률을 제정하거나 개정할 때 기존의 법질서에 대한 당사자의 신뢰를 보호할 것인가에 관한 문제로서, 일반적으로 국민이 어떤 법률이나 제도가 장래에도 그대로 존속될 것이라는 합리적인 신뢰를 바탕으로 하여 일정한 법적 지위를 형성한 경우에 이를 보호하기 위한 것이다. 공무원연금의 최소 가입기간 요건을 완화하는 것은 종전 질서 아래 형성되었던 청구인의 법적 지위를 불리하게 변경하거나 침해하는 것이 아니므로, 이에 관한 입법과정에서 새로이 주어지는 혜택이 청구인의 예상에 못 미친다고 하여 청구인의 신뢰를 침해하였다고 할 수 없다(2017.5.25. 2015헌마933).

24 22변시-9 정답 ⑤

甲이 청구한 「헌법재판소법」 제68조 제2항에 의한 헌법소원심판에 관한 설명 중 옳지 않은 것은? (다툼이 있는 경우 판례에 의함)

○ 甲은 건강기능식품인 '△△' 등을 TV 홈쇼핑 채널에서 판매하면서 건강기능식품의 기능에 관하여 심의받은 내용과 다른 내용의 표시·광고를 금지하는 「건강기능식품에 관한 법률」 제18조 제1항 제6호를 위반하였다는 이유로 2016. 11. 8. 서울시 □□구청장으로부터 같은 법 제32조 제1항 제3호에 의하여 영업정지 2개월의 처분을 받았다.

○ 甲은 서울행정법원에 위 처분의 취소를 구하는 소를 제기하고, 소송 계속 중 「건강기능식품에 관한 법률」 제18조 제1항 제6호가 헌법에 위반된다고 주장하며 위헌법률심판제청을 신청하였으나, 위 법원이 2017. 10. 26. 甲이 불출석한 가운데 위 행정처분 취소청구를 기각하면서 위 위헌법률심판제청신청을 기각하였고, 위 판결문과 위헌제청신청 기각 결정문이 2017. 10. 30. 甲에게 송달되었다.

○ 甲은 「건강기능식품에 관한 법률」 제18조 제1항 제6호에 대하여 2017. 11. 28. 「헌법재판소법」 제68조 제2항에 의한 헌법소원심판을 청구하였다. 甲은 제1심 판결에 불복하여 항소하였고, 현재 항소심 재판이 계속 중이다.

① 甲이 청구한 위 헌법소원심판은 청구기간을 준수하였다.

② 만약 당해사건 법원이 甲의 위헌법률심판제청신청에 대하여 각하결정을 하였다 하더라도, 헌법재판소는 위 심판청구의 적법성을 직권으로 심사하여 청구의 적법성이 인정되면 재판의 전제성 등 적법요건을 갖춘 것으로 보고 본안판단으로 나아간다.

③ 만약 甲이 청구한 위 헌법소원심판에서 「건강기능식품에 관한 법률」 제18조 제1항 제6호에 대하여 위헌결정이 선고되었다 하더라도 甲에 대한 위 행정처분은 특별한 사정이 없는 한 당연무효는 아니다.

④ 만약 甲이 청구한 위 헌법소원심판 계속 중 甲이 항소심에서 승소판결을 받고 상고기각되어 그 판결이 확정된 경우, 위 심판청구는 재판의 전제성이 인정되지 아니한다.

⑤ 甲은 항소심 재판에서 동일한 사유를 이유로 다시 위헌법률심판제청신청을 할 수 있다.

해설

① O 위헌법률심판제청신청을 기각하는 결정을 통지받은 날부터 30일 이내에 청구기간을 준수하였다.

> **헌법재판소법 제69조(청구기간)**
> ② 제68조제2항에 따른 헌법소원심판은 위헌 여부 심판의 제청신청을 기각하는 결정을 통지받은 날부터 30일 이내에 청구하여야 한다.

② O 법률이 재판의 전제가 되는 요건을 갖추고 있는지의 여부는 법원의 견해를 존중하는 것이 원칙이나, 재판의 전제와 관련된 법률적 견해가 유지될 수 없는 것으로 보이면 헌법재판소가 직권으로 조사할 수도 있는 것이다. 법원은 위헌제청신청 기각결정이유에서 고용촉진법 제34조 제2항이 위헌이 된다 하여 그 고용비율을 높여야 하는 것은 아니므로 재판의 전제성이 없다고 하였다. 그러나 만일 위 법률조항이 평등의 원칙 등에 위배된다면 그에 관하여 헌법불합치결정이 선고될 가능성이 있고, 이에 따라 청구인에게 유리한 내용으로 법률이 개정되어 적용됨으로써 이 사건 당해사건의 결론이 달라질 수 있다. 따라서 위 법률조항의 위헌 여부에 따라 이 사건 당해사건의 결과에 영향을 미칠 수 있으므로 위 법률조항은 이 사건 당해사건 재판의 전제가 된다고 할 것이다(1999. 12. 23. 98헌바33).

③ O 법률에 근거하여 행정처분이 발하여진 후에 헌법재판소가 그 행정처분의 근거가 된 법률을 위헌으로 결정하였다면 결과적으로 행정처분은 법률의 근거가 없이 행하여진 것과 마찬가지가 되어 하자가 있는 것이 되나, 하자 있는 행정처분이 당연무효가 되기 위하여는 그 하자가 중대할 뿐만 아니라 명백한 것이어야 하는데, 일반적으로 법률이 헌법에 위반된다는 사정이 헌법재판소의 위헌결정이 있기 전에는 객관적으로 명백한 것이라고 할 수는 없으므로 헌법재판소의 위헌결정 전에 행정처분의 근거되는 당해 법률이 헌법에 위반된다는 사유는 특별한 사정이 없는 한 그 행정처분의 취소소송의 전제가 될 수 있을 뿐 당연무효사유는 아니라고 봄이 상당하다(대판 1994.10.28. 92누9463).

④ O 청구인에게 유리한 판결이 확정된 마당에 이 법률조항에 대하여 위헌결정을 한다 하더라도 당해사건 재판의 결론이나 주문에 영향을 미치는 것도 아니므로, 결국 이 사건은 재판의 전제성이 부정되는 부적법한 심판청구이다(2000. 7. 20. 99헌바61).

⑤ X

> **헌법재판소법 제68조(청구 사유)**
> ② 제41조제1항에 따른 법률의 위헌 여부 심판의 제청신청이 기각된 때에는 그 신청을 한 당사자는 헌법재판소에 헌법소원심판을 청구할 수 있다. 이 경우 그 당사자는 당해 사건의 소송절차에서 동일한 사유를 이유로 다시 위헌 여부 심판의 제청을 신청할 수 없다.

25 20변시-20   정답 ④

「헌법재판소법」 제68조 제2항에 따른 헌법소원심판의 재판의 전제성에 관한 설명 중 옳은 것을 모두 고른 것은?
(다툼이 있는 경우 판례에 의함)

> ㄱ. 헌법소원심판의 청구인이 당해 사건에서 무죄의 확정판결을 받은 때에는 처벌조항의 위헌확인을 구하는 헌법소원이 인용되더라도 재심을 청구할 수 없어 재판의 전제성이 인정되지 않으나, 예외적으로 객관적인 헌법질서의 수호·유지 및 관련 당사자의 권리구제를 위하여 심판의 필요성을 인정하여 재판의 전제성을 인정한 사례가 있다.
> ㄴ. 행정처분의 근거 법률이 헌법에 위반된다는 사정은 헌법재판소의 위헌결정이 있기 전에는 객관적으로 명백한 것이라고 할 수 없으므로 특별한 사정이 없는 한 그러한 하자는 행정처분의 취소사유에 해당할 뿐 당연무효사유는 아니어서, 제소기간이 경과한 뒤에는 행정처분의 근거 법률이 위헌임을 이유로 무효확인소송 등을 제기하더라도 행정처분의 효력에는 영향이 없음이 원칙이다. 따라서 행정처분의 근거가 된 법률조항은 당해 행정처분의 무효확인을 구하는 당해 사건에서 재판의 전제가 되지 않는다.
> ㄷ. 확정된 유죄판결에서 처벌의 근거가 된 법률조항은 원칙적으로 '재심의 청구에 대한 심판', 즉 재심의 개시 여부를 결정하는 재판에서는 재판의 전제성이 인정되지만, 재심 개시결정 이후의 '본안사건에 대한 심판'에 있어서는 재판의 전제성이 인정되지 않는다.
> ㄹ. 병역의 종류를 규정한 「병역법」 조항이 대체복무제를 포함하고 있지 않다는 이유로 위헌으로 결정된다면, 양심적 병역거부자가 현역입영 또는 소집 통지서를 받은 후 3일 내에 입영하지 아니하거나 소집에 불응하더라도 대체복무의 기회를 부여받지 않는 한 당해 사건인 형사재판을 담당하는 법원이 무죄를 선고할 가능성이 있으므로, 위 「병역법」 조항은 재판의 전제성이 인정된다.

① ㄱ, ㄴ   ② ㄱ, ㄷ
③ ㄷ, ㄹ   ④ ㄱ, ㄴ, ㄹ
⑤ ㄴ, ㄷ, ㄹ

ㄱ. O 대법원이 위 당해 사건에서 긴급조치 제1호 위반의 점에 대하여 무죄판결을 선고하였으므로, 이 경우에도 과연 재판의 전제성이 인정되는지 여부가 문제 된다. 헌법재판소법 제68조 제2항에 의한 헌법소원심판 청구인이 **당해 사건인 형사사건에서 무죄의 확정판결을 받은 때에는 처벌조항의 위헌확인을 구하는 헌법소원이 인용되더라도 재심을 청구할 수 없고**, 청구인에 대한 무죄판결은 종국적으로 다툴 수 없게 되므로 법률의 위헌 여부에 따라 당해 사건 재판의 주문이 달라지거나 재판의 내용과 효력에 관한 법률적 의미가 달라지는 경우에 해당한다고 볼 수 없으므로, 원칙적으로 더 이상 재판의 전제성이 인정되지 아니한다(2009.5.28. 2006헌바109 등).

그러나 앞에서 본 바와 같이 법률과 같은 효력이 있는 유신헌법에 따른 긴급조치의 위헌 여부를 심사할 권한은 본래 헌법재판소의 전속적 관할 사항인 점, 법률과 같은 효력이 있는 규범인 긴급조치의 위헌 여부에 대한 헌법적 해명의 필요성이 있는 점, 당해 사건의 대법원판결은 대세적 효력이 없는 데 비하여 형벌조항에 대한 헌법재판소의 위헌결정은 대세적 기속력을 가지고 유죄 확정판결에 대한 재심사유가 되는 점(헌법재판소법 제47조 제1항, 제3항) 등에 비추어 볼 때, 이 사건에서는 긴급조치 제1호, 제2호에 대하여 **예외적으로 객관적인 헌법질서의 수호·유지 및 관련 당사자의 권리구제를 위하여 심판의 필요성을 인정**하여 적극적으로 그 위헌 여부를 판단하는 것이 헌법재판소의 존재 이유에도 부합하고 그 임무를 다하는 것이 되므로, 당해 사건에서 재판의 전제성을 인정함이 타당하다(2013.3.21. 2010헌바132).

ㄴ. O 2014.1.28. 2010헌바251

ㄷ. X 확정된 유죄판결에서 처벌의 근거가 된 법률조항은 '재심의 청구에 대한 심판', 즉 **재심의 개시 여부를 결정하는 재판에서는 재판의 전제성이 인정되지 않고, 재심의 개시결정 이후의 '본안사건에 대한 심판'**에 있어서만 재판의 전제성이 인정됨이 원칙이다. 다만 재심대상사건의 재판절차에서 그 처벌조항의 위헌성을 다툴 수 없는 규범적 장애가 있는 특수한 상황인 경우에는 예외적으로 재판의 전제성이 인정된다(2018.3.29. 2016헌바99).

ㄹ. O 2018.6.28. 2011헌바379

26 19변시-12   정답 ④

「헌법재판소법」제68조 제2항에 따른 헌법소원심판의 적법요건에 관한 설명 중 옳은 것을 모두 고른 것은? (다툼이 있는 경우 판례에 의함)

ㄱ. 제1심인 당해사건에서 헌법소원심판을 청구하였는데, 당해사건의 항소심에서 항소를 취하하는 경우 당해사건이 종결되어 심판대상조항이 당해사건에 적용될 여지가 없으므로 재판의 전제성이 인정되지 않는다.

ㄴ. 폐지된 법률도 재판의 전제성이 인정될 수 있다.

ㄷ. 제1심인 당해사건에서 헌법소원심판을 청구하였는데, 당해사건의 항소심에서 당사자들 간에 임의조정이 성립되어 소송이 종결되었더라도 심판대상조항이 당해사건인 제1심 판결에 적용되었다면 재판의 전제성이 인정된다.

ㄹ. 청구인이 당해사건인 형사사건에서 무죄의 확정판결을 받은 때에는 원칙적으로 재판의 전제성이 인정되지 아니하나, 예외적으로 객관적인 헌법질서의 수호·유지 및 관련 당사자의 권리구제를 위하여 심판의 필요성이 인정되는 경우에는 재판의 전제성을 인정할 수 있다.

ㅁ. 제1심인 당해사건에서 헌법소원심판을 청구하였는데, 당해사건의 항소심에서 소를 취하하는 경우 당해사건이 종결되어 심판대상조항이 당해사건에 적용될 여지가 없으므로 재판의 전제성이 인정되지 않는다.

① ㄱ, ㄴ ② ㄱ, ㄷ, ㄹ
③ ㄴ, ㄷ, ㄹ ④ ㄴ, ㄹ, ㅁ
⑤ ㄱ, ㄴ, ㄹ, ㅁ

 해설

ㄱ. X 제1심인 당해사건에서 헌법재판소법 제68조 제2항의 헌법소원을 제기한 청구인들이 **당해사건의 항소심에서 항소를 취하하여 원고 패소의 원심판결이 확정**된 경우, 당해사건에 적용되는 법률이 위헌으로 결정되면 확정된 원심판결에 대하여 재심청구를 함으로써 원심판결의 주문이 달라질 수 있으므로 **재판의 전제성이 인정**된다(2015.10.21. 2014헌바170 [합헌]).

ㄴ. O 위헌법률심판에 있어서 문제된 법률이 재판의 전제가 된다함은 우선 그 법률이 당해 본안사건에 적용될 법률이어야 하고 또 그 법률이 위헌일때는 합헌일 때와 다른 판단을 할 수 밖에 없는 경우 즉 판결주문이 달라질 경우를 뜻한다고 할 것이고 그 법률이 현재 시행중인가 또는 이미 폐지된 것인가를 의미하는 것은 아니라 할 것이므로 폐지된 법률이라는 이유로 위헌여부심판의 대상이 될 수 없다는 주장은 허용될 수 없는 것이다. 따라서 **이미 폐지된 법률이라 할지라도** 헌법소원심판청구인들의 침해된 법익을 보호하기 위하여 그 위헌 여부가 가려져야 할 필요가 있는 경우 즉 **법률상 이익이 현존하는 경우에는 심판을 하여야** 한다고 할 것이다(1989.12.18. 89헌마32 등 [위헌, 각하]).

ㄷ. X 항소심에서 당해 사건의 **당사자들에 의해 소송이 종결**되었다면 구체적인 사건이 법원에 계속 중인 경우라 할 수 없을 뿐 아니라, 조정의 성립에 1심판결에 적용된 법률조항이 적용된 바도 없으므로 위 법률조항에 대하여 위헌 결정이 있다 하더라도 청구인으로서는 당해 사건에 대하여 재심을 청구할 수 없어 종국적으로 당해 사건의 결과에 대하여 이를 다툴 수 없게 되었다 할 것이므로, 위 법률조항이 헌법에 위반되는지 여부는 당해 사건과의 관계에서 **재판의 전제가 되지 못한다**(2010.2.25. 2007헌바34 [각하]).

ㄹ. O 헌법재판소법 제68조 제2항에 의한 헌법소원심판 청구인이 당해 사건인 형사사건에서 무죄의 확정판결을 받은 때에는 처벌조항의 위헌확인을 구하는 헌법소원이 인용되더라도 재심을 청구할 수 없고, 청구인에 대한 무죄판결은 종국적으로 다툴 수 없게 되므로 법률의 위헌 여부에 따라 당해 사건 재판의 주문이 달라지거나 재판의 내용과 효력에 관한 법률적 의미가 달라지는 경우에 해당한다고 볼 수 없으므로, 원칙적으로 더 이상 재판의 전제성이 인정되지 아니한다. 그러나 법률과 같은 효력이 있는 유신헌법에 따른 긴급조치의 위헌 여부를 심사할 권한은 본래 헌법재판소의 전속적 관할 사항인 점, 법률과 같은 효력이 있는 규범인 긴급조치의 위헌 여부에 대한 헌법적 해명의 필요성이 있는 점, 당해 사건의 대법원판결은 대세적 효력이 없는 데 비하여 형벌조항에 대한 헌법재판소의 위헌결정은 대세적 기속력을 가지고 유죄 확정판결에 대한 재심사유가 되는 점(헌법재판소법 제47조 제1항, 제3항) 등에 비추어 볼 때, 이 사건에서는 긴급조치 제1호, 제2호에 대하여 예외적으로 객관적인 헌법질서의 수호·유지 및 관련 당사자의 권리구제를 위하여 심판의 필요성을 인정하여 적극적으로 그 위헌 여부를 판단하는 것이 헌법재판소의 존재 이유에도 부합하고 그 임무를 다하는 것이 되므로, 당해 사건에서 재판의 전제성을 인정함이 타당하다(2013.3.21. 2010헌바132 등 [위헌]).

ㅁ. O 헌법소원심판을 청구한 후 당해 사건의 **항소심에서 소를 취하하여 당해 사건이 종결**된 이상 이 사건 법률조항 등은 당해 사건에 적용될 여지가 없어 그 위헌 여부가 재판의 전제가 되지 않으므로 **재판의 전제성을 갖추지 못하여 부적법**하다(2010.5.27. 2008헌바110 [합헌, 각하]).

---

27 18변시-14 정답 ②

위헌법률심판과 「헌법재판소법」 제68조 제2항에 의한 헌법소원심판에 관한 설명 중 옳은 것(○)과 옳지 않은 것(×)을 올바르게 조합한 것은? (다툼이 있는 경우 판례에 의함)

ㄱ. 법원이 심판대상조항을 적용함이 없이 다른 법리를 통하여 재판을 한 경우 심판대상조항의 위헌여부는 당해 사건의 재판에 적용되거나 관련되는 것이 아니어서 재판의 전제성이 인정되지 않는다.

ㄴ. 당해 사건 재판에서 승소판결을 받았다고 하더라도 그 판결이 확정되지 아니한 이상 상소절차에서 그 주문이 달라질 수 있다면, 당해 사건에 적용되는 법률조항은 재판의 전제성이 인정된다.

ㄷ. 형벌에 관한 법률 또는 법률의 조항이 위헌으로 결정된 경우 소급하여 그 효력을 상실하지만, 종전에 합헌으로 결정한 사건이 있는 경우에는 그 결정이 있는 날로 소급하여 효력을 상실한다.

ㄹ. 위헌법률심판제청신청은 당해 사건을 담당하는 법원에 서면으로 한다.

ㅁ. 유죄확정판결에 의하여 몰수된 재산의 반환을 구하는 민사재판에서 유죄확정판결의 근거가 된 형벌조항의 위헌성을 다툴 수 없어, 그 형벌조항은 재판의 전제성이 인정되지 않는다.

① ㄱ(○), ㄴ(○), ㄷ(○), ㄹ(○), ㅁ(○)
② ㄱ(○), ㄴ(○), ㄷ(×), ㄹ(○), ㅁ(○)
③ ㄱ(○), ㄴ(○), ㄷ(×), ㄹ(×), ㅁ(○)
④ ㄱ(○), ㄴ(×), ㄷ(×), ㄹ(○), ㅁ(○)
⑤ ㄱ(×), ㄴ(○), ㄷ(×), ㄹ(○), ㅁ(×)

해설

ㄱ. O 구 국세징수법 제47조 제2항은 부동산등에 대한 압류는 압류의 등기 또는 등록을 한 후에 발생한 체납액에 대하여도 효력이 미친다는 내용임에 반하여, 당해사건의 법원은 압류등기 후에 압류부동산을 양수한 소유자에게 압류처분의 취소를 구할 당사자적격이 있는지에 관한 법리 및 압류해제, 결손처분에 관한 법리를 통하여 당해사건을 판단하였고, 그러한 당해사건법원의 판단은 그대로 대법원에 의하여 최종적으로 확정되었는 바, 그렇다면 위 법률조항의 위헌여부는 당해사건법원의 재판에 직접 적용되거나 관련되는 것이 아니어서 그 재판의 전제성이 없다(2001.11.29. 2000헌바49).

ㄴ. O 당해 사건 재판에서 청구인이 승소판결을 받아 그 판결이 확정된 경우 청구인은 재심을 청구할 법률상 이익이 없고, 심판대상조항에 대하여 위헌결정이 선고되더라도 당해 사건 재판의 결론이나 주문에 영향을 미칠 수 없으므로 그 심판청구는 재판의 전제성이 인정되지 아니하나, 파기환송 전 항소심에서 승소판결을 받았다고 하더라도 그 판결이 확정되지 아니한 이상 상소절차에서 그 주문이 달라질 수 있으므로, 심판대상조항의 위헌 여부에 관한 재판의 전제성이 인정된다(2013.6.27. 2011헌바247).

ㄷ. X 그 결정이 있는 날의 다음 날로 소급한다(헌법재판소법 제47조 제3항).

> **헌법재판소법 제47조(위헌결정의 효력)**
> ① 법률의 위헌결정은 법원과 그 밖의 국가기관 및 지방자치단체를 기속(羈束)한다.
> ② 위헌으로 결정된 법률 또는 법률의 조항은 그 결정이 있는 날부터 효력을 상실한다.
> ③ 제2항에도 불구하고 형벌에 관한 법률 또는 법률의 조항은 소급하여 그 효력을 상실한다. 다만, 해당 법률 또는 법률의 조항에 대하여 종전에 합헌으로 결정한 사건이 있는 경우에는 그 결정이 있는 날의 다음 날로 소급하여 효력을 상실한다.
> ④ 제3항의 경우에 위헌으로 결정된 법률 또는 법률의 조항에 근거한 유죄의 확정판결에 대하여는 재심을 청구할 수 있다.
> ⑤ 제4항의 재심에 대하여는 「형사소송법」을 준용한다.

ㄹ. O 법원은 당사자의 신청에 의한 결정으로 헌법재판소에 위헌 여부 심판을 제청하는데, 이때 당사자의 신청은 서면으로 한다(헌법재판소법 제41조 제1, 2항).

> **헌법재판소법 제41조(위헌 여부 심판의 제청)**
> ① 법률이 헌법에 위반되는지 여부가 재판의 전제가 된 경우에는 당해 사건을 담당하는 법원(군사법원을 포함한다. 이하 같다)은 직권 또는 당사자의 신청에 의한 결정으로 헌법재판소에 위헌 여부 심판을 제청한다.
> ② 제1항의 당사자의 신청은 제43조 제2호부터 제4호까지의 사항을 적은 서면으로 한다.

ㅁ. O 헌법재판소가 한 형벌에 관한 법률 또는 법률조항에 대한 위헌결정은 비록 소급하여 그 효력을 상실하지만, 그 법률 또는 법률조항에 근거한 유죄의 확정판결에 대하여는 재심을 청구할 수 있을 뿐이어서(헌법재판소법 제47조 제1,2,3항) 확정판결에 적용된 법률조항에 대한 위헌결정이 있다고 하더라도 바로 유죄의 확정판결이 당연무효로 되는 것은 아니기 때문에 그 법률조항의 위헌 여부는 그 확정판결상의 몰수형이 무효라는 이유로 몰수된 재산의 반환을 구하는 민사재판의 전제가 되지 않는다(1993.7.29. 92헌바34).

28 16변시-7 정답 ②

위헌법률심판 및 「헌법재판소법」 제68조 제2항의 헌법소원심판에 관한 설명 중 옳은 것은? (다툼이 있는 경우 헌법재판소 판례에 의함)

① 위헌법률심판제도는 국회의 입법권을 통제하기 위한 것이므로, 국회가 제정한 형식적 의미의 법률이 아니라 법원 판결에 의하여 법률과 같이 재판규범으로 적용되어 온 관습법은 위헌법률심판의 대상이 되지 않는다.
② 위헌법률심판절차에서 말하는 당해 법원의 '재판'이란 판결·결정·명령 등 그 형식 여하와 본안에 관한 재판이거나 소송절차에 관한 재판이거나를 불문하고, 심급을 종국적으로 종결시키는 종국재판뿐만 아니라 중간재판도 이에 포함되며, 법원이 행하는 구속기간갱신결정도 이러한 '재판'에 해당된다.
③ 형벌조항에 대하여 위헌결정을 한 경우에는 원칙적으로 소급하여 그 효력이 상실되지만, 헌법재판소가 과거에 동일한 조항에 대해서 합헌결정을 한 경우에는 그 합헌결정이 있는 날로 소급하여 효력을 상실한다.
④ 「헌법재판소법」 제68조 제2항은 당해 법원에 의해 위헌법률심판제청신청이 기각된 법률조항에 대해서 헌법소원심판을 청구할 수 있다고 규정하므로, 당해 법원이 재판의 전제성을 부정하여 각하한 조항에 대해서는 위 헌법소원심판청구가 허용되지 않는다.
⑤ 법원이 당해 사건에 적용되는 법률에 대하여 헌법재판소에 위헌법률심판을 제청한 경우 헌법재판소는 해당 법률이 재판의 전제성이 있는지 여부에 관하여 당해 법원과 달리 판단할 수 없다.

 해설

① X **호주가 사망한 경우 딸에게 분재청구권을 인정하지 아니한 구 관습법이 헌법재판소법 제68조 제2항에 의한 헌법소원심판의 대상이 되는지 여부(적극)** 법률과 동일한 효력을 갖는 조약 등을 위헌법률심판의 대상으로 삼는 것은 헌법을 최고규범으로 하는 법질서의 통일성과 법적 안정성을 확보할 수 있을 뿐만 아니라, 합헌적인 법률에 의한 재판을 가능하게 하여 궁극적으로는 국민의 기본권 보장에 기여할 수 있다. 그런데 이 사건 관습법은 민법 시행 이전에 상속을 규율하는 법률이 없는 상황에서 재산상속에 관하여 적용된 규범으로서 비록 형식적 의미의 법률은 아니지만 실질적으로는 법률과 같은 효력을 갖는 것이므로 위헌법률심판의 대상이 된다(2013.2.28. 2009헌바129).
② O 헌법재판소법 제41조 제1항은 "법률이 헌법에 위반되는 여부가 재판의 전제가 된 때에는 당해 사건을 담당하는 법원은 직권 또는 당사자의 신청에 의한 결정으로 헌법재판소에 위헌여부의 심판을 제청한다."라고 규정하고 있으므로, 법률에 대한 위헌제청이 적법하기 위해서는 법원에 계속중인 구체적인 사건에 적용할 법률이 헌법에 위반되는 여부가 재판의 전제로 되어야 한다. 여기서 "재판"이라 함은 판결·결정·명령 등 그 형식 여하와 본안에 관한 재판이거나 소송절차에 관한 재판이거나를 불문하며, 심급을 종국적으로 종결시키는 종국재판뿐만 아니라 중간재판도 이에 포함된다. … 그러므로 이 사건 법률조항에 의하여 법원이 행하는 구속기간갱신결정도 당해 소송사건을 종국적으로 종결시키는 재판은 아니라고 하더라도, 그 자체가 소송절차에 관한 재판에 해당하는 법원의 의사결정으로서 헌법 제107조 제1항과 헌법재판소법 제41조 제1항에 규정된 재판에 해당된다고 할 것이다(2001.6.28. 99헌가14).

③ X

헌법재판소법 제47조(위헌결정의 효력)
② 위헌으로 결정된 법률 또는 법률의 조항은 그 결정이 있는 날부터 효력을 상실한다.
③ 제2항에도 불구하고 형벌에 관한 법률 또는 법률의 조항은 소급하여 그 효력을 상실한다. 다만, 해당 법률 또는 법률의 조항에 대하여 종전에 합헌으로 결정한 사건이 있는 경우에는 그 결정이 있는 날의 다음 날로 소급하여 효력을 상실한다.

④ X 헌법재판소법 제68조 제2항의 헌법소원은 법률의 위헌여부심판의 제청신청을 하여 그 신청이 기각된 때에만 청구할 수 있다(1997.11.27. 96헌바12). 다만 **기각결정을 해야 함에도 불구하고 당사자의 제청신청을 각하결정이라는 재판형식으로 배척한 경우에도 헌재법 제68조 제2항의 규정에 따른 헌법소원심판의 청구는 허용**된다(1989.12.18. 89헌마32 ; 1997.8.21. 93헌바51 등).

참고판례 헌법재판소법 제68조 제2항의 헌법소원은 법률의 위헌여부심판의 제청신청을 하여 그 신청이 기각된 때에만 청구할 수 있는 것이므로, 청구인이 특정 법률조항에 대한 위헌여부심판의 제청신청을 하지 않았고 따라서 법원의 기각결정도 없었다면 비록 헌법소원심판청구에 이르러 위헌이라고 주장하는 법률조항에 대한 헌법소원은 원칙적으로 심판청구요건을 갖추지 못하여 부적법한 것이나, 예외적으로 위헌제청신청을 기각 또는 각하한 법원이 위 조항을 실질적으로 판단하였거나 위 조항이 명시적으로 위헌제청신청을 한 조항과 필연적 연관관계를 맺고 있어서 법원이 위 조항을 묵시적으로나마 위헌제청신청으로 판단을 하였을 경우에는 헌법재판소법 제68조 제2항의 헌법소원으로서 적법한 것이다(2005.2.24. 2004헌바24).

⑤ X 법률이 재판의 전제성의 요건을 갖추고 있는지의 여부는 헌법재판소가 별도로 독자적인 심사를 하기보다는 법원의 이에 관한 법률적 견해를 존중해야 할 것이며, 다만 그 전제성에 관한 법률적 견해가 명백히 유지될 수 없을 때에만(또는 재판의 전제와 관련된 법률적 견해가 유지될 수 없는 것으로 보이면) 헌법재판소는 이를 직권으로 조사할 수 있다(1993.5.13. 92헌가10; 2003.11.27. 2003헌바39).

[헌법재판소법 제68조 제1항과 제2항의 헌법소원 비교]

	권리구제형 헌법소원 (헌법재판소법 제68조 제1항)	위헌심사형 헌법소원 (헌법재판소법 제68조 제2항)
본질	권리구제, 예외적 규범통제	규범통제
청구인	기본권 주체	기본권 주체가 아닌 공법인도 가능
대상	공권력의 행사, 불행사	법률
요건	기본권의 침해, 보충성, 권리보호이익	재판의 전제성, 법원의 위헌법률심판제청 기각
청구기간	사유가 있음을 안 날부터 90일, 사유가 있은 날부터 1년, 다른 구제절차 경유시 30일	기각 통지를 받은 날로부터 30일
결정형태	각하, 기각, 인용결정(다만 법령소원의 인용결정은 위헌·변형결정 가능)	각하, 합헌, 위헌, 변형결정

29 21법전협-2-18   정답 ②

위헌법률심판 및「헌법재판소법」제68조 제2항의 헌법소원심판에 관한 설명 중 옳은 것은? (다툼이 있는 경우 헌법재판소 판례에 의함)

① 위헌법률심판제도는 국회의 입법권을 통제하기 위한 것이므로, 국회가 제정한 형식적 의미의 법률이 아니라 법원 판결에 의하여 법률과 같이 재판규범으로 적용되어 온 관습법은 위헌법률심판의 대상이 되지 않는다.
② 지방자치단체의 조례는 법률이 아니므로 어떠한 경우에도 위헌법률심판이나「헌법재판소법」제68조 제2항에 따른 헌법소원심판의 대상이 될 수 없다.
③ 명령·규칙은 위헌제청의 대상이 되지 않으나, 법률과 시행령·규칙이 결합하여 전체로서 하나의 완결된 법적 효력을 발휘할 경우에는 법률과 시행령·규칙 등 규범 일체가 예외적으로 위헌법률심판의 대상이 될 수 있다.
④ 「헌법재판소법」제68조 제2항에 의하면 당해 법원에 의해 위헌법률심판제청신청이 기각된 법률조항에 대해서 헌법소원심판을 청구할 수 있으므로, 당해 법원이 재판의 전제성을 부정하여 각하한 조항에 대해서는 위헌법률소원심판청구가 허용되지 않는다.
⑤ 재판의 전제성은 법원에 의한 법률의 위헌심판제청 당시에만 있으면 되고, 헌법재판소의 위헌법률심판의 시점에도 충족되어야 하는 것은 아니다.

 해설

① X 헌법 제111조 제1항 제1호, 제5호 및 헌법재판소법 제41조 제1항, 제68조 제2항은 위헌심판의 대상을 '법률'이라고 규정하고 있는데, 여기서 '법률'이라고 함은 국회의 의결을 거친 형식적 의미의 법률뿐만 아니라 법률과 같은 효력을 갖는 조약 등도 포함되므로, 법률과 같은 효력을 가지는 이 사건 관습법도 헌법소원심판의 대상이 되고, 단지 형식적 의미의 법률이 아니라는 이유로 그 예외가 될 수는 없다(헌재 2020.10.29. 2017헌바208).
② O 위헌법률심판이나「헌법재판소법」제68조 제2항에 따른 헌법소원심판의 대상이 되는 것은 재판의 전제가 되는 형식적 의미의 법률 및 그와 동일한 효력을 가진 명령이므로, 대통령령, 부령, 규칙 또는 조례 등을 대상으로 위헌법률심판이나「헌법재판소법」제68조 제2항에 따른 헌법소원심판청구는 부적법하다(헌재 2003.7.24. 2002헌바51). 조례가 헌법에 위반되는지 여부는 법원이 스스로 심사할 수 있다.
③ X 명령·규칙은 위헌제청의 대상이 되지 않는다(헌법 제107조 제2항 참고). 다만 법률과 시행령·규칙 등이 결합하여 전체로서 하나의 완결된 법적 효력을 발휘할 경우에는 법률에 위임에 의한 시행령·규칙 등 하위법규가 부수적으로 법률의 내용을 판단하는 자료가 될 수 있을 것이다(헌재 1992.6.26. 90헌가23, 헌법재판실무제요 110면).
④ X 헌법재판소법 제68조 제2항의 헌법소원은 법률의 위헌여부심판의 제청신청을 하여 그 신청이 기각된 때에만 청구할 수 있다(헌재 1997.11.27. 96헌바12). 다만 기각결정을 해야 함에도 불구하고 당사자의 제청신청을 각하결정이라는 재판형식으로 배척한 경우에도 헌재법 제68조 제2항의 규정에 따른 헌법소원심판의 청구는 허용된다(헌재 1989.12.18. 89헌마32 ; 헌재 1997.8.21. 93헌바51 등).

[참고판례] 헌법재판소법 제68조 제2항의 헌법소원은 법률의 위헌여부심판의 제청신청을 하여 그 신청이 기각된 때에만 청구할 수 있는 것이므로, 청구인이 특정 법률조항에 대한 위헌여부심판의 제청신청을 하지 않았고 따라서 법원의 기각결정도 없었다면 비록 헌법소원심판청구에 이르러 위헌이라고 주장하는 법률조항에 대한 헌법소원은 원칙적으로 심판청구요건을 갖추지 못하여 부적법한 것이나, 예외적으로 위헌제청신청을 기각 또는 각하한 법원이 위 조항을 실질적으로 판단하였거나 위 조항이 명시적으로 위헌제청신청을 한 조항과 필연적 연관관계를 맺고 있어서 법원이 위 조항을 묵시적으로나마 위헌제청신청으로 판단을 하였을 경우에는 헌법재판소법 제68조 제2항의 헌법소원으로서 적법한 것이다(헌재 2005.2.24. 2004헌바24).

⑤ X 재판의 전제성은 법률의 위헌여부심판제청시 아니라 심판시에도 갖추어져야 함이 원칙이다(헌재 1993.12.23. 93헌가2).

30 21법전협-3-12 정답 ⑤

헌법재판에서의 심판청구 및 취하에 관한 설명 중 옳지 않은 것을 모두 고른 것은? (다툼이 있는 경우 판례에 의함)

ㄱ. 헌법재판소에의 심판청구는 심판절차별로 정하여진 청구서를 헌법재판소에 제출함으로써 하나, 위헌법률심판에서는 법원의 제청서, 탄핵심판에서는 국회의 소추의결서의 정본으로 청구서를 갈음한다.
ㄴ. 헌법소원심판이 헌법재판소에 계속중인 사건에 대하여 당사자는 다시 동일한 헌법소원심판을 청구할 수 없다.
ㄷ. 하나의 헌법소원으로「헌법재판소법」제68조 제1항에 의한 청구와「헌법재판소법」제68조 제2항에 의한 청구를 함께 병합하여 청구할 수 없다.
ㄹ. 권한쟁의심판은 개인의 주관적 권리구제를 목적으로 삼는 것이 아니라 헌법적 가치질서를 보호하는 객관적 기능을 수행하는 것이므로, 청구인이 심판청구를 취하한다고 하더라도 심판절차는 종료되지 않는다.
ㅁ. 피청구인의 기망에 의하여 청구인이 헌법소원심판청구를 취하한 경우, 청구인은 이를 취소할 수 있다.

① ㄱ, ㄴ, ㄹ
② ㄱ, ㄴ, ㅁ
③ ㄱ, ㄷ, ㅁ
④ ㄴ, ㄷ, ㄹ
⑤ ㄷ, ㄹ, ㅁ

⑤ 헌법재판에서의 심판청구 및 취하에 관한 설명 중 옳지 않은 것은 ㄷ, ㄹ, ㅁ 이다.

ㄱ. O

헌법재판소법 제26조(심판청구의 방식)
① 헌법재판소에의 심판청구는 심판절차별로 정하여진 청구서를 헌법재판소에 제출함으로써 한다. 다만, 위헌법률심판에서는 법원의 제청서, 탄핵심판에서는 국회의 소추의결서(訴追議決書)의 정본(正本)으로 청구서를 갈음한다.

ㄴ. O

헌법재판소법 제68조(청구 사유)
② 제41조제1항에 따른 법률의 위헌 여부 심판의 제청신청이 기각된 때에는 그 신청을 한 당사자는 헌법재판소에 헌법소원심판을 청구할 수 있다. 이 경우 그 당사자는 당해 사건의 소송절차에서 동일한 사유를 이유로 다시 위헌 여부 심판의 제청을 신청할 수 없다.

ㄷ. X 하나의 심판청구로 헌법재판소법 제68조 제1항에 의한 헌법소원심판청구와 헌법재판소법 제68조 제2항에 의한 헌법소원심판청구를 함께 병합하여 제기할 수 있다(2010.3.25. 2007헌마933).

ㄹ. X 비록 권한쟁의심판이 개인의 주관적 권리구제를 목적으로 삼는 것이 아니라 헌법적 가치질서를 보호하는 객관적 기능을 수행하는 것이고, 특히 국회의원의 법률안에 대한 심의·표결권의 침해 여부가 다투어진 이 사건 권한쟁의심판의 경우에는 국회의원의 객관적 권한을 보호함으로써 헌법적 가치질서를 수호·유지하기 위한 쟁송으로서 공익적 성격이 강하다고는 할 것이다. 그러나 법률안에 대한 심의·표결권의 행사 여부가 국회의원 스스로의 판단에 맡겨져 있는 사항일 뿐만 아니라, 그러한 심의·표결권이 침해당한 경우에 권한쟁의심판을 청구할 것인지 여부도 국회의원의 판단에 맡겨져 있어서 심판청구의 자유가 인정되고 있는 만큼, 권한쟁의심판의 공익적 성격만을 이유로 이미 제기한 심판청구를 스스로의 의사에 기하여 자유롭게 철회할 수 있는 심판청구의 취하를 배제하는 것은 타당하지 않다(2001.5.8. 2000헌라1).

ㅁ. X 헌법소원심판청구의 취하는 청구인이 제기한 심판청구를 철회하여 심판절차의 계속을 소멸시키는 청구인의 헌법재판소에 대한 소송행위이고 소송행위는 일반 사법상의 행위와는 달리 내심의 의사보다 그 표시를 기준으로 하여 그 효력 유무를 판정할 수밖에 없는 것인바, 청구인의 주장대로 청구인이 피청구인의 기망에 의하여 이 사건 헌법소원심판청구를 취하하였다고 가정하더라도 이를 무효라 할 수도 없고, 청구인이 이를 임의로 취소할 수도 없다(2005.2.15. 2004헌마911).

31 21법전협-1-18   정답 ②

헌법재판소 결정의 효력에 관한 설명 중 옳지 않은 것은? (다툼이 있는 경우 판례에 의함)

① 헌법재판소 결정의 기속력은 모든 국가기관이 헌법재판소의 구체적인 결정에 따라야 하고, 그들이 장래에 어떤 처분이나 조치를 할 때 헌법재판소의 결정을 존중하고 이를 실현하는 방향으로 행동할 것을 요청하나, 결정의 주체인 헌법재판소에는 미치지 아니한다.
② 「헌법재판소법」에 의하면, 위헌법률심판에서의 모든 결정은 법원과 그 밖의 국가기관 및 지방자치단체를 기속한다.
③ 구체적 규범통제의 실효성 보장의 견지에서 법원의 제청, 헌법소원의 청구 등을 통하여 헌법재판소에 법률의 위헌결정을 위한 계기를 부여한 당해 사건, 위헌결정이 있기 전에 이와 동종의 위헌 여부에 관하여 헌법재판소에 위헌제청을 하였거나 법원에 위헌제청신청을 한 경우의 당해 사건, 그리고 따로 위헌제청신청을 아니하였지만 당해 법률 또는 법률의 조항이 재판의 전제가 되어 법원에 계속 중인 사건에 대해서는 위헌결정의 소급효가 인정된다.
④ 위헌법률심판은 법원이 헌법재판소에 제청하는 것으로서 당해 사건의 당사자는 위헌법률심판사건의 당사자라고 할 수 없어 재판을 받은 당사자에게 인정되는 특별한 불복절차인 재심을 청구할 수 있는 지위 내지 적격을 갖지 못하므로, 위헌법률심판에 관한 헌법재판소의 결정에 대하여 재심을 청구할 수 없다.
⑤ 불처벌의 특례를 규정한 법률조항은 형벌에 관한 것이기는 하지만, 위헌결정의 소급효를 인정할 경우 오히려 형사처벌을 받지 않았던 자들에게 형사상의 불이익이 미치게 되므로 해당 법률조항에 대해서는 위헌결정의 소급효가 인정되지 않는다.

해설

① O
② X 합헌결정은 기속력이 인정되지 않는다.

> **헌법재판소법 제47조(위헌결정의 효력)**
> ① 법률의 위헌결정은 법원과 그 밖의 국가기관 및 지방자치단체를 기속(羈束)한다.
> ② 위헌으로 결정된 법률 또는 법률의 조항은 그 결정이 있는 날부터 효력을 상실한다.
> ③ 제2항에도 불구하고 형벌에 관한 법률 또는 법률의 조항은 소급하여 그 효력을 상실한다. 다만, 해당 법률 또는 법률의 조항에 대하여 종전에 합헌으로 결정한 사건이 있는 경우에는 그 결정이 있는 날의 다음 날로 소급하여 효력을 상실한다.

③ O 구체적 규범통제의 실효성의 보장의 견지에서 법원의 제청·헌법소원의 청구 등을 통하여 헌법재판소에 법률의 위헌결정을 위한 계기를 부여한 당해사건, 위헌결정이 있기 전에 이와 동종의 위헌 여부에 관하여 헌법재판소에 위헌제청을 하였거나 법원에 위헌제청신청을 한 경우의 당해 사건, 그리고 따로 위헌제청신청을 아니하였지만 당해 법률 또는 법률의 조항이 재판의 전제가 되어 법원에 계속 중인 사건에 대하여는 소급효를 인정하여야 할 것이다.

또 다른 한가지의 불소급의 원칙의 예외로 볼 것은, 당사자의 권리구제를 위한 구체적 타당성의 요청이 현저한 반면에 소급효를 인정하여도 법적 안정성을 침해할 우려가 없고 나아가 구법에 의하여 형성된 기득권자의 이익이 해쳐질 사안이 아닌 경우로서 소급효의 부인이 오히려 정의와 형평 등 헌법적 이념에 심히 배치되는 때라고 할 것으로, 이 때에 소급효의 인정은 법 제47조 제2항 본문의 근본취지에 반하지 않을 것으로 생각한다(1993.5.13. 92헌가10 등 [합헌]).

④ O 위헌법률심판을 구하는 헌법소원에 대한 헌법재판소의 결정에 대하여는 재심을 허용하지 아니함으로써 얻을 수 있는 법적 안정성이 이익이 재심을 허용함으로써 얻을 수 있는 구체적 타당성의 이익보다 훨씬 높을 것으로 쉽사리 예상할 수 있고, 따라서 헌법재판소의 이러한 결정에는 재심에 의한 불복방법이 그 성질상 허용될 수 없다고 보는 것이 상당하다(1992.6.26. 90헌아1).

⑤ O 특례법 제4조 제1항은 비록 형벌에 관한 것이기는 하지만 불처벌의 특례를 규정한 것이어서 위 법률조항에 대한 위헌결정의 소급효를 인정할 경우 오히려 형사처벌을 받지 않았던 자들에게 형사상의 불이익이 미치게 되므로 이와 같은 경우까지 헌법재판소법 제47조 제2항 단서의 적용범위에 포함시키는 것은 그 규정취지에 반하고, 따라서 위 법률조항이 헌법에 위반된다고 선고되더라도 형사처벌을 받지 않았던 자들을 소급하여 처벌할 수 없다(1997.1.16. 90헌마110 등 [기각, 각하]).

32 14변시-10   정답 ①

헌법재판소법 제68조 제2항에 의한 헌법소원에 관한 설명 중 옳은 것은? (다툼이 있는 경우 판례에 의함)

① 위헌법률심판의 제청신청이 기각된 때에 그 신청을 한 당사자는 당해 사건의 같은 심급뿐만 아니라 상소심의 소송절차에서도 동일한 사유로 다시 위헌법률심판의 제청신청을 할 수 없다.
② 헌법재판소법 제68조 제2항에 의한 헌법소원심판은 위헌법률심판의 제청신청을 기각하는 결정을 통지받은 날부터 14일 이내에 청구하여야 하고, 제소기간은 불변기간이므로 헌법재판소는 직권으로 그 경과 여부를 조사하여야 한다.
③ 헌법재판소법 제68조 제2항에 의한 헌법소원심판이 청구된 경우 당해 소송사건의 재판은 헌법재판소의 위헌 여부의 결정이 있을 때까지 정지된다. 다만, 법원이 긴급하다고 인정하는 경우에는 종국재판 외의 소송절차를 진행할 수 있다.
④ 위헌법률심판의 제청신청을 한 당사자는 제청신청이 기각된 때에 제청신청 기각결정에 대하여 당해 법원에 항고할 수 있다.
⑤ 헌법재판소법 제68조 제2항에 의한 헌법소원심판은 현재 시행되고 있는 유효한 법률만을 심판 대상으로 할 수 있으므로, 시행 후 폐지된 법률과 공포되었으나 시행되지 않고 이미 폐지된 법률은 심판의 대상이 될 수 없다.

① O 헌법재판소법 제68조 제2항은 법률의 위헌여부심판의 제청신청이 기각된 때에는 그 신청을 한 당사자는 헌법재판소에 헌법소원심판을 청구할 수 있으나, 다만 이 경우 그 당사자는 당해 사건의 소송절차에서 동일한 사유를 이유로 다시 위헌여부심판의 제청을 신청할 수 없다고 규정하고 있는바, 이 때 **당해 사건의 소송절차란 당해 사건의 상소심 소송절차를 포함**한다 할 것이다(2007.7.26. 2006헌바40).
② X 헌법재판소법 제68조 제2항에 따른 헌법소원심판은 위헌 여부 심판의 제청신청을 기각하는 결정을 통지받은 날부터 30일 이내에 청구하여야 한다(헌법재판소법 제69조 제2항). 이 기간은 불변이라는 규정은 없다.
③ X 법원이 법률의 위헌 여부의 심판을 헌법재판소에 제청한 때에는 당해 소송사건의 재판은 헌법재판소의 위헌 여부의 결정이 있을 때까지 정지되지만(헌법재판소법 제42조 제1항), 위헌법률심판 제청신청이 기각되어 헌법재판소법 제68조 제2항에 의한 헌법소원심판을 청구한 경우에는 당해 소송사건의 재판이 정지된다는 단서는 없다.
④ X 위헌 여부 심판의 제청에 관한 결정에 대하여는 항고할 수 없다(헌법재판소법 제41조 제4항).
⑤ X 헌법재판소법 제68조 제2항에 의한 헌법소원은 형식은 헌법소원이지만 실질은 위헌법률심판이므로, 폐지된 법률은 원칙적으로 부적법하지만, 폐지된 법률이라 하더라도 당해소송사건에 적용될 수 있어 재판의 전제가 있는 경우에는 예외적으로 대상이 될 수 있다(1995.5.25. 91헌마67).

참고판례 법률의 위헌여부심판의 제청대상 법률은 특별한 사정이 없는 한 현재 시행중이거나 과거에 시행되었던 것이어야 하기 때문에, 제청 당시에 공포는 되었으나 시행되지 않았고 이 결정 당시에는 이미 폐지되어 효력이 상실된 법률은 위헌여부 심판의 대상법률에서 제외되는 것으로 해석함이 상당하다(1997.9.25. 97헌가4).

33 17변시-17   정답 ③

「헌법재판소법」 제68조 제2항에 의한 헌법소원심판에 관한 설명 중 옳은 것(○)과 옳지 않은 것(×)을 올바르게 조합한 것은? (다툼이 있는 경우 헌법재판소 판례에 의함)

ㄱ. 관습법은 형식적 의미의 법률과 동일한 효력이 없으므로, 「민법」 시행 이전의 구 관습법 중 "여호주가 사망하거나 출가하여 호주상속인 없이 절가된 경우, 유산은 그 절가된 가(家)의 가족이 승계하고 가족이 없을 때는 출가녀(出家女)가 승계한다."라는 부분은 「헌법재판소법」 제68조 제2항에 따른 헌법소원심판의 대상이 될 수 없다.
ㄴ. 구체적 규범통제절차에서 법률조항에 대한 특정한 해석이나 적용부분의 위헌성을 다투는 한정위헌청구는 원칙적으로 적법하지만, 재판소원을 금지하는 「헌법재판소법」 제68조 제1항의 취지에 비추어, 당해 사건 재판의 기초가 되는 사실관계의 인정이나 평가 또는 개별적·구체적 사건에서 단순히 법률조항의 포섭이나 적용의 문제를 다투거나, 의미 있는 헌법문제에 대한 주장 없이 단지 재판결과를 다투는 헌법소원 심판청구는 허용되지 않는다.
ㄷ. 「헌법재판소법」 제68조 제2항에 의한 헌법소원은 '법률'의 위헌성을 적극적으로 다투는 제도이므로 '법률의 부존재' 즉 입법부작위를 다투는 것은 그 자체로 허용되지 아니하고, 다만 법률이 불완전·불충분하게 규정되었음을 근거로 법률 자체의 위헌성을 다투는 취지로 이해될 경우에는 그 법률이 당해 사건의 재판의 전제가 된다는 것을 요건으로 허용될 수 있다.
ㄹ. 법률의 위헌여부심판의 제청신청이 기각된 때에는 당사자는 당해 사건의 소송절차에서 동일한 사유를 이유로 다시 위헌여부심판의 제청을 신청할 수 없는데, 이 때 당해 사건의 소송절차란 동일한 심급만을 의미하는 것이고, 당해 사건의 상소심 소송절차를 포함하는 것은 아니다.

① ㄱ(×), ㄴ(×), ㄷ(○), ㄹ(○)
② ㄱ(○), ㄴ(×), ㄷ(○), ㄹ(×)
③ ㄱ(×), ㄴ(○), ㄷ(○), ㄹ(×)
④ ㄱ(×), ㄴ(○), ㄷ(○), ㄹ(○)
⑤ ㄱ(○), ㄴ(○), ㄷ(×), ㄹ(○)

ㄱ. X 민법 시행 이전의 "여호주가 사망하거나 출가하여 호주상속이 없이 절가된 경우, 유산은 그 절가된 가(家)의 가족이 승계하고 가족이 없을 때는 출가녀(出家女)가 승계한다."는 구 관습법은 민법 시행 이전에 상속 등을 규율하는 법률이 없는 상황에서 절가된 가(家)의 재산분배에 관하여 적용된 규범으로서, 비록 형식적 의미의 법률은 아니지만 실질적으로는 법률과 같은 효력을 갖는다.
그렇다면 법률과 같은 효력을 가지는 이 사건 관습법도 헌법소원심판의 대상이 되고, 단지 형식적 의미의 법률이 아니라는 이유로 그 예외가 될 수는 없다(2016.4.28. 2013헌바396 등).

ㄴ. O 법률의 의미는 결국 개별·구체화된 법률해석에 의해 확인되는 것이므로 법률과 법률의 해석을 구분할 수는 없고, 재판의 전제가 된 법률에 대한 규범통제는 해석에 의해 구체화된 법률의 의미와 내용에 대한 헌법적 통제로서 헌법재판소의 고유권한이며, 헌법합치적 법률해석의 원칙상 법률조항 중 위헌성이 있는 부분에 한정하여 위헌결정을 하는 것은 입법권에 대한 자제와 존중으로서 당연하고 불가피한 결론이므로, 이러한 한정위헌결정을 구하는 한정위헌청구는 원칙적으로 적법하다고 보아야 한다. 다만, 재판소원을 금지하는 헌법재판소법 제68조 제1항의 취지에 비추어, 개별·구체적 사건에서 단순히 법률조항의 포섭이나 적용의 문제를 다투거나, 의미있는 헌법문제에 대한 주장없이 단지 재판결과를 다투는 헌법소원 심판청구는 여전히 허용되지 않는다(2012.12.27. 2011헌바117).

ㄷ. O 2004.1.29. 2002헌바36 등

ㄹ. X 헌법재판소법 제68조 제2항은 위헌법률심판의 제청신청이 기각된 때에는 그 신청을 한 당사자는 헌법재판소에 헌법소원심판을 청구할 수 있으나, 다만 이 경우 그 당사자는 당해 사건의 소송절차에서 동일한 사유를 이유로 다시 위헌법률심판의 제청신청을 할 수 없다고 규정하고 있다. 여기서 당해 사건의 소송절차란 당해 사건의 상소심 소송절차는 물론 대법원에 의해 파기환송되기 전후의 소송절차를 모두 포함하는 것이다(2013.6.27. 2011헌바247).

34 20변시-10 정답 ④

甲은 승용차 운전 중 교통사고를 일으켜 사람을 사상하게 하고도 필요한 조치를 취하지 않았다는 이유로 지방경찰청장으로부터 운전면허 취소처분을 받자, 법원에 위 처분의 취소를 구하는 소송을 제기하였다. 甲은 이 소송 계속 중 운전면허취소처분의 근거 법령인 「도로교통법」 조항 및 「도로교통법 시행규칙」 조항에 대하여 위헌법률심판제청신청을 하였으나, 위 법률 조항에 대한 신청은 기각, 위 시행규칙 조항에 대한 신청은 각하되었으며, 이 기각 및 각하 결정은 2018. 7. 2. 甲에게 통지되었다. 다음 설명 중 옳지 않은 것은? (다툼이 있는 경우 판례에 의함)

① 기본권 침해의 직접성이 없는 법률 조항에 대해서도 「헌법재판소법」 제68조 제2항의 헌법소원심판을 청구할 수 있다.

② 「헌법재판소법」에서는 제41조 제1항에 따른 법률의 위헌 여부 심판의 제청신청이 '기각'된 때에 제68조 제2항의 헌법소원심판을 청구할 수 있다고 규정하고 있는데, 위 '기각'된 때에는 '각하'된 경우도 포함될 수 있다.

③ 甲이 2018. 7. 23. 헌법재판소에 국선대리인선임신청을 하고, 이에 따라 2018. 7. 30. 선임된 국선대리인이 2018. 8. 20. 처음 헌법소원심판 청구서를 제출하였다면, 청구기간을 준수한 것이다.

④ 甲이 2018. 7. 23. 헌법재판소에 국선대리인선임을 신청하였으나 2018. 7. 30. 국선대리인선임신청 기각결정을 통지받자, 사선대리인을 선임하여 2018. 8. 20. 처음 헌법소원심판 청구서를 제출하였다면, 청구기간을 준수한 것이다.

⑤ 「도로교통법 시행규칙」 조항은 「헌법재판소법」 제68조 제2항의 헌법소원심판의 대상이 될 수 없다.

① O 헌법재판소법 제68조 제2항에 의한 헌법소원은 본래 의미의 헌법소원인 헌법재판소법 제68조 제1항에 의한 헌법소원과 그 성격과 요건을 달리하므로 소송요건도 기본권의 주체 및 직접성, 현재성, 보충성 등이 적용되는 것이 아니라 당해법률이 법원의 재판에서 전제성을 가지는지, 헌법소원을 제기한 사람이 법원에서 행해지는 당해사건의 당사자 적격이 있는지 여부에 따라 결정된다. 따라서 기본권 침해의 직접성이 없는 법률 조항에 대해서도 「헌법재판소법」 제68조 제2항의 헌법소원심판을 청구할 수 있다(1999.11.25. 98헌마55 참고).

② O 헌법재판소법 제68조 제2항은 "제청신청이 '기각'된 때"라고 규정하고 있으나, 법원이 당사자의 위헌제청신청을 각하결정이라는 재판형식으로 배척한 경우에도 법 제68조 제2항의 규정에 따른 헌법소원심판의 청구는 허용된다(1989.12.18. 89헌마32 ; 1997.8.21. 93헌바51 등).

헌법재판소법 제69조(청구기간)
① 제68조 제1항의 규정에 의한 헌법소원의 심판은 그 사유가 있음을 안 날부터 90일 이내에, 그 사유가 있은 날부터 1년 이내에 청구하여야 한다. 다만, 다른 법률에 의한 구제절차를 거친 헌법소원의 심판은 그 최종결정을 통지받은 날로부터 30일 이내에 청구하여야 한다.

② 제68조 제2항에 따른 헌법소원심판은 위헌 여부 심판의 제청신청을 기각하는 결정을 통지받은 날부터 30일 이내에 청구하여야 한다.

헌법재판소법 제70조(국선대리인)
① 헌법소원심판을 청구하고자 하는 자가 변호사를 대리인으로 선임할 자력이 없는 경우에는 헌법재판소에 국선대리인을 선임하여 줄 것을 신청할 수 있다. 이 경우 제69조의 규정에 의한 청구기간은 국선대리인의 선임신청이 있는 날을 기준으로 정한다.
④ 헌법재판소가 국선대리인을 선정하지 아니한다는 결정을 한 때에는 지체 없이 그 사실을 신청인에게 통지하여야 한다. 이 경우 신청인이 선임신청을 한 날부터 그 통지를 받은 날까지의 기간은 제69조의 청구기간에 산입하지 아니한다.

③ O ④ X [헌법실무제요 325면] 헌법재판소에 국선대리인을 선임하여 줄 것을 신청하는 경우, 법 제69조에 따른 청구기간은 국선대리인의 선임신청이 있는 날을 기준으로 한다(헌법재판소법 제70조 제1항 후문). 따라서 2018. 7. 23. 헌법재판소에 국선대리인선임신청을 하였고, 국선대리인이 2018. 8. 20. 처음 헌법소원심판 청구서를 제출하였다면, 청구기간을 준수한 것이다. 그러나 국선대리인선임신청을 하였더라도 헌법재판소가 국선대리인을 선정하지 아니한다는 결정을 한 때에는 위와 같은 기준을 따를 수 없고 신청인 선임신청을 한 날부터 그 결정통지를 받은 날까지의 기간을 법 제69조의 청구기간에 산입하지 아니하는 것으로 족하다(헌법재판소법 제70조 제4항). 따라서 甲이 2018. 7. 23. 헌법재판소에 국선대리인선임을 신청하였으나 2018. 7. 30. 국선대리인선임신청 기각결정을 통지받자, 사선대리인을 선임하여 2018. 8. 20. 처음 헌법소원심판 청구서를 제출하였다면, 청구기간을 도과한 것이 되어 부적법하다.

⑤ O 명령·규칙은 「헌법재판소법」제68조 제2항의 헌법소원심판의 대상이 되지 아니한다(헌법 제107조 제2항 참고, 위헌법률심판의 대상이 되지 않음과 동일). 명령·규칙의 위헌 여부는 법원 스스로 판단할 수 있다.

제4장 | 권한쟁의심판

01 14변시-3   정답 ③

권한쟁의심판에 관한 설명 중 옳지 않은 것은? (다툼이 있는 경우 판례에 의함)

① 국가인권위원회는 헌법에 의하여 설치되고 헌법과 법률에 의하여 독자적인 권한을 부여받은 국가기관이 아니라 오로지 법률에 설치근거를 둔 국가기관이므로 권한쟁의심판의 당사자능력이 인정되지 아니한다.
② 지방의회의원과 그 지방의회 의장 간의 권한쟁의는 헌법 및 헌법재판소법에 의하여 헌법재판소가 관장하는 지방자치단체 상호간의 권한쟁의심판에 해당한다고 볼 수 없으므로 부적법하다.
③ 국회의원의 법률안에 대한 심의·표결권의 침해 여부를 다투는 권한쟁의심판은 국회의원의 객관적 권한을 보호함으로써 헌법적 가치질서를 수호·유지하기 위한 공익적 성격이 강하므로, 그러한 심판청구의 취하는 허용되지 아니한다.
④ 국가기관 상호간의 권한쟁의심판에 관하여 규정하고 있는 헌법재판소법 제62조 제1항 제1호의 "국회, 정부, 법원 및 중앙선거관리위원회 상호간의 권한쟁의심판"은 예시적인 조항으로 해석되므로, 국회의원이 국회의장을 상대로 제기한 권한쟁의심판은 적법하다.
⑤ 국회부의장이 국회의장의 직무를 대리하여 법률안 가결선포행위를 하면서 질의·토론의 기회를 봉쇄하여 국회의원의 법률안 심의·표결권을 침해한 경우, 국회의원은 자신의 법률안 심의·표결권을 침해받았다는 이유로 국회의장을 상대로 하여 권한쟁의심판을 청구하여야 한다.

 해설

① O 권한쟁의심판은 국회의 입법행위 등을 포함하여 권한쟁의 상대방의 처분 또는 부작위가 헌법 또는 법률에 의하여 부여받은 청구인의 권한을 침해하였거나 침해할 현저한 위험이 있는 때 제기할 수 있는 것인데, 헌법상 국가에게 부여된 임무 또는 의무를 수행하고 그 독립성이 보장된 국가기관이라고 하더라도 오로지 법률에 설치근거를 둔 국가기관이라면 국회의 입법행위에 의하여 존폐 및 권한범위가 결정될 수 있으므로 이러한 국가기관은 '헌법에 의하여 설치되고 헌법과 법률에 의하여 독자적인 권한을 부여받은 국가기관'이라고 할 수 없다. 즉, 청구인이 수행하는 업무의 헌법적 중요성, 기관의 독립성 등을 고려한다고 하더라도, 국회가 제정한 국가인권위원회법에 의하여 비로소 설립된 청구인은 국회의 위 법률 개정행위에 의하여 존폐 및 권한범위 등이 좌우되므로 헌법 제111조 제1항 제4호 소정의 헌법에 의하여 설치된 국가기관에 해당한다고 할 수 없다(2010.10.28. 2009헌라6).
② O 지방자치단체의 의결기관인 지방의회를 구성하는 지방의회의원과 그 지방의회의 대표자인 지방의회의 의장간의 권한쟁의는 부적법하다(2010.4.29. 2009헌라11).

③ ✗ 이 사건 권한쟁의심판의 경우에는 국회의원의 객관적 권한을 보호함으로써 헌법적 가치질서를 수호·유지하기 위한 쟁송으로서 공익적 성격이 강하다고는 할 것이다. 그러나 법률안에 대한 심의·표결권의 행사 여부가 국회의원 스스로의 판단에 맡겨져 있는 사항일 뿐만 아니라, 그러한 심의·표결권이 침해당한 경우에 권한쟁의심판을 청구할 것인지 여부도 국회의원의 판단에 맡겨져 있어서 **심판청구의 자유가 인정**되고 있는 만큼, **권한쟁의심판의 공익적 성격만을 이유로 이미 제기한 심판청구를 스스로의 의사에 기하여 자유롭게 철회할 수 있는 심판청구의 취하를 배제하는 것은 타당하지 않다**(2001.5.8. 2000헌라1).

④ ○ 헌법재판소법 제62조 제1항 제1호가 국가기관 상호간의 권한쟁의심판을 "국회, 정부, 법원 및 중앙선거관리위원회 상호간의 권한쟁의심판"이라고 규정하고 있더라도 이는 한정적, 열거적인 조항이 아니라 **예시적인 조항**이라고 해석하는 것이 헌법에 합치되므로 이들 기관외에는 권한쟁의심판의 당사자가 될 수 없다고 단정할 수 없으며, **국회의원과 국회의장은 위 헌법조항 소정의 "국가기관"에 해당하므로 권한쟁의심판의 당사자가 될 수 있다**(1997.7.16. 96헌라2).

⑤ ○ 의안의 상정·가결선포 등의 권한을 갖는 **국회의장을 상대로 제기되어야 한다**(2009.10.29. 2009헌라8·9·10).
자주 출제되는 지문은 국회의장을 '국회부의장'으로 바꾸어 물어보는데, 국회부의장은 국회의장의 직무를 대리하여 법률안을 가결선포할 수 있을 뿐(국회법 제12조 제1항), 법률안 가결선포행위에 따른 법적 책임을 지는 주체가 될 수 없기 때문에 틀린 지문으로 출제되고 있다.

02 21법전협-3-14   정답 ②

권한쟁의심판에 관한 설명 중 옳지 않은 것을 모두 고른 것은? (다툼이 있는 경우 판례에 의함)

> ㄱ. 지방자치단체의 의결기관인 지방의회와 지방자치단체의 집행기관인 지방자치단체장 간의 내부적 분쟁은 지방자치단체 상호간의 권한쟁의심판의 범위에 속하지 않는다.
> ㄴ. 「국회법」 제57조의2에 근거한 안건조정위원회 위원장은 「국회법」상 소위원회의 위원장으로서 헌법 제111조 제1항 제4호 및 「헌법재판소법」 제62조 제1항 제1호의 '국가기관'에 해당한다고 볼 수 없으므로, 권한쟁의심판의 당사자가 될 수 없다.
> ㄷ. 화성시와 수원시 관할 구역에 걸쳐 있는 수원 군 공항에 대해 국방부장관이 수원시장만의 이전건의에 기초하여 「군 공항 이전 및 지원에 관한 특별법」에 따라 화성시 특정 지역을 수원 군 공항의 예비이전후보지로 선정한 것은 화성시의 자치권한을 침해할 가능성이 있다.
> ㄹ. 경상남도 도지사가 경상남도 교육청 소속 학교들에 대하여 무상급식 지원실태에 대한 감사계획을 통보한 행위에 대하여 경상남도 교육감이 청구한 권한쟁의심판은 헌법재판소가 관장하는 권한쟁의심판의 종류에 해당되지 않는다.
> ㅁ. 국회의원의 심의·표결권은 국회의 대내적인 관계에서는 물론이고 다른 국가기관과의 대외적인 관계에서도 침해될 수 없다.

① ㄱ, ㄹ ② ㄷ, ㅁ
③ ㄱ, ㄴ, ㄷ ④ ㄴ, ㄷ, ㄹ
⑤ ㄷ, ㄹ, ㅁ

② 권한쟁의심판에 관한 설명 중 옳지 않은 것은 ㄷ, ㅁ 이다.

ㄱ. ○ 헌법 제111조 제1항 제4호는 지방자치단체 상호간의 권한쟁의에 관한 심판을 헌법재판소가 관장하도록 규정하고 있고, 헌법재판소법 제62조 제1항 제3호는 이를 구체화하여 헌법재판소가 관장하는 지방자치단체 상호간의 권한쟁의심판을 ① 특별시·광역시·도 또는 특별자치도 상호간의 권한쟁의심판, ② 시·군 또는 자치구 상호간의 권한쟁의심판, ③ 특별시·광역시·도 또는 특별자치도와 시·군 또는 자치구간의 권한쟁의심판 등으로 규정하고 있다. 지방자치단체의 의결기관인 지방의회와 지방자치단체의 집행기관인 지방자치단체장 간의 내부적 분쟁은 지방자치단체 상호간의 권한쟁의심판의 범위에 속하지 아니하고, 달리 국가기관 상호간의 권한쟁의심판이나 국가기관과 지방자치단체 상호간의 권한쟁의심판에 해당한다고 볼 수도 없다(2018.7.26. 2018헌라1).

ㄴ. ○ 국회법 제57조의2에 근거한 안건조정위원회 위원장은 국회법상 소위원회의 위원장으로서 헌법 제111조 제1항 제4호 및 헌법재판소법 제62조 제1항 제1호의 '국가기관'에 해당한다고 볼 수 없으므로, 청구인들의 피청구인 조정위원장의 가결선포행위에 대한 청구는 권한쟁의심판의 당사자가 될 수 없는 피청구인을 대상으로 하는 청구로서 부적법하다(2020.5.27. 2019헌라5).

ㄷ. X 이 사건 공항의 예비이전후보지 선정사업은 국방에 관한 사무이므로 그 성격상 국가사무임이 분명하다. 군공항이전법도 이 사건 공항의 예비이전후보지 선정사업이 국가사무임을 전제로 하고 있다. 따라서 국가사무인 군 공항 이전사업이 청구인의 의사를 고려하지 않고 진행된다고 하더라도 이로써 지방자치단체인 청구인의 자치권한을 침해하였다거나 침해할 현저한 위험이 있다고 보기 어렵다(2017.12.28. 2017헌라2).

ㄹ. O 헌법 제111조 제1항 제4호는 지방자치단체 상호간의 권한쟁의에 관한 심판을 헌법재판소가 관장하도록 규정하고 있고, 지방자치단체 '상호간'의 권한쟁의심판에서 말하는 '상호간'이란 '서로 상이한 권리주체간'을 의미한다. 그런데 '지방교육자치에 관한 법률'은 교육감을 시·도의 교육·학예에 관한 사무의 '집행기관'으로 규정하고 있으므로, 교육감과 해당 지방자치단체 상호간의 권한쟁의심판은 '서로 상이한 권리주체간'의 권한쟁의심판청구로 볼 수 없다. 나아가 헌법은 '국가기관과는 달리 '지방자치단체'의 경우에는 그 종류를 법률로 정하도록 규정하고 있으며(헌법 제117조 제2항), 지방자치법은 지방자치단체의 종류를 특별시, 광역시, 특별자치시, 도, 특별자치도와 시, 군, 구로 정하고 있고(지방자치법 제2조 제1항), 헌법재판소법은 이를 감안하여 권한쟁의심판의 종류를 정하고 있다. 즉, 지방자치법은 헌법의 위임을 받아 지방자치단체의 종류를 규정하고 있으므로, 지방자치단체 상호간의 권한쟁의심판을 규정하는 헌법재판소법 제62조 제1항 제3호를 예시적으로 해석할 필요성 및 법적 근거가 없다.
따라서 시·도의 교육·학예에 관한 집행기관인 교육감과 해당 지방자치단체 사이의 내부적 분쟁과 관련된 심판청구는 헌법재판소가 관장하는 권한쟁의심판에 속하지 아니한다(2016.6.30. 2014헌라1).

ㅁ. X 국회의원의 심의·표결권은 국회의 대내적인 관계에서 행사되고 침해될 수 있을 뿐 다른 국가기관과의 대외적인 관계에서는 침해될 수 없는 것이므로, 국회의원들 상호간 또는 국회의원과 국회의장 사이와 같이 국회 내부적으로만 직접적인 법적 연관성을 발생시킬 수 있을 뿐이고 대통령 등 국회 이외의 국가기관과 사이에서는 권한침해의 직접적인 법적 효과를 발생시키지 아니한다. 따라서 피청구인인 대통령이 국회의 동의 없이 조약을 체결·비준하였다 하더라도 국회의원인 청구인들의 심의·표결권이 침해될 가능성은 없다(2007.7.26. 2005헌라8).

03 21법전협-2-20 정답 ④

다음 사례에 관한 설명 중 옳은 것은? (다툼이 있는 경우 판례에 의함)

> 대한민국 정부는 2014. 5. 20. 동맹관계에 있는 A국 정부와 「중동 전쟁 파병에 관한 협정」(이하 '파병협정'이라 한다)을 체결하였다. 그런데 파병협정을 체결한 사실은 2014. 8. 9.이 되어서야 국내에 알려졌고, 야당은 우리나라의 안보와는 아무런 상관도 없는 중동 전쟁에 전투병력을 파병하는 것에 대하여 강력하게 반발하였다. 2014. 8. 12. 야당 소속 국회의원 丙은 파병협정의 체결 전에 미리 국회의 동의를 얻어야 하는데도 그러한 절차를 거치지 않았기 때문에 그 체결은 무효라고 주장하였다. 대통령 甲은 2014. 8. 18. 국회에 파병협정에 대한 비준동의안을 제출하면서 국회의장 乙에게 신속한 처리를 요청하였다. 乙은 2014. 8. 20. 열린 국회 본회의에서 파병협정 비준동의안의 처리를 시도하였으나, 야당 의원들의 실력 저지로 인하여 표결을 하지 못하였다. 甲은 A국 정부로부터 파병협정에 따른 전투병력의 파견을 거듭 재촉받자 시간적인 여유가 없다고 판단하고, 국회의 동의 없이 2014. 8. 30. 국군의 전투병력을 중동 지역에 파견하는 결정(이하 '파병결정'이라 한다)을 내렸다. 丙은 甲의 파병결정으로 국회의 권한이 침해되었다며 국회가 甲을 상대로 권한쟁의심판을 청구해야 한다고 주장하였다. 하지만 국회의 과반 의석을 갖고 있는 여당은 이에 반대하였다. 丙은 2014. 10. 31. 甲을 상대로 권한쟁의심판을 청구하였다.

① 丙은 국회의 동의권한 침해를 주장하며 국회를 대신하여 권한쟁의심판을 청구할 수 있으므로, 사례에서 丙의 권한쟁의심판청구는 적법하다.
② 丙은 파병결정에 관한 국회의 동의안에 대한 자신의 심의·표결권 침해를 이유로 권한쟁의심판을 청구할 수 있으므로, 사례에서 丙의 권한쟁의심판청구는 적법하다.
③ 丙은 파병결정에 관한 국회의 동의권한 침해에 대하여는 甲을 상대로, 파병결정에 관한 국회의 동의안에 대한 심의·표결권 침해에 대하여는 乙을 상대로 권한쟁의심판을 청구하여야 丙의 청구가 모두 적법하여 본안판단을 받을 수 있다.
④ 국회의원의 의안에 대한 심의·표결권한은 국회 내에서 국회의장에 의하여 침해될 수 있음은 별론으로 하고 대외적으로 대통령에 의하여 침해될 수는 없으므로, 사례에서 헌법재판소는 丙의 甲에 대한 권한쟁의심판청구를 각하하여야 한다.
⑤ 헌법재판소 판례의 반대의견에 의하면, 丙이 국회의 동의권한 침해를 이유로 甲을 상대로 제기한 권한쟁의심판청구는 국회를 위한 것으로서 적법하므로 본안판단에 나아가야 한다.

① X 국가기관의 부분 기관이 자신의 이름으로 소속기관의 권한을 주장할 수 있는 '제3자 소송담당'을 명시적으로 허용하는 법률의 규정이 없는 현행법 체계하에서는 국회의 구성원인 국회의원이 국회의 조약에 대한 체결·비준 동의권의 침해를 주장하는 권한쟁의심판을 청구할 수 없다(2007.7.26. 2005헌라8).

② X ④ O 국회의원의 심의·표결권은 국회의 대내적인 관계에서 행사되고 침해될 수 있을 뿐 다른 국가기관과의 대외적인 관계에서는 침해될 수 없는 것이므로, 국회의원들 상호간 또는 국회의원과 국회의장 사이와 같이 국회 내부적으로만 직접적인 법적 연관성을 발생시킬 수 있을 뿐이고 대통령 등 국회 이외의 국가기관과 사이에서는 권한침해의 직접적인 법적 효과를 발생시키지 아니한다. … 따라서 피청구인 대통령이 국회의 동의 없이 조약을 체결·비준하였다 하더라도 국회의 체결·비준 동의권이 침해될 수는 있어도 국회의원인 청구인들의 심의·표결권이 침해될 가능성은 없다고 할 것이므로, 청구인들의 이 부분 심판청구 역시 부적법하다(2007.7.26. 2005헌라8 [각하]).

③ X 국회가 헌법 제60조 제1항에 따라서 조약의 체결·비준에 대한 동의권을 행사하는 경우에, 국회의원은 헌법 제40조 및 제41조 제1항과 국회법 제93조 및 제109조 내지 제112조에 따라서 조약의 체결·비준 동의안에 대하여 심의·표결할 권한을 가진다. 그런데 국회의 동의권과 국회의원의 심의·표결권은 비록 국회의 동의권이 개별 국회의원의 심의·표결절차를 거쳐 행사되기는 하지만 그 권한의 귀속주체가 다르고, 또 심의·표결권의 행사는 국회의 의사를 형성하기 위한 국회 내부의 행위로서 구체적인 의안 처리와 관련하여 각 국회의원에게 부여되는데 비하여, 동의권의 행사는 국회가 그 의결을 통하여 다른 국가기관에 대한 의사표시로서 행해지며 대외적인 법적 효과가 발생한다는 점에서 구분된다. 따라서 국회의 동의권이 침해되었다고 하여 동시에 국회의원의 심의·표결권이 침해된다고 할 수 없고, 또 국회의원의 심의·표결권은 국회의 대내적인 관계에서 행사되고 침해될 수 있을 뿐 다른 국가기관과의 대외적인 관계에서는 침해될 수 없는 것이므로, 국회의원들 상호간 또는 국회의원과 국회의장 사이와 같이 국회 내부적으로만 직접적인 법적 연관성을 발생시킬 수 있을 뿐이고 대통령 등 국회 이외의 국가기관과 사이에서는 권한침해의 직접적인 법적 효과를 발생시키지 아니한다(2007.7.26. 2005헌라8).

⑤ X 1. 정부와 의회가 다수당에 의해 지배되어 의회의 헌법상 권한이 행정부에 의해 침해되었거나 침해될 위험에 처하였음에도 불구하고 의회의 다수파 또는 특정 안건에 관한 다수세력이 의회의 권한을 수호하기 위한 권한쟁의심판 등 견제수단을 취하지 않음으로써 의회의 헌법적 권한이 제대로 수호되지 못하고 헌법의 권력분립 질서가 왜곡되는 상황하에서는, 의회 내 소수파 의원들의 권능을 보호하는 것을 통하여 궁극적으로는 의회의 헌법적 권한을 수호하기 위하여, 그들에게 일정한 요건하에 국회를 대신하여 국회의 권한침해를 다툴 수 있도록 하는 법적 지위를 인정할 필요가 있고, 그 구체적 방안으로서 이른바 '제3자 소송담당'을 인정할 필요가 있다.
2. 이 사건과 같은 권한쟁의심판에 있어서 '제3자 소송담당'은 적어도 국회의 교섭단체 또는 그에 준하는 정도의 실체를 갖춘 의원 집단에게는 권한쟁의심판을 제기할 수 있는 지위를 인정하여야 할 것이다(2007.7.26. 2005헌라8 재판관 송두환의 반대의견)

04 17변시-18 정답 ④

권한쟁의심판에 관한 설명 중 옳지 않은 것은? (다툼이 있는 경우 판례에 의함)

① 지방자치단체는 기관위임사무의 집행에 관한 권한의 존부 및 범위에 관한 권한분쟁을 이유로 기관위임사무를 집행하는 국가기관 또는 다른 지방자치단체의 장을 상대로 권한쟁의심판청구를 할 수 없다.

② 피청구인의 부작위에 의하여 청구인의 권한이 침해당하였다고 주장하는 권한쟁의심판은 피청구인에게 헌법상 또는 법률상 유래하는 작위의무가 있음에도 불구하고 피청구인이 그러한 의무를 다하지 아니한 경우에 허용된다.

③ 피청구인의 장래처분을 대상으로 하는 심판청구는 원칙적으로 허용되지 아니하나, 피청구인의 장래처분이 확실하게 예정되어 있고, 피청구인의 장래처분에 의해서 청구인의 권한이 침해될 위험성이 있어서 청구인의 권한을 사전에 보호해 주어야 할 필요성이 매우 큰 예외적인 경우에는 피청구인의 장래처분에 대해서도 권한쟁의심판을 청구할 수 있다.

④ 국회의원의 법률안 심의·표결권은 국회의 동의권을 구성하는 것으로 성질상 일신전속적인 것이라고 볼 수 없으므로 이에 관련된 권한쟁의심판절차는 수계될 수 있다. 따라서 국회의원이 입법권의 주체인 국회의 구성원으로서, 또한 법률안 심의·표결권의 주체인 국회의원 자격으로서 권한쟁의심판을 청구하였다가 그 심판계속 중 국회의원직을 상실하였다고 할지라도 당연히 그 심판절차가 종료되는 것은 아니다.

⑤ 시·도의 교육·학예에 관한 집행기관인 교육감과 해당 지방자치단체 사이의 내부적 분쟁과 관련된 심판청구는 헌법재판소가 관장하는 권한쟁의심판에 속하지 아니한다.

① O 지방자치단체가 권한쟁의심판을 청구하기 위해서는 헌법 또는 법률에 의하여 부여받은 권한, 즉 지방자치단체의 사무에 관한 권한이 침해되거나 침해될 우려가 있어야 한다. 그런데 지방자치단체의 사무 중 국가가 지방자치단체의 장 등에게 위임한 기관위임사무는 그 처리의 효과가 국가에 귀속되는 국가의 사무로서 지방자치단체의 사무라 할 수 없고, 지방자치단체의 장은 기관위임사무의 집행권한과 관련된 범위에서는 그 사무를 위임한 국가기관의 지위에 서게 될 뿐 지방자치단체의 기관이 아니므로, **지방자치단체는** 기관위임사무의 집행에 관한 권한의 존부 및 범위에 관한 권한분쟁을 이유로 기관위임사무를 집행하는 **국가기관 또는 다른 지방자치단체의 장을 상대로 권한쟁의심판을 청구할 수 없다** 할 것이다(2011.9.29. 2009헌라3).

② O 2010.12.28. 2008헌라7 등

③ O 2009.7.30. 2005헌라2

④ X 위 청구인은 입법권의 주체인 국회의 구성원으로서, 또한 법률안 심의·표결권의 주체인 국회의원 자격으로서 이 사건 권한쟁의심판을 청구한 것인바, **국회의원의 국회에 대한 소송수행권** (이는 아래에서 보는 바와 같이 인정되지 아니한다) 및 **국회의원의 법률안 심의·표결권은 성질상 일신전속적인 것으로서 국회의원직을 상실할 경우 승계되거나 상속될 수 있는 것이 아니다.** 따라서 그에 관련된 이 사건 권한쟁의심판절차 또한 수계될

수 있는 성질의 것이 아니므로, 위 청구인의 이 사건 심판청구는 위 청구인의 **국회의원직 상실과 동시에 당연히 그 심판절차가 종료**되었다고 할 것이다(2016.4.28. 2015헌라5).

⑤ O 헌법 제111조 제1항 제4호는 지방자치단체 상호간의 권한쟁의에 관한 심판을 헌법재판소가 관장하도록 규정하고 있고, 지방자치단체 **'상호간'의 권한쟁의심판에서 말하는 '상호간'이란 '서로 상이한 권리주체간'을 의미한다.** 그런데 '지방교육자치에 관한 법률'은 교육감을 시·도의 교육·학예에 관한 사무의 '집행기관'으로 규정하고 있으므로, **교육감과 해당 지방자치단체 상호간의 권한쟁의심판은 '서로 상이한 권리주체간'의 권한쟁의심판청구로 볼 수 없다.**

나아가 헌법은 '국가기관'과는 달리 '지방자치단체'의 경우에는 그 종류를 법률로 정하도록 규정하고 있으며(헌법 제117조 제2항), 지방자치법은 지방자치단체의 종류를 특별시, 광역시, 특별자치시, 도, 특별자치도와 시, 군, 구로 정하고 있고(지방자치법 제2조 제1항), 헌법재판소법은 이를 감안하여 권한쟁의심판의 종류를 정하고 있다. 즉, 지방자치법은 헌법의 위임을 받아 지방자치단체의 종류를 규정하고 있으므로, 지방자치단체 상호간의 권한쟁의심판을 규정하는 헌법재판소법 제62조 제1항 제3호를 예시적으로 해석할 필요성 및 법적 근거가 없다.

따라서 시·도의 교육·학예에 관한 집행기관인 교육감과 해당 지방자치단체 사이의 내부적 분쟁과 관련된 심판청구는 헌법재판소가 관장하는 권한쟁의심판에 속하지 아니한다(2016.6.30. 2014헌라1).

05 15변시-4 정답 ③

권한쟁의심판에 관한 설명 중 옳지 않은 것은? (다툼이 있는 경우 판례에 의함)

① 국가 또는 공공단체의 기관 상호간에 있어서의 권한의 존부 또는 그 행사에 관한 다툼이 있을 때에는 기관소송을 제기할 수 있으나,「헌법재판소법」제2조의 규정에 의하여 헌법재판소의 관장사항으로 되는 소송은 기관소송의 대상에서 제외된다.

② 정부가 법률안을 제출하는 행위는 입법을 위한 하나의 사전 준비행위에 불과하고, 권한쟁의심판의 독자적 대상이 되기 위한 법적 중요성을 지닌 행위로 볼 수 없으므로, 정부가 개정법률안을 국회에 제출한 행위를 다투는 권한쟁의심판 청구는 부적법하다.

③ 예산 외에 국가의 부담이 될 계약체결에 대한 동의권은 국회에 속하나, 국회의원에게도 국회의 예산 외에 국가의 부담이 될 계약의 체결에 있어 동의권의 침해를 주장하는 권한쟁의심판의 청구인적격이 인정된다.

④ 지방자치단체는 기관위임사무의 집행에 관한 권한의 유무 및 범위에 관한 분쟁을 이유로 기관위임사무를 집행하는 국가기관 또는 다른 지방자치단체의 장을 상대로 권한쟁의심판을 청구할 수 없다.

⑤ 지방자치단체는 국회의 법률제정행위가 자신의 자치권한을 침해했다고 주장하면서 권한쟁의심판을 청구할 수 있다.

① O 행정소송법 제3조 제4호

> **행정소송법 제3조(행정소송의 종류)**
> 행정소송은 다음의 네가지로 구분한다.
> 4. 기관소송 : 국가 또는 공공단체의 기관상호간에 있어서의 권한의 존부 또는 그 행사에 관한 다툼이 있을 때에 이에 대하여 제기하는 소송. 다만, 헌법재판소법 제2조의 규정에 의하여 헌법재판소의 관장사항으로 되는 소송은 제외한다.

② O 정부가 법률안을 제출하였다 하더라도 그것이 법률로 성립되기 위해서는 국회의 많은 절차를 거쳐야 하고, 법률안을 받아들일지 여부는 전적으로 헌법상 입법권을 독점하고 있는 의회의 권한이다. 따라서 **정부가 법률안을 제출하는 행위는** 입법을 위한 하나의 **사전 준비행위에 불과**하고, 권한쟁의심판의 독자적 대상이 되기 위한 법적 중요성을 지닌 행위로 볼 수 없다. 그렇다면 피청구인 정부가 자치법안과 교부금법안을 제250회 국회(정기회)에 제출한 행위를 다투는 심판청구 부분은 부적법하다(2005.12.22. 2004헌라3).

③ X 권한쟁의심판의 청구인은 청구인의 권한침해만을 주장할 수 있도록 하고 있을 뿐, 국가기관의 부분기관이 자신의 이름으로 소속기관의 권한을 주장할 수 있는 **'제3자 소송담당'의 가능성을 명시적으로 규정하고 있지 않은 현행법** 체계에서 국회의 구성원인 청구인들은 국회의 '예산 외에 국가의 부담이 될 계약'의 체결에 있어 동의권의 침해를 주장하는 권한쟁의심판을 청구할 수 없다(2008.1.17. 2005헌라10).

④ O 지방자치단체가 권한쟁의심판을 청구하기 위해서는 헌법 또는 법률에 의하여 부여받은 권한, 즉 지방자치단체의 사무에 관한 권한이 침해되거나 침해될 우려가 있어야 한다. 그런데 지방자치단체의 사무 중 국가가 지방자치단체의 장 등에게 위임한 기관위임사무는 그 처리의 효과가 국가에 귀속되는 국가의 사무로서 지방자치단체의 사무라 할 수 없고, 지방자치단체의 장은 기관위임사무의 집행권한과 관련된 범위에서는 그 사무를 위임한 국가기관의 지위에 서게 될 뿐 지방자치단체의 기관이 아니므로, 지방자치단체는 기관위임사무의 집행에 관한 권한의 존부 및 범위에 관한 권한분쟁을 이유로 기관위임사무를 집행하는 국가기관 또는 다른 지방자치단체의 장을 상대로 권한쟁의심판을 청구할 수 없다 할 것이다(2011.9.29. 2009헌라3).

⑤ O 이 사건의 경우와 같이 법률에 대한 권한쟁의심판도 허용된다고 봄이 일반적이다. 다만 권한쟁의심판과 위헌법률심판은 원칙적으로 구분되어야 한다는 점에서, **법률에 대한 권한쟁의심판은 '법률 그 자체'가 아니라, '법률의 제정행위'를 그 심판대상으로 해야 할 것**이다. 따라서 이 사건의 경우 피청구인(국회)이 이 사건법률을 제정한 행위는, 헌법재판소법 제61조 제2항의 '처분'에 해당되어 권한쟁의심판의 대상이 될 수 있다(2006.5.25. 2005헌라4).

06   21변시-20   정답 ④

권한쟁의심판에 관한 설명 중 옳은 것을 모두 고른 것은? (다툼이 있는 경우 판례에 의함)

ㄱ. 국회 상임위원회 위원장은 권한쟁의심판의 당사자능력이 인정된다.
ㄴ. 국회 소위원회 위원장은 권한쟁의심판의 당사자능력이 인정된다.
ㄷ. 정당은 권한쟁의심판절차의 당사자가 될 수 없으나, 정당이 교섭단체가 될 경우 교섭단체는 권한쟁의심판의 당사자능력이 인정된다.
ㄹ. 권한쟁의심판을 청구한 국회의원이 심판절차 계속 중 의원직을 상실한 경우에는 심판절차가 종료된다.
ㅁ. 국회의원은 국회를 피청구인으로 하여 법률의 제·개정 행위를 다툴 수 있다.

① ㄱ, ㄹ
② ㄷ, ㅁ
③ ㄱ, ㄴ, ㄹ
④ ㄱ, ㄹ, ㅁ
⑤ ㄴ, ㄷ, ㄹ

④ 권한쟁의심판에 관한 설명 중 옳은 것은 ㄱ, ㄹ, ㅁ 이다.

ㄱ. O 권한쟁의심판에 있어서는 처분 또는 부작위를 야기한 기관으로서 법적 책임을 지는 기관만이 피청구인적격을 가지므로, 권한쟁의심판청구는 이들 기관을 상대로 제기하여야 한다. 피청구인 외통위 위원장은 외통위 의사절차의 주재자로서 질서유지권(국회법 제49조 제1항, 제145조), 의사정리권(국회법 제49조 제1항, 제2항, 제52조, 제53조 제4항 등)의 귀속주체이므로 이 사건 심판청구의 피청구인적격이 인정될 것이다(2010.12.28. 2008헌라7). → 국회의 의결을 요하는 안건에 대하여 의장이 본회의 의결에 앞서 소관위원회에 안건을 회부하는 것은 국회의 심의권을 위원회에 위양하는 것이 아니고, 그 안건이 본회의에 최종적으로 부의되기 이전의 한 단계로서, 소관위원회가 발의 또는 제출된 의안에 대한 심사권한을 행사하여 사전 심사를 할 수 있도록 소관위원회에 송부하는 행위라 할 수 있다. 상임위원회는 그 소관에 속하는 의안, 청원 등을 심사하므로, 국회의장이 안건을 위원회에 회부함으로써 상임위원회에 심사권이 부여되는 것이 아니고, 심사권 자체는 법률상 부여된 위원회의 고유한 권한으로 볼 수 있다(국회법 제36조, 제37조 참조). 따라서 국회 상임위원회 위원장이 위원회를 대표해서 의안을 심사하는 권한이 국회의장으로부터 위임된 것임을 전제로 한 국회의장에 대한 이 사건 심판청구는 피청구인적격이 없는 자를 상대로 한 청구로서 부적법하다.
ㄴ. X 소위원회 위원장은 헌법 제111조 제1항 제4호 및 헌법재판소법 제62조 제1항 제1호의 '국가기관'에 해당한다고 볼 수 없고, 그렇다면 청구인 국회 행정안전위원회 제천화재관련평가소위원회 위원장이 제기한 이 사건 권한쟁의심판청구는 청구인능력이 없는 자가 제기한 것으로서 부적법하다(2020.5.27. 2019헌라4).
ㄷ. X 정당은 사적 결사와 국회 교섭단체로서의 이중적 지위를 가지나, 어떠한 지위에서든 헌법 제111조 제1항 제4호 및 헌법재판소법 제62조 제1항 제1호의 '국가기관'에 해당한다고 볼 수 없으므로, 권한쟁의심판의 당사자능력이 인정되지 아니한다(2020.5.27. 2019헌사1121).
ㄹ. O 청구인 박○은은 권한쟁의심판절차가 계속 중이던 2015. 12. 24. 국회의원직을 상실하였는바, 국회의원의 법률안 심의·표결권 등은 성질상 일신전속적인 것으로서 승계되거나 상속될 수 있는 것이 아니므로 이 사건 심판청구는 위 청구인의 국회의원직 상실과 동시에 당연히 그 심판절차가 종료되었다(2016.4.28. 2015헌라5).

[참고] 권한쟁의심판절차 계속중 청구인이 사망하여 심판절차가 종료된 사례(2010.11.25. 2009헌라12)

ㅁ. O 법률의 제·개정 행위를 다투는 권한쟁의심판의 경우에는 국회가 피청구인적격을 가진다(2005.12.22. 2004헌라3; 2008.6.26. 2005헌라7 등 참조). 따라서 청구인들이 국회의장 및 기재위 위원장에 대하여 제기한 이 사건 국회법 개정행위에 대한 심판청구는 피청구인적격이 없는 자를 상대로 한 청구로서 부적법하다(2016.5.26. 2015헌라1).

07   20변시-9   정답 ④

헌법재판소의 권한쟁의심판권과 법원의 행정재판관할권에 관한 설명 중 옳은 것을 모두 고른 것은? (다툼이 있는 경우 판례에 의함)

ㄱ. 「헌법재판소법」 제61조 제1항이 규정한 국가기관 상호간의 권한쟁의는 「행정소송법」 제3조 제4호의 기관소송의 대상에서 제외된다.
ㄴ. 지방자치단체의 의결기관인 지방의회를 구성하는 지방의회 의원과 그 지방의회의 대표자인 지방의회 의장 간의 권한쟁의심판은 헌법 및 「헌법재판소법」에 의하여 헌법재판소가 관장하는 지방자치단체 상호간의 권한쟁의심판의 범위에 속한다.
ㄷ. 지방자치단체의 장이 그 의무에 속하는 국가위임사무 또는 시·도위임사무의 관리 및 집행을 명백히 게을리하고 있다고 인정되는 때에는 시·도에 대하여는 주무부장관이, 시·군 및 자치구에 대하여는 시·도지사가 기간을 정하여 서면으로 그 이행할 사항을 명령할 수 있는데, 이 경우 지방자치단체의 장은 위 이행명령에 이의가 있으면 이행명령서를 접수한 날부터 15일 이내에 대법원에 소를 제기할 수 있다.
ㄹ. 공유수면의 행정구역 경계에 관한 명시적인 법령상의 규정과 해상경계에 관한 불문법이 존재하지 않으면, 헌법재판소가 권한쟁의심판을 통해 지방자치단체간의 해상경계선을 획정할 수 있다.

① ㄱ, ㄴ
② ㄱ, ㄷ
③ ㄷ, ㄹ
④ ㄱ, ㄷ, ㄹ
⑤ ㄴ, ㄷ, ㄹ

ㄱ. O 행정소송법 제3조 제4호

> **행정소송법 제3조(행정소송의 종류)**
> 행정소송은 다음의 네가지로 구분한다.
> 4. 기관소송 : 국가 또는 공공단체의 기관상호간에 있어서의 권한의 존부 또는 그 행사에 관한 다툼이 있을 때에 이에 대하여 제기하는 소송. 다만, 헌법재판소법 제2조의 규정에 의하여 헌법재판소의 관장사항으로 되는 소송은 제외한다.

ㄴ. X 지방자치단체의 의결기관인 지방의회를 구성하는 **지방의회 의원과 그 지방의회의 대표자인 지방의회 의장 간의 권한쟁의심판**은 헌법 및 헌법재판소법에 의하여 헌법재판소가 관장하는 지방자치단체 상호간의 권한쟁의심판의 범위에 속한다고 볼 수 없으므로 **부적법**하다(2010.4.29. 2009헌라11).

ㄷ. O 지방자치법 제170조

> **지방자치법 제170조(지방자치단체의 장에 대한 직무이행명령)**
> ① 지방자치단체의 장이 법령의 규정에 따라 그 의무에 속하는 국가위임사무나 시·도위임사무의 관리와 집행을 명백히 게을리하고 있다고 인정되면 시·도에 대하여는 주무부장관이, 시·군 및 자치구에 대하여는 시·도지사가 기간을 정하여 서면으로 이행할 사항을 명령할 수 있다.
> ③ 지방자치단체의 장은 제1항의 이행명령에 이의가 있으면 이행명령서를 접수한 날부터 15일 이내에 대법원에 소를 제기할 수 있다. 이 경우 지방자치단체의 장은 이행명령의 집행을 정지하게 하는 집행정지결정을 신청할 수 있다.

ㄹ. O 공유수면에 대한 지방자치단체의 관할구역 경계획정은 이에 관한 명시적인 법령상의 규정이 존재한다면 그에 따르고, 명시적인 법령상의 규정이 존재하지 않는다면 불문법상 해상경계에 따라야 한다. 그리고 이에 관한 **불문법상 해상경계마저 존재하지 않는다면**, 주민·구역·자치권을 구성요소로 하는 지방자치단체의 본질에 비추어 지방자치단체의 관할구역에 경계가 없는 부분이 있다는 것은 상정할 수 없으므로, 권한쟁의심판권을 가지고 있는 **헌법재판소가** 형평의 원칙에 따라 합리적이고 공평하게 **해상경계선을 획정**할 수밖에 없다(2019.4.11. 2016헌라8).

08   20법전협-3-20   정답 ⑤

권한쟁의심판에 관한 설명으로 옳은 것을 모두 고른 것은? (다툼이 있는 경우 판례에 의함)

ㄱ. 교육·학예에 관한 지방자치단체의 사무에 관한 분쟁이 발생한 경우에는 교육감이 지방자치단체 상호간의 권한쟁의심판의 당사자가 되므로, 교육감과 해당 지방자치단체 사이의 내부적 분쟁도 권한쟁의심판의 대상이 된다.

ㄴ. 지방자치단체가 자신의 권한의 침해를 이유로 권한쟁의심판을 제기하는 경우 당사자는 지방자치단체가 되므로, 지방자치단체의 장은 국가위임 사무에 대해 국가기관의 지위에서 처분을 행한 경우에도 권한쟁의 심판청구의 당사자가 될 수 없다.

ㄷ. 국가와 지방자치단체 간의 권한쟁의심판에 있어서 해양수산부장관도 헌법과 「정부조직법」에 의하여 행정 각부를 구성하는 국가기관으로서 독자적인 권한을 부여받고 있으므로 권한쟁의심판의 당사자능력이 인정된다.

ㄹ. 법률의 제·개정 행위를 다투는 권한쟁의심판의 경우에는 국회가 피청구인적격을 가지므로, 국회의원들이 국회의장 및 국회 기획재정위원회 위원장에 대하여 제기한 「국회법」 개정행위에 대한 심판청구는 피청구인적격이 없는 자를 상대로 한 청구로서 부적법하다.

① ㄱ, ㄴ   ② ㄱ, ㄹ
③ ㄴ, ㄷ   ④ ㄴ, ㄹ
⑤ ㄷ, ㄹ

⑤ 권한쟁의심판에 관한 설명으로 옳은 것은 ㄷ, ㄹ 이다.

ㄱ. X 헌법 제111조 제1항 제4호는 지방자치단체 상호간의 권한쟁의에 관한 심판을 헌법재판소가 관장하도록 규정하고 있고, 지방자치단체 '상호간'의 권한쟁의심판에서 말하는 '상호간'이란 '서로 상이한 권리주체간'을 의미한다. 그런데 '지방교육자치에 관한 법률'은 교육감을 시·도의 교육·학예에 관한 사무의 '집행기관'으로 규정하고 있으므로, 교육감과 해당 지방자치단체 상호간의 권한쟁의심판은 '서로 상이한 권리주체간'의 권한쟁의심판청구로 볼 수 없다. … 따라서 시·도의 교육·학예에 관한 집행기관인 교육감과 해당 지방자치단체 사이의 내부적 분쟁과 관련된 심판청구는 헌법재판소가 관장하는 권한쟁의심판에 속하지 아니한다(2016.6.30. 2014헌라1).

ㄴ. X 권한쟁의 심판청구는 헌법과 법률에 의하여 권한을 부여받은 자가 그 권한의 침해를 다투는 헌법소송으로서 이러한 권한쟁의 심판을 청구할 수 있는 자에 대하여는 헌법 제111조 제1항 제4호와 헌법재판소법 제62조 제1항 제3호가 정하고 있는바, 이에 의하면 지방자치단체의 장은 원칙적으로 권한쟁의 심판청구의 당사자가 될 수 없다. 다만 지방자치단체의 장이 국가위임 사무에 대해 국가기관의 지위에서 처분을 행한 경우에는 권한쟁의 심판청구의 당사자가 될 수 있다(2006.8.31. 2003헌라1).

ㄷ. O 해양수산부장관은 헌법과 정부조직법에 의하여 행정 각 부를 구성하는 국가기관으로서 독자적인 권한을 부여받고 있으므로 권한쟁의심판의 당사자능력이 인정된다(2008.3.27. 2006헌라1).

ㄹ. O 법률의 제·개정 행위를 다투는 권한쟁의심판의 경우에는 국회가 피청구인적격을 가지므로, 청구인들이 국회의장 및 기재위 위원장에 대하여 제기한 이 사건 국회법 개정행위에 대한 심판청구는 피청구인적격이 없는 자를 상대로 한 청구로서 부적법하다(2016.5.26. 2015헌라1).

09 19법전협-3-14 정답 ②

권한쟁의심판에 관한 설명 중 옳은 것을 모두 고른 것은? (다툼이 있는 경우 판례에 의함)

ㄱ. 지방자치단체의 장이 국가위임사무에 대해 국가기관의 지위에서 처분을 행한 경우에는 권한쟁의심판청구의 당사자가 될 수 있다.

ㄴ. 「헌법재판소법」 제62조 제1항 제3호가 정하는 지방자치단체 상호간의 권한쟁의심판의 종류는 예시적인 것이기 때문에, 교육감과 해당 지방자치단체 사이의 내부적 분쟁과 관련한 권한쟁의도 헌법재판소가 관장하는 것으로 볼 수 있다.

ㄷ. 행정안전부장관이 '행정부시장·부지사 회의'를 개최하여 행정안전부에서 작성한 표준안대로 복무조례를 개정할 것을 지방자치단체에 요청한 것은 각 지방자치단체가 참고할 수 있도록 표준안을 제시한 것에 불과하여 권한쟁의심판의 대상이 되는 처분이라 할 수 없다.

ㄹ. 권한쟁의심판의 결정은 모든 국가기관과 지방자치단체를 기속하므로, 국가기관 또는 지방자치단체의 처분을 취소하는 결정은 그 처분의 상대방에 대하여 이미 생긴 효력에 영향을 미친다.

① ㄱ, ㄴ   ② ㄱ, ㄷ
③ ㄱ, ㄹ   ④ ㄴ, ㄹ
⑤ ㄷ, ㄹ

해설

ㄱ. O 권한쟁의 심판청구는 헌법과 법률에 의하여 권한을 부여받은 자가 그 권한의 침해를 다투는 헌법소송으로서 이러한 권한쟁의 심판을 청구할 수 있는 자에 대하여는 헌법 제111조 제1항 제4호와 헌법재판소법 제62조 제1항 제3호가 정하고 있는바, 이에 의하면 지방자치단체의 장은 원칙적으로 권한쟁의 심판청구의 당사자가 될 수 없다. 다만 지방자치단체의 장이 국가위임 사무에 대해 국가기관의 지위에서 처분을 행한 경우에는 권한쟁의 심판청구의 당사자가 될 수 있다(2006.8.31. 2003헌라1).

ㄴ. X 헌법 제111조 제1항 제4호는 지방자치단체 상호간의 권한쟁의에 관한 심판을 헌법재판소가 관장하도록 규정하고 있고, 지방자치단체 '상호간'의 권한쟁의심판에서 말하는 '상호간'이란 '서로 상이한 권리주체간'을 의미한다. 그런데 '지방교육자치에 관한 법률'은 교육감을 시·도의 교육·학예에 관한 사무의 '집행기관'으로 규정하고 있으므로, 교육감과 해당 지방자치단체 상호간의 권한쟁의심판은 '서로 상이한 권리주체간'의 권한쟁의심판청구로 볼 수 없다. … 따라서 시·도의 교육·학예에 관한 집행기관인 교육감과 해당 지방자치단체 사이의 내부적 분쟁과 관련된 심판청구는 헌법재판소가 관장하는 권한쟁의심판에 속하지 아니한다(2016.6.30. 2014헌라1).

ㄷ. O 행정자치부장관이 '행정부시장·부지사 회의'를 개최하여 행정자치부에서 작성한 표준안대로 복무조례를 개정할 것을 울산광역시 동구 및 북구에 요청한 것은 각 지방자치단체가 참고할 수 있도록 표준안을 제시한 것에 불과하여 단순한 업무협조 요청에 불과하고, 「징계업무처리지침」 및 「병·연가불허지시」를 통보한 것도 상호 협력의 차원에서 조언·권고한 것이거나 단순히 '업무연락'을 한 것이지, 각 지방자치단체를 법적으로 규제하는 강제적·명령적 조치를 취한 것이라 보기 어려우며, 기자회견을 통해 '총파업가담자에 대한 처벌과 정부의 방침에 소극적으로 대처하는 지방자치단체에 대하여 특별교부세 지원중단 등의 행정적·재정적 불이익 조치를 취할 것'이라는 것을 주된 내용으로 하는 담화문을 발표한 것 또한 단지 파업의 대응방침을 천명한 것으로 단순한 견해의 표명에 지나지 않는다 할 것이다. 이러한 행위들은 권한쟁의심판의 대상이 되는 처분이라 할 수 없으므로, 이를 대상으로 한 권한쟁의심판청구는 부적법하다(2006.3.30. 2005헌라1).

ㄹ. X

헌법재판소법 제67조(결정의 효력)
① 헌법재판소의 권한쟁의심판의 결정은 모든 국가기관과 지방자치단체를 기속한다.
② 국가기관 또는 지방자치단체의 처분을 취소하는 결정은 그 처분의 상대방에 대하여 이미 생긴 효력에 영향을 미치지 아니한다.

10 19법전협-2-6 정답 ①

기관소송과 권한쟁의심판에 관한 설명 중 옳은 것(○)과 옳지 않은 것(×)을 올바르게 조합한 것은? (다툼이 있는 경우 판례에 의함)

ㄱ. 지방자치단체는 기관위임사무의 집행에 관한 권한의 존부 및 범위에 관한 권한분쟁을 이유로 기관위임사무를 집행하는 국가기관 또는 다른 지방자치단체의 장을 상대로 권한쟁의심판을 청구하는 것은 부적법하다.

ㄴ. 지방세 과세권의 귀속 여부 등에 대하여 관계 지방자치단체의 장의 의견이 서로 다른 경우, 행정안전부장관이 행한 과세권 귀속 결정에 법적 구속력이 없다면 지방자치단체의 자치재정권 등 자치권한이 침해될 가능성이 없다.

ㄷ. 고등학교의 설치, 운영 및 지도에 관한 사무는 자치사무로 보아야 할 것이고, 대학의 설립 및 대학생정원 증원 등 운영에 관한 사무는 국가적 이익에 관한 것으로서 국가사무로 보아야 할 것이다.

ㄹ. 중앙선거관리위원회 외에 각급 구·시·군 선거관리위원회는 헌법에 의하여 설치된 기관이 아니므로 권한쟁의심판의 당사자능력이 없다.

ㅁ. 국가 또는 공공단체의 기관 상호간에 있어서의 권한의 존부 또는 그 행사에 관한 다툼이 있을 때에는 기관소송을 제기할 수 있으나, 「헌법재판소법」 제2조의 규정에 의하여 헌법재판소의 관장사항으로 되는 소송은 기관소송의 대상에서 제외된다.

ㅂ. 지방자치단체의 의결기관인 지방의회를 구성하는 지방의회 의원과 그 지방의회의 대표자인 지방의회 의장 간의 권한쟁의심판은 헌법재판소가 관장하는 지방자치단체 상호간의 권한쟁의심판의 범위에 속한다.

① ㄱ(○), ㄴ(○), ㄷ(○), ㄹ(×), ㅁ(○), ㅂ(×)
② ㄱ(○), ㄴ(×), ㄷ(×), ㄹ(○), ㅁ(○), ㅂ(×)
③ ㄱ(×), ㄴ(○), ㄷ(×), ㄹ(○), ㅁ(×), ㅂ(○)
④ ㄱ(○), ㄴ(×), ㄷ(○), ㄹ(○), ㅁ(×), ㅂ(×)
⑤ ㄱ(×), ㄴ(○), ㄷ(○), ㄹ(×), ㅁ(○), ㅂ(○)

ㄱ. O 지방자치단체가 권한쟁의심판을 청구하기 위해서는 헌법 또는 법률에 의하여 부여받은 권한, 즉 지방자치단체의 사무에 관한 권한이 침해되거나 침해될 우려가 있어야 한다. 그런데 지방자치단체의 사무 중 국가가 지방자치단체의 장 등에게 위임한 기관위임사무는 그 처리의 효과가 국가에 귀속되는 국가의 사무로서 지방자치단체의 사무라 할 수 없고, 지방자치단체의 장은 기관위임사무의 집행권한과 관련된 범위에서는 그 사무를 위임한 국가기관의 지위에 서게 될 뿐 지방자치단체의 기관이 아니므로, 지방자치단체는 기관위임사무의 집행에 관한 권한의 존부 및 범위에 관한 권한분쟁을 이유로 기관위임사무를 집행하는 국가기관 또는 다른 지방자치단체의 장을 상대로 권한쟁의심판을 청구할 수 없다 할 것이다(2011.9.29. 2009헌라3).

ㄴ. O 이 사건 과세권 귀속 결정은 지방세 과세권의 귀속 여부 등에 대하여 관계 지방자치단체의 장의 의견이 서로 다른 경우 피청구인(행정안전부)의 행정적 관여 내지 공적인 견해 표명에 불과할 뿐, 그 결정에 법적 구속력이 있다고 보기 어렵다. 청구인(서울특별시)은 피청구인의 이 사건 과세권 귀속 결정에도 불구하고, 이 사건 리스회사에 대하여 과세처분을 할 수 있으며, 이미 한 과세처분의 효력에도 아무런 영향이 없다. 따라서 피청구인의 이 사건 과세권 귀속 결정으로 말미암아 청구인의 자치재정권 등 자치권한이 침해될 가능성이 없으므로 이 사건 권한쟁의심판청구는 부적법하다(2014.3.27. 2012헌라4).

ㄷ. O 고등교육법 및 같은 법 시행령, 사립학교법, 지방자치법의 관련 규정을 종합하면, 청구인의 학교 설치, 운영 및 지도에 관한 사무는 지역적 특성에 따라 달리 다루어야 할 필요성이 있는 사무로서 유아원부터 고등학교 및 이에 준하는 학교에 관한 사무에 한하여 이를 자치사무로 보아야 할 것이고, 대학의 설립 및 대학생정원 증원 등 운영에 관한 사무는 국가적 이익에 관한 것으로서 전국적인 통일을 기할 필요성이 있는 국가사무로 보아야 할 것이다. 따라서 국가사무인 사립대학의 신설이나 학생정원 증원에 관한 이 사건 수도권 사립대학 정원규제는 청구인(경기도)의 권한을 침해하거나 침해할 현저한 위험이 있다고 할 수 없으므로, 이 사건 심판청구는 부적법하다(2012.7.26. 2010헌라3).

ㄹ. X 중앙선거관리위원회 외에 각급 구·시·군 선거관리위원회도 헌법에 의하여 설치된 기관으로서 헌법과 법률에 의하여 독자적인 권한을 부여받은 기관에 해당하고, 따라서 피청구인 강남구선거관리위원회도 당사자 능력이 인정된다(2008.6.26. 2005헌라7).

ㅁ. O 행정소송법 제3조 제4호

ㅂ. X 헌법 제111조 제1항 제4호는 지방자치단체 상호간의 권한쟁의에 관한 심판을 헌법재판소가 관장하도록 규정하고 있고, 헌법재판소법 제62조 제1항 제3호는 이를 구체화하여 헌법재판소가 관장하는 지방자치단체 상호간의 권한쟁의심판의 종류를 ① 특별시·광역시 또는 도 상호간의 권한쟁의심판, ② 시·군 또는 자치구 상호간의 권한쟁의심판, ③ 특별시·광역시 또는 도와 시·군 또는 자치구간의 권한쟁의심판 등으로 규정하고 있는바, 지방자치단체의 의결기관인 지방의회를 구성하는 지방의회 의원과 그 지방의회의 대표자인 지방의회 의장 간의 권한쟁의심판은 헌법 및 헌법재판소법에 의하여 헌법재판소가 관장하는 지방자치단체 상호간의 권한쟁의심판의 범위에 속한다고 볼 수 없으므로 부적법하다(2010.4.29. 2009헌라11).

11 12변시-7 정답 ②

국회의원의 권한쟁의에 관한 설명 중 옳지 않은 것은?
(다툼이 있는 경우 판례에 의함)

① 국회부의장은 국회의장의 위임에 따라 그 직무를 대리하여 법률안 가결선포행위를 할 수 있을 뿐이므로 그 가결선포행위를 다투는 국회의원의 권한쟁의심판의 피청구인적격이 인정되지 않는다.

② 국회의원이 법률안의 심의·표결권을 행사하지 않는 정도를 넘어 의사진행을 방해하고 다른 국회의원들의 투표를 방해하는 행위로까지 나아갔다면, 해당 국회의원에게는 더 이상 권한쟁의심판을 통하여 자신의 심의·표결권의 침해를 다툴 청구인적격이 인정될 수 없다.

③ 국가기관의 부분기관이 자신의 이름으로 소속기관의 권한을 주장할 수 있는 '제3자 소송담당'을 명시적으로 허용하는 법률의 규정이 없는 현행법 체계 하에서는, 국회의 구성원인 국회의원이 조약에 대한 국회의 체결·비준 동의권의 침해를 주장하는 권한쟁의심판을 청구할 수 없다.

④ 국회의원의 심의·표결권은 국회의 대내적인 관계에서 행사되고 침해될 수 있을 뿐 다른 국가기관과의 대외적인 관계에서는 침해될 수 없는 것이므로, 대통령이 국회의 동의 없이 조약을 체결·비준하였다 하더라도 국회의원의 심의·표결권이 침해될 가능성은 없다.

⑤ 국회의원의 법률안 심의·표결권은 국민에 의하여 선출된 국가기관으로서 국회의원이 그 본질적 임무인 입법에 관한 직무를 수행하기 위하여 보유하는 권한으로서의 성격을 가지고 있으므로 국회의원의 개별적인 의사에 따라 이를 포기할 수 있는 것은 아니다.

① O 국회부의장은 국회의장의 직무를 대리하여 법률안을 가결선포할 수 있을 뿐(국회법 제12조 제1항), 법률안 가결선포행위에 따른 법적 책임을 지는 주체가 될 수 없으므로, 국회부의장에 대한 이 사건 심판청구는 피청구인 적격이 인정되지 아니한 자를 상대로 제기되어 부적법하다(2009.10.29. 2009헌라8·9·10).

② X 이 사건 권한쟁의심판의 경우는 헌법상의 권한질서 및 국회의 의사결정체제와 기능을 수호·유지하기 위한 공익적 쟁송으로서의 성격이 강하므로, 청구인들 중 일부가 자신들의 정치적 의사를 관철하려는 과정에서 피청구인의 의사진행을 방해하거나 다른 국회의원들의 투표를 방해하였다 하더라도, 그러한 사정만으로 이 사건 심판청구 자체가 소권의 남용에 해당하여 부적법하다고 볼 수는 없다(2009.10.29. 2009헌라8·9·10).

③ O 국가기관의 부분 기관이 자신의 이름으로 소속기관의 권한을 주장할 수 있는 '제3자 소송담당'을 명시적으로 허용하는 법률의 규정이 없는 현행법 체계하에서는 국회의 구성원인 국회의원이 국회의 조약에 대한 체결·비준 동의권의 침해를 주장하는 권한쟁의심판을 청구할 수 없다(2007.7.26. 2005헌라8).

④ O 국회의원의 심의·표결권은 국회의 대내적인 관계에서 행사되고 침해될 수 있을 뿐 다른 국가기관과의 대외적인 관계에서는 침해될 수 없는 것이므로, 국회의원들 상호간 또는 국회의원과 국회의장 사이와 같이 국회 내부적으로만 직접적인 법적 연관성을 발생시킬 수 있을 뿐이고 대통령 등 국회 이외의 국가기관과 사이에서는 권한침해의 직접적인 법적 효과를 발생시키지 아니한다. 따라서 피청구인인 대통령이 국회의 동의 없이 조약을 체결·비준하였다 하더라도 국회의원인 청구인들의 심의·표결권이 침해될 가능성은 없다(2007.7.26. 2005헌라8).

⑤ O 국회의원의 법률안 심의·표결권은 국민에 의하여 선출된 국가기관으로서 국회의원이 그 본질적 임무인 입법에 관한 직무를 수행하기 위하여 보유하는 권한으로서의 성격을 갖고 있으므로 국회의원의 개별적인 의사에 따라 포기할 수 있는 것은 아니다(2009.10.29. 2009헌라8·9·10).

12 13변시-17 정답 ③

권한쟁의심판의 적법성에 관한 설명 중 옳지 않은 것은?
(다툼이 있는 경우 판례에 의함)

① 권한쟁의심판은 피청구인의 처분 또는 부작위가 헌법 또는 법률에 의하여 부여받은 청구인의 권한을 침해하였거나 침해할 현저한 위험이 있는 경우에만 청구할 수 있다.

② 권한쟁의심판을 청구하려면 피청구인의 처분 또는 부작위가 존재하여야 하고, 여기서 '처분'이란 법적 중요성을 지닌 것에 한하므로, 청구인의 법적 지위에 구체적으로 영향을 미칠 가능성이 없는 행위는 '처분'이라 할 수 없어 이를 대상으로 하는 권한쟁의심판청구는 허용되지 않는다.

③ 대통령이 국회의 동의 없이 조약을 체결·비준한 경우 국회의 체결·비준 동의권이 침해될 수는 있어도 국회의원의 심의·표결권이 침해될 가능성은 없어서 국회의원이 그 심의·표결권의 침해를 주장하는 권한쟁의심판을 청구할 수 없지만, 국회의원이 국회 구성원의 지위에서 국회가 가지는 조약에 대한 체결·비준 동의권의 침해를 주장하는 권한쟁의심판을 청구할 수는 있다.

④ 권한쟁의심판은 그 사유가 있음을 안 날부터 60일 이내에, 그 사유가 있은 날부터 180일 이내에 청구하여야 한다. 그러나 장래처분에 의한 권한침해 위험성이 있음을 이유로 예외적으로 허용되는 장래처분에 대한 권한쟁의심판청구는 아직 장래처분이 내려지지 않은 상태이므로 위와 같은 청구기간의 제한이 적용되지 않는다.

⑤ 권한쟁의심판은 주관적 권리구제뿐만 아니라 객관적인 헌법질서 보장의 기능도 겸하고 있으므로, 청구인에 대한 권한침해 상태가 이미 종료하여 이를 취소할 여지가 없어졌다 하더라도 같은 유형의 침해행위가 앞으로도 반복될 위험이 있고, 헌법질서의 수호·유지를 위하여 그에 대한 헌법적 해명이 긴요한 사항에 대하여는 심판청구의 이익을 인정할 수 있다.

해설

① O 헌법재판소법 제61조 제2항
② O 권한쟁의심판을 청구하려면 피청구인의 처분 또는 부작위가 존재하여야 한다. 여기서 '처분'이란 법적 중요성을 지닌 것에 한하므로, 청구인의 법적 지위에 구체적으로 영향을 미칠 가능성이 없는 행위는 '처분'이라 할 수 없어 이를 대상으로 하는 권한쟁의심판청구는 허용되지 않는다(2006.3.30. 2005헌라1).
③ X 피청구인 대통령이 국회의 동의 없이 조약을 체결·비준하였다 하더라도 국회의 체결·비준 동의권이 침해될 수는 있어도 국회의원인 청구인들의 심의·표결권이 침해될 가능성은 없다고 할 것이므로, 청구인들의 이 부분 심판청구 역시 부적법하다. … 조약의 체결·비준의 주체인 피청구인이 국회의 동의를 필요로 하는 조약에 대하여 국회의 동의절차를 거치지 아니한 채 체결·비준하는 경우 국회의 조약에 대한 체결·비준 동의권이 침해되는 것이므로, 이를 다투는 권한쟁의심판의 당사자는 국회가 되어야 할 것이다. 이와 달리 국회의 구성원인 국회의원이 국회의 권한침해를 주장하여 권한쟁의심판을 청구할 수 있기 위하여는 이른바 '제3자 소송담당'이 허용되어야 한다. 그러나 '제3자 소송담당'은 예외적으로 법률의 규정이 있는 경우에만 인정되는 것이다. 따라서 권한쟁의심판에 있어 '제3자 소송담당'을 허용하는 법률의 규정이 없는 현행법 체계하에서 국회의 구성원인 청구인들은 국회의 조약에 대한 체결·비준 동의권의 침해를 주장하는 권한쟁의심판을 청구할 수 없다(2007.7.26. 2005헌라8).
④ O 피청구인의 장래처분에 의해서 청구인의 권한침해가 예상되는 경우에 청구인은 원칙적으로 이러한 장래처분이 행사되기를 기다린 이후에 이에 대한 권한쟁의심판청구를 통해서 침해된 권한의 구제를 받을 수 있으므로, 피청구인의 장래처분을 대상으로 하는 심판청구는 원칙적으로 허용되지 아니한다. 그러나 피청구인의 장래처분이 확실하게 예정되어 있고, 피청구인의 장래처분에 의해서 청구인의 권한이 침해될 위험성이 있어서 청구인의 권한을 사전에 보호해 주어야 할 필요성이 매우 큰 예외적인 경우에는 피청구인의 장래처분에 대해서도 헌법재판소법 제61조 제2항에 의거하여 권한쟁의심판을 청구할 수 있다(2004.9.23. 2000헌라2).
⑤ O 헌법소원심판과 마찬가지로 권한쟁의심판도 주관적 권리구제뿐만 아니라 객관적인 헌법질서 보장의 기능도 겸하고 있으므로, 청구인에 대한 권한침해 상태가 이미 종료하여 이를 취소할 여지가 없어졌다 하더라도 같은 유형의 침해행위가 앞으로도 반복될 위험이 있고, 헌법질서의 수호·유지를 위하여 그에 대한 헌법적 해명이 긴요한 사항에 대하여는 심판청구의 이익을 인정할 수 있다고 할 것이다(1997.11.27. 94헌마60).

---

13 16변시-10 정답 ⑤

甲군(郡)과 乙군(郡) 사이에 있는 공유수면인 A만(灣)의 일부 해역을 대상으로 甲군의 군수가 어업면허처분을 하였고, 乙군은 "위 어업면허처분의 대상해역이 乙군의 관할구역에 속한다."라고 주장하면서 甲군과 甲군의 군수를 상대로 권한쟁의심판을 청구하였다. 이 사례 및 권한쟁의심판의 요건에 관한 설명 중 옳은 것(○)과 옳지 않은 것(×)을 올바르게 조합한 것은? (다툼이 있는 경우 판례에 의함)

> ㄱ. 「행정소송법」제45조는 법률이 정한 경우에 법률에 정한 자가 기관소송을 제기할 수 있도록 규정하고 있는바, 만약 乙군의 권한쟁의심판청구가 기관소송을 거치지 않고 제기되었다면 권한쟁의심판의 보충성에 위배되어 부적법하다.
> ㄴ. 「헌법재판소법」은 지방자치단체 상호간의 권한쟁의심판을 규정하고 있지만 이는 예시적인 것이므로, 지방자치단체의 장인 甲군의 군수도 권한쟁의심판의 당사자가 될 수 있다.
> ㄷ. 실정법이 바다에 대한 지방자치단체의 구역을 규정하고 있지 않으므로 바다에 대한 권한은 국가가 보유하는바, 공유수면에 대한 지방자치단체의 관할권한은 존재하지 않는다.
> ㄹ. 권한쟁의심판은 이미 행하여진 처분을 대상으로 하므로, 피청구인의 처분이 확실하게 예정되어 있고 그로 인해서 청구인의 권한 침해의 위험성을 사전에 예방할 필요성이 큰 예외적인 경우라 해도 이러한 장래처분은 권한쟁의심판에서 말하는 피청구인의 '처분'으로 인정되지 않는다.
> ㅁ. 헌법재판소는 위 어업면허처분의 대상해역에 대한 관할권한이 乙군에게 속함을 확인하는 결정을 할 수 있지만, 위 어업면허처분의 무효확인은 법원의 관할이므로 헌법재판소가 할 수 없다.

① ㄱ(○), ㄴ(○), ㄷ(×), ㄹ(×), ㅁ(×)
② ㄱ(○), ㄴ(×), ㄷ(○), ㄹ(○), ㅁ(×)
③ ㄱ(○), ㄴ(×), ㄷ(×), ㄹ(○), ㅁ(○)
④ ㄱ(×), ㄴ(○), ㄷ(×), ㄹ(×), ㅁ(○)
⑤ ㄱ(×), ㄴ(×), ㄷ(×), ㄹ(×), ㅁ(×)

해설

> ㄱ. X 행정소송법 제3조 제4호는 국가 또는 공공단체의 기관 상호간에 있어서는 권한의 존부 또는 그 행사에 관한 다툼이 있을 때에 이에 대하여 제기하는 소송을 기관소송이라고 하여 행정소송의 하나로 정하면서, 다만 헌법재판소법 제2조의 규정의 의하여 헌법재판소의 관장사항으로 되는 소송은 제외한다고 정하고 있다. 헌법은 제111조 제1항 제4호에서 권한쟁의심판의 관할권을 정하여 헌법재판소에 독점적으로 부여하고 있고, 헌법재판소법 제2조는 헌법 제111조 제1항을 확인하여 동일하게 정하고 있는 것이므로 헌법의 하위법인 행정소송법에서 기관소송을 정하면서 헌법이 정한 사항을 우선적으로 하고 행정소송법이 정한 기관소송규정을 보충적으로 정한 것은 당연하다.

현행 지방자치법에서는 상·하급 지방자치단체 간(동법 제188조 제189조) 또는 지방의회와 지방자치단체 간의(동법 제120조, 제192조) 일정한 분쟁이 있는 경우 일방 당사자는 대법원에 소를 제기할 수 있도록 규정하고 있고, 지방교육자치에 관한 법률에서도 준용하고 있다. 그러나 **이러한 경우에도 다툼이 권한의무의 존부나 범위에 대한 것일 경우에는 당사자는 헌법재판소에 권한쟁의심판을 청구**하여 다투어야 한다(정종섭, 헌법학원론, 1547면).

따라서 乙군의 권한쟁의심판청구는 기관소송을 거치지 않고도 청구할 수 있으므로 적법하다.

> **헌법재판소법 제62조(권한쟁의 심판의 종류)**
> ① 권한쟁의심판의 종류는 다음 각 호와 같다.
>   3. 지방자치단체 상호간의 권한쟁의심판
>   나. 시·군 또는 자치구 상호간의 권한쟁의심판
>
> **행정소송법 제3조(행정소송의 종류)**
> 행정소송은 다음의 네 가지로 구분한다.
>   4. 기관소송 : 국가 또는 공공단체의 기관 상호간에 있어서의 권한의 존부 또는 그 행사에 관한 다툼이 있을 때에 이에 대하여 제기하는 소송. 다만, 헌법재판소법 제2조의 규정에 의하여 헌법재판소의 관장사항으로 되는 소송은 제외한다.

ㄴ. X 헌법재판소는 **지방자치단체의 장은 원칙적으로 권한쟁의심판청구의 당사자가 될 수 없다**고 한다. 따라서 지방자치단체의 장은 권한쟁의심판의 청구인이 될 수도 없고 피청구인이 될 수도 없다고 한다(2006.8.31. 2003헌라1).

ㄷ. X 지방자치법 제4조 제1항에 규정된 지방자치단체의 구역은 주민·자치권과 함께 자치단체의 구성요소이고, 자치권이 미치는 관할구역의 범위에는 육지는 물론 바다도 포함되므로, **공유수면에 대해서도 지방자치단체의 자치권한이 미친다**(2015.7.30. 2010헌라2).

ㄹ. X 피청구인의 장래처분에 의해서 청구인의 권한침해가 예상되는 경우에 청구인은 원칙적으로 이러한 장래처분이 행사되기를 기다린 이후에 이에 대한 권한쟁의심판청구를 통해서 침해된 권한의 구제를 받을 수 있으므로, **피청구인의 장래처분을 대상으로 하는 심판청구는 원칙적으로 허용되지 아니한다.** 그러나 피청구인의 장래처분이 확실하게 예정되어 있고, 피청구인의 장래처분에 의해서 청구인의 권한이 침해될 위험성이 있어서 청구인의 권한을 사전에 보호해 주어야 할 필요성이 매우 큰 예외적인 경우에는 피청구인의 장래처분에 대해서도 헌법재판소법 제61조 제2항에 의거하여 권한쟁의심판을 청구할 수 있다(2009.7.30. 2005헌라2).

ㅁ. X 헌법재판소는 권한쟁의심판에서 관할권한을 확정하면서 이를 침해한 **처분이 무효임을 확인할 수 있다.**

> [관련판례] 태안군수가 행한 태안마을 제136호, 제137호의 어업면허처분 중 청구인의 관할권한에 속하는 구역에 대해서 이루어진 부분은 청구인의 지방자치권을 침해하여 권한이 없는 자에 의하여 이루어진 것이므로 그 효력이 없다(2015.7.30. 2010헌라2).

> **헌법재판소법 제66조(결정의 내용)**
> ① 헌법재판소는 심판의 대상이 된 국가기관 또는 지방자치단체의 권한의 유무 또는 범위에 관하여 판단한다.
> ② 제1항의 경우에 헌법재판소는 권한침해의 원인이 된 피청구인의 처분을 취소하거나 그 무효를 확인할 수 있고, 헌법재판소가 부작위에 대한 심판청구를 인용하는 결정을 한 때에는 피청구인은 결정 취지에 따른 처분을 하여야 한다.

종합문제

01 13변시-2 정답 ①

다음 설명 중 옳지 않은 것은? (다툼이 있는 경우 판례에 의함)

① 우리 헌법은 전문에서 "3·1운동으로 건립된 대한민국임시정부의 법통"의 계승을 천명하고 있지만, 우리 헌법의 제정 전의 일인 일제강점기에 일본군위안부로 강제동원된 피해자들의 인간의 존엄과 가치를 회복시켜야 할 의무는 입법자에 의해 구체적으로 형성될 내용이고 헌법에서 유래하는 작위의무라고 할 수 없다.

② 장애인의 복지를 향상해야 할 국가의 의무가 다른 다양한 국가과제에 대하여 최우선적인 배려를 요청할 수 없을 뿐 아니라, 헌법규범으로부터는 장애인을 위한 저상버스의 도입과 같은 구체적인 국가의 행위의무를 도출할 수 없다.

③ 권력분립의 원칙이란 국가권력의 기계적 분립과 엄격한 절연을 의미하는 것이 아니라, 권력상호간의 견제와 균형을 통한 국가권력의 통제를 의미하는 것이며, 특정한 국가기관을 구성함에 있어서 입법부, 행정부, 사법부가 그 권한을 나누어 가지거나 기능적인 분담을 하는 것은 권력분립의 원칙에 반하는 것이 아니다.

④ 국가의 문화육성의 대상에는 원칙적으로 모든 사람에게 문화창조의 기회를 부여한다는 의미에서 모든 문화가 포함된다. 따라서 엘리트문화뿐만 아니라 서민문화, 대중문화도 그 가치를 인정하고 정책적인 배려의 대상으로 하여야 한다.

⑤ 우리 헌법에서 추구하고 있는 경제질서는 개인과 기업의 경제상의 자유와 창의를 최대한도로 존중·보장하는 자본주의에 바탕을 둔 시장경제질서이므로, 국가적인 규제와 통제를 가하는 것도 보충의 원칙에 입각하여 자본주의 내지 시장경제질서의 기초라고 할 수 있는 사유재산제도와 아울러 사적자치의 원칙이 존중되는 범위내에서만 허용될 뿐이다.

① X 우리 헌법은 전문에서 "3·1운동으로 건립된 대한민국임시정부의 법통"의 계승을 천명하고 있는바, 비록 우리 헌법이 제정되기 전의 일이라 할지라도 국가가 국민의 안전과 생명을 보호하여야 할 가장 기본적인 의무를 수행하지 못한 **일제강점기에 일본군위안부로 강제 동원되어 인간의 존엄과 가치가 말살된 상태에서 장기간 비극적인 삶을 영위하였던 피해자들의 훼손된 인간의 존엄과 가치를 회복시켜야 할 의무**는 대한민국임시정부의 법통을 계승한 지금의 **정부가 국민에 대하여 부담하는 가장 근본적인 보호의무에 속한다**고 할 것이다.

위와 같은 헌법 규정들 및 이 사건 협정 제3조의 문언에 비추어 볼 때, 피청구인이 위 제3조에 따라 분쟁해결의 절차로 나아갈 의무는 일본국에 의해 자행된 조직적이고 지속적인 불법행위에 의하여 인간의 존엄과 가치를 심각하게 훼손당한 자국민들이 배상청구권을 실현할 수 있도록 협력하고 보호하여야 할 헌법적 요청에 의한 것으로서, 그 의무의 이행이 없으면 청구인들의 기본권이 중대하게 침해될 가능성이 있으므로, **피청구인의 작위의무는 헌법에서 유래하는 작위의무**로서 그것이 법령에 구체적으로 규정되어 있는 경우라고 할 것이다. 나아가 특히, 우리 정부가 직접 일본군위안부 피해자들의 기본권을 침해하는 행위를 한 것은 아니지만, 위 피해자들의 일본에 대한 배상청구권의 실현 및 인간으로서의 존엄과 가치의 회복을 하는 데 있어서 현재의 장애상태가 초래된 것은 우리 정부가 청구권의 내용을 명확히 하지 않고 '모든 청구권'이라는 포괄적 개념을 사용하여 이 사건 협정을 체결한 것에도 책임이 있다는 점에 주목한다면, 피청구인에게 그 장애상태를 제거하는 행위로 나아가야 할 구체적 작위의무가 있음을 부인하기 어렵다(2011.8.30. 2006헌마788).

② O 국가에게 헌법 제34조에 의하여 장애인의 복지를 위하여 노력을 해야 할 의무가 있다는 것은, 장애인도 인간다운 생활을 누릴 수 있는 정의로운 사회질서를 형성해야 할 국가의 일반적인 의무를 뜻하는 것이지, 장애인을 위하여 **저상버스를 도입해야 한다는 구체적 내용의 의무가 헌법으로부터 나오는 것은 아니다**(2002.12.18. 2002헌마52).

③ O 헌법상 권력분립의 원칙이란 국가권력의 기계적 분립과 엄격한 절연을 의미하는 것이 아니라, 권력 상호간의 견제와 균형을 통한 국가권력의 통제를 의미하는 것이다. 따라서 특정한 국가기관을 구성함에 있어 입법부, 행정부, 사법부가 그 권한을 나누어 가지거나 기능적인 분담을 하는 것은 권력분립의 원칙에 반하는 것이 아니라 권력분립의 원칙을 실현하는 것으로 볼 수 있다(2008.1.10. 2007헌마1468).

④ O 문화국가원리의 이러한 특성은 문화의 개방성 내지 다원성의 표지와 연결되는데, 국가의 문화육성의 대상에는 원칙적으로 모든 사람에게 문화창조의 기회를 부여한다는 의미에서 모든 문화가 포함된다. 따라서 **엘리트문화뿐만 아니라** 서민문화, 대중문화도 그 가치를 인정하고 정책적인 배려의 대상으로 하여야 한다(2004.5.27. 2003헌가1·2004헌가4 병합).

⑤ O 우리 헌법 제23조 제1항, 제119조 제1항에서 추구하고 있는 경제질서는 개인과 기업의 경제상의 자유와 창의를 최대한도로 존중·보장하는 자본주의에 바탕을 둔 시장경제질서이므로 국가적인 규제와 통제를 가하는 것도 보충의 원칙에 입각하여 어디까지나 자본주의 내지 시장경제질서의 기초라고 할 수 있는 사유재산제도와 아울러 경제행위에 대한 사적자치의 원칙이 존중되는 범위내에서만 허용될 뿐이라 할 것인데, … 그렇다면 토지거래허가제는 헌법이 정하고 있는 경제질서와도 아무런 충돌이 없다고 할 것이므로 이를 사적자치의 원칙이나 헌법상의 보충의 원리에 위배된다고 할 수 없을 것이다(1989.12.22. 88헌가13).

02 16변시-16 정답 ③

다음 설명 중 옳은 것은? (다툼이 있는 경우 판례에 의함)

① 한미연합 군사훈련을 하기로 한 결정은 대통령의 국군 통수권 행사 및 한반도를 둘러싼 국제정치관계 등 관련 제반 상황을 종합적으로 고려한 고도의 정치적 결단의 결과로서 통치행위에 해당하여 사법심사의 대상이 되지 않는다.

② 국제통화기금협정상 각 회원국의 재판권으로부터 국제통화기금 임직원의 공적인 행위를 면제하도록 하는 조항은 성질상 국내에 바로 적용될 수 있는 법규범이 아니어서 위헌법률심판의 대상이 되지 않는다.

③ 대통령은 조약을 체결·비준할 권한을 가지며, 국회는 상호원조 또는 안전보장에 관한 조약, 중요한 국제조직에 관한 조약, 우호통상항해조약, 주권의 제약에 관한 조약, 강화조약, 국가나 국민에게 중대한 재정적 부담을 지우는 조약 또는 입법사항에 관한 조약의 체결·비준에 대한 동의권을 가진다.

④ 외국에 국군을 파견하는 결정과 같이 성격상 외교 및 국방에 관련된 고도의 정치적 결단이 요구되는 사안에 대한 국민의 대의기관의 결정은, 비록 헌법과 법률이 정한 절차를 지켰음이 명백하더라도, 헌법이 침략적 전쟁을 부인하는 이상 사법심사가 자제되어야 할 대상이 되지 않는다.

⑤ 대한민국과일본국간의어업에관한협정은 국민의 권리·의무관계가 아닌 국가간의 권리·의무관계를 내용으로 하는 조약에 해당되므로 그 체결행위는 헌법소원심판의 대상이 되는 공권력 행사에 해당되지 않는다.

해설

① X 한미연합 군사훈련은 1978. 한미연합사령부의 창설 및 1979. 2. 15. 한미연합연습 양해각서의 체결 이후 연례적으로 실시되어 왔고, 특히 이 사건 연습은 대표적인 한미연합 군사훈련으로서, 피청구인이 2007. 3.경에 한 이 사건 연습결정이 새삼 국방에 관련되는 고도의 정치적 결단에 해당하여 사법심사를 자제하여야 하는 통치행위에 해당된다고 보기 어렵다(2009.5.28. 2007헌마369).

② X 이 사건 조항〔국제통화기금협정 제9조(지위, 면제 및 특권) 제3항 (사법절차의 면제) 및 제8항(직원 및 피용자의 면제와 특권), 전문기구의특권과면제에관한협약 제4절, 제19절(a)〕은 각 국회의 동의를 얻어 체결된 것으로서, 헌법 제6조 제1항에 따라 국내법적, 법률적 효력을 가지는 바, 가입국의 재판권 면제에 관한 것이므로 성질상 **국내에 바로 적용될 수 있는** 법규범으로서 **위헌법률심판의 대상**이 된다(2001.9.27. 2000헌바20).

③ O

> **제73조**
> 대통령은 조약을 체결·비준하고, 외교사절을 신임·접수 또는 파견하며, 선전포고와 강화를 한다.
>
> **제60조**
> ① 국회는 상호원조 또는 안전보장에 관한 조약, 중요한 국제조직에 관한 조약, 우호통상항해조약, 주권의 제약에 관한 조약, 강화조약, 국가나 국민에게 중대한 재정적 부담을 지우는 조약 또는 입법사항에 관한 조약의 체결·비준에 대한 동의권을 가진다.

④ X 외국에의 국군의 파견결정은 고도의 정치적 결단이 요구되는 사안이다. 이른바 이라크전쟁이 국제규범에 어긋나는 침략전쟁인지 여부 등에 대한 판단은 대의기관인 대통령과 국회의 몫이고, 성질상 한정된 자료만을 가지고 있는 우리 재판소가 판단하는 것은 바람직하지 않다고 할 것이며, 이 사건 파견결정은 그 성격상 국방 및 외교에 관련된 고도의 정치적 결단을 요하는 문제로서, 헌법과 법률이 정한 절차를 지켜 이루어진 것임이 명백하므로, 대통령과 국회의 판단은 존중되어야 하고 우리 재판소가 사법적 기준만으로 이를 심판하는 것은 자제되어야 한다(2004.4.29. 2003헌마814).

⑤ X 헌법소원심판의 대상이 되는 것은 헌법에 위반된 "공권력의 행사 또는 불행사"이다. 여기서 '공권력'이란 입법권·행정권·사법권을 행사하는 모든 국가기관·공공단체등의 고권적 작용이라고 할 수 있는 바, **이 사건 협정은 우리나라 정부가 일본 정부와의 사이에서 어업에 관해 체결·공포한 조약**(조약 제1477호)으로서 **헌법 제6조 제1항에 의하여 국내법과 같은 효력을 가지므로, 그 체결행위는 고권적 행위로서 '공권력의 행사'에 해당**한다(2001.3.21. 99헌마139·142·156·160 병합).

대한민국 헌정사

03   19변시-7   정답 ⑤

헌법의 역사에 관한 설명 중 옳지 않은 것은?

① 1948년 제헌헌법은 대통령과 부통령을 국회에서 각각 선거하도록 하고 1차에 한하여 중임하도록 하였으며, 국무총리는 대통령이 임명하고 국회의 승인을 얻도록 규정하였다.

② 1960년 개정헌법(제3차 개헌)은 헌법재판소제도를 도입하여 법률의 위헌여부 심사, 헌법에 관한 최종적 해석, 국가기관간의 권한쟁의, 정당의 해산, 탄핵재판, 대통령·대법원장과 대법관의 선거에 관한 소송을 관장하도록 규정하였다.

③ 1962년 개정헌법(제5차 개헌)은 대통령 직선제를 규정하는 동시에 국무총리·국무위원 해임건의제도를 두어, 국무총리·국무위원에 대한 국회의 해임건의가 있을 때에는 대통령은 특별한 사유가 없는 한 이에 응하도록 규정하였다.

④ 1972년 개정헌법(제7차 개헌)은 대통령이 제안한 헌법개정안은 국민투표로 확정되며, 국회의원이 제안한 헌법개정안은 국회의 의결을 거쳐 통일주체국민회의의 의결로 확정되도록 헌법개정절차를 이원화하여 규정하였다.

⑤ 1980년 개정헌법(제8차 개헌)은 임기 7년의 대통령을 국회에서 무기명투표로 선거하도록 하고 1차에 한하여 중임을 허용하였으며, 위헌법률심판과 탄핵심판을 담당하는 헌법위원회를 규정하였다.

 해설

① O 제헌헌법은 대통령과 부통령을 국회에서 각각 선거하도록 하고 1차에 한하여 중임하도록 하였으며, 국무총리는 대통령이 임명하고 국회의 승인을 얻도록 규정하였다.

② O 제3차 개정헌법은 헌법재판소를 도입하여 위헌법률심판, 권한쟁의, 정당해산, 탄핵재판, 선거소송을 관장하였고, 헌법소원은 현행헌법에서 처음 도입되었다.

③ O 제5차 개정헌법은 해임건의제를 규정하였다.

④ O 제7차 개정헌법은 대통령이 제안한 헌법개정안은 국민투표로 확정되며, 국회의원이 제안한 헌법개정안은 국회의 의결을 거쳐 통일주체국민회의의 의결로 확정되도록 헌법개정절차를 이원화하여 규정하였다.

⑤ X 제8차 개정헌법은 대통령선거인단에서 무기명투표로 선거하도록 하고 임기 7년의 단임제를 규정하였다.

04   12변시-1   정답 ③

대한민국헌법의 역사에 관한 설명 중 옳지 않은 것은?
(단, 헌법 명칭은 공포된 해를 기준으로 함)

① 지방의회는, 1952년 최초로 구성되었으나 1961년 군사정권에 의해서 해산되었고, 조국통일 시까지 지방의회 구성을 유예하는 1972년헌법 부칙, 재정자립도를 감안하여 순차적으로 구성하되 그 시기는 법률로 정한다는 1980년헌법 부칙에 의하여 구성되지 못하다가, 동 부칙규정이 폐지된 현행헌법에 근거하여 1991년 다시 구성되었다.

② 정당에 관한 명문의 조항을 둔 것은 1960년헌법부터이고, 1962년헌법은 정당의 추천을 받아야만 대통령선거와 국회의원선거에 입후보할 수 있도록 제한하여 정당제민주주의를 추구하였다.

③ 대통령의 선출방식은 1948년헌법의 간선제, 1952년헌법의 직선제, 1960년헌법의 간선제, 1962년헌법의 직선제, 1972년헌법의 간선제, 1980년헌법의 직선제, 1987년헌법의 직선제로 변화되어 왔다.

④ 비상계엄하의 군사재판을 일정한 경우에 단심으로 할 수 있다고 규정한 헌법 제110조 제4항 본문은 1962년 헌법에서 최초로 명문화되었으며, 동 조항 단서의 "사형을 선고한 경우에는 그러하지 아니하다."는 규정은 1987년헌법에 신설되었다.

⑤ 1972년 소위 유신헌법에서 삭제되었던 언론·출판에 대한 허가·검열 금지규정과 함께 집회에 대한 허가제 금지규정을 부활시킨 역사적 배경은, 언론·출판의 자유와 더불어 집회의 자유가 형식적·장식적 기본권으로 후퇴하였던 과거의 헌정사에 대한 반성적 고려에서, 집회의 자유가 실질적으로 보장되지 않는 한 자유민주주의적 헌정질서가 발전·정착되기 어렵다는 역사적 경험을 토대로 한 헌법개정권력자인 국민들의 헌법가치적 합의이며 헌법적 결단에 기초한 것이다.

 해설

① O 건국헌법에서 지방자치에 관한 규정을 두었고 1952년 최초로 지방의회가 구성되었다.

② O 1960년 제3차 개헌에서 정당조항을 신설했으며, 1962년 제5차 개헌은 정당정치제도를 강화해서 대통령과 국회의원의 입후보에 소속정당의 추천을 받도록 하고, 국회의원의 당적이탈·변경 또는 정당해산시 의원직을 상실하도록 규정하였다.

③ X 1980년 헌법에서는 선거인단에 의한 간선제를 채택하였다.

④ O 1962년 헌법에서 비상계엄하의 군사재판을 일정한 경우에 단심으로 할 수 있다고 최초로 규정하였다.

⑤ O 1980년 제5공화국 헌법에서는 유신헌법에서 삭제·폐지·제한되었던 규정들을 제3공화국 헌법 수준으로 복귀시켰다.

05 21법전협-1-1   정답 ①

대한민국 헌정사에 관한 설명 중 옳은 것(○)과 옳지 않은 것(×)을 올바르게 조합한 것은?

> ㄱ. 1948년 제헌헌법은 대통령과 부통령을 국회에서 선출하고, 각 임기는 4년으로 하되 1차에 한하여 중임할 수 있도록 하였다.
> ㄴ. 1954년 제2차 개정헌법은 중요정책에 대한 국민투표제를, 1962년 제5차 개정헌법은 헌법개정안에 대한 국민투표제를 최초로 도입하였다.
> ㄷ. 1972년 제7차 개정헌법은 대통령을 선거인단에 의한 간접선거로 선출하도록 하고, 그 임기를 7년 단임제로 규정하였다.
> ㄹ. 1980년 제8차 개정헌법은 체포·구속 시 이유고지 및 가족통지제도를 추가하고, 범죄피해자구조청구권을 신설하였다.
> ㅁ. 1987년 제9차 개정헌법은 대한민국 임시정부의 법통계승을 최초로 명문화하였다.

① ㄱ(○), ㄴ(○), ㄷ(×), ㄹ(×), ㅁ(○)
② ㄱ(×), ㄴ(○), ㄷ(○), ㄹ(×), ㅁ(○)
③ ㄱ(○), ㄴ(○), ㄷ(×), ㄹ(×), ㅁ(×)
④ ㄱ(×), ㄴ(○), ㄷ(×), ㄹ(○), ㅁ(○)
⑤ ㄱ(○), ㄴ(×), ㄷ(×), ㄹ(○), ㅁ(○)

 해설

ㄱ. **O** 1948년 제헌헌법은 대통령·부통령 국회간선제(4년, 1차중임)를 채택하였다.
ㄴ. **O** 한국헌정사상 국가의 중요정책에 대한 국민투표제가 최초로 도입된 것은 제2차 개정헌법이다. 동헌법은 제7조의 2에서 '주권의 제약 또는 영토의 변경을 가져올 국가안위에 관한 중요사항'에 대한 국민투표제를 규정하였다. 헌법개정을 위하여 처음으로 국민투표를 실시한 것은 1962년 제5차 개헌이다. 다만 제5차 개헌은 헌법상의 개정절차에 따르지 아니하고 국가비상조치법이 규정한 국민투표에 의하여 개정되었다는 점에서 법리상 문제가 있다.
ㄷ. **X** 1980년 제8차 개정헌법은 대통령선거인단에서 무기명투표로 선거하도록 하고 임기 7년의 단임제를 규정하였다.
ㄹ. **X** 적법절차제도, 구속의 통지·고지제도, 형사피해자의 진술권, 범죄피해자의 국가구조 등은 신설, 언론·출판에 대한 검열·허가금지 및 집회·결사의 자유에 대한 허가금지 부활은 현행헌법에서 처음으로 규정하였다.
ㅁ. **O** 대한민국임시정부의 법통계승은 현행헌법 전문에 처음으로 명문화되었다.

06 14변시-1   정답 ①

대한민국헌법의 역사에 관한 설명 중 옳지 않은 것은?

① 1948년 제헌헌법은 '경제'의 장과 '재정'의 장을 별도로 둠으로써 경제와 재정의 의미를 강조하였으며, 개인의 경제활동의 자유를 우선적으로 보장하되, 모든 국민에게 생활의 기본적 수요를 충족할 수 있게 하는 사회정의의 실현과 국민경제의 발전을 위해 국가의 보충적 관여를 허용하고 있었다.
② 1960년 제2공화국헌법은 대법원장과 대법관을 선거하도록 규정하고 있었다. 다만, 선거인단은 일반 국민의 참여를 배제하고 법관의 자격을 가진 자로 구성하였으며, 선거의 결과를 대통령이 확인하도록 하였다.
③ 1962년 제3공화국헌법은 정당기속을 강하게 인정하고 있었다. 특히 국회의원이 임기 중에 당적을 이탈하거나 변경한 때 또는 소속 정당이 해산되었을 때에는 의원직을 상실하도록 명시하고 있었다. 다만, 합당이나 제명으로 인하여 소속이 달라지는 경우에는 예외로 하였다.
④ 1972년 제4공화국헌법의 통일주체국민회의는 토론 없이 무기명투표로써 대통령을 선거하는 권한을 가지고 있었으며, 그 밖에 국회의원 정수의 3분의 1에 해당하는 수의 국회의원을 선거할 수 있는 권한도 보유하고 있었다.
⑤ 1980년 제5공화국헌법은 통일주체국민회의를 폐지하였으며, 행복추구권, 사생활의 비밀과 자유, 무죄추정의 원칙, 환경권, 적정임금의 보장 등을 헌법상의 기본권으로 새로이 규정하였다.

 해설

① **X** 제헌헌법은 자연자원의 국유화 및 공공기업의 국공유화, 경자유전의 원칙 등 사회화 경향을 띤 통제경제원칙을 가지고 있었다. 오히려 제2차 개정헌법(1954)에서 자유시장경제질서로 전환되었다.
② **O** 제3차 개정헌법(1960)의 법관선거인단에 대한 내용이다.
③ **O** 제5차 개정헌법(1962)은 극단적인 정당국가화로 임의적 당적변경시 의원자격 상실규정에 대한 내용이다.
④ **O** 제7차 개정헌법(1972)의 통일주체국민회의에 대한 내용이다.
⑤ **O** 적정임금의 보장에 대해서는 제8차 개정헌법(1980)에서 적정임금보장 노력의무를 최초로 규정하였다. 최저임금제 시행의무를 규정한 것은 제9차 개정헌법(1987)이다.

07 20변시-16   정답 ③

헌법의 역사에 관한 설명 중 옳지 않은 것은?

① 1948년 제헌헌법은 근로자의 단결, 단체교섭과 단체행동의 자유를 법률의 범위 내에서 보장하도록 하였으며, 노령, 질병 기타 근로능력의 상실로 인하여 생활유지의 능력이 없는 자는 법률의 정하는 바에 의하여 국가의 보호를 받도록 하였다.

② 1960년 헌법(제3차 개정헌법)은 대법원장과 대법관을 법관의 자격이 있는 자로 조직되는 선거인단이 선거하고 대통령이 이를 확인하며, 그 외의 법관은 대법관회의의 결의에 따라 대법원장이 임명하도록 하였다.

③ 1972년 헌법(제7차 개정헌법)은 대통령의 임기를 5년으로 하고, 통일주체국민회의에서 대통령을 토론 없이 기명투표로 선거하도록 하였으며, 통일주체국민회의에서 재적대의원 과반수의 찬성을 얻은 자를 대통령당선자로 하도록 규정하였다.

④ 1980년 헌법(제8차 개정헌법)은 국가의 사회보장·사회복지 증진 노력의무, 중소기업의 사업활동 보호·육성, 소비자보호운동의 보장 등을 규정하였다.

⑤ 현행 헌법은 국가가 여자의 복지와 권익의 향상을 위하여 노력하고, 재해를 예방하고 그 위험으로부터 국민을 보호하기 위하여 노력하도록 규정하고 있다.

해설

① O

1948년 헌법 제18조
① 근로자의 단결, 단체교섭과 단체행동의 자유는 법률의 범위 내에서 보장된다.

1948년 헌법 제19조
노령, 질병 기타 근로능력의 상실로 인하여 생활유지의 능력이 없는 자는 법률의 청하는 바에 의하여 국가의 보호를 받는다.

② O

1960년 헌법 제78조
대법원장과 대법관은 법관의 자격이 있는 자로써 조직되는 선거인단이 이를 선거하고 대통령이 확인한다.
전항의 선거인단의 정수, 조직과 선거에 관하여 필요한 사항은 법률로써 정한다.
제1항이외의 법관은 대법관회의의 결의에 따라 대법원장이 임명한다.

③ X

1972년 헌법 제39조
① 대통령은 통일주체국민회의에서 토론없이 <u>무기명투표</u>로 선거한다.
② 통일주체국민회의에서 재적대의원 과반수의 찬성을 얻은 자를 대통령당선자로 한다.

1972년 헌법 제47조
대통령의 임기는 <u>6년</u>으로 한다.

④ O

1980년 헌법 제32조
② 국가는 사회보장·사회복지의 증진에 노력할 의무를 진다.

1980년 헌법 제124조
② 국가는 중소기업의 사업활동을 보호·육성하여야 한다.

1980년 헌법 제125조
국가는 건전한 소비행위를 계도하고 생산품의 품질향상을 촉구하기 위한 소비자보호운동을 법률이 정하는 바에 의하여 보장한다.

⑤ O

제34조
③ 국가는 여자의 복지와 권익의 향상을 위하여 노력하여야 한다.
⑥ 국가는 재해를 예방하고 그 위험으로부터 국민을 보호하기 위하여 노력하여야 한다.

08 15변시-15   정답 ③

1948년 제헌헌법부터 현행헌법에 이르기까지의 헌법사에 관한 기술 중 옳은 것(○)과 옳지 않은 것(×)을 올바르게 조합한 것은?

ㄱ. 1960년 제3차 개정헌법은 처음으로 정당에 대한 보호조항을 두었다.
ㄴ. 1962년 제5차 개정헌법은 법률에 대한 최종적 위헌심사권을 대법원에 부여하였다.
ㄷ. 대한민국임시정부의 법통계승은 현행헌법 전문에 처음으로 명문화되었다.
ㄹ. 제헌헌법은 대통령간선제를 채택하였다.
ㅁ. 국회의 국정감사권은 제헌헌법에서부터 규정되어 오다가 1962년 제5차 개정헌법에서 폐지되었으나 현행헌법에서 다시 규정되었다.

① ㄱ(○), ㄴ(○), ㄷ(×), ㄹ(×), ㅁ(○)
② ㄱ(×), ㄴ(○), ㄷ(○), ㄹ(○), ㅁ(×)
③ ㄱ(○), ㄴ(○), ㄷ(○), ㄹ(○), ㅁ(×)
④ ㄱ(×), ㄴ(×), ㄷ(○), ㄹ(○), ㅁ(○)
⑤ ㄱ(○), ㄴ(×), ㄷ(×), ㄹ(○), ㅁ(×)

 해설

ㄱ. O 1960년 제3차 개정헌법은 처음으로 정당에 대한 보호조항을 두었다.
ㄴ. O 1962년 제5차 개정헌법은 법률에 대한 최종적 위헌심사권을 대법원에 부여하였다.
ㄷ. O 대한민국임시정부의 법통계승은 현행헌법 전문에 처음으로 명문화되었다.

헌법전문에 직접 규정하는 내용이 아닌 것	• 대한민국의 영토 • 권력분립 • 국가형태인 민주공화국 • 침략전쟁의 부인 • 일반적으로 승인된 국제법규의 준수 • 자유민주적인 기본질서에 입각한 평화적 통일정책 • 국가의 전통문화의 계승발전과 민족문화의 창달의무 • 5·16혁명 • 민족주의 • 개인의 자유와 창의 존중 • 6월 민주화운동의 시민정신 계승 • 헌법개정의 곤란성
건국헌법이래 계속규정된 것	• 3·1운동의 계승 • 각인의 기회균등 • 국민생활의 균등한 향상 • 세계평화에의 이바지
기타	• 4·19민주이념의 계승 → 제3공 헌법(1962년)에서 처음으로 명시(4·19의거), 제5공(1980년)헌법에서 삭제, 현행 헌법에서 다시 명시 • 대한민국임시정부의 법통계승은 현행헌법에서 처음 규정

ㄹ. O 제헌헌법은 대통령의 국회간선제를 채택하였다.
ㅁ. X 우리나라는 건국헌법 이래 국정감사권을 규정하고, 일반감사와 특별감사로 운용해오다가 1972년 헌법이 남용의 폐해를 이유로 국정감사권을 삭제하고 국회법에서 국정조사권만을 인정하다가 1980년 헌법에서는 국정조사권을 헌법에 규정하였고 1987년 헌법에서는 다시 국정감사권이 부활되어 국정조사권과 함께 명문화되었다. 따라서 국정조사권과 감사권을 모두 인정한 헌법은 1987년 현행헌법이고 모두 인정하지 않은 헌법은 1972년 유신헌법이다.

09 20법전협-3-1   정답 ④

헌정사에 관한 설명으로 옳지 않은 것은?

① 1948년 헌법과 1952년 헌법에서는 부통령에 관한 규정을 두었다.
② 1954년 헌법에서는 국무총리제도를 폐지하였다.
③ 1960년 헌법에서는 대통령의 대법원장 임명권을 배제하였다.
④ 헌법개정의 필수적 절차로 국민투표를 처음 규정한 것은 1960년 헌법에서였다.
⑤ 1952년 헌법에서 처음 도입되었던 양원제는 1962년 헌법에서 단원제로 전환되었다.

 해설

① O 대통령과 부통령은 국회에서 무기명투표로써 각각 선거한다(1948년 헌법 제53조 제1항). 대통령과 부통령은 국민의 보통, 평등, 직접, 비밀투표에 의하여 각각 선거한다(1952년 헌법 제53조 제1항). → 1948년 헌법과 1952년 헌법에서는 부통령과 국무총리를 함께 두었으나, 1960년 헌법에서 부통령제를 폐지하였다.
② O 대통령이 사고로 인하여 직무를 수행할 수 없을 때에는 부통령이 그 권한을 대행하고 대통령, 부통령 모두 사고로 인하여 그 직무를 수행할 수 없을 때에는 법률이 정하는 순위에 따라 국무위원이 그 권한을 대행한다(1954년 헌법 제52조). → 1954년 헌법에서는 국무총리제도를 폐지하였다. 1960년 헌법에서 국무총리제도를 부활시켰다.
③ O 대법원장과 대법관은 법관의 자격이 있는 자로써 조직되는 선거인단이 이를 선거하고 대통령이 확인한다(1960년 헌법 제78조 제1항). → 1960년 헌법에서는 대통령의 대법원장 임명권을 배제하고 대법원장 및 대법관 선거인단의 선거에 의하여 선출되었다.
④ X 헌법개정안은 국회가 의결한 후 60일이내에 국민투표에 붙여 국회의원선거권자 과반수의 투표와 투표자 과반수의 찬성을 얻어야 한다(1962년 헌법 제121조 제1항). → 헌법개정의 필수적 절차로 국민투표를 처음 규정한 것은 1962년 헌법(제5차 개헌)에서였다.
⑤ O 국회는 민의원과 참의원으로써 구성한다(1952년 헌법 제31조 제2항). → 양원제는 1962년 헌법에서 단원제로 전환되었다.

10 20법전협-2-10 정답 ③

헌정사에 관한 설명으로 옳지 않은 것은? (헌법 명칭은 공포된 해를 기준으로 함)

① 헌법전문에서의 헌법제정 연월일을 서기(西紀)로 표기하기 시작한 것은 1962년 헌법부터였다.
② 1960년 헌법은 대법원장과 대법관은 법관의 자격이 있는 자로써 조직되는 선거인단이 이를 선거하고 대통령이 확인한다고 규정하였다.
③ 1972년 헌법은 통일주체국민회의가 국회의원 정수의 4분의 1에 해당하는 수의 국회의원을 선거한다고 규정하였다.
④ 국회의 국정감사권은 1948년 헌법에서 규정된 이후 1972년 헌법에서 폐지되었지만 1987년 헌법에서 다시 부활되었다.
⑤ 비상계엄하의 군사재판을 일정한 경우에 단심으로 할 수 있다는 규정은 1962년 헌법에서 최초로 명문화되었다.

① O 헌법전문에서의 헌법제정 연월일을 단기에서 서기(西紀)로 표기하기 시작한 것은 1962년 헌법부터였다.
② O 대법원장과 대법관은 법관의 자격이 있는 자로써 조직되는 선거인단이 이를 선거하고 대통령이 확인한다(1960헌법 제78조 제1항).
③ X 통일주체국민회의는 국회의원 정수의 3분의 1에 해당하는 수의 국회의원을 선거한다(1972년헌법 제40조 제1항).
④ O 우리나라는 건국헌법 이래 국정감사권을 규정하고, 일반감사와 특별감사로 운용해오다가 1972년 헌법에서 남용의 폐해를 이유로 국정감사권을 삭제하고 국회법에서 국정조사권만을 인정하다가 1980년 헌법에서는 국정조사권을 헌법에 규정하였고 1987년 헌법에서는 다시 국정감사권이 부활되어 국정조사권과 함께 명문화되었다.

국정감사권	제헌헌법에서 규정 → 7차개정에서 삭제 → 9차개정에서 부활
국정조사권	8차개정에서 신설 ※ 7차개정(4공화국)에서는 국회법에 규정

⑤ O 비상계엄하의 군사재판을 일정한 경우에 단심으로 할 수 있다는 규정은 1962년 헌법에서 최초로 명문화되었다(1962년헌법 제106조 제3항).

11 19법전협-3-13 정답 ③

헌정사에 관한 설명 중 옳지 않은 것만을 모두 고른 것은?

> ㄱ. 1919년 대한민국임시헌장은 선거권과 피선거권을 규정하고, 생명형과 공창제(公娼制) 폐지를 명시하였다.
> ㄴ. 1948년 헌법 전문(前文)은 "기미 삼일운동으로 대한민국을 건립하여 세계에 선포한 위대한 독립정신을 계승하여 이제 민주독립국가를 재건함에 있어서 … 이 헌법을 제정한다."라고 규정하고 있다.
> ㄷ. 1960년 헌법은 대법원장 및 대법관 임명에 법관추천회의제를 채택하였다.
> ㄹ. 1962년 헌법은 대통령에게 국무총리를 국회의 동의를 얻어 임명하도록 하였다.
> ㅁ. 1980년 헌법은 총강에서 국군의 정치적 중립을 명시하고, 기본권 조항에서 적법절차 조항과 범죄피해자구조청구권을 신설하였다.

① ㄱ, ㄴ, ㄷ   ② ㄱ, ㄴ, ㄹ
③ ㄷ, ㄹ, ㅁ   ④ ㄱ, ㄴ, ㄹ, ㅁ
⑤ ㄴ, ㄷ, ㄹ, ㅁ

ㄱ. O 1919년 대한민국임시헌장 제5조, 제9조
ㄴ. O 유구한 역사와 전통에 빛나는 우리들 대한국민은 기미 삼일운동으로 대한민국을 건립하여 세계에 선포한 위대한 독립정신을 계승하여 이제 민주독립국가를 재건함에 있어서 정의인도와 동포애로써 민족의 단결을 공고히 하며 모든 사회적 폐습을 타파하고 민주주의제제도를 수립하여 정치, 경제, 사회, 문화의 모든 영역에 있어서 각인의 기회를 균등히 하고 능력을 최고도로 발휘케 하며 각인의 책임과 의무를 완수케하여 안으로는 국민생활의 균등한 향상을 기하고 밖으로는 항구적인 국제평화의 유지에 노력하여 우리들과 우리들의 자손의 안전과 자유와 행복을 영원히 확보할 것을 결의하고 우리들의 정당 또 자유로이 선거된 대표로써 구성된 국회에서 단기 4281년 7월 12일 이 헌법을 제정한다(1948년 헌법 전문).
ㄷ. X 대법원장과 대법관은 법관의 자격이 있는 자로써 조직되는 선거인단이 이를 선거하고 대통령이 확인한다(1960년 헌법 제78조 제1항). 1962년 제5차 개정 헌법에서 대법원장 및 대법관 임명에 법관추천회의제를 채택하였다(제99조).
ㄹ. X 1962년 제5차 개정헌법에서는 국무총리를 대통령이 임명하되, 국회의 동의를 필요로 하지 않았다(제84조 제1항).
ㅁ. X 1987년 현행헌법(제9차개헌)은 총강에서 국군의 정치적 중립을 명시하고(제5조 제2항), 기본권 조항에서 적법절차 조항(제12조 제1항)과 범죄피해자구조청구권(제30조)을 신설하였다.